获 中国年鉴奖暨全国年鉴编纂质量综合一等奖
首届中国地方志年鉴奖一等奖

# 东莞年鉴

## DONGGUAN YEARBOOK

## 2010（总第10卷）

中共东莞市委员会
东莞市人民政府 主办
东莞年鉴编委会 编纂

广东省出版集团
广东人民出版社

**图书在版编目（CIP）数据**

东莞年鉴.2010/东莞年鉴编委会编.—广州：
广东人民出版社，2010.8
ISBN 978-7-218-06851-0

Ⅰ．①东… Ⅱ．①东… Ⅲ．①东莞市—2010—年鉴
Ⅳ．①Z526.53

中国版本图书馆CIP数据核字（2010）第160899号

# 东莞年鉴.2010



中共东莞市委 东莞市人民政府 主办
东莞年鉴编委会 编纂
地址：广东省东莞市鸿福路99号行政办事中心主楼13楼
邮编：523888
电话：0769-22831396
Email：szb@dg.gov.cn
网址：http://history.dg.gov.cn

**出 版 人：**金炳亮
**责任编辑：**余小华
**封面设计：**张德全
**责任技编：**黎碧霞

**出版发行：**广东人民出版社
**地　　址：**广州市大沙头四马路10号（邮政编码：510102）
**电　　话：**（020）83798714
**传　　真：**（020）83780199
**网　　址：**http://www.gdpph.com

**海外发行：**香港经济导报社图书业务部
地址Add：香港轩尼诗道342号国华大厦10字楼
电话Tel：852-25738217转图书部
传真Fax：852-25738469
Email：eiasub@pacific.net.hk
网址：http：//www.jdonline.com.hk
HONG KONG，MACAO，TAIWAN & OVERSEA GENERAL DISTRIBUTOR：
ECONOMIC INFORMATION & AGENCY，BOOKS DEPT
10/F，KUO WAH BUILDING，342 HENNESSY ROAD，HONGKONG

**排　　版：**东莞市正本电分制版有限公司
**印　　刷：**深圳市精典印务有限公司（0755-8374 8726）
**书　　号：**ISBN 978-7-218-06851-0
**开　　本：**787mm×1092mm 1/16
**印　　张：**46 **字　　数：**2060千字
**印　　数：**1-3500册
**版　　次：**2010年8月第1版 2010年8月第1次印刷

**国内定价：**人民币230.00元
**海外定价：**港　币380.00元

# 编辑说明

一、《东莞年鉴》是根据《地方志工作条例》第八条和《广东省地方志工作规定》第八条关于“以县以上行政区域名称冠名的地方志书、地方综合年鉴，分别由本级人民政府负责地方志工作的机构按照规划组织编纂，其他组织和个人不得编纂”的规定，在东莞市委、市政府的领导下，由东莞市地方志办公室具体组织编纂，并由全市各单位参与撰写的地方综合年鉴。它系统记述东莞自然、政治、经济、文化、社会等各方面情况的年度资料，旨在为社会各界人士提供地情资料，为各级领导机关提供决策参考，为记载历史、宣传东莞服务。

二、《东莞年鉴》于2001年创刊，每年出版一卷，2010卷为第十卷。本卷年鉴坚持突出时代特征和地方特色，重点记载2009年东莞市发生的大事、要事及东莞人民面对国际金融危机带来的严重冲击的情况下，以科学发展观为指导，以实施《珠江三角洲地区改革发展规划纲要》为动力，加快推进经济社会双转型，着力保增长、扩内需、调结构、强管理、惠民生的奋斗历程。

三、《东莞年鉴》2010卷正文采用分类编辑法，以类目、分目、条目组成主体结构，条目为基本形式，其标题以黑体字加“【】”表示。正文设“大事记、特载、东莞之最、概况、政治、莞港经贸合作、莞台合作、政法、地方军事、城建·环保、交通·邮电、园区经济、对外经济、工业·商业、农业·水利·气象、旅游业、财政·税务、金融业、经济管理、科学技术·社会科学、教育、文化、体育·卫生、社会生活、镇街、人物、社会经济统计资料”等类目。

四、本卷年鉴全书采用彩色印刷，专题彩页以“转型东莞”为主题，以形象生动、鲜明亮丽的图片展现东莞的实力与风采。配合文稿内容配置形象直观的彩色图片资料，从而使年鉴图文并茂，精美活泼，增强了信息量和观赏性。

五、本卷年鉴的统计数据采用法定计量单位，绝大部分为统计部门公布的数据。若与某些单位的数据不一致，使用时应以统计部门提供的数据为准。

六、本卷年鉴稿件作者署名，除在撰稿人员栏目中同列外，“特载”等类目的作者在标题下方标明，彩页在每张图片下方标明，其他类目的作者则在条目文末标出。

七、本卷年鉴配备双重检索系统：前有目录，类目使用中英两种文字，以便国内外读者查阅；索引采用主题分析法编制，主题词按汉语拼音字母顺序排列，便于读者检索。

八、本卷年鉴随书发行多媒体光盘，其内容由编辑说明、正文阅读、图片专辑、东莞地图、视频欣赏和背景音乐等模块组成，采用多媒体检索技术，方便读者使用。

九、《东莞年鉴》的编纂工作在市委、市政府的领导下，得到全市各单位部门、各镇街的支持与配合，并依靠全市撰稿人共同参与而完成的，在此谨致谢意。由于编辑水平有限，书中难免有疏漏或不善之处，请各位读者批评指正。

## 《东莞年鉴》编纂委员会（东委办发【2009】115号文）

名誉主任：刘志庚（市委书记、市人大常委会主任）
主　　任：李毓全（市委副书记、市长）
副 主 任：何嘉琪（市委常委、市委秘书长）
吴道闻（市政府副市长）
吴镇成（市委副秘书长）
朱益民（市政府副秘书长）
委　　员：陈柏南（市委组织部副部长）
叶泽驹（市委宣传部副部长）
温少生（市委统战部副部长）
卢锡光（市委政法委副书记）
陈桂明（市经济和信息化局局长）
张俊阳（市发展和改革局局长）
杨晓棠（市教育局局长）
何跃沛（市科学技术局局长）
詹文光（市财政局局长）
朱　川（市住房和城乡建设局局长）
胡茬光（市农业局局长）
陈志伟（市文化广电新闻出版局局长）
吕琦元（市统计局局长）
潘朝明（市地方志编纂办公室主任）

## 《东莞年鉴》编辑部

主　　编：吴道闻
执行主编：潘朝明　刘念宇
编　　辑：李文蔚　卢　敏　张德全　施雪芬　李俊玉
胡晓静　刘　丹　李缙文　黄文挺　林　清
美术编辑：张德全
图片征集：黄文挺　霍向东　贺　平　史学民
编　　务：李　梅　萧静雯
印　　务：黄　平

## 《东莞年鉴》撰稿人员（按姓氏笔划为序）

万金旺　马丽华　尹晓飞　方丽荷　王　琼　王永球　王颂辉　王雪萍　王道辉　王锦霞　邓曦彦　韦瑞珍
冯　杰　卢宇雄　卢润志　叶　林　叶小云　叶小敏　叶凤娟　叶尧斌　叶宗校　叶春华　叶耀伦　甘　雨
甘　维　石文斌　石亚明　石志会　石海娇　刘　洁　刘　琼　刘晓明　刘　霞　刘丰华　刘文锋　刘长青
刘华添　刘宇红　刘庆华　刘芳娜　刘勋良　刘贺斌　刘浩霖　刘梦霞　刘碧峰　向国华　吕　林　朱　宇
江　昶　祁晓杰　阮晓帆　何伟锋　何建东　何剑华　何春燕　何致彬　何惠知　何超政　余宗良　吴　曦
吴九华　吴剑锋　吴根旺　吴维彬　张　明　张旭健　张海青　张惠超　张敬东　李　平　李　珉　李俊玉
李三军　李凤友　李永聪　李玉忠　李缙文　李红艳　李建平　李泽林　李胜銮　李贵城　李敏瑜　李焕华
李寒来　李智勇　杨　荣　杨　敏　杨小红　杨兴会　杨丽君　沈玉洁　沈志攀　沈粤文　肖艾平　肖锦全
邵　娟　陈　芳　陈　政　陈　洋　陈汇泓　陈玉英　陈宝华　陈建球　陈柳金　陈浩成　陈群弟　麦惠澎
卓春庭　周　成　周永坚　周伟焕　周宪平　周浩球　易　平　林　郁　林兰兴　林汉筠　林旭文　林祖军
林淑霞　欧　薇　欧伟豪　罗旭林　罗建锋　罗新强　罗德泉　郑燕娟　郑远龙　姚庆保　姚进洪　姜合萍
姜铁丰　封晓庆　查远瞩　柳景蛟　段晓慧　洪　纲　祝　春　祝俊峰　胡小星　胡祖好　胡绪魁　胡德安
赵　月　赵秀茵　钟少敏　钟金伟　钟锦漩　骆高华　唐树权　唐祖高　徐丽昕　秦智微　莫庆才　莫志良
莫斌彬　袁　洪　袁鸣春　贾晓凯　郭富春　陶玉清　崔金蕾　梁　杰　梁丽英　梁泽鹏　梁高鸿　黄　顿
黄子炎　黄玉珍　黄宇东　黄健翔　黄树彬　黄祖辉　黄贵新　黄晓静　黄素标　黄慧敏　黄懂民　傅狮虎
喻运青　曾　新　曾少烘　曾轶荣　程玮斌　童月成　谢庆辉　谢晓东　谢海燕　谢艳芳　韩　亮　韩耀东
鲁　宇　简雪霖　熊　瑜　熊肖芳　蔡子萍　蔡文学　蔡俊彬　蔡雪梅　蔡瑞芬　谭运政　谭振东　樊欣怡
潘　健　潘伟强　黎丽香　黎俊宁　黎艳娟　黎清华　黎惠琴　黎燕嫦　魏云青

# 目　录
# CONTENTS

## 2009年大事记
## CHRONICLE OF MAJOR EVENTS IN 2009



## 特　载
## SPECIAL SECTION



## 东莞之最
## NUMBER ONES OF DONGGUAN



## 总　述
## DONGGUAN PROFILE

## 政 治
## POLITICS

## 莞港经贸合作

## THE ECONOMIC AND TRADE COOPERATION BETWEEN HONGKONG AND DONGGUAN



## 莞台合作

## THE COOPERATION BETWEEN TAIWAN AND DONGGUAN



## 政　法

## LEGAL SYSTEM

## 地方军事

## LOCAL MILITARY AFFAIRS



## 城建·环保

## URBAN CONSTRUCTION·ENVIRONMENTAL PROTECTION

## 交通·邮电

## TRANSPORTATION · POSTS AND TELECOMMUNICATIONS

## 园区经济
## ZONE ECONOMY



## 对外经济
## FOREIGN ECONOMY

## 工业 · 商业

## INDUSTRY · COMMERCE

## 农业 · 水利 · 气象

## AGRICULTURE · WATER CONSERVANCY · METEOROLOGY

## 旅 游 业
## TOURISM



## 财政 · 税务
## FINANCE · TAXATION



## 金 融 业
## BANKING

## 经济管理

## ECONOMIC MANAGEMENT



## 科学技术·社会科学

## SCIENCE AND TECHNOLOGY · SOCIAL SCIENCES

## 教　育
## EDUCATION

## 文 化

## CULTURE



## 体育·卫生

## SPORTS·HEALTH

## 社会生活
## SOCIAL LIFE

## 镇 街

## URBAN AND TOWNSHIP

## 人 物

## FIGURES



## 社会经济统计资料

## SOCIAL AND ECONOMIC STATISTICS



## 文件选录

## SELECTION OF DOCUMENTS



## 索 引

## INDEX



## 图片专辑——转型东莞

## SPECIAL SELECTION OF PHOTOS —TRANSFORMATION OF DONGGUAN

万江区科工业技园
莫屋
拔蛟窝
鲤鱼门海鲜街
万江酒店
万江农机加油站
石美
石美学校
万江第二中学
成安制衣厂
严屋
顺风加油站
石美酒家
振业纸厂
环城车站
华凯手袋厂
居民
万江加油站
农行
万江公安分局
翅家庄酒家
万江加油站
万江中学
江都酒店
万江机关幼儿园
国税分局
万江街办
万江粮所
裕辉油库
鸿昌管材厂
万江自来水厂
贯诚楼
鼎扬电子厂
万江
大王洲
梨川
天龙美食
东盛大厦
市人民医院
敬老院
工商银行
蓟头
东莞粉厂
北隅
东正派出所
西隅
东风小学
莞城街办
市教育局
东门广场
东莞中学
东湖花园酒店
博物馆
文化广场
博厦
运输公司转运站
东方酒店
老干活动中心
东城文化站
商业银行
人民公园
建行
磊城花园
金叶酒店
东联汽车修理厂
市税务局
莞城分局
洪运汽车修理厂
城区国土资源分局
博厦食品厂
市化肥厂
东莞市海事局
丽晶酒店
新华书店
福民广场
市公路局
市新闻出版局
城区食品公司
坝头
加油站
加油站
胜利幼儿园
东莞体育运动学校
市人民检察院
市人民法院
市司法局
市公安局
莞城办事中心
坝头小学
坝头派出所
讯通水泥电杆厂
工商银行
红山停车场
东莞体育中心
浩宇大厦
东莞海关
华丰酒家
城区汽修厂
电脑城
市委
市政府
市党校
胜和
行政办事中心
悦联小学
居民
南城街办
东莞市地方税务局
展示中心
元美
会议大厦
宏远外国语学院
篁村老人活动中心
歌剧院
图书馆
东莞国际会展中心
宏远医院
亨美
加油站
亨美小学
群众艺术馆
市高级中学
市农副产品批发中心
中心小学
篁村
三元里
科学技术博物馆
阳光小学
青少年科技活动中心
金满酒楼
新基水闸
皇都酒店
黄金花园
篁村派出所
西平派出所
雀巢有限公司
火炼树综合市场
火炼树
新基小学
新基幼儿园
市中心区医院
新基
新基酒店
治安队
海关大厦
篁村中学
篁村公安分局
东泰
加油站
周溪小学
周溪
篷家楼
新基街卫生站
黄金大厦
广东彩色显象管有限公司
绵纺公司
缉私分局
公安边防支队
西平
篁村医院第三门诊部
大荣鞋材厂
袁屋边
袁屋边小学
高新综合市场
诺基亚有限公司
平安大道加油站
白马
白马小学
雄和手袋厂
精英名都
南城汽车客运站
南城社保局
新能源有限公司
晨光公司
丰田汽车
南方物流
南城供电公司
加能橡胶工业公司
铁和公司
五环立交（在建）
西平小学
汽车展场
长城机电设备公司
市慢性病防治院第五门诊部
南国名都大酒店（筹备处）
育才专业技校
永兴贴纸厂
永诚药材厂
雅园卫生站
雅园
利光电子厂
和黄国际汽车城
南城石材市场
东莞五金机电广场（在建）
水蛇涌小学
水蛇涌
大莲塘卫生站
大莲塘
大莲塘小学
豪侠窝
共联
共联商业区
共联市场
共联影剧院
绿邑园艺
市汽车总站
曲海小学
曲海
晨晖幼稚园
源长酒店
新瑞华大酒家
金泰花苑
江滨花园
金泰
金泰派出所
金泰小学
金泰幼儿园
市种子研究所
官桥滘
官桥滘小学
胜利
利民市场
塘溪酒家
建华卫生品厂
电化集团
简沙洲
简沙洲小学
下坊
中森集团
太阳工业厂
新加卫生站
56.2 黄旗岗
莞太路
万江大道
金鳌大道
鸿福路
鸿福西路
宏远路
东城大道
环城路
广深高速公路

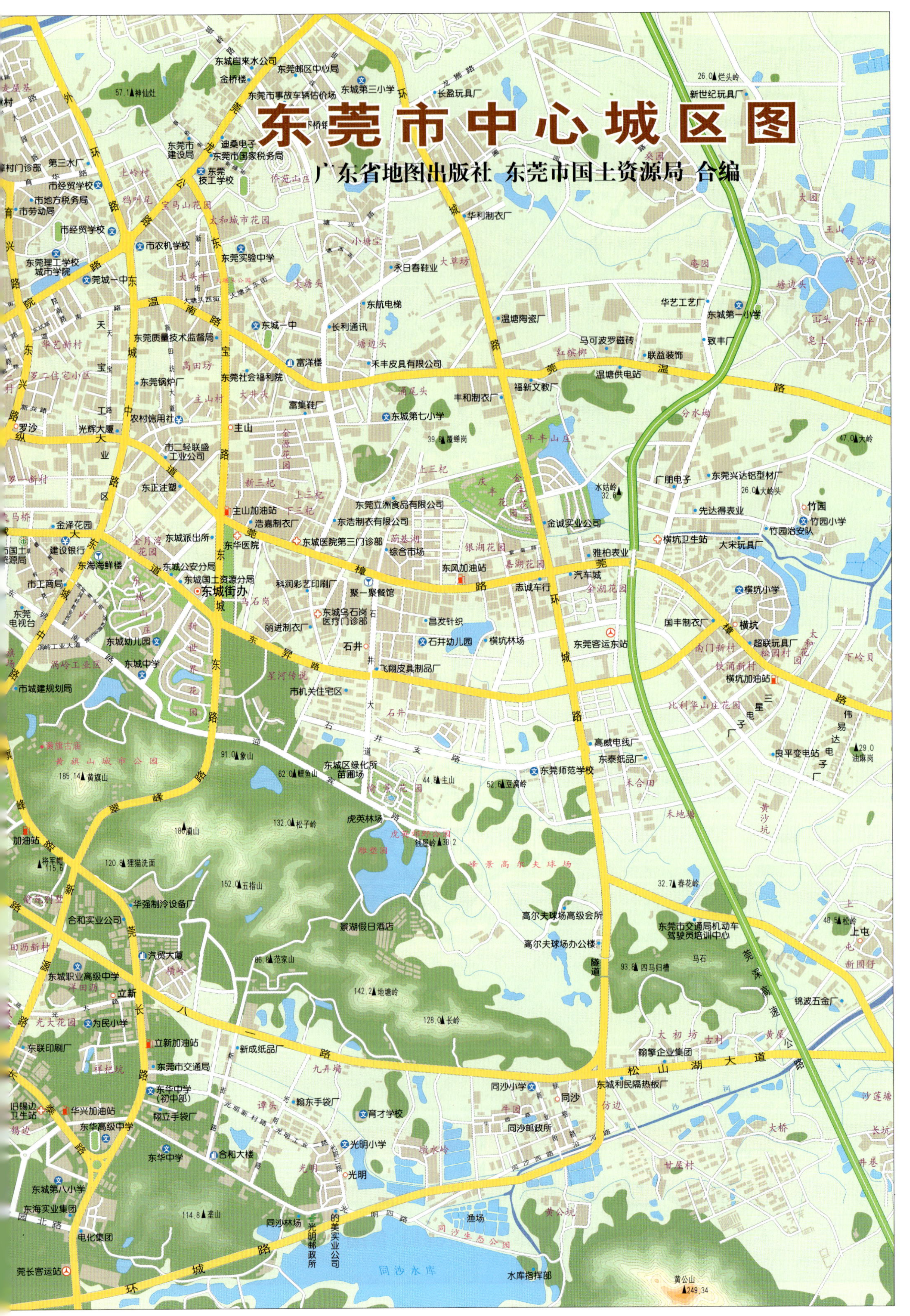

东莞市中心城区图
广东省地图出版社 东莞市国土资源局 合编
东城自来水公司
东莞邮区中心局
金桥楼
东城第三小学
东莞市事故车辆估价场
长盈玩具厂
新世纪玩具厂
东莞市建设局
迪桑电子
东莞市国家税务局
东莞技工学校
第三水厂
市经贸学校
市地方税务局
市劳动局
市经贸学校
市农机学校
华利制衣厂
东莞理工学校城市学院
莞城一中
东莞实验中学
永日春鞋业
东城一中
东航电梯
长利通讯
温塘陶瓷厂
华艺工艺厂
东城第一小学
致丰厂
马可波罗磁砖
联益装饰
东莞质量技术监督局
富洋楼
禾丰皮具有限公司
东莞锅炉厂
东莞社会福利院
福新文教厂
温塘供电站
富集鞋厂
丰和制衣厂
东城第七小学
罗沙
光辉大厦
农村信用社
主山
市二轻联盛工业公司
东正注塑
广朋电子
东莞兴达铝型材厂
竹围
竹园小学
竹园治安队
先达得表业
东莞立洲食品有限公司
东浩制衣有限公司
金诚实业公司
主山加油站
浩嘉制衣厂
金泽花园
建设银行
东城派出所
东华医院
东城医院第三门诊部
综合市场
横坑卫生站
大宋玩具厂
雅柏表业
东海海鲜楼
东城公安分局
东风加油站
市工商局
东城国土资源分局
东城街办
科润彩艺印刷厂
聚一聚餐馆
志诚车行
汽车城
横坑小学
横坑
东莞电视台
东城乌石岗医疗门诊部
丽进制衣厂
昌发针织
国丰制衣厂
东城幼儿园
石井
石井幼儿园
横坑林场
东莞客运东站
超联玩具厂
东城中学
飞翔皮具制品厂
横坑加油站
市城建规划局
市机关住宅区
高威电线厂
东泰纸品厂
良平变电站
东城区绿化所苗圃场
东莞师范学校
黄旗山
虎英林场
加油站
华强制冷设备厂
合和实业公司
高尔夫球场高级会所
景湖假日酒店
东莞市交通局机动车驾驶员培训中心
高尔夫球场办公楼
汽贸大厦
东城职业高级中学
立新
为民小学
锦波五金厂
立新加油站
东联印刷厂
新成纸品厂
翰擎企业集团
东莞市交通局
东城利民隔热板厂
东华中学（初中部）
同沙小学
同沙
华兴加油站
翰东手袋厂
育才学校
翔立手袋厂
同沙邮政所
东华高级中学
东华中学
光明小学
合和大楼
光明
东城第八小学
东海实业集团
电化集团
同沙林场
光明邮政所
的美实业公司
渔场
莞长客运站
同沙水库
水库指挥部
黄公山
松山湖大道
东城中路
东城环路
东纵大道
温南路
莞温路
莞樟路
新源路
八一路
东升路

# 领导关怀

2009年2月8日，中共中央政治局常委、国务院副总理李克强到东莞考察。图为李克强（右二）在东莞智通人才市场向前来招聘的企业负责人了解招聘情况（东莞日报社　供图）

2009年11月20日，中共中央政治局常委李长春到东莞考察。图为李长春（左二）在听取东莞图书馆工作人员介绍24小时图书自助系统（张村城　摄）

2009年1月17日，中共中央政治局委员、广东省委书记汪洋到东莞调研。图为汪洋（中）在清溪镇听取关于国家可持续发展实验区建设情况的汇报（蓝业佐 摄）

2009年2月8日，全国政协副主席、科技部部长万钢到东莞调研。图为万钢（中）在龙昌玩具公司了解企业情况（蓝业佐 摄）

2009年6月5日，中台办、国台办主任王毅一行来到东莞调研台资企业状况。图为王毅（右二）在石碣镇岳丰电子厂考察（郑志波　摄）

2009年11月3日，广东省委副书记、省长黄华华莅莞牵头督办省政协提案。图为黄华华（左二）在虎门时艺时装公司调研（郑志波　摄）

2009年6月12日，广东省委常委、副省长肖志恒率省人事、档案、地方志等单位负责人来东莞调研。图为肖志恒（前中）在金宝电子厂调研（吴庆华　摄）

2009年9月16日，广东省副省长雷于蓝到东莞出席“医讯通”智慧健康管理现场会。图为雷于蓝（左一）体验电话预约挂号项目（曾雪琴　摄）

2009年3月9日，广东省副省长佟星到东莞调研，图为佟星（右二）在虎门检查广深沿江高速东莞段的施工进度（郑　林　摄）

2009年12月23日，广东省副省长万庆良到东莞调研。图为万庆良（左二）在新科磁电厂了解企业情况（郑志波　摄）

# 东 莞

★2009年全市生产总值3763.26亿元，市财政一般预算收入231.16亿元，进出口总额941.55亿美元，固定资产总投资1094.08亿元，城市居民人均可支配收入33045元，农村居民人均纯收入13064元，三大产业比例为0.4：47.1：52.5。

★2009年，东莞出台推动产业结构调整升级“1+26”政策体系。

★2009年1月20日，东莞喜获“全国文明城市”称号。

★2009年2月27日，深莞惠签订协议，力推一体化。

★2009年4月13日，东莞市轨道交通R2线起点站暨石龙火车站新站开工仪式在石龙镇举行。

★2009年5月8日，东莞至惠州轨道交通项目开工仪式在常平镇举行。

★2009年5月，东莞首次被授予“全国社会治安综合治理优秀市”称号。

★2009年5月，新莞人子女入读公办学校实施“积分制”。

# 看点

★2009年6月18日，东莞市石排镇中心小学发生全国首宗聚集性甲流疫情，市委市政府迅速启动应急机制，在短时间内彻底控制疫情。

★2009年6月18—20日，首届东莞外商投资企业产品（内销）博览会在东莞举行。

★2009年9月28日，东莞举行2009年28项重点工程竣工暨动工典礼。

★2009年10月，全国114个城市公共文明指数测评结果公布，东莞在地级市中排名第六。

★2009年11月18日，《东莞市人民政府机构改革方案实施意见》出台，东莞市政府工作部门从原有37个整合为32个。

★2009年11月，东莞启动扩权强镇试点工作，率先在石龙、塘厦开展试点。

★2009年11月，东莞合并农保职保取消城乡差别，实现城乡养老一体化。

★2009年12月30日，首届中国国际影视动漫版权保护和贸易博览会在东莞成功举行。

# 应对国际

2009年，面对罕见国际金融危机的冲击，东莞市把保增长作为首要任务，全面实施并不断完善应对金融危机的一揽子计划，在结构调整试点中，悉数落实配套政策，建立政策辅导、技术支持、畅通拓展、集中服务四大平台，推广“两仓合一”保税物流；引进台湾、香港产业服务机构10余家，为企业配套服务、把脉会诊；出台扶持民营企业的22条措施，确定4702家中小企业和加工贸易企业、521家工业企业进行重点扶持，又设立5000万元科技贷款风险金；决策层亲赴欧洲、台湾定向招商，引资40余亿元，奔走新加坡、日本、韩国推介东莞，新签及增资超千万美元外资项目达47宗等。成功遏制了经济下滑势头，推动了稳步回升。

2009年4月15日，省金融办主任周高雄，市委书记、市人大常委会主任刘志庚等为东商小额贷款有限公司剪彩（曹雪琴　摄）

2009年5月16日，深莞惠三市第二次联席会议在东莞召开。图为三市市长在签完约后，握手相贺（郑志波　摄）

2009年7月8日，东莞市跨境贸易人民币结算试点启动仪式举行（东莞日报社　供图）

2009年1月21日，召开莞港联手帮助港资企业拓展新兴市场。图为莞港双方代表签署帮扶在莞港资企业开拓新兴市场协议（蓝业佐　摄）

# 
# 金融危机

2009年5月8日，东莞至惠州轨道交通项目开工仪式在常平镇举行。图为广东省委副书记、省长黄华华在仪式上作讲话

2009年4月13日，市轨道交通R2线首建线路暨石龙火车站新站工程开工仪式举行（蓝业佐　郑志波　摄）

2009年6月18日，首届广东外商投资企业产品（内销）博览会在东莞市厚街镇拉开帷幕（东莞日报社　供图）

2009年12月30日，首届中国国际影视动漫版权保护和贸易博览会在东莞会展中心举行（林　清　摄）

2009年7月15日，市委书记、市人大常委会主任刘志庚到麻涌调研。图为刘志庚在中远船务公司了解企业生产情况（郑志波　摄）

2009年2月18日，东莞市外商投资企业协会第三届监事会、第五届理事会就职典礼举行。外商代表与市委、市政府互赠礼物（蓝业佐　摄）

2009年9月17日，以“低碳经济与城市未来”为主题的世博论坛（广东）在松山湖开幕。图为论坛中的圆桌对话（程永强　摄）

# 28项市属重点工程竣工或动工

2009年9月28日，东莞市举行2009年28项重点工程竣工暨动工典礼，包括东莞职业技术学院落成，环城路与莞深高速共线段（东江大桥）等2项工程正式通车，市人民医院新院等6项工程竣工，以及东莞篮球中心等19项工程动工。工程总投资360多亿元，是东莞迎战全球金融危机，全力以赴保增长的大手笔。图为东江大桥举行通车仪式（程永强　摄）

2009年9月28日，2009年市重点工程竣工暨动工典礼第六水厂分会场（曹雪琴　李锦余　摄）

东江大桥航拍图（蓝业佐　摄）

东莞职业技术学院（张德全　摄）

# 大部制改革 启动扩权强镇试点

2009年11月18日，《东莞市人民政府机构改革方案实施意见》出台，东莞市政府工作部门从原有的37个（含原省垂直管理的食品药品监管局）整合为32个，以进一步增强政府的社会服务功能，减少部门职能交叉重叠。

## 整合机构

| 序号 | 整合机构 | 调整内容 |
|---|---|---|
| 1 | 市委农村工作领导小组办公室、市海洋与渔业局 | 将市委农村领导小组办公室、市海洋与渔业局并入市农业局，在市农业局挂市委农村工作办公室、市海洋与渔业局牌子。不再保留市委农村工作领导小组办公室。 |
| 2 | 市政府国有资产监督管理委员会 | 将市政府国有资产监督管理委员会并入市财政局，在市财政局挂市政府国有资产监督管理委员会牌子 |
| 3 | 市物价局 | 将市物价局并入市发展和改革局，在市发展和改革局挂物价局牌子。 |
| 4 | 市金融服务办公室 | 市政府办公室挂市人民政府金融工作局牌子，不再保留市金融服务办公室，其职责划入市政府办公室。 |
| 5 | 市政府办公室 | 将市政府办公室党政群机关和企事业单位小汽车定编的职责，以及公路“三乱”行为查处的职责划入市监督局。 |
| 6 | 市人民政府打击走私综合治理办公室 | 并入市政府办公室，在市政府办公室内设机构挂市人民政府打击走私综合治理办公室牌子。 |

## 新组建机构

| 序号 | 新设机构 | 调整内容 |
|---|---|---|
| 1 | 市经济和信息化局 | 市经济贸易局（市信息产业局、市中小企业局）、市无线电管理办公室的职责整合划入市经济和信息化局。市经济和信息化局挂市中小企业局牌子，不再保留市经济贸易局、无线电管理办公室。 |
| 2 | 市人力资源局 | 将市人事局、市劳动局的职责整合划入市人力资源局。不再保留市人事局、市劳动局。 |
| 3 | 市住房和城乡建设局 | 将市建设局的职责划入市住房和城乡建设局，不再保留市建设局。 |
| 4 | 市交通运输局 | 将市交通局的职责划入市交通运输局，不再保留市交通局。 |
| 5 | 市水务局 | 将市水利局的职责，市城市管理局供水、用水、节水、排水管理的职责，以及市环境保护局污水处理的职责整合划入市水务局。不再保留市水利局。 |
| 6 | 市城市综合管理局 | 将市城市管理局除供水、用水、节水、排水管理外的职责划入市城市综合管理局，不再保留市城市管理局，将市城市管理综合执法局调整为由市城市综合管理局管理。 |

## 调整机构

| 序号 | 调整机构 | 调整内容 |
|---|---|---|
| 1 | 市民族宗教事务局 | 由单独设置调整为与市委统一战线工作部合署办公，列入市政府工作部门序列，不计入市政府机构个数。 |
| 2 | 市人民政府法制局 | 由在市政府办公室挂牌调整为市政府工作部门，并更名为市法制局。 |
| 3 | 市食品药品监督管理局 | 由省垂直管理调整为市政府工作部门。 |
| 4 | 市机构编制委员会办公室 | 原与市人事局合署办公，现单独设置，列市委机构序列。 |

## 事业单位

| 序号 | 机构 | 调整内容 |
|---|---|---|
| 1 | 中共东莞市委、市人民政府接待办公室 | 由归口市人民政府办公室管理调整为归口市委办公室管理 |
| 2 | 市信息化办公室 | 更名为市电子政务办公室，直属市委、市政府领导，归口市委办公室管理 |
| 3 | 组建市污水治理中心 | 直属市水务局，将市环保产业促进中心污水治理职责划入市污水治理中心 |
| 4 | 市经济协作办公室 | 与市产业合作办公室合署办公，挂市经济协作服务中心，直属市政府管理。 |
| 5 | 东江水务公司 | 企业性质，由市城市管理局划归市水务局管理。 |

2009年11月2日，全市扩权强镇试点工作会议在市政府举行（郑琳东　摄）

2009年11月，东莞启动扩权强镇试点工作，率先在石龙、塘厦镇开展试点。扩权内容包括下放事权、扩大财权和改革人事权等方面，涉及27个部门248行政管理事项下放行使。一年来，东莞先后出台了《关于进一步深化行政审批改革的意见》、《东莞市重大行政决策程序规定》等系列政策，在优化政务方面做出了新探索。

# 改善民生

2009年2月10日，东莞市创建全国文明城市工作表彰动员大会在市会议大厦召开。图为市委书记、市人大常委会主任刘志庚对文明城市创建工作进行再动员（郑志波　摄）

2009年，东莞市把改善民生作为政府工作的出发点和落脚点，全面发展社会事业，基本完成向市民承诺的十件实事，市财政用于民生事业支出102.8亿元。办好教育实事，以积分制方式新接受1.39万名新莞人子女入读公办学校；繁荣文体事业，实施“提升城市文明十大行动”和“文化惠民工程”；完善社会保障体系，统筹农居民与职工养老保险制度，两次提高医保待遇，将大中院校学生纳入基本医保范围。全面发展卫生、劳动就业、计划生育等事业；完善社区卫生服务体系建设，积极防控甲型H1N1流感，开展职业卫生和生活饮用水专项整治。

东莞市桥头镇

2009年5月，东莞市出台《东莞市新莞人子女接受义务教育暂行办法》及《东莞市新莞人子女申请入读义务教育阶段公办学校起始年级积分方案（试行）》。这是广东省地级市第一个针对新莞人子女入读公办学校出台的规范性文件

东莞图书馆自助服务站（张德全　摄）

2010年1月15日，东莞市举行城乡一体化社会养老保险体系正式建立暨养老金首发仪式（梁爱萍　摄）

# 抗击甲型H1N1流感

市委书记、市人大常委会主任刘志庚（右一）亲临石排现场指挥防控工作

2009年6月18日，东莞市石排镇中心小学发生全国首宗聚集性甲流疫情，市委、市政府迅速启动应急机制，在短时间内彻底控制疫情。东莞市防控甲流经验得到了中国疾控中心、卫生部工作组、广东省疾控中心的一致肯定，也为随后东莞市极有效应对防控更大规模的甲型H1N1流感疫情打下了坚实基础。

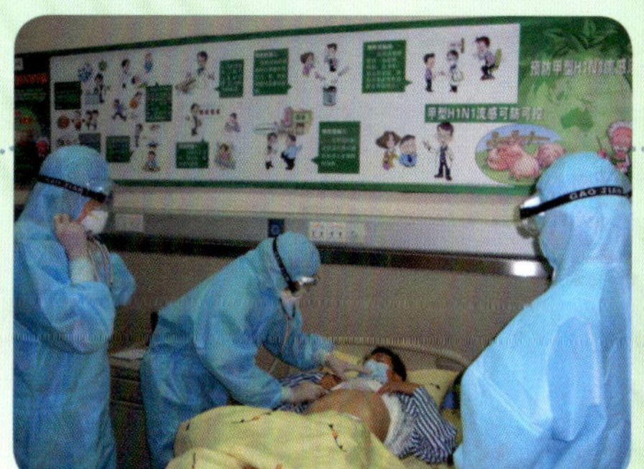
甲型H1N1流感防控工作演练现场

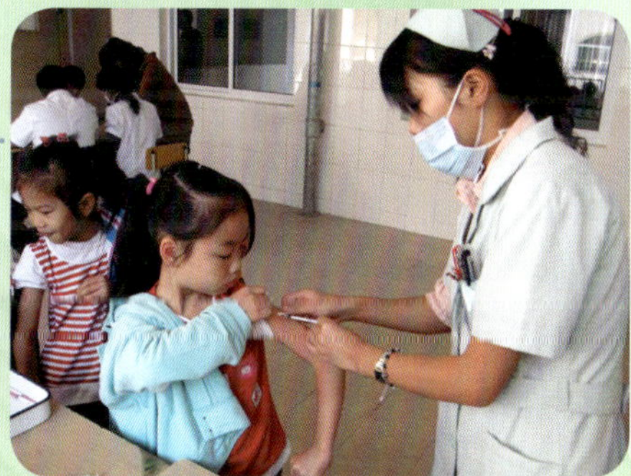
沙田医院的护士正在为小朋友接种流感疫苗（沙田报社　供图）

2009年6月27日，东莞市首批甲型H1N1流感患者康复出院

2009年5月27日，东莞市卫生系统甲型H1N1流感防治应急演练在石龙镇举行

2009年4月9日，珠三角各市现场会第八站在东莞市召开，中共中央政治局委员、广东省委书记汪洋，省委副书记、省长黄华华，省领导刘玉浦、朱小丹、徐少华、宋海、佟星、林木声以及珠三角九市市委书记、市长，省直有关部门、部分中央驻粤单位主要负责人现场参观了虎门港码头

2009年3月27日，刘志庚、李毓全、冷晓明、何嘉琪、邓志广等市领导率市有关职能部门和镇街，第三次召开虎门港开发建设现场办公会议，加快推进虎门港开发建设

2009年6月30日，虎门港集团有限公司挂牌成立

2009年8月31日，市委书记、市人大常委会主任刘志庚率东莞市代表团抵达荷兰皇家孚宝集团公司总部考察交流，促成孚宝集团公司和东莞联兴公司与虎门港签署合作协议，共同投资12亿元建设虎门港联兴码头仓储项目。图为签约仪式现场

2009年9月28日，虎门港西大坦及立沙岛二期市政工程动工建设，图为市有关领导为项目动工推杆

虎门港沙田港区7号、8号泊位不断加快建设步伐，图为沉箱安装场景

# 管理委员会

东莞保税物流中心位于虎门港沙田港区西大坦物流基地，规划总面积1.18平方公里，总投入约20亿元，计划分两期建设，首期面积0.46平方公里，计划投入约8亿元，拟建设10万平方米仓储设施、集装箱堆场及口岸作业区

2009年12月30日，东莞保税物流中心顺利通过海关总署等国家四部委验收，具备了封关运作的重要基础。图为东莞保税物流中心揭牌仪式

2009年，虎门港企业在建项目顺利推进，年内共有4个项目5个深水泊位投入试运营。图为中海油立沙油品储运项目码头场景

2009年9月，虎门港沙田港区5号、6号泊位开通首条国际班轮航线——太平船务红海线。图为航线开通首日码头作业场景

# 东莞生态园管理委员会

2009年4月30日，市委书记、市人大常委会主任刘志庚（左二），市委副书记、市长李毓全（右二），市委副书记、政法委书记黄双福（左一），市人大常委会常务副主任张继雄（右一）参加生态园大道动工启动仪式

2009年4月30日，市委市政府召开生态园现场办公会议，研究和部署生态园的各项工作

2009年6月23日，英国工程及技术协会主席Ben·Pape到生态园访问

改造前的龙岗大道

改造后的龙岗大道

# 广东聚融担保投资有限公司

聚融担保投资
JURONG GUARANTEE & INVESTMENT

总经理 尹小航

## 公司简介

广东聚融担保投资有限公司（简称“聚融担保投资”）自2003年8月15日成立以来，合作的银行机构已达到8家，非银行机构5家（东莞市各级法院、东莞市建设局），是商务部确定的第一批重点联系信用销售企业、广东省担保协会副会长单位、东莞市十佳信用担保机构。

2009年聚融担保投资为中小企业融资担保发生额5.8亿元。公司积极参与东莞市10亿元融资支持计划，截至2009年，累计为东莞市重点中小企业担保新增贷款2.7亿元，取得了良好的经济效益和社会效益，得到政府及企业的认可。公司坚持“诚信为本、务实创新”的经营理念，重视人才、控制风险、创新业务是公司不懈追求的目标，公司已建立起一套完整有效的业务流程体系及风险控制体系，担保团队均具有重点大学本科及以上学历，管理层及团队骨干均有多年的银行业、担保业从业经历。在传统担保业务的基础上，公司根据东莞市中小企业发展模式有针对性地开发了存货质押融资担保、信用证打包贷款担保、经销商链式融资担保等创新业务品种，并根据具体情况创新反担保措施，灵活地帮助中小企业解决融资问题。

## 业务品种

- 流动资金贷款担保
- 信用证打包贷款担保
- 个人经营性贷款担保
- 综合消费类贷款担保
- 经销商链式融资担保
- 存货质押融资担保
- 财产保全担保
- 工程（履约、支付、投标）担保
- 投资咨询、管理咨询

地址：东莞市南城区鸿福西路国际商会大厦17楼
邮编：523073　　电话：0769-26984888
传真：0769-23137298　　网址：www.jrdbtz.com

团队拓展

担保团队

# 东莞市东江

2009年3月4日，东莞市副市长梁国英、市城管局局长钟耀祥率东江水务有限公司及东莞市部分供水企业负责人赴江西考察东江源

2009年3月20日，东莞市人大常委会常务副主任张继雄、市城管局局长钟耀祥等领导在莞城供水管网改造试点现场调研

2009年9月28日，东莞市委常委、组织部部长庞国梅等领导出席东莞市重点工程东江水务公司第六水厂竣工通水典礼

2009年9月8日，国家水体污染控制与治理科技重大专项"季节性污染原水预处理和常规处理工艺强化技术集成与示范"课题举行合作签约仪式

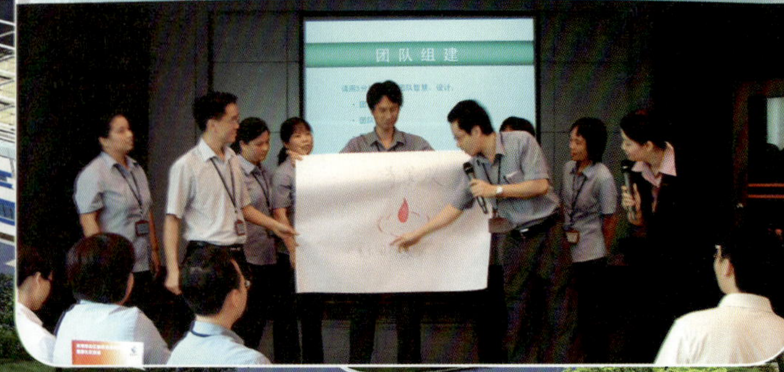


2009年8月30日，东江水务有限公司举办"客服礼仪培训"活动

# 水务有限公司

2009年11月26日，东莞市副市长梁国英、市城管局局长钟耀祥在东江水务有限公司董事长罗沛强与总经理黎泽钧的陪同下到第二水厂检查创建环保模范城市工作

2009年6月10日，东莞市国资委主任梁建新、市城管局局长钟耀祥、莞城街道办主任陈志坚、东江水务有限公司董事长罗沛强等出席东江水务有限公司下属子公司东莞市东江自来水有限公司揭牌仪式

第六水厂全貌

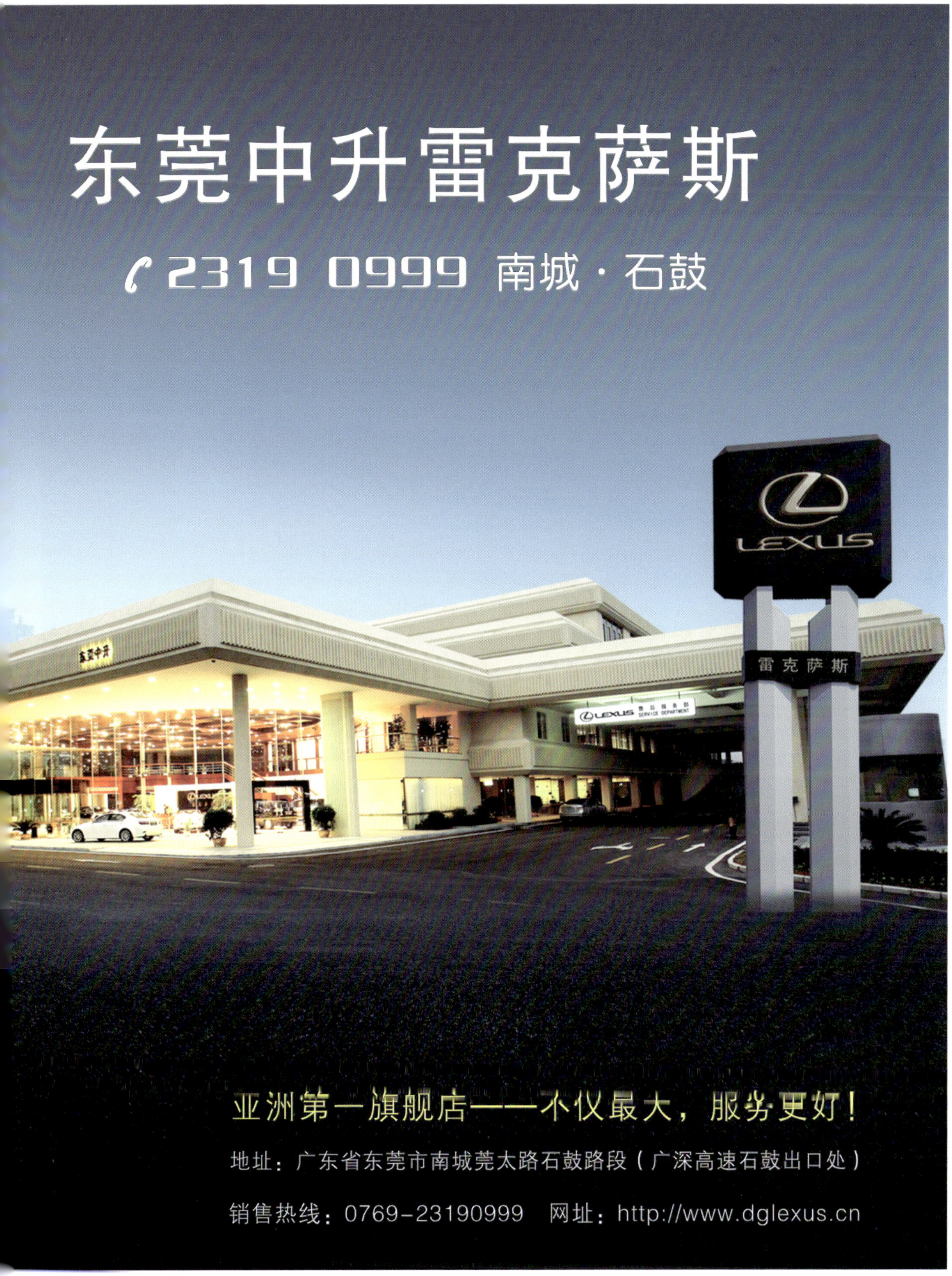
东莞中升雷克萨斯
2319 0999 南城·石鼓
LEXUS
雷克萨斯
亚洲第一旗舰店——不仅最大，服务更好！
地址：广东省东莞市南城莞太路石鼓路段（广深高速石鼓出口处）
销售热线：0769-23190999 网址：http://www.dglexus.cn

特许经销商

升

0999

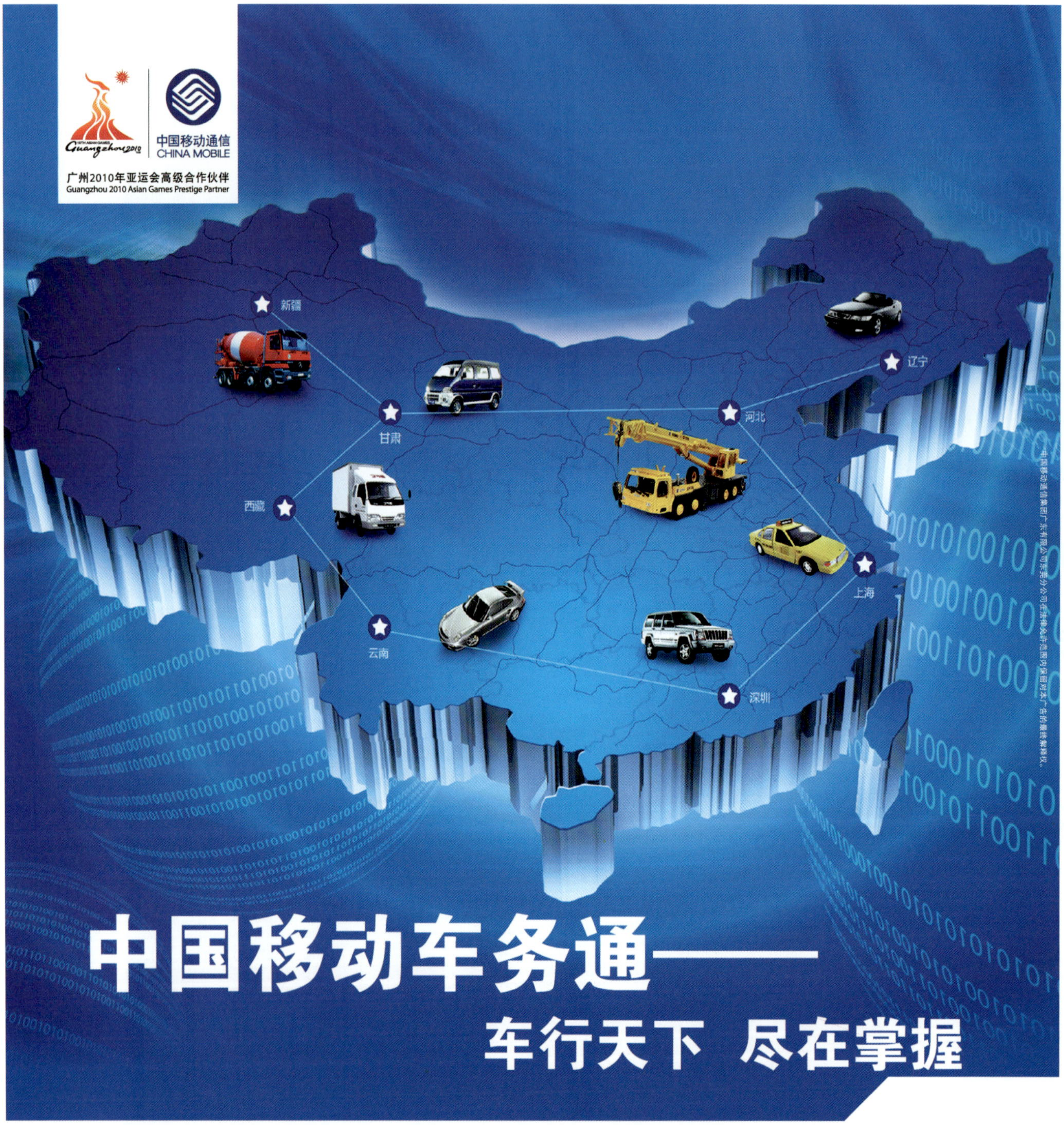

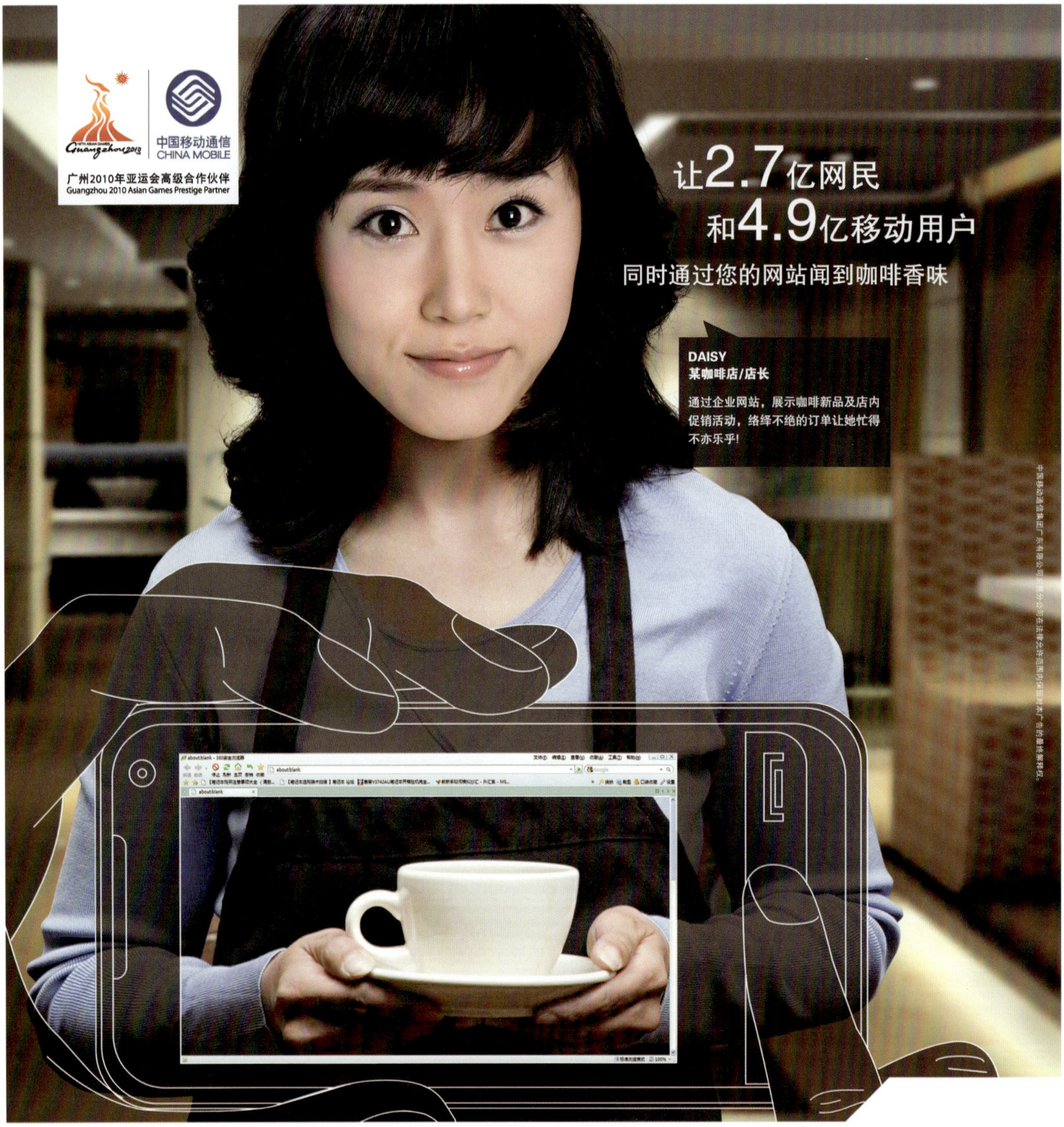
中国移动通信 CHINA MOBILE
广州2010年亚运会高级合作伙伴
Guangzhou 2010 Asian Games Prestige Partner
让2.7亿网民
和4.9亿移动用户
同时通过您的网站闻到咖啡香味
DAISY
某咖啡店/店长
通过企业网站，展示咖啡新品及店内促销活动，络绎不绝的订单让她忙得不亦乐乎！

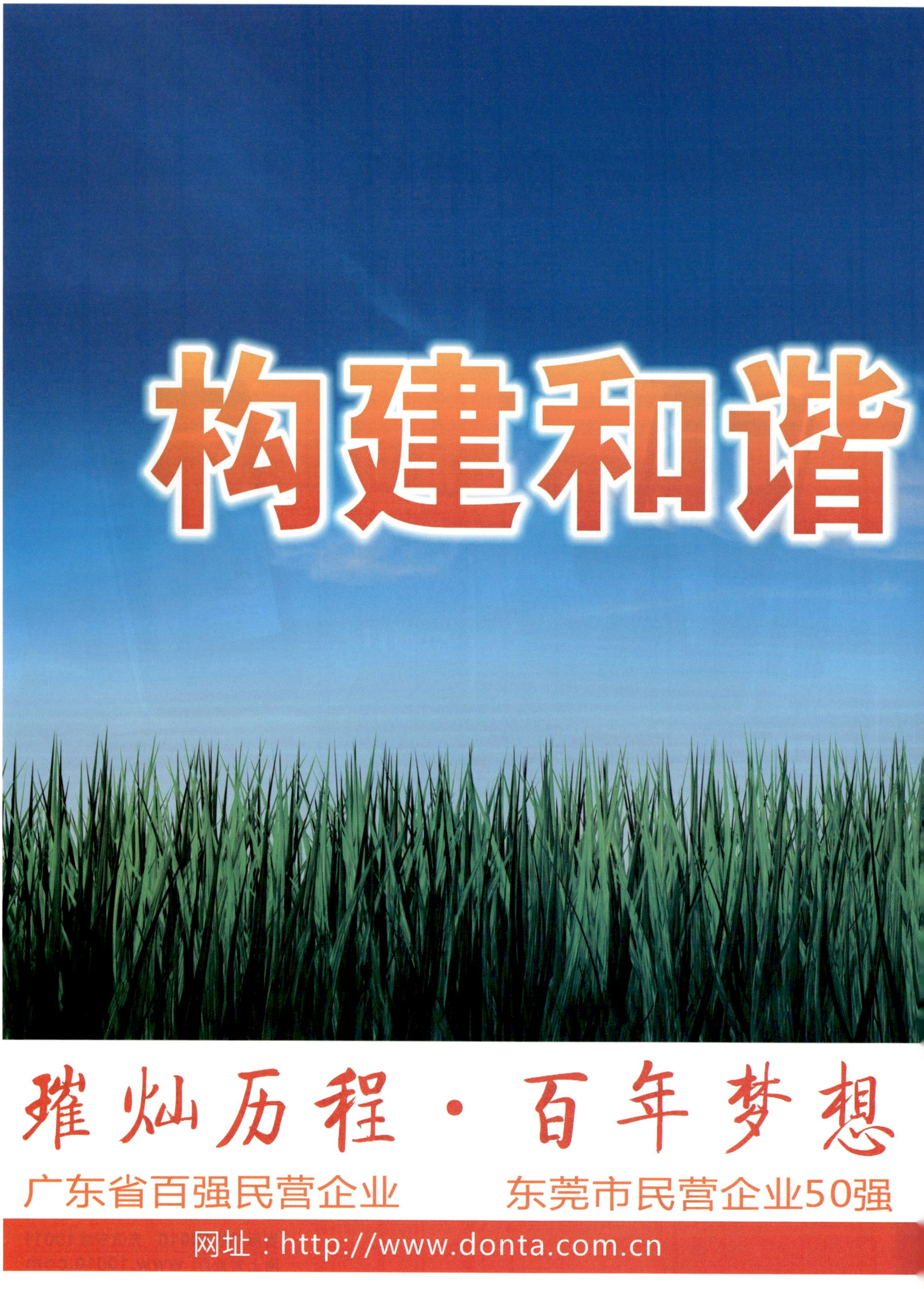
构建和谐
璀灿历程·百年梦想
广东省百强民营企业
东莞市民营企业50强
网址：http://www.donta.com.cn

DONGGUAN YEARBOOK
2010

东

莞

年

鉴

东糖集团
DONTA GROUP CO.,LTD

# 东莞市经济和信息化局

2009年，市经信局按照市委、市政府“保增长、调结构、扩内需、强管理、惠民生”的工作部署，突出重点，狠抓落实，各项工作取得明显成效，为应对国际金融危机，保持工业商贸经济平稳发展提供了有力保障。

2009年，东莞市实施新一轮机构改革，将原市经济贸易局、市信息产业局、市中小企业局和市无线电管理办公室的职责整合，设立东莞市经济和信息化局。图为新组建的东莞市经济和信息化局举行挂牌仪式

**【强管理】**2009年，市经信局率先并超额完成市政府十件实事之一的样板市场创建任务，首批38个样板市场全部通过验收，累计投入7000多万元，改造面积超过18万平方米，其中7个样板市场被评为“食品安全样板市场先进单位”。图为全市食品安全样板市场建设工作现场会期间，副市长邓志广（前排中间）、市经信局局长陈桂明（前排左一）一行实地考察指导样板市场建设工作

**【抓技改】**2009年，全市工业更新改造实际投资总额首次突破100亿元，达154.5亿元，增长1.55倍，投资总额及增速均处于珠三角城市前列。图为宏威数码机械有限公司的“OLED显示屏示范生产线项目”，总投资6.2亿元，获省、市财政各1.5亿元的两级配套资助

**【调结构】**2009年，东莞市积极打造先进制造业和现代服务业“双轮并转”、高新技术产业和适度重化工业“两翼齐飞”的产业格局，大力推动产业结构调整升级，成效显著。三大产业比例持续优化，第三产业占GDP比重达51.9%，首次超过第二产业。产品结构持续优化，新增省级及以上名牌名标42个，获“2009中国十大品牌城市”称号，专利授权量增长59.6%，总量跃居全省第二位。图为东莞市举办首届总部经济发展论坛，认定第一批16家总部企业

**【推升级】**2009年，市经信局通过谋发展规划、定扶持政策、育新兴产业、抓重大项目、扶产业园区、建公共平台等多项措施，大力推动电子信息产业转型升级。图为11月27日市经信局与电子商务企业盛世商朝（中国）有限公司签署合作意向书，共同打造“东莞制造”信息化公共服务平台

**【引内资】**2009年，东莞市引进内资工作再上新台阶，全市内资引进协议投资项目1491宗，同比增94%；协议投资408.94亿元，同比增长51%；实际投资121.19亿元，同比增长42%。东莞市首次赴市外分别在广州、杭州两地举办投资推介会，共签订98宗合作项目，协议投资额达704.63亿元。图为6月25日举行的2009东莞（广州）投资推介会现场

【扶企业】2009年，东莞市通过加强政策扶持、扩大融资支持、加大财税资助、加快中小企业服务体系建设、推动民营企业上市等各项有力措施，帮助广大中小企业应对危机，促进中小企业稳定发展和转型升级。图为12月15日召开的50强民营企业及优秀民营企业家座谈会暨第六次排忧解难协调会现场

【降能耗】2009年，东莞市连续四年超额完成省政府下达的节能目标，万元GDP能耗为0.705吨标准煤/万元，同比下降4.48%，圆满完成了万元GDP能耗下降4.4%的年度目标，“十一五”时期节能目标完成进度达到91.06%，超过进度目标要求11.06个百分点。图为首批4家水煤浆试点企业之一——东莞市电力燃料有限公司的水煤浆锅炉改造项目，4家试点企业共获市财政补贴250多万元，能源使用成本下降44%，每年节约27000吨标准煤、减排237吨二氧化硫

【扩内需】2009年，市经信局积极组织工商企业采购对接，先后举办了5场中小工业企业与沃尔玛、中国SPAR超市联盟专场采购对接会，累计签订采购意向书284份，采购金额6.4亿元。图为11月1日第八届“织交会”期间在大朗镇举办的纺织服装专场采购对接会现场

【促消费】2009年，东莞市大力开展“2009商贸东莞·欢乐消费年”系列活动，从2009年3月至2010年2月，全市共成功举办50多个特色节庆和商贸促销活动，有力拉动了消费增长。图为3月31日举行的“2009商贸东莞·欢乐消费年”暨东莞市家电下乡工程启动仪式现场

【拓内销】2009年，市经信局积极组织开展“东莞产品全国行”系列活动，以家具、服装鞋帽、食品为主题，分别在武汉、长春、宁波举办了三场展销活动，展览总面积4万多平方米，共签订合作意向金额423.7亿元。图为6月27日—7月27日在武汉举行的“东莞家具—武汉盛夏之旅”启动仪式现场

【兴会展】2009年，东莞市会展业保持良好发展势头，全市在专业展览馆及部分非专业场地举办的大中型展览会（1万平方米及以上）共49场，参展企业总数达14299家，参观客商达125万人次，展览总面积超150万平方米。图为11月26日举行的第九届中国（长安）国际机械五金模具展览会开幕典礼现场

# 东莞职业技术学院

东莞职业技术学院是一所由政府投资11亿元兴建的全日制普通高等职业院校。学院位于东莞市松山湖科技产业园区大学路3号，占地55万余平方米，总建筑面积为30万余平方米。

学院根据东莞市和珠三角地区社会经济发展对人才需求的市场实际情况，开设了机械制造与自动化、计算机应用技术、电子信息工程技术、会计、工商企业管理、物流管理、工业设计、动漫设计与制作、印刷技术、酒店管理及雕刻艺术与家具设计11个专业，学院整体规划全日制在校生10000余人，2009年已有在校学生2500人。学院人才培养目标立足东莞，辐射珠三角，放眼全国。

地址：广东省东莞市松山湖科技产业园区大学路3号
邮编：523808
电话：0769-23306078　传真：0769-23306111
网址：http://www.dgpt.edu.cn

2008年10月31日，东莞高等教育现场办公会在东莞职业技术学院召开，市委书记、市人大常委会主任刘志庚（左二），市委副书记、市长李毓全（右二），副市长梁国英（左一）莅临参加

2009年9月28日，市委书记、市人大常委会主任刘志庚（左三），市委副书记、市长李毓全（左二）等领导为东莞职业技术学院揭牌

2009年9月28日，市委书记、市人大常委会主任刘志庚，市委副书记、市长李毓全等市领导出席东莞市2009年重点工程竣工暨动工典礼，并参观东莞职业技术学院

东莞职业技术学院副院长贺定修教授和李奎山教授为学院揭牌

2009年9月29日，省教育厅副厅长魏中林、副市长吴道闻等领导莅临东莞职业技术学院，出席新生军训阅兵仪式暨开学典礼

2009年9月12日，市政府副秘书长、东莞职业技术学院书记朱益民在迎接新生报到现场了解情况

2009年12月13日，东莞职业技术学院实训基地在东莞康佳电子有限公司挂牌

东莞职业技术学院学生进入工厂车间参观学习

2009年11月24日，东莞职业技术学院首届"青春校园"文体艺术节举行

2009年9月26日，东莞职业技术学院举办庆祝新中国成立60周年暨迎新文艺晚会

东

莞

年

鉴

长长栈道，欣欣草木，闲散无拘，倚栏杆临水观鱼，

此为回家上境

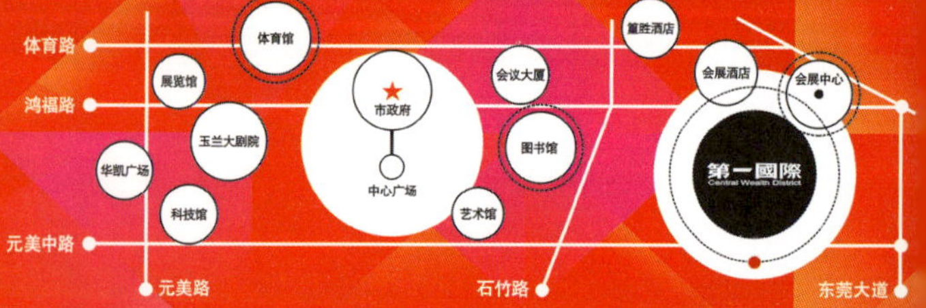

优 质 生 活 代 表

# 2010年 富盈地产钜献东莞

中堂 富盈公馆

望牛墩 富盈四季华庭

石碣 富盈盈翠华庭

常平 富盈城市银座 富盈山水华庭

南城 富盈中心

道滘 富盈阳光新城 富盈十里银湾

莞城 富盈东方华府三期

大朗 富盈商业中心

## 富盈集团 《享受富盈生活》

中国富盈集团，1995年由刘学斌先生创办。经过15年发展，现已成为一家立足东莞，辐射全国，以房地产业、酒店业、教育业为龙头，涵盖商业投资、专业市场、家具、建筑、物业管理等多个行业的综合性、跨行业、跨地区的大型集团公司。

富盈集团一路走来精彩纷呈，旗下各产业所获荣誉不胜枚举，先后获得“广东省著名商标企业”、“广东省2009年度品牌企业金奖”、“东莞市五十强民营企业”、“广东地产资信20强”等称号。目前，集团共有50多家全资子公司，员工超过8000人。富盈人始终以“创造富盈生活”为企业使命，通过实施房地产、酒店和教育等各领域的互动发展战略，坚持资源共享、优势延伸，在实现专业化发展和规模增长的同时，积极探索新产品、新市场、新领域，培育连续不断的事业增长点，为实现企业、员工、客户、股东、合作者和谐共赢的良好局面而努力奋斗。

## 富盈地产 《优质生活代表》

富盈地产秉承“用心建筑天地间”的规划理念，先后成功开发盈翠豪园、加州阳光、东方华府、山水华府、花样年华、御墅莲峰、四季名苑等一个个精典楼盘，得到广大消费者的热烈追捧和社会各界的公认与赞赏，成为东莞优质生活的代表。

富盈地产获得“广东省2008年度品牌企业金奖”、“广东省2009年度品牌企业金奖”、“最佳顶级豪宅金奖”等荣誉。目前，富盈地产已走出东莞，在江门、阳江、惠州、恩平、茂名、清远等多个城市“落户”，开发项目30多个，广泛提供多类型物业，包括低密度豪宅、独立别墅、洋房、商务公寓、星级酒店等，满足不同层次的客户需求。

CBD五星级纯粹大户豪宅区，尽享城市中心500亿大配套。市政府、会展中心、体育中心、玉兰大剧院、市图书馆、会展酒店、规划轻轨等近在咫尺。

华府专线 86+769+ 2246 8888
地址：东莞市体育路段（黄旗山下）

富盈·山水华府2nd 御墅天下 ROYAL VILLA WORLD

20万平米的西班牙皇家水岸风情大社区，吸纳山水之灵气，以驾御城市的气势，雄居樟城新城中央，开启皇家水岸生活的私享画卷。

华府专线 86+769+ 8778 8888
地址：东莞市樟木头镇东城大道

55万平米大社区、配套齐全、五星物管、西班牙建筑风格、中心园林、高档会所，谢岗镇中心唯一的花园社区。

花城专线 86+769+ 8212 6999
地址：东莞市谢岗镇莞惠公路国税分局旁

加州阳光坐拥7500亩横岗湖面，独享500米原生态森林大道，30000平米湖滨公园，是当之无愧的资源别墅代表。

阳光专线 86+769+ 8575 7106
地址：东莞市厚街镇湖景大道

高档国际商务公寓。汇集风情美食街、时尚锋线街、名店街，桑拿沐足，夜总会等，皇冠银座成为年轻一族的风向标。

皇冠专线 86+769+ 8636 8888
地址：东莞市石碣镇星光路财富广场

本资料任何图片文字描述或其他资料仅供参考，具体情况以商品房买卖合同为准，发展商拥有最终解释权



富盈地產 Cinese Property 优 质 生 活 代 表

富盈集团成员 / WWW.CINESE.COM.CN

转型东莞

2010 东莞年鉴
DONGGUAN YEARBOOK

Star City
New Century
新世纪星城

让您满意是新奥人永远的追求！

# 东莞市公证处

东莞市公证处2009年公证项目达100多项，公证文书发往世界多个国家和地区使用，为加强东莞市法制建设，维护东莞市的稳定，改善投资环境，促进东莞市对外开放和经济建设做出了积极贡献。

2009年，东莞市公证处迁至鸿禧中心的办公新址，新的办公环境整洁优雅、宽敞明亮，受理、发证和收费部门分工明晰，等候休息区配备休息座椅和书报栏。同时，印制了公证服务便民手册，供群众随时取阅，方便当事人详细了解公证知识和办证手续。升级排队叫号管理系统，公布了公证办理流程图，使前来办理公证的当事人有了明晰的指引，营造出舒适、和谐、有序的工作环境。

惠州司法局领导来东莞市公证处参观

东莞市公证处认真组织创建“机关党建百佳”党支部活动，以“法律便民直通车”为党建品牌开展创建工作，带动党建工作的全面开展。主要开展了以下几个方面的工作：1、对65岁以上的老年人和伤残人士的办证申请，实行优先卡服务，设立专人专室，优先立案受理；2、对老弱病残行动不便的群众，提供派员上门办证服务；3、对经济困难人群和有需要帮助的新莞人，可酌情减免公证费；4、对个别紧急事项，实行特事特办，提高办事效率；5、对工作日不方便请假的新莞人，实行休息日值班制，方便其办理公证；6、对市委、市政府举办的各类公益活动实行免费公证。还专门设立了“法律便民直通车”服务办公室，对优抚对象开设绿色通道，专人接待，优先办理。考虑到某些当事人不方便请假前来取公证书，又积极与邮局方面沟通，每天邮局都会派专人揽件，为当事人办理好每一笔寄送业务。开展“法律便民直通车”服务品牌创建活动以来，东莞市公证处一步一步的将便民服务落到实处，将服务品牌做到深入人心，成为东莞市首批“机关党建百佳”党支部，被授予广东省系统和行业“窗口之星”的称号。

东莞市副市长成洪波莅临东莞市公证处检查工作

# 2009年大事记

CHRONICLE OF MAJOR EVENTS IN 2009

- 出台推动产业结构调整升级“1+26”政策体系
- 获评“全国文明城市”
- 深莞惠签订一体化协议
- 轨道交通R2线动工
- 新莞人子女入读公办学校实行“积分制”
- 成功抗击甲型流感
- 首届外博会、动漫博览会在莞举行
- 19项市属重点工程动工
- 大部制改革启动
- 扩权强镇试点
- 农民社会保险、职工社会保险合并

厚街镇体育公园（方耀森　摄）

编辑：卢　敏

# 1 月

1日 东莞市3个基层法院和基层检察院正式挂牌成立。省高院副院长凌祁温，省检察院副检察长郑新俭，市委副书记、政法委书记黄双福，市人大常委会副主任陈国辉等出席挂牌仪式。

2日 厚街镇首届传统特色美食节在厚街富民商业街举行。

4日 东莞市十四届人大常委会第十五次会议召开。市委书记、市人大常委会主任刘志庚，市人大常委会常务副主任张继雄，市人大常委会副主任张顺光、陈国辉、冯同恩等出席会议。

□ 刘志庚、刘树基、黄双福、张继雄、江凌、顾春芳等市几套班子领导率有关部门、镇街负责人，赴黄埔海关进行新年慰问。

□ 东莞市政府与农业银行广东省分行签署500亿元的金融合作协议。东莞已获得工、农、中、建四大国有银行共2100亿元的信贷支持。

6日 东莞·河池对口扶贫工作座谈会在东莞市举行。广西河池市委副书记、市长谢志刚，河池党政代表团，东莞市人大常委会副主任李秀冰、副市长成洪波、市政协副主席周楚良等领导出席座谈会。

7日 韶关市委副书记华培强，市委常委、副市长张志才率团到莞，向东莞提出了农产品产供销合作的愿望。市委副书记、政法委书记黄双福，副市长邓志广接待了华培强一行。

8日 东莞市金融系统2009迎春茶话会举行。市委书记、市人大常委会主任刘志庚，副市长邓志广参加茶话会。

□ 东莞市春节军政座谈会举行。市委书记、市人大常委会主任刘志庚，广州军区政治部副主任杨英凯少将，市委副书记、市长李毓全，市政协主席刘树基，市委副书记、政法委书记黄双福，市人大常委会常务副主任张继雄等市几套班子领导出席座谈会。

□ 台湾海峡交流基金会董事长江丙坤率领海基会台资企业考察团到莞考察。市委副书记、市长李毓全，市委副书记、政法委书记黄双福，市委常委、副市长江凌，副市长吴道闻等会见了江丙坤一行。

□ 省国土厅副厅长黄德发率领省扩大内需促进经济增长政策落实检查组第六组到莞检查，副市长邓志广就有关情况进行汇报。

□ 2009年全市外商投资企业代表新春酒会举行。市几套班子领导刘志庚、李毓全、江凌、张顺光、顾春芳、刘发枝等出席新春酒会。

□ 东裕装饰样品制造厂购自台北的一批净重1508公斤的PVC材质窗帘布，从台北直飞广州白云机场，再直转到达由海关监管的白云机场东莞货运站，成为首批台湾经空运直航抵莞的货物。两岸实现货运包机直航。

9—11日 市委常委、常务副市长冷晓明深入东莞市对口支援地区汶川县映秀镇实地考察。

□ 2009年东莞市台胞台属春节茶话会举行。市委常委、副市长江凌，市政协副主席游敏达，市政协副主席、统战部部长袁德和等领导出席茶话会。

10日 厚街被授予“广东省摄影之乡”称号。

11日 首届东莞商界领袖课堂——2009年经济分析与财富展望论坛在东莞报业大厦开讲。市政协主席刘树基参加了此次论坛。

□ 以国家环保部总量司副司长刘炳江为首的国家污染减排核查组一行到东莞市开展2008年主要污染物总量减排核查工作。

12日 广东省副省长林木声莅莞视察节日食品市场整治工作。省工商局局长卢炳辉、东莞市副市长邓志广陪同了视察。

□ 全国政协副主席、全国工商联主席黄孟复一行莅莞，在市领导刘志庚、刘树基等的陪同下，了解东莞市民营企业特别是劳动密集型企业的生产经营情况。

□ 广深高速公路智能化交通管理样板路工程，在东莞太平高速大队监控室举行启动仪式。这套管理系统有自动预测拥堵、抓拍路肩违章停车和超速自动抓拍等功能。

13—15日 中国人民政治协商会议东莞市第十一届委员会第三次会议在市会议大厦召开。市政协主席刘树基，市政协副主席林明枢、刘发枝、游敏达、邝明子、朱伍坤、袁德和、周楚良等出席会议，市领导刘志庚、李毓全、黄双福等应邀出席会议。

□ 市政协2009年春节茶话会举行。市领导刘志庚、李毓全、刘树基、冷晓明、陈国辉、林明枢、刘发枝、游敏达、邝明子、朱伍坤、袁德和、周楚良等出席茶话会。

□ 市公安局召开公安系统电视电话会议，对“雷霆”专项打击行动进行部署和动员。省公安厅副厅长郑东，市委副书记、政法委书记黄双福，市委常委、市公安局局长崔建，副市长成洪波等领导出席会议。

14—15日 东莞市第十四届人民代表大会第四次会议在市会议大厦召开。大会由市委书记、市人大常委会主任、大会主席团常务主席、大会执行主席刘志庚主持。

15日 中国外运东莞物流中心正式签约落户石龙。市委书记、市长李毓全出席签约仪式并致辞。

17日 省委书记汪洋莅莞“访企问苦”，并主持召开港澳台资企业座谈会。刘志庚、李毓全等市领导陪同考察。

□ 市妇儿工委、市妇联、莞城街道委员会、莞城街道办事处等部门联合举办2009年迎春联欢活动。市委常委、组织部部长庞国梅，副市长吴道闻等领导参加活动。

18日 中共中央政治局原常委、全国人大常委会原委员长李鹏莅莞考察。省委常委、秘书长徐少华陪同李鹏一行考察。市委书记、市人大常委会主任刘志庚，市委副书记、市长李毓全等汇报去年东莞经济建设和社会事业发展情况。

19日 交通运输部副部长徐祖远率相关司局负责人到东莞市视察春运工作。市委书记、市人大常委会主任刘志庚，市委副书记、市长李毓全等会见了徐祖远一行。

□ 全国人大常委会原副委员长李铁映莅莞考察。市委书记、市人大常委会主任刘志庚，市委副书记、市长李毓全陪同考察。

□ 东莞市2009年春节团拜会举行。中央人民政府驻香港特别行政区联络办公室副主任黎桂康，广东省人大财经委副主任叶耀，刘志庚、李毓全、刘树基、黄双福、张继雄等市几套班子领导，以及老领导、老同志等近千人出席了团拜会。市委副书记、市长李毓全主持团拜会。

20日 东莞市政府向汶川灾区残疾儿童捐赠玩具仪式在市会议大厦举行。副市长成洪波，四川省汶川县县委常委江中渔等出席了捐赠仪式。

□ 驻香港部队副司令员王郡里少将一行到东莞市访问。市委副书记、市长李毓全，副市长成洪波等领导接待了王郡里一行。

□ 全国精神文明建设表彰大会在北京举行，东莞喜获“全国文明城市”称号。市委书记、市人大常委会主任刘志庚代表市委、市政府出席了表彰大会，并上台领奖。

21日 省委常委、纪委书记朱明国率省委、省政府“送温暖”慰问团到东莞市进行慰问。市委书记、市人大常委会主任刘志庚，市委副书记、市长李毓全，市委常委、纪委书记甄瑞潮，市人大常委会副主任、市总工会主席张顺光等陪同慰问。

□ 中国共产党东莞市第十二届纪律检查委员会第四次全体会议召开，刘志庚、刘树基、张继雄、冷晓明、庞国梅、甄瑞潮、崔建、王道平、卢广海等市几套班子领导出席了会议。

□ 2009年全市组织工作会议召开。市委书记、市人大常委会主任刘志庚，市委常委、组织部部长庞国梅等领导出席了会议。

□ 松山湖管委会与广东医学院共建东莞市第二人民医院（广东医学院附属东莞市松山湖医院）举行签约仪式。市委常委、常务副市长冷晓明出席了签约仪式。

□ 东莞市政府和香港贸发局联合签订——《共同协助在莞港企业拓展新兴市场合作协议》。市委常委、副市长江凌与香港贸发局副总裁黄锦辉分别代表双方见证了签字仪式。

23日 市委书记、市人大常委会主任刘志庚，市委副书记、市长李毓全，市政协主席刘树基，市人大常委会常务副主任张继雄等视察东莞市公交视频监控中心、东城市场、好又多超市以及东莞迎春花市。

1月 东莞市2008年“市民评机关”活动评议结果揭晓，市社会保障局名列市窗口办事单位综合得分第一名，石龙镇列综合得分各镇（街道）第一名。

1月 国家文物局共同组织评选的“第四批中国历史文化名镇名村”揭晓，石龙镇获评“中国历史文化名镇”，成为东莞市首个获此殊荣的镇街。

1月 东莞市的石龙、大朗、长安三镇获广东省首批食品安全示范镇，并将获得省食品安全委员会给予的5万元奖励。

1月 东莞市地税系统共组织各项税费收入307.79亿元，历史性地突破了300亿元大关。

1月 东莞出台推动产业结构调整和转型升级的“1+26”政策体系，各项政策相继推出。其中“1”是指《关于推进产业结构调整促进产业转型升级的意见》，“26”是指《东莞市推进加工贸易转型升级工作方案》、《东莞市推动产业结构调整和转型升级实施“三旧”改造土地管理暂行办法》等26项具体配套政策文件。

## 2 月

2日 黄双福、何嘉琪、崔建、陈国辉、梁国英、邓志广、成洪波、游敏达等市四套班子领导深入基层，给春节留守值班的环卫工人、公安、武警、供水供电企业员工、武警官兵派发新年利是并送上了新年的祝福。

3—4日 商务部副部长蒋耀平一行到东莞调研，并先后走访了华宝鞋业有限公司和生益科技有限公司。市领导刘志庚、李毓全、江凌等会见了蒋耀平一行。

□ 人力资源和社会保障部副部长何宪一行，在省委常委、副省长肖志恒等陪同下莅莞调研。市委书记、市人大常委会主任刘志庚，市委副书记、市长李毓全等接待了何宪一行。

4日 刘志庚、李毓全、刘树基、黄双福、张继雄等市几套班子领导，率市人大常委会、市政府、市政协秘书长，市委、市政府副秘书长、市直单位、镇街党政负责人约200人，视察南城“鸿福商圈”等中心区8个城建亮点工程。

5日 2008年11月9日至2009年2月5日，东莞市总降水量为8.5毫米，创造了1957年以来最为少雨干旱的新纪录。

6日 李毓全、冷晓明、吕競等市领导以及相关职能单位主要负责人会见由四川阿坝州委常委、汶川县委书记青理东率领的汶川党政代表团。

8日 全国政协副主席、科技部部长万钢在副省长宋海的陪同下对东莞科技创新工作进行专题调研和指导。

□ 中共中央政治局常委、国务院副总理李克强在汪洋、黄华华、刘志庚、李毓全等省市领导的陪同下到莞调研。

9日 西藏自治区林芝地委书记、人大工委主任赵合率林芝党政代表团到莞参观考察。市委书记、市人大常委会主任刘志庚，副市长顾春芳会见并接待了赵合一行。

10日 市委副书记、市长李毓全会见了英国英中贸易协会主席白乐威爵士一行。

□ 2009年度全市武装工作会议召开。市委书记、市人大常委会主任刘志庚，东莞军分区司令员刘国辉，市委常委、东莞军分区政委卢广海等领导参加会议。

□ 市委常委、市纪委书记甄瑞潮率队到市交通部门督导从莞高速（含清溪支线）、深圳外环高速东莞段等两大重点工程建设情况。

▲ 东莞市创建全国文明城市工作表彰大会召开。中央文明办协调组副组长、省文明委主任林雄，省人大常委会副主任、省文明委副主任王宁生，副省长、省文明委副主任雷于蓝等中央和省有关领导，及市几套班子领导出席了会议。

11日 政协第十届广东省委员会第二次会议在省委礼堂开幕。东莞市政协主席刘树基，市人大常委会副主任吕競，市政协副主席袁德和等出席会议。

□ 国家地震局副局长赵和平到莞考察。市领导刘志庚，梁国英向赵和平一行介绍了东莞防震减灾工作情况。

□ 全省农业工作会议在东莞市举行。市委副书记、市长李毓全，副市长李小梅接待了与会人员。

□ 全市外经贸工作会议召开。市委书记、市人大常委会主任刘志庚，市委常委、副市长江凌，副市长顾春芳参加会议。

13日 广东省第十一届人民代表大会第二次会议举行。市领导刘志庚、李毓全、张继雄等参加会议。

15日 由中国美术家协会，广东美协、岭南画院等单位联合举办的“感悟水墨——黄泽森国画人物作品展”首次在中国美术馆大厅里举行。

16日 望牛墩、道滘、中堂举行第二批平安社区挂牌仪式。市委常委、纪委书记甄瑞潮，副市长李小梅，市政协副主席刘发枝等分别为上述三镇“平安社区”揭牌。

16—17日 国务院研究室党组成员、副主任李炳坤率调研组一行莅莞，就农民工就业问题进行调研。省委常委、副省长肖志恒，市领导冷晓明、李小梅等接待了调研组一行。

**17日** 由江门市市委常委、宣传部部长王晓，副市长谢日荣，政协副主席李旭组成的创建工作考察团到东莞市考察。市委常委、宣传部部长王道平，副市长吴道闻等会见了考察团一行。

□ 副市长邓志广到常平镇调研人口计生工作情况，并出席板朗村“平安社区”挂牌仪式。

**17—18日** 市委常委、组织部部长庞国梅，市委常委、副市长江凌分别到市环保局，调研全市截污主干管网建设工作和全市环保专业基地建设工作。

**18日** 国务院参事、农业部原副部长、国务院扶贫开发领导小组原副组长刘坚率国务院参事室调研组莅莞，对应对金融危机和贯彻国家宏观调控政策拉动内需等有关情况进行专题调研和指导。

□ 市外商投资企业协会举行第三届监事会、第五届理事会就职典礼暨春茗晚宴，国基集团董事长朱国基担任协会新会长。市领导刘志庚、刘树基、江凌等到会祝贺。

**19日** 国务院副秘书长毕井泉，在副省长万庆良，省政府副秘书长刘晓捷等陪同下莅莞调研经济发展以及应对金融危机情况。

□ 省政府发展研究中心副主任李惠武到东莞宣讲《珠江三角洲地区改革发展规划纲要》。刘志庚、李毓全、刘树基等市几套班子领导听取了报告。

□ 由新加坡教育部兼新闻、通讯及艺术部高级政务部长吕德耀，贸工部政务部长李奕贤率领的新加坡商务考察团莅莞访问。市委书记、市人大常委会主任刘志庚在松山湖会见考察团。

**20日** 工业和信息化部副部长欧新黔率调研组到莞调研。市委书记、市人大常委会主任刘志庚接见了调研组一行，副市长邓志广陪同调研。

□ 副市长成洪波带领市公安局、新莞人服务管理局、市公安消防局等部门有关领导对东城街道火灾隐患整治工作进展情况进行督导。

□ 东莞市公安消防支队凤岗大队和谢岗大队相继挂牌成立。

**23日** 省人大联谊会第一届监事会第二次会议在东莞市召开。市领导李毓全、张继雄、吕兢、梁国英等会见了联谊会一行。

□ 市委副书记、市长李毓全深入虎门镇，重点调研省、市、镇安排的重点项目建设情况。

□ 市委副书记、市长李毓全会见了澳门特别行政区特派员卢树民。

□ 诺基亚集团执行副总裁埃期科・阿霍到访东莞。副市长邓志广接待了埃期科・阿霍一行。

**24日** 市委副书记、市长李毓全会见香港中华总商会代表团，市委常委、副市长江凌参加会见。

□ 中国气象局副局长矫梅燕到莞考察。市委副书记、市长李毓全接见了矫梅燕一行，副市长李小梅陪同考察。

**25日** 全市经贸工作会议召开。市领导李毓全、吕兢、邓志广、刘发枝等出席会议。

□ 全市春运工作总结表彰会议召开。副市长、市春运工作领导小组组长邓志广出席会议。

□ 海关总署广东分署副主任何力一行到访东莞。市委常委、副市长江凌陪同视察。

□ 全省厂务公开民主管理工作电视电话会议召开。市委常委、纪委书记甄瑞潮，市人大常委会副主任、市总工会主席张顺光等在东莞分会场出席会议。

**26日** 市台商投资企业协会妇女联谊会举行春茗酒会暨三八妇女节活动。市人大常委会副主任李秀冰，副市长李小梅参加活动。

□ 东莞市召开落实全市党风廉政建设和反腐败专项工作任务暨政风行风评议动员会议。市委常委、纪委书记甄瑞潮，副市长李小梅出席了会议。

□ 全市安全生产工作会议召开。市委书记、市人大常委会主任刘志庚，市委副书记、市长李毓全，市人大常委会副主任张顺光等出席会议。

**26日起** 中国邮政储蓄银行莞城支行（运河邮局）可以办理汇往台湾汇款业务。

**27日** 深惠莞三市党政主要领导在深圳举行联席会议，商讨促进三市一体化发展，并签署了《推进珠江口东岸地区紧密合作框架协议》。东莞市委书记、市人大常委会主任刘志庚，东莞市委副书记、市长李毓全出席会议。

□ 市食品药品监督管理工作会议召开。省食品药品监督管理局副局长张烈福，市人大常委会副主任李秀冰，副市长邓志广，市政协副主席林明枢参加会议。

□ 东莞市首次召开全市高中阶段学校布局调整和新建学生宿舍工程现场办公会。副市长吴道闻率员实地考察学生宿舍建设进程。

□ 全市污染减排暨污水处理工程建设会议召开。市委常委、组织部部长庞国梅，市人大常委会副主任吕兢，副市长梁国英等出席会议。

**2月** 东莞市政府出台《东莞市产业导向目录》，这是东莞历史上首次出台类似的产业指导目录。

**2月** 东莞长安的凉茶品牌王老吉，与广州2010年亚运会组委会签约，成为广州亚运会非酒精类饮品的唯一高级合作伙伴。

## 3 月

**1日** “全国第一列”东莞至盐田港集装箱城际快速列车开通，东莞出口货物100分钟就可以运至盐田港，企业的运输成本降了一半。

□ 全国首创失业保险金为困难企业担保，从3月1日起，《关于采取积极措施减轻企业负担稳定就业局势有关问题的通知》正式实施。

**2—8日** 市委书记、市人大常委会主任刘志庚率部分民营企业家赴浙江安徽考察。

□ 全市城市管理综合执法工作会议召开。副市长梁国英出席会议。

**3日** 东莞市召开2009年全市整治环境卫生工作会议。副市长、市整治环境卫生工作领导小组组长梁国英出席会议。

□ 东莞台商协会与广东众源城联手打造的台湾馆暨贸易馆招商推介会在长安镇举行。市委常委、副市长江凌，东莞台商协会会长叶春荣等参加了推介会。

□ 东莞市庆祝“三八”国际劳动妇女节暨表彰大会举行。市领导庞国梅、李秀冰、吴道闻、周楚良等出席会议。

**4日** 全国人大代表、东莞市委副书记、市长李毓全应邀到中央电视台，参加《小崔会客——新闻会客厅两会特别节目》的录制。

**6日** 东莞市第一法院和东城街道党委、街道办在辖区的牛山、鳌峙塘举行东城法庭“巡回办案点”以及“区综治工作站”的挂牌仪式。

□ 广东省妇女维权与信息服务站（东莞站）正式启动。省妇联副主席杨洁芝，市领导庞国梅、李秀冰、周楚良等出席了启动仪式。

**7日** 广东省妇女维权与信息服务站（东莞站）正式启动。省妇联副主席杨洁芝，市领导庞国梅、李秀冰、周楚良等出席启动仪式。

**2月25日至3月8日** 最高人民法院原院长肖扬在东莞考察工作。市委书记、市人大常委会主任刘志庚，市委副书记、市长李毓全向肖扬一行介绍东莞的经济社会发展情况。

**9日** 副省长佟星率相关省直部门负责人，在副市长梁国英、邓志广及市直有关部门、镇街负责人陪同下，到位于虎门镇的广深沿江高速东莞段太平特大桥施工现场检查工程进度。

**10日** 山东省滨州市委副书记、市长张光峰率团来莞，考察东莞服装企业创立自主品牌等方面的经验。市委书记、市人大常委会主任刘志庚会见张光峰一行。

□ 沃尔玛中国区副总裁傅希孟一行到莞商讨合作事宜。市委书记、市人大常委会主任刘志庚会见傅希孟一行。

□ 从莞高速公路（含清溪支线）及深圳外环高速东莞段沿镇工作协调会在清溪镇召开。市委常委、纪委书记甄瑞潮，副市长邓志广等参加了会议。

□ 市政协主席刘树基率队到广东志成冠军集团有限公司，就金融海啸形势下企业的发展情况进行调研。

□ 市委书记、市人大常委会主任刘志庚会见了率团来莞的韶关市副市长陈秋彦，双方就莞韶产业转移工业园建设情况交换了意见。

□ 市第十四届人大常委会第十六次会议召开。市人大常委会常务副主任张继雄，市人大常委会副主任张顺光、陈国辉、冯同恩、吕兢、李秀冰等出席了会议，市委常委、副市长江凌列席了会议。

**11日** 市委书记、市人大常委会主任刘志庚深入横沥、桥头、东坑等镇调研企业应对金融危机。

□ 市委常委、组织部部长庞国梅召集城管、城建、国土等部门和街道负责人参加市区污水处理厂及截污管网三期工程协调会议。

**12日** 东莞市2008年度驰名著名商标企业座谈会举行。副市长邓志广，省工商局副局长姜海平等参加座谈会。

□ 副市长梁国英和市环卫整治工作领导小组领导分别到万江拔蛟窝等村（社区），为获得“市容环境优美村（社区）”的村居授牌。沙田成功创建为“省卫生镇”。

**13日** 中国移动广东有限公司东莞分公司首个综合信息化体验厅正式投入使用，该体验厅主要包括个人业务区、集团区等板块。

□ 东莞科技合作促进中心与北京技术交易促进中心、北京农林科学院举行三方合作签约及种子移交仪式。合作的内容主要是：“奥运蔬菜”将在东莞栽种、上市。

**16日** 中国进出口银行党委书记、行长李若谷到访东莞市。市委书记、市人大常委会主任刘志庚，市委常委、常务副市长冷晓明，市委常委、副市长江凌会见李若谷一行。

□ 市委常委、副市长江凌在会展国际大酒店会见了到莞访问的由马里共和国领土管理和地方机构部长卡富古纳·科内率领的代表团。

**17日** 全市净化社会文化环境工作会议召开。市委常委、宣传部部长王道平，市人大常委会副主任李秀冰，副市长吴道闻、严小康，市政协副主席周楚良出席会议。

□ 东莞产业支援联盟在松山湖启动。市委常委、常务副市长冷晓明出席启动仪式。

□ 东莞出入境检验检疫局石排检测基地开检。副省长万庆良，广东出入境检验检疫局局长李延辉，省外经贸厅厅长梁耀文，市委常委、副市长江凌到场祝贺。

□ 市委书记、市人大常委会主任刘志庚到位于松山湖的东莞新能源科技有限公司视察。

□ 全市纪检监察信息工作座谈会在石龙镇召开。市委常委、纪委书记甄瑞潮出席会议。

**18日** 市委副书记、市长李毓全到厚街镇参观第21届名家具展，了解金融危机对家具企业的影响以及应对金融危机的措施，鼓励企业拓展内销。

□ 全市新莞人服务管理工作会议召开。市领导李毓全、黄双福、崔建、成洪波等出席会议。

□ 由卫生部主办的2009年“世界防治结核病日”现场宣传活动在莞城文化广场举行。卫生部副部长尹力，卫生部防治结核病形象大使彭丽媛出席宣传活动，省长黄华华，市领导刘志庚、李毓全、吴道闻参加宣传活动。

□ 国家卫生部副部长尹力、省卫生厅副厅长黄飞在副市长吴道闻陪同下视察市社区卫生服务机构。

**19日** 市委书记、市人大常委会主任刘志庚主持召开民营企业家座谈会。

□ 全市人口计生工作总结表彰会议召开。市委书记、市人大常委会主任刘志庚出席了会议并作重要讲话，市委副书记、市长李毓全与镇街和市计生兼职单位主要领导签订目标管理责任书，副市长李小梅主持会议。

**20日** 刘志庚、江凌等市领导及有关部门负责人，与由市外商投资企业协会会长朱国基率领的监理事会成员会面，并举行座谈会。

□ 获得“全国文明单位”称号的市法律扶助处举行挂牌仪式。市委常委、宣传部部长王道平，副市长成洪波等出席挂牌仪式。

□ 由人力资源和社会保障部副部长杨志明率领的就业工作专项督查组一行到长安镇开展就业专项督查。市委副书记、市长李毓全，副市长李小梅会见了督查组一行。

□ “广东省政府外经贸工作现场办公会”来到东莞。副省长万庆良率十多个部门负责人，对企业提出的问题逐一作出回应。市委书记、市人大常委会主任刘志庚会见万庆良一行。

□ “广东省政府外经贸工作现场办公会”来到东莞。副省长万庆良率十多个部门负责人，对企业提出的问题逐一作出回应。市委书记、市人大常委会主任刘志庚会见了万庆良一行。市委常委、副市长江凌等出席了会议。

**21日** 第四届“加快民营经济与区域经济共同发展”论坛在樟木头镇举行。全国政协副主席郑万通，市领导刘树基、邓志广等出席论坛开幕式。市委书记、市人大常委会主任刘志庚会见郑万通一行。

**22日** “天骄峰景——东莞市摄影家协会2009年年会暨东城街道第二届群众摄影艺术节”举行。市政协主席刘树基，市政协副主席、市委统战部部长袁德和参加了活动。

**23日** 广东省安全生产责任制履职情况汇报会在莞举行。市委副书记、市长李毓全，副市长邓志广分别向省安全生产责任制考核组进行述职，市委书记、市人大常委会主任刘志庚会见考核组一行。

□ 市委书记、市人大常委会主任刘志庚专程到岭南美术馆参观东莞籍旅美画家胡宇基“荷塘诗韵——胡宇基八十巡回展”。

□ 副市长吴道闻会见了来莞访问的香港理工大学校长唐伟章。

24日 市廉政工作会议召开。市领导李毓全、冷晓明、甄瑞潮、江凌等出席会议。

□ 市委常委、副市长江凌在市国防教育训练基地为驻莞部队代表作关于东莞经济形势的报告会。市委常委、军分区政委卢广海主持报告会。

□ 东莞市依法治市工作领导小组召开会议，研究依法治市工作。市领导刘志庚、李毓全、黄双福等出席会议。

□ 惠州市委书记黄业斌率由常委、副市长及区、局长等组成的“高规格”党政考察团到莞。刘志庚、李毓全、刘树基、黄双福、张继雄等市几套班子领导接待惠州市党政代表团。

□ 省政府召开全省市县政府机构改革电视电话会议。市委副书记、市长李毓全，市委副书记、政法委书记黄双福，市委常委、秘书长何嘉琪，市委常委、组织部部长庞国梅，副市长李小梅在东莞分会场参加了会议。

25日 大朗镇举办“中国电子信息产业名镇”称号揭牌仪式。国务院参事、国家专家咨询委员会主任、中国电子商会会长曲维枝，中国电子商会常务副会长兼秘书长王宁，市领导刘树基、邓志广等出席揭牌仪式。

□ 市委书记、市人大常委会主任刘志庚，市政协主席刘树基会见由北京海淀区区委书记谭维克、区政协主席彭兴业率领的党政代表团一行。

□ 全市双拥工作领导小组全体会议召开。市领导刘志庚、李毓全、黄双福、何嘉琪、崔建、卢广海、成洪波等出席会议。

□ 全市重点项目建设工作会议召开。市委书记、市人大常委会主任刘志庚，市委副书记、市长李毓全等出席会议。

25日至27日 省综治办专职副主任索健元率检查验收组莅莞。市领导刘志庚、黄双福、崔建、陈国辉、成洪波、林明枢等出席汇报会。

26日 省综治办副主任索健元率检查组听取了寮步、莞城2007—2008年综治工作汇报，随后又实地检查寮步、厚街镇的综治工作。市委副书记、政法委书记黄双福陪同了检查。

□ 市委常委、副市长江凌会见以冈田秀一为团长的日本经济产业省青年干部代表团。

□ 由省委常委、副省长肖志恒带队的中央党校省部级干部班学员调研组到莞调研。

27日 刘志庚、李毓全、冷晓明、何嘉琪、邓志广等市领导率国土、规划、财政等部门负责人，第三次召开虎门港开发建设现场办公会议。

31日 全市禁毒工作会议召开。市委副书记、政法委书记黄双福，市委常委、市公安局局长崔建，副市长成洪波等出席会议。

□ 东莞中心市区全面禁摩。市委副书记、政法委书记黄双福，市委常委、市公安局局长崔建，副市长梁国英、邓志广、成洪波等上街公劝。

□ 省环保局副局长王子葵率领调研组一行到莞调研。副市长梁国英陪同调研组考察。

3月 东莞市中天光纤设备科技有限公司与暨南大学开展产学研合作，研发的TF固定光纤连接器第一条生产线正式投入生产。这是世界上首次实现新型TF光纤连接器的工业化生产。

3月 东莞民营科技企业——东莞勤上光电股份有限公司生产的LED路灯，走进了北京胡同。成为唯一进入北京LED路灯市场的外地企业。

3月 东莞建设银行与意大利AC米兰足球俱乐部、西班牙皇家马德里足球俱乐部和巴塞罗那足球俱乐部、英格兰利物浦足球俱乐部合作发行的国内首张冠军足球信用卡，正式登陆东莞。

3月 国家文化部授予樟木头镇“中国民间文化艺术之乡”的称号。

3月 2008年广东省计算机教育软件评审活动，东莞市厚街镇湖景中学两名教师陆泽娜、钟浩然联手设计的《自然界的水循环》地理课件获得一等奖。

3月 东莞市首个人民调解员培训实践基地在市第一人民法院东城法庭挂牌。

3月 东莞市获 “千年古县” 殊荣。

3月 长安镇获“中国摄影之乡”称号。

3月 塘厦镇获“中国绿色名镇”称号。

## 4 月

1日 全国第九届书法篆刻作品展览（东莞巡展）在岭南美术馆开幕。省文联党组副书记、专职副主席谬曙辉，市委常委、宣传部部长王道平等参加开幕式。

□ 全市创建“广东省食品安全示范镇”现场会暨“广东省食品安全示范镇”挂牌仪式在大朗镇举行，石龙、长安、大朗获得“广东省食品安全示范镇”。副市长邓志广、市政协副主席林明枢出席挂牌仪式。

□ 市政协主席会议组织政协委员视察东莞市社会治安工作。市政协主席刘树基，市委常委、市公安局局长崔建，市政协副主席刘发枝、游敏达、邝明子等参加视察活动。

2日 虎门路东社区挂上“全国文明村镇”牌匾，这是东莞市唯一获此殊荣的社区。市政协主席刘树基，市人大常委会常务副主任张继雄等出席挂牌仪式。

□ 中堂至麻涌公路在中堂镇正式动工大修。副市长邓志广出席动工仪式。

7日 全市食品安全样板市场建设暨散装水泥中转库整治工作会召开。副市长邓志广参加了会议。

8日 市社会工作领导小组召开第一次会议，审议《中共东莞市委东莞市人民政府关于加快社会工作发展的意见》及相关配套文件，研究部署工作任务。市领导黄双福、庞国梅、成洪波等出席会议。

□ 东莞市企业联合会、东莞市企业家协会举行2009春茗会。市政协主席刘树基，市委常委、常务副市长冷晓明，副市长邓志广，市政协副主席游敏达，市政协副主席、市委统战部部长袁德和等出席年会。

9日 珠三角各市现场会第八站在东莞市召开，现场会对东莞市贯彻实施《珠江三角洲地区改革发展规划纲要》、推进“三促进一保持”和“双转移”等各项工作进行了检查指导，省委书记汪洋主持会议。

10日 全省村务公开和民主管理“难点村”治理工作电视电话会议召开。副市长成洪波参加会议。

□ 省政协副主席、省妇联主席温兰子率省妇联调研组到东莞市调研。市委副书记、政法委书记黄双福，市委常委、组织部部长庞国梅接待温兰子一行。

□ 中国银行在东莞的首家财富管理中心开业。

12日 广东省贯彻《珠三角改革发展规划纲要》动员会电视电话会议召开。市委书记、市人大常委会主任刘志庚，市委

副书记、市长李毓全在广州主会场出席会议，市几套班子领导等在东莞分会场参加会议。

13日 甘肃卫视落地东莞签约仪式在市广播电视台举行。甘肃省委常委、宣传部部长励小捷，东莞市委常委、宣传部部长王道平参加签约仪式。

14—15日 国家商务部副部长马秀红一行莅莞调研。市委书记、市人大常委会主任刘志庚，市委副书记、市长李毓全分别汇报了东莞的经济运行情况。

15日 东莞首家纯民资小额贷款公司——东商小额贷款有限公司在厚街正式开业。省金融办主任周高雄，市政协主席刘树基，市委常委、常务副市长冷晓明，市委常委、市委秘书长何嘉琪等出席开业庆典仪式。

□ 全市三防工作会议召开。副市长李小梅参加会议。

□ 全市社区服务体系建设暨农村社区建设推进工作会议召开。市委常委、组织部部长庞国梅，市人大常委会副主任陈国辉，副市长成洪波，市政协副主席林明枢参加会议。

□ 横沥首届模具制造机械展在横沥镇汇英国际模具城展示中心开幕。副省长佟星，市委副书记、市长李毓全，市政协副主席朱伍坤等出席开幕式。

□ 石碣镇举行38项重点工程奠基（竣工）典礼。市领导刘志庚、张继雄、甄瑞潮、王道平、吕兢、刘发枝等出席典礼。

16—17日 由青海省委书记、省人大常委会主任强卫率领的青海省党政代表团到莞参观考察。市委书记、市人大常委会主任刘志庚，市委副书记、市长李毓全陪同考察。

□ 全市审计工作会议召开。副市长严小康、市政协副主席朱伍坤等出席了会议。

□ 东莞市在石碣镇江滨公园举行江河渔业资源人工增殖放流活动。副市长李小梅参加增殖放流活动。

□ 广州军区副政委田义功少将在广东省军区副政委赵存生少将的陪同下视察东莞军分区。东莞军分区司令员刘国辉，市委常委、东莞军分区政委卢广海等接待田义功一行。

□ 辽宁省人大常委会党组书记、常务副主任闫丰率队到莞考察受金融危机影响及应对情况。市委书记、市人大常委会主任刘志庚会见闫丰一行。

□ 市委书记、市人大常委会主任刘志庚会见浦发总行副行长刘信义。

17日 广东中远船务工程有限公司为印度APJ集团建造的5.7吨散货船“凯斯”轮在麻涌镇正式下水。市委常委、副市长江凌，印度驻广州总领事馆执行总领事达摩登等出席交船仪式。

□ 市人大常委会视察林业科学发展工作。市人大常委会常务副主任张继雄，副主任张顺光、陈国辉、冯同恩等参加视察。

□ 全市截污主干管工程督导会议召开。市委常委、组织部部长庞国梅主持会议。

18日 由外交部驻港特派员吕新华率领的外国驻香港领事代表团到莞访问。市委副书记、市长李毓全会见吕新华一行，市委常委、副市长江凌参加会见。

□ 东莞市轨道交通R2线起点站暨石龙火车站新站开工仪式在石龙镇举行。R2线首期工程为石龙站至虎门白沙站，总投资138亿元，途经石龙、茶山、东城、莞城、南城、厚街等镇街，全长37.768公里，设13个站。

20日 市委副书记、市长李毓全接见“助学大王”张坤和“灭鼠大王”李传根。

□ 全国人大法工委行政法室副主任张世诚到莞授课，详解新《食品安全法》的亮点。市人大常委会副主任李秀冰、副市长邓志广出席培训班。

21日 全市民营经济暨名牌带动战略工作会召开。市领导刘志庚、张顺光、邓志广、邝明子等出席会议。

□ 全省安全生产应急管理综合试点动员电视电话会议召开。副市长邓志广在东莞分会场参加会议。

□ 东莞市首届收藏文化座谈会在岭南画院召开。市委常委、宣传部部长王道平，副市长严小康参加座谈会。

□ 首次全市知识产权工作会议暨专利奖颁奖大会召开。市委常委、常务副市长冷晓明，省知识产权局局长陶凯元等参加会议。

□ 市委副书记、市长李毓全应邀到中央文明办，与中央文明办专职副主任王世明举行工作会谈。

□ 全国政协经济委员会主任张左己率专题调研组到莞，围绕“扩大内需、调整结构、改善民生，保持国民经济平稳较快发展”进行调研。

22日 以省委统战部副部长何文洪为组长的省委检查组莅莞检查东莞市贯彻落实中央和省委统战工作有关文件的情况，市领导黄双福、吕兢、吴道闻等出席相关活动。

□ “第四次东莞市民营企业排忧解难协调会”在塘厦镇举行。副市长邓志广参加了协调会。

□ 岭南画院举行落成启用一周年庆典。市委常委、宣传部部长王道平，副市长严小康等出席庆典仪式。

□ 市委常委、副市长江凌会见来自日本四家主流媒体的记者。

□ 东莞中山大学研究院第一届理事会第一次会议在松山湖召开，中山大学校长黄达人，市委常委、常务副市长冷晓明参加会议，并签署《联合共建“东莞中山大学研究院”协议书》。

23日 由中组部等8部委共同组织的院士专家咨询服务团一行21人，来粤为应对金融危机送来“锦囊妙计”，其中中国科学院院士王占国等5位专家抵莞，展开为期四天的咨询服务。在互动交流会上，王占国、莫荣和曹宏斌等3名院士和专家获聘成为东莞市政府顾问，市委书记、市人大常委会主任刘志庚为他们颁发聘书。

□ 东莞市召开维稳综治工作会议。市委书记、市人大常委会主任刘志庚，市委副书记、政法委书记黄双福等出席会议。

24日 省人大常委会委员、财经委员会副主任委员方潮贵率队莅莞调研社保基金预决算情况。市人大常委会副主任张顺光、副市长李小梅陪同调研。

□ 国务院应急办副主任王守兴到莞调研。市委书记、市人大常委会主任刘志庚会见王守兴一行。

26—29日 2009中国（东莞长安）国际饰品及加工机械展览会暨广东众源城中国饰品交易中心开幕仪式在长安镇沙头社区众源城举行。副省长佟星，市委书记、市人大常委会主任刘志庚，市委副书记、市长李毓全等出席开幕式。

27日 市委书记、市人大常委会主任刘志庚，市委常委、副市长江凌会见广东银监局局长刘福寿，双方就完善中小企业金融服务进行交流。

28日 中国科协副主席、中国科协学术与学会工作专门委员会主任、中国科学院常务副院长白春礼率20多名相关院士专家等到东莞市考察。市委书记、市人大常委会主任刘志庚，副市长邓志广等接待白春礼一行。

□ 东莞市纪念五四运动90周年大会在市会议大厦举行。市领导刘志庚、李毓全、张继雄、庞国梅、吴道闻、游敏达出席会议。

□ 省人大常委会委员、环资委副主任委员郭德勤率队莅莞，就《广东省机动车排气污染防治条例（修订草案稿）》开展立法调研。市人大常委会副主任吕兢陪同调研。

□ 全市领导干部学习贯彻《消防法》报告会暨消防安全知识培训大会召开，市领导刘志庚、李毓全、黄双福、甄瑞潮等出席会议。

▲ 市委书记、市人大常委会主任刘志庚受邀做客青年网络论坛，与青少年朋友进行在线交流。

30日　东莞生态园大道动工启动仪式和现场办公会召开。刘志庚、李毓全、黄双福、张继雄等市领导出席活动。

□ 市委常委、副市长江凌到太平口岸，部署猪流感防控工作。

□ 全省普通高等学校毕业生就业电视电话会议召开。副市长李小梅、吴道闻在东莞分会场参加会议。

□ 2009东莞"青年月"暨第六届东莞青年欢乐节在松山湖创意生活城正式启动。市委常委、组织部部长庞国梅出席启动仪式。

4月　凤岗、黄江、横沥首次荣膺国家卫生镇称号。

4月　石龙、长安、大朗获得"广东省食品安全示范镇"。

4月　樟木头公安分局唐沫洲获"全国公安宣传思想工作先进个人"称号，是东莞唯一获得该项荣誉的警察。

4月　东莞市检察院被中宣部、司法部评为全国"五五"普法先进单位。

4月　在全国游泳冠军赛暨全运会预选赛的男子100米蛙泳决赛上，东莞麻涌籍选手张国英，打破全国纪录获得冠军跻身2009年世界排名榜十强。

4月　东莞首个医院警务室在寮步医院设立。

4月　大朗长塘社区获"全国社区商业示范社区"称号。

4月　东莞市有6家企业的6件商标（广东易事特电源股份有限公司的"易事特"商标、东莞徐记食品有限公司的"徐福记"及图商标、广东生益科技股份有限公司的图形商标、东莞市金河田实业有限公司的"GOLDEN FIELD"及图商标、东莞市远梦家用纺织品有限公司的"林"及图商标、广东玉兰装饰材料有限公司的"玉兰FRAGRANT ORCHID"及图商标）被认定的中国驰名商标榜，

## 5　月

5日　2009年全国水库安全度汛电视电话会议召开。副市长李小梅在东莞分会场参加会议。

6日　副市长吴道闻一行到四川映秀镇慰问东莞援建人员。

7日　2008/2009广东宏远华南虎篮球俱乐部东莞银行篮球队CBA总冠军庆功晚会在宏远酒店举行。市委书记、市人大常委会主任刘志庚，市委副书记、市长李毓全等市几套班子领导出席庆功晚会。

□ 第二届东莞国际茶业博览会在东莞会展中心举行。市政协主席刘树基，市委常委、副市长江凌出席开幕式。

8日　珠江三角洲城际轨道交通网络的重要组成部分——东莞至惠州轨道交通项目开工仪式在东莞市常平镇举行。中共中央政治局委员、省委书记汪洋，省委副书记、省长黄华华，省委常委、常务副省长黄龙云，省委常委、秘书长徐少华，东莞市委书记、市人大常委会主任刘志庚，惠州市委书记黄业斌等出席开工仪式。

□ 东莞市在市国防训练基地举行专武干部及民兵比武竞赛。东莞军分区司令员刘国辉，市委常委、军分区政委卢广海，副市长成洪波出席了比武竞赛。

□ 国务院举行了全国中小学校舍安全工程电视电话会议。副市长吴道闻出席东莞分会场会议。

9日　新华社副社长鲁炜率队莅莞考察。市委书记、市人大常委会主任刘志庚，市委常委、宣传部部长王道平会见鲁炜一行。

11日　茅洲河综合治理工程现场会分别在东莞长安、深圳宝安两地举行。副省长李容根、省水利厅厅长黄柏青、深圳市副市长吕锐锋、东莞市副市长李小梅等出席会议。

□ 市委书记、市人大常委会主任刘志庚，市委副书记、市长李毓全率市几套班子领导及有关部门负责人一行50多人赴深圳学习考察。

13日　《香港经济日报》、《明报》、《大公报》、《文汇报》以及亚洲电视台、无线电视台、香港电台等香港主要媒体到莞，就东莞落实《珠江三角洲地区改革发展规划纲要》推进莞港合作等问题进行联合采访。市委副书记、市长李毓全接受采访。

□ 松山湖科技产业园区科学技术协会成立大会暨第一次代表大会在松山湖学术交流中心举行。市委常委、常务副市长冷晓明出席会议。

□ 副市长、市残工委主任成洪波率领市残工委部分成员单位负责人，赴广州参观学习残疾人基础服务设施建设经验。

14日　市委常委、市纪委书记甄瑞潮一行到望牛墩镇，先后对该镇人口计生工作以及重点项目建设工程进行了检查和督导。

15日　全国政协原副主席罗豪才到莞对珠江三角洲外来人口生存与发展状况及地方政府所采取的措施进行调研。市委书记、市人大常委会主任刘志庚会见罗豪才一行。

□ 东莞市召开全市防控重大动物疫病工作会议。副市长李小梅代表市政府与镇街签订防控重大动物疫病工作责任书。

□ 中国工商银行东莞分行举行小企业金融业务中心挂牌仪式，正式挂牌成立小企业金融业务中心。市委常委、副市长冷晓明等领导出席挂牌仪式。

16日　全国政协委员毛林坤率中央学习实践科学发展观活动第四巡视检查组莅莞调研。市领导刘志庚、李毓全、庞国梅等会见检查组一行。

□ 深莞惠三市党政领导在东莞，共商推进珠江口东岸一体化发展大计，并就近期25项重点合作事项、界河及跨界河综合治理计划、边界道路建设及连接计划、跨界客运班线公交化运行合作计划，达成共识且签署协议。省委副书记、深圳市委书记刘玉浦，副省长林木声，深圳市长许宗衡，省环保局局长李清，东莞市委书记刘志庚，东莞市长李毓全，惠州市委书记

黄业斌，惠州市长李汝求等领导出席会议。

**18日** 汶川大地震一周年之际，由阿坝州委常委、汶川县委书记青理东率领汶川党政代表团来莞感恩。市委书记、市人大常委会主任刘志庚接见代表团一行。

□ 市委书记、市人大常委会主任刘志庚会见到访的湖南省郴州市市委书记戴道晋率领的郴州代表团一行。市政协主席刘树基，市人大常委会常务副主任张继雄，市委常委、常务副市长冷晓明参加会见。

□ 中央综治委、中央组织部、人力资源和社会保障部联合召开全国综治先进集体先进工作者表彰电视电话会议，表彰2005—2008年度全国社会治安综合治理优秀市和综治先进集体等，东莞榜上有名。市领导刘志庚、黄双福等在东莞分会场出席会议。

**19—20日** 广东省委副书记、省长黄华华率广东省党政代表团第二考察组在广西壮族自治区主席马飚陪同下，赴东莞市对口帮扶的广西河池市考察。市委副书记、市长李毓全随同考察。

□ 东莞市创建国家环保模范城市预验收动员大会召开。市委常委、宣传部部长、市创模领导小组副组长王道平，副市长、市创模领导小组副组长梁国英等出席会议。

□ 市委书记、市人大常委会主任刘志庚到茶山镇调研，了解经济发展情况，并深入东莞雀巢有限公司美极分厂和刘黄村实地考察。

□ 2009年“国际博物馆日”粤港澳文博交流暨“走进东莞文明”、“纪念虎门销烟170周年系列活动”启动仪式在虎门镇威远海战博物馆广场举行。国家文物局办公室主任刘曙光，广东省文化厅副厅长景李虎，以及市领导王道平、冯同恩等出席启动仪式。

□ 市政府与广东移动签署战略合作框架协议，广东移动80多亿助力东莞转型升级。在市委书记、市人大常委会主任刘志庚，广东移动总经理徐龙等领导的见证下，副市长邓志广和广东移动副总经理王征宇共同签署这一协议。

**20—21日** 省委常委、省委政法委书记、省公安厅厅长梁伟发围绕公安部门的“一网考”绩效考核方案、抓好社会治安等方面，莅莞进行专题调研。市领导刘志庚、黄双福、崔建等陪同了调研。

□ 东莞学习论坛第25期开讲。中国社会科学院学部委员、数量经济与技术经济研究工作所所长汪同三为与会者作题为《中国经济与美国金融危机》的经济形势报告。市政协主席刘树基，市委副书记、政法委书记黄双福，市人大常委会常务副主任张继雄等市几套班子领导出席学习论坛。

□ 东莞科技企业赴大连、长春高校产学研合作考察。40家企业首先到大连理工大学进行产学研合作，签下了16个产学研合作项目。

□ 在副市长邓志广的带领下，市中小企业局组织了10多名东莞企业家远赴莞韶产业转移园看环境、找商机。

**21日** 市委书记、市人大常委会主任刘志庚会见莅莞考察的香港东莞同乡总会访问团。

□ 2009年广东省中小企业服务日东莞站活动在市科技馆举行。全国中小企业协会秘书长孙秀春，副市长邓志广，广东中小企业局副局长官维平出席开幕式。

□ 市第十四届人大常委会第十七次会议召开。市人大常委会常务副主任张继雄，市人大常委会副主任张顺光、陈国辉、冯同恩、吕兢、李秀冰等出席会议。副市长李小梅等列席会议。

**22—23日** 副市长成洪波率考察团赴重庆市学习考察。

□ 市政协召开十一届十二次常委会议，会议组织视察了虎门港发展情况。市政协副主席林明枢、刘发枝、游敏达、邝明子、朱伍坤、袁德和等出席会议。

□ 国务院研究室综合司司长陈文玲一行到莞就东莞市如何在落实《珠三角地区改革发展规划纲要》中深化粤港澳合作情况进行调研。

□ 全国人大常委会委员、全国人大内务司法委员会主任委员黄镇东率调研组一行莅莞调研。省人大常委会原副主任李近维，市委书记、市人大常委会主任刘志庚，市人大常委会常务副主任张继雄，市人大常委会副主任陈国辉会见了调研组一行。

□ 由市政协主席刘树基、副市长邓志广率队的200余家东莞家具企业组成的赴鄂考察团一行抵达武汉，拉开了东莞家具“北伐”国内市场的序幕。

**23日** 由香港招商局集团有限公司董事兼招商局工业集团董事长袁武带队，香港特别行政区全国人大代表一行莅莞调研。市人大常委会常务副主任张继雄，市委常委、副市长江凌，市人大常委会副主任李秀冰陪同调研。

**24日** 浙江省委副书记、省长吕祖善率领浙江省政府代表团一行莅莞考察。副省长佟星，市委书记、市人大常委会主任刘志庚，市委副书记、市长李毓全陪同考察。

□ 2009年万江龙舟文化节开幕，第一场龙舟锦标赛在万江大桥至曲海大桥段举行。原文化部常务副部长高占祥、原广东省人大常委会副主任李近维等同志出席观礼，市领导张继雄、冷晓明等到场观赛。

**25—27日** 由省环保局副局长王子葵率领的“省环保局东莞创模预验收组”正式进驻东莞市，对东莞市创建国家环保模范城市进行预验收。市领导李毓全、王道平等出席预验收工作汇报会。

□ 美国东西方中心组织记者团来莞访问。市委常委、副市长江凌会见记者团一行。

**26日** 市委副书记、市长李毓全到厚街镇，围绕在产业转型和结构调整之中如何更好地“保增长”进行专题调研。

□ 副市长成洪波深入到凤岗镇火灾隐患重点地区大龙工业区和部分出租屋、“三小”场所进行督导检查火灾隐患整治，并看望消防大队和专职队官兵。

□ 由省环保局副局长王子葵率领的省环保局东莞创模预验收组分三组，从现场检查、资料审核、公众对城市环保满意率调查3方面，对东莞市的创模工作进行打分。

□ 市委常委、副市长江凌领着建设、规划、国土等6个职能部门的相关负责人到寮步镇召开现场办公会，针对该镇重点工程当中所遇问题进行逐一协调，并要求各部门加快力度推动建设进度。

**27日** 东莞市创模省预验收工作通报会召开。市委副书记、市长、市创模领导小组组长李毓全，市委常委、宣传部部长王道平，市人大常委会副主任吕兢，副市长李小梅、梁国英，市政协副主席林明枢出席会议。

□ 全省保障性安居工程电视电话会议召开。副市长梁国英在东莞分会场参加会议。

□ 由江西省委常委、副省长陈达恒率领的江西省农业经贸考察团莅莞考察。市委副书记、市长李毓全会见考察团一行。

□ 市第二人民医院在松山湖举行动工仪式。省政协副主席、省卫生厅厅长姚志彬，市委常委、常务副市长冷晓明，市政协副主席邝明子出席开工仪式。

□ 勤上光电半导体照明技术研究院挂牌成立。市委常委、常务副市长冷晓明出席挂牌仪式。

**30日** 石龙镇举行龙舟文化节龙舟巡游活动。中央人民政府驻港联络办副主任黎桂康，市委常委、常务副市长冷晓明出席龙舟文化节龙舟巡游活动。

□ 东莞市首届青少年廉洁文化书画现场大赛在市体育中心篮球馆举行。市委常委、市纪委书记甄瑞潮出席现场大赛。

□ 东莞市首个获"中国历史文化名镇"殊荣的石龙镇举行了挂牌暨石龙博物馆开馆仪式。

**31日** 市委书记、市人大常委会主任刘志庚，市委副书记、市长李毓全分别到市机关第二幼儿园、莞城中心小学、莞城步步高小学、市残疾人康复中心和市机关幼儿园，给孩子们带去节日的礼物和祝福。市委常委、组织部部长庞国梅，副市长吴道闻、成洪波等陪同看望。

□ 省政府召开全省殡葬管理工作电视电话会议。副市长成洪波参加东莞分会场的会议。

□ 首批50辆城市小巴正式投入运营。市委书记、市人大常委会主任刘志庚，市委副书记、市长李毓全，副市长邓志广出席城市小巴启动仪式。

□ 市对口支援地震灾区重建工作领导小组（扩大）会议召开。市委副书记、市长李毓全，市委常委、常务副市长冷晓明等出席会议。

**5月** 广东中远船务工程有限公司获"全国五一劳动奖状"，赵俊祥、卜育才两名员工分别获得"中央企业劳动模范"称号及"广东省五一劳动奖章"。

**5月** 石龙中学参加由美国太空总署主办的VEX机器人世界锦标赛，获最佳设计奖（金奖）和机器人编队联赛项目比赛成绩优秀奖（银奖）。

**5月** 东莞市出台《东莞市新莞人子女接受义务教育暂行办法》及《东莞市新莞人子女申请入读义务教育阶段公办学校起始年级积分方案（试行）》，这是广东省地级市第一个针对外来流动人口子女入读公校出台的规范性文件。

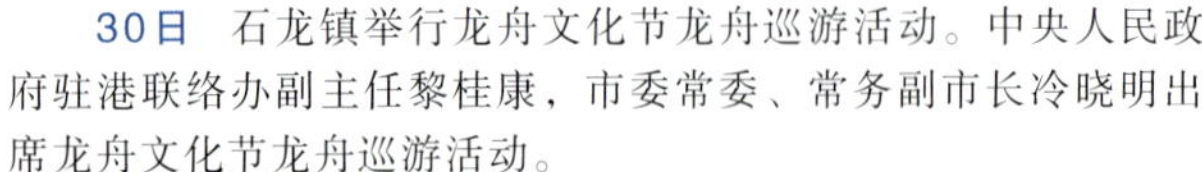

## 6 月

**3日** 市委副书记、市长李毓全到中堂现代农业生态园实地查看工程进展情况。副市长李小梅参加调研活动。

**4日** 沙田镇12项重点工程奠基仪式在立沙安置新区二期工地举行。市领导李毓全、刘树基等出席奠基典礼。

□ 中台办、国台办主任王毅一行莅莞考察，深入石碣镇岳丰电子厂和高埗镇富华鞋业公司实地了解企业生产运行情况，市领导刘志庚、黄双福、何嘉琪、江凌等与王毅一行就台商在东莞的发展情况进行交流。

**5日** 全市高中阶段学校布局调整专项督导工作会议召开。市人大常委会副主任冯同恩，副市长吴道闻出席会议。

□ 全市高中阶段学校布局调整专项督导工作会议召开。市人大常委会副主任冯同恩，副市长吴道闻出席了会议。

□ 东城金玉岭新莞人综合服务小区正式挂牌成立，挂牌仪式后举行全市出租屋视频监控系统推广工作现场会。市委副书记、政法委书记黄双福，副市长成洪波出席挂牌仪式和现场会。

**10日** 市委副书记、市长李毓全到市妇幼保健院新院等医疗基础设施工程建设工地，了解工程进展情况。副市长梁国英、市政协副主席邝明子陪同视察。

**12日** 市领导刘志庚、李毓全、刘树基、甄瑞潮、吕兢、邓志广等率相关部门负责人，视察东莞市落实珠三角一体化交通建设情况，并召开现场办公会解决交通建设中的实际问题。

□ 省委常委、副省长肖志恒率有关部门负责人莅莞调研，重点了解东莞市保企业、保就业、推动社保医保、大学生就业、人才引进等方面的情况。

**13日** 港区省级政协委员联谊会活动在莞举行。市委书记、市人大常委会主任刘志庚会见来自香港地区的部分政协委员。

**15日** 省委召开全省镇街综治信访维稳中心建设电视电话会议，表彰一批先进单位。东莞市被授予全省社会治安综合治理"长安杯"，莞城街道、南城街道、寮步镇、常平镇、厚街镇被授予全省"平安建设先进镇街"光荣称号。市委书记、市人大常委会主任刘志庚，市委副书记、政法委书记黄双福在东莞分会场参加会议。

□ 市委常委、副市长江凌率领虎门、大朗、常平、寮步、厚街和长安等6个特色产业镇街和科技局、外经贸局、经贸局负责人以及纺织服装行业相关协会、企业代表一行40多人，到佛山市南海区西樵镇参观学习产业转型升级经验。

**16日** 全省首个"能源紧缺体验日"，市委书记、市人大常委会主任刘志庚，市委副书记、市长李毓全坐公交车上班，带头倡导节能。

□ 海关总署副署长孙松璞一行莅莞调研，了解海关总署出台的一系列加工贸易政策调整措施的执行情况及效果。市委副书记、市长李毓全会见了孙松璞一行。

□ 全市农业产业园建设工作会议召开。副市长李小梅参加了会议。

**17日** 广东省副省长万庆良，市委书记、市人大常委会主任刘志庚会见国家商务部副部长易小准一行。

□ 市委书记、市人大常委会主任刘志庚会见中国人民银行广州分行行长马经一行。

□ 市委书记、市人大常委会主任刘志庚会见了到访的沃尔玛中国区副总裁傅希孟。

**18日** 首届广东外博会暨2009厚街酒店文化节开幕式晚会举行。副省长万庆良，市委常委、副市长江凌，副市长顾春芳等出席晚会。

□ 首届广东外商投资企业产品（内销）博览会开幕。中共中央政治局委员、省委书记汪洋，省委副书记、省长黄华华，商务部副部长易小准，副省长万庆良，省政协副主席汤炳权，香港商务及经济发展局局长刘吴惠兰，市领导刘志庚、李毓全、何嘉琪、江凌、顾春芳等出席开幕式。

□ 市领导黄双福、崔建、成洪波等率领市委政法委、市公安局、市信访局、市司法局等部门，以及32个镇街、松山湖管委会的负责人一行百余人，到佛山市南海区和深圳市龙岗区考察学习综治信访维稳中心建设经验。

□ 省教育厅副厅长李小鲁率省净化社会文化环境工作督查组莅莞检查。市委常委、宣传部部长、市净化社会文化环境工作协调小组组长王道平向督查组汇报了该项工作的进展。

□ 浙江省舟山市党政代表团到东莞市参观考察。市委书记、市人大常委会主任刘志庚，市委副书记、市长李毓全会见舟山市委书记、市人大常委会主任梁黎明，市政协主席刘爱世等代表团一行。

□ 东莞市石排镇中心小学发生全国首宗聚集性甲流疫情，市委市政府迅速启动应急机制，在短时间内彻底控制疫情。

**19日** 商务部副部长姜增伟莅莞视察外博会。副省长万庆

良，省外经贸厅厅长梁耀文，省政府副秘书长刘晓捷，市委常委、副市长江凌，副市长顾春芳陪同参观视察。

□ 东莞市建设金融强市激励表彰大会召开。市领导刘志庚、李毓全、冷晓明等出席会议。

**20日** 中共中央政治局委员、省委书记汪洋在东莞松山湖科技产业园会见台湾高科技企业考察团一行。副省长万庆良，市委书记、市人大常委会主任刘志庚，市委副书记、市长李毓全等参加会见。

**21日** 市政府召开全市加强甲型H1N1流感防控工作会议。市委副书记、市长李毓全，副市长吴道闻出席会议。

□ 市委常委、副市长江凌会见美国CBA部分生物和药学家访莞团。

□ 广东省首家台资医院——东莞台心医院正式开工建设。海协会会长陈云林、国台办经济局副局长张世宏、卫生部国际合作司副司长王立基、广东省卫生厅副厅长耿庆山，市领导刘志庚、江凌、张顺光、李秀冰、袁德和出席了开工典礼。

□ 海协会会长陈云林召开台商座谈会，给广东台商打气，勉励台商多想办法，渡过金融危机。市委常委、副市长江凌出席座谈会。

**22日** 珠江三角洲地区市教育局局长座谈会在东莞召开。市委书记、市人大常委会主任刘志庚，副市长吴道闻会见与会者。

□ 《全国文明城市测评体系》征求意见座谈会在莞召开。市委书记、市人大常委会主任刘志庚，市委常委、宣传部部长王道平接待与会人员。

**23日** 市委副书记、市长李毓全，市委常委、副市长江凌在市行政办事中心分别会见日本国驻穗总领事吉田雅治。

□ 市委副书记、市长李毓全到收治甲型H1N1流感病人的石龙人民医院和市疾病预防控制中心探望病人和防疫人员，并要求卫生部门要从人员分布、后勤保障、设备等方面做好准备，为东莞编织一张严密的流感防控网。

□ 广东省民兵预备役营（连）“四个基本”建设现场观摩会在东莞分会场迎来50多名与会代表。省委常委、省军区司令员辛荣国少将，省军区政治委员蔡多文少将，市委副书记、市长李毓全，东莞军分区司令员刘国辉等出席东莞分会场的观摩会。

□ 省政府副秘书长、省人口计生委主任张枫率领省流动人口计生服务管理专项活动综合督查组莅莞调研。

**24日** 全市加强镇（街）综治信访维稳中心建设动员大会召开。市领导刘志庚、黄双福、崔建、陈国辉、朱伍坤等出席会议。

**25日** 市内资经济促进中心成立以来的首场异地大型投资推介会在广州举行。东莞共签约57个项目，协议投资额470.63亿元。

□ 东莞市的全国、省人大代表专题调研暨人大代表约见副市长活动在虎门港举行。调研主要围绕东莞市贯彻实施《珠三角改革发展规划纲要》，建设珠三角新兴物流城市的情况展开。

□ 市委书记、市人大常委会主任刘志庚率东莞市代表团抵达武汉考察。武汉市委副书记、市长阮成发代表武汉市委、市政府接待了代表团一行。

□ 由市政协主席刘树基，市政协副主席、市委统战部部长袁德和率队的东莞市个体私营协会考察团一行抵达山西运城，就东莞民营企业在金融危机影响下如何拓展内销市场、开辟原材料产地采购网络进行商务考察。

**26日** 香港政务司司长唐英年率领香港工商业界代表访莞，与市委副书记、市长李毓全，市委常委、副市长江凌等进行座谈。

**27日** “东莞家具”武汉盛夏之旅在武汉欧亚达徐东店开启，东莞家具企业代表与当地经销商现场签约合作项目共54个，总金额达208亿元。湖北省副省长田承忠，武汉市副市长邵为民，广东省经贸委巡视员戚真理，市委书记、市人大常委会主任刘志庚，副市长邓志广等出席启动仪式。

**28日** 市委副书记、市长李毓全会见中组部第二期现代城市领导者专题研究班的30多名学员。

**30日** 东莞市纪念中国共产党成立八十八周年座谈会举行。市委书记、市人大常委会主任刘志庚，市委常委、组织部部长庞国梅等参加座谈会。

□ 东莞市召开创建法治镇试点工作总结暨全面铺开动员大会。省依法治省领导小组办公室常务副主任张宇航、专职副主任黄慧彪，市领导刘志庚、李毓全、刘树基等出席会议。

□ 市安委会季度例会暨全市防范重特大事故工作会议召开。副市长邓志广参加了会议。

**截至5月** 东莞市金融机构本外币各项存款余额达4668亿元，金融总量居全省第四位，各类金融机构资产质量居全省第一。

## 7　月

**1日** 市委党校举行纪念中国共产党成立88周年暨建校50周年座谈会，市委副书记、政法委书记、市委党校校长黄双福，市政协副主席、市委统战部部长袁德和到会祝贺。

□ 市委副书记、市长李毓全到清溪镇考察银瓶山森林公园清溪片区道路及停车场等基础设施建设工程进展情况。

**2日** 市委书记、市人大常委会主任刘志庚到塘厦镇指导该镇领导班子民主生活会，强调领导干部加强理论学习和党性修养，树立和弘扬良好作风，尤其是要大兴团结之风、务实之风、创新之风、廉洁之风。

**3日** 以全国政协常委、全国政协港澳台侨委员会副主任陈佐洱为组长的调研组一行10余人莅莞，就“在实施《珠三角改革发展规划纲要》中，加强粤港澳合作，积极应对金融危机”专题进行调研。市领导刘志庚、刘树基、江凌、袁德和等与调研组一行进行交流。

**6日** 市委书记、市人大常委会主任刘志庚到洪梅镇调研，了解经济运行、企业发展和应对危机等方面情况。

□ 全国妇联副主席、书记处书记甄砚率调研组莅莞了解东莞市的妇女维权工作。市委书记、市人大常委会主任刘志庚，市委常委、组织部部长庞国梅会见调研组一行。

**7日** 市委副书记、市长李毓全到谢岗镇，深入到村居、工厂、香蕉园等地，围绕集体经济、农业产业化、应对金融危机和民生问题调研考察，并看望和慰问干部群众。

**8日** 市委书记、市人大常委会主任刘志庚，市委副书记、市长李毓全分别会见了来莞调研采访的中国新闻社广东分社社长顾立军，畅谈科学发展观、产业结构调整升级、应对金融危机、莞港合作、珠三角一体化等话题。

□ 跨境贸易人民币结算试点东莞启动仪式举行，6家银行分别与6家试点企业签下合作协议。市委常委、副市长江凌出席启动仪式。

□ 市委书记、市人大常委会主任刘志庚在市行政办事中心会见了正大集团董事长谢国民一行。

□ 全市纪律教育学习月活动动员大会暨第七期领导干部"三纪"（党纪、政纪、法纪）教育培训班举行，中纪委、中组部第二巡视组组长，中央纪委原常委祁培文为1200多名领导干部作辅导报告。市委书记、市人大常委会主任刘志庚主持会议。

□ 省质监局与石排镇政府签订合作备忘录，提出双方共同促进石排产业结构调整和经济增长方式转变，提升该镇产品国际竞争力。

**13日** 飞利浦照明全球CEO马德江专程到莞，就飞利浦参股勤上光电结成LED照明应用发展联盟，深入洽谈合作。市委书记、市人大常委会主任刘志庚会见马德江一行。

**14日** 市委副书记、市长李毓全到"电子产业名镇"石碣镇，深入工厂、村居和旅游景区考察调研。

□ 吉林省委组织部副部长叶志刚率吉林省各市州县主要领导干部学习考察团到莞学习考察自主创新经验。市委书记、市人大常委会主任刘志庚，市委常委、常务副市长冷晓明，市委常委、组织部部长庞国梅接待叶志刚一行。

**15日** 全市土地管理工作会议召开。市委副书记、市长李毓全代表市政府与镇街代表签订《东莞市2009年度耕地保护目标责任书》。副市长梁国英出席会议。

□ 由省公安厅副巡视员徐学锦任组长的省综治委督导组莅莞，在市委副书记、市政法委书记黄双福的陪同下，督导检查东莞市镇街综治信访维稳中心试点建设工作。

□ 副市长李小梅率市人事局、教育局、财政局等有关部门负责人，到塘厦、凤岗调研莞籍大学毕业生就业情况。

**20日** 由市委书记、市人大常委会主任刘志庚，市委副书记、市长李毓全率领市"八一"拥军慰问团到市国防教育训练基地，慰问东莞军分区的全体官兵。

□ 中共东莞市委十二届五次全会召开，会议传达贯彻省委十届五次全会精神，总结部署半年工作。市领导刘志庚、李毓全等出席会议。

**21日** 中共中央党校副校长孙庆聚一行到莞，就《中国共产党党校工作条例》及全国党校工作会议精神的贯彻落实情况进行调研。市领导刘志庚、黄双福会见孙庆聚一行。

□ 市第十四届人大常委会第十八次会议召开。市人大常委会常务副主任张继雄，市人大常委会副主任张顺光、陈国辉、冯同恩、吕兢、李秀冰，秘书长周华驹及其他常委会组成人员出席会议。市委常委、常务副市长冷晓明，副市长成洪波，市中级人民法院院长何碧霞，市人民检察院副检察长鲁罡等列席会议。

**22日** 深圳市政协主席王顺生率深圳市政协考察团莅莞考察，了解开展政协工作、应对金融危机、贯彻落实《纲要》等方面的良好做法和经验。市领导刘志庚、刘树基、刘发枝、游敏达等与考察团进行交流。

□ 中国工程院院士、解放军信息工程大学校长邬江兴率国家网络新媒体工程技术研究中心访问团到莞。市委书记、市人大常委会主任刘志庚会见访问团一行。

□ 市政府召开轨道交通R2线首期工程征地拆迁工作动员会。市领导刘志庚、李毓全、梁国英出席会议。

□ 市几套班子领导率"八一"拥军慰问团分赴沙角部队、黄江司卫大队、宝山部队、赤山部队、边检站、武警支队、边防支队慰问。

**23日** 市委书记、市人大常委会主任刘志庚，市委副书记、市长李毓全率领东莞市"八一"拥军慰问团到广州军区、广东省军区慰问。

□ 市委副书记、市长李毓全在市行政办事中心会见韩国驻广州总领事金长焕。

**24日** 市领导刘志庚、李毓全、刘树基、黄双福、张继雄、何嘉琪、甄瑞潮、崔建、江凌、王道平、成洪波以及东莞军分区司令员刘国辉等率"八一"拥军慰问团到42集团军慰问。

□ 东莞市应急救护培训工作动员会召开。副市长、市红十字会会长吴道闻参加动员会。

**25日** 市委副书记、市长李毓全会见到访的中国银行总行副行长朱民一行。

**28日** 全市重点项目建设工作会议召开，现场研究解决市镇重点项目建设存在的困难和问题。市委书记、市人大常委会主任刘志庚，市委副书记、市长李毓全参加会议。

□ 虎门港管理委员会和中国移动通信集团广东有限公司东莞分公司举行共建"无线虎门港"战略合作签约仪式。副市长、虎门港管委会主任邓志广出席签约仪式。

**29日** "世界主流媒体看广东"活动记者团到莞。市委副书记、市长李毓全会见来自美联社、路透社、《华尔街日报》、《金融时报》、《明镜周刊》、《联合早报》等17家世界主流媒体的记者。

**30日** 副省长李容根带队到莞调研督导消防安全和农业工作。市领导刘志庚、李毓全、黄双福等参加调研活动。

□ 全市扩大投资保增长座谈会召开。市领导刘志庚、李毓全、冷晓明等出席座谈会。

**31日** 东莞市新莞人服务管理工作领导小组会议召开。副市长成洪波出席了会议。

## 8 月

**3日** 云浮市委书记王蒙徽、市长黄强率云浮市党政代表团到莞考察。市领导刘志庚、李毓全、黄双福等与云浮党政代表团一行进行交流。

**4日** 肇庆市委书记覃卫东、市长杨浩明率领考察团到莞，专题学习东莞大道建设经验。市委书记、市人大常委会主任刘志庚，市委常委、秘书长何嘉琪等与考察团进行交流。

□ 首批22家进驻松山湖科学园的现代服务业及总部企业正式开业。市委常委、常务副市长冷晓明出席了开业庆典。

**5日** 广东省首个流动妇女儿童"防拐"服务工作站在寮步镇石龙坑村成立。这是全国首批流动妇女儿童"防拐"服务工作站之一。

□ 市委书记、市人大常委会主任刘志庚会见中国建设银行股份有限公司党组成员、副行长胡哲一及其随行人员。

**6日** 全市稳定工业保增长座谈会召开。市委书记、市人大常委会主任刘志庚，市委副书记、市长李毓全，副市长邓志广出席会议。

□ 东莞市首届优秀新莞人社会公开评选活动正式启动。市政协主席刘树基出席了启动仪式。

**8日** 东莞市质量监督检测中心正式揭牌成立，在其基础上建设的国家信息技术设备质量监督检验中心和国家纸制品质量监督检验中心也宣告成立，标志着东莞从此告别无国家级检测机构的历史。

**11日** 全市扩大出口保增长座谈会召开。市委书记、市人大常委会主任刘志庚，市委副书记、市长李毓全，市委常委、

副市长江凌，副市长顾春芳出席会议。

□ 全市农村集体资产管理工作会议召开。副市长李小梅参加会议。

**8—10日** 第三届中国品牌节在青岛隆重举行，副市长邓志广代表东莞捧回了"2009中国十大品牌城市"奖杯。

**12日** 省委书记汪洋与省委常委、秘书长徐少华，省政协副主席、省民盟主委温思美，在东莞市领导刘志庚、李毓全、江凌等陪同下，先后到大朗、松山湖、厚街等3个镇区的10多家企业以及产业园区调研。

**13日** 香港民建联副主席、香港行政会议成员、立法会议员刘江华率队走访东莞。市委常委、副市长江凌，市政协副主席林明枢会见访问团一行。

**14日** 华夏银行广州分行行长张延军一行到访东莞。市委常委、常务副市长冷晓明会见张延军一行。

□ 市委、市政府召开市扩权强镇工作领导小组第一次成员会议。刘志庚、李毓全、黄双福、冷晓明、崔建、李小梅等市领导出席会议。

**17日** 东莞市在市会议大厦举行了支援台湾灾区捐款活动。刘志庚、李毓全等市几套班子领导带头捐款。

□ 第27期东莞学习论坛在市会议大厦举行。刘志庚、李毓全、刘树基、黄双福、张继雄等市几套班子领导和各镇街、相关部门的负责同志参加论坛。

**19日** 清远市委书记陈家记、市长徐萍华率党政代表团到莞考察。刘志庚、李毓全、刘树基等市领导与代表团进行交流。

□ 市委书记、市人大常委会主任刘志庚会见了率团到莞访问的西藏自治区政协副主席索朗卓玛一行。

**20日** 向台湾"莫拉克"台风灾区同胞捐款仪式举行。刘志庚、李毓全、黄双福、冯同恩、顾春芳、成洪波、袁德和等市领导及50多位台商代表出席捐款仪式。

□ "莞消二号"消防船建造工程举行签约仪式。副市长成洪波参加签约仪式。

□ 粤港社会服务交流与研讨会在厚街镇开幕。民政部社会福利与慈善事业促进司司长王振耀，政策研讨中心副主任陈日发，省民政厅厅长刘洪、副厅长陈桂光，副市长成洪波等出席开幕式。

**21日** 散裂中子源工程建设领导小组第一次会议在广州举行。全国人大常委会副委员长、中国科学院院长路甬祥，中国科学院副院长詹文龙，广东省委副书记、省长黄华华，省委常委、常务副省长黄云龙，副省长宋海，市委副书记、市长李毓全等领导出席会议。

**26日** 东莞市特约研究员会议召开。市委书记、市人大常委会主任刘志庚，市委副书记、市长李毓全，市委常委、秘书长何嘉琪出席会议。

□ 省水利厅主管规划的巡视员彭泽英莅莞考察东莞市虎门港长安港区，了解长安港区的立项报批等相关工作。副市长梁国英陪同考察。

**27日** 市轨道交通有限公司举行揭牌仪式。刘志庚、李毓全、刘树基等市领导参加揭牌仪式。

**28日** 国内首家民营糕点博物馆——圣心糕点博物馆在东莞市茶山镇开馆。该博物馆通过实物、照片、现场演示等方式，再现中国历史悠久的传统糕点文化。

**30日** 市委书记、市人大常委会主任刘志庚率团启程赴欧洲的荷兰、比利时、西班牙三国，开展为期八天的港口石化招商引资工作。

**31日** 市委常委、组织部部长庞国梅，市人大常委会副主任李秀冰，副市长顾春芳率由市相关部门和镇街人员组成的交流团赴台湾开展为期七天的交流考察活动。

## 9 月

**2日** 国土资源部副部长贠小苏一行到莞考察，对土地监察实时巡查系统进行调研。副市长梁国英陪同考察。

□ 全市2009年法律服务市场管理联席会议召开。副市长成洪波参加会议。

**3日** 由国务院侨务办公室副主任任启亮率侨商投资权益调研组莅莞，调研侨资企业相关情况。市委常委、副市长江凌与任启亮一行进行交流。

□ 市工程建设领域突出问题专项治理工作会议召开。市委常委、市纪委书记甄瑞潮，副市长梁国英出席会议。

□ 市委副书记、市长李毓全，副市长梁国英率水利、财政、环保、规划等部门负责人，深入运河综合整治工地现场办公，对工程规划建设提出明确要求。

**4日** 西班牙当地时间9月3日上午，市委书记、市人大常委会主任刘志庚率东莞市代表团访问西班牙科技部，与部长克里斯蒂娜·嘉门蒂娅等人，就科技与经贸合作问题进行友好交流。

□ 第22届国际名家具展暨名家具机械材料展、家居饰品展举行。省人大常委会原主任、省关工委主任张帼英，副市长严小康等领导出席开幕式。

**7—8日** 省委常委、政法委书记、公安厅厅长梁伟发到东莞检查督导国庆安保工作。市委副书记、市长李毓全，市委副书记、政法委书记黄双福，市委常委、市公安局局长崔建等市领导陪同梁伟发一行。

**9日** 市委常委、组织部部长庞国梅到广东唯美陶瓷有限公司调研，了解该公司应对金融危机、企业党建工作等情况，并实地察看设于该公司的东莞市非公企业党建展览馆建设情况。

□ 市委书记、市人大常委会主任刘志庚会见由地委书记、人大工委主任赵合率领的西藏林芝地区党政代表团一行。

□ 温州市副市长陈宏峰率团莅莞就保税物流中心、松山湖科技产业园和外经贸工作等进行考察。市委常委、副市长江凌会见陈宏峰一行。

**10日** 庆祝第25个教师节暨表彰大会举行。市领导刘志庚、李毓全、刘树基、黄双福、张继雄、庞国梅、吴道闻等出席大会并为获奖先进个人和先进集体颁奖。

□ 东莞市工会第十四次代表大会在市会议大厦开幕。省总工会常务副主席陈宗文，市领导刘志庚、李毓全、刘树基、黄双福等出席大会。

□ 企石镇2009千年秋枫文化节在东江金海岸体育长廊拉开帷幕。市领导张继雄、庞国梅、王道平、严小康等观赏开幕晚会。

**12日** 市委常委、副市长江凌在市行政办事中心会见了到访的尼泊尔外交部长苏加塔·柯伊拉腊。

□ 东莞市传达贯彻省科技工作会议精神暨2009年科学技术奖励大会在会议大厦召开。市领导刘志庚、李毓全、刘树基等出席会议。

**14—21日** 市委书记、市人大常委会主任刘志庚率市赴台交流团到台湾进行考察交流。

**15日** 国家电监会副主席史玉波率国务院安全生产委员会督查组一行莅莞，对安全生产工作情况进行督查。市委副书记、市长李毓全，副市长邓志广向督查组作汇报。

□ 全国人大常委会原副委员长蒋正华莅莞调研人口与计划生育工作。广东省副省长雷于蓝，市委副书记、市长李毓全，市人大常委会副主任冯同恩，副市长李小梅、吴道闻陪同调研。

□ 中国国民党主席吴伯雄在中国国民党中央党部会见由市委书记、市人大常委会主任刘志庚率领的东莞市赴台交流团。

**16日** 广东省侨务干部业务培训班在东莞市开班。副省长万庆良出席并作重要讲话。副市长成洪波作开班致辞。

□ 市人大常委会常务副主任张继雄，市人大常委会副主任陈国辉、吕兢，市人大常委会秘书长周华驹等一行9人到东莞（韶关）产业转移工业园视察园区的建设和发展情况。

□ 第二届东莞"钻石名菜"评选举行颁奖仪式。商务部商贸服务司副巡视员王德生，省经贸委主任杨建初，市委副书记、市长李毓全，市委常委、组织部部长庞国梅等出席活动。

**17日** 由省民族宗教事务委员会和东莞市人民政府主办、广东民族艺术团精心策划的"广东民族团结进步巡回演出文艺晚会——团结颂"，在东莞市玉兰大剧院举行。省委统战部副部长、省民族宗教委主任陈绿平，市领导李小梅、严小康、朱伍坤、袁德和等出席晚会。

**17—18日** 以"低碳经济与城市未来"为主题的世博论坛（广东）在松山湖科技产业园区开幕。上海市人大常委会副主任杨定华，中国国际贸易促进委员会秘书长徐沪滨，省参与2010年上海世博会工作领导小组组长、副省长万庆良，市委副书记、市长李毓全，市政协主席刘树基等领导出席开幕式。

□ 市赴台交流团在台北、新竹两地拜访9家企业和1家研究机构。其中，中盟光电股份有限公司、智原科技股份有限公司分别与松山湖科技产业园区签订合作意向书。

**18日** 市委副书记、市长李毓全，副市长吴道闻、成洪波等走访莞城新风宝宝学生接送站、市职业技术学校、东城高级中学，开展督查中小学校舍安全工程、新建学生宿舍及高中阶段学校布局调整工作。

□ 市委书记、市人大常委会主任刘志庚率市赴台交流团先后回访了联相光电股份有限公司和胜华科技股份有限公司。

**19日** 东莞市举行"深入贯彻科学发展观与基层党建机制创新"研讨会。市委副书记、市长李毓全，市委副书记、政法委书记黄双福，市委常委、组织部部长庞国梅等参加研讨会。

**20—21日** 山东省委常委、副省长王军民一行18人莅莞，就促进产业优化升级和科技创新、开拓国际国内市场、扶持产业集群发展问题进行考察调研。副市长邓志广陪同考察。

**21日** 香港理工大学校董会主席罗仲荣、校长唐伟章一行到莞，实地考察了威远岛和松山湖，并参观东莞展览馆。市领导刘志庚、李毓全、吴道闻接待了罗仲荣、唐伟章一行。

□ 市委书记、市人大常委会主任刘志庚主持召开市党政领导班子联席会议，专题学习党的十七届四中全会精神。

□ "东莞法制讲坛"在市会议大厦举行，邀请了原国务院法制办主任、原全国人大法制委员会主任委员杨景宇主讲。市人大常委会副主任陈国辉、冯同恩、李秀冰，市人大常委会秘书长周华驹参加讲座。

**22日** 东莞市举行非物质文化遗产项目代表性传承人补贴经费发放仪式，12位传承人分别获得省市发放的9000元补助金。这是东莞市非物质文化遗产保护工作史上首次发放补助金，今后将每年按时发放。

□ 东莞市第二届道德模范评选活动举行颁奖典礼。省文明办常务副主任张子兴，市领导刘志庚、李毓全、王道平等出席颁奖典礼。

□ 松山湖台湾高科技园工作协调会召开。市委常委、常务副市长冷晓明出席会议。

□ 共青团东莞市第十五次代表大会在市会议大厦举行。市委书记、市人大常委会主任刘志庚，市委副书记、市长李毓全，团省委副书记陈东，市政协主席刘树基等出席开幕式。

**23—24日** 东莞市妇女第十三次代表大会开幕。省政协副主席、省妇联主席温兰子，市领导刘志庚、刘树基、张继雄、甄瑞潮、顾春芳等出席开幕式。

**24日** 东莞市妇女第十三次代表大会闭幕。市领导黄双福、李秀冰、严小康、周楚良等出席闭幕式。黄慧红当选市妇联第十三届执行委员会主席。

□ 全市32镇街统一开展大接访活动。李毓全、刘树基、黄双福、张继雄、何嘉琪、甄瑞潮、崔建、王道平、卢广海等市几套班子领导分赴各镇街面对面倾听来访群众的困难和要求。

□ 市轨道交通有限公司与中铁二院工程集团有限责任公司签订R2线的勘察设计总承包合同，合同金额为4.9亿元，相比招标投资金额5.6亿元节省7000万元。

**25日** 市公安消防局举行消防基础工作创新发展规划纲要（2009—2011年）征求意见稿工作汇报会。省消防总队总队长雷盛武，市委书记、市人大常委会主任刘志庚，市委副书记、市长李毓全，市委常委、市公安局局长崔建等出席汇报会。

□ 市举行首届消防业务大比武闭幕式暨消防业务汇报表演。省消防总队总队长雷盛武少将，市领导刘志庚、李毓全、黄双福等观看汇报表演。

**26日** 虎门港首条国际集装箱班轮航线正式开通，这也是东莞第一条班轮航线。

□ 广东产品全国行暨东莞名优特产品展销活动之东莞品牌服装鞋帽（东北）推广周"在长春市欧亚卖场会展中心开幕。东莞市服装鞋帽企业与当地经销商共签下58个合作项目，合作金额达215.7亿元。东莞市政协主席刘树基、市人大常委会常务副主任张继雄，副市长邓志广等领导出席启动仪式。

**27日** 市委、市政府召开市扩权强镇工作领导小组第二次成员会议，总结上一阶段工作和研究部署下一阶段工作任务。刘志庚、李毓全、黄双福等市领导出席会议。

□ 全市调结构保增长优质项目现场会召开。刘志庚、李毓全、江凌、梁国英等市领导参加现场会。

**28日** 2009年重点工程竣工暨动工典礼（主会场）在新落成的东莞职业技术学院举行。市委书记、市人大常委会主任刘志庚，市委副书记、市长李毓全，市政协主席刘树基，市人大常委会常务副主任张继雄及市几套班子领导出席典礼。

**29日** 东莞市各界庆祝中华人民共和国成立六十周年大型广场庆典活动——"歌唱祖国"在市行政中心广场举行。刘志庚、李毓全、刘树基、黄双福、张继雄等市几套班子领导参加庆典活动。

□ 东莞市召开统一战线庆祝中华人民共和国成立60周年暨多党合作制度确立60周年座谈会。市委书记、市人大常委会主任刘志庚到会作重要讲话，市领导李毓全、刘树基、黄双福，吕兢、邝明子、朱伍坤、袁德和、周楚良等出席座谈会，全市统一战线数十名代表参加座谈会。

□ 东莞职业技术学院举行首届新生军训阅兵仪式暨开学典礼。省教育厅副厅长魏中林，高教处吴白白，副市长吴道闻，东莞职业技术学院党委书记朱益民等领导出席仪式。

**30日** CMI游艇（香港）有限公司与沙田镇委镇政府签订建设豪华游艇制造基地合作项目意向合作协议。市委副书记、市长李毓全参加签约仪式。

## 10 月

1日　东莞市在市行政中心广场举行升国旗仪式。市领导刘志庚、李毓全、张继雄、何嘉琪、甄瑞潮、崔建、江凌等参加升旗仪式。

10日　新上任的中国人民银行广州分行行长罗伯川到访东莞。市委书记、市人大常委会主任刘志庚会见罗伯川一行。

13日　《东莞市域燃气专项规划修编（2007—2020年）》正式发布。2020年将实现东莞全市天然气（LNG）供气一张网。

□　东莞市党政领导干部基础教育工作责任考核自查汇报会暨民主测评会召开。市领导刘志庚、李毓全、吴道闻分别作了2007—2008年履行基础教育工作职责的述职报告，250多名代表现场不记名打分。

□　全市城乡一体社会养老保险制度座谈会召开。市委常委、常务副市长冷晓明，副市长李小梅出席座谈会。

14日　市政协十一届三十次主席会议召开。市政协主席刘树基，副主席刘发枝、游敏达、邝明子、朱伍坤、袁德和等出席会议。

14—16日　第十一届东莞电博会举行。国家工信部副部长杨学山，广东省副省长佟星，市领导刘志庚、李毓全、张继雄等参加开幕式。

15日　全市推进加工贸易转型升级工作会议召开。市领导李毓全、江凌、张顺光、顾春芳、刘发枝等出席会议。

□　南京市委副书记、代市长季建业率党政代表团访莞，专题了解东莞在科技创新、转型升级方面的做法和经验。市委书记、市人大常委会主任刘志庚，市委副书记、市长李毓全，市委常委、常务副市长冷晓明等会见代表团一行。

□　中央党校省部级班"国际金融危机及应对专题"调研组莅莞，和有关部门、企业举行座谈会。市委书记、市人大常委会主任刘志庚，市委常委、组织部部长庞国梅参加座谈会。

16日　厚街镇举行33项重点工程项目动工典礼。市委书记、市人大常委会主任刘志庚，市委副书记、政法委书记黄双福，市人大常委会常务副主任张继雄等出席动工典礼。

□　美国驻穗总领事高来恩拜会市政府。市委副书记、市长李毓全会见高来恩。

17日　第三届全国特色文化广场颁奖大会在东莞市寮步镇举行，东莞入选的文化广场和活动共5个，总数居全国第一。

19日　省委常委、副省长肖志恒莅莞，就人才队伍建设专题与有关部门、企业进行调研座谈。市领导刘志庚、吕兢、李小梅等与调研组进行交流。

20日　东莞市2009年度冬季征兵工作会议在市国防教育训练基地举行。市委副书记、市长、市征兵工作领导小组组长李毓全，东莞军分区司令员刘国辉出席会议。

21日　东莞市举行赴日本学习培训班开班仪式。市领导刘志庚、庞国梅、吴道闻、邓志广等参加开班仪式。

□　东莞市召开落实党风廉政建设责任制专项工作汇报会。市领导刘志庚、李毓全、庞国梅、甄瑞潮出席会议。

22日　台湾智原科技股份有限公司董事长宣明智率台湾高科技企业高层考察团访莞。市领导刘志庚、李毓全、冷晓明、江凌等会见考察团一行。

23日　省委书记汪洋在东莞松山湖会见由台湾智原科技股份有限公司董事长宣明智率领的台湾高科技企业考察团。省委常委、秘书长徐少华，副省长万庆良，市领导刘志庚、李毓全、冷晓明、江凌等参加会见。

25日　市委书记、市人大常委会主任刘志庚在长安镇会见莅莞调研的全国社会保障基金理事会理事长戴相龙。

□　由市委常委、常务副市长冷晓明率领的赴映秀考察团一行22人抵达成都，到映秀镇和"广东—汶川工业园"开展为期两天的考察活动。

26日　省委常委、秘书长、第11考核组组长徐少华率考核组莅莞进行党风廉政建设责任制考核工作。刘志庚、李毓全、刘树基、张继雄等几套班子领导向省考核组汇报落实党风廉政建设责任制情况。

27日　市委副书记、市长李毓全到广深沿江高速公路虎门段工程现场调研拆迁情况，并到虎门服装企业了解中小型企业运作状况。

□　全市基层人大工作会议召开。市人大常委会常务副主任张继雄，市人大常委会副主任吕兢、李秀冰参加会议。

28日　河南省驻马店市委书记化有勋、市长刘国庆率党政代表团访莞。市领导刘志庚、张继雄、周楚良等会见代表团。

28—30日　2009年东莞国际科技合作周暨第三届中国（东莞）专利周举行。70多家企业与50多所大学、研究机构现场签约77个项目。市委常委、常务副市长冷晓明，省科技厅副厅长陈新等出席签约仪式。

## 11 月

1日　东莞市举办"创平安、迎国庆"重点打击行动成果展。市领导黄双福、崔建、成洪波等出席成果展。

▲　1—4日　第八届中国（大朗）国际毛织产品交易会举行。副省长佟星，中国纺织工业协会副会长陈树津，全国政协委员、国务院发展研究中心对外经济研究部部长张小济，市领导刘志庚、李毓全、冷晓明、陈国辉、袁德和等出席开幕式。

2日　副市长吴道闻在市行政办事中心会见由深泽良彰率领的日本早稻田大学远程教育中心广东访问团一行。

□　全市社会治安重点整治工作会议召开。市委书记、市人大常委会主任刘志庚，市委副书记、政法委书记黄双福，市委常委、公安局局长崔建等出席会议。

2—6日　2009中国图书馆学会年会在广西南宁召开，东莞图书馆荣获由中国图书馆学会颁发的"全民阅读基地"先进称号，成为全国首批获此殊荣的7家图书馆之一，为广东省唯一的获奖单位。

3日　省委副书记、省长黄华华率省直有关部门负责人莅莞，督办省政协有关帮扶中小企业发展重点提案的办理。市领导刘志庚、李毓全、游敏达陪同调研。

□　全国地方省市广播电视外事管理工作座谈会在东莞市举行。外交部外事管理司司长陈育明，省委宣传部副部长、省广电局局长杨健，副市长严小康等参加座谈会。

4日　市委书记、市人大常委会主任刘志庚率市党政代表团赴包头、郑州、西安等市，开展为期五天的学习考察活动。

□　省长黄华华率省直部门负责同志到东莞市调研，督办省政协“关于世界金融危机对广东中小企业的影响和对策”的提案。市领导刘志庚、李毓全、游敏达陪同调研并出席座谈。

7日　市委副书记、市长李毓全会见了由张家港市委书记黄钦，市委副书记、市长徐美健率领的张家港市党政代表团一行。

8日　庆祝第十个记者节暨第二届东莞新闻奖颁奖典礼举行。市领导王道平、冯同恩、严小康、朱伍坤等参加颁奖典礼。

9—13日　市委书记、市人大常委会主任刘志庚，市委常委、组织部部长庞国梅率由有关部门和企业家组成的东莞市代表团抵达拉萨，将赴林芝考察帮扶工作，并参加援藏重点项目竣工典礼。

10日　由省委常委、常务副省长黄龙云率队的调研组到麻涌镇，就党建有关工作展开专题调研。

□　东莞市保税物流中心顺利通过预验收，副市长邓志广会见预验收小组。

12日　市政府和香港理工大学签订合作办学意向书。市委副书记、市长李毓全，副市长吴道闻，香港理工大学顾问委员会主席钟志平博士、校董会副主席伍达伦博士等出席签约仪式。

□　东莞市举行购买社工服务、聘请香港督导签约暨首批社工上岗仪式，标志东莞社工制度正式实施。省民政厅副厅长叶秀仁、副市长成洪波参加了仪式，首批172名社工正式上岗。

□　广东省举行迎接2010年广州亚运会动员大会。市委副书记、市长李毓全和副市长吴道闻分别在广州主会场和东莞分会场参加会议。

□　东莞市新莞人金融服务卡推广工作启动仪式在位于南城街道的华坚集团大龙厂区举行。市委常委、常务副市长冷晓明，副市长成洪波等出席推广启动仪式。

13日　全市镇村规划建设现场会在大朗召开。市委副书记、市长李毓全，市人大常委会副主任吕兢，副市长李小梅、梁国英，市政协副主席周楚良等出席了会议。

□　市委常委、常务副市长冷晓明会见了光大银行总行党委副书记林立和平安集团副董事长兼平安银行董事长孙建一。

□　市委副书记、市长李毓全会见全国人大常委会原副委员长蒋正华一行。

□　第14届中国（虎门）国际服装交易会开幕典礼在虎门公园举行。中联办副主任黎桂康，省外经贸厅厅长梁耀文，市领导李毓全、刘树基、张继雄等出席开幕式。

14—21日　“罗派钧、叶树平书画展”在东莞市岭南美术馆开展。市政协主席刘树基、市政协副主席刘发枝、邝明子、周楚良等出席书画展开幕式。

□　由广东省文物考古研究所、东莞博物馆联合主办的《手铲下的文明——东莞历年文物考研成果展》暨村头遗址出土文物研讨会在东莞市博物馆开幕。市委常委、宣传部部长王道平，副市长严小康，广东省文化厅副巡视员苏桂芬、广东省文物局副局长魏峻等出席开幕式并参观了展览。

□　2009两岸四地社区服务工作实务论坛在东莞市开幕。全国人大常委会原副委员长蒋正华，国家民政部党组副书记、副部长李立国，广东省民政厅厅长刘洪，市委副书记、市长李毓全，副市长成洪波等出席论坛开幕式活动。

16日　市委书记、市人大常委会主任刘志庚，市委副书记、市长李毓全会见了带队到莞招商的韶关市委书记、市人大常委会主任徐建军，市委副书记、市长郑振涛等一行。市领导何嘉琪、邓志广等参加会见。

□　新鸿基集团董事局主席郭德胜夫人、副主席郭炳江率董事局高层先后考察了东莞大酒店、寮步佛灵湖、中央生活区和鸿福商圈。市委书记、市人大常委会主任刘志庚，市委常委、副市长江凌等会见董事局高层一行。

17日　省国土资源厅召集全省21个地市国土资源局局长在东莞举行座谈会，总结2009年工作部署2010年工作。市委书记、市人大常委会主任刘志庚，市委副书记、市长李毓全，副市长梁国英会见了出席会议的省国土资源厅厅长招玉芳。

□　省林业局局长张育文等就林权改革等专题到莞调研。市委书记、市人大常委会主任刘志庚，市委副书记、市长李毓全会见调研组一行。

□　全国、省人大代表集中视察暨人大代表约见副市长活动在黄江镇举行。市人大常委会常务副主任张继雄，市人大常委会副主任陈国辉、吕兢、李秀冰，秘书长周华驹参加视察。副市长李小梅陪同代表们视察。

17—19日　阳江市委书记、市人大常委会主任林少春，阳江市委副书记、市长魏宏广率阳江市党政代表团莅莞考察。市委书记、市人大常委会主任刘志庚，市委副书记、市长李毓全等接待阳江市党政代表团一行。

18日　在省委常委、副省长肖志恒的陪同下，北京市市长郭金龙率北京市考察团莅莞考察，市领导刘志庚、李毓全、梁国英、林明枢等接待了考察团一行。

□　《东莞市人民政府机构改革方案实施意见》出台，东莞市政府工作部门从原有的37个（含原省垂直管理的食品药品监督局）整合为32个。

□　东城20项重点工程项目启动仪式举行。市领导刘志庚、刘树基、黄双福、张继雄、冷晓明、梁国英等共同见证了东城街道20项重点工程的启动。

□　全市建立城乡一体社会养老保险制度动员大会召开。市委书记、市人大常委会主任刘志庚，市人大常委会副主任陈国辉，副市长李小梅，市政协副主席林明枢参加会议。

19日　全国人大财经委以及省人大财经委12人到莞对就业情况进行专题调研。市人大常委会副主任张顺光、副市长李小梅等向调研组介绍劳动就业情况。

□　东莞市守合同重信用企业暨文明诚信市场表彰大会在市会议大厦召开，861家“守重”企业和185个“文明诚信市场”受到表彰。省工商局副局长冯湘勇、市人大常委会副主任吕兢、副市长邓志广、市政协副主席刘发枝出席会议。

□　东莞市双拥工作创新发展理论研讨会召开。省民政厅副厅长饶美奕，副市长成洪波，东莞军分区政委刘卫芳大校等参加了会议。

20日　中共中央政治局常委李长春在中共中央政治局委员、广东省委书记汪洋等陪同下到莞考察。

22日　由市政府主办、市外事局承办的“商机无限·2009世界华人发展论坛”举行。市委常委、副市长江凌，凤凰卫视著名媒体人杨锦麟，省社会科学院研究处处长丁力，东方集团总裁何思模作专题演讲。

**23日** 东莞的援藏干部、林芝县委书记黄贵田，率由县、镇、村三级干部组成的党政代表团到莞，求取城市建设、工业发展、对外开放、新农村建设等方面的发展经验。市领导刘志庚、何嘉琪、顾春芳等会见代表团一行。

**24日** 市党政代表团西北考察总结会举行。市委书记、市人大常委会主任刘志庚全面总结赴西北学习考察的收获，并重点阐述了下来要做好8方面工作。市人大常委会副主任吕兢，副市长梁国英，市政协副主席朱伍坤等在会上作了发言。

□ 东莞市贯彻落实珠三角改革发展规划纲要新闻发布会举行。市委副书记、市长李毓全介绍东莞市贯彻落实《纲要》情况及加强珠三角区域合作的思路和举措，并现场接受媒体采访。

**25日** "2009中国（塘厦）国际高尔夫运动用品博览会"开幕。塘厦镇被授予"中国高尔夫产业名镇"牌匾和证书。

□ 东莞市"2009年市长约请市人大代表座谈会"举行。市委副书记、市长李毓全，市委常委、常务副市长冷晓明，市人大常委会常务副主任张继雄，市委常委、副市长江凌，市人大常委会副主任陈国辉、吕兢、李秀冰，副市长顾春芳、李小梅、梁国英、成洪波，市人大常委会秘书长周华驹等出席了座谈会。

□ 2009年市长会见市政协委员座谈会举行。市委副书记、市长李毓全，市政协主席刘树基主持，市委常委、常务副市长冷晓明，副市长李小梅、梁国英，市政协副主席林明枢、刘发枝等出席座谈会。

□ 省人力资源和社会保障厅在东莞市召开企业用工情况分析座谈会。市委书记、市人大常委会主任刘志庚，副书记、市长李毓全，市委常委、组织部部长庞国梅等会见出席会议的省人力资源和社会保障厅厅长欧真志、省政府发展研究中心副主任李惠武、省人力资源和社会保障厅副厅长葛国兴。

□ 国家外国专家局副局长张建国率调研组，就引才引智工作到莞调研。市委书记、市人大常委会主任刘志庚，副市长李小梅等会见调研组一行。

**26日** 市委书记、市人大常委会主任刘志庚会见由焦作市委书记路国贤率领的焦作市党政代表团一行。

▲ **26—29日** 第九届中国（长安）国际机械五金模具展览会举行。十届全国政协常委、中国机械工业联合会名誉会长于珍，市委书记、市人大常委会主任刘志庚，市委常委、常务副市长冷晓明等出席开幕式。

**27日** 监察部副部长郝明金一行，在省纪委副书记梁万里的陪同下莅莞考察。市委副书记、市长李毓全，市委常委、纪委书记甄瑞潮接待了郝明金一行。

□ 东莞市台商投资企业协会举行16周年庆典。海峡两岸关系协会副会长王富卿，省台办主任陈国兴，市委书记、市人大常委会主任刘志庚，市委副书记、政法委书记黄双福，副市长顾春芳等参加庆典。

□ 市第十四届人大常委会第二十次会议召开。市人大常委会常务副主任张继雄，市人大常委会副主任张顺光、陈国辉、冯同恩等出席会议。市委常委、常务副市长冷晓明，副市长成洪波等列席会议。

□ 全省加工贸易转型升级工作现场会在东莞市召开。省长黄华华、副省长万庆良，市领导刘志庚、李毓全、江凌、顾春芳等参加会议。

**30日至12月1日** 中央编办在东莞市召开经济发达镇行政管理体制改革工作座谈会。中央编办三司司长李晓全，广东省编办主任李志红等出席会议。市委书记、市人大常委会主任刘志庚，副市长李小梅会见与会代表。

## 12 月

**1日** 桥头镇被文化部命名为"中国民间文化艺术之乡"。

**2日** 中国残联主席张海迪一行到市残疾人托养中心、市残疾人儿童学前教育中心和市残疾人康复中心视察，与东莞市的残疾人一起共庆第十八个"国际残疾人日"。

□ 商务部副部长傅自应带领综合司司长、援外司司长、西亚非洲司司长等商务部相关职能部门负责人一行13人到莞调研。市委副书记、市长李毓全，市委常委、副市长江凌，副市长顾春芳陪同调研。

**3日** 全市2009年冬季防火工作会议召开，我市将在星级宾馆酒店、学校、医院、商场、卡拉ok、劳动密集型企业、出租车等7个行业和场所，建立消防安全标准化管理制度，此举在全国领先。副市长成洪波参加会议。

□ "新家园，新希望——广东省援建汶川县十大民生工程交付使用仪式"在汶川县城举行。中共中央政治局委员、广东省委书记汪洋，市委书记、市人大常委会主任刘志庚出席交付使用仪式。

**7日** 第二届文化部创新奖颁奖仪式在深圳举行，莞城街道文化周末惠民工程从128个参选项目中脱颖而出，成为唯一一个由基层街道报送并获奖的项目。

**8日** 全市打击传销工作总结暨先进集体和先进个人表彰大会召开。省打传办主任、省工商局副局长钟伟泉，市领导黄双福、崔建、成洪波等出席会议。

□ 东莞市2009年东莞市志愿服务表彰大会举行。市领导黄双福、庞国梅、王道平、吴道闻、成洪波等出席表彰大会。

**9日** 市委书记、市人大常委会主任刘志庚率市人大、市政府、市政协及市财政局、机编办等部门领导视察民政工作。

**10日** 东莞市轨道交通R2线总体设计和试验段初步设计预审通过了专家评审。副市长梁国英出席了评审会。

**11日** 韩国民主党政策研究院组织所属国会议员、地方政府行政负责人一行19人，在团长、前军浦市市长金润周率领下访问东莞市。副市长梁国英接待韩国客人。

□ 中国首届客侨文化论坛在东莞市凤岗镇开讲。副市长严小康出席论坛开幕式。

□ 全省国有（及控股）企业深化厂务公开民主管理理论与实践研讨会在东莞虎门召开。全国厂务公开 协调办公室主任、中华全国总工会民主管理部部长郭军，省人大常委会副主任、省总工会主席邓维龙，省纪委常委、监察厅副厅长秦海通，市委常委、组织部部长庞国梅等领导出席研讨会。

**15日** 东莞市在市行政办事中心召开东莞市50强民营企业及

优秀民营企业家座谈会暨第六次排忧解难协调会。市委书记、市人大常委会主任刘志庚，市人大常委会副主任张顺光，市政府副市长邓志广，市政协副主席林明枢等市领导出席会议。

□ 深圳、东莞和惠州三市规划部门在深圳五洲宾馆举行深莞惠三市规划部门联席会议第1次会议。会议对《深莞惠地区城镇群协调发展规划》等4个合作开展的规划编制研究项目进行讨论和安排，三市规划部门签订6项框架协议，其中提出建立三方规划信息共享机制。副市长梁国英出席会议。

□ 第四届全国妇女健身活动展示大赛在东莞市体育馆开幕。全国人大常委会副委员长、全国妇联主席陈至立，国家体育总局局长刘鹏，省委副书记、省长黄华华等国家、省和东莞市有关领导出席开幕式。

17日　第四届全国妇女健身活动展示大赛在市体育馆篮球中心闭幕。全国妇联副主席、书记处书记洪天慧致闭幕辞。省委常委、组织部部长胡泽君主持闭幕式。省政协副主席、省妇联主席温兰子出席闭幕式，并为获得展示大赛组织奖的代表团颁奖。东莞市委书记、市人大常委会主任刘志庚等出席闭幕式。

18日　东莞市网络文化协会正式成立。这是广东省首个由地级市成立的网络文化协会。

□ 西藏自治区党委常委、政府常务副主席吴英杰等中央党校省部班一行9人到莞，就“转变经济发展方式与经济结构战略性调整”进行专题调研。市委书记、市人大常委会主任刘志庚，市政协主席刘树基等接待了吴英杰一行。

□ 全国人大常委会副委员长、中国科学院院长路甬祥率队到位于松山湖科技产业园区内的广东电子工业研究院调研。市委副书记、市长李毓全，市委常委、常务副市长冷晓明陪同调研。

□ 全市“三旧”改造动员大会召开。市委书记、市人大常委会主任刘志庚，市委常委、副市长江凌，市人大常委会副主任陈国辉，副市长梁国英，市政协副主席林明枢等出席会议。

▲　19日　光大银行东莞分行正式挂牌成立。广东省委常委、副省长肖志恒，市委常委、常务副市长冷晓明等领导出席挂牌仪式。

□ 位于东莞麻涌镇的广东中远船务工程有限公司新造的两艘N181、N182散货轮正式命名交船。副市长邓志广出席交船仪式。

22日　省委常委、宣传部部长林雄莅临东莞考察首届动漫博览会的筹备情况。市领导李毓全、王道平、严小康等陪同考察。

□ 履行省部协议推进民政工作改革发展试点动员大会召开。市委副书记、市长李毓全，省民政厅副厅长王长胜，市人大常委会副主任陈国辉，副市长成洪波，市政协副主席林明枢等出席会议。

23日　泰国公主朱拉蓬率领泰国艺术团与广州交响乐团、合唱团在玉兰大剧院上演第四届“中泰一家亲”音乐歌舞晚会。副省长万庆良会见了朱拉蓬公主一行，市委常委、副市长江凌等参加会见。

24日　台盟中央委员孔令人、中国侨联常委麦庆泉等37名全国人大代表，及省人大常委会副主任陈用志莅莞座谈。市人大常委会常务副主任张继雄，市委常委、副市长江凌，市人大常委会副主任李秀冰等出席视察座谈会。

□ 市委副书记、市长李毓全到成都考察旧城改造并调研在川莞企。

25日　全国科普剧创作表演推广研讨会暨2009年东莞市青少年科技创新大赛开幕式在市科技馆举行。市委常委、常务副市长冷晓明出席开幕式。

□ 甘肃省甘南藏族自治州党政考察团抵莞参观考察。市委副书记、政法委书记黄双福会见了考察团团长、甘南藏族自治州州委书记陈建华一行。

□ 全市推行居住证制度工作会议召开。市委副书记、政法委书记黄双福，副市长成洪波出席会议。

□ 市第十四届人大常委会第二十一次会议召开。市人大常委会常务副主任张继雄，市人大常委会副主任张顺光、陈国辉、冯同恩、吕兢、李秀冰等出席会议。副市长梁国英、严小康等列席会议。

28日　全省政法工作电视电话会议在广州召开。在东莞分会场，市委书记、市人大常委会主任刘志庚通过视频形式，代表东莞市委作题为《以改善治安为民生之首 巩固文明城市创建成果》的经验发言，重点介绍东莞市在改善社会治安、加强社会管理、完善公共服务等方面的做法。市委副书记、政法委书记黄双福在省主会场参加会议。

□ 东莞市举行2009年度总结表彰大会。市几套班子领导刘志庚、李毓全、刘树基、黄双福、张继雄等出席大会。市委书记、市人大常委会主任刘志庚发表重要讲话，市委副书记、市长李毓全主持会议。

30日　东莞市2009年度全市人口计生工作总结表彰会议召开。市委书记、市人大常委会主任刘志庚，市委副书记、市长李毓全，市人大常委会副主任冯同恩、副市长李小梅、市政协副主席林明枢等市有关领导出席会议。

□ 国家广电总局副局长胡占凡一行到东莞广播电视台及松山湖国际文化创意产业园进行考察。副市长严小康陪同考察。

□ 市委副书记、市长李毓全会见了到莞参观访问的德国驻广州总领事舒涵德一行。

□ 由市科技馆倡议成立的“科教动漫创意产业联盟”成立。来自国内的26家动漫原创企业、动漫衍生品设计制造企业和动漫影视、音效设计制造企业参加了签约仪式。市委常委、市委宣传部部长王道平，副市长严小康等出席联盟签约仪式。

□ 首届中国国际影视动漫版权保护和贸易博览会在东莞国际会展中心开幕。开幕式由省委常委、省委宣传部部长林雄主持。中宣部副部长、国家广电总局局长、博览会组委会主任委员王太华，广东省委副书记、省长、博览会组委会主任委员黄华华，市委书记、市人大常委会主任、博览会组委会副主任委员刘志庚，市人民政府市长、博览会组委会秘书长李毓全等出席开幕式。

□ 中宣部副部长、国家广电总局局长王太华，副省长雷于蓝，省委宣传部副部长、省广电局局长杨健一行到岭南画院、可园参观。市委常委、宣传部部长王道平陪同参观。

# 特载

SPECIAL SECTION

- 市委常委会2009年工作和2010年主要工作安排
- 政府工作报告（2010）
- 甲型流感防控的东莞经验
- 2009年先进单位名单

市中心广场

编辑：黄文挺

# 市委常委会2009年的工作和2010年主要工作安排

## ——2010年1月13日在中共东莞市委十二届六次全会上的讲话（摘要）

东莞市委书记　刘志庚

### 一、市委常委会2009年的工作

2009年，是东莞改革开放以来经受最严峻考验的一年。一年来，我们认真贯彻党的十七大和十七届三中、四中全会精神，全面落实省委“三促进一保持”、“双转移”、“双提升”等重大战略部署，全力做好“保增长、扩内需、促转型、重管理、惠民生”各项工作，大力实施珠三角《规划纲要》，积极应对国际金融危机，在困难中开创了逆势发展的新局面。预计2009年全市生产总值3760亿元，比上年增长5.3%，人均生产总值增长10%；地方财政一般预算收入231亿元，增长10.5%；实际利用外资26亿美元，增长6%；实际引进内资121.2亿元，增长42.4%；出口降幅比年初收窄16.3个百分点；城镇居民人均可支配收入、农村居民纯收入分别增长9.1%和6%。东莞获得全国文明城市、全国社会治安综合治理优秀市、建国60周年中国全面小康杰出贡献城市等荣誉称号。一年来，市委常委会主要抓了以下工作：

（一）积极推进结构调整。我们牢固树立结构优于速度的理念，充分利用金融危机带来的倒逼机制，加快结构调整和转型升级。一是加强政策引导。完善落实“1+26”政策体系，建立政策辅导、技术支持、畅通拓展、集中服务四大平台，引进台湾、香港产业服务机构，推广“两仓合一”保税物流，鼓励加工贸易和传统产业升级转型。2009年全市共有339家来料加工企业转为“三资”或民营企业，比上年增长70%，工业更新改造投资增长1.5倍。二是强化产业支撑。推进信息产业、装备制造业升级，加快发展商贸物流、会议展览、金融证券、文化创意等现代服务业，服务业比重首次超过第二产业，较上年提升了5个百分点。三是实施扶优扶强。出台扶持民营企业的22条措施，确定4702家中小企业和加工贸易企业、521家工业企业进行重点扶持。四是突出科技创新。设立5000万元科技贷款风险准备金，建成华中科技大学制造工程研究院等7个创新平台，组织企业与50多家高校院所达成250多项产学研合作意向。五是加大招商引资。主动赴台湾、欧日韩拜访高科技企业，兴办松山湖台湾高科技园，引进世界第一大石化仓储物流企业荷兰皇家孚宝、日本电产三协、京瓷爱克电子等全球500强企业，以及中外运物流、中储粮粮油、广东核电等一批内资大项目，新签及增资超千万美元外资项目47宗，引进投资额超亿元的内资项目77宗。六是有序推进转移。与惠州、韶关共同建设2个市级产业转移园。经过一年来的努力，产业结构调整呈现出“五个优化”。产业形态优化，第三产业比重从2008年底的46.9%提高到51.9%；外资项目优化，投资总额超500万美元的外资项目占企业总数的比例从2008年底的12.5%提高到15.1%；技术结构优化，2008年以来新增外资企业研发中心84个、省级企业技术中心18个、中国驰名商标7个；能耗结构优化，2009年单位工业增加值能耗同比下降1.5%，每万元生产总值电耗同比下降4.2%；人均结构优化，人均GDP增速快于GDP总量增速4.7个百分点。

（二）全力应对金融危机。面对金融危机的严重冲击，我们认真落实中央、省的一系列决策部署，坚定信心，迎难应对，实现经济有效企稳回升。一是帮扶企业。实施“六个10亿元”帮扶企业政策，市财政拿出24.5亿元支持企业科技创新、转型发展，为企业减免收费15.25亿元，帮助1430家企业获得贷款548.3亿元。二是扩大投资。实施五年7300亿元的投资计划，推进139项市、镇重点项目建设，环城路建成通车，莞深高速三期、保税物流中心等建成启用，篮球中心、穗莞深及莞惠城际轻轨等全面开工。铺开“三旧”改造，启动补办房地产权工作。三是稳定出口。建立出口300强企业外贸快速通道，帮助200多家企业进入沃尔玛、家乐福等零售巨头的采购网络，出口新兴市场份额同比上升2.9个百分点。四是拓展内需。实施八大商贸促进工程，扶持100家外资企业开展内销试点。成功举办首届广东外博会和中国国际影视动漫博览会，在武汉、长春、宁波分别举办东莞家具、服装鞋帽、食品展销会，在全国11个城市举办东莞外贸商品展销会，累计签约1000多亿元。外资企业内销总额占销售总额的比例从上年的27.3%上升到29.5%。

（三）大力改革体制机制。我们积极推进各项改革，破除制约转型发展的体制机制障碍。一是扩权强镇进展顺利。以石龙、塘厦两镇为试点，下放27个市级部门的248项管理权限，调整市镇财政分成及部分规费政策，扩大试点镇的财政管理权、财政投资事项审批权。二是考核机制不断完善。根据经济发展水平分类量化考核镇（街）领导班子。三是机构改革顺利启动。市政府工作部门从37个整合为32个，顺利完成15个单位19名正职领导、56名副职领导和涉及其他市管干部的调整配备。四是村级管理体制逐步理顺。以黄江、厚街两镇为试点，探索村（社区）政务服务中心、村居自治、股份公司经营“三分离”。五是金融体制改革取得突破。金融系统积极适应宏观政策调整，加快金融创新，加大信贷投入，改善金融服务，在促进中小企业融资、支持新兴产业发展、扶持全社会创新创

业、加快信用体系建设、推进投融资体制改革、防范化解金融风险等方面做了大量卓有成效的工作，全市金融机构的业务发展能力、市场活力、综合实力位居全省乃至全国地级市的前列。六是深莞惠一体化初见成效。落实珠三角《规划纲要》，与深圳、惠州建立三市联席会议制度，成立10个专责小组，加强与深圳、惠州在规划、产业、交通、环保、社会管理等方面的对接。

（四）不断改善群众生活。我们坚持把改善民生作为调结构、保增长的出发点和落脚点，切实减轻金融危机对群众生活的影响。一是加大民生投入。市财政投入99.2亿元用于民生建设，市镇两级投入27.1亿元推进农职保并轨，拨付3.28亿元支援映秀灾后重建，投入6000万元与云浮、韶关开展"双到"扶贫开发。二是狠抓环境治理。深入推进"五整治"，累计建成污水处理、截污主干管网工程50项，医疗废物处理中心投入营运，空气优良天数比上年增加28.5天，"创模"通过国家环保部技术评估。三是完善社保体系。推广"村民车间"，强化技能培训，重点扶持本地生源高校毕业生、城乡失业人员、就业困难人员就业。率先在全省建立城乡统筹的养老保险制度，整合医疗和生育保险，年内两次提高医保待遇。加强困难家庭廉租住房保障。四是发展社会事业。加强公共医疗、社区卫生服务机构建设，甲流疫情得到有效防控。择优招考选聘代课教师，新接受新莞人子女13939人入读公办学校，职业技术学院正式招生。成立37个新型社区解决入户难问题。成功承办全国妇女健身活动展示大赛。

（五）努力维护社会稳定。我们主动化解金融危机带来的各种不利因素，确保社会和谐稳定。一是加强社会管理。开展打拐、扫黄、禁赌专项行动，打击"两抢一盗"等突出犯罪，刑事案件破案数同比增长60.4%。深入推进"治摩"，涉摩交通事故减少20.3%。强化安全隐患整治，加快安全生产应急救援指挥平台建设，健全村（社区）安全机构，开展火灾隐患重点地区等消防专项整治，安全生产事故数和死亡人数分别下降6.4%、7.3%。二是化解矛盾纠纷。新建镇街综治信访维稳中心22个、平安社区200个。建立企业倒闭风险预警机制，加大欠薪逃匿打击力度。实行领导干部包案和大接访，开展"信访积案化解年"活动，防范化解涉疆隐患和矛盾。全市群体性事件下降44%，受理群众信访总量下降39.4%。三是扶持镇村发展。市财政贴息2.2亿元帮助欠发达镇村获得贷款49亿元，拨付2.35亿元对285个欠发达村（社区）进行补贴。加强集体经济管理，开展村组绩效审计，严格控制集体开支和福利分红。镇街、村组可支配收入达221.5亿元、146.3亿元，分别增长15.9%和0.1%，村组两级分配性支出下降0.6%。

（六）着力狠抓工作落实。我们积极创新工作方法，突破瓶颈障碍，促进各项决策部署落到实处。一是强化督导促落实。将市委、市政府主要任务细化为136项具体工作。建立市镇领导挂钩督导重点项目制度，市几套班子领导牵头成立30个工作组，分工督导52项市属重点项目。二是改进作风促落实。推广现场办公制度，召开虎门港、生态园现场办公会，投资、工业、出口、重点项目建设四个专题座谈会，以及六个分片现场会和优质项目现场会，实地研究解决291项具体问题。开展市民评机关活动，加强机关作风明察暗访，在全省率先实行行政审批绩效测评结果向社会公布，大幅度减少行政审批事项、文件会议和议事协调机构。三是厉行节约促落实。严格控制行政经费开支，市直机关经费缩减5.3亿元，财政出资或政府机关主办的晚会、展览、庆典、论坛活动经费减少47.5%，切实将资金落实到保增长、保民生、保稳定上来。

（七）全面加强党的建设。我们认真贯彻落实党的十七届四中全会精神，市几套班子领导带头进行专题调研，开展"科学发展、先行先试"主题实践活动，推动党建工作取得新成效。一是加强领导班子和干部队伍建设。规范基层党委（党组）讨论决定干部任免事项，完善市属单位及镇街领导集体决策重大事项议事规则。再次修订干部管理权限，健全干部监督管理，创新"两集中一反馈"任前谈话制度，加强对新任干部的教育。面向全国公开选拔、招聘19名专业技术人才，选拔4名优秀村党组织书记任镇街领导干部，考录4名优秀大学生村官为镇街公务员。组织领导干部赴西北、中原三市学习考察，安排正职领导赴新加坡、日本培训。二是加强基层党组织建设。在镇村党组织开展万名党员访万企、"零距离"贴心帮扶活动，在企业和"两新"党组织开展以"当先锋、克时艰、促发展"为主题的"三心暖冬行动"。举办2期农村新任党组织书记培训班。安排86名市派干部驻村，确定585名镇街机关干部为驻村工作联络员，选聘100名高校毕业生到村（社区）任职。启用"两新"组织党员管理服务IC卡。创建"特色党建示范区"，启动"机关党建百佳"创建活动。三是加强党风廉政建设。加强领导干部党纪政纪法纪教育，落实领导干部个人重大事项报告、述职述廉、民主评议和经济责任审计等制度，深入开展"小金库"专项治理，严厉查处利沛钦等违纪违法案件。与此同时，我们大力支持人大、政协、司法机关的工作，充分发挥工青妇等人民团体的作用，形成了市委统揽全局、协调各方，齐心协力推进事业发展的大好局面。

在充分肯定成绩的同时，我们也要清醒看到存在的问题和不足。主要表现在：经济回升的基础尚不稳固；产业结构调整的任务十分艰巨；自主创新能力不强；发展方式、经济素质与城市实力不相适应；人口资源环境压力加大；节能降耗减排难度增加；消防安全事故隐患较多；城乡区域发展不够平衡；社会事业和社会管理存在不少薄弱环节；部分群众生活还比较困难；一些基层党组织战斗力不强；机关作风有待改善等。我们必须切实正视这些问题，采取有效措施，认真加以解决。

## 二、2010年我市主要工作安排

2010年是东莞战胜危机、加快复苏的关键之年，也是"十一五"规划的收官之年，更是东莞产业结构调整的突破之年。做好今年的工作，意义重大、任务繁重。综合分析国内外各种因素，今年的经济发展环境总体上将好于去年，但形势仍然十分严峻复杂。从国际上看，今年世界经济将实现恢复性增长，但由于发达国家就业形势恶化和国际贸易保护主义加剧，外需大幅反弹尚待时日。从国内看，我国经济今年将呈现逐步向好趋势，中央将继续实施积极的财政政策和适度宽松的货币政策；但增长的基础还不稳固，并面临着进一步扩大内需难度加大，部分行业产能过剩等结构性矛盾突出，通货膨胀预期压力加大等矛盾和问题。从市内看，随着"三旧"改造的铺开和企业技改的扩大，我市今年的投资将持续增长；经历了全球金融危机的洗礼，东莞企业的竞争力、应变力将进一步提升；但多年来长期高速发展所积累的一些结构性、素质性、体制性的问题仍将困扰发展。总之，有利和不利因素、新的矛盾和旧的矛盾、可以预料和难以预料的风险相互交织、相互作用，今年的困难并不会减少，工作的难度并不会降低。

在这次省委全会上，省委汪洋书记在参加东莞组讨论时指出："改革开放以来，东莞一直是广东经济社会发展的排头兵，但由于经济外向度高，在国际金融危机的严重冲击下，东莞经济受到首当其冲的影响。改革开放三十年，东莞一直在领跑，在长期领跑的过程中，可能会有肌肉疲劳、扭伤以及伤风感冒问题，一直没有来得及休养调整。一个经济体只有上升没有下降，谁也做不到。所以东莞遇到困难暂时放缓速度没有什么可怕的。现在的问题是怎样正确对待和处理暂时的落后。"他勉励东莞"要下决心进行结构调整，或许结构调整耗时会长些，但会使崛起水平更高、领跑时间更长"，"这一次的国际金融危机使东莞受到了比别人更大的挑战，但这也正是东莞脱胎换骨的一次时机，希望东莞做广东科学发展的'雄鹰'，继续再领跑30年。"汪洋书记的讲话，既对我们去年经济受金融危机影响表示十分理解，也对我市过去的工作给予了充分肯定和鼓励，更对我们未来发展寄予殷切希望和期盼。我们必须把思想认识迅速统一到中央、省委对当前形势的分析判断和决策部署上来，统一到汪洋书记对东莞工作的指示精神上来，深刻认识形势的复杂性和做好今年工作的艰巨性，特别是要防止经济形势好转时传统发展模式的"复归"，坚定信心，科学谋划，统筹做好今年全市各项工作。总体要求是：全面贯彻落实党的十七届四中全会、中央经济工作会议、胡锦涛总书记视察广东重要讲话和省委十届六次全会精神，特别是汪洋书记的指示精神，坚持"五个更加注重"（更加注重提高经济增长质量和效益，更加注重推动经济发展方式转变和经济结构调整，更加注重推进改革开放和自主创新、增强经济增长活力和动力，更加注重改善民生、保持社会和谐稳定，更加注重统筹国内国际两个大局），落实"五个扎实推进"（扎实推进经济发展方式转变，扎实推进保障和改善民生工作，扎实推进社会主义文化建设，扎实推进社会管理体制建设，扎实推进新形势下党的建设），以转变发展方式为核心，以结构调整为主线，以内需拉动为支撑，以自主创新为动力，以深化改革为抓手，以宜居城市为载体，以改善民生为重点，切实加强党的建设，实现高水平崛起，努力当好广东推动科学发展、促进社会和谐的排头兵，继续领跑30年。

今年全市经济社会发展的主要预期目标是：全市生产总值增长8%，人均GDP增长10%；地方一般预算财政收入增长6%；实际利用外资增长5%，外贸出口增长5%；单位GDP能耗下降4.4%。

实现上述目标，必须做好以下几个方面的工作：

（一）坚持以转变发展方式为核心，坚定不移地深化结构调整。要把转变经济发展方式作为今年全市经济工作的头号工程，继续倡导"四个忍得住"（忍得住暂时的阵痛，忍得住暂时速度的放缓，忍得住暂时收入的减少，忍得住社会的非议），进一步深化产业结构调整，不断提高经济发展的质量和水平。一是加快建立现代产业体系。要依托松山湖、虎门港、生态园等市级园区，加快发展一批汽车、造船、航空、精细化工、装备制造、电子信息等高水平的先进制造业大项目，努力打造一批带动力强、产业链完善的高端产业、支柱行业、龙头项目和总部企业，不断增强东莞的产业发展后劲。积极培育新兴战略产业，把握金融危机催生的发展战略性新兴产业的机遇，加大对台湾、日韩的招商力度，着力引进发展一批新能源、新光源、新材料、生物医药、环保产业等新兴产业项目，尽快形成一批具有较强竞争力的新兴产业集群。重点发展会议展览、金融保险、商贸旅游、现代物流、服务外包、文化创意等现代服务业，积极打造创意产业、传播产业和文化服务产业等文化产业群，继续办好动漫展、外博会、虎门服交会、厚街名家具展、大朗毛织展、长安机械五金模具展等重大展会，努力提高东莞服务业的层次、规模和水平。二是加快推动企业升级转型。要坚持就地转型与产业转移相结合，继续完善细化"1+26"政策体系，积极鼓励加工贸易企业和传统产业强化技改投资、加强设计研发、创立自有品牌、优化组织形式、扩大内销市场、转移低端环节，推进传统产业向规模化、集群化、专业化、品牌化、高端化、时尚化转变。三是调整外经贸发展战略。提高利用外资质量，着力引进一批重大内外资项目、优质产业链缺失项目、现代服务业项目。充分利用外销市场恢复性增长的机遇，加大对出口企业的信用担保、出口扶持等政策支持，优化出口结构，培育出口品牌，开拓新兴市场，增强应对国际贸易摩擦的能力。四是全面铺开"三旧"改造。要把"三旧"改造作为扩大投资、推进产业结构调整的重要载体，用好为期三年的"三旧"改造政策，鼓励各镇村因地制宜地探索不同的改造模式。充分发挥典型引路的作用，按照旧城、旧村、旧厂改造三种不同类型，由市牵头加快打造示范典型，为全市推进"三旧"改造树立榜样。提升产业转移园区建设水平，鼓励企业部分低端环节有序向产业转移园转移。同时，要注重总结、表彰、宣传、推广结构调整的先进镇村和先进企业，学习借鉴国内外先行地区结构调整的经验做法，营造推进结构调整的良好氛围。

（二）坚持以扩大内需战略为支撑，确保东莞稳健发展。认真实施省委确立的扩大内需战略，通过增加投资、拉动消费、拓展市场、发展内源经济，不断增强经济增长的内生动力。一是全力增加投资。要进一步扩大合理投资，投入更大力量，创造更优环境，突破瓶颈障碍，全面抓好省、市、镇重点工程和优质项目，努力确保投资增长。特别是充分发挥财政投资项目的杠杆作用，进一步加快轻轨交通、高速公路、环保设施等重大公共基础设施建设，不断增强投资后劲。二是努力扩大消费。千方百计增加城乡居民收入，推进家电下乡、汽车下乡和汽车、家电以旧换新活动，办好商贸节庆活动，积极推进消费升级，保持汽车、住房等大宗消费健康稳定发展。三是积极拓展市场。继续在国内主要城市举办东莞名特优产品展销会，加快在市内建设工厂直销中心，在主要内销城市建立东莞商品销售基地。加强与大型零售企业合作，鼓励莞货北上、西进。继续承办好广东外商投资企业产品（内销）博览会。四是着力提升民营。进一步完善和落实扶持民营经济发展的22条政策，积极鼓励和推动民营企业体制、机制、技术和管理创新，引导更多的民营资本投向工业、高新技术产业和新兴产业，进入基础设施、垄断行业、公用事业和法律法规未禁止的其他行业和领域，不断提升民营经济的产业层次和企业素质。

（三）坚持以推进自主创新为动力，建设创新创业城市。要把推进自主创新作为加快转变发展方式的核心推动力，继续实施"科技东莞"工程，举全市之力推动东莞从"要素驱动"向"创新驱动"转变。一是突出创新重点。要结合我市产业发展实际，将电子信息、光电产业、新型平板显示、新能源、新材料、环保产业等新兴产业前沿技术作为科技创新的重点领域，选定一批企业和研究机构进行重点扶持，力争在较短时间内突破一批核心技术、共性技术，培育一批核心竞争力强的创新产业、创新企业和创新产品，争取东莞在若干个关键领域实现技术领先。二是丰富创新载体。进一步加大松山湖科技产业园区、各类公共科技创新平台、产业集群和专业镇技术创新平台、国家（省）重点实验室、企业博士后工作站、工程研究中心、企业技术中心等建设，创造良好的科研条件和创新环境。三是集聚创新人才。积极吸引国内外高校、科研院所和企业在我市设立研发机构，鼓励国内外高层次科技创新创业人才以各种方式参与我市科技创新。建立高层次人才创业基金，对

企业或科研机构聘用的科技创新领军人才，由各级财政给予专项补贴，并在住房及家属就业、子女入学等方面予以优惠。四是优化创新环境。要突出从税收、财政、信贷、政府采购等制度安排入手，加快形成鼓励自主创新的体制机制和利益导向。积极培育引入风险投资、私募股权投资，支持中小企业科技创新。改革科技分配机制，通过技术入股、股份期权等形式，充分调动科技人员科技成果转化的积极性。通过自主创新，使东莞从劳动密集型产业低成本创业的乐园向科技创新产业低成本创业的热土转变。

（四）坚持以深化体制改革为抓手，增强东莞发展活力。要加快推进重点领域和关键环节的改革，尽快形成更加开放、更富效率、更有利于科学发展的体制机制。一是铺开扩权强镇改革。尽快对我市去年扩权强镇试点工作进行梳理，总结成功经验，分析存在问题，探索长效机制，确保今年在全市铺开。二是落实政府机构改革。要加快部门“三定”方案编制，积极稳妥推进正常运转。实施事业单位绩效工资制度，推进事业单位分类改革和人事制度改革。三是深化农村体制改革。加快推进黄江、厚街村级体制改革试点的各项工作。支持镇街加强土地统筹，探索推进“镇街主导开发，镇村组三级分利”的开发模式和重大项目税收以一定比例返还所在村的政策措施，使村级管理体制与产业升级转型相衔接。四是深化社会管理改革。放宽企业人才入户政策，合理确定入户门槛，探索实施“积分制”，使在东莞稳定就业和居住的各类人才有序转变为城镇居民。推行居住证制度，强化新莞人服务和管理。五是深化金融管理体制改革。落实《东莞市金融业发展规划》，进一步扩大信贷投放总量，创新金融产品和服务，创新管理机制，完善金融调控和监管机制，通过做大做强地方金融机构，力争到2015年，把东莞初步建设成为金融产业发达、金融综合竞争力强的金融强市。六是推进招商体制改革。对重要行业、重大产业项目的招商，要进一步提高专业化、科学化水平，尤其是要建立跨部门、高智能的专业招商团队，加强对全球最新产业转移趋势的研究，加强对招商引资所需的产业经济、区域经济、市场营销、城市规划、经济管理、人力资源、生产配套、相关政策等综合知识的学习，做到有的放矢、事半功倍。

（五）坚持以建设宜居城市为载体，努力提升城市素质。建设宜居城市是优化环境、扩大投资、刺激消费的综合性载体。我们要以承办部分亚运项目和省建设珠三角区域绿道网为契机，进一步加强城市规划建设和城乡环境整治，不断提升东莞的环境优美度、资源承载度、生活便利度和社会文明度。一要增强主城区首位度。进一步加强对大城区的整合提升，高水平推进中央商务区、中央商贸区、中央休闲区建设，加快篮球中心、石龙新火车站和市轨道交通R2线等建设，不断增强市区的辐射带动功能，将主城区建成全市的居住中心、商务中心、商贸中心、教育中心、医疗中心、休闲中心，构筑带动全市转型发展的核心区域。二要提升城乡一体化水平。突出规划引领，进一步做好黄旗公园、松山湖、轻轨沿线站点等重点区域的规划，以穗莞深、穗莞惠城际轨道交通工程建设为契机，完善“一环六纵六横三连”的高快速路网，使市区与各大园区、各镇街形成发展互动、资源互享、设施互通、优势互补的组团型城市发展新格局。三要加强城市管理。深入开展市容环境、城市交通、外来人口和出租屋等综合整治，推进城市管理的精细化、常态化、科学化，不断提升城市品位和城市素质。四要狠抓生态环保。高水平做好珠三角绿道网东莞区域的建设工作。以“创模”为抓手，扎实推进运河、内河涌、水库污染治理，加快建设7个环保产业基地、6座垃圾处理场，抓好已建成的32项污水处理厂的运营，力争早日“创模”成功。五要加快推进节能减排。加强资源节约和生态环境保护，加大对重污染行业、重污染企业、重污染工艺的整治转移淘汰力度，突出推进工业、建筑、交通等领域节能，加快发展循环经济、绿色经济和低碳经济，确保完成“十一五”节能减排任务。

（六）坚持以发展民生事业为重点，维护社会和谐稳定。各级党委、政府年内要专门召开常委会或常务会研究部署保障民生工作，切实为人民群众办实事、办好事。一是围绕扩大就业抓民生。深入实施“创业东莞”工程，继续开展“再就业援助月”活动，大力推广“村民车间”，加强本地生源高校毕业生和困难群众就业统筹，使有工作意愿的市民充分就业。二是围绕强化保障抓民生。推进农保职保并轨，加强廉租房、公共交通、饮水安全等关系百姓生活的公共服务，确保群众生活质量不因金融危机影响而下降。三是围绕文教卫体抓民生。推进各类教育优质均衡发展，新建扩建18所高中学校，加快打造职教城，新建城市学院，推进与香港理工大学联合办学，规范和促进民办教育发展。继续加强甲流防控，加强“四院一中心”、疾病预防控制、卫生监督和社区卫生服务机构建设。加强人口计生工作，稳定低生育水平。承办好广州亚运会举重赛事。四是围绕区域协调抓民生。继续加大对欠发达镇村的对口扶贫、转移支持、干部支持等工作力度，将村际联网路政策期限延长一年，确保后进地区加快发展。五是围绕安全稳定抓民生。严厉打击“两抢一盗”、公交扒窃、拐卖人口等严重影响群众安全感的犯罪活动，继续加大对涉黄涉赌涉拐案件打击力度，深化社会治安重点区域和行业的整治，强化治摩工作，推进综治信访维稳中心建设，加快视频监控网络建设进度。完善企业经营监测机制和欠薪逃匿防范机制，促进劳资关系和谐稳定。加强食品药品安全和生产安全，确保不发生重特大安全事故。

（七）坚持以加强党的建设为保障，提升转型发展能力。各级党组织要认真贯彻《中共中央关于加强和改进新形势下党的建设若干重大问题的决定》及省委的实施意见，切实增强抓党建的“主业”意识。一是加强学习。积极创建学习型党组织，继续完善党委中心组、东莞学习论坛、农村党组织书记学习论坛等制度。以开展读书活动为载体，引导党员干部热爱读书学习、完善知识结构、提升思想境界、增强素质能力、培养高尚情操。继续做好干部培训，不断强化领导干部的世界眼光、战略思维。二是配强班子。加大领导干部选配力度，有计划地安排机关年轻干部到基层培养锻炼，推进百名村（社区）党组织书记后备干部培养工程，探索扩权强镇试点镇工作人员实行聘任制。三是强化基层。改善基层党组织设置和工作方式，优化机关、镇村、“两新”组织党组织管理体制，加强社会组织党建工作，力争用3年时间，实现100人以上非公有制经济组织、30人以上社会组织100%建立党组织。推进党代表工作室制度，建立完善党代表提案制度，开展党代表大会常任制试点。创新基层党组织活动品牌，推进基层党组织工作信息化。四是改进作风。进一步完善明察暗访机制，加大治懒治庸、督查督办和行政问责力度，不断提高干部执行力，争取在抓落实上见到更大成效。强化落实市委常委挂片督导工作制度，进一步明确机构人员、充实工作内容、健全工作机制，使之成为市委、市政府现场办公和抓落实的固定平台。五是加大反腐。切实强化各级党政领导班子抓党风廉政建设的责任意识，强化廉政教育，深化源头治腐，加大查案力度，加强对“一把手”的监督，使各级党员干部做到严于律己、清正廉洁。

# 政府工作报告（2010）

## ——2010年1月20日在东莞市第十四届人民代表大会第五次会议上

东莞市人民政府市长 李毓全

## 2009年工作回顾

过去一年，是新世纪以来东莞经济社会发展最为困难的一年，也是我们砥砺奋进、经受严峻考验的一年。面对罕见国际金融危机带来的严重冲击，我们在上级和市委的坚强领导下，以科学发展观为指导，以实施《珠江三角洲地区改革发展规划纲要》为动力，认真落实“三促进一保持”（促进提高自主创新能力、促进传统产业转型升级、促进建设现代产业体系，保持经济平稳较快增长）的工作要求，加快推进经济社会双转型，着力保增长、扩内需、调结构、强管理、惠民生，在逆境中实现了新的发展。预计全市生产总值3760亿元，按可比价计算比上年增长5.3%，人均生产总值56500元，增长10%。来源于东莞的财政收入628亿元，增长4.5%，其中市财政一般预算收入231亿元，增长10.5%。城市居民人均可支配收入33045元，农村居民人均纯收入13061元，分别增长9.1%和6%。金融机构本外币各项存款余额5095亿元，比年初增长14.3%。三大产业比例由上年底的0.3：52.8：46.9调整为0.3：47.8：51.9。东莞先后获得全国文明城市、全国社会治安综合治理优秀市、全国民族团结进步模范集体等荣誉。创建国家环保模范城市顺利通过国家技术评估。

**——这一年，我们千方百计保增长，实现了逆势回升。**把保增长作为首要任务，全面实施并不断完善应对危机的一揽子计划，成功遏制了经济下滑势头，推动了稳步回升。*着力帮扶企业共渡难关*。实施“六个10亿元”帮扶计划，深入走访企业，帮助解决实际困难，稳定企业扎根发展。积极开展跨境贸易人民币结算试点和知识产权质押融资试点工作，出台已建房屋补办产权办法，以贴息和担保方式帮助企业融资，推动金融机构为1430家企业累计发放贷款548亿元；推广“两仓（监管仓和进口保税仓）合一”保税物流模式，降低企业物流成本，建成保税仓和出口监管仓34个，东莞保税物流中心投入运营。有效增强了社会信心，企业经营逐步好转。全市外资企业关停外迁宗数减少24%。*着力扩大投资刺激消费*。实施五年7300亿元的投资计划，加大政府投资力度，积极引导社会投资。完成市镇两级土地规划修编，出台新的征地拆迁补偿标准；加大重点项目统筹推进力度，实行领导挂钩督导和审批绿色通道制度，对财政投资项目实行并联审批，500万元以下项目招投标权限下放镇街。开展“欢乐消费年”系列活动，实施家电下乡等八大商贸促进工程（家电下乡工程、万村千乡市场工程、社区商业双进工程、餐饮业分等定级工程、汽车销售服务升级工程、农贸市场升级改造工程、放心肉放心酒工程、重点商贸项目工程），推进国民旅游休闲计划，刺激居民消费。全社会固定资产投资1094亿元，增长13%；社会消费品零售总额956亿元，扣除物价因素影响实际增长19.7%，成为拉动经济增长的重要动力。*着力鼓励出口拓展内销*。出台16项出口优惠措施，协同海关提高口岸通关效率，建立出口300强企业外贸快速通道，全市出口551.7亿美元，降幅比年初收窄16.1个百分点。积极引导和帮助企业开拓国内市场，举办大中型展会48场，组织莞货促销活动24场，资助企业参加国内外大型展会50场，推动企业与销售商家、电子商务平台对接。全市规模以上工业产品内销产值2710亿元，占工业销售总产值的46%，比上年提高4.6个百分点。

**——这一年，我们坚定不移调结构，加快了转型步伐。**总结试点经验，出台“1+26”政策文件（“1”是指《关于推进产业结构调整促进产业转型升级的意见》，“26”是指《东莞市推进加工贸易转型升级工作方案》、《东莞市转型升级实施“三旧改造”土地管理暂行办法》等26项具体配套政策文件），加大结构调整力度，有效推动了三大产业结构、内外源型经济结构、企业投资结构、经营模式、加工贸易企业形态优化，以及人均经济指标、自主创新能力、节能减排水平提升。*以加工贸易转型优化存量*。积极搭建服务平台，完善就地不停产转型的操作办法，帮助339家来料加工企业成功转为三资或民营企业。用好加工贸易转型升级专项资金，激励企业加强技术研发和品牌经营，全市新设立外资企业研发机构84家；拥有自主品牌的加工贸易企业900家，增长15%。加工贸易合同电子审批实现全覆盖。*以加强园区招商提升增量*。依托市镇工业园区，调整引资目录，实行招商奖励，精心组织赴欧日韩、港台、广州、杭州等地招商推介。全市实际吸收外资26亿美元、内资122亿元，分别增长6%和42.4%。松山湖项目引进和投产步伐加快，工业产值、税收分别增长43%和40%；虎门港成功开辟首条国际班轮航线，获批深水泊位项目共21个，其中6个正式投产运营；东莞生态园完成土地征收83.4%，启动重点工程30项；长安新区用海申报、规划环评、港区总体规划等通过专家审查。*以推进自主创新提高质量*。完善科技东莞配套政策，积极培育“两自”企业，新增国家高新技术企业90家、省民营科技企业89家；新增省级以上名牌名标25个；专利授权量增长59.6%，总量跃居全省第二位；参与制定修订各类标准32项。加强创新平台建设，深化产学研合作，加快技术更新改造，建成省级以上各类研发和检测中心36个，新增省级产业集群升级示范区2个，承接省级以上科技项目313个，获批省部院市产学研合作项目99个，全市工业更新改造投资154亿元，增长1.5倍。支持科技企业融资，设立5000万元科技贷款风险准备金。整合出台扶持民营经济22条措施，落实排忧解难协调制度，民营企业注册资金增长13.4%；内源型经济占生产总值的62.5%，比重提高4.5个百分点。*以发展第三产业强化支撑*。加

强现代服务业引进，推动金融、物流、会展等生产性服务业加快发展。东莞农信社改制为农村商业银行，新增银行和融资担保机构8家、上市公司1家，引进中外运等一批大型物流仓储项目，成功承办首届中国动漫博览会和广东外博会，电博会、虎门服装、厚街家具、大朗毛织、长安五金模具等品牌展会的影响力稳步扩大。出台鼓励总部经济发展的政策和实施细则，启动首批总部企业认定工作。第三产业增加值占生产总值的比重提高5个百分点。*以落实节能减排严格约束*。强化责任落实，加强重点耗能企业监管，开展全民节能行动，推进企业清洁生产，加强土地执法监察，严守耕地保护红线。全市单位生产总值耗地、耗电分别下降3.1%和4.2%。二氧化硫和化学需氧量排放分别下降9.2%和6.8%，达到省总量减排年度要求。

**——这一年，我们加大力度扶镇村，夯实了基层基础。**把镇村作为全市发展和稳定的基础，市财政共支出40.9亿元，大力支持镇村建设和发展。*加大经济扶持管理力度*。完善财政激励政策，欠发达镇超收分成由30%提高到40%，继续实施贷款贴息等帮扶政策，市财政共贴息2.2亿元，帮助欠发达镇村累计获得贷款49亿元，对285个村（社区）补助公共管理经费2.35亿元。加强镇村收支和资产监管，出台农村干部违反集体资产管理行为责任追究办法，开展重大事项审查和村级绩效审计，强化农村集体土地款、借贷款与经济合同管理，严格控制集体开支和福利分红。32个镇街可支配收入221.5亿元，增长15.9%；村组两级净资产890.2亿元，增长3.5%。*加大基础设施建设力度*。“三院一中心”（市人民医院新院、市第三人民医院、市妇幼保健院新院、市疾病预防控制中心）等28项市属重点工程竣工，市轨道交通R2线起点站、东莞大道延长线、东莞篮球中心等38项动工。环城路全线贯通，莞深高速三期、虎岗高速顺利通车，建成镇村联网路14条、大型输变电工程17项、水利防灾减灾工程123宗。整合村级水厂16家，改造老化水管547公里，新增LNG管网163公里，整治市区内涝点11个。*加大城乡环境整治力度*。调整优化生态控制线和饮用水源保护区，实施生态补偿，促进生态保护。加快环保基础设施建设，累计建成污水处理工程32项、截污主干管网工程18项，医疗废物处理中心投入营运。扎实推进运河综合整治，运河水质明显改善。加强环境执法监察和污染企业监管，积极治理养殖业污染、水库污染、油气污染和机动车尾气排放。出台“三旧”改造办法和实施细则，深入推进“五整治”，加强城管综合执法，狠抓城市“六乱”治理，进一步提升了市容环境水平。*加大现代农业发展力度*。加快农业产业园建设，已批10个中6个完成了主要基础设施建设，2个被认定为省级园区。推动农业产业化、规模化、标准化经营，新增省、市级农业龙头企业各2家。启动集体林权制度改革试点工作。

**——这一年，我们多管齐下强管理，维护了安全稳定。**把综治维稳作为第一责任，着力加强社会管理，妥善化解矛盾纠纷，保障了安定局面。*强化社会治安综合治理*。加强巡逻防控，整治重点区域，保持严打高压态势，突出打击“两抢一盗”、拐卖儿童等犯罪行为，开展禁毒禁赌扫黄专项行动。推进科技强警，建设视频监控联网平台，扩大视频监控覆盖面，全市在用各类视频监控点12.8万个。新建平安社区200个。全市接报违法犯罪宗数下降4.3%，刑事案件破案宗数增长60.4%。*强化安全隐患整治*。加快安全生产应急救援指挥平台建设，划定了21个应急避险场所，全市所有村（社区）都成立了安全办。深入开展消防隐患、危险化学品、食品药品和建筑安全等专项整治行动。加强农产品检疫检测，建成食品安全样板市场38个。强化交通安全管理，禁止摩托车在环城路以内行驶，大力查处酒后驾驶等违章行为。全市发生各类事故起数、死亡人数分别下降6.4%和7.3%。*强化矛盾纠纷调解*。新建镇街综治信访维稳中心22个，村（社区）、企业综治工作站（室）317个。扎实开展“基层大接访”和“信访积案化解年”活动，全市受理群众信访总量下降39.4%，群体性事件下降44%。完善企业倒闭风险预警机制，严厉打击欠薪逃匿行为，为9.3万名工人追回工资1.2亿元。

**——这一年，我们高度重视惠民生，增进了社会和谐。**把改善民生作为政府工作的出发点和落脚点，全面发展社会事业，基本完成向市民承诺的十件实事，市财政用于民生事业支出102.8亿元。*办好教育实事*。以积分制方式新接受1.39万名新莞人子女入读公办学校。取消义务教育公办学校非本市户籍借读生书杂费，免收金额2.3亿元。切实解决中小学代课教师待遇问题。出台扶持民办教育发展政策。推进高中阶段学校布局调整，实施中小学校舍安全工程，新建学生宿舍10座，增加床位近万个。落实“六优先”政策（教育发展优先规划，教育投入优先安排，教育用地优先保障，教育人才优先引进，教师待遇优先落实，教育问题优先解决），促进各级各类教育优质均衡发展，每万户籍人口升大学人数排名全省第一。*繁荣文体事业*。实施“提升城市文明十大行动”（社会治安综合治理深化行动、思想道德素质提升行动、市容环境美化行动、交通秩序整合行动、城市亲和力强化行动、和谐社区家庭创建行动、志愿服务拓展行动、社会诚信建设行动、行政效能优化行动、全民学习行动）和“文化惠民工程”，新建图书馆和博物馆12个、农家书屋和妇女书屋142个，免费开放了一批文化馆所。开展庆祝建国六十周年活动，举办省音乐舞蹈花会和东莞音乐剧节，启动历史人文创作工程，莞城“文化周末”活动荣获文化部创新奖，12个文艺精品获得全国全省重大奖项。大力发展群众体育和竞技体育，成功承办举办第四届全国妇女健身活动展示大赛、市第七届运动会等大型赛事20余次，莞籍运动员在第十二届全运会上取得7项冠军，获得省第二届体育大会团体总分第四名。*完善社会保障体系*。统筹农居民与职工养老保险制度，两次提高医保待遇，将大中院校学生纳入基本医保范围。增加生育医疗待遇，整合医疗和生育保险。完善低保制度，提高“五保户”供养标准，开展居家养老服务试点。为23800多名户籍困难残疾人提供生活专项补助和服务。加快社会工作发展，扶持社工机构建设。解决2658户困难家庭的住房问题，建成经济适用房1454套，完善住房公积金管理，制定改善新莞人居住条件指导意见。*全面发展卫生、劳动就业、计划生育等事业*。完善社区卫生服务体系建设，积极防控甲型H1N1流感，开展职业卫生和生活饮用水专项整治。帮助户籍大中专毕业生和零就业家庭就业，完成户籍劳动力资助培训和新莞人技能提升培训6.7万人次。城镇登记失业率1.7%。建立37个新型社区，解决人才落户难问题。大力发展公共交通，投放城市小巴，设立学生临时专线，新增公交运力302辆、线路48条。提升人口计生服务管理水平，人口自然增长率6.31‰。完成第二次全国经济普查。国防人防、科普法普、外事侨务、工青妇幼、民族宗教、统计审计、气象测报、档案方志、打私等工作扎实推进。

**——这一年，我们改进作风抓落实，提高了政府效能。**把加强政府自身建设摆在突出位置，以更务实高效的作风抓好工作落实。*推动相关改革*。实施政府机构改革，市政府部门从37个整合为32个。以石龙、塘厦为试点推进扩权强镇，下放管理权限248项。完成第三轮行政审批制度改革，取消审批事项85项。恢复驻京联络处，密切与中央机构和企业的联系。*弘扬务实作风*。加强督查督办，推广现场办公、联合会审等工作方式，帮助基层和企业解决实际问题。出台法治政府建设意见和重大行政决策程序规定，推进政务公开，进一步规范政府行为。落实廉政责任，开展机关作风暗访和行业纠风行动，加强电子纪检监察系统应用，职能部门审批业务提前办结率达98.8%。全年办理人大代表和政协委员的建议提案489件。厉行勤俭节约。加强财政资金绩效评价和审计，提高资金使用效益。严格控制楼堂馆所等非生产性项目投资，严格控制一般性行政经费支出，市直机关行政经费缩减5.3亿元，由财政出资或政府主办的晚会、展览、庆典、论坛活动经费减少47.5%。

**——这一年，我们落实《纲要》谋合作，促进了区域协调。**深入实施珠三角规划纲要，积极加强区域合作，努力开创区域协调发展新局面。扎实推进深莞惠一体化。建立三市联席会议制度、政府工作协调机制、专责小组协调推进机制，召开党政主要领导联席会议3次，签署框架协议文件13份，确定并积极推动近期合作的25项重点事项。扎实推进莞港台合作。加强与港台地区在帮扶企业、招商推介、内外贸易等方面的合作，成立莞港生产力促进中心，促成台湾10大产业服务机构在莞设点，创办松山湖台湾高科技园。扎实推进双转移战略。制定产业转移规划和实施方案。市财政投入1亿元加快建设莞韶、莞惠产业转移工业园。接收我省东西北地区近50万劳动力就业。扎实推进对口援建扶贫。按照三年任务两年完成的要求，加快汶川映秀镇灾后对口援建，总投资近10亿元的33项“交钥匙”工程和25项资金补助项目已完成总工程量的50%。全市捐助台湾同胞抗灾重建1.4亿元，援助广西河池、西藏林芝等对口帮扶地区财物5742万元。

各位代表！

**回顾一年来同舟共济的拼搏之路，我们深感成绩凝聚汗水，团结就是力量。**我市在极其困难的形势下保持了经济社会的平稳发展，离不开上级和市委的正确领导，离不开各级各部门的精诚协作，离不开市人大、市政协、各民主党派及社会各界的监督支持，离不开广大投资者的信赖、坚守和勤奋经营，离不开全体市民和驻莞部队的共同努力，离不开港澳台同胞、海外侨胞以及国际友人的关心帮助。在此，我们表示衷心的感谢！

**回顾一年来逆势前行的突围之路，我们深感信心异常可贵，坚持就是胜利。**困难是常有的，也是暂时的，战胜困难的过程，就是推动改革发展大步向前的过程。东莞能够成就今天的城市地位，靠的就是敢为人先，务实奋进，靠的就是不畏险阻，艰苦奋斗，靠的就是坚定信念，永不言败。

**回顾一年来化危为机的进取之路，我们深感科学发展制胜，转型才有出路。**实践证明，只有坚定不移地落实科学发展观，坚定不移地推进经济社会双转型，才能有效转变发展方式，提高核心竞争能力和抗御风险能力，才能推动东莞经济社会不断取得新的发展。

**回顾一年来攻坚克难的奋斗之路，我们深感问题不容忽视，忧患才能兴市。**当前东莞仍存在不少问题和隐忧：经济回升基础尚不牢固。主要指标增长与年度目标有一定差距，外贸出口尚未完全恢复，合同利用外资降幅较大，企业经营还有不少困难。转变发展方式任重道远。引进培育大项目等工作亟需加力，自主创新能力和抗御风险能力有待进一步提高，污染整治的成效仍未充分显现。社会管理工作仍然繁重。社会不稳定因素依然较多，治安形势仍未实现根本好转，群体性事件、安全和消防事故时有发生。我们必须高度清醒，以强烈的责任感和紧迫感，积极寻求破解之策。

## 2010年工作安排

今年是实施“十一五”规划的最后一年，做好全年各项工作，对夺取应对国际金融危机全面胜利、加快经济社会转型步伐、为“十二五”规划奠定良好基础具有十分重要的意义。我们要清醒地看到，新一年的形势仍然复杂严峻，国际金融危机对东莞的影响尚未完全消除，后危机时代还会有一段比较艰难的时期，必须切实增强危机意识和风险意识，决不能有丝毫的懈怠。同时，我们也要满怀信心地看到，当前综合发展环境正在不断好转：从外部环境看，世界经济逐步显现出复苏迹象，外部需求有所回升，我市外贸出口压力将得到一定程度的缓解；不少跨国公司正在酝酿产业的重新布局，有利于我市开展招商引资。从国内环境看，中央和地方一系列刺激经济政策日益见效，中央继续实施积极的财政政策和适度宽松的货币政策，珠三角规划纲要深入实施，有利于我市开拓国内市场，深化区域合作。从我市实际看，经过一段调整适应期，经济企稳向好的势头明显，全市上下应对危机的信心和能力不断强化，推动转型发展的积极性和主动性进一步增强。只要我们审时度势，坚定信心，趋利避害，奋发有为，就一定能够实现新的更大的发展。

综合考虑各方面因素，全市经济社会发展的目标是：生产总值增长8%；市财政一般预算收入增长6%；固定资产投资和社会消费品零售总额增长14%；外贸出口增长5%；城市居民人均可支配收入和农民人均纯收入增长7%；单位生产总值能耗下降4.4%；城镇登记失业率、人口自然增长率分别控制在2.5%和7‰以内。

政府工作的总体要求是：以科学发展观为指导，全面贯彻党的十七届四中全会、中央经济工作会议、胡锦涛总书记视察广东重要讲话、省委十届六次全会和市委十二届六次全会精神，深入实施珠三角规划纲要，落实“五个更加注重”（更加注重提高经济增长质量和效益，更加注重推动经济发展方式转变和经济结构调整，更加注重推进改革开放和自主创新、增强经济增长活力和动力，更加注重改善民生、保持社会和谐稳定，更加注重统筹国内国际两个大局）和“三促进一保持”要求，突出以转变经济发展方式为核心，继续稳增长，加力调结构，积极优环境，锐意抓改革，更加重民生，全面促和谐，坚定不移地推动全市经济社会在平稳发展的基础上加快转型，全面完成“十一五”规划各项目标任务，努力建设以信息产业为特色的现代制造业名城、适宜创新创业安居乐业的生态城市、珠三角新兴物流城市，当好推动科学发展、促进社会和谐的排头兵。

具体抓好以下八个方面的工作：

### 一、坚持多策并举，巩固经济回升基础

珍惜来之不易的回暖局面，把扩大内需作为战略基点，继续实施刺激经济增长的一系列政策措施，不断巩固和增强回升向好的势头。

完善落实扶企政策。加强政策宣讲辅导，完善管理办法和操作指引，切实发挥好科技东莞、创业东莞、转型升级、支持融资等多个专项资金的作用。融资贴息、社保金缓交等政策延期一年，扩大政策普惠面，加快补办土地使用证和房屋产权证，帮助企业盘活资产。积极推进跨境贸易人民币结算试点工作。加强劳务协作，完善用工平台，帮助企业解决招工难题。

加快投资项目建设。全面加快重点基础设施和优质产业项目建设，将政府投资5000万元、社会投资2亿元以上的项目列为重点项目，给予纳入审批绿色通道、减收城市基础设施配套费等支持。结合产业导向和引资目录，制定优质产业项目认定标准，做到用地指标优先安排、审批事项优先办理。完善和落实领导挂钩督导等制度，定期协调解决实际问题，加大投资拉动力度。

积极开拓内外市场。落实激励政策，帮助企业抢抓订单、稳定出口，积极开拓东盟等新兴海外市场，优化外贸出口结构。加力资助企业拓展内销，推广内销"集中申报"模式，加快保税物流和口岸大通关建设，积极举办形式多样的莞货展销活动，认真筹办省第二届外博会，资助企业参加各类大型展会，组建东莞工厂直销中心，推动生产企业与大型商家、电子商务平台对接。积极举办各类商贸促销活动，加大家电和汽车下乡、以旧换新等政策的宣传力度，发展和完善消费信贷，有效刺激和扩大居民消费。

## 二、加快结构调整，构建现代产业体系

坚定不移地把产业结构调整作为核心任务和工作主线，加大典型示范和推进力度，有效转变经济发展方式。

加快打造三大经济带。着力打造以松山湖为龙头的园区经济带。完善松山湖各项功能配套，推进台湾高科技园和IT研发园建设，加速集聚高端产业和人才；同步加强东莞生态园的基建与招商工作，完成主要路网设施建设，力争在项目引进上有所突破；推进长安新区规划报批，基本完成收地任务，尽快转入实质性建设阶段。着力打造以虎门港为依托的物流经济带，积极寻求战略合作，加速码头泊位建设运营，研究出台港口物流优惠政策，提升港口集散能力，推动早日繁荣；加强西大坦物流园和立沙岛石化园的招商，积极引进精细化工和装备制造等产业。着力打造以主城区为核心的商贸经济带，推进中央商务区、商贸区和休闲区的规划建设，强化主城区的辐射带动功能。

加快推进加工贸易和传统产业转型升级。完善专项资金使用办法，优化一站式服务，重点跟进资金技术密集型来料加工企业，推动其不停产转三资或民营企业，在拓展内销、技术改造、设立研发机构和地区总部等方面取得实效。加强与港台专业机构合作，帮助企业提升技术和管理水平。以信息化和高新技术改造提升传统产业，推动五金模具、服装、毛织、家具等产业集群优化升级。

加快引进培育优质项目和龙头企业。加强已有产业分析和投资动向研究，落实重大及关键项目引资奖励措施。加大城市营销力度，充分利用现有企业资源，对重点企业开展登门招商，对日韩台等地区实行驻点招商，积极引进国内外大型企业和行业龙头企业，引进新兴战略性产业、先进制造业及其配套缺失项目。着力扶优扶强，落实24项倾斜措施，突出扶持市选定的521家重点工业企业。力争用3年时间形成一批年主营业务收入超十亿、百亿元的大企业。

加快发展现代服务产业。从今年起连续5年，市财政每年安排3000万元，采用竞争性招标方式资助信息服务业项目。出台建设珠三角新兴物流城市的实施意见，认定十大连锁企业、十大物流项目、十大专业市场和十大展会，从政策和资金上重点扶持。加强对同类型专业市场及展会的规划整合。大力发展工业设计、金融、旅游、中介等产业，稳步发展总部经济。把文化产业作为支柱产业来扶持，制订发展规划和配套政策。认真筹办第二届动漫博览会，引进培育文化创意产业基地，推动现代传媒、演艺娱乐、印刷等文化产业集群发展。

加快落实节能降耗减排。强化污染企业监管，严把产业项目准入关，加快7个环保专业基地建设。务实发展低碳经济，落实重点耗能企业节能计划，扶持发展节能服务机构，鼓励企业开展清洁生产。推广清洁能源、节能建筑、绿色照明，实施LED路灯应用示范工程，深化机动车尾气和加油站油气污染治理。严格落实责任，确保完成"十一五"节能减排任务。

## 三、强化自主创新，提高核心竞争能力

把自主创新作为引领东莞未来发展的核心推动力，深入实施"科技东莞"工程，积极培育"两自"企业，大力发展民营经济，不断提升自主发展能力。

推动企业研发和品牌经营。落实专项扶持资金，鼓励企业加大技改投入，设立研发机构，承接参与国家和省市重大科技专项，争取新建一批省级以上工程技术中心，推动一批企业成为省级工业设计示范基地。做好首届市政府质量奖评审工作，鼓励企业参与各级各类标准的制定和修订。深入实施名牌带动战略，支持企业争创名牌名标，加强知识产权和品牌保护。

推动科技平台建设和管理。推进国家设计中心试点工作，推动散裂中子源项目动工，加快中山大学研究院、国家消费品重点实验室等公共平台建设，新建鞋业、模具等行业技术平台，组建太阳能、智能玩具等省部产学研创新联盟，引导镇街以"民办公助"方式建设科技企业孵化平台。加强分类指导和管理，促进现有科技平台提高运营水平和效益。办好科技合作周等活动，推动高等院校与企业的产学研合作，积极谋求关键领域和关键技术突破，加快科研成果转化应用。完善和落实人才政策，争取在科技创新团队和领军人才的引进培育方面有所突破。

推动民营经济做大做强。进一步放宽市场准入，落实扶持民营经济发展22条措施，突出帮扶省百强民营企业和市50强民营企业。实行核发筹建执照等办法，推动规模较大的民营企业加快落户。制定相关激励政策，引导民间资本更多地进入先进制造业领域。对民营企业的大额技改投资贷款给予贴息，对技术开发和转让的相关税费给予减免，完善扶持民营企业的政府采购政策。充分发挥商会行会作用，加强对民营企业家的培训，鼓励企业实行强强联合、并购重组，实现规模化发展。

推动科技金融更紧密结合。全面落实金融业发展规划，加快市金融商务区和松山湖金融改革创新服务区建设，积极组建外商和台商信用担保公司，推动设立村镇银行，稳步发展融资、租赁机构。做好后备企业改制上市培育工作，力争新增上市企业2—3家。积极开展省首批科技金融试点市工作，制定市联动科技贷款风险准备金使用办法，推动知识产权质押融资，发挥创业投资和风险投资作用，引导更多资金投向科技创新领域。

## 四、着力帮扶镇村，以强镇促进强市

镇村是东莞的发展之基、特色所在、惠民所依，强镇才能强市。必须坚持不懈地扶持镇村，筑牢全市发展基础。

加强政策资金扶持，加大转移支付力度。全年市财政安排49.4亿元扶持镇村发展。落实好财政超收分成、公共管理支出补助、生态补偿、结对帮扶等政策措施。继续按一定比例分担联网公路、水利工程等基础建设费用，村际联网路补贴政策期限延长一年。对镇村集体已建项目补办手续给予费用优惠。突出帮扶欠发达镇村加快发展，继续实施扶贫贷款贴息政策，适当放宽贷款使用范围。引导欠发达村用好市免息借款，不断增强造血功能。

加强土地统筹开发，转变镇村发展模式。强化镇级统筹发展的主导作用，鼓励各镇街以租赁、入股、征收等多种形式，加强对土地的统筹利用，实行统一规划、统一建设、统一招商，不断完善镇村“统筹开发、利益共享”的发展模式。探索建立相关激励机制，对镇街涉及土地统筹的贷款给予贴息，重大项目的税收给予所在村一定比例的返还。

加强集体资产监管，力促增收节支减债。制定村组年度收支计划，合理控制资产负债率。积极扶持集体增收项目。逐步减轻村组社会管理负担。严格落实重大事项审查、土地款管理、合同管理等制度，加强农村集体经济审计和责任追究。规范农村干部薪酬管理。继续严控一般性支出，严控贱卖集体资产，严控超支福利分红。

坚持生态高效方向，扶持现代农业发展。按照“强化规划、突出产业、标准适度”的原则，逐步把全市符合条件的农业用地纳入园区范围。推进标准化基本农田建设，承接优质高产的农业项目。积极培育农业产业化组织，推动专业合作社发展，推广现代农业机械和技术，探索土地流转和规模经营的有效方式，推动农业产业园建设速度加快、效益提高。

## 五、统筹规划建设，提升城乡环境水平

坚持组团发展方向和环境取胜战略，不断强化城市功能，改善城乡环境，建设生态宜居城市。

加速推进城市基础设施建设。配合推进穗莞深、穗莞惠城际轨道交通工程，全面启动市轨道交通R2线建设，推进石龙火车新站工程。加快完善“一环六纵六横三连”（一环是指环城路；六纵是指沿江高速、广深高速、国道107、增莞深高速、从莞高速、博深高速；六横中的第一横为北环快速，第二横为西部干道、东部快速，第三横为番莞高速跨江大桥、番莞高速东延，第四横为虎门大桥、虎岗高速虎门港支线一期、虎岗高速，第五横为龙林高速及延长线，第六横为深圳外环；三连是指虎岗高速虎门港支线二期、龙大高速、清平高速）的高快速路网，建成虎岗高速虎门港支线一期、广深高速石鼓连接线，推进广深沿江高速、从莞高速、博深高速、深圳外环高速东莞段以及东莞大道延长线、环莞快速路二期、松山湖大道至常平连接线、高埗连接市区梨川大桥等建设。加快中麻公路、石大公路、省道S120石排至桥头段、S256南城至虎门段、S357谢岗段、S358长安至虎门段等改造工程。加快水、电、气网建设，完成东江与水库联网一期工程，建成水利防灾减灾工程126宗，改造供水管网1300公里；建成110千伏及以上输变电工程15项；新建天然气管网131公里。加快打造“无线城市”，推进电信网、广电网、互联网三网融合。

加速推进城市功能配套建设。加快大市区建设，抓紧完成广电中心、篮球中心、市中医院新院、市民艺术中心、工人文化宫、市廉租房和经济适用房等项目建设，增强城市功能和辐射带动作用。加快各镇中心区建设，按照中小城市的标准完善公共设施，着力打造若干个各具特色的标志性片区。加快成熟社区建设，制定量化标准，完善公交、商业、休闲等功能配套，力争年内每个镇打造出2—3个成熟社区，市区四个街道成熟社区覆盖率达到40%。

加速推进旧城旧村旧厂改造。把“三旧”改造作为优化城市布局、改善城乡面貌、促进经济发展的重要抓手强力推进。设立市财政连续五年、每年10亿元的专项资金，落实减免市属税费、简化供地方式、优先用地指标、加快项目审批、返还出让收益等优惠政策。抓好分类典型示范，通过开发商业区和商住楼、改建现代化工业厂房、联建农民公寓、保护历史村落、建设主题公园等多种模式推进改造。各镇街年内完成改造专项规划，至少启动一个成片改造和若干个单宗改造项目。

加速推进城乡环境综合整治。落实生态绿线规划，严格保护农田山林绿地。按照“一年基本建成、两年全部到位、三年成熟完善”的要求，扎实推进珠三角绿道网建设。加快黄旗山城市公园的建设改造，完善市植物园和银瓶山、大岭山、大屏嶂森林公园的设施配套。鼓励各镇村因地制宜建设乡村公园。坚持广泛植树、见缝插绿，按照新区不低于30%、旧城改造区不低于25%的面积标准配套绿地。加大运河综合整治力度，推进内河涌和水库污染治理。全面建成34项污水处理厂及配套管网，加强运营管理。新建4座垃圾处理厂。加大城管综合执法力度，深入整治城市“六乱”。争取成功创建国家环保模范城市。

## 六、加强社会管理，切实维护安全稳定

稳定压倒一切，必须毫不放松强化公共安全管理和矛盾排查调解，切实维护安定有序的社会局面。

坚持不懈推动社会治安持续明显好转。保持高压态势，继续严打各类恶性犯罪和多发性犯罪，突出打击入室抢盗、公交扒窃、拐卖儿童等。深入开展打黑除恶禁毒扫黄等专项行动，大力整治治安重点区域和行业。实行有奖举报，严格责任追究，坚决清除“老虎机”和地下“六合彩”赌博行为。加大路面巡逻力度，加快视频监控网络建设，加强出租屋管理，推动社区群防群治，力争全市80%的社区（村）成为平安社区。推进公安信息化、执法规范化和队伍正规化建设。

坚持不懈狠抓安全生产排查整治。夯实基层基础，创新监管机制，突出抓好危险化学品、特种设备、“三小”场所、人员密集场所、建筑安全等专项整治，对存在重大隐患、未能限时整改到位的场所，坚决实施关停，严防重特大事故发生。加强食品药品和农产品安全监管，创建62个食品安全样板市场，确保百姓用药安全、饮食放心。强化宣教培训，营造全社会关爱生命、关注安全的良好氛围。

坚持不懈做好信访调解和应急管理。深入推进镇、村和企业综治信访维稳机构建设，强化矛盾纠纷排查化解，推行领导接访包案和干部下访制度。加强劳动监察执法，提高劳动仲裁处理效率，进一步健全欠薪逃匿防范机制。加快打造市综合应急平台，强化信息研判、指挥调度、辅助决策等功能，推进应急避险中心和镇街值班室建设，完善应急预案管理体系，不断提高应对和处置突发事件的能力。

坚持不懈推进新型和谐社区建设。以社区为基本单元，完善警务区建设，落实辖区治安队、安全生产监管人员等工作职责，加强城乡社区网格化、全覆盖的管理。指导各居住小区成立业主委员会，推进物业管理进社区。年内规范完善215个城市社区的服务设施和机构队伍，逐步建立政府向社会组织购买公共服务机制，积极健全社区服务体系。深入创建省“六好”平安和谐社区，力争80%以上的城市社区达标；积极创建全国和谐社区示范单位。

## 七、办好民生实事，全面发展社会事业

坚持以人为本、惠民先行，大力发展社会民生事业，继续办好“十件实事”，不断改善群众生活，共享发展成果。

促进充分就业、全面保障。加强就业服务，设立实名制劳动力资源库，推广“村民车间”模式，帮助户籍劳动力特别是“零就业”家庭和大学毕业生就业。实施全民技能提升储备计划，不断提高劳动力就业素质。全面深化社会养老保险体系建

设，市镇村三级分期投入43.4亿元，其中今年14.5亿元，逐步提高59万名原农居民参保人员的保障水平。加快组建市社会福利中心，新建4间敬老院，向全市80岁以上老人发放政府津贴，争取一、二档镇街居家养老服务覆盖面达到20%。对低保对象实施分类保障和基本医疗救助，对特殊困难对象增发保障金。积极推进社会工作，力争专职社工达到500名。逐步提高困难残疾人补助标准，加强残疾人服务体系建设。推进住房公积金事业发展和廉租房、经济适用房建设，解决2404户困难家庭住房问题。深入开展关爱新莞人系列活动。

促进教育质量更高、医疗卫生服务更优。坚持教育优先战略，推进各级各类教育优质均衡发展。加快高中阶段学校布局调整，新建扩建16所高中学校。推进技师学院、高技能公共实训中心和理工学校、卫校新校区等建设，加快打造职教城。探索公办中职学校学生逐步实现学费全免。支持办好东莞理工学院城市学院新校和中山大学新华学院，推进与香港理工大学联合办学，加强民办教育的扶持、引导和监管。推进市镇医院和重点特色医疗专科建设，继续完善社区卫生服务体系，实施基本药物制度，加强甲型H1N1流感防控，为群众提供优质安全、价廉便利的医疗保健服务。

促进交通更顺畅、出行更便利。完善镇村（社区）交通分流系统，加强交通疏导和执法管理，深入推进“治摩”工作，改造3条主干公路12个交通堵塞点，整治事故多发和市镇中心区拥堵路段，努力做到安全顺畅有序。设立道路交通事故社会救助基金。大力发展公共交通，加大运力投放，优化线路设置。更新出租车1200辆，完善公交枢纽站、首末站、候车亭、出租车停靠点和交通标识、自行车道等设施，增建人行天桥和地下通道，使群众出行更加便利。

促进文化、体育等社会事业全面发展。着力巩固全国文明城市创建成果，鼓励发展志愿服务，引导市民践行道德规范，形成良好文明风尚。完善公共文化服务体系，推进社区文化和企业文化建设，鼓励文艺精品创作，加强社会科学研究，传承文化遗产，弘扬东莞特色文化，积极创建全国历史文化名城。落实《全民健身条例》，增加健身场所和完善设施，广泛开展群众体育运动，积极承办第十六届亚运会举重赛事。科学编制“十二五”规划，开展第六次全国人口普查，加强人口计生服务管理，继续做好国防人防、双拥共建、科普法普、外事侨务、工青妇幼、民族宗教、统计审计、档案方志、打私、气象等工作。

## 八、继续深化改革，激发体制机制活力

坚持先行先试，锐意创新，大力推进管理体制机制改革，不断提升政府行政效能和公共事业活力。

深化行政管理体制改革。全面推进政府机构改革后续工作，加快制定实施部门“三定”方案，理顺职责关系，完善运行机制，切实强化统筹管理职能。建立机构编制实名管理制度。深化户籍制度改革，落实居住证制度，进一步放宽入户门槛。推进事业单位人事制度改革。开展第四轮行政审批事项清理，完善推广集中审批、并联审批、网上审批。抓好石龙、塘厦扩权强镇试点，在总结经验基础上全面铺开。在镇街尝试设立政府法制机构，提高镇一级依法行政水平。探索推进黄江、厚街村级体制改革试点工作。

深化公共事业改革。推进市政管理改革，制定精细化管理的标准和考核办法，探索实行市区数字化城管，全面推广市政设施和环卫绿化“市场化+监理制”模式。推进水务一体化管理改革，提高供水质量。坚持公益方向，推进医疗卫生体制改革，开展公立医院改革试点。深化民政改革发展，履行部省协议，全面推进8大方面60项试点工作。深化经营性文化事业单位改革，支持民办公益性文化机构发展。完成林权改革试点。

深化区域合作发展。深入推进深莞惠一体化发展，做好规划编制衔接，积极推动道路连接、跨界公交、收费站年票互认等工作，加强治安、治污、劳动保障、市场监管等方面的对接。深化与港台地区的经贸合作。落实产业和劳动力双转移战略，积极推进莞韶、莞惠产业转移园开发建设。加快映秀镇对口援建，确保5月12日前基本完成整体援建任务。继续帮扶河池等地区，推进与云浮、韶关两市“规划到户、责任到人”扶贫开发。

深化机关作风建设。深入实施改进机关作风六项制度，切实提高行政效率和服务质量。弘扬艰苦奋斗，厉行勤俭节约，继续严控一般性行政经费支出，强化财政资金绩效评价，提高资金使用效率。扎实推进依法行政和廉政建设，落实重大行政决策程序和政务公开制度，主动接受市人大、市政协及社会各界监督。加大督查督办力度，以时不我待的强烈责任、以奋发有为的精神状态，以令行禁止的纪律观念，以脚踏实地的工作作风，不折不扣落实各项工作部署，努力建设“为民、务实、清廉”的服务型政府。

# 2010年市政府十件实事

一、创建一批平安社区。新建150个平安社区（村），将全市80%以上的社区（村）建成平安社区（村）。

二、提高养老和医疗保险待遇。投入14.52亿元，确保社会养老保险制度改革顺利实施，社会基本医疗保险年度最高支付限额由10万元提高到15万元。

三、建设一批学校。投入16.8亿元，新建扩建16所中学，年内建成6所。

四、改善困难家庭住房。投入4000万元，解决2400户城乡低收入困难家庭的住房问题。

五、改造农村老化水管。投入9000万元，完成全市83个欠发达村共1250公里的老化水管改造。

六、促进城乡就业。完成城乡劳动力资助性技能培训1.25万人次，实现东莞生源普通高校毕业生就业率90%以上。

七、建成一批样板市场。创建62个食品安全样板市场，全市食品安全样板市场达到100个。

八、整治市区内涝。投入1.9亿元，完成南城街道雀巢片区、莞城街道市桥河系统、东城街道下桥河系统内涝整治工程。

九、推进运河整治。投入4亿元，完成塘板水闸扩建、樟村水闸扩建和合浦市陂—梅塘水汇入口段堤防建设及扩河工程，建成运河峡口至新基段堤路及景观整治工程。

十、改善交通出行条件。投放公交运力100辆，优化市区、跨镇和镇内公汽三级网络，提升公交服务水平；建成9.2公里运河路自行车专用道示范工程。

# 甲型流感防控的东莞经验

——2009年7月25日新华社《半月谈》记者 陈 冀

6月18日，广东省东莞市石排镇中心小学发生全国首宗聚集性甲型H1N1流感疫情。仅半个月，所有确诊的56例患者全部治愈出院，1500多名密切接触者全部解除医学观察，随后该市连续多日没有出现新增病例。

使得全国首宗聚集性甲流疫情在短时间内得到彻底控制的这一实践样本，得到中国疾病预防控制中心、卫生部工作组、广东省疫控中心专家的一致肯定，有专家还建议把东莞市石排镇防控甲型流感的措施列入国家防控措施中。

## 学校3年坚持晨检，保障第一时间发现疫情

疫情越早发现，越易控制。此次第一份疫情报告是石排镇中心小学在晨检时发现的，而这一晨检制度，当地学校已坚持3年。

6月18日一大早，石排镇中心小学一年级一班班主任黄善敏在对该班学生进行例行体温晨检时发现，部分学生有发热症状，与此同时，班上有学生因发烧请假，有发热症状的学生一下子竟有23人。

黄善敏立即将此情况上报给校方，虽然当时还不能确诊为甲型流感，但为了防患于未然，校方在不影响全校学生正常上课的情况下，立即将该班其余学生从教学楼内转移到30米外通风较好的小礼堂内隔离。这一举动为后来的疫情防控赢得主动权。

事后，许多人都对石排镇学校3年间一直坚持晨检表示惊叹。对此，广东省流感研究所副所长钟豪杰指出："抗击疫情是人类长期的战斗，从非典到甲型流感，人类面临的新型病毒越来越多，给防控工作不断提出难题。在这种形势下，严格坚持国家既定的防疫要求是防控疫情的首要防线。正是因为做到了这一点，石排镇此次才赢得了先机！"

## 保障市民知情权，是首要的维稳力量

疫情如何公布？公布疫情后会不会出现难以控制的恐慌？甲型流感疫情发生后，有人对此心存顾虑。

"保障市民的知情权就是首要的维稳力量，迟到或缺位的疫情公开也许就是一枚定时炸弹，透明开放的政府才能赢得市民的信赖！"东莞市石排镇镇委书记翟崇碧认为。

于是，疫情被确诊几个小时后，石排镇内市民的手机上都收到政府关于疫情告知的信息。政府开明的态度不但没有引起恐慌，而且有效地杜绝小道消息流传、让老百姓吃了定心丸。

除了通过网络、电视、报纸、短信向广大市民通报疫情，当地政府还建立"健康信使"短信平台，开通热线电话等，为市民解答疑问。

由于信息公开及时，在疫情防控中，石排镇市场不停市、工厂不停产、机关不停止办公，没有出现小道消息流传，没有出现抢购哄抬物价，没有出现市民恐慌，保持了社会大局的稳定。

▲ 患甲型流感的小朋友治愈出院 （郑琳东 摄）

## 工作主动，从容应对突发疫情

在疫情发生前，石排镇针对全国各地的甲型流感状况，已进行防控宣传、医院演练、隔离点选址等工作。

充分的准备工作，为防控争取了主动。在6月18日学生出现聚集性发热但尚未确诊时，石排镇医院在几个小时内就腾出3层病房作为隔离观察病房，而密切接触者也被送到备用旅店进行医学隔离观察。疫情确诊的当晚，石排镇就成立防控工作领导小组，防控救护组、监察督导组、维护稳定组、爱国卫生组、关爱辅导组等13个工作组，按原定防疫计划第一时间奔赴现场投入防控工作。

根据疫情的发展，相关专家会同当地政府在防控的关键点上做出"以居家隔离为主"、学校全面停课等重要决策。但是，由于此次疫情的密切接触者多达1500多人，居家隔离后如何保证他们不随意走动，成为考验。

为此，当地各相关部门通力合作，合力攻坚。领导干部包村督导、一线指挥，村干部、党员、治安员等多种力量被动员起来，对密切接触者实行"人盯人"的防控策略。

"在隔离观察的时间里，我们努力做到一方面严防疫情扩大，另一方面又让被隔离的人员感到生活一切正常，消除紧张氛围。"翟崇碧说。

石排村有600多名人员就地实施居家观察。该村村委会主任曾康福告诉记者："为了不让村民感到紧张，除统一配送餐食外，我们还根据村民需要，代他们采购蔬菜，让他们在隔离期间也能维持正常生活。"

当地学校在停课期间，老师通过电话和网络辅导学生学习，并上网传递复习材料。老师实行随访制度，密切跟踪学生的健康状态和生活状态，跟进学生的学习情况。

由于工作到位，政府的防控措施得到群众的理解和支持，疫情迅速得到控制。

# 东莞市2009年度先进单位名单

**一、2009年度东莞市纳税前10名外资企业**

| | |
|---|---|
| 1、东莞雀巢有限公司 | 37220万元 |
| 2、东莞徐记食品有限公司 | 30463万元 |
| 3、中国移动通信集团广东有限公司东莞分公司 | 30361万元 |
| 4、诺基亚通信有限公司东莞分公司 | 22159万元 |
| 5、广东电力发展股份有限公司沙角A电厂 | 21146万元 |
| 6、广东加多宝饮料食品有限公司 | 20364万元 |
| 7、广东广合电力有限公司沙角发电厂C厂 | 18510万元 |
| 8、广东中远船务工程有限公司 | 14694万元 |
| 9、罗门哈斯电子材料（东莞）有限公司 | 14455万元 |
| 10、东莞玖龙纸业有限公司 | 14059万元 |

**二、2009年度东莞市纳税前10名民营企业**

| | |
|---|---|
| 1、东莞市光大房地产开发有限公司 | 39747万元 |
| 2、东莞市新世纪房地产开发有限公司 | 20765万元 |
| 3、东莞市以纯集团有限公司 | 15412万元 |
| 4、东莞市建安集团有限公司 | 12255万元 |
| 5、东莞市星河传说商住区有限公司 | 11400万元 |
| 6、东莞市桃源商住建造有限公司 | 10629万元 |
| 7、东莞市新万房地产开发有限公司 | 8897万元 |
| 8、东莞市龙泉房地产开发有限公司 | 8794万元 |
| 9、东莞市万科房地产有限公司 | 7683万元 |
| 10、东莞市坚朗五金制品有限公司 | 6744万元 |

**三、2009年度东莞市实际出口前10名外资企业**

| | |
|---|---|
| 1、东莞清溪晶达电子制品厂 | 132995万美元 |
| 2、东莞桥头中星电器厂 | 82460万美元 |
| 3、东莞寮步铨讯电子厂 | 80842万美元 |
| 4、东莞黄江精成科技电子一厂 | 80365万美元 |
| 5、东莞航天电子有限公司 | 78693万美元 |
| 6、东莞船井电机厂 | 76028万美元 |
| 7、天弘（东莞）科技有限公司 | 70013万美元 |
| 8、东莞三星电机有限公司 | 55978万美元 |
| 9、京瓷美达办公设备（东莞）有限公司 | 54407万美元 |
| 10、东莞厚街爱高电子总厂 | 53445万美元 |

**四、2009年度东莞市实际出口前10名民营企业**

| | |
|---|---|
| 1、广东省东莞机械进出口有限公司 | 132542万美元 |
| 2、东莞市百业进出口有限公司 | 120045万美元 |
| 3、东莞市鼎鑫贸易有限公司 | 58027万美元 |
| 4、广东宏远集团有限公司 | 53166万美元 |
| 5、东莞市泽通贸易有限公司 | 31256万美元 |
| 6、广东省东莞丝绸进出口有限公司 | 29895万美元 |
| 7、东莞市金马经贸有限公司 | 28821万美元 |
| 8、广东省东莞轻工业品进出口有限公司 | 21776万美元 |
| 9、东莞市昌运仓储有限公司 | 21470万美元 |
| 10、广东省东莞化工进出口有限公司 | 20176万美元 |

**五、2009年度市直机关先进单位22名（市纪委、市委办、市人大办、市府办、市政协办不参评）**

市委组织部、市财政局、市人事局、市委宣传部、市人民检察院、市社保局、市中级人民法院、市教育局、松山湖管委会、市卫生局、市委政法委、市经贸局、市外经贸局、市环保局、市直机关工委、市国土资源局、团市委、市发展和改革局、市审计局、市城建规划局、东莞理工学院、市劳动局

**六、2009年度中央和省驻莞机关先进单位10名**

东莞军分区、市地税局、市工商局、市消防局、市武警支队、东莞海关、市气象局、中国移动通信集团广东有限公司东莞分公司、广东电网公司东莞供电局、市电信局

**七、2009年度镇级领导班子落实科学发展观工作量化考核表彰名单**

（一）综合总分一等奖：

甲类（前6名）：南城街道、长安镇、虎门镇、东城街道、莞城街道、塘厦镇

乙类（前6名）：大岭山镇、寮步镇、大朗镇、石碣镇、清溪镇、石龙镇

丙类（前4名）：茶山镇、中堂镇、沙田镇、麻涌镇

（二）除黄江镇被“一票否决”外，其余镇街为综合总分二等奖

（三）经济发展单项奖：

甲类（前3名）：南城街道、东城街道、虎门镇

乙类（前3名）：凤岗镇、寮步镇、大岭山镇

丙类（前3名）：麻涌镇、沙田镇、茶山镇

（四）结构效益单项奖：

甲类（前3名）：莞城街道、南城街道、东城街道

乙类（前3名）：石碣镇、石龙镇、万江街道

丙类（前3名）：道滘镇、望牛墩镇、高埗镇

（五）可持续发展单项奖：

甲类（前3名）：长安镇、南城街道、东城街道

乙类（前3名）：大岭山镇、寮步镇、石碣镇

丙类（前3名）：横沥镇、中堂镇、麻涌镇

（六）协调发展单项奖：

甲类（前3名）：塘厦镇、常平镇、莞城街道

乙类（前3名）：清溪镇、大岭山镇、万江街道

丙类（前3名）：茶山镇、道滘镇、沙田镇

（七）社会发展单项奖：

甲类（前3名）：南城街道、东城街道、长安镇

乙类（前3名）：万江街道、石龙镇、大朗镇
丙类（前3名）：中堂镇、茶山镇、麻涌镇

（八）人的发展单项奖：
甲类（前3名）：长安镇、南城街道、虎门镇
乙类（前3名）：万江街道、大朗镇、黄江镇
丙类（前3名）：中堂镇、洪梅镇、茶山镇

（九）社会安全单项奖：
甲类（前3名）：虎门镇、塘厦镇、莞城街道
乙类（前3名）：黄江镇、石龙镇、寮步镇
丙类（前3名）：沙田镇、高埗镇、茶山镇

（十）市直主管部门满意度评价单项奖：
甲类（前3名）：长安镇、东城街道、莞城街道
乙类（前3名）：石龙镇、大岭山镇、石碣镇
丙类（前3名）：麻涌镇、石排镇、茶山镇

（十一）主要指标单项前5名的镇街

1. 生产总值

| | | |
|---|---|---|
| 第1名 | 虎门镇 | 236.57 亿元 |
| 第2名 | 长安镇 | 208.37 亿元 |
| 第3名 | 东城街道 | 198.91亿元 |
| 第4名 | 南城街道 | 194.59亿元 |
| 第5名 | 塘厦镇 | 168.72亿元 |

2. 各项税收总额（不含海关代征税）

| | | |
|---|---|---|
| 第1名 | 东城街道 | 39.16亿元 |
| 第2名 | 南城街道 | 34.04亿元 |
| 第3名 | 虎门镇 | 33.03亿元 |
| 第4名 | 长安镇 | 28.81亿元 |
| 第5名 | 塘厦镇 | 25.03亿元 |

3. 常规性可支配财政收入

| | | |
|---|---|---|
| 第1名 | 虎门镇 | 14.25亿元 |
| 第2名 | 南城街道 | 13.49亿元 |
| 第3名 | 长安镇 | 11.97亿元 |
| 第4名 | 东城街道 | 11.65亿元 |
| 第5名 | 塘厦镇 | 9.24亿元 |

4. 高新技术产品出口总额

| | | |
|---|---|---|
| 第1名 | 黄江镇 | 25.76亿美元 |
| 第2名 | 清溪镇 | 23.01亿美元 |
| 第3名 | 长安镇 | 20.14亿美元 |
| 第4名 | 厚街镇 | 12.08亿美元 |
| 第5名 | 寮步镇 | 11.79亿美元 |

5. 实际利用外资额（含市外国内资金及境外资金）

| | | |
|---|---|---|
| 第1名 | 寮步镇 | 19.04亿元 |
| 第2名 | 麻涌镇 | 16.89亿元 |
| 第3名 | 横沥镇 | 15.67亿元 |
| 第4名 | 长安镇 | 15.59亿元 |
| 第5名 | 塘厦镇 | 13.78亿元 |

6. 每万元GDP能耗计划完成率

| | | |
|---|---|---|
| 第1名 | 樟木头镇 | 56.20% |
| 第2名 | 石龙镇 | 64.58% |
| 第3名 | 茶山镇 | 66.67% |
| 第4名 | 横沥镇 | 73.53% |
| 第5名 | 石排镇 | 75.00% |

7. 社会安全指数

| | | |
|---|---|---|
| 第1名 | 寮步镇 | 121.48% |
| 第2名 | 沙田镇 | 113.78% |
| 第3名 | 黄江镇 | 110.28% |
| 第4名 | 高埗镇 | 110.22% |
| 第5名 | 东坑镇 | 109.12% |

8. 单位存量建设用地财政收入贡献度

| | | |
|---|---|---|
| 第1名 | 莞城街道 | 6132万元/平方公里 |
| 第2名 | 石龙镇 | 4683万元/平方公里 |
| 第3名 | 南城街道 | 4036万元/平方公里 |
| 第4名 | 长安镇 | 2316万元/平方公里 |
| 第5名 | 东坑镇 | 2253万元/平方公里 |

9. 行业发展结构变动指数

| | | |
|---|---|---|
| 第1名 | 南城街道 | 26.07% |
| 第2名 | 莞城街道 | 16.39% |
| 第3名 | 石碣镇 | 9.91% |
| 第4名 | 沙田镇 | 8.65% |
| 第5名 | 塘厦镇 | 7.55% |

## 八、2009年度村级两委会工作实绩量化考核表彰名单

（一）2009年度村级两委会工作量化评比结果综合总分奖（前50名）

长安镇乌沙社区、长安镇锦厦社区、长安镇沙头社区、中堂镇潢涌村、凤岗镇雁田村、长安镇咸西社区、虎门镇怀德社区、虎门镇路东社区、大朗镇长塘社区、虎门镇大宁社区、虎门镇龙眼社区、长安镇霄边社区、虎门镇南栅社区、长安镇上沙社区、长安镇上角社区、寮步镇横坑村、凤岗镇官井头村、塘厦镇林村社区、长安镇厦岗社区、东城街道梨川社区、虎门镇居岐社区、长安镇新安社区、虎门镇沙角社区、虎门镇金洲社区、东城街道周屋社区、厚街镇三屯村、大朗镇巷头社区、东城街道樟村社区、石碣镇桔洲村、厚街镇宝屯村、长安镇厦边社区、长安镇涌头社区、厚街镇涌口村、虎门镇新联社区、南城街道胜和社区、虎门镇北栅社区、东城街道立新社区、塘厦镇石鼓社区、大朗镇求富路社区、南城街道新基社区、东城街道主山社区、樟木头镇樟罗社区、东坑镇黄屋村、厚街镇陈屋村、东城街道石井社区、大岭山镇农场社区、大岭山镇金桔村、清溪镇荔横村、沙田镇阇西村、虎门镇白沙社区

（二）2009年度没有经济活动的社区居委会综合总分奖（社会公共管理主要项目得分＋专项奖励得分）（前5名）

莞城街道罗沙社区、莞城街道北隅社区、虎门镇虎门寨社区、莞城街道市桥社区、莞城街道东正社区

（三）经济建设单项奖（前50名）

长安镇乌沙社区、长安镇沙头社区、长安镇锦厦社区、虎门镇怀德社区、中堂镇潢涌村、凤岗镇雁田村、凤岗镇官井头村、长安镇咸西社区、长安镇霄边社区、大朗镇长塘社区、东城街道周屋社区、寮步镇横坑村、虎门镇金洲社区、长安镇厦岗社区、虎门镇南栅社区、虎门镇路东社区、长安镇上角社区、厚街镇三屯村、东城街道温塘社区、大朗镇大井头社区、长安镇新安社区、大岭山镇金桔村、常平镇土塘村、长安镇上沙社区、大岭山镇大片美村、东城街道梨川社区、虎门镇博涌社区、大岭山镇百花洞村、虎门镇大宁社区、虎门镇居岐社区、虎门镇新联社区、桥头镇邓屋村、虎门镇龙眼社区、凤岗镇竹尾田村、大岭山镇大塘村、虎门镇沙角社区、南城街道石

鼓社区、大岭山镇大塘朗村、大岭山镇大岭村、沙田镇阇西村、东城街道主山社区、虎门镇宴岗社区、长安镇涌头社区、石碣镇唐洪村、清溪镇松岗村、横沥镇田头村、樟木头镇樟罗社区、虎门镇北栅社区、东城街道石井社区、石碣镇桔洲村

（四）村组可支配收入总额（扣除自有土地、物业转让纯收入）超3000万元奖（141个）

| | | |
|---|---|---|
| 第1名 | 长安镇乌沙社区 | 31026万元 |
| 第2名 | 长安镇锦厦社区 | 30018万元 |
| 第3名 | 凤岗镇雁田村 | 17096万元 |
| 第4名 | 东城街道温塘社区 | 17012万元 |
| 第5名 | 虎门镇南栅社区 | 16319万元 |
| 第6名 | 中堂镇潢涌村 | 15632万元 |
| 第7名 | 长安镇霄边社区 | 15290万元 |
| 第8名 | 长安镇沙头社区 | 15086万元 |
| 第9名 | 东城街道主山社区 | 13555万元 |
| 第10名 | 虎门镇龙眼社区 | 12526万元 |
| 第11名 | 虎门镇大宁社区 | 12507万元 |
| 第12名 | 厚街镇三屯村 | 12050万元 |
| 第13名 | 虎门镇北栅社区 | 11869万元 |
| 第14名 | 虎门镇路东社区 | 11759万元 |
| 第15名 | 长安镇咸西社区 | 11550万元 |
| 第16名 | 长安镇上沙社区 | 11448万元 |
| 第17名 | 长安镇新安社区 | 10101万元 |
| 第18名 | 万江街道万江社区 | 10027万元 |
| 第19名 | 石碣镇石碣村 | 10000万元 |
| 第20名 | 虎门镇博涌社区 | 9759万元 |
| 第21名 | 厚街镇赤岭村 | 9758万元 |
| 第22名 | 塘厦镇林村社区 | 9535万元 |
| 第23名 | 长安镇上角社区 | 9520万元 |
| 第24名 | 虎门镇怀德社区 | 9412万元 |
| 第25名 | 虎门镇虎门寨社区 | 9287万元 |
| 第26名 | 寮步镇横坑村 | 8815万元 |
| 第27名 | 长安镇厦岗社区 | 8316万元 |
| 第28名 | 南城街道胜和社区 | 8275万元 |
| 第29名 | 厚街镇白濠村 | 8140万元 |
| 第30名 | 樟木头镇樟罗社区 | 8102万元 |
| 第31名 | 凤岗镇官井头村 | 7762万元 |
| 第32名 | 长安镇厦边社区 | 7713万元 |
| 第33名 | 茶山镇增埗村 | 7697万元 |
| 第34名 | 厚街镇溪头村 | 7694万元 |
| 第35名 | 虎门镇沙角社区 | 7525万元 |
| 第36名 | 大朗镇长塘社区 | 7421万元 |
| 第37名 | 石龙镇西湖村 | 7219万元 |
| 第38名 | 石碣镇西南村 | 7015万元 |
| 第39名 | 长安镇涌头社区 | 6926万元 |
| 第40名 | 凤岗镇油甘埔村 | 6886万元 |
| 第41名 | 虎门镇金洲社区 | 6733万元 |
| 第42名 | 石碣镇四甲村 | 6681万元 |
| 第43名 | 石碣镇水南村 | 6633万元 |
| 第44名 | 厚街镇涌口村 | 6562万元 |
| 第45名 | 厚街镇新塘村 | 6401万元 |
| 第46名 | 厚街镇厚街村 | 6260万元 |
| 第47名 | 虎门镇白沙社区 | 5956万元 |
| 第48名 | 厚街镇宝屯村 | 5796万元 |
| 第49名 | 大朗镇大井头社区 | 5780万元 |
| 第50名 | 东城街道立新社区 | 5670万元 |
| 第51名 | 常平镇金美村 | 5594万元 |
| 第52名 | 东城街道樟村社区 | 5539万元 |
| 第53名 | 东城街道梨川社区 | 5406万元 |
| 第54名 | 常平镇木棆村 | 5308万元 |
| 第55名 | 东城街道堑头社区 | 5200万元 |
| 第56名 | 大岭山镇矮岭冚村 | 5195万元 |
| 第57名 | 黄江镇田美社区 | 5182万元 |
| 第58名 | 石碣镇桔洲村 | 5030万元 |
| 第59名 | 南城街道白马社区 | 4990万元 |
| 第60名 | 东城街道牛山社区 | 4970万元 |
| 第61名 | 厚街镇河田村 | 4938万元 |
| 第62名 | 厚街镇桥头村 | 4891万元 |
| 第63名 | 高埗镇冼沙村 | 4881万元 |
| 第64名 | 寮步镇凫山村 | 4812万元 |
| 第65名 | 东城街道桑园社区 | 4773万元 |
| 第66名 | 常平镇桥沥村 | 4713万元 |
| 第67名 | 清溪镇荔横村 | 4657万元 |
| 第68名 | 塘厦镇清湖头社区 | 4632万元 |
| 第69名 | 清溪镇大利村 | 4614万元 |
| 第70名 | 东城街道石井社区 | 4572万元 |
| 第71名 | 南城街道新基社区 | 4552万元 |
| 第72名 | 厚街镇双岗村 | 4518万元 |
| 第73名 | 大朗镇巷头社区 | 4503万元 |
| 第74名 | 塘厦镇石鼓社区 | 4402万元 |
| 第75名 | 塘厦镇诸佛岭社区 | 4368万元 |
| 第76名 | 桥头镇石水口村 | 4341万元 |
| 第77名 | 大朗镇犀牛陂村 | 4310万元 |
| 第78名 | 樟木头镇石新社区 | 4273万元 |
| 第79名 | 东城街道下桥社区 | 4267万元 |
| 第80名 | 东城街道火炼树社区 | 4244万元 |
| 第81名 | 塘厦镇莲湖社区 | 4164万元 |
| 第82名 | 道滘镇南丫村 | 4144万元 |
| 第83名 | 万江街道石美社区 | 4135万元 |
| 第84名 | 南城街道周溪社区 | 4099万元 |
| 第85名 | 厚街镇珊美村 | 4098万元 |
| 第86名 | 常平镇朗贝村 | 4058万元 |
| 第87名 | 石碣镇刘屋村 | 4021万元 |
| 第88名 | 长安镇新民社区 | 3896万元 |
| 第89名 | 凤岗镇三联村 | 3887万元 |

第90名 常平镇土塘村 3872万元
第91名 厚街镇寮厦村 3842万元
第92名 大岭山镇杨屋村 3825万元
第93名 厚街镇陈屋村 3805万元
第94名 大岭山镇金桔村 3789万元
第95名 大岭山镇连平村 3769万元
第96名 厚街镇宝塘村 3739万元
第97名 清溪镇三中村 3724万元
第98名 凤岗镇塘沥村 3711万元
第99名 寮步镇石龙坑村 3688万元
第100名 石碣镇横滘村 3651万元
第101名 常平镇袁山贝村 3622万元
第102名 南城街道蛤地社区 3621万元
第103名 凤岗镇竹塘村 3619万元
第104名 桥头镇邓屋村 3559万元
第105名 道滘镇大岭丫村 3540万元
第106名 虎门镇镇口社区 3459万元
第107名 常平镇还珠沥村 3446万元
第108名 清溪镇渔梁围村 3445万元
第109名 樟木头镇裕丰社区 3444万元
第110名 高埗镇高埗村 3438万元
第111名 寮步镇良边村 3417万元
第112名 茶山镇塘角村 3411万元
第113名 寮步镇西溪村 3397万元
第114名 横沥镇横沥村 3395万元
第115名 东城街道柏洲边社区 3391万元
第116名 东城街道同沙社区 3386万元
第117名 石排镇埔心村 3375万元
第118名 大岭山镇大塘村 3373万元
第119名 常平镇板石村 3366万元
第120名 凤岗镇五联村 3316万元
第121名 东城街道周屋社区 3309万元
第122名 南城街道石鼓社区 3268万元
第123名 中堂镇东泊社区 3225万元
第124名 南城街道亨美社区 3222万元
第125名 东坑镇初坑村 3211万元
第126名 中堂镇槎滘村 3182万元
第127名 厚街镇南五村 3128万元
第128名 寮步镇塘唇村 3103万元
第129名 麻涌镇大盛村 3089万元
第129名 厚街镇汀山村 3089万元
第131名 寮步镇石步村 3061万元
第132名 万江街道金泰社区 3053万元
第133名 大朗镇水口村 3048万元
第134名 大朗镇求富路社区 3037万元
第135名 道滘镇北永村 3032万元
第136名 虎门镇赤岗社区 3022万元
第137名 常平镇司马村 3015万元
第138名 寮步镇富竹山村 3014万元
第139名 虎门镇居岐社区 3009万元
第140名 茶山镇南社村 3004万元
第140名 茶山镇京山村 3004万元

（五）村组两级净资产超2亿元奖（122个）

第1名 凤岗镇雁田村 227804万元
第2名 中堂镇潢涌村 183398万元
第3名 长安镇乌沙社区 170748万元
第4名 长安镇锦厦社区 155621万元
第5名 长安镇霄边社区 125888万元
第6名 长安镇沙头社区 116141万元
第7名 东城街道温塘社区 105864万元
第8名 凤岗镇官井头村 94256万元
第9名 虎门镇龙眼社区 88528万元
第10名 石龙镇西湖村 83823万元
第11名 虎门镇南栅社区 83319万元
第12名 南城街道新基社区 80736万元
第13名 寮步镇横坑村 74263万元
第14名 长安镇新安社区 71133万元
第15名 长安镇上沙社区 71082万元
第16名 厚街镇三屯村 68822万元
第17名 东城街道主山社区 64905万元
第18名 虎门镇大宁社区 64686万元
第19名 塘厦镇林村社区 61311万元
第20名 长安镇咸西社区 59386万元
第21名 虎门镇路东社区 52452万元
第22名 长安镇厦岗社区 52196万元
第23名 石碣镇石碣村 50991万元
第24名 厚街镇桥头村 50893万元
第25名 南城街道胜和社区 50768万元
第26名 虎门镇怀德社区 49107万元
第27名 大朗镇长塘社区 47288万元
第28名 长安镇厦边社区 44866万元
第29名 厚街镇涌口村 44241万元
第30名 虎门镇北栅社区 44119万元
第31名 厚街镇白濠村 43626万元
第32名 厚街镇新塘村 42141万元
第33名 厚街镇溪头村 41636万元
第34名 南城街道篁村社区 41492万元
第35名 虎门镇金洲社区 40318万元
第36名 石碣镇水南村 40156万元
第37名 凤岗镇油甘埔村 39971万元
第38名 大朗镇大井头社区 39928万元
第39名 大朗镇巷头社区 39431万元
第40名 东城街道牛山社区 39130万元
第41名 厚街镇赤岭村 38557万元

| | | |
|---|---|---|
| 第42名 | 石碣镇西南村 | 36306万元 |
| 第43名 | 南城街道西平社区 | 35857万元 |
| 第44名 | 南城街道周溪社区 | 35640万元 |
| 第45名 | 虎门镇白沙社区 | 35626万元 |
| 第46名 | 寮步镇凫山村 | 34895万元 |
| 第47名 | 东城街道堑头社区 | 34506万元 |
| 第48名 | 厚街镇厚街村 | 34466万元 |
| 第49名 | 万江街道石美社区 | 34411万元 |
| 第50名 | 茶山镇塘角村 | 34170万元 |
| 第51名 | 虎门镇沙角社区 | 34117万元 |
| 第52名 | 茶山镇超朗村 | 33903万元 |
| 第53名 | 南城街道白马社区 | 33602万元 |
| 第54名 | 长安镇上角社区 | 33512万元 |
| 第55名 | 寮步镇西溪村 | 33478万元 |
| 第56名 | 寮步镇石步村 | 32862万元 |
| 第57名 | 长安镇涌头社区 | 32575万元 |
| 第58名 | 茶山镇增埗村 | 32501万元 |
| 第59名 | 茶山镇南社村 | 31993万元 |
| 第60名 | 东城街道同沙社区 | 31478万元 |
| 第61名 | 厚街镇河田村 | 31287万元 |
| 第62名 | 万江街道万江社区 | 31216万元 |
| 第63名 | 石碣镇桔洲村 | 31110万元 |
| 第64名 | 东城街道樟村社区 | 30704万元 |
| 第65名 | 樟木头镇樟罗社区 | 30595万元 |
| 第66名 | 厚街镇汀山村 | 29961万元 |
| 第67名 | 常平镇金美村 | 29944万元 |
| 第68名 | 东城街道立新社区 | 29231万元 |
| 第69名 | 黄江镇田美社区 | 29048万元 |
| 第70名 | 南城街道袁屋边社区 | 28909万元 |
| 第71名 | 虎门镇博涌社区 | 28725万元 |
| 第72名 | 寮步镇良边村 | 28341万元 |
| 第73名 | 东城街道桑园社区 | 27876万元 |
| 第74名 | 常平镇桥沥村 | 27861万元 |
| 第75名 | 南城街道蛤地社区 | 27590万元 |
| 第76名 | 大朗镇蔡边村 | 27365万元 |
| 第77名 | 石碣镇四甲村 | 26738万元 |
| 第78名 | 常平镇木棆村 | 26510万元 |
| 第79名 | 桥头镇石水口村 | 26470万元 |
| 第80名 | 塘厦镇诸佛岭社区 | 26164万元 |
| 第81名 | 东城街道石井社区 | 26080万元 |
| 第82名 | 东坑镇角社村 | 25761万元 |
| 第83名 | 寮步镇塘唇村 | 25750万元 |
| 第84名 | 凤岗镇竹塘村 | 25591万元 |
| 第85名 | 凤岗镇黄洞村 | 25320万元 |
| 第86名 | 麻涌镇漳澎村 | 25154万元 |
| 第87名 | 南城街道石鼓社区 | 24962万元 |
| 第88名 | 麻涌镇大盛村 | 24891万元 |
| 第89名 | 中堂镇东泊社区 | 24795万元 |
| 第90名 | 南城街道亨美社区 | 24489万元 |
| 第91名 | 东城街道梨川社区 | 24438万元 |
| 第92名 | 虎门镇虎门寨社区 | 24362万元 |
| 第93名 | 中堂镇槎滘村 | 24259万元 |
| 第94名 | 常平镇土塘村 | 24093万元 |
| 第95名 | 厚街镇珊美村 | 24054万元 |
| 第96名 | 塘厦镇石鼓社区 | 23575万元 |
| 第97名 | 常平镇还珠沥村 | 23382万元 |
| 第98名 | 南城街道三元里社区 | 23047万元 |
| 第99名 | 万江街道坝头社区 | 22959万元 |
| 第100名 | 大岭山镇杨屋村 | 22895万元 |
| 第101名 | 石排镇福隆村 | 22779万元 |
| 第102名 | 大朗镇水口村 | 22776万元 |
| 第103名 | 寮步镇上屯村 | 22740万元 |
| 第104名 | 清溪镇大利村 | 22523万元 |
| 第105名 | 塘厦镇清湖头社区 | 22486万元 |
| 第106名 | 樟木头镇石新社区 | 22484万元 |
| 第107名 | 万江街道牌楼基社区 | 22122万元 |
| 第108名 | 大朗镇犀牛陂村 | 21998万元 |
| 第109名 | 厚街镇宝屯村 | 21987万元 |
| 第110名 | 大岭山镇金桔村 | 21641万元 |
| 第111名 | 厚街镇寮厦村 | 21606万元 |
| 第112名 | 桥头镇桥头社区 | 21480万元 |
| 第113名 | 大朗镇巷尾社区 | 21440万元 |
| 第114名 | 凤岗镇塘沥村 | 21316万元 |
| 第115名 | 万江街道谷涌社区 | 21088万元 |
| 第116名 | 道滘镇南丫村 | 20949万元 |
| 第117名 | 东城街道周屋社区 | 20818万元 |
| 第118名 | 虎门镇南面社区 | 20810万元 |
| 第119名 | 长安镇新民社区 | 20697万元 |
| 第120名 | 大岭山镇矮岭冚村 | 20580万元 |
| 第121名 | 石碣镇刘屋村 | 20550万元 |
| 第122名 | 东城街道下桥社区 | 20147万元 |

### 九、2008—2009年度文明镇街、创建文明镇街工作先进单位、文明标兵村（社区）、文明村（社区）、文明标兵单位

（一）文明镇街

东坑镇、寮步镇、麻涌镇

（二）创建文明镇街工作先进单位

大岭山镇、沙田镇、横沥镇、塘厦镇、望牛墩镇

（三）文明标兵村

常平陈屋贝村、大岭山梅林村、大岭山连平村、道滘北永村、东坑新门楼村、厚街陈屋村、麻涌大盛村、清溪长山头村、凤岗竹塘村、中堂一村村、寮步富竹山村、高埗保安围村、洪梅梅沙村、石排李家坊村、石龙西湖村

（四）文明标兵社区

莞城东正社区、万江大莲塘社区、虎门虎门寨社区、塘厦石鼓社区、凤岗凤岗社区

（五）文明标兵单位

莞城广东宏达工贸集团有限公司、万江中心小学、常平实业发展有限公司、虎门以纯集团、大岭山地税分局、大岭山环保分局、道滘国土分局、大朗交警大队、厚街司法所、志成冠军集团有限公司、麻涌供电公司、沙田财政分局、寮步工商分局、寮步社保分局、寮步交通分局、中堂供水厂、高埗自来水公司、长安财政分局、长安劳动分局、广东华南药业集团有限公司、市疾病预防控制中心、广东省特种设备检测院东莞分院、东莞图书馆、市邮政局投送分局、东莞中学初中部、市动物疫病预防控制中心、东莞体育运动学校

## 十、2008—2009年度文化建设先进单位表彰名单

（一）文化建设标兵镇街（3个）

莞城街道、东城街道、凤岗镇

（二）文化建设先进镇街（17个）

石龙镇、虎门镇、万江街道、南城街道、中堂镇、高埗镇、沙田镇、寮步镇、大岭山镇、大朗镇、黄江镇、樟木头镇、塘厦镇、桥头镇、横沥镇、石排镇、茶山镇

（三）文化建设达标镇（5个）

望牛墩镇、麻涌镇、洪梅镇、谢岗镇、企石镇

（四）文化建设标兵村（社区）（28个）

莞城市桥社区、罗沙社区，石龙新维村，虎门龙眼社区、路东社区，东城立新社区，南城胜和社区，石碣桔洲村、水南村，道滘南城村，厚街涌口村，长安上沙社区、沙头社区、锦厦社区、上角社区，寮步药勒村，大岭山杨屋村，清溪大利村，塘厦林村社区，凤岗雁田村，常平金美村、桥沥村、桥梓村，桥头大洲社区、迳联社区、田新社区，茶山南社村、塘角村

（五）文化建设先进村（社区）（91个）

莞城兴塘社区、创业社区、博厦社区，虎门沙角社区、怀德社区、白沙社区、镇口社区，东城余屋社区、同沙社区、牛山社区、花园新村社区、东泰社区、柏洲边社区，万江新城社区、新和社区、石美社区、大莲塘社区、新村社区、牌楼基社区、小享社区、金泰社区，中堂江南村，望牛墩李屋村、官桥涌村，麻涌南洲村、大步村，道滘永庆村、北永村、大岭丫村、蔡白村、南丫村、大鱼沙村、九曲村，石碣唐洪村、石碣村、鹤田厦村、四甲村、沙腰村、涌口村，高埗高埗村，沙田齐沙村、斜西村、横流社区，厚街陈屋村、新塘村、宝屯村、白濠村，长安霄边社区、厦岗社区、新安社区、长盛社区、厦边社区，寮步岭厦村、泉塘村、凫山村、坑口村，大岭山梅林村、百花洞村、连平村、元岭村、金桔村，黄江田心村，樟木头柏地社区、樟罗社区，清溪荔横村、渔梁围村、浮岗村、铁松村、长山头村、厦坭村、三星村、重河村，塘厦莲湖社区、蛟乙塘社区、四村社区，凤岗官井头村、塘沥村，常平麦元村、土塘村、朗贝村、袁山贝村、木棆村、陈屋贝村，桥头石水口村、岭头社区、桥头社区，横沥横沥村、山厦村、六甲村，石排李家坊村，茶山刘黄村

（六）文化建设标兵企业（16个）

东莞发展控股有限公司，虎门港自来水公司，东莞德永佳纺织制衣有限公司，长安美泰玩具二厂、安力科技建造园有限公司、时力科技电子厂，石碣台达电子（东莞）有限公司，高埗陆逊梯卡华宏眼镜有限公司，桥头耀邦集团、技研新阳电器厂，厚街三星视界有限公司，清溪自来水公司、永成电器厂，凤岗嘉辉塑胶五金制品厂，茶山自来水公司、永联制造厂

（七）文化建设先进企业（38个）

莞城科技园开发管理公司，虎门以纯集团有限公司、市电力公司虎门配电部，东城自来水公司，麻涌奇声电子实业有限公司、奥莱克电子有限公司，道滘福珍针织制衣有限公司、电信分局，洪梅华南运动袋品厂，石碣旭丽电子有限公司、东聚电业有限公司，沙田丽海纺织印染有限公司、百宏实业有限公司、永晋灯饰有限公司，厚街昆盈电脑制品有限公司，长安日华电子厂，大岭山兴昂鞋业有限公司，黄江自来水厂，清溪华兴电器有限公司、联业制衣厂，塘厦立德电子有限公司、太阳茂森金属制品厂，凤岗康佳电子有限公司、联泰制衣有限公司，谢岗供电公司，常平宝丽美化工有限公司、创宝达电器成品有限公司，横沥供电公司、邮政分局、自来水公司、联志玩具礼品有限公司，桥头厚宏制衣厂，企石供电公司，石排邮政分局、乐域塑胶电子制品有限公司、展恒玩具电子有限公司，茶山圣心食品有限公司、茶山供销社

（八）文化建设标兵学校（24个）

东莞市东莞中学、厚街中学、塘厦中学、虎门中学、常平镇黄水职业中学，东城第一中学，虎门白沙小学、沙角小学，望牛墩中学，石碣中心小学，长安乌沙小学、厦岗小学、新安小学，大朗中学、巷头小学、长塘小学，黄江中学，凤岗中心小学，塘厦第一小学，常平中心小学，樟木头中心小学，东坑中心小学，石排福隆小学，茶山第二小学

（九）文化建设标兵医院（17个）

市人民医院、太平人民医院、虎门医院、石龙博爱医院、塘厦医院、清溪医院、道滘医院、石碣医院、长安医院、厚街医院、沙田医院、大岭山医院、茶山医院、企石医院、横沥医院、常平医院、东莞东华医院

## 十一、2009年度维护稳定和社会治安综合治理先进镇街

南城街道、樟木头镇、长安镇、常平镇、清溪镇、茶山镇、麻涌镇、大朗镇、石碣镇、东城街道、石排镇、凤岗镇、道滘镇、中堂镇、塘厦镇、万江街道、东坑镇、寮步镇、虎门镇、厚街镇、望牛墩镇、黄江镇、横沥镇、沙田镇、大岭山镇

## 十二、2009年度东莞市重点项目建设先进单位、先进服务单位

（一）2009年度东莞市重点项目建设先进单位（10名）

市路桥总公司、市城建工程局、市交通局、市城建规划局、松山湖管委会、市城市管理局、市水利局、市农业局、市环境保护局、虎门港管委会

（二）2009年度东莞市重点项目建设先进服务单位（10名）

市国土资源局、市建设局、市财政局、市发展和改革局、东莞供电局、东莞航道局、东莞海事局、市外经贸局、市经贸局、市林业局

▲ 2009年12月28日，东莞市2009年总结表彰大会在市体育馆召开

# 东莞之最

NUMBER ONES OF DONGGUAN

- 在全国率先利用失业保险金扶持困难企业
- 厚街镇获评全国首个“钻石餐饮名镇”
- 凤岗镇获评全国首个“象棋之乡”
- 全国首家糕点博物馆开馆
- 首家台资银行进驻东莞
- 有线数字电视用户量居全国地级市第一位
- 首届中国国际影视动漫版权保护和贸易博览会在莞举行
- 全省首家小额贷款公司在莞开业

黄金海岸住宅区

编辑：潘朝明

▲ 2009年7月25日，在万名青年挑战吉尼斯世界纪录活动现场，两位志愿者激动地在3200平方米的世界最大手印画上留影，打出了胜利的手势 （曹雪琴 摄）

## 东莞之最

【世界上面积最大的手印画在东莞完成】 2009年7月25日，由共青团东莞市委、市青年联合会、市志愿者协会主办，共青团厚街镇委协办，广东丰泰集团承办的“心手相印，庆60华诞——万名青年挑战吉尼斯世界纪录”活动在东莞市厚街镇横岗湖畔丰泰·观山碧水社区举行，来自全市各镇（街）的1000余名团员青年参加活动，共同完成的巨幅手印画面积3195.2平方米，经吉尼斯总部见证官现场见证，打破了此前由土耳其于2008年创造的世界纪录，获《吉尼斯世界纪录证书》，该画为世界上面积最大的手印画。（据2009年7月25日《南方都市报》）

【张茵入选全球50名最具影响力商界女性】 2009年9月28日，英国《金融时报》公布2009年度全球50名最具影响力的商界女性，其中包括东莞玖龙纸业董事长张茵在内的8名华人女性榜上有名。（据2009年9月29日《广州日报》）

【石龙镇勇夺2009年国际宜居城镇第一名】 2009年10月8—12日（当地时间），第13届国际花园城市与国际花园社区全球总决赛在捷克比尔森市隆重举行，东莞市石龙镇在与同组别的澳大利亚黄金海岸、罗根市，韩国首尔松坡区等市镇（区）的角逐中胜出，勇夺本届国际宜居城镇组别的第一名。（据2009年10月14日《广州日报》）

【在全国率先利用失业保险金扶持困难企业】 2009年2月27日，市社会保障局、市劳动局、市财政局、市地方税务局联合发出《关于东莞市发挥社会保险功能扶持企业发展积极应对国际金融危机有关问题的通知》，在降低社会保险费率的同时，扩大失业保险基金使用范围，对于采取在岗培训、轮班工作，协商薪酬等措施稳定员工队伍，保证不裁员或少裁员的困难企业，使用失业保险基金为其支付社会保险补贴、岗位补贴和在岗职业技能培训补贴，并为缓缴社会保险费的企业提供担保。（据2009年3月24日《东莞日报》）

【国内首张冠军足球信用卡登陆东莞】 2009年3月12日，由中国建设银行与AC米兰、皇家马德里、巴塞罗那、利物浦足球俱乐部合作发行的国内首张冠军足球信用卡正式在莞发行。该卡是银联标准人民币信用卡，以套卡形式发行，包括冠军足球标准卡和冠军足球俱乐部卡，冠军足球信用卡原始额度为5000元人民币，具体额度审批时依据持卡人的收入等情况而定，最高限额可达3万元以上。（据2009年3月12日《南方日报》）

【东莞参与建造的中国第一艘30万吨级超大型油轮出坞】 2009年6月，中国自行设计、建造的30万吨级超大型油轮“新埔洋”号在广州市龙穴造船基地出坞，该轮全长333米、宽60米，型深（甲板面至船底）29.8米，设计航速15.7节，可用于装载闪点低于60摄氏度的原油。其上层建筑部分长59.8米、宽32.5米、高23.1米、总重896.7吨，由东莞凯力船舶有限公司历时3个月建造完成。（据2009年6月25日《东莞日报》）

【道滘粤晖园“百蝠晖春”壁照被评为国内最大砖雕】 2009年7月，东莞市道滘镇粤晖园的镇园之宝——“百蝠晖春”壁照被上海大世界基尼斯总部评为中国最大的砖雕，并被列入基尼斯大全。“百蝠晖春”壁照高11.109米，长50.845米，宽5.371米，由160万块旧式青砖雕刻组成，其造型主题分为“福”、“禄”、“寿”三组，构图简洁明快，技法娴熟，形象逼真，立体感强。该壁照建造工程始于2004年6月，由100余名工匠历时两年完成，总造价达1200万元。（据2009年7月28日《东莞日报》）

【推出国内首张儿童理财卡】 2009年8月3日，中国工商银行东莞分行联袂易方达基金管理有限公司举行“牡丹‘我爱宝贝’灵通卡”发卡启动仪式，推出国内首张儿童理财卡，同时也是国内第一款以基金定投为主题，兼具基金投资、储蓄和消费功能的银行卡，16岁以下人口均可由其监护人陪同代理以自己的名字在工商银行各网点开卡，并通过该卡参加易方达基金公司推出的“我爱宝贝”定投计划，或用于购买开放式基金。此外，“牡丹‘我爱宝贝’灵通卡”还具有人民币、美元、港币等多币种储蓄、刷卡消费以及汇款与转账、港澳及境外地区使用等功能。（据2009年8月3日《东莞日报》）

【厚街镇获评全国首个“钻石餐饮名镇”】 2009年8月5日，全国酒店酒家等级评定委员会专家组来到东莞市厚街镇，通过现场抽查、专家提问和文件审核等形式，对厚街镇申报“中国钻石餐饮名镇”进行现场评审。经全面考核、评审，厚街镇以89分的高分一举通过现场评审，成为全国首个“钻石餐饮名镇”。（据2009年8月4日《东莞日报》）

【凤岗镇获评全国首个“象棋之乡”】 2009年8月5日，东莞市凤岗镇获中国象棋协会授予的全国“象棋之乡”牌匾，成为全国首个“象棋之乡”。一直以来，凤岗镇（著名象棋大师杨官璘故乡）充分发挥名人效应，全力打造象棋名人品牌，并创造性地举办国内外棋手共同参与的“杨官璘杯”象棋赛，在促进全镇象棋运动发展的同时，提高了凤岗镇乃至东莞市的知名度。（据2009年8月18日《东莞日报》）

【全国首家糕点博物馆开馆】2009年8月28日，东莞茶山某民营企业家投资近千万元建成的糕点博物馆正式开馆，为国内首家民营糕点博物馆。馆内展品有供奉诸葛亮（馒头祖师爷）的神龛、具有数百年历史的饼模、灶具以及与糕点有关的民俗文物及图片300多件。（据2009年8月29日《南方都市报》）

【全国首座村级污水处理厂完成升级改造】2009年9月6日，东莞市凤岗镇雁田村污水处理厂（二期）工程通过东莞市环境保护局验收，正式投入生产。该厂（首期工程）1997年建成投产，为全国首家村级污水处理厂。二期扩建工程采用前置厌氧卡鲁塞尔2000型氧化沟污水处理工艺，设计生产能力为日处理污水3.5万吨，扩建工程于2007年底动工兴建，2009年6月竣工投入试运行。（据2009年9月7日《南方都市报》）

【东莞在国内率先出台作家、艺术家入户文件】2009年9月7日，东莞市制定、印发《新莞人作家、艺术家入户实施方案》符合条件的新莞人作家、艺术家及其配偶、未成年子女均可入户东莞，且不受名额限制。此举在国内尚属首创。（据2009年9月27日《中国文化报》）

【首家台资银行进驻东莞】2009年9月16日，经中国银监会核准，富邦金控的子公司富邦银行（香港）在东莞设立代表处，该代表处是富邦银行（香港）在中国大陆设立的首个分支机构，也是第一家进驻东莞的台资银行。（据2009年9月17日《南方都市报》）

【凤岗镇举办中国首届客侨文化论坛】2009年10月10—11日，中国首届“客侨文化论坛”在东莞市凤岗镇举行，由珠江文化研究会、东莞市文化广播电视新闻出版局、凤岗镇人民政府共同主办。中山大学教授、广东省人民政府参事黄伟宗，北京联合大学客研中心主任冯秀珍等国内外客侨文化研究专家出席论坛，对客侨文化进行深入研讨。（据2009年12月14日《南方都市报》）

【全国首台自动草绳机试制成功】2009年10月，全国第一台拥有自主知识产权的自动喂料草绳机在东莞市洪梅镇试制成功，该机的创意、研发以及制造全部由东莞科技人员完成，为典型的“东莞制造”自主品牌机。其工效是人工织绳的数倍。（据2009年10月28日《南方都市报》）

【有线数字电视用户量居全国地级市第一位】截至2009年11月28日，东莞市有线数字电视用户数量已突破140万户大关，用户数量位列全省地级市第一名。（据2009年11月28日《东莞日报》）

【全国首部双拥剧在莞开机拍摄】2009年12月1日，全国首部双拥题材电视剧《国事家事》正式在东莞开拍，计划于两个月内拍摄完成，2010年在中央电视台播出。剧中大部分场景将在东莞市区取景拍摄。该剧由著名导演安澜执导，著名影视演员郑晓宁、茹萍及著名特型演员卢奇等加盟。（据2009年12月1日《东莞日报》）

【国内首部以电视人为题材的电视剧在莞开拍】2009年12月5日，国内首部以电视人为题材的20集电视连续剧《电视台的故事》在东莞开机拍摄，该剧由广东电视台、东莞广播电视台、东莞康华医院联合摄制，计划于2010年3月在广东电视台及全国城市电视台推出。该剧以东莞广播电视台的改革、创新、发展历程为故事原型，通过艺术加工，展现中国广电改革创新历程和取得的成果，是中国首部以电视人为题材的电视剧，也是东莞广播电视台第一次以制作人身份拍摄的电视剧。该剧由国家一级导演张中一执导，由曾经担任《深圳湾》《外来媳妇本地郎》等电视连续剧编剧的杨白钊编剧。（据2009年12月6日《新华网》）

【首届中国国际影视动漫版权保护和贸易博览会在莞举行】2009年12月30日至2010年1月3日，首届中国国际影视动漫版权保护和贸易博览会（以下简称“博览会”）在东莞市国际会展中心举行。中共中央宣传部副部长、国家广电总局局长、博览会组委会主任王太华，中共广东省委副书记、省长、博览会组委会主任黄华华，国家广电总局副局长、博览会组委会副主任胡占凡，广东省人大常委会副主任钟阳胜，广东省副省长、博览会组委会副主任雷于蓝，中共东莞市委书记、市人大常委会主任、博览会组委会副主任刘志庚，东莞市市长、博览会组委会秘书长李毓全等领导出席并共同启动开幕典礼。

本次动漫博览会是东莞首次承办的国家级展会，展会面积达到4万平方米，分室内、室外两个展区，共设立标准展位1500个。参展企业共450家，其中包括原创影视动漫企业187家、动漫产业基地5个、衍生产品企业199家，与动漫相关的生产企业50家。参展企业中有境外原创企业36家。本次动漫博览会共达成动漫版权交易成交意向120项，成交总金额达82亿元。

▲ 2009年12月30日至2010年1月3日，首届中国国际影视动漫版权保护和贸易博览会在莞举行　（张德全　摄）

【东莞用水量居全省第一位】2008年，东莞全市用水总量达21.47亿吨，居广东省各市之首。被称为“耗水城市”。（据2009年3月24日《南方都市报》）

【全省首家小额贷款公司在莞开业】2009年3月25日，经有关主管部门批准，广东省首家小额贷款公司——东莞广汇小额贷款公司正式开业。该公司由东莞市中小企业发展促进会常务副会长、广汇科技投资担保股份有限公司法人代表袁德宗先生发起成立，其业务范围涵盖小额贷款、融资咨询、小企业发展、管理、财务咨询及经行业主管部门批准开办的其他业务。（据2009年3月25日《南方都市报》）

【在全省各地市中第一个出台外来人员子女入读公校文件】2009年5月，东莞市出台《东莞市新莞人子女接受义务教育暂行办法》及《东莞市新莞人子女申请入读义务教育阶段公办学校起始年级积分方案（试行）》，这是广东省地级市第一个针对新莞人子女入读公校出台的规范性文件。（据2010年1月20日《东莞日报》）

【在全省率先试行“企业课堂”】2009年6月2日，东莞市长安职业高级中学与牧野机床（中国）有限公司举行“企业课堂”启动仪式。“企业课堂”是在职业学校对学生进行前期培养的基础上，由企业从学校中选拔优秀学生，并应用自有资源（师资、设备、课室）有计划地对学生进行全日制教育，学生在学校、企业合作培养下完成学历教育。继2007年在全省首创“车间进校”职教模式之后，东莞长安职业高级中学再次成为全省第一所试行“企业课堂”的学校。（东莞市教育局供稿）

【首届广东外商投资企业产品（内销）博览会在莞举行】2009年6月18—20日，首届广东外商投资企业产品（内销）博览会在东莞厚街广东现代国际展览中心举行。中共中央政治局委员、广东省委书记汪洋、广东省长黄华华、商务部副部长易小准、广东省副省长万庆良及省有关部门、珠三角地区各市市政府领导、各支持单位、协办单位领导出席开幕式。

首届“外博会”上万种参展产品中，有3500种产品首次亮相内销市场。涵盖家电、消费电子、服装鞋帽、玩具礼品、餐厨用品、家居饰品、建材饰品、日化用品以及食品九大类。采购商共4362家共8895人参加，包括家乐福、沃尔玛等跨国大型超市和广百、友谊商店等国内知名百货公司。展览期间共吸引近9万人次入场参展和采购，共达成商贸项目4879个，总金额达509亿元。

【保费收入跃居全省地级市第一位】2009年1—6月，东莞累计实现原保费收入62.1332亿元，仅次于广州、深圳，位列全省第三，地级市第一。原保费收入同比增长25.76%，增幅居全省第一，原保费总收入中，各寿险公司实现保费收入43.91亿元，同比增长34.77%，总量居全省地级市第二位，与第一位的佛山市仅差0.91亿元；各财险公司保费总收入18.21亿元，同比增长8.31%，总量居全省地级市第一位。（据2009年8月20日《东莞日报》）

【全省第一张网络发票在莞开出】2009年7月1日，广东地税发票在线应用系统开始在东莞、惠州、珠海和揭阳四个市的试点企业上线运行，东莞名雕装饰有限公司阳光假日分公司财务人员开出广东省首张网络在线发票。目前网络发票适用范围只限于建筑、房产、广告和中介代理四大行业，在全省逐步推广应用，2010年覆盖全省所有行业。（据2009年7月2日《东莞日报》）

【在莞台胞率先申领个体工商户营业执照】2009年7月，东莞在全省率先试行允许台胞申请个体工商户登记。同年9月21日，市工商行政管理部门正式受理在粤台胞从事个体工商经营申请，在粤台胞可直接申办个体工商户登记。（据2009年9月22日《广州日报》）

【全省首个“防拐”工作站在寮步镇成立】2009年8月4日，省、市妇联领导为寮步镇“流动妇女儿童‘防拐’服务工作站”（设在寮步镇石龙坑村）揭牌，该站为广东省首个、全国第二个流动妇女儿童“防拐”服务工作站。（据2009年8月4日《广州日报》）

【华南地区首个经国家权威机构认证的印刷检测中心落户东莞】2009年9月17日，虎彩集团所属东莞虎彩印刷有限公司检测中心正式通过中国合格评定国家认可委员会（CNAS）认证，成为中国华南地区第一个经国家认证的印刷检测中心，该中心内设纸张、油墨实验室以及VOC实验室和环境实验室，建立健全了完整的实验室质量管理体系和检测制度，可承担印刷品各项功能、外观、化学检测以及纸张、油墨性能等检测任务。（据2009年9月17日《东莞日报》）

【华南地区最大的散货船下水】2009年4月17日，由东莞麻涌广东中远船务工程有限公司为印度APJ集团建造的5.7万吨散货船“凯斯”轮在麻涌镇正式下水。船长189.99米，型宽32.26米，型深18米，结构吃水12.8米，航速为14.2节，续航力约128000海里。该船为麻涌广东中远船务工程有限公司首建船只，为华南地区成功建造的吨位最大的散货船。（据2009年4月18日《东莞日报》）

【东莞单位GDP电耗居珠三角地区第一位】2008年，东莞单位GDP电耗高达1465.71千瓦时／万元，在全省各市中位列第三，在珠三角9市中居第一位。（据2009年7月15日《南方都市报》）

【灰霾天气在珠三角各市中最多】据《粤港珠三角区域空气网络2008年监测结果报告》，东莞市二氧化硫、二氧化氮、可吸入颗粒物、臭氧四项监控指标均超标，其中臭氧超标是形成灰霾的重要因素之一，2008年全年东莞市灰霾天气146天，在珠三角地区各市中最多，但比2007年有所减少。（据2009年4月23日《东莞日报》）

【珠三角最大钢材城动工兴建】2009年11月上旬，珠三角地区最大的钢材现货交易市场——东莞钢材城首期工程在东莞市洪梅镇动工兴建。东莞钢材城位于洪梅镇金鳌沙村，项目占地面积610亩，总投资近10亿元，其中占地306亩，投资3.3亿元、建筑面积8万平方米的东莞钢材城首期工程由上海永翔投资集团有限公司、上海希贤实业发展有限公司、广州金华利有限公司共同出资建设。“东莞钢材城”以水路货运为主，铁路、公路货运为辅，地处新建沿海高速公路洪梅出入口，市场内并配套自建5000—10000吨级海港码头，地理位置优越，交通运输便捷，落成后将成为珠三角乃至华南地区最大的钢材现货交易市场，覆盖广州、东莞、深圳、惠州及广东中南部各市。（据2009年12月4日《东莞日报》）

#  

DONGGUAN PROFILE

- 产业结构优化
- 创新能力提高
- 区域经济协调发展
- 外资民营互补发展
- 人民生活提高
- “创建全国文明城市”体制机制创建
- 共建共享工程
- 基层文明创建

常平丽城开发区

编辑：施雪芬

## 建置沿革

东莞于东晋咸和六年（公元331年）立县，初名宝安，隶属东官郡。唐至德二年（757年）更名东莞，县治从芜城（今宝安南头）移至到涌（今莞城）。南宋绍兴二十二年（1152年）分东莞的香山镇立香山县（今中山市）；明万历元年（1573年）将东莞守御千户所、编户五十六里立新安县（今深圳市宝安区），东莞地域随之缩小。清沿明制。民国期间，先后隶广东省粤海道、粤中行政区、第一行政区和第四行政区。

1949年10月17日，东莞全境解放。初期属东江行政区管辖。1950年3月，东莞县隶珠江专区。1952年，撤销珠江专区，东莞县隶粤中行政区。1956年2月，撤销粤中行政区，东莞县隶惠阳专区。1958年11月，东莞县曾短期隶广州市。1959年1月，撤销惠阳专区，东莞县划归佛山专区。1963年6月，复置惠阳专区，东莞县又隶惠阳专区。1985年9月，国务院批准撤销东莞县，设立东莞市（县级），仍属惠阳地区管辖。1988年1月7日，国务院批复将东莞市升格为地级市，直属广东省管辖。 （刘念宇）

## 自然地理

【位置·范围·面积】 东莞市位于广东省中南部，珠江口东岸，东江下游的珠江三角洲。因地处广州之东，境内盛产莞草而得名。介于东经113° 31′ —114° 15′ ，北纬22° 39′ —23° 09′ 。最东是清溪镇的银瓶嘴山，与惠州市惠阳区接壤；最北是中堂镇大坦乡，与广州市区和增城市、惠州市博罗县隔江为邻；最西是沙田镇西大坦西北的狮子洋中心航线，与广州市番禺区隔海交界；最南是凤岗镇雁田水库，与深圳市宝安区相连。毗邻港澳，处于广州至深圳经济走廊中间。西北距广州59公里，东南距深圳99公里，距香港140公里。东西长约70.45公里，南北宽约46.8公里，全市陆地面积2465平方公里，海域面积150平方公里。

【地质·地貌】 东莞市地质构造上，位于北东东向罗浮山断裂带南部边缘的北东向博罗大断裂南西部、东莞断凹盆地中。地势东南高、西北低。地貌以丘陵台地、冲积平原为主，丘陵台地占44.5%，冲积平原占43.3%，山地占6.2%。东南部多山，尤以东部为最，山体庞大，分割强烈，集中成片，起伏较大，海拔多在200—600米，坡度30°左右，银瓶嘴山主峰高898.2米，是东莞市最高山峰；中南部低山丘陵成片，为丘陵台地区；东北部接近东江河滨，岗地发育，陆地和河谷平原分布其中，海拔30—80米之间，坡度小，地势起伏和缓，为易于积水的埔田区；西北部是东江冲积而成的三角洲平原，是地势低平、水网纵横的围田区；西南部是濒临珠江口的江河冲积平原，地势平坦而低陷，是受潮汐影响较大的沙咸田地区。

东莞市握东江和广州水道出海之咽喉，有海岸线115.94公里（含内航道），主航道岸线53公里，拥有深水良港——虎门港。

【河流】 东莞市主要河流有东江、石马河、寒溪水。境内96%属东江流域，东江干流自东北角惠州市博罗县、惠阳区之间入境后，沿北部边境自东向西行至桥头新开河口；有发源于深圳市宝安区的石马河流入，至企石有企石河流入。至石龙分出南支流后，北干流续流至石滩，与来自广州增城市的支流汇流，经市境的大盛注入狮子洋；南支流斜向西南流经石碣、万江，在峡口接纳来自市境中部的寒溪水，峡口以下有3支较小的支流牛山水、蛤地水和小沙河，自东向西汇入，续流至泗盛注入狮子洋。北干流与南支流之间为东江三角洲的河网区。

【气候】 东莞市属于亚热带季风气候，日照充足，雨量充沛，温差振幅小，季风明显。2009年，年平均气温为22.8℃，最冷为1月，最热为8月（常年平均状况是一年中最冷为1月，最热为7月），高温日数突破历史纪录。年极端最高温36.3℃（出现在2009年8月2日），年极端最低温5.3℃（出现在2009年1月11日）。雨量集中在4—9月，其中4—6月为前汛期，以锋面低槽降水为多；7—9月为后汛期，台风降水活跃。2009年降雨较为平缓，年降雨量相比2008年大幅下降，降至1881.6毫米。

（气象局供稿）

【矿产资源】 东莞市内已知矿产有Ⅶ类19种，矿床点66处。其中，金属矿产Ⅲ类8种，矿床点34处：黑色金属矿产10处（铁矿点9处，钛铁矿1处），有色金属矿产23处（铜矿点4处、铅锌矿点4处、钨矿点10处、锡矿点4处、钛矿点1处），贵金属黄金矿化点1处。非金属矿产Ⅵ类11种32处：冶金辅助原料矿产9处（耐火粘土4处、泥炭土4处、石油1处），化工原料矿产14处（黄铁矿点6处、重晶石矿点3处、钾长石矿点4处、石盐矿点1处），建材非金属矿点3处（水泥灰岩2处、水泥粘土1处）。主要分布在东莞中部、南部和东部的山地、丘陵地带。矿产分布分散，无规律。

【动植物资源】 东莞市野生动物种类繁多，主要分布于山区和丘陵地带，体型较大的野兽多栖息在东南山区，一般兽类出没于平川、丘陵。主要野生动物有：哺乳类、鸟类、鱼类（134种）、甲壳类和多种贝类、两栖、爬行类、昆虫类等。主要野生植物有：树类114种、竹类23种、内陆水域水生维管束植物48种，水果类40多种、野生药用植物89种。内陆水域中常见的浮游生物共8门110属。

【旅游资源】 东莞是岭南古邑，东莞博物馆珍藏有村头遗址等新石器时代以来的出土文物，被誉为广东省历史文化名城。东莞是中国近代史的开篇地，虎门销烟揭开中国近代史第一页，存有中外闻名的林则徐销烟池、沙角炮台、威远炮台等抗英古战场遗址，建有鸦片战争博物馆、海战馆等爱国主义教育基地；东莞是东江人民抗日的根据地，大岭山抗日史实陈列馆、榴花抗日纪念亭吸引不少游客瞻仰。东莞又是改革开放的先行地，改革开放后，东莞迅速崛起为以现代制造业为特色的新兴工业城市。人文景观丰富，有宋代的黄旗古庙，明代的迎恩门楼、金鳌洲塔、榴花塔、袁崇焕故居，明清时期燕岭摩崖石刻，清代广东四大名园之一的可园等名胜。自然风景优美，有仙鹅湖、绿色世界、清溪山水天地以及珠江口滨海秀色、稻海蕉林、荔红荷香等景观。旅游、休闲度假设施完善，幽静、舒适、豪华的度假村点缀于秀水青山之间。荔枝、香蕉等新鲜水果四季不绝，虎门膏蟹、白沙油鸭、厚街腊肠、乌头鱼、水鸭、水鱼、“三蛇烩”等美食不胜枚举。

（刘念宇　施雪芬）

## 人口·民族·语言

【人口】 2009年东莞市户籍人口为178.73万人，外来暂住人口为429.96万人，常住人口为635万人。全年出生人口为1.86万人，出生率为10.67‰；死亡人口为7587人，死亡率为4.36‰；人口自然增长率为6.31‰。人口城镇化率为86.39%。

【民族】 据2000年第五次全国人口普

查计，东莞市普查人口中，汉族人口625.99万人，占总人口的97.12%；少数民族人口18.58万人，占2.88%。

【语言】 东莞市境内流行粤方言和客方言。粤语区面积、人口均占全市的绝大部分，客方言主要通行在东南部与惠州、深圳相邻的丘陵地带，约占全市面积的18%。在32个镇街中，纯粤语镇街有石龙、长安、沙田、洪梅、道滘、麻涌、万江、中堂、望牛墩、石碣、高埗、大朗、寮步、茶山、企石、石排、常平、横沥、东坑、桥头等20个。兼有2种方言的镇街中，莞城、东城、南城、厚街、虎门、大岭山、塘厦、黄江、谢岗等9个镇街大部分甚至绝大部分讲粤方言；清溪、凤岗2个镇大部分讲客方言。全市仅樟木头是纯客方言镇。

（刘念宇　施雪芬）

## 行政区划

2002年，东莞市行政区划主要变更有：1月，莞城撤销1988年1月起分设的城内区、城外区街道办事处，合并设立莞城街道办事处。11月，万江区街道办事处（1987年10月设立）更名为万江街道办事处。另，2000年3月，东城街道办事处设立；2001年10月，南城街道办事处设立。至2009年底，行政区划情况见下表：

## 经济发展

【概况】 2009年，东莞市面对罕见国际金融危机带来的严重冲击，以科学发展观为指导，以实施《珠江三角洲地区改革发展规划纲要》为动力，认真落实"三促进一保持"的工作要求，加快推进经济社会双转型，着力保增长、扩内需、调结构、强管理、惠民生，在逆境中实现新的发展。全市生产总值3763.26亿元，按可比价计算比上年增长5.3%，人均生产总值56500元，同比增长10%。来源于东莞的财政收入628亿元，同比增长4.5%，其中市财政一般预算收入

### 年末常住人口和户籍人口数

| 项目 | 单位 | 1978年 | 1980年 | 1985年 | 1990年 | 1995年 | 2000年 | 2005年 | 2006年 | 2007年 | 2008年 | 2009年 |
|---|---|---|---|---|---|---|---|---|---|---|---|---|
| 年末常住人口 | 万人 | | | | 175.62 | 336.45 | 644.84 | 656.07 | 674.88 | 694.72 | 694.98 | 635.00 |
| 年末户籍人口 | 万人 | 111.23 | 112.7 | 120.85 | 131.85 | 143.65 | 152.61 | 165.65 | 168.31 | 171.26 | 174.87 | 178.73 |
| #非农业人口 | 万人 | 18.49 | 19.83 | 25.49 | 30.87 | 35.38 | 39.61 | 65.84 | 70.42 | 73.67 | 76.80 | 81.46 |

### 2009年东莞市行政区划

| 镇（街道） | 社区、村委会（个） | 村委会名称 | 社区居民委员会（居民委员会）名称 |
|---|---|---|---|
| 莞　城 | 9 | | 东正　市桥　北隅　西隅　罗沙　博厦　细村　兴塘　创业 |
| 石　龙 | 10 | 西湖　忠维　林屋　蒲溪　新维　王屋洲　黄家山 | 中山东　中山西　兴龙 |
| 虎　门 | 30 | | 虎门寨　东方　则徐　大宁　树田　白沙　沙角　怀德　博涌　镇口　村头　新联　九门寨　居岐　金洲　南面　北栅　小捷滘　北面　陈村　东风　武山沙　黄村　南栅　龙眼　宴岗　赤岗　路东　新湾　民泰 |
| 万　江 | 28 | | 万江墟　万江　石美　莫屋　拔蛟窝　黄粘洲　蚬涌　谷涌　小享　滘联　上甲　新村　新谷涌　共联　水蛇涌　大莲塘　牌楼基　严屋　大汾　流涌尾　金泰　曲海　坝头　胜利　官桥滘　简沙洲　新和　新城 |
| 东　城 | 23 | | 岗贝　花园新村　东泰　温塘　桑园　周屋　余屋　鳌峙塘　峡口　柏洲边　上桥　下桥　樟村　梨川　堑头　主山　石井　同沙　光明　牛山　立新　火炼树　星城 |
| 南　城 | 17 | | 鸿福　宏远　胜和　元美　亨美　三元里　篁村　新基　周溪　袁屋边　白马　石鼓　蛤地　西平　雅园　水濂　新城 |
| 中　堂 | 20 | 潢涌　三涌　湛翠　凤冲　袁家涌　吴家涌　鹤田　中堂　一村　东向　蕉利　槎滘　下芦　马沥　四乡 | 中心　斗朗　红锋　东泊　江南 |
| 望牛墩 | 22 | 李屋　望东　扶涌　赤滘　五涌　下漕　上合　聚龙江　望联　洲湾　洲涡　杜屋　寮厦　芙蓉沙　官桥涌　横沥　福安　石排　官洲　朱平沙　锦涡 | 望牛墩 |

续上表

| 镇（街道） | 社区、村委会（个） | 村委会名称 | 社区居民委员会（居民委员会）名称 |
|---|---|---|---|
| 麻涌 | 15 | 麻一 麻三 麻四 大步 东太 新基 川槎 鸥涌 华阳 南洲 大盛 漳澎 黎滘 | 麻涌 麻二 |
| 石碣 | 15 | 石碣 唐洪 黄泗围 西南 单屋 梁家村 沙腰 刘屋 水南 四甲 鹤田厦 涌口 横滘 桔洲 | 城中 |
| 高埗 | 19 | 冼沙 卢溪 宝莲 塘厦 草墩 护安围 保安围 三联 横滘头 低涌 朱磡 新联 欧邓 芦村 高埗 凌屋 上江城 下江城 | 新创 |
| 道滘 | 14 | 南城 南丫 闸口 大鱼沙 小河 永庆 北永 昌平 厚德 九曲 大罗沙 大岭丫 蔡白 | 兴隆 |
| 沙田 | 18 | 中围 和安 大流 泥洲 杨公洲 福禄沙 阁西 民田 先锋 西大坦 穗丰年 大泥 齐沙 稔洲 义沙 西太隆 | 横流 滨港 |
| 厚街 | 23 | 厚街 珊美 宝屯 三屯 陈屋 赤岭 河田 寮厦 汀山 环冈 大迳 新围 桥头 南五 新塘 涌口 双岗 溪头 沙塘 宝塘 下汴 白濠 | 竹溪 |
| 长安 | 13 |  | 长盛 涌头 霄边 咸西 锦厦 新安 乌沙 新民 沙头 上沙 厦岗 厦边 上角 |
| 洪梅 | 10 | 洪屋涡 新庄 梅沙 氹涌 黎洲角 夏汇 尧均 乌沙 金鳌沙 | 洪梅 |
| 寮步 | 30 | 西溪 凫山 石龙坑 石步 良边 富竹山 塘唇 向西 霞边 上屯 下岭贝 竹园 上底 药勒 刘屋巷 浮竹山 陈家埔 井巷 小坑 长坑 | 寮步 塘边 横坑 岭厦 新旧围 缪边 牛杨 泉塘 坑口 良平 |
| 大朗 | 28 | 高英 洋乌 洋坑塘 松柏朗 黎贝岭 松木山 犀牛陂 水平 宝陂 石厦 杨涌 沙步 新马莲 佛子凹 蔡边 水口 | 大朗 佛新 巷头 屏山 竹山 巷尾 求富路 长塘 黄草朗 大井头 圣堂 长富 |
| 大岭山 | 24 | 太公岭 大塘朗 下高田 连平 鸡翅岭 马蹄岗 金桔 大沙 百花洞 大塘 水朗 杨屋 矮岭冚 颜屋 大片美 梅林 元岭 大岭 新塘 旧飞鹅 大环 | 大岭山 农场 领居 |
| 黄江 | 14 | 社贝 鸡啼岗 袁屋围 合路 北岸 田心 龙见田 旧村 长龙 星光 大冚 | 新市 田美 三新 |
| 樟木头 | 9 |  | 圩镇 樟罗 百果洞 樟洋 石新 柏地 官仓 裕丰 金河 |
| 清溪 | 21 | 浮岗 上元 清厦 铁松 铁场 谢坑 青皇 大埔 长山头 三中 九乡 三星 渔樑围 厦坭 大利 土桥 重河 松岗 罗马 荔横 | 清溪 |
| 塘厦 | 22 |  | 塘厦 三局 林村 石潭埔 四村 振兴围 大坪 莆心湖 平山 诸佛岭 桥陇 龙背岭 石鼓 田心 横塘 蛟乙塘 凤凰岗 莲湖 沙湖 石马 清湖头 塘新 |
| 凤岗 | 12 | 雁田 官井头 油甘埔 凤德岭 塘沥 黄洞 竹塘 竹尾田 三联 五联 天堂围 | 凤岗 |
| 常平 | 33 | 岗梓 塘角 苏坑 袁山贝 金美 还珠沥 朗贝 桥沥 卢屋 九江水 朗洲 陈屋贝 司马 霞坑 漱旧 漱新 黄泥塘 元江元 横江厦 沙湖口 白石岗 松柏塘 上坑 木棆 下墟 板石 田尾 白花沥 桥梓 麦元 土塘 | 常平 新民 |
| 谢岗 | 12 | 黎村 窑山 南面 大龙 大厚 赵林 稔子园 五星 曹乐 谢岗 谢山 | 泰园 |

续上表

| 镇（街道） | 社区、村委会（个） | 村委会名称 | 社区居民委员会（居民委员会）名称 |
|---|---|---|---|
| 桥头 | 17 | 田头角 李屋 朗厦 岗头 屋厦 禾坑 邓屋 邵岗头 东江 山和 石水口 | 莲城 田新 桥头 大洲 迳联 岭头 |
| 横沥 | 17 | 石涌 隔坑 半仙山 田头 田坑 横沥 村头 长巷 田饶步 六甲 村尾 水边 新四 山厦 月塘 张坑 | 恒泉 |
| 东坑 | 15 | 东坑 坑美 角社 塔岗 黄麻岭 初坑 凤大 黄屋 寮边头 长安塘 新门楼 井美 彭屋 丁屋 | 阜塘 |
| 企石 | 20 | 铁岗 深巷 湖美 博夏 上洞 江边 旧围 清湖 东平 上截 下截 东山 莫屋 杨屋 新南 南坑 铁炉坑 企石 霞朗 | 宝石 |
| 石排 | 19 | 石排 下沙 福隆 庙边王 沙角 黄家壆 赤坎 向西 水贝 田寮 横山 埔心 谷吓 塘尾 李家坊 田边 中坑 燕窝 | 太和 |
| 茶山 | 18 | 上元 茶山 下朗 横江 增埗 卢边 寒溪水 南社 塘角 博头 冲美 粟边 孙屋 超朗 京山 刘黄 | 茶山圩 茶溪 |
| 松山湖 | 1 | | 松山湖 |
| 合计 | 598 | 383 | 215 |

（民政局供稿）

231亿元，同比增长10.5%。城市居民人均可支配收入33045元，农村居民人均纯收入13064元，同比分别增长9.1%和6.0。金融机构各项人民币存款余额5095亿元，比年初增长14.3%。三大产业比例由上年底的0.3∶52.8∶46.9调整为0.4∶47.1∶52.5。东莞先后获得全国文明城市、全国社会治安综合治理优秀市、全国民族团结进步模范集体等荣誉。创建国家环保模范城市顺利通过国家技术评估。

【产业结构逐渐优化】 2009年，东莞市生产总值（GDP）3763.26亿元，按可比价格计算，比上年增长5.3%。其中第一产业增加值14.99亿元，同比增长5.1%；第二产业增加值1771.77亿元，同比下降3.7%；第三产业增加值1976.50亿元，同比增长15.1%。三大产业比例为0.4∶47.1∶52.5。

第一产业继续向产业化、规模化、品牌化方向发展。全年全市完成农业总产值25.31亿元，按可比价计算，比上年增长3.3%。其中种植业产值13.20亿元，同比增长3.2%，占52.2%；林业产值0.21亿元，同比下降37.5%，占0.8%；牧业产值5.00亿元，同比增长6.8%，占19.8%；渔业产值6.06亿元，同比增长3.3%，占23.9%。新增省级农业龙头企业2家、市级农业龙头企业2家、新增农民专业合作组织3家。年末全市共有20家农业龙头企业和25家农民专业合作组织，其中省级以上龙头企业6家、国家级2家。年末全市共有广东省名牌产品（农业类）26个、无公害农产品47个、绿色食品38个、有机食品10个。

第二产业结构逐步向重型化、高新化方向调整。全年全市实现工业增加值1690.22亿元，比上年下降4.0%，占GDP的比重为44.9%。全市完成工业总产值6762.8亿元，同比下降3.3%。其中规模以上工业总产值5935.2亿元，同比下降6.3%。在规模以上工业中，重工业产值3290.6亿元，同比下降7.7%，所占比重为55.4%；轻工业产值2644.6亿元，同比下降4.6%，占44.6%。规模以上工业实现利润总额155.55亿元，比上年增长12.6%；资产负债率为60.5%；工业经济综合效益指数为113.77，比上年上升1.78个点。全年规模以上八大支柱产业总产值3728.72亿元，比上年下降7.2%。其中通信设备、计算机及其他电子设备制造业产值1590.84亿元，同比下降8.4%。规模以上电子信息制造业产值2402.67亿元，同比下降9.4%；实现利润总额41.95亿元，同比下降17.1%。全年全市建筑业增加值81.55亿元，比上年增长4.7%。

第三产业中的批发零售、金融、地产等行业增长较快。全年全市批发和零售业增加值367.45亿元，比上年增长17.5%；住宿和餐饮业增加值153.24亿元，同比增长8.8%。全年全市金融业增加值166.42亿元，比上年增长25.5%。全年全市房地产业增加值333.37亿元，比上年增长23.4%。全年全市交通运输、仓储和邮政业增加值73.16亿元，比上年下降12.8%。全市有星级酒店95家、旅行社51家，实现国际旅游外汇收入5.17亿美元，同比增长13.5%。国内旅游总收入151.49亿元，同比增长17.7%。

【创新能力有所提高】2009年，全市新设立外资企业研发机构84家；拥有自主品牌的加工贸易企业900家，同比增长15%；新增国家高新技术企业90家、省民营科技企业89家；新增省级以上名牌名标25个；专利授权量同比增长59.6%，总量跃居全省第二位；参与制定修订各类标准32项；建成省级以上各类研发和检测中心36个，新增省级产业集群升级示范区2个，承接省级以上科技项目313个，获批省部院市产学研合作项目99个，全市工业更新改造投资154亿元，同比增长1.5倍。

【区域经济协调发展】 2009年，松山湖项目引进和投产步伐加快，工业产值、税收同比分别增长43%和40%；虎门港成功开辟首条国际班轮航线，获批深水泊位项目21个，其中6个正式投产运营；东莞生态园完成土地征收83.4%，启动重点工程30项；长安新区用海申报、规划环评、港区总体规划等通过专家审查。2009年，全市32个镇街本级总资产934.31亿元，净资产626.47亿元，分别比上年增长19.1%和16.5%；32个镇街税收总额419.16亿元，同比增长0.4%。村组两级集体总资产1149.87亿元，同比增长3.6%；净资产888.77亿元，增长4.3%。镇街本级可支配收入197.54亿元，同比下降5.3%。2009年可支配财政收入超10亿元的镇街有4个，GDP超100亿元的镇街有12个。可支配收入（扣除土地物业转让纯收入）超亿元的村有19个，超千万的村有405个，比上年增加20个，超5千万的村有59个。

【外资民营互补发展】2009年，按新口径统计，全年全市新签外商直接投资项目579宗，合同外资金额16.16亿美元（含增资和减资），比上年下降37.5%。实际利用外资25.94亿美元，同比增长6.0%。全年全市进出口总额941.55亿美元，比上年下降17.0%。其中进口总额389.86亿美元，同比下降18.4%；出口总额551.69亿美元，同比下降16.0%。全市新签投资总额超1000万美元项目27宗，增加4宗；新增世界500强企业投资项目3宗，世界500强企业增资2宗；新签第三产业项目合同外资23398万美元，占全市的14.5%，比上年提高2.7个百分点。全市外资企业共设立研发机构84家，比上年增长15.5倍。成功设立2家外商投资地区总部，实现外资引进地区总部新突破。全市新增外商投资的服务外包企业有9家，增加8家，占东莞市历年吸收服务外包项目的75%。2009年，全市民营单位登记注册户数47.80万户，比上年增长0.3%。其中私营企业增长较快，达到7.42万户，同比增长17.4%；个体工商户40.33万户，同比下降2.3%。全年规模以上民营工业完成总产值782.36亿元，同比增长6.9%；民营经济完成固定资产投资423.59亿元，同比增长15.1%；民营经济消费品零售额798.80亿元，同比增长14.6%；民营经济缴税总额197.98亿元，同比下降1.2%。

【基础设施完善】2009年，"三院一中心"（新的市人民医院、新涌医院、市妇幼保健院和市疾病预防控制中心）等28项市属重点工程竣工，市轨道交通R2线起点站、东莞大道延长线、东莞篮球中心等38项动工。环城路全线贯通，莞深高速三期、虎岗高速通车，建成镇村联网路14条、大型输变电工程17项、水利防灾减灾工程123宗。整合村级水厂16家，改造老化水管547公里，新增LNG（液化天然气）管网163公里，整治市区内涝点11个。累计建成污水处理工程32项、截污主干管网工程18项，医疗废物处理中心投入营运。已批10个农业产业园中6个完成主要基础设施建设。

【人民生活提高】2009年，东莞市户籍人口178.73万人，常住人口635万人。人口城镇化率为86.39%。全年接收大中专毕业生1.45万人。年末城镇实有登记失业人数7674人，全年失业人员安置就业人数11923人，城镇登记失业率为1.61%。城市居民人均可支配收入33045元，农村居民人均纯收入13064元，分别比上年增长9.1%和6.0%。全年城市居民人均消费性支出24270元，比上年增长4.6%。年末城市居民人均住房建筑面积53.75平方米。平均每百户农村居民家庭耐用消费品拥有量：彩电160台，摩托车83辆，洗衣机103台，淋浴热水器129台，移动电话257部，影碟机74台，家用空调210台，家用电脑109台，家用汽车53辆。（黄素标）

## 精神文明建设

【"创建全国文明城市"体制机制创建】2009年，东莞市委、市政府出台《关于2009—2011年创建全国文明城市工作的意见》，市镇（街）两级长期保留创建全国文明城市工作领导小组、文明委和创建办，市委书记、市长亲自部署、检查指导工作，推进提升城市文明程度"十大行动"。创新常态化考评机制，对莞城、东城、南城、万江等4个街道进行季度考评和全市通报，对28个镇开展首届公共文明指数测评并公布结果。建立持久化氛围营造机制，利用媒体资源和社会宣传资源，使文明创建宣传进工厂、进社区、进村镇、进机关、进学校、进军营，做到"抬头可见、随处可读、每时可听"。中央文明办公布的114个城市公共文明指数测评结果，东莞市位列地级市第六名。

【思想道德教育】2009年，东莞市文明委开展"迎国庆、讲文明、树新风"教育实践活动，组织开展公务员文明示范活动、企业文明塑造活动、社区文明维护活动、校园文明传递活动、家庭文明牵手活动、媒体文明传播活动等200多项。开展道德模范评选表彰和学习宣传活动，评选出"助人为乐"、"见义勇为"、"诚实守信"、"敬业奉献"和"孝老爱亲"五类别道德模范各5名，提名奖各5名，举行"道德榜样 文明动力——东莞市第二届道德模范颁奖典礼"。开展"我们的节日"主题活动，利用传统节日和革命纪念日，发布系列的节日宣传片，组织开展各种节庆活动、纪念活动、民俗文化活动、文娱体育活动，广泛宣传和引领"我们的节日"价值取向。开展未成年人思想道德教育，推动整治互联网低俗之风、网吧专项治理、净化荧屏声频、整治校园周边环境取得新成效，深化"做一个有道德的人"主题教育实践活动，教育青少年在家中孝敬父母、在学校尊敬师长、在社会奉献爱心。开展以"社会和谐人人有责，和谐社会人人共享"为主题的"东莞城市暖流行动"，在全社会组织关爱互助、权益保护、素质提升、和谐共融"四大行动"共400多项主题活动。

【志愿服务】2009年，东莞市委、市政府出台《东莞市关于进一步发展志愿服务事业的意见》，建立由市文明办牵头，依托团委并协调民政、妇联、教育、政法、财政等有关部门的志愿服务工作机制。出台《东莞市社区志愿服务站规范建设工作指引》和《东莞市注册志愿者（义工）管理办法》，指导社区（村）志愿服务站建设，对志愿者队伍实行规范化管理。巩固提升全市"三车五行动"（文化直通车、健康直通车、普法维权直通车和青春暖流行动、社区和谐行动、爱心助学行动、社会实践行动、环境保护行动）志愿服务品牌，组织开展普及文明风尚、"科技、文体、法律、卫生"、社会治安、窗口行业、保护生态环境等"讲文明，树新风"志愿服务活动，组织开展"送温暖、献爱心"、居家养老、扶残助残等扶危济困志愿服务活动，推进大型社会活动志愿服务和应急救援志愿服务，使参与志愿服务成为社会文明新风尚。弘扬"奉献、友爱、互助、进步"为主要内容的志愿精神，展现志愿者的良好风貌和高尚情操，推动形成关心、支持和参与志愿服务的良好氛围。

【共建共享工程】2009年，东莞市文明委努力营造"爱心文化"、"感恩文化"，扎实推进东莞市共建共享工程。全年全市各镇（街道）、各单位积极策划开展"爱心助学"、"尊老助残"、"慈善捐献"、"扶贫济困"、"心理辅导"、"健康车间"、"交友联谊"、"欢乐厂区"、"企业员工集体婚礼"等400多项主题活动。各镇（街道）、文明委各成员单位树立法治社会和公平社会的观念，切实保障市民，特别是广大新莞人在工资、劳动、教育、医疗、生活、居住等方面的合法权益，开展"零欠薪行动"、"健康车间"、"健康宿舍"、"安全工作"、"阳光假日"、"法律援助"等活动。各镇（街道）、各部门积极推进制度创新，出台各种意见、规定、办法和方案，努力创造长效性、制度化的社会救助和保障机制。

【基层文明创建】2009年，东莞市文明委修订《东莞市精神文明创建活动评选表彰工作的暂行办法》。2009年由省委、省政府表彰“广东省精神文明建设先进单位和先进工作者”名单19个，包括“省文明镇”3个、“省文明单位”6个，“省文明村”4个，“省文明窗口”1个，“省文明社区”4个，“省精神文明建设先进工作者”1个；由市委、市政府表彰“2008-2009年度东莞市精神文明创建先进单位”表彰名单128个，包括“文明镇（街道）”3个，“创建文明镇（街道）工作先进单位”5个，“文明标兵村”15个，“文明村”13个，“文明标兵社区”5个，“文明社区”12个，“文明标兵单位”27个，“文明单位”48个。（梁 杰）

附：2009年东莞市精神文明建设委员会办公室领导名录

主 任：李国全

副主任：王培琦（2月到任）

## 各镇（街道）获各级文明称号个数

| 称号 年份 镇街 | 东莞市创建文明镇（街道）先进单位 | 东莞市文明镇（街道） | 广东省文明镇（单位） | 全国创建文明镇（单位）先进单位 | 全国文明村镇 |
|---|---|---|---|---|---|
| 长 安 | | 1995年 | *2001年 | | 2005年 |
| 石 龙 | | 2000年 | *2001年 | | 2005年 |
| 清 溪 | 2001年 | 2002年 | 2003年 | 2005年 | 2009年 |
| 虎 门 | 2001年 | 2001年 | 2003年 | 2005年 | 2009年 |
| 常 平 | | 2003年 | 2005年 | 2009年 | |
| 莞 城 | 2000年 | 2002年 | 2007年 | 2009年 | |
| 南 城 | 2001年 | 2005年 | 2007年 | 2009年 | |
| 万 江 | 2005年 | 2007年 | 2009年 | | |
| 东 城 | 2001年 | 2005年 | 2007年 | 2009年 | |
| 樟木头 | | 2000年 | 2001年 | | |
| 大 朗 | 2001年 | 2007年 | 2009年 | | |
| 石 碣 | 2005年 | 2007年 | 2009年 | | |
| 厚 街 | 2005年 | 2007年 | | | |
| 凤 岗 | 2000年 | 2007年 | 2009年 | | |
| 道 滘 | 2001年 | | | | |
| 东 坑 | 2007年 | 2009年 | | | |
| 高 埗 | 2007年 | | | | |
| 洪 梅 | 2007年 | | | | |
| 黄 江 | 2001年 | | | | |
| 寮 步 | 2007年 | 2009年 | | | |
| 麻 涌 | 2000年 | 2009年 | | | |
| 企 石 | 2007年 | | | | |
| 桥 头 | 2001年 | | | | |
| 石 排 | 2007年 | | | | |
| 茶 山 | 2007年 | | | | |
| 中 堂 | | | | | |
| 望牛墩 | 2009年 | | | | |
| 沙 田 | 2009年 | | | | |
| 大岭山 | 2009年 | | | | |
| 塘 厦 | 2009年 | | | | |
| 谢 岗 | | | | | |
| 横 沥 | 2009年 | | | | |
| 合 计 | 30 | 17 | 13 | 6 | 4 |

注：2001年长安镇、石龙镇被评选为省文明镇先进单位，此后省不再设文明镇先进单位这一奖项。

# 政治

- 调结构、保增长决策
- 实施《珠江三角洲地区改革发展规划纲要》
- 深化体制改革
- 获颁“全国文明城市”称号
- 政府机构改革
- 扩权强镇试点工作
- 市政府十件实事

南社古建筑群

编辑：李文蔚　胡晓静

# 中国共产党东莞市委员会

【中共东莞市委十二届四次全会】2009年1月9日在市会议大厦召开。61名市委委员、12名候补委员出席会议，市、镇街、村（社区）有关领导共900多人列席会议。全会主要任务是学习贯彻省委十届四次全会精神，总结2008年工作，部署2009年工作任务。市委书记、市人大常委会主任刘志庚向全会报告市委常委会2008年工作，全面分析形势，部署学习贯彻省委十届四次全会精神和2009年第一季度工作。市委副书记、市长李毓全传达省委十届四次全会精神，总结东莞2008年经济工作，对2009年经济工作提出总体要求。全会提出2009年全市工作总体要求是：高举中国特色社会主义伟大旗帜，深入贯彻落实科学发展观，按照党的十七大、十七届三中全会、中央经济工作会议和省委十届四次全会部署，继续推进经济社会双转型，以保增长、促发展为首要任务，以扩内需、增出口为根本途径，以调结构、促转型为主攻方向，以重管理、优环境为重要抓手，以惠民生、求和谐为出发点和落脚点，全面推进经济建设、政治建设、文化建设、社会建设和党的建设，推动全市经济社会平稳较快发展。全会对2008年度市委干部选拔任用工作进行“一报告两评议”。

【中共东莞市委十二届五次全会】2009年7月20日在市会议大厦召开。61名市委委员、10名候补委员出席会议，市、镇街、村（社区）有关领导1100余人列席会议。全会主要内容是传达省委十届五次全会精神，总结上半年工作，分析经济形势，研究部署下半年工作。刘志庚、李毓全分别讲话。全会强调，要保持一个清醒头脑——企稳回暖，形势严峻；达成一个基本共识——增速放缓，回落合理；明确一个基本主调——坚定信心，踏实转型。全会提出，要按照省委十届五次全会要求，认真处理好国际市场和国内市场、传统产业与现代产业、就地转型与异地转型、拿来主义与自主创新、扩大投资与促进消费五方面重大关系，扩需求、保增长，调结构、促转型，抓招商、增后劲，推合作、求先行，迎测评、树文明，强管理、保稳定，促整治、惠民生，抓作风、提效能，努力完成全年经济社会发展目标。

【调结构、保增长决策】加强政策引导。2009年，东莞制定“1+26”政策体系，其中“1”指《中共东莞市委、东莞市人民政府关于推进产业结构调整促进产业转型升级的意见》，提出用10年左右时间，打造先进制造业和现代服务业“双轮并转”、高新技术产业和适度重化工业“两翼齐飞”、具有世界竞争力现代产业体系，成为珠三角现代产业示范区。《意见》明确推进产业结构调整促进产业转型升级阶段性目标、重点方向、政策支撑体系等。“26”指26项关于产业导向、支持重点产业和企业、推进加工贸易转型、支持科技创新、优化资源配置、利益协调等推动产业结构调整升级配套文件。截至2009年，出台25项（最后一项于2010年1月出台）。

推进重点项目建设。3月25日，市几套班子领导督导重点项目情况汇报会召开。会议内容是摸清重点项目进展情况，分析存在问题和困难，对下阶段工作进行动员部署。30位市领导逐一汇报重点项目督导情况，提出工作措施。刘志庚强调要以大局观念抓认识，以创新举措攻难关，以扎实作风抢进度，迅速掀起新一轮项目建设高潮，确保完成全年重点项目建设任务。

7月28日，全市重点项目建设工作会议召开。会议现场研究解决市镇重点项目建设存在问题。刘志庚要求全市各级各部门充分认识重点项目建设对保增长、调结构巨大作用，坚定决心，高效运作，落实责任，确保重点项目建设按期完成。

9月27日，全市调结构保增长优质项目现场会召开，专题研究解决优质项目建设遇到问题。刘志庚强调全市各级各部门要始终坚持把优质项目作为调结构保增长主动力，围绕产业链关键环节和缺失环节、培育新增长点、新兴产业和战略性产业上项目，建立健全协调、督导、激励机制，破解项目用地、审批、融资等瓶颈制约，灵活变通，打破部门利益，及时解决优质项目推进中遇到各种问题。现场会共讨论优质项目43项，项目投资总额达176亿元，投产后产值达451亿元。

召开分片现场会。8月18日、21日、25—28日，市委分别在塘厦、常平、厚街、南城、石碣、黄江等镇街召开山区、埔田、沿海、城镇、水乡、丘陵等6个分片现场会，协调解决各镇街、园区在调结构、保增长中碰到问题。现场会上，刘志庚对各片区、镇街工作和长远发展提出意见和要求，要求山区片大力发展生产性项目，增强发展后劲；水乡片努力探索富有水乡特色科学发展道路，实现重新崛起；埔田片加强资源整合，努力建设“大埔田”；沿海片发挥优势，增强信心，为全市调结构、保增长作贡献；城镇片积极推进“五化”，建设一体化大城区，成为东莞“首善之区”；丘陵片在现有基础上加快提升发展水平。分片现场会解决各镇街、园区提出208项问题。会后，市委成立6个片区督查组，落实分片现场会决定事项。

召开系列保增长座谈会。7月30日，全市扩大投资保增长座谈会召开，分析东莞投资形势，剖析投资难以落实原因，对投资落实工作进行部署。刘志庚要求各级各部门认识投资形势严峻性，加大工作力度，推动项目落实，突出在建项目、开工项目和未动工项目3个重点；破解用地、拆迁和资金3大难题；完善项目管理机制、项目服务机制和项目督查机制3个机制，确保调结构、保增长各项目标任务完成。

8月6日，全市稳定工业保增长座谈会召开，部署全市稳定工业发展工作。刘志庚指出要清醒认识工业经济发展面临严峻形势和积极因素，充分认识工业经济在东莞经济发展中特殊地位，增强主攻工业、稳定工业责任感和紧迫感，站在打造东莞工业发展新优势高度，稳定工业增长、推进结构调整、加快转型升级，使东莞工业企业在应对危机中脱胎换骨、化蛹成蝶。

8月11日，全市扩大出口保增长座谈会召开，分析出口形势，部署扩大出口工作。刘志庚强调要把扩大出口作为调结构、保增长着力点，以不达目标誓不罢休决心和干劲，打响外贸出口“突围战”，用足政策、强化招商、优化结构、开拓市场、加强服务，扭转外贸出口下滑被动局面。

【实施《珠江三角洲地区改革发展规划纲要》】打造珠三角新兴物流城市。2009年2月3日，刘志庚在省委理论学习中心组举办《珠江三角洲地区改革发展规划纲要》专题研讨班发言时提出，东莞要着力打造珠三角新兴物流城市。6月29日，市委、市政府印发《关于贯彻实施〈珠江三角洲地区改革发展规划纲要（2008—2020年）〉的决定》，提出东莞实施《规划纲要》总体思路是围绕把东莞建设成为以电子信息产业为特色、以高端高质高新产业为主导、以品牌化产业集群为依托、以现代服务业为支撑的现代制造业名城、适宜创新创业安居乐业的生态城市、珠三角新兴物流城市的目标，推动“一年起好步，四年见成效，十年大跨越”。其中，打造珠三角新兴物流城市是东莞城市发展新增目标定位。

*推进珠江口东岸地区紧密合作*。2月27日，深莞惠3市党政主要领导在深圳举行首次联席会议，商讨促进三市一体化，签署《推进珠江口东岸地区紧密合作框架协议》。3市将从发展规划、产业发展、区域创新、交通运输、能源保障、生态环境保护、社会管理等多方面进行对接，率先在珠三角实现一体化。东莞市提出从规划定位、基础设施、产业发展、生态环保、社会管理、领导机制等6方面强化与深圳、惠州协作对接。5月16日，深莞惠第二次联席会议在东莞召开。会议明确3市合作机制，同意设立3市党政主要领导联席会议、3市党政主要领导联席会议办公室和重点领域专责小组，达成《关于推进珠江口东岸地区紧密合作近期工作重点事项的协议》、《界河及跨界河综合治理计划》、《关于加快推进边界道路建设及连接工作的协议》、《关于跨界客运班线公交化运营合作计划的协议》等4项协议。9月25日，深莞惠3市在惠州召开第三次联席会议。会议审议通过《深莞惠规划一体化合作协议》、《深莞惠社会公共服务一体化合作框架协议》、《深莞惠加快推进交通运输一体化补充协议》及《深莞惠界河及跨界河综合治理专责小组章程》，3市合作进一步推进。

**【深化体制改革】** *扩权强镇（简政强镇）*。2009年7月14日，中共中央政治局委员、广东省委书记汪洋在《经济内参》2009年第47期上批示，要求东莞市和佛山市选择一两个镇开展扩权强镇试点工作。经过市党政领导班子联席会议讨论，东莞将石龙、塘厦镇定为试点，于8月14日召开全市扩权强镇工作领导小组第一次成员会议，正式启动扩权强镇试点工作。会议要求推进扩权强镇试点工作，必须做到“四个相结合”：把扩权强镇与建设服务型政府相结合，与优化东莞城市布局相结合，与提升管理水平相结合，与试点镇自身实际相结合。10月27日，市委、市政府出台《关于扩权强镇试点工作的实施意见》，按照“能放则放，依法放权，规范运行”原则，采取直接放权、委托放权、内部调整放权和调整派驻机构管理体制等方式，将发改局等27个市级行政机关248项行政管理事项及权限交由2个试点镇行使。

*政府机构改革*。11月16日，市政府印发《东莞市人民政府机构改革方案实施意见》，提出按照“精简、统一、效能”原则，突出抓住机构调整组建、机构人员衔接、机构编制控制三大重点，积极稳妥启动新一轮政府机构改革。主要以实行大部门制为方向，对政府机构进行整合。市政府工作部门从37个整合为32个，完成15个单位19名正职领导、56名副职领导和涉及其他市管干部调整配备。

*村级管理体制改革*。3月27日，市委、市政府印发《关于推进村级体制改革试点工作的意见》，按照统筹发展、总体部署、分类推进、循序渐进原则，从2009年7月起，在黄江、厚街镇率先开展村级管理体制改革试点，计划用1—2年时间，逐步推动试点镇村级传统管理体制向“两级统筹发展，三级管理和服务”现代城市管理体制转变。在试点成功基础上，在全市全面铺开村级体制改革。

**【创建全国文明城市】** 2009年1月20日，全国精神文明建设表彰大会在北京举行，东莞被中央文明委授予“全国文明城市”称号，刘志庚出席表彰大会并代表东莞上台领奖。2月10日，东莞市召开创建全国文明城市工作表彰动员大会。刘志庚作重要讲话，提出要在推动科学发展、解决民生问题、提升文明素质、促进和谐共融、优化城市环境、健全长效机制等方面更进一步，巩固和扩大文明城市创建成果，确保2011年蝉联“全国文明城市”。4月21日，市委、市政府印发《关于2009—2011年创建全国文明城市工作的意见》，对下阶段创建全国文明城市工作作出部署。

**【“三旧”改造】** 2009年12月18日，全市“三旧”改造动员大会召开，贯彻全省“三旧”改造工作现场会精神，部署“三旧”改造工作。刘志庚强调全市各级、各有关部门要充分掂量“三旧”改造工作分量，坚定决心、大胆实践，因地制宜、积极主动，坚持规划先行与有序推进相结合，坚持科学改造与重点突破相结合，坚持政府引导与市场运作相结合，坚持用活政策与规范管理相结合，坚持以民为本与多方共赢相结合，扎实推进“三旧”改造工作。会议印发《东莞市“三旧”改造实施细则》，规定“三旧”改造对象，提出到2010年底计划改造3万亩目标任务，明确有关“三旧”改造规划编制、拆迁改造类型和程序，以及优惠举措。

**【开展打拐、扫黄、禁赌专项行动】** 2009年11月2日，全市社会治安重点整治工作会议召开，通报全市打拐、扫黄、禁赌工作情况，就涉拐、涉黄、涉赌等治安重点整治工作进行部署。刘志庚要求全市上下认清形势、痛下决心，标本兼治、合力攻坚，加强组织、全力保障，严明纪律、强化监察，坚决打好打赢涉拐、涉黄、涉赌等治安重点整治这场硬仗，巩固全国文明城市、全国综治优秀市成果。

**【狠抓工作落实】** 2009年，市委积极创新工作方法，突破瓶颈障碍，促进各项决策部署落到实处。强化督导。将市委、市政府主要任务细化为136项具体工作。建立市镇领导挂钩督导重点项目制度，市几套班子领导牵头成立30个工作组，分工督导52项市属重点项目。改进作风。推广现场办公制度，召开虎门港、生态园现场办公会，投资、工业、出口、重点项目建设4个专题座谈会，以及6个分片现场会和优质项目现场会，实地研究解决291项具体问题。开展市民评机关活动，加强机关作风明察暗访，在全省率先实行行政审批绩效测评结果向社会公布，大幅度减少行政审批事项、文件会议和议事协调机构。厉行节约。严格控制行政经费开支，市直机关经费缩减5.3亿元，财政出资或政府机关主办晚会、展览、庆典、论坛活动经费减少47.5%，将资金落实到保增长、保民生、保稳定上。

**【重要会议】** *全市领导干部会议*。2009年4月16日在市会议大厦召开。会议内容是传达贯彻珠三角各市现场会精神和全省贯彻实施《珠江三角洲地区改革发展规划纲要》动员电视电话会议精神；总结和部署全市产业结构调整和转型升级工作；总结第一季度工作，部署第二季度工作。长安镇、厚街镇、大朗镇长塘社区分别介绍产业结构调整和转型升级做法和经验。刘志庚作重要讲话。会议要求各级各部门进一步深化转型发展思路，全面铺开产业结构调整升级，力争在发展速度、发展动力和发展活力上强于周边地区。会议明确转型发展思路是坚定不移地确保平稳增长、推进转型升级、加强科技创新、推进珠三角一体化、发展民生事业、深化改革开放，并提出从4方面铺开产业结构调整升级工作。

10月12日在市行政办事中心召开。会议内容是总结第三季度工作，分析形势，部署第四季度工作。刘志庚作重要

讲话。会议要求各级各部门全力以赴做好第四季度工作，确保调结构、保增长各项目标任务基本完成。主要工作是：确保四中全会精神贯彻落实，经济平稳较快发展，产业结构调整快出成效，扩权强镇实现突破，发展环境不断优化，民生事业持续改善，文明程度不断提升，社会和谐稳定。

市委、市政府党员领导干部民主生活会。2009年10月29日召开。会议以“加强领导干部党性修养、树立和弘扬良好作风”为主题，市委、市政府领导班子成员联系各自思想和工作实际，围绕贯彻执行政策、班子自身建设、勤政廉政、作风建设等方面情况，开展批评与自我批评，查找突出问题，剖析思想根源，落实整改措施。刘志庚、李毓全分别代表市委和市政府领导班子分析存在问题，提出整改措施。刘志庚强调领导班子建设要突出做到“六个强化”，即强化理论学习、强化工作落实、强化制度建设、强化责任追究、强化服务指导和强化班子建设，努力建设善于科学发展的领导班子。市人大常委会常务副主任张继雄列席会议，省委组织部副部长方锐到会指导。

现场办公会。2009年3月27日，虎门港开发建设现场办公会召开。会议研究解决虎门港开发建设中碰到问题。刘志庚讲话，肯定虎门港开发建设取得成绩，提出要以更高标准、更新理念、更实举措、更强合力推进虎门港开发建设，强调虎门港作为东莞唯一港口资源，要承担以港促城重任，努力建设成为东莞物流业排头兵、临港产业带领头羊、新兴物流城市重要载体和产业升级新平台。

4月30日，东莞生态园建设现场办公会召开。会议专题解决生态园开发建设及相关镇问题。刘志庚作重要讲话，提出生态园发展定位要突出循环经济、生态产业特色，抓紧申报省级园区、征地拆迁、硬件基础建设和软件基础建设4项工作，力争建成省级循环经济示范区、省级生态产业示范园。

**【珠江三角洲（东莞）现场会】** 2009年4月9日，省委、省政府组织的珠三角各市现场会第八站在东莞召开。现场会对东莞贯彻实施《珠江三角洲地区改革发展规划纲要》、推进“三促进一保持”和“双转移”等各项工作进行检查指导。省有关领导以及珠三角9市市委书记、市长，省直有关部门、部分中央驻粤单位主要负责同志参加现场会。中共中央政治局委员、广东省委书记汪洋主持会议，广东省委副书记、省长黄华华代表省委、省政府作重要讲话。汪洋肯定东莞转变观念有突出成绩、结构调整有突破性进步，要求东莞矢志不移地抓转型升级，继续走在全省又好又快发展前列。汪洋强调，东莞要加快中小企业转型升级，再创竞争新优势，东莞中小企业转型升级完成之日就是东莞经济脱胎换骨之时。黄华华在讲话中要求东莞要认真贯彻实施《规划纲要》，再创东莞发展新辉煌；要全力以赴保增长，千方百计促转型，一心一意抓创新，加快推进一体化。

**【省委常委会听取东莞工作汇报】** 2009年12月10日，省委常委会议召开，听取东莞工作汇报。刘志庚、李毓全代表东莞市委、市政府向省委常委会汇报东莞贯彻落实省委十届四次、五次全会精神，促进经济社会发展等工作落实情况。省委常委会认为，2009年，面对国际金融危机严重冲击，东莞克服困难，采取有力措施切实调结构、保增长，实现经济全面回升、结构明显调整、社会和谐稳定，成绩令人欣慰，省委、省政府对东莞工作满意。但东莞经济社会发展也存在一些亟待解决突出问题。省委常委会强调，东莞要坚持“四个忍得住”，克服困难调结构，着眼于为更长时期又好又快发展打基础。要认真谋划下年经济工作，提出结合实际、能鼓舞干劲、有利于结构调整的目标任务，努力让2010年工作实现更大进步。12月14日，2009年第33次市党政领导班子联席会议传达省委常委会对东莞工作重要指示精神，并提出8个“坚定不移”贯彻意见：要坚定不移地统一认识，坚定不移地调整结构，坚定不移地确保增长，坚定不移地深化改革，坚定不移地加强管理，坚定不移地改善民生，坚定不移地维护稳定，坚定不移地加强党建。

**【学习考察活动】** 市党政代表团赴中原地区学习考察。2009年11月4—8日，东莞党政代表团赴包头、郑州、西安等城市学习考察。代表团成员120人，由刘志庚和李毓全带队，市几套班子领导和市直部门、镇街主要负责同志组成。考察主要内容是学习城市规划、城市管理、文化建设做法和经验；学习产业结构调整、产学研结合主要措施和经验；开拓国内市场，推动东莞产品内销，促进经济合作与交流。考察期间，签订《西安市与东莞市经贸合作意向书》。11月24日，东莞市党政代表团西北考察总结会议召开，总结赴西北学习考察收获，提出从坚定转型发展信心、不断开阔眼界胸襟、主动转变发展动力、打造发展核心区域、积极培育优势产业、大力推进“三旧”改造、努力发展文化产业、建设生态宜居城市等8方面借鉴西北3市经验做法，深化学习考察成果。

市代表团赴西藏林芝考察。11月8—13日，刘志庚，市委常委、组织部部长庞国梅率有关部门负责人和10多位民营企业家组成代表团赴西藏自治区林芝县，慰问援藏干部，考察帮扶工作，参加竣工典礼，走访看望藏族同胞。

市经贸考察团赴浙皖地区学习考察。3月2—6日，刘志庚率民营企业家代表，赴嘉兴、宁波、绍兴、杭州和黄山等浙皖5市学习考察，学习政府、企业应对金融危机、调整产业结构做法经验，帮助东莞民营企业拓展内销市场。考察团共召开6场政府和民间座谈会，与杭州、黄山2市签订经贸合作意向书。

市党政代表团赴深圳学习考察。5月11日，刘志庚、李毓全率市几套班子领导及有关部门负责人一行50多人赴深圳学习考察。代表团考察研祥智能科技股份有限公司、中兴通讯有限公司以及上沙科技园。省委副书记、深圳市委书记刘玉浦会见东莞市几套班子领导，主持召开2市座谈会。刘志庚提出，东莞要从产业升级、自主创新、体制机制、规划建设、社会管理、生态文明、文化软实力等7个方面向深圳学习。

市代表团赴湖北省及武汉市经贸考察。6月25—27日，刘志庚率代表团赴湖北省及武汉市进行经贸考察，学习湖北省和武汉市应对金融危机、扶持民营企业经验，推动东莞产品内销，促进莞汉2市经济合作交流，并成功举办“广东产品全国行暨东莞名特优产品展销活动之东莞家具—武汉盛夏之旅”活动。

市代表团赴荷兰、比利时、西班牙招商考察。8月30日至9月7日，刘志庚率团赴荷兰、比利时、西班牙王国开展招商考察活动。招商考察主要内容是引进龙头石化项目，推动虎门港招商引资；学习欧洲著名港口建设经验；深入推介东莞，加强合作与交流。考察期间，虎门港管委会与荷兰孚宝集团签订12亿元合作协议。

市代表团赴台湾考察交流。9月14—20日，刘志庚率东莞市代表团赴台湾开展考察和交流活动。考察主要内容是拜访企业，推介东莞，招商引资，拓宽莞台合作范围和领域。交流团拜访20多家台湾高科技企业，与10多家企业达成投资意向，与2家企业签订投资协议，引进台资20多亿元。

【东莞学习论坛】2009年共举办4期（第24期至第27期）。第24期于2月19日举行，由中共广东省委宣讲团成员、省政府发展研究中心副主任李惠武作关于学习贯彻《珠江三角洲地区改革发展规划纲要》宣讲报告。第25期于5月20日举行，由中国社会科学院学部委员、数量经济与技术经济研究所所长汪同三作关于《中国经济与美国金融危机》经济形势报告。第26期于7月24日举行，由外交部办公厅副主任欧渤芊主讲，内容为科学判断和准确把握当前国际形势。第27期于8月17日举行，由原国家安全生产监督管理局副局长闪淳昌作关于当前安全生产监管形势任务和对策措施报告，并为受"莫拉克"台风影响的台湾灾区捐款。

【市委中心组学习会】2009年，市委中心组共进行20次专题学习，其中4期为参加东莞学习论坛报告会，其它16期分别为：1月8日，专题学习省委十届四次全会精神，并就贯彻省委十届四次会议作出工作部署；3月2—6日，前往浙江省嘉兴、宁波、绍兴、杭州，以及安徽省黄山市考察学习；3月17日，学习十一届全国人大二次会议精神；4月16日，学习贯彻珠三角现场会精神和全省贯彻实施《珠江三角洲地区改革发展规划纲要》动员电视电话会议精神；4月28日，学习贯彻新《消防法》；4月29日，参加"依法治国建设社会主义法治政府"专题讲座；5月12日，邀请中国地震局原副局长、研究员何永年作"地震安全与城市发展"专题讲座；6月3日，参加"百名法学家百场报告会"东莞报告会；7月20日，举行传达贯彻省委十届五次全会精神专题会议；8月30日—9月8日，赴荷兰、比利时、西班牙王国学习考察港口建设、科技创新、产业升级等经验；9月21日，举行学习贯彻党的十七届四中全会精神专题会议；10月12日，学习十七届四中全会精神，研讨如何建设学习型政党；10月20日，学习党风廉政建设有关规定；11月2日，传达学习中央和省关于进一步加强社会治安综合治理有关精神，研讨三大重点治安问题整治工作；11月4-8日，学习考察包头、郑州、西安市城市规划、城市管理、文化建设、产业结构调整、产学研结合经验；12月14日，传达学习中央经济工作会议精神和省委对东莞经济工作指导意见。

【市党政领导班子联席会议】2009年，市党政领导班子联席会议共召开34次，集体学习中央、省的有关指示精神，讨论全市有关镇街、单位的请示、报告，分析研究东莞经济社会发展问题和工作思路，研究部署全市有关方面工作等。 （何剑华 黄慧敏）

附：2009年中共东莞市委领导名录

市委书记：刘志庚

市委副书记：李毓全 黄双福

市委常委：刘志庚 李毓全 黄双福
冷晓明 何嘉琪 庞国梅
甄瑞潮 崔 建 江 凌
王道平 卢广海

附：2009年中共东莞市委秘书长、副秘书长名录

市委秘书长：何嘉琪（兼）

市委副秘书长：吴才华（任至4月）
潘新潮 吴镇成
温淦荣 谢国文
黎桥根 张国平
卢贯纪
吴小峰（8月到任）
曲洪淇（4月到任）

附：2009年中共东莞市委办公室主任、副主任名录

市委办主任：吴才华（兼，任至4月）
潘新潮（兼，4月到任）

市委办副主任：谢小薇
安连天（4月到任）
黄宇富（4月到任）

## 市委农村工作

【起草重要文件】2009年，为深入贯彻落实党的十七届三中全会、《中共中央关于推进农村改革发展若干重大问题的决定》和省委省政府《关于贯彻落实党的十七届三中全会精神加快推进农村改革发展的意见》精神，市委农办起草《中共东莞市委东莞市人民政府关于加大统筹城乡力度进一步推进农村改革发展的若干意见》，经市党政领导班子联席会议讨论通过，于1月17日作为2009年市委1号文件正式出台。《意见》从发展现代农业、推进农村财税和管理体制改革、促进农村集体经济发展、减轻企业负担维护农村稳定、推进农村环境整治、加快发展农村公共事业、加强农民素质教育几个方面对加大统筹城乡力度，进一步推进全市农村改革发展提出一系列政策措施。起草《关于继续做好对经济欠发达村进行结对帮扶工作的意见》、《东莞市村（社区）公共管理支出财政补助实施方案》、《东莞市欠发达村老化水管改造实施方案》、《关于欠发达村老化水管改造工作的补充通知》、《关于欠发达村扶持借款有关事项的通知》等文件。

【全市农村工作会议】于2009年3月13日召开。市委、市政府、市人大分管领导，市委农村工作领导小组成员，各镇街分管领导和农办主任等共100多人参加会议。会议由市政府副秘书长张永忠主持，市委副秘书长、市委农办主任谢国文传达中央、全省农村工作会议精神，市委常委、市委秘书长何嘉琪作重要讲话。塘厦、沙田、厚街镇分别就减轻农村（社区）负担、帮助村级化解债务和促进群众创业就业、抓好转型升级和加强开支管理作典型发言和经验介绍。

【扶持镇村发展】2009年，市委农办根据《中共东莞市委东莞市人民政府关于调整经济欠发达镇、村及扶持的意见》，牵头组织实施新一轮扶持镇、村发展工作，协调各项政策措施落实。全市全年为8个欠发达镇落实扶贫贴息贷款3.83亿元，支付利息2603万元；为欠发达村办理4070万元扶持借款，发展生产经营项目一批，有效增强欠发达镇村发展能力。市财政全年对285个村（社区）补助公共管理经费2.35亿元，切实减轻欠发达村负担。

【农村专题调研】做好"三农"（农业、农村、农民）工作调查研究和情况综合。2009年，市委农办根据省委农办布置和要求，围绕贯彻落实《珠江三角洲地区改革发展规划纲要》及中央和全省农村工作会议精神，围绕推进城乡一体化发展、加快推进农村改革发展、返乡农民工土地承包权益、土地管理制度改革、乡镇行政管理体制改革问题等课题，开展调查研究，形成《东莞市贯彻全省农村工作会议情况报告》、《贯彻落实〈珠江三角洲地区改革发展规划纲要〉努力促进珠江三角洲地区率先形成城乡经济社会一体化新格局》、《东莞市推进城乡一体化发展情况汇报》、《东莞市贯彻落实党的十七届三中全会精神加快推进农村改革发展的情况报告》、《东莞市深化农村土地管理制度改革，促进城乡一体化发展情况汇报》等调研报告和综合材料，填报《东莞市返乡农民工土地承包权益问题情况调查表》，为市委和上级部门做好农村工作提供决策依据。配合上级部门开展调查研究。3月3日，省委农办主任黄日东率

省委农办调研组来莞就贯彻落实中央和全省农村工作会议情况、贯彻落实《珠江三角洲地区改革发展规划纲要》、应对世界金融危机保持农业农村经济增长农民持续增收等问题开展调研。调研组到中堂镇农业生态园、江南农批中心和潢涌村进行实地调研考察，并听取市"三农"工作情况汇报。6月11日，省委农办特大镇行政管理体制改革调研组来莞开展调查研究，市委农办组织市直部门和特大镇2场座谈会，提供《东莞市特大镇行政管理体制改革情况汇报》，反映市特大镇行政管理体制改革情况，供上级部门决策参考。推广加快社会主义新农村建设经验。市委农办深入基层开展专题调研，选取中堂镇潢涌村作为典型，就加快社会主义新农村建设做法和经验进行总结，为各镇街推进农村改革发展、实现经济社会双转型提供借鉴。开展农村应对金融危机情况专题调研。围绕保增长、促转型、应对国际金融危机等中心工作，市委农办深入长安、凤岗、石碣、东城、桥头等镇街基层开展农村应对金融危机情况专题调研，研究分析突出问题，提出应对措施建议供市委、市政府参考。

**【村级体制改革试点】** 2009年，东莞市选取厚街和黄江镇作为村级体制改革试点，探索政务服务中心、村居自治、股份公司经营"三分离"。市委农办采取有效措施，积极推进全市村级体制改革试点工作。一是召开推进村级体制改革试点工作协调会。5月11日，与市民政局、农业局等有关单位召开推进村级体制改革试点工作协调会，研究部署工作。二是开展村级体制改革试点工作督查调研。5月15日、18日，会同市民政局、农业局分别到厚街、黄江镇进行督查调研，了解工作进展，明晰重点和难点问题，指导实施方案制定，协调解决2镇试点工作中遇到的困难和问题。

**【牵头组织欠发达村老化水管改造】** 2009年，根据市委、市政府工作部署，市委农办负责欠发达村老化水管改造牵头组织工作。市委农办召开座谈会、实地察看调研，对欠发达村老化水管情况进行摸底核查，听取基层意见和建议，与市城管局、财政局、农业局等有关部门进行研究和协调，形成下发《东莞市欠发达村老化水管改造实施方案》、《东莞市欠发达村老化水管改造实施方案的补充通知》，推进市欠发达村老化水管改造工作。

**【协调农村工作】** 2009年，市委农办继续综合协调和跟踪落实统筹城乡发展、乡镇综合配套改革、扶持镇村发展、"一保五难"（最低生活保障、住房难、行路难、饮水难、读书难、看病难）、政策性农业保险试点等各项农村工作，确保各项政策措施都能按照市委、市政府要求落实好，整体推进农村各项工作开展。与金融办、农业局、保险公司等单位到有关镇街和外省市进行调研学习，借鉴兄弟省市经验做法，结合东莞实际，牵头起草《东莞市2010—2011年政策性农业保险试点实施方案》（初稿），着力推进东莞农业保险工作，不断提高农业保障水平。

（陈玉英）

**附：2009年中共东莞市委农村工作领导小组办公室领导名录**

主　任：谢国文

副主任：尹国强

## 市委督查工作

**【督促决策落实】** 抓好市委十二届四次、五次全会和季度全市领导干部会议决定事项贯彻落实。2009年，市委督查室及时对相关工作部署进行任务分解，明确责任单位、工作要求和完成时限，采取电话询问、座谈汇报、实地察看等形式加强督办调研，通过《工作落实动态》交流工作经验，季末汇总反馈重点工作完成情况。全年共分解任务和列表反馈工作情况各4次，涉及事项104类247项。抓好市党政领导班子联席会议决定事项贯彻落实。对34次联席会议共460项议题进行梳理，确定重点事项90宗开展跟踪督办，按季度编撰汇总《市党政领导班子联席会议决定重要事项落实情况表》。

**【统筹挂钩督导】** 统筹服务好重点项目挂钩督导工作。一是制定督导方案。2009年初，市委督查室筛选确定市属重点项目54项、镇街重点项目87项，制定下发《2009年市四套班子领导挂钩督导重点项目工作方案》、《市领导挂钩督导镇街重点项目工作方案》，建立挂钩督导工作机制。二是加强情况统筹。密切与各项目组、督导组沟通联系，深入基层了解项目建设情况，编发重点项目建设情况汇总表及情况综述10份，编发《工作落实动态·市领导挂钩督导重点项目专刊》24期。三是着力排忧解难。针对各项目困难问题，筹备召开2次全市重点项目建设工作会议，明确31项工作落实责任单位，截至12月，有24个问题得到解决；从8月份起对市属重点项目落实一月一通报制度；牵头制定《关于分类加快镇街87项重点项目审批建设进度的实施意见》和《东莞市属重点项目建设绩效考评实施方案》，积极推进项目实施。统筹服务好分片及优质项目现场会决定事项挂钩督导工作。参与做好全市6次分片现场会、1次优质项目现场会会议材料梳理综合工作，牵头或联合市府督查室制定会议决定事项分工落实和市领导挂钩督导方案。编发反映部门、镇街和市督导组工作情况的《工作落实动态》7期；12月，调研综合《分片现场会决定事项落实情况反馈表》，梳理仍需督导协调困难事项，加强督导工作针对性。截至12月，分片现场会202项决定事项中，47项基本办结，90项进展顺利；优质项目现场会研究43个项目中，24个项目进展顺利。

**【督查调研】** 2009年，市委督查室对环境卫生整治、重点工程建设等11个课题开展督查调研，撰写《督查专报》3期、提交单项请示报告12份，获得市领导批示8次，部分意见建议转化为相关工作部署。4月，市委采纳市委督查室在《2009年镇街投资重点建设项目情况分析》中关于"将镇街重点项目纳入市领导挂钩督导范畴"建议；6月5日，市委书记刘志庚批示肯定《关于樟木头镇开展"两讲评"与行政服务评价促进机关作风建设的情况报告》，市委常委何嘉琪在樟木头镇组织山区片现场会推广先进经验；7月，市政府采纳关于调整市轨道办牵头责任单位、深化轨道交通R2线石龙站与广深线石龙站协调等意见；7月28日，刘志庚肯定《关于解决重点项目用地报批难问题工作设想的请示》所提4点建议，市委督查室牵头制定《关于分类加快镇街87项重点项目审批建设步伐的实施意见》，协调市发改局成立全市重点项目工作领导小组办公室、落实专职工作机构。

**【督办领导批示】** 2009年，市委督查室共承办中央、省、市领导批示105件，办结93件，撰写办理报告41篇。对涉及抵御金融危机和保增长等15宗领导批示件进行重点督办，召开协调会7次，细化梳理工作任务并明确责任单位，实行一跟到底；对涉及民计民生问题批示件加大协调力度，针对东莞技校老毕业生入户难这一信访难题，6次召开工作协调会，联合市公安局、人事局、劳动局发文明确分类处理原则，组织对各镇街迁户情况进行专项督查等，促成问题得到基本解决，截至2009年，331名技校空挂户毕业生有113人落户东莞、201人迁回原籍、17人于2010年1月30日前按政策处理完毕。

【督查推动】 配合上级部门督查。2009年，市委督查室配合中办、省委办督查部门来莞督查调研8次，向省报送《督查专报》24期，获省委办采用稿件20篇、省领导批示6次，被省委办评为2009年度全省党委系统督查工作先进单位，总分在全省各地级市中排第2位。促进基层情况反馈。把握市领导关注点和对基层工作有交流借鉴作用题材，筛选、整理具有时效性、全局性、经验性和创新性材料，提高情况交流反馈质量，全年共编撰《工作落实动态》96期。协调部门开展督查。协调市水务局、综合执法局等部门开展防灾减灾和综合执法大检查等专项督查，督促推动基层工作落实。完善督查制度建设。制定《领导批示办理工作细则》、《重要会议部署督查落实工作细则》、《督查专项工作组织安排细则》等6项工作制度，规范督查工作流程。（叶小敏）

附：2009年中共东莞市委督查室领导名录

主　任：彭碧玲（1月到任）

副主任：彭碧玲（任至1月）

黄宇富（任至4月）

黎汝庆（5月到任）

## 组织工作

【概况】 截至2009年，东莞市共有党的基层组织6329个（含镇街“两新”组织党组织），其中党委123个，总支部348个，支部5858个。全市“两新”组织党组织共2622个，其中党委26个，总支部59个，支部2537个。全市共有党员119779名（含党组织关系在莞的“两新”组织党员），其中女党员29922人，占25%；35岁及以下党员51425人，占42.9%；36—45岁党员24123人，46—54岁党员12846人，55—59岁党员7795人，60岁以上党员23563人，占19.7%。大专以上学历61925人，占51.7%，其中研究生以上学历2981人；中专及以下党员57854人。农村党员77669人，占全市党员总数的64.8%。“两新”组织共有党员25680人，其中流动党员12799人。

【保障科学发展先行先试】 2009年，为全面贯彻党的十七届四中全会精神，市委组织部围绕提高党的建设科学化水平，抓好专题学习、专题调研和贯彻措施，组织全市处级以上领导干部及镇街党政正职共2600多人次参加5场专题报告会，召开5场党建专题座谈会征求到近百条意见建议，协助市委起草关于加强和改进党的建设《意见》稿，为全面贯彻落实中央《决定》和省委《实施意见》打下扎实基础。扎实推进主题实践，及时部署开展“科学发展、先行先试”主题实践活动，督促全市各级落实整改、兑现承诺，形成一系列科学发展政策文件。着力创新党建机制，认真总结和创新“六大保障”机制经验，编印1套7册六个机制共约250万字系列丛书，与全国党建研究会联合举办“深入贯彻科学发展观与基层党建机制创新”研讨会，研讨会收到全国21个省市优秀论文216篇。深入开展转型服务，开展以“当先锋、克时艰、促发展”为主题，以“信心、热心、爱心”为主要内容“三心暖冬行动”，全市组织党员就业帮扶活动33场次，组建党员宣讲队30多支，举办形势报告会和宣讲会22场次，充分发挥基层党组织和广大党员在抗击金融危机中的“中流砥柱”作用。

【完善干部选任培养工作】 2009年，市委组织部抓好干部科学选任，加大公选领导干部力度，面向全国全市公开选拔、招聘19个专业技术领导职位，选拔4名优秀村党组织书记担任镇街领导干部，考录4名优秀大学生村官为镇街公务员；妥善做好机构改革人事安排，切实抓好新组建机构班子配备，顺利完成15个单位19名正职领导、56名副职领导及其他市管干部调整配备，保证改革平稳推进。加强干部交流培养，认真落实干部交流制度，与2008年对54名镇街和市直部门正职调整工作相衔接，将符合条件46名市管干部全部进行交流；主动与省内外地区对接互派干部挂职学习，选派36名镇街新进班子成员赴惠州挂职。认真做好援疆、援藏、援川和省内选派任职干部管理服务工作，做好西藏林芝、新疆伊吾、北京市、吉林省、湖南省6批28名干部来莞挂职安排。推进干部能力提升，成功举办正职领导新加坡、日本境外培训班共5期，培训120人次；举办市直单位及镇街副职领导干部能力建设轮训班7期，培训366人次。2006年实施全市领导干部全员系统培训工程以来，共培训正职领导428人次，副职领导2235人次。

【深化干部管理教育制度改革】 2009年，市委组织部结合学习贯彻省委组织部2008年下发关于干部工作七个规范性文件，重新修订和下放干部管理权限，进一步规范干部任免备案、破格提拔和越级提拔、重要事项报告等相关事项，制定下发《上级党委组织部门派员列席下一级党组织讨论干部会议试行办法》等配套文件，努力把干部管好管活，提高干部工作质量和效率。创新“两集中一反馈”任前谈话制度，实行集中谈话、集中观看廉政警示教育片，将考察、考核、公示过程中反映意见和情况向干部本人反馈，利用任前谈话机会让干部接受警示教育。落实整治用人上的不正之风工作，开展治理拉票行为专项行动，进一步提高选人用人公信度。继续积极解决镇街干部职级待遇问题，促进干部成长和干部队伍梯次建设，充分调动干部积极性。

【增强人才储备发展优势】 2009年，市委组织部坚持党管人才原则，加强与有关部门联系协调，围绕实施“人才培养八大计划”，推动人才强市战略，以强化人才工作合力提升东莞人才竞争力。创新人才储备发展政策，在加快引进创新创业领军人才、培养科技创新团队和领军人才、促进本地生源高校毕业生就业等方面形成一系列实施意见和办法，强化人才储备发展政策导向，推动人才环境进一步改善。畅通引才聚才“绿色通道”，成功举办“2009东莞科技人才全国招聘会”，与一批科技人才达成录用意向；探索赴海外招才新模式，组织企业参加省人事厅赴美国招聘海外高层次人才活动；发挥留学人员创业园、博士创业园、博士后科研工作站培养集聚高层次科技和管理人才作用，加强博士后科研工作站建设、管理和服务。截至2009年，全市高层次人才有4.9万多人，享受政府特殊津贴专家20人。加强人才服务和交流合作，加强对拔尖人才管理服务，开展第8批拔尖人才人选推荐工作。配合协助院士专家围绕应对国际金融危机在莞开展咨询服务活动，抓好中央“千人计划”人选推荐。积极参与“珠江三角洲地区人才工作联盟”并商议签订合作框架协议，拟定《东莞市引进人才重新建档实施细则》，促进人才工作交流合作，推动珠三角《规划纲要》深入实施。

【创建基层党建特色品牌】 2009年，市委组织部在创建432个机关、农村、社区、企业等市级示范点基础上，部署

开展“特色党建示范区”、“机关党建百佳”创建活动。推动基层党组织“个个创特色，个个有品牌”。全市在村（社区）挖掘出一批党建工作基础好、有特色、有亮点先进典型；评选命名20个“机关党建百佳”品牌。打造农村党组织书记培育品牌。提高农村党组织书记学习规格和层次，继续抓好“东莞市农村党组织书记学习论坛”定期集中学习，组织到国内名校培训和到先进地区考察；实施第二个“百名农村党组织书记后备干部培养工程”，由市镇两级分类抓好书记后备干部选拔培养；在全市统一组织公开选聘100名高校毕业生到村（社区）任职；进一步疏通基层干部进镇街班子、进公务员队伍、进事业单位渠道，为优秀基层干部提供进步阶梯，解决出路问题。打造基层党建互助共建品牌。安排86名市派干部驻村，确定585名镇街机关干部作为驻村工作联络员，实现驻村联村全覆盖；跨市抓好300个村党组织与韶关市结对共建；跨省安排9个基层党组织与新疆伊吾县乡镇党委结对共建，通过构建一个互动网络、创办一个党建论坛、组织一次学习交流、办好一批好事实事，创新党建共建载体，丰富和提升援疆工作内涵，得到上级领导和省委组织部高度肯定。打造“两新”组织党建品牌。完成市委提出3年创建千个“两新”组织固本强基工程示范点任务，评选百个“两新”固本强基工程示范点标兵。正式启用“两新”组织党员管理服务IC卡，探索完善流动党员系统化、信息化管理。建成“东莞市非公企业党建展览馆”，集中展示东莞非公党建创新成果。打造现代远程教育品牌。建成街道、社区党员干部现代远程教育接收站点209个，全市远程教育接收站点达到619个，实现全覆盖。

【强化部门自身作风建设】2009年，市委组织部坚持道德立部，能力强部，制度治部，深化拓展“讲党性、重品行、作表率”活动，大力加强以公道正派为核心组工价值体系建设，努力建设一支党性强、业务精、形象好的组工干部队伍。落实“组织部长下基层”活动，组织部部务会成员主动上门与全市镇街班子成员交心谈心、了解实情、听取意见，召开各类专题座谈会或开展调研活动49次，征求意见建议246条，与镇街班子成员谈心谈话达80%以上。通过举办论坛、专题培训、外出考察、纪律教育，开展结对“一对一”帮扶困难群众活动，促进组工干部队伍强责任、强作风、强本领。在部内建立重要文件传阅、重大事项告知、重点工作参与等制度，注重与相关部门联系互动，加强信息交流沟通和工作协调配合，共同推进工作落实。注重完善老干部、老党员服务方式，发挥老同志作用，推进老干部工作不断发展。在2009年全国组织工作满意度民意调查中，全省4个项目调查结果（分5档）全部为第1档有4个市，东莞是其中之一。市组织工作和干部选拔任用情况满意度均排在全省第2位；防止和纠正用人不正之风工作满意度排全省第3位，组工干部满意度排全省第4位。

（赵国锋）

**附：2009年中共东莞市委组织部领导名录**

部　长：庞国梅

副部长：陈柏南　游其晃　欧阳贵有　喻丽君

## 宣传工作

【概况】2009年，东莞经济发展受国际金融危机影响巨大，全市宣传思想战线按照高举旗帜、围绕大局、服务人民、改革创新总要求，以应对国际金融危机冲击、推动经济社会平稳较快发展为主线，以推动产业结构调整和转型升级、提升东莞城市形象为重点，着力在“围绕中心、增强信心、凝聚民心、团结同心”上下功夫，理论武装、舆论引导、文明创建、文化建设、对外宣传等工作取得显著成效，为全市“保增长、扩内需、促转型、重管理、惠民生”提供强大的精神动力、思想保证和舆论支持。

【理论宣传工作】2009年，市委宣传部坚持以党的十七届四中全会精神和《纲要》精神为主线，以抓好领导干部和普通党员干部学习为重点，推动马克思主义最新理论成果东莞化、时代化、大众化。

理论宣传。以各级党委中心组学习为抓手，以领导干部为重点，围绕国际金融危机下如何推进双转型，促进经济社会又好又快发展这一主题，开展“科学发展、先行先试”主题实践活动。市委中心组举行18次集中学习会，其中“东莞学习论坛”邀请专家学者围绕“中国经济形势与国际金融危机”、“珠三角地区改革发展规划纲要”等主题举办4期专题报告会，帮助各级领导干部拓宽视野、理清思路，提高应对金融危机本领。编印《〈珠三角地区改革发展规划纲要〉学习读本》、《中国经济形势与国际金融危机》、《学习参阅》等学习资料，印发全市领导干部学习参考。在南城、长安、大岭山、常平镇街召开加强和改进党委中心组学习座谈会，推动党委中心组学习规范化制度化。《党建》杂志学刊用刊工作得到中宣部肯定，被评为“全国2009年度党建杂志学刊用刊先进集体”。大力推广“网络学习天地”服务系统，使“随身、随时、随地”学习理论成为现实。截至2009年，全市使用“网络学习天地”服务系统用户1.6万多人，其中市直单位包括单位领导、中层干部等1.24万人，32个镇街及部分村（居）领导干部3600人。

理论宣讲。成立市委宣讲团，围绕贯彻落实十七届四中全会精神、《珠江三角洲地区改革发展规划纲要》、庆祝新中国成立60周年精心组织3次大型宣讲活动，开展专题宣讲近150场，受众近13万人次。在《东莞日报》开辟“坚定理想信念，推动科学发展”理论学习成果专栏13期，刊登全市各级领导干部理论学习优秀体会文章51篇。组织镇街和25个社科团体围绕“弘扬爱国主义精神，推动东莞科学发展”主题，开展社科普及活动近50场。“市民学堂”举办理论宣传讲座40多场，普及党的创新理论，提高市民综合素质。

理论研究。市、镇两级党委中心组围绕应对金融危机加速转型开展调研，撰写理论学习调研文章760余篇。开展全市党委中心组学习情况、思想文化类论坛、社会主义核心价值体系学习教育等3项专题调研。编辑出版《坚定理想信念 推动科学发展》。组织开展“关于金融危机引发的突出问题及各群体思想反应”专题调研，供市委市政府决策参考。组织开展“东莞模式”理论研究，撰写《东莞模式：成功与启示》并入选“纪念中华人民共和国成立60周年：中国道路与中国模式理论研讨会”，入编《中国经济发展和体制改革报告No.2——中国道路与中国模式（1949—2009）》。

【舆论引导工作】2009年，市委宣传部突出“围绕中心、增强信心、凝聚民心、团结同心”，坚持正确导向，唱响主旋律，打好主动仗，着力反映应对危机保增长、调整结构促转型举措和成效，集中力量营造化危为机、共克时艰、团结奋斗舆论氛围，有力地凝聚广大干部群众信心和干劲。

主题宣传。紧紧围绕市委、市政府中心工作，精心组织开展提振信心促发展、贯彻落实《纲要》、庆祝新中国成立60周年、巩固文明创建成果等重大主题宣传，广泛开展反映中央、省委和市委关于改善民生一系列政策措施的民生宣传，精心策划以王锦辉助学先进事迹为重点典型宣传，开展外博会、动漫博览会、世博会广东论坛、全国妇女健身活动展示大赛等全市重大活动宣传，主动邀请《人民日报》、新华社、中央电视台等主流媒体来莞采访102批次，以市政府新闻办名义召开重大专题新闻发布会20场，为在困难中实现逆势发展提供强大舆论支持。各镇街、单位加大自主新闻发布会工作力度，共举行新闻发布会近150场，发布新闻通稿近2000篇，有力地推动全市舆论引导工作深入开展。

对外宣传。组织美国著名作家库恩来莞调研活动、“世界主流媒体看广东”东莞采访活动、日本主流媒体来莞采访活动等积极“请进来”，首次赴港举行帮扶港企政策推介发布会、配合东莞市帮扶企业政策宣讲韩日泰三国行活动、赴国内重要城市宣传推介首届广东外博会等主动“走出去”，主动引导外界客观认识东莞经济形势，坚定外界对东莞发展信心。结合庆祝新中国成立60周年，在境内外重点媒体上推出一系列有深度、有分量、有影响专题文章和专版。巩固网络外宣阵地，“今日东莞”英文网影响力日益扩大，取得“全国地级市排名第六”、“广东省地级市排名第一”突出成绩。

新闻管理。加强突发事件应对，及时妥善做好东华中学学生赌球事件、石排镇全国首例甲型H1N1流感聚集性疫情等58宗突发事件新闻处理工作，指导镇街基层明确突发事件应对处理流程，建立起快速、规范的反应和处理机制。组织市直媒体采编人员学习贯彻《关于严肃新闻宣传纪律落实责任追究制度的意见》和《广东省新闻媒体消息来源使用管理办法》，明确新闻宣传纪律。坚持编发季度宣传报道意见和《新闻阅评》，创新编印《媒体管理动态》，定期对市直及驻莞媒体报道情况、媒体管理工作情况、重要采访活动等进行指导和总结。定期召开媒体通气会、座谈会、联谊会，加强与媒体沟通，指导媒体准确把握宣传报道要求。加强新闻业务交流培训，组织全省地级市首个新闻媒体考察团赴台交流，举办市直新闻媒体“三项学习教育”培训班，组织全市新闻发言人队伍前往中国人民大学等知名高校进行脱产培训。

【网络舆情掌控工作】2009年，市委宣传部针对社会转型期各种社会矛盾易发、多发特点，健全工作网络，拓宽信息渠道，把握舆情动态，及时反馈社情民意，积极开展网上舆论引导工作，有效掌握网络话语主动权。

互联网管理。“东莞市互联网宣传管理领导小组”更名为“东莞市网络文化建设和管理领导小组”，增补市财政局、市经贸局、市工商局、中国移动东莞分公司、中国联通东莞分公司等为成员单位，加强对全市网络文化建设和管理工作统筹协调。成立主要由68家网站组成“东莞市网络文化协会”，搭建网络企业、行业协会和政府交流沟通桥梁，形成有关部门依法管理、行业协会自我约束、企业依法运营工作局面。各镇街积极采取措施加强网络宣传管理，占领网络新阵地，推动东莞阳光网分网建设。截至2009年，有12个镇街与东莞阳光网合作开设分网，在建镇街阳光网分网4个。

网上正面舆论引导。组织东莞阳光网、东莞时间网、人民网东莞频道、新华网东莞频道等外宣网络媒体集中宣传“东莞荣膺全国文明城市称号”、“共度金融危机”、“首届广东外商投资（内销）博览会”、“最牛助学老人王锦辉”、“庆祝新中国成立60周年”、“首届中国国际影视动漫版权交易博览会”等专题，正面宣传，正确引导舆论导向。联合市文广新局、市公安局、市电信等部门组成净化网络环境文化小组，深入开展网络内容大检查，着力在东莞影响较大网站、搜索引擎、博客播客、个人主页等重点部位，对淫秽色情视频、图片、文字、链接、广告等不良内容进行专项整治，删除黄色有害信息。

舆情信息研判。市、镇两级进一步重视舆情信息工作，制定完善各项制度，开展舆情调研、信息搜集、分析整理汇报等工作。完善舆情信息收集报送软硬件建设，提高工作效率，更好地服务于舆情收集和舆情引导。截至2009年，共编印64期《舆情信息专报》、181期《港澳台报刊信息》，91期《互联网信息专报》。走访镇街、企业和村（社区），开展网络调查，整理形成“金融危机引发突出问题及各群体思想反映调查报告”，得到市领导好评。（梁　杰）

**附：2009年中共东莞市委宣传部领导名录**

部　长：王道平

副部长：叶泽驹　黄贵田　李翠青　胡毅峰

## 统战工作

【概况】2009年，在市委、市政府正确领导和上级统战部门精心指导下，全市统一战线以庆祝新中国成立60周年暨多党合作制度确立60周年为契机，以开展“三促进一保持”（促进提高自主创新能力、促进传统产业转型升级、促进建立现代产业体系，保持经济社会平稳较快发展）系列行动为工作着力点，围绕中心，服务大局，充分发挥统一战线凝聚人心、汇聚力量独特优势，全市统一战线各领域工作再上新台阶，有力地促进全市经济社会协调发展及和谐进步。

【“三促进一保持”系列行动】2009年，市委统战部按照省委统战部统一部署，积极开展“三促进一保持”系列行动，为东莞应对和化解金融危机，推动经济发展做出贡献，得到省委统战部高度评价，获“2009年全省统一战线开展‘三促进一保持’系列行动先进单位”。市委领导高度重视，各级党委全力支持。市主要领导多次出席统战部门组织党外人士和社会各界代表人士座谈会、汇报会和有关重大活动，充分表达市委、市政府对统战工作和系列行动高度重视和大力支持，推动系列行动广泛深入开展。强化组织领导，各部门分工协作。市委统战部牵头成立系列活动领导小组，负责协调全市系列行动组织实施工作。制定全市统一战线开展“三促进一保持”系列行动实施方案和工作计划，明确系列行动内容、目标、实施部门和责任人，做到领导有责、工作有人、成果有效。狠抓重点活动，社会效益明显。全市统一战线开展形势教育和政策引导报告会、研讨会300多次，开展建言献策调研活动20多次，走访港澳台、民营企业6000多家次。开展与港澳台交流180多次近2.5万人次，组织企业参加各种经贸活动1000多人次，签订合作协议合同金额60多亿元，协助招商引资项目10多个近5亿元。协助港台民企融资60多亿元。实施光彩事业（包括爱心工程）项目20多个达8000万元。维护港台民企合法权益200多宗。

【通过省委统战工作专项检查】2009年，省委决定对全省贯彻落实中央和省委有关统一战线方针政策情况进行专项检查督查。市委统战部牵头各镇街和有关单位，细致梳理情况，全面对照检查，广泛调查研究，提出具体措施建议上报市委。4月，中共东莞市委颁发《中共东莞市委关于进一步加强中国共产党领导的多党合作和政治协商制度建设的实施意见》，为进一步贯彻落实中发［2005］5号文件精神提供政策和制度保障，是中共东莞市委首次制定有关多党合作方面规范性文件。4月22、23日，省委检查组来莞进行统战工作专项检查，通过召开党外人士座谈会、市委专题汇报会等，听取情况汇报和意见建议，对具体工作措施进行细致检查。检查组对东莞贯彻落实中央、省委有关文件精神给予肯定和表扬。

【庆祝国庆60周年座谈会】 2009年9月29日，市委隆重召开全市统一战线庆祝新中国成立60周年暨多党合作制度确立60周年座谈会，市几套班子领导、民主党派、无党派人士、非公有制经济人士、民族宗教人士、港澳人士等代表150多人参加座谈。市委书记刘志庚发表重要讲话，从推动社会发展、加强团结民主、促进和谐稳定及加强自身建设等方面对全市贯彻落实多党合作制度做深入阐述，对于全市发展多党合作事业具有重要现实和指导意义。

【多党合作和政治协商工作】 2009年，市委统战部加强调查研究，健全制度机制，全市多党合作事业再上新台阶。政治协商、民主政治建设取得新进展。积极鼓励支持民主党派、无党派人士开展政治协商、参政议政和民主监督，定期不定期邀请党外人士参加各种行风评议和党风廉政活动，通过座谈会、咨询会及时通报重大政策举措，促进党委政府民主决策、科学决策、依法决策和市社会主义民主政治建设。8月，在市各民主党派暑期座谈会上，市委书记刘志庚、副书记黄双福听取各民主党派负责人情况汇报和意见建议，现场回应提出的党外领导待遇、民主党派活动经费、党外干部政府实职安排等问题，营造良好民主和谐政治氛围，在全市党外人士中产生积极反响。民主党派自身建设取得新进步。市委统战部出台《关于做好我市各民主党派领导班子后备干部队伍建设的意见》，加强民主党派后备干部队伍建设、组织建设规范化、制度化、程序化。市各民主党派召开市级领导后备干部民主推荐会，顺利产生新生领导后备力量。市委统战部举办民主党派主委、民主党派新成员、民主党派专职干部培训班；协助成立民建东莞市委会，协助民革、民建成立镇街支部，加强和规范市知识界人士联谊会制度建设，打牢民主党派和无党派人士队伍思想和组织基础。

【非公经济领域统战工作】 2009年，市委统战部加大非公有制经济领域统战工作力度，从思想、组织、机制等方面加强对非公经济统战组织的建设，增强凝聚力和战斗力。加强对非公有制经济人士思想引导工作。深入开展学习教育活动，多次召开座谈会、学习会、培训班，举办民营企业家学习《珠江三角洲地区改革发展规划纲要（2008—2020）》解读活动，促使民营企业明确发展方向，抢占发展先机，坚定转型升级信心。推选3名民营企业家为“广东省优秀中国特色社会主义事业建设者”，进一步坚定非公有制经济人士建设社会主义事业决心。加强对工商联组织建设指导。重视市工商联和基层商会建设，指导10个镇街商会完成换届工作，进一步充实基层商会领导班子力量；指导做好会员发展工作，全年各级工商联组织发展会员达200名；指导做好参政议政工作，发挥非公有制经济人士中人大代表、政协委员作用，积极向市委市政府提建议献对策，受到市委市政府肯定和表扬。积极引导做好光彩事业和扶贫工作。组织开展各种扶贫济困活动，引导非公有制经济人士履行社会责任。全年组织各类光彩事业和公益活动5次，参加人员1000多人次，捐资捐款3000多万元。

【港澳台和海外统战工作】 2009年，市委统战部高度重视港澳台和海外统战工作，加深同港澳台同胞和海外侨胞感情，促进全市经济社会平稳较快发展。支持帮扶工作扎实有力。实施“强心”工程，大力宣讲并推动实施国家、省、市应对金融危机、支持企业发展政策措施，广泛开展走访港澳台侨企业活动，探访1000多家港台侨企业，协助解决矛盾和困难，增强企业应对危机信心和决心。联谊交流工作不断加强。做好港澳台和海外联谊工作，全年组织2000多人次参加港澳台和海外社团各种庆典联谊活动，接待港澳台侨知名人士1万多人次。协助成立英国东莞同乡会，组团参加马来西亚广东雪隆会馆七十周年庆典，拜访东安恳亲会馆、越南及柬埔寨侨领。举办《真诚至爱·88赈灾义捐中国名家画展》，为台湾受风灾影响同胞筹款救灾。体制建设不断推进。支持镇街组建港澳莞籍同乡会，协助常平和企石镇成立香港莞籍同乡会。牵线搭桥工作取得实效。推动落实鼓励内销政策措施，协助组织200多家港台侨企参加首届外博会，全年直接或间接引进项目110多宗，引进资金数亿元人民币；协助或牵线成功接受社会福利捐赠金额达7000万元。

【民族宗教工作】 认真做好涉疆维稳工作。2009年，市委统战部全面深入开展专项调查，集中力量做好新疆籍少数民族群众工作，积极做好做细防范措施，化解不稳定因素，最大限度地消除“7·05”事件对东莞影响，维护关键时期全市民族团结和社会稳定。创新开展城市民族工作。认真贯彻落实党和国家民族政策，解决基层少数民族实际困难，帮助少数民族新莞人办理社保，努力解决少数民族代表人士子女接受义务教育等问题，巩固东莞平等、团结、互助、和谐城市民族关系，促进民族团结和社会和谐。加强宗教活动场所管理。加强宗教活动场所规范化管理和建设，做好疏导理顺工作，加强与市有关部门联系，建立联合防范工作机制，始终保持对非法宗教活动高压态势，维护市宗教领域安全稳定。

【自身建设】 实践科学发展观不断深入。2009年，市委统战部围绕“拓展统战新思维、开拓统战新路子、打造统战新品牌、发挥统战新优势”主题，坚持以科学发展观统领统战工作全局，不断开拓创新，实现统战工作有创新、有亮点、有特色、有成效，促进全市统一战线不断科学发展。调研信息工作成效突出。牢固树立“调研兴部”理念，紧密结合市统战工作发展新趋势及制约统战工作发展突出问题，组织力量对党外干部任职情况、新的社会阶层人士政治引导工作，以及推进港澳台人心回归工程等方面进行重点专题调研。特别是党外干部任职情况调研报告，引起市委高度重视并在市委常委会议上做专门研究。2009年，市委统战部被评为全省统战信息工作先进单位。统战工作机制建设得到完善。加强机制创新，形成大统战初步格局。全市镇街全部建立起专职党委副书记、兼职统战委员和统战干部三级统战工作体系，将统战工作列入年度工作计划和年终考核内容，在人力、物力、财力等方面给予充分保障。在党外干部管理上，建立起统战部门发现、培养，统战、组织部门共同选拔、使用的工作机制。在民族宗教方面，建立健全统战部门牵头、各有关部门配合应急工作机制。

2009年，市委统战部获“中国统一战线宣传先进单位”、“2009年度市直机关党建工作量化考评先进单位”、“2009年度妇女工作先进单位”和“2009年度调研工作表扬单位”。

（姚进洪）

附：2009年中共东莞市委统战部领导名录

部　长：袁德和

常务副部长：钟淦泉

副部长：张灿炎　卢寿维　许守干
温少生

## 政策研究工作

【概况】2009年，市委政研室围绕“推进经济社会双转型 建设富强和谐新东莞”发展战略和工作思路，强化调研业务主功能，完善工作机制，圆满完成各项工作任务，有效推动全市决策研究工作全面进步。全年共完成各类文字材料160多篇，超过100万字。其中：上报和编发《决策参考》35期，《决策参考》（增刊）9期；《东莞调研》19期;《学习参阅》24期；编发《省市情资讯》6期，《电传内参》48期，《每日文摘》86期；及时编发扩权强镇与中心镇调整设置问题协调会《会议纪要》以及关于增设厚街等镇为省级中心镇方案。结集出版《关注东莞 研究东莞》（经济篇）、《谋事之基 成事之道——2008重要调研成果》、《领导干部研究文集》、《东莞市党政代表团考察启示录》、《东莞市党政代表团赴包头、郑州、西安三市考察启示录》等5本书。省市领导在上报材料上批示共80多件、次。其中：省委书记汪洋批示1次，市委书记刘志庚批示47次，市领导批示33次。全年被市委、市政府采纳并形成工作决议、方案、措施材料近10份，如《关于我市强镇扩权工作的思考和建议》等报告；被《学习与研究》、《广东调研》、《情况与建议》等省以上刊物采用文稿有：《坚定信心 攻坚克难 确保东莞经济社会平稳较快发展》、《西樵纺织业应对金融危机的做法与启示》等15篇。《推进产业结构调整　开创东莞转型发展新路》、《做好政研工作之我见》、《东莞市加工贸易企业转型升级的做法与启示》等文章，获《广东调研》（2008—2009年度）优秀文稿，受到嘉奖。

【加强策略研究】2009年，市政研室围绕全力推进产业结构调整与转型升级这一核心工作，加强产业结构调整升级策略研究，形成一批有分量成果。一是承担制定产业结构调整意见和制定村级体制改革意见两大任务，形成《东莞市委市政府关于推进村级体制改革试点工作的意见》（送审稿）和《东莞市委市政府关于推进产业结构调整 促进产业转型升级的意见》（送审三稿）。经联席会议讨论通过，成为市委、市政府推进产业结构调整和转型升级工作重要指导文件。二是围绕市产业结构调整升级试点工作开展总结调研，形成《关于我市开展产业结构调整和转型升级试点工作的调研报告》、《多措并举 转危为机——厚街镇产业结构调整试点工作的经验与启示》和《立足特色谋转型 调整结构促增长——大朗镇传统特色产业转型升级的经验与启示》调研报告，为全市产业转型升级提供经验和启示。《多措并举转危为机——厚街镇产业结构调整试点工作的经验与启示》被省委政研室《情况与建议》转载，得到省委书记汪洋重要批示。三是围绕促进产业集群升级调研，形成《做强做优产业集群 化危为机加快发展》。四是开展双转型战略决策与实践总结调研，形成《东莞市经济社会双转型战略决策与实践》总报告及调研访谈材料。五是开展新形势下坚持和完善党的领导制度调研，形成《新形势下坚持和完善党的领导制度的调研报告》。六是携手市旅游局开展培育发展旅游产业调研，撰写《关于把我市旅游产业培育成为重要产业的调研报告》。七是会同市外经贸局开展深化产业结构调整和经济转型系列调研，形成《关于当前我市招商引资形势分析和对策建议》、《关于进一步深化产业结构调整升级的调研报告》和《当前我市推进加工贸易企业就地转型的障碍及对策建议》等调研报告。八是联合市人事局开展领军人才队伍建设调研，形成《关于加快我市领军人才队伍建设的再思考》。九是携手市食品药品监督管理局就加强全市食品药品安全监管开展调研，形成《关于进一步加强我市食品药品安全监管的调研报告》。十是会同市民政局、市农业局开展社区管理调研，形成《关于我市加强社区管理的调研报告》。十一是联手市台办就海西经济区建设开展调研，撰写《关于海西经济区建设对东莞台资发展影响的调研报告》。

市政研室主任温淦荣先后跟随市党政代表团和市招商考察团赴深圳市，西北的包头、郑州、西安市，欧洲的荷兰、比利时、西班牙王国学习考察，归来撰写《深圳的经验与启示》、《汲取西北三市经验 在“五个再”上下功夫——赴包、郑、西三城学习考察的体会》、《关于赴欧洲三国招商考察的报告》等。市政研室随同市委常委江凌、副市长李小梅赴佛山南海西樵镇、浙江绍兴、义乌市学习考察，撰写《关于赴佛山市南海区西樵镇学习考察的情况报告》、《西樵纺织业应对金融危机的做法与启示》、《借鉴绍兴义乌　推动扩权强镇》、《关于我市强镇扩权工作的思考和建议》、《东莞市扩权强镇试点工作实施意见》等材料文件，推进市扩权强镇工作。

【提升战略研究】2009年，市政研室强化与各大智库全方位对接，启动多领域战略课题研究，为各级领导战略决策提供科学参考依据。一是开展东莞城市国际竞争力研究。委托中国社会科学院财贸经济所开展“东莞城市国际竞争力研究”课题，课题由中国社科院财贸所城市与房地产经济研究室主任倪鹏飞担任组长，课题组最终形成《东莞城市国际竞争力研究报告——国际基准比较与全球竞争战略》。二是开展莞台产业合作研究。委托广东省社会科学院产业经济研究所开展“进一步加强莞台产业合作与发展研究”课题。课题由省社会科学院院长梁桂全担任组长，市委常委、市委秘书长何嘉琪担任顾问，温淦荣、省社科院产业所所长向晓梅担任副组长。经过深入调查研究和对比分析，形成《莞台产业合作研究报告》。三是开展东莞电子信息产业转型升级政府推进战略研究。课题由东莞市特约研究员、中山大学教授张建琦担任组长。课题组综合运用走访调研、问卷调查、实地参观等调研方式，在掌握大量一手资料后撰写《东莞电子信息产业转型升级的政府推进战略研究》。四是开展“十二五”东莞经济社会发展战略研究。委托清华大学开展“‘十二五’东莞经济社会发展战略研究”课题。五是开展城乡经济社会一体化研究。联合省政府发展研究中心开展“东莞城乡经济社会一体化研究”课题。课题由温淦荣和省政府发展研究中心副主任李惠武担任组长，中共广东省委党校教授张艺和市政研室相关领导担任副组长。课题组形成《推进东莞城乡经济社会一体化研究报告》。六是委托民间智库开展提高东莞市加工贸易企业应对国际经营环境恶化能力研究。委托广东普惠资信评估有限公司开展“如何提高东莞市加工贸易企业应对国际经营环境恶化能力研究”课题。课题由《东莞：风暴眼中的世界工厂》作者路庆鹏担任组长。课题组最终形成《东莞加工贸易企业转型升级研究及政策建议》。七是协助镇街开展重大战略研究。协助虎门、寮步镇开展深化城市发展定位和战略研究，在虎门镇确立“立足产业和城市升级 打造滨海国际商城”、寮步镇确立“实施‘一城三区’发展战略，建设现代绿色新香市”发展思路过程中，提供重要参考意见。协助道滘镇完善产业发展规划，加快建设现代产业体系，推动道滘镇经济社会跨越式发展。课题组由广东省社科院院长梁桂全担任组长，温淦荣和广东省社科院产业经济研究所所长向晓梅担任副组长。

【完善综合服务】 2009年，市政研室围绕市委、市政府核心工作，创新服务机制和平台，提高综合服务水平，“以勤辅政”再上新台阶。一是配合上级部门调研更上一层楼。配合省委政研室、省府发展研究中心、省外经贸委员会等上级部门调查研究和起草省委、省政府文件工作需要，做好各项调研接待安排，按要求组织好所需材料，撰写《报省委政研室专题材料——东莞市2009年工作情况、2010年工作设想及对省委省政府的建议》、《2003年省民营经济工作会议以来东莞市民营经济发展情况汇报》、《关于我市特大镇情况的汇报》、《关于我市双转移工作情况的汇报》、《关于我市扩权强镇体制改革情况的汇报》、《关于我市城中村改造情况的汇报》、《在“珠江三角洲地区产业布局一体化规划”编制工作调研座谈会上的汇报材料》等专题材料。二是办刊水平更上一层楼。《决策参考》刊载每篇文章都紧密围绕市主要领导意图，针对东莞热点难点问题进行深度剖析、建言献策，为市领导提供精准决策咨询服务。《决策参考》（增刊）刊登国内具有重要参考价值文献和资料及市镇街和部门重要调研成果；2009年，《东莞调研》增设《考察归来》等新栏目，覆盖领域更广、分量更足，提升刊物政策性、实效性、可读性；《学习参阅》深度挖掘和整理编选国内外一些前沿、高端资料，为全市广大党员干部提供理论学习园地；《每日文摘》、《电传内参》、《省市情咨询》等刊物视野更宽，取材更广，时效更强。三是办会水平更上一层楼。4月，市政研室主持召开全市调研工作座谈会，围绕国际金融危机对东莞经济社会产生影响及应对措施进行深入分析和研讨，会后综述形成《关于当前我市经济社会发展中的一些突出问题的情况综述》；8月，市召开第三届特约研究员会议，会议主要围绕“东莞实施和深化双转型战略”、“扶持中小企业发展壮大”议题进行研讨，会后综述形成《化危为机 加快转型》。四是办班水平更上一层楼。4月，举办全市调研工作业务辅导讲座，邀请中央财经领导小组办公室张松涛、省委政研室张劲松、省府发展研究中心李鲁云来莞讲课，全市各领域调研工作者踊跃报名，学员人数创开班以来最大规模。 （黄素标）

附：2009年东莞市政策研究室领导名录
主　任：温淦荣
副主任：刘锦明　卢汉彪

## 机构编制工作

【政府机构改革】 2009年，市机构编制委员会办公室根据《中共广东省委办公厅、广东省人民政府办公厅关于印发〈广东省市县人民政府机构改革意见〉的通知》草拟《东莞市人民政府机构改革方案（送审稿）》，经省机构编制委员会办公室审核，市委、市政府审定，报省委、省政府审批。9月，省委、省政府批准《东莞市人民政府机构改革方案》，由省机构编制委员会发文。结合机构改革方案，市机构编制委员会印发《关于印发东莞市人民政府机构改革方案实施意见的通知》，于11月召开市政府机构改革动员会议，正式启动机构改革。是次机构改革重点优化组织结构，规范机构设置，由原来37个市政府工作部门精简至32个，调整后具体工作部门是：市政府办公室、市发展和改革局、市经济和信息化局、市教育局、市科学技术局、市民族宗教事务局（列入政府工作部门序列，不计入政府机构个数）、市公安局、市监察局（列入政府工作部门序列，不计入政府机构个数）、市民政局、市司法局、市财政局、市人力资源局、市社会保障局、市国土资源局、市环境保护局、市住房和城乡建设局、市交通运输局、市水务局、市农业局、市对外贸易经济合作局、市文化广电新闻出版局、市卫生局、市人口和计划生育局、市审计局、市外事局、市体育局、市统计局、市林业局、市安全生产监督管理局、市法制局、市口岸局、市城乡规划局、市城市综合管理局、市食品药品监督管理局。原与市人事局合署办公的市机构编制委员会办公室单独设置，列市委机构序列。

【扩权强镇试点工作】 2009年，根据市委、市政府选择石龙镇、塘厦镇开展扩权强镇试点工作部署，市扩权强镇试点工作领导小组办公室（以下简称“试点办”，设在市机构编制委员会办公室）会同市委政策研究室等有关部门草拟《东莞市扩权强镇试点工作实施意见（送审稿）》，10月，市委印发《中共东莞市委东莞市人民政府关于扩权强镇试点工作的实施意见》。扩权内容包括：下放事权。按照赋予试点镇县级管理权限要求，将发展和改革局等27个行政机关248项行政管理事项及权限以直接下放、委托、交办等形式交由试点镇行使。扩大财权。改革和调整财政分成及部分规费政策，扩大试点镇财政管理权和财政投资等相关事项审批权，适当给予试点镇倾斜支持。原属市直部门垂直管理调整为下放给试点镇管理派出机构，市财政相应理顺人员供给关系。改革人事权。试点镇主要领导按县处级配备。驻试点镇市直部门派出机构实行双重管理，以镇管理为主，主要领导由镇征求上级部门意见后按程序任免。省垂直部门派驻机构主要领导任免应事先征求镇党委意见。随着事权下放，机构设置、人员编制调配适度向试点镇倾斜，实现资源下沉。为保障市扩权强镇试点工作顺利开展，11月，市府办印发由试点办草拟《东莞市扩权强镇试点工作实施细则》，进一步明确市直各有关单位和试点镇职责分工、工作制度和权责关系。是月，试点办向试点镇和市直各放权部门印发《关于我市扩权强镇试点工作有关问题的通知》，对试点工作涉及委托协议书和授印工作进行布置并对部门实施方案和委托协议书进行审核，跟踪督促试点其他工作。12月，经市委、市政府批准，市机构编制委员会印发《东莞市石龙镇扩权强镇试点机构改革方案》和《东莞市塘厦镇扩权强镇试点机构改革方案》，试点工作正式实施。是月，根据市党政领导班子联席会议关于进一步加大放权力度要求，由试点办草拟，市委办、市府办联合印发《关于进一步加大放权力度的通知》，对进一步加大放权力度原则作3点要求：一是凡属县一级的经济社会管理权限，要坚决下放；二是凡属法律法规无规定不能下放至县一级的权限，都应该下放；三是借鉴佛山顺德、南海区放权给容桂街道和狮山镇做法，对照其事项目录，凡属佛山方面能下放事项，东莞都必须下放。

【机构编制管理】 2009年，经省编委领导批准并报中编办备案同意，下达东莞市政法专项编制，新增编制全部用于加强基层和一线办案力量。经省编办同意，东莞市党史研究室、东莞市中医院、东莞市人民医院升格为正处级单位。

【事业单位登记管理】 2009年，事业单位登记管理局共办理事业单位法人设立登记37家，事业单位变更登记186家，注销登记117家，重新设立登记70家。办理事业单位年检848家，共核发证书293套。坚持“一户一档”制度，整理事业单位登记档案1200多份。做好市行政审批监察系统监督管理，将各有关事业单

位办理事项按时手工上报监察系统，接受纪委实时监控。（黎慧琴）

**附：2009年东莞市机构编制委员会办公室领导名录**

机构编制委员会办公室主任：
游其晃（任至11月）
祁达洪（11月到任）
机构编制委员会办公室副主任：
李照光（任至12月）
莫达兴（12月到任）
事业单位登记管理局负责人：王子健

## 中共东莞市直属机关工作委员会

**【概况】** 2009年，东莞市直工委内设办公室、组织科、宣教科3个职能科室和市直机关武装部及市直机关纪工委。截至2009年，共管理党委48个，党总支部22个，党支部27个，党员19508人。

**【推进机关新党员培训工程】** 2009年6月10日至7月17日，为切实提升新党员党性修养和能力素质，认真落实《2009—2013年全国党员教育培训工作规划》，直工委做强做实新党员培训品牌，强化4个保障：确定原市委礼堂为固定培训场所，创设“市直机关新党员培训基地”；遴选30余名东莞当地学者、优秀党务工作者和党员充实师资库；采取选购与自编相结合方式形成针对性较强教材体系；将新党员培训纳入党员教育培训总体规划统筹安排，建立以《市直机关党内培训证书》为载体的培训账户，为综合分析并进一步提升新党员先进性素质提供有力依据。全年分4期培训新党员1561名、分3期培训入党积极分子826名，学员对课程设置、授课质量、服务保障等综合满意率达92%以上。

**【打造“机关大学堂”学习品牌】** 2009年，市直工委坚持横向比较、纵向提升，探索大学堂特色发展之路。认真研究知名学习品牌成功经验，引入品牌延伸策略，明确多元拓展、重点培育发展路径；提炼出大学堂“传承文明精华，弘扬机关新风”的核心价值。全年策划举办经济形势、国学智慧、音乐鉴赏、网络文化4期专题讲座。

**【提升“市直机关示范党支部”创建水平】** 2009年2月16日，市直工委下发《关于开展第二批市直机关示范党支部创建工作的通知》，抓好部门党组（党委）沟通协调、基层党组织班子思想引导和广大党员宣传发动等工作。9月，召开创建工作交流会，推广部分示范支部特色做法。12月，组成4个小组对创建支部进行检查验收，研究确定76个示范党支部。截至2009年，共评定命名136个基层示范党支部。

**【市直机关党务公开】** 2009年，市直纪工委全面推进党务公开工作。各单位对照《关于推行党务公开的意见》、《关于做好市直机关党务公开工作若干事项的通知》要求，完善领导分工负责制度、预公开制度、申请制度、责任追究制度、资料归档制度等，促进党务公开长效管理。市直机关党务公开普及面达97%以上。

**【“机关党建百佳”创建活动】** 2009年3月16日，市直工委下发《关于开展创建“机关党建百佳”活动的通知》。4月24日，举办党建品牌基本知识培训班，请理工学院教授介绍品牌作用、品牌评价指标、影响品牌力内在支撑因素、党建品牌与企业品牌异同等内容。7月，针对品牌创建中诸多问题，召开“创品牌、树新风”专题座谈会，详细阐述重点创建对象、创建切入点、创建流程及注意事项等。市直工委从申报86个创建项目中，挑选部分基础扎实品牌雏体重点扶持。年底，经检查验收，授予20个项目“机关党建百佳”称号。

**【建立机关党员“双八”教育引导机制】** 2009年5月31日，市直工委下发《关于加强“双八”教育引导工作的通知》，要求市直党组织把握党员工作圈、生活圈、社交圈特点，采取“八小时”内外有别方式，开展经常性谈心等思想引导，强化主题实践等活动引导，完善党员形象评议等制度引导，明确“双八”教育引导着力点。深入党建基础较扎实单位，通过项目化带动和精细化管理方式，培育一批有特色教育引导载体，并召开现场会和座谈会总结推广经验成果。

**【“共产党员心中的祖国”系列活动】** 2009年7—9月，为纪念新中国成立60周年，活跃机关文化，市直工委举办“共产党员心中的祖国”书法、摄影和独唱比赛,主题分别是“豪情挥墨”、“真情聚焦”和“激情放歌”，共1.53万人次参与系列活动，参赛作品2100余件。9月18日晚，独唱比赛决赛暨系列活动颁奖典礼在东莞玉兰大剧院举行。全国党建学会副会长蔡长水，市委常委、市委组织部部长庞国梅等领导和专家亲临观摩指导，对系列活动给予高度评价。

**【青年民兵拓展训练】** 2009年7月，市直机关武装部将民兵训练与机关效能建设有机结合起来，创新开展野外拓展训练。组织技术保障分队队长和民兵骨干30余人，赴清远进行蜘蛛网、合力攀岩、毕业墙等团队协作训练，穿越、漂流等体力、意志训练，提高机关民兵武装凝聚力、协作力和战斗力。

**【构建“机关党员之家”】** 2009年，市直党组织围绕构建“机关党员之家”开拓进取，完善机关党建领导体制、信息互通机制以及组织关怀体系等。专职副书记队伍建设有新突破。9月，市直机关组建85人专职副书记队伍。10月11—18日，市直工委在中国人民大学举办专职副书记培训班。信息互联互通有新进展。市直党组织畅通信息传播渠道，构建“四网、一刊”交流主平台。“四网”包括政府办公网、东莞党建网机关党建网页、党务干部手机集群网、兼职信息员QQ集群网；“一刊”指《机关党建》专刊。全年共采集信息923条、出刊32期，有效实现动态信息快速传递、重点任务深入交流。党内关怀有新举措。市直党组织保障机关党员民主权利，落实定期集中换届、党务公开、民主评议党组织班子等制度；关注机关党员素质提升和成长进步，充实完善多层次培训体系；拓展党员多元参与政治空间，解决党员思想、工作、生活等实际困难和问题；调动党务干部队伍积极性，组织学习考察，反映专职副书记职级待遇问题。

**【完善市直机关党建量化考评机制】** 2009年初，市直工委将年度10项重点工作和日常党务工作细化为39小项、共400分考评指标体系，基本覆盖全年工作。年中，市直工委动态跟踪重点工作开展情况。年底，市直党组织开展全面总结，进行自评，民主推荐先进个人名单；市直工委将互评与集中抽查结合，抽调12名专职副书记组成4个考评小组，重点抽查2008年度量化考评先进单位各项工作。在加权计分、综合排序基础上，经书记办公会审核平衡，研究确定2009年度市直机关党建量化考评60个先进单位和85名先进个人。（刘华添）

**附：2009年东莞市直属机关工作委员会领导名录**

书　记：欧阳贵有
副书记：李　砺　邵宏武　殷炯棠

## 老干部工作

【概况】东莞市委老干部局是负责全市老干部管理的工作机构，隶属市委组织部，内设办公室、生活福利科、离退休干部管理科，市老干部活动中心是老干部局下属正科级事业单位。2009年，全市有市属离休干部518人，易地安置离休干部42人，省属单位离休干部56人，转制企业副处级以上退休干部112人。

【老干部政治待遇落实】开设老干部"学习论坛"。2009年，市委老干部局每季度组织230名老干部进行1次专题学习，邀请省委党校教授或专家学者作政治、经济、党建、养生等专题讲座。抓好报纸杂志订阅工作。2009年，东莞市为离退休干部订《秋光》4100份，订《东莞日报》、《南方日报》、《广州日报》等各种报纸杂志2200份。抓好离退休党支部建设。全市各级组织人事部门坚持每月定期召集离退休支委开会，听取意见，通报工作，解释政策，全年共为离退休支部提供党员活动经费181.5万元，免费向老同志发放《广东老干部政治理论读本》等学习资料。5月，举办全市离退休干部党支部书记学习培训班，112名离退休党支部书记参加培训。8月，莞城机关离退休党支部被省委组织部、老干部局评为全省先进离退休干部党支部。做好工作通报和意见征求工作。2009年，春节、中秋节，市委召开老领导、老同志座谈会，邀请市委书记刘志庚、市长李毓全向老领导通报工作情况。全市各级党委、组织人事部门共召开老干部座谈会、通报会1156次。6月、12月，市委老干部局分别在厚街、洪梅镇召开老干部联络员会议，听取老干部建议。组织老干部参加重要会议和外出学习参观。2009年，市委老干部局组织老领导、老同志代表参加市委市政府重要会议和重大活动6次，组织副厅以上老领导参观广州南沙港、广州丰田汽车有限公司，组织离退休干部365人参观广东科技馆、岭南印象园。全市组织人事部门全年共组织离退休干部外出参观学习10366人次。

【老干部生活待遇落实】按时足额发放离休干部离休费。2009年，市委老干部局通过问卷调查、上门走访等形式做好离休费发放跟踪落实，做到离休费无错发、无漏发。离休干部医疗费在规定范围内实报实销。全年为全市369名离退休干部报销医疗费690万元，各镇街所属单位离休干部由镇街财政负责实报实销。提高护理费标准。认真做好文件贯彻落实工作，东莞市离休干部护理费根据参加革命时期不同，每月分别增加50元或100元。调研企业离休干部抚恤金偏低问题。根据东莞市企业离休干部去世后抚恤金比行政事业单位离休干部抚恤金低的情况，向市委提交《关于提高市属企业离休干部去世一次性抚恤金标准的请示》。抓好短期疗养和老年保健。组织全市108名副处级以上离休干部到从化进行为期1周短期休养活动，组织全市76名副厅级以上老领导到市人民医院体检。全市举办老年人常见疾病健康专题讲座31场，做好离退休干部体检工作。走访慰问老干部，帮助老干部排忧解难。7月，开展"进百家门、问百家事"走访老干部活动，走访慰问128户转制企业离退休老干部。中秋、春节期间，登门走访慰问老干部256户；各镇街、各单位登门走访慰问老干部1620人次，发放节日慰问金803万元。2009年，全市探望住院离退休干部950人次，发放探病慰问金72万元，给生活困难老干部发放补助145万元。健全已故企业离休干部配偶困难补助制度，全年为55名已故企业离休干部配偶提供生活补助18万元。积极开展生日集体祝寿活动。7月，市委老干部局为

## 中共东莞市委老干部局

① 2009年春节期间，市委书记、市人大常委会主任刘志庚，市委常委、组织部部长庞国梅亲自上门慰问老同志王河

② 2009年春节期间，市委副书记、市长李毓全，市委常委、市委秘书长何嘉琪亲自登门拜访老同志叶仁

191名年满80周岁离休干部举办集体生日会，全市共为350名年满80周岁以上离退休干部祝寿，送去生日蛋糕和慰问金。

【老干部活动场所】2009年，全市90%镇街和单位建有老干部活动中心和老干部活动室，60%村（社区）建有老人活动场所，有老干部活动场所352个，建筑面积14.98万平方米，每天活动人数2.6万人次，全年组织开展老年文娱体育健身活动290次，有5.1万人次老同志参加。市老干部活动中心共举办书画、摄影展15次；组织关工委文艺队、中心合唱团、老干部大学舞蹈队参加社会公益演出8场；举办乒乓球、台球、象棋、门球等比赛15场；组织老干部参加东莞市第四届老年文化艺术节，荣获2金、5银、19铜；组织老干部外出参加各种文娱比赛，市老干部活动中心舞蹈队在上海夺得第七届世界华人“金夕年华”中老年才艺邀请赛2项金奖，市老干部活动中心武术队和顾波分别夺得第七届香港国际武术节集体木兰单圈团体赛冠军和太极扇老年组个人赛金奖，梁淦泉获广东省老干部“司诺克”台球精英赛第二名；积极组织老干部举办主题鲜明文体活动，市老干部活动中心举办“庆祝建国60周年老干部文艺演出”，组织500名离退休老同志参加在广州举办迎国庆60周年“祖国颂”7000人大合唱活动。

【老干部大学】2009年，市老干部大学开设17门课程，41个教学班，有教师23人，在校学员1163人次，新增京剧班、心理健康班、太极扇班、电脑基础班和二胡提高班。

【关工委工作】2009年，市、镇、村三级关心下一代工作组织共1697个，覆盖率达95%，指导大学生参加暑期社会实践、青少年思想道德和理想信念教育、关爱“四失”青少年儿童等活动，形成东莞关工特色。2009年，参加暑期社会实践活动大学生有1.5万人，在校大学生参与率达96%，开展活动423场次，写出调查报告208份，心得体会4608篇。全市参与关心下一代工作“五老”有2.05万人，帮扶“四失”青少年2.5万人次，石碣镇原镇委书记叶炳基荣获全国离退休干部先进个人，塘厦镇离休干部邝耀水荣获全省离退休干部先进个人。

（洪　纲）

**附：2009年东莞市委老干部局领导名录**

局　长：陈柏南

副局长：黄程垵　郭带娣（任至3月）

① 2009年5月19—21日，市委老干部局在惠州罗浮山举行离退休党支部书记培训班。图为全市112名离退休党支部书记在听省委党校教授讲课

② 2009年11月19日到20日，市委老干部局组织副厅以上老领导学习十七届四中全会精神。图为参观广汽丰田有限公司

③ 2009年9月21日，市老干部活动中心组织500名老同志到广州参加“祖国颂”7000人大合唱演出活动

①

②

③

## 东莞日报社

【概况】2009年，东莞日报社克服报业寒冬、寻求突围路径，围绕市委市政府工作大局和报业集团化发展战略，以"品牌建设年"为年度工作主题，励精图治，开拓进取，在国内平面媒体广告经营普遍下滑情况下，保持平稳增长发展势头。全社广告收入1.25亿元，同比增长6.3%，经营总收入1.8亿元，同比增长12.5%。

【新闻宣传】2009年，东莞日报社始终坚持把舆论导向放在工作首位，牢记"政治家办报"指导思想，围绕市委市政府"调结构、保增长、促转型、强管理、重民生"工作思路，坚持团结稳定鼓劲和正面宣传为主方针，唱响主旋律、打好主动仗，创新新闻宣传报道方式方法，集中采编优势力量，精心策划组织。《东莞日报》、《东莞时报》全年围绕中央、省委大政方针和市委市政府决策部署，重点策划组织"调结构、保增长"、"抗击金融危机"、"市委市政府外出问计寻求转型新思维"、"深莞惠一体化和扩权强镇、大部制改革"、"外博会和动漫博览会"、"创建全国文明城市"、"抗击甲流"、"新中国成立60周年"、"汶川地震一周年和援建映秀"、"打击欠薪逃匿、酒后驾驶和老虎机"等十大宣传主题和"关注2009两会"、"关注来料加工转三资"、抗击金融危机《曙光》特刊、"东莞经济回暖迹象调查"、"关注用工难"、"商务精英年终论坛"、"关注深莞惠一体化"、"解码东莞大部制"、"聚焦扩权强镇"、《文明之城》特刊、"文明东莞再出发"、"巩固文明创建成果 提振信心促发展"大型集中采访活动、"刘志庚书记率团问计浙皖"、"汶川地震一周年纪念系列报道"、"贯彻落实珠三角改革发展规划纲要"、"向深圳学习系列报道"、"关注外博会"、"关注首届动漫博览会"、"百万里路云和月——辉叔助学中国行"、"共创环保模范城"、"石排抗击甲流纪实"、"关爱白衣天使同心共抗甲流"、"打击欠薪逃匿"、"痛打老虎机"、"严查醉驾"、"华彩"庆祝建国六十周年系列报道、党政代表团西北行等30个报道战役。

【报纸品牌建设】2009年，东莞日报社重点在报纸准确定位和主动错位上下功夫，对《东莞日报》、《东莞时报》进行内容、风格和功能区分。《东莞日报》侧重走政经路线，《东莞时报》侧重走民生路线，两者资源共享、优势互补、错位发展，形成报纸受众全覆盖有利态势。3月12日，《东莞日报》进行第四次重大改版，进一步优化时政报道，强化经济报道，增加商务报道，努力办一份宜政宜商政经主流大报。是次改版引起社会各方高度关注，商务报道中"洞察"、"制造"、"法务"、"对话"和A叠"深度"、"重点"、"周一茶馆"、"五言堂"等新产品，以理性、高度和实用等特征，赢得政经界精英读者好评。5月20日，《东莞时报》进行优化升级，将东莞新闻扩充至32个常规版，新开设众生、拍客和镇街版，用"调查"、"众生"、"拍客"、"后窗"、"时报眼"等品牌版面彰显整个产品个性化。版面设计突出青春、平和、疏朗、亲民特质。文本写作轻松活泼，增加表格、三维制图和漫画运用。

【新媒体建设】2009年，东莞日报社积极应对互联网等新媒体新技术影响下媒体变动格局，将新媒体建设和新技术应用作为报业发展战略性工作来抓。1月8日，东莞报业网正式更名为"东莞时间网"，由新闻综合网站向城市生活资讯网站转型。在东莞时间网上开通《东莞日报》、《东莞时报》电子版，让网民读者第一时间浏览到报纸版面，实现新闻资讯多次传播和品牌价值有效延伸。截至2009年，东莞时间网全站日均PV流量20万次。2009年，东莞日报社对东莞日报手机报进行全面改版，使内容更贴近、容量更大，增加手机互动，开辟下午茶版，提高资讯量和服务性。4月18日，东莞日报手机报正式接入中国移动全网，订户由原来1.5万户发展到2009年底8万多户，呈现良好发展势头，成为东莞报业经营新增长点。

【营销活动】2009年，面对报业经营环境不利影响和同城媒体激烈竞争，东莞日报社依托丰富政府资源和平台优势，依托平面媒体固有的创意策划和整合营销能力，通过活动创品牌，通过互动造影响，有效拉动广告经营。成功策划举办购车节暨汽车嘉年华、标志楼盘评选、社区行、风筝节、读书节、锋尚人物评选、教育培训机构评选、青少年现场书画大赛、最佳雇主评选、为宏远新世纪CBA新赛季壮行、企业篮球赛、发现东莞之旅等活动。据统计，全年报社共策划组织各类活动180多场次。活动以丰富内容和多样形式获得市民和广告客户认可，提升报社影响力和品牌竞争力。

【销售渠道建设】2009年，东莞日报社将报纸销售渠道建设作为报社做强做大的一项重点工作来抓。在充分调查和论证基础上，经过精心筹备，从2009年1月1日开始，《东莞日报》全面实施自办发行，报社组建发行队伍，确保所有报纸在早上8：30之前送到订户手中。东莞日报社发行中心（万家通发行物流配送有限公司）拥有35个发行站点，600多名发行员，6000多个销售终端，是东莞地区规模最大、覆盖最广、服务最好的发行网络。东莞日报社发挥网络覆盖优势，开展物流配送和外报外刊征订投递，扩大发行中心经营业务。

【多元化报业经营】2009年，东莞日报社改变"单脚起跳"、经营结构单一局面，拓宽经营领域，拓展创收渠道，充分整合资源，利用媒体平台优势，介入文化服务产业，开展多种经营：一是成立东莞时报典藏艺术馆和收藏俱乐部，培育和激活东莞收藏市场。《东莞时报》开设《典藏周刊》，东莞日报社与文广新局合作，成功举办"典藏东莞·传承文明—东莞首届收藏文化联展"，组织收藏家、书画、玉石、盆景、钱币等协会于9月17日至10月10日在旗峰山艺术博物馆展出3000件收藏精品，吸引观众4.8万人次。二是成立东莞报业文化传播有限公司，利用报社人才和传播优势，承接各镇街大型文化活动，策划承办桥头镇荷花文化艺术节、望牛墩镇七月七风情节、樟木头镇小香港旅游节等6场大型活动，展现报社良好策划创意和整合营销能力，受到合作方高度评价。三是成立东莞市捷报泉食品有限公司，利用报社发行中心物流配送网络优势，开发经营"捷报泉"矿泉水。

（韩耀东）

**附：2009年东莞日报社领导名录**

社长、总编辑、党组书记：陆世强

副社长、党组成员：张海廷　黎树根

谭军波　曾平治

## 党史研究工作

【机构升格】2009年1月，东莞市机构编制委员会根据广东省机构编制委员会办公室《关于调整中共东莞市委党史研究室机构规格的批复》精神，发出《关于调整中共东莞市委党史研究室机构规格的通知》，同意中共东莞市委党史研究室升格为正处级单位。

【党史资料征编工作】2009年，市委党史研究室完成党史正本《中国共产党东莞历史》（第一卷）第五稿修改，计划2010年下半年公开发行。启动征编《中国共产党东莞历史》（第二卷），组织第二卷编写小组到佛山市档案馆、东莞市档案馆征集史料，撰写十六章约35万字初稿。完成中共广东省委和东莞市委下达"广东省东莞市抗战时期人口伤亡和财产损失"重大调研课题，于5月公开出版广东省第一本抗战损失调研成果丛书——《广东省东莞市抗战时期人口伤亡和财产损失》，约38万字。编辑出版《广东革命史选论》、《袁振英传》等一批党史研究成果，约60多万字。

【新中国成立60周年暨东莞解放60周年庆祝活动】2009年，市委党史研究室做好庆祝新中国成立60周年暨东莞解放60周年活动各项工作。编辑出版《东莞解放斗争纪实》，全书68万字，由中共党史出版社公开出版发行。编辑发行《艰辛的历程　伟大的成就——庆祝新中国成立60周年暨东莞解放60周年专辑》，全书25万字。参与策划《东莞日报》庆祝新中国成立60周年大型专版并担任顾问，为东莞日报社和东莞电视台提供珍贵史料。在东莞阳光网东莞党史网页开设"庆祝新中国成立60周年暨东莞解放60周年"专栏。在《东莞党史》杂志开辟"庆祝新中国成立60周年暨东莞解放60周年"专栏，发表各类纪念文章18篇。在《广东党史》、《东莞日报》、《东莞社科论坛》发表《广东改革开放的四个"春天故事"》、《艰苦的斗争，辉煌的胜利—东莞人民解放斗争概述》、《建设中国特色社会主义的一个范本——执政六十年东莞的巨变、经验与启示》等专题文章。协助东莞市东边纵老战士联谊会做好庆祝东莞解放60周年纪念活动。组织全室干部参与由中共广东省委党史研究室、广东中共党史学会等单位为庆祝新中国成立60周年而联合举办的"中国特色社会主义道路在广东的探索与实践学术研讨会"征文活动，入选论文5篇，其中《东莞改革开放对全国的贡献》被安排在全省学术研讨会上宣读。

【党史宣传教育阵地建设】2009年4月，市委党史研究室在东莞阳光网开通"东莞党史"（网址：http://dgds.sun0769.com/）网页，开辟党史宣传教育新渠道，实现党史宣传教育网络化、信息化。加强中共党史教育基地建设，协助镇街建立一批镇级中共党史教育基地；11月，与市委宣传部联合发文，开展评选第二批市级中共党史教育基地工作。办好期刊《东莞党史》，全年出版《东莞党史》2期，约12万字。

【党史工作获得新荣誉】2009年2月，市委党史研究室主任陈立平被中共中央党史研究室评为2007—2008年度全国党史部门先进工作者。8月，市委党史研究室有5项党史研究成果获2004—2008年度广东省党史部门优秀科研成果奖，其中2项一等奖、1项二等奖、2项三等奖。其中《中国改革开放的一个精彩而生动的缩影——东莞奇迹·东莞特色·东莞经验》，获论文类一等奖，被省委党史研究室推荐参加全国优秀党史论文评奖。

（蔡瑞芬）

附：2009年中共东莞市委党史研究室领导名录

主　任：陈立平
副主任：林俊强

## 党校工作

【干部培训轮训】2009年，中共东莞市委党校（东莞市行政学院、东莞市社会主义学院）完成计划内主体班76期1.16万人次，比上年增长26.67%和260.7%，包括：市直处级领导干部384人，镇街领导干部512人，科级干部2146人，一般干部8562人。其中：（1）党校主体班次12期566人。包括：市直单位处级副职领导干部能力建设轮训班3期147人，镇街党政副职领导能力建设轮训班4期219人，科级干部轮训班2期104人，市直中青年干部培训班1期39人，镇街中青年干部培训班1期31人，专业技术拔尖人才培训班1期26人，及全市正职领导干部赴日本学习培训班147人前期动员学习。（2）行政学院主体班次26期1466人。包括：正科级公务员任职培训班1期30人，副科级公务员任职培训班2期66人，公务员初任培训班4期614人，军转干部岗前培训班1期135人，人力资源管理专题研讨班2期69人，产业转型升级专题研讨班2期77人，文化建设专题研讨班2期55人，公共服务专题研讨班4期128人，社区建设与管理专题研讨班2期54人，韶关对口培训班6期238人，警校新警培训班公务员任前培训课程2期209人。（3）市社会主义学院主体班次2期61人，包括：民主党派负责人暑期培训班1期15人、民主党派新成员班1期46人。承办公务员短期专题课程培训33期次9155人，其中：公务员公务礼仪课程培训5期次886人、《公务员法》知识培训2期次390人、公务员创新能力课程培训5期次895人、公务员心理素质课程培训5期次845人、公务员责任意识课程培训16期次6139人。完成计划外办班74期1.10万人次培训任务，包括全省县处级以上领导干部学习贯彻十七届四中全会精神专题报告会5场（远程直播），院士专家咨询服务团报告会，全省社会主义学院院长研讨会、广东科学社会主义学会2009年会，协助侨务局承办全省侨务系统培训班等。

【教学改革】2009年，市委党校坚持用中国特色社会主义理论体系武装干部，围绕市委市政府"保增长、扩内需、促转型、重管理、惠民生"工作要求，开设"经济社会双转型"、"产业调整升级"等培训专题174个，比上年增加近50%。其中新专题42个，新课率为24.13%；结合《珠三角地区改革发展规划纲要（2009—2020年）》精神，开设《贯彻〈纲要〉与实现"提升珠三角，带动东西北"战略》、《〈规划纲要〉解读》等专题。市直处级和镇街领导轮训班以运用所学理论研究重大现实问题、指导工作实践为主，组织研讨东城、石龙、麻涌3个镇街产业结构调整案例。中青班突出理论学习和能力训练系统性，学习内容涵盖党史党建、经济发展、公共服务、社会管理、依法行政、领导科学、人文素养等学科，加强哲学基础知识教育和形势任务教育，落实读书交流活动。

市委党校坚持"请进来"，继续办好"领导报告会"、"知名专家讲座"、"行业专家对话学员"等，市委书记刘志庚、副书记黄双福亲自为学员培训班作开班动员，邀请市领导庞国梅、卢广海、李小梅、梁国英、陈鸿宇等或省直部门领导，市纪委、市委办、市台办、市社保局等部门领导授课并与学员现场交流，邀请国家行政学院田兆阳、程萍，人民大学孙健升、中山大学黄伟宗等知名学者共62人次来校授课。积极"走出去"，继续推行"党校+高校"办学模式，新开辟浙江大学、厦门大学、香港中文大学以及井冈山市委党校、大连市委党校等联合培训点，继续与北京大学、中国人民大学、香港理工大学等高校联合培训，全年安排26个班次1056人次外出高校学习，占计划内培训班次和人数34.2%和9.1%。5月，与深圳、惠州市委党校签署《推进珠江口地区党校紧密合作框架协议》，建立3市党校领导联席会议制度，成立协调小组，重点加强培训合作、师资合作、科研合作和后勤管理合作。

市委党校主体班教学坚持运用研讨式、辩论式、论坛式、讲授式等教学方式，探索访谈教学、对话教学、现场教学等新教学方式。年内开设15场案例分析会、2场专题辩论会和11场专题论坛。尝试组织学员通过网络平台讨论《目前东莞应重在保增长还是调结构》等热点问题。持续开展旁听市法院行政诉讼案件庭审、学员军训和拓展训练等活动。在处级班、镇街领导班等班次开设《新加坡政府公共治理对东莞未来发展的启示》专题采取访谈式教学。中青班、科级班、公共服务专题研讨班等积极尝试"现场教学"，以"部门介绍+现场参观+实地调研+集体研讨"为教学方式，其中中青班围绕《东莞转型期机关作风建设问题与对策》专题，组织学员考察市纪委（监察局）效能监察室电子监控中心、明察暗访各部门机关作风建设，再回校研讨。社区建设与管理专题研讨班邀请社区书记给学员授课并与学员现场交流。

【理论研究】 2009年，市委党校完成科研成果128项，比上年增加38%，其中，公开发表科研成果62项，比上年增加78%；省级以上公开发表科研成果49项，比上年增加2倍；出版专著10部，比上年增加8部；完成省市科研课题4项。集体编著出版《珠三角地区改革发展规划纲要（2009—2020年）学习丛书——东莞篇》和《科学发展研究丛书》。3名教师出版个人专著，其中，《非婚同居法律制度比较研究》入选《中国法律年鉴》"法学研究成果汇编"。承接省政府"推动广东省无线电产业科学发展的法制建设研究"课题，承接市人事局委托"东莞市人才发展规划（2009—2020年）"、省委党校"流动人口服务与管理法治化研究"、市残联"东莞市残疾人工作现状调查分析"课题。1篇论文获东莞市纪委组织"以解放思想推进反腐倡廉建设"理论研讨活动一等奖。校刊更名为《东莞党校学报》，全年出版5期，发表论文95篇，约62万字。围绕全市贯彻落实《珠三角地区改革发展规划纲要（2009—2020年）》现实需要，与市社科联联合举办"东莞与珠三角一体化"战略研讨会；经济教研室完成《科学发展、先行先试——论东莞落实珠三角地区改革发展规划纲要的突破口》专题报告，得到刘志庚专门批示并下发各镇街、单位，《东莞日报》全文刊载。

【理论宣讲】 2009年，市委党校组织教师参加市委宣讲团，开展"贯彻落实《珠三角地区改革发展规划纲要（2009—2020年）》"、"回顾党的光辉历程，坚定中国特色社会主义理想信念"、"学习贯彻党的十七届四中全会精神"全市性主题宣讲活动，宣讲74场次，2.62万人次听讲。举办35期"周日党课"，培训6310人次，比上年增加20期2358人次。其中，校内举办7期，听课人数2879人次，平均每期411人次；校外举办28期，听课人数3431人次，平均每期122人次。设立在市委党校的东莞市反腐倡廉和预防犯罪教育基地共接待市直、镇街机关事业单位及市大中型企业130批次5567人次参观学习。（甘　雨）

**附：2009年中共东莞市委党校领导名录**

校　长：黄双福

常务副校长：杨靖波

副校长：赵卫华　张惠玲

校务委员：达蕃钦　张小聪　冯洁

副调研员：何合发

## 信访工作

【概况】 2009年，东莞市信访局受理群众信访总量、集体上访分别比上年下降39.4%和48.4%，信访秩序好转，得到中共中央政治局委员、省委书记汪洋表扬。

【信访工作会议】 全国维护稳定暨信访工作电视电话会议。于2009年1月21日召开，市党政主要负责同志，市加强信访工作和维护社会稳定协调领导小组组长、副组长及成员，各镇街党委书记或镇长（办事处主任）、分管维稳、信访工作领导，市委维稳办、市信访局有关负责同志，军分区1名领导，第10批市信访督查专员在东莞分会场参加会议。

全市信访工作会议。于2月25日召开，会议传达全省信访工作会议精神，交流信访工作经验，部署做好2009年和全国"两会"期间信访工作。市领导何嘉琪、吴道闻，市有关单位、各镇街分管信访工作领导、信访办主任，第十一批市信访督查专员参加会议。

【信访维稳】 春节前下访信访老户活动。2009年春节前，全市组织开展下访信访老户活动，市信访局排查出10个信访老户，安排市有关领导下访慰问，并组织市信访督查专员深入各镇街督导检查。期间，全市共下访信访老户或困难户50户，推动一批信访老户息诉罢访。全国"两会"期间信访工作。2009年全国"两会"前夕，东莞市成立信访维稳工作临时领导小组，下设信息指挥、排查稳控、应急劝返、驻京工作4个专项组。在全市组织开展矛盾纠纷排查化解活动，从信访、公安、维稳、镇街抽调12人，组成市驻京信访维稳工作组赴京工作，实现全国"两会"期间东莞无群众进京非正常上访目标。清明节前后"基层大接访"活动。4月2—15日，全市组织开展"基层大接访活动"，市几套班子领导深入联系镇街接访、督导，各镇街、部门领导采取现场接访、带案下访、重点约访等方式，解决群众诉求。全市领导干部共接访群众406批1605人次，当场解决247批1245人次，切实维护清明节期间社会稳定。"信访积案化解年"活动。2009年，东莞市成立由市委常委、秘书长何嘉琪任组长的"信访积案化解年"活动领导小组，从4月底至12月，在全市开展"信访积案化解年"活动。全市共排查出119宗信访积案，逐一建立台账，层层落实责任，限期予以办结，市信访局牵头组成督导组督导检查。至活动结束，全市信访积案结案率达89%，省信访局交办15宗信访积案全部办结，实现活动预期目标。国庆60周年期间信访工作。国庆前夕，东莞市成立信访维稳工作临时领导小组，多次开会部署国庆期间信访维稳工作。9月10日至10月10日，在全市组织开展基层大接访和探访重复上访户活动，进行矛盾纠纷大排查大化解；9月24日，全市统一开展领导干部大接访活动。市信访局牵头组成市驻京信访维稳工作组赴京工作，各镇街成立应急劝返工作组，确保了国庆期间全市社会稳定。

【国家信访局领导来莞调研指导工作】 2009年6月6日，国家信访局办信一司副司长朱选文一行4人，来莞督办信访重点案件及调研香港居民涉内地信访工作情况。

6月17日，国家信访局国家投诉受理办公室副主任曹润青一行4人，来莞督导落实《关于做好国家投诉受理办公室试运行工作的通知》、交办案件办理情况，调研网上信访开展情况及涉农信访有关问题。

12月19日，国家信访局办信二司副司长李益新一行4人，来莞督查交办信访案件办理情况，调研创建和谐劳动关系、推动解决就业和社会保障问题。

（曾轶荣）

附：2009年东莞市信访局领导名录

局　长：谢国文

副局长：袁润标　黎雪琴　黄荣峰

## 保密工作

【概况】2009年，东莞市保密工作扎实推进保密监督管理、技术检查、网络安全、宣传教育等重点工作，深化领导干部执行保密工作责任制，保密工作基础建设得到整体加强，有力地维护了国家安全和利益，为推进东莞经济社会双转型发挥服务保障作用。市国家保密局依照保密工作目标管理考评标准，经市委保密委员会同意，评选出石龙镇党政办公室等59个保密工作先进单位和李杰华等53名保密先进工作者。

【保密工作会议】2009年3月30日，中共东莞市委保密委员会召开全体成员会议。会议传达全省保密委（办）主任保密局长会议精神，总结2008年保密工作情况，审议2009年工作要点、研究布置2009年工作任务。市委副书记、市委保密委员会主任黄双福出席并讲话。

4月1日，召开全市保密工作会议，全市各镇街、各单位保密领导小组负责同志、保密员和保密技术专家350多人参加。市国家保密局局长祁日光在会上布置2009工作任务，具体抓好5项工作：抓好保密技术管理、抓好技术防范、抓好保密技术检查、抓好保密监督工作、抓好保密教育培训。市委常委、秘书长、市委保密委员会副主任何嘉琪出席并讲话。

【党政机关保密检查】2009年5月11日至8月10日，15名市委保密委员会委员带队督导、市保密技术专家参与开展3轮全市性党政机关保密检查，主要检查办公计算机及网络、移动存储介质的保密管理、涉密文件收发、保密要害部门部位、政府信息公开保密审查工作和日常工作开展情况。共检查18个市领导办公室，抽查58个市直、省属单位和19个镇街，办公计算机1915台，移动存储介质223个，保密要害部门部位92个，提出共性整改意见8条。

【重大涉密活动保密管理】2009年，市国家保密局加强保密监管，为市委、市政府有关职能部门重大涉密会议提供场所环境检查、技术设备安装等服务保障。做好高考、医考、司考、公务员招考保密工作，加强考试试卷运送、保管、交接等环节保密管理和试卷保密室安全措施的落实。各镇街保密领导小组履行职责，做好中考、村官考试保密监督管理和服务。

【保密工程监督】2009年，市国家保密局共受理1项保密工程、2项涉密采购设备项目申请。9月中旬，市委副秘书长、市委保密委副主任卢贯纪率市国家保密局对在建保密工程进行专项检查，监督和指导工程项目保密管理措施落实情况。

【保密承诺书签订】2009年，市国家保密局组织计算机使用人员签订保密责任书，明确连接互联网计算机不得处理涉密信息。全市共14381名计算机使用者签订责任书。5月底，根据上级文件精神，市委组织部、保密局、人事局、社保局、劳动局组织涉密人员开展保密承诺书签订工作。全市3374人签订保密承诺书，其中厅级50人、处级716人、科级以下2608人。

【保密培训】2009年6月15日，市国家保密局举办1期保密技术培训班，各镇街、各单位计算机网络管理人员约250人参加培训，有效提高市检查人员保密技术检查能力。10月27—28日，举办1期经管国家秘密人员岗位业务培训班，实行上岗资格培训和在岗继续教育，全市共188名保密员参加培训。培训班采取省局和市局同志共同授课形式，内容有《保密工作基本知识》、《依法定密和信息公开保密审查》、《保密形势教育》和《信息安全与保密技术防范》等。

【保密宣传教育月活动】2009年7—9月，市委保密委员会结合纪律教育学习月开展“保密宣传教育月”活动。活动期间，市国家保密局编辑6期《保密宣传教育月宣传专刊》，印发1800份；购买2000本《党政机关工作人员保密须知》免费提供给各镇街、各单位保密组织学习。全市各机关召开专门学习会议100场，观看保密教育片50场，接受教育2万人次；编发保密宣传资料、宣传单张3.5万册（份），悬挂保密宣传标语、摆放宣传牌250条（个），在公共和办公网站开设保密宣传专栏140个，通过手机短信接受保密教育3万人次，制作保密小卡片400余张。

（袁鸣春　魏云青）

附：2009年东莞市国家保密局领导名录

局　长：祁日光

副局长：袁鸣春（1月到任）

## 东莞市人民代表大会常务委员会

【东莞市第十四届人民代表大会第四次会议】于2009年1月14—15日在市会议大厦举行。会议听取和审议东莞市人民政府工作报告；审查和批准东莞市2008年国民经济和社会发展计划执行情况报告与2009年国民经济和社会发展计划；审查东莞市2008年预算执行情况报告和2009年预算草案，批准东莞市2008年市级预算执行情况报告和2009年市级预算；听取和审议东莞市人民代表大会常务委员会、东莞市中级人民法院和东莞市人民检察院工作报告；表决通过《东莞市第十四届人民代表大会第四次会议关于<认清形势，坚定信心，推进企业转型升级的议案>的决议》。大会设立旁听席，接受55名公民旁听第一次全体会议，并召开旁听人员座谈会。

【依法治市工作】*指导市依法治市工作领导小组办公室工作。*2009年，市人大常委会协助市委召开市依法治市工作领导小组会议，会议对2009年依法治市工作进行部署，制定《东莞市2009年依法治市工作要点》。指导市依法治市工作领导小组办公室做好《依法治市》刊物编写。*促进“一府两院”依法行政，公正司法。*一是听取和审议市人民检察院关于开展民事行政检察工作情况报告，提高全社会对民事行政检察工作认识；二是对市基层司法机关分立后运作情况进行调研，对基层法院、检察院分立后工作情况继续跟进；三是视察基层治保组织运作，从思想认识、队伍建设、制度建设、经费来源等方面提出建议，促进市政府及有关部门搞好基层治保组织工作；四是对实施《珠江三角洲地区改革发展规划纲要》创造良好法治环境进行专题调研，形成调研报告，为推进依法治市提供理论支撑。*加强领导干部法制教育。*分别在4月29日和9月21日举办2期“法治东莞讲坛”。加强依法治市工作联络员培训。7—12月，组织依法治市工作联络员分3期赴广西贺州、梧州，江西南昌，安徽合肥、云南大理等地培训学习，提高联络员业务素质和工作水平。依法补选。市第十四届人大常委会第二十次会议决定，依法在第049选区（虎门镇）、第061选区（东城街道）分别补选1名市第十四届人民代表大会代表；市第十四届人大常委会第二十一次会议决定，依法在驻军补选2名市人大代表，在第108选区（麻涌镇）、第219选区（桥头镇）、第232选区（东坑镇）、第237选区（企石镇）、第242选区（石排镇）分别补选1名市第十四届人民代表大会代表。

【监督工作】2009年，市人大常委会共听取和审议专项工作报告10项，进行专题调研6项，组织视察3次。开展专题调研。采取走出去、请进来形式到江浙等地进行引进内资工作调研，形成调研报告，指出市内资引进工作面临问题，进行分析，提出要注重机构机制完善、引资项目筛选、招商模式选择、引进企业培育、现有资源整合、政府服务优化等6点建议；开展市属重点工程建设调研，详细了解全市市属重点工程建设进展情况，力求加快市属重点工程建设进度；连续2年对供水管网建设情况进行调研，梳理出市政府供水工作中硬件和体制问题，提出抓好安全优质供水、组建东莞供水股份集团等建议；通过走访、召开座谈会等形式，深入了解全市社会养老体系基本情况，针对养老事业市场化、社会救助制度化等问题提出工作建议，促进市弱势群体社会保障制度建立和完善；开展恶意欠薪逃匿调研，就遏制恶意欠薪逃匿等问题提出对策，形成调研报告送市委、市政府，为市委、市政府决策提供参考；对医患纠纷问题进行调研，深入分析医患纠纷产生主要原因，就解决医患纠纷问题提出对策与思考，推动问题解决。听取和审议专项工作报告。全年共召开7次常委会会议，听取和审议专项工作报告10项。听取和审议2008年东莞市社会保险基金预决算情况、2008年度市级预算执行和其他财政收支情况审计工作报告、2008年决算草案和2009年上半年预算执行情况报告，围绕财源建设、预算执行监督、绩效管理监督等方面，提出意见和建议，推进依法理财；抓住科技创新这一企业转型升级关键环节，听取和审议市政府关于科技创新工作报告，推进市政府加强科技自主创新工作，促进企业转型升级；听取和审议市政府《关于加快现代渔港经济区建设，促进渔区渔民脱贫致富的报告》，从认识、规划、建设等方面提出意见和建议，推动渔区建设，促进渔民脱贫致富进程。组织视察。在充分调研基础上，组织代表对市林业科学发展工作情况进行视察，促进市政府推进生态建设；抓住现代物流业这一新经济社会发展增长点，深入相关镇街调查研究，结合开展省人大代表活动组织人大代表进行实地视察，提出强化宣传、制定发展规划、加快建设等意见，支持并推动市政府加快现代物流产业开发和建设；对全市社区卫生服务工作进行视察，了解市社区卫生服务中心（站）基本建设以及经费落实、管理运作、队伍建设、医疗保障等情况，加快市社区卫生服务推进步伐。改进监督方法，加强跟踪监督。采取提前介入、全程跟踪等监督办法，保证监督过程完整，讲求实效。如跟踪监督市“四院一中心”及新建医疗项目建设情况，督促市政府加快建设进度。2009年继续进行高中阶段学校布局跟踪监督，督促有关部门切实加强工作，尽早优化全市高中阶段教育。推进信访工作。以保持社会稳定为宗旨，坚持和完善市人大常委会领导接访日制度和人大常委会组成人员约见上访人制度，强化信访综合分析，注重疏导教育与解决实际问题相结合，为群众办实事解难题，力求给群众满意答复。市人大常委会全年信访电总量为1779件次，比上年减少2%，办结1735件，办结率为97.5%。

【讨论决定重大事项】2009年，市人大常委会作出决定5项，制定地方性规定1项。3月10日，市第十四届人民代表大会常务委员会第十六次会议审议通过《东莞市推动产业结构调整和转型升级实施“三旧”改造土地管理暂行办法》，从制度上保障“三旧”改造工作开展，促进节约集约用地，有利于盘活土地和资产，畅通融资渠道，是实现市产业结构调整、转型升级和应对国际金融危机有力举措。

【依法进行人事任免】2009年，市人大常委会坚持党管干部原则与人大依法任免相统一，加强与“一府两院”组织人事部门联系，严格依法办事。对政府机构改革，基层法院、检察院分设后人事任免事项，以及人民陪审员任命，提前介入，做好做细每个环节工作，配合市委部署，为政府机构改革和解决司法部门案多人少突出矛盾提供组织保障。2009年市人大常委会共依法任命干部286名，其中：人大系列1名，政府系列14名，两级法院160名，两级检察院111名；共免职干部28名，其中：人大系列1名，政府系列2名，两级法院15名，两级检察院10名。共任命人民陪审员135名。

【开展代表工作】完善市长约请代表座谈会制度。2009年，市人大常委会继续坚持每年第四季度召开1次市长约请市人大代表座谈会，优化座谈会议程，按照“小型、专题、深入、实效”原则，召开多次市人大代表约见副市长或副市长约请市人大代表活动。在6月和11月，就如何贯彻落实《珠江三角洲地区改革发展规划纲要》，建设珠三角新兴物流城市和高校毕业生就业情况进行调研，并约见分管工作副市长。充分发挥在莞全国人大代表和省人大代表作用。协助上级人大组织代表开展活动；加强与全国、省人大代表沟通，走访联系人大代表和召开座谈会；邀请省人大代表列席常委会会议；组织全国、省、市三级人大代表共同活动，让全国、省人大代表更积极地参与东莞民主政治建设。深入开展“市镇人大代表活动日”活动。指导各镇街人大工作机构开展“市镇人大代表活动日”活动。各镇街人大工作机构根据常委会统一部署，围绕贯彻市委十二届五次全会精神，落实“调结构、保增长”任务，推进经济社会双转型情况；应对国际金融危机，实施《珠江三角洲地区改革发展规划纲要》情况；市属、镇街重点项目建设情况及人民群众关心热点、难点问题，组织市镇人大代表开展集中学习、视察、调研、听汇报、座谈、代表自由走访等多种形式活动，就经济社会发展方面提出意见和建议。继续探索设立代表联络平台。指导厚街镇人大制定并实施人大代表接访群众活动日制度，在全镇四大片区成立固定人大代表接访群众活动工作室，听取群众意见，化解基层矛盾，解决民生问题。组织代表当政议政。组织部分人大代表和选民代表，召开环保工作座谈会，参加法院组织的“百庭观摩”、“百场执行见证”活动，检察院组织的观摩公诉出庭活动，“市民评机关”、节约保护水资源座谈会、整治环境卫生工作座谈会、净化社会文化环境检查等活动。加强与代表联系。坚持实施《东莞市人民代表大会代表联系选民工作制度》，制定活动方案，组成6个联系小组，由市人大常委会副主任带队，采取座谈、视察、调研、个别走访、学习研讨等形式，相对固定联系1个片的市人大代表，听取工作意见，沟通感情，互增信任。

【督办代表议案和建议】2009年1月，东莞市第十四届人民代表大会第四次会议通过代表议案1件，收到代表建议109件，办结率和代表满意率均为100%。围绕中心督办议案。配合市委中心工作，引导代表在2009年市十四届人大四次会议上提出《认清形势 坚定信心 推进企业转型升级的议案》，抓好议案办理工作。3月，市人大常委会会议听取和审议市政府《关于〈认清形势 坚定信心 推进企业转型升级的议案〉办理方案的报告》，督促市政府认真办理议案，落实有关政策和措施，全力推进全市产业调整和企业转型升级。注重效果督办建议。人代会闭会后，市人大常委会及时交办代表建议、批评和意见，确定6件重点建议进行重点督办。在督办市第十四届人民代表大会第10代表团《关于将袁崇焕纪念园纳入市管的建议》中，召开专门督办工作会议，深入石碣镇水南村了解民意，掌握实情，向政府有关部门提出意见和建议，为维护水南村民利益和纪念园顺利交接打下良好基础。

【指导基层人大工作】 2009年，市人大常委会把指导基层人大工作向前推进。加强沟通交流。分别在2月和10月召开全市基层人大工作会议，总结和交流经验，研究如何加强基层人大工作，更好地发挥基层人大作用。指导基层人大开展分片互访交流活动，加强基层人大之间沟通与联系，互通工作信息，互相学习提高。指导基层人大依法开好人代会。对各镇人代会召开加强业务指导，规范会议程序。加强培训，提高基层人大干部素质。8月，在北京全国人大会议中心举办全市镇街人大领导培训班。

（邓曦彦）

**附：2009年东莞市人大常委会及其机关领导名录**

市人大常委会主任：刘志庚
市人大常委会常务副主任：张继雄
市人大常委会副主任：张顺光 陈国辉 冯同恩 吕 兢 李秀冰
市人大常委会秘书长：周华驹
市人大常委会办公室主任：李卫忠
市人大常委会副秘书长：李卫忠 叶国志 刘智勇 林儒森
市人大常委会办公室副主任：卢 英（任至7月）
市人大常委会办公室副主任：梁 燕（12月到任）

**市人大常委会各工作委员会主任、副主任**

法制工作委员会主任：陈锡稳
财政经济工作委员会主任：梁帝祺
城建环境与资源保护工作委员会主任：殷计祥
教科文卫华侨外事工作委员会主任：谭素红
选举联络人事任免工作委员会主任：陈柏南
农村农业工作委员会主任：何肖弟
法制工作委员会副主任：殷国群 江 流
财政经济工作委员会副主任：叶绍波 李雄华
城建环境与资源保护工作委员会副主任：廖志文 王业宽
教科文卫华侨外事工作委员会副主任：张云华 刘学高
选举联络人事任免工作委员会副主任：莫广华 伍志鸿
农村农业工作委员会副主任：祁 伟
市依法治市办公室主任：刘洪芳
市依法治市办公室副主任：陈俊荣

## 东莞市人民政府

【市政府全体（扩大）会议】 2009年2月11日，东莞市政府召开全体（扩大）会议，主要是贯彻落实省委第十届四次全会、市委第十二届四次全会和市十四届人大四次会议精神，明确年度政府工作重点，研究部署具体落实措施。

【市政府常务会议】 2009年11月23日，东莞市政府召开常务会议，主要是研究加快法治政府建设工作，审议有关规范性、政策性文件。

【市长办公会议】 2009年，东莞市政府召开市长办公会议25次，讨论419项有关事项，主要包括：审议《东莞市产业转移和劳动力转移目标责任考核评价试行办法》；审议《关于加强和规范我市出租汽车收费管理的意见》；审议《东莞市生态控制线管理规定》；审议《松木山水库饮用水源保护区区划》；研究环城路至广深高速石鼓连接线石鼓立交排水工程；审议《东莞市计划生育节育奖暂行办法》；研究完善市长约请人大代表座谈会制度；研究市大中专院校在校学生参加社会基本医疗保险工作；审议《东莞市中小企业发展专项资金管理办法》；审议《关于加快发展我市现代信息服务业的实施意见》；审议《东莞市举报介绍、使用童工违法行为奖励试行办法》；研究东莞职业技术学院建设工程；审议《东莞市对口支援映秀镇恢复重建项目管理实施暂行办法》；审议《东莞市城市生活垃圾处理收费实施办法》；审议《东莞市学生接送站管理办法》；研究人禽流感疫情预测及防控工作；研究村际道路联网升级改造工程；审议《东莞市歌舞娱乐场所审批管理办法》；研究建立绿化档案管理制度；审议《东莞市关于促进汽车产业发展的意见》；研究樟村等7个公交首末站建设工作；审议《东莞市公共交通规划》；研究国家卫生城市复查迎检工作；审议《东莞市“防灾减灾日”系列活动方案》；研究甲型H1N1流感防控工作；研究手足口病防控应急工作；研究城市桥梁移交管理工作；研究城市桥梁航标设置及维护管理工作；研究东城中路等路口改造工程；研究进一步加快映秀重建工作；审议《关于加快推进我市信息产业重大项目建设的实施意见》；研究编制虎门港、长安新区概念性总体规划和水利规划；审议《东莞市关于加强基层国土资源分局规范化建设的意见》；研究编制市区自行车专用道近期实施规划；审议《市委托镇（街）代建高中阶段学校布局调整校舍建设工程的实施办法》；审议《东莞市农村公路管理养护体制改革实施意见》；审议

▲ 市行政办事中心

《东莞市违反农村集体资产管理行为责任追究办法》；审议《东莞市业主大会和业主委员会成立若干规定》；审议《东莞市重大科技专项资助计划操作规程》；审议《东莞市开展应急救护培训工作方案》；审议《东莞市现代信息服务业发展专项资金管理暂行办法》；研究五环路石鼓连接线迎宾立交辅道一、二期工程；审议《东莞市危险化学品道路运输安全管理办法（试行）》；审议《东莞市专职消防队建设管理规定》；审议《东莞市推进全国综合减灾示范社区创建活动方案》；审议《加强生猪养殖管理意见》；研究东莞城市应急网站建设工作；研究袁崇焕纪念园接管工作；审议《东莞市计划生育特殊家庭扶助管理办法》；审议《东莞市市直行政事业单位差旅费管理办法》；审议《东莞市开展政策性农（居）民住房保险实施方案》；研究承办第十四届环南中国海国际公路自行车赛有关工作；研究莞深高速与环城路共线段东江大桥管养工作；审议《东莞市桑拿按摩服务行业管理办法》；审议《东莞市重点项目先行用地管理实施办法》；审议《东莞市医疗废物集中处置管理暂行规定》；审议《东莞市拥军优属实施办法》；审议《东莞市城乡最低生活保障对象分类施保暂行办法》；审议《东莞市人民政府关于废止部分规范性文件的决定》；审议《东莞市“十一五”后两年公共机构节能计划》；研究调整失业保险待遇工作；审议《东莞市平板显示产业配套资金管理暂行办法》；审议《东莞市2009年“市民评机关”活动工作方案》；研究《东莞市2009—2013年生猪定点屠宰场设置规划》；审议《关于进一步落实文化惠民做好农村电影工作的意见》；审议《东莞市“无线城市”建设实施方案》；审议《东莞市消防安全责任制规定》及《东莞市消防安全责任制考核办法》；研究举办“松山湖（国际）科技论坛”有关工作；审议《东莞市节能监察暂行办法》；审议《东莞市重点项目管理暂行办法》；审议《关于加强镇街、村（社区）统计能力建设的意见》；研究进一步加强财政性资金投资建设项目变更工程管理工作。

**【全市性重要专项会议】** 2009年，东莞市政府召开全市性重要专项会议主要有：全市卫生工作会议；全市三防工作会议；全市防控重大动物疫病工作会议；全市甲型H1N1流感防控和救治工作会议；全市农业产业园建设工作会议；全市中小学安全工作会议；全市农村集体资产管理工作会议；全市林业工作会议；全市扩权强镇试点工作会议；全市建立城乡一体社会养老保险制度动员大会；市政府机构改革工作会议；全市交通工作会议；全市物价工作会议；全市食品药品监管工作会议；全市经贸工作会议；市整治环境卫生工作会议；市轨道交通建设工作会议；全市住房保障工作会议；全市产业结构调整和转型升级工作会议；全市民营经济暨名牌带动战略工作会议；创建全国环保模范城市工作会议；全市镇际村际联网路升级改造工程工作会议；市安委会季度例会暨全市防范重特大事故工作会议；市土地管理工作会议；全市重点项目建设工作会议；全市扩大投资保增长座谈会；全市规划工作会议；全市保增长保红线国土管理工作会议；镇街建设工程招标投标管理工作会议；市工程建设领域突出问题专项治理工作会议；全市安全生产事故分析会；全市防范铁路路外事故工作会议；全市村镇规划建设现场会；全市天然气高压管网建设工作会议；全市“三旧”改造工作动员大会；全市消防工作会议；全市律师工作会议；全市统计工作会议；全市新莞人服务管理工作会议；全市学生接送站规范管理工作会议；法律服务市场联席会议；市政府残疾人工作委员会（扩大）会议；市冬季征兵工作会议；全市推行居住证制度工作会议；全市反走私工作会议；全市旅游工作会议；全市外事港澳工作会议；全市扩大出口保增长座谈会；全市推进加工贸易转型升级现场会；全市宣传思想工作会议；全市净化社会文化环境工作会议；全市知识产权工作会议暨专利奖励大会；市会计管理工作会议；市政府采购工作会议。

**【重要政事活动】** 2009年，东莞市政府举行的重要政事活动主要有：创建全国文明城市新闻发布会；视察市中心区城建“亮点”工程；第二十一届国际名家具（东莞）展览会；“城市小巴”启动仪式；广州（东莞）投资推介会；东莞名特优产品展销活动之武汉盛夏之旅启动仪式；东莞名特优产品展销活动之东莞品牌服装鞋帽（东北）推广周启动仪式；市重点工程竣工暨动工典礼；第十一届电博会；首届广东外商投资企业产品（内销）博览会；两岸四地社区服务工作实务论坛；东莞市第四届老年人文化艺术节；东莞跨境贸易人民币结算试点启动仪式；第五届读书节；东莞市各界庆祝中华人民共和国成立六十周年大型广场庆典活动；东莞国际科技合作周；首届中国国际影视动漫版权保护和贸易博览会开幕式暨颁奖典礼；市第七届运动会；承办第四届全国妇女健身活动展示大赛。

**【市政府工作会议】** 2009年，东莞市政府召开并形成会议纪要的工作会议共137次，主要研究部署事项：东莞市保税物流中心建设工作；广东医学院附属松山湖医院建设工作；协调解决外商投资企业生产运作中遇到问题；春运安全、节日市场供应以及电力供应等相关工作；广深港客运专线资本金东莞市出资方案有关事宜；石龙火车站迁建工程及城市轨道交通建设工作；大岭山、大屏嶂、清溪3个国有林场与大岭山、大屏嶂、银瓶山3个森林公园管理处合并有关工作；加快推进散裂中子源项目建设的有关工作；大岭山林场花灯盏工业园用地等有关工作；省道256线篁村至虎门及省道358线长安至虎门段大修工程有关工作；海昌码头项目建设工作；500千伏水乡变电站工程建设工作；东城黄旗山城市公园征地拆迁有关工作；协调解决民营企业生产运作中遇到问题；加快世界鞋业（亚洲）总部基地项目建设工作；落实企业研究开发费用税前扣除政策工作；加快推进城市内涝整治建设工作；“12345”政府服务热线启动工作；台心医院项目建设工作；东莞国际电子竞技公开赛有关工作；制订《东莞市民营经济工作考核暂行办法》有关工作；建立东莞市中小企业信用再担保体系有关工作；对口援建项目组织实施工作；东莞中学松山湖学校小学部搬迁工作；进一步加大中小企业融资扶持力度有关工作；道路交通安全设施工作；加强废品回收管理工作；横沥镇月塘村土地统筹工作；全市截污主干管网穿越铁路护管工程有关工作；东莞科技银行和东莞农信社相关工作；虎门镇电网工程建设有关工作；寮步镇重点工程项目督导工作；东城街道重点项目建设工作；市人民医院新院、市妇幼保健院新院、市第三人民医院、市中医院新院、市疾病预防控制中心工程建设有关工作；穗莞深、莞惠城际轨道交通东莞市境内建设工作；东莞艺术博览城筹建工作；生态园建设有关工作；下芦大桥、白鹭大桥抢修工作；市社区卫生服务工作；东莞东站改扩建等有关工作；松山湖总部基地地块交易有关工作；食品生产许可证、食品流通许可证和餐饮服务许可证发放有关工作；职教城规划建设工作；电网工程建设现场督导工作；深圳机场“东莞厅”协调工作；市重点工程项目建设工作；雀巢公司增资扩产工作；广深港客运专线东莞虎门站建设工作；网络新闻媒体相关工作；沙田车检场项目及其周边配套设施建设；东江与水库联网供水水源工程；运河整治樟村水闸、峡口水闸扩建工程以及峡口至樟村扩河段工程建设工作；电化集团“上大压小”洁净煤电项目建设工作；首届（东莞）国际影视动漫版权保护与贸易博览会前期筹备工作；解决市安监局及市安全生产应急救援指挥中心办公用房问题有关工作；东深公路塘厦段跨线桥工程电力线迁改工作；广东中远船务浮船坞选址工作；东莞市收费公路建设工作；松山湖台湾科技园建设工作；东莞金融商务区规划建设工作；建立全市城乡一体社会养老保险制度有关工作；加快虎门港重点工程项目建设工作；100名驻军随军家属就业安置工作；东莞中学松山湖学校校舍改造工作；城镇片督导工作；同沙水库控制区土地手续办理和大岭山生态湿地公园建设工作；完善建设用地机制等工作；审查车船税完税凭证和车船税征管工作；部分镇街截污次支管提前建设相关手续办理工作；市路桥总公司项目建设工作；路桥收费站周边地区治安秩序综合整治有关工作；凤岗、长安车检场海关施封场地和检验检疫查验设施建设工作。

【重要决策】 稳定经济增长。2009年2月，市府办印发《关于促进我市中小企业稳定发展的意见》、《东莞市中小企业发展专项资金管理办法》；3月，市府办印发《东莞市小额贷款公司试点工作实施方案》；4月，市政府印发《东莞市重点工业企业扶持暂行办法》；5月，市政府印发《东莞市引进重大及关键投资项目奖励办法》；9月，市政府印发《关于大力开展出口退税账户托管贷款的指导意见》；11月，市政府印发《东莞工厂直销中心实施方案》和《东莞工厂直销中心认定管理办法》；12月，市政府印发《东莞市重点项目管理暂行办法》。

调整产业结构。1月，市政府印发《东莞市产业导向目录（2008年本）》、《东莞市产业结构调整规划（2008—2017）》，市府办印发《东莞市促进软件产业发展的若干规定》；2月，市政府印发《关于印发东莞（惠州）产业转移工业园管理办法的通知》，市府办印发《关于加快发展我市现代信息服务业的实施意见》；4月，市府办印发《关于加快信息化与工业化融合，促进我市电子信息产业升级发展的实施意见》、《关于加强污染企业整治促进产业结构转型升级的意见》；5月，市政府印发《关于加快引进创新创业领军人才的实施意见》；6月，市政府印发《关于加快推进我市信息产业重大项目建设的实施意见》、《关于鼓励总部经济发展的工作方案》、《东莞市推进加工贸易转型升级工作方案》；7月，市府办印发《东莞市重大科技专项资助计划操作规程》；11月，市政府印发《东莞市政府质量奖评审管理办法》，市府办印发《东莞市现代信息服务业发展专项资金管理暂行办法》、《东莞市节能与清洁生产专项资金管理暂行办法》、《东莞市名牌带动战略实施方案》、《东莞市优秀科技工作者评选、表彰办法》。

扶持镇村发展。1月，市政府印发《东莞市镇村引进投资项目奖励实施办法（试行）》；6月，市府办印发《东莞市违反农村集体资产管理行为责任追究办法》、《东莞市农村公路管理养护体制改革实施意见》；9月，市府办印发《关于进一步规范镇街建设工程招投标管理工作的指导意见》；10月，市府办印发《关于进一步加强村（居）安全办建设的通知》；11月，市政府印发《关于对镇属资产及村集体已建项目补办土地权利证书给予办证费用优惠的通知》，市府办印发《东莞市扩权强镇试点工作实施细则》。

加快城市升级。1月，市府办印发《东莞市截污次支管网工程建设工作方案》；4月，市政府印发《东莞市已建房屋补办房地产权手续总体方案》，市府办印发《东莞市环保专业基地2009年建设工作方案》、《关于做好已建房屋补办房地产权手续台账登记工作的通知》；6月，市府办印发《东莞市采石场复绿工作验收方案》；7月，市政府印发《关于规范临时用地审批管理的通知》，市府办印发《东莞市公共基础设施建设项目征地拆迁补偿标准规定》、《东莞市2008年度土地利用计划执行情况量化考核奖励办法》；8月，市府办印发《东莞市推进“三旧”改造工作方案》；10月，市府办印发《东莞市违章户外广告专项整治工作方案》、《关于调整报市农地转用审批程序的通知》；11月，市政府印发《东莞市财政投资建设项目前期工作暂行办法》、《东莞市医疗废物集中处置管理规定》，市府办印发《东莞市截污次支管网工程实施办法》；12月，市政府印发《东莞市环境保护规划纲要（2006—2020）的通知》、《2009年东莞市基准地价的公告》，市政府印发《东莞市“三旧”改造实施细则（试行）》。

强化社会管理。3月，市政府印发《东莞市学生接送站管理办法》；4月，市府办印发《关于加强和规范我市出租汽车收费管理的意见》、《东莞市2009年打假工作方案》、《东莞市美容美发行业登记管理规定》、《东莞市沐足行业登记管理办法》、《东莞市歌舞娱乐场所审批管理办法》；6月，市府办印发《东莞市食品安全整顿工作实施方案》；7月，市府办印发《东莞市危险化学品道路运输安全管理办法（试行）的通知》；10月，市政府印发《东莞市桑拿服务行业管理办法》；11月，市府办印发《东莞市2009年度安全生产责任制考核实施方案》。12月，市政府印发《东莞市消防安全责任制考核办法》，市府办印发《东莞市2010年春运工作方案和东莞市2010年春运应急预案》。

改善民计民生。2月，市政府印发《东莞市解决中小学代课教师问题工作方案》；4月，市府办印发《东莞市生活饮用水卫生专项整治工作方案》；5月，市政府印发《东莞市新莞人子女接受义务教育暂行办法》、《关于促进本地生源普通高校毕业生就业的实施意见》、《关于整合我市社会医疗保险及生育保险制度的通知》；6月，市府办印发《东莞市退役士兵住房困难补助办法》；9月，市府办印发《东莞市中小学校舍安全工程实施方案》；10月，市政府印发《东莞市城乡最低生活保障对象分类施保暂行办法》、《东莞市开展政策性农（居）民住房保险实施方案》；11月，市政府印发《关于进一步扶持民办教育发展的若干意见》、《关于进一步落实文化惠民做好农村电影工作的意见》；12月，市政府印发《关于建立全市城乡一体社会养老保险制度的通知》，市府办印发《东莞市履行〈民政部广东省人民政府共同推进珠江三角洲地区民政工作改革发展协议〉试点方案》。

推进政府建设。1月，市政府印发《东莞市行政审批管理监督办法》；3月，市政府印发《关于进一步深化行政审批制度改革的意见》；4月，市政府印发《东莞市规范镇（街）公务员津贴补贴实施方案》；5月，市政府印发《东莞市2009年政府集中采购目录及政府采购限额标准的通知》；9月，市府办印发《关于贯彻执行国务院办公厅关于进一步加强政府采购管理工作意见的通知》；11月，市府办印发《东莞市公务员行为规范和职业道德教育实践活动实施方案》、《东莞市2009年“市民评机关”活动工作方案》。

【十件实事】 2009年，东莞市政府继续

为市民办好十件实事。社会治安方面。建成平安社区200个，在全市公路主干道、治安复杂区域建设10套治安卡口系统。公共交通建设方面。新增公交运力302辆，新增公交线路48条，启动莞长路、学院路2座人行天桥设计建设。改善农村供水条件方面。开展专项整治，监督检查供水单位3060间次，全市农村集中式供水单位监督监测覆盖率达100%、出厂水抽检合格率达89.9%，二次供水单位建档率达100%，分质供水（管道直饮水）单位卫生许可证持证率达100%、监督监测覆盖率达100%；启动全市欠发达村老化水管改造工程。教育方面。全市新建学生宿舍12栋，新增学生床位1.01万个。建设水利防灾减灾工程方面。全年完成工程建设261宗，继续深化施工62宗。市级医院及社区卫生服务建设方面。完成市人民医院新院、疾病预防控制中心、市妇幼保健院新院、市第三人民医院工程；全市建成社区卫生服务机构355个，新增机构37个，社区卫生服务机构服务量近700万人次，参保人就诊累计500万人次。市区内涝整治应急工程方面。完成东莞大道石鼓立交、蛤地路口、市行政中心广场、簪花路、松山湖大道市救助站路口、东部快速立交、环城路诺基亚路口、东城街道横岗新村和上桥南方装饰市场等9个内涝点整治工程建设，启动莞城街道兴贤街内涝点整治工程建设。劳动就业、技能培训和残疾人帮扶方面。完成户籍劳动力资助性技能培训1.9万人次，组织新莞人技能提升培训9.5万人次；全年为1.98万名困难残疾人发放专项补助金3706万元，对1.05万名精神病患者进行监护，为2238名困难精神病患者提供免费服药、辅助检查等服务，为789名户籍残疾人免费提供技能培训，为3570名残疾人免费提供就业服务。低收入家庭住房保障方面。对2658户低收入家庭实施住房保障，颁发《关于改善新莞人居住条件的指导意见》。农贸市场改造方面。建成38个食品安全样板市场。（市府办）

**附：2009年东莞市人民政府市长、副市长、市长助理**

市　长：李毓全

副市长：冷晓明　江　凌

顾春芳（挂职，任至12月）

李小梅　梁国英　吴道闻

邓志广　严小康　成洪波

市长助理：陈林佐

**附：2009年东莞市人民政府秘书长、副秘书长**

秘书长：殷焕明

副秘书长：梁近东　朱益民

钟英才（挂职，任至12月）

陈健枝　刘裕昌　任新合

刘　宁　莫淦泉　郭惠良

陈　波　刘学聪

冼冠华（挂职，12月到任）

黎达潮　朱斌华　张永忠

**附：2009年东莞市人民政府办公室主任、副主任**

主　任：殷焕明（兼）

副主任：黄福泉　邓　涛（4月到任）

## 市政府督查工作

【政务督查】2009年，市政府督查室抓住市委市政府中心工作，完善机制，创新工作，强化协调，推动工作落实。一是完善机制促落实。完善任务分解机制。对《政府工作报告》、市委市政府分片现场会、市长办公会、保增长系列座谈会提出的工作任务进行分解，明确责任单位、工作目标、工作进度等具体要求。完善专项督查机制。年初制定督查工作计划，组织开展“五院一中心”建设、住房保障工作、食品安全样板市场建设、“治摩”工作、市区内涝整治等专项督查，深入基层了解工作进展情况，研究工作推进中问题和困难，形成专题督查报告提交市政府。完善通报反馈机制。采用定期或不定期方式，对市政府年度主要工作任务（含10件实事）、全市重要工作任务、保增长任务、市长办公会决定事项、市领导批示件、部分重点项目等工作进展情况进行通报，全年刊发《督查情况》18期，《督办信息》20期。二是突出重点促落实。突出办理市领导批示件。重点办理东莞新洲公司劳动纠纷问题、东莞电机公司和东莞日之泉公司历史遗留问题、东莞仙津食品饮料公司被征用土地补偿问题、莞城办事中心场地移交问题、南城坡头村民小组信访问题、东城牛山垃圾填埋场投诉问题等20多件领导批示件，妥善协调、解决有关问题。突出办理10件实事。每季度跟踪反馈实事进展情况，对工作难度较大事项开展专项督查，加快实施进度。突出跟踪重要工作和部分重点项目。按月反馈全市重要工作和部分重点项目进展情况，多次协调虎门港重点项目、生态园工程建设项目等工程建设问题。三是统筹协调促落实。统筹开展“政府热线”办理工作。认真开展“政府热线”后台办理工作，全年办理市民“政府热线”来信6505封，回复6336封，回复率达97.4%。统筹做好产业调整升级有关工作。制定重点工业企业认定标准，认定521家重点工业企业；实施镇街产业结构调整升级工作方案备案；组织开展赴佛山南海西樵镇学习考察活动。统筹开展2010年市政府10件实事征集工作。创新实事征集方法，通过召开动员会、评议现场会以及专题调研等方式，调动部门积极性，有效提高实事征集质量。统筹全市政务督查工作。制定全市专项督查工作计划，组织几十个市直部门和镇街开展专项督查工作；指导部门独立牵头开展督查；统筹全市各部门、镇街编写《督查专报》785期。

【承办人大、政协相关工作】2009年，市政府督查室作为市政府对口承办市人大、市政协相关事宜工作机构，完成大量办文、办会、综合、协调、调研等工作。一是办理议案、建议、提案。办理人大议案。年初制定议案办理方案，对涉及议案办理20多项工作任务进行分解；年中跟踪办理情况，通过编发议案办理简报，及时反馈工作情况；年底选取来料加工转三资、融资支持计划和重点工业企业扶持政策开展专项督查，综合草拟全年议案办理情况，由市政府向市人大常委会作专题报告。办理建议、提案。全年共协调办理人大建议、政协提案、旁听人员建议556件，所有意见、建议、提案均在规定时间内办结，实现办结率100%；全部办理单位分别以电话、见面、座谈、视察、走访等方式加强与建议人、提案人沟通，实现沟通率100%；从反馈情况看，绝大部分代表和委员对办理结果表示满意，85%代表建议和88%委员提案已基本解决或列入计划解决。二是创新办理机制。修订《东莞市人民政府办理人大代表建议和政协提案办法》，明确建议、提案办理各项工作要求；完善建议、提案网上办理平台，强化网上分办、双向沟通、回头督办等工作流程。创新办理评价机制，组织开展对2008年建议、提案办理结果“回头看”活动。三是开展工作协调。全年共办理市人大、政协来文150份，草拟20多份市人大、政协汇报材料，协调市人大、市政协以及上级人大、政协检查、视察、考察、调研等活动30多批次。牵头组织召开2009年市长约请市人大代表座谈会和2009年市长会见市政协委员座谈会。（张旭健）

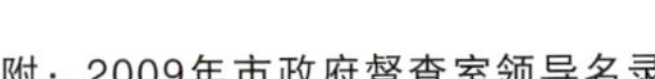

附：2009年市政府督查室领导名录

主　任：梁杰钊

副主任：曾　鸣（10月到任）

## 政府法制工作

【机构调整】2009年11月16日，《东莞市人民政府机构改革方案实施意见》颁布实施，市人民政府法制局由在市政府办公室挂牌调整为市政府工作部门，并更名为东莞市法制局。

【协助制定盘活土地政策】2009年，市府法制局参与《东莞市已建房屋补办房地产权手续方案》等多项盘活存量土地，解决中小企业融资难、发展难问题政策制定，为企业发展创造良好外部环境。在市府办组织“三旧改造”实施方案专题调研中，协调市国土、规划、房管、建设等有关部门，对《东莞市推动产业结构调整合转型升级实施“三旧”改造土地管理办法》实施可行性进行论证，充分利用国家允许东莞先行先试点有利条件和政策优势，妥善解决对“三旧”改造实施方面几个重大法律障碍，为“三旧”改造提供政策支持，确保市政府重大决策、重要行政措施合法性和有效性。

【把好重大项目法律关】2009年，市府法制局认真审核把关市政府与相关企业签订合同，为东莞引进重大合作项目，转变外源性经济发展方式提供服务。在审核《东莞市人民政府　惠东县人民政府合作开发建设东莞（惠州惠东）产业转移工业园协议》、《东莞市与惠州市重点扶持省产业转移工业园合作协议书》、《关于审定市政府与阿里巴巴、沃尔玛合作协议的请示》过程中，维护市政府权利与义务，强调双方法律责任，强调信息化与工业化融合，注重共建发展环境，推动市外贸企业应用电子商务开拓新销售渠道，全力打造以信息产业为特色现代制造业名城、适宜创新创业安居乐业生态城市和珠三角制造业名城和新型物流城市。

【完成“较大的市”申报】2009年，由于东莞特殊经济发展水平、行政架构、人口结构、产业结构、地理位置和城乡结构，在推进经济社会发展和改革开放过程中面临矛盾和问题比较突出，亟须通过立法等手段来解决。市府法制局按照市委书记刘志庚积极向国务院争取成为“较大的市”指示精神，在副市长成洪波带领下，走访省法制办和国务院法制办，争取支持。2009年1月，市府法制局代市政府草拟《关于申请成为“较大的市”的请示》；3月，经市委市政府审定后报省政府，完成“较大的市”申报工作。

▲ 2009年9月28日，东莞市举行镇街规范性文件工作培训

【推动镇街政府法制机构设置】2009年，按照省贯彻《珠江三角洲地区改革发展规划纲要》有关文件部署，东莞市为广东省“推进镇街法制机构建设示范市”。市府法制局以“扩权强镇”为契机，与市机构编委进行沟通、协调、调研，积极争取在镇街设立政府法制机构，为镇街依法行政提供组织保障。10月，赴浙江省台州温岭市学习考察镇人民政府法制机构建设情况。12月17日，市机构编委东机编【2009】131号、132号同意在石龙、塘厦2个“扩权强镇”试点镇设立法制办。

【协助开展扩权强镇试点】2009年，市府法制局积极协助部门开展扩权强镇下放权力工作研究，做好法制综合服务。一是对《中共东莞市委　东莞市人民政府关于扩权强镇试点工作的实施意见》、《东莞市扩权强镇试点工作实施细则》进行审核，做到合法放权。二是做好下放事项协调工作。在拟定《扩权目录》前期，市直部门提出下放事项，试点镇提出可承接事项，全市各部门对其中部分事项有不同意见。对不统一意见事项，市府法制局与相关部门走访放权部门和试点镇，做好协调工作，确定扩权内容，使基层政府具备更完善经济发展功能和社会管理职能。三是对相关事权下放和承接操作方法和程序步骤提供法律意见，确保扩权强镇工作顺利开展。四是协助市府办做好试点工作中涉及业务专用章刻制、管理工作，充分体现权责统一，确保扩权取得最大成效。

【行政复议和行政应诉】2009年，市府法制局出庭代理以市政府为被告行政诉讼案件9宗，处理行政复议申请282宗，其中书面受理审查了248宗，办结248宗，办结率为100%。全年共有59宗复议案件以调解和内部纠错方式结案，占248宗已结案件总数24%。9月19日，国法办检查组来莞对复议工作情况进行检查，对市行政复议工作给予充分肯定。

【政府法制监督】*对行政执法人员监督和管理*。2009年，市府法制局共举办初次申领行政执法证培训班5期，对28个执法单位行政执法人员进行培训，进一步落实行政执法人员持证上岗制度，提高市行政执法人员执法素质。*开展重大行政处罚案件备案审查工作*。市府法制局加大行政执法监督力度，不定期对有行政处罚职能执法单位备案工作进行督促检查，对存在问题进行通报，保证重大行政处罚决定规范与公正，促进行政机关执法水平提高。全年共接收公安、交警、国土、水利、审计、文广新、建设、农业、安监、卫生、酒类专卖、城市管理综合执法等15家行政执法部门报送重大行政处罚决定4000多宗。

（韦瑞珍）

附：2009年东莞市人民政府法制局领导名录

局　长：郭瑞华

副局长：陈鸿钧

## 地方金融管理

【金融规划】 2009年，东莞市政府抓住《珠江三角洲地区改革发展规划纲要（2008—2020）》赋予珠三角地区先行先试的重大历史机遇，出台《东莞市金融业发展规划（2009—2020）》，明确提出大力发展金融产业，争取用10年多时间，使东莞金融业成为与东莞经济发展相适应，与国际金融发展接轨，间接融资和直接融资互补，融资和服务功能统一，对内对外区位优势明显的支柱产业之一，使东莞金融业在珠三角地区乃至全国都成为知名优质品牌。

【拓宽中小企业融资渠道】 2009年，东莞市金融服务办公室（以下简称“市金融办”）拓宽中小企业融资渠道，缓解中小企业融资难问题。一是继续实施10亿元融资支持计划。截至2009年，各银行机构累计向重点中小企业发放贷款664.32亿元，市财政累计发放贴息1.11亿元，切实帮助中小企业缓解融资困难，实现转型升级。11月，市金融办会同有关部门联合印发《关于实施重点中小工业企业和加工贸易企业融资支持计划的补充通知》，就扩展10亿元融资支持计划贴息范围、扩大扶持对象、扩充参与范围、放宽条件设置、延长贴息期限等作出明确规定，增强融资支持计划实际执行效果。二是加强对融资性担保公司日常监管，支持组建东莞市外商信用担保公司、台商信用担保公司等机构，完善市信用担保体系。三是会同市财政局、人行东莞市中心支行等单位拟定出口退税托管贷款业务方案，印发《关于大力开展出口退税账户托管贷款的指导意见》，缓解出口型企业融资难题。四是经国家知识产权局批复同意，在东莞市开展知识产权质押融资试点工作，缓解高新技术企业融资难问题。

【推动企业上市】 2009年，市金融办做好发展利用资本市场工作，推动企业改制上市。一是资本市场发展工作有新突破。11月，广东众生药业股份有限公司在深圳交易所上市，为11年来东莞企业首次IPO上市申请成功。2009年，东莞市发展利用资本市场领导小组评审出市第二批上市后备企业10家。截至2009年，全市有25家上市后备企业，近30家企业和券商签订保荐协议或意向书、完成股改或在进行股改，形成企业上市梯次结构。二是组织召开“2009东莞市中小企业上市融资论坛”、“上市后备企业上市进展情况座谈会”、到深圳交易所参观学习等活动，搭建证券监管机构、证券交易机构和中介机构、企业直接交流平台，提高企业对上市认识，推动企业上市进度。三是根据《东莞市鼓励科技企业上市暂行办法》规定，落实对广东众生药业股份有限公司、东莞劲胜精密组件股份有限公司等企业奖励。四是召

## 东莞市金融服务办公室

① 2009年12月24日《东莞市金融业发展规划（2009—2020）》出台暨东莞市各项存款余额突破5000亿元新闻发布会召开

东莞市建设金融强市激励表彰大会
①

庆典
莞农村商业银行
DRC Bank
②

深圳证券交易所
SHENZHEN STOCK EXCHANGE
上市仪式
久立特材
002318
③

④

企业 谱写融资新篇章
广汇融资
GUANGHUI PETTY LOAN
东莞市广汇科技小额贷款股份有限公司
⑤

开现场办公会，深入企业调研，回访上市后备企业，了解企业上市过程中存在困难，协调有关职能部门研究加快解决企业上市问题有效方法。

【推进地方金融发展】2009年，市金融办推进地方金融发展，做大做强地方金融品牌。一是推动东莞农村信用合作联社改制为东莞农村商业银行。东莞农村商业银行于12月5日正式挂牌，扩大服务范围和服务领域，对企业服务能力和服务手段得到提升。二是支持东莞银行向区域性股份制商业银行推进。东莞银行上市申请材料上报到中国证监会。9月，以东莞银行为主要发起人重庆开县泰业村镇银行正式开业。11月，东莞银行深圳分行开业。三是推动东莞证券多元化发展，提升综合竞争力。东莞证券取得梅州、惠州、厦门、大连和北京营业部新设资格，完成7家服务部升级为营业部工作，网点服务功能得到强化。

【推进金融创新】2009年，市金融办完善投融资对接政策和服务体系，优化民营经济发展环境，激发民间资本投资热情。一是新型经济金融组织建设实现新突破。由东莞银行为主发起人，部分集体企业、民营企业参股组建东莞长安村镇银行获批筹建。3月，广东省首家小额贷款公司——东莞市广汇科技小额贷款股份有限公司开业。截至2009年，东莞有小额贷款公司5家，累计发放贷款7.2亿元。二是启动松山湖金融改革创新服务区建设，为东莞及珠三角企业提供“无缝对接”投融资一体化综合服务。三是东莞市申报成为全国首批跨境贸易人民币结算5个试点城市之一。截至2009年，累计发生业务金额逾1亿元。四是在省内首次引进富邦银行（香港）有限公司东莞代表处等台资金融机构，提升对外资企业金融服务。五是建立政策性农（居）民住房保险制度，提高农民抗御自然灾难能力，优化农村金融服务，推动公共财政向三农倾斜。六是关注新莞人融资服务需求，推出新莞人金融综合服务卡，拓展新莞人社会公共服务内容。

【强化金融风险防范和处置】2009年，市金融办加强金融风险防范和处置，维护经济社会稳定。一是制定《东莞市金融突发事件应急预案》，加强对东莞金融突发事件风险防范和处置，维护良好金融秩序。二是会同市公安局、东莞银监分局等单位，妥善处理大地环保建筑材料有限公司东莞分公司涉嫌非法集资问题，维护广大群众利益和社会稳定。三是对东莞市力道网络技术有限公司涉嫌非法经营证券活动进行初步摸查，将线索移送市公安局依法查处。

【加强宣传交流】2009年，市金融办推动东莞市金融业对外交流，深化与周边城市金融合作，与深圳、惠州市金融办共同签署《深莞惠三市加强金融业合作协议》，共同探讨构建加强交流、促进合作、实现共赢的长效机制，以实现资源共享，推动辖内银行业、证券业、保险业等全方位良性互动、共同发展。加大金融宣传力度，召开“2009年东莞市建设金融强市激励表彰大会”、“东莞市各项存款余额突破5000亿元暨《东莞市金融业发展规划（2009—2020）》新闻发布会”，举办“2009东莞金融论坛”等，总结和宣传东莞市金融发展所取得社会效益和经济效益，扩大东莞市金融业影响力。（唐树权）

附：2009年东莞市金融服务办公室领导名录

主　任：叶浩鹏

副主任：刘凯文（5月到任）

① 2009年6月19日东莞市建设金融强市激励表彰大会召开

② 2009年12月23日东莞农村商业银行开业

③ 2009年12月11日众生药业股份有限公司上市

④ 2009年7月8日跨境贸易人民币结算试点启动

⑤ 2009年3月25日小额贷款公司成立—广汇科技小额贷款

⑥ 2009年6月5日，深圳、东莞、惠州市加强金融业合作协议签约仪式

# 应急管理

【加强值班工作】2009年，按照国务院办公厅以及省委办、省府办文件要求，东莞市委、市政府推动镇街、部门值班室建设，规范应急处置和突发事件信息报告等工作流程。各镇街党政办均设立值班室，与应急办合署办公，配备2—3名专职、2—3名兼职人员，实行24小时轮流值班制，并建立健全领导带班、应急值班等工作制度，明确值班工作职责。

【应急管理脱产培训】2009年3月16—20日，市政府应急办组织全市32个镇街、松山湖管委会、虎门港管委会应急办主任和市8个专项指挥机构办公室负责同志共43人，在暨南大学举办为期1周的应急管理工作培训班。培训班邀请国务院应急办、省政府应急办有关领导，北京大学、清华大学、中央财经大学、暨南大学教授讲授应急管理专业知识，取得较好效果。

【基层应急管理“五个一”试点建设】2009年11月，副市长成洪波带领市有关部门、全市32个镇街，松山湖、虎门港管委会分管领导和应急办主任前往珠海学习考察，借鉴珠海经验，推动全市基层应急管理“五个一”（一个镇街、一个村居、一所学校、一所医院、一间企业）试点工程建设，考察期间召开“东莞市基层应急管理‘五个一’试点工程建设暨宣教培训工作会议”，传达省会议精神，总结全市近年工作经验，部署工作，公布市基层应急管理“五个一”工程建设镇街试点单位名单。

【合作开展应急管理专项工作】2009年，市政府应急办与多部门合作，开展应急管理专项工作。一是与市气象局、市三防办联合开展“气象灾害应急知识宣传月”活动，通过媒体、户外及流动公益广告、制发手机短信宣传，举办气象综合探测基地开放日、中小学讲座、中小学生征文比赛、法规学习等活动，向市民普及气象灾害应对、安全度汛等应急知识。二是与市红十字会合作，成立应急救护培训中心，在全市开展应急救护培训。培训内容包括现场心肺复苏、创伤急救基本技术，中毒（化学和食物）、触电、溺水、烧伤等意外事故及家庭急救紧急急救护知识和技能，及公共安全、防灾避险基本知识技能等。对参加过应急救护培训并考核合格成为红十字救护员的学员建档，作为骨干力量组建应急救援队。截至2009年，全市有4000多人参加应急救护培训并经考核取得救护员证。三是与市教育局合作，制定学校与社区防范儿童溺水工作措施，组织发动学校、村居等基层单位开展针对池塘、水库、湖泊、山塘、河流、建筑工地等进行隐患排查，督促整改。全市学生溺水事故得到有效遏制，溺水人数比上年明显减少。

【突发事件处置】2009年，市政府应急办协助市领导、有关部门妥善应对“莲花”、“浪卡”、“莫拉菲”、“巨爵”、“凯萨娜”、“芭玛”多个台风和多场暴雨，以及安全生产事故和交通事故等突发事件。在抗击甲型H1N1流感疫情时，迅速启动联防联控工作机制，协调各部门、镇街加强对村居、学校、企业、医院等督导检查，科学指导基层单位有效防范流感疫情暴发和传播，充分发挥应急指挥机构统一指挥协调作用，完善各成员单位联动机制，为东莞战胜甲流疫情提供坚实工作基础。

（黄树彬）

附：2009年东莞市政府应急管理办公室领导名录

主　任：朱默河

# 打击走私综合治理

【概况】2009年为东莞市反走私工作“制度落实年”，重点抓反走私工作制度建立和落实，推动反走私综合治理工作制度化，建立健全反走私综合治理联席会议制度、镇街打私工作例会制度、反走私信息通报制度、缉私职能部门工作交流活动制度、海防部门双月协调会议制度。全年全市共查获走私贩私案件196宗，同比上升14%；案值5.17亿元，同比上升21%；查获塑料1.35万吨、成品油1751吨、化工原料1924吨、机械设备21套。销毁“三无”走私船19艘。市中级人民法院审结走私案件48宗，判处有期徒刑39人。

【打击走私联合行动和专项斗争】2009年，市打私办组织开展3次打击走私联合行动和专项行动。一是元旦、春节期间打击走私联合行动，行动为期2个月，全市共出动缉私检查人员5150多人次，查获走私案件9宗，案值260万元。二是打击成品油走私专项行动，3月16日至6月30日、8月15日至9月15日，组织2次打击成品油走私专项行动，全市共出动执法、检查人员6260人次，检查油库、油站280多家，共查获涉嫌走私红油案56宗、1311吨，捣毁地下脱色加工点4个，查获脱色机4部、查扣涉嫌走私油罐车18辆。三是在中秋、国庆期间组织打私联合行动，全市共出动执法人员980人次，查获走私案件5宗，案值60万元。

【反走私综合治理】2009年3月，东莞市在虎门新湾边防派出所海上报警点建成全省第一个反走私视频监控系统。4月起，市打私办在大朗、黄江、樟木头、常平镇汽配、塑胶等专业市场推行“索证索票经营台账制度”和“商品进货查验登记制度”。市打私办全年组织缉私职能部门和各镇街召开4次打私工作例会；每月与海关缉私部门召开1次反走私信息交流会；在各镇街外经办加挂“打私办”牌子；开展反走私综合治理检查考核，27个镇街被评为较好、5个镇街被评为一般。

（祝　春）

附：2009年东莞市人民政府打击走私综合治理办公室领导名录

主　任：郭惠良（兼）

副主任：邱　崧　叶冠强

# 人事工作

【机构改革】2009年11月16日，按照市机编办《关于印发东莞市人民政府机构改革方案实施意见的通知》（东机编［2009］116号）文件精神，东莞市组建人力资源局，将市人事局、市劳动局的职责划入市人力资源局，不再保留市人事局、市劳动局。游其晃任市人力资源局局长，陈汉驰、李沛森、黄慧屏、黄薇、卢耀昆、吴柏安任市人力资源局副局长。

【人才工作】*人才资源状况*。2009年，东莞市通过调进（含接收市外生源应届毕业生）或人才市场招聘8.10万人，接收东莞生源应届毕业生1.20万人，调出或流动（失）3.22万人。截至2009年，全市人才总量为116万人，比上年底110万人净增加6万人。高层次人才为49275人，比上年底47239人净增加2036人。116万人才中，按学历层次分，博士研究生737人（含博士后13人），硕士研究

生1.66万人，本科生22.89万人，大专生46.17万人，中专生45.65万人；按职称层次分，高级职称34762人，中级职称10.72万人，初级职称21.44万人，未评职称80.80万人。

人才政策。2009年，市政府出台《关于加快引进创新创业领军人才的实施意见》、《关于培养科技创新团队和领军人才的实施意见》和《关于促进本地生源高校毕业生就业的实施意见》，计划在3—5年内面向海内外引进50名左右领军人才；从2009年开始用5年时间，每年培养造就15—20名各行各业科技领军人才和50名科技领军后备人才，每年培养造就3—5个由科技领军人才带领的创新团队；积极引导和鼓励毕业生面向基层和各类企业就业，为东莞经济升级转型储备本土人才。认真贯彻落实《珠江三角洲地区改革发展规划纲要》，编制形成《东莞市人才发展规划（2009—2020年）》，为东莞未来人才发展提供政策依据。

外出引才。市人事局完善“走出去，请进来”引智模式，通过政府和人才市场组织企业“走出去”，到高校密集、人才资源丰富城市举办招聘会，引进各层次急需人才。组织人员赴北京、大连等城市参加全国性大型招才引智活动，在武汉、西安成功举办“2009东莞科技人才全国招聘会”，与参会单位达成录用意向科技人才395人。探索赴海外招才新模式，组织企业参加省人事厅赴美国招聘海外高层次人才活动，全市有9家企事业单位参加。

高层次引智载体建设。充分发挥留学人员创业园、博士创业园、博士后科研工作站培养集聚高层次科技和管理人才作用，积极协助市留学人员创业园和博士创业园参加北京、大连等国内大型招才引智活动，深入园区开展调查研究，完善管理服务机制，推动市留学人员创业园申报省部共建留学生创业园。截至2009年，2园区累计引进企业188家，注册资本达5.8亿人民币，引进博士134人，硕士156人，市留学人员信息库中登记在册留学人员共547名。加强博士后科研工作站建设，强化对已建站单位管理和服务，督促和协助各已建站单位做好博士后研究人员招收工作，鼓励有条件单位申报建站。截至2009年，全市共有9家博士后科研工作站，在站工作博士、高工、研究生等158人，其中聘用院士4人，博士后11人。

【人才人事公共服务】人才市场体系。2009年，市人事局积极调动社会各方力量，采取政府搭台、民营运作、企业唱戏办法，形成网络与实体相结合、市镇与企业相结合一体化人才引进、流动服务网络。加强对人才服务业监管，严格执行《人才市场管理规定》和《广东省人才市场管理条例》，重点抓好超前规划、严格审批、公平竞争、优化服务等关键环节。截至2009年，全市共有人才中介服务机构45家，其中人才市场15家，网上人才市场1家，人才中介服务机构咨询服务点29家。

人才服务站。全市各镇街和松山湖、虎门港成立人才服务站，配备专门编制。人才服务站在场地、人员、经费、设备、制度等方面得到落实，人才调动、入户、档案挂靠、人事代理、职称评审前置手续审核等业务逐步开展，以市人才管理办公室、人才服务站和人才市场为主要框架的“三维”公共服务平台作用逐步显现。

高校毕业生就业指导服务。2009年，东莞市从为产业发展储备人才的高度重视东莞生源高校毕业生就业。按照《关于促进本地生源高校毕业生就业的实施意见》，进一步提高企业就业岗位津贴，由原来每人每年2000元调整为：中专200元/月，大专400元/月，本科500元/月，硕士以上800元/月。2009年共向4410名在企业一线岗位上工作东莞生源大中专毕业生发放岗位津贴885万元；加强就业见习基地建设，全市建立毕业生就业创业见习基地188家，提供见习岗位2972个；强化就业培训，2009年共举办东莞生源高校毕业生就业指导培训班70期，培训1.09万人，举办东莞生源高校毕业生创业培训班14期，培训1145人；搭建就业服务平台，全年举办38场公益性毕业生专场供需见面会，参加招聘单位3038个次，入场应聘4.3万人次。截至2009年，全市共有12028名毕业生办理报到手续，已就业11450人，就业率达95.2%。

职称申报、考核认定和考试。2009年，东莞市人事局积极创新3项职称制度，即制定职称中介服务联络点制度，在镇街人才服务站、人才市场和行业协（学）会共设立55个职称服务联络点，全年共受理3693人申报职称；制定职称外语和计算机暂缓考试制度，2009年全市工程系列申报人数比上年同期增加110%，有效拓宽人才评价服务领域；制定推荐评审制度，由更高资格级别专家推荐申报材料和论文论著，发挥同行专家指导和培养作用，增强行业认可性，提高评审质量。截至2009年，职称库在库人数11.33万人，比上年同期增加2.05万人；考核认定3687人，受理申报评审5271人，登记省外市外职称905人；加强专业资格考试组织工作，完成53项资格考试相关考务工作，合计报考人数6.66万人次。

【公务员管理】公务员考试录用。2009年，市人事局按照省人事厅统一安排部署，严格贯彻“1＋3”文件精神，认真做好东莞市2009年公务员招录工作。全市共有78个单位提供192个职位，计划招录647人，报名13273人。经过笔试、面试、体检和考察工作，共录用627人。协助省做好中直机关2010年度考试录用公务员笔试东莞考区考务工作，顺利完成12020人考试任务。

公务员培训。2009年，市人事局按照“政治坚定、业务精湛、作风过硬、人民满意”目标要求，以培育公务员精神为核心，分级分类开展公务员培训工作，特别是配合东莞经济社会双转型战略实施需要，以增长见识、提升实际能力为重点，增设产业转型升级、社区建设与管理、公共服务、文化建设等新专题培训研讨班。2009年共举办初任培训、任职培训、专门业务培训、在职培训等4种类型公务员培训班62期，共培训2.14万人次。

年度考核。2008年，政府机关工作人员应参加年度考核13590人，实际参加13555人，其中优秀2403人、称职10469人、基本称职3人、不称职11人、不定等次669人，优秀等次人员占考核人数17.73%。事业单位工作人员应参加年度考核41803人，实际参加41649人，其中优秀6047人、合格33915人、基本合格6人、不合格246人、不定等次1435人，优秀等次人员占考核人数14.52%。

【其他人事管理】工资改革。2009年，市人事局稳妥推进镇街公务员津贴补贴规范工作，统一镇街公务员工作性津贴、生活性补贴的项目和标准。协调市教育局、财政局推进全市中小学校实施绩效工资工作，全市中小学校实施绩效工资工作已全部兑现到位。

军转干部安置维稳。2009年，省下达东莞市接收安置军转干部任务122人，随调家属27名。经市军转干部安置工作领导小组同意，市人事局采取考试考核、双向选择与指令性分配相结合的方法安置军转干部，顺利完成安置工作。做好企业军转干部解困维稳工作，对61名生活困难企业在职（下岗）军转干部发放补助共85.3万元；积极开展军转干部春节慰问和走访座谈活动，对企业军转干部中9名患严重疾病和48名低收入户发放春节慰问金合共9.9万元。

人事争议仲裁和信访。市人事局贯彻落实《劳动人事争议仲裁办案规则》，进一步规范仲裁办案程序，完善社会利益协调和社会纠纷调处机制。截至2009年，共收到25宗仲裁申请，已全部办结。做好来信来访工作，全年共收到来信28件，受理28件，结案28件；收到“政府热线”12宗，回复12宗；收到“阳光热线”45宗，回复45宗，办结率和回复率均为100%，基本做到“件件有落实，事事有汇报”。（黎燕嫦）

**附：2009年东莞市人事局主要领导名录**

局　长：游其晃（任至11月）
副局长：叶松柏（任至6月）
　　　　莫达兴（任至11月）
　　　　黄　薇（8月到任，任至11月）
　　　　卢耀昆（任至11月）
纪检组组长：韩柏森（任至11月）

**2009年东莞市人力资源局主要领导名录**

局　长：游其晃（11月到任）
副局长：陈汉驰（12月到任）
　　　　李沛森（12月到任）
　　　　黄慧屏（12月到任）
　　　　黄　薇（12月到任）
　　　　卢耀昆（12月到任）
　　　　吴柏安（12月到任）

## 外事侨务港澳工作

【全市外事港澳工作会议】于2009年8月召开，各镇街、市直有关单位分管外事港澳工作领导共60多人参加会议。会议提出新时期外事港澳工作新要求，理顺工作机制、建立完善相关工作规范；各镇街、市直各单位进一步提高思想认识，明确外事工作与基层工作关系，初步建立基层外事管理工作机构。

【高层出访】2009年，市外事局本着务实、高效、节约原则，努力协调，精心策划，做好市领导和重大对外经贸活动团组出访活动，为东莞对外交流搭建桥梁。圆满完成市委书记、市人大常委会主任刘志庚赴欧洲考察，市政协副主席袁德和等赴英国参加英国东莞同乡会成立庆典活动，市委组织部组团赴新加坡培训等高层出访活动；促成孚宝集团和东莞联兴公司与虎门港共同签署投资12亿元建设虎门港联兴码头仓储项目合作协议。11月，协助做好市领导赴韩国、日本、泰国进行经贸合作活动，制作《走进东莞》宣传短片，翻译成英、日、韩语版本。活动完成招商签约项目54宗、总额达5亿多美元。

【礼宾接待】2009年，市外事局共接待国内外各类团组280批7239人次，其中部级以上团组7批。外国官方重要团组包括：英国英中贸易协会主席、爵士白乐威率金融服务商一行来莞寻求合作机会；诺基亚集团执行副总裁、前芬兰总理埃斯科·阿霍拜访市领导；尼日利亚执政党副主席率团来莞采购；伊朗伊斯兰革命卫队司令访莞并与莞企签约；新加坡教育部兼新闻通讯及艺术部政务部长率团来莞考察；外交部驻港特派员吕新华率外国驻港领事代表团访莞；尼泊尔联邦民主共和国外交部长苏加塔·柯伊拉腊来莞参观等。

【主动宣传东莞】2009年，市外事局为把握舆论主动权，尽量避免外媒对东莞失实报道，主动邀请28家外国主流媒体来莞采访，为记者联系受访对象、安排行程。4月，邀请日本共同社、日本经济新闻、日本时事通讯社、朝日新闻驻华记者来莞采访，市委常委、副市长江凌在记者见面会上为外国记者答疑。英国龙州经讯、韩国朝日新闻及省外办陪同东西方中心记者团先后就市企业经营状况及发改规划等方面采访市领导及市外经贸、经贸、科技等部门。

【开展友城友协交往】2009年，市外事局继续与海外友好城市美国哈特福德、希腊萨洛尼卡保持联络，积极跟进广东省与世界其它先进城市交往意向。根据市委、市政府发布《关于学习世界先进城市的决定》，新加坡、香港、韩国仁川、日本川崎被列为东莞“世界先进城市”学习对象。9月，市外事局做好副市长梁国英率团参加韩国仁川亚太市长峰会前期准备工作；接待日本神奈川县中日友好协会常任理事田中誉士夫一行与日本广东经济文化交流中心主任锅岛吉朗一行，加强和推进东莞与日本城市之间文化交流。

【应对涉外突发事件】2009年，市外事局共协助处理涉外安全案（事）件76宗，包括外籍人员甲型H1N1流感防控隔离、涉外经济纠纷、涉外专利侵权、外籍公民突发事件、外国人拘留、领事探监、东莞籍公民与公司法人境外保护等。在涉外突发事件处理过程中，始终保持高度敏感性，发挥外事部门指导作用，加强与各单位、部门协调，妥善处理事件。8月，在得知“新东莞3”轮在马来西亚触礁后，积极与相关国家部门及驻马来西亚使馆联系，迅速稳妥处理事件，经协商，马方同意新加坡公司在马海域进行救助，控制回收溢油，妥善安置船员。在东莞籍公民在越南被确诊为H1N1流感事件中，积极与驻外使领馆联系沟通，成功使被隔离患儿转到条件较好医院治疗，使事件得到及时解决。

【海外华侨华人青年才俊聚东莞】2009年，在广东省人民政府侨务办公室支持下，由东莞市人民政府主办，市外事局承办，香港凤凰卫视、《凤凰周刊》提供全程战略合作 “2009海外华侨华人青年才俊聚东莞”系列活动取得完满成功。活动包括马来西亚东安会馆联合会及东莞专业商青会考察团来莞考察、“商机无限·2009世界华人发展论坛”和海外华人科技社团第三届会长会议等内容。来自海内外政、商界及业内专家、学者、企业家、市直部门、各镇街、媒体代表250多人参加活动。活动重头戏“商机无限·2009世界华人发展论坛”成效显著，切实加强东莞与新生代华裔青年联系，展示东莞人才为先战略和决心，实现以侨引才、引智、引资目的。

【成立侨资企业律师服务团】2009年9月，为响应国侨办开展“为侨资企业服务年”活动，市外事局联合市司法局组织筹备成立东莞市侨资企业律师服务团，联合制定《东莞市侨资企业律师服务团工作暂行办法》。10月底，东莞市侨资、台资、中小企业律师服务团成立，帮助侨资企业更好地应对困难和问题。

【与香港合作办学】2009年3月23日，应中联办和东莞市政府邀请，香港理工大学校长唐伟章莅莞访问，与副市长吴道闻探讨《珠江三角洲地区改革发展规划纲要》为粤港教育服务合作方面所带来新一轮契机。11月12日，市长李毓全与唐伟章在莞签订《东莞市人民政府与香港理工大学合作办学意向书》，同意在教育、科技、培训等领域展开合作，共同组成“合作院校”研究及筹划小组，进行可行性研究。（李贵城）

**附：2009年东莞市外事局领导名录**

局　长：蒋小莺
调研员：卢治邦
副局长：谢玉华　陈国良

## 侨联工作

【组织建设】2009年，全市各级侨联进一步推进“五有”（有组织、有队伍、有阵地、有活动、有经费）建设，加强侨联基层组织建设。一是继续推进各镇街侨联换届选举工作。桥头、东坑、石排、樟木头、虎门镇侨联顺利完成换届工作。二是全面完善和健全镇街侨联组织会员制工作。全市32个镇街侨联有590个团体会员、个人会员2667人，32个镇街侨联均申办领取组织机构代码证。三是出席全国和广东省侨代会。7月14—17日，市侨联主席曾民盛、虎门侨联主席方广茂出席全国第八次侨代会，曾民盛当选为中国侨联第八届委员会委员；11月30日至12月3日，东莞市20名代表出席广东省第九次侨代会，曾民盛当选为省侨联第九届常委，祁树基、谢建玲、何勇标、曹家美、阮雪玲当选为省侨联第九届委员会委员。四是表彰先进。虎门侨联和曾民盛分别获全国侨联系统先进基层组织和先进个人光荣称号，周华驹、曹家美、萧明被评为全国归侨侨眷先进个人；东莞市侨联、东城侨联、横沥侨联和罗金玉、李凤婵、何衬欢、洪桂焕、杨锦茹分别被评为省侨联系统先进集体和先进个人。

【为经济建设服务】引资方面。2009年，据不完全统计，全市各级侨联直接或间接引进（增资扩产）项目60多宗，金额上亿元；协助或牵线接受捐赠社会福利共6000多万元。关爱侨资企业活动。市侨联响应市委号召，分别到麻涌、望牛墩、南城等镇街探访30多家侨资企业，宣传东莞应对金融危机各项政策和做法，为侨资、侨属企业排忧解难。扶贫活动。市侨联协助麻涌大步村开展村务工作，完善规章制度，加强党建，引导就业，维护稳定和帮助弱势群体；响应省侨联号召，帮扶清远市清新华侨农村筹集资金、搭建简易农贸市场。2009年，有1名市侨界人士当选省侨青委委员，15名侨商当选广东省侨联第二届广东国际华商会副会长、理事、会员。

【为侨服务】2009年，全市各级侨联受理信访案件305件，办结298件；侨界人大代表和政协委员发挥参政议政、民主监督作用，反映侨界关心问题，做好提案工作。市侨联继续深入做好留学人员工作，开通市侨联留学人员网，给180多名留学人员发放会员证；7月，组织130多名留学人员举行留学心得现场交流咨询活动。春节前，市侨联到高埗、寮步等镇街向30多户困难归侨赠送慰问品和慰问金。

【宣传联络工作】2009年，市各级侨联接待来访、来参观海外华侨社团首长、华侨、华人、港澳同胞及上级侨联领导和兄弟市侨联等1万多人次；各级侨联参加香港社团、海外社团组织举办各种活动达1800多人次。4月，市侨联与市旅游局在香港联合举办“走进东莞”旅游推介会暨《东莞美食地图》新书发布会。9—11月，市侨联领导随东莞市政府代表团分别出席英国东莞同乡会和马来西亚雪隆广东会馆庆典活动，前往西班牙、法国、越南、柬埔寨拜访侨商和爱国社团。市侨联协助中国侨联、省侨联出版画册《侨界之星》；组织动员300多人赴广州参观《华侨华人与共和国》图片展。　（潘伟强）

**附：2009年东莞市侨联领导名录**

主　席：曾民盛
副主席：祁树基　梁佳沂（兼）
　　　　王惠棋（兼）
秘书长：祁树基

## 接待工作

【概况】2009年，市委、市政府接待办（以下称“市接待办”）接待内宾、重要港澳台侨团体共536批3.10万人次。其中，党和国家领导人30批（一级警卫任务3批，二级警卫任务16批，三级警卫任务11批），省部级领导244批328人，部队领导60批，地、县级领导244批。来莞的党和国家领导人有：中共中央政治局常委李长春，中共中央政治局常委、国务院副总理李克强，中共中央政治局原常委、全国人大常委会原委员长李鹏；中共中央政治局委员、广东省委书记汪洋（来莞9次）；全国人大常委会副委员长路甬祥，韩启德，陈至立；国务委员、公安部部长孟建柱；全国人大常委会原副委员长李铁映、蒋正华；全国政协副主席黄孟复，郑万通，万钢，陈宗兴；全国政协原副主席赵南起、罗豪才；最高人民法院原院长肖扬。

【机构改革】2009年11月16日，根据市机构编制委员会《关于印发东莞市人民政府机构改革方案实施意见的通知》（东机编〔2009〕116号），中共东莞市委、市人民政府接待办公室由归口市人民政府办公室管理调整为归口市委办公室管理。根据东机编〔2009〕96号文批复，同意市接待办增设管理处，增加事业编制3名。管理处主要职能是负责对接待基地提供政务指导和经营管理，促使接待基地更好地为政务接待服务。

【丰富接待内涵】赴外考察活动后勤服务。2009年，市接待办参与市各项重大赴外考察活动，全程随团工作服务：5月，市党政代表团80人赴深圳市学习考察；11月，市党政代表团130人赴包头、郑州、西安市及西藏自治区考察。负责市重要代表团出入境迎送安排；协助办理启用深圳机场东莞厅相关工作；指导、协助各镇街、部门做好组团出访工作，据统计，全年由市接待办发函、联系镇街、部门赴外考察团共27批。协办活动。协助有关部门做好在莞举行大型活动：4月，珠三角（东莞）现场办公会；6月，首届广东外商投资企业产品（内销）博览会；11月，广东省加工贸易转型升级工作现场会；12月，第四届全国妇女健身活动成果展示大赛、中国首届国际动漫影视知识产权保护博览会等。创新接待模式，突出东莞特色。重新修订《接待办工作制度汇编》、《东莞市参观点汇编》和《接待工作登记表》，丰富《接待手册》的内容；创新设计政府纪念品，设计以东莞精神“海纳百川、厚德务实”为底蕴，以新东莞八景为背景龙舟竞渡画匾，提升东莞接待文化内涵。

【提升综合管理】创建省一级档案达标示范单位。2009年12月，市档案局完成对市接待办创建省一级档案达标检查验收并颁发证书。市接待办全宗从1987年至2008年，共有文书、专门、声像、实物档案200盒约1.1万件档案。其中文书档案1968件（1988—2008年），专门档案7181件（1987—2008年），声像档案29册约1500件，实物档案5件，图书资料91本。创建示范党支部。12月，市直工委完成对市接待办创建示范党支部检查验收。教育培训。6月，市接待办面向全体年轻同志进行接待常识测试；8月，选派年轻干部参加全省接待干部培训班。

（祁晓杰）

**附：2009年东莞市委、市政府接待办领导名录**

主　任：吴小峰
副主任：刘庆佐　尹志雄　李　刚

## 经协工作

【概况】 东莞市人民政府经济协作办公室是直属市政府管理的正处级事业单位，主要负责对口帮扶、区域经济协作和各地政府驻莞办事机构工作。2009年，共接待内地经贸、扶贫考察团128批1604人次，参加区域协作交流、对外帮扶活动47批138人次；协助市政府修改《东莞市各地政府驻莞办事机构管理规定》，审核设立驻莞办事机构6个；协调落实全市援助对口扶贫地区资金（含物资折价）5742.32万元，其中市财政资金3480万元，社会捐资1703.52万元，社会捐物折价558.8万元。协调援建希望学校19所，资助贫困学生795人。

【扶贫开发“规划到户责任到人”】 2009年，按照《中共广东省委办公厅广东省人民政府办公厅关于我省扶贫开发“规划到户责任到人”工作的实施意见》精神，市府经协办通过学习调研，8月，起草《东莞市贯彻全省扶贫开发“规划到户责任到人”工作的实施方案》；9月，市委、市政府下发《关于印发东莞市贯彻全省扶贫开发“规划到户责任到人”工作实施方案的通知》，组织召开全市镇街扶贫开发“规划到户责任到人”工作会议，部署扶贫工作；10月，赴全市32个镇街开展“规划到户责任到人”工作专题调研督导，组织全市32个镇街共300多人分别到韶关、云浮开展对接活动；11月25日，举办“全市镇（街）‘规划到户责任到人’工作座谈会暨电脑管理培训班”，统一调查摸底阶段网上录入资料要求和解决电脑连接使用方面技术问题。编印《东莞市贯彻全省扶贫开发“规划到户责任到人”工作资料汇编》、《东莞市贯彻全省扶贫开发“规划到户责任到人”驻村工作组通讯录》和《东莞市扶贫开发“规划到户责任到人”工作动态》，推动工作进展。

【对口帮扶】 协助组织省市领导赴对口帮扶地区的考察活动。2009年，市府经协办为省长黄华华、市委书记刘志庚、副市长顾春芳分别赴广西河池市、西藏林芝、重庆巫山县考察做好筹划和准备工作，使省市领导更好地掌握了解对口帮扶地区工作进展情况。考察期间，市政府及随团民营企业向林芝县捐赠248.6万元；市政府捐赠巫山县发展教育事业资金150万元。市府经协办协调万江街道和文广新局分别支持巫山县伍佰小学建设资金30万元，赠送巫山县东莞对外文化交流中心图书馆图书2000册。加强对市外财政帮扶资金使用管理。4—5月，市府经协办分别赴乳源、新丰县进行调研和审核帮扶项目，与韶关市扶贫办共同审核2县提出2009年帮扶资金计划项目，就资金监管、项目投向、立项依据等提出整改意见。邀请韶关市及新丰、乳源县扶贫办领导来莞座谈，共同完善帮扶资金计划项目，明确2县扶贫办为资金使用监管责任人，促进东莞帮扶资金有效使用。通过多种形式推进帮扶工作。一是协调镇街继续做好结对帮扶工作。全年各镇街及辖下企业援助无偿帮扶资金1386.25万元，援建希望学校19所，资助贫困学生795人，开展劳务扶贫接收3151人，落实经贸合作项目1个。二是动员机关单位参与帮扶。市委组织部接收西藏林芝县5批36名和新疆伊吾县2批16名干部来莞跟班学习，赴新疆伊吾县帮扶考察，筹集250万元款项捐赠伊吾县用于建设“东莞桥”和在伊吾县举行“东莞伊吾党组织党建共建活动”；市政协牵头组织清溪、大岭山、虎门镇政府和市地税局等单位捐助100万元为西藏林芝县兴建学校教学楼；市人事局对新丰、乳源县、南雄市的乡镇公务员和站所、医院、中小学专业技术人员进行培训，共举办6期培训班，240人参加培训；市教育局继续选派12名教师到韶关进行支教；市卫生局组织专家赴林芝县为2300名藏牧民义诊，赠药折价3万元。三是积极推动社会帮扶。市府经协办会同市邮政局开展由中国扶贫基金会发起的“爱心包裹”暨5·12灾区学生六一关爱行动。活动得到市民积极响应，全市捐购“爱心包裹”金额36万多元。组织韶关

东莞市人民政府经济协作办公室

扶贫系统赴河池市学习考察整村推进示范村工作。2月24—27日，市府经协办组织韶关市扶贫办及其辖下新丰、乳源、翁源、乐昌等县扶贫办赴广西河池市学习考察"整村推进"工作。考察团实地考察金城江区侧岭乡洞情屯和天峨县塘英社区必雍、峨里屯整村推进项目，召开东莞河池对口帮扶整村推进示范村项目建设座谈会和东莞韶关联合考察团小结会。新丰、乳源县表示要结合考察成果，推进东莞帮扶整村推进示范村工作。

【国务院三峡办来莞调研】 2009年4月25日，国务院三峡办工程建设委员会副主任、办公室主任汪啸风率考察团来莞调研。考察团一行在市委常委、副市长江凌陪同下考察市中心广场、松山湖科技园区等地。按照国务院三峡办和省政府安排，东莞从1993年开始对口支援三峡库区工作，市府经协办作为对口三峡库区工作部门，认真开展工作，多年来，东莞无偿援助987.7万元支援三峡库区教育、文化和经济建设，援建学校3间，组织大量库区劳动力来莞务工。

【区域协作与交流】 2009年，市府经协办按照"保增长，促转变，抓管理，重民生"工作要求，利用国内区域合作平台，积极参与区域协作与交流。一是做好第五届"泛珠"经贸洽谈会相关工作。5月，协调全泰实业有限公司等4家知名企业随广东省经贸代表团东莞分团，分别参加在南宁、长沙举行的广东产品广西、湖南行启动仪式。6月，派员随东莞经贸代表团参加在南宁举行的第五届泛珠三角区域合作经贸洽谈会。是次洽谈会，东莞申报合作项目233个，合作总金额达168.12亿元（占全省总额7.4%，在全省排名第三），比上届增加101.77亿元，增长153.38%。二是多渠道为东莞企业提供区域合作交流平台。升级改版单位网站，增加"经济交流合作"等栏目，完善在线填报功能，及时更新动态信息，使企业及时掌握区域协作最新动态。三是组团参加"2009品牌中国（城市）高峰论坛"。7月，牵头组团参加在青岛举行的"2009品牌中国（城市）高峰论坛"。东莞获大会评选"2009中国十大品牌城市"荣誉称号。四是参与"大京九经济协作带"系列活动。12月，出席"大京九经济协作带"暨"淮海经济区"各成员市市政府秘书长（办公室主任）联谊会议。

【驻莞办事机构协调管理】 2009年，市府经协办经过走访调研，修改完成《东莞市各地政府驻莞办事机构管理规定》，于8月5日经市政府批准正式出台。加强各地政府驻莞办事机构与市各部门、镇街工作联络，通畅渠道，引导办事机构发挥桥梁与维稳作用。驻莞办全年共协调761批5.1万人次来莞及珠三角地区就业；协助处理各类纠纷387宗2610人次；向当地反馈信息3745条；接待各地省、市、县领导共671批3584人次。

（黄懂民）

**附：2009年东莞市人民政府经济协作办公室领导名录**

主　任：叶松柏（6月到任）
副主任：陈　俊

① 2009年11月12日，东莞市委书记、市人大常委会主任刘志庚（左五）率东莞代表团出席西藏自治区林芝县工作汇报座谈会暨东莞市援藏资金捐赠仪式
② 2009年5月20日，东莞市市长李毓全（右一）在广东省东莞市支持河池革命传统教育基地建设资金捐赠仪式上，代表东莞市捐赠建设资金500万元
③ 2009年8月8日，在山东青岛市举行的2009品牌中国（城市）高峰论坛，东莞市获"2009中国十大品牌城市"称号，副市长邓志广（右三）代表东莞市领奖
④ 2009年10月21日，市府经协办主任叶松柏、副主任陈俊分别带队赴韶关、云浮参加"规划到户责任到人"对接工作，图为主任叶松柏（主席台右三）参加东莞市驻雄扶贫开发工作座谈会

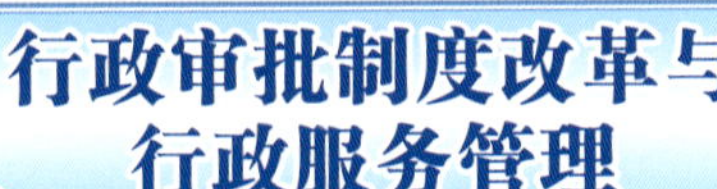

## 行政审批制度改革与行政服务管理

【审批制度改革】 制定《东莞市行政审批管理监督办法》。2009年1月，为进一步转变政府职能，规范行政审批行为，加强对行政审批的管理和监督，市审改办根据有关法律、法规规定，结合东莞实际，起草《东莞市行政审批监督管理办法》，经市政府同意正式印发。

完成第三轮行政审批制度改革（第三批）送审事项清理和调整工作。2009年，市审改办组织市发改局、市监察局、市机编办、市府法制局等会审单位进行多次会审，5月，制定《东莞市人民政府第三轮行政审批事项调整目录（第三批）（草案）》。6月，经市政府同意，向社会公布《东莞市人民政府第三轮行政审批事项调整目录（第三批）》。根据《目录》，调整共涉及行政审批事项81项，具体如下：一、法律、法规和规章规定由市级实施行政许可事项32项；二、法律、法规和规章规定由市级实施非行政许可事项，按一般业务管理18项；三、根据法律、法规和规章规定取消行政审批事项31项。

启动全市第四轮行政审批项目清理工作。为进一步减少行政审批项目，推进审批权限下放，提高行政审批效率，推动市审改工作深入进行，根据《关于进一步深化行政审批制度改革的意见》，市政府于2009年下半年启动第四轮行政审批制度改革。8月，市府办印发《关于开展全市第四轮行政审批项目清理工作的通知》，启动第四轮审改工作；11月，市审改办组织会审单位召开第一次联合审核会议，对全市各单位报送审批事项进行初审。第四轮审改工作总目标是：将行政审批制度改革与新一轮政府机构改革有机结合，以进一步减少行政审批项目为基础，以推进审批权力下放、精简审批环节为重点，进一步转变政府职能，创新行政管理方式，规范审批行为，逐步建立起与经济社会发展相适应的行政审批制度。

推进网上行政审批系统建设。2009年，市行政服务管理办积极学习先进地区网上行政审批系统建设经验，分析研究东莞网上行政审批系统建设现状、存在问题及有关工作措施，向市有关领导书面报告。与有关部门和单位联系沟通，研究市网上行政审批系统建设总体规划。

【政务公开】 2009年，市行政服务管理办共出版150期《东莞日报》政务公布版，刊登2期《市政府主要任务进展通报》、10期《行政审批绩效测评情况公布》、6期《廉租住房保障申请单位名单公示》和10期《东莞市重点中小工业企业和加工贸易企业名录》。结合时政热点，编制《东莞市新莞人子女接受义务教育暂行办法专题》、《环卫工人节专题》、《已建房屋补办房地产权手续社会公示专题》等专版。编印12期《东莞市人民政府公报》，做好《东莞办公办事大全》（第二版）编辑出版工作。与各有关单位配合，完成省政务公开考核组对市政务公开考核各项工作。

【政府信息公开】 发布政府信息公开工作年度报告。2009年，市行政服务管理办对2008年全市政府信息公开工作进行总结，草拟《2008年东莞市政府信息公开工作年度报告》，经市府办审定后在市政府门户网站和政府信息公开门户网站上公布。做好政府信息公开查阅点挂牌工作。为方便市民查询政府信息，市政府在市档案局、东莞图书馆设立市政府信息公开查阅场所。5月22日，在市档案局举行市政府信息公开查阅点揭牌仪式，副市长李小梅、市政府秘书长殷焕明出席仪式。协助做好政务信息公开电子监察系统工作。市行政管理服务办规范各镇街、各单位政务信息公开栏目，为政务信息公开电子监察系统数据提供统一标准。7—8月，与市信息化办公室合作举办5期政府信息公开网站建设专题培训班。9月，市政务信息公开电子监察系统开通试运行，对全市32个镇街，57个市直单位和中央、省驻莞单位政务信息公开情况实施监察。完善市政府信息公开门户网站建设工作。对市政府信息公开门户网站进行版面改造和栏目升级，提高系统功能，规范栏目设置，完善栏目内容。在“市网上行政办公系统”开发政府信息公开申请办理系统，加快政府信息依申请公开办理进度。

（李　平）

**附：2009年东莞市政府审批制度改革领导小组办公室领导名录**

主　任：殷焕明

副主任：叶德标　刘汉森

**2009年东莞市行政服务管理办公室领导名录**

主　任：刘汉森

## 档案工作

【创建全国社会主义新农村建设档案工作示范市】 2009年初，东莞市被推荐为全国社会主义新农村建设档案工作示范县（市）。5月26日，市档案局召开全市社会主义新农村建设档案工作座谈会，全面启动“全国社会主义新农村建设档案工作示范市”创建活动，并编印创建活动《工作简报》11期。7月，省档案局在东莞以现场会形式召开全省新农村建设档案工作会议；东莞创建活动做法与经验分别在全省新农村建设档案工作会议和全国创建活动座谈会上作发言交流，并被刊登在《中国档案报》上。11月23日，国家档案局副局长李和平到东莞考察调研新农村建设档案工作，对东莞在新农村建设档案工作中所取得成绩表示肯定。

【档案行政管理】 2009年，市档案局（馆）结合全市档案工作实际，加强对各镇街、各机关企事业单位档案工作监督和指导，开展档案目标管理认定，推动全市档案工作健康发展。全年全市有22个单位档案综合目标管理达到省一级以上标准，并基本完成市直机关文书档案归档范围和保管期限表制订与审核工作。截至2009年，在全市591个村（社区）中，有451个村（社区）实现档案工作目标管理省一级以上认定。协助有关部门完成莞惠公路、莞长公路改造工程和虎门港立沙岛百安石化码头等重点工程项目档案验收工作。推动社保档案、市民健康档案、校舍安全档案、集体林权制度改革档案工作，引导民营企业档案工作发展，加快转制企业档案移交接收进度。家庭建档得到推广，建立200多户示范户。

【档案馆事业】 2009年9月28日，市档案馆大楼顺利动工建设。档案资源建设进一步加强，市档案馆馆藏档案数超过20万卷，比上年增加34%；接收第一次全国污染源普查档案资料4.84万件；抢救民国档案1000多卷20万页。全年接待来馆查阅利用档案者1119人次，提供利用档案资料4048卷又2266件，提供复印1.04万页。7月30日，东莞市大朗镇档案馆（东莞市档案馆大朗分馆）晋升为省特级档案馆；镇档案馆模式在全市得到大力推进。名人档案工作有新突破，10月，第一批东莞市名人档案库入库名单

139人获市政府批准。

【政府信息公开查阅服务】 2009年5月，市档案馆挂牌成为市政府信息公开查阅点，通过现行文件利用系统共接收已公开现行文件3200多份，公布政务新闻动态70多条。截至2009年，市档案馆共有已公开现行文件1.90万多份。全市通过网络点击查阅利用已公开现行文件群众超9万人次；历年累计点击数超22万人次。

【新中国成立60周年宣传活动】 2009年，市档案局（馆）联手《南方都市报》推出《莞忆六十年》系列报道。举办“60年60人.东莞时代人物”致礼盛典，受到社会和公众好评。利用馆藏档案资源，为全市开展新中国成立60周年宣传活动提供大量图片和档案资料。编辑出版《新中国成立60周年东莞荣誉选录》，引起较大反响。

【档案教育培训和学术交流】 2009年，市档案局抓好档案工作人员岗位培训工作，与省档案局联合举办2期档案人员上岗培训班，培训档案工作人员518人；举办医疗卫生系统档案业务培训班，培训档案工作人员260多人；为市人才服务中心、电大、市污水处理厂等单位举办专题培训班，培训档案工作人员550多人。与市档案学会联合举办2个专题讲座，举办家庭档案工作经验交流和学术研讨会，受到会员们欢迎。

【档案信息化建设】 2009年，市档案馆共完成馆藏档案数字化200多万页；接收各镇街和130多个市直机关单位档案目录电子数据137万多条，初步实现全市各镇街、各单位档案信息资源共享。东莞市档案信息网全年点击量近4万人次，历年点击量超过40万人次。启动深莞惠3市档案部门合作，建立3市档案目录中心，实现3市信息互通、互查、互用。

（黄晓静）

附：2009年东莞市档案局领导名录

局（馆）长：成洪生

副局（馆）长：吴汉成（任至11月）

陈美婵

夏闻生（12月到任）

# 地方志工作

【概况】 2009年，东莞市地方志编纂办公室（简称“市志办”）累计完成超过1700万字的文字撰写编审任务。编纂出版《东莞年鉴》2009年卷共约100万字；审核出版1部部门志、2部镇街志和4部村志；完成7部志书的终审，8部志书的三审，5部志书的二审和10部志书的初审；《东莞市志（1979—2000）》总纂工作进展顺利，完成300多万字的《东莞市志（1979—2000）》初审稿；编纂出版地情丛书《东莞之最》，向中华人民共和国成立60周年献礼；6月参与中共广东省委常委、副省长肖志恒率领的调研组莅莞进行的有关调研，向调研组书面报告东莞市地方志工作情况；为上级部门和社会各界提供地情资源服务。

【第二轮新方志编修稳步推进】 2009年，东莞市第二轮新方志编修工作顺利开展，基本完成《东莞市志（1979—2000）》的总纂任务。东莞市全面铺开镇街志、部门志和村志的编修。全年市志办组织指导、审核出版《东莞市人事志》、《东莞市常平镇志》和《东莞市凤岗镇志》等部门、镇街志，《东莞市塘厦镇清湖头村志》、《东莞市塘厦镇诸佛岭村志》、《东莞市塘厦镇林村志》和《东莞市东城梨川村志》等4种村志；审核《寮步镇志》、《长安镇志》、《军事志》和《交通志》等30部志书。

## 东莞市二轮修志编纂出版志书情况

（资料截至2009年12月底）

部门志

| 书　目 | 出版社 | 出书时间 |
|---|---|---|
| 东莞石龙人民医院院志 | | 2002年12月 |
| 东莞电力工业志 | | 2003年8月 |
| 东莞教育志 | 广东教育出版社 | 2004年3月 |
| 东莞市工商联志 | 广东人民出版社 | 2006年2月 |
| 东莞市莞城中心小学志 | | 2006年2月 |
| 东莞市口岸志 | 中华书局 | 2006年6月 |
| 东莞日报志 | 广东教育出版社 | 2006年6月 |
| 东莞市气象志 | 气象出版社 | 2006年9月 |
| 东莞市体育志 | 广东人民出版社 | 2006年11月 |
| 东莞市供销合作联社志 | 方志出版社 | 2006年11月 |
| 东莞市卫生志 | 广东省出版集团广东人民出版社 | 2006年12月 |
| 东莞市塘厦医院志 | | 2006年12月 |
| 东莞市公路志 | 方志出版社 | 2007年8月 |
| 东莞市检察志 | 广东人民出版社 | 2008年5月 |
| 东莞市人口与计划生育志 | 岭南美术出版社 | 2008年8月 |
| 东莞市社会保险志 | 广东人民出版社 | 2008年12月 |
| 东莞市人事志 | 中华书局 | 2009年9月 |

镇街志

| 书　目 | 出版社 | 出书时间 |
|---|---|---|
| 东莞市道滘镇志 | | 2001年12月 |
| 东莞市沙田镇志 | | 2003年10月 |
| 东莞市石龙镇志（第一卷） | 岭南美术出版社 | 2004年12月 |
| 东莞市桥头镇志 | 岭南美术出版社 | 2006年12月 |
| 东莞市塘厦镇志 | 岭南美术出版社 | 2008年2月 |
| 东莞市东坑镇志 | 岭南美术出版社 | 2008年9月 |
| 东莞市樟木头镇志 | 文物出版社 | 2008年11月 |
| 东莞市常平镇志 | 广东人民出版社 | 2009年10月 |
| 东莞市凤岗镇志 | 中山大学出版社 | 2009年12月 |

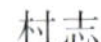

村志

| 书　目 | 出版社 | 出书时间 |
| --- | --- | --- |
| 东莞市寮步镇石步村志 | | 2001年7月 |
| 东莞市寮步镇小坑村志 | | 2005年12月 |
| 东莞市寮步镇富竹山村志 | | 2006年8月 |
| 东莞市风岗镇油甘埔村志 | 岭南美术出版社 | 2006年9月 |
| 东莞市风岗镇塘沥村志 | | 2006年9月 |
| 东莞市塘厦四村志 | | 2008年3月 |
| 东莞市寮步镇浮竹山村志 | | 2007年10月 |
| 东莞市常平镇袁山贝村志 | | 2007年12月 |
| 东莞市风岗镇官井头村志 | 岭南美术出版社 | 2008年8月 |
| 东莞市塘厦镇莲湖村志 | 中国文化出版社 | 2008年12月 |
| 东莞市塘厦镇清湖头村志 | | 2009年3月 |
| 东莞市塘厦镇诸佛岭村志 | | 2009年3月 |
| 东莞市塘厦镇林村志 | | 2009年6月 |
| 东莞市东城梨川村志 | | 2009年9月 |

地情丛书

| 书　目 | 出版社 | 出书时间 |
| --- | --- | --- |
| 东莞市民营企业风采 | 岭南美术出版社 | 2006年1月 |
| 五年见新城 | 岭南美术出版社 | 2006年9月 |
| 东莞建市二十年 | 岭南美术出版社 | 2006年9月 |
| 东莞星级酒店荟萃 | 岭南美术出版社 | 2006年9月 |
| 大型外资企业集锦 | 岭南美术出版社 | 2006年9月 |
| 党和国家领导人在东莞 | | 2006年11月 |
| 东莞改革开放30年图鉴 | 岭南美术出版社 | 2008年12月 |
| 东莞之最 | 岭南美术出版社 | 2009年9月 |

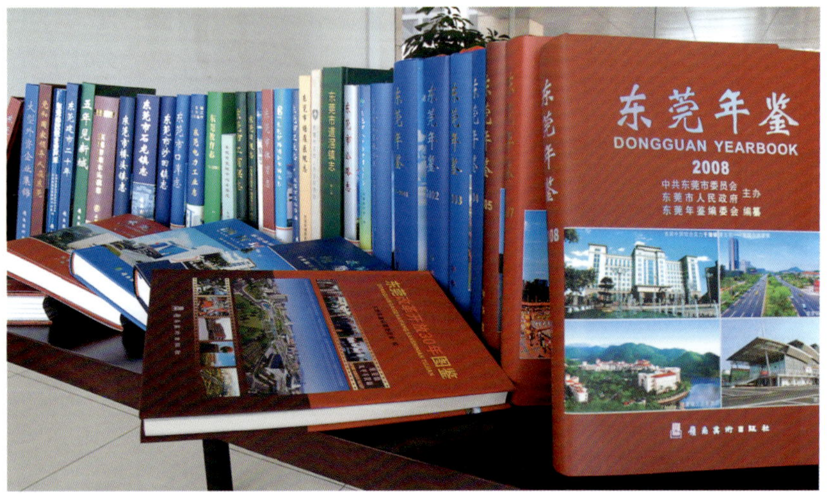


▲ 二轮修志成果　（张德全　摄）

2009年，市志办贯彻广东省开展地方志书编纂“质量年”活动的要求，紧抓志书质量。全年共有60多个单位和32个镇街开展志稿评议活动。

**【《东莞年鉴》2009年卷获全国年鉴质量评比一等奖】** 2009年8月11日，由东莞市委、市政府主办，东莞市地方志编纂办公室承办的大型资料年刊《东莞年鉴》2009年卷出版发行。全书分正文和彩页两大部分。正文分27个类目约100万字，彩页以“文明东莞”为主题。着重记载2008年东莞经济、政治、文化与社会各事业的大事、要事及基本情况，重点记述创建全国文明城市、抗击“金融海啸”、建设富强和谐新东莞的奋斗历程。《东莞年鉴》2009年卷在第四届全国年鉴编纂出版质量评比中获得综合奖一等奖，地方年鉴条目编写一等奖、框架设计一等奖和装帧设计二等奖等3个单项奖。

《东莞年鉴》2009年卷纸质版和电子版各印行3500本（张）。截至2009年，共向社会公开发售1000本，用于全国志鉴交流570本，赠送给各级领导、档案馆、图书馆、科研单位等1630本。

**【《东莞之最》编纂出版】** 为凸显地方特色与时代特色，向共和国诞生60周年献礼，2009年9月30日，市志办主编的《东莞之最》正式由广东岭南美术出版社出版发行。该书主要记述改革开放以来发生在东莞境内的在珠三角、广东省、华南地区、全国乃至亚洲、世界居首位或者第一次发生（出现）的事物，从而体现东莞人民勤劳、勇敢、智慧的风采和敢为天下先的精神。共收录图片483幅、条目272条，近30万字。其中世界之最14个，亚洲之最6个，中国（内地）之最156个，华南地区之最10个，广东省之最83个，珠三角之最3个。

**【广东省委常委、副省长肖志恒莅莞调研】** 2009年6月12日，中共广东省委常委、副省长肖志恒率省府办公厅、省档案局、省史志办等单位负责人，到东莞市就进一步贯彻落实《珠江三角洲地区改革发展规划纲要》，加强档案、地方志等工作进行调研。东莞市委副书记、市长李毓全向肖志恒一行介绍相关情况，副市长李小梅和对口单位负责人陪同调研。

市志办向调研组书面报告东莞市地方志工作情况，包括：市志办概况，第一轮修志工作成果，第二轮修志工作进程及成果，贯彻落实《地方志工作条例》、《广东省地方志工作规定》工作措施及贯彻落实广东省依法修志工作暨2009年地方志工作电视电话会议精神情况。

**【全省依法修志工作电视电话会议暨全市地方志工作会议召开】** 2009年2月10日，东莞市政府按广东省政府部署，并结合东莞实际，召开“全省依法修志工作电视电话会议暨全市地方志工作会议”，市领导、各镇街、各单位分管地

方志工作的领导及志鉴主笔共229人在东莞分会场参会。会上，广东省政府地方志办公室主任陈强传达第四次全国地方志工作会议精神，总结2008年全省地方志工作并布置2009年全省地方志工作；广州市副市长甘新作依法修志的经验介绍；中共广东省委常委、副省长肖志恒作重要讲话，对修志工作的重要性与必要性进行论述，着重强调依法修志及2010年要全面完成二轮修志任务。

全省依法修志电视电话会议后，市政府紧接着召开全市地方志工作会议。市政府副秘书长朱益民代表市政府对2009年全市地方志工作作安排部署，要求全市贯彻落实省电视电话会议精神，深入扎实地开展地方志工作，确保完成修志各项工作任务。两个会议结合召开，规模大、效率高、效果好，既让东莞市各级领导和全市地方志工作者及时掌握中共广东省委、省政府的工作部署和要求，亲身接受依法修志教育，也及时布置全市地方志工作任务，一举两得，受到上级部门的赞扬。两会结合召开是市志办工作创新的举措。

【依法修志检查调研】 2009年3月，为进一步贯彻落实省依法修志电视电话会议精神，市志办结合二轮修志的实际情况，制定检查调研工作方案，确定省直单位、市属单位、有关镇街三大类型的检查对象，有目的、有重点地对这些类型的单位展开调查，经请示市政府同意后，进行了为期一个月的检查调研活动。检查小组先后走访东莞市工商局、市新莞人服务管理局、市文广新局、市城市管理局、市总工会、市职业技术学院等单位和中堂、茶山、石碣、石排、麻涌等镇街，深入了解依法修志情况，掌握工作中的经验做法，了解存在问题，提出意见和建议。

【地方志服务水平提升】 2009年，东莞市地方志编纂办公室充分利用地情资源、图片资源，做好方志资源的整合、共享和开发利用工作。全年完成东莞市委、市政府交办的《中国城市年鉴》和《广东年鉴》的文字组稿，完成《广东省志》中关于东莞市情的撰稿和供图工作，在国情书、省情书刊上宣传东莞，扩大东莞知名度。先后为海峡两岸妇产学术研讨会和国务院政策研究室提供《东莞改革开放30年图鉴》；为市创模办、市农业局、市人大、新华社广东分社等单位、镇街及多批群众提供档案查阅服务和提供120幅珍贵的历史图片资料；为《南方都市报》举办的“60年60人·东莞时代人物”评选活动提供史实依据，并提供一批跨度为20世纪70年代至90年代、涵盖东莞政治、经济、文化等多方面的图片资料；参与石排镇举办的“中国镇发展与管理研讨会”，提交挖掘打造石排历史文化方面的论文，建言献策；为《第一财经日报》的专题报道《东莞：一个草根城市的蜕变》提供版面图片等。 （李俊玉）

**附：2009年东莞市地方志编纂办公室领导名录**

主　任：潘朝明

副主任：李文蔚

▲ 2009年2月10日，全省地方志电视电话工作会议暨全市地方志会议在市行政办事中心举行 （张德全 摄）

## 机关事务管理

【服务全市大局】 2009年，市机关事务管理局增强大局意识和有为意识，配合市委办、市府办做好市大型公务活动后勤服务工作；加强公务用车保障，为东莞创建国家环保模范城市、全国文明城市复检、市运会、“八一”拥军优属慰问等大型活动顺利开展作出贡献；协助做好临时机构、新增部门驻京办、东莞（韶关）产业园、长安新区财务工作，推动市重大工作部署落实；成为市“禁摩”工作领导小组成员；抽调工作人员参与全国妇女健身大赛组织筹备工作等。

【完善后勤服务设施】 2009年，市机关事务管理局协调部门关系，加大资金投入，完善各项服务设施。完成市行政办事中心门禁系统优化、电梯改造，市机关大院围墙和绿化改造，石井小区智能化系统深化改造、电梯整改、海棠苑泵房改造，红山小区水网改造等工程；10月9日，联合市城建工程管理局完成市行政办事中心北楼停车库工程建设，车库顺利投入使用；推进石井小区消防报警系统、配电设备整改工程组织实施。协调和配合市有关部门，推进市行政办事中心建筑自动化管理系统完善，市党政领导班子联席会议室无纸化办会改造等工程建设。

【开展公共机构节能监管】 2009年，市机关事务管理局根据国务院机关事务管理局、省经贸委统一部署和市节能工作总体要求，贯彻落实《公共机构节能条例》，履行公共机构节能监管职能，完成全市公共机构能耗调查摸底工作，编制并经市政府同意印发《东莞市“十一五”后两年公共机构节能计划》。完成2005—2008年和2009年上半年全市公共机构能源资源消耗统计工作；联合有关部门组织开展能源紧缺体验日等活动；开展2009年公共机构节能专项监察工作，推动市公共机构节能工作深入开展。

【机构和队伍建设】 2009年，市机关事务管理局完成后勤服务科和保卫科组建工作，重新划分内设机构职责分工，形成权责一致、协调顺畅、科学高效运作机制；推进“制度实施年”活动，促进工作规范化、制度化、科学化。加强机关后勤队伍建设；举办后勤业务知识专题讲座和技能竞赛；完成“市直机关示范党支部”创建活动。深入茶山镇孙屋村蹲点调研、开展对口帮扶工作，帮助该村协调解决水管改造等问题。

（黎俊宁）

**附：2009年东莞市机关事务管理局领导名录**

局　长：黄伟青

副局长：卢福华　张树林（12月到任）

## 东莞市机关事务管理局

① 市委书记、市人大常委会主任刘志庚，市委副书记、政法委书记黄双福到市行政办事中心北楼停车库视察

② 市委副书记、市长李毓全到市行政办事中心北楼停车库检查工作

③ 市政府秘书长殷焕明督导机关事务管理局重点工程工作

④ 组织干部职工到市机关干部住宅小区开展植树活动

# 中国人民政治协商会议东莞市委员会

【中国人民政治协商会议东莞市委员会十一届三次全体会议】 于2009年1月13—15日在东莞市会议大厦召开。市委、市人大、市政府、市纪委、东莞军分区、市中级人民法院、市人民检察院主要领导出席会议。会议邀请市各民主党派、各人民团体以及社会各界人士参加大会旁听。市政协主席刘树基作政协东莞市第十一届委员会常务委员会工作报告，市政协副主席游敏达作政协东莞市第十一届委员会常务委员会关于十一届二次会议以来提案工作情况报告。大会表彰市政协十一届二次会议以来21件优秀提案、23件表扬提案和15个办理提案先进单位。全体市政协委员列席市人大十四届四次会议开幕大会，听取市政府工作报告及有关报告。

会议审议通过市政协十一届三次会议议程、日程，通过选举办法和监票人员名单，选举钟淦泉、黄冠球为政协东莞市第十一届委员会常务委员。刘树基向新当选市政协常委颁发当选证书。大会审议通过十一届三次会议期间提案审查情况报告，通过市政协十一届三次会议决议。

【市政协常务委员会会议】 市政协十一届十次常委会议。于2009年1月14日在市会议大厦举行。刘树基主持会议。会议听取市委常委、组织部部长庞国梅关于提名推荐补选市政协常委人选建议名单情况说明，审议通过《补选市政协常委候选人名单（草案）》，审议《市政协十一届三次会议决议（草案）》、《选举办法（草案）》、《监票人员名单（草案）》。委员分组讨论市政府工作报告和有关报告，酝酿以上草案。

市政协十一届十一次常委会议。于3月24日在市会议大厦召开。刘树基主持会议。会议审议通过《2009年市政协常委会工作要点》和《2009年市政协常委会和专门委员会工作计划》。会议任命钟淦泉为市政协社会法制和人口资源环境委员会副主任，黄冠球为市政协港澳台侨外事委员会副主任；同意接受郑红梅辞去委员职务请求。市城建工程管理局、市路桥建设总公司、市交通局主要负责同志作关于市环城路工程、东江大桥工程和全市交通建设情况汇报。与会人员视察环城路北段（万江至石碣段）、东江大桥建设工地、石碣镇崇焕路及石碣镇市政建设情况。

市政协十一届十二次常委会议。于5月22日召开，组织视察虎门港发展建设情况。副主席林明枢主持会议。与会人员视察虎门港西大坦港口码头和保税物流中心，听取市政府副秘书长、虎门港管委会常务副主任刘宁作虎门港发展建设情况汇报，对加快虎门港发展建设提出意见和建议。

市政协十一届十三次常委会议。于9月2日召开，就促进中小企业发展情况进行专题议政。刘树基主持会议。副市长严小康应邀出席会议并讲话。市政府副秘书长任新合到会通报市中小企业发展情况。5个调研组、工商联和委员代表分别发言，就促进中小企业发展提出意见和建议。

市政协十一届十四次常委会议。于12月31日召开。刘树基主持会议。市委常委、市纪委书记甄瑞潮到会通报2009年市党风廉政建设和反腐败工作情况。市政府副秘书长刘裕昌作《政府工作报告》起草情况说明。市政协秘书长黎锦辉作市政协常委会工作报告和常委会关于十一届三次会议以来提案工作情况报告起草情况说明，会议讨论通过2个报告并确定报告人。会议审议通过市政协十一届四次会议议程（草案）、日程及会议有关安排。市委组织部副部长喻丽君作部分委员辞职和增补十一届政协委员情况说明。会议同意沈新娥、张义强等委员辞职请求，协商通过增补梁近东、何淦洪、刘虹、温乃粘为市政协第十一届委员会委员。会议任命刘树勋为港澳台侨外事委员会主任，卢治邦、何淦洪为港澳台侨外事委员会副主任，刘虹为社会法制和人口资源环境委员会副主任；会议决定，免去卢治邦、沈新娥港澳台侨外事委员会主任、副主任职务，免去刘树勋社会法制和人口资源环境委员会副主任职务。

【专门委员会工作】 提案委员会。2009年，提案委员会收到提案295件，立案259件。其中，各民主党派提案57件，专委会提案4件，政协小组提案10件，有36件转为意见处理。创新方法，提高提案质量。加强联系，引导党派不断深化质量意识，把好党派提案质量关；征集提案线索，引导委员精心选题；会议期间对提案进行初审，会后立案，增强审查针对性，提高建议可行性。增强合力，完善提案工作。发挥各界作用，共同参与重点提案和优秀提案推选工作；组织提案者参加承办单位办理座谈会，促进提办双方良性互动；坚持与市府督查室通报制度，加大联合督办力度。突出重点，增强办理实效。完善重点提案推荐工作，广泛征求市府督查室和职能部门意见；组织《关于解决东莞市农（居）民结构性失业问题》调研；分管副市长亲自视察重点提案办理情况，提升督办层次。加强学习，改进服务质量。组织委员赴漯河、江门等地学习先进经验；撰写《提案分析报告》，编印《重要提案摘报》；启用提案动态管理系统，有效提高提案工作信息化水平。

经济委员会。2009年，经济委员会深入企业和农村，加强与委员联系，帮助解决委员企业基础设施建设缓慢、招工难、融资难等问题。组织视察生态园建设，开展关于村组经济专题调研，寻求破解经济发展难题新思路。借助政协内参，反映委员意见和建议。《政协委员重要建议专报》提出的加大市中小企业融资政策扶持力度建议被采纳，使中小企业享受政策优惠。通过提案、常委会专题议政、报送市委市政府等形式促进议政成果有效转化。加强自身建设，建立委员联系网络体系，创新调研角度和方式，加强同行间学习和交流。全年共有24名委员撰写提案24件，撰写集体提案1件，承办2期周末访谈节目。

教科文卫体和文史委员会。2009年，教科文卫体和文史委员会走访委员企业，为企业排忧解难。开展“科技扶持中小企业发展情况”专题调研、“我市中医事业发展情况”专题视察，形成专题报告。发挥专业特长，组织考察山西省文物保护与利用工作情况，以《政协委员重要建议专报》形式向市委、市政府建言加强市文物保护工作。做好提案工作和市长会见政协委员座谈会组织发动工作。组织委员参与“市民评机关”活动，为委员履职议政提供平台。协助召开纪念人民政协文史资料工作50周年暨《建国以来整理研究东莞文史群书图录》出版座谈会；做好广东省青少年书法大赛和“四洲杯”粤曲大赛组织工作；承办召开《人文东莞·一脉相承》珍品邮册首发仪式；做好文史资料征集、整理与出版工作，及各种书画展筹备工作。

社会法制和人口资源环境委员会。2009年，社会法制和人口资源环境委员会围绕常委会工作重点，认真开展调研视察工作。关注民生热点，会同市城管局、卫生局、水利局等单位，视察市饮用水安全及城区供水管网改造。参加全省地级以上市政协民族宗教工作会议，研究民族宗教工作新问题，创新工作新思路。开展委员活动日，组织委员前往沙角部队和梅州市参观学习。召开主任工作会议，及时研究和通报专委会工作情况。走访市第二看守所、第一法院和第三法院、第二检察院和第三检察院等单位，加强联系沟通,增进委员自觉履职积极性。做好全国政协和省政协来莞调研组织工作。按照全国政协宗教委和省政协法制委要求，深入基层开展调研，形成书面报告。做好法律法规征求意见工作，全年共接受市政府征求意见文件10份，提出修改意见22条。

港澳台侨外事委员会。2009年，港澳台侨外事委员会走访委员企业，了解企业在国际金融危机下发展状况，帮助企业解决实际困难。发挥智库优势，组织委员赴厚街、望牛墩镇等地视察推进产业结构和产品转型升级情况。在香港召开新春座谈会，通报东莞经济社会发展情况，介绍东莞帮扶企业政策措施，坚定企业扎根发展信心。积极参加“香港东莞常平同乡会庆祝建国60周年暨创会会董就职典礼”等各种港澳社团联谊活动，广泛凝聚人心，促进海内外同胞团结和谐。热心社会公益，组织港澳委员为企石、谢岗、中堂等镇300多名低保贫困在读大学生捐赠100万元助学金。

**【座谈及访谈】** 市长会见政协委员座谈会。于2009年11月25日在市政协会议厅召开。市委副书记、市长李毓全，市委常委、常务副市长冷晓明，副市长李小梅、梁国英、邓志广、成洪波，市政协领导，市政协部分常委、委员及市各民主党派、工商联负责人出席会议。市政协委员向大会提交书面意见和建议78篇。与会市长、副市长认真听取委员意见和建议，针对有关问题进行回应。李毓全通报市政协十一届三次会议委员提案和去年市长会见市政协委员座谈会委员建议办理情况，以及东莞2009年经济社会发展情况。

政协迎春茶话会。于1月13日在东莞会展国际大酒店举行。林明枢主持茶话会。刘树基通报2008年工作情况。市委书记、市人大常委会主任刘志庚通报2008年东莞经济社会发展情况、取得成绩。农工党东莞市委主委李光霞代表市各民主党派发言。市委副书记黄双福，市委常委、市人民政府常务副市长冷晓明，市人大常委会副主任陈国辉，市纪委副书记陈锦洪，东莞军分区政治部主任管林海以及驻莞省政协委员应邀出席会议。市政协领导以及全体委员，历届正副主席、专职常委、正副秘书长，历届政协委员联谊会理事出席茶话会。

港澳委员新春座谈会。于2月6日在香港召开。刘树基通报2008年东莞经济社会发展情况、政协工作情况，展望2009年发展形势，介绍东莞帮扶企业政策和措施。市政协副主席林明枢、游敏达、袁德和，秘书长黎锦辉，副秘书长冉红宇、吴润玲，港澳台侨外事委员会副主任沈新娥及市历届港澳委员出席座谈会。

专门委员会及镇街政协小组工作座谈会。于6月19日在虎门镇召开。林明枢主持会议。各专门委员会及镇街代表交流工作经验。刘树基讲话，概括专委会及政协小组工作特点，总结开展专委会和政协小组工作主要经验，对开展好政协工作提出殷切期望。

“迎国庆、贺中秋”茶话会。于9月22日在东莞会展国际大酒店召开。林明枢主持茶话会。刘志庚致祝酒词。刘树基讲话。黄双福代表市委、市政府通报市2009年以来经济社会发展情况和近期工作安排。市政协常委、民革东莞市委会主委余毅代表市各民主党派发言。

纪念人民政协成立60周年座谈会。于9月22日在东莞会展国际大酒店召开。林明枢主持会议。刘树基讲话。会议全面回顾人民政协60年来光辉历程，总结东莞市政协开展工作历史经验。部分委员代表发言，回顾人民政协和东莞政协历史，畅谈做好政协工作体会。市政协领导，部分历届市政协正副主席，市各民主党派、工商联、人民团体等单位负责人，以及市政协各界别代表出席会议。

纪念人民政协文史资料工作50周年暨《建国以来东莞文史研究著作整理图录》出版座谈会。于9月25日在市政协会议室召开。市政协教科文卫体和文史委员会主任丁林枝主持会议。秘书长黎锦辉作《建国以来整理研究东莞文史群书图录》出版工作情况说明；副主席朱伍坤回顾东莞政协文史资料整理工作简况；与会人员积极发言，回顾东莞政协文史资料工作历程，交流开展文史工作经验体会。副主席邝明子总结讲话。原市政协副主席黄发，副秘书长冉红宇、吕小华，专委会副主任李炳球，十一届市政协文史通讯员，历任文史委员会主任和机关文史工作者出席座谈会。

周末访谈节目。2009年，市政协围绕“预防和减少交通事故”、“设立道路交通事故救助基金”、“防治甲流”、“加强民营医疗机构管理”等内容播出20期节目，邀请职能部门有关负责人以及民主党派成员、政协委员82人次参加访谈，就一系列热点问题进行分析和解读。

**【调研视察】** 视察虎门港发展建设。2009年5月，市政协常委会组织视察虎门港建设发展情况，对发挥推进产业结构调整、优化投资环境、增强发展后劲的强大拉动作用积极建言献策。

促进中小企业发展专题调研。7—8月，市政协常委会以专委会为基础，分成5个小组，前往10个镇街，就中小企业发展情况调研，从多角度了解市中小企业转型升级情况，以及应对金融危机做法和措施。

走访委员企业。3—4月，市政协正副主席率正副秘书长、专委会专职正副主任，分5个小组走访40多家委员企业，深入了解委员企业发展状况，宣传市帮扶企业政策措施。针对委员反映情况，从提高审批效率、降低税费标准、解决融资难题、完善政策法规等方面，向市委、市政府提出17条意见和建议。

视察农贸市场建设。8月14日，市政协常委会对市农贸市场建设发展情况进行专题视察。常委会集中听取副市长邓志广作《东莞市农贸市场建设情况报告》，分成5个小组，前往虎门、东城、常平、大岭山、樟木头等镇街视察农贸市场，召开座谈会听取情况汇报。针对存在主要问题，提出提升管理水平、规划市场布局、优化经营环境、加强食品安全管理、推进市场建设标准化、推进市场经营规范化等6条建议。

视察社会治安治理情况。2009年，市政协主席会议通过视察平安社区和电子监控设施、召开座谈会等形式，详细了解市维稳工作取得成绩及存在困难，就加强市治安工作提出推进科技强警、打击路面犯罪、推进平安社区建设、加强群防群治、规范法律服务市场等意见和建议。

**【出版《中国政协·东莞专刊》和东莞政协专版】** 2009年，市政协加强与《中国政协》和《人民政协报》等中央新闻媒体联络，在全国“两会”期间出版《中国政协·东莞专刊》，在庆祝人民政协成立60周年期间出版东莞政协专版，充分展示东莞改革开放30年来走过光辉历程，介绍东莞抗击金融危机重要举措、成效，宣传市政协与时俱进、不断开创工作新局面实践经验。

**【学习及培训】** 市政协党组理论学习中心组。2009年2月27日，市政协党组理论学习中心组组织学习中央、省、市三级纪委会议精神，及胡锦涛总书记在中纪委全会上的讲话和贺国强同志所作工作报告；4月22日，组织学习《省委、省政府贯彻实施〈珠江三角洲地区改革发展规划纲要（2009—2020）〉的决定》；8月21日，组织观看纪律教育专题片《“蚁穴”透视》、《三个窝案的警示》、《天使情怀》，加强反腐倡廉教育；11月13日，组织学习《胡锦涛同志在庆祝中国人民政治协商会议成立60周年大会上的讲话》、《全国政协关于学习贯彻〈胡锦涛同志在庆祝中国人民政治协商会议成立60周年大会上的讲话〉的通知》、《中国共产党第十七届中央委员会第四次全体会议公报》。

举办第三期北戴河培训班。7月4—11日，市政协组织委员赴北戴河全国政协干部培训中心培训学习。委员们听取全国政协、中央党校等有关方面领导和专家学者关于人民政协工作以及中国经济、社会、军事、文化建设、台湾问题等专题讲座。110余人参加学习活动。

（莫庆才）

**附：2009年东莞市政协十一届委员会正副主席、正副秘书长、办公室正副主任以及专门委员会领导名录**

**正副主席**

主　席：刘树基

副主席：林明枢　刘发枝　游敏达　邝明子　朱伍坤　袁德和　周楚良

**正副秘书长**

秘书长：黎锦辉

副秘书长：冉红宇　吕小华　吴润玲

**办公室正副主任**

主　任：冉红宇

副主任：黄桥法

**专门委员会正副主任**

**提案委员会**

主　任：莫淑华

副主任：赫喜华　欧阳贵有　李　勇　余　毅　朱益民　温淦荣　叶松柏　陈锐康　许守干　陈建国　梁建新

**经济委员会**

主　任：张盛昌

副主任：洪晓杨　陈广钊　吕琦元　刘伟全　袁志强　方茂明　欧阳南江　梁经昌　叶浩鹏　王庆华　卢寿维　何锦成　张玉其　陈　刚　林　平

**教科文卫体和文史委员会**

主　任：丁林枝

副主任：李炳球　蔡一平　李光霞　邹　联　陆世强　蔡建勋　吴美良　杨晓棠　黄永贵

**社会法制和人口资源环境委员会**

主　任：李福友

副主任：刘树勋（任至12月）　张灿炎　彭启尧　何镜清　吴才华　李泽林　陈　波　钟新力　袁绍东　徐诠清　黄　钢　梁应昌　管林海　钟淦泉　刘　虹（12月到任）

**港澳台侨外事委员会**

主　任：卢治邦（任至12月）　刘树勋（12月到任）

副主任：沈新娥（任至12月）　卢治邦（12月到任）　何淦洪（12月到任）　蒋小莺　温少生　戴松林　梁　麟　王国强　曾民盛　游匡正　黄冠球

**广东省政协第十届委员会委员**

刘树基　袁德和　叶惠全　张玉其　陈　燊　李光霞　陈锡康　吕　兢　麦照平　李胜堆　陈伟洪　陈焕全　黎俊东　黄宇东　章　俊　陈万培

# 中共东莞市纪律检查委员会

【**概况**】中共东莞市纪委和东莞市监察局合署办公，履行党的纪律检查和政府行政监察两种职能，对市委、市政府全面负责，机关内设13个职能室：办公室、监察综合室、党风廉政建设室、纠正部门和行业不正之风室、执法监察室、效能监察室、第一纪检监察室、第二纪检监察室、案件管理室、案件审理室、信访室（举报中心）、宣教研究室、干部室。

【**重要会议**】2009年1月21日，中国共产党东莞市第十二届纪律检查委员会第四次全体会议召开，会议传达贯彻中央纪委十七届三次全会、省纪委十届三次全会精神，总结2008年全市党风廉政建设和反腐败工作情况，部署2009年工作任务。2月26日，市纪委召开2009年落实党风廉政建设和反腐败专项工作任务暨行风评议动员大会，研究落实2009年党风廉政建设和反腐败专项工作任务，动员部署开展民主评议行风活动。3月17日，市纪委召开全市纪检监察信息工作座谈会，总结交流2008年全市纪检监察信息工作情况，研究部署2009年工作。6月29日，市纪检监察学会第二届会员代表大会暨“以解放思想推进反腐倡廉建设”理论研讨会召开。7月1日，全市“小金库”治理工作会议召开，对“小金库”专项治理工作进行部署。7月6日，全市纪检监察工作会议召开，总结上半年工作，研究部署下半年工作，对开展创建农村基层党风廉政建设示范点活动进行动员部署。7月8日，市委召开全市纪律教育学习月活动动员大会暨第七期领导干部“三纪”教育培训班开班仪式，邀请中央纪委原常委祁培文作专题辅导报告。8月21日，市纪委召开传达贯彻省党风廉政建设责任制领导小组会议和省纪委工作汇报会精神会议。9月3日，召开全市工程建设领域突出问题专项治理工作会议，动员部署全市专项治理工作。10月21日，全市落实党风廉政建设责任制推动党风廉政建设和反腐败专项工作汇报会召开，会议听取市直有关单位汇报党风廉政建设和反腐败专项工作落实情况，对全市下阶段党风廉政建设各专项工作作出部署。11月12日，2009年“市民评机关”活动工作会议召开，对“市民评机关”活动进行布置。12月17日，市纪委召开创建农村基层党风廉政建设示范点工作经验交流会。

【**监督检查职能履行**】2009年，全市各级纪检监察机关紧紧围绕保障和促进科学发展谋划工作，保证中央、省、市重大决策的贯彻落实。认真落实《东莞市关于加强对扩需促增重点项目监督检查的意见》，加强对扩内需保增长重点项目监督检查。开展对耕地保护责任制履行情况和资源节约政策措施落实情况监督检查，建立镇街重点耗能企业能源利用状况报告制度，组织对市8家省监管重点耗能企业和38家市监管重点耗能企业进行现场考核。加强对环境保护政策措施落实情况监督检查，开展整治违法排污企业专项行动，关停28家造纸企业，成功摘除造纸行业污染重点区域环境问题的牌子。加强对支援映秀镇抗震救灾款物管理使用情况检查，落实情况通报、信息公开、现场检查等制度，到映秀镇开展现场检查工作。东莞市全年共向映秀镇拨付3.28亿元，资金使用全部符合监管工作要求。

【**领导干部廉洁自律规定执行**】2009年，市纪委、市监察局加强节假日期间廉洁自律工作，预防和禁止在节假日期间违反规定收送“红包”、公款旅游等行为发生。深入开展“小金库”专项治理工作，将市属党政机关、事业单位和镇街单位共2160户纳入治理范围，对6个单位私设“小金库”问题进行纠正，涉及金额984万元。下发《关于党政机关厉行节约的通知》，从严禁以各种名义用公款出国（境）旅游等9个方面，要求各级党政机关带头厉行节约，努力实现“五个零增长”、“四个减半”目标。全市办理因公出国共58批296人次，批次同比减少33%，人次减少26%；公务接待费支出同比减少13%；办公费用比上年节约2799.1万元；财政出资或政府机关主办的晚会、展览、庆典、论坛活动经费减少47.5%，压减经费4910万元。出台《东莞市规范镇街公务员津贴补贴实施方案》，对各镇街公务员津贴补贴项目和标准、发放方式、资金来源等作出严格规定。加强农村基层党风廉政建设，建立全市农村基层党风廉政建设工作联席会议制度，开展示范点创建活动和农村基层党风廉政建设工作专项检查。

【违纪违法案件查处】 2009年，全市纪检监察机关共受理群众来信来访、电话举报1020件次；立案查处违纪违法案件89宗，其中要案2宗；结案90宗，处分党员干部108人，其中处级干部2人；为国家和集体挽回直接经济损失5947万元。各级纪检监察机关始终保持惩治腐败高压态势，案件突破能力和依纪依法、安全文明办案能力进一步增强。治理商业贿赂专项工作继续深入推进。开展“信访积案化解年”活动，认真排查化解信访突出问题和矛盾纠纷。注重发挥保护职能，通过调查、函询、谈话等多种方式核查信访件，为165名干部澄清是非，保护干部干事创业积极性。切实加强案件审理，确保案件质量。加强案件剖析，进一步发挥办案在警示教育、完善制度、强化监督等方面治本功能。认真抓好办案基础设施建设，积极服务协调好中央纪委、省纪委的办案工作。

【纠正损害群众利益不正之风】 2009年，市纪委、市监察局积极协调有关单位加强对社保基金、住房公积金、扶贫资金、救灾救济资金等专项资金监管，查处企业骗取、冒领社保待遇案件34宗，全额追回涉案资金21.7万元。开展食品安全专项整治工作，会同有关部门检查生产经营单位2.1万家，立案查处304宗。加强农村集体征地款管理，切实维护农民利益，全市共有2752个经联社开设土地款专户，涉及资金30.8亿元。加强农民负担监测网点建设，完善接访办理程序，处理“出嫁女”配股和福利分配等投诉49宗。治理教育乱收费问题，全面落实义务教育阶段免费教育政策，会同有关单位下发《关于明确我市中小学“一费制”以外收费问题的通知》，取消课外活动费等5项收费项目，减轻群众教育负担4000多万元。制定《东莞市新莞人子女接受义务教育暂行办法》，新接受新莞人子女13939个入读公办学校。加大对教育乱收费信访和教育收费检查处理力度，及时解决回复群众反映教育收费问题67宗。做好企业治乱减负工作，取消20多项收费项目，减轻企业负担25亿元。开展明察暗访活动，制作《东莞市机关作风暗访专题片》200多份下发基层，加强警示教育。继续办好“阳光热线”，组织22个市直单位负责人参加节目，接听现场电话249个，网络专栏处理回复群众来信7617件。组织开展“市民评机关”活动，在国土资源、建设等5个系统深入开展民主评议政风行风活动，满意和基本满意率达93%以上。巩固治理公路“三乱”工作成果，取消公路运输管理费、水路运输管理费8056.6万元。加大巡查暗访力度，及时纠正公路“三乱”问题17宗。加强对安全生产法律法规和责任制落实情况监督检查，对虎门“9·30”火灾事故和东城“12·4”塔吊坠落事故进行严肃查处。

【源头防治腐败】 2009年，市纪委、市监察局积极推进公共财政管理体制改革，进一步完善预算国库信息化系统功能，健全部门预算管理体系。顺利完成第三轮行政审批制度改革，取消行政审批事项85项。加强要素市场监管力度，深入开展工程建设领域突出问题专项治理工作，加强对政府重点投资项目检查监督，全年市建设工程交易中心共办理工程招标449项，中标总金额121亿元，平均下浮率15.6%。进一步规范工业用地招拍挂的供地程序和配套措施，全市公开出让经营性用地103宗，成交价74.2亿元；公开出让工业用地54宗，成交金额12.2亿元。加强重大政府采购项目监管力度，市级政府采购预算完成21.8亿元，采购金额19.4亿元，节约率11%。进一步规范产权交易机构运作，市产权交易中心成功完成产权交易32宗，成交额1.3亿元。推进电子监察系统建设，每月将监察绩效测评结果在《东莞日报》上向社会公布，全年该系统共受理审批业务60多万笔，提前办结率达到98.8%。抓紧推进政府采购、政务公开、村（居）务公开三个电子监察系统建设，其中政府采购电子监察系统已开通运行。

【党风廉政宣传教育】 2009年，市纪委、市监察局举办首届青少年廉政文化书画现场大赛及获奖作品展览，参观人数达33万人次。深入开展以“加强作风建设，保障科学发展”为主题的纪律教育学习月活动，编辑下发《东莞市党员干部反腐倡廉教育读本（2009）》和《东莞古代廉政文化作品集》，征订党风廉政教育学习资料4万余册、教育专题片8000盒。举办全市领导干部教育培训班，邀请中央纪委原常委祁培文来莞作辅导报告，共有21人次市领导到基层讲廉政党课，受教育党员干部约1.5万人次。摄制专题教育片《三个窝案的警示》，免费发至全市党支部供党员干部观看。编印《东莞市反腐倡廉建设实践与理论研究》，推动反腐倡廉理论研究工作。在广东东江纵队纪念馆建立反腐倡廉革命传统教育基地。

【对领导干部的监督】 2009年，市纪委、市监察局注重做好廉政监督和职务犯罪预防工作，印发《关于对“扩内需，保增长”建设工程项目加强职务犯罪预防工作的意见》和《关于加强预防职务犯罪工作的决定》，努力从源头上预防职务犯罪，保障经济平稳较快发展。加强领导干部经济责任审计工作，对7名镇街党委书记和5名市直单位正职进行离任经济责任审计。认真执行落实“三谈两述”（即纪委同下一级党政负责人谈话、任前谈话、警示谈话，述职述廉）制度，全年进行领导干部任前廉政谈话1911人次，领导干部述职述廉3570人次，诫勉谈话267人次，纪委负责人同下级党政主要负责人谈话598人次。落实党员领导干部报告重大事项规定，共1200人次进行申报。加强对农村基层党员干部监督，制定实施《东莞市违反农村集体资产管理行为责任追究办法》。落实党员领导干部民主生活会制度。（黄贵新）

**附：2009年中共东莞市纪律检查委员会领导名录**

市纪委书记：甄瑞潮
市纪委副书记：莫布兴　洪讲厚　陈锦洪　吴才华（4月到任）
市纪委常委：甄瑞潮　莫布兴　洪讲厚　陈锦洪　吴才华（4月到任）　罗乐英　叶柏茂　何念瑶　何植尧　卢淑贤　袁丽群（4月到任）
市监察局局长：莫布兴
市监察局副局长：罗乐英　罗暖培　夏显辉

## 中国国民党革命委员会东莞市委员会

【概况】 截至2009年，中国国民党革命委员会东莞市委员会（简称民革东莞市委会）有党员75人，设5个支部委员会。成员主要分布在医卫、教育、文艺等界别；成员平均年龄45.3岁；具有中高级职称70人，约占总人数93.3%；担任市人大常委1人，市政协委员6人（其中常委2人），市“特约十员”4人。

【参政议政】 2009年“两会”期间，民革东莞市委会及党员中的政协委员提交提案19件，全部得到立案；人大代表提交建议3个。其中市委会提案《关于打造虎门鸦片战争独特的历史文化品牌，促进东莞旅游产业升级转型的建议》被评为年度重点督办提案和优秀提案；《关于进一步充实和加强社区卫生服务机构人才队伍建设》被评为表扬提案；在市长会见市人大代表座谈会上，人大常委、副主委何环珠作《文化产业发展的几点建议》发言，在市长会见市政协委员座谈会上，主委余毅作《突出东莞独有特色，做强旅游文化产业》发言，两人发言均得到市领导重视和《东莞日报》报道；10月14日，市政协十一届三十次主席会议实地视察重点提案《关于打造虎门鸦片战争独特的历史文化品牌，促进东莞旅游产业升级》的办理情况，主委余毅、副主委李恒提出实行全市旅游资源一盘棋，优化重点旅游景点交通和周边环境，加强旅游和文化、制造业等产业融合的建议得到政协主席刘树基和副市长严小康肯定和现场回应。民革东莞市委会及党员积极通过“周末访谈”、社情民意反映、工作信息等多种渠道、多种形式参政议政，承办题为“如何构建和谐医患关系”1期“周末访谈”，报送社情民意4期、工作信息12期，多篇信息被《广东民革》、《东莞政协》及《统战信息》采用。协助省委会开展“广东省流浪儿童问题”专题调研。

【思想建设】 2009年5月，民革东莞市委会开展“关于开展纪念建国60周年暨多党合作制度确立60周年”和“孙中山思想与中国近代化”征文活动；9月，组织全体党员前往中山市开展庆祝新中国成立60周年暨多党合作和政治协商制度确立60周年活动；多次召开市委会（扩大）会议深入学习民革中央《关于各民主党派深化坚持走中国特色社会主义道路学习教育活动的意见》、民革广东省委会十一届三次全会、全市领导干部会议、民主党派负责人暑期座谈会等重要文件和会议精神；组织党员参加中共市委统战部举办的民主党派新成员培训班等，加强党员的政党意识、责任意识，坚定新党员自觉接受中国共产党领导的信念。

【组织建设】 一是完善基层组织架构建设。2009年11月11日和12月26日，虎门支部委员会和理工学院支部委员会成立，民革东莞市委会全面展开“一一三”工程，即各支部每年要有一个高质量提案，发展一个党员，组织三次以上较好的组织活动。民革东莞市委会全年发展党员6人，外省市转入党员6人。二是抓好后备干部队伍建设工作。根据民革中央有关文件和东莞市委统战部《关于做好我市各民主党派领导班子后备干部队伍建设的意见》精神，民革东莞市委会于2009年10月11日下午召开领导班子后备干部推荐会，在中共东莞市委统战部的指导和协助下顺利完成推荐工作。

【社会服务】 2009年3月，民革东莞市委会人民医院支部和综合一支部的党员参与市知联会的医疗义诊活动；在开展“流浪儿童”专题调研工作中为省儿童救助保护中心的儿童送上儿童读物《血袍子》。（黎丽香）

**附：2009年民革东莞市委会领导名录**

主　委：余　毅

副主委：何环珠　李　恒

## 中国民主同盟东莞市委员会

【概况】 中国民主同盟东莞市委员会（简称盟市委）成立于1991年7月5日。截至2009年，中国民主同盟东莞市委员会共有盟员182人，比2008年增加10人。其中新发展盟员9人，转入盟员2人，死亡1人。在新发展的9名盟员中，高级职称3人，中级职称4人，平均年龄35岁。设有参政议政委员会、科技委员会和文教委员会。共有11个支部，包括：学院支部、莞中支部、东城支部、莞城支部、科技支部、医卫支部、文艺支部、石龙支部、虎门支部、镇区一支部、城建环保支部。盟员中教育界117人，占总数64%；医卫界17人，占总数的9%；其它界别占26%。盟员中90%具有高、中级职称，其中正高职称4人，副高职称84人，中级职称76人。担任市政协副主席1人，市政协常委2人，政协委员8人，市人大常委1人，市“特约四员”10人次。2009年9月，盟市委在民盟广东省委、东莞市委统战部的具体指导下，顺利完成后备干部民主推荐，增补汤瑞刚为民盟东莞市委第四届委员会副主委，具体分管宣传及社情民意信息工作。

2009年，盟员唐章辉获全国优秀教师奖；刘笃锋获第6届全国外语教师园丁奖；袁华强、欧阳骥获广东省科技进步三等奖；李少钧获第11届全国美术作品展漆画展区优秀作品奖。

【参政议政】 2009年，盟市委向市政协十一届三次会议提交集体提案13件。在向政协十一届二次会议提交的提案中，《关于大力发展国际服务外包产业，提升东莞服务业竞争能力的建议》被列为重点督办提案及获市政协优秀提案奖；《关于建立东莞市风险投资引导基金的建议》和《关于采取有力措施制止继续开发小产权房的建议》2篇提案获市政协表扬提案奖。在市长会见政协委员座谈会上，副主委程发良作《东莞博士队伍的培养亟须政府政策支持》发言。盟市委积极参加市政协的“周末访谈”节目，针对《加强社区健康教育服务　提高市民防病意识》进行交流探讨。2009年，在盟市委向市政协、市委统战部提交的19篇信息中，《关于在临时开通的学生接送专线中设“玉兰中学”站的建议》以及《关于120急救中心的一点建议》获市政协采用，专报市长批复。

【思想建设】 2009年，盟市委领导班子和后备干部积极参加东莞市民主党派暑期学习班，市委委员及骨干盟员参加全国政协北戴河学习培训班，机关专干参加社情民意信息采写工作培训班等课程。2009年初，盟市委领导班子、机关干部、基层支部自上而下学习《珠江三角洲地区改革发展规划纲要》，务求认清形势，把握机遇。4月24日，邀请省政府参事王则楚作《世界经济的衰退及对策》金融专题报告，为盟员们科学分析金融海啸起因和本质，提倡各党派坚持民主和党际监督，加大参政议政力度，携手走出经济衰退期。制作完成第26期《东莞盟讯》。

【社会服务】2009年3月，盟市委与市科技馆合作，举办免费知识讲座，盟员黄虔博士主讲《冠心病的预防》讲座，吸引盟员及市民前来学习。5月，盟市委联合市教育局和骨干盟员所在的两所中学，合力承办民盟广东省委“农村教育烛光行动”第五期教师培训班，与8位来自甘肃的农村教师结对学习，为盟市委继续支持和深入开展农村教育烛光行动打下基础。11月，盟市委到清远佛冈探望上年的捐资助学对象，继续捐助佛冈高中、佛冈一中的30名学生。

（王雪萍　蔡子萍）

附：2009年市民盟东莞市委会领导名录

主　委：朱伍坤

副主委：李奎山　程发良　汤瑞刚

## 中国民主建国会东莞市委员会

【概况】截至2009年，中国民主建国会东莞市委员会（简称市民建）有会员69人，平均年龄48岁；有2个基层支部，2个活动小组；会员主要分布在经济界、教育界和公务员队伍；大学以上学历占93%，其中博士6人、硕士10人；具有中、高级技术职称会员占80%；会员中有民建广东省委会委员2人，有市十一届政协副主席1人、常委2人、委员5人，市“特约四员”10人次。

【自身建设】2009年，市民建全体会员解放思想、深入学习贯彻中共十七大、十七届四中全会、民建九大会议精神，继续开展政治交接学习教育活动，学习、继承、发扬民建优良传统，加强思想建设；组织发展方面，增加会员4名，其中新发展2名、从外地调入2名；加强基层组织和专门工作机构的建设，新成立东莞理工学院支部、综合支部两个基层组织以及经济科技委员会、城乡建设委员会两个专委会；开展各种培训活动，提高成员履行职责能力，如领导班子成员、机关干部、骨干多次参加省民建、市有关部门组织的培训班，全体会员参加《珠江三角洲地区改革发展规划纲要》学习讲座等。

【参政议政】2009年，市民建向市政协十一届三次会议提交8件集体提案、9件委员提案，其中《大力发展金融产业，推动东莞产业结构调整和转型升级》被列为5件主席督办重点提案之一；向市政协十一届二次会议提交《关于解决好福利院孤残儿童成年后的出路的建议》和委员个人提案《关于加大东莞高端IT产业集群发展的建议》被评为优秀提案，《关于加大东莞太阳能光伏产业集群发展的建议》被评为表扬提案；主委周楚良提交《整合信息资源，打造信用广东》获省政协优秀提案奖，在市长会见政协委员座谈会上作《加大工业龙头企业支持力度推动东莞制造向东莞创造转变》发言和《发展文化产业，促进东莞双转型》书面发言；2人次参加1期和市政协合办的东莞电台议政节目“周末访谈”，主题为“健全我市中小企业服务支持体系”。

2009年，市民建开展“三促进，一保持”活动，针对全球金融危机对东莞市经济产生的负面影响，积极开展相关调研活动，发动会员积极提出意见和建议。6月，市委会联合民建珠海市委会开展题为“金融危机下东莞市扶持中小企业政策落实情况”调研，邀请市外经贸局、经贸局等单位座谈，深入了解东莞市出台的扶持中小企业政策措施在落实过程中存在问题，力促优惠政策落到实处；市委会课题调研组多次到有关担保行业单位、有关企业调研东莞市信用担保体系，提出完善信用担保体系、防范系统性风险具体意见和建议。多次参加中共东莞市委、市政府、市政协和有关部门召开的民主协商会、情况通报会以及视察活动，就东莞市中心工作提出意见和建议。

【社会服务】2009年3月，市民建组织律师会员参加东莞市消费者委员会举行的“3·15消费者权益日法律咨询”活动，为企业和市民提供法律咨询服务和帮助；8月，协助省民建妇工委有关扶贫项目进行捐款；副主委何思模全年捐出35万开展助学活动。据不完全统计，2009年，市民建会员以及会员企业共培训转移农村劳动力3000人次，帮助再就业600人次，组织开展助学活动，捐助人数220人次，各种捐款达51万元。

（罗建锋　叶尧斌）

附：2009年民建东莞市委会领导名录

主　委：周楚良

副主委：何思模　邓立虎

## 中国民主促进会东莞市委员会

【概况】截至2009年，中国民主促进会东莞市委员会（简称东莞民进）共有成员85人，平均年龄45岁；设松山湖、莞城、东城、南城、万江、石龙、虎门支部。东莞民进会员中，教育界67人，政府及党派机关7人，法律界4人，文化艺术界2人，医卫界2人，私营经济2人，公有经济1人。大学以上学历占81.2%，其中博士有4名。具有中高级职称的人数占84%。会员中担任市政协委员有7人，其中常委2人；有市人大常委1人。

【组织建设】2009年，东莞民进完善领导班子。6月19日，召开民进东莞市委扩大会议，民进广东省委组织处副处长宣读民进广东省委《关于民进东莞市第三届委员会组成人员的决定》。《决定》宣布牛熠、占少云、卢红、张凤芳、李俐、李勇、陈丽敏、梁佳沂、魏龙为民进东莞市第三届委员会委员，任命梁佳沂为民进东莞市委第三届委员会主任委员。在基层组织建设方面，为保持东莞民进基层组织活力，进一步方便各支部活动开展，东莞民进适应时势变化，进行支部调整，将5个支部、1个小组调整为7个支部。

【参政议政】2009年1月，东莞民进向市政协十一届三次会议提交集体提案9篇，比08年增加3篇；个人提案20篇，比08年增加5篇。其中《关于整顿机关作风，打造高效率运作政府的建议》被评为“优秀提案”；《加快职业教育发展步伐，助推我市产业转型升级》被评为“表扬提案”。会员占少云代表东莞民进参加2009年市长会见市政协委员座谈会，作《家庭教育误区及对策浅谈》发言。东莞民进参与两期市政协与东莞电台合办参政议政节目“周末访谈”，魏龙代表东莞民进参加“充分认识企业人才职称的作用，创新企业人才职称评定机制”主题节目，原万江支部参加“畅通爱心渠道，推动志愿服务”主题节目。5月，东莞民进会员10余人到厚街镇开展“自主创新企业行”调研活动，详细了解受访企业通过开展自主创新、实施知识产权战略或通过知识产权及专利的创造、运用、保护和管理促进自身持续发展的经验做法以及企业自身发展存在主要问题和对政府有关部门工作建议和要求，调研后写成调研报告送给民进省委。

【社会服务】2009年，东莞民进会员积极为汶川灾区儿童捐书捐款。民进东莞市委员会捐款3300元，会员捐款1500元、书籍400余册。（黎清华）

附：2009年中国民主促进会东莞市委员会领导名录

主　委：梁佳沂

## 中国农工党民主党东莞市委员会

【概况】截至2009年，中国农工民主党东莞市委员会（简称市农工党）有党员121人，其中医卫界73%、科技界8%、教育界11%、其他界别8%，具有中高级职称的占总人数的88%，平均年龄53岁。有农工党省委委员1人，省政协委员1人，市人大代表1人（常委），市政协委员8人（常委2人），市特约人员6人。2009年发展党员9人，其中医卫界6人，科教界2人，新社会阶层人士1人，平均年龄41岁。根据农工党党章和组织规程，经农工省委会批准，四届十八次委员会议补选陈剑为四届市委会委员。农工党中央授予老主委陈文敏（一、二、三届主委）"组织工作突出贡献"荣誉证书，授予秘书长杨小红"优秀组织工作者"荣誉称号。2009年，市农工党有2名党员分别荣获2009年东莞市科学技术一、二等奖；3名党员被市卫生局评为先进护士长；2名党员被评为先进护士；党员汪莹成功举办声乐教学专场音乐会，其发起编写的《东莞民间歌曲集成》已付梓出版。

【参政议政】2009年，市农工党认真履行参政党职能，积极开展调研，在市政协十一届三次会议上共提交11件（包括个人提案）提案。其中《关于加快第一资源开发，为我市科学发展提供人才支撑的建议》被市政协确定为主席督办5件重点提案之一；《关于加强社区建设的几点建议》提案获优秀提案奖；《关于组建东莞社会科学院、繁荣东莞社会科学研究的建议》获表扬提案。市政协委员李惠忠个人提案《关于大力发展民营医疗机构，促进医疗市场健康发展的建议》获表扬提案。在市长会见政协委员座谈会上，市政协委员、市委委员彭晓云作《关于在东莞打造国家级数字医疗设备产业基地的建议》发言。市政协委员杨海龙、李惠忠以"加强民营医疗机构管理，提高医疗卫生服务水平"为专题参加市政协举办的"周末访谈"节目。王委李光霞参加省政协会议，并作为妇女代表参加广东省及东莞市妇女代表大会，积极反映妇女心声，为东莞妇女工作建言献策。

【社会服务】2009年，市农工党与市图书馆联合举办2期"百姓健康"系列讲座，并结合农工党第二届"中国环境与健康宣传周"活动，作"大气污染的危害与防治"环保知识讲座。继续为《东莞政协》的《健康知识》栏目撰稿，发表2篇医学科普文章。11月8日，结合中国"国际科学与和平周"活动，与农工党广东省人民医院总支联合在高埗镇人民医院举行义诊活动和定点帮扶高埗医院启动仪式，计划长期派专家进行技术扶持。（杨小红）

附：2009年中国农工民主党东莞市委员会领导名录

主　委：李光霞

副主委：赫喜华　袁明杰

## 中国致公党东莞市委员会筹备小组

【概况】截至2009年，中国致公党东莞市委员会筹备小组有成员65人，其中归侨8人，侨眷侨属10人，港澳台属7人，少数民族3人，其他有海外关系35人；具有中高级职称54人；平均年龄46岁；大部分成员分布于科教文卫界；大学本科以上54人、大专11人；副处级干部2人、科级干部4人；有省人大代表1人、市人大代表1人；市政协常委2人，市政协委员5人;省侨联委员1人、市人民监督员1人、市特约检察员1人、市侨联委员会顾问1人、市政府采购监督员2人、市食品药品执法廉政监督员1人、市公安局警务廉政监督员1人、市法院司法监督员1人。2009年发展7位新党员，另从省外转入1位党员。

【参政议政】2009年，致公党东莞市委会（筹）围绕中共东莞市委、市政府的中心工作和群众普遍关注的社会热点问题开展参政议政工作。在市政协十一届三次会议上，共提交《关于拓展医疗救济基金募集渠道的建议》等17件提案，其中党派提案5件，党员政协委员个人提案12件。提案《关于进一步完善公交服务网络和提升公交服务水平的几点建议》被评为2009年度政协优秀提案，《关于统筹协调我市镇街共同发展的建议》和《关于加大对职业机构扶持力度的建议》被评为2009年度政协表扬提案。在市长会见市政协委员座谈会上，共提交发言稿3篇，张亚清代表市委会（筹）作《关于尽快设立道路交通事故社会救助基金缓解医疗欠费问题的建议》发言。在省十一届人大二次会议上，省人大代表阮雪玲提交3份个人建议，并为致公省委会参政议政委员会提交4份建议。充分利用东莞电台"周末访谈"节目，就社会民生热点问题开展民主监督，妮娜、张本胜就"聚焦食品安全"主题，何建芳、肖惠红、赖道波等就"尽快设立道路交通事故社会救助基金 缓解医疗欠费问题"主题与广大市民进行深入探讨。

【联谊工作】2009年，致公党东莞市委会（筹）积极协助政府开展侨务工作，主动向亲友宣传国家的方针、政策和国内形势，搭建海外联谊的桥梁。阮雪玲出席广东省第九次归侨侨眷代表大会，参加"海外华侨华人青年才俊聚东莞"论坛活动，与来自15个国家和地区的海外华侨华人进行深入交流。郑燕娟受邀到新加坡出席潮州八邑会馆成立80周年庆祝活动，并拜访马来西亚潮州八邑会馆，双方加强沟通了解，增进友谊。

【社会服务】2009年，致公党东莞市委会（筹）注重开展社会服务工作。黎平出资成立两家爱心血透中心，给经济困难的尿毒症病患者提供低收费或免费的治疗服务，被评为"中国公益事业形象大使"；戴松林随同市统一战线慰问团到东莞援建灾区映秀镇进行慰问；郑燕娟、刘依朴代表致公党东莞市委会（筹）随省委会到四川灾区进行慰问捐赠活动。

【党员荣誉】2009年，阮雪玲当选为省侨联第九届委员会委员；戴松林被任命为市环保局总工程师；张亚青被任命为市地震局办公室主任；黄蔚然撰写的教学论文《学异国文化　用得体语言》获全国普教系统教学论文评选二等奖，教学设计和一篇教学论文分别获得东莞市一等奖和二等奖；左远志在《化工进展》等核心期刊上发表3篇论文，获得1项实用新型专利授权，撰写的《两级式太阳能平板集热型再生及其稳态性能分析》论文获2009年度东莞市制冷空调学会科技论文二等奖；罗晓虹在《分析测试学报》等核心期刊上发表3篇论文；汪晟主编的《文化周末报》获国家文化部颁发的创新奖，在莞城图书馆进行为期一年的"美在身边"系列讲座，受市图书馆之邀开讲文学讲座，作品中篇小说《水上漂》在国家电影电视总局立项，将于2010年改编拍成同名电影；曾明了作品《子弹与花》获第二届东莞荷花文学奖长篇小说奖，最新长篇小说《百年莞香》由中国文联出版社出版发行，并被东莞寮步镇买下版权，将拍摄电视剧《百年莞香》；汪晟作品《子非鱼》和曾明了作品《黑嘎》获"新中国成立60周年东莞文学艺术大奖"优秀作品奖（文学类）；冯炎红论文《武术散打运动员认知方式对注意特征的影响》分别在中文体育核心期刊、中国人文社会科学核心期刊、沈阳体育学院学报刊出；王晓春被东莞理工学院城市学院评为2009年"三育人"先进个人，并获市优秀教师称号；殷毓德被评为东莞市首批学科（高中政治）带头人；郑陶凌参加"佛教与中印文化交流国际学术研讨会"，任《佛教与中印文化交流国际学术研讨会论文集》副主编，其论文《苏轼"以禅入诗"三境界》被收录其中；吴志滔任东莞市民间文艺家协会副秘书长和东莞古琴文化艺术会常务副会长，其主要收录和编辑的《东莞民间歌曲集成》出版，主创歌曲《中国味》荣获"第三届全国新创歌曲歌词大赛暨献给建国60周年原创词曲大赛"一等奖；王剑桥作品《江山水秀》、詹丽华作品《妙趣》入选致公党中央举办的"祖国万岁——致公党中央庆祝中华人民共和国成立60周年书画展。"（郑燕娟）

**附：2009年致公党东莞市委员会筹备小组领导名录**

组　长：戴松林
副组长：陈树良

## 九三学社东莞市委员会

【概况】截至2009年，九三学社东莞市委会共有社员93人。市委会下分五个支社，即综合一支社、综合二支社、综合三支社、理工学院支社、医疗卫生支社。成员主要分布在工程技术界、医药卫生界、高等教育界等。平均年龄54岁，80%的社员有高级以上职称。市委会现有市人大常委（副主任）1人、市政协常委2人、市政协委员4人。2009年，发展新社员7名，其中高级职称5人，博士2人。

【参政议政】2009年市政协全会期间，九三学社东莞市委会提交提案8件，就引导企业积极参与科技平台运作，充分发挥科技平台的核心作用、设立创投引导基金，调动民间资本推动市经济转型、东莞市户籍参保人社区医疗门诊户籍与居住地不一致就诊问题、解决东莞市交通事故死亡赔偿金农居民差异、依法处理欠薪逃逸事件，维护东莞社会经济秩序的稳定、以节水型社会建设为契机积极推动水务体制改革、促进东莞制造业物流服务外包的发展、加快社区卫生服务信息化建设等问题，为全市经济社会发展积极建言献策。委员个人提交提案10件，就严格交通事故扣车处理、写字楼大厦成立业主大会及业主委员会、规范房地产买卖过程中律师服务收费、规范东莞市消防系统安装市场，推动消防工程公司健康发展、灵活执行劳动合同法条款，保障企业稳健发展等问题提出建议。《东莞日报》、《广州日报（东莞版）》对多件提案进行选登。市委会向政协十一届三次会议提交的《以节水型社会建设为契机，积极推动水务体制改革的建议》被评为优秀提案，《引导企业积极参与科技平台运作，充分发挥科技平台的核心作用》被评为表扬提案。7名社员参加政协全会的旁听，医卫支社支委李建云参加旁听人员座谈会，并作《依法处理欠薪逃逸事件，维护东莞社会经济秩序的稳定》发言。11月，在市长会见政协委员座谈会上，副主委王旭珍代表市委会作题为《继续完善体制机制，发挥科技平台作用》发言。市委会承办2期市政协与东莞电台联合举办的"周末访谈"节目。市委会共有7人次担任市各单位特约监督员，直接参与有关监督、检查工作，对市的党风、行风和机关作风建设起到促进作用。

【社员成绩】2009年，九三学社东莞市委会多名社员在本职岗位上取得良好成绩。韩立发参加2009年国际制造科学与工程学术会议（ICMSE2009）、在"Advanced Materials Research"（EI源刊）发表学术论文一篇、成功申报东莞市科技计划项目一项、主持广东省重点实验室开放基金项目一项、承担广东省自然科学基金项目2项；肖秀兰主持制作《多读书善读书读好书——有效利用网络与图书馆开展阅读》录像课获国家级、省级一等奖，策划指导"全方位风扇"获市青少年科技创新发明一等奖；陈中良当选为东莞市胸心外科专业委员会副主任委员；王庆权主持完成《东莞市社区学习电子辅助中心》，获东莞市科学技术进步奖三等奖；何镜清入选"东莞市政协60周年委员风采"60位委员之一；周爱军运用中医防治甲流成效显著，被市中医协会评为"优秀会员"。（鲁　宁）

**附：2009年九三学社东莞市委员会领导名录**

主　委：吕　兢
副主委：何镜清　王旭珍

## 总工会

【开展建功立业竞赛活动】2009年，东莞市各级工会广泛动员和组织职工开展"同舟共济保增长，建功立业促发展"主题竞赛活动、创建"工人先锋号"和"我为节能减排作贡献"等活动。各镇街、局（总公司）工会结合实际，在职工中开展行业技能竞赛，如桥头镇总工会举办的酒店服务业技能竞赛活动，虎门镇总工会举办服装缝纫技能大赛等，有效地调动广大职工劳动热情和创新激情。

【提升职工素质】2009年，东莞市各级工会积极推进"职工之家"创建活动，验收合格1637家。加快"职工书屋"建设进度，新建职工书屋90家。加快市工人文化宫建设，已申报作为市重点工程全力推进，完成选址和方案设计招投标工作。在虎门、石龙分别挂牌成立"东莞市总工会职工技能培训中心"，积极开展包括新莞人职工在内的财务会计、电脑、英语、服装、电工等实用技术培训，举办制冷技术、家政服务等培训班，为东莞市产业结构转型升级提供智力支持和人才保障。

【弘扬劳模精神】2009年，东莞市各级工会进一步倡导先进，发挥劳动模范示范引领作用，鼓舞广大职工与企业"同舟共济、共克时艰"，选树一批先进集体和个人，其中全国五一劳动奖章3名，全国"工人先锋号"1个，省劳动模范11名，省先进集体4个，省"工人先锋

号”7个。加大劳模宣传力度，大力宣传李少辉、梁晓东等一批先进模范人物，进一步营造崇尚劳模、学习劳模社会氛围，激发广大职工为实现东莞市“双转型”展示聪明才智。

【落实维权工作】2009年，东莞市总工会机关配备5名维权机构工作人员，推行职工信访周报制度，详细登记和跟踪职工来访、来信、来电情况，并联合各镇街总工会、劳动、社保等部门着力解决问题，信访办结率达100%。为提升维权工作成效，市总工会出资签约君政律师事务所，定期派律师为职工提供免费法律咨询和援助。

【创建“劳动关系和谐企业”】2009年，东莞市有9660家企业开展“员工满意企业”评选活动，被评为“员工满意企业”并挂牌的有6423家，其中新挂牌1509家。在此基础上，评选100家“劳动关系和谐企业”，由市政府给予表彰，鼓励更多企业参与创建和谐企业。

【厂务公开工作】2009年，东莞市各级工会加大调研、培训和选树典型力度。市总工会对全市厂务公开工作进行全面调研检查，举办全市厂务公开民主管理工作培训班，300多名来自各镇街总工会、100家和谐企业和试点企业的工会主席参加业务知识培训。在全国厂务公开民主管理工作经验交流会上推广塘厦三洋马达有限公司工作经验。各镇街总工会结合实际开展厂务公开工作，横沥、万江、大朗、塘厦、东城、南城、虎门、大岭山、莞城等镇街工作扎实、成效明显。

【建设帮扶中心】2009年，东莞市总工会困难职工帮扶中心加大资金投入，加强硬软件建设。设置专门办公室，配备专职工作人员，完善困难职工档案，健全帮扶工作守则、帮扶援助申请、信息报送、信访反馈、班子会议讨论等制度，及时解决一大批困难职工的燃眉之急。各镇街帮扶中心积极发挥职能作用，认真做好困难职工信访接待、法律援助和生活救助，为困难职工提供各类职业介绍，帮助困难职工实现再就业，从根本上解决生活出路。

【开展帮扶活动】2009年，东莞市各级工会开展“送温暖、送清凉、送助学、送技能、送关怀”等多种形式送温暖活动。共筹集送温暖资金501.9万元，为2560名困难职工和新莞人职工提供物质、技能和心理帮扶；共发放助学资金629.84万元（其中新莞人职工子女约占60%），资助2364名困难职工子女走进校门。为拓展帮扶范围，提升帮扶实效，2009年市总工会编制“工伤探视联系卡”，建立起工伤职工档案；启动定点工伤探视活动，在虎门镇和桥头镇工伤职工康复中心设立工伤探视点，从9月份开始共为334名工伤康复职工发放10万多元工伤探视金。市总工会和各镇街总工会联合东莞玛利亚妇产医院，举办“心手相传·爱在东莞”关爱女职工健康援助行动，并开通东莞市首个“400”女职工免费健康咨询热线，活动开展以来共为6218名企业女职工提供免费健康检查，社会反响较好。

【工会组织建设】2009年，东莞市新组建工会组织3049家，发展会员23万多人。截至2009年，全市工会组织发展到24628家，工会会员有294.38万人，工会组织覆盖率和职工入会率不断提升；世界500强在莞经营机构有132家，已建立工会组织123家，建会率达93.2%；职工之家创建工作取得进展，全年全市共有1637家基层工会经过创建评比，成为合格职工之家，18家基层工会荣获“省模范职工之家”称号，10家荣获“省模范职工小家”称号。加强工会工作目标管理考核，在2009年度全市工会工作考评中，塘厦等20个镇街总工会和东莞银行、水电三局、沙角A厂等59个市直、省属工会被评为一等奖。

【东莞市工会第十四次代表大会】2009年9月10—11日，东莞市工会第十四次代表大会顺利召开。会议确定工会今后五年目标任务，选举产生新一届工会领导集体。张顺光当选为市总工会第十四届委员会主席，马凤彪、黎卓荣、李红昌、何志雄当选为副主席。

【工会干部创“三家”活动】2009年，东莞市总工会在基层工会中大力倡导创“三家”，引导广大工会干部争当“社会活动家、实干家和专门家”，引导基层工会争先创优。2009年共有2人荣获全国优秀工会工作者，4人荣获省优秀工会工作者，3人荣获省优秀工会积极分子，4人荣获省优秀职工之友。

【工会业务培训】2009年，东莞市总工会举办厂务公开、女职工工作、财务工作、信息工作等培训班。各镇街总工会，结合自身实际开展“压力管理与心理健康”、“发挥工会作用、构建和谐企业”等专题知识讲座和劳动法律法规等一系列培训活动，虎门、石龙、万江、东城、塘厦、横沥、沙田、长安、麻涌、常平等镇街总工会培训面大，效果较好。据不完全统计，2009年，全市各级工会共举办规模以上业务培训班300余期，培训工会干部2.8万人次，有效地提升工会干部队伍整体素质。

【工会宣传、信息工作】2009年，东莞市各级工会加强工会宣传和工会信息工作。建好东莞工会网站，办好《工会工作信息》，使之成为各级工会交流工作、扩大影响平台。开发工会组织建设、职工帮扶、女职工工作、劳模管理、信息统计等多个工会业务管理系统，提高工会信息化办公水平。着手《东莞工会画册》编印工作，再现东莞工会80多年发展历程，让社会各界了解工会、关注工会。

【职工文化体育活动】2009年，东莞市各级工会注重开展形式多样的职工文化体育活动，市总工会组团参加省第四届职工运动会，参加“唱响南粤——珠三角职工歌唱邀请赛”，取得较好成绩；塘厦镇总工会成功举办首届职工运动会；凤岗镇总工会举办“我与凤岗共成长”征文比赛。此外，长安、莞城、石龙、大朗、桥头、常平、万江、沙田、东城等镇街总工会也组织了丰富多彩的职工文体活动。（郭富春）

附：2009年东莞市总工会领导名录

主　席：张顺光

常务副主席：马凤彪

副主席：黎卓荣　李红昌（6月任职）<br>何志雄（6月聘任）

▲ 大岭山镇总工会“职工健身活动月”（大岭山报社　供图）

## 团市委

【概况】 2009年，东莞市有共青团员215791人，占全市14—28周岁青年总数的35%，其中，学生团员为127929人，占全市共青团员总数的59%；有基层团委177个，其中一级团委77个镇街团委32个，厂局团委27个，市属一级学校团委18个），二级团委107个（学校团委77个，“两新”（新经济和新社会）组织团组织23个，村（社区）团委7个），基层团总支823个，团支部5188个，推优8107人，推优入党3059人。

2009年，东莞市团组织及个人多次获奖。其中，石碣镇团委被团中央评为“全国五四红旗团委”，大岭山镇农场社区团总支被团中央授予“全国五四红旗团支部”；郭东林被团中央、人力资源和社会保障部授予“中国青年创业奖”，柳卓君被团中央授予“全国优秀共青团员”称号。

【共青团东莞市第十五次代表大会】 于2009年9月22—23日在市会议大厦主会场召开。来自全市各条战线398名正式代表和800多名列席代表、35名旁听代表参加会议。市委书记、市人大常委会主任刘志庚，市委副书记、市长李毓全，团省委副书记陈东，市政协主席刘树基，市人大常委会副主任张继雄，市委常委、市纪委书记甄瑞潮等领导，老同志李汉松、张群炎、罗慧贻，市各有关部门和群众团体的负责同志出席开幕式。开幕式上，刘志庚及陈东分别发表讲话，市委副书记、市委政法委书记黄双福在大会闭幕式上作讲话。团市委书记、市青联主席陈慧贞作《肩负青年转型使命，争当科学发展先锋，为建设富强和谐新东莞奉献青春力量》工作报告。大会回顾总结第十四次团代会以来东莞市共青团工作，选举产生共青团东莞市第十五届委员会、常务委员会，陈慧贞（女）当选为新一届委员会书记，叶淦奎、李纲、何学文当选为副书记，陈慧贞（女）、叶淦奎、李纲、何学

## 共青团东莞市委员会

① 市领导为优秀青年获奖代表颁奖
② 市几套班子主要领导及团省委副书记陈东（左三）出席市第十五次团代会开幕式
③ 市委书记刘志庚与青少年网上交流
④ 市委副书记、市长李毓全祝贺“第五届中国青年创业奖”获得者郭东林
⑤ 市委副书记黄双福与新当选的共青团东莞市第十五届委员会常委合影

文、高佐达、李浩泉、刘旸发、张燕华（女）当选为常委，选出委员37人，候补委员18人。

【共青团东莞市十四届六次全委（扩大）会议】 于2009年1月6日在市行政办事中心主楼一楼会议厅召开。团市委委员、候补委员，各镇街团委书记、副书记、专职团干，厂局、市属学校团委书记以及市直机关各团（总）支部书记共250多人参加会议。市委常委、组织部部长庞国梅出席会议并讲话，团市委书记陈慧贞作《深入推进青年转型，团结凝聚青年力量，为推动东莞经济社会又好又快发展奉献青春》工作报告。会议讨论通过《团市委委员、候补委员卸职递补的确认案》，增选2名团市委常委，表彰2008年度共青团工作先进集体和个人。

【服务青年就业创业】 2009年，团市委通过开展以“观念创新、素质创造、实践创业”为主要内容的“三创”行动大力促进全市广大青年就业创业，服务青年成长成才。

深入调研，理清思路。2009年3—4月，邀请省青年干部学院组成专家调研组，就全市青年就业创业现状进行专题调研，形成《东莞市青年就业创业促进工作调查报告》、《东莞市青年就业创业状况分析》、《东莞青年就业创业需求调查》、《大学生创业实践行动调查报告》等一系列专题调研报告。

狠抓基地，搭建平台。4月16日，联合市人事局、市劳动局举行东莞市青年

③

④

⑤

就业创业见习基地签约仪式暨青年就业见习训练政策解读会，全面启动东莞市青年就业创业见习基地建设工作。2009年共建立青年就业创业见习基地95个，提供见习岗位1285个。

观念创新，激发活力。成立东莞市青年创业导师团，举办3期东莞青年创业沙龙活动。举办2期“东莞青企大学堂”系列活动，增强青年企业家应对国际金融危机的信心。联合劳动部门委托专门培训机构，推出模具设计、平面设计、室内设计、会计实操培训、服装设计等一系列政府资助性培训项目，促进青年提升自身技能。

整合资源，形成合力。联合劳动部门制定《青年就业见习训练操作办法》，为青年就业创业见习基地提供政策支持。与邮政储蓄银行合作，针对农户、个体工商户、中小企业等不同群体需要设计不同小额贷款项目，着力解决农村青年创业过程中资金瓶颈问题。编印《东莞市青年就业服务指南》、《东莞青年就业服务手册》和《东莞青年企业家访谈》，制作10万张“东莞青年就业信息服务卡”，免费派放给广大青年，为青年提供就业创业信息服务。

**【五四系列活动】** 2009年，联合市青年联合会、市志愿者协会、市学生联合会、少先队东莞市工作委员会围绕“五四精神永传承，青春奉献新东莞”主题，开展“弘扬传统”、“就业创业”、“志愿服务”、“组织建设”四大系列纪念五四运动90周年活动。4月28日，于市会议大厦主会场召开东莞市纪念五四运动90周年大会。市委书记、市人大常委会主任刘志庚出席活动并发表讲话，市委副书记、市长李毓全等领导为获奖单位和个人颁发奖牌证书。团市委书记陈慧贞在会上作《弘扬五四精神，肩负光荣使命》发言。会前，联合东莞广播电视台举办市委书记与青少年网上交流活动，通过青年网络论坛与广大青少年网友进行实时在线交流，有2.2万多名网友在线观看直播。

**【公开选拔选调团市委机关干部】**

① 市委常委、组织部部长庞国梅参加青春生日派对
② 副市长吴道闻出席“心手相印 庆60华诞”万名青年挑战吉尼斯世界纪录大型活动
③ 千名团员庄严宣誓
④ 东莞青年创业沙龙

2009年，市委组织部、市人事局、团市委面向全市公开选拔团市委正科级领导干部1名、公开选调团市委机关工作人员2名。按照笔试、专题发言、结构化面试、测试成绩确定考察对象，并经任前公示后确定人选。

**【团干部和团员教育培训】** *思想教育。* 2009年，团市委通过召开专题座谈会等形式，对广大团干和团员青年深入开展学习党的十七届四次全会、团的十六届二中全会、《团章》等教育活动。*技能培训。* 2009年7月6—10日，团市委组织全市56名基层团委书记到贵州省团校及云南昆明进行考察培训。7月25日，组织全市“两新”组织团组织主要负责人举办全市“两新”组织团干部培训班。*挂职锻炼。* 2009年，团市委选拔基层团委书记、副书记、专职团干到团市委挂职锻炼。配合团中央、兄弟市团委，为来自云南昆明、广西贵港团干部来莞挂职营造好工作、学习、生活条件。

**【东莞市青年联合会四届三次常委会议】** 于2009年5月19日在市行政办事中心主楼14楼召开，40多位市青联常委出席会议。团市委书记、市青联主席陈慧贞代表第四届委员会向常委会作工作报告。会议选举陈慧贞为新一任市青联主席，增选市青联副主席2名、常委6名，增补委员45名。会后，举行青联常委和增补委员们见面会，市委常委、组织部部长庞国梅出席见面会，为新当选的市青联主席、副主席颁发纪念牌。

**【青联交流工作】** 2009年4月25日，市青联联合香港各界文化促进会等部门共同举办“闪亮的青春”纪念五四运动九十周年大型图片展览。8月31日—9月6日，团市委书记、市青联主席陈慧贞随市党际交流团赴台开展党际及青年事务交流，代表东莞各界青年向台湾受灾同胞捐赠100万元新台币。11月28日，广东省青年联合会常委、澳门青年联合会副会长释心慧率澳门青联交流团一行30多人来莞参观考察，与20多名东莞学生和青少年代表进行交流。12月25—26日，团市委联合市青联组织代表团一行12人赴澳门开展学习交流，先后拜访澳门资深青商协会、澳门义务工作者协会、中华青年友谊文化协会等友好社团。

**【志愿服务】** *优化发展环境。* 2009年12月10日，《中共东莞市委东莞市人民政府关于进一步发展志愿服务事业的意见》正式出台，为东莞志愿服务事业提供政策支持和保障。12月28日，正式启用市志愿者协会秘书处新址，为志愿服务提供阵地保障。

*增强组织活力。* 探索社工、志愿者联动机制，召开东莞共青团系统社工试点工作座谈会，把23名社工分配到11个镇街开展工作。成立公安、禁毒、水利、国土等行业志愿服务队伍，组织网络进一步健全。全面启动星级志愿者认定工作。深化基层特色化发展，涌现“龙立方”问路服务、“星期六志愿者”、慈善爱心店等特色活动项目，基层的自转能力明显增强。

*深化服务项目3月，开展全市志愿服务统一行动月活动。* 3月11日，组织18个市直单位的160多名党员义工到东莞同沙生态园开展市直机关党员义工植树活动。6月29日，启动“东莞市禁毒志愿者在行动”活动，组织禁毒志愿者进入学校、社区、单位、家庭、农村、娱乐场所宣传禁毒工作。同月，招募培训300多名社会志愿者服务首届广东外博会。7月24日—8月14日，大学生志愿者参与城市公共文明指数测评统一行动。国庆期间，组织志愿者开展卫生死角清理、甲型H1N1流感防控宣传活动，3000多名志愿者为国庆60周年庆典系列活动提供优质志愿服务。12月，在全市开展“微笑志愿，有你有我”主题

④

志愿服务月活动，并组织志愿者做好全国妇女健身活动展示大赛、首届中国国际影视动漫版权保护和贸易博览会志愿服务。

【2009年东莞市志愿服务表彰大会】于2009年12月8日在市会议大厦二楼学术报告厅召开。黄双福在会上作讲话，市委常委、组织部部长庞国梅，市委常委、宣传部部长王道平，副市长吴道闻、成洪波等领导出席大会。市发展志愿服务指导委员会各成员单位领导，各镇街、厂局、市属学校分管志愿服务工作领导、宣传办主任、各基层团委书记、部分志愿服务组织负责人，受表彰先进集体和个人代表共400多人参加大会。市志愿者协会会长陈慧贞作2009年志愿服务工作总结发言。本次大会首设"东莞市志愿服务示范项目奖"和"东莞市志愿服务优秀项目奖"，共407个先进单位和个人获得表彰。

【12355青少年综合服务平台】于2009年12月8日在市志协秘书处举行开通仪式，市委常委、组织部部长庞国梅、市委常委、宣传部部长王道平、团市委书记、市青联主席陈慧贞等领导出席仪式。平台于2008年底开始筹建，2009年初正式顺利开通试运行，为广大青少年提供心理咨询、法律维权、就业创业、志愿服务、困难救助等服务，切实维护青少年合法权益。

【"青春暖流"系列活动】2009年春节前后，联合市文明办等15个部门开展"青春暖流"活动，围绕"平安返乡"、"欢度佳节"、"情满社区"三大板块，举办"青春暖流，情暖以纯"——2009迎新春慰问新莞人文艺晚会、"青春暖流，情系学子"——爱心助学阳光行之进高校、关爱新莞人子女"元宵手拉手"、东莞共青团服务返莞新莞人统一行动日等活动。1月13日，联合石排镇委、镇政府承办2009年广东省青春暖流统一行动日暨东莞市石排镇新莞人返乡专列首发仪式，仪式后为800名新莞人青年员工送行。

【大学生创业（社会）实践行动】2009年7—8月，联合市关心下一代工作委员会、市学生联合会开展东莞市大学生创业（社会）实践行动。其中，长安镇团委开展"我的第一桶金"大学生创业活动，寮步镇团委开展大学生志愿下乡活动等。全市共有1.51万名大学生参加创业（社会）实践行动，其中5700多人参加岗位实践体验；2100多人组成200多个调研组开展调研，形成调查报告200多份；举办140多场专题讲座。

【第六届东莞青年欢乐节】2009年4月30日—5月4日，联合松山湖管委会、东莞广播电视台、市青联、市志协在松山湖创意生活城举办2009东莞"青年月"暨第六届东莞青年欢乐节，举行定向越野、东莞人才招聘会、松山湖一日游、青年创意集市、"两新"组织青年联欢晚会等26项活动，吸引近万人次青年学生踊跃参与。

【东莞市青少年网络文化节】2009年6—10月，联合市青联、市教育局、市文明办、市文广新局、东莞广播电视台、市电子政务办、市学联举办"光大杯"第三届东莞市青少年网络文化节，内容包括"青春瞬间"摄影大赛、"青春畅想"漫画创作大赛、"青春家园"博客大赛、"青春献礼"FLASH大赛、"青春印象"DV大赛、"青春乐韵"网络歌曲创作大赛6大项目，共收到作品2000多份，超过30万人次点击活动官方网站。

【万名青年挑战吉尼斯世界纪录大型活动】2009年7月25日，由团市委、市青联、市志协主办，厚街镇团委协办，广东丰泰集团承办的"心手相印，庆60华诞"万名青年挑战吉尼斯世界纪录大型活动在厚街丰泰观山碧水社区举行，来自全市各镇（街道）的团员青年和志愿者代表1000多人参加活动，活动创造出长79.88米、宽40米、面积3195.2平方米的主题手印画，成功创造出新世界纪录。

【爱心助学】2009年5月19—20日、11月26—27日，组织机关干部、市青联委员、市青企协会员赴云浮市郁南县、汕尾市陆河县开展爱心助学阳光行活动，赠送液晶电视机、学习体育用品、图书等价值10万元的物资，并向陆河县团委捐赠爱心助学金10万元。7月4日，联合市少工委、中国移动东莞分公司举办"我爱广东·第二届希望工程南粤会亲——东莞会亲"活动，全市各镇街受助学生、会亲家庭、基层团干部以及志愿者等近350人参加活动。活动授予长期坚持爱心助学的陈矛、何炎燊、王锦辉、张坤等4位社会热心人士"东莞市希望工程爱心助学奖"。活动前期面向社会征集爱心家庭，共有135个爱心家庭和热心人士报名参加，共募集捐助款13.5万元。

【创办《东莞少年》】2009年10月，由团市委、市关工委主管，市少工委主办的《东莞少年》队报在全市庆祝少先队建队60周年活动上正式宣布创办。《东莞少年》作为东莞市少先队队报，属于内部出版物，每期印量在1万份以上，免费送至全市各少先队中队，主要服务全市55万少先队员、各少先队辅导员、学生家长及基层团干部。

【"民族精神代代传"教育活动】2009年4—5月，联合市少工委组织全市团员青年和少先队员开展"继承革命传统，弘扬民族精神"活动，通过讲座、知识竞赛、参观纪念场馆、祭扫烈士陵墓、网上献花等多种活动形式，举行"青少年心向党"、"英雄励我快成长"和"我与文明同行"主题教育实践活动。虎门镇口小学、大朗中心小学、袁崇焕中学、道滘中学分别组织学生团员到林则徐销烟纪念馆、蒋光鼐故居、袁崇焕公园、"六一一亭"等爱国主义教育基地进行祭扫活动。企石中学组织200多名新团员开展网上献花留言祭扫。

【十八岁成人教育活动】2009年10月，联合市教育局、市学联围绕"青春与祖国同行"主题开展2009年东莞市十八岁成人教育活动，组织青少年学生志愿者深入社区、街道、车站、敬老院、公园等场所，开展扶贫济困、帮孤助残等志愿服务活动，对适龄青少年集中进行理想信念教育、道德教育、法制教育、国情教育等一系列教育活动。

【"手拉手"读书基地建设】2009年，联合市教育局、市少工委下发《关于进一步加强"手拉手"读书基地建设的通知》（东团联发[2009]12号），从图书配置、读本种类、基地挂牌、管理机制、活动组织等方面，规范读书基地建设标准，丰富读书基地活动内容，形成公办学校与民办学校联系纽带。通过定期开展读书、交流和互助活动，促进莞籍学生与新莞人子女之间"手拉手"。截至2009年10月，全市正式挂牌成立"手拉手"读书基地64个，藏书110多万册，其中公办学校捐赠藏书近30万册。

（叶凤娟）

**附：2009年共青团东莞市委员会领导名录**

书　记：陈慧贞

副书记：叶淦奎　李　纲　何学文

## 妇 联

【女性素质工程】 2009年，市妇联依托妇女学校、妇女书屋、女性讲坛、科技直通车等妇联教育培训阵地，开展妇女政治思想、科学文化、劳动技能、文明礼仪、卫生保健、家庭教育等培训教育活动。全市新建妇女书屋12所，累计22所，开展各类教育培训3200期，培训教育妇女38万人次，动员6452名农村低学历妇女参加大中专学历教育。

【妇女创业就业】 2009年，市妇联协助各级政府推动实施“创业东莞”工程，落实妇女免费就业技能培训、就业援助服务、工资差额补贴、灵活就业补贴、创业资金小额贷款等就业扶持政策。全市共组建“村民车间”337个，安置属地农村妇女1.8万人。

【“巾帼建功”活动】 2009年，全市各镇街各单位深入开展“巾帼建功”创建活动。全市创建全国“三八”红旗集体2个，全国“巾帼文明岗”3个，全国城乡妇女岗位建功先进集体1个，广东省“三八”红旗集体3个，广东省“巾帼文明岗”21个。有3人被评为全国“三八”红旗手，2人被评为全国城乡妇女岗位建功先进个人，4人被评为广东省“三八”红旗手。市妇联授予东莞市莞城英文实验学校等80个单位东莞市“巾帼文明岗”荣誉称号，授予东莞市社会保障局莞城分局吴素珍等67名同志东莞市“巾帼文明岗”创建工作先进个人荣誉称号。

【“千岗联千村”活动】 2009年，全市各级“巾帼文明岗”积极开展“千岗联千村”活动，与588个村（社区）结对，深入农村、社区、企业，开展送服务、送文化、送设备、送温暖活动，扶持物资达96万元。

【妇女法制宣传】 2009年，市妇联启动了妇女法制宣传乡村行、工厂行和社区行，大力宣传男女平等基本国策和《妇女权益保障法》，为广大妇女提供法律咨询活动371场次、讲座428场次，约39万人次参与了活动，派发宣传资料近50万份（册）。

【妇女维权社会化】 2009年，市妇联协调各级政府和妇女儿童工作委员会各成员单位解决妇女儿童发展规划实施过程中的重点难点问题，推动政府加大投入，落实“降消”（降低孕产妇死亡率和消除新生儿破伤风项目）、免费婚检、免费孕检等政策。与市第一人民法院联合出台了《关于处理涉及妇女儿童合法权益案件的联动意见》，协助有关部门打击侵害妇女儿童权益犯罪活动。

【广东省妇女维权与信息服务站（东莞站）启动】 2009年3月，广东省妇女维

### 东莞市妇女联合会

① 全国妇联副主席甄砚视察广东省妇女维权与信息服务站（东莞站）
② 省政协副主席、省妇联主席温兰子在市委常委、组织部部长庞国梅的陪同下参观东城“家庭教育一条街”
③ 市委书记、市人大常委会主任刘志庚与儿童欢度“六一”节

权与信息服务站（东莞站）启动，接着在黄江、横沥、南城、大岭山等镇街建立了工作分站点，开通了12338妇女维权热线，以社工运作模式为广大妇女提供一站式维权与信息服务。2009年，全市共调处妇女权益问题来电来信来访1361宗，网上信访575宗，为困难妇女提供法律援助9宗。

**【家庭教育工作】** 2009年，市妇联积极关注未成年人思想道德建设，开展家庭道德宣传实践月活动，举办家庭教育报告会、专题讲座232期，举办各类亲子活动625场次，有40多万家长、学生参与。发起了“净化网络，护卫孩子——万名母亲网络护卫行动”，全市12万多名母亲支持“网络护卫行动”，1.5万名志愿者自愿致力网络净化工作。

**【援助困境妇女儿童】** 2009年，市妇联全面启动“母亲安康工程”，积极开展妇科病普查普治工作，组织全市4000多名妇女参加“珍爱生命、关爱女性”广东妇女妇科病免费检查与医疗救治爱心行动。建立健全困难妇女儿童信息管理系统，积极探索困境妇女儿童帮扶的长效机制。全市慰问单亲特困母亲家庭2380户，帮扶金额177万元；发动2782名“爱心父母”与2563名困境儿童结对助学、助困、助教。开展新莞人迎春联欢活动，深入工厂企业慰问新莞人女工。承接亚洲基金会项目，为10所民办学校建立流动儿童图书室。

**【第四届全国妇女健身活动展示大赛】** 2009年12月15日至17日，由全国妇联、国家体育总局、广东省人民政府主办，广东省妇联、省体育局、东莞市人民政府承办，东莞市妇联、东莞市体育局、东莞市文化广电新闻出版局协办的第四届全国妇女健身活动展示大赛在东莞成功举办。本次大赛吸引了来自29个省区市、包括新疆生产建设兵团、香港特别行政区和澳门特别行政区在内的32个代表团共计1400多名运动员踊跃参与，大赛展示了各地妇女健身活动的成果及健康文明、昂扬向上的精神风貌。

**【东莞市妇女第十三次代表大会】** 2009年9月23日至24日，东莞市妇女第十三次代表大会在东莞市会议大厦召开。来自全市各行各业的450名代表（其中正式代表430名，特邀代表20名）参加了大会。大会审议并通过了东莞市妇联主席黄慧红代表东莞市妇联第十二届执行委员会所作的《服务双转型　再创新业绩　引领妇女为东莞科学发展贡献力量》的工作报告，选举产生了东莞市妇联第十三届执行委员会委员67名，常务委员19名。黄慧红当选为市妇联第十三届主席，叶丽云、卢英、安玉红当选为市妇联第十三届副主席，黄伟青、林辉芳、李红昌当选为市妇联第十三届兼职副主席。

**【妇联干部队伍建设】** 2009年，市妇联组织镇街妇联主席到香港学习社会工作知识，举办了妇联系统社会工作知识培训班和基层妇女干部培训班。组织妇联干部参加全国社工师考试，39人取得助理社工师资格。加强干部培养和使用，选送首批镇街妇联干部9人到市妇联挂职学习。

**【横向联谊工作】** 2009年，市妇联举办市女企业家协会庆国庆暨协会成立15周年活动、妇女工作者联谊会庆国庆贺中秋活动，密切与各界妇女团体以及港澳台地区妇女的联系，积极为广大妇女搭建事业合作、文化交流与情感沟通的平台。

（黄子炎）

**附：2009年东莞市妇联领导名录**

主　席：黄慧红
副主席：叶丽云　卢　英　安玉红
兼职副主席：黄伟青　林辉芳　李红昌

① 第四届全国妇女健身活动展示大赛开幕式
② 东莞市妇女第十三次代表大会召开

## 工商联

【概况】 截至2009年，东莞市工商联（总商会）共有镇街商会32个，行业商会1个，会员3695个，有12个基层商会建立党支部，251个会员企业建立党组织，564个企业建立工会组织。会员中担任全国人大代表1人，省人大代表3人，省政协委员12人，省工商联常委12人，执委8人，市人大代表26人，市政协委员70人。10人被评为劳动模范，24人获市以上表彰。工商联主席张玉其在市政协第十一届委员会第四次会议上当选为市政协副主席。会员企业中有中国名牌产品13个，中国驰名商标9个，国家免检产品34个，广东省名牌产品、著名商标160个。市50强民营企业中会员企业占32家，市50家优秀民营企业中会员企业占41家。东莞市9家登上广东省企业百强榜的企业有8家是工商联会员企业。

【参政议政】 2009年，市工商联的人大代表、政协委员分别向人大、政协提出议案21份，提案16份。市工商联及各基层商会向各级党政部门提出建议69份，其中被采纳或引起重视的有53份，报送情况反映、专题信息136份，较好地履行了参政议政职能。工商联调研文章《关于应对金融危机，促进民营企业发展的调查报告》被《广州日报》选登。

【商会实力增强】 2009年，在全市32个镇街商会中，常平、沙田等多个商会有自己的物业。其中常平、大朗、东坑、道滘4个商会已建设独立的商会大厦，石碣、清溪、万江、茶山4个商会的商会大厦已报建动工，常平、高埗等10个商会设立经济实体，通过物业租赁等方式有较为稳定的经济来源。

【为会员服务】 2009年，市工商联运用民企融资服务中心、机动车牌证办理点、商联企业服务部、东莞商会网、政联学校五大服务体系为会员解决融资、办证、宣传、培训等一系列问题，为会员企业的发展做好后勤工作。全年市工商联及基层商会与有关部门联合举办培训班45个，参加人数达2988人次，举办学习会、座谈会130次，参加人数4503人次，举办讲座、研讨会83次，参加人数4841人次；协助会员解决经济纠纷，维护会员合法权益55起，涉及金额1853万元；协助会员申报民营科技企业84个、科技项目127个；协助16个企业申请自营进出口权；为会员企业办理出国出境证照175人次；为会员企业融资40余亿元；转发中央、省、市有关扶持民营企业发展的政策法规文件并汇编成册，印发3000余份，使会员企业及时了解、熟悉、掌握东莞市有关民营经济发展的方针政策。市工商联还通过《东莞民企》、《情况简报》和东莞商会网及时向市委、市政府和会员企业反映工作情况，提供经济信息，推介企业发展的经验。

【开展社会公益活动】 2009年，市工商联积极引导会员企业参与各类社会公益活动。全年先后发动基层商会、会员参与光彩事业、扶贫、见义勇为基金、社会教育基金、社会治安基金、文化体育、拥军等各项社会公益活动。据不完全统计，2009年市工商联有262个会员参与了光彩事业和公益活动，捐赠金额达1524.5万元，其中捐建学校、医院11所，到位资金1002.5万元。

东莞市工商业联合会

① 2009年1月，全国政协副主席、全国工商联主席黄孟复来东莞市调研，图为黄孟复参观市工商联会员企业东莞以纯集团公司

② 2009年12月，省工商联党组书记杨浩明（右一）在东莞市统战部副部长、工商联党组书记卢寿维，工商联常务副主席何伟光陪同下来莞调研

# 莞台合作

THE COOPERATION BETWEEN TAIWAN AND DONGGUAN

- 台商投资经营总体稳定
- 对台工作领导小组会议召开
- 汪洋在莞接待台湾高科技企业考察团
- 东莞市台商投资企业协会转型升级联合服务处挂牌运作
- 富邦银行（香港）东莞代表处成立
- 支持台湾"莫拉克"台风受灾同胞抗灾重建
- 莞台开启新闻媒体交流合作
- 妥善处理重大涉台突发事件

台心医院奠基仪式　（郑家雄　郑琳东　摄）

编辑：刘念宇

# 莞台合作

【台商投资经营总体稳定】 2009年，国际金融危机对东莞市台商投资的影响进一步显现，台资企业发展面临前所未有的困难和挑战，在市委、市政府“保增长、调结构、扩内需、促转型”各项措施的积极扶持和大力推动下，全市台商投资经营仍然总体稳定。特别是第二季度以后，全市台商投资、经营出现积极变化，利用台资稳步增长，企业生产渐趋稳定，拓展内销力度加大，市场结构不断优化，在手订单有所增加，贸易降幅明显收窄，部分指标止跌回升，回暖迹象逐渐明显，总体呈现出“稳步回升、经营好转、企稳向好”的积极态势。截至2009年，全市累计签订引进台资企业6000多家，正在经营的近4500家，占全市外资企业总数的三分之一；累计合同利用台资153.28亿美元，实际利用台资超过131.43亿美元，投资总额超千万美元的台资企业270多家。全年新签台商投资项目127宗，合同利用台资3.83亿美元，实际利用台资8.04亿美元，各占全市30%左右；台资企业进出口额367.19亿美元，占全市外资企业进出口总额39%，其中寮步铨讯电子厂、黄江精成科技电子一厂居全市外资企业出口额前十强；徐福记食品公司年纳税额达3.05亿元，是全市纳税额前十强和全国纳税额前一百强外资企业。

【对台工作领导小组会议召开】 2009年4月23日，市委在行政办事中心主楼多功能厅召开对台工作领导小组会议，市领导刘志庚、黄双福、卢广海、江凌、袁德和等出席会议。会议由市委常委、市委对台工作领导小组副组长江凌主持，市委对台工作领导小组办公室主任、市委台办主任游匡正作工作报告，市委书记、市委对台工作领导小组组长刘志庚作重要讲话。会议传达学习了中共中央总书记胡锦涛在纪念《告台湾同胞书》发表30周年座谈会上的重要讲话和中共中央政治局委员、省委书记汪洋在全省对台工作会议上的讲话精神，总结全市对台工作情况，分析对台工作形势，研究部署对台工作任务。市委书记刘志庚着重就东莞市各级各部门高度重视对台工作和深化莞台经贸合作、推动莞台人员交往、加强莞台文化交流、强化对台工作领导等方面提出工作要求。

【汪洋在莞接待台湾高科技企业考察团】 2009年6月19日和10月23日，中共中央政治局委员、省委书记汪洋先后两次在松山湖会见由智原科技公司董事长宣明智率领的台湾高科技企业考察团，亲自为东莞推介投资环境和产业优势，鼓励台商抓住机遇到松山湖投资发展高科技项目。该考察团由联电集团、联华神通集团、裕隆企业集团、纬创资通、联相光电、胜华科技、欣兴电子、神基科技、联强国际、京元电子、公信电子、联能科技、秉亮科技、晶奇光电及和舰科技等台湾高科技企业董事长组成，这些企业大部分是全球IT（信息技术）及IC（电子元件）前10强企业。考察团成员纷纷表示有意来莞发展，计划将其科技含量较高的新兴产业项目和东莞市产业链缺失项目引进东莞发展，共同把松山湖台湾高科技园打造成“珠三角IC硅谷”。汪洋要求东莞市积极创造条件与台商携手合作，把松山湖台湾高科技园打造成产业结构调整的示范园区。9月份，市委书记刘志庚率团赴台湾回访考察团成员，推动落实投资意向。截至2009年，松山湖台湾高科技园已与十余家台资企业达成了合作意向或投资协议，引资20多亿元。秉亮科技公司与松山湖签约合作建立硅知识产权与集成电路服务中心；中盟光电公司计划投资10亿元建设太阳能光电研发生产基地；智原科技公司计划投资1.2亿元建设IC设计与服务基地；胜华科技公司计划投资1.2亿元建设中小型液晶显示器和模块研发生产基地。正崴电子、致伸科技公司等一批已在莞投资的企业也表示将其部分研发、设计功能转移到松山湖，共同推动莞台经贸合作向科技化、高端化方向发展。

【东莞市台商投资企业协会转型升级联合服务处挂牌运作】 2009年，东莞市委、市政府积极应对国际金融危机，促进台资企业稳定与发展，专门设立了10亿元产业转型升级专项资金，市财政从中划拨专款用于引入台湾专业产业服务机构并为其提供办公场所和设施，对接受台湾产业服务机构初次“诊断”和深入辅导服务的台资企业，每家分别给予4万元和不高于30万元的经费补助。11月27日，东莞市台商投资企业协会转型升级联合服务处举行挂牌仪式并正式开展运作。台湾电电公会、生产力中心、物流协会、外贸协会、金属中心、台商张老师、中卫中心、工研院、资策会、纺拓会等等十大产业服务机构进驻该服务处集中办公，为台资企业转型升级提供辅导服务，并配合东莞市引进产业缺失项目。2009年，全市有160家台资企业接受首批“诊断”服务，市财政划拨640万元予以资助，市台湾事务局配合有关部门，按规循程严格做好监管工作，市台商投资企业协会具体落实，确保款项使用落到实处。

【富邦银行（香港）东莞代表处成立】 2009年12月3日，台湾富邦金融控股股份有限公司旗下富邦银行（香港）东莞代表处举行挂牌成立仪式，该公司董事长蔡明忠，市领导冷晓明、江凌，中国人民银行东莞市中心支行行长林平,以及市台湾事务局局长游匡正等领导和嘉宾出席。台湾富邦金融控股股份有限公司是台湾具领导地位的金融控股公司，具备提供商业银行、保险、证券、资产管理及投资银行等产品及服务等功能。富邦银行（香港）东莞代表处是台湾金融机构在东莞市设立的首家分支机构，其来莞设点并尽快升格分行开展实质性经营，有助于解决台资企业融资难问题，对促进莞台经贸合作由实体经济领域扩展到金融领域，更具里程碑式的意义。

【台湾水泥公司入莞投资】 2009年6月3日，台泥国际（香港）有限公司与望牛墩镇政府签署投资协议书，计划投资15亿元在望牛墩镇建设一座年生产能力为600万吨的熟料水泥粉磨站及相关物流项目，其中首期投资额超过6亿元，这是东莞改革开放以来首期投资额最大的外商投资项目。台湾水泥公司还计划将旗下的物流企业、电子项目进驻望牛墩镇，在该镇建设台湾水泥公司华南地区总部。台湾水泥公司巨资入莞投资，突显了台湾大型企业集团对东莞良好投资环境与广阔发展前景的高度信心。

【“东莞台企专场招聘会”举办】 2009年4月底，市台湾事务局和市人事局共同组织东莞市30多家大型电子信息类台资企业赴重庆举办“东莞台企专场招聘会”，现场提供了1000多个高端技术和管理类人才岗位需求，吸引了重庆、成都市等地4000多位高端人才前去求职应聘，参会企业基本上招到了合适的人才，台资企业人才招聘“走出去”策略收到良好效果。

【"2010年东莞台湾名品博览会"筹办】2009年11月27日，市委书记刘志庚在虎门龙泉国际大酒店会见了前来出席市台商投资企业协会十六周年庆典的台北世界贸易中心董事长王志刚，表示将大力支持台北世界贸易中心来莞举办台湾名品展会，协助东莞市台商开拓内销市场。庆典仪式上，副市长顾春芳与王志刚正式签订协议，决定由市政府与台北世界贸易中心于2010年4月下旬在东莞国际会展中心共同举办"2010年东莞台湾名品博览会"。预计展会面积2万平方米，搭建1000个国际标准摊位，其中东莞市台资企业占70%，台湾岛内企业占30%。主要展出台湾特色产品、文化创意产品、家具装饰、家电及3C产品（计算机、通信和消费类电子产品）、运动休闲用品、纺织与服饰、鞋类、食品等消费性产品，计划邀请5000–6000个专业采购商入场采购，并安排产业发展论坛、投资环境推介、台湾原住民文化表演等配套活动，推动台资企业开拓内销市场，促进莞台经贸文化交流合作。

【莞台交流】2009年，东莞市赴台交流团组46批503人次，接待台湾来莞交流团组28批424人次，经东莞各口岸出入境的台胞超过21.6万人次。中共中央政治局委员、省委书记汪洋两次在松山湖接待台湾高科技企业参访团；市领导刘志庚、冷晓明、江凌率团赴台拜访企业和考察招商，引进台资20多亿元；市领导庞国梅、李秀冰、顾春芳率团赴台回访中国国民党桃园县党部，继续深化落实双方达成的重要共识；政协副主席刘发枝率团赴台考察交流；市领导李毓全、吴道闻、游敏达等分别接见台湾来莞交流人士；松山湖、望牛墩、寮步、东城、石碣、大朗、东坑、厚街等镇街和相关部门负责人赴台交流均取得良好的实质性效果。海基会董事长江丙坤率团来莞参观台资企业、召开台商座谈会。中国国民党主席吴伯雄、副主席林丰正、蒋孝严，海基会董事长江丙坤、副董事长高孔廉，亲民党荣誉副主席钟荣吉，"立法委员"朱凤芝、吴志扬等，分别在台接待了东莞市赴台交流的领导及相关人员。交流涉及党务人员、经济贸易、文化教育、青年事务、新闻媒体、规划建设、社区管理、史志研究、司法审判等领域，且着重突出经贸交流这一主轴。通过交流，除加强人员互动、增进情感沟通外，更加密切了莞台两地的经贸合作，"交流搭台、经贸唱戏"特点显著。

【王毅和陈云林莅莞考察】2009年6月4日和6月21日，国台办主任王毅和海协会会长陈云林先后莅莞考察调研，深入台资企业了解生产经营情况，召开座谈会听取台商意见建议，鼓励台商积极应对国际金融危机，勇克时艰，转型升级并扎根发展。市委书记刘志庚汇报了东莞市推进经济社会双转型和推动台商产业转型升级的相关情况，表示市委、市政府将一如既往支持台资企业在东莞的发展，出台更多扶持措施，稳定台商投资信心，帮助台资企业渡过金融危机实现持续发展。国台办主任王毅和海协会会长陈云林高度肯定了东莞市委、市政府对对台工作的高度重视，以及为加强对台经贸合作、推动台资企业转型升级所做的大量工作，认为值得好好总结经验并加以推广。

【支持台湾"莫拉克"台风受灾同胞抗灾重建】2009年8月初，"莫拉克"台风肆虐台湾多个县市并造成台湾同胞的人员生命及财产重大损失。市委、市政府和广大市民感同身受、深感痛心，社会各界踊跃向灾区捐款捐物，纷纷表达同胞大爱，全力帮助抗灾重建。8月20日，市政府、市慈善会在市行政办事中心举行向台湾"莫拉克"台风灾区同胞捐款仪式。市领导刘志庚、李毓全、黄双福、冯同恩、顾春芳、成洪波、袁德和等出席了捐款仪式。市政府和市慈善会各捐善款100万元，通过市台商协会和台湾海基会转赠灾区同胞。东莞市还承担了为灾区生产活动板房的任务。据统计，全市含台商在内的社会各界共为台湾"莫拉克"台风受灾同胞捐赠13950万元，帮助受灾民众早日战胜灾害、重建家园，进一步加强了莞台两地民众的同胞感情。

【莞台开启新闻媒体交流合作】2009年5月下旬，台湾桃园县、苗栗县、南投县、高雄县、基隆市等多个新闻记者公会的理事长和《民众日报》、亚洲电台、台湾新闻网等媒体的记者来莞交流访问，与东莞日报社、东莞广播电视台就资讯传播、媒体经营等方面进行交流，并就资源共享、互设专栏、互换网络链接等方面展开探讨，初步达成了莞台两地媒体交流互访的共识，为构建莞台两地媒体合作架构奠定了基础。12月上旬，东莞日报社社长陆世强率东莞市新闻工作者协会一行15人赴台考察交流，参加访问联合报系、东森电视台、亚洲电台，拜会桃园县记者公会、基隆市新闻学术研究会、高雄县记者公会和南投县新闻媒体公会，学习借鉴台湾媒体同行办报办台办网的先进经验，东莞日报社还与台湾《联合晚报》就采编、业务和活动展演等项目合作签订了意向书，开启了莞台新闻媒体交流合作的先河。

【妥善处理重大涉台突发事件】2009年4月24日，东莞市石龙镇一个赴台旅游团，在台北市发生因工地起重机吊臂高空坠落砸中旅游车尾部，导致5名游客3死2伤的严重意外事故。6月15日，大朗镇展明五金制品厂发生一起因工伤赔偿纠纷，而发生员工持刀故意伤害导致3名台商2死1伤的恶性案件。这两起重大涉台突发事件发生后，国台办主任王毅、海协会会长陈云林和中共中央政治局委员、省委书记汪洋、省长黄华华及市领导刘志庚、李毓全、黄双福、江凌等高度重视，先后多次作出重要指示，要求相关部门从两岸关系大局和维护东莞在台湾岛内良好形象的政治高度出发，切实做好善后处理和宣传引导工作。市台湾事务局迅速行动，启动应急机制，组成专门工作小组，主动协调配合公安、旅游、卫生、宣传等部门和相关镇街做好工作。重点安抚死伤者家属情绪，协调有关方面全力抢救受伤人员，为领导提供及时准确的信息，主动组织召开新闻发布会公布真实情况，防止媒体不实报道及恶性炒作，正确引导社会舆论导向等。由于善后工作处理及时得当，有效消除了事件可能对东莞投资环境造成的负面影响。

【全市对台联络员工作会议召开】2009年12月15日，全市对台联络员工作会议在松山湖凯悦酒店召开，各镇街对台工作联络员近90人与会。会议学习了中共中央总书记胡锦涛在《告台湾同胞书》发表30周年座谈会上的重要讲话精神和中央关于推动两岸关系和平稳定发展的大政方针，以及市委书记刘志庚在市委对台工作领导小组会议上的讲话精神；总结了2009年东莞市对台工作情况，部署了2010年对台工作任务。松山湖、石龙、石碣、长安等单位的对台工作干部在会上交流了工作经验和心得体会；会议讨论研究了《东莞市镇街对台联络员工作职责》和《东莞市镇街对台工作先进个人评选办法》，并表彰了一批镇街对台工作先进个人。会议印发了《东莞市对台工作业务手册（2009年版）》，帮助全市对台联络员学习中央对台方针政策，准确把握两岸形势，明确东莞对台工作思路和任务，提高对台业务水平。

【全市对台联络员专题培训班举办】2009年10月中下旬，市台湾事务局分两期组织全市对台联络员赴厦门大学台湾研究院举办专题培训班，由该院专家学者讲授新时期中央对台工作方针政策，使联络员开阔视野，提升对台工作政治素质和政策水平。并组织学员前往福建海峡西岸经济区考察调研，了解其建设给莞台经贸合作带来的机遇与挑战。

【东莞台心医院开工建设】2009年6月21日，东莞台心医院举行开工典礼。海协会会长陈云林和市领导刘志庚、江凌、张顺光、李秀冰、袁德和等出席了典礼。东莞台心医院项目位于东城牛山村107国道莞长路段与环城路交汇处，占地面积15.24公顷，总体规划1800张床位，总投资额7.5亿元。医院分三期进行建设，首期规模600张床位，预计在2010年底前完成并投入使用。东莞台心医院以“服务东莞市民、造福珠三角台商”为建院理念，以大陆地区三甲医院及台湾地区医学中心的建设标准进行规划建设，计划建成为一所集临床医疗、医学教育与研究、预防保健与康复服务为一体的现代化大型综合医院，运营后将与台湾的全民健康保险制度良好衔接，主要为珠三角台商及其家属提供医疗卫生服务。

【台商大厦建设】东莞台商大厦由台商集资逾十亿元于2005年底起奠基兴建，大厦地下4层、地上68层总高达289米。台商大厦位于市中心区域东莞大道东侧火炼树区位，占地约2.7万平方米，工程建筑面积28万平方米。2009年，台商大厦项目有序进行，主体工程已施工建至50多层。计划2010年底建成，届时将成为东莞第一高楼。

【东莞市台商投资企业协会】东莞市台商投资企业协会是全国会员最多、组织最为庞大、结构最为严密的台商协会，截至2009年，拥有3400多家会员企业和32个镇街分会。2009年11月27日，该会在虎门龙泉国际大酒店举办主题为“两岸同心，共克逆境，希望相随齐打拼”的16周年庆典活动。海峡两岸关系协会副会长王富卿，台北世界贸易中心董事长王志刚，中国国民党副秘书长张荣恭，市领导刘志庚、黄双福、顾春芳、游敏达、袁德和，以及各地台商协会代表等1100多人出席了庆典。该会会长叶春荣表示，全球金融海啸的爆发和经济环境的恶化给台商带来严重的负面影响，但有各级政府的关心重视和帮助支持，协会有信心带领会员企业共克时艰并实现转型升级。市委书记刘志庚表示，16年来广大台商在东莞辛苦打拼，与东莞人民唇齿相依，共同促进了东莞的全面发展，希望台商协会协助台商企业加快转型升级，市委、市政府将为台商提供各方面的便利。在庆典仪式上，该会会长叶春荣还代表台湾岛内同胞，向东莞市人民政府、东莞市慈善会、石碣镇镇府、东坑镇镇府赠送了感谢状，感谢以上单位在台湾遭受“莫拉克”风灾时给予台湾同胞的支持和援助。

【东莞市台胞台属联谊会】东莞市台胞台属联谊会于1987年成立，截至2009年共有会员近250名，分布于全市各镇街。2009年，该会抓住机遇，为加强两岸人员交往和服务台胞台属做了大量工作，先后组织4个团组赴台交流并拜会台北市东莞同乡会，慰问石龙赴台旅游团事故中的死伤者家属，发动会员为台湾“莫拉克”台风受灾同胞捐款，扩大与上级和兄弟友会的交流，加强与市台商企业的联系，大力促进莞台青少年交流，发挥会员企业资源优势，推动东莞经济社会发展。

【东莞台商子弟学校】东莞台商子弟学校于2000年创立，截至2009年，办学规模从600多名学生增长至近1800名，硬件设施、师资力量、教学水平和校务管理等方面均有了长足的进步，得到了各方的肯定，成为两岸教育、文化交流的重要平台，对推动莞台交流，吸引台商扎根东莞起到重要的作用。2009年，市台湾事务局积极支持台商子弟学校开展周边城市招生推介、赴京拜会国台办领导、举行学生成年典礼和举办首届“海峡两岸中学教育论坛”等活动，进一步拓展学校长远发展空间和扩大其作为两岸教育文化交流窗口的积极影响。市台湾事务局还按照市领导指示精神，联合市教育局等部门研究措施支持学校发展，形成学校“满生”态势。

（叶　林）

**附：2009年中共东莞市委台湾工作办公室、东莞市人民政府台湾事务局领导名录**

主　任（局　长）：游匡正
副主任（副局长）：陈锡辉　胡国勇

▲ 2009年9月14—20日，东莞市委书记、市人大常委会主任刘志庚率团赴台考察交流。与台湾各界开展广泛交流，宣传新东莞；拜访20多家企业和7家产业支援机构；洽谈引资近30亿元，与近10家企业达成合作意向。图为东莞市赴台交流团拜访新彩科技股份有限公司

# 东莞台商子弟学校

东莞台商子弟学校创立于2000年9月，举办者是东莞市台商投资企业协会，创办人是时任市台协会长、现为学校董事长叶宏灯。前任校长为吴灿阳，现任校长为陈金妆。学校是一所包括幼儿园、小学、初中、高中的住宿型学校。创办宗旨是培育优质子弟、增进家庭和谐、推动社会公益、促进两岸文化交流，办学理念是“全人教育、温馨校园、终身学习”。以台湾教育模式办学，师资来自两岸（台湾约占70%）及外国，使用经广东省教育厅、省台办审查核准的台版教材，学生来自台湾，2009年1,800余人。

学校致力于品格第一、均衡发展、教书育人的工作。历年高中毕业生98%升上两岸的大学，其中大多数进入台湾的大学，进入台湾大学有台湾大学、清华大学、交通大学、成功大学，科技大学等；进入大陆大学的有北京大学、清华大学、浙江大学、复旦大学、中山大学等。在2009年，学校举办了第五届的两岸高等教育论坛、第一届两岸中等教育论坛以及两岸永续校园与环境教育学术研讨会，同时为净化校园的生活污水启动了校园湿地建设。

2010年，东莞台商子弟学校将迎来隆重的创校十周年校庆。这所由海峡两岸爱心人士共同孕育出来的学校，是两岸文化教育交流的一个平台，是联系两岸中华儿女情感的一个纽带，培育的是中华民族融合的种子。东莞台商子弟学校的建立，客观上优化了东莞和珠三角的台商投资环境，为广东经济发展作出了一定贡献。

在2008年东莞台商子弟学校组织的四川赈灾爱心捐献活动上，小学部学生捐献自己的零用钱

2008年世界童军组织亚太区理事会议举办期间，理事们参访东莞台商子弟学校生命力学习营地

在2010年，东莞台商子弟学校举行的学生成年礼上，学校董事长叶宏灯（前）及与礼贵宾为高二学生加冠

2009年东莞台商子弟学校师生赴北京拜会国台办主任王毅

# 政法

LEGAL SYSTEM

- 妥善处置群体性事件
- 民商事审判
- 预防职务犯罪
- 禁赌扫黄
- 法律援助

石龙镇金沙湾

编辑：刘　丹

## 政法·综治工作

【涉疆维稳工作】 2009年7月新疆"7·5"事件后，全市政法维稳部门主动作为，认真贯彻全国、全省维护稳定暨信访工作电视电话会议精神，迅速成立由市委书记刘志庚任组长的市委涉疆维稳工作领导小组，先后9次召开涉疆维稳分析研判会议，6次召集有关镇（街道）和有关部门负责人召开涉疆维稳专题会议，传达中央和省委有关文件精神，交流各地各部门掌握的情报信息，切实做到把握大局，未雨绸缪。针对全市新疆籍维吾尔族、柯尔克孜族等少数民族人员多达3000多人，且与其他民族人员摩擦纠纷不断的情况，市政法部门及时组织调研组到新疆籍人员相对集中的11个镇（街道），深入工厂、企业调研涉疆维稳工作，摸清了全市新疆籍人员的底数和动态，准确分析研判特点和形势，提出工作建议。同时，积极协调相关部门和镇（街道），加强涉疆矛盾纠纷排查调处力度，及时妥善处理了多宗涉疆治安案件和矛盾纠纷。

【排查调处矛盾纠纷】 2009年，全市政法部门按照"属地管理"和"谁主管，谁负责"的原则，建立健全矛盾纠纷排查调处领导责任制；坚持每月开展社会矛盾纠纷排查调处工作行动。两级法院以调解、撤诉方式审结民商事案件43171件，同比增加125.57%，综合调撤率为57.20%，同比提高19.94个百分点。全市各级人民调解组织共排查民间纠纷16042起，调处成功15694起，成功率达97.83%；防止民间纠纷转化为刑事案件22宗，防止民间纠纷自杀5宗，防止民间纠纷激化153宗，防止群体性上访174宗，未发生因调解不及时或调解不当而引起自杀、凶杀和重伤案件。

【妥善处置群体性事件】 2009年，全市政法部门将防范和妥善处置群体性事件责任落实到主管部门、延伸到基层村（居），把防范和处置群体性事件列入镇（街道）领导班子及村（居）两委会年度工作量化考核。注重做好处置群体性事件的舆论引导工作，健全情报信息预警机制和网上突发事件的监测、研判和处置机制，对网上发现的影响社会稳定的有害信息及时封堵、删除和查处。全面推进"战训合一"训练机制，进一步提高公安队伍快速反应和"处突"能力。先后两次组织全市各镇（街道）党政主要领导、有关单位主要领导集中观看《群体性事件警示录》并召开座谈会，进一步提高对防范和处置群体性事件重要性的认识，增强防范和处置群体性事件的能力和水平。2009年，全市共发生各类群体性事件188起，同比下降44.05%，均得到妥善处置。

【化解涉法涉诉信访案件】 2009年，市委政法委认真做好重信重访案件排查化解工作，加强中央交办案件的督查和协调工作。共处理群众各类信访案件203件。中央政法委第一次交办案件6宗，已全部办结。第二次交办案件12宗，已办结11宗，结案率为91.67%。充分利用市司法及涉法涉诉信访救助资金，对一些已丧失执行条件且生活困难的申请执行人予以救助，全年审查案件63宗，救助53宗90人，救助总额为56.1万元，成功解决了部分"骨头"案件。

【镇街综治信访维稳中心建设】 2009年6月，全省加强镇街综治信访维稳中心建设电视电话会议后，全市政法综治部门深入贯彻落实上级文件精神，将加强镇街综治信访维稳中心建设作为夯实综治基层基础的第一抓手，迅速成立中心建设工作领导小组，出台《市社会治安综合治理委员会关于进一步加强镇（街道）综治信访维稳中心建设的意见》、《关于进一步加强镇（街道）综治信访维稳中心、综治信访维稳工作站建设的方案》，确定11个镇（街道）为全市中心建设试点，市几套班子领导和政法部门主要领导挂点包镇（街道），督导中心建设。各镇（街道）由党政主要领导亲自抓中心建设，高标准规划、高速度推进、高质量建设。市综治办牢牢把握"注重解决问题"这一根本目标，指导镇（街道）完善中心运作机制，促进中心建设功能最大化。

2009年，全市22个已运作的中心在矛盾纠纷排查调处等方面已体现明显效能，2009年8月1日至12月31日，已运转的22个中心共受理信访及矛盾纠纷1658宗，成功调解1396宗，调处成功率为84.2%，群众绝大部分诉求均现场得到有效解决，群众对中心的满意度和信任感进一步增强。

【"平安社区（村）"创建】 2009年，根据市委、市政府下发的《东莞市创建"平安社区（村）"工作方案（修订）》，市综治办加强对平安社区创建工作的督促指导，将创建工作成效纳入年度综治检查考核内容，一并检查。各镇（街道）根据年度创建目标，立足长治久安，全面落实打击、防范、管理、教育、建设、改造等创建措施，基层社区平安得到进一步保证，群众安全感明显增强。年内新创建平安社区（村）200个。

【重点整治】 2009年，全市共排查出市级治安重点地区和突出治安问题86个，全部落实整改措施，确保治安面貌得到明显改观。其中被省公安厅列为治安重点整治地区的常平镇整治成效得到省公安厅的充分肯定。

【整治涉毒行为】 2009年，东莞市严厉打击毒品违法犯罪活动，大力整治娱乐场所涉毒活动，着力加强吸毒人员收戒工作，全面加强易制毒化学品管理，坚持狠抓禁毒工作不放松。全年共侦破毒品案件417宗，抓获毒品犯罪嫌疑人989人，同比分别上升71.60%和64.6%；捣毁制毒工场12个，摧毁贩毒团伙136个；呈请逮捕案件367宗899人，移送起诉案件328宗779人。

【《禁毒法》知识竞赛】 2009年6月26日，东莞市为配合《禁毒法》颁布实施一周年，做好全市"6·26"国际禁毒日宣传活动，市禁毒办在东城影剧院举行东莞市《禁毒法》知识竞赛总决赛暨"东莞市禁毒志愿者在行动"主题活动启动仪式，省市领导和禁毒志愿者代表共800多人参加了活动。启动仪式结束后，举行东莞市《禁毒法》知识竞赛的总决赛。中堂、凤岗、寮步镇3个代表队分获第一、二、三名。

【反拐扫黄】 2009年，全市政法部门始终把反拐、扫黄工作作为社会治安综合治理工作的重中之重，各级综治部门积极牵头，公安机关组织精干力量，全力攻坚，各相关部门积极配合，主动防范，取得明显成效。全市发生拐卖儿童案件22宗，破案52宗（其中现案20宗，积案32宗），立拐卖妇女案件32宗，侦破案件34宗（其中现案30宗，积案4宗），解救被拐卖儿童46名、妇女37名，共抓获犯罪嫌疑人109名，破案绝对数位居全省前列。全市公安机关落实扫黄工作责任制，持续开展扫黄行动，全力净化社会环境。共破获和查处涉黄刑事和治安案件971宗，同比上升53.15%。

【整治市场秩序】 2009年，全市政法

部门积极部署整顿和规范市场秩序专项行动，重点打击走私、偷税、逃税、骗税、商业诈骗、洗钱、使用假币、非法吸收公众存款、发票违法等犯罪活动，有效地维护社会主义市场经济秩序。全年侦破经济犯罪案件325宗，抓获作案成员369人，挽回经济损失1656.80万元。

**【打击欠薪逃匿】** 2009年，全市政法部门通过加强企业监管、建立外商投资企业倒闭风险预警机制，出台《打击欠薪欠债逃匿犯罪行为办案参考》等规范性文件，开展打击恶意逃匿企业主违法犯罪专项行动。全年共侦破涉及恶意逃匿企业主的经济案件23宗，抓获犯罪嫌疑人38名。

**【破解执行难问题】** 2009年，自全国清理执行积案活动以来，东莞市迅速建立执行联动机制，成立以市委分管领导为组长的“清理执行积案领导小组”，制定实施方案，对未结执行积案，分析原因，拟定科学的执行预案，确保清案活动取得明显成效。两级法院共受理执行案件3.9万件，同比增长125.75%，执结案件3.74万件，同比增长224.81%，综合执结率为95.11%，执行到位金额38.37亿元，清理历年积案30787宗。同时，加大对拒不履行法律文书确定义务行为的打击力度，对有能力履行而拒不履行的被执行人，依法采取强制措施，促使其履行义务。2009年，两级法院责令被执行人申报财产37379件，查控财产18095件，限制被执行人出境72人，司法拘留190人。

**【设立镇（街道）党委政法办】** 从2008年底开始，市委政法委根据市委有关设立镇（街道）党委政法办的决定，明确镇（街道）党委政法办的8项主要职责，并统一规范镇（街道）党委政法办的设置，积极推进党委政法办成立的各项工作。截至2009年底，全市各镇（街道）均已成立党委政法办并开始运作。

**【三个基层法院、检察院正式挂牌成立】** 2009年1月1日，市第一、第二、第三人民法院和第一、第二、第三市区人民检察院正式挂牌成立。市第一人民法院、第一市区人民检察院院址设在莞城，第一人民法院暂在石龙办公，设有8个法庭。市第二人民法院、第二市区人民检察院院址设在长安镇，第二人民法院设有4个法庭。市第三人民法院、第三市区人民检察院院址设在塘厦镇，第三人民法院设有4个法庭。3个基层法院和基层检察院的成立，为进一步缓解全市检察、审判机关“人少案多”矛盾提供了基础，对促进政法基层基础建设、推进政法工作科学发展有着重要的意义。

**【加强政法队伍建设】** 2009年，市委政法委在全市政法系统开展社会主义法治理念教育长效机制建设和大学习大讨论活动，组织政法干警深入学习党的十七大以及胡锦涛、周永康有关政法工作的讲话精神；组织1200多名干警参加全国“百名法学家百场报告会—东莞专场”活动；组织全市12033名政法干警进行大学习大讨论考试，进一步增强干警政治敏锐性和鉴别力。邀请中南大学博士生导师张亚林教授来莞作“心理健康新概念”专题报告，并将报告会内容刻录成DVD发到各单位内设科室及基层单位；编印《身心健康每一天——东莞市政法干警日常保健手册》发到干警人手一册；联合新涌医院开通政法干警心理咨询服务热线电话，推动政法各单位关注干警心理压力问题。　（陶玉清）

**附：2009年东莞市委政法委领导名录**

市委副书记、市委政法委书记：黄双福

市委政法委副书记：卢锡光

杨天泰

杜淦洪（2009年4月任职）

苏云太（2009年6月任职）

▲ 2009年1月13日，创春节平安、保东莞稳定誓师动员大会在市公安局举行　（程永强　摄）

## 审判工作

【概况】2009年，东莞两级法院充分发挥司法能动性，及时把握当前社会经济发展的新变化，切实履行宪法和法律赋予的职责，较好地完成了各项工作任务。全年受理案件12.79万件，同比增长52.30%；审结12.34万件，同比增长65.83%；结案率96.43%，同比提高7.87个百分点，诉讼标的额343.47亿元，涉案当事人38万余人。其中，中级人民法院受理案件1.86万件，同比增长12.02%；审结1.82万件，同比增长14.29%；结案率97.77%。两级法院法官人均结案312.3件，居全省法院第一。

东莞中级法院在全省法院年度考核中，总成绩排名（珠三角经济发达地区）第一，两级法院先后被评为“全国法院调研先进单位”、“全国青年文明号”、“全省优秀法院”。

【刑事审判】2009年，东莞两级法院面对新的形势，及时调整刑事审判工作思路，把工作重点放在依法严惩严重危害社会治安的暴力犯罪、黑恶势力犯罪上，稳、准、狠的打击各类犯罪活动，全年受理各类刑事案件共6841件，审结6815件，判处罪犯1.17万人，结案率99.62%。

按照“宽严相济”的刑事审判政策，对故意杀人、抢劫等严重暴力犯罪进行公开宣判，展示打击力度。判处5年以上有期徒刑至死刑的罪犯1730人。对情节轻微的初犯、偶犯和过失犯罪，依法从轻、减轻或免除处罚。对表现好的服刑人员，依法减刑假释，促使罪犯改过自新。

【民商事审判】2009年，受国际金融危机的影响，东莞市劳动争议纠纷、买卖合同纠纷、租赁合同纠纷等各类民商事纠纷案件大幅度增长。面对新形势，两级法院多次组织召开企业家座谈会，深入社区、企业调查走访，在充分调研的基础上，及时调整审判工作思路，正确处理依法办案与保护经济发展的关系，依法谨慎、灵活运用查封、扣押等强制措施，妥善审理破产案件，力保企业能在困境中求发展。对事关社会稳定的群体性劳动争议纠纷案件，两级法院与有关部门密切配合，及时启动群体性事件预警系统，对可能引发群体事件的劳动争议纠纷，主动介入，引导当事人通过法律途径主张权利，全年及时处置群体性事件20余次。对涉及民生的各类案件开辟“绿色通道”，依法从快审理，并在审理中尽量通过调解等和缓方式平息矛盾，避免事态恶化。东莞两级法院共受理民商事案件78058件，同比增加2.32万件，同比增长42.31%；审结7.55万件，同比增加2.4万件，同比增长46.75%；结案率为96.69%。为304.72亿元争讼资产确定法律地位，重新进入生产流通领域。其中，审结婚姻家庭、继承、侵权、劳动争议等民事案件4.42万件，保障了人民群众合法的人身权利和财产权利；审结买卖、租赁、借贷等

## 东莞市中级人民法院

① 2009年7月30日，中国法学会审判理论研究会涉外专业委员会和广东省法学会审判理论研究会涉外专业委员会在东莞市召开成立大会。图为最高法院副院长万鄂湘（中）、广东省副省长李容根（右五）、广东省高院院长郑鄂（左五）等领导到会祝贺，并在主席台上就座

② 2009年2月26日，原最高人民法院院长肖扬（中）到东莞市调研

① 2009年7月30日，最高人民法院副院长万鄂湘视察东莞市第一人民法院东城法庭
② 2009年2月25日，广东省高院院长郑鄂到东莞市中级人民法院视察
③ 东莞市中级人民法院院长何碧霞担任审判长审判刑事案件

合同纠纷案件3.13万件，维护了市场经济的健康发展；审结涉及著作权、商标权、专利权等知识产权纠纷案件646件，保护了知识产权权益人的利益；审结涉外、涉港澳台民商事纠纷案件4052件，优化了外商投资发展环境。

【行政审判】 2009年，东莞两级法院积极探索解决行政纠纷案件新方法，采取行政和解的审理方式，积极稳妥审理一批征地补偿、拆迁安置类行政诉讼案件，既充分保护行政管理相对人的合法权益，又积极监督和支持行政机关依法行使职权，强化社会管理，努力营造官民和谐相处的良好社会环境。全年受理行政诉讼案件467件，审结455件,结案率97.43%。

【执行工作】 2009年，东莞两级法院深入开展“执行治理年”活动，整合各方面的力量，与市纪委、市委组织部、市委政法委、市人大法工委、公安、海关等26家单位，建立完备的执行联动体系，强化执行联动实效性。责令被执行人申报财产3.74万件，调查控制财产1.81万件，公开曝光“老赖”407人，限制出境72人，司法拘留190人，对30人作出罚款处罚。第三法院在全省法院率先开展“见证执行”活动，得到省清理执行积案领导小组的肯定，并作为成功经验在全省法院推广。为支持东莞农村信用合作社的改制，采用领导督办，短时间内执结416件，执行到位标的2.4亿元，有效保护金融机构的合法权益，为改制创造了有利条件。全年两级法院受理执行案件3.93万件，执结案件3.74万件，执结率95.11%，与上年同比提高29.01个百分点。执行到位金额38.37亿元。

【队伍建设】 创新队伍建设方式。2009年，东莞两级法院针对干警年纪轻，法律理论知识丰富，但缺乏社会生活和实际工作经验的情况，安排新进法院工作的书记员和新任法官，轮流到信访部门接访。同时中级人民法院选派14名中层领导干部，分别到14个镇街挂职锻炼。邀请数位镇街党委书记到法院讲课，介绍基层工作情况和工作经验，丰富广大法官基层社会知识；通过深入基层学习锻炼，广大法官对社情民意更加熟悉和了解，与各级人大代表、政协委员的联络更加密切，与基层党委政府的沟通协调更加顺畅，服务大局意识明显增强。

调研审判能力得到较大提高。2009年，东莞两级法院按照“打造学习型法院，培养专家型法官”的建院目标，继续加强教育培训工作。先后举办调解技巧培训班、内勤人员培训班等12期专项培训，先后邀请香港和解中心创始人萧咏仪女士等14名专家学者来法院授课。同时，鼓励广大法官积极开展调查研究工作。在2009年全国法院系统第21届学术研讨活动中，市法院有2篇论文获三等奖，4篇获优秀奖，总成绩居全省法院第三名。中级人民法院法官撰写的《东莞劳动争议诉讼程序调查报告》在最高人民法院组织的第四次全国法院优秀调研成果评选中，获二等奖。

内部监督取得良好效果。2009年，东莞两级法院建立健全一系列的审判监督制度，加强内部审判监督，狠抓案件审判质量。通过实行“审判质量分析情况通报”制度，对二审发回重审和改判的案件进行自查、核查、评析，全年共对1837件案件进行质量审查监督，对确有质量问题的案件给予通报，并提出整改意见，审判监督工作得到了市人大领导的高度肯定。

党风廉政建设活动多样化。2009年，东莞两级法院深入开展“廉政警示教育年”活动，结合全国和广东省法院系统发生的严重违纪违法案件，组织干警开展司法廉洁大讨论，进一步加强反腐倡廉建设；建立廉政监察员制度，对审判执行部门指派外部廉政监督员，对容易滋生腐败的岗位和环节重点监督，防微杜渐；结合市法院实际，开展庭审作风、执行清案、代管款管理、案件超审限情况专项监督检查；认真执行最高人民法院的有关法规，规范法官职务行为；两级法院向社会各界公布举报电话，在“东莞市中级人民法院网”上设立“院长信箱”，随时接受人民群众对法官违纪违法行为的举报。2009年，两级法院无违纪违法事件发生。

【司法能动】 完善多元化纠纷解决机制。2009年，东莞两级法院进一步拓宽诉调对接领域，与有关行政机关、行业协会达成协议，对经过行政调解、人民调解的案件及时进行司法确认，实现诉讼调解与人民调解、行政调解的顺利对接。第一人民法院进一步完善“社区法官”制度，法官主动深入社区调处纠纷，把矛盾解决在萌芽状态。第二人民法院作为全国法院“多元化纠纷解决机制”试点单位，在全省法院率先建立“调解速裁中心”。2009年两级法院通过诉调对接方式调解案件6145件，司法确认5780件。中级法院进一步完善立案调撤机制，全年立案调撤案件1121件。建立执行和解跟踪机制，跟踪督促案件当事人及时履行法律义务，维护和解协议效力。2009年，两级法院以调解、撤诉方式审结民商事案件43171件，调撤率57.20%，同比提高19.94个百分点。

加强法制宣传力度。2009年，东莞两级法院进一步加大法制宣传力度。对故意杀人、抢劫等严重暴力犯罪进行公开宣判，展示打击违法犯罪的决心，增强人民群众的社会安全感；派出法官下到镇街、进企业以案说法，引导企业和员工正确理解法律；发送司法建议书，帮助企业提高法律意识，完善管理制度；与新闻媒体联合开设《法官说案》等法制宣传栏目，开展经常性普法教育；适时召开新闻发布会，介绍法院审判工作新进展。据统计，2009年，两级法院与新闻媒体联合制作节目或报道930多篇（次）。

加强信访申诉工作。东莞两级法院进一步落实信访工作责任制，建立信访案件监督协调机制和重大案件判后答疑制度。创新工作方法，尝试邀请人大代表、市民代表参加联合接访活动，调

① 东莞市中级人民法院党组高度重视党风廉政建设，制定出台多项廉政制度，积极进行反腐倡廉教育。近10年来，东莞市中级人民法院干警无发生违法违纪事件。图为召开廉政警示教育动员大会现场

② 东莞市中级人民法院与媒体构建良性互动机制，主动向媒体发布法院工作动态，接受媒体监督。图为年度十大案件新闻发布会现场

① 东莞市中级人民法院作为广东省高院指定的立案调解工作试点单位，2006年以来，立案调撤案件2084件，总标的额20.16亿元。图为立案庭法官现场调解成功一宗劳动争议案件，工人即时拿到被拖欠的工资

② 东莞法官在全省法院中率先提出"建立多元化纠纷解决机制"的工作思路，积极推行各种有效的调解新方式，2009年全市法院调解率达57.20%。图为东莞法院为提高法官调解能力，召开调解工作现场会，通过视频现场点评观摩法官调解方法

③ 东莞两级法院采取多种方法加大执行力度，2009年两级法院共执结案件37379件，同比增长224.81%，执结率为95.11%，与上年同比提高29.01个百分点。执行到位金额38.37亿元。图为东莞市中级人民法院开展执行清案行动，邀请媒体记者及人大代表见证执行

动多方力量妥善解决信访问题。对社会关注案件、当事人反复上访案件，实行领导包案制度，在"事要解决，息诉罢访"上下功夫，妥善处理一批涉诉信访案件。2009年，两级法院共接到信访申诉来信662件，接待群众来访677人次。

**【自觉接受人大监督】** 2009年，东莞两级法院自觉接受"监督是维护司法公正、树立司法权威的重要保证"这一理念，认真贯彻，切实增强接受监督的自觉性。完善人大代表、政协委员联络机制，积极开展"百场走访下基层"和"百场执行见证"活动。在此期间，中级法院的人大代表联络员先后走访32个镇街，包括45家公司企业、32个镇人大、65个村委会，走访人大代表共计67人。通过上门走访、召开人大代表座谈会、邀请人大代表参与执行行动、旁听庭审等方式，认真征求人大代表、政协委员对法院工作的意见和建议；认真办理人大代表建议和政协委员提案，完善对建议和提案的办理、反馈流程管理，对建议和提案实施专项督查督办制度，做到件件有结果，事事有反馈；建立重大案件案情通报制度，对有重大社会影响的案件，在案件审理过程中或审结后，邀请案发地人大代表参加案情通报会，广泛听取人大代表的意见，如在审理被告人邓某成故意杀人案时，由于案情重大、社会反响强烈，中院邀请当地6名人大代表参加旁听。之后，分管副院长等又到当地征求党委、人大等部门和代表的意见、建议，妥善处理这起刑事案件，取得了很好的法律效果、社会效果。 （段晓慧）

**附：2009年东莞市中级人民法院领导名录**

院　长：何碧霞

副院长：叶柳东（9月到任）　黄锡明　陈　斯（任至9月）　陈树良　林辉芳　陆效龙（任至12月）

①

②

③

# 东莞市第一人民法院

2009年3月6日，东莞市第一人民法院在东城辖区首设“社区法官”，打造“法治和谐社区”

2009年9月25日，东莞市第一人民法院党组书记、院长陈斯到东城法庭开展调研工作

2009年11月27日，东莞市政协副主席林明枢（左二）到东莞市第一人民法院视察工作

2009年11月13日，东莞市第一人民法院院长陈斯（左二）仅用90分钟调解一起离婚纠纷案件

2009年7月30日，最高法院副院长万鄂湘（左二）视察获得“中国十佳法庭”称号的东城法庭

2009年9月21日，东莞市第一人民法院互联网网站（http://dyfy.dg.gov.cn）正式开通

2009年12月14日，东莞市第一人民法院公开审理石竹新花园业主状告市城建规划局一案

2009年8月10日，东莞市第一人民法院成功举办第一届“健康快乐运动周”活动

东莞市第一人民法院举办“旗峰法律讲坛”，大兴学习调研之风，全面加强法院文化建设

① 2009年10月1日，公安机关开展国庆武装巡逻

② 2009年10月3日，民警巡逻在莞城国庆节的街道上

假牌、套牌车辆2482辆，查处交通违法行为1.5万宗，查处非法营运行为394宗。通过重点整治，常平镇治安环境明显好转，交通秩序明显改观，社会氛围更加和谐稳定，其整治成效在省公安厅考核验收时受到充分肯定。

【“工作执法一网考”建设】 2009年，根据省公安厅部署，市公安局积极推进“工作执法一网考”建设，将网上绩效考核系统逐步推广应用到各警种和各岗位，对民警工作实现网上自动考核，并将网上绩效考核成绩与民警经济收入、评优评先、提拔任用挂钩，增强民警工作主动性、自觉性，促进警务效能的提升。截至年底，全局已有指挥中心110、出入境、法制、监管、消防、刑侦、治安、巡警、派出所、交警、经侦、网监、禁毒、公交（便衣）、森林等警种开展“一网考”工作，118个派出所（111个公安派出所、4个边防派出所、3个森林派出所）、33个刑警队、33个巡警队、35个交警大队及看守所、车管所全部实现“一网考”全警录入、全警考核，8742名公安民警参与“一网考”，占全市民警总数的82.5%。

【严厉打击刑事犯罪】 2009年，全市公安刑侦部门不断创新打击犯罪机制，强化专业打击，相继开展打击拐卖儿童妇女犯罪、拉人上车抢劫、电信诈骗、“创平安、迎国庆”等一系列专项行动，严厉打击各类刑事犯罪活动，全年共立刑事案件33098起，同比下降4.2%，破案14160起，同比上升40.1%；抓获各类刑事犯罪嫌疑人15560名，摧毁各类犯罪集团1196个。命案侦破工作。全年共发命案259起，破现案235起，现案破案率达到90.7%，同比上升2.4%，达到历年以来的最好水平。打黑除恶工作。全年共打掉恶势力团伙56个，抓获组织成员470人，破获各类刑事案件375宗，缴获各类枪支30多支及管制刀具等作案工具一批。严打“两抢一盗”。全年共立“两抢一盗”案件2.5万起，同比下降8.6%，破案1.1万起（包括年前案2190起），同比上升51.4%，摧毁抢劫团伙456个、盗窃团伙244个，先后侦破大岭山“3·18”持枪抢劫50万元系列案、清溪“3·27”涉港黑帮成员冒充警察抢劫团伙案、寮步“2·4”特大盗窃货柜汽车运输货物案等一批大要案。严打盗抢汽车犯罪。全年共立盗窃汽车案4021起，同比下降23.4%，破案544起，同比上升51.1%；共立抢劫汽车案351起，同比下降46.8%，破案113起，同比上升37.8%，先后侦破望牛墩“2·18”系列抢劫汽车案、石龙“6·5”系列盗窃汽车案、常平“5·27”系列抢劫汽车案等一批重特大案件。

【解救被拐儿童】 2009年，市公安局全警动员，全力以赴做好被拐儿童解救工作。组建打拐专业队，实施专业打击，全面深入排查2000年以来全市接报的失踪儿童警情，对拐卖儿童案件，做到“一个被拐儿童一个解救办”，同时制定实施《东莞市公安机关协助查找失踪儿童快速反应联动工作机制》，联合妇联等部门深入开展反拐宣传工作，努力提高群众的防范意识，减少案件的发生。2009年，全市发生拐卖儿童案件22宗，破52宗（其中现案20宗，积案32宗），解救被拐儿童46名，抓获犯罪嫌疑人74名，为群众找回走失儿童434名。

【打击假币犯罪】 2009年，根据公安部统一部署，全市公安机关组织开展打击假币犯罪专项行动（代号“09行动”）。专项行动期间，共侦破假币犯罪案件29宗，刑事拘留犯罪嫌疑人86名，办理假币行政案件49宗，处罚49人，缴获假人民币达1.17亿余元，协助外地公安机关抓获假币犯罪在逃人员9名、破案1宗。其中，市公安局于11月1日凌晨，出动400多名警力，组成14个缉捕组分赴东莞市寮步、东城、长安等镇（街）和广州、深圳、佛山、茂名、汕头等市及北京市、河北省、湖南省等地同时行动，在寮步、东城及茂名市摧毁3个制造假币窝点，抓获21名犯罪嫌疑人，缴获假人民币1.11亿元及印刷设备一批，彻底摧毁该特大伪造货币团伙。该案被公安部总结为全国公安机关开展打击假币犯罪“09行动”以来，破获涉案金额最大、缴获制假设备最全、一次性抓获犯罪嫌疑人最多、摧毁犯罪网络最完整的经典大案。

【打击恶意欠薪逃匿违法犯罪专项行动】 2009年上半年，受国际金融危机爆发和国内经济环境变化影响，全市恶意欠薪逃匿违法犯罪案件呈集中爆发趋势，严重破坏经济秩序，危及社会稳定。为顺应经济形势发展需要，全市公安机关从1月起深入开展打击恶意欠薪逃匿违法犯罪专项行动，并将其列为市局“雷霆”治安整治专项行动的“七大攻坚战”之一，实行领导包案，限期破案。专项行动中，公安机关通过加强企业监管、建立外商投资企业倒闭风险预警机制，先后破获涉及企业主欠薪逃匿的经济犯罪案件27宗，涉案10498万元，追缴赃款赃物价值784.8万元，抓获、打击处理嫌疑人38名，沉重打击不法企业主的侥幸心理，受到社会各界的充分肯定。

【治安管理】 2009年，全市公安机关进一步加强社会治安管理，全面加强特种行业、重点行业和公共娱乐场所管理，全年共查处各类治安案件5.9万宗，处理违法人员6.5万人。全市各级治安部门认真组织各项大型群体活动的安全保卫工作，全年共完成大型文体活动265宗，其中超过5000人的31宗。积极开展旅馆业专项整治，严格督促旅馆业认真执行旅客住宿登记、来访登记等制度，主动落实各项安全防范措施，切实做到不失控、不漏控，全年共利用旅馆业治安管理系统抓获网上在逃人员118人，涉毒

① “雷霆”行动中民警与治安队员携带警犬巡逻
② 自行车巡逻队
③ 2009年9月29日，东莞警方着装进公交车厢开展护乘工作

人员459人，查处涉案旅馆16家，取缔13家。进一步强化特种行业和娱乐服务场所的治安管理，重点查处未经许可擅自经营的旅馆业、不执行住宿登记制度的旅馆业、不执行查验登记制度的典当业、不执行可疑情况报告及凭证登记收购制度的废旧物品回收业，认真开展娱乐服务场所等级评定工作，严格实施分级管理机制，加强娱乐场所监管力度。加强对涉爆涉毒单位的安全监督，对全市39个涉爆地点（其中采石场2个、临时爆破工地26个，烟花爆竹零售点9个，民爆仓库2个）进行全面核查，准确掌握底数及有关情况，并先后6次组织开展安全检查，发现并督促整改安全隐患21处，保障全市涉爆行业的生产安全；强化对涉爆涉毒单位的日常监管，配合市安全生产监督管理局加强对全市190家涉剧毒单位的安全监管，逐一签订《剧毒化学品治安管理责任合同书》，严格做好《剧毒化学品购买凭证》的发放，杜绝剧毒化学品流入社会；坚决取缔无证经营，打击非法使用、购买和运输剧毒化学品违法犯罪行为，成功侦破嘉通化工贸易有限公司等7家单位非法买卖、使用、储存剧毒化学品案，查获剧毒物品甲苯二异氰酸酯20吨。进一步完善枪支管理工作，对全市存枪单位、枪弹库（室）、公务用枪进行专项检查，及时发现和整改各种安全隐患，确保用枪安全。

【户政管理】 2009年，全市公安机关按时保质完成人口统计年报工作，及时纠正户口登记中重登、漏登及差错等问题，全年共办理户口迁移4.8万人，其中市外迁入3.6万人，迁出市外7381人，市内迁移4493人。全年发放居民身份证8.02万张、发放临时身份证1.34万张。组织各驻莞部队和人民武装警察部队开展现役军人和人民武装警察居民身份证申领工作，共受理现役军人和人民武装警察居民身份证申请1591张、发放1572张。妥善解决高级技校空挂户问题，落实419名技校空挂户毕业生的户口迁移工作。积极推行便民利民措施，向社会各界群众提供人口信息查询服务，全年共查询人口信息6814人次；在市公安局、莞城公安分局、东城公安分局、南城公安分局、万江公安分局户政办证窗口严格执行户政办证窗口周末轮值班制度，为有特殊需要的群众办理户口和居民身份证业务；从2009年3月5日起，在莞城街道推出户口迁移“一站式”办理措施，符合辖区内迁移条件的居民可直接在迁入地派出所一次性办理迁出、迁入手续，为群众节省办事时间，降低办事成本。2009年，全市户籍人口52.12万户，178.73万人，其中农业人口97.78万人，非农业人口81.46万人。

【流动人口管理】 据统计，截至2009年6月30日，全市共有暂住人口429.96万人，其中男209.31万人，女220.66万人，总人数同比减少22.2%，人口递减趋势非常明显。其中，来自广东（除本市外）、湖南、四川、湖北、广西、河南、江西等7个省（区）的暂住人口335.34万人，约占外来暂住人口总数的78%；务工、务农、经商、服务四种行业暂住人口413.46万人，约占总人数96.2%；长安、虎门、厚街、东城、塘厦、寮步、大朗、黄江等8个经济发展较快的镇街的暂住人口222.24万人，约占暂住人口总数的51.7%。2009年底，全市积极筹备推行居住证制度。12月24日，市政府成立东莞市推行居住证制度工作领导小组。12月26日，全市各镇（街）同步举行推行居住证制度主题宣传日活动，为2010年1月1日起全省正式推行居住证制度做好舆论宣传。

【禁赌扫黄】 2009年，全市各级公安机关严格按照市委、市政府的工作部署，用超常的力度和措施，全力开展扫黄禁赌工作。1月至3月，市公安局组织开展“雷霆”行动治安重点整治攻坚战；4月至6月，开展扫黄禁赌攻坚战；5月至10月，开展“创平安、迎国庆”重点打击赌博活动及打击组织强迫妇女卖淫犯罪活动专项行动；11月至12月，开展全市重点整治“黄、赌”问题专项行动。期间，还根据省、市有关部署，同时开展打击手机传播淫秽视频、净化社会文化环境专项清理整治等专项行动。通过密集式专项行动，始终保持主动进攻态势，取得明显成效，有效遏制涉黄涉赌活动的滋生蔓延。2009年，全市共查处各类涉赌案件3.04万宗，同比增长385.65%，抓获涉赌违法人员3.97万人，同比增长310.79%；查处各类涉黄案件892宗，同比增长51.19%，抓获涉黄人员1727人，同比增长45.37%。同时，制定《东莞市公安局查禁“黄、赌、毒”工作规定》、《东莞市公安机关警务暗访发现问题处理规定》等制度，进一步明确各级公安机关领导工作责任，规范线索处理、案件倒查及责任追究等制度，建立一级抓一级、层层抓落实的长效工作机制。

【“平安公交”创建】 为严厉打击公交行业内各类违法犯罪，2009年4月8日起，在市交通部门的积极配合下，全市公交民警开展为期一年的创建“平安公交”工作，共打击处理公交违法犯罪嫌疑人789名，打掉公交违法犯罪团伙108个，全市公交治安秩序明显改善。同时，采取开座谈会、派发宣传单张、为广大司乘人员上法制课等方式，不断完善公交治安联防机制，共举办公众宣传活动100多场次，上法制课200多场次，制作派发宣传小册子、日历卡25万份和宣传海报、DVD光碟6000多张，指导和协助95%的公交企业建立健全内保部以及相关管理制度。活动开展以来，全市涌现出一大批见义勇为的司乘人员，26人次先后受到市见义勇为基金会奖励，其中司机张学德被评为东莞市道德模范先进个人，司机邱澎获“全国见义勇为司机”荣誉称号。

【出入境管理】 2009年，全市公安出入境管理部门不断创新服务举措，认真落实各项工作，全年共办理各类证件签证（注）93.91万人次，其中公民出国（境）证件、签注89.36万个，境外人员签证（注）证件4.55万人次；实现全市33个镇（街）公安分局开通出入境窗口，全年受理公民出境申请37.13万人次，占受理总量51.8%；通过优先受理、缩短工作期限，向市重点工企、总部企业、民营高企提供优质服务；推出商务备案、商务签注及夫妻类探亲签注网上申请及赴港澳个人旅游再次签注短信申请业务，办理网上探亲签注229人次、商务签注122人次，短信申请72人次，电子化申请日益普及；提供上门服务，先后4次派员到台商子弟学校受理境外人员证件516人次，切实为该校师生解决后顾之忧；不断加强外管工作力度，全年共查处“三非”（非法入境、非法就业、非法居留）境外人员680人次，拘留审查10人次，行政拘留8人次，遣送出境18人次，报列不准入境人员11人次，监视居住2人次。

【道路交通管理】 2009年，市公安交警部门以“降事故、保安全、保畅通”为目标，全面强化各项道路交通安全工作措施，促进全市道路交通畅通和谐。

做好道路交通事故预防工作。对交通标志、标线、交通设施进行摸底调查，加大事故多发路段治理力度，认真做好事故研判，提高事故预防对策能力，全市道路交通事故继续保持平稳下降势头，全年共发生道路交通事故5037宗，造成545人死亡、5559人受伤，直接经济损失670.65万元，其中前三项指数同比分别下降6.34%、7.63%、7.12%，死亡人数同比减少45人。

规范道路交通安全秩序。针对道路交通安全管理中出现的不同问题，分阶段、分步骤开展整治摩托车、校车、客（货）运车辆、套牌车等工作，先后开展春运交通保卫战、重点地区交通秩序集中整治、国庆60周年交通秩序整治、酒后驾驶集中整治行动和交通事故逃逸案件侦破专项行动，全年共出动警力57.38万人次，检查车辆276.06万辆次，查处交通违法64.62万宗，查处套牌、无牌无证、假牌假证机动车6405辆，治安拘留1423人，刑事拘留430人。

提高交通管理科技水平。完善电子监控设施，对市区35个路口的420组交通信号灯进行更换，增加电子警察抓拍系统55套，建设公安交通指挥系统，发挥其交通诱导、视频监控、事故预防分析等功能，并建设接处警系统和电视电话会议系统，其中接处警系统已经覆盖全市一半以上交警大队。

加大交通安全宣传力度。不断拓宽宣传渠道，全年共出动宣传车5100多辆次，动用社会宣传人员10.7万余人次，交通安全宣传讲师团共授课826个课时，印刷宣传单160多万份，举行交通安全宣传图版展览4000多场，制作新闻专题片6个，与电台联办节目70多次，在各类报纸、杂志发表文章200多篇，举办大型交通安全宣传咨询活动230多次。

【机动车和驾驶员管理】2009年，市公安交警车管部门以实行“一窗式”综合服务和“信息化民警”达标考核活动为契机，大力创新工作机制。

创新服务观念。延伸服务窗口，拓宽服务领域。设立5个机动车登记服务站，群众在服务站内通过互联网就可享受到购车、选号、办理牌证等一站式服务；全面实施“一窗式”综合服务，群众在车管所综合服务窗口可以办理所有机动车或驾驶员业务；实施互联网自编自选机动车号牌号码，群众足不出户就能通过互联网选择自己心仪的车牌号码等；在互联网上不断扩大车管业务办理范围，方便广大车主和驾驶员。

规范业务运作。包括对车号牌的回收进行造册登记，规范预约上门查验机动车程序，规范检测站机动车查验及检测数据上传程序，实行机动车转移登记和补领《机动车登记证书》业务现场确认身份，实施机动车驾驶人科目一考试机位视频监控，实行由计算机对考试员和学员进行随机匹配等。

规范执法行为。通过实施“工作执法一网考”，对民警的工作效率、工作实绩和受群众投诉、表扬等情况进行综合考核，每月将考核成绩排名通报，并考虑将考核结果与民警经济收入、评先评优和提拔晋升进行“三挂钩”，提高民警工作的自觉性和积极性，促进车管服务水平上台阶。全年共办理机动车注册登记11.26万辆，转移登记6.44万辆，抵押登记2.15万辆，变更登记1.3万辆，注销登记2.7万辆，核发机动车检验合格标志45.36万辆；办理初学、增驾驾驶人18万人，驾驶证换证9.65万个，驾驶证补发1.3万个，驾驶证注销6294个，接收驾驶人年度体检表21.58万份。截至2009年底，全市机动车驾驶人达到114.49万人，同比增长14.1%；机动车保有量达到126.91万辆（其中：汽车79.56万辆，摩托车47.1万辆，挂车2697辆，其他9辆），同比增长3.6%。

【酒后驾车专项治理】2009年，东莞市交警部门根据公安部统一部署，结合东莞实际，采取密集布点、重兵上路、媒体曝光等措施，持续开展酒后驾驶专项治理工作，打击酒后驾驶的交通违法行为，教育广大群众拒绝酒后驾驶。

重兵上路。最大限度把警力投入路面。根据道路交通的特点，在酒店、饭店、酒吧等场所附近道路设点检查车辆，使各执勤点形成网，并配备和完善酒精检测仪等执法装备，在执勤执法中对涉嫌酒后驾驶人及时取证，严格按照法律规定进行处理，打出行动的声势。

重点时段监控。针对节假日容易形成酒后驾驶造成道路交通事故的特点，提前部署治理措施，加强对重要节假日期间的整治力度，并将整治行动集中在19时至21时、23时至次日1时酒后驾驶高峰期，严格查处醉酒驾驶交通违法行为，对醉酒驾驶者处以行政拘留15天的处罚。

集中用警，统一整治。8月15日全国严厉整治酒后驾驶行动后，交警支队组建约200人的严厉整治酒后驾驶“突击队”，每个工作日到各镇街轮换整治酒后驾驶，每周在全市组织两次以上的统一酒后驾驶整治活动，高密度高频率地对重点路段、重点时段进行重点打击。8月至12月，共开展全市集中统一行动37次，出动警车1.1万次，出动警力4.75万人次，查获饮酒驾驶306起，查获醉酒驾驶103起，行政拘留102人次。

加强宣传。交警部门积极与酒店、饭店联系，派发禁止酒后驾驶的提示卡，要求重点场所摆上桌面，提醒驾驶人不要酒后驾驶，同时邀请电视台、电台、各级报纸记者参与整治行动，曝光酒后驾驶人员，为广大驾驶人营造主动拒绝酒后驾驶氛围，提高广大驾驶人自觉守法意识。

【“两推”工作】为加强公安队伍正规化建设，积极推进干部人事制度改革，拓宽选人用人渠道，广泛选拔优秀人才，市公安局于2009年5月至8月采取“两推”（即民警推荐和组织推荐）方式对部分科级、股级领导空缺职位进行选拔，共提拔任命干部269人，其中科级干部109人，股级干部160人；轮岗交流干部27人，其中科级干部7人，股级干部20人。

【反腐倡廉】2009年，市公安局以构建和谐警民关系为目标，深化反腐倡廉各项任务，在重点开展“五涉”（涉酒、涉枪、涉车、涉赌、涉色）问题专项整治活动和以“改进机关作风，增强责任意识”为主题的专项教育整顿活动的同时，还通过视频警示、读书警示、参观警示和剖析警示等形式多样的警示教育，大力推进队伍纪律作风建设。开展全市公安机关2009年度党风廉政建设和述职述廉工作，加强对党员领导干部的监督。进一步健全防腐机制，组织制定《东莞市公安局廉政谈话制度》、《东莞市公安局领导干部经济责任告知暂行规定》和《东莞市公安机关警务暗访发现问题处理规定（试行）》，为全市公安机关推进信息化建设、执法规范化建设、和谐警民关系建设提供强有力的纪律保证。

【立功创模】2009年，全市公安系统共有1个集体立集体一等功，12个集体立集体二等功，109个集体立集体三等功，57个集体受嘉奖；1人被追记为二级英雄模范，5人荣获个人一等功，31人荣获个人二等功，630人荣获个人三等功，2132人荣获个人嘉奖。　（李泽林　李寒来）

附：2009年东莞市公安局领导名录

党委书记、局长：崔　建
党委副书记、副局长：陈伟强　利焕祥
党委委员、纪委书记：樊希炎（任至4月）
党委委员、副局长：李泽林　梁建柱
　　李伟雄　梁均耀
　　卢伟琪
党委委员、政治处主任：刘沛雄
党委委员、指挥中心主任：何澄彪
党委委员：张绍培
党委委员、纪委书记：叶沃昌（8月到任）

# 东莞市公安局交通警察支队

2009年7月6日，公安部交管局领导到东莞检查执法规范化建设工作，图为在交警支队西平违法处理中心检查窗口工作

2009年2月4日，省公安厅交管局局长何桂复到东莞市督导春运工作，图为在常平火车站执勤时接受市电视台采访

2009年4月29日，刘志庚、李毓全等市领导到市交警支队检查“治摩”工作

2009年1月5日，黄双福等市领导到大城区开展“治摩”公劝活动

2009年10月12日，市委常委、市公安局长崔建到交警支队检查工作，图为在车管所业务大厅检查窗口民警工作情况

2009年10月30日，市公安局副局长卢伟琪参加交警部门打击飚车行动，图为在厚街执勤点检查改装车

【消防安全体系构建】2009年，全市公安消防部队以构建和谐社会消防安全体系为目标，大胆创新工作方法，积极谋划新时期消防发展方略，协助市政府颁布实施消防基础工作创新发展规划纲要；强化现役消防力量建设，17个消防大队5个中队全面建成，同时实现消防队伍三级网络建设，市、镇、村三级消防队伍全面建成；制订出台区域性消防装备配备规范，实现消防装备区域联防。2009年，全市消防部队共接警出动2657起，出动车辆6996辆，出动警力3.73万人，抢救被困人1039人，疏散被困人员2.48万人，抢救财产价值3.1亿元。全市公安消防队伍涌现出一大批先进单位和个人，1个单位被公安部消防局评为“先进基层党组织”，1个单位被评为“省级文明单位”，2个单位被评为“市级文明单位”，3人被省公安消防总队评为“优秀共产党员”，1个单位立集体二等功，1人立个人二等功，75人立个人三等功，222人受到各级嘉奖。

① 2009年，东莞市委副书记、市长李毓全，副市长成洪波在市公安消防局领导的陪同下到厚街TTI厂视察社会单位消防安全“四个能力”建设情况

② 2009年“119”消防宣传日启动仪式

③ 东莞市召开贯彻落实《消防法》报告会暨消防安全知识培训大会

# 东莞市公安消防支队（消防局）

100%通过资格考试。加快推进信息化建设，边防支队综合指挥中心正式运行，并建成全省首个打私电子监控系统。坚持从严治警和从优待警两手硬，部队全年无违纪事件发生，连续8年安全无事故，并实现零投诉；同时，积极开展“知兵、爱兵、育兵”活动，使干部家属得到妥善安置，子女实现定点就学，30多名官兵入院校培训深造，并为336名官兵进行心理疏导。积极开展业务培训，举办各类培训班11期，业务竞赛3次。2009年，市公安边防支队涌现出一大批先进单位和个人，其中1个派出所被省公安边防总队评为“三基”（基层、基础、基本功）建设先进单位，1个侦查队被省总队评为执法先进集体；1个集体被省总队评为先进党支部；2人被公安部边防局、省总队评为执法标兵，1人被省公安厅评为“五好”所长，1人被评为全省优秀人民警察，2人被省总队评为先进党务工作者。

（查远瞩）

**附：2009年东莞市公安边防支队领导名录**

支队长：陈宏伟

政　委：杜彦华

① 东莞市公安边防支队加强边境地区防控，破获八年来东莞最大偷渡案
② 东莞市公安边防支队加强信息化建设，全省首个打私监控系统建成使用
③ 东莞市公安边防支队首创民警兼任法制副厂长制度，为辖区企业度过金融危机创造良好的治安环境
④ 东莞市公安边防支队深化爱民固边战略，关心关怀辖区困难群体

## 司法行政

【概况】2009年，市司法局行政设置分为局机关、市法律援助处、市公职律师事务所、市公证处和市常平公证处、市虎门公证处5个直属机构，32个镇（街）司法所，同时还负责管理和指导90家律师事务所、32家法律服务所以及13家司法鉴定机构。

【队伍建设】2009年，市司法局加强党员干部队伍思想政治教育，开展《“十不让”守则》学习活动和大学习大讨论活动考试考核、“人人参与剖析反面典型案例”等各专项主题教育活动、“双八”（八小时内外）教育等一系列学习教育活动，有效提高干部职工的思想政治素质，爱岗敬业、奉献意识明显增强，工作效率和质量明显提高，精神文明建设成绩突出。此外，注重教育培训，在全面提高领导班子决策水平、驾驭司法行政工作和解决自身问题的能力的同时，创新业务技能培训机制，进一步提高司法行政工作者的业务素质。

【普法教育】2009年，法制宣传教育工作以《广东省法制宣传教育条例》为依据，强化主管职能，建立健全工作制度。依照《东莞市“法律六进”（进机关、进乡村、进社区、进学校、进企

## 东莞市司法局

① 2009年1月，东莞市法律援助处被中央文明委授予“全国文明单位”称号。3月20日，市委常委、市委宣传部部长王道平，副市长成洪波出席挂牌仪式

② 2009年3月18日，全市社区矫正工作会议召开，东莞市委副书记、政法委书记黄双福出席会议并讲话

业、进单位）实施方案》，继续采取有力措施深入做好重点对象的普法工作；坚持以领导干部和公务员为重点对象，继续开展领导干部学法讲座、干部学法考试考核登记、干部任职前法律知识考试等工作，全市近4万名公职人员参加考试，参考率和合格率均为100%。

围绕基层社会和谐稳定，以促进基层民主法治建设为着眼点，进一步推进“法律进社区”活动，认真做好“全国民主法治示范村”及省“民主法治示范村”、“民主法治示范社区”的创建及评选工作，通过实地走访、认真对比，评选出横沥镇田头村、桥头镇岭头社区等一批民主法治示范村、社区。加大对示范点的宣传力度，以点带面，推进基层民主法治建设发展。通过开展企业大走访活动、发放法律问题调查问卷、召开企业代表座谈会、开展重点企业员工法制培训等方式有针对性地开展企业普法工作，切实提高法律意识，增强应对困难的信心。

全年累计编印、派发及展示各类法制宣传资料408万份（册）；全市建立10米法制宣传长廊112个，建立电视电台法制宣传专栏目16个，建立法制宣传网站或网页13个；全市累计开展各类法制讲座1364场次，直接参与听课人数为40万人，其中市“五五”普法宣讲团举办讲座104次；开展法制咨询活动451次，受教育人数49万人，全市累计播放法制宣传公益广告4694条（次），组织知识竞赛、法制文艺演出等大型法制宣传教育活动57次，现场参与人数8.98万人。

**【公证工作】** 2009年，全市公证队伍进一步壮大，共有3家公证处，公证人员90名，其中公证员16名。按照科学规划、创新发展的工作思路，市司法局大力推进公证管理工作的改革和发展，将原公证律师科一分为二，正式成立公证管理科，独立行使公证管理职能，进一步提高公证管理工作水平；4月，东莞市公证协会正式获批成立。各公证处积极采取

① 2009年4月1日，东莞市副市长成洪波视察东莞市司法鉴定机构
② 2009年6月17日，东莞市副市长成洪波到市司法局、市律师协会、市公职律师事务所和广东历维永盛律师事务所调研法律服务市场管理工作
③ 2009年4月，东莞市司法局召开机关党支部党员大会，组织开展“大学习、大讨论”活动，重温入党誓词

措施，应对国际金融危机带来的不利影响，加大公证业务开拓力度，实现业务量的稳定增长，全市各公证机构共办证4.11万件，同比增长46%，其中国内经济公证2474件，国内民事公证2.78万件，涉外民事公证6342件，涉港民事公证1641件，涉台民事公证2790件。

【律师工作】2009年，市司法局进一步推进律师工作规范化建设，严格准入，强化培训，表彰先进，全面落实律师事务所考核评价方案，将律师事务所的内部管理全面纳入规范化考核范围，以推动全市律师事务所规范化发展；积极支持、鼓励律师多渠道参政议政，2009年，东莞律师担任省人大代表1名，省政协委员1名，市人大代表2名，市政协委员5名；积极组织律师参与信访工作，组织律师到市政府信访值班室接访，积极参与维稳综治、信访接待、法律援助和社会公益等活动，为有效应对全球金融危机、促进经济平稳较快发展作出积极的贡献。

2009年，全市新设律师事务所14家，新增执业律师167人，律师事务所总数达到90家（含市法律援助处），注册执业律师1223人。各律师事务所业务量稳步增长，共代理各类诉讼案件1.72万宗，办理非诉讼法律事务2.24万宗。

【法律服务稽查】2009年，市司法局召开全市法律服务市场管理领导小组（扩大）会议，调动镇街及相关部门齐抓共管法律服务市场的积极性；在全市开展大规模的法律服务市场专项清查活动，排查无牌无证“黑律师”。法律服务稽查队全年共查处各类投诉案件56宗。

【法律援助】2009年，市法律援助处坚持“为民、利民、便民”服务宗旨，加强弱势群体维权工作，共接待群众9434人（次），接听“12348”法律服务专线电话9704人（次），承办法律援助案件2995宗，代写法律文书615份。抓好基层法援办事处的规范化建设，确保服务质量。各镇街法援办事处共承办法律援助案件1154宗，占民事法律援助案件总量的73%。降低申请门槛，适当合理放宽受援条件，切实维护新莞人的合法权益，视情况免予经济困难审查，扩大法律援助覆盖面。全年受理新莞人劳资纠纷案件（含工伤）888宗，占民事法律援助案件总量的56%。积极加强与相关部门的协调沟通，最大限度地实现资源整合和优势互补，切实提高法律援助服务的质量和效率。市法援处还加大法援宣传力度，切实提高法律援助民众知晓率。如开展“法律援助宣传月”和“法律援助便民服务”主题活动；到各镇街人流密集、新莞人集中的社区或厂区巡回开展“法律援助直通车”活动等，全年共开展22次“法援直通车”活动。

【基层法律服务】2009年，各镇街法律服务所为镇街政府提供法律意见、合同审查1754件，担任常年法律顾问830家，代理民事诉讼1364件，代理非诉讼法律事务2537件，协办公证157件，办理见证5373件，解答群众法律咨询近3万人次，避免或挽回经济损失约1.9亿元。

【人民调解】2009年，市司法局以推进基层基础建设，提高基层维稳能力为重点，积极探索人民调解工作的新途径、新方法。加强调解组织建设。结合首席调解员和专职调解员队伍建设，加大调解员培训力度，改善调解队伍的结构和素质，推进企业、行业人民调解组织规范化建设。全市有人民调解委员会1586个，其中镇街32个、村（居）、社区593个、企业调委会961个，企业调解小组3097个，有企业调解联络员5903人。全市共有调解员1.62万人，其中高中以上学历的1.15万人，全市共培训调解员12084人（次）。加强司法调解、行政调解与人民调解的有机衔接。全市已成立9个诉调对接工作室，受理案件8312宗，接待当事人来电来访1.91万人（次），调解8125宗，成功调处6487宗，成功率80%，调处案件涉及金额高达4.3亿元。市司法局在人民调解与行政调解对接上积极进行摸索与尝试，联合市卫生局多次就相关工作展开座谈、研讨；并于5月协同市人大、市依法治市办、市卫生局等部门领导前往山东济南、江苏南通两地学习设立医患调解中心的经验和做法；与市卫生局积极沟通、共同起草设立医患调解中心的工作方案。加强矛盾纠纷排查工作。开展矛盾纠纷排查调处活动，组织全市各镇街司法所积极开展“人民调解在企业”活动。各司法所按照“属地管理、分级负责”，“谁主管谁负责”原则，制订可行工作方案，采取有效措施。坚持每月和重大节假日排查制度。各调委会走村(居)入户，广泛收集情况；重大节假日和国庆期间，集中力量有针对性地开展排查，对排查出的情况及时上报。加强对“热点”和“难点”问题的排查。对劳动争议、医患纠纷、征地拆迁、村务财务民主化治理等群众普遍关注的“热点”、“难点”而可能引发的问题，做到主动参与，提前排查。及时调处化解各类矛盾纠纷。对排查出的问题，积极进行调解，基本做到排查数据准，纠纷原因清，调处工作快，化解力度大。2009年全市民间纠纷排查1.6万起，调处成功1.57万起，成功率97.8%；防止民转刑22宗，防止民间纠纷自杀5宗，防止民间纠纷激化153宗，防止群体性上访174宗。全年未发生因调解不及时或调解不当而引起自杀、凶杀和重伤案件，有力地维护了社会稳定。

【安置帮教工作】2009年，全市有过渡性安置实体233个，有刑释解教人员152人，帮教152人，帮教率100%，安置145人，安置率95.3%，没有出现脱管现象。衔接率、帮教率和档案建档率均为100%，有力地促进了社会和谐稳定。

【社区矫正工作】2009年2月，确定厚街镇作为全市社区矫正工作示范点。按照省司法厅的工作部署，7月份全面铺开社区矫正工作。截至12月，累计接收社区服刑人员138人，13人已正常解除矫正；在册125人，缓刑48人，假释13人，暂予监外执行3人，剥夺政治权利61人，无管制对象。已经接收矫正对象的镇街有30个，横沥、凤岗两镇没有矫正对象。自7月份全面接收矫正对象以来，无脱管、漏管发生。

【司法鉴定工作】2009年，全市有面向社会服务的司法鉴定机构13家12个门类，有司法鉴定人141名。鉴定中心2家，司法鉴定所11家。全年司法鉴定业务8801宗，同比增长41.13%。其中法医类8775宗，会计类18宗，建筑类8宗。全年分5批分类培训司法鉴定人73人次。

【国家司法考试】2009年国家司法考试东莞考区报名人数再创历年新高，达2015人，同比增长12.38%。实际参考人数为1730人，323人通过，合格率达16.03%。（周 成 陈 洋）

附：2009年东莞市司法局领导名录

局　长：彭启尧

副局长：吴　敏　赖鸿就　孔庆威

严继宗

# 东莞市常平公证处

东莞市常平公证处是2006年7月经国家司法部批准成立的市级公证处，是《中华人民共和国公证法》颁布后全国第一家成立的公证机构，非营利事业法人单位，业务执业区域为东莞市凤岗、清溪、塘厦、樟木头、谢岗、黄江、常平、大朗、东坑、横沥、企石、桥头等12个镇。成立以来，常平公证处办理了政府采购、公共汽车经营权拍卖、“黄的”租赁权抽签、建设用地使用权招、挂、拍及所属镇街旧村改造等一系列有重大影响的公证，在金融、房地产、公司事务及证据保全等公证业务领域取得骄人的成绩，不仅维护了当事人的合法权益，而且为东莞市的法制、经济建设做出了巨大贡献。

2007、2008、2009年连续三年，常平公证处被东莞市司法局评为司法行政系统先进单位

常平公证处办证咨询台

2010年1月12日，常平公证处工作人员到樟木头镇各社区、村提供公证咨询并发放公证宣传资料

# 东莞市虎门公证处

东莞市虎门公证处成立于2008年11月，拥有工作人员20人，业务辖区范围包括虎门、长安、厚街、沙田等4个镇街。

2009年，虎门公证处以拓展和规范公证法律服务为首任，以加强行业自律为重点，紧紧围绕“学好理论、强化素质、做好服务”的工作思路，务实创新，扎实工作，积极发挥公证工作证明、监督、服务、沟通的职能作用，为构建“和谐平安东莞”，促进服务当地经济发展提供了优质高效的公证法律服务。一年来，虎门公证处积极与地方政府沟通，举办公证知识宣传培训班，并邀请虎门镇30个社区的法制宣传员为公证联络员，收到了良好的社会效果。

虎门公证处工作人员热情接待咨询群众

虎门公证处全体工作人员合影

虎门公证处公证员认真为群众办理公证业

# 地方军事

LOCAL MILITARY AFFAIRS

- 战备工作
- 民兵营"四个基本"建设
- 双拥共建
- 人防工程建设

南城水濂山水库

编辑：刘　丹

## 武警支队

【概况】2009年，支队在复杂形势和繁重任务的“双重考验”下，始终坚持以深入学习实践科学发展观活动为主线，紧紧围绕“争创先进支队”建设目标，注重抓经常打基础，抓规范上质量，抓风气促发展，抓建设保中心，抓安全保稳定，各项任务圆满完成，高标准实现“两个确保”（确保各项任务圆满完成，确保部队内部安全稳定）。先后被中央政法委和总政治部评为“维护国防利益和军人军属合法权益先进单位”，被总队评为“先进党委”、“先进支队”、“正规化执勤一级单位”、“管理教育工作先进单位”和“安全工作先进单位”。

【班子建设】2009年，支队党委坚持把“强班子”作为带部队的关键，把“破难题”作为促发展的抓手，紧紧围绕增强贯彻落实科学发展观能力，全面加强自身建设，坚持贯彻落实民主集中制，党的先进性建设和能力建设得到提升。坚持德才兼备、公开选拔、尊重公论、综合衡量，提升调整干部，官兵普遍满意。坚持党委理财，科学管理，注重效益。“一班人”自觉维护良好形象，在团结上求“真”，作风上求“实”，自律上求“严”，进一步增强党委的凝聚力、战斗力、感召力。党委班子9项指标群众满意度测评均为100%。

【中心工作】2009年，支队坚持一切工作向中心聚神聚力聚焦。采取试点先行。大抓基础训练和专勤专训，突出抓好值班、执勤制度规范。积极推进执勤建设，执勤隐患得到有效根治。在总部正规化执勤交叉检查评比中成绩突出，支队机关、5个中队被总队评为正规化执勤一级单位。支队被东莞市评为“治安防范先进集体”。严密组织军事训练比武、教练员比赛，全支队训练工作安全无事故，训练成绩总评达到优秀，部队遂行任务的能力有新的提高。司令部被总队评为“先进司令部”，1名干部被总部评为“优秀教练员”，9名战士被总队评为“百名反恐训练尖子”。

【部队建设】2009年，支队始终把工作的着力点放在抓经济打基础求实效上，保证工作落实到末端。认真贯彻总部、总队考察帮建实施意见和办法，按照“整体上台阶，个别有突破”的要求，扎实搞好总队《党支部工作条例》和专项帮建试点成果转化。紧紧围绕“振奋精神、激发活力、增强素质”，大力开展“五个正确对待”（正确对待组织、正确对待荣誉、正确对待同志、正确对待自己、正确对待走留）和“克服浮躁情绪，振奋革命精神”专题教育，各级干部事业心责任感明显增强。始终坚持以风气建设为突破口，以构建和谐警营为目标，突出抓好履职尽责不认真、遵规守纪不严格、对外交往不慎重等问题的治理。坚持能级管理原则，充分发挥直属大队、训练基地和机关直属党委作用。科学制定蹲点调研帮建计划，规范党委统揽抓、机关合力抓、股（室）具体抓的良好秩序。完善竞争、考核和用人机制，激发广大干部工作积极性和创造性。支队被总队评为“机要工作先进单位”、“武器装备管理达标单位”，教导队被评为“先进教导队”，总机被评为“2009年度标兵台站”，直属大队一中队和三中队被总队评为“先进中队”。

【思想政治工作】2009年，支队围绕高举旗帜，听党指挥，履行使命的政治要求，狠抓中国特色社会主义理论体系武装，突出培育践行当代革命军人核心价值观，获总队主题教育知识竞赛三等奖。扎实搞好“学誓词、唱组歌、遵守则”活动，激发官兵争做忠诚卫士的政治热情。广泛开展“深知兵、真爱兵”活动，抓好“个别人”排查转化、心理法律服务和任务中政治工作。政治环境建设初具规模，新闻报道工作成效明显，省级以上媒体刊稿113篇，被总队评为“新闻工作先进单位”。

【后勤保障】2009年，支队坚持把保中心、保生活作为保障的重点，严格落实总队“佛山、肇庆会议”精神，抓好基础中队营房改造和设施配套，所有中队被总队评为“基层‘四配套’建设先进中队”。加快推进东莞训练基地建设，圆满完成总队、支队各类培训19批。严格落实支队《“四类经费”管理规定》、《车辆管理规定》和《枪支弹药管理规定》等规章制度，有效发挥物资经费的最大效能。结合担负任务的实际，及时修订应急保障预案，补充战备物资器材。坚持巡诊制度，严格落实甲流防范措施，确保了疫情不传入，官兵不感染。精心指导3个中队抓好农副业生产，1个中队被总队评为“农副业生产先进单位”。

【学习实践活动】2009年，支队根据总部、总队党委的统一部署，从3月份开始，分别相对集中3个月时间，按照制定的活动方案，紧紧围绕“党员干部受教育、科学发展上水平、履行使命见成效”总体要求，在支队党委机关和基层单位扎实开展深入学习实践科学发展观活动。坚持高起点筹划、高标准推进、高质量落实，严密组织，稳步推进，自始至终保持大事大抓的强劲态势。通过抓好动员部署、理论武装、讨论交流、分析检查和整改落实等关键环节的落实，进一步加深对科学发展观的认识，牢固确立科学发展观在部队建设中的指导地位，解决影响和制约部队建设科学发展的弱项和短板。《解放军报》、《武警报》等报刊先后12次报道支队做法，总队3次转发支队经验。官兵对第二批、第三批学习实践活动满意率分别达到96%、94%以上。

【总队长龙汉荣视察指导】2009年9月24日，总队总队长龙汉荣率总队机关联合工作组，到东莞训练基地进行现场办公。期间，对东莞训练基地编制体制、管理维护、功能作用等事项提出明确要求，并就如何发挥自身优势，建好、管好、用好训练基地作了重要指示。

【政委亢进忠视察指导】2009年6月16日，总队政委亢进忠莅临东莞支队视察指导工作。要求部队准确把握特点规律，紧盯薄弱环节，搞好重点难点问题治理；加强对干部队伍和士官队伍的教育管理，坚决贯彻从严治警的要求；充分发扬“南京路上好八连”、“西藏精神”，践行当代革命军人核心价值观。

【开展法律服务到基层活动】2009年5月14日，武警总部军事法院副院长丁建文带领总部工作组，到支队开展法律服务到基层活动，赠送有关法制教育的数百册书籍和普法扑克牌等，为官兵进行法律辅导。

【落实总队“佛山、肇庆会议”精神】2009年，支队认真落实总队“佛山、肇庆会议”精神，投入经费355万余元，对支队办公楼、机关饭堂、各类库室及卫生队基础设施进行统一改造，进一步完善办公设施，所属7个中队被总队评为“基层

'五配套'（执勤设施配套、训练设施配套、文体设施配套、生活设施配套、信息设施配套）建设先进中队”。

【开展农副业生产】 2009年，支队投入经费8万余元，指导三、四中队和东莞市中队填充塘泥1600方，开垦荒地7亩，农副业生产红红火火，全年收益1万余元，改善和丰富官兵物质生活。（姜铁丰）

附：2009年东莞市武警支队领导名录

第一政治委员（兼）：崔　建
支队长：刘教清
政治委员：曾凡荣
副支队长：王守刚
副支队长：李瑞泽
副政治委员：吴建民
参谋长：黄志华
政治处主任：曾　勇
后勤处处长：陈远华

## 人民防空

【概况】 2009年，市人防办围绕建设“战备人防、效益人防、和谐人防”总体要求，坚持质量效益、平战结合，统筹兼顾、科学发展，有效增强了全市人防的快速反应能力、预警预报能力、综合防护能力、应急救援能力和协调保障能力，为做好军事斗争人防应急准备奠定了坚实的基础，也为促进东莞经济社会发展和城市建设作出了积极的贡献。2009年市人防办被省评为“达标先进单位”。

【指挥通信建设】 2009年，市人防办认真履行根本职能，采取有效措施，积极做好人防应急准备工作，指挥体系建设取得明显成效，人防应急行动能力有较大提升。投入5300多万元兴建的人防战备指挥所和应急指挥中心已交付使用。机动指挥所建设已基本完成，正组织设备的采购和安装调试。为提高人防专业队的整体素质，锻炼和提高其应急应战能力，7—8月份，市人防办组织全市人防专业队参加2009广东省反恐演练活动，较好地完成了任务，并获得优秀组织奖。抓好防空警报建设。年内完成6个镇的新增警报器安装任务，新装固定防空警报器29台。至年底全市已有22个镇（街）共安装固定警报器276台、移动警报器13台，建立警报统控中心1个、分控中心2个、警报控制中继站7个。11月20日（警报试鸣日）成功组织了年度防空警报试鸣活动。

【人防工程建设】 2009年，市人防办全面部署开展人防工程建设“调结构、强管理、重质量、增效益”活动，以《人民防空法》和其他有关法规政策为依据，落实人防建设融入社会发展和城市建设的要求，结合民用建筑修建防空地下室工作，有效保证人防建设与经济社会发展相协调、与城市建设相结合。全年共受理自建防空地下室项目47项，人防报建面积34万多平方米；受理易地修建防空地下室项目32项，收取人防易地建设费1210多万元；受理竣工验收项目9项，竣工面积6万多平方米。同时，还按照战备工作的要求，积极做好人防工程的平战转换工作，完成了市行政办事中心人防地下室的平战转换试点任务。

【机关“准军事化”建设】 市人防办坚持把加强人防机关的“准军事化”建设作为推进全市“战备人防、效益人防、和谐人防”建设的一项管根本、管长远、管全局的基础性工作列入议事日程。把“准军事化”建设列入年度工作计划，列入人防工作目标考核范畴，列入人防整体建设规划。认真抓班子建设。积极开展“加强党性修养，树立和弘扬良好作风”为主题的领导干部作风建设活动和“创建学习型人防机关，造就知识型人防队伍”活动，使班子成员的思想作风、学风、工作作风、领导作风有明显的改进，班子的学习力、凝聚力、号召力、战斗力、执行力明显增强。重视加强党风廉政建设。严格执行廉洁从政的有关规定，加强对权力运行的监督，建立健全党风廉政建设责任制和监督制约机制，实行党务、政务公开，加大从源头上预防和治理腐败工作，保证了队伍的纯洁。（叶春华）

附：2009年东莞市人民防空办公室领导名录

主　任：陈艾戈
副主任：周建了　刘俊廷

① 防空警报器
② 人防地下室出入口

# 城建·环保

URBAN CONSTRUCTION·ENVIRONMENTAL PROTECTION

- 城市规划编制与管理
- 重点项目用地服务
- 建筑市场管理
- 超额完成廉租住房保障工作任务
- 制定关于改善新莞人居住条件的配套政策
- 房地产市场质量通病专项治理
- 防震减灾宣传
- 援建映秀镇“交钥匙”工程建设
- 第六水厂优质水工程建设完成
- 环保工程建设
- 区域环保合作

南城　（曹永富　摄）

编辑：李俊玉

## 城市规划

【概况】2009年，根据《东莞市人民政府机构改革方案实施意见》，东莞市城建规划局更名为东莞市城乡规划局。

【轨道交通建设工作】2009年，在全市轨道交通建设工作中，东莞市城乡规划局开展大量规划前期工作，为轨道交通工作的顺利进行提供技术支撑。4月13日，东莞市轨道交通R2线起点站暨石龙火车站新站举行动工，标志东莞市轨道交通建设的正式开始。5月27日，东莞市轨道交通有限公司挂牌成立，标志东莞市城市轨道交通建设进入新阶段。7月20日，国务院批复同意《东莞市城市快速轨道交通建设规划》，东莞市轨道交通建设规划的上报审批工作取得成功。

【生态环境整治工程】2009年，东莞市城乡规划局认真落实生态环境整治工作方案，至6月按计划完成生态环境整治工作。11月12日，召开东莞市镇村规划建设工作会议，总结全市生态环境整治工作，印制《东莞市整治生态环境工作成果图册》。截至2009年，全市共启动1249项生态工程，累计增加绿地面积约4975.12万平方米，种植乔木约932.34万株，清污、清淤约656.74万立方米。

【城市功能设施建设】2009年，东莞市城乡规划局顺利开展东莞大酒店、黄旗山城市公园、植物园、城市规划展览馆、网球中心、市民文化艺术中心及工人文化宫等10多项城市功能配套项目的规划设计工作。加快推进东莞东站改扩建、石龙火车站迁建等项目，组织完成东部快速路（企石镇—桥头镇）段完善改造工程、环莞路二期、东莞大道延

## 东莞市城乡规划局

① 2009年8月20日，东莞市城乡规划局局长欧阳南江在望牛墩城市学习论坛上授课
② 2009年8月12日，东莞市城乡规划局召开全市城市规划工作会议

长线、环城路—泰新路跨线桥、松山湖大道延长线康丰路段、环城路—西南路跨线桥、S120生态景观工程、万道路—泰新路跨线桥、学院路人行天桥、莞长路人行天桥等一批基础设施的规划设计工作。

【已建房屋补办房地产权】2009年，东莞市城乡规划局协助市政府制定《东莞市已建房屋补办房地产权手续总体方案》、《东莞市已建房屋补办土地权利证书实施细则》和《东莞市已建房屋补办〈房地产权证〉实施细则》，明确相关企业补办规划报建手续的要求、程序。9月开展补办房地产权证培训工作，进一步明晰已建房屋补办房地产权手续的各项操作流程，确保各个环节、各项操作指引明确、运作高效。

【"三旧"改造工作】2009年，东莞市城乡规划局制定《东莞市实施"三旧"改造城市规划管理工作方案》和《"三旧"成片改造单元规划编制指引》，按照"规划先行、成片改造、塑造功能、公共优先、成熟一片、改造一片"的原则，以规划引导为核心，以公众参与为依托，推进"三旧"（旧城镇、旧厂房、旧村居）改造。坚持规划先行，支持试点工作，组织《万江区"三旧"改造专项规划》和《东莞市塘厦镇大坪片区改造规划》的试点研究工作。

【汶川映秀灾后重建工作】2009年，东莞市城乡规划局抽调8名技术骨干前往映秀灾区。负责东莞市"交钥匙"援建项目的规划设计技术协调工作。全年完成19条市政道路、市政管线、4座桥梁、608套安居房、农贸市场、卫生院、给水厂、纪念馆、纪念陵园、岷江河堤、渔子溪河堤、AAAAA景区设施和中滩堡公园共13项基础设施施工图设计的组织协调工作。

① 2009年9月4日，东莞市城乡规划局召开房地产开发专项治理工作汇报会
② 2009年9月16日，东莞市城乡规划局开展"纪律教育月"活动
③ 2009年9月22日，东莞市城乡规划局召开全市已建补办房地产权培训班
④ 2009年11月3日，东莞市城乡规划局召开全市镇村规划建设现场会
⑤ 2010年1月21日，东莞市城乡规划局召开2009年度城市规划工作总结表彰大会
⑥ 2009年11月26日，东莞市城乡规划局到横沥镇张坑村扶贫座谈
⑦ 2009年11月15日，东莞市城乡规划局举行第三届"规划杯"运动会
⑧ 映秀总体规划鸟瞰图

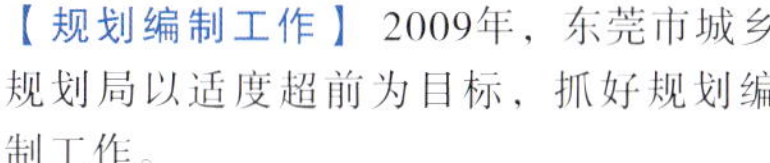

【规划编制工作】2009年，东莞市城乡规划局以适度超前为目标，抓好规划编制工作。

试行“地块包装”制度。为进一步提升城市规划管理水平，市城乡规划局试行土地出让前期“地块包装”制度。2009年，顺利开展台商大厦南侧地块、光大盛世豪庭地块、玉兰中学南侧地块等10余个项目的地块包装研究，在合理确定土地出让条件、提升土地利用价值和塑造优质城市空间等方面取得成效。

组织、指导各镇街总体规划修编工作。2009年，市城乡规划局组织审查沙田镇总体规划正式方案，寮步镇、大朗镇、茶山镇总体规划修编初步方案，以及道滘镇总体规划修编前期研究。指导和协助望牛墩镇、黄江镇、樟木头镇、谢岗镇启动总体规划修编前期研究。

组织专项规划编制。2009年，市城乡规划局组织编制《东莞市区综合交通规划（2008—2020）》、《东莞市区域绿地规划》、《东莞市密度分区研究》、《东莞市虎门镇综合交通规划》、《东莞市轨道交通会展中心站国际竞赛成果深化》、《石龙火车站迁建站点地区综合交通规划与土地开发规划》和《东莞市长安镇综合交通规划》。截至年底，初步完成《东莞市区域绿地规划》、《东莞市密度分区研究》和《东莞市区综合交通规划（2008—2020）》。

开展三区规划工作。2009年，市城乡规划局推进中央商务区、中央商贸区和中央生态休闲区“三区”的规划工作，联合市金融办和南城街道开展金融商务区选址论证工作，10月组织召开专家咨询会，委托东莞市城建规划设计院编制选址论证报告，起草《关于加快推进我市“三区”建设的建议》。

【规划管理工作】2009年，东莞市城乡

⑦

⑧

规划局以提高规划工作水平为目标，抓好规划管理工作。

完善控制性详细规划审批工作。2009年，市城乡规划局深入镇街调研，结合东莞市情况，借鉴周边城市的先进做法，制定《东莞控制性详细规划编制（内部）管理程序及要求》和《关于控制性详细规划审批中应把握的几个原则》，进一步完善控制性详细规划（简称“控规”）管理体系。全年审查的控规共76个，处理控规调整业务84宗和生态绿线调整38宗。主动对控规和生态绿线调整的管理规定进行梳理完善，提出《东莞市控制性详细规划调整规划规定》的修订草稿和《东莞市生态绿线调整实施细则》的草稿，进一步完善控规调整和生态绿线调整的管理。

强化交通市政基础设施规划管理。为更好地统筹全市的市政基础设施的规划建设管理，市城乡规划局于2009年5月7日成立交通市政科，负责全市市政基础设施建设工程项目的规划管理工作。先后赴深圳、佛山、中山规划局调研学习，积累经验，明确交通市政项目规划管理的目标及交通市政科工作计划，为开展工作打下基础。

加强规划编制及建设项目技术审核。2009年，市城乡规划局严格执行报建项目分级审批制度，完善审批机构的议事规则，定期组织规划设计技术会审会议，加强建设项目规划技术审核，为各级领导决策如实、准确地提供各类技术数据和资料。全年办理各类建设项目规划技术审核769项，其中市区建设项目规划技术审核420项、镇街建设项目规划技术审核349项。

提高业务办理效率和质量。2009年，市城乡规划局共办理《建设项目选址意见书》215份、《建设用地规划批准书》506份、《建设用地规划许可证》283份、《建设工程规划许可证》386份、修建性详细规划审批58份，办理国土一书三方案（《建设用地项目呈报说明书》、《农用地转用方案》、《补充耕地方案》、《征收土地方案》）135份、小区方案73份、建筑方案审批271份、规划核实246份、批次报批116份、土地年度指标145份；完成规划评估22宗、交通影响评价45宗、建设项目方案电子报批1602宗、日照分析编制及校核98宗、网上规划公示和规划公示制作548宗、现状图和竣工图测绘137宗；共拆迁房屋建筑面积29.11万平方米，其中住宅14.8万平方米；办理回复网上咨询213条。

**【政府服务环境建设】** 2009年，东莞市城乡规划局以提高行政效能为目标，抓好政府服务环境工作。

创新行政审批办法。2009年，市城乡规划局在对市财政投资项目实行“绿色通道”的基础上，逐步扩大实施范围，将镇一级财政投资项目以及市优质企业项目纳入“绿色通道”范围。开展报建项目提前技术审查工作，对符合相关规划的、时间紧的市属重大基础设施、公共设施项目和对全市产业结构调整升级有重大意义的项目，对项目的规划技术审查提前介入，在国土未批之前开展技术审查，提高项目的审批效率。开展规划评估工作，对没有控制性详细规划的重点产业项目采用规划评估的方式，加快其审批进度。

落实“一书两证”并联审批。市城乡规划局并联审批中心于2009年4月8日起正式运作，中心以“统一受理、及时抄送、同步审批、限时办结”的原则对市镇两级财政投资建设项目“一书两证”（选址意见书，建设用地规划许可证，建设工程规划许可证）行政许可实行“一站式”并联审批。完善和制定《东莞市市镇两级财政投资建设项目规划行政许可并联审批试行办法》、《东莞市市镇两级财政投资建设项目并联审批流程图》和《东莞市市镇两级财政投资建设项目并联审批操作细则》等文件，为中心的顺利运行提供制度保障。

加快电子报批工作。2009年，市城乡规划局拓宽规划方案电子报批管理范围。在对商业和居住区项目实施电子报批管理的基础上，为进一步推进电子报批工作，从4月1日起对所有建设项目规划方案审查均实施电子报批管理。截至2009年，共完成近900份电子报批方案的经济技术指标的校核工作，为业务科室的方案审批提供技术支撑。实行控规电子报批管理，组织开发控制性详细规划电子报批系统，并在8月1日顺利实施，实现从规划方案延伸到控规方案的电子报批管理，并制定控规电子报批的技术规范和报批流程。组织开发电子报批校核网上报审系统，把指标核算工作放到互联网上进行，提高电子报批效率，方便建设单位报审。

推进“数字城建档案馆”建设。2009年，市城乡规划局通过对软件的调试和改进，基本完成系统基础业务功能开发。通过招标，聘请万维网络科技信息有限公司对规划管理类的馆藏档案进行数字化加工，扫描并批量挂接到管理软件中，开始实现网上查档、远程查档。添加部分镇街规划所、城建办参加系统试运行，在推进系统建设的同时，也为这些单位提供管理平台。

完善电子监察系统建设。2009年，市城乡规划局实行定期通报制度，每月公布一次局电子监察办件情况，并由办公室和技术科对办件的情况进行跟踪统计，发现情况及时询问经办人，督促改正，对出现黄牌警告的责令检讨。电子监察系统运行以来，行政审批提速明显。

**【城市规划课题研究】** 2009年，东莞市城乡规划局以提升城市品位为目标，抓好规划研究工作。组织开展《基于约束条件的东莞市城镇适度人口规模研究》、《基于遥感和GIS的东莞市生态资源核算研究》、《东莞市建设用地规模遥感调查》、《东莞市地下综合管线普查实施方案》、《东莞地下综合管线普查技术规程》、《东莞市地下综合管线数据建库标准》、《东莞市地下管线现状问题与相关建议》、《东莞市控制性详细规划电子报批技术规定》等课题的调查研究和技术文件的撰写工作。完成《日照分析技术在住宅规划设计与管理中应用探讨》、《东莞市地下管线规划建设和信息化管理的问题以及对策分析》、《建设项目电子报批系统研究与实现》、《城市规划电子地图制作方案探讨》等多篇专业论文的撰写。其中《基于约束条件的东莞市城镇适度人口规模研究》和《基于遥感和GIS的东莞市生态资源核算研究》两个课题被列入“住房和城乡建设部2009年科学技术项目”，获得建设部专家的认可。

**【规划议案提案办理】** 2009年，东莞市城乡规划局收到人大建议和政协提案36份，按时办复率达100%。针对议案提案办理工作任务重、要求高、时间紧的特点，市城乡规划局认真贯彻落实《市规划局议案（提案）办理规定》，落实领导责任制，对重点议案提案，局领导亲自督办，并参加专题座谈会和现场视察。对民生问题，市城乡规划局不停留在简单的以文复文上，而是积极提建议、抓落实，通过现场踏勘、召开协调会、征求意见等多种方式，制定《玉兰中学周边交通及环境综合整治方案》等多个热点议案提案的具体建议和方案，真正落实人大建议和政协提案。

（谢晓东）

**附：2009年东莞市城乡规划局领导名录**

局　长：欧阳南江

副局长：卢沛超　黄宇东　陈　巡

纪检小组组长：吴汉成

总规划师：陈志军

## 国土资源管理

【土地利用规划修编】2009年，东莞市国土资源局创新提出“四整四聚”的修编理念，即整合城镇用地、工业用地、住宅用地和耕地，促使城镇建设向中心镇集聚、工业建设向园区集聚、民宅建设向中心区集聚、耕地保护向规模经营集聚。通过土地资源整合腾挪拓展用地空间，从规划上最大限度地促进集约用地。结合产业结构调整升级，优化用地结构和用地布局。落实全市经济社会发展重点项目在规划图上的选址或预留项目用地。落实耕地保有量和基本农田保护指标，既保数量，又保质量。采取市、镇两级规划修编同步推进的方式，争取广东省国土资源厅支持，加强部门协调，严格督导，及时解决困难，加快全市规划的修编。2009年1月12日，广东省政府批复东莞市市级土地利用总体规划；8月18日，东莞市镇级土地利用总体规划数据库通过省验收；截至年底，34个镇级规划数据全部报省备案，全市按新土地利用总体规划审批用地。

## 东莞市国土资源局

① 2009年6月4日，国土资源部执法监察局副局长张璞（右二），在广东省国土资源厅党组成员、执法监察总队长李师（右一）陪同下，莅临东莞市检查指导执法工作

② 2009年7月15日，东莞市政府召开全市土地管理工作会议，市长李毓全出席会议并作重要讲话，现场与镇街代表（沙田、塘厦镇）签订2009年度耕地保护责任书；副市长梁国英通报了2008年全市违法违规用地查处整治情况，市国土局局长刘润荣通报了2008年度全市土地利用计划执行考核情况

【重点项目用地服务】2009年，东莞市国土资源局党组多次组织召开用地报批协调会，党组成员每人包一片，副科以上干部每人包一镇，调配人手加强用地报批相关科室的力量，抽调人员专驻广东省国土资源厅跟踪东莞市用地报批，专驻生态园辅助用地报批，全力加快市镇重点项目用地报批工作。分类指导报批方式，对115个重点工程和优质产业项目逐宗建立台账，提出用地服务意见，落实专人跟踪服务，能报市农地转

① 2009年8月24日，东莞市委常委、纪委书记甄瑞潮（左）给市国土局干部职工作"正确认识当前反腐败斗争形势，加强党性修养，增强党性观念"专题报告

② 东莞市国土局组织民营、外商、台商企业代表参加"土地日"专题座谈会，主动解决用地难题，全力做好跟踪服务

③ 东莞市国土局全面应用电子政务系统辅助业务审批。图为2009年8月24日，局党组成员刘润荣、陈润池、邓耀桃、叶绍焜、李小莲共同启动电子政务系统

④ 2009年2月26日，东莞市国土系统以"作风建设年"活动为主线，全面部署2009年重点工作任务，为全年工作开好头、起好局

用的先行报市审批。把三大园区、市路桥总公司、市城建局和麻涌、常平、大朗等镇，作为用地大户进行重点督导。把2008年度卫片执法检查发现的仍未完善用地手续的项目、2008年11月以来动工建设但未完善用地手续的项目、2009年10月底动工建设的项目，作为重点督导对象，确保下一轮卫片执法检查考核过关。

2009年，东莞市政府允许规划修编大纲已通过的镇街按新规划批地，林地、社保及留用地材料由前置变为后置，把报广东省征地的2/3村民代表签名改为村民代表意见书。会同有关部门争取广东省将东莞市28个重点项目纳入省扩大内需项目范围，享受用地报批优惠政策。开通财政投资项目和优质产业项目"绿色通道"，提供并联审批，保障重点项目早动工、早建设。全年共向广东省申报63批次用地，省政府批复同意54批。

【"三旧"改造】2009年，东莞市列入广东省"三旧"（旧城镇、旧厂房、旧村居）改造试点城市，抢先试行政策机遇。东莞市国土资源局报市提请东莞市人民代表大会颁布实施《"三旧"改造土地管理暂行办法》，明确改造目标和要求，使供地政策突破土地入市交易制约，历史遗留用地突破补办征收手续制约，用地报批地类突破农地转用审批制约，地价突破土地评估政策制约，土地税费突破减免返还政策制约，用地指标突破限量使用制约。东莞市成立改造领导小组，组建"三旧"改造办公室，召开"三旧"改造动员大会，出台"1+18"的配套政策，明确改造范围、措施和操作规范。总结城区西城楼片区成片改造经验，探索转变供地方式可行性；总结厚街寮厦单体改造历史遗留用地经验，探索地类界定和补办用地审批的可选择途径；总结已建房屋补办手续经验，探索完善并联审批方式。在大朗镇试点转型企业明晰产权，在东城主山、南城胜和试点成片改造，在清溪镇和常平镇试点单宗拆建改造。

【土地执法监察】*明确责任，形成合力*。2009年，东莞市政府与各镇街政府主要负责人签订《土地管理责任书》，把单位建设用地税收贡献、建设用地规模、违法用地情况等纳入镇街领导班子、村级两委会年度量化考核评优范围，强化镇、村主要负责人对辖区内耕地保护、用地审批以及所有实际发生用地的责任。东莞市出台《加强重点建设项目先行用地管理的意见》，把重点工程完善用地手续的责任明确到属地镇街；出台《土地执法共同责任制若干规定》，进一步明确镇街属地责任和部门的分口把关、共同查处责任。

*严密监管，刚性执法*。2009年，东莞市国土资源局组织开展国家、省、市三级卫片执法检查，逐宗现场核实变化图斑，逐宗进行查处；建立项目开工建设台账，严密监管在建工程；启用土地动态巡查实时监察系统，对巡查员和用地变化进行实时监控；实行土地违法行为日报告和零报告制度。全年共立案查处土地违法案件359宗，罚没款6423万元，拆除违法建筑物1.29万平方米，移送司法机关5人。全市用地秩序全面好转，卫片执法检查通过国家和广东省的验收。

*落实整改，严格考核*。2009年，对违法用地较严重的10个镇街和东莞市重点项目用地报批任务较重的6个用地大户，由副市长梁国英代表市政府对其主要领导进行约谈。东莞市政府召开全市土地管理工作会议，总结通报各镇街2008年度土地利用计划执行情况，对土地综合管理较好的10个镇街、耕地保护任务完成较好和节约集约用地成效明显的10个镇街给予奖励；对违法用地总量较大和违法占用耕地比例较高的10个镇街，给予内部通报。在年度考核中，严格实行违法用地一票否决制度。

*征地管理与土地信访*。2009年，东莞市国土资源局加强征地环节职务犯罪的预防监督，严格执行征地公告、补偿款、留用地等规定，主动参与重点工程的征地协调工作，化解征地矛盾。推动东莞市政府出台《东莞市公共基础设施建设项目征地拆迁补偿标准规定》，进一步规范征地行为，提高补偿标准。落实土地信访领导包案和定期排查制度，维护被征地农民的合法权益。全年共受理土地信访332件（次），同比下降12.2%。

【简政放权】2009年，扩权强镇中凡涉及国土管理审批职能的，只要业务管理责权统一，东莞市国土资源局均同意下放。全年确定将地籍调查换证、新增建设用地预审、建设用地补办预审、拆除永久性测量标志审批、暂扣施工设备建筑材料、土地权属纠纷调处、土地利用现状调查、临时用地审批等8项业务下放试点镇。

【土地市场监管】2009年，东莞市国土资源局完善有形土地市场出让方案和出让底价拟定程序，落实"净地入市"和"按时交地"制度。加强土地市场动态监测和信息披露，做好土地出让预公告和出让后期监管工作。一级土地市场推出地块109宗，成交103宗，其中商业商住用地成交49宗、面积2829亩，工业用地成交54宗、面积3143亩；二级市场办理地块转让180宗、面积3507亩，成交金额19亿元。拓宽政府收购土地渠道，理顺储备土地权属关系，支持镇街土地统筹。市土地储备库全年收购入库土地761亩，出库供应土地210亩，回笼资金约4亿元。

【二次土地调查】2009年，东莞市国土资源局全面完成农村土地调查、城镇土地调查、基本农田上图、"批而未用"土地核查、工业用地调查、开发园区调查、基础设施用地调查、金融服务业用地调查等专项调查工作，核实权属界限50条，将70多万宗已发证的土地按国家标准进行地类转换，调查成果报国家国土资源部和广东省国土资源厅验收。

【防灾复绿工作】2009年，东莞市国土资源局健全群测群防网络，全市重新排查出地质灾害隐患点303处，制订59个重点隐患点防治规划，组织治理9处重大灾害点。基本完成123家关闭采石场的复绿设计和预算工作，验收通过7家"以采补治"和1家政府投资复绿的采石场。按期完成全市89间红砖厂清拆工作。

【基础测绘服务】2009年，东莞市国土资源局加强测绘行业监管，推广测绘成果应用，完成1：500地形图修补测和10个镇街地图更新，审核外单位申请使用测量成果13宗。东莞市连续运行卫星定位服务系统开户40个单位。

【信息化建设】2009年8月24日，东莞市国土资源局正式启用电子政务系统，初步实现从批次报批、规划预审、供地审批、土地交易到土地登记发证的"图文一体化"辅助审批，实现土地执法监察"网上管"。（喻运青）

**附：2009年东莞市国土资源局领导名录**

局　长：刘润荣

副局长：陈润池　邓耀桃　叶绍焜

执法监察大队长：李小莲

# 东莞市土地储备中心

## 加强储备土地的日常管理

随着储备地块的不断增加，地块的管理也显得越来越重要。东莞市土地储备中心通过定期巡查，对储备地块被非法侵占、使用以及乱倒垃圾、淤泥等现象做到早发现、早处理，力求既管好政府储备土地，又美化城市环境。另外，对仍在耕种的土地实行收地和整理，根据各地块的具体情况，采用平整后局部绿化、建造封闭围墙等方式加强管理，力争把权属争议、利益争议化解在土地使用前，力争做到每宗在库储备土地随时可以“净地出库”。

储备土地实施24小时巡逻制度

储备土地实施围墙封闭管理

## 为市属重点项目用地提供优质服务

东莞市土地储备中心为配合各项市属重点工程的推进，根据市政府有关文件精神，为项目用地提供交通状况良好、周边环境适宜的储备土地，做好项目用地相关服务工作，确保市属重点工程顺利推进。市土地储备中心为城市公共设施和市属重点工程项目提供土地近4000亩。

东莞市区廉租房住宅小区

滨江体育公园

海关大厦

## 城市建设

【建筑市场管理】 打击企业虚假行为。2009年，东莞市住房和城乡建设局为建立和完善建筑市场的诚信制度，严厉打击施工、监理企业伪造或涂改企业资质证和人员相关证件信息等虚假行为，下发《关于加强市外施工（监理）企业的信用管理、打击虚假行为的通知》，并加强对企业日常办理事项的监督检查，严把资料审查关。全年申报资料的施工、监理企业因虚假行为被作出"不予在莞登记备案"处理的14家，已领手册因虚假行为被作出"警示约谈"处理的3家、"取消手册"处理的9家、"暂停使用手册"处理的18家。另外对59家勘察设计企业和1家审图机构进行不良行为扣分处理，对其中10家作出"两年内不得入莞承接业务"处理。

实行企业管理人员实名制。2009年，东莞市住房和城乡建设局建立实名制管理模式。7月，发出《关于对已领〈信用管理手册〉的市外施工、监理企业在莞管理人员实行实名制管理的通知》，从严规范市外施工、监理企业东莞分公司的在莞经营行为，杜绝企业在莞发生挂靠等违法行为，加强东莞分公司机构管理人员和项目管理班子人员的管理。措施包括：严格审核企业主要管理、技术人员的单位缴纳社保证明材料，工程勘察设计文件需由勘察设计人员亲自签署，在施工、监理企业管理上开始试行本人指模电脑确认措施，通过视频监控系统对工地现场的项目经理及总监进行到位点名。从10月1日起正式对东莞分公司机构管理人员和登记在册的注册建造师、总监理工程师实施人员到位定时指模确认工作。截至12月31日，共568家市外施工和监理企业、4412人向东莞市住房和城乡建设局建立人员指模电脑采集存档工作。全年完成市外施工、监理企业人员到位指模确认10846人。

推进清欠工作。2009年，东莞市住房和城乡建设局共清理拖欠工人工资纠纷103宗，解决金额2038万多元；拖欠工程款纠纷25宗，涉案金额5352万元。对恶意拖欠工程款、工资款的企业进行网

① 2009年，根据《东莞市人民政府机构改革方案实施意见》，东莞市组建东莞市住房和城乡建设局。将市建设局的职责划入市住房和城乡建设局，不再保留市建设局。
② 东莞市住房和城乡建设局办公大楼（陈锡康　摄）

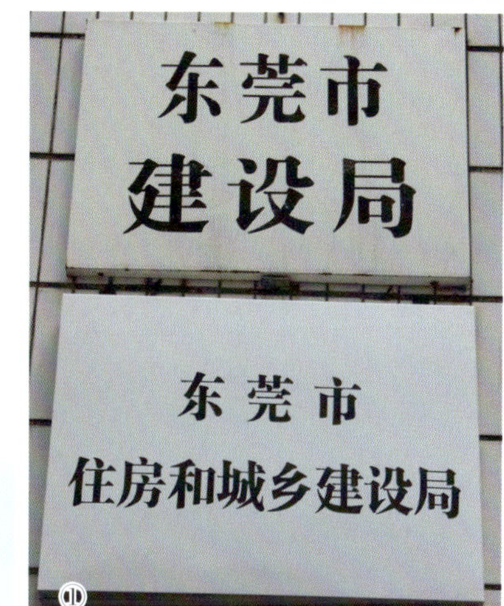


东莞市住房和城乡建设局

上公示，案件宗数同比下降40%，涉及金额下降30%。

查处违法建筑。2009年，东莞市住房和城乡建设局按照《在建违法建筑处理办法》、《查处违法建筑责任追究办法》要求，加大对违法建筑的立案查处力度，对各职能科室和执法单位提请的行政处罚案件严格按照法定程序进行审查处理。全年通过合同备案、质（安）监站巡查、镇街城建办上报、群众投诉等途径发现的涉嫌违法建筑118宗，其中经调查核实工程尚未开工，不予立案的50宗；经调查核实存在未取得《施工许可证》擅自开工建设等违法行为立案的68宗，开出罚款额约1000万元。

招投标备案管理。2009年，东莞市建设工程交易中心办理施工类招投标198项，总预算金额81.95亿元，总中标金额66.26亿元，平均下浮率为19.14%。加强备案管理，重点为“一核查四备案一公示”。“一核查”是指对招标文件、招标方式和招标组织形式进行核查；“四备案”包括对招标项目的公告或邀请书进行备案，对招标文件及资格审查进行备案，对评定标组织和评定标报告进行备案，对招标投标情况报告进行备案；“一公示”则是对于每个招标项目中标结果进行公示。

500万元以下项目招投标权限下放镇街。2009年，东莞市住房和城乡建设局根据东莞市政府《关于印发〈关于进一步规范镇街建设工程招投标管理工作的指导意见〉的通知》要求，调整进入市建设工程交易中心招投标的镇街工程限额标准：镇街财政投资和集体经济组织投资或参与投资、参股的投资规模在500万元以上的工程建设项目的施工招标，必须进入市建设工程交易中心招标；100万元以上、500万元以下（含500万元）的施工招标，由各镇街按照国家、省、市的建设工程招投标有关规定自行组织招投标。同时要求各镇街做好“五个统一”，即统一招投标公告的发布方式、统一全市招标文件使用版本、统一实行信用手册核查制度、统一实行“年度固定保证金卡”制度、统一中标原则。

【工程质量和安全监督】2009年，东莞市住房和城乡建设局共受理施工报建766项，建筑面积892.93万平方米，工程造价113.75亿元。31个项目被评为“市优良样板工程项目”，30个项目被评为“市安全生产、文明施工优良样板工地”；16个项目被评为“广东省优良样板工程”，13个项目被评为“广东省双优工地”。东莞市质监站、市安监站分别被国家住建部授予“全国先进工程质量监督机构”、“全国建筑施工安全质量标准化工作先进集体”称号。

推进“安全生产年”工作。2009年，东莞市住房和城乡建设局下发《东莞市建筑施工“安全生产年”工作方案》，确定以防范重特大事故为中心，以严格依法监管、强化安全生产责任制、加大执法查处力度为手段，以预防建筑起重机械伤害、施工坍塌和高处坠落等3类事故为重点的指导思想，全面排查和消除建筑施工安全隐患，继续深化专项治理，推动建设工程各方安全生产主体责任制的落实和施工现场安全技术措施的执行，扎实推进“安全生产年”工作，严防和减少建筑施工伤亡事故的发生。

实施视频监控管理制度。2009年1月1日起，东莞市住房和城乡建设局正式实施视频监控管理制度。完成191项新建工程740个摄像头安装工作，开展视频监控实时检查，重点检查人员到位情况、重大危险源情况、停工情况和视频使用情况，规范工程建设各方主体的安全生产行为，提高监管效率。全年通过视频监

① 办事大厅工作人员在办理事项（陈锡康 摄）
② 办事大厅内景（陈锡康 摄）
③ 建设工程交易中心大厅（陈锡康 摄）

①

②

③

控系统检查工程483项，发出不良行为扣分通知书42份，有效地遏制各项违法违规行为。

*严把勘察设计质量源头关* 2009年，东莞市住房和城乡建设局以集中检查和专家抽查为主要方式，持续开展施工图设计文件质量专项检查，杜绝使用未经审查合格的施工图进行施工。制定房屋建筑工程勘察设计文件变更、施工图设计文件审查备案和后续管理有关制度，加强审查合格后的施工图设计文件使用管理。推进勘察设计招投标工作。研究制定《东莞市房屋建筑工程勘察设计文件变更管理暂行办法》和《关于加强施工图设计文件审查备案和后续管理的通知》，杜绝违反基本建设程序建设，尤其是使用未经审查合格的施工图进行施工的现象。

*加强建筑工人安全培训* 2009年，东莞市住房和城乡建设局加大对在建工程施工现场执行“平安卡”管理制度的情况监督执法检查力度，对发现有工人未取得“平安卡”上岗作业的工程项目，一律对相关责任主体的不良行为进行记录，并按照《广东省建设厅建筑工程安全生产动态管理办法》对相关责任主体实施量化扣分。全年共组织全市“平安卡”考试410场，21939人参加考试，合格人数19700人。进行施工现场“平安卡”专项检查68次，其中对工人未取得“平安卡”上岗作业的26项工程实施量化扣分。

【房地产市场监管】 2009年，东莞市住房和城乡建设局共核发商品房预售许可证258个，核准预售面积470.63万平方米、49124套，其中住宅415.66万平方米、36374套。商品房批准预售面积同比下降25.85%。东莞市住房和城乡建设局协调各部门和商业银行，对预售款的存取进行全程全额的监管。进一步加大商品房预售款监管政策宣传，提高广大消费者对商品房预售款专用监管账户的认识，使广大购房者能够自觉使用预售款专用监管账户。9月1日起实施商品房现房销售备案制度，满足东莞市房地产市场多种商品房销售方式的需要，并规范商品房现售的管理。截至2009年，共核发商品房现房销售备案证13个，核准现售面积6.56万平方米、1072套，其中住宅1.13万平方米、68套。

*开展质量通病专项治理* 东莞市住房和城乡建设局将2009年定为“预防和减少商品房质量通病年”，成立专责小组，制定工作方案，落实制度措施，严把设计源头、施工过程和竣工验收三道关，扎实开展具体工作。首创“交楼样板房”制度，要求东莞市于2009年5月1日后申请办理《商品房预售许可证》的项目必须按要求设置交楼标准样板房。依照商品住宅工程合同标准，明确样板房的设置标准，将样板房验收、检查合格作为办理预售许可的必备条件，约束开发企业按标准交楼，使商品房交付质量的监管工作前移，减少质量通病和购房纠纷。该做法得到广东省住建厅的肯定，并在全省建设工作会议上被专门推广。

【已建房屋补办建设手续工作】 2009年，东莞市住房和城乡建设局共受理已建房屋补办《施工许可证》、《竣工验收备案证》手续申请34宗；经审查符合要求，发出《施工许可证》、《竣工验收备案证》29宗，发出《东莞市房屋安全检查证书》2宗。配合东莞市政府草拟已建房屋补办房地产权手续（简称“手续”）有关政策措施，制定并出台手续的配套措施、工作指引，明确已建房屋质量安全资料有关处理方法。9月18日召开由各镇街规划建设办公室参加的已建房屋补办房地产权有关建设手续业务培训班，重点对手续的适用范围、资料要求、办理程序、审查标准进行讲解，培训镇街工作人员250多名。

【城乡建设】 2009年，东莞市住房和城乡建设局推进全市宜居城乡建设，塘厦镇和中堂镇潢涌村被确定为广东省首批宜居城镇、村镇创建指导点。深化旧村整治，持续举办全市整治旧村工作培训班，开展镇街专场培训，帮助新开展整治的村组熟悉业务。组织考察学习其它省、市先进典型，取长补短，促进整治。完成东莞市第三批283个村（社区）的实地督导和考核工作，继续改善旧村旧围基础设施、环境卫生等，居住质量进一步优化。

【建筑节能工作】 2009年，东莞市住房和城乡建设局组织编写《东莞市居住建筑节能设计指引》，全面介绍新墙材、隔热保温材料、太阳能、空气能等节能新技术，为设计、施工、管理等提供技术支持。开展2009年度政府机关办公建筑和公共建筑能耗统计工作。对辖区内200栋政府机关办公建筑及大型公共建筑2008年的建筑能耗（水、电、气）情况进行统计并在东莞建设网上公示。开展对全市600栋5000平方米以上公共建筑的能耗统计和对东莞市司法局、天和百货等15栋建筑的能源审计工作，并依据统计审计结果组织开展建筑节能改造工作。主要改造技术措施包括外墙隔热、玻璃贴膜、屋面绿化、中央空调节能改造、室内及路灯更换为节能灯、采用太阳能和空气能热泵热水等。完成节能改造建筑面积30.18万平方米，完成可再生能源利用建筑面积34.78万平方米。

【轨道交通建设】 2009年，东莞市住房和城乡建设局根据轨道工程建设进度需要和东莞市委、市政府安排，组建新的轨道办，实施轨道交通工程建设阶段的统筹协调工作。每周五召开工作例会，协调解决工程建设存在的困难和问题。每月编制工作简报，及时总结报送工程进展情况。东莞市建设工程质量监督站和市建设工程安全监督站筹建轨道交通工程质量安全监督组，确保工程质量安全监管落实到位。为加快工程建设进度，保证R2线试验招标工作顺利开展，经深入研究并请示东莞市政府同意，东莞市轨道交通R2线工程项目进入广州建设工程交易中心招投标，按照广州的招投标政策及模式操作，参考广州市地铁项目招标文件范本，委托广州市城乡建设委员会对招投标过程进行监管。

【优化行政办事环境】 2009年，东莞市住房和城乡建设局开展第四轮行政审批项目清理工作，将34个事项调整为23个，进一步简化或并联部分行政许可、备案事项办理程序，规范审批行为，制定一次性告知、业务办结、资料移交签收、查处虚假资料奖惩等工作制度，规范窗口办事程序。完善网络收文办文与内部流转系统，严格按收件顺序办理，固定纵向程序和层级审批流水作业，事项办理全程内网公开，形成横向监督。开设退件专窗，实行退件复核制度，从严约束办事人员。增设办事大厅咨询、投诉专窗，实行领导值日接访制度，完善行政行为救济和督导渠道。全部行政许可、审查备案事项纳入电子监察系统，专人跟踪督办。全年共受理业务24142项。 （吴维彬）

附：2009年东莞市住房和城乡建设局领导名录

局　长：朱　川
副局长：方毓佳　黎小成　许　斌　韩金田
调研员：傅晓炜
纪检组长：颜志勇
总工程师：祁志强
副调研员：冯敏治

## 城建工程管理

【概况】 2009年，东莞市城建工程管理局（简称市城建局）共承建工程99项，完成投资约28亿元，其中市人民医院新院、环莞快速路（首期）、行政办事中心地下停车场等29项工程完工；篮球中心、中医院新院、东引运河堤路结合达标B段工程等27项工程开工。东莞水道特大桥获国家住建部“华夏建设科技二等奖”，环城路北环一标、二标获“广东省市政优良样板工程”。2009年，东莞市城建工程管理局被评为“市重点项目建设先进单位”、“市政府十件实事工作先进单位”和“市安全生产先进单位”。

【创新工程管理】 2009年，针对工程建设中出现的新情况、新问题，东莞市城建工程管理局坚持在总结中创新，在创新中突破，工程管理水平逐步提高。

制度化管理。2009年，市城建局按

## 东莞市城建工程管理局

①

②

ISO9001-2008质量管理体系要求，对工程管理制度进行修订完善，编印工程管理工作指引，进一步明确工程管理各阶段的工作内容、工作程序和工作时限，实现各工作之间的无缝对接。

信息化管理　2009年，市城建局利用现代信息手段，提高工程管理水平。采用无线传输技术，实行远程视频监控，在26个重点工程工地安装78个摄像头，实现对工地的全天候动态监控；在39个重点工程工地安装指纹考勤系统，解决现场管理人员及监理不到位问题；新的工程管理系统上线运行，网上办公、网上审批、网上监督一体化信息平台基本形成。

现场精细化管理　2009年，市城建局对132个标段工程进行质量安全检查，及时提出整改意见并实行台账销号整改处理。高标准做好工地安全文明施工管理，深入推进工地标准化建设和“工地临时党支部”建设，对重大工程的现场围蔽、文明施工实行统一设计、统一标准、统一宣传，尽量降低施工对市民生产生活的影响。全年未发生一起重大质量安全事故，市公安局行动技术业务楼等4项工程获东莞市“双优”工地。

【执行力建设】2009年，东莞市城建工程管理局围绕工程建设中心，以强化责任促落实为重点，全面开展执行力建设，有力、有序、有效、有为地推动各项工作。

实行目标责任制　2009年，市城建局按照“全年目标阶段化、工作任务指标化、落实责任明确化、完成要求时限化”的要求，对年度目标任务进行层层分解。

①　东莞市城建局赴映秀镇援建欢送暨誓师大会
②　对口援建映秀镇“交钥匙”工程——安居房
③　东莞市第三人民医院
④　东莞市疾病预防控制中心
⑤　东莞市妇幼保健院新院
⑥　东莞市区廉租房（一期）

局与科室、科室与项目组签订目标责任书，对工作完成时限作出承诺，确保任务落实到科室、责任明确到个人。

建立工作督查制。2009年，市城建局建立由局督查工作组、计划执行部、科室督查联络员组成的督查体系，对工程进度半月一报、每月一督，对紧急重要工作每日一问、每周一清。全年下发《工作督办单》、《督查通报》30份，编制《工程调度表》、《工作动态》、《工程专报》40期，督促落实工作280项，保证各项工作有序开展。

强化绩效考核制。2009年，市城建局严格工作问效，建立考核台账，对科室目标计划、实际进度、完成情况、责任主体等进行公示；制定《项目组长管理考核办法》，通过经常性检查、阶段性考核与总体评定三种形式强化对工程项目组长的管理与考核；首次实行"末位淘汰制"，对年度考核不合格及年度考核全局倒数三名人员进行淘汰。

严格执行问责制。2009年，市城建局完善《局工作问责暂行办法》，成立局问责领导小组，配套制定工作问责实施细则，对不积极履行或不正确履行工作职责，致使内部政令不畅、效能低下、工作延误，或由于作风不正、行为不廉、举止不端，造成不良影响及后果的相关人员进行严格问责。全年对5个科室和4名项目组长进行批评问责，推动工作落实。

**【援建映秀镇"交钥匙"工程建设】** 2009年6月，根据东莞市委、市政府安排，东莞市对口援建映秀镇"交钥匙"工程由东莞市城建工程管理局负责组织实施。"交钥匙"工程共33项，总投资约6.53亿元。至2009年底，约完成工程总量的60%。

抢抓工程进度。2009年6月初接到任务后，市城建局迅速制定援建工作方案和援建管理制度，并成立援建工程管理处。针对施工作业面小、交通运输困难、地质条件复杂、总体规划迟等困难，将援建工程分为市政、房建、水利三个总承包，通过投下浮率的形式公开招投标，赢得援建时间，工程于8月陆续动工。在施工过程中，主动加强与映秀镇政府和参建单位协调，着力解决制约工程建设的图纸设计、施工用地、用电、用材等问题，确保援建工程快速推进。

加强质量监管。在规划设计上，根据映秀的自然条件、抗震标准及将映秀打造成国家5A级旅游景区的要求，市城建局对每个工程项目进行深入的可行性研究，做到科学规划、科学重建。在施工过程中，实行工程样板制，强化质量巡查、检测和整改，确保质量过硬。在安全文明施工方面，严格督促施工单位做足安全措施，妥善应对地震频发、山体滑坡、道路险峻、气候严寒等挑战，全年未发生一起重大质量安全事故。

严控工程投资。市城建局按照中央提出的"向群众交一本明白账"的要求，严格工程资金管理。严格限额设计，强化图纸审核，不断优化设计，加强技术交底，切实提高设计质量，避免投资浪费。加强施工过程控制，严格工程变更管理，所有变更均通过援建工程管理处财专会议讨论决定，重大变更报东莞市政府审定。在满足映秀镇灾后重建及重建后发展需要的同时，尽量减少变更。科学编制工程预算，加强对材料信息价与市场价的测算对比，为造价控制提供科学依据。

**【重点工程建设】** 市人民医院新院完工。工程位于万江新谷涌和道滘昌平村结合处，投资概算11.2亿元，占地面积29万平方米，建筑面积约19万平方米，于2006年12月动工，2009年9月完工。

市第三人民医院完工。工程位于中堂镇江南村麦洲岛，投资概算4.4亿元，占地面积12万平方米，建筑面积约8万平方米，于2007年12月动工，2009年9月完工。

市妇幼保健院新院完工。工程位于东城振兴路金源花园东侧九山环背岭，投资概算2.5亿元，占地面积5.08万平方米，建筑面积约5.53万平方米,于2007年9月动工，2009年9月完工。

市疾病预防控制中心完工。工程位于南城车站路以北、莞太路以东，投资概算2亿元，占地面积3.54万平方米，建筑面积约3万平方米，于2007年5月动工，2009年9月完工。

环莞快速路（首期）完工。工程南起厚街规划成才路，沿博览大道跨广深高速公路，接广深高速石鼓连接线，全长3.4公里，投资概算3.1亿元，于2006年12月动工，2009年6月完工。

行政办事中心地下停车场完工。工程位于东莞市行政办事中心北广场，投资概算2.15亿元，占地面积2.15万平方米，建筑面积约4.32万平方米，设计停车位1680个，于2008年10月动工，2009年9月完工。

市中小学德育基地完工。工程位于环城路与绿色路交汇处东南侧，投资概算6485.2万元，占地面积6.4万平方米，建筑面积约2.8万平方米，于2008年4月动工，2009年12月完工。

市教师进修学校完工。工程位于环城路与绿色路交汇处东南侧，投资概算7233.91万元，占地面积3.2万平方米，建筑面积约2.7万平方米，于2008年3月动工，2009年12月完工。

市区污水处理厂及截污管网三期工程动工。工程铺设各种管线总长180多公里，建设两座提升泵站，覆盖市区92.83平方公里,投资概算10.5亿元，于2009年8月动工。

东引运河堤路结合达标B段工程动工。工程范围从峡口水闸到东坑神山桥，途经东城街道、茶山镇、东坑镇、寮步镇、生态园等，两岸总长约42公里，总投资约6.13亿元，于2009年10月动工。

市中医院新院工程动工。工程位于松山湖大道与莞深高速交汇的西南角，投资概算4.98亿元，占地面积13万平方米，建筑面积约12万平方米，于2009年9月动工。

东莞篮球中心工程动工。工程位于东部快速路与松山湖大道交汇处，投资概算6.38亿元，占地面积26.7万平方米，建筑面积约6万平方米，可容纳1.5万名观众和提供1747个车位，于2009年9月动工。

塘厦理工学校扩建校舍工程动工。工程位于塘厦理工学校内，建筑面积约2.9万平方米，投资概算7246万元，于2009年6月动工。

塘厦中学扩建工程动工。工程位于塘厦中学校内，建筑面积约1.7万平方米，投资概算4003.6万元，于2009年6月动工。

东城高级中学扩建工程动工。工程位于东城高级中学校内，建筑面积约6055平方米，投资概算1352.34万元，于2009年7月动工。

厚街中学扩建工程动工。工程位于厚街中学校内，建筑面积约9050平方米，投资概算2153.03万元，于2009年10月动工。（李永聪）

**附：2009年东莞市城建工程管理局领导名录**

局　长：丁海潮

副局长：黄贺权　李天海　朱利民　丁加兴

纪检组长：钟发枝

## 房产管理

【概况】2009年9月9日，东莞市房产管理局迁至南城区科技路（宏图路）办公。全局干部职工共44名。

2009年，东莞市房产管理局被评为市政府十件实事工作先进单位、市直机关党建工作量化考评先进单位、市级预算管理工作先进单位、部门统计工作先进单位、办公系统办文工作先进单位、人口和计划生育综合治理先进单位。

【房地产权登记发证】2009年，东莞市房产登记户数为102590户，同比增长19.79%；房地产权证发证数为124718份，同比增长14.85%。

【房屋登记簿建设】2009年3月1日，东莞市房产管理局正式在东莞市范围内启用新版房地产权属证书，旧版权属证书不再使用。在此基础上，市房管局迅速开展房屋登记簿的建设工作。以东莞市房产网络管理系统为基础，开发房屋登记簿系统，建立房地产登记簿录入、审查和管理制度，登记记载的信息一经记载，有关内容发生改变时，不能直接在原内容上删改，只能通过办理更正登记等业务，增加新的页面、界面和内容体现。2009年8月，该系统正式在东莞市范围内投入使用，并在11月27日通过广东省建设厅的检查验收。

【房地产交易】2009年，东莞市共办理商品房和二手房交易91378宗，面积累计1073.95万平方米，交易金额483.07亿元。其中商品房交易72618宗，同比增长14.80%；面积824.01万平方米，同比增长13.04%；交易金额415.94亿元，同比增长26.15%；二手房交易18760宗，同比增长41.12%；交易金额67.13亿元，同比增长45.42%。办理商品房备案60219宗，同比增长48.32%；面积626.05万平方米，同比增长56.47%；金额389.40亿元，同比增长58.05%。按揭38898宗，同比增长21.88%；面积410.70万平方米，同比增长21.60%；贷款金额168.76亿元，同比增长21.90%。

2009年，东莞市房产管理局创新二手房交易办事方式，缩短二手房交易业务时间。一是从2009年4月1日起，正式在东莞市范围内取消二手房交易15天公示期，缩短镇街房管所二手房交易受理时间。二是取消二手房交易时的测绘环节。由于原业主在办理一手房产证时，镇街房管所已经对交易房屋进行了测绘，除新业主提出申请外，镇街房管所无需对该房屋进行重新丈量测绘。

【房产抵押登记】2009年，东莞市房产管理局共办理抵押登记62084宗，同比增长99.04%；抵押房产建筑面积为3064.38万平方米，同比增长50.39%；抵押金额为722.7亿元，同比增长78.50%。

【住房保障】2009年，东莞市政府把解决2000户低收入家庭住房困难问题和出台改善新莞人居住条件的配套政策作为为民办“十件实事”之一。

超额完成2009年廉租住房保障工作任务　2009年，东莞市房产管理局制定住房保障工作计划和具体实施方案，并依循既定计划、程序、步骤推进；建立健全动态管理制度，制定具体的数据统计表，实行“月报”、“季报”、“半年报”和“年度报”等报送制度，及时掌握各镇街住房保障工作进展情况；加强业务指导与经验交流，2009年共编发《住房保障工作简报》10期，先后组织近10次业务交流活动，深入麻涌、中堂、望牛墩、沙田、长安、谢岗、石龙等镇进行业务指导与现场办公。主动联合东莞市政府督查室开展专项督查活动，保证2009年工作任务的完成。2009年，东莞市共完成2658户困难家庭的廉租住房保障，其中租赁补贴的1785户，占67.20%；租金核减的36户，占1.40%；房屋修葺691户，占25.90%；实物配租146户，占5.50%，提前、超额完成市政府交办的任务，是年度目标的132.90%。

制定关于改善新莞人居住条件的配套政策　2009年，东莞市房产管理局先后到东莞市新莞人服务管理局、民政局等有关单位及厚街、虎门等10个镇进行专题调研，听取意见和建议，起草《关于改善新莞人居住条件的指导意见》。该意见经2009年12月的东莞市党政领导班子联席会议讨论同意后公布实施。

做好市属廉租房小区建设工作　2009年，东莞市房产管理局加强与东莞市国土局、规划局、建设局、城建局等有关部门沟通协调，多次会同东莞市政府督查室就小区建设问题进行督查，建立“绿色通道”加快办理小区的报批工作；对小区的生活配套问题，市房管局加强与城建工程管理局等有关部门的协调配合，切实加快小区的供电、供水、供气、绿化、公共道路等配套设施建设，为小区的入住创造条件。至2009年底，共接受两批共60户困难家庭的申请登记；将莞城、南城、东城、万江等四个街道的困难家庭纳入小区的供应范围，为小区的租售和管理创造条件。

【开展住宅专项维修资金征缴工作】2009年，东莞市房产管理局把抓好住宅专项维修资金的交存、使用和监管工作作为年度重点工作之一，经招标确定东莞银行作为东莞市住宅维修资金专户管理银行。6月12日，市房管局召开全市住宅专项维修资金征缴工作动员大会，正式启动维修资金征缴工作。出台《关于做好住宅专项维修资金征缴工作的通知》，依据房屋销售及办证的不同情况，分别在不同环节征缴维修资金，为征缴工作提供可操作的依据；针对维修资金征缴过程中出现的问题，又陆续出台《关于维修资金征缴工作有关问题的处理意见》、《关于维修资金征缴工作有关问题处理意见的补充通知》以及《关于拆迁房缴存维修资金问题的处理意见》等文件，不断研究解决实际问题。2009年，东莞市征缴住宅专项维修资金共5.38亿元。

【物业管理】2009年，东莞市房产管理局执行物业管理企业资质认证制度和业主委员会登记备案制度。核发《物业管理企业资质证书》116本，其中三级资质91本，暂定三级资质25本；共对17个业主委员会、185份物业管理委托合同进行备案登记。组织2009年度东莞市物业管理示范项目评比活动，评出联佳大厦、东骏豪苑、万科·松山湖1号花园、佳兆业·水岸山城、庄士新都·黄金海岸、鼎盛时代广场、东莞金众·葛兰溪谷、丰泰观山碧水、丰泰裕田花园、丰泰东海山庄、盈丰·商住中心、水天一色花园、世纪城国际公馆一期和二期、花街十八商住小区、东田翠湖湾为2009年度广东省物业管理示范项目。

为理顺房管部门、镇街政府、居委会各自在监督业委会方面的职责，市房管局草拟《东莞市业主大会和业主委员会成立若干规定》，经东莞市政府审批同意于2009年7月1日正式实施。该文件的实施规范了东莞市业主委员、业主大会成立程序，对化解物业管理小区矛盾有积极作用。

# 东莞市房产管理局

①

市房管局指导东莞市物业管理协会组织物业管理行业开展一系列活动，提高东莞市物业管理从业人员的法律意识：针对2008年11月修订的《广东省物业管理条例》（下简称《条例》），指导市物业管理协会分别于2009年4月和5月对东莞市物业服务企业从业人员、房地产开发企业相关人员举行4期培训班，学习《条例》出台的背景及其意义、《条例》的解读及释疑、《条例》与《中华人民共和国物权法》的区别与关联、物业管理中各方主体的权责关系。5月23日，指导东莞市物业管理协会举办2009年东莞市物业管理行业业主委员会专题论坛，物业管理公司代表、业主委员会代表、东莞市内主流媒体共约200人参加。11月24日，指导物业管理协会举办《中华人民共和国物权法》司法解释讲座。

【中介管理】 2009年，东莞市房产管理局加强对东莞市房地产经纪机构的资质认证及备案制度管理，对其资质、资格、素质等方面进行严格审核并据此作为颁发证照的依据，全年共对121家房地产经纪机构进行登记备案。执行房地产经纪机构及房地产经纪人年审制度，共办理房地产经纪机构资质年审29家、房地产经纪人年审751人。委托市房地产中介协会举办3期东莞市房地产经纪人培训班，419人参加培训；举办2期房地产经纪人再教育培训班，251人参加培训。

【房地产评估管理】 2009年，东莞市房产管理局加强对评估机构和行业的管理，对5家房地产价格评估机构进行资质初审，其中暂定三级2家，暂定升三级3家，三级重新核定3家，取得由广东省建设厅核发的资格证书5家。协助市房地产估价师及经纪人学会制定评估从业人员管理规范，以颁发估价师签名印章及从业人员上岗证等形式对所有在东莞市进行房地产评估工作的估价师、估价员进行规范管理。

【信息化建设】 2009年，东莞市房产管理局积极开展信息化建设工作，加强硬件建设，优化网站建设，开发东莞市存量房网上交易系统。

硬件建设。2009年，市房管局做好新办公楼弱电工程建造和中心机房建设工作，在新办公楼中心机房增添防雷、监控设备，加强监控，保障硬件设备正常运行。各楼层交换机全部采用光纤线连接至中心交换机，使所有业务系统更加快速、安全、稳定地运行。同时着手建立房产档案数据异地容灾系统，避免因地震、火灾、水灾等造成数据丢失，保证数据安全，确保房管业务正常开展。

网站建设。东莞市房产管理局公众信息网是对外公布各项房产信息的重要平台。2009年下半年，市房管局对网站进行逐步改版升级。

东莞市存量房网上交易系统试点。2009年，东莞市房产管理局建设开发东莞市存量房网上交易系统。11月1

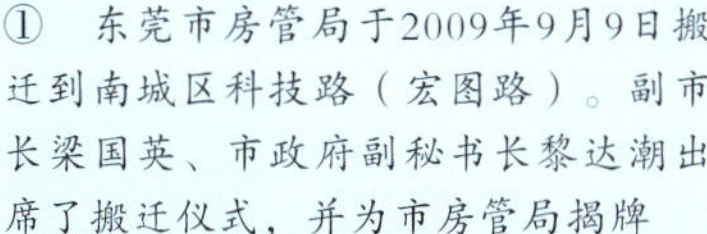

① 东莞市房管局于2009年9月9日搬迁到南城区科技路（宏图路）。副市长梁国英、市政府副秘书长黎达潮出席了搬迁仪式，并为市房管局揭牌
② 2009年3月10日召开全市住房保障大会，副市长梁国英、市政府副秘书长黎达潮、市房管局局长张伟华出席了会议
③ 东莞市房管局对2009年度东莞市物业管理优秀项目进行表彰并颁奖

日，在莞城、南城、虎门3个镇街进行二手房网上交易试点，并根据试点实际操作不断完善系统。

【房改工作】2009年，东莞市房产管理局的房改办核准发放住房津贴6390人，发放金额7195.5万元；核准发放住房差额津贴11人，发放金额21.65万元；核准补办购买房改房4套、面积292.69平方米，售房款15.04万元。（张敬东）

附：2009年东莞市房产管理局领导名录

局　长：张伟华
副局长：熊裕新　陈旺南　谢卫东　唐建强
纪检组长：叶焕洪

## 住房公积金管理

【概况】 2009年，东莞市住房公积金管理中心完善管理，扎实工作，完成年度各项业务指标。6月，广东省住房公积金工作座谈会在东莞市召开。12月，国家、广东省住房公积金监管部门领导莅莞调研。国家住建部住房公积金监管司专门编印工作简报向全国公积金中心介绍东莞市住房公积金工作的经验做法。

住房公积金归集稳中有长。2009年新增缴存人数2.63万人，归集资金35.46亿元，比上年增长17.15%。缴存总人数达到46.52万人，累计归集资金131.78亿元。

住房公积金贷款稳步发展。2009年发放个人住房公积金贷款6671户、20.27亿元，与上年基本持平。累计发放贷款27921笔、77.52亿元；个贷率为76.38%。全年增值收益1.2亿元。

## 东莞市住房公积金管理中心

① 2009年6月16日，广东省住房公积金工作座谈会在东莞市召开
② 2009年4月7日，东莞市住房公积金管理委员会召开二届三次会议
③ 2009年4月3日，东莞市住房公积金管理中心主任秦庆祖（左三）参加珠三角城市联合推行住房公积金贷款签约仪式
④ 2009年6月5日，东莞市住房公积金业务培训圆满结束
⑤ 2009年9月25日，东莞市住房公积金管理中心获评为“省特级档案综合管理单位”
⑥ 2009年12月4日，国家、省住房公积金监管部门领导莅临东莞市住房公积金管理中心调研指导工作

珠江三角洲城市住房公积金个人贷款合作
签字仪式
肇庆
江门
东莞
佛山
广州
珠海
惠州
⑬

东莞市住房公积金业务培训班
⑭

东莞市住房公积金管理中心
秦庆祖
成洪生
⑮

热烈欢迎住建部公积金监管司
住建厅公积金监管处领导莅临指导
⑯

住房公积金提取增幅明显。2009年职工提取住房公积金20.25万人次、20.11亿元，分别比上年增长35%、45.51%。累计提取56.09亿元，占归集总额的42.56%。

**【住房公积金归集工作】** 2009年，东莞市住房公积金管理委员会加强指导和监督，各部门积极配合协作，市住房公积金管理中心结合本地独特的外向型经济结构、从业人口结构，有针对性地加强归集扩面工作。

坚持宣传教育。2009年，市公积金中心投入100多万元，在电视、广播、报纸等媒体开展政策宣传；督促指导黄江、塘厦、常平等镇举办覆盖镇职能部门、社区（村）委会、企事业单位、商会、协会等各类单位的大型政策宣讲会；面向镇街公积金分管人员、缴存单位经办人及广大缴存职工，在东城、南城、莞城、道滘、洪梅、虎门等镇街举办住房公积金业务培训班。

抓好催缴工作。2009年，市公积金中心有针对性地对430家企业进行重点催缴，其中上门动员缴存230次，在企业召开讲座36次；联合东莞市卫生局、教育局召开全市卫生系统公积金经办人座谈会，动员民办医院、学校建缴；联合市公安局等相关单位推进公安系统治安员、交通协管员、公安文职人员及保安员“四员”缴存。重点催缴对象覆盖率大幅上升。

强化镇街考核。2009年，市公积金中心调整各镇街住房公积金工作年度考核方案，督促指导各镇街落实属地管理责任，配合中心做好企业缴存情况调查、公积金政策宣传等工作。各镇街制定加强住房公积金管理的实施方案，利用当地媒体开展公积金政策宣传；有些镇街还组织相关部门、单位、企业、社会团体开展住房公积金政策宣讲交流会，产生良好的宣传效应。

**【住房公积金使用管理】** 2009年，东莞市住房公积金管理中心围绕资金安全，打击使用伪造证件骗提公积金行为，规范贷款代办行为，强化逾期贷款追收，管理服务水平得到提升。

打击持伪造证件提取公积金行为。2009年，市公积金中心实施查询个人征信、网上核查、检验发票、函调等措施，强化提取审批把关；通过媒体印发通告，劝诫广大职工切勿使用伪造证件办理提取；要求“骗提”的职工限期主动返还已提取资金。全年共查实持伪造证件提取公积金87笔，追回81笔、387.15万元。

规范对承办银行和代办公积金贷款律师所的管理。2009年，市公积金中心实施承办银行公积金业务经办人员备案制，加强对银行公积金服务的跟踪监督，及时协商解决存在问题；实施代办律师所审核备案制，规范律师代办公积金贷款行为。截至2009年，东莞市经市公积金中心备案的律师所共26家，其业务范围覆盖全市大部分楼盘。

加大逾期贷款催收力度。2009年，市公积金中心加强逾期贷款实时监控，要求受委托银行于每月前3个工作日报送上月逾期贷款户明细表及逾期催收记录，并于月中、月尾及时更新逾期信息；根据逾期程度的不同，通过发送短信、邮寄信函、上门催收、法律起诉等方式，逐级加强逾期催收力度，使东莞市住房公积金贷款逾期率始终控制在较低水平。2009年底逾期率为0.023%，低于国家住建部考核规定的0.15%的标准。

**【住房公积金服务措施】** 2009年，东莞市住房公积金管理中心拓宽住房公积金服务渠道，规范操作，提高行政审批效率，在东莞市46个纳入行政审批电子监察范围的单位中，市公积金中心一直被列为优秀。

发挥办事处的基层服务作用。2009年，市公积金中心加强对常平、塘厦、虎门三镇办事处的管理和指导，充分发挥办事处就近服务及联系镇街相关部门的作用，推动所在镇及周边镇的缴存扩面。三镇办事处全年累计办理公积金提取11099人次、3.77亿元，为264户家庭发放住房公积金贷款8740.96万元。

开展公积金贷款异地互贷业务。按照东莞市委、市政府落实《珠江三角洲地区改革发展规划纲要》的指示，2009年5月4日起，市公积金中心推行珠三角合作城市住房公积金互贷业务。至年底共发放异地公积金贷款40笔、1216.04万元，为在异地购房的东莞市缴存职工开具《住房公积金缴存和贷款情况证明》104份。

调整提取政策。2009年，市公积金中心把“因家庭突发事件和重大疾病导致家庭生活严重困难提取”的对象范围由“职工本人、配偶、子女及男方父母”扩大为“职工本人、配偶、子女及父母（包括男女双方）”；延长因汶川地震突发事故提取的时限，2009年仍允许地震灾区户籍的职工办理提取；将重大突发事故和疾病造成家庭生活困难提取的办理权限下放到办事处，方便职工就近办理；把直系亲属购房提取条件由“核定同一户口直系亲属”扩大为“核定直系亲属”；允许属地户口已缴存住房公积金的职工购买农民公寓提取住房公积金。

简化办事程序优化服务平台。2009年2月起，《住房公积金支取申请书》和《委托提取住房公积金审批表》不再需要所在单位盖章。住房公积金龙卡的发放范围扩大到所有缴存职工，简化申办手续，至年底累计发行9.2万多张。市公积金中心推出补缴、调整缴存比例（基数）、贷款申请网上预审服务；与中国移动合作开通住房公积金手机网站及139邮箱查阅住房公积金信息的功能；在办事大厅增设住房公积金贷款业务窗口。新增交通银行、广东发展银行、民生银行等3家银行作为贷款承办银行，公积金贷款承办银行增至11家。

**【住房公积金监管】** 住房公积金管理委员会监督。2009年4月7日，东莞市住房公积金管理委员会召开二届三次会议，听取东莞市住房公积金管理中心《2008年度住房公积金工作报告》，审议通过《东莞市住房公积金2008年执行情况及2009年预算草案的报告》、《2008年度东莞市住房公积金缴存使用情况公布》及《2009年度住房公积金归集使用计划》。市公积金中心每月制定住房公积金当月统计报表、每半年撰写住房公积金运行情况分析报告报市管委会审阅。

相关部门及社会监督。2009年，东莞市住房公积金管理中心及时向东莞市委、市政府有关部门，市公积金管委会全体成员及各镇街公积金工作对口部门通报重点工作情况；每天定时向市行政监察系统报送业务审批数据，接受市纪检监察部门的监督；全年办理回复政府热线8宗、阳光热线41宗、网上咨询3223条，回复率达到100%。

信息公开。2009年，东莞市住房公积金管理中心加强公积金网站建设，增加“信息公开”等栏目。以网站为主渠道，同时借助东莞日报、东莞电视台等媒体，及时公布政策动态、业务发展情况。参与编辑《东莞市2009年度办公办事大全》，更新补充住房公积金服务指南；参加东莞电台民生栏目“阳光热线”，通过广播、网站进行住房公积金政策宣讲并答疑释惑。（石海娇）

**附：2009年东莞市住房公积金管理中心领导名录**

主　任：秦庆祖

副主任：温远军　李庆星　邓文森

## 城市综合管理

【概况】2009年，根据《东莞市人民政府机构改革方案实施意见》，东莞市组建东莞市城市综合管理局。将市城市管理局除供水、用水、节水、排水管理外的职责划入市城市综合管理局。不再保留市城市管理局，将市城市管理综合执法局调整为由市城市综合管理局管理。

2009年，东莞市确定清溪、虎门、常平、麻涌四间新建垃圾处理厂的选址。全市供水量16.13亿立方米，日平均供水量442万立方米，日供水能力达到700万立方米。供水管网改造总投入1.8亿元，改造老化管网547公里。第六水厂优质水工程竣工投入使用，整合村级水厂16家。投入1亿元完成市区11个内涝点整治。新建LNG管网163公里，全年天然气供气总量2.34亿立方米，液化石油气供气总量33万吨。全市建有国家二类以上标准公厕1389座、标准压缩式垃圾转运站400座，配置各类环卫机动车辆1000余辆。建成市区三期公交站亭392个、站牌192个。城乡一体化的环卫保洁、园林绿化市场化、监理制覆盖率达65%以上。全年全市征收污水处理费约9.2亿元。

【城市市容环境】市镇两级规划编制。2009年，东莞市政府批准通过30个镇街及松山湖园区、虎门港管理区、东莞生态园绿地系统规划和30个镇街及虎门港管理区环境卫生专项规划。开展《东莞市域环境卫生专项规划》（简称“《规划》”）编制，先后组织编制单位考察学习台湾、厦门、中山等城市先进经验，《规划》文本已通过专家评审。

垃圾处理设施建设。2009年，东莞市政府批复同意清溪、虎门、常平、麻涌四间新建垃圾处理厂选址和《东莞市清溪等新建生活垃圾焚烧处理厂BOT招标方案》；开展厚街固废余热发电厂二期扩建工程的立项、规划、环评等工作，完成横沥垃圾焚烧发电厂二期环评及技术设备选定。根据“村（社区）收集，市、镇街运输处理”的工作思路，制定市镇两级共同负担垃圾处理补偿费方案。市区7座环保公厕完成工程设计、财政概算等前期工作，塘厦镇采用3C环保技术整治垃圾填埋场效果良好。

市容环卫日常管理。2009年，东莞市环卫市场化率达65%，大部分镇街中心区基本落实主干道16小时以上保洁、村（社区）及其村（居）民小组内街小巷8小时以上保洁，基本落实早上7点前完成普扫、上门收集垃圾、道路等级划分工作。10月20日，召开“东莞市庆祝广东省第十六届环卫工人节座谈会”，授予贡献突出的437位环卫（绿化）工作者“东莞市环卫（绿化）先进个人”荣誉称号。生活垃圾以及粪便无害化处理工作得到进一步落实，人均公共绿地面积、绿地率、绿化覆盖率均达到国家标准要求。

运河面源清理整治。2009年，东莞市采取“分批整治、试点先行”的工作思路，深入推进运河沿线垃圾填埋场整治。截至年底，整治垃圾填埋场26座，清理垃圾量约70万立方米。组织专家和相关单位对运河水面垃圾清运码头选址的可行性进行调研，进一步修改和完善调研报告并报东莞市政府审定。

## 东莞市城市综合管理局

① 横沥垃圾焚烧发电厂。该厂正进行二期工程建设，待建成投产后，每天将可以无害化处理2700吨生活垃圾

② 东莞大道蛤地路口内涝整治工程施工现场

【城市公共保障】 完成第六水厂优质水工程建设。2009年5月1日，东莞市首家采用深度处理工艺的第六水厂优质水工程建成试供水，9月28日竣工投入使用，并逐步向大城区部分地区供水。通过水质综合对比数据显示：在东莞市排涝期间水源水质不稳定的情况下，第六水厂深度处理工艺较常规工艺更能保证水质稳定与安全。

提升供水技术水平。2009年，东莞市申报的“珠江下游地区饮用水安全保障技术集成与综合示范项目”和“水质监控预警及应急技术研究与示范项目”的7个课题获得国家各部委审定启动。其中，“珠江下游地区饮用水安全保障技术集成与综合示范项目”课题2实验室试验基本完成2008年国家拨付经费研究任务。密切跟进河源直饮水项目的前期论证，加强与河源方面沟通联系，赴深圳、佛山等市调研，完成项目论证报告并组织专家评审。

排水设施日常管理。2009年，东莞市完成“三路一广场”（东莞大道、东江大道、松山湖大道及中心广场）及环城路排水管渠的清淤工作。做好市直管道路排水管渠、隧道及泵站的日常维护，严格月检考核和汛期值班抢险制度。全年市区雨天巡查110次，应急抢险19次，合计出动516人次。南城、万江、厚街等镇街做好防涝应急工作。在台风“莫拉菲”、热带气旋“浪卡”、热带风暴“天鹅”和强台风“巨爵”袭莞期间，全市城管人员做好排涝抢险工作，最大限度地保障易涝区域安全排涝。

市政设施建设管养。2009年，东莞市开展市区第三期公交站亭站牌建设。截至年底，共建站亭392个、站牌192个，安装候车椅1076张，完成32个公交枢纽站点的勘察设计，并移交属地实施。做好中心广场商铺管理，修补漏水商铺。中心广场商铺出租95间，出租率56.89%。

绿化行业运营管理。2009年，东莞市重点推进园林企业升级。全年有5家企业申报一级资质获国家住房和城乡建设部批准，9家企业申报二级资质获得广东省住房和城乡建设厅批准，核准13家三级园林企业。制定《市外园林企业申办（复查）〈信用管理手册〉指南》，进一步规范进莞外市园林企业。对申办或复查的36家外市一级园林企业进行评审，排名前25位的企业获得《东莞市园林绿化信用管理手册》，可参与东莞市园林工程投标。组织参展第七届中国（济南）国际园林花卉博览会，东莞展园——莞香园颇受赞赏。石龙镇获得2009年国际花园城市D类金奖，塘厦镇作为广东省唯一城镇代表参加国家园林城镇评选。

燃气行业监督管理。2009年，东莞市政府批准实施《东莞市域燃气专项规划修编》；评审通过《东莞市天然气高压管网二期工程初步设计》，凤岗、大岭山、沙田、中堂四镇燃气专项规划及石排镇燃气专项规划修编，为全市燃气管道“一张网”建设奠定基础。全年完成163公里天然气管网建设，樟木头天然气门站设备安装完成，石龙汽车加气站投入试运营，大朗镇建立用户档案，消除燃气安全隐患。九丰能源基地LPG仓储工程4个3000立方米压力球罐和3个40,000立方米冷冻储罐及配套工程竣工，完成置换并进入试运营阶段。

① 东莞市东江自来水有限公司举行挂牌仪式。标志着东莞市供水行业集团化运营迈出第一步
② 2009年12月，东莞市城市综合管理局组织新奥燃气有限公司开展了“燃气管道泄漏应急演练”。市应急办、质监局、消防局、南城人民医院等单位参加了演练
③ 长安镇“二合一”的公厕和垃圾转运站
④ 厚街镇的环保公厕
⑤ 市政维护工作人员正对路面进行维护修复
⑥ 东莞市人民公园

①

②

③

④

⑤

**【重要民生实事】** 推动供水管网改造。2009年，东莞市采取区域先行先试的方式，以供水企业投入为主，开展旧供水管网改造。东江水务有限公司投入5000万元，完成莞城街道11个小区的改造，横沥供水公司投入2000万元开展主干管网改造。根据东莞市政府"十件实事"工作部署，东莞市城市综合管理局探索以政府扶持为主的管网改造模式，协助83个欠发达村开展老化水管改造，配合财政部门制定政府扶持资金的分配方式。截至2009年，有16个镇成立专项领导小组，部分镇完成管网改造施工设计与预算。

完成市区内涝整治应急一期工程。市区内涝整治应急一期工程是2009年东莞市政府十件实事之一。东莞市城市综合管理局成立市区内涝整治应急工程办公室，建立完善的工作机制，完成市区11个内涝点的整治，启动内涝整治应急二期工程建设。东城街道全年疏通下水道128公里，清掏雨水井2200座；清溪镇完成35公里排洪渠清淤整治，进一步提高排水防涝能力。

**【城市管理机制】** 健全规章制度。2009年，东莞市城市综合管理局制订《东莞市城市管理局建筑物外立面保洁管理规定》、《东莞市城市管理局城市道路清扫保洁管理规定》、《东莞市城市管理局关于加强粪便清运处理管理规定》、《东莞市供水企业行业服务规范》和《东莞市城镇供水企业管理测评体系》，草拟《东莞市生活饮用水二次供水管理实施细则》和《路灯及照明设施养护管理手册（初稿）》，修订《东莞市公园管理办法》、《东莞市城市绿化管理办法》和《东莞市城市供水管理暂行办法》。

落实简政放权。2009年，根据《关于做好扩权强镇试点工作落实下放事项的通知》精神，东莞市城市综合管理局向试点镇下放城市管理权限18项（包括14项行政许可、1项行政处罚和3项收费权限）。

整合村级水企。2009年，东莞市一级以组建东莞水务集团为目标，以东江水务有限公司为核心，推动整合万江、东城和南城供水公司。镇一级按照"一镇一水企"的思路，采取"试点先行、全面铺开"的方式，以常平镇为试点，加快村级水厂整合步伐。全市整合村级水厂16间，其中大岭山镇5间，东城街道5间，常平镇3间，中堂镇、万江街道、凤岗镇各1间。

**【协助创建"国家环保模范城市"】** 2009年，东莞市城市综合管理局加强市直管道路环卫保洁管理，通过巡查、督导等方式指导镇街做好日常保洁工作。加强市直管道路的绿化养护与市区道路渠化岛时花种养管理，选择并推广适合岭南地区种植、生长状况良好的品种，保证市区时花常换常新的景观效果。组织维修市区破损路面15.6万平方米，翻新路灯及景观灯饰97,830套次、清洗195,660套次。

**【创建"市容环境优美村（社区）"】** 2009年，东莞市各镇街开展创建"市容环境优美村（社区）"（简称"创优"）工作。全年有200多个村（社区）申报"创优"，全市市容市貌得到较大提升。其中，虎门镇14个社区、谢岗镇12个村（社区）申报创建；东城街道以"创优"为契机，清理卫生死角440余处、"牛皮癣"14万余张；厚街镇加强环卫设施建设，全镇23个村共建25座垃圾压缩转运站；东坑镇加强环卫保洁，切实做好除"四害"工作。（谢庆辉）

**附：2009年东莞市城市综合管理局领导名录**

局　长：钟耀祥
副局长：萧细流　朱旭根（任至4月）
　　　　陈旭坚　吴育新
　　　　邓浩森（4月到任）
纪检组长：刘运梅
总工程师：陈烁钊

## 城市供电

【概况】东莞供电局是中国南方电网广东电网公司下属的特大型供电企业，主要负责东莞市的电网管理、电力营销和业务服务。2009年，东莞供电局完成供电量488.85亿千瓦时，综合电压合格率99.7%，城市供电可靠率99.88%，农村供电可靠率99.77%，东莞城市用户、农村用户平均停电时间同比分别下降6小时及53.92小时。至2009年底，全市电力总用户数185.76万户，同比增长4.07%，总配变装变容量3272.82万千伏安；东莞电网共有110千伏及以上输电线路（含电缆）3361.18千米，变电站136座、主变437台、容量4464.95万千伏安。

2009年，东莞供电局被中共东莞市委办公室评为"2009年度全市办公室系统先进单位"，被中共东莞市委组织部评为"2009年度市直管企业和社会组织党建工作先进单位"，被东莞市委、市政府评为"中央和省驻莞机关先进单位"，被东莞市反恐怖工作协调小组办公室授予"东莞市参加2009年广东省反恐演练优秀组织奖"。

【电网建设】2009年，东莞供电局加强与东莞市政府联系，促请市政府建成"一个平台、二项制度、三项措施"，建立"职责、激励、督查"三大机制，落实镇层面的输变电工程属地化管理，解决重点项目的征地、拆迁赔偿问题；配齐配强工程规划建设队伍，落实系统内输变电工程属地化管理。确立"十二五"东莞电网建设蓝图，编制《东莞电网"十二五"自动化规划》；完成《东莞2009—2013年电网规划》、《东莞"十二五"电网规划》、《2009—2013年配电网规划》和《东莞"十二五"配电网规划》，并通过审查；推动将"电网规划"纳入"城市总体规划"工作，加强与东莞市财政局、市城建规划局的沟通，取得市财政资金支持；与市城建规划局共同编制《东莞电网专项规划（2009—2020）》，并通过专家审查。

2009年，东莞供电局全年累计完成电网建设投资33.05亿元，计划完成率为100.65%。全年投产110千伏及以上输变电工程20项、变电容量420万千伏安、输电线路372千米。500千伏惠州抽水蓄能电厂送出工程（东莞段）如期投产，全市重点工程——500千伏水乡输变电工程建设顺利。

【安全生产】2009年，东莞供电局风险管理体系建设初见成效，完成广东电网公司第1—5号体系建设指导书的各项工作任务；形成"3+7"的班站建设规范化基本框架，输电线路、变电站的运行管理标准化率分别达100%及70%。形成

① 2009年9月16日，国务院安委会督查组组长史玉波（中）到东莞供电局检查安全保供电工作
② 2009年9月28日，东莞市领导与东莞供电局领导共同参加东莞市2009年重点工程竣工暨动工典礼——500千伏水乡输变电工程动工

# 广东电网公司东莞供电局

①

"1+13"的应急预案体系，组建8支应急队伍共302人；开展东莞市反恐应急演练、迎峰度夏联合反事故演习等应急演练，进一步提高事故应急处理能力。完善"三级安全网"并实现100%覆盖。与53个单位签订安全生产责任书，与39个生产单位签订杜绝恶性误操作专项责任书，制定领导人员安全生产责任到位标准，全年没有发生误操作事故。

【安全管理】 2009年，东莞供电局完成500千伏东莞变电站等改造工程，技改修理投资完成率达104.73%。全年共执行工作票28779张，操作票48535张，合格率均为100%，220千伏及以上继电保护动作正确率100%。建立预试跟踪机制，完成设备预试、定检11255项；加强设备缺陷全过程管理，共处理缺陷1976项；制定反事故措施管理实施细则，全年共实施反事故措施30项。贯彻落实"三项行动"，完成首届广东外商投资企业产品（内销）博览会及国庆60周年保供电任务，全面启动亚运保供电工作，被广东电网公司评为"迎峰度夏暨国庆60周年庆典保供电先进集体"。

2009年，东莞供电局一般设备事故及设备一类障碍比2008年分别降低83%及54%，没有发生人身、电网事故及责任事故。至2009年底，东莞电网最高负荷961.3万千瓦，全局连续安全运行855天，均创历史新高，全年取得3个百日无考核事故安全记录。

【营销服务】 2009年，东莞供电局超前深入分析经济、用电市场，提高应对市场变化的速度。提前做好电网运行方式安排，及时转移设备重载地区的负荷，全年没有执行错峰用电。做好自发电用户接入网电工作。开拓电力市场，共接入自发电容量14.7万千伏安；转用网电的客户全年节约电费4311.89万元；促进地方节能减排，部分发电机组退出运行，减少污染物质排放量及噪声污染。

【供电服务】 2009年，东莞供电局建立绿色通道，加快自发电用户接入网电的进程；全面梳理供电方案答复、资料审核、装表接电等三个关键业务环节，使平均办理时间缩短25%。推广"银行代扣"等非现金缴费方式，实现非现金缴费客户占总客户数的89.19%，非现金缴费金额占总应收金额的98.91%。通过走访客户、主动上门服务、供电流动服务车等方式，全方位开展客户服务工作。安排专人跟进广东省和东莞市重点建设项目用电报装，完成东莞市海昌实业有限公司等18项省、市重点工程的送电工作。完成广东电网公司委托编写的《广东电网公司营销班组建设及管理手册》和作业指导书课题研究任务。优质服务实现11个"五零五百"。全年受理"阳光热线"上供电服务咨询、投诉共76条，同比下降63%。

【信息化建设】 2009年，东莞供电局落实信息化登高计划，建立项目组织、协调、跟踪、问题反馈和检查监督机制，制定各项具体任务测评分值，计划到周、责任到人，明确个人量化指标，全力推进企业信息航母建设。更加注重战略分析、系统谋划，数据中心运维管理水平达广东电网公司领先水平；EAI-EIP系统实现协同办公、综合应用和对全局关键指标的动态管理，被评价为"在企业驾驶舱与企业应用集成平台业务流程监控的应用达到国内先进水平"。东莞供电局信息化水平评价得分87.15分，同比提升11.43%，达到国资委B+水平。率先部署网络安全准入系统，并成为全省唯一实现移动接入设备认证的供电局。

【党建工作】 2009年，东莞供电局加强党的基层组织建设，完成基层党支部的换届选举，开展"我为提高供电可靠率作贡献"等3项主题实践活动，建立15个党员示范岗。把廉政建设责任制范围扩展到工程建设和物资采购领域，实现源头上的有

②

效防护；完善纪检监察审计组织架构，在各党支部增设纪检委员42名，在各单位设置监察审计联络员59名。

【队伍建设】2009年，东莞供电局全面推行绩效管理，组建绩效管理内训师队伍，完成24个部门及员工绩效合约的签订，覆盖率达100%。提前完成南方电网公司首个实验实操基地——东莞电力生产实验实操基地的户外实操项目建设，为该局乃至珠三角地区供电局的变电运行与检修培训提供一个功能齐全、技术先进的综合型培训基地。全年共举办、参与各类培训班652期，总培训人数达30118人次，全员培训率达100%。初步建立起培训、评价、使用、待遇和职业发展一体化的机制。（欧伟豪）

附：2009年东莞供电局领导名录

党委书记（兼副局长）：祁寿枝
局长（兼党委副书记）：罗　辑
副局长：佟　才　刘毅忠　李铭钧
　　　　许国强
纪委书记：张伦恺（4月到任）
工会主席：麦志伟
调研员：卢永昌

①　东莞供电局走进广播电台“阳光热线”，倾听客户心声，接受社会监督
②　东莞供电局大力推广带电作业，减少用户停电时间。图为带电作业观摩会上的实际操作演示
③　东莞供电局安全生产实现体系化运行，安全生产纪录创历史新高
④　东莞供电局通过供电流动营业厅进社区等方式，全方位开展客户服务工作
⑤　东莞供电局加快电网建设步伐，不断完善东莞电网结构
⑥　东莞供电局全力做好国庆六十周年期间的保供电工作

①

②

③

④

⑤

⑥

## 城市供水

【概况】 2009年，东莞市东江水务有限公司（简称“东江水务”）通过发展和并购，拥有第二水厂、第三水厂、第四水厂、第五水厂、第六水厂、水质监测站（省级）、东江自来水有限公司（原东莞市自来水股份有限公司）和松山湖供水有限公司两大子公司，固定资产约33亿元，员工1000多人。公司以区域集中供水方式为主，供水主干管网（DN800以上）全长400多公里，供水范围覆盖23个镇街，服务面积达1400多平方公里。2009年，公司日生产能力达303万立方米，日最高供水量为256.09万立方米，全年供水量达82659.41万立方米（含原水供水量4040.01万立方米），同比上升3.26%。公司立项执行节能改造规划，通过完善各水厂的能源计量系统、淘汰高耗能或过剩的生产设备，2009年完成节能量超过600吨标准煤。

2009年，东江水务被评为“全国城镇供排水行业突出贡献单位”，“东莞市2009年度安全生产工作先进单位”，“东莞市2009年度城镇供水标兵企业”，获“2009年度东莞市工会工作一等奖”。东江水务第三党支部被评为“市直机关示范党支部”。

【安全生产】 2009年，东江水务进一步强化安全生产工作，于1月专门成立安全工作办公室，健全各项制度，编印《东莞市东江水务有限公司安全生产制度汇编》。为迎接中华人民共和国成立60周年庆祝活动和2010年广州亚运会，东江水务结合“安全生产年”、“安全生产月”、“消防隐患整治行动”、“安全生产三个专项行动”等活动，实行安全督查，强化员工安全意识，落实设备巡查及维护保养制度，加强漏氯抢险小组管理，定期进行消防演练和漏氯演习，全面地提升安保工作水平。为确保国庆期间的安全生产，按东莞市反恐办的统一部署，东江水务组织工程抢险队参与广东省于8月31日举行的正式反恐演练，并获“优秀组织奖”。

【健全突发事件应急机制】 2009年，为建立健全突发事件应急机制，东江水务进一步完善《东莞市东江水务有限公司供水突发事件应急预案》和《东莞市东江水务有限公司人为破坏事件应急预案》。在东莞市城管局的牵头下，与东莞市水利局、气象局、三防办、应急办、东城自来水公司等有关单位共同制定应急调度方案，由东江水务负责统筹供水调度，在2009年的雨季排涝期间保证水质达标。10月20日，组织“抗咸潮、保供水”应急演练，有效提高在咸潮期间的安全供水应急处理能力，积累重要的经验和数据。11月4日，咸潮袭击东莞时，公司检测到原水氯化物含量超过水质新国标要求，于是立即启动二级咸潮预警，第二水厂即时停产，通过管网调度，由第三水厂补供水，直至第二水厂取水口原水氯化物含量下降至标准范围方恢复生产，保障市民的用水安全。

【东莞市第六水厂建成】 2009年5月1日，东莞市第六水厂优质水工程建成试产，供水范围主要是大城区。9月28日，第六水厂举行优质水工程竣工通水典礼。东莞市委常委、组织部部长庞国梅，市人大常委会副主任李秀冰，市政协副主席朱伍坤，市城管局局长钟耀祥和东江水务董事长罗沛强、总经理黎泽钧等领导出席典礼。

东莞市第六水厂是全市2009年重点工程之一，也是东莞市首家采用深度水处理工艺生产优质水的花园式现代化水厂，厂区内将设国家级水质检测中心、区域供水调度中心、客户服务中心和科研中试基地。

【东莞市东江自来水有限公司成立】 2009年6月10日，东莞市东江自来水有限公司（简称“东江自来水公司”）举行揭牌仪式。东莞市国资委主任梁建新，市城管局局长钟耀祥，莞城街道办事处主任陈志坚，东江水务董事长罗沛强等领导和东江水务的员工代表出席仪式。

东江自来水公司是东江水务在整体收购及接收原东莞市自来水股份有限公司资产的基础上，于2009年1月15日新成立的一家下属子公司，注册资本为人民币100万元，主营业务为生活饮用水销售、给水工程安装、管网维护及供水工程的勘测、设计、施工、维修等，设有办公室、财务部、人事部、客户服务部、规划设计部、工程管理部、管网维护部和物资管理部。

【供水客服热线96968开通】 2009年，东江水务筹建客户服务中心（设在东江自来水公司），并于12月18日开通96968供水客服热线，实行24小时在线服务。96968供水客服热线通过人工服务、自动语音、主动呼出等多种方式，为客户提供用水查询、业务办理、报障报修、欠费催缴及停水通知等服务。96968供水客服热线整合原来分散在各个业务部门的客户服务电话资源，形成统一的客服专线，提升供水服务形象。

【莞城街道供水管网改造试点工作】 2009年，在东莞市城管局的统一部署下，东江水务按照“厂网并进、管网先行、全市供水一张网”的总体思路，投入5000万元专项资金，在莞城街道选取16个有代表性的片（小）区（花园新村小区、步步高小区、白沙塘片区、草塘岗贝片区、澳南片区、创业新村小区、兴隆新村小区、鸿裕街学左上岭片区、罗沙片区、安靖乡温家围片区、东正万寿片区、北正同德街片区、金牛片区、红山路片区、鸦叫尾片区、涡岭第一教师村片区）作为供水管网改造示范小区，同步推进新型数字式水表的换装等一系列工作。截至2009年，完成16个片（小）区的规划设计工作；完成除东正万寿片区、红山路片区、北正同德街等片区外的其余13个片（小）区管网改造工程。累计更换各种口径供水管道长达165公里，受益用户近18000户，并把创业新村等10个片（小）区的17000多个老式指针水表统一换装为数字式水表。

【重点供水管网建设】 东莞市第六水厂　2009年4月30日，东江水务成功连接第六水厂优质水配水工程嘉湖山庄交水点新旧管，实现第六水厂DN2600管道与DN1600管道的连通。完成水厂一期输配水管道工程莞长路管段总工程量的55.4%、松山湖园区管段工程总量的91.3%。

东莞市人民医院新院　2009年8月20日，东江水务顺利接通新院区外供水工程，成功向人民医院新院区内管道供水。

西部水乡片供水工程　2009年，东江水务完成西部干道管道工程中除北海河顶管工程外的所有工程，完成东莞大道延长线管道工程中管道供货单位和安装单位的招标工作。

优质水进市区管网联网工程　2009年，优质水进市区管网联网工程完工，具备通水条件，进入整理竣工资料阶段。

【水质监测】 2009年，东江水务水质监测站完成各水厂的水源水、出厂水、管网水共计6000个水样的检测，进行12次涉及39项水质参数、180个水样的小全分析，2次涉及144项水质参数(含国标106项）的大全分析。

2009年6月，广东省计量认证评审专家组对东江水务水质监测站进行现场复评审及对新增项目的扩项现场评审。评审专家组一致同意监测站通过计量认证复评审和新增项目的扩项，并上报广东省质量技术监督局审核。经省计量认证考核评审，监测站具备对生活饮用水、地表水、地下水、天然矿泉水、水处理剂等5大类产品173个参数的检测能力，达到国内水质检测先进水平。

【水专项课题科研】2009年，东江水务参与科研国家“十一五”水专项中的四个子课题，国家拟拨放科研经费843.53万元，其中“季节性污染原水预处理和常规处理工艺强化技术集成与示范”和“自来水厂应急净化处理技术和工艺体系研究与示范”于3月正式启动。9月8日，东江水务与清华大学举行“季节性污染原水预处理和常规处理工艺强化技术集成与示范”课题合作签约仪式。这是东莞市首次参与国家饮用水科研项目。截至2009年，完成“自来水厂应急净化处理技术和工艺体系研究与示范”课题工作的一半，撰写4篇科研论文。“季节性污染原水预处理和常规处理工艺强化技术集成与示范”课题进入现场小试阶段。

【质量管理体系认证】2009年，东江水务建立和实施质量管理体系。经认证评定合格，正式获得质量管理体系的最新标准（GB/T19001-2008—ISO9001:2008）《质量管理体系认证证书》。通过实施ISO9001质量管理体系，重新梳理公司各个环节的职能工作，建立系统化的工作流程，提高公司的综合管理水平和客户服务能力。

【“世界水日”宣传活动】2009年3月22日，由东莞市城管局主办、市供水协会和东江水务承办的主题为“保障安全优质供水，促进经济社会双转型”的“世界水日”大型宣传活动在莞城文化广场举行。现场介绍国家《生活饮用水卫生标准》（GB5749-2006）、第六水厂深度处理工艺、新旧管材对比及日常生活饮用自来水常见问题等；展示改造供水管网的实物。通过现场用水咨询、水质咨询及问卷调查等，向市民倡导“科学用水，节约用水”的观念，使市民进一步认识东莞市的供水状况，了解市供水管网改造的必要性、迫切性和保护水资源的重要性。

【对口支援云南福贡水厂】东江水务自2008年10月与云南省福贡县自来水有限公司结为对口支援单位并签署供水对口支援意向书以来，2009年组建对口支援工作小组数次赴云南帮助其水厂进行升级改造，包括投矾系统升级改造、二氧化氯消毒系统建设、水质化验室筹建、投加系统操作培训和水质日常指标检测培训等；支援的设备价值20多万元，包括二氧化氯发生器、二氧化氯分析仪、计量泵、药池搅拌机、增压泵、浊度仪、烘箱等。改造后，福贡水厂的投加系统全部实现自动化控制，明显改善出厂水质；水质化验室的建立，使之具备对出厂水及原水中色度、浑浊度、臭和味、肉眼可见物、pH值、总硬度、耗氧量、氨氮、二氧化氯、菌落总数、总大肠菌群、耐热大肠菌群等水质日常指标的检测能力。

（周永坚　邵　娟　陈汇泓）

附：2009年东莞市东江水务有限公司领导名录

董事长：罗沛强
总经理：黎泽钧
副总经理：唐　旭　唐展鹏

## 城市供气

【能源供给】2009年，为满足东莞市对天然气的需求，东莞新奥燃气有限公司（简称“东莞新奥”）不断拓展新的气源，在原有气源基础上，积极获取11批国际现货。全年向东莞市供应天然气3.71亿立方米。截至2009年，东莞新奥累计为东莞市供应天然气超过11亿立方米，相对于用液化石油气，累计减排二氧化碳达29万吨、有害气体（二氧化硫、氮氧化物、一氧化碳）1517吨、烟尘27吨。

2009年东莞新奥共开发民用户3.4万户，其中老户开发3840户，实现新建楼盘天然气配套率达到100%。

【工程建设】2009年，为实现东莞市一张网工程，东莞新奥不断开拓市场，加大投资力度。

在镇街拓展方面，与企石、谢岗、道滘、洪梅、望牛墩五个镇签订合作协议。截至2009年，除虎门、常平、桥头、东坑、大朗、横沥六个镇之外，东莞新奥已完成其他所有镇街项目的开发。

场站及管网建设方面，完成樟木头门站、高埗车载LNG气化站、黄江和清溪LNG小气化站的建设，敷设高压及次高压管网11公里，中压管网151公里。截至2009年，东莞新奥共建成LNG储配站3座、储气能力约80万立方米，门站2座，高中压调压站3座，电厂调压站1座，高中压燃气管网近1000公里，建立城区及周边“双主一辅”的供气网络，形成两种气源的安全供气模式。

天然气汽车加气方面，完成泰新路站、莞长路站、东城站、大岭山站、寮步松山湖大道站等五座汽车加气站建设。截至2009年，东莞新奥共建成9座加气站，投入运营7座，东莞市累计投入运营的天然气汽车达到3400辆。

【安全运营】2009年，东莞新奥开展“三个零”（零责任事故、零环境损害、零人身伤害）承诺、“本质安全型员工”活动，宣传培训检查、隐患整改、应急演练和值班备战等专项活动的同时，全力落实总经理挂牌督办的第三方施工管控、入户安检、庭院户内管改造三项工作。在第三方施工管理上，编写《第三方施工管控流程》、《第三方施工破坏索赔流程》等制度，有效指导监护内涝、截污、轻轨等交叉施工500余处。全年市政管线未发生一起安全生产责任事故。客服系统全面对小区内的管道进行检查和维护，年度安检入户率为历年最高；工程系统加强施工现场安全管控，事故率为零；HSE（健康、安全和环境）办公室持续落实和完善HSE管理体系，加强对全员的安全教育和技术培训，严格危险作业审批、监管，实现全年安全形势平稳目标。

【客户服务】2009年，东莞新奥深化服务各项工作，在售前环节，市场部加强与客户服务部、工程技术管理部、绩效管理部等部门的沟通，提高解决客户问题效率。在售中环节，工程技术管理部不断深化和完善大包管理模式，简化、理顺中间环节，逐步提高合同履约率，提高服务形象。在售后环节，运营部努力推进客户的快速接驳，客户服务部在受理客户用气后，加强与客户的沟通，提高客户满意度。

同时，东莞新奥实现呼叫中心与银行联网系统在东莞市的全面覆盖，统一服务形象，方便用户报装和使用天然气。每季度的客户服务检查，促进各区域服务的改进和提升。内部服务协同的加强，提高服务效率。

【管理提升】2009年1月1日，东莞新奥根据发展需要，本着资源共享、管理优化的原则，将已成立的子公司和分公司划分为城区、东部、南部、西部、西南和北部六个管理区进行区域管理。

随着业务模式的扩大，为提升效率，防范风险，东莞新奥2008年联合IBM公司，全面启动ERP（企业资源规划）项目。截至2009年，实现22家企业ERP、17家企业CCS（客户服务关怀系统）顺利上线，完成信息化运维管理体系的建设，极大地促进管理效率的提升。

（李三军）

附：东莞新奥燃气有限公司领导名录

董事长：李志荣
总经理：侯黎明
副总经理：陈仲新　刘　柱　张韶武
鲁统山

## 环境保护

【概况】 2009年，东莞市环保基础设施建设取得突破性进展，污染减排能力全面提升，二氧化硫和COD（化学需氧量）两项主要污染物减排量，顺利完成广东省下达的任务；创建国家环保模范城市完成关键环节，顺利通过国家环境保护部技术评估。

【环境质量】 2009年，东莞市环境质量呈总体好转趋势。市区大气环境质量符合《环境空气质量标准》（GB3095-1996）二级标准，全年空气污染指数年均值为57，与上年（年均值59）相比略有下降，空气优良天数占全年99.18%，主要污染物二氧化硫、二氧化氮、可吸入颗粒物的年均浓度分别比上年下降19.4%、2.4%和5.7%，城市空气质量得到改善。城市降水酸雨（pH值<5.6）频率为51.8%，比上年下降8.3个百分点，降水pH年均值为5.03，比上年上升0.20个pH单位。地表水东江东莞段整体水质符合国家地表水Ⅱ类标准，保持稳定达标；东莞运河综合污染指数为13.15，比上年下降6.2%，污染程度明显减轻，水质持续改善；城市集中式饮用水源以及东莞市近岸海域水质达标率为100%。市区声环境质量持续保持良好。

【环保考核】 2009年，东莞市顺利完成广东省环境保护责任考核、城市环境保护综合整治定量考核、珠江综合整治考核等三大考核，成绩分别为92.2分（良好）、99.15分和98分。东莞市政府被评为“2003—2007年广东省环境保护责任考核先进集体”。东莞市环保局被评为“2009年度广东省环境保护责任考核先进单位”。

【环保政策】 2009年，东莞市环保局调整有关环保政策，制定实施《关于加强污染企业整治促进产业结构转型升级的意见》，作为东莞市委、市政府产业调整升级“1+26”政策体系之一，充分发挥环保的调整和助推作用。经市政府批复同意，取消外资企业、“三来一补”企业续期审批，切实减少企业办事环节；调整“四纯两小”企业（纯电镀、纯漂染、纯洗水、纯印花企业和小规模造纸厂及小规模制革企业）关闭政策，保留61家规模较大、设施较好、守法经营的企业，稳定企业生产。建立环保审批“绿色通道”和重大项目跟踪制度，共有61项重点工程纳入“绿色通道”。

【总量减排】 2009年，东莞市政府召开全市总量减排工作会议，全面部署和动员污染减排工作。东莞市环保局进一步完善减排工作制度，加大减排工作力度，建立减排工作预警制度，制定实施《东莞市“十一五”主要污染物总量减排考核暂行办法》及实施细则、《东莞市环保系统“十一五”期间主要污染物总量减排任务分工》及检查考核制度、《建设项目环保管理主要污染物排放总量前置审核制度》、《东莞市主要污染物总量减排资料信息报送制度》、《污水处理厂减排核查核算办法》、《污水处理厂营运管理办法》等管理制度，减排工作体系进一步健全。加强减排监管，8家已关闭的小火电企业，经国家发改委核定；对减排措施落实不到位的凤岗竹塘、东城牛山、长安三洲3家污水处理厂作出停付运营费和通报批评的处理。据统计，2009年全市二氧化硫和化学需氧量排放量分别为9.52万吨和10.87万吨，分别比上年下降12.9%和7.4%，顺利完成广东省下达的任务。

【环保工程建设】 2009年，东莞市环保局成立6个督查小组，实施局领导分片督导工作制度。全年共开展180多次督导工作，大力督促各项环保工程加快建设。市环保局被评为“东莞市重点项目建设先进单位”。

污水处理工程建设 2009年，东莞市规划新建的34项污水处理厂建成32项，投入运营19项，在建2项。全市35项配套截污管网基本建成20项，建成管线长度681.92公里，占总长度的78.93%。11月26日，经东莞市政府印发实施《东莞市截污次支管网工程实施办法》，全面启动截污次支管网工程建设。

固废处理工程建设 2009年6月30日，东莞市医疗废物处理中心建成并投入运行。东莞市环保局制定《东莞市医疗废物集中处置管理规定》及相关收费办法，全年累计无害化处理医疗废物918吨。全市污泥处理工程动工建设。

环保专业基地建设 2009年，经东莞市政府批准，全市9个环保专业基地调整为7个，至年底麻涌、中堂和大朗3个基地已获审批。同时，东莞市环保局制定实施《东莞市环保专业基地电镀企业准入条件》、《东莞市环保专业基地印染、洗水企业准入条件》，推动重污染行业整合。

零散废水处理工程建设 2009年，东莞市规划建设大岭山、塘厦、茶山、虎门4家零散工业废水处理厂，分片区收集处理零散工业废水，其中大岭山项目基本建成。

【工业排污监管】 企业污染整治 2009年，东莞市造纸行业基本实现中水回用80%目标，产业水平大幅提高，顺利摘除广东省挂牌督办帽子。累计完成85台30蒸吨以上锅炉、51台10蒸吨以上锅炉脱硫工程建设，总容量达8943蒸吨。

企业环境管理 2009年，东莞市环保局制定《东莞市环境保护局企业环境保护信用管理办法（暂行）》，企业信用评价范围扩大到594家。完成1538家企业“一源一档”（一个污染源、一个档案）工作；累计有302家企业建成在线监控系统并实现联网；28家企业通过广东省或东莞市清洁生产审核；29家企业被评为“第二批市级环境友好企业”。全市共完成建设项目环保审批7651项，其中：登记表2478项，报告表3101项，报告书76项，迁扩建1935项，辐射项目61项；审批危险废物转移3554家次。制定企业“三同时”（同时设计、同时施工、同时投产）和排污许可证管理办法，共完成“三同时”验收5387家，核发排污许可证4302份；共开征排污单位6578户，排污费开征金额为9800多万元，入库金额9606万元。制定《东莞市辐射事故应急预案》、《核技术应用项目环境影响评价文件审批流程》、《辐射安全许可证管理办法》等规章制度，进一步加强核与辐射单位管理。

环境执法监察 2009年，东莞市环保局开展整治违法排污企业保障群众健康环保专项行动、危险废物专项检查行动、第四届“环境安全月”活动、无证照污染企业清理整治行动、臭氧层消耗物质淘汰专项检查等多项环保执法行动。累计出动执法人员60078人次，检查企业22867家；处罚环境违法行为591宗，罚款入库金额1179.76万元；加强后督察工作，复查案件325宗，161宗案件依法申请人民法院强制执行。接到群众投诉13172宗，办结12703宗，办结率为96.4%。对31宗重点信访案件进行专项后督察。继续落实有奖举报制度，共接报32宗，查实21宗，奖励举报23人次共70.07万元。

【环境整治】 水环境整治。2009年，东莞市环保局完成石碣镇中心涌纯氧曝气快速消除黑臭技术试验工程，取得较好效果。桥头镇小海河水体生态修复工程被纳入国家水专项中的"东江流域水污染控制与水生态系统恢复技术与综合示范"项目，已完成工程设计，并上报东莞市政府审批。全面启动同沙水库水污染综合整治工程，其中尾水排放工程、环水库截污管网工程、垃圾渗滤液处理工程、雨季溢流污水处理工程、生态湿地公园等五项子工程完成工程设计。

机动车排污整治。2009年，东莞市环保局继续大力实施环保标志分类管理制度，共检测车辆48.6万多辆并核发环保标志；建立黑烟车义务举报等制度，并实行超标车辆每月定期媒体公开；加强停车场检测和道路检测，共抽检车辆6210辆，查处黑烟车1024辆；建立客运车排气检测半年审核制度，共完成6829辆客运车检测审核；开展客运车、货运车和校车专项整治，共整治高排放车辆6451辆；全面推行稳态工况法检测技术升级改造，11月1日，率先在广东省实现机动车排气稳态工况法检测技术升级和实施工作。开展机动车检测监督网络（一期）工程建设，实现监测机构和环保部门远程联网，实时监控，切实提高对机动车检测机构监管信息化管理水平。

油气回收治理。2009年，东莞市环保局制定实施《东莞市油气回收综合治理工作方案》，联合市经贸局、市财政局、市安监局、市交通局、市质监局、市公安消防局等6个部门，对全市292个加油站、19家油库和261辆油罐车开展油气回收综合治理，至年底完成治理加油站133个、油罐车73辆、油库1家。由于治理工作成效突出，广东省环保厅将东莞市作为典型，召开现场会向全省介绍东莞市经验和做法。

畜禽养殖业污染治理。2009年，东莞市环保局印发《关于进一步规范暂缓清理猪场管理的通知》，全面清理非暂缓养猪场，制止生猪养殖业回潮反弹行为，并组织开展对镇街畜禽养殖业污染整治工作进行分片督查，累计清理反弹养猪场355个，生猪30615头。

# 东莞市环境保护局

①

【环境安全】 2009年，东莞市环保局针对入夏发生多起环境事件，及时组织召开全市环保系统环境安全工作会议，对加强环境安全防范和应急管理进行全面部署。编制突发环境事件应急预案操作手册，加强应急工作指引。以保障东江饮用水源安全为重点，配合广东省环保厅较好地处理东江供水异味事件；建立东江沿线日巡查机制，在石马河流域开展2次彻底集中检查，责令123家企业限期整改，切实保障东江水源安全。严厉打击非法转移、无证经营、随意倾倒危险废物等环境违法行为。全年全市没有发生重大环境安全事件，环境安全形势总体稳定。

【区域环保合作】 2009年，东莞市环保局联合市经贸部门，与香港环保署合作，共同推进"清洁生产伙伴计划"，对在莞港资企业进行清洁生产宣传辅导和清洁生产资金资助，全年共有104个项目获资助。以贯彻落实《珠江三角洲地区改革发展规划纲要》为契机，加强与深圳、惠州等地市环保部门合作，联合推进茅洲河、石马河等跨界河流污染治理及流域范围污染企业监管，区域环保合作取得积极进展。

【环保能力建设】 环境规划。2009年，东莞市环保局完成《东莞市环境保护规划纲要（2006-2020）》和内河涌整治、污泥处理处置、生态保护等规划，并正式实施；完成《东莞市城市规划区饮用水源保护区区划》、《太平水厂饮用水源保护区调整可行性研究报告》、《莲花山水库环境质量调查与综合性评估》、《东深供水渠饮用水源地保护区调整可行性》，以及32个镇街的环保规划编制工作。

污染源普查。2009年，东莞市污染源普查工作顺利通过广东省验收组的全面考核，综合考核成绩排名全省第五，东莞市获"全国污染源普查先进集体"称号。以污普数据为依托，统筹组织东莞理工学院、华中科学大学等科研单位，基本完成经济结构调整和污染减排方案研究、固体废物资源化战略及规划方案研究、产排系数研究和东莞市（水、大气）环境容量管理系统等5个应用开发项目研究。

环境监测。2009年，东莞市环保局完成市环保监测站实验室监测项目扩项，认可项目由3类51项增扩到9类213项，计量认证项目由原来的9类113项增扩到9类213项。完成《东莞市大气复合污染自动监测网络应用开发》项目，研究成果获"全市科技进步一等奖"和"广东省环保科技成果一等奖"。制订1项广东省地方标准《环境噪声自动监测技术规范》，实现环境科研方面的历史性突破。建成东莞市环境质量监控中心、东莞市饮用水源水质自动监测站和

① 2009年3月10日，东莞市表彰第一批共40家环境友好企业（叶俊杰 摄）

② 2009年12月6日，东莞市创建国家环境保护模范城市技术评估情况通报会召开（叶俊杰 摄）

③ 2009年6月5日，东莞市环保局举行了世界环境日大型广场活动（叶俊杰 摄）

④ 图为东莞市机动车监测站地理分布及实施监控情况（莫建威 摄）

东莞市城区9个功能区噪声自动监测子站，加强6个空气子站和1个流动监测子站的运营维护，形成“7+1”（7个固定监测子站+1个流动监测子站）大气自动监测网、“8+1”（8个固定监测子站+1个流动监测子站）噪声自动监测网，覆盖全市大气、水和噪声的先进自动监测网络基本成型，居广东省前列。成功举办2009年度珠江三角洲区域空气质量监测技术交流年会。

环保信息化建设　2009年，东莞市环保局完成东莞环保公众网改版升级。启动东莞市环境综合管理信息系统一期工程建设，基本建成的子系统包括：审批验收管理、排污许可证管理、总量控制管理、机动车排气检测监控（一期）等系统。

环保机构建设　2009年，东莞市环保局新成立虎门港分局和生态园分局，完成监测站参照公务员管理，完成工会、妇委会以及共青团东莞市环保局委员会换届选举工作。推进环保扩权强镇试点工作，下放5大项环保管理权限，并启动第二轮管理权限下放工作。加强队伍教育培训，组织开展10场次业务培训，培训人员1480多人次。

人大议案、政协提案办理　2009年，东莞市环保局共办结人大议案、政协提案17件，并得到上级部门充分肯定，获“东莞市2009年人大议案、政协提案办理先进单位”称号。

【环境宣传】绿色创建　2009年，东莞市共有43所学校被评为绿色学校，10个社区被评为绿色社区，累计创建绿色学校370家，绿色社区45个。

媒体宣传　2009年，东莞市环保局共召开新闻发布会5次，发布新闻通稿90篇，公布创建国家环保模范城市、环保基础设施建设、污染减排等重点工作进展情况共32次，发布《东莞市2008年环境质量状况公报》、《东莞市2008年城市固体废物污染环境防治信息公告》和《东莞市环境保护局行政处罚告知书送达公告》。

环保活动　2009年，东莞市环保局组织举办以“保护东江母亲河、运河治污及环保基础设施建设”、“企业环境监管和企业社会责任”、“同沙水库综合治理及水资源保护利用”为主题的“走近运河”环保论坛活动，以及以“东莞环境有你的保护才美好”6.5世界环境日广场活动、“光大杯”环保公益广告大赛、“节能减排，全民行动”科普展览、高校“环保宣传周”活动、中学生环保演讲比赛、环境教育优秀教师及环保小卫士评选等一系列环保宣传活动，有效传播环保理念，营造环保氛围。（吴根旺）

**附：2009年东莞市环境保护局领导名录**

局　长：袁绍东

副局长：刘国军　赖以坚　杨亲焕　莫练初　张溥栋

纪检组组长：香杰新

总工程师：戴松林

# 东莞市环保产业促进中心

中共中央政治局委员、广东省委书记汪洋到大岭山污水处理厂视察

东莞市环保产业促进中心主任邓伟斌主持召开废水治理及资源化技术论坛

## 简介

东莞市环保产业促进中心成立于2003年，是直属东莞市环保局领导和管理的副处级事业单位。成立以来，市环保产业促进中心以环保基础设施建设为核心工作，全力推进各项工程。截至2009年，全市污水处理工程已建成污水处理厂32项，完成截污主干管约681.92公里，占管线总长的78.93%；市医疗废物处理中心已建成投产；纯氧曝气快速消除黑臭涌试点工程已完成；污泥处理厂、同沙水库综合治理、小海河生态修复等项目正按计划推进。东莞市环保基础设施建设取得阶段性成果，为全市环境改善提供有力保障。

东莞市医疗废物处理中心正式投入运营

运营中的凤岗雁田污水处理厂

## 城市管理综合执法

【概况】2009年，东莞市城市管理综合执法局内设办公室、综合科、政策法规科和直属分局，市拆迁管理办公室设在市城管综合执法局，对外加挂牌子；在各镇街、松山湖和生态园设有34个城市管理综合执法分局，正科级建制，为市局派出机构，列入当地政府组成部门，实行市、镇双重领导，市局对各镇街分局的正副职领导进行直接管理，分局的其他人员下放当地政府管理；全市598个村（社区）有97%成立城市综合管理办公室。整个系统共有执法、协管、管理人员5238人（其中市局115人，分局执法人员、协管员1556人，村一级城市综合管理办的管理员3567人）。全年教育、纠正和查处各类违法违规行为14.57万宗。

2009年，东莞市城市管理综合执法局塘厦、大岭山、寮步分局被东莞市委、市政府授予“文明单位”称号。市直属分局陈旭阳被评为“东莞市第二届见义勇为道德模范”。

# 东莞市城市管理综合执法局

① 东莞市人大常委会常务副主任张继雄等领导到市城市管理综合执法局检查工作

② 东莞市副市长梁国英、市政府副秘书长黎达潮参加2009年度全市城市管理综合执法工作总结表彰大会

③ 莞惠城际轨道（东莞段）签订拆迁协议

④ 执法宣传进学校

【城市“六乱”整治】2009年，东莞市城市管理综合执法局大力开展城市乱扔吐、乱张贴、乱摆卖、乱拉挂、乱搭建、乱堆放等“六乱”整治行动，累计教育纠正和立案查处各种“六乱”行为11.5万宗。

流动商贩专项整治　2009年，东莞市城市管理综合执法局针对流动商贩增多的趋势，实行“三限两规”（限定经营场地、限定经营范围、限定经营人数，规范场地要求、规范经营行为）的规范化管理，较好地解决城市“脸皮”和摊贩“肚皮”的问题。据2009年年终考评，全市有95%以上镇街对流动商贩实行相对集中摆卖的规范化管理模式，占道经营、抗法行为减少，城市秩序、市容市貌有较大改观。

道路景观专项整治　2009年，东莞市城市管理综合执法局负责组织沿线有关镇街对北王路至广园路、莞深高速至广惠高速沿线两旁的脏、乱、差问题进行全面集中整治。据统计，中堂、石碣、高埗三个镇全年共投入整治资金156万多元，清拆乱搭建窝棚419间，面积共44505平方米；清理乱堆放、乱拉挂招牌广告394宗；建设统一式样板房89间，翻新楼顶铁皮10宗共5000多平方米。各镇街分局参照上述三个镇的做法，结合当地实际，组织力量对辖区范围内的"六乱"行为进行集中全面整治，进一步美化全市公路沿线的景观。

违章广告专项整治。2009年，东莞市城市管理综合执法局组织对市中心区未经审批的户外广告、灯箱、灯杆旗进行强制性拆除。全年市区5个镇街共拆除各类违章户外广告266宗，其中南城街道45宗，东城街道78宗，莞城街道78宗，万江街道34宗，寮步镇31宗。其他镇参照市中心区的做法，拆除违章广告，规范户外广告管理，进一步提升城市形象和品位。

**【重点执法】** 查处违法建筑。2009年，东莞市城市管理综合执法局按照"三个一批"（控制一批新建违法建筑，强拆一批严重违法建筑，解放一批历史遗留违法建筑）的工作思路，采取措施，共查处各类违法建筑681宗。其中从源头上拆除新建违法建筑523宗，使新违法建设行为基本得到控制；强行拆除一批严重影响重点工程建设和规划的违法建筑，确保重点工程建设顺利进行；解放一批历史遗留违法建筑，已登记备案房屋补办产权手续的共6.1万宗，面积近1.7亿平方米。

查处无证照生产、经营食品和非法行医。2009年，东莞市城市管理综合执法局按照整治与帮扶相结合的原则，对基本符合办证条件而没有办理经营许可证的食品生产"三小"企业（小作坊、小餐饮店、小食杂店）限期办理经营证照；对制假、贩假和不符合生产条件的生产、经营场所，一律依法取缔。全年共组织查处无证照生产、经营食品行为6510宗。大力打击非法行医，全年共查处非法行医440宗，非法行医行为基本得到控制。

查处生活噪音。2009年，东莞市城市管理综合执法局各分局通过启用简易检测仪，查处群众投诉生活噪音案件7250宗，噪音扰民投诉比2008年减少2万多宗。

**【拆迁工作】** 2009年，东莞市城市管理综合执法局组建市拆迁管理办公室，同时开展拆迁准备工作。签订两条城际轨道的《房屋拆迁实施协议》以及R2线《拆迁补偿工作框架协议书》；拟订新的拆迁管理办法、房屋拆迁评估、拆迁管理工作流程等，同时开展"三旧"（旧城镇、旧厂房、旧村居）改造拆迁的前期调研，着手起草"三旧"改造拆迁管理工作指引，理顺镇街拆迁机构，培训拆迁管理人员，保障全市重点工程和"三旧"改造拆迁顺利进行。

**【简政强镇】** 2009年，东莞市城市管理综合执法局按照东莞市委、市政府"简政强镇"试点工作要求，把86项执法事项、案件审批权和人事权下放给塘厦镇和石龙镇政府，进一步强化属地化管理权责，下移执法重心。

（向国华　陈柳金）

**附：2009年东莞市城市管理综合执法局领导名录**

局　长：赖源顺
副局长：刘永潮　林树辉　莫志强
纪检组长：郭显领
副调研员：赖淦平

① 东莞市城市管理综合执法局陈旭阳获"东莞市第二届道德模范"称号
② 执法人员参加法律培训
③ 东莞市城市管理综合执法局直属分局联合东城分局开展执法
④ 威武、整齐的执法队伍

①

②

③

④

# 交通·邮电

TRANSPORTATION · POSTS AND TELECOMMUNICATIONS

- 优先发展公交
- 莞深高速与环城路共线（东江大桥）建成通车
- 虎岗高速常平至谢岗段建成通车
- 海事应急体系建设
- 东莞水道文明样板航道创建
- 轨道交通重点工程项目建设
- 同城普通信函实现“次日递”
- “无线城市”启动
- “188”移动电话号码登陆东莞

樟木头镇东城文化广场

编辑：施雪芬

## 交通运输

【概况】 2009年，东莞市交通建设投资累计约82.95亿元，同比增长28.52%，其中:公路建设投入61.59亿元，港口建设投入16.64亿元，公交建设投入3.8亿元，航道建设投入1633万元，其他投入0.76亿元。新建公路总长220.8公里，其中，建成30.21公里，在施工190.59公里；改造公路总长280.2公里，其中，建成47.1公里，在施工233.1公里；建成5万吨级以上码头3座、泊位3个；新增公交车302辆。全市公路、水路客运量7.3亿人次，旅客周转量105.3亿人/公里，货运量8733万吨，货物周转量101.6亿吨/公里，同比分别增长31%、-24%、46%、171%。全年港口货物吞吐量3530万吨，同比增加10.02%。先后获得东莞市创建全国文明城市工作先进单位、全省联合打击非法营运专项治理活动先进单位、全省公路水路春运工作先进单位、省交通厅安全生产责任制考核优秀单位、全国公路水路运输量专项调查先进集体、全市重点项目建设先进单位等荣誉。

2009年，市交通局积极配合市委市政府实施政府机构改革，落实以石龙、塘厦为试点的“扩权强镇”工作部署，

## 东莞市交通运输局

① 2009年4月23日，省交通厅厅长何忠友在市交通局局长韩任海陪同下视察东莞交通建设

② 2009年5月31日，市委书记刘志庚、市长李毓全、副市长邓志广、市交通局局长韩任海出席小巴投放仪式

委托放权21个大项83小项。完成第三轮行政审批改革，累计取消合并行政审批事项47项，从原有的83项缩减到36项。地方公路管理总站养护体制改革和交通规划勘察设计院改制方案获市政府批准。加强电子政务系统应用，全年受理申办件18572件，办结18572件，无行政复议案件发生，办结率达100%。全年办理人大代表和政协委员的建议、提案35件，回复率、满意率均为100%。全市分片现场会工作责任分工中涉及市交通局的26项工作中，办结9项，论证上报7项，达成共识5项，其余事项也已跟省交通运输厅和深圳市沟通协调。全年共受理"阳光热线"381宗，办结381宗，办结率100%。

【春运工作】 2009年春运期间，东莞市公路、水路及铁路共发送长途旅客542.98万人次，同比下降11.7%；完成市内客运量4772.53万人次，同比增加3.5%，东莞市各客运站无发生旅客滞留情况，市籍客运车辆实现零事故、零伤亡。

【交通设施建设】 2009年，市交通局完成交通基建投资78亿元，同比增长24%。

高速公路项目稳步推进 2009年，东莞市在建项目进展顺利：加强博深高速公路东莞段和沿江高速东莞段建设协调工作，博深高速东莞段动工建设，广深沿江高速公路东莞段累计完成投资56%；深圳外环高速公路开展初步设计；莞深高速三期、虎岗高速公路建成通车；从莞高速公路东莞段（含清溪支线）一期工程动工建设。多条筹建高速公路进展情况良好：虎岗高速虎门港支线二期开展施工图设计；番莞高速跨江大桥工程开展初步设计；虎岗高速长安港区支线"工可"（工程可行性）研究报告编制完成并上报省审查；番莞高速东延工程完成项目预可行性研究报告，上报省审查；莲花山过江通道工程完成路线踏勘。

收费还贷路报批顺利 2009年，沿海公路完成"预可"（预可行性）报告，待优化方案后报省；环莞公路和黄

① 2009年6月12日，市几套班子领导视察交通建设
② 2009年7月15日，交通部运输司司长李刚在市交通局局长韩任海陪同下乘坐公交车听取乘客意见
③ 2009年6月9日，东莞市交通运输局挂牌成立

① 常虎高速公路、莞深高速公路立交
② 常虎高速五点梅立交

塘公路编制完成"工可"报告，待市政府确定方案后再上报省；莞惠公路樟木头至谢岗段在编制"工可"；石龙南岸二桥上报省申请立项；省道S120石排至桥头段路面大修工程项目"工可"报告已上报省申请收费立项。

主干公路建设进展良好。2009年，龙凤大道、沙河大桥和博罗园洲至东莞石龙公路改造项目动工建设；碧厦收费站正式双向通车运营；泗黎公路东莞段升级工程基本完工。西部干道麻涌立交工程建成通车，省道S120中麻公路、省道S256篁村至虎门段、S358虎门至长安段及省道S120石排至桥头段路面大修、东深公路塘厦段新建跨线桥及玉泉工业区平面交叉工程进展良好，石大公路路面大修工程开展初步设计。推进莞惠两市跨东江大桥和莞深两市跨东宝河大桥工作进展。

镇村联网路进展顺利。2009年，镇际联网路共计8条全线完工，23条在施工建设，累计完工里程71.7公里，施工里程77.8公里。村际联网路共计41个项目127.8公里完工，53个项目141.1公里在施工，66个项目171.8公里进行前期工作，累计完成投资额约26.2亿元。

港口码头建设全面推进。2009年，同舟液体化工公用码头工程完成竣工验收，沙田港区5#6#泊位开展环保、安全、档案等专项验收工作。九丰LPG码头、中海油油品码头、海昌煤码头（一期）、沙角A电厂改造加固工程完工进入试运行。东洲国际石化码头、海湾石化码头（一期）、新沙南作业区2#3#泊位、中远船务舾装码头完成码头主体工程，沙角B电厂及沙角C电厂改造加固工程、沙田港区7#8#泊位等项目建设进展顺利。新沙南作业区4#和5#泊位使用港口岸线获得交通运输部批复。

【公路养护】 2009年，市交通局全力开展公路日常养护工作，认真落实桥梁加固维修及检测工作，创新公路养护小维工程体制全面推向市场。地方公路全年养护好路率83.85%，比省的标准高出3.85%。

【质量监督】 2009年，受理的在建公路、水运工程项目共101个，实现重点项目质量监督100%全覆盖。采用综合检查、专项检查和巡视检查相结合的方法，发现工程存在问题及时勒令整改，项目质量监督工作得到进一步加强。

【优先发展公交】 运力投放。2009年，东莞市新增客运车辆359辆，其中新增省、市际班车18辆，客运包车42辆，新增公交线路48条，公交运力302辆，客运包车企业3家，汽车客运站3个，客运配客点11个，培训交通行业人员21965人次，其中客运驾驶员从业资格培训5649人次，货运驾驶员从业资格培训12129人次，完成市政府十件实事指示任务。更新出租车1814台，更换全市出租车及"公的"（公共的士）顶灯6811个，美化车容车貌，增强防盗防伪功能，赢得社会各界好评，向国家专利局申报新款顶灯外观专利。

公交线网优化。2009年，市交通局完成东莞市小巴运输有限公司组建，首批5条线路50辆小巴于5月31日投入运营，有效解决边远地区公交服务不足、旧城区受道路条件限制大型客车无法进入等问题。新增5条城巴线路，调整11条城巴线路和1条小巴线路，基本解决松山湖工业园区内的学校师生出行问题，方便广大群众到康华医院及同济光华医院看病就医。

临时师生接送专线开通。2009年，市交通局开通临时师生接送专线，解决东莞中学、可园中学、玉兰中学、中心

小学、岭南学校、建设小学等10余所学校的师生出行问题。

公交夜间服务时间延长。截至2009年，东莞市共有64条城巴线路21：30后收班，占城巴线路总数的95%；其中23条线路22：00后收班，占城巴线路总数的34%。通过延长公交服务时间，更好地解决市民晚上乘车难的问题。

出租车行业管理。2009年，市交通局制定统一出租车承包合同范本。协助市物价部门制定东莞市出租车承包费标准，进一步明晰出租车行业管理工作中涉及收费项目的承担主体，出租车公司与承包者双方的权利和义务，有效杜绝出租车公司与承包者因收费问题引发的纠纷。

毗邻市公交对接。2009年，按照《珠江三角洲地区改革发展规划纲要》的总体部署，东莞与穗深惠三市交通部门规划9条跨界公交。已开通4条，剩余5条也已制定投放时间表。

公交广告宣传。2009年，市交通局全力支持东莞市创建模范环保城市、第四届全国妇女健身活动展示大赛、中国国际影视动漫版权保护和贸易博览会等组委会各种宣传活动，在公交车上张贴宣传标语，营造良好的创建和活动氛围。

【交通执法专项整治】 2009年是东莞市交通综合行政执法改革工作的上轨之年，全年全市共查处各类交通违法案件24483宗，查扣车辆6506台，办结案件15949宗，办结率65.14%，同比提高21.21%。道路客运市场执法。全市共查处各类非法营运案件7112宗。先后开展穗深莞道路运政联动执法、整治假出租车及异地营运出租车、整治香港直通班车、整顿东坑路口客运秩序等专项行动，共查处假出租车180台，异地营运出租车327台、客运班车、包车等违法行为8452宗，整顿客运站场违章经营行为15宗。驾培维修行业整治。共核查未完成备案手续的驾校报名点79个，清查驾培教学“黑点”路段59个；检查维修企业（店）3231家，查处无牌无证维修企业（店）218家。公路路政执法。共查处各类公路路政案件207宗。治超整治。共检查车辆3375台，其中超限超载车辆652台，卸载500台，超限超载率明显下降，有效地遏制超限超载行为。水路交通整治。共检查港口码头87个、水路运输企业52家、运输船舶647艘次，查处港口行政违法案件21宗，航道行政违法案件47宗，水路运输违法案件31宗，实现水路交通运输“和谐、有序、守法、安全”的目标。

【交通安全生产督查】 2009年，交通系统共发生道路运输交通事故221宗，同比下降15.4%，死亡23人，同比下降40.5%，受伤17人，同比下降74.2%，水路运输事故3.5宗，同比增加2.5宗，死亡1人；全市交通工程施工事故、企业工伤事故、火灾事故、中毒事故均为零。

强化安全生产责任制。2009年，市交通局与各交通分局和局属单位签订《安全生产管理责任书》，明确安全生产的目标、责任和工作要求，落实人员和资金。做到安全生产责任层层分解、层层落实，落实交通企业主体责任。

组织开展重点时段安全生产检查。2009年，市交通局开展4次专项安全生产隐患排查治理行动，排查企业4181家次，安全隐患853处，发出整改通知书293份。开展“全国安全生产月”宣传教育活动，举办全市公交从业人员应急技能培训暨心理健康辅导讲座等活动。

（卢宇雄）

附：2009年东莞市交通局领导名录

局　长：韩任海

副局长：孔繁斌　叶伟雄　周金岱　梁国胜

纪检组长：欧富海

## 路桥建设

【概况】2009年，东莞市公路桥梁开发建设总公司获得市“重点工程项目建设先进单位”以及党建、安全生产、企业决算、督查、办文、档案、统计、工会、共青团、妇女等工作的先进单位称号，东莞发展控股股份有限公司获“广东省文明单位”，莞深高速大朗收费站获“广东省先进集体”，虎岗高速常平收费站获全国“巾帼文明岗”等称号。

【路桥建设】2009年，东莞市公路桥梁开发建设总公司承担16项路桥建设项目，总投资约200亿元，完成工程投资28亿元；西部干道新增麻涌立交、中麻公路新建槎滘大桥右幅、莞深高速与环城路共线段（东江大桥）、虎岗高速常平至谢岗段、碧厦收费站、南阁大桥等4座旧桥加固、东深公路增设凤岗镇玉泉工业区平交口工程等相继完工通车。虎岗高速虎门港支线一期除因受广深高速新联服务区拆迁影响的第三标段外，其他标段的路基桥梁、路面等基本完工；东莞大道延长线、白鹭大桥重建和中麻公路、S120石排至桥头段路面大修工程动工建设。从莞高速东莞段（含清溪支线）“工可”（工程可行性）立项获得通过，完成项目公司组建，先期工程东江特大桥9月28日动工；深圳外环高速东莞段收费立项获省政府批准，虎岗高速虎门港支线二期工程通过定测外业验收评审和土地预审，石大公路大修、梨川大桥工程的方案设计完成并获市政府批复同意，东部快速企石至桥头段完成初步设计方案评审。

西部干道新增麻涌立交工程竣工通车。麻涌立交工程位于西部干道与麻涌镇麻涌大道相交处，采用麻涌大道上跨西部干道的全苜蓿叶立交形式，工程总投资9267万元，由东莞市公路桥梁开发建设总公司组织实施，2009年8月竣工通车。主干道西部干道是连接东莞市区、西部水乡及虎门港麻涌港区的城市主要

## 东莞市公路桥梁开发建设总公司

①

②

干线道路，与在建的广深沿江高速连通，被交叉道麻涌大道是麻涌镇中心区对外交通主干道。随着广深沿江高速、虎门港麻涌港区建成使用，麻涌镇等周边镇街的往来广深沿江高速、虎门港麻涌港区、东莞市区的车流量将大幅增长，通过麻涌立交，向各方向行驶的车辆可快速转换，这对完善麻涌镇路网结构，优化交通环境具有重要作用。

**莞深高速与环城路共线段（东江大桥）建成通车** 莞深高速与环城路共线段（东江大桥），跨越东江南支流，采用并线合流建设的双层公路桥，上层为六车道莞深高速公路，下层为八车道环城路，总投资约21亿元。高速公路部分起于莞深高速东城段莞龙互通立交，向北跨东江南支流、终于东江北干流主航道中间线，接增莞高速增城段，全长约5.64公里（桩号为K46+560—K52+200，属莞深高速的K51+840—K52+818于2008年12月29日建成通车），新建石碣互通立交、完善莞龙互通立交，采用双向6车道高速公路技术标准，设计速度100公里/小时，路基宽度33.5米，投资约12亿元。环城路部分起于环城路东城上桥，向北跨莞龙公路后与莞深高速并线，与莞深高速形成双层桥共同跨越东江南支流，在崇焕路附近与莞深高速平行，设崇焕路互通立交，向北与庆丰路、西沙路设互通立交，在梁家村附近向西与莞深高速分离，接环城路北段，全长约5.464公里（桩号为WK46+547—WK52+011，其中的WK49+205—WK52+011于2008年12月29日建成通车），采用双向8车道城市快速路标准，设计速度80公里/小时，投资约9亿元。

工程核心部位——东江大桥，通过方案竞赛，全国知名桥梁专家和设计大师评选，从15个方案中选出“刚性悬索加劲钢桁梁桥”方案，主桥长432米，主跨208米，边跨112米，桥面宽度2×16.25米，造价约4亿元；结构新颖，

① 2009年9月28日，市委书记、市人大常委会主任刘志庚（右二），市委副书记、市长李毓全（右三）等领导在莞深高速公路与环城路共线段（东江大桥）通车典礼现场听取汇报
② 2009年9月28日，莞深高速公路与环城路共线段（东江大桥）建成通车。图为通车运营中的东江大桥
③ 2009年3月24日，市委书记、市人大常委会主任刘志庚（右一），副市长邓志广（右二）检查莞深高速公路与环城路共线段（东江大桥）建设情况
④ 2009年9月28日，虎岗高速公路常平至谢岗段建成通车。图为虎岗高速公路常平至谢岗段冷水坑隧道

① 2009年9月28日，市政协主席刘树基（左三），市委常委、东莞军分区政委卢广海（右三），市人大常委会副主任张顺光（左二）等领导出席从莞高速公路东莞段、S120石排至桥头段路面大修、东莞大道延长线、石大公路路面大修以及中麻公路路面大修等5项工程动工典礼

② 2009年4月23日，省交通运输厅厅长何忠友（右一）检查莞深高速公路与环城路共线段（东江大桥）建设情况

③ 2009年9月28日，莞深高速公路与环城路共线段（东江大桥）建成通车。图为莞深高速石碣互通立交

首创三片钢桁梁结构，节省钢材约3000吨，桥梁宽度及通行能力居全国公路双层桥之首；由中铁大桥勘测设计院有限公司设计，武汉大通公路桥梁工程咨询监理有限责任公司监理，中铁十四局集团第五工程有限公司施工，中铁九桥工程有限公司负责钢结构制造安装。大桥建设中，引进设计监理，强化主桥设计管理；施工中引进第三方检测，为检验项目质量提供较为客观的依据；成立专家技术顾问组开展技术咨询，先后聘请2名院士、3名设计大师开展技术指导，引进高校和科研院所开展10多项科研课题研究，解决桥梁杆件制造、架设安装、精确合龙等技术难题。大桥建设关键节点"平行弦合龙"、"加劲弦合龙"分别于2009年3月30日、5月31日完成。

莞深高速与环城路共线段（东江大桥）于2009年9月28日建成通车，成为东莞市一个标志性建筑，将东莞桥梁建设提高到新水平，环城路、莞深高速全线贯通。经省政府办公厅、省交通厅、省物价局有关文件批准，莞深高速东城至石碣段工程交工验收通车后，设置石碣匝道收费站，纳入全省高速公路联网收费系统，对过往车辆实行封闭式收费。环城路成为市中心区外围的交通大环，莞深高速实现南联北接，南接深圳梅观高速，北接增莞高速增城段，连通广惠高速、京珠高速，成为广深间的第二条快速通道，对进一步提升东莞市道路通行效率，确保内外畅通，推进"珠三角交通一体化"，具有十分重要的意义。

① 2009年4月8日，市路桥总公司举行工程建设交流大会，总结分析路桥建设的经验和不足

② 2009年6月23日，东莞市人民检察院检察长黄文艾（中）深入莞深高速公路与环城路共线段（东江大桥）建设工地开展重点工程"同步预防"工作检查

虎岗高速常平至谢岗段建成通车。虎岗高速常平至谢岗段，原称惠州惠东至东莞常平高速东莞段，属省重点工程，起点位于惠州市与东莞交界处的谢岗镇黎村（与在建的惠州惠东至东莞常平高速惠州段相接），向西经谢岗镇、樟木头镇，终于常平镇（与常虎高速相接），全长14.91公里，设计概算投资13.62亿元，采用双向六车道高速公路标准，设计速度120公里/小时，路基宽度34.5米（分离式路基宽度17.0米），桥涵与路基同宽；全线设谢岗、樟木头互通立交2座，隧道1座（合计单洞长722米），设分离式大桥7座，整体式大桥4座，分离式中桥1座，整体式中桥5座，设匝道大桥6座，匝道中桥2座，涵洞及通道50座，于2009年9月28日建成通车。经省政府办公厅、省交通厅、省物价局有关文件批准，惠州惠东至东莞常平高速东莞段为经营性收费公路，工程交工验收通车后，设置谢岗、樟木头匝道收费站，纳入全省高速公路联网收费系统，对过往车辆实行封闭式收费。

惠州惠东至东莞常平高速东莞段建成通车，与常虎高速相接后，组成东莞市第一条东西走向的高速公路，为方便行车使用，两段合并改称虎岗高速公路（以起点虎门镇、终点谢岗镇的名称命名），本段称虎岗高速常平至谢岗段，原常虎高速称虎岗高速常平至虎门段。虎岗高速向东连接计划于2010年初通车的惠州惠东至东莞常平高速惠州段（届时，东莞、惠州两市将实现直通高速公路），向西通过广深高速连通虎门大桥、江中高速，组成珠三角腹地一条东西走向的快速通道，对推进珠三角交通一体化，密切粤东、粤西交通联系，具有重要意义。

东深公路增设凤岗镇玉泉工业区互通平交口工程完工通车。东深公路改造完工后，凤岗镇在东深公路K41+300两侧新规划建设玉泉工业区，为方便工业区车辆出入东深公路，经市政府批准同意，在东深公路K41+730处（深圳至东莞方向右侧），增设凤岗镇玉泉工业区互通平交口工程，由东莞市公路桥梁开发建设总公司组织实施，工程由一个出口、一个入口及下穿东深公路连接工业区道路的匝道组成，匝道共计898米，工程投资398.25万元，2008年12月31日开工，2009年11月11日完工通车。通过该平交口工程，解决东深公路上来自深圳的车辆进入左侧工业区、左侧工业区车辆前往东莞方向上东深公路的问题，这对完善凤岗镇路网结构，促进工业区开发具有重要作用。

南阁大桥等4座桥梁加固抢修工程完工。南阁大桥、南丫中桥、道滘大桥、大王洲大桥等4座桥梁，因使用多年产生桥梁病害，经检测评定，属存在重大安全隐患的四、五类桥梁，经市政府批准同意，4座桥梁加固维修作为抢险工程，由东莞市公路桥梁开发建设总公司实施。

南阁大桥，位于X235望大线道滘段。主要是对引桥T梁和通航口挂梁进行钢板补强，更换锈蚀的20根斜拉索，维修桥面系破损处等，工程概算1064万元，2009年2月开工，9月完工通车。

南丫中桥，位于X235望大线道滘段。主要是拆除原桥三跨计39米现浇整体空心板，重新安装预制预应力空心板并恢复原桥面结构，工程概算219万元，2009年6月开工，11月完工通车。

道滘大桥，位于X236线道滘段，主要是对引桥T梁、被船撞损的通航孔挂梁及T构牛腿箱梁进行钢板补强、修补桥面系损坏处、处理桥身裂缝等，工程概算815万元，2009年2月开工，5月完工通车。

大王洲大桥，位于北王公路东城至石碣段，跨越东江南支流。维修工程分两次设计和实施，第一次维修工程主要是对全桥12个T构开口进入箱梁内检查，处理T构墩身、盖梁的裂缝，对挂梁牛腿处、通航口挂梁、水下桩基破损露筋处进行钢板补强，工程概算215万元，2009年2月开工，10月完工；第二次设计和实施，主要是针对第一次实施时检查箱梁内部发现的桥梁病害，进行加固维修补充设计，市交通主管部门组织评审后，将报经市政府批准后实施。

【运营收费】 2009年，东莞市公路桥梁开发建设总公司收费运营高速公路118.286公里（2009年新增20.19公里），政府还贷公路342公里，扎实做好道路养护和收费运营服务，保障道路安全畅通，全公司路桥通行费总收入16.4亿元，其中，东莞发展控股股份有限公司（含莞深高速黎光至莞龙路段、龙林高速）4.6亿元，同比增长8.17%；莞深高速石碣段501.4万元；虎岗高速常平至虎门段3.89亿元，同比增长2.69%；虎岗高速常平至谢岗段385万元；市路桥收费所负责的全市政府还贷公路路桥费总收入7.84亿元（其中，年票5.63亿元，次票2.21亿元），同比增长4.42%。东莞发展控股股份有限公司获得“全省高速公路规范化管理养护先进单位”称号。

优化整合路桥年票费征收点。2009年，市路桥收费所经过调研，利用部分收费站或租住相关业务单位用房等方式，将年票费征收点重新布局整合为收费所所部、市体育中心、交警支队办事大厅、旧机动车交易中心、燕窝、常平、厚街、樟木头、虎门、松安、塘厦等11个年票点，方便东莞市籍车辆车主就近交缴车辆路桥年票费，对提高年票费征收率具有重要作用。

联网收费深圳区域并入中片区。2009年，按照省市交通主管部门部署，开展高速公路联网收费第二阶段试点——深圳区域纳入中片区与珠三角区域合并工作，撤销东莞、深圳间黎光（莞深高速和梅观高速交界）、罗田（虎岗高速与龙大高速交界）两个主线收费站，黎光站全部拆除，罗田站改造为标识站（只标识路径，不直接收取通行费），并对收费系统软硬件升级改造。省联合收费公司相继完成区域合并系统联调检测及系统参数切换，并定于2010年1月8日零时正式实施。区域联网收费合并完成，减少收费站数量，对提高通行效率和服务水平具有重要作用。

东莞控股开展资本经营工作。东莞发展控股股份有限公司按照有限多元化发展战略，开展资本经营。2009年4月，受让城信电脑公司持有的东莞证券有限责任公司20%股权完成；7月，受让东莞市福民集团公司持有的东莞信托有限公司6%股权完成；11月，作为发起人之一，启动参股东莞长安村镇银行5%股权工作。同时，利用上市公司信息公开、透明，资信等级高的融资优势，拓宽融资渠道，降低经营成本，11月，通过设立“平安财富*丰泰119号东莞控股单一资金信托”，成功融资1亿元；向中国银行间市场交易商协会注册总额10亿元的短期融资券，12月下旬成功发行第一期短期融资券5亿元。2009年公司股票开盘价3.89元，收盘价7.71元，加权均价5.94元，全年公司股票区间涨幅为99.74%。东莞控股被评为“广东省上市公司最具抗风险能力10强企业”。 （姚庆保）

**附：2009年东莞市公路桥梁开发建设总公司领导名录**

总经理：尹锦容

副总经理：黄锡培　王启波　郭旭东　钟冠星

纪委书记：邓旭文

党委委员：叶卓棋

## 公路养护管理

【概况】2009年，市公路管理局被国家人力资源部和交通运输部联合授予"全国交通运输系统先进集体"荣誉称号（是广东省受表彰的唯一市级公路局），被广东省公路局评为"2009年度全省公路系统勤政廉政先进单位"，被东莞市评为"内部审计工作先进单位"；局属江南路桥收费站和三杞公路养护所分别被省、市授予"青年文明号"称号；局属万江公路养护所被省授予"广东省工人先锋号"称号。清溪养护所的赖洪海被评为"东莞市第二届道德模范"，受到市的表彰。

【路桥建设】2009年，东莞市明确由市公路管理局负责组织实施省道256篁村至虎门和省道358长安至虎门段大修工程建设（上报投资规模为16.4亿元），6月1日第一标段（共7.87公里）动工建设，工程建设进展安全顺利，计划于2010年春运前实现8车道双向通车。第二批4个标段（主要是下穿隧道和高交桥工程）的招标工作于12月完成，全面动工建设。同时，还完成了全线配套市政设施工程的设计和预算工作。路桥维修方面，采取局领导分工督导管理和问责督查措施，加快国、省道公路（桥梁）维修治理项目的实施，共12项工程，由市财政预算投资约7620万元，主要包括"四路、四桥、四边坡"维修治理工程。至2009年底，有7项工程基本完工，2项工程将于2010年春运前完工，其余3项桥梁维修加固工程在进行招标和施工筹备工作。

【公路养护】2009年，东莞市公路管理局为进一步做好公路小维修工程的实施工作，一方面鼓励基层养护单位自己动手、创新方法，加强预防性养护（例如新锡边养护所成功运用雾化封层技术进行沥青路面预防性养护）；另一方面结合本局公路养护维修工作实际，研究建立公路养护维（抢）修工程集体审批、验收制度，改串联审批为并联审批，简化运作程序，提高办事效率。2009年汛期以来，受理基层养护单位上报的各类小维修工程和水毁抢修工程200多项，至年底已全部完成施工和资金结算。

针对汛期公路养护抢通实施难的问题，公路管理局及时启动汛期公路督查预案，汛期公路督查组、各有关职能部门与各基层养护单位迅速联动，加强对桥梁、边坡的巡查维护，及时发现和处理隐患险情，有效地降低公路水毁、水浸损失。为了充分调动基层一线养护

## 东莞市公路管理局

① 2009年1月14日，省公路管理局党委书记顾青波（中）一行到市公路管理局，就公路税费改革问题进行调研座谈

② 2009年2月17日，副市长梁国英（左三）到市公路管理局主持召开省道256、358东莞段大修工程建设工作协调会

③ 2009年2月11日，副市长邓志广（左二）由市公路管理局局长方茂明等陪同视察省道干线公路，并到桥头公路养护所检查工作

工人的工作积极性和主观能动性，确保水毁路面第一时间得到修复，公路管理局加大汛期公路养护经费投入并提前下拨，使基层养护单位能灵活机动地根据路面、桥面破损情况，及时修补路面（这是做好汛期公路养护工作方法上的一个创新）。

【路政管理】2009年，由于东莞市实行交通综合执法改革，公路路政管理的7项执法职能中的行政处罚权及相关行政强制权两项执法职能调整由市交通局综合行政执法局集中行使，行政许可、行政制止、行政追偿、行政征收、行政监督检查等五项执法职能仍由市公路管理局依法行使。2009年，市公路局对利用、占用公路和公路用地的行为依法实施路政许可，加强与相关部门、单位沟通协调，构建立体管理网络，对路政许可的实施情况进行跟踪监督检查，督促施工单位完善公路交通警示标志，确保施工路段交通安全、顺畅；在工程完工后，监督施工单位及时按公路工程技术标准规范恢复受损施工路段，为有力维护国省道公路交通的正常秩序提供坚实保障。一年来，共受理路产损坏追（补）偿案件及各类路政许可事项（含许可延期）1000余宗，办结率100%。路政审批实行"阳光作业"，全年没有接到相关投诉，在全市的电子监察行政审批绩效测评当中，市公路管理局排名处于优秀等级。结合迎"省检"和迎"国检"工作，逐步规范和完善路政内业资料并整理归档，开展交通标志标线及非公路标志的清理整治工作。配合市交通综合执法部门加强对泥沙石运输车严重污染路段的巡查整治，不断改善道路运输环境。

【规费征收】2009年，全国停止征收汽车养路费，规费征稽单位面临撤并，为适应政府机构改革和汽车燃油税费改革形势，公路管理局高度重视规费征稽所干部职工的思想教育和分流安置工作，积极稳定职工队伍的思想情绪。

2009年，市公路管理局重点加强路桥收费管理工作，全年收取路桥通行费5300万元。公路管理局下属路桥收费所和江南收费站制定相关管理和服务承诺制度，加大收费人员文明礼貌用语和收费服务态度培训力度，开展争创省级"青年文明号"、"工人先锋号"评比竞赛活动，提高收费服务质量。江南收费站在周边路网通行条件日趋完善的情

①

②

③

④

况下，仍保持收费额的相对稳定。

（万金旺）

附：2009年东莞市公路管理局领导名录

局　长：方茂明
副局长：卢沃轩　吴润敏　王玉坤
　　　　罗伟强（4月到任）
纪检组长：叶继胜（4月到任）
总工程师：梁建成（3月到任）

① 2009年3月16日，市公路管理局党组书记、局长方茂明（中）率局正科长以上干部巡查管养公路和在建工程

② 2009年2月18日，市公路管理局组织机关、直属单位党员干部到市反腐倡廉与预防职务犯罪教育基地（市委党校基地）接受教育

③ 2009年6月26日，市公路管理局有关领导为三杞公路养护所举行“市青年文明号”挂牌仪式

④ 2009年9月22日，市公路管理局职工赖洪海（右二）获“东莞市‘孝老爱亲’道德模范”称号

⑤ 2009年4月13日，新闻媒体记者到省“工人先锋号”——万江公路养护所，对正在实施排水抢险作业的养护所负责人进行现场采访

⑥ 由市公路管理局负责实施的省道358大修工程长安厦边路段完工

⑦ 由市公路管理局负责实施的省道256大修工程厚街嘉华酒店路段完工

⑧ 市公路管理局管养的省道357莞樟路寮步镇横坑路段

⑨ 由市公路管理局负责实施的国道107长安莲花山边坡防护治理工程现状

⑤

⑥

⑦

⑧

⑨

## 海事管理

【概况】2009年，东莞辖区进出港船舶22.9万艘次，货物吞吐量8225万吨，其中危险货物1062万吨，同比增加24%。集装箱46万标箱，同比增加10.9%，征收规费3095万元。东莞海事局出动监督船艇1992艘次、执法人员4566人次、巡查船员4256人次，巡航里程24800海里，检查船舶11130艘次，违法行为处置905宗，查处“三无”船舶31艘次、超载船舶107艘次。全年辖区水上交通事故四项指标分别为：事故2宗，死亡1人，沉船1艘，经济损失280.6万元，事故四项指标与2008年相比三降一平，辖区水上安全形势持续平稳。2009年，东莞海事局被广东海事局评为“先进单位”、“社会治安综合治理先进单位”，获得东莞市“重点项目建设先进服务单位”、“安全生产先进单位”等称号。机关党委被东莞市直工委授予“党建工作先进单位”，基层五个党支部先后被市直工委授予“市直机关示范党支部”及广东海事局“先进基层党组织”、“优秀品牌支部”等称号。

【海事执法巡查】2009年，东莞海事局狠抓安全监管长效机制建设，继续加强临时监管水域、沙田河口、倒运海河口等重点水域的巡查，重点加强高速客船、渡船、危险品船等重点船舶的安全检查，加强春运、“十一”等重大节假日的安全监管；开展“两船”（砂石施工船和运输船）、“小海船治理”、“安全生产年”、“船舶驾驶台资源管理”等专项整治活动；加强与兄弟海事部门和地方交通部门联合执法，形成水上交通安全监管合力，有力打击水上交通违法违规行为，维护良好水上交通秩序。

【海事应急体系建设】2009年，东莞海事局严格执行24小时应急值班制度，加强防台风期间的值班工作，成功防抗“天鹅”、“莫拉菲”、“巨爵”等多个热带气旋，保障汛期、台风期间的水上交通安全；参与“东莞市赤潮灾害应急演练”，联合当地政府有关部门举行渡口渡船的消防救生演习；举办海事应急、事故调查业务培训班。全年接到险情报警31宗，组织开展水上搜救行动10次，遇险人员134人，成功救助人员133人，搜救成功率达99.25%。

【海事行政许可】2009年，东莞海事局加强行政审批管理，进一步提高海事行政许可审批效率。全年办理船舶进出港签证和查验手续18.77万艘次，船舶登记733宗，签发船员适任证书1190本、服务簿1657本，核发危防类文书89份，办理水工审批许可47宗，发布航行通告73宗，各类海事行政许可办结及时率达到100%，合格率100%。

【船舶管理】2009年，东莞海事局举办船舶动态系统2.0版和航运公司监督检查人员业务培训班；组织对辖区33家船公司安全管理的监督检查，辖区1家航运公司被评定为诚信公司；规范船舶安检工作程序，颁布实施船舶安全检查内部工作制度，开展船舶安检和PSC（港口国检查）检查工作质量评估。全年开展PSC检查60艘次，海船安检155艘次，河船安检1087艘次，滞留船舶30艘次，到港重点跟踪船舶检查率100%。

【危管防污】2009年，东莞海事局开展“非法夹带危险化学品运输专项整治活动”和低闪点燃油专项整治行动，建立“两员”（危险品申报员和集装箱检查

### 东莞海事局

①

②

员）诚信记分管理制度，对辖区65家危险品申报单位、7家集装箱单位及157名“两员”进行诚信分类评估和重新备案登记，“两员”信誉分类管理率100%。

【船员管理】2009年，东莞海事局做好船员考试、评估和发证工作，创新内河船员实操评估方法，利用航海院校模拟器等设备开展船员实操考试。全年举办各类培训考试13期，办理船员注册换发新版船员服务簿1657本，签发适任证书1331本，没有发生违规签发证书和考试泄密事件。

【船舶检验】2009年，东莞海事局开展船舶检验质量“回头看”和运输船舶吨位丈量专项检查活动，对新建重点船舶主机功率进行复验；编制《船舶建造检验指南》，配置内河船舶强度计算软件，改变东莞辖区内河船舶强度手工审核计算的历史；首次开展船用产品检验业务，支持辖区船用产品生产企业的发展。全年检验船舶926艘次，审图108套，检验船用产品105件，检验总吨位80.5万，主机功率44.3万千瓦。

【服务地方经济】2009年，东莞海事局开展航运企业“大走访”活动，主动帮扶港航企业应对金融危机，制定实施6条具体帮扶措施，落实诚信船舶签证、安检优惠和磁罗经检验便利等政策和规定，帮助企业渡过危机；全力服务市政府确定的中海油、九丰、深赤湾、海昌等六个重点口岸码头项目建设，确保项目建设的顺利进行；大力支持沙角A、B、C电厂、九丰、海昌码头等对外开放验收工作；举办第五届“港航海事一家亲，齐心协力谋发展”主题活动，围绕“安全、发展、和谐、共赢”主题，深入探讨后金融危机时代，港航经济发展面临的机遇、挑战和应对策略。

【基础设施与信息化建设】2009年，东莞海事局机关新办公楼装修工程完成施工图设计，进入财审和招标阶段；虎门港水上交通安全管理指挥中心（VTS中心）建设项目得到市政府的审批，VTS中心生活配套用房建设开始规划设计；虎门港溢油应急基地工程施工图通过专家评审，所属船艇完成设计招标工作；石龙海事处业务用房和太平海事处

① 2009年5月26日，广东海事局局长梁建伟到九丰码头视察工作
② 东莞海事局领导班子在研究工作：局长羊少刚（中）、党组书记王之侠（左二）、副局长罗锡均（右二）、副局长欧阳锦强（左一）、纪检组长马娟（右一）
③ 海事执法人员进行巡航部署
④ 海事执法人员巡航珠江口
⑤ 2009年7月10日，东莞海事局召开全面实施半军事化管理动员大会
⑥ 海事执法人员救助落水人员

③

④

⑤

⑥

办证大厅装修改造并交付使用，沙角办事处迁入新办公用房，办公环境进一步优化；实施网络安全建设工程，实施海事处和执法基地信息专网建设，推进电子政务、信息平台的应用。

【规范化管理】2009年，东莞海事局全面实施海事职衔制改革，建立半军事化管理和内务检查评比制度；开展服务质量体系全员培训活动，提升全体职工质量意识和工作水平；组织质量体系的换版修编，持续改进服务质量体系；开展行政执法检查，统一和规范常见违法行为处罚标准；加强财务预算管理，行政运行成本得到有效控制；全年共安排预算资金200万元，用于配置海事装备和船艇维修，改善基层办公环境，保障干部职工政策性补贴所需资金。（林旭文）

附：2009年东莞海事局领导名录

局　长：羊少刚（1月主持全面工作，6月正式任职）
　　　　吴远扬（任至1月）
党组书记：羊少刚（任至6月）
　　　　王之侠（6月到任）
副局长：罗锡均　欧阳锦强
纪检组长：马　娟

## 航道管理

【概况】2009年，东莞航道局实现年度总体目标：辖区维护管理574公里航道安全畅通，航道维护水深年保证率、航标维护正常率、船舶期末完好率、优秀率100%，安全生产无事故。

【航道维护管理】2009年，东莞航道局完成航标维护累计19.1万座天，实施扫床、探测78次。处理航标被撞、被盗事故83宗，航道施工现场监管巡查127次，参与人数499人次，巡查航道7128公里，处理违章施工15宗。实施航道专项测量42公里，受委托为社会提供涉航测量24处，维护性专项航道测量项目洪屋涡水道、大汾北水道航道专项测量顺利通过验收。倒运海南水道、大汾南水道和谷涌专项测量工作顺利开展。新建测量快艇1艘，新建巡标快艇2艘，新建起吊3吨航标船1艘。

【东莞水道文明样板航道创建】2009年，东莞水道创建文明样板航道工作继续推进，继续实施生产业务楼、航标信息工程、工作船建造和二期航道完善工程工作，生产业务楼完成内外装修工程，绿化、围墙等配套工程资金落实到位，有关工作按计划实施中，航标遥控遥测信息工程进入招投标阶段，工作船"东莞1"交付使用。

【航道行政审批】2009年，东莞航道局航道行政审批完成初审及审批"三河"建筑物20宗，办理水上水下施工许可40宗。在重点河段和市重点工程项目审批中，开展通航论证，保护航道资源，开通绿色通道，保证及时审批，工作到位，服务优质，被东莞市委市政府评为"2009年度市重点建设先进服务单位"。

【航道安全生产工作】2009年，东莞航道局落实主要领导"一岗双责"管理责任制和安全监管分级负责制，狠抓安全隐患排查治理，加强重点时段、重点部位、重要环节的安全管理，全年未发生任何航道维护责任事故。东莞航道局在桥涵标安全专项治理方面，取得新的突破，经市第9次市长办公会议讨论，同意城市管理局管理的桥梁航标设置及维护费用由市财政负担，日后移交市城市管理局管理的桥梁，按国家规范需进行航标设置及维护的，其航标设置及维护工作均委托给市航道局石龙航道分局实施。

【航道体制改革】2009年，东莞航道局落实体制机制改革，取得阶段性成效。在国家决定停征航道养护费后，通过转岗分流的形式，解决征稽人员安置问题，做到转岗不下岗。在省人民政府发布《关于东莞市交通综合行政执法工作的公告》后，按照省局的要求市航道局与市交通局签订执法交接书，执法工作从形式上、法理上都彻底完成交接，航政所干部职工岗位调整全面完成，航政工作实现平稳过渡，职工队伍稳定。落实参公登记工作，按照上级有关精神，进一步明确干部身份，机关干部列入依照公务员管理系列，分局、测量队职工列入事业单位管理系列。（叶宗校）

附：2009年东莞航道局领导名录

党组书记：王海林
局　长：陈天锦
副局长：邹德华　张惠斌
工会主席：李长忠

## 轨道交通建设

【概况】东莞市轨道交通有限公司是东莞市直属、按照现代企业制度管理的国有独资公司，主要负责东莞市轨道交通建设项目设计、建设、运营、投资、融资等工作。2009年5月25日轨道公司开始运作，7月20日国家发改委对东莞城市轨道R2线建设规划正式批复，7月21日公司完成工商注册登记，8月27日举行公司揭牌仪式，9月24日签订R2线勘察设计总承包合同，10月完成项目咨询、设计咨询、施工图审查项目的招标，12月4日将R2线《工程可行性研究报告》完成修编并上报省发改委。12月30日R2线试验段土建工程、土建工程监理招标资格预审公告在广州、东莞交易中心网上发布。截至12月31日，轨道公司按合同规定支付工程款3455万元，签订合同23个，其中专题类10个、勘察设计类1个、咨询服务类12个。

【轨道交通重点工程项目建设】东莞城市轨道交通线网以组团式空间为布局依托，共规划R1、R2、R3、R4等4条线路，总长度194公里，贯穿全市20个镇街，连接6个片区，对接省市多条交通干道。

轨道交通R2线（东莞火车站—东莞虎门站段）线路全长37.77公里，其中地下线长为27.29公里，高架线长9.36公里，过渡段及地面线长1.11公里；共设车站15座，其中地下站14座，高架站1座；在茶山站西侧设车辆段1处，在新城中心站西北侧设控制中心1处，在旗峰公园站和厚街汽车站附近设主变电站各1座。全线共设4座换乘车站，分别为：在东莞火车站与广深铁路换乘，在会展中心站与轨道交通R1线换乘，在新城中心站与莞惠城际线路换乘，在东莞虎门站与广深港客运专线铁路和穗莞深城际线路换乘。

2009年7月20日，经国务院批准，国家发改委下发《东莞市城市轨道交通近期建设规划》，标志着东莞市轨道交通项目正式得到国家的批复同意；2009年9月24日，轨道公司与中铁二院正式签订R2线勘察设计总承包合同；2010年3月26日，轨道交通R2线试验段工程［东宝路站（不含）——温南路站（含）——东城路站（含）两站两区间］动工建设。

附：2009年东莞市轨道交通有限公司领导名录

总经理：陈　波
副总经理：吴俊泉
总工程师：胡文伟
副总工程师：张艳平

# 东莞市轨道交通有限公司

东莞市轨道交通有限公司
DONGGUAN RAIL TRANSIT CO., LTD
成立暨揭牌仪式

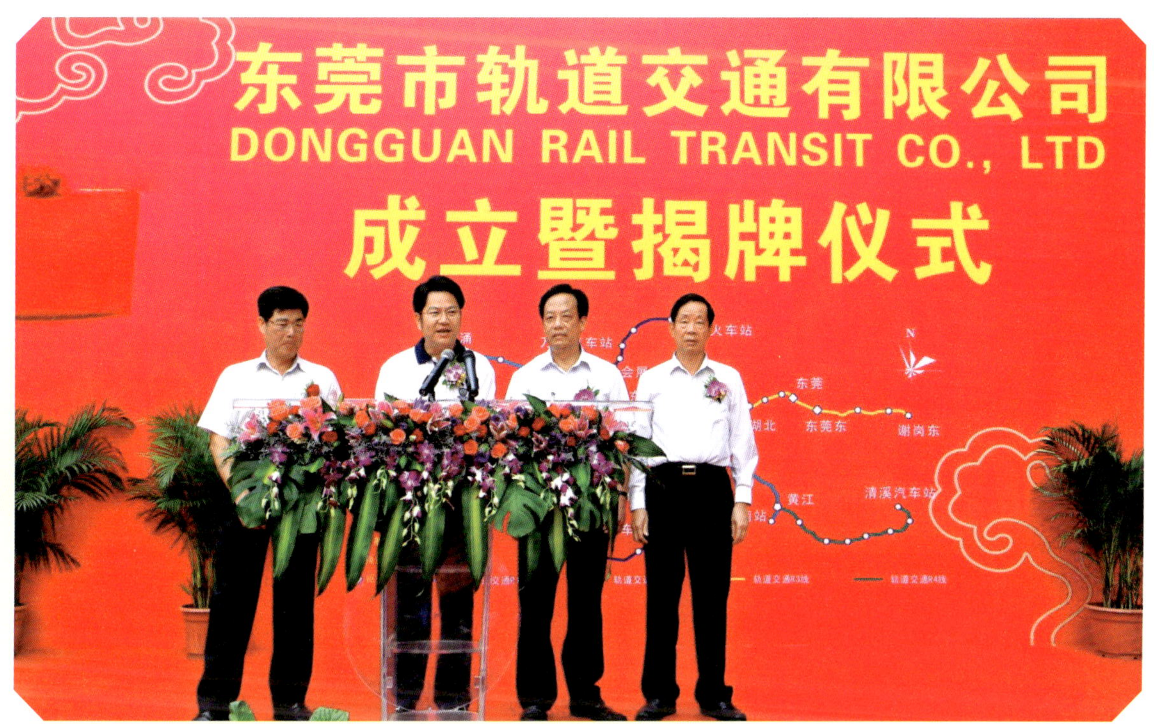

2009年8月27日，市领导刘志庚、李毓全、刘树基、张继雄为东莞市轨道交通有限公司成立揭牌

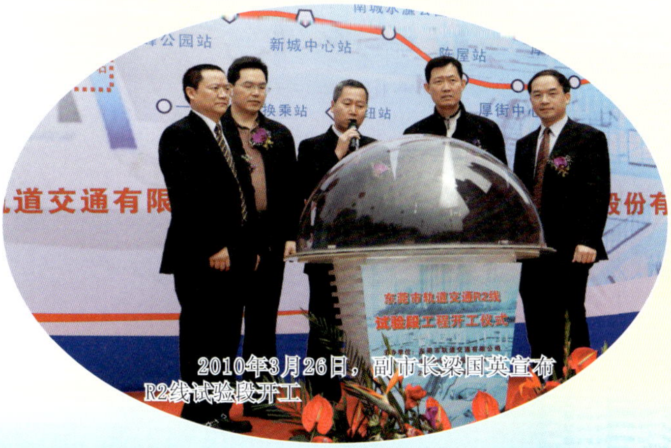

2010年3月26日，副市长梁国英宣布R2线试验段开工

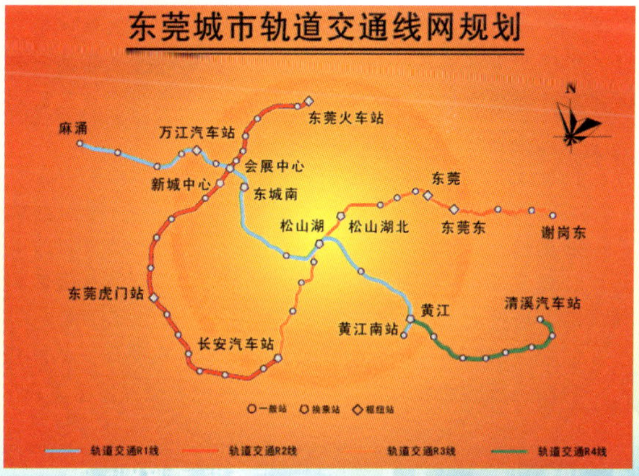
东莞城市轨道交通线网规划
麻涌
万江汽车站
东莞火车站
会展中心
新城中心
东城南
东莞
松山湖
松山湖北
东莞东
谢岗东
东莞虎门站
黄江
清溪汽车站
黄江南站
长安汽车站
一般站 换乘站 枢纽站
轨道交通R1线
轨道交通R2线
轨道交通R3线
轨道交通R4线

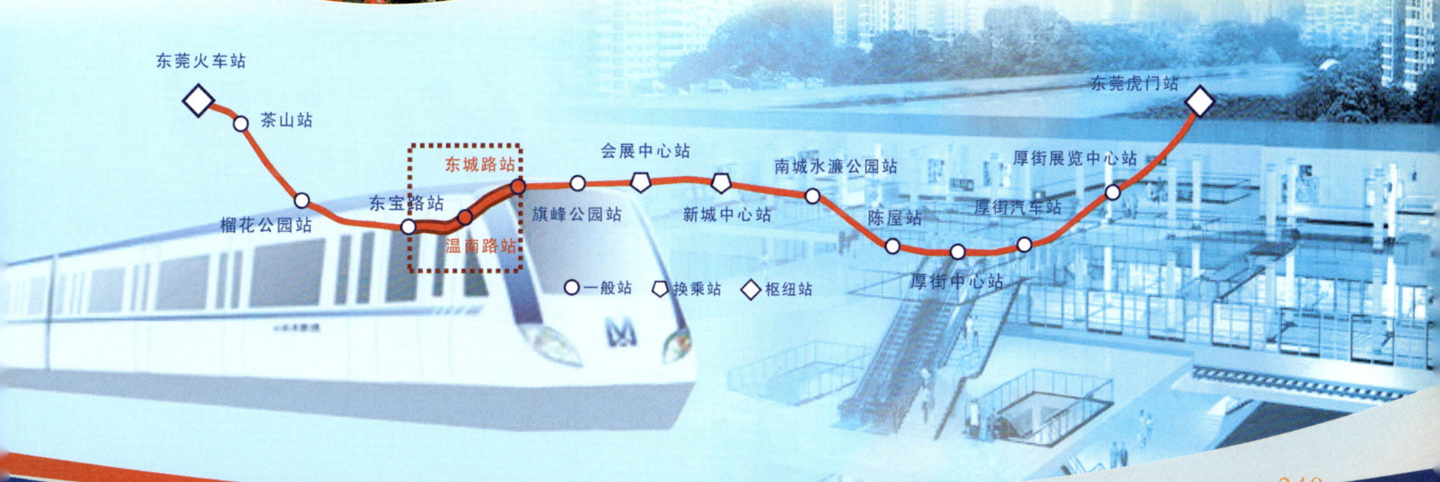
东莞火车站
茶山站
榴花公园站
东宝路站
东城路站
温南路站
旗峰公园站
会展中心站
新城中心站
南城水濂公园站
陈屋站
厚街中心站
厚街汽车站
厚街展览中心站
东莞虎门站
一般站 换乘站 枢纽站

# 东莞发展控股股份有限公司
Dongguan Development (Holdings) Co.,Ltd

2005年12月29日，莞深高速公路收费收益权专项资产管理计划成功设立并挂牌转让（图为东莞市委常委、常务副市长冷晓明发言）

2007年4月，公司成功发行第一期5.5亿元短期融资券（图为公司董事长尹锦容在庆典仪式上致辞）

东莞发展控股股份有限公司是东莞市属国有控股上市公司（证券简称“东莞控股”，证券代码“000828”），主营业务为东莞市高速公路的投资、建设和经营，注册资本10.39亿元，其中控股股东东莞市公路桥梁开发建设总公司持有41.54%的股份。截至2009年，公司总资产47.24亿元，净资产28.24亿元。

2004年，公司完成重大资产重组，进入高速公路行业，成功实现了主业转型。2005年12月，公司通过创新的“莞深收益”专项计划成功融资5.8亿元，成为全国首家采用资产证券化方式融资的上市公司，开创了中国上市公司的先河。2007年，公司成功发行规模为5.5亿元的短期融资证券，成为东莞企业历史上的首例。

上市以来，公司紧紧围绕资产经营和资本运营两条主线开展工作，立足基础设施行业（主业），于2005年收购了莞深高速公路三期东城段和龙林高速公路资产；实施有限多元化的发展战略，选择金融行业为突破口，先后于2007年参股虎门大桥11.11%股权，2009年参股东莞证券20%股权、东莞信托6%股权、东莞长安村镇银行5%股权，为公司的长期稳健发展奠定了基础。

2008年7月11日，公司属石大路收费站喜挂全国“巾帼文明岗”牌匾

2008年8月25日，公司属大朗收费站喜挂全国“工人先锋号”牌匾

2010年3月18日，公司喜挂“广东省文明单位”、“东莞市文化建设标兵企业”牌匾

## 中国邮政

【概况】 2009年，东莞市邮政局实现业务收入7.23亿元。全年邮银合计发放青年创业者小额贷款3591笔，金额达4.12亿元。商函账单妥投率达到99.4%以上，投递及时率达到99%以上。获得的主要荣誉有：1个专业分局荣获市文明标兵单位，1个投递部获"广东省工人先锋号"称号，2个分局获"东莞市文化建设先进企业"称号。1名投递员获得东莞市"首届优秀新莞人"称号。2009年，在汶川地震一周年之际，东莞全市通过邮政平台共捐出爱心包裹5000余个。

【邮政服务】 2009年，东莞通过邮政企业日均进出口各类函件38万件，包裹4000多件，特快专递邮件2.8万多件，汇出汇款3.5万笔，日均投递各类报纸杂志13万件，每月为全市400多家工厂的80多万"新莞人"代发工资。全市的营业网点平均每天接待用户近10万人，为1万多用户提供上门服务。

## 东莞市邮政局

① 中国邮政集团公司副总经理刘明光（右三）视察东莞邮政网商创业园

② 广东省邮政公司联同省旅游协会联合举办"粤游粤精彩"广东省旅游明信片新闻发布会。这本由东莞市邮政局开发的旅游明信片，包罗了广东省42个旅游景点总价值2686元的减免优惠

③ 2009年2月，中国邮政EMS国内时限承诺新闻发布会召开，正式向社会推出"国内特快专递邮件时限承诺"服务

① 2009年12月，清溪镇政府在镇文化广场举行慰问新莞人贺卡发放仪式。贺卡虽小，真情无限，贺卡已成为东莞各级政府向新莞人表达关爱之情的重要载体

② 东莞市邮政局举行“爱心包裹暨‘5·12’灾区学生‘六一’关爱行动东莞启动仪式”

③ 2009年12月，东莞市邮政局投递员金敏获“东莞市首届优秀新莞人”称号。图为金敏（前排左四）参加完“优秀新莞人”表彰晚会后与同事合影

**【邮政信箱建设】** 2009年，东莞市第五次市长办公会讨论通过，将邮政信报箱建设纳入全市新建住宅工程规划。东莞市法制局就《东莞市住宅邮政信报箱（群）建设管理办法》公开向社会各界人士征求意见。该办法正式公布施行后，为邮政信报箱建设提供法律保障。全年全市信报箱达66万个。

**【同城普通信函实现“次日递”】** 2009年，东莞市邮政局对市内普邮网络进行优化调整，进一步提升同城函件时限。速递同城网络同期进行全面调整，建立虎门和下桥“双中心”的网络运行模式，市内同城函件实现“次日递”。

**【邮政网点转型升级】** 2009年，东莞市邮政局按照“开放化、自助化、大客户化、兼营化、商业化”的建设思路，对全市200余个网点进行宣传布设改造，在全市多个专业性市场建设邮政网点，满足中小企业和商户的用户需要。全市共投放ATM机800余台，自助汇款机 241台，存取款一体机75台，投高金融服务自助化水平。

**【网商创业园创办】** 2009年，东莞市邮政局联手“淘宝网”创办“东莞网商创业园”，推出“商业出租+仓储+理货+配送+代收货款+增值服务”的综合物流服务，取得东莞市邮政局速递电子商务的发展的新突破。通过信息共享、技能培训、专家交流、集中采购等全方位服务，为入驻园区的电子商务商家提升经营水平、降低经营成本、增强竞争能力提供强大支撑。东莞市邮政局建成下桥、虎门两个园区，园区面积1万平方米，入驻电子商户百余家。

**【函件业务转型发展】** 2009年，东莞市邮政局策划开发“粤游粤精彩”广东旅游明信片册，探索一条明信片文化服务旅游经济的新路子；开发人民银行“反洗钱”明信片册，帮助人民银行创新“反洗钱”宣传模式；开创“邮惠券”业务，为中小企业和消费者提供便利的消费直通平台；创新开发生日贺卡、创新营销VIP专投、开发《人文东莞》明信片册，以邮资明信片为宣传载体，受到社会各界的广泛认可。以本地知名品牌食品、地方特产、干货、玩具等产品组合成“祝福礼包”，以低于市场价的价格，免费寄递全国，受到新莞人的欢迎。（石志会）

**附：2009年东莞市邮政局领导名录**

党组书记、局长：陈明志

党组成员：王毅燕

党组成员、副局长：辛永宏　马志雄　王宇斌

## 中国电信

【概况】中国电信股份有限公司东莞分公司是中国电信股份有限公司的分支机构（以下简称东莞分公司），获得2009年度中央和省驻莞机关先进单位称号。

【全业务运营初见成效】2009年，东莞分公司全力推进全业务运营，取得初步成效。

*移动业务实现规模发展，质量和效益向好*。2009年，东莞分公司积极贯彻差异化融合和有效益规模发展的策略，以固移（固网和移动网络）融合拓展、行业应用的推广为切入点，实现中高端客户的有效签约。针对东莞流动人口多的特点，以天翼华夏风为主打，推进小灵通用户迁移和预付费市场拓展，实现规模发展。全年超额完成移动业务用户的发展任务。

*建设和运营移动网和EPON（以太无源光网络）网，3G网络竞争力取得领先优势*。2009年，东莞分公司在移动网络建设方面，通过优化采购和建设流程，同步实施08、09两期新建工程与MOTO设备替换，全年新建WiFi（网络桥接器与无线网卡组成的短距离无线

# 中国电信股份有限公司东莞分公司

① 2009年4月29日，中国电信东莞分公司在市体育馆举办天翼3G互联网手机在东莞上市庆祝晚会，副市长邓志广等领导出席

② 中国电信东莞分公司组织员工开展丰富多彩的文化体育活动。图为公司运动会拔河比赛

技术）热点规模居全省之首，获得中国电信股份有限公司广东公司（以下简称广东公司）CDMA（一种码分多址的无线通信技术）网建设卓越奖。在超常规优化移动网络方面，全力提升移动网络覆盖和质量，在中国电信集团公司移动网络质量测试中排名全省第一。光进铜退方面，从无到有，建立、梳理和打通EPON建设与开通全流程，EPON建设量为全省乃至全国最大，积极探索多种EPON应用建设模式和场景，推进集团光进铜退示范区建设，在全国首创10G EPON开通高清会议电话、电视业务；全力推进宽带提速工作，在全省最早启动、实施线路网整治，效果最好，宽带端口速率达标率保持在95%以上。

**【服务信息化建设】** 2009年6月25日，东莞市政府与中国电信股份有限公司广东公司签订《信息化合作推进框架合作协议》；7—9月，东莞分公司先后与多个镇街、管委会签订信息化合作协议，共同推进地方信息化建设。通过加强与外部公司合作，聚焦3G优势和固移融合，创新信息化合作新模式，行业应用呈现规模发展；创造性推出工商e通（流通领域重要商品监管系统）、家校通和警务通等重点行业应用产品，工商e通成为集团公司在地市分公司行业应用规模发展的示范项目。探索全业务固移融合产品营销新模式，通过与房地产商合作，摸索出以“数码家园”固移融合产品打包销售的新路子。继续巩固视频类行业应用的规模优势，推动原有视频类行业应用向治安管理、工地监控、检验检疫和保险远程定损等领域扩展，助力地方政府城市化管理水平的提升。

**【客户服务能力提升】** 2009年，东莞分公司加快推进全业务服务体系建设。适应全业务运营新要求，转变传统固网服务模式，通过实施网格化盯防，实现用户的全覆盖，通过装维的统一调度，有效增强为用户提供装维服务的能力。加快社会渠道建设和行销代理的发展，大力建设IT卖场3G体验网点和充值服务网点，有效提升用户办理业务的便利性。大力推进基础服务能力提升攻坚行动，推进落实全业务服务标准，组建VIP客户经理团队、建立服务疑难问题的解决团队和机制，实现临柜5分钟、3分钟开通等功能，基础服务能力有效改善。

（何超政）

**附：2009年中国电信股份有限公司东莞分公司领导名录**

总经理、党组书记：杨一鸣
副总经理：黄　杰
柳河鹏（3月25日转任资深经理）
刘志斌　王　震　李亚斌
梁伟杰（兼工会主席、纪检组长）

① 2009年8月4日，市委常委、常务副市长冷晓明出席松山湖管委会与中国电信东莞分公司签署《共建“数字松山湖”合作协议》签约仪式。松山湖管委会工委书记陈建枝与中国电信东莞分公司副总经理黄杰分别代表合作双方在协议上签字
② 2009年10月24日，中国电信“爱音乐翼起来”全国巡演东莞站现场
③ 中国电信东莞分公司外景

## 中国移动

【概况】2009年，东莞移动先后荣获"全国精神文明建设工作先进单位"、"广东省扶残助残先进集体"、"广东省女职工'两项工程'工作先进集体"、"东莞市创建全国文明城市工作先进单位"、"东莞市预防职务犯罪工作先进单位"、"东莞市五四红旗团委"等称号，在"中国通信产业榜"中位列全国地级市运营商前三。

【"我爱广东，为东莞加油！"九大工程启动】2009年3月20日，东莞移动启动"我爱广东，为东莞加油！"九大工程。围绕政府"保增长、扩内需、促转型、重管理、惠民生"的工作重心，从人文兴莞、民生兴莞、乐业兴莞、动力兴莞、信息兴莞、共赢兴莞、关怀兴莞、生态兴莞、创新兴莞九个方面，通过信息化服务协助解决中小企业发展、新莞人就业创业等热点、难点问题。一是通过紧密配合政府开展"文明道德模范评选"、"优秀新莞人评选"等活动，实施人文兴莞工程，助推文明城市建设；二是通过"莞人邮箱"、"健康长城"等活动，开展民生兴莞工程，提供便民服务，持续关怀民生；三是通过"12580找工我帮您"、"关爱100春风行动"、"万人拇指创业"、大学生实践创业基地等活动落实乐业兴莞工程，鼓励及帮扶民众就业、创业；四是实施动力兴莞工程，推广中小企业信息化服务，为企业转型发展提供动力；五是通过"无线城市"电子政务等信息兴莞工程，使信息化服务惠及全社会；六是通过共赢兴莞工程，推动各行业、产业合作伙伴团结共兴；七是通过"家电下乡"、"公益进行时"等活动开展关怀兴莞工程，关注客户生活需要，以便民、惠民服务传递关爱；八是通过生态兴莞工程，举办"绿箱子环保计划"等环保主题文化活动；九是通过"12580新媒体"等项目率先开展创新兴莞工程，助力中小企业自主创新，系统地营造出信息化立体兴莞的新局势。

【"无线城市"启动】2009年8月16日，广东省首个投入使用的无线城市平台——东莞"无线城市"平台上线试运行，9月3日正式启动，东莞正式进入无线城市全面建设新时期。无线平台以"TD+WLAN+EDGE"全面无线网络覆盖为基础，通过手机下载客户端、电脑登陆www.udongguan.com、手机登陆wap.udongguan.com三种登陆方式访问。平台设置"电子政务、信息兴业、数字民生、网络文化"等4个板块，完成近140项业务应用的整合，业务范围融合物联网、互联网、广电网等，有效提高政府部门办公效率，降低企业运营成本，惠及广大东莞民众。

【智慧健康管理项目推出】2009年，东莞移动成功推出智慧健康管理项目，通过移动信息服务平台，提供预约挂号、就诊信息等服务。智慧健康管理包括助医快讯、139电子体检单、健康信息服务、康复指南、行业健康宝典、无线视频医疗服务、视频探视与远程医疗、移动健康监护系统、健康小管家等医疗信息服务。2009年，东莞移动在东莞东华医院、康华医院、厚街医院、石龙人民医院、虎门太平医院、凤岗广济医院、常平医院等7个示范点，成功搭建全市统一的预约挂号平台。在中国信息港论坛主办的"第四届全国信息化应用、通信技术创新优秀成果评选"中，智慧健康管理获得全国银奖。

【"188"移动电话号码登陆东莞】2009年4月23日，继广州、深圳188放号后，东莞移动188抢号登记活动开始，3G时代的大幕正式在东莞拉开。抢到188号码的客户统一在分公司东城移动广场服营厅办理业务。第一位在办理188业务的客户现场办理"188*****018"和"188*****019"两个188号码。仅4月23日上午，客户成功登记号码468个（23日系统可选号码共2000个）。188抢号登记活动是东莞移动3G时代的开端。

（刘梦霞）

附：2009年中国移动通信集团广东有限公司东莞分公司领导名录

总经理、党委书记：温乃粘

副总经理：谢惠仪（兼党委副书记、纪委书记、工会主席）

总经理助理：贺文良　李远忠　严德生

## 中国联通

【联通3G网络建设】2009年，中国联合网络通信有限公司东莞市分公司（以下简称"东莞联通"）携手WCDMA（宽带码分多址）产业链各合作伙伴，以最快的速度在全市打造一张"网络领先、业务领先、服务领先"全新WCDMA 3G（第三代数字通信）精品网络。5月17日世界电信日，东莞联通开启3G试商用体验之旅，10月1日，联通3G在全市正式商用。在个人生活、行业应用及城市建设中突显其强大的技术优势和丰富的应用终端。

截至2009年，东莞联通拥有遍布东莞的宏基站和分布于写字楼、商场、住宅、酒店、旅游景点室内分布系统，全市3G网络覆盖率达97.48%，已基本无缝覆盖东莞市区、发达乡镇（乡镇府所在地）、高速路和交通干线的重要路段。

【联通3G网络应用】2009年，联通3G已为东莞市党政军警部门及广大群众提供移动警务、公交视频监控、数字城管、手机报税、无线应急、视频指挥系统、平安家庭、数字医院、数字旅游、无线POS机、远程定损等应用，得到上级领导的充分肯定。

2009年10月中旬，在第十一届中国东莞国际电脑资讯产品博览会上，工业和信息化部副部长杨学山，广东省副省长佟星，东莞市委书记刘志庚，市委副书记、市长李毓全，常务副市长冷晓明，市委常委、组织部长庞国梅，副市长邓志广、成洪波等领导，先后参观东莞联通数字医院、无线应急指挥系统、家庭安防、远程定损等3G应用演示，对东莞联通在3G商用初期即拥有丰富的业务应用表示满意，并高度肯定东莞联通把通信应用与城市建设紧密结合、推动工业化和信息化融合的创新思维和举措。

2009年11月18日，中共中央政治局常委李长春，中共中央政治局委员、广东省委书记汪洋等领导莅临东莞视察工作期间，在东莞市科技博物馆视察参观东莞联通3G行业应用，对东莞联通以3G行业应用促"两化"融合的创新思路和诸多应用给予高度赞扬，并鼓励联通公司把产品创新真正落实到社会应用，成为提速"数字东莞"建设的重要力量，在电子政务、民生服务、经济发展、商业消费、科技兴城、国防保卫、社会维稳、抵御灾害等关系国计民生的重要领域发挥更大的作用。（崔金蕾）

附：2009年中国联合网络通信有限公司东莞市分公司领导名录

党委书记兼总经理：袁　健

副总经理：张新强

李海鸥（任至6月）

苏爱国

胡卫红（4月到任）

李岳文（9月到任）

# 园区经济

ZONE ECONOMY

- 松山湖台湾高科技产业园
- 松山湖金融改革创新服务区
- 虎门港首条国际班轮航线开通
- 虎门港获批国家物流服务业标准化试点
- 东莞生态园发展定位研讨

茶山镇

编辑：李缙文

## 松山湖科技产业园区

【概况】东莞松山湖科技产业园区（以下简称松山湖）位于大朗、大岭山、寮步三镇之间，规划控制面积72平方公里，其中湖面面积8平方公里。2009年，实现工业总产值215亿元，比上年增长43%；税收总额11.7亿元，同比增长40%；可支配财政收入7.3亿元，增长38%。

【招商引资】2009年，面临全球金融危机的不利形势，松山湖加强招商策划，改进招商策略，壮大招商力量，快速推进招商引资工作。以电子信息、生物医药、金融服务、文化创意等产业为招商引资重点，制定优惠政策，加强招商宣传，先后在北京、深圳、广州、杭州、台湾、美国等地举行招商推介会，参加中国半导体行业协会集成电路设计分会、宣传展示松山湖的产业环境、优惠政策，扩大园区的知名度。全年共引进五矿多尼尔房车、阳光保险营运中心、生命人寿保险、晶威光电LED芯片、胜华科技等124个项目，协议引资总额约290亿元。

## 东莞松山湖科技产业园区管理委员会

① 2009年6月20日，中共中央政治局委员、广东省委书记汪洋在松山湖会见台湾高科技企业考察团成员

② 2009年4月9日，中共中央政治局委员、广东省委书记汪洋，省委副书记、省长黄华华等省市领导视察松山湖

【科技创新】 完善科技政策体系。2009年，出台《东莞松山湖科技发展专项资金管理暂行办法》及其操作细则、《松山湖博士后科研工作站管理暂行办法》，决定每年从园区财政收入按不少于5%比例，提取科技发展专项资金；以及启动企业分站建设以及博士后招收工作。

推进公共创新平台建设。2009年，松山湖引入科研资源，促进入园科研机构发展，增强园区的科技辐射源地位。由广东电子工业研究院主导建设的“云计算”平台基本完成建设，开始探索商业应用和公司化运营。东莞质量检测中心建成启用，信息技术设备国家质检中心和纸制品国家质检中心通过国家质检总局的验收。华中科技大学制造工程研究院北部研发和技术服务大楼建成使用。中大海洋生物科技研发基地动工。引进上海高校校办产业协会设立东莞高新技术推广中心，并筹划组建上海大学纳米技术研究院。

推进产学研合作。2009年，松山湖促进入园科研机构与东莞企业的对接，加快发挥园区的科技辐射带动作用。广东电子工业研究院发起成立“东莞产业支援联盟”和“东莞市芯片行业协会”，与东莞理工学院联合组建东莞工业机器人重点实验室。华中科技大学制造工程研究院与企业合作，申报9项省、市各类项目，获得总资助经费1211.5万元。华南工业设计院承办第五届“东莞杯”国际工业设计大赛，与东莞8家企业合作成立产品研发中心，在广州、顺德以及东莞石龙建立分院和工业设计中心。东莞电子科技大学电子信息工程研究院与深圳集成电路设计产业化基地管理中心等25个单位联合成立“集成电路技术省部产学研创新联盟”。中医药数理工程研究院与广东众生药业等多家企事业单位开展技术合作，联合广东医学院、华南药业等科研及医药生产单位申请组建“华南(东莞)现代中药创制中

①

③

④

②

⑤

心”，与德润集团合作开发“广东松山湖中医药健康科技产业园”。

加大自主创新力度。2009年，松山湖企业共有9个项目获得市科学技术进步奖，2个项目获得市创新企业奖，2家企业获得市长奖。广东洛贝电子科技有限公司研制的“阿迪锅”先后获得“2009年广东专利金奖”、国家专利奖优秀奖。广东生益科技股份有限公司、广东易事特电源股份有限公司两家企业获得“中国驰名商标”和“广东省名牌产品”称号，广东康菱动力科技有限公司获得“广东省名牌产品”和“广东省著名商标”两项称号。广东洛贝电子科技有限公司被认定为“省级

⑥

① 2009年2月5日，市委常委、常务副市长冷晓明到松山湖现场办公
② 2009年12月3日，松山湖举办第十期湖畔沙龙，邀请著名刑侦专家李昌钰做主讲
③ 2009年4月1日，松山湖首届科技创新论坛召开
④ 2009年5月13日，松山湖科协成立大会召开
⑤ 2009年8月8日，广东质量监督检测中心揭牌
⑥ 2009年11月17日，松山湖美国推介会举行
⑦ 2009年5月6日，松山湖北京推介会举行
⑧ 2009年12月29日，中移动广东公司松山湖基地奠基暨合作签约仪式举行
⑨ 2009年3月17日，市委常委、常务副市长冷晓明到松山湖高科技企业视察

⑦

⑧

⑨

企业技术中心”，领亚光电信息传输研究院、力优人工环境技术研究院被列为东莞市行业性科技创新平台。全年园区专利申请量共360件，同比增长33.8%；专利授权量192件，同比增长225.4%。

【园区建设】招商载体建设。2009年，完成松山湖创新科技园建设，总建筑面积约12万平方米，共有12幢建筑，主要承接高端现代服务业企业、电子信息及生物医药企业等项目。启动台湾高科技园的基础设施建设，完成东城北路、松洋路、西部市政道路、四期路灯工程、信息大道等基础设施建设工程；启动东城北路（东段）、研发中二中三路、北部工业城D1号路D2号路、北部工业城D3号路（东段）D4号路、研发中一路等道路建设工程，全年共建设道路约40公里。

生态环境配套建设。2009年，启动松山湖主干道人行道及自行车道工程、松湖花海入口景观工程、华为厂区周边景观整治工程、群马雕塑工程、宝陂湿地公园景观、松山湖小学景观、草地修复工程、北部污水处理厂防护绿化工程等重要工程。完善滨湖旅游区、月荷湖、状元笔、中心公园等景点环卫基础配套设施。

【松山湖台湾高科技产业园】2009年7月动工的松山湖台湾高科技园（以下简称“台湾园”）是专门承接台湾高端产业项目的高科技主题园区，位于松山湖科技产业园区东部，总面积675公顷，分为先进IT制造与LED光电及太阳能-光伏产业区、大型晶圆及面板制造业区、研发与配套区三个功能片区。台湾高科技企业两次组团专程到松山湖考察台湾高科技园的投资环境，已有胜华科技、秉亮科技（台湾智原科技）、中盟光电和晶奇光电等多家台湾高科技企业落户松山湖。

【松山湖金融改革创新服务区】2009年6月，松山湖管委会、市科技局、市金融办联合在松山湖创意生活城设立松山湖金融改革创新服务区（以下简称“松山湖金融服务区”），作为东莞开展科技金融试点工作的主要平台。松山湖金融服务区规划建设成为东莞乃至珠三角重要的科技金融产品创新基地、股权投资企业聚集基地、企业改制上市辅导基地、非上市公司股权融资交易基地和知识产权交易基地，为东莞及珠三角企业提供“无缝对接”的投融资一体化综合服务。

截至年底，松山湖金融改革创新服务区成立了中科松山湖产业支持基金（PE）和宝盛创投（VC）两大基金公司，设立中国建设银行、中国工商银行、东莞银行3家支行，引进广东省松湖律师事务所、东莞市博源资产管理有限公司及东莞市博源创业投资有限公司3家金融机构。

【松山湖建设服务局】2009年，松山湖将园区原规划建设局、业务综合科和总工室的业务进行综合，设立松山湖建设服务局，统一协调企业入园之日起所有事项，实行一站式服务，一个窗口对外。实

①

②

③

行首问负责制及限时办结制，提高工作人员工作效率和责任意识；用足用活政策、变通办事程序，想方设法简化办事流程，加快办事速度；制定《企业走访制度》，定期了解企业在开工建设、经营管理等方面遇到的实际困难和问题。全年共为企业办理各类证件412件次，受理700多项各类报建申请，促成16个项目建成或投产以及15个项目动工建设。

【人才·教育】2009年，松山湖制定并颁布松山湖博士后工作站管理暂行办法，成立博士后工作站领导小组和管理办公室，启动企业分站建设以及博士后招收工作，参加全国博管会组织的网上系统培训工作，做好博士后申报的资料审理和服务工作。两名博士后已经全国博管会审批入站。组织参加广东省赴美招聘海外高层次人才活动、第四届“春晖杯”创业大赛活动，吸引海外高层次人才来莞创业。全年高新技术创业服务中心引进博士人才11名，硕士48名。

建成松山湖中心小学建成并开学，启动南部小学的建设，升级南方外国语学校为九年一贯制学校，推进国际学校项目，夯实园区基础教育实力。截至年底，松山湖拥有从幼儿园、中小学到高校的各类院校8所，共有在职教师2876人，在校学生3.16万人，其中大学在校学生2.58万人，中学在校学生3372人，小学在校学生2045人，在园幼儿407人。

【园区管理】2009年，松山湖加强基建支出监管工作，设立基建项目专户，规范工程款项审批程序以及拨款流程。加强科技资金管理，开展“科技资金”松山湖专项资金结余款的清理工作，加快科技资金的拨付工作，全年共拨付各类科技资金1.3亿元。编制完成《松山湖土地利用总体规划》修编稿（2006—2020）并获得批准，园区建设用地规模达4227公顷，办理土地登记发证工作33宗。成立市政日常巡查小组，设立市政24小时投诉热线，开展园区内桥梁专项检查，提高市政管理服务能力；做好手足口病、甲型H1N1防控工作，完善安全生产应急预算，落实三防值班管理制度，开展饮用水卫生专项整治行动，举办“应急救护培训”讲座，提高应急减灾管理能力；打击非法营运车辆、治理“泥头车”，配合做好春运工作，提高交通运输管理能力。强化视频监控、岗点值守和路面巡逻的联动作用，开展“雷霆”、“春雷”、“创平安、迎国庆”等系列专项整治和重点打击行动，推行网上排查、网上串并、网上追逃等新型工作模式，全年共立各类刑事案件81宗，同比下降33%。加强交通管理，开展查处酒后驾驶行为等系列专项行动，全年共查处交通违法行为1.16万宗。强化消防宣传，开展监督检查，消除火灾隐患。

【文化·卫生】2009年，松山湖营造“青春活泼、积极向上”的园区文化。先后举办植树节、千人踏青活动、五四表彰晚会、第三届趣味运动会、创意嘉年华、创意儿童节、创意荔枝节、松山湖文化节、中秋音乐招待会、第六届东

① 2009年1月17日，“东莞制造”工展会开幕
② 2009年12月4日，国际古玩艺术博览开幕
③ 2009年8月4日，科学园总部及现代服务业企业开业
④ 2009年12月25日，中大海洋生物科技研发基地动工
⑤ 2009年12月22日，华中科大工程研究院大楼竣工
⑥ 2010年1月3日，创新科技园竣工

莞青年欢乐节、松山湖快乐五人足球赛等大型活动，组建松山湖地产足球俱乐部并参加珠三角超级五人足球赛。继续办好面向精英群体的高端文化活动，邀请到华裔博士李昌钰作客“湖畔沙龙”；成功举办“2009国际古玩艺术博览会”等。

投入1763万元收购北部门诊部，将其改造成松山湖社区卫生服务中心；启动广东医学院附属松山湖医院建设，总投资5亿元，占地27公顷，建设项目包括医院门诊、住院配套设施等，设计床位为1500个，主要提供临床教学、科研和医疗等服务。（李玉忠）

附：2009年东莞松山湖科技产业园区管理委员会领导名录

管委会主任：冷晓明

管委会常务副主任：陈建枝

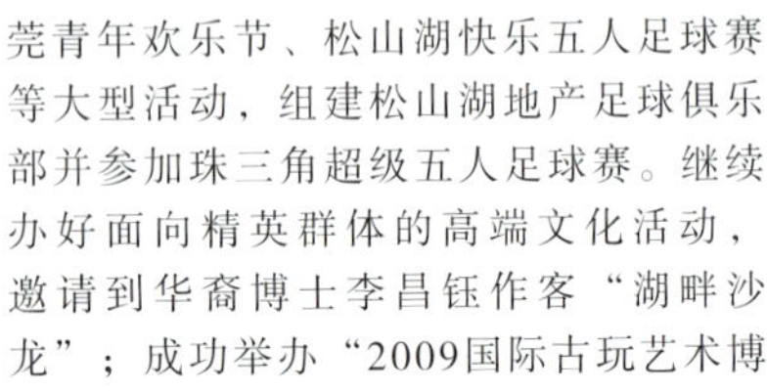

## 虎门港

【概况】虎门港是1997年经国务院批准的对外国籍船舶开放的国家一类口岸，广东省重要港口之一。虎门港处于珠三角经济区中心位置，位于广州港出海航道要冲，拥有珠江口53公里的深水岸线，海域面积79平方公里，航道水深-13米。虎门港划分为麻涌、沙田、沙角、长安和内河等5大港区。麻涌港区主要发展粮食、煤炭以及建材等散杂货运输；沙田港区以发展大型石油化工、临海工业及近洋集装箱运输为主，建立物流中心区并大力发展仓储保税业务；沙角港区主要发展旅游休闲的滨水商贸区；长安港区侧重发展大型深水泊位和临海工业，为远期发展区域；内河港区主要为东莞市建材需求运输服务。虎门港的功能定位以信息化为中心的现代物流为主体，建设集装箱、石化、煤炭、散杂货、汽车五大运输系统，具备装卸储运、中转换装、物流中心、临港产业、区港联动、商贸服务、汽车滚装、信息服务、休闲旅游等9项功能。

2009年，虎门港被中国物流与采购联合会授予“中国物流实验基地”称号。

【保税物流中心通过验收】东莞保税物流中心是全国首批获批的17家保税物流中心之一，也是东莞市的核心物流项目。该项目工程总投资约1.25亿元，建设面积达8.64万平方米，于2009年 5月15日动工，11月底前完成全部建设任务，并于12月30日通过海关总署等国家四部委组织的联合验收，已具备封关运作的实质条件。项目运营后，对于加快虎门港发展，发展现代物流业，降低东莞企业成本，提升企业竞争力，推动产业结构升级将发挥显著作用。

【首条国际班轮航线开通】虎门港沙田港区5号6号泊位首条国际集装箱班轮航线太平船务红海线（RS3）于2009年9月开通。该航线由东莞虎门港国际集装箱码头有限公司（PSA DGCT）和太平船务（中国）有限公司（PIL）共同推出，为东莞企业提供周班服务，沿线挂靠港口依次为：东莞、黄埔、南沙、新加坡、香港、高雄、台中。首条国际班轮航线的开通，标志着虎门港集装箱运营开始步入班轮时代，同时也为东南亚航线开通创造有利的条件。在此基础上，PSA DGCT展开与有关船公司的合作洽谈，加快促成对台直航航线以及日本、韩国、东南亚等航线的开辟。

【虎门港集团公司组建】虎门港集团公司于2009年6月30日挂牌成立，下设四大子公司，即虎门港集装箱港务有限公司、虎门港国际物流有限公司、虎门港石化开发建设有限公司以及虎门港公用事业有限公司。成立虎门港集团公司主要目的在于实现开发模式、资金来源、资源控制、经营模式、产权控制、经营手段等六大转变，统筹控制核心资源，主导港口核心主业，不断完善港口功能，加快实现港口繁荣。集团公司通过完善机构设置、制度建设、人员调配，启动发展战略研究工作，以确保集团公司科学、可持续发展，加快虎门港市场化运作的步伐。

【国家物流服务业标准化试点】2009年，虎门港申报国家物流服务业标准化试点，获得国家标准化管理委员会批准，成为2009年度获批的国家级服务业标准化试点项目中广东省唯一一个港口物流服务业项目。作为国家物流服务业标准化试点单位，将使虎门港逐步参与到整个物流行业标准的制定当中，有利于全面提高虎门港物流服务发展水平和行业竞争力，加快推进东莞市现代物流业发展以及新兴物流城市战略定位的实施。虎门港与市质监局共同建立联合工作机制，逐步建立并不断完善港口物流服务标准体系。

【发展定位研究与规划设计】2009年，虎门港继续根据规划先行的思路开展各项工作，虎门港发展思路以及发展定位研究进一步深化，为明晰虎门港未来的发展路径，实现虎门港的发展目标提供了重要的依据。同时，为进一步对港口近期重点发展区域进行科学的规划和定位，虎门港启动有关规划修编工作，其中立沙岛控制性详细规划修编送审稿及虎门港中心服务区控制性详细规划修编送审稿已经形成并上报市规划局；虎门港西大坦综合保税区控制性详细规划正开展前期准备工作。虎门港配合长安新区，推进长安港区规划及配套前期科研论证报告编制工作，完成长安港区勘察测量、总体规划、策略研究、环境影响评价等系列项目的报告编制工作，开展锚地规划、安全生产规划等多项专题规划研究工作。此外，虎门港狠抓生态文明建设，“抓好环保工作，建设生态文明”研究工作已完成项目研究初稿并进行逐步完善。

【深水泊位立项报批】2009年，中海油立沙油品储运码头工程项目、东莞市海昌实业有限公司煤码头二期项目以及赤湾二期码头项目分别获得国家发改委核准，使虎门港获得国家、省核准的深水泊位增至21个。同时，根据“投产一个、建设一个、储备一个”的集装箱发展战略，虎门港继续加大沙田港区9号10号泊位立项报批工作，已完成勘察工作和工程可行性研究报告初稿编制工作，并完成部分前期科研报告编制的采购工作，为加快项目立项报批进度奠定了坚实的基础。

【项目建设步伐加快】2009年，虎门港全力加大组织管理力度，在继续加快三大作业区市政一期工程建设的同时，正式启动三大作业区二期市政工程建设。其中，西大坦一期工程西大坦大道、服务大楼周边道路、保税物流道路等工程已按设计图完成全部施工；立沙岛疏港路基本建设完成；麻涌作业区一期市政工程已移交麻涌镇政府组织实施。与此同时，三大作业区二期市政工程建设前期准备工作加快推进，并于9月底正式动工建设。此外，虎门港特勤消防站和水上危险品应急中心两个项目前期准备工作有序进行，其中虎门港消防特勤站的施工单位已进场展开施工。2009年，沙田港区7号8号码头泊位不断加快建设步伐，截至11月底，该项目累计完成2.83亿元产值，累计完成比例为49.6%。另外，企业项目建设步伐加快，年内又有

中海油、海昌、赤湾及九丰等4个项目共计5个深水泊位投产运营。

【石化仓储物流企业签约】 2009年9月，世界第一大石化仓储物流企业——荷兰皇家孚宝集团正式签约落户虎门港，参与虎门港立沙岛联兴项目开发。该项目位于虎门港立沙岛石化基地，划分为码头及后方仓储两部分。项目计划分三期建设，一期将投资约6亿元人民币建设一个8万吨级码头和13万立方米的化工罐容。全部项目将在2013年前完成建设，项目总投资约12亿元人民币。荷兰皇家孚宝集团落户立沙岛，有利于虎门港引进全球石化产业的先进技术和管理经验，全面提升石化领域的发展水平；同时通过孚宝集团强大的集聚效应，进一步提升立沙岛的知名度和影响力，吸引更多的国内外知名化工企业进驻虎门港，带动立沙岛石化基地精细化工产业群的发展，推动东莞市工业结构向适度重型化方向发展，提升虎门港的综合竞争力。

【海关电子走廊监控系统试点】 2009年，虎门港在加快完成口岸查验配套设施发展规划及三大作业区口岸查验配套设施工程可行性研究的基础上，利用RFID技术的海关电子走廊监控系统项目试点及应用发展规划，推动"海关电子走廊监控系统"试点工作。经与有关部门及镇街的协调，集中查验场的选址位置已初步确认；RFID应用发展规划已形成初稿，且多次就海关电子走廊监管系统项目试点工作与沙田海关沟通，得到沙田海关认可，将在保税物流中心与沙田港区5号、6号泊位码头之间建立电子走廊。

【合作渠道拓宽】 2009年，虎门港和上海海事大学、河海大学商学院、东莞理工学院城市学院分别签署"港航及物流职业培训教育学院"、"港口经济技术研究中心"及"虎门港产学研实践基地"合作意向书；与广东省物流行业协会、台湾全球运筹发展协会分别签订了合作意向书，共同合作推进粤台物流资源融合，打造现代物流发展新平台；与中国移动、中国电信分别签订战略合作协议，借助两大通信运营商强大、先进的信息技术，加快实现虎门港三大作业区的无线网络覆盖，对作业区内的安全生产工作、企业污水排放等进行实时的无线视频监控，提高安监和环保的工作效率和监管力度；与工商银行东莞分行签订战略合作协议，从2010年起至未来3年，工行东莞分行将根据虎门港的重点项目建设需要，向虎门港集团公司或项目提供20亿元融资支持。 （王　琼）

附：2009年虎门港管委会领导名录

管委会主任：邓志广

工委书记、管委会常务副主任：刘　宁

## 东莞生态园

【概况】 东莞生态园位于寮步、东坑、企石、横沥、石排和茶山6镇汇合处，园区面积30.5平方公里，规划控制面积65平方公里。2009年是东莞生态园的"建设年"，生态园各项工作全面铺开，进一步明晰要突出循环经济、生态产业的特色，力争建成省级循环经济示范区、省级生态产业示范园的发展思路。园区前期建设坚持"生态优先、治水为前、以绿为基、以水为源"，综合治理和修复生态环境，完善道路等基础设施建设；中后期大力发展循环经济、逐步形成节约资源和保护生态环境的产业结构、增长方式、消费模式。

【规划申报】 2009年，东莞生态园在编制完成《生态园总体规划》、《六镇协调规划》基础上，启动《循环经济实施方案》等11项规划修编，完成5项。完成了园区土规修编工作，购买异地耕地指标587公顷，基本完成工程用地合法化手续，并申报产业用地。

【征地拆迁】 2009年，东莞生态园共征收土地1418公顷，累计收地2548公顷，完成总收地任务的84.6%；清拆简易建筑物8.53万平方米，累计完成40.52万平方米，完成总清拆任务的88%；拆迁永久性建筑物12.06万平方米，累计完成15.6万平方米，完成总清拆任务的48.3%。

【工程建设】 2009年，东莞生态园启动路网建设、治水、绿化等工程31项，完成和基本完成的工程有8项，总投资规模31.79亿元，全年共投资8.69亿元，园区生态环境得到初步改善，生态修复、治水效果局部展现。

【招商引资】 2009年，东莞生态园"一手抓建设、一手抓招商"，共接待国内外客户和投资商20多批，洽谈涉及电子信息、汽车制造、新能源、新材料、物流、生态农业等领域，其中，生态园绿博园签订了投资意向书。

【管理机制】 2009年，组建"中共东莞生态园工作委员会"、"企业投资服务中心"、"综合执法分局"、"财政分局"、"公用事业服务中心"、"生态园控股有限公司"，设立人事监察科，成立了"生态园工程质量和安全监督小组"、"生态园预防职务犯罪工作领导小组"，建立健全岗位责任制，大胆尝试择优用人激励约束机制，加强园区工程质量安全管理，创新土地监管方式，加强土地环境整治。

【生态园大道动工】 2009年4月30日，市委、市政府在生态园大道施工现场举行"生态园大道动工仪式"。市委书记、市人大常委会主任刘志庚，市委副书记、市长李毓全，市人大常委会常务副主任张继雄，东莞生态园工作领导小组成员，有关部门和生态园土地统筹6镇的领导，村党支部书记及村委会主任，生态园大道建设单位代表共约200人出席动工仪式。

同日，市委、市政府在东莞生态园管委会召开现场办公会。市委书记、市人大常委会主任刘志庚，市委副书记、市长李毓全，东莞生态园工作领导小组成员参加了会议。会议充分肯定东莞生态园建设中所取得的成绩，并要求周边各镇、市有关部门积极配合生态园的各项工作，尤其是工程建设和征地拆迁工作。要求东莞生态园充分利用好机遇，深化发展定位，突出循环经济、生态产业的特色，建成省级循环经济示范区、省级生态产业示范园。

【发展定位研讨会】 2009年6月3日，东莞生态园管委会联合东莞市社科联、东莞日报社在报业大厦举办"东莞生态园发展定位研讨会"。来自中国科学院、中国环境科学研究院、清华大学和省内高校、研究机构的专家学者参加了研讨会。会议围绕园区的产业定位、规划细分、发展路径、辐射和协调周边镇的发展以及建设生态产业、循环经济等课题进行讨论，进一步明晰园区的发展定位，细化发展思路。 （余宗良）

附：2009年东莞生态园管委会领导名录

主　任：严小康

常务副主任：莫淦泉

副主任：方德佳　尹沛通

# 对外经济

FOREIGN ECONOMY

- 帮扶在莞企业扎根发展
- 应对金融危机及推动加工贸易转型升级专题调研
- 外资企业自主创新能力提升
- 首届广东省外商投资企业产品（内销）博览会
- 参与2010年上海世博会工作

万江

## 对外贸易经济合作

【概况】 截至2009年，东莞市拥有外商投资企业14697家，累计合同吸收外资604.6亿美元，实际利用外资495.2亿美元（含对外借款）。

【利用外资】 2009年，东莞市实际利用外资25.94亿美元，同比增长6.02%；合同吸收外资16.16亿美元（含增减资），同比下降37.54%。2009年东莞市荣获全省吸收外商直接投资综合奖特等奖、外经工作二等奖、吸收世界500强跨国公司投资二等奖和服务外包发展先进奖三等奖。

第三产业吸收外资比重提升，三次产业结构进一步优化。2009年，东莞市新签第三产业项目113宗，合同外资2.34亿美元，第三产业比重从2008年的11.79%提高到2009年的14.48%。外商进入商贸领域加快，其中新签批发和零售业项目86宗，合同外资1.24亿美元，同比增长53.71%，占第三产业吸收外资的53.0%。

先进制造业实际吸收外资增幅较大。2009年，电子及通信设备制造业实际外资6.32亿美元，同比增长26.20%；专用设备制造业实际外资1.33亿美元，同比增长16.36%；机械制造业实际外资7105万美元，同比增长8.03%；文教体育用品制造业实际外资1.10亿美元，同比增长71.51%；造纸及纸制品业实际外资2.42亿美元，同比增长21.86%。

大型企业实际资金到位较快。2009

## 东莞市对外贸易经济合作局

①　2009年4月15日，商务部副部长马秀红莅莞调研

②　2009年8月11日，东莞市召开扩大出口保增长座谈会

③　2009年6月18日，首届广东外商投资企业产品（内销）博览会开幕

① 2009年11月27日，全省加工贸易转型升级现场会在东莞市召开，广东省委副书记、省长黄华华（中），副省长万庆良（右三）等领导出席并作重要讲话

② 2009年4月8日，东莞出口型企业拓展国内市场培训暨沃尔玛采购对接会在宏远酒店举行，东莞市委常委、副市长江凌致辞

③ 2009年7月31日，东莞市外经贸局与香港生产力促进局签署"推动在莞港资企业升级转型合作框架协议"

④ 2009年11月2日，东莞市委常委、副市长江凌在韩国举办的帮扶企业政策宣讲会上致辞

年，东莞市实际到资超千万美元的项目35宗，同比增加8宗，实际到资6.57亿美元，占全市实际吸收外资的25.33%。

新签大项目平均投资规模增大。2009年，东莞市新签投资总额超1000万美元的项目27宗，同比增加4宗，涉及合同外资4.10亿美元，平均规模较2008年增长37.29%。

世界500强企业在莞投资增加。2009年，世界500强企业在莞新投资及增资项目5宗，合同外资3926万美元。其中新签世界500强企业项目3宗，投资总额3505万美元，合同外资1675万美元；500强企业增资扩产2宗，合同增资2251万美元。

外资企业自主创新能力提升。2009年，东莞市新增外资研发中心84家，同比增加79家。截至2009年，经外经贸部门批准设立的外资研发中心有98家，其

中独立法人研发机构6家，内设研发机构92家。新设立外商投资地区总部2家。

服务外包有增量提升。2009年，东莞市新增外商投资的服务外包企业9家，同比增加8家，占历年吸收服务外包项目的75%。

【外贸进出口】2009年，东莞市外贸进出口总值941.55亿美元，同比下降16.99%，其中出口551.69亿美元，同比下降15.96%，进口389.86亿美元，同比下降18.42%。2009年，东莞市荣获全省进出口综合奖特等奖、一般贸易出口一等奖。

出口贸易结构优化，一般贸易出口逆势增长。2009年，东莞市一般贸易出口57.17亿美元，同比增长17.34%，占全市外贸出口的10.37%，比2008年提高3.07个百分点。

出口贸易主体优化，民营企业出口快速增长。2009年，东莞市新增民营企业进出口经营权1051家，出口总额96.19亿美元，同比下降8.74%，占全市外贸出口的17.43%，比2008年提高1.37个百分点。

出口市场进一步多元化，新兴市场出口快速增长。2009年，香港、美国、欧盟以及日本依次列东莞市出口贸易伙伴的前4位，分别出口174.49亿美元、149.27亿美元、92.56亿美元和46.95亿美元，分别下降10.49%、15.80%、25.71%和2.78%。新兴市场方面，东莞市对东盟地区出口17.78亿美元，同比下降15.27%；对非洲地区出口2.95亿美元，同比增长0.57%；对中东地区出口8.11亿美元，同比增长2.39%。

销售市场兼顾内外，外资企业内销快速发展。2009年，东莞市外商投资企业国内销售总额1541.22亿元，同比下降7.91%，占内外销总额的29.4%，比2008年提高2.2个百分点。

【台资企业】2009年，东莞市新签台资项目127宗，合同利用台资3.73亿美元，其中新签合同外资超1000万美元的台资项目2宗。截至2009年，东莞市已投产的台商投资企业有4502家，占全市已投产外商投资企业总数的30.6%，主要涉及电子电器、机械、纺织服装、食品、塑胶五金、化工等行业，累计合同利用台资153.3亿美元，占全市累计合同利用外资的25.4%；累计实际利用台资132.5亿美元，占全市累计实际利用外资的26.8%。

【帮扶在莞企业扎根发展】2009年2月12日和3月17日，东莞市政府与香港贸发局、香港生产力促进局等先后在香港联合举行"帮扶在莞港企促进扎根发展"系列活动。东莞市有关部门负责人，香港商会主要负责人、在莞港资龙头企业高层参加相关活动。活动重点介绍国家、省、市出台的推动企业转型升级、开拓新兴市场等利好政策和帮扶措施，以及东莞市政府与香港贸发局、生产力促进局达成的帮扶在莞港资企业的合作协议内容。

【应对金融危机及推动加工贸易转型升级专题调研】2009年2月19—20日，国务院副秘书长毕井泉一行在广东省副省长万庆良等陪同下来莞调研经济发展以及应对金融危机情况。东莞市委书记、市人大常委会主任刘志庚，市委常委、副市长江凌，副市长顾春芳及有关部门负责人汇报东莞市经济社会发展情况。调研组还前往南城新科磁电制品厂进行实地调研。

2月3—4日，商务部副部长蒋耀平一行莅莞调研，先后走访华宝鞋业有限公司和生益科技有限公司，深入了解外经贸形势特别是加工贸易企业的市场和策略变化情况。东莞市委书记、市人大常委会主任刘志庚，市委副书记、市长李毓全，市委常委、副市长江凌，副市长顾春芳等会见蒋耀平一行，并汇报东莞的经济运行情况。

4月14—15日，商务部副部长马秀红一行就东莞市外资企业的发展情况开展调研。东莞市委书记、市人大常委会主任刘志庚，市委副书记、市长李毓全分别会见马秀红一行。在东莞市委常委、副市长江凌的陪同下，马秀红一行深入东莞爱铭数码电子有限公司、先锋高科技（东莞）有限公司和东莞台升家具有限公司等企业进行参观考察，了解企业的生产经营情况，听取企业的意见和建议。

【推进加工贸易转型升级工作会议】2009年10月15日，东莞市推进加工贸易转型升级工作会议召开。东莞市外经贸局汇报全市推进加工贸易转型升级的工作情况，厚街、大朗镇分别作经验介绍，市委副书记、市长李毓全，市委常委、副市长江凌分别作重要讲话。

【加工贸易转型升级现场会】2009年11月27日，广东省政府在东莞市召开全省加工贸易转型升级工作现场会，总结广东省特别是东莞市加工贸易转型升级试点工作经验，进一步部署全省加工贸易转型升级工作任务。省委副书记、省长黄华华作重要讲话。

【招商推介与经贸活动】参加广东省2009越南澳大利亚系列经贸活动。2009年10月18—27日，广东省政府组织经贸代表团赴越南、菲律宾、澳大利亚等地举办系列经贸活动，东莞市副市长顾春芳率团参加越南和澳大利亚站的经贸活动，鼓励和引导东莞市民营企业"走出去"寻求贸易合作商机，扩大东莞在越南和澳大利亚的影响。其中，在越南共签订贸易货单4450万美元，在澳大利亚共签订合同外资3.02亿美元，贸易成交总额1.71亿美元。

参加广东省2009韩日泰经贸交流会暨举办东莞市韩日巡回政策宣讲会系列活动。11月2—12日，东莞市委常委、副市长江凌率东莞市经贸分团赴韩国、日本和泰国参加由广东省人民政府组织的系列经济技术合作交流活动，共签订招商项目54宗，投资总额5.2亿美元，其中合同外资2.0亿美元。活动期间，东莞分团还分别在韩国首尔和日本东京举办2009东莞市帮扶企业政策宣讲会，组成多个小分队进行登门招商。

【首届广东省外商投资企业产品（内销）博览会】2009年6月18—20日，由广东省政府主办的首届广东省外商投资企业产品（内销）博览会在东莞市广东现代国际展览中心举行，为期3天的展会共吸引参展、观展、采购人数超过10万，4400多家采购商与1000多家参展企业进行洽谈对接。其中，东莞市参展企业596家，约占全省参展企业总数的52%，主要以服装、玩具、消费电子等优势行业为主；参展摊位1240个，约占全省摊位总数的53%。广东省委书记汪洋亲临"外博会"视察并宣布开幕，省委副书记、省长黄华华作开幕讲话，商务部副部长易小准出席开幕式并致辞，商务部副部长姜增伟主持召开港台产品内销座谈会。展会现场专门设置内销"一站式"服务中心，由外经贸、海关、税务、检验检疫、外汇管理等部门现场为外商投资企业开拓国内市场提供咨询服务。展会期间，先后举办沃尔玛内销业务辅导会、阿里巴巴电子商务应用说明会、百思买全球内销说明会等7场内销业务辅导活动。

【出口型企业拓展国内市场系列活动】东莞出口型企业拓展国内市场培训暨沃尔玛采购对接会。2009年4月8日，东莞市外经贸局、经贸局、沃尔玛（中国）投资有限公司在宏远酒店国际宴会厅联合举办东莞出口型企业拓展国内市场培训暨沃尔玛采购对接会。有意进入沃尔玛销售网络的500多家在莞投资企业约600名企业代表接受培训并参加“一对一”对接会。东莞市委常委、副市长江凌，沃尔玛（中国）投资有限公司政府关系总监杨国超出席开幕式。

阿里巴巴“东莞制造”专区上线。2009年6月18日，东莞市人民政府、阿里巴巴（中国）网络技术有限公司在广东现代国际展览中心联合举办“阿里巴巴‘东莞制造’专区上线仪式暨电子商务平台应用扶持政策说明会”，有意利用阿里巴巴电子商务平台的600多位企业代表参加上线仪式和说明会。东莞市委常委、副市长江凌，阿里巴巴上市公司总裁卫哲出席会议。

东莞外贸商品展销周。2009年11月19—25日，东莞市人民政府联手沃尔玛共同举办“东莞外贸商品展销周”，东莞市194家出口型企业的外贸商品同步在北京、上海、南京、深圳、昆明、成都等全国11个重点城市的28家沃尔玛购物广场进行大型展销活动。东莞市委常委、副市长江凌，昆明市人民政府副市长周小棋，昆明市商务局、东莞市外经贸局，沃尔玛（中国）投资有限公司及东莞外商投资企业协会有关负责人等出席媒体见面会及展销周启动仪式。

**【全市扩大出口保增长座谈会】** 2009年8月11日，东莞市召开扩大出口保增长座谈会。东莞市委书记、市人大常委会主任刘志庚作重要讲话，市委副书记、市长李毓全主持会议，市委常委、副市长江凌，副市长顾春芳等出席会议。东莞市外经贸局局长对全市扩大出口保增长的工作作简要汇报。江凌对全市外贸进出口形势做分析并提出工作要求，刘志庚最后强调全市上下要把扩大出口作为调结构、保增长的重要着力点，充分把握当前扩大出口的有利形势，在用足政策、强化招商、优化结构、开拓市场、加强服务5个方面强措施、抓落实，千方百计扩大出口。

**【外商联络小组协调会】** 2009年，东莞市分别在中堂、大岭山、石龙、企石、塘厦等镇街举行外商联络小组协调会11次。外商联络小组协调会每月举办一次，由市外商投资企业协会、台商投资企业协会在会前分别收集和提交需要协调解决的问题，涉及问题的职能部门在会上解答，事后书面反馈。同时，由市有关职能部门宣讲最新政策法规和扶持措施。2009年共协调解决来料加工企业不停产转三资企业涉及的土地、海关设备监管等实际问题49个。

**【在莞日资企业政企联络会议】** 2009年8月6日和12月8日，东莞市人民政府与日本贸易振兴机构广州代表处联合举行第四、五次在莞日资企业政企联络会议。东莞市政府副秘书长郭惠良，市属有关部门、日本贸易振兴机构广州代表处、日本驻广州总领事馆、在莞日资企业代表出席会议。会议旨在落实在莞日资企业政企联络会议工作机制，加强东莞市政府部门与在莞日资企业之间的沟通，推动在莞日资企业转型升级。

**【组织参加105、106届广交会】** 2009年，东莞市参加第105、106届广交会的筹备、组织及管理工作由市外商投资促进中心负责，使东莞更多企业通过广交会平台“走出去”开拓国际市场。参加第105、106届广交会的企业分别有161家和169家，出口成交额分别达3.02亿美元和3.44亿美元。参展企业中生产型企业和民营企业继续占主导地位，分别占参展企业的80%和55%。

（杨　荣　王颂辉　刘晓明　李建平）

**附：2009年东莞市对外贸易经济合作局领导名录**

局　长：黄冠球

副局长：方见波　蔡　康　周伟森

　　　　叶国柱（1月到任）

纪检组组长：周伦辉（任至4月）

　　　　　　黄朝东（4月到任）

**附：2009年东莞市外商投资促进中心领导名录**

主　任：叶国柱（任至1月）

　　　　曾育辉（1月到任）

## 2009年世界500强企业在莞投资情况

单位：万美元

| 序号 | 企业名称 | 投资方式 | 设立年月 | 所属单位 | 所属跨国公司名称 |
|---|---|---|---|---|---|
| 1 | 东莞雀巢有限公司 | 外资 | 1988.1 | 南城 | 雀巢（瑞士）Nestle' |
| 2 | 东莞南城新科磁电制品厂 | 来料加工 | 1988.10 | 南城 | 日本东京电气化学工业公司TDK |
| 3 | 东莞市桥头安迅电子厂 | 来料加工 | 1990.9 | 桥头镇 | 美国保德信人寿保险 Prudential finanical |
| 4 | 东莞兴宝化工有限公司 | 合资 | 1992.10 | 沙田镇 | 伊藤忠（日本）Itochu |
| 5 | 东莞石龙粤龙光学制品厂 | 来料加工 | 1992.3 | 石龙镇 | 京瓷（日本）Kyocera |
| 6 | 东莞三星电机有限公司 | 外资 | 1992.7 | 寮步镇 | 三星（韩国）Samsung |
| 7 | 东莞麦当劳食品有限公司 | 合资 | 1993.4 | 莞城等 | 麦当劳（美国）McDonald's |
| 8 | 东莞力达电机有限公司 | 外资 | 1993.6 | 塘厦镇 | 通用电气（美国） General Electric |
| 9 | 东莞汇勋电器制品有限公司 | 外资 | 1993.6 | 塘厦镇 | 通用电气（美国） General Electric |
| 10 | 东莞住商益安金属制品有限公司 | 合资 | 1993.7 | 沙田镇 | 住友商事（日本） Sumitomo |
| 11 | 东莞川电钢板制品有限公司 | 外资 | 1994.1 | 长安镇 | 川铁商事（日本）Kawasho |
| 12 | 东莞杜邦电子材料有限公司 | 外资 | 1994.3 | 南城 | 杜邦（美国）E.I.Du Pontde Nemours |
| 13 | 东莞石龙事务机工厂 | 来料加工 | 1994.6 | 石龙镇 | 日本柯美 |

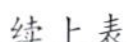

续上表

| 序号 | 企业名称 | 投资方式 | 设立年月 | 所属单位 | 所属跨国公司名称 |
|---|---|---|---|---|---|
| 14 | 东莞大华汽车维修服务有限公司 | 合资 | 1994.7 | 南城 | 怡和（香港）Jardine Matheson |
| 15 | 金霸王（中国）有限公司 | 合资 | 1994.7 | 南城 | 美国吉列公司 |
| 16 | 三井高科技电子（东莞）有限公司 | 外资 | 1994.8 | 长安镇 | 三井（日本）Mitsui |
| 17 | 国民淀粉化学（广东）有限公司 | 外资 | 1994.9 | 虎门镇 | 帝国化学（英国）Imperial Chemical Industries（ICI） |
| 18 | 东莞日技金属加工有限公司 | 外资 | 1995.11 | 常平镇 | 住友商事（日本）Sumitomo |
| 19 | 东莞宝田化工有限公司 | 合资 | 1995.12 | 沙田镇 | 伊藤忠（日本）Itochu |
| 20 | 东莞华强三洋电子有限公司 | 合资 | 1995.12 | 塘厦镇 | 三洋电机（日本）Sanyo Electric |
| 21 | 西斯尔（广东）岩棉制品有限公司 | 外资 | 1995.12 | 石龙镇 | 西斯尔（亚洲）投资有限公司 |
| 22 | 诺基亚首信通信有限公司东莞公司 | 合资 | 1995.5 | 南城 | 诺基亚（芬兰）Nokia |
| 23 | 东莞铁和金属制品有限公司 | 外资 | 1995.6 | 南城 | 新日铁（日本）Nippon Steel |
| 24 | 可口可乐装瓶商生产（东莞）有限公司 | 合资 | 1995.7 | 南城 | 可口可乐（美国）Coca-Cola |
| 25 | 东莞石龙京瓷光学有限公司 | 合资 | 1995.8 | 石龙镇 | 京瓷（日本）Kyocera |
| 26 | 东莞华强三洋马达有限公司 | 合资 | 1996.12 | 塘厦镇 | 三洋电机（日本）Sanyo Electric |
| 27 | 东莞佳汇视讯电子厂 | 来料加工 | 1996.12 | 大岭山镇 | 皇家飞利浦电子(荷兰)Royal Philips Electronics<br>伟创力（新加坡）Flextronics International |
| 28 | 恩倍福显示器(东莞)有限公司 | 外资 | 1996.3 | 清溪镇 | 日本电气公司（日本）NEC |
| 29 | 东莞时力科技电子厂 | 来料加工 | 1997.1 | 长安镇 | 日本东京电气化学工业公司TDK |
| 30 | 罗门哈斯电子材料（东莞）有限公司 | 外资 | 1997.12 | 东城 | 罗门哈斯Rohm and Hass |
| 31 | 东莞喜威液化石油气有限公司 | 合资 | 1997.6 | 经贸总公司 | SHV Holdings（荷兰） |
| 32 | 东莞百音电子有限公司 | 外资 | 1998.6 | 南城 | 先锋电子（中国）投资有限公司 |
| 33 | 东莞石龙粤龙办公设备制造厂 | 来料加工 | 1999 | 石龙镇 | 京瓷（日本）Kyocera |
| 34 | 广东福地日合偏光器件有限公司 | 合资 | 1999.7 | 南城 | 丸红商事（日本）MaruBeni |
| 35 | 东莞佳汇电子厂 | 来料加工 | 1999.8 | 大岭山镇 | 皇家飞利浦电子（荷兰）Royal Philips Electronics<br>伟创力（新加坡）Flextronics International |
| 36 | 恩智浦半导体广东有限公司 | 外资 | 2000.1 | 黄江镇 | 皇家飞利浦电子（荷兰）Royal Philips Electronics |
| 37 | 先锋高科技（东莞）有限公司 | 合资 | 2000.11 | 寮步镇 | 日本先锋株式会社 |
| 38 | 最上（东莞）电子有限公司 | 外资 | 2000.2 | 塘厦镇 | 日本先锋公司 |
| 39 | 东莞茶山宏日电容器厂 | 来料加工 | 2000.3 | 茶山镇 | 日立（日本）Hitachi |
| 40 | 阿克苏诺贝尔涂料（东莞）有限公司 | 外资 | 2000.4 | 大岭山镇 | 阿克苏·诺贝尔（荷兰）Akzo Nobel |
| 41 | 东莞清溪三清半导体厂 | 来料加工 | 2000.5 | 清溪镇 | 三洋电机（日本）Sanyo Electric |
| 42 | 东莞肯德基有限公司 | 外资 | 2000.8 | 莞城等 | 百事公司（美国）Pepsi co. |
| 43 | 先锋信泰（东莞）光学有限公司 | 合资 | 2000.8 | 长安镇 | （日本）十和田电机株式会社 |
| 44 | 东莞三星视界有限公司 | 外资 | 2001.11 | 厚街镇 | 三星电子（韩国）Samsung Electronics |
| 45 | 东莞大岭山铃鹿富士施乐电器厂 | 来料加工 | 2001.11 | 大岭山镇 | 施乐（美国） Xerox<br>富士（日本） Fuji Photo Film |
| 46 | 东莞新长桥塑料有限公司 | 外资 | 2001.12 | 沙田镇 | 三菱商事株式会社 |
| 47 | 京瓷美达办公设备（东莞）有限公司 | 合资 | 2001.12 | 石龙镇 | 京瓷（日本）Kyocera |

续上表

| 序号 | 企业名称 | 投资方式 | 设立年月 | 所属单位 | 所属跨国公司名称 |
|---|---|---|---|---|---|
| 48 | 东莞大岭山双叶机械厂 | 来料加工 | 2001.4 | 大岭山镇 | 丰田通商（日本） Toyota Tsusho |
| 49 | 东莞石龙京粤光学制品厂 | 来料加工 | 2001.5 | 石龙镇 | 京瓷（日本）Kyocera |
| 50 | 洪梅富士通电装电子厂 | 来料加工 | 2001.9 | 洪梅镇 | 富士通（日本）Fujitsu |
| 51 | 东莞石龙粤龙电磁离合器厂 | 来料加工 | 2001.9 | 石龙镇 | 京瓷（日本）Kyocera |
| 52 | 东莞百悦电子有限公司 | 合资 | 2002.2 | 南城 | 日本先锋公司 |
| 53 | 东莞沃尔玛百货有限公司 | 合资 | 2002.6 | 莞城 | 沃尔玛（美国）Wal-Mart Stores |
| 54 | 日立化成工业（东莞）有限公司 | 外资 | 2002.6 | 茶山镇 | 日立化成工业株式会社 |
| 55 | 泰科电子（东莞）有限公司 | 外资 | 2002.6 | 厚街镇 | 美国泰科国际 |
| 56 | 三井高科技（广东）有限公司 | 外资 | 2002.8 | 长安镇 | 三井（日本） Mitsui |
| 57 | 东莞能率科技有限公司 | 外资 | 2003.12 | 寮步镇 | 佳能（日本）Canon |
| 58 | 东莞新科技术研究开发有限公司 | 外资 | 2003.12 | 南城 | 日本东京电气化学工业公司TDK |
| 59 | 日立蓄电池（东莞）有限公司 | 外资 | 2003.5 | 茶山镇 | 日立（日本）Hitachi |
| 60 | 麦德龙物业管理(东莞)有限公司 | 外资 | 2003.5 | 万江 | 麦德龙Metro（德国） |
| 61 | 东莞长安新科磁电制品厂 | 来料加工 | 2004.4 | 长安镇 | 日本东京电气化学工业公司TDK |
| 62 | 日立金属（东莞）特殊钢有限公司 | 外资 | 2004.5 | 茶山镇 | 日立（日本）Hitachi |
| 63 | 日立粉末冶金（东莞）有限公司 | 外资 | 2004.6 | 茶山镇 | 日立（日本）Hitachi |
| 64 | 东莞百安居装饰建材有限公司 | 外资 | 2005.10 | 万江 | kingfisher（英国翠丰集团） |
| 65 | 东莞住矿电子浆料有限公司 | 合资 | 2005.12 | 松山湖 | 住友商事（日本） Sumitomo |
| 66 | 东莞马士基集装箱工业有限公司 | 外资 | 2005.5 | 麻涌镇 | 马士基集团A.P.Moller-Maersk Group |
| 67 | 爱思开钢铁（东莞）有限公司 | 外资 | 2005.7 | 寮步镇 | 鲜京sk |
| 68 | 东莞石龙京化镁金属制品厂 | 来料加工 | 2006.09 | 石龙镇 | 京瓷（日本） |
| 69 | 东莞家乐福商业有限公司 | 外资 | 2006.11 | 东城 | 家乐福（法国）Carrefour |
| 70 | 东莞贝盈激光仪器有限公司 | 外资 | 2006.11 | 樟木头镇 | 德国博世 |
| 71 | 杰斯比塑料（东莞）有限公司 | 外资 | 2006.12 | 松山湖 | 伊藤忠（日本）Itochu |
| 72 | 东莞杜邦华佳高性能涂料有限公司 | 合资 | 2006.5 | 万江 | 杜邦（美国）E.I.Du Pontde Nemours |
| 73 | 东莞永佳中通汽车服务有限公司 | 合资 | 2006.8 | 厚街镇 | 丰田通商（日本） Toyota Tsusho |
| 74 | 东莞三星钢材加工有限公司 | 外资 | 2006.9 | 大朗镇 | 三星物产 |
| 75 | 柯尼卡美能达商用科技（东莞）有限公司 | 外资 | 2007.11 | 石龙镇 | 日本柯美 |
| 76 | 日铁商事（东莞）经济咨询有限公司 | 外资 | 2007.11 | 南城 | 日本新日铁 |
| 77 | 东莞京瓷置业有限公司 | 外资 | 2007.11 | 石龙镇 | 京瓷（日本） |
| 78 | 东莞伟创力实业有限公司 | 外资 | 2007.12 | 机械公司 | 伟创力（新加坡）Flextronics International |
| 79 | 东莞大朗庞巴迪动力产品厂 | 来料加工 | 2007.4 | 大朗镇 | 加拿大庞巴迪 |
| 80 | 欧图（东莞）企业管理咨询有限公司 | 外资 | 2007.7 | 万江 | 德国奥托集团 |
| 81 | 东莞邦基中储粮蛋白饲料科技有限公司 | 合资 | 2007.8 | 麻涌镇 | 美国邦奇 |
| 82 | 东莞三星道达尔工程塑料有限公司 | 外资 | 2008.5 | 大岭山镇 | 韩国三星　法国道尔顿total |
| 83 | 沃尔玛（东莞）商业零售有限公司 | 外资 | 2009.2 | 莞城 | 沃尔玛 |
| 84 | 京瓷爱克（东莞）电子有限公司 | 外资 | 2009.7 | 石龙镇 | 京瓷（日本）Kyocera |
| 85 | 东莞汉莎产品技术咨询服务有限公司 | 外资 | 2009.9 | 寮步镇 | 德国奥托集团 |

## 贸促工作

【概况】中国国际贸易促进委员会东莞市委员会（简称东莞市贸促会）是市政府直属正处级事业单位。为便于对外交往，东莞市贸促会对外同时使用中国国际商会东莞商会（简称东莞国际商会）名称。截至2009年，市贸促会有27名工作人员，具有研究生学历的有5名。2009年9月9日和9月21日，东莞市贸促会长安办事处和凤岗办事处举行揭牌仪式。

【出证认证】2009年，市贸促会签发一般原产地证26300份，认证外贸单据262份，出具国际商事证明书2266份，代办领事认证712份，签发区域性优惠原产地证2份，网上签发一般原产地证785份。从8月1日起，贸促会可以签发优惠贸易协定项下出口货物原产地证书。东莞市贸促会于8月28日成功为企业办理区域优惠原产地证2份，实现广东省贸促系统办理优惠原产地证零的突破。

【组织企业参加专题讲座、研讨会】2009年，市贸促会组织300多名东莞企业代表先后参加“如何开拓美国市场”专题讲座、“深圳发展银行深圳分行金融服务商务会议”、“美国寅驰控股集团采购洽谈会”、“2009中国—伊拉克商品采购洽谈会”、“中国产品在美召回风险回避研讨会”等13场专题活动。3月3日，市贸促会在东莞举办“美国寅驰控股集团采购洽谈会”，组织25家出口企业的代表40人参加，大部分企业与美国寅驰控股集团达成初步合作意向。4月25日，由中国贸促会和东莞市人民政府联合主办、中国贸促会宣传出版中心和市贸促会承办的“2009中国—伊拉克商品采购洽谈会”在东莞举行，有130家东莞企业参加。洽谈会现场达成多项合作意向，合作金额达2000万美元。7月8日，由中国贸促会、东莞市人民政府联合主办，中国贸促会宣传出版中心和市贸促会承办的“中国产品在美召回风险回避研讨会”在东莞市会议大厦召开。中国

## 中国国际贸易促进委员会东莞市委员会

① 2009年9月23日，飞赴上海参加签约仪式的广东省副省长万庆良听取了东莞市贸促会会长李文峰关于东莞参与世博会工作的汇报

② 2009年9月23日，副市长顾春芳与东莞市代表团在世博会签约仪式上合影

③ 2009年9月17日，东莞市贸促会会长李文峰（右二）陪同副市长邓志广（左二）、市政府副秘书长郭惠良（左一）代表市政府接待了来莞参加世博会广东专题论坛的领导嘉宾

贸促会副会长张伟、东莞市人民政府副市长顾春芳等领导出席会议。美国专家就如何规避产品进入美国市场被召回风险、如何应对产品责任诉讼等问题进行讲解。12个镇街的外经办负责人及企业代表近300人参会。

【为企业争取政策补贴】2009年，市贸促会协调市外经贸局和财政局等相关负责政策补贴的部门，为东莞参加国内展览的外资企业争取展览补贴，以支持外资企业在金融海啸的形势下就地转型内销。市贸促会协助参加2009年6月22—25日举行的“穗莞港台外贸商品（广州）订货展销会”的企业申请财政补贴，补贴资金已落实到位。

【推动对外经济稳步发展】引进投资项目。2009年初，市贸促会与法国CTC集团签订协助其在松山湖设立检测中心及双方长期发展的合作协议。4月，法国CTC集团与松山湖管委会正式签订投资协议，先行投资400万元建立鞋类质量检测中心。截至2009年，法国CTC集团已在中国建立4个检测站，松山湖项目将是CTC在中国设立的最大的检测中心，可以为东莞鞋类制造企业提供产品质量国际化的解决方案，有效提高东莞皮革鞋业在国内外市场上的竞争力。

来访接待。2009年，市贸促会接待19个境内外来访团体291人次，其中包括法国CTC集团公司总监让卢克·查诺一行、中国贸促会副会长于平一行、美国寅弛控股公司董事长一行、伊拉克客商代表团一行、澳门企业家代表团一行、香港政务司司长唐英年一行、美国“中国产品在美召回风险回避”专家一行、澳门资深青商协会代表团一行等。

内外联络。市贸促会积极加强与境内外贸促机构的联系，巩固和发展同各国、各地区贸促机构和商协会以及国际组织的合作关系。2009年，先后邀请多家国外驻穗领事馆、商务机构组织国外观众参加市贸促会举办的各项活动，并协助有关领事馆举办投资推介活动，如协助印度尼西亚驻广州领事馆在东莞举办“印尼商贸机遇研讨会”；与中国贸促会先后合作举办“美国寅弛控股集团采购洽谈会”、“2009中国—伊拉克商品采购洽谈会”和“中国产品在美召回风险回避研讨会”等活动，加强与总会的联系与合作；4月8日，承办“珠三角贸促会会长座谈会”。

【企业拓展市场的贸易平台打造】2009年，市贸促会以会展业为平台，发挥会展经济对经济社会的带动作用，为企业打造拓展市场的贸易平台。

开拓展览自主品牌。5月7—10日，市贸促会主办的“第二届东莞国际茶业博览会”（简称“第二届茶博会”）在东莞国际会展中心举行。有10多万观众进场参观，达成2000万元的实际成交额。参展企业有200多家，展位500多个，展览面积超过1万平方米。

打造展览合作项目。1月9—12日，由市贸促会与石排镇政府联合主办的“首届‘中国镇’茶文化交流会”在石排镇举行，展会期间成交额达200万元；由市贸促会与广州市贸促会、广东讯展会议展览中心联合主办的“穗莞港台外贸商品（广州）订货展销会”于6月22—25日在广州锦汉展览中心举行。超过150个品牌参加，有约200个展位，占地8600平方米。展销会为期4天，超过10万人进场购物。

组织企业参观各类型著名展览会。2009年，市贸促会组织企业参观“第29届香港秋季电子产品展”、首届“香港国际茶展”、“首届南京台湾名品交易会”、第六届中国（云浮）国际石材科技展览会、香港潮流商品（广州）展览会、泰中展览业合作交流会暨泰国展览业推介会、“2009中国(深圳)国际投资贸易洽谈会”等12场展会，拓展参会企业的视野，加强企业与境内外同行的联系与沟通，增强企业应对危机的信心。

【参与2010年上海世博会工作】“世博论坛·广东”在东莞举办。2009年9月17—18日，由2010年上海世博会执委会和省人民政府联合主办，上海世博会事务协调局、广东省贸促会、东莞市人民政府和南方报业传媒集团共同承办的“世博论坛·广东”在东莞松山湖举行。全国政协副主席、中国农工民主党中央常务副主席陈宗兴，上海市人大常

①　2009年6月26日，香港政务司司长唐英年一行来访东莞。图为唐英年（右）与东莞市贸促会会长李文峰（左）亲切交谈，希望莞港两地政府部门在更多方面展开更深层的合作
②　2009年9月29日，由东莞市贸促会和印尼驻广州领事馆联合在莞举行“印尼商贸机遇研讨会”。图为市贸促会会长李文峰向印尼驻广州领事馆总领事郝力马赠送纪念品
③　2009年7月8日，由中国国际贸易促进委员会和东莞市政府联合主办，中国贸促会宣传出版中心及东莞市贸促会承办的“中国产品在美召回风险回避研讨会”在东莞举行。图为中国贸促会副会长张伟在会上致辞
④　第二届东莞国际茶业博览会于2009年5月7日在东莞国际会展中心开幕
⑤　2009年3月3日，东莞市贸促会及东莞市外经贸局共同组织出口型生产企业与美国寅弛控股集团面对面进行洽谈

①

②

委会副主任杨定华、中国国际贸易促进委员会秘书长徐沪滨，广东省副省长万庆良，东莞市市长李毓全等领导出席论坛，与来自国内外的300多名专家学者和企业家通过演讲、讨论和圆桌会议等形式，围绕“低碳经济与城市未来”这一主题进行研讨交流。9月18日，市贸促会和松山湖管委会工作人员陪同参会嘉宾到松山湖科技产业园区进行实地调研考察，介绍松山湖的发展成效以及探索发展低碳经济模式的经验。

**参与2010年上海世博会“城市最佳实践区”第三类展示案例项目**　2009年，东莞以“东莞松山湖：制造名城可持续发展的引擎”为题参选的案例经2010年上海世博会“城市最佳实践区”国际遴选委员会评审通过，列入2010年上海世博会“城市最佳实践区”第三类展示案例项目。6月12日，市贸促会联同松山湖经济贸易发展局有关负责同志拜访上海世博会事务协调局和上海现代国际展览有限公司的有关领导，了解2010年上海世博会“城市最佳实践区”及东莞参展有关事宜的详细情况。市贸促会和松山湖经济贸易发展局多次召开东莞参与“城市最佳实践区”主题研讨会，听取有关专家对松山湖参加城市最佳实践区的展示主题和内容进行的讨论，明确松山湖的展示主题“东莞松山湖：制造名城可持续发展的引擎”，落脚点是“引擎”，突出松山湖的带动力。8月，东莞向社会各界广泛征集东莞参与2010年上海世博会“城市最佳实践区”第三类展示的创意设计方案，并向相关的科研机构及展览公司咨询意见。9月23日—24日，组织参加由上海世博会事务协调局在上海召开的“2010年上海世博会第四次参展方会议”。9月24日，组织参加在上海举行的“广东省参与2010年上海世博会‘城市最佳实践区’项目签约仪式”。副市长顾春芳代表东莞与上海世博局签署参展协议。截至2009年，广州市、深圳市、佛山市、东莞市、中山市的案例正式入选中国2010年上海世博会城市最佳实践区展示。和市群众艺术馆举行多次会议，研究申报世博会日常活动日的方案，明确东莞将以节目“城市客厅：无需门票的500个文化广场”参与日常活动日，以广场集体舞、城市原创歌曲、诗歌回归大众朗诵、民俗表演、新莞人才艺展示等展示形式突出“开放、兼容、和谐、公益”的主题。

（谢海燕）

**附：2009年中国国际贸易促进委员会东莞市委员会领导名录**

会　长：李文峰

副会长：莫锦志

③

④

⑤

## 口岸工作

【概况】东莞市口岸局是代表东莞市人民政府规划、建设、管理东莞口岸和协调处理口岸问题的职能部门，内设办公室、业务、财务、人事、工程管理5个科室，下设太平、沙田、凤岗、常平、长安、寮步、麻涌7个正科级口岸分局，下辖东莞市进出境货运车辆检查场管理服务中心、东莞市口岸建设发展有限公司两个事业单位。截至2009年，东莞市建成和开通7个口岸。其中虎门港口岸和东莞铁路（客运）口岸为一类口岸。二类口岸5个（太平、沙田、莞城、麻涌、中堂进出口货物装卸点），纳入口岸管理的进出境货运车辆检查场4个（凤岗、长安、寮步、虎门临时车检场），其中凤岗车检场是全国最繁忙的二线车检场。

驻东莞口岸的检查检验单位有：东莞海关、太平海关、黄埔海关驻凤岗办事处、黄埔海关驻长安办事处、黄埔海关驻沙田办事处、黄埔海关驻常平办事处、新沙海关、东莞出入境检验检疫局、东莞边防检查站、东莞海事局、广州海事局沙角海事处。在东莞口岸配置的经营服务机构有：外轮代理、外轮理货、中国银行、港澳客运公司、航运公司、外贸进出口公司和庞大的报关服务业。东莞口岸初步形成客、货运兼有，水路、公路、铁路多通道，检查检验和经营服务机构齐全，人员、货物、交通工具进出境比较方便快捷的口岸网络，成为东莞市投资环境的重要组成部分。

2009年，经东莞市口岸入出境旅客74万人次，进出境货运车辆174万辆次，进出口货物1738万吨，进出境列车次7287辆次，入出境船舶14655艘次，特别是虎门港口岸验放的外籍船舶和货运量创历史新高，2009年经虎门港口岸进出境货运量745万吨，同比增长82.6%，进出虎门港口岸的外籍船舶（含港澳籍及航行国际航线国轮）1764艘次，同比增长10.3%。2009年市口岸局连续四年荣获“广东省口岸大通关建设”一等奖。

【口岸设施完善】口岸基建工程建设进展顺利。2009年市财政批复的口岸基建项目有41项，总投资规模29851.86万元，实施预算安排11570.18万元。截至2009年，凤岗车检场查车台改造、寮步车检场二期工程等工程已完工。沙田车检场的筹建工作进展顺利。省政府口岸办公室和东莞市政府均批复同意设立东莞市沙田进出境货运车辆检查场，建设总用地300亩，投资规模控制在26012.67万元以内，并已经纳入东莞市绿色通道建设和重点建设、督办项目。2009年开展沙田车检场建设前的各项准备工作，进行勘察设计招标工作。确定虎门港（太平）客运口岸搬迁选址位于威远岛南部填海区，2009年着手进行环保、防洪测评工作。驻莞海关执勤武警营房建设用地征地工作基本完成。

【通关推进】2009年，扩大虎门港口岸对外开放范围，沙角A、B、C电厂专用煤码头7月13日正式对外开放，九丰石化码头11月13日通过省验收组的验收；重点做好东莞市口岸安全生产工作和口岸甲型H1N1流感防控工作，确保口岸安全畅通；参与泛珠三角口岸事务交流与合作，交流口岸综合管理经验，探索口岸

东莞市口岸局

合作机制，进一步推进口岸通关模式改革创新；协助国家口岸办召开口岸物流发展调研工作座谈会。

【服务企业】2009年，市口岸局制订减免东莞市口岸相关收费的具体措施。协调驻莞查验单位，帮助九丰石化码头等企业在试营业期间试靠液化气船等，保障中远船务两艘5.7万吨大型散货船顺利下水交船，帮助企业解决实际困难。协助驻莞查验单位落实各项扶持外贸出口和加工贸易转型的优惠政策。

【口岸资源整合】2009年，市口岸局整合“两仓”资源，把寮步车检场“两仓

① 2009年12月31日，副省长万庆良带领广东省政府慰问团到寮步车检场，检查督促外经贸和口岸部门全力以赴努力奋战至2009年最后一天，并慰问口岸单位和现场干部职工，为2009年广东省外经贸抗击国际金融危机画上圆满句号。
② 2009年5月26日，国家口岸管理办公室副主任王勇智及参加首届泛珠三角区域口岸合作联席会议的九省（自治区）代表一行25人，在省人民政府口岸办公室主任邹公权、市口岸局局长郭水的陪同下视察寮步车检场
③ 2009年4月30日，东莞市委常委、副市长江凌在市口岸局局长郭水、东莞出入境检验检疫局局长詹少彤等口岸单位领导的陪同下，到虎门港（太平）客运口岸现场检查防控甲型H1N1流感措施落实情况
④ 2009年4月23日，市外商投资企业协会会长朱国基一行拜访市口岸局，代表协会感谢市口岸局的关心和指导，市口岸局局长郭水带领局分管领导及相关科室热情接待并与之座谈

家、望牛墩镇2家、中堂镇8家、万江街道2家。 （陈浩成）

## 中小企业

【概况】 2009年，东莞市中小企业有10.2万户，占全市企业总数的99.9%，其中第三产业中小企业有7.5万户，占中小企业总数的73.4%，中小企业主要从事第三产业。

全年规模以上工业中小企业实现工业总产值4688.4亿元，比上年减少5.6%，比全市降幅少0.75个百分点；实现增加值1106.24亿元，减少5.7%，比全市降幅少0.7个百分点；实现主营业务收入4451.4亿元，减少11.8%，比全市降幅少0.4个百分点；实现利税总额191.7亿元，增长6.2%，比全市增幅高2.9个百分点。

【帮扶中小企业发展】 2009年，东莞市出台《关于促进我市中小企业稳定发展的意见》，印发《东莞市民营经济工作评价体系暂行办法》，制定《关于应对金融危机冲击、扶持民营经济发展的若干政策》，并推动其配套实施细则制定的有关工作。除通过培训和协调会进行政策学习和宣讲外，还编印《帮扶企业最新政策措施汇编》和《中小企业政策汇编——应对金融危机政策专辑》小册子，派发给广大中小企业和民营企业。

继续实施10亿元融资支持计划，共公示14批5741家重点中小工业企业和加工贸易企业，经有关程序公布入库的企业有14批4752家。为扩大融资支持计划受惠面，市中小企业局联同相关部门下发《关于实施重点中小工业企业和加工贸易企业融资支持计划的补充通知》，将商贸企业和信息技术服务业企业纳入扶持范围。2008年10月至2009年12月，东莞市银行机构累计为1115家重点中小工业企业发放贷款323.11亿元，占发放贷款总额的48.6%（其中经担保机构担保的贷款累放额为16.36亿元，占贷款累放总额的86.2%），推动其中743家重点中小工业企业获合计112.07亿元的新增贷款支持，占新增贷款总额的61.3%。同时，修订《东莞市中小企业发展专项资金管理办法》，2009年专项资金3000万元。组织各类中小企业和服务机构申报国家和省专项资金，推荐项目共138项，获批资金4541.6万元。

【服务平台建设】 2009年，东莞市推进信用担保和银企合作平台建设，截至年末，登记备案登记的中小企业信用担保机构共46家，行业注册资本达66.2亿元，注册资本1亿元以上（含1亿）有25家，46家备案信用担保机构累计担保总额为422.98亿元，累计担保户数为1.07万家企业。完善服务体系平台建设，印发《东莞市中小企业服务机构示范单位认定暂行办法》及《东莞市中小企业服务机构示范单位评分标准》，协调筹备成立中小企业综合服务机构协会。加强信息交流平台建设，合并东莞民营网和东莞市中小企业网，吸纳会员企业3300多家，总访问量达680万，日均访问量5万多次，更新信息2.3万多条；编印3期《东莞民营经济信息》刊物；编发6期中小企业信息园地彩信。 （陈浩成）

## 民营经济

【概况】 2009年，东莞市民营经济增加值为1326.28亿元，同比增长10.2%，比全市增速高4.9个百分点，占全市GDP的35.2%，三大产业比重分别是0.4∶34.7∶64.9，第三产业比重比2008年增加2.9个百分点。民营三大产业增加值占全市三大产业比重分别为34.4%、26%和43.6%。

截至年末，全市民营登记注册户数已达47.8万户，比上年末增长0.3%，其中私营企业7.42万元。规模以上民营工业增加值170.32亿元，同比增长5.5%，分别比全市和外资高11.9个百分点和14.8个百分点，占全市规模以上工业增加值的12.9%。规模以上民营工业总产值782.36亿元，同比增加6.9%，分别比全市和外资高13.2个百分点和16.3个百分点。

民营企业拥有驰名商标15个（2009年新获评7个），拥有中国名牌产品14个，均占全市总数的75%；全市共有295个广东省著名商标和广东省名牌产品（工业类），其中超过六成为民营企业所拥有。全市市级民营科技企业有2003家，比上年增长11.5%，省级民营科技企业有562家，增长18.8%。

民营经济中行业比重最高的前三位依次是占23.8%的批发零售业，占19.2%的房地产业和占16%的住宿餐饮业，占比分别比上年提高3.26个百分点、下降9.29个百分点、提高7.8个百分点。社会性服务业中，民间资本投入比重较大，全市经批准开办的民办中小学241所，占全市学校总数的84.6%，全市民办幼儿园515所，比公办幼儿园多341所，全市累计吸引社会资金63.5亿元兴办民办普通中小学；全市已办证的民营医疗机构（不含卫生站及医务室）共287所，其中医院25所，约占全市医院35%。

全年民营企业固定资产投资额达423.59亿元，比上年增长15.1%，占全社会固定资产投资额38.7%；民营企业进口额为68.17亿美元，减少11.2%，占全市进口额17.5%，比全市进口总额降幅少7.3个百分点；出口额为96.19亿美元，减少8.7%，占全市出口额17.4%，比全市出口总额降幅少7.2个百分点；进出口总额为164.4亿美元，减少9.6%，占全市进出口总额的17.5%，比全市进出口总额降幅少7.4个百分点。

【排忧解难协调制度】 2009年，东莞市认真实施民营企业排忧解难协调制度，通过定期走访企业、发放问题反馈表、征集镇街意见等方式，及时掌握企业发展过程中遇到的困难和问题，并以书面函复或在协调会上现场办公的形式为企业协调解决。全年举办4次东莞市民营企业排忧解难协调会，累计协调近30个职能部门为企业处理诉求102项，重点宣讲和汇编政策22项，并为多家重点企业协调解决“老大难”问题，如广东日之泉公司购入物业权属变更过户、仙津公司东部快线征地补偿、东莞电机公司搬迁补偿拨付等。

【企业家培训与健康工程】 2009年，东莞市共举办13期面对面活动（总54期）和澳大利亚蒙纳士大学高级研修班、中山大学酒店管理高级研修班、上海交通大学客户管理与卓越服务高级研修班、东莞市零售行业南京大学专题模块课程班等4期“东莞民营企业家课堂”，培训企业家及高管人员共达4000人次。编印《东莞民营企业家面对面》书刊。此外，还举办10期政府资金申报项目经理培训班，培训企业代表1100人次。

2009年11月底至12月初，东莞市中小企业局正式实施民营企业家健康工程，以提高民营企业家对自身健康的关注意识，推动做好自身身体保养，从而保障企业发展的稳定性和民营经济发展的可持续性。本次健康工程分健康体检和疗养保健培训两部分。参与此次活动的企业家所在企业或称号包括历届省百强民营企业、省先进民营企业、省优秀民营企业家，历届东莞市50强民营企业、市优秀民营企业家，2006年度以来纳税1000万以上的民营企业、向市各项社会公益捐款200万以上的民营企业，上市民营企业，拥有中国驰名商标、中国名牌产品的民营企业和中国民营企业进出口百强中的东莞民营企业等。

【众生药业上市】广东众生药业股份有限公司于2009年12月11日在深圳证券交易所正式挂牌上市。这是自1998年生益科技上市之后，东莞首家通过公开发行股票登陆A股的企业，也是IPO重启后东莞首家上市企业，至此，东莞上市公司增至六家。该公司是一家以药品研发、生产与销售为主营业务的民营企业，2007年起开始筹备上市工作，2009年9月通过中国证监会发审委审核。

【首个非公企业党建展览馆】2009年9月19日，东莞首家非公企业党建展览馆——东莞非公企业党建展览馆在广东唯美陶瓷有限公司建成开馆。展览馆分“新领域”、“新实践”、“新成果”3个单元，通过实物、资料、图片等方式，讲述东莞非公企业党建的创新历程和东莞“两新”组织党组织覆盖面增长12倍的故事，系统展示改革开放以来东莞非公企业党建工作所取得的成就。广东唯美陶瓷有限公司党委曾先后被评为广东省先进基层党组织、东莞市红旗基层党组织，是东莞唯一一家全国党建工作研究会联系点。（陈浩成）

## 电力能源

【概况】2009年，受国际金融危机影响，东莞市经济发展速度有所回落，全市电力能源需求放缓，出现负增长。全年累计完成总供电量488.85亿千瓦时，比上年下降3.7%；完成售电量478.19亿千瓦时，下降1.9%，其中农排用电量0.93亿千瓦时，下降2.4%；工业用电量376.10亿千瓦时，下降4.3%；商业用电量46.57亿千瓦时，增长4.6%；城镇居民生活用电量54.58亿千瓦时，增长11.3%。全市最高用电负荷961.3万千瓦（8月3日），同比轻微增长0.66%。全市11个成品油批发企业批发量87.42万吨，比上年减少9%，其中汽油58.34万吨，柴油29.08万吨。零售销售量146.21万吨，减少19.5%，其中汽油93.21万吨，减少3.16%；柴油53万吨，减少38%。

【电网建设】2009年，东莞市制定《东莞电网建设绿色通道实施细则》，下达《关于将输变电工程和节能工作完成进度与用电挂钩的通知》。累计完成电网建设投资33.05亿元，比上年增长76%，完成年度投资计划的100.7%；共投产110千伏及以上输变电工程20项，增加变电容量420.3万千伏安，增长87.2%；新建输电线路372千米，增长51.2%。

【自发电用户转电网】2009年，东莞市加大有关自发电用户转电网工作。全市累计接入自发电转用网电的用户6384户，变压器148台，接入自发电容量14.70万千伏安。增加电网的售电量1.45亿千瓦时；全年转用网电的自发电用户共节约电费支出4311.89万元。村不再需要为电厂亏本经营“买单”，减轻经济负担。由于小火电机组的退出运行，减少能源消耗及二氧化硫、氮氧化物和烟尘的排放量。

【电力运行】2009年，东莞市没有因电力缺口而安排错峰轮休，但存在局部区域和时段因电网过载出现限电的情况。为最大限度减小电网过载限电，加强用电管理，通过合理安排电力运行方式，减小局部电网负载，避免线路过载，严格管理计划停电、临时停电和重复停电，切实减少用户停电次数。通过上述措施，市中心区、镇街、农村用户平均停电时间为3.41、7.83、16.86小时，同比减小1.55、6.8和52.64小时，减少停电1425次。

【天然气汽车加气站建设】2009年，东莞市CNG汽车项目推广工作领导小组办公室印发《东莞市压缩天然气汽车改装维修工作指导意见》，公交车和出租车天然气改造工作稳步推进，全市使用天然气的公交和出租车2626辆。全年新建9座加气站投入运营。（陈浩成）

## 节能减排

【概况】2009年，东莞市连续四年超额完成省政府下达的节能目标，全年单位GDP能耗同比下降超过4.4%，“十一五”节能目标完成进度已超过90%，比计划进度快10%以上。上半年，市经贸局组织对省监管及市监管重点耗能企业2008年度的节能目标完成情况和节能措施落实情况进行考核。参加考核的46家省监管及市监管重点耗能企业中，被认定为超额完成等级的有8家，完成等级的23家，基本完成等级的8家。市经贸部门牵头制订《东莞市节能监察暂行办法》。市能源利用监测中心在全市范围内选取18家重点耗能企业开展节能监察执法试点。出台《东莞市重点耗能企业节能督导检查工作方案》，对重点耗能企业的节能工作进行现场监督检查。下半年出动134次，检查全市33个镇街（含松山湖）764家重点耗能企业。

【节能激励机制】2009年，东莞市经贸部门对《东莞市节能与清洁生产专项资金管理暂行办法》作了修订。全年分2批组织申报市节能与清洁生产专项资金，17家企业的清洁生产项目获得财政资助，带动企业实施中高费方案90个；26个节能项目获财政资助，实现节能量9.7万吨标准煤。

【节能产品和技术】2009年，东莞市出台《2009年东莞市高效照明产品推广实施方案》，全年共推广高效照明产品57.7万支，超额144%完成省下达的任务。出台《东莞市节能产品（技术和项目）及节能技术服务单位信息备案制度》。

开展水煤浆应试点工作，4家企业被选为首批试点。制订《东莞市推广应用水煤浆试点单位验收工作方案》，并组织市有关部门和专家对试点企业的水煤浆锅炉建设运行和尾气排放情况进行现场验收。

【低碳经济和清洁生产】2009年，东莞市经贸部门协助东莞生态园申请省循环经济试点园区；组织东莞市循环经济试点镇街实施方案专家评审会，对中堂镇、石龙镇的《循环经济试点规划》进行评审。10月，组织对省第一批循环经济试点企业评估考核。11月，通过省经信委组织的评估考核；12月，石龙信息产业园通过省经信委组织的考核。制定《东莞市开展太阳能光伏并网发电试点工作方案》，初步选择7个单位为第一批试点单位。全年有21家企业通过清洁生产评审，6家企业的产品被认定为广东省资源综合利用产品（工艺）。

（陈浩成）

## 无线电管理

【概况】2009年，东莞市无线电管理机构继续加强频率、台站管理和维护电波秩序等各项工作，完成无线电立法课题研究,从监管、服务、保障等方面狠抓工作落实，推进无线电管理工作取得新成效。办理移动通信基站执照2415个，比上年增长93%；全年共新发放无线电台执照343个，无线电台站年审124家，共检测各类设备445台；查处各类无线电干扰85宗，同比增长25%；共受理无线电发射设备型号核准27单，全部办结。

【专项执法活动】2009年，东莞市无线电管理机构成立专项行动小组对辖区内的星级酒店、饭店进行大规模的上门清理行动，累计走访40家企业，其中餐饮企业26家，桑拿沐足企业14家，未办证企业陆续补办无线电台执照。加强与市建设局和市房管局等部门的沟通联系，向建筑工地及物业小区发文，敦促6家建筑企业和3家物业管理公司办理电台执照。市无线电管理机构发文到各直属单位、镇街和镇街经贸办，督促5家机关单位、16家大型企业、5家镇村企业办理相关手续。

【无线电安全保障】2009年春运期间，东莞市无线电管理机构成立春运无线电通信保障工作应急领导小组，制定春运无线电应急保障方案，重点加强民航、公安、交通、水运、广播电视等部门的通信频率进行监听、监测，实行24小时值班制度及零报告制度，共出动人员31人次，监测时间总计936小时。排查可疑频率一批，保证春运期间重要无线电通讯业务工作的正常秩序。配合教育局、人事局等相关部门做好国家重大考试的保障工作，使用移动监测设备在考场及周边地区巡查，对相关无线电信号进行监测监听，对疑似作弊信号进行监测查找，防止有人利用无线电设备进行考场作弊，确保各项考试的顺利有序进行，共参与各类11场重大考试无线电监察保障工作，出动人员104人次，出动车辆12次，累计监测270小时。

【立法课题项目研究】2009年，东莞市无线电管理机构受省委托承担《推动广东省无线电产业科学发展的法制建设研究》无线电管理立法课题。经公开招标确定与东莞市党校协作开展课题研究并成立课题组。课题组先后深入广西、云南、湖北、福建四省调研，与当地省市的无线电管理方面的领导和专家广泛交流，听取意见、建议和吸收各方经验，搜集大量资料。经过研究整理，形成课题研究报告，并通过省市专家的评审，在全省承担课题研究的地市中第一个通过项目验收。（陈浩成）

## 行业协会活动

【东莞市中小企业服务机构协会筹备大会】2009年12月13日，东莞市中小企业服务机构协会筹备大会在东莞宾馆举行。筹备大会通过章程和选举办法，选出29名协会的第一届理事会成员，推举协会首届会长和副会长。协会下设培训专业委员会、财税审计专业委员会、法律咨询专业委员会、金融服务专业委员会、综合服务专业委员会、技术创新服务专业委员会、管理咨询专业委员会等7个专业委员会。协会宗旨是为广大中小企业搭建完善的综合服务平台，推动全市各行业服务机构为中小企业提供更优质的服务。

【东莞市鞋材行业协会成立】2009年8月17日，东莞市鞋材行业协会在厚街镇成立。市鞋材行业协会由厚街皮料市场、南峰国际皮革鞋材交易中心、厚街远隆皮料市场、宏利制革、东莞万华皮革有限公司等业内代表性企业发起成立，加盟协会的有118家来自东莞的鞋材厂商和鞋材销售商。（陈浩成）

## 支柱产业

【概况】东莞市制造业总产值占规模以上工业的90%以上，形成以电子信息、电气机械、纺织服装、家具、玩具、造纸及纸制品业、食品饮料、化工等八大产业为支柱的现代工业体系。2009年，八大支柱产业增加值达779.83亿元，占规模以上总产值的58.8%。其中，通信设备、计算机及其他电子制造业285.02亿万元，占规模以上总产值的21.5%；电气机械及仪器仪表制造业162.97亿元，占12.3%；纺织服装鞋帽制造业126.1亿元，占9.5%；造纸及纸制品业74.83亿万元，占5.6%；家具制造业34.4亿元，占2.6%；玩具制造业20.8亿元，占1.6%；食品饮料制造业43.01亿元，占3.2%；化工制品制造业32.68亿元，占2.5%。

【电子信息制造业】2009年，东莞市电子信息制造业规模以上企业有888家，累计实现工业总产值1590.84亿元，比上年下降8.4%，比全市增速低2.1个百分点，占全市规模以上工业总产值的26.8%；实现工业增加值285.02亿元，下降10.3%，比全市增速低3.88个百分点，占全市规模以上工业增加值的21.5%；实现利润总额21.16亿元，下降39.6%，占全市利润总额的13.6%。

【电气机械制造业】2009年，东莞市电气机械制造业规模以上企业有716家，累计实现工业总产值811.84亿元，比上年下降11.3%，占全市规模以上工业总产值的13.7%；实现工业增加值162.97亿元，下降12.4%，占全市规模以上工业增加值的12.3%；实现利润总额20.79亿元，增长33.4%，占全市利润总额的13.4%。

【纺织服装业】2009年，东莞市纺织服装规模以上企业有652家，累计实现工业总产值441.88亿元，比上年下降0.04%，占全市规模以上工业总产值的7.4%；实现工业增加值126.1亿元，增长0.7%，占全市规模以上工业增加值的9.5%；实现利润总额7.37亿元，增长101%，占全市利润总额的4.7%。拥有生产企业5000多家，大型批发市场175多家，商场、专卖店及各类中小零售企业、个体户5000多家，是全国首批十大“纺织产业基地市”之一，并涌现“中国女装名镇”（虎门）、“中国羊毛衫名镇”（大朗）等全国闻名的产业集群。

东莞市纺织服装产品种类丰富，大致可以分为3大类。第一类为纺织产品，主要有针织布、梭织布（含牛仔布）、无纺布（含衬布）以及线、编带、花边等等；第二类为服装类产品，主要有西服、婚纱、晚礼服、休闲装、男（女）套装、时装、衬衫、T恤、内衣、童装、泳装、制服、西裤、牛仔裤等等；第三类为服装配套产品，主要有绣花、印花及洗水印染等等。

东莞市纺织服装产业，形成3大产业集群带。一是以虎门为中心，向长安、麻涌、沙田等镇沿珠江口海岸线两翼延伸而成的沿海纺织服装产业带。二是以大朗为中心，向南、北两端延伸扩展的中部毛针织产业带，涵盖常平、寮步、东城、石龙、石碣、石排、桥头、东坑、茶山等镇街。三是以中堂为中心，向道滘、望牛墩、万江等镇街延伸的水乡片牛仔服洗水印染产业带。

【家具制造业】2009年，东莞市家具制造业有1500多家企业，其中规模以上企业有233家；累计实现工业总产值150.82亿元，比上年下降11.6%，占全市规模以上工业总产值的2.5%；实现工业增加值34.41亿元，下降9.6%，占全市规模以上工业增加值的2.6%。

东莞市家具企业主要分布在大岭山和厚街两镇。其中大岭山镇以出口为主，厚街镇以内销为主。

东莞市家具制造业从原材料采购、机械设备、零配件加工及供应、成品装配到营销、配送、资讯、设计以及会

展，形成从上游到下游互相协调、相对完整的产业链条。专供原材料的木材市场、零配件市场、机械及维修市场和家具成品市场都已形成相当规模，东莞是“珠三角”地区家具集散地和辐射源。

【玩具制造业】 2009年东莞市玩具制造业有玩具企业3000多家，主要集中在东城、虎门、寮步、厚街、茶山、长安、石排、清溪、塘厦、凤岗、常平等镇街。其中，规模以上企业有652家，累计实现工业总产值441.88亿元，比上年下降0.04%，占全市规模以上工业总产值的7.4%；实现工业增加值126.1亿元，增长0.7%，占全市规模以上工业增加值的9.5%。实现利润总额7.37亿元，增长101%，占全市利润总额的4.7%。玩具产品以电子、电动、塑胶和毛绒玩具为主，同时有少量木制、玩偶服装、充气玩具等，其他种类产品相对较少。产品档次以中高档为主，其中有电子教育玩具以及光控、声控、遥控、人机互动等科技含量较高的智能玩具。东莞市的玩具产业主要是在承接香港玩具制造业转移的过程中发展起来的，因而产业外向性特征极为鲜明，90%的企业为“三资”企业，其中港资企业约占80%，台资、日资、韩资企业约占10%。产品外销比重达90%以上。

【食品饮料制造业】 2009年，东莞市食品饮料制造业规模以上企业有55家，累计实现工业总产值175.97亿元，比上年下降0.13%，占全市规模以上工业总产值的2.9%；实现工业增加值43.01亿元，增长1%，占全市规模以上工业增加值的3.2%；实现利润总额16.14亿元，增长20%，占全市利润总额的10.4%。

食品饮料制造业以生产饮料、烘焙、糖果、调味品、食品添加剂、粮油加工、冷冻食品为主。其中有东莞腊味、东莞麦芽糖、东莞米粉、东莞腐竹等传统产品，“可口可乐”、“雀巢”、“加多宝”、“日之泉”等饮料，“华润”、“金威”、“珠江”等啤酒，“嘉顿”、“华美”、“荣华”、“思朗”等饼干，“徐福记”糖果，“圣心”糕点，“七宝一丁”、“龙华日清”等方便面。

【造纸及纸制品业】 2009年，东莞市造纸及纸制品业，规模以上企业有314家，累计实现工业总产值339.34亿元，比上年下降1.7%，占全市规模以上工业总产值的5.7%；实现工业增加值74.83亿元，下降1.8%，占全市规模以上工业增加值的5.6%；实现利润总额14.91亿元，增长37.2%，占全市利润总额的9.6%。

【化工制品制造业】 2009年，东莞市化工制品制造业规模以上企业有180家，累计实现工业总产值146.91亿元，比上年下降2%，占全市规模以上工业总产值的2.5%；实现工业增加值32.68亿元，增长0.7%，占全市规模以上工业增加值的2.5%；实现利润总额7.87亿元，增长24.5%，占全市利润总额的5.1%。

（陈浩成）

## 会展业

【概况】 2009年，东莞市共举办大中型展览会（1万平方米及以上）48场，参展企业总数1.43万家，参观客商125万人次，展览总面积超过150万平方米，涉及电子机械、纺织服装、家具、造纸印刷、五金模具、食品、动漫等多个行业。首届中国国际影视动漫版权保护和贸易博览会、首届广东外商投资企业产品（内销）博览会、第十一届中国（东莞）国际电脑资讯产品博览会、第21/22届国际名家具（东莞）展览会、第九届中国（长安）国际五金机械模具展览会、第八届中国（大朗）国际毛织产品交易会、第十四届中国（虎门）国际服装交易会、2009中国（东莞长安）国际饰品及加工机械展览会、2009中国（塘厦）国际高尔夫用品博览会、2009广东东莞模具制造·机械展览会、第十一届东莞国际模具及金属加工展、第十一届东莞国际橡塑胶包装压铸及铸造展、第9/10届中国东莞国际鞋展·鞋机展等大型专业展会如期举行。会展业对制造业和酒店、餐饮、零售业的促进作用继续加大，被誉为“华南工业展览之都”的知名度和影响力不断提升。

【首届中国国际影视动漫版权保护和贸易博览会】 2009年12月30日至2010年1月3日，由国家广电总局、广东省人民政府共同主办，东莞市人民政府承办的首届中国国际影视动漫版权保护和贸易博览会（简称“动漫展”）在东莞国际会展中心举行，是首个在东莞举办的国家级展会。

此届动漫展的展区面积4万平方米，设立标准展位1500个。展会吸引参展企业450家，其中包括原创影视动漫企业187家、动漫产业基地5个、衍生产品企业199家，以及与动漫相关的生产企业50家，此外，展会还吸引36家境外原创企业参展。展会吸引观众近45万人次，达成动漫版权交易成交意向120项，成交总金额高达82亿元。

【首届广东外商投资企业产品（内销）博览会】 2009年6月18—20日，由商务部支持和指导，广东省人民政府主办，广东省外经贸厅、广东省经济和信息化委员会和东莞市人民政府承办的首届广东外商投资企业产品（内销）博览会（简称“外博会”）在广东现代国际展览中心举行。

外博会展览面积5万平方米，设立标准展位2500多个，来自广东21个地级以上市的118家优质外商投资企业参展，参展产品种类上万种，涵盖家电、消费电子、服装鞋帽、玩具礼品、餐厨用品、家居饰品、卫浴装饰、日化用品以及食品等九大类。3天的展销活动，入场参展、观展、采购总人数超过10万人次，达成商贸项目（含合同、协议和意向）4879个，总金额达509亿元，其中沃尔玛、特易购、易初莲花、好又多、广百股份等大型连锁零售巨头、商场分别与参展外商投资企业签订大额合同。

【第十一届中国（东莞）国际电脑资讯产品博览会】 2009年10月14—16日，由广东省信息产业厅、广东省科学技术厅、广东省外经贸厅和东莞市人民政府共同主办的第十一届东莞国际电脑资讯产品博览会（简称“电博会”）在东莞国际会展中心举行。

第十一届电博会以“全新打造，共赢全球商机”为主题，以“搭建最佳内销平台、打造电子信息产业供应链全球采购第一站”为目标，展览规模2.5万平方米，参展企业557家，展位1200个，东莞市政府对本届电博会展费实行全额补贴。在1200个免费展位中，东莞电子企业的展位达到986个，占总体参展企业的90%，其余是珠三角以及北京、上海的电子企业。进场采购商总人数达3.14万人次，国外买家达到1831人次，首推“一对一”配对洽谈现场达成合作意向101家。

与上届相比，第十一届电博会整体规模扩容明显，其中参展商、展位数及展示面积分别增长63%、32%及25%，参观人数和海外买家人数增幅分别达96%和68%，网上预登记人数和海外买家预登记人数分别增加34.1%和78.2%。

【第21/22届国际名家具（东莞）展览会】 2009年3月16—20日和9月4—8日，由东莞市人民政府主办的第21届和第22届国际名家具（东莞）展览会（简称

▲ 第十一届中国（东莞）国际电脑资讯产品博览会　（张德全　摄）

"名家具展"）先后在广东现代国际展览中心举办。

第22届名家具展展出面积24万平方米，设展馆9个。共吸引国内近20个省市区及韩国、意大利等国家的840多家企业参展，接待全球专业买家约6.8万人次。除迪信、皇朝、伟安、华辉、永信、顾家工艺、城市之窗、圣奥、台升等企业参展外，来自北欧U客和克劳斯蒂的软体家具、理亨美家的古典家具，以及迪诺雅的"枫采"五代和六代新品均首次亮相。此外，展会组委会创新展销模式，斥资2000万元建立"名家具·简爱家居饰品中心"专业饰品馆，并首创举办全球家具产业转型升级论坛。

**【第九届中国（长安）国际五金机械模具展览会】** 2009年11月26—29日，由中国机械工业联合会、广东省经济和信息化委员会、东莞市人民政府共同主办的第九届 中国（长安）国际五金机械模具展览会（简称"长展会"）在长安镇众源城举办。

长展会始于2001年，于2006年升格为国际级，已成为中国五金机械模具界具有影响力的专业展会之一。本届展会展览面积超过1万平方米，其中设置室外展位500个，共有如北京精雕、巨冈机械、苏州美光、深圳信德利、台湾钜斧等300多家企业参展。展会设机械配件及附件展区、模具及配件展区、特装专区（机械及金属加工专区）、长安展区（市五金机械模具行业协会会员企业专区）、自动化控制等5大功能展区。其中，特装专区和长安展区是新设置的展区，特装区主要是一些大型五金机械模具企业参展；长安展区展出的企业来自东莞市五金机械模具行业协会的100家会员企业。

**【第八届中国（大朗）国际毛织产品交易会】** 2009年11月1—4日，由中国毛纺织行业协会、中国国际贸易促进委员会纺织行业分会、东莞市人民政府联合主办的第八届中国（大朗）国际毛织产品交易会（简称"毛织会"）在大朗毛织贸易中心举办。

第八届织交会以"创新和发展"为主题，以创新促进发展，以发展推动创新，在专业性、国际性、贸易性方面有全新的突破。主会场共设展位近1700个，吸引专业客商近12万人次参观采购，其中专业采购团超过80多个，其中包括意大利华人贸易总会、莫斯特集团（俄罗斯采购团），美国、法国、日本、香港等国家和地区的国际客商团，中国超市联合采购交易联席会议、中国SPAR成员企业、中国百货业协会，国内各地区行业协会机构组织的国内采购商团。

此外，活动期间还举办"东莞中小企业与大型零售商（纺织服装）专场对接会"和"中国超市联合采购交易联席会议与大朗毛织企业对接会"等系列活动，签订意向总额8200多万元。参加本届"织交会"的外商约有70%与大朗毛织企业达成合作意向。

**【第十四届中国（虎门）国际服装交易会】** 2009年11月13—17日，由东莞市人民政府主办的第十四届中国（虎门）国际服装交易会（简称"服交会"）在虎门黄河时装城举办。

第十四届服交会展览总面积30万平方米，展位1万多个，共设分会场29个，主会场设在黄河时装城六楼，面积为1.84万平方米，展位数共810个。此外，还设有特展服装展位439个、零售服装展位94个、辅料展位48个和设计师长廊展位24个。服装机械类展品首次拥有独立的专业会场，吸引银箭、祖克、大洋等40多家国内外服装机械知名品牌商家进场参展。交易会共吸引90多万人次进场参观。韩国、乌克兰、俄罗斯等十几个国家的采购商前往参观采购，其中有韩国商会组织40多个面料企业和10余家服装厂家。

**【2009中国（东莞长安）国际饰品及加工机械展览会】** 2009年4月26—29日和10月22—26日，由东莞市人民政府、中国国际贸易促进委员会商业行业分会共同主办的首届和第二届中国（东莞长安）国际饰品及加工机械展览会（简称"饰品展"）分别在长安众源城举办。

第二届饰品展展览面积超过13万平方米，展位2000多个，来自美国、英国、德国、日本、韩国、印尼、南非等国家，中国台湾、香港以及广州、义乌、东海、梧州、海丰、浦江等地区的1300多家企业参展。展品包括成品、半成品、原材料、配件、加工技术、加工机械，形成完整的产业链展示平台。200多家台湾饰品礼品企业占据1万多平方米展区面积集中展示，成为国内最大规模的台湾饰品礼品展区。此外，还首次推出饰品加工机械展区，成为国内唯一的饰品加工机械展贸平台。

**【2009中国（塘厦）国际高尔夫用品博览会】** 2009年11月25—28日，由中国商业联合会、东莞市人民政府、广东省高尔夫球协会联合主办的2009中国（塘厦）国际高尔夫运动用品博览会（简称"高博会"）在塘厦体育馆举办。

首届高博会展览面积1万平方米，国际标准展位473个，设有"球场及练习场设施设备"、"个人消费品及OEM生产"、"球场球会及旅游推介"、"媒体及行业服务"、"特装综合"以及"其他用品"6个展区，共吸引来自国内和英国、美国、德国、意大利、法国等30多个国家的200多家生产企业前往参展。主要展品包括球杆球具、电动球车、草坪机械、灌溉设备、练习场设备、服装服饰、时尚消费品、原配件及OEM生产技术等30多个类别，近1000种产品。活动期间，还举办塘厦高尔夫运动用品产业发展论坛、中国高尔夫球OEM生产技术交流会等一系列活动，共签订合同3000多宗，现场成交总额达1.2亿元，意向成交总额3.5亿元。

**【2009广东东莞模具制造·机械展览会】** 2009年4月15—17日和10月13—

16日，由东莞市经济和信息化局、横沥镇人民政府及广东省模具工业协会共同主办的首届和第二届广东东莞模具制造·机械展览会（简称“模具展”）先后在横沥汇英国际模具城举办。

第二届模具展展览面积2.5万平方米米，设标准展位500多个，分机械设备及工具、模具制造、技术及配件等4个展区，吸引来自国内外的300多家企业参展，其中包括南方冲压模具联盟、瑞士GF阿奇夏米尔集团、博耐特集团、北京精雕、宝玛数控、黄河精机、英利数控、台一集团、台湾正河源、台湾众舜、台铭、昌勇实业股份有限公司、佛山丰堡精密机械有限公司、深圳远见机械有限公司等企业。

展会共有3.2万人次进场参观，现场成交金额2300多万元，200多家企业与参展商达成购销意向金额约9000万元。此外，吸引北京精雕、汇泰贸易有限公司、长安好嘉五金模具等多家企业计划进驻汇英模具城。

【第十一届东莞国际模具及金属加工展及第十一届东莞国际橡塑胶包装压铸及铸造展】 2009年11月18—20日，由香港讯通展览公司和东莞市机械行业协会主办、厚街镇人民政府协办的第十一届东东莞国际模具及金属加工展及第十一届东莞国际橡塑胶包装压铸及铸造展（简称“DMP”）在广东现代国际展览中心举办。

第十一届DMP设标准展位4000个，汇聚欧美日韩中港台著名机械、模具及金属加工、橡塑胶及包装的著名参展商1000家，包括牧野、沈阳机床、DMG、哈斯、森精机、励泰、艾尔发、沙迪克、海克斯康、通快华嘉、GF阿奇夏米尔、东源、联信、克迈特、台一、恒岁、哈科、翔亚、嘉信、章和、明利钢材、东信、亚星、宝元、蔡司、捷高、大族、煜高、欧士机、精雕、百超、西门子、波龙、森拉天时、特纳斯、卓乐、一胜百、津田驹、MST、养志园、韩国深孔钻、杭州机床等知名模具及金属加工企业，以及香港塑料机械协会展团—仁兴、力劲、通用、国基、液动力、科升、特佳、司达行、惠来等知名橡塑料和包装企业。展会吸引10万名专业观众前往参观洽谈，为众多企业开拓市场、改进技术、提升核心竞争力提供了一个重要的商贸平台。

【第9/10届中国东莞国际鞋展·鞋机展】 2009年5月5—7日和10月28—30日，由中国轻工工艺品进出口商会、杜塞尔夫展览（中国）有限公司、香港雅式展览服务有限公司以及广东现代会展管理有限公司联合主办的第九届和第十届中国东莞国际鞋展·鞋机展先后在广东现代国际展览中心举办。

东莞国际鞋展·鞋材展，被誉为亚洲一站式中高档鞋品、鞋材、鞋机采购平台。第十届鞋展·鞋机展展览面积2万平方米，参展商500家，吸引约1.6万名海内外专业观众莅临参观采购。在成品鞋方面，除杰豪、精进、伊斯卡（ISCA）、华伸、龙源等多家老展商参展外，超凡鞋业、合兴工业、深圳凯佳乐、香港鸿达、美国E&R Generation等也首次亮相。同时活动还首设“名鞋廊”，展示参展商为开拓内销市场而开发的自家品牌和特色产品，包括莱瑞利鞋厂的“Narini”、“Iagomal”，琪胜鞋业（东莞）有限公司的“迪宝.阿治奥”，东莞市恒竣贸易有限公司的“Next Stage”、“Coco Cutey”等。

（陈浩成）

**附：2009年东莞市经济和信息化局领导名单**

局党组书记、局长：陈桂明

局党组副书记、副局长：梁经昌

局党组成员、副局长：罗　斌　叶葆华　侯小平　刘炯贤　刘国康

局党组成员、副局长、市中小企业局局长：黄　怡

局党组成员、纪检组组长：丁颂庆

局党组成员、副调研员：廖汝林

副调研员：张炳林　王秋玉

## 东糖集团有限公司

【概况】 东糖集团有限公司是由始建于1935年的广东省东莞糖厂转制设立的民营企业，是广东省百强民营企业和东莞市工业龙头企业。2009年，总资产61亿元，拥有27个全资、控股子公司。主营食糖生产、贸易、原糖加工、制浆造纸、食品生物工程、热电能源；建有广东东莞、中山，广西来宾、横县、天等，山西大同，云南建水、石屏等生产基地。面对国际金融危机，集团遵循“认清形势、和谐共识，精细管理、开源节流，变革创新、增强活力，健康生存、稳步发展”的工作指导方针，把握机遇，化危为机，全年实现销售收入45亿元，利税8.6亿元。

2009年，东糖集团有限公司获广东省连续21年守合同重信用企业称号，保持“白莲牌”“丹宝利”牌等名牌名标称号。被认定为东莞市首批制造业“总部企业”。

【投资与发展】 2009年，东糖集团有限公司在广西南宁市新组建广西东糖投资有限公司，为集团扩张广西糖业打造专业性平台。广西东糖投资有限公司在控股天等俊杰糖业有限责任公司60%股权、横县新凯糖业有限公司40%股权后，继续收购横县新凯糖业有限公司20%股权。

与法国乐斯福合营的首期年产1.8万吨高活性干酵母工程酵母生产线于2009年12月竣工投产。

投资总额达4.5亿元的广西来宾东糖纸业公司二期制浆工程于2009年3月投产，形成年产15万吨蔗渣制浆造纸的能力。

异地搬迁扩建的广西来宾东糖桂宝有限公司于2009年11月底主体工程动工，建成后生产规模将从日榨甘蔗3500吨扩大至8000吨。项目计划投资4亿元，采用新技术、新设备生产适用于饮料的一级白砂糖。

【技术改造和经营管理】 2009年，东糖集团有限公司投资2400万元，完成属下广西来宾东糖迁江有限公司的糖库增建、降温水入炉使用系统、混合法除蔗髓装置、糖浆过滤系统等榨季技改工程；同时，对广西来宾东糖凤凰有限公司、广西来宾东糖石龙有限公司、广西来宾东糖桂宝有限公司、云南建水东糖糖业有限公司、云南石屏东糖糖业有限公司的锅炉系统和污水处理系统、山西大同东糖糖业有限公司的煮糖真空系统等进行技术改造。并投资700多万元对东莞市制糖厂有限公司甲糖筛等14项目进行技改。

以“广东省糖工程技术开发中心”为平台，整合公司技术资源，创新技术管理，面向集团属下所有公司开展技术服务。如对下属建水糖厂的热力系统、糖浆上浮系统、迁江糖厂的石灰处理系统的改造和对广西来宾东糖白砂糖产品质量分析及改进建议等。

2009年，东糖集团有限公司开展广西糖业发展、集团甘蔗发展、大同东糖战略发展、东糖物流等项目的调查研究，并落实《物资采购管理制度》、《工程管理制度》等制度。（姜合萍）

**附：2009年东糖集团有限公司领导名录**

董事长：陈尧燊

总　裁：李锦生

## 东莞市供销合作联社

【概况】2009年，东莞市供销社系统应对国际金融危机的不利影响，迎难而上，开拓创新。通过成立东供实业投资有限公司、东供再生资源有限公司、莞香情土特产商贸有限公司三大公司，实行整合资源，联合发展，采取调整结构、开拓经营、增强服务、强化管理、降低成本等一系列行之有效的措施，全系统经济总体保持平稳发展。2009年，全系统销售总额45亿元，利润总额3109万元，上缴各项税费3250万元。

【商贸服务业】2009年，东莞市供销合作联社组建东莞市莞香情土特产商贸有限公司，加大东莞本土特色品牌产品的整合开发力度，先后与厚街、大岭山、樟木头、黄江、南城、东坑、沙田等单位整合推出中秋月饼、荔枝干、龙眼肉、调味料、腊肉腊肠、“东坑三宝”、鱼干虾干等一大批“莞香情”品牌系列产品。莞香情公司全年共销售月饼7.8万盒，贺年礼盒3万盒。牵头成立东供饮用水有限公司，开发“CO-OP供销联社·莞峰”品牌山泉水，每月销售桶装水5000多桶，并加快了对支装水的开发。虎门供销社粤华家电公司扩大经营规模，新增“美的”精品电器、厨卫电器、微波炉以及“万和”厨卫电器等一大批品牌家电的代理销售权，新设立河源代理分公司，全年销售额4亿元，同比增长12%。塘厦供销社代理经销的法国凯尔特系列洋酒在全市多个镇区拓展分销网点，并在东城区东田百货开设专柜。常平供销社新开连锁分店2间，总数达23家；茶山供销社新开愉康分店1家，总数达到11家；凤岗供销社新开愉康分店1家，总数达到10家。

【工程建设与项目开发】2009年，东莞市供销系统加快各单位的重点、亮点工程以及新项目的建设开发进度。长安供销社众源城一期13万平方米的国际饰品精品配件交易中心已有1000多家企业进场，招商率达65%，并成功举办春秋两届“中国（长安）国际饰品及加工机械展览会”和第九届长安模具展；该社愉康商业广场工程已通过验收并完成主体工程建设。大岭山供销社收购旧综合商场左侧500多平方米的商业用地，并加快对供销社商场重建的前期工作。沙田供销社保康综合市场已投入运营，已抓紧对新业务大楼二期的投资建设。南城供销社将南供大厦升级改造成现代商务写字楼，提升物业价值，经营效益倍增。道滘、望牛墩、清溪、市拍卖行等单位正抓紧和当地的政府沟通，争取置换中心区地块。市供销社成功组建东供实业投资有限公司，加快对系统内重点工程以及新项目的开发。

【废品经营管理】2009年4月，东莞市供销合作联社建议和协助市政府在茶山镇召开全市加强废品回收经营管理工作会议。会后，市供销社制定落实一系列措施。一是由各镇街组织公安、工商、供销社等有关部门，开展废品回收市场清理整顿专项行动，打击无牌无证及违法经营等行为。二是完善全市废品回收参考价公示制度，东莞再生资源网从每周公布一次改为每天公布。三是以南城、万江为试点，推进全市多个镇（街）的废品交易中心建设。四是与市外商协会、市台商协会等部门建立沟通协调机制，制定全市废品回收经营管理沟通协调会议实施方案，定期召开协调工作会议，及时反馈情况和建议。五是成立东供再生资源有限公司，通过资源整合和龙头带动作用，推动全市再生资源产业的发展。

【合作经济发展】2009年，东莞市果菜公司与郁南县供销社合作成立的莞联农产品专业合作社兴建了沙糖桔分拣中心，获国家农业综合开发产业化立项，帮助当地农民推销沙糖桔9.5万吨，销售额达2亿元，销量占全郁南沙糖桔总产量近三分之一，惠及全县3万多户果农。该公司与麻涌供销社合作成立东果农副产品专业合作社，在麻涌开办300亩的石榴种植基地，与谢岗镇黎村合作开发300亩蔬菜种植基地，年出产蔬菜1350吨。注册成立东莞市莞联农副产品有限公司，在全市范围内开拓新鲜蔬果配送业务。沙田供销社盈港水产品专业合作社加大投入建设化验室和加工区，申请注册商标及加快办理产品QS认证，解决30多名农村富余劳动力就业问题，为当地鱼虾养殖户解决水产品销路问题。东坑供销社为阴菜专业合作社“东坑三宝”品牌申请商标注册，全年阴菜销量0.8万公斤，销售额70多万元，同比增长20%，助农增收25万元。在寮步、东坑现代农业产业园、惠州博罗等地开发种植基地800多亩。

## 东莞市供销合作联社

①② 东莞市东供南城再生资源交易中心

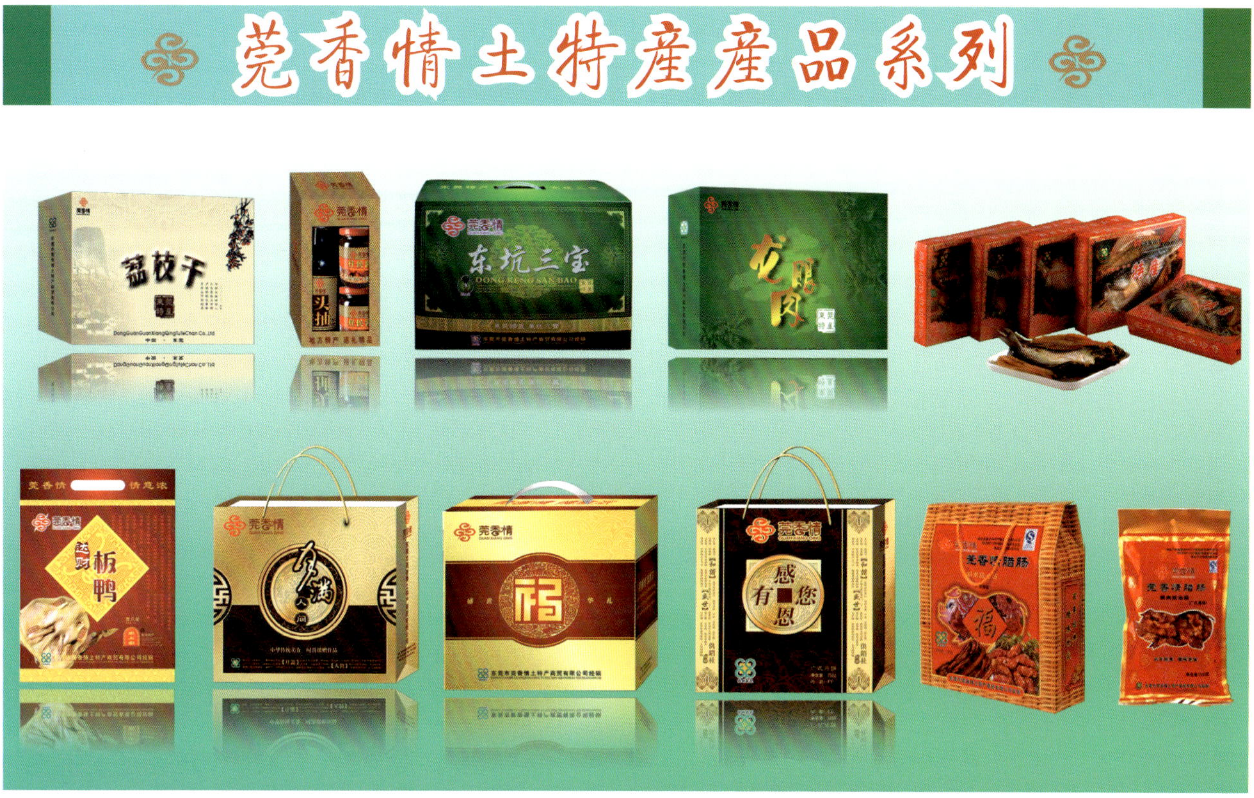
莞香情土特産産品系列
荔枝干
东坑三宝
板鸭
福

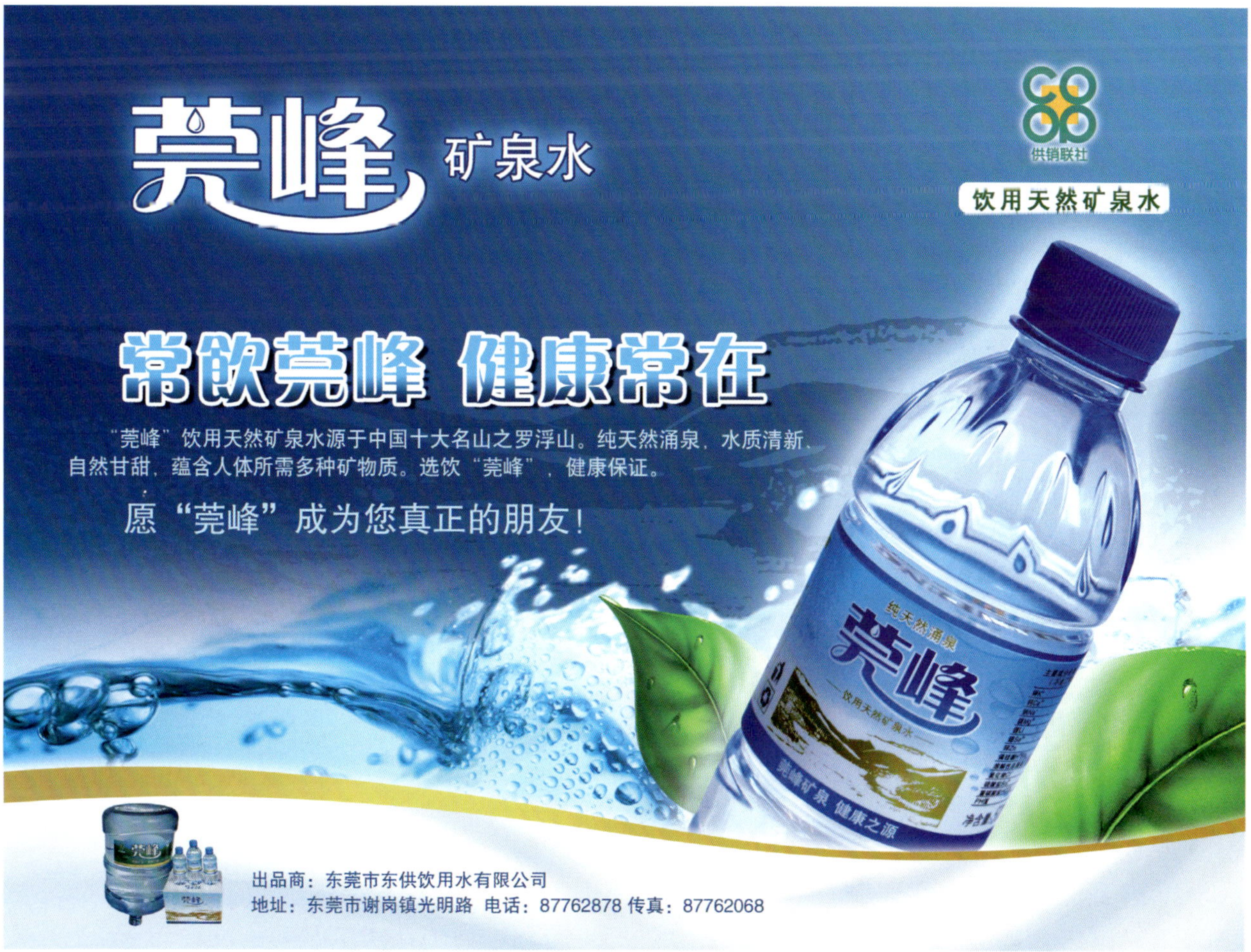
莞峰 矿泉水
供销联社
饮用天然矿泉水
常飲莞峰 健康常在
"莞峰"饮用天然矿泉水源于中国十大名山之罗浮山。纯天然涌泉，水质清新，自然甘甜，蕴含人体所需多种矿物质。选饮"莞峰"，健康保证。
愿"莞峰"成为您真正的朋友！
出品商：东莞市东供饮用水有限公司
地址：东莞市谢岗镇光明路 电话：87762878 传真：87762068

**【放心食品加工基地】** 2009年，东莞市供销合作联社以樟木头、大岭山为试点开办放心食品加工基地。通过引导分散的豆、米制品个体经营户进场实行集中生产、统一管理，加强对豆米产品生产流程的监管和对产品质量的检测，确保食用安全。有效打击地下“黑作坊”、违法加工等不良社会现象，净化社会环境，规范市场经营秩序，保障食品安全，让市民吃上“放心豆腐”。

**【财务资产管理】** 2009年，东莞市供销系统清还历史债务717.8万元，其中清还集资款251.8万元。除中堂、大朗镇外，全部集资款清还完毕。完成全系统的清产核资工作，全面、真实地掌握全系统的资产财务状况和经营成果，初步摸清家底。长安、虎门、常平、茶山等社及时调整经营策略，压缩项目开支，科学利用政策，提高资金周转率，大幅降低运营成本。加大企业内部审计力度，强化市社工作督导组功能，加强对各项制度落实的督促检查。同时申报中央、省、市专项资金，全系统共有常平、长安、茶山以及果菜公司等单位共获各类发展专项资金263万元。

**【业务培训与纪律教育】** 2009年，东莞供销系统共举办全球金融危机与企业成功发展对策培训班等各类培训学习班341期（次），累计培训8200人次，累计投入培训经费39万元。长安、虎门、茶山、常平、凤岗等基层社定期举行各类业务培训班，提高人员业务水平和综合素质。制定并实施中共东莞市供销合作联社党组贯彻落实《建立健全教育、监督并重的惩治和预防腐败体系2008—2012年工作规划》的实施方案，开展“科学发展、先行先试”主题实践活动和“双八”（八荣八耻）教育引导工作。开展纪律教育学习月活动，深入推进党风廉政建设，提高党员干部拒腐防变的能力。开展示范党支部创建活动，组织支部党员开展“讲党性、重品行、作表率”活动，结合纪律教育学习月“加强作风建设，保障科学发展”的主题，开展“转变机关作风，真诚服务基层”活动，在机关作风建设上下功夫、动真格，全力打造学习型、服务型、效能型、创新型机关，转变市社机关作风。

**【安全生产】** 2009年，东莞市供销合作联社制定《东莞市供销社系统安全生产管理规定》和《东莞市供销社系统应急预案》，认真落实“预防为主、单位负责、突出重点、保障安全”的工作方针。按照“谁主管、谁负责”的原则，形成了一级抓一级、层级负责的安全生产机制。制定安全生产常规检查制度，规定每年的元旦春节、五一劳动节、“安全生产月”、中秋节、国庆节等都要对全系统进行一次全方位的安全大检查，加强安全生产检查整治力度。开展安全生产教育培训，举办“事故预防、隐患排查与应急管理”培训班，各基层社举办安全消防培训班20多期，培训人员2000多人次，提高全系统的安全生产意识。（莫志良）

**附：2009年东莞市供销合作联社领导名录**

主　任：彭日东

副主任：叶加胜　王锦绣　李福新

纪检组长：田为华

① “愉康”连锁超市

## 烟草专卖

【概况】广东省东莞市烟草专卖局、广东烟草东莞市有限公司成立于1988年10月。主要职能是根据《中华人民共和国烟草专卖法》及其实施条例规定在东莞市范围内从事卷烟批发业务，并对本地卷烟流通市场实施监管。至2009年，机构设置包括办公室、专卖监督管理办公室、人事劳资科、监察审计科、安全保卫科、营销管理中心、物流配送中心、财务管理中心、信息中心等9个部门和7个专卖管理分局，有干部员工739人。全市有卷烟零售户2万户。

2009年，公司共销售卷烟29.38万箱，完成销售收入44.37亿元，实现税利12.37亿元，创造税收5.99亿元，被评为“广东省纳税百强企业”，列全省第54位，东莞市第2位。全年共查处涉烟违法案件643起，查获假冒卷烟4368万支，打掉制假窝点1个、贩藏假烟窝点1个，全案值2600万元，上缴罚没款135万元。移送公安机关涉烟案件1起，公安、司法机关依法刑事拘留涉烟违法人员5人，逮捕5人，判刑15人。

【专卖管理】2009年，东莞市烟草专卖局（公司）深入落实科学发展观，狠抓卷烟打假和市场监管。一是主动加强与政府及相关职能部门的协调配合，形成卷烟打假联动机制，同时加大卷烟打假宣传力度，拓宽案件线索收集渠道，实现网络案件经营水平进一步提升。二是规范卷烟零售许可证管理，全年累计换发新版烟草专卖零售许可证1.6万份，并加大清理无证户力度，开展清理整顿卷烟市场“百日行动”，设立“12313”假烟举报专线。通过以上举措，对东莞卷烟市场流通秩序进行进一步规范。

【经营管理】2009年，面对国际金融危机的不利影响，东莞市烟草专卖局（公司）通过采取措施，确保实现“卷烟上水平”。重调控，着力稳定本地卷烟市场价格；抓供需，合理满足本地市场真实需求；强基础，扎实推进卷烟营销网络建设；促服务，以确保卷烟营销任务的完成。同时以“严格规范、富有效率、充满活力”为总体要求，通过“四加强四促进”（即加强队伍建设，促进科学发展；加强内部监督，促进严格规范；加强基础管理，促进效率提升；加强文化创新，促进激发活力），加强企业内部管理。在企业文化建设方面，提出“以行为先、志在先行”为核心的东莞烟草企业文化理念体系，为企业的持续健康平稳发展提供文化支撑和精神力量。（刘　洁）

附：2009年广东省东莞市烟草专卖局（广东烟草东莞市有限公司）领导名录

党组书记、局长、总经理：刘恒建
党组成员、副局长、纪检组长：汪　利
党组成员、副局长：张东军
党组成员、副总经理：范　波

① 2009年12月24日，东莞市烟草专卖局（公司）召开第四季度党组中心组学习会议
② 2009年7月17—18日，东莞市烟草专卖局（公司）党组织开展“创品牌、树新风”主题实践活动
③ 2009年11月27日，东莞市烟草专卖局（公司）联合市公安局开展清理卷烟市场专项行动

## 食盐专卖

【食盐销售】2009年，东莞盐业经济运行总体情况良好，产品销售稳中有升，全年各类盐产品销售6.53万吨。食盐销售5.17万吨，同比增长1.83%。其中，小包装食盐销售4万吨，增长1.2%；食品加工用盐销售1.17万吨，增长4.1%。

6月，增设虎门分公司。全年新增网点客户53家。同时更注重发挥信息管理对网络功能增值的支撑作用，对客户资料管理信息系统的功能进行升级。通过发放"食盐专营零售店"牌匾，抓好集体食堂碘盐直供检查工作等措施，不断提升碘盐覆盖面。经卫生部门监测，碘盐覆盖率93.4%，碘盐合格率98.1%。

【盐政执法】2009年，东莞市盐务局执法人员严格执法，加强市场管理，开展普及碘盐知识的宣传活动，探索盐业市场管理的新方法、新模式。一是进一步规范盐政办案程序，完善执法检查机制和信息报送制度；二是加大一般程序的罚款力度，整治顽固零售商；三是开展莞深惠三市联合执法检查；四是给予打假成绩突出的单位奖励。

全年出动7670人次，检查1706个（次）市场，11299个（次）店档，共查获各类盐产品417.29吨，其中假冒小包装盐183.12吨，捣毁违法生产加工窝点16个。查处盐业违法案件1232宗。其中，7月15日，联合深圳市盐务局、市公安局等有关部门在樟木头镇捣毁的一假冒食盐加工窝点。12月7日，东莞市第三人民法院以非法经营罪判处被告张志铮有期徒刑一年六个月、并处罚金3万元。此外，还发放宣传资料约3万份，发放食盐零售许可证1014份。

【仓储配送】2009年，东莞市盐业仓储配送中心由万江坝头城区博厦搬迁到茶山镇南社横岭工业区。仓储面积由原来2370平方米增加到1.15万平方米。搬迁后，配送中心按"AAA"批发企业的要求标准，进一步完善配套设施、环境建设和仓储盐产品分类堆放的重新规划。

（马丽华）

**附：2009年东莞市盐务局（东莞盐业总公司）领导名录**

局长（总经理）：陈耀嘉

副局长（副总经理）：欧柏根　陈焕济

① 广东省广盐集团有限公司董事长李加云到东莞盐业总公司食盐生产车间视察

② "3·15"活动现场给居民介绍识别假盐方法

③ 东莞盐业配送中心

④ 全自动化食盐生产车间

⑤ 举办春节联欢会

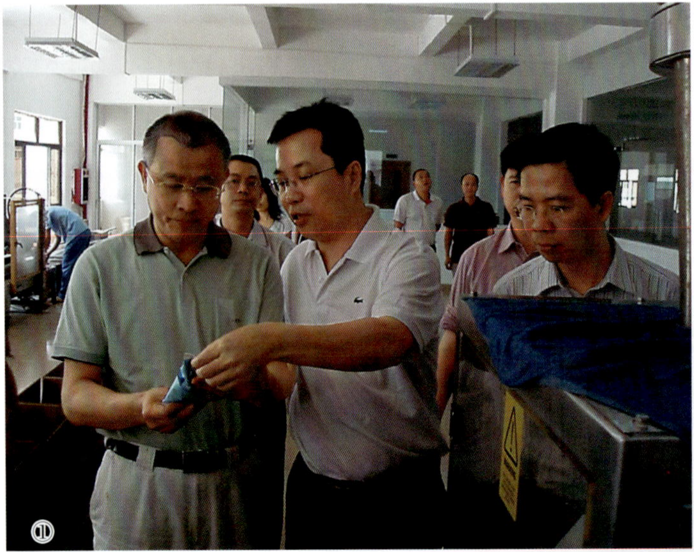

# 广东宏远集团有限公司

中共中央政治局委员、广东省委书记汪洋等省市领导和“华南虎”将士合影

广东宏远集团有限公司成立于1987年12月，经过20多年的发展，逐步形成了以工业区开发经营为基础，房地产、药业为龙头，体育产业、服务业、国际贸易等产业相配套发展，跨地域、多元化经营的发展格局。宏远集团连续3年入选中国进出口企业500强，2007年3月，“宏远”商标被广东省工商行政管理局认定为省著名商标，同年2月，宏远集团被东莞市委、市政府授予“东莞市50强民营企业”称号，2008年8月荣获“2006-2007年度广东省百强民营企业”称号，2009年再度被东莞市委、市政府授予“东莞市50强民营企业”称号。

1994年7月，由宏远集团发起组建的东莞宏远工业区股份有限公司，成为东莞市首家上市公司，其属下的广东宏远集团房地产开发有限公司是东莞较早涉足房地产、具有国家二级开发资质的本土知名企业之一，主要从事工业区、综合商住区及其它房地产项目的开发建设与经营。倡导“生活因我而变”的企业开发理念，秉承“以人为本，诚信经营，创造精品，回报社会”的经营理念，成功开发了金丰花园天景居、活力康城、江南世家、江南雅筑、江南第一城等享誉东莞、耳熟能详的高品位房地产项目。先后获得“全国社区体育健身俱乐部试点单位”、“广东省住宅小区体育示范单位”、“广东省绿色住区”、“广东省文明社区”、“东莞房地产最具城市贡献发展商”、“东莞城市标志住宅金奖”、“广东省房地产企业诚信联盟成员”、“企业公民奖”、“东莞地产品牌企业金奖”、“东莞最佳人文社区”、“中国别墅金鼎奖”等称号。

宏远药业公司秉承“质量第一，服务至上”、“救死扶伤，造福于民”的宗旨，开发了一批疗效显著的产品，获得国家药品批准文号有35种；拥有多个发明专利，造就了一批国内知名品牌。自1996年以来，宏远药业公司先后获得了“广东省高新技术企业”、“省医药行业信息统计工作先进单位”、“广东省创新质量 诚信经营企业”、“东莞市优秀民营科技企业”、“东莞市生产经营先进单位”、“东莞民科企业创新奖”、“AA级信用企业”、“广东省医药行业抗非典模范单位”等各项殊荣，在同行业中具有较强的竞争优势。

宏远集团组建的广东宏远篮球俱乐部是国内最早的职业篮球俱乐部，广东宏远男子篮球队在2003-2004赛季、2004-2005赛季和2005-2006赛季，连续三届荣获中国男子篮球职业联赛总冠军，2007-2008赛季第四次荣获中国男子篮球职业联赛总冠军。2008-2009赛季再次卫冕中国男子篮球职业联赛总冠军。2009-2010赛季第六次夺得中国男子篮球职业联赛总冠军，第二度完成三连冠。自2003-2004赛季以来，广东宏远男子篮球队以七年六冠和夺得第十一届全运会男子篮球冠军的优异成绩传播企业形象，谱写企业文化新篇章的同时，也成为了东莞打造文化新城、建设体育强市的重要品牌……

现场挥毫

宏远地产

# 农业·水利·气象

AGRICULTURE · WATER CONSERVANCY · METEOROLOGY

- 举办首届广东农业良种示范展示会
- 海洋与渔业产业结构调整
- 森林公园建设
- 东江与水库联网供水水源工程
- 东莞市气象局被表彰为全国气象系统先进集体

市中心广场

## 农　业

【概况】2009年，东莞市推进农业产业化经营，加强农业基础建设，抓好农产品质量安全管理，加强农村集体经济运行监管，农业农村经济工作取得较大进展，农民收入稳步增长。全年农业总产值（当年价）25.31亿元，比上年增加5%；农民人均纯收入13064元，增长6%。

【种植业】2009年，全市农作物总播种面积24716公顷，比2008年增加1235公顷；种植业产值13.19亿元（当年价），比2008年增加2000万元。全年粮食播种面积2761公顷，总产1.19万吨，面积和总产比上年略增。蔬菜总播种面积20418公顷，总产40.03万吨，比2008年面积增加1243公顷，产量增加0.91万吨。水果总面积11819公顷，比2008年减少70公顷，其中荔枝6891公顷，香（大）蕉3517公顷，龙眼1031公顷，其它水果236公顷；水果总产9.15万吨，比2008年减少1.86万吨，其中香蕉7.53万吨，荔枝1.02万吨。

【畜牧业】2009年，东莞市年末生猪存栏18.39万头，全年生猪出栏21.55万头，分别比上年减少5.69%和16.83%；"三鸟"年末存栏191.05万只，比上年增加3.49%，出栏576.18万只，比上年增加0.04%。畜牧业产值5.0亿元（当年价），减少6.2%；肉类总产量2.55万吨，增加4.08%。

【农业产业化经营有效提升】2009年，东莞市继续培育扶持农业产业化经营组织，全年为农业龙头企业发放贷款贴息资金800万元，为农民专业合作组织落实中央、省和市三级扶持资金65万元。全年新培育发展省级农业龙头企业2家，市级2家，农民专业合作社3家；2家省级农业龙头企业顺利通过监测考核。截至2009年，全市共有20家农业龙头企业和25家农民专业合作组织，其中省级以上龙头企业6家，国家级龙头企业2家。2009年农业龙头企业销售收入31.5亿元，市场交易额119亿元，总资产27.1亿元。全市农业产业化经营组织辐射带动农户11.7万户，其中市内农户1.68万户；帮助农户增收2.39亿元，户均增收2040多元。

【建设农业产业园】2009年，东莞确立第三批市级农业产业园选址，位于东城、谢岗、塘厦、望牛墩、横沥等镇街的5个园区，规划总面积3.8万亩。前两批10个市级园区中有9个加紧建设，市镇两级累计投入2.6亿元，建成园区道路近100公里、排灌渠55公里、标准化农田（鱼塘）1.1万亩、温室大棚3万平方米、农田林网45公里。其中，市现代农业科技园已基本建成，清溪、大朗、中堂、寮步、东坑、桥头等6个园区基本完成主要基础设施建设。清溪、中堂2个园区被认定为省级园区，清溪园区进入部省共建现代农业园区行列。园区招商引资工作同步推进，累计进驻园区农业企业20家，建成生产、科研、展示等功能区1.1万亩，年产值约1.5亿元。其中道滘镇与大众农业科技有限公司签订1.6亿元合作协议，共同开发济丰农业产业园；三禾田锦鲤养殖公司正式落户大朗农业园。

【扶持欠发达镇村发展经济】2009年，东莞市继续实施区域协调发展战略和城乡统筹发展战略，根据重新界定的标准，全市欠发达镇由11个调整为9个。全年向欠发达镇发放扶贫借款3.8亿元，为欠发达村办理借款4070万元，为经济靠后的285个村（社区）发放补助经费2.35亿元。欠发达镇税收总额49.85亿元，镇本级可支配财政收入32.79亿元，对比上一年分别增长4.53%、4.79%；90个欠发达村总资产66.43亿元，净资产41.86亿元，经营纯收入1.79亿元，对比上一年分别增长7.4%、8.5%、1.3%，有14个欠发达村达到脱贫标准。

2009年，市财政安排600万元专项资金，重点支持21个镇街、30个革命老区村（组）开展基础设施建设，共修建水泥公路12.98公里、老人活动中心1070平方米和修缮水管2400米，有效地改善老区群众的生产生活条件。

【农业信息化加快推进】2009年，东莞市推进农业信息化建设，通过完善东莞农业信息网，建设农村信息服务点，加强信息员队伍建设等措施，促进农业信息网络向基层延伸。继2006年、2008年后，2009年东莞农业信息网第三年获得"中国农业网站百强"称号。网站全年发布新闻信息4642条，平均每天更新约16条；网站新增细村市场、大步香蕉交易市场2家市场，报价市场增加至12个，全年发布粮油、果蔬等五大类农产品市场价格信息近61975条。东莞"农信通"手机短信服务扩大到蔬菜、香蕉、荔枝三个栏目，服务平台逐步完善，全年服务农户20多万人次。

【农业品牌带动能力增强】2009年，东莞继续加大农业名牌带动战略实施力度，加强对农产品生产加工企业申报名牌和"三品"认证的引导和培育，加快标准化示范区点的规范建设，农产品质量工程建设不断向纵深发展。全年共有金良稻丰米业有限公司"客家情"牌晚籼米等3个产品获得"广东省名牌产品"（农业类）称号，2个省名牌产品有效期满顺利通过复审；此外，谢岗利华香蕉专业合作社基地等4个生产基地通过无公害产地认定，万丰蔬菜有限公司养心菜等3个产品通过无公害农产品认证，金湖粤海酒店有限公司绿色凝香月饼等9个产品通过绿色食品认证。截至2009年，全市有效期内广东省农业名牌产品共有22个（不含水产），无公害产地18个、无公害农产品47个，绿色食品38个，有机产品10个，提前完成市农业局"十一五"品牌创建目标，品牌带动能力逐步增强。

【科技支撑不断增强】2009年，东莞建立各类科技试验示范基地17个，共获得省、市农业技术推广和科学技术进步奖12项，其中，2009年广东省科技进步奖3项，2008年度广东省农业技术推广奖2项；6个项目通过市级科技成果鉴定；7个科研项目获2009年东莞市科学技术进步奖。其中，市生物技术研究所承担的"蛹虫草菌及子实体的优质、高效生产技术研究"项目获2009年东莞市科学技术进步一等奖。积极推广农业标准化，建成石碣蔬菜、麻涌香蕉、东城水稻及市农科中心荔枝等4个市级标准化示范基地，总面积2000亩，带动农户近2000户，辐射同类产品面积近1.5万亩。积极开展农业科技下乡服务，推广农作物主导品种和先进实用技术，2009年共举办各类农民培训班89期，培训农民1.23万人次，发放资料4.9万份。

【农资市场整顿规范】按照农业部、省农业厅关于农产品质量安全整治暨执法年活动的有关部署，2009年，市农业局采取集中行动和常规检查相结合的方式，在春耕、秋种、重大节假日期间，开展农资打假、农药肥料专项执法检查、兽药饲料监督检查等一系列专项行动，整顿和规范农资市场，加大农业投入品监管力度，深化整治成果。2009年全市共计出动市、镇两级执法人员2962人次，检查农资企业1269间次，立案查处不法案件6宗，查获违法生产和经营的农资产品货值1.615万元，其中肥料4800

公斤，种子116.3公斤，兽药17公斤，农药560公斤。

【农产品质量安全整治】2009年，东莞农产品质量安全检测体系进一步健全和完善。推行农产品例行监测及抽检对象备案、蔬菜生产环节质量安全责任、农药经营监管联系人等制度，全市备案蔬菜产地、市场417个，将9.6万亩蔬菜划为129个片区进行分片监管，1.6万户菜农签订了质量安全协议书。塘厦、石碣等镇开展蔬菜产品标识试点，石排、南城、大岭山等镇街探索建立蔬菜种植户电子档案，农产品质量安全源头管理扎实推进。全年蔬菜农药残留检测合格率97.92%，生猪“瘦肉精”、莱克多巴胺检测合格率分别为99.99%和99.11%，比2008年分别提高0.08和2.02个百分点。全年没有发生药物残留引起的重大食用农产品中毒事件，农产品质量安全状况处于近年最好水平。

【推动土地承包经营权流转】2009年，东莞积极推进农村土地承包经营权流转工作，出台《麻涌镇漳澎村土地经营权流转试点奖励办法》，并下发麻涌镇漳澎村土地经营权流转专项奖励资金，标准是土地流转农户每亩一次性奖励200元，规模经营主体每亩一次性奖励100元。奖励面积共639.54亩，奖励金额共19.19万元，其中，土地流转农户12.79万元，规模经营主体6.4万元。麻涌镇漳澎村126户土地流转农户和3个规模经营主体获得奖励，试点推动126户农民的639.5亩蕉地流转给3个规模经营主体，用于玉米和水稻规模经营。

【现代标准农田建设】2009年，东莞继续推进现代标准农田建设，全市共投入建设资金2341.04万元，选址在麻涌、道滘、万江、望牛墩、中堂、桥头和清溪等7个镇街12个点，建设面积7758亩。建成主排灌渠14.2千米、支渠13.9千米、涵闸涵洞34个、铺设涵管243米，修筑机耕路16.8千米。工程建成后，有效改善农田交通运输和排灌系统，提升土壤肥力，增强农田抗灾能力，有利于推进规模化、设施化、标准化种植，增加农民收入。

【举办首届广东农业良种示范展示会】2009年12月15日，首届“广东（东莞）农业良种示范展示会”在石碣镇沙腰村农业良种示范展示基地开幕，来自省内外及香港、台湾、日本等地方友人共600多人参加开幕式。广东（东莞）农业良种示范展示基地总体规划面积350亩，2009年建成良种精品展示区15个，大田示范区4个，可引进、示范新品种达1000个，基地全面建成后，示范品种将超过2000个。2009年下半年，基地从国内及东南亚、香港等地征集到包括茄果、甘蓝、瓜、白菜、绿叶菜、根菜、玉米等10多类600多个各具特色的农业优良新品种进行示范种植，并在这次展示会上进行示范展示。东莞通过建设农业良种示范展示基地，举办农业良种示范展示会，强化良种良法示范推广，辐射带动全市新良种、新技术的推广应用，引导农作物品种结构优化升级，提升农产品市场竞争力，促进农业增效、农民增收。

## 东莞市农业局

①

① 2009年7月30日，副省长李容根视察市现代农业科技园
② 2009年12月15日，首届广东（东莞）农业良种示范展示会开幕
③ 2009年10月23日，市人大常委会副主任吕兢到清溪农业产业园调研
④ 2009年6月2日，副市长李小梅到道滘镇督导济丰农业产业园建设
⑤ 2009年7月10日，举行活猪储备基地签约仪式

【实施蕉田改制】为推进种植业产业结构调整优化，东莞继续实施蕉田改制，2009年全市新增蕉田改种面积11130.1亩，其中改种蔬菜4839.7亩，水稻2095亩，玉米735.5亩，木瓜等其他作物3459.9亩。蕉田改种范围从麻涌镇扩大到沙田、望牛墩、洪梅和中堂等5个镇。蕉区农业生产结构进一步优化，改种作物品种由甜玉米拓展到水稻、蔬菜、花卉苗木、木瓜、番石榴、香芋和马铃薯等多种作物。

【加强农业应急管理】2009年1月，《东莞市突发重大动物疫情应急预案》正式印发实施，对该市突发重大动物疫情的预警、报告、应急响应、应急处理、响应解除、应急保障等方面作出明确规定。4月22日，市农业局牵头组织举行全市突发重大动物疫情应急演练，32个镇街也相继组织开展镇级应急演练。组织市镇农产品质量安全监管人员开展重大农产品质量安全事故应急处理培训，累计培训200多人次。7月24日，市农业局在充分征求省农业厅、市政府应急办、市交警支队等部门的意见之后，出台《东莞市重大农业机械事故应急预案》，建立健全应对重大农业机械事故的运行机制，预案于2009年8月1日正式实施。

【落实农业补贴资金】2009年东莞市共落实中央、省、市农机购置补贴资金等农业机械投资总计206.21万元。其中，中央农机购置补贴资金53.57万元、省补贴资金26.29万元；市财政农机购置补贴资金126.35万元；补贴各类机械250多台套、设施农业面积1775亩。其中，市级财政农机购置补贴资金分为两部分：一部分是对中央、省农机购置补贴目录中的农机具按购机价格的20%进行累加补贴；另一部分是对《东莞市农业机械购置补贴产品目录》范围的农机具，按购机价格的30%进行补贴。此外，从2009年开始，东莞全面提高种粮补贴范围与标准，水稻种植补助标准从原来每造每亩补助100元提高到150元，将单造种植玉米5亩以上的农户纳入种粮补贴范围，每造每亩补贴75元，全年共发放种粮补贴资金674.95万元，惠及农户2699户。

【动植物疫病防控】2009年，东莞生猪口蹄疫、高致病性猪蓝耳病、禽流感免疫率均达到100%。先后通过省广州亚运无规定马属动物疫病区建设自我评估检查组和农业部无规定马属动物疫病区建设验收评估组验收。甲型H1N1流感防控卓有成效，避免人猪交叉感染。4至7月份，全市共出动防疫检查人员3300多人次，巡查生猪养殖场、散养户近6000场（户）次；动用消毒药50多吨消毒工作场所3000多个次，消毒面积共计525万多平方米；组织各类甲型H1N1流感防控技术培训班46期，2900多名畜牧业从业人员和镇村防疫员接受培训，派发防控宣传资料1万多份。常年开展大规模红火蚁扑杀行动，全年共投入防控资金685.19万元，投放防控药物46.92吨，处理蚁巢66.02万个，防控区域逐渐扩大到荒地、林地、果园、堤围，实现人流密集区、公共绿地基本“零蚁巢”。

【规范饲料生产经营】2009年是全国打击违法添加非食用物质和滥用食品添加剂专项整治工作年。市农业局成立专项整治领导小组，全面整顿饲料的生产、销售和使用环节，严厉打击在饲料和动物饮用水中违法添加有毒有害物质和滥用饲料添加剂的行为。全市共出动执法人员1220人次，检查饲料生产经营企业120家（次）、养殖场等680家（次），兽药经营店32家、动物诊疗店41家，立案处理1宗生产劣质饲料行为。2009年，东莞饲料行业在克服全球金融危机、原料价格持续上涨、甲型H1N1流感、广州“瘦肉精”中毒事件等带来的不利影响下，仍保持稳定发展。全市饲料（含单一饲料）总产量达318万吨，同比增长24.05%，全市饲料生产企业38家，比上年增加3家。有8家饲料生产企业入选东莞市重点工业企业，东莞银华生物科技有限公司被评为广东省重点龙头企业。

【农产品产销联建工作】2009年，东莞农产品产销联建工作加快推进，出台《东莞市定点供莞基地生猪供应和采购暂行管理办法》、《东莞市供莞生猪电子标识管理规范》等管理办法；认定第五批定点基地64家，累计定点基地达174家，年供应能力超820万头。启用供莞生猪专用电子标识，其中26个产销合作市县实现基地生猪凭标识进入东莞市定点屠宰场屠宰，基本实现生猪采购基地化。建立活猪储备制度，认定年度储备基地15家，储备活猪2.61万头。推进蔬菜产销联建，制定印发《东莞市蔬菜产销联建工作实施方案》和《东莞市供莞蔬菜生产基地认定与管理办法》，与云浮、韶关等6市签订合作协议，初步审核蔬菜基地25家约5万亩，年供应能力25万吨。

【测土配方施肥】2009年，东莞市被列为国家测土配方施肥补贴项目新建单位，在未来三年内，全市15万亩耕地将全面实施该项技术，90%以上农户将免费得到配方服务。为推广测土配方施肥技术，东莞建立测土配方施肥示范点8个，涉及香蕉、荔枝、玉米、马铃薯、黄皮和木瓜等6种作物，示范面积120亩，辐射带动面积5万多亩，示范点肥料利用率普遍提高5%，产量提高10%至15%。完成香蕉、荔枝测土配方施肥专家系统，依托东莞农业信息网，提高专家系统使用率。

【全省首次开展村级动物疫病防治员职业技能鉴定培训】根据国家有关规定，从2009年3月开始，东莞联合省农业职业技能鉴定站，先后对村级动物检疫检验员进行职业技能鉴定培训，全面提高其专业理论和操作水平。在全省范围内首次把动物疫病防治员职业技能培训扩展到村一级。2009年，分片区先后举办13期村级动物疫病防治员职业技能鉴定培训班，21个镇街330名村级动物疫病防治员获得动物防治员资格证，实现持证上岗。

【农村集体经济企稳向好】2009年，东莞农村集体经济经受住国际金融危机冲击，呈现出资产总值攀升、收入企稳向好、开支有效控制的积极态势。全市村组两级集体总资产1173.48亿元，比2008年增长3.38%；净资产890.23亿元，增长3.54%；资产负债率24.14%，下降0.12个百分点。经营总收入136.1亿元，下降3.51%。2009年，东莞出台《东莞市违反农村集体资产管理行为责任追究办法》，推动农村集体资产管理工作从偏重预防向惩防并举转变。全市各级通过实施转贷降息、压减管理费用、严控股东分红等措施，在费用控制和分配控制上成效显著。全市两级接待费比上年减少2356万元，下降13.76%，有30个镇街接待费下降；在借款比上年末增加4.89亿元的情况下，同期利息费用减少0.68亿元，下降7.06%；股东分红32.61亿元，减少6.21%，自1999年来首次减少；收不抵支村（村级）255个，减少32个。

（刘　霞）

**附：2009年东莞市农业局领导名录**

局　长：胡荏光

副局长：李小帆　林炎隆　布润泉　罗其芳（9月到任）

纪检组长：陈素平

总兽医师：卢炽根

## 海洋与渔业

【概况】东莞市位于广东省中南部，珠江水系的东江入海处，海域面积97平方公里，集中分布于狮子洋、伶仃洋。海岸线长97.2公里，拥有海岸线的主要有长安、虎门、沙田、麻涌等6个镇。拥有威远岛、坭洲岛、木棉山岛、沙口涌岛、虾缯排5个海岛，海岛岸线长34.58公里，海岛面积24.13平方公里。东莞海区属南亚热带浅海区，具有丰富的海洋生物资源、港口及航道资源、滨海旅游资源和浅海滩涂资源。全市用海总面积5498公顷，主要类型是港口航运区2307.1公顷（占41.96%），包括港口、航道和锚地区，其余是渔业资源利用（黄唇鱼保护区）和养护区（渔港）、矿产资源利用区（采砂）、旅游区、海水资源利用区、工程用海区以及特殊利用区（军事用海）等。重大用海项目包括虎门港有关码头港口航运用海和长安新区建设项目用海等。

2009年海洋经济总产值472.65亿元，增长15%，占全市生产总值的12.6%；渔业经济总产值23.6亿元，增长4%；全市水产养殖面积达17.4万亩；水产品总产量60403吨，增长4%；水产品总产值61953万元，增长7%；渔民人均纯收入12100元，其中捕捞渔民人均纯收入5750元，同比均持平。纯渔业社区（村）3个，分别是虎门新湾社区、沙田先锋村、中堂红锋社区，全市有各类渔船790艘、总吨位26466吨、主机功率74800千瓦，渔民人口13798人。拥有农业部确定的渔港有4个，分别是新湾渔港、新渔村渔港、先锋渔港、红峰渔港，其中新湾渔港是广东省群众性一级渔港。

【海洋综合管理】2009年，东莞市加强配套制度建设，坚持海洋科学开发利用原则，推行海域使用权属管理制度、海洋功能区划制度和海域有偿使用制度，推进管理与服务的统一，促进全市海域科学、规范、有序开发和利用，在服务虎门港及长安新区建设方面取得成效。出台《东莞市促进海洋事业发展实施方案》，完成《东莞市海洋功能区划》修编工作。开展《东莞市海域和海岸保护与利用规划》、《东莞市海域开发管理调查报告》、《东莞市海洋事业发展规划》和海域资产价值评估体系建设项目的编制工作。推进市际海域勘界工作，完成《广东省广州市和东莞市海域行政区域界线协议书》和《广东省深圳市和东莞市海域行政区域界线协议书》的签署，为正式确立东莞市海域行政区域界线打下基础。《东莞市虎门港长安港区区域建设用海总体规划》按计划取得国家海洋局初审同意，《东莞市虎门港长安港区区域建设用海总体规划论证报告》通过专家评审，上报国家海洋局审批。规范用海管理，对用海项目立项、规划、论证和管理实行全程跟踪，全市用海项目办证率、海域使用证年审率、海域使用金征收率均达100%，完成东莞市九丰能源有限公司LPG（液化石油气）公用码头等4个项目的审核和发证工作；完成沙角A电厂一号煤码头堆场扩建工程等4个项目用海的审查和上报工作；完成25个用海项目海域使用证的年审和缴费工作，征收海域使用金200多万元，同比增长80%。东莞市在全省率先完成海域使用动态监视监测系统建设任务，通过国家海洋局验收，所有市级审批用海项目实现数据标准化处理，海洋功能区划纸质数据到电子数据的提取加工完毕，全部纳入到国家海域使用动态监视监测系统数据库，全市海域使用监视监测业务进入常规化、规范化运行轨道。同时，做好东莞市海洋经济发展状况、海域开发利用、海洋环境保护、围填海情况、重点涉海项目规划等情况调研。

【海洋与渔业产业结构调整】2009年，东莞市抓好海洋与渔业结构调整和转型升级，发展都市型现代渔业。开展《东莞市养殖水域滩涂规划》编制工作，推进养殖证制度建设；稳妥开展减船转产工作，引导渔民转产转业，完成中央减船任务淘汰渔船16艘；推广科学健康养殖模式，发展特色水产品和观赏鱼养殖，加快渔业产业化进程；实施名牌带动战略，已有“绿卡牌中华鳖”、“绿卡牌中华鳖苗”、“绿卡牌乌龟”、“绿卡牌乌龟苗”获“广东省名牌产品”称号，龟鳖类养殖基地扩展达9000亩；观赏鱼养殖发展势头良好，全年出口观赏鱼3000万尾，产值超过1亿元。建成石排田寮现代观赏鱼养殖基地1000亩，成为全省最大观赏鱼示范生产基地之一。科技攻关及技术推广不断加强，全市名优特色养殖稳中有升，单性罗非鱼等大宗产品养殖占全市养殖面积的80%以上。

【水产品质量监管】2009年，东莞市开展水产养殖业信息和环境调查摸底，推进养殖证制度建设，水域滩涂养殖证发放工作取得突破性进展，全市准核发养殖使用证4260本，准发证面积10万亩，核发水产苗种生产许可证21个，发证总面积为7141亩，发证率达100%。实现从养殖环境、投入品、养殖产品质量和查源溯证的全过程管理；加大水产品质量安全执法检查力度，定期对养殖场、市场和种苗场进行违禁药物使用、塘头档案和持证生产情况专项整治检查；海洋环境监测、水产品质量检测能力进一步提升，检测机构通过国家计量认证，市海洋与渔业环境监测站成为广东省能够承担全省范围内水产品检验任务6家检测机构之一；覆盖全市水产品质量监测网络建成，设立水产品监测网点88个，对水产品批发市场、养殖基地和供莞基地水产品质量开展定时定点监测。全年共出动执法人员469人次，出动执法车152辆次，检查全市30个镇街的水产苗种场、大中型养殖场、大中型养殖示范场、水产品批发市场和农贸市场等场地，抽检范围包括51个水产养殖场、32个镇（街）中心农贸市场、3个专业水产品批发市场和1个水产品供莞基地。检测项目包括氯霉素、孔雀石绿、敌敌畏、呋喃唑酮等禁限用药，总体抽检合格率为97.9%。其中养殖场抽检合格率97.1%，；供莞基地抽检合格率100%；农贸市场抽检合格率为98.7%；水产品批发市场抽检合格率为96.4%。

【支渔惠渔】2009年，东莞市坚持以人为本、服务渔民，落实各项支渔惠渔政策。落实国家渔用柴油补贴1738万元，发放休渔困难户渔民补助金236万元，返还减免涉渔收费资金114万元。加快沙田先锋渔港码头建设进度，抓好标准渔港项目的申报工作，推进渔民安居工程的落实。加强渔区调研，献计献策，推进新渔区建设，在市第十四届人大常委会第十八次会议上作了《关于加快现代渔港经济区建设、促进渔区渔民脱贫致富的报告》，制定坚持政策引导，优化政策环境；坚持规划先行，推动渔区建设；坚持产业带动，搭建发展平台；坚持财政帮扶，保障渔区发展，坚持部门联动，形成工作合力等五点措施。

【渔业科技与推广】2009年，东莞市渔业重点科技项目《东江（东莞段）野生鱼类资源调查与保护利用》、《东江水系野生鱼类染色体及其DNA序列图谱的研制》取得阶段性成果；《蕉田养龟技术研究》项目进展顺利；实施渔业科技入户工程。通过“结对帮扶”、“专家咨询”、“项目合作”、举办培训班、派发宣传资料、塘头现场指导等服务方式，重点推广应用健康养殖、生态养殖。全年共举办各类培训班20多期，培训人员700多人次。建立“市、镇、点”三级病害测报网络，扎实开展水产养殖病害测报工作。对全市10个测报点、4个测报品种的病害发生情况进行跟踪监测，印发简报12期。

**【渔业资源与环境保护】** 2009年，东莞市实施海洋工程环境影响评价制度，开展陆源入海排污、海水增养殖区、海洋自然保护区及近岸海域环境趋势性监测，编制发布《东莞市海洋环境质量公报》；加强海洋防灾减灾体系建设，制定《东莞市赤潮灾害应急预案》和《东莞市风暴潮、海啸灾害应急预案》；实施海洋与渔业生态系统修复工程，加强水生野生动物保护和渔业资源增殖放流工作，先后在珠江口和东江河段开展3次增殖放流活动，共投放刀额新对虾苗1950万尾，淡水鱼苗500多万尾。放流紫红笛鲷7.5万尾，红鳍笛鲷7.5万尾，对虾450万尾；加强黄唇鱼自然保护区建设力度，以《广东建设自然保护区示范省实施方案（2009—2015）》颁布实施为契机，开展《黄唇鱼自然保护区建设方案》起草调研工作，力争将黄唇鱼自然保护区纳入广东省自然保护区发展规划，建设为省的保护区示范点；开展水生野生动物特许证审核和年审工作，全年共完成特许证年审140余份。

**【海洋与渔业执法】** 2009年，东莞市开展行业执法示范工作。以“海盾”、“碧海”、“护渔”行动为抓手，提高查处重大海洋与渔业违法行为水平。重点开展海洋工程建设项目专项执法和养殖用海、码头用海、倾废用海、围填海等用海项目的检查，规范海洋开发秩序，加大渔场执法和海洋监察执法力度，全年检查渔业和用海项目4223艘次，查处各类违法违规案件67宗；搞好便民利民服务，市渔政支队再次通过农业部“渔业文明执法窗口单位”验收，被评为“全国渔政工作先进单位”。

**【伏季休渔】** 2009年是东莞市执行南海伏季休渔制度的第十一个年头，是实施伏季休渔以来休渔制度调整幅度最大的一年。根据《农业部关于调整海洋伏季休渔制度的通告》，对海洋伏季休渔制度进行调整，就休渔海域、休渔时间和休渔作业类型等作出明确规定,调整的主要内容：一是调整休渔时间。休渔时间比原来提前并增加半个月，即从5月16日12时至8月1日12时；二是调整作业类型。该年休渔对象为除单层刺网和钓具以外的所有作业类型。由于休渔制度的调整，休渔期延长、休渔对象增加，致使休渔管理难度增大，为确保新的休渔制度顺利实施，市海洋与渔业局早动员、早规划、早部署，并结合该年休渔工作的新形势、新要求，研究新措施、新方法，保证各项管理措施落实到位，保障全市490艘休渔渔船安全渡休，实现休渔船只违规出海作业零个案，“三防”（防风、防火、防盗）安全事故零个案的成绩，渔区渔民稳定、祥和，实现伏季休渔十一连胜。

**【开展民主评议政风行风工作】** 根据市委、市政府的统一部署，2009年，市海洋与渔业局开展民主评议政风行风工作。做到“五个注重”，以关注民生、服务群众为主线，深入基层，查找问题，落实整改措施，转变工作作风，增强服务意识。全系统共组织集体学习10

# 东莞市海洋与渔业局

①

几次，落实督查工作8次，召开征求意见会15次，发放征求意见表563份，设立征求意见箱4个，接待来访、投诉13起，收到举报电话3个，主要领导带队走访有关单位、服务对象35个，帮助基层和群众解决问题8个，社会和群众对该局评价满意率达93.5%。（吴　曦）

附：2009年东莞市海洋与渔业局领导名录

局　长：张月忠

副局长：叶玉培　江日年

① 渔政执法
② 海洋环境监测
③ 市场水产品抽样检测
④ 江河放流
⑤ 休渔三防演习

②

③

④

⑤

# 林　业

【概况】2009年全市林业用地面积61400公顷，全市森林覆盖率36.5%，林地绿化率99.01%，林木绿化率38.8%，活立木总蓄积量241万立方米，森林生态效益达49.72亿元。

【森林公园建设】2009年，东莞市继续加快森林公园建设步伐，着力抓好各项工程建设。重点完成银瓶山森林公园清溪片区一期工程，完成总工程量的75%，建成园区道路8公里、登山步道4.9公里，新建“浮云阁—线天”、“黄茅田”等景区及观景亭6座；银瓶山谢岗片区二期工程完成总工程量的90%，建成五道将军步道3.7公里、观音座莲古道4.7公里，新增道路指示牌18套、观景亭5座以及一批配套服务设施；升级改造了大岭山森林公园石洞知青旧址、碧幽谷步道和大屏嶂森林公园的竹径景区、荔枝观光果园、杨梅果园；各森林公园共新增标识牌1134套、垃圾箱50套、交通减速带40处，维修车行道3.9公里、步行道15.2公里。

【造林绿化】2009年，东莞市林业局紧抓季节，做到早规划、早宣传、早动员、早行动，认真部署落实全市山上春季造林任务，严格按照“种一棵、成活一棵，造一片、成林一片”的造林原则，加强工程质量管理，注重造林科技含量，严格执行造林工程验收制度，圆满完成各项造林绿化任务。全市2009年完成水源涵养林林相改造面积1755.33公顷，种植乡土阔叶树152万株，幼林抚育面积2896.6公顷；营造防火林带65公里，抚育374.34公里；建设农田林网52.79公里，占计划52.4公里的100.7%。经组织二次的检查验收，苗木长势良好，造林成活率达到97%以上。

【全民义务植树】2009年，东莞市以开展全民义务植树运动为抓手，全面推动全民参与林业生态建设的积极性和主动性，在全市营造浓厚的植绿、护绿、爱绿、兴绿氛围。植树节前后，各类新闻媒体对造林绿化工作进行深入、持久、全面的报道，全市义务植树形成“领导带头，全民参与，形式多样，声势浩大”的喜人局面。2月27日上午，市几套班子领导带领政府机关和有关单位工作人员共800多人，在虎门港“古树休闲公园”参加义务植树，共种植乡土阔叶树2200株；市口岸局、市社保局、市广播电台、东莞日报社、南方都市报、沃尔玛等众多镇（街）、单位、企业、团体纷纷行动，积极履行植树义务。义务植树的履行方式进一步拓宽，市绿委办联合市总工会、团市委、市妇联向全市发出“相约春天，播种文明”绿地认建认养倡议，规划组织了同沙生态公园、大岭山森林公园、大屏嶂森林公园3个全民义务植树基地，有14个单位参与绿地认建认养活动，认种认养树木2836株。全市参加全民义务植树121万多人次，共植树363多万株，完成计划任务300万株的121%。

【城乡绿化】2009年，东莞市以省林业局开展“建设林业生态文明万村绿大行动”为契机，全面开展道路、厂区、公园、小区、农田绿化建设规划，持续推进绿化美化争先创优活动，深化城乡绿化美化统筹发展。2009年全市有52个村（社区）参加第一批“林业生态文明万村绿”大行动，共完成闲置地绿化149.07公顷，道路绿化364公里；有25个单位和4个村委会（社区）被评为2009年度“东莞市园林式单位”和“东莞市绿化模范村（社区）”；截至2009年，全市共建成镇、村森林公园8个、面积35.6平方公里，建成以森林为主体的小公园47个、面积6.7平方公里。

【林业科技】2009年，东莞市坚持科技兴林，积极开展林业科研创新。2009年先后开展“东莞市古树名木的保护、复壮及繁殖技术的研究”、“东莞市森林生态系统碳储量及动态研究”等23个课题的研究，其中“东莞城市森林生态建设模式构建与评价研究”成果达国内同类研究的领先水平，在国内顶级中文期刊上刊登科研论文8篇，出版了《东莞城市森林生态建设模式与评价》专著，林业科研学术影响力不断增强。同时，东莞市林业局加大林业科普宣传力度，积极开展送科技下乡活动，通过组织林产品信息调研交流、举办森林植物资源研讨讲座、开展林业科普知识交流等一系列活动，从群众的角度、从基层的层面解决林业实际问题，大大增强广大市民对林业生态建设的了解，提高了林业生态保护意识。

【森林防火】2009年，东莞市切实加大森林防火工作力度，坚持“预防为主、积极消灭”的方针，以全面提升处置森林火灾事故应急能力为重点，强化各级行政领导负责制，加强扑火队伍建设，严格野外火源管理，狠抓各项防扑火措施的落实。全年印制《东莞市森林防火工作手册》等各种防火宣传资料8类共1372份，组织举办七期森林防火知识培训班，培训各镇街农办主任、林业干部、各村主任、护林员、治安员以及林区经营单位共396人，组织市八支专业打火队进行体能考核和突击集结演练9次，建成消防蓄水池10个，在建消防蓄水池3个、消防水池7个。通过多管齐下的有力措施，扎实提高了东莞市森林防火工作的水平和扑救山火的能力，有效地控制了森林火灾发生，全市仅发生森林火警2宗，过火面积4.33公顷。

【林业有害生物防治】2009年，东莞市发生薇甘菊、松材线虫病、尺蠖、松突圆蚧等各类林业病虫害面积1813.33公顷，防治面积1793.33公顷，防治率达98.9%。针对近年薇甘菊有害生物在东莞市迅速蔓延扩散的趋势，市委市政府十分重视薇甘菊防治工作，成立了由林业、农业、城管、交通、国土、建设等部门共同参与的专项工作领导小组，编制了《东莞市薇甘菊防治总体规划（2010—2012年）》。全市薇甘菊危害发生面积1080公顷，完成防治面积1080公顷，实施作业面积2086公顷，并对全市4条主干道、13条联网公路、2条东西部快线以及高速路、铁路全线共935公里道路两旁发生的薇甘菊进行大规模的除治清理。

【林业执法】2009年，东莞市坚持“打防结合，以防为主”的方针，严密加强治安防范，保持严打高压态势，扎实保障林区安全稳定。市林业局联合森林公安分局先后开展“绿盾三号行动”、“创平安、迎国庆”重点打击行动、“保护野生鸟类行动”等多项专项行动，严厉打击各类违法犯罪活动，全力维护森林资源的安全及林区社会治安。全年共受理接报警676起，立案案件69宗，其中森林刑事案件2宗、森林行政案件22宗，林区社会治安刑事案件32宗，林区社会治安行政案件3宗；抓获各类违法犯罪人员47人，收缴保护动物919只（头）。

【林业体制改革】2009年，东莞市积极创新林业发展体制机制，稳步推进林业体制改革。一是顺利完成国有林场体制改革。国有林场与森林公园管理处合署办公，实施“两个牌子、一套人马”管理，新组建大岭山、大屏嶂、银瓶山3个森林公园管理处，定编人数147名，配足

# 东莞市林业局

① 市委书记、市人大常委会主任刘志庚视察林业工作
② 市委副书记、市长李毓全视察森林公园建设工作
③ 副市长李小梅检查森林防火工作
④ 《南方都市报》小读者在大岭山森林公园进行义务植树活动

配强班子成员和中层干部52名，建立健全森林公园管理各项规章制度，实现国有林场改革的平稳过渡，开创全省国有林场成为财政全额核拨公益型事业单位的先河，有效解决了制约国有林场发展的突出问题。二是积极推进集体林权制度改革。市政府成立由市长李毓全任组长的集体林权制度改革领导小组，出台《东莞市贯彻〈中共广东省委广东省人民政府关于推进集体林权制度改革的意见〉的实施意见》和《东莞市集体林权制度改革试点工作方案》，确定谢岗镇南面村、樟木头镇百果洞社区、凤岗镇黄洞村作为林改的试点单位，并结合东莞市情、林情、村情，明确了“明晰产权、规模经营、生态补偿、按股分利”的林改工作方针，从2009年10月至2010年5月分四个阶段进行林改的试点工作。截至2009年，全面完成三个试点村的调查摸底工作。

【贯彻《珠三角——纲要》】 2009年，东莞市积极贯彻落实《珠三角地区改革发展规划纲要》，结合东莞生态建设实际，落实措施，加强合作，取得初步成效。一是优化生态绿廊调整布局。通过调整东莞市林业生态建设规划，加强与广州、深圳、惠州等周边城市生态建设的协调和合作，共同推动珠三角区域生态安全体系建设。二是完善森林防火联防体系。加强与周边城市临界山头森林联防工作，杜绝与深圳、惠州交界“插花地”山头无人管理现象。三是推动森林生态资源共享。加强森林公园建设进度，大力推进银瓶山森林公园清溪片区一期、谢岗片区二期和大岭山森林公园二期、大屏嶂森林公园二期工程建设进度，使东莞市森林公园的建设惠及莞深惠三地市民。

【生态文明】 2009年，东莞市林业局充分发挥生态文化推动林业发展的主阵地作用，积极组织开展以森林公园景区景点为主题的诗歌、典故、传说等文学作品创作，征集撰写了《宝山森林公园相关景点的由来及传说》、《大岭山抗日根据地》、《飞来石的传说》、《同沙林场的由来》、《映翠湖传说》等116篇生态文化文学作品，培养了一批旅游讲解员，举办了“荔枝节”、“登山节”、“傣家长廊油画展”、“观澜湖杯‘绿在东莞’十佳美树评选”等一系列活动，大大丰富了森林公园旅游的文化内涵，增强了生态旅游的知识性和趣味性。 （刘宇红）

**附：2009年东莞市林业局领导名录**

局　长：罗松茂

副局长：陈　坚（任至9月）　胡炽海　詹惠航　林映鹏（9月到任）

① 大苞白山茶
② 吊钟花
③ 广东毛蕊茶
④ 野含笑
⑤ 尖萼厚皮香

## 水　利

【概况】东莞市地处珠江入海口东岸，北濒东江，西临狮子洋，境内96%的面积属东江流域,地形地貌多样，境内易受"风、洪、涝、潮、咸"的侵袭，根治水患，兴水之利、避水之害，历来是水利工作的重中之重。截至2009年，全市已建成：中型水库7宗，小（一）型水库46宗，小（二）水库64宗，总库容3.96亿立方米；建成引水工程4宗，设计引水流量63立方米/秒；电力排灌装机548台，装机容量11.11万千瓦；堤围108条，其中江堤78条，海堤30条，堤围总长度达990.8公里，捍卫面积111.5万亩；河道水闸280座，其中中型水闸32座，小（一）型水闸153座，小（二）型水闸95座。

【城乡水利防灾减灾工程】2009年，市水利部门以抓好水利工程建设与管理为重点，进一步加快水利防灾减灾工程建设步伐。截至年底，首批205宗水利防灾减灾工程项目共完工183宗、在建22宗，分别占工程总数的90%和10%；第一批138宗补充申报项目共完工91宗、在建30宗，分别占工程总数的66%和22%；第二批70宗补充申报项目已完工13宗，正在施工18宗。

① 2009年9月3日，市委副书记、市长李毓全实地考察运河综合整治工作
② 2009年12月10日，副市长李小梅现场督导全市城乡水利防灾减灾工程建设
③ 东坑神山排站
④ 实施全市城乡水利防灾减灾工程建设后，寒溪河堤得到进一步加固，图为石步堤围
⑤ 松木山水库

# 东莞市水务局

【专项工程建设】2009年，东莞市小型水库达标建设所涉及的87宗小型水库中，樟木头簕竹排水库涵头塔式开关工程因供水关系无法实施被取消，实际实施86宗，总投资约1.23亿元，其中市投资4859.3万元。截至2009年，这86宗工程已全部完成，已验收80宗，其余6宗工程正在进行档案整理，准备验收。基本完成全市无蚁害达标任务，通过省水利厅验收的无蚁害堤坝达标工程有13宗、通过市验收的工程有105宗，另有3宗工程正在抓紧施工中，其余21宗工程由于石坝、坝面倒混凝土或坝后填平等原因，不列入无蚁害堤坝达标计划。列入达标计划中的工程到年底全部完成达标工作，从而使东莞市成为全省率先全面实现无蚁害堤坝达标市。

【三防工作】2009年，东莞市的主要气候特点是天气多变异常，干旱时间长，雷电强度大，台风影响密。影响大的热带气旋有“浪卡”、“莫拉菲”、“天鹅”、“巨爵”。在2009年的三防工作中，东莞市启动防风应急Ⅱ级响应1次，启动防风应急Ⅲ级响应2次，启动防风应急Ⅳ级响应3次。市级防汛仓库补充了30吨防汛钢管、510个钢筋笼，截至年底，全市储备防汛物资有杉桩3.5万根，编织袋178万个，各类石料14.5万立方米，沙料13.5万立方米，防汛救生快艇57艘，橡皮艇63艘。为应对东江枯水形势突出，确保全市供水安全，东莞市提早做好应对枯水期的各项抗旱准备工作，统计到12月底，全市日均取水量428.2万吨，日均供水量415.3万吨，取水量和供水量大致正常，基本满足全市生产生活用水需要。

【水利信息化建设】2009年，东莞市以三防指挥系统为核心的水利信息化建设取得新突破。截至年底，共计集中采购17个分项目，分散采购5个分项目。远程视频会议建设项目全部完成，并在4月通过初步验收，10月通过最终验收工作。三防综合数据库与决策支持系统建设项目、专业应用系统建设项目、东江三角洲和寒溪水洪水预报计算模型与预警系统开发建设项目完成了用户需求和概要设计工作，软件功能基本完善，集成工作正在进行；下一步将进行软件的集成联调、交付和初步验收工作。水利基础信息代码规则及决策支持系统综合数据库资料收集整编录入建设项目进行成果交付及验收工作。遥感影像数据采集及加工项目进行成果的交付与初步验收工作。信息采集系统基本完成除城区内涝点以外站点（水位、盐度、流量、蒸发）的设备安装与调试工作，已报数据的比测工作正在进行中。配套土建安装工程完成了全部水库站点的基础工程建设，河道、凉亭、站点装修、清淤工作仍在进行中。

【水政水资源管理】2009年，全市水利系统多形式、全方位开展水法律法规宣传教育活动，加大水行政执法力度，加强规费的征收和管理，营造良好的水事秩序。全年共查处水事违法行为68宗，其中立案查处8宗，共罚款14万元。征收水利规费81301万元，其中堤围防护费77892万元。按照取水许可证发放前的取水设施验收制度，严格取水许可审批。受理取水许可申请2宗，予以行政许可2宗，更换到期《取水许可证》116套。《东莞市水资源分配方案》的政府采购工作已完成，方案编制工作正式开展，面向全市各镇街开展基础数据收集工作。

【水务一体化改革】2009年11月16日，东莞市机构编制委员会印发《东莞市人民政府机构改革方案实施意见》，根据上级的统一部署，按照“大部制”改革的原则，东莞市组建市水务局，将市水利局的职责，市城市管理局供水、用水、节水、排水管理的职责，以及市环境保护局污水处理的职责整合划入市水务局，不再保留市水利局。全市水务一体化改革取得新的突破。东莞市水务局主要职责、内设机构和人员编制方案已上报待批。

【水库移民后期扶持工作】根据省水库移民后期扶持领导小组办公室的要求，东莞市抓紧编制2009年度水库移民后期扶持项目计划和省结余资金计划。各镇街的项目计划经市移民办审核后，已报省主管部门评审。东莞市2008年度后期扶持项目计划，已于2008年11月得到上级移民后期扶持工作主管部门的批准，年内已实施。截至年底，房屋改造项目计划已经完成，其他基础项目设施已完成80%，剩余部分项目正在抓紧实施。东莞市2009年度水库移民项目计划经1月14日召开的市第十四届人民代表大会第四次会议批准，正抓紧组织实施，部分项目已按基建程序组织实施。

【水利规划工作】2009年，东莞市除做好运河综合整治和东江与水库联网水源等工程的前期规划设计工作外，还及时开展全市流域综合规划修编，并组织设计单位编制综合报告和专题报告。为提高全市水利工程的整体效益，推动各镇街开展防洪排涝规划编制工作，截至年底，已批复2个镇街的防洪排涝规划，并组织召开13个镇街的防洪排涝规划的专家评审会。启动水利“十二五”规划前期工作，已完成《东莞市“十二五”期间水利建设和水资源可持续发展研究》的编制。

【节水型社会建设】2008年11月，经水利部和全国节约用水办公室批准，东莞市被列为第三批全国节水型社会建设试点城市。为贯彻落实国家、省有关节约型社会建设的相关工作要求，2009年，东莞市以“开源、节流、治污”为指导，通过加强规划、建立机构、健全制度、完善改造、加大水污染治理等措施，大力推进建设节水型社会建设。《东莞市节水型社会建设规划》和《实施方案》的编写工作，已完成并通过省水利厅审查，全市节水型社会建设各项工作正稳步推进。

【内河涌综合整治】2009年9月，东莞市成立东引运河综合整治工程建设指挥部，全力推动该项目的建设进度。截至年底，各项工作正有条不紊地进行，东引运河、寒溪水流域综合整治《干流防洪规划》及近期实施计划，已获市政府正式批准，各项应急工程也正抓紧实施，清淤示范工程的前期工作也基本完成，东引运河路堤及景观工程B段已动工，A、C段方案设计工作正有序开展。

【东江与水库联网供水水源工程】市水利局主要负责联网水源工程、联网水源保护工程的前期规划、论证、咨询及立项协调工作。2009年，水库联网一期工程初步设计已获省水利厅批复，松木山水库水源保护区规划工作已完成并得到市政府批复，完成联网水库（东线）清淤及淤泥处置工程可研工作，开展联网水库（西线）水源保护规划可研工作，其中同沙、水濂山、横岗、白坑四座水库的水源保护规划报告已通过专家审查，已完成沙角取水泵站、泰岗圩加压泵站所有管路的土建、金属结构、管材的招标图设计工作，泵站土建工程已开工建设，并完成水泵设备的采购工作。（吴九华）

**附：2009年东莞市水利局领导名录**

局　长：刘伟全

副局长：陶　谨　张国麟　倪佳翔　凌荣长

## 

【概况】 2009年东莞市天气气候主要特点是：年总降水量接近正常略偏多，呈现年初少，中间多特点；年平均气温偏高，呈现年初、夏末秋初偏高，年底偏低的特点；年内热带气旋影响频密；秋、冬日照足，光能丰富。全年总降水量1881.6毫米，比常年平均值（1780毫米）稍偏多6%；年平均气温22.8度，比常年平均值22.3度偏高0.5度；全年日照总数为1967.8小时，与常年同期1919.7小时相比偏多48.1小时；年灰霾天数85天，是近五年最少的一年；年内影响东莞的热带气旋4个，正面登陆1个；开汛较常年偏早约一个月，汛期出现局部洪涝；年初及夏末秋初分别出现持续长时间少雨干燥天气，导致该市出现中、轻度的气候干旱；夏季高温热浪频繁，城市用水、用电需求猛增，供电负荷加重；年末冷空气南下影响多伴有降水。

【主要气候事件】 暴雨 2009年3月5日开汛，较常年偏早1个多月。汛期内多暴雨和强对流天气，引发局部洪涝、山体滑坡。东莞国家基本气象站录得年暴雨日数为8天，接近年平均暴雨日数。主要的强降水天气过程有：

3月28日，受锋面低槽影响，从28日傍晚到29日早上，东莞中北部出现暴雨到大暴雨的强降水，并伴有强雷暴和短时雷雨大风，其中部分镇区伴有短时小冰雹。强降水时段主要集中在28日18—21时，其中18—20时中北部有14个镇街1小时降水量超过50毫米，东坑水闸自动站录得最大1小时雨量为95.5毫米。暴雨使得这些镇街的多个路段被浸，造成交通堵塞；一些地势低洼的商铺也被淹，造成一定的财产损失。在中堂、高埗和

## 东莞市气象局

① 2009年2月24日中国气象局副局长矫梅燕（左二）在广东省气象局局长余勇（左一）陪同下到东莞市气象局检查指导工作，并与东莞市市长李毓全就进一步推进东莞气象事业发展交换了意见

② 2009年4月23日，参加世界天气研究计划北京奥运会项目第四次国际研讨会的50余名代表莅临东莞市气象局参观指导，副市长李小梅代表市政府宴请代表团一行

完成各项重大气象服务保障任务以及年初气象工作会议确定的工作目标，气象事业保持又好又快的发展势头。12月，被人力资源和社会保障部、中国气象局联合表彰为全国气象系统先进集体，是全国25个获此殊荣的集体之一，也是广东省此次受表彰的唯一先进集体。被市委市政府授予2009年年度先进单位，被省气象局授予2009年目标管理优秀达标单位、2009年前汛期重大气象服务先进集体、气象宣传工作先进集体。

【气象现代化建设】 2009年，东莞市"点片面"气象业务格局进一步完善。"点"的建设方面，气象天文科普馆工程获得市委市政府和省气象局同意，建筑面积和经费投入已经确定；建成全球定位系统（GPS）水汽观测网、风廓线仪和气象预报服务制作及分发平台等业务系统，完善强对流预报业务系统。开发灾情显示统计平台、防雷综合管理平台。面向以镇域经济为主的东莞社会经济发展现状，完善由高性能计算机支撑的东莞精细化镇街数值预报模式，实现与省局精细化预报系统（SAFEGUARD）相衔接，7月和8月相继开展分镇预警和预报业务，改变以往以点代面的做法，使预警和预报更有针对性。"片"的建设方面，市政府主持召开气候生态站建设工作会议，气候生态站工程纳入市有关部门审批绿色通道，加快项目建设进度。"面"的建设方面，完成全市32个镇街地面自动站配置气压要素观测项目工作。

【决策气象服务和重大活动保障】 2009年天气复杂多变，东莞市气象局树立"一年四季不放松，每次过程不放过"的服务理念，以保障社会经济发展的稳定和人民群众生命财产的安全为出发点，坚持面向民生、面向生产、面向决策，做好转折、重大、灾害性天气过程的预报和服务，全面提高监测预报的准确性，灾害预警的时效性，气象服务的主动性，防范应对的科学性。全年共发布预警信号8种69次，其中寒冷预警信号10次，暴雨预警信号22次（3次暴雨橙色预警信号），雷雨大风预警信号6次，森林火险预警信号6次，高温预警信号13次，台风预警信号10次（其中黄色1次），大雾预警信号1次，灰霾预警信号1次，发挥气象为领导决策参谋和公众防灾引导的作用。主动通过快报、专报、天气报告、手机短信等方式及时为市委、市政府等有关部门提供决策气象信息，共发布《重大气象信息快报》118期，专报13期，天气报告46期。围绕全市重点工作，做好重大活动、重大工程的保障服务，为全市重点工程竣工暨动工典礼、国庆60周年庆典活动、春运、元宵节活动、"五一"假期、端午龙舟赛、高考、中考等重大活动提供准确及时的气象保障服务，共制作发布重大气象活动保障专报338期。"歌唱祖国——东莞市各界庆祝中华人民共和国成立六十周年大型广场庆典活动"气象保障服务工作得到市政府的肯定，市委宣传部和市文广新局专门为此发来感谢信。东莞"两会"期间，首次派出气象应急观测指挥车赴现场提供保障；开出气象灾害证明891份，大型历史气象资料服务4次；为虎门大桥、虎门港集装箱、沿海高速等客户提供专业服务。

【电视天气预报节目《东莞气象》】 由东莞市气象局制作的天气预报节目《东莞气象》2009年元旦正式在东莞电视台新闻频道播出，受到市民的普遍欢迎。10月21日，在北京举行的华风气象影视节暨第七届全国电视气象节目观摩评比活动中，《东莞气象》节目获得地市级节目综合二等奖、主持人刘馨泽获得主持艺术二等奖。

【气象科普宣传】 2009年，东莞市气象业务综合探测基地被市政府授予"全市科普教育基地"称号；与市科协、市科技局举办东莞创新论坛第3期"中小尺度天气灾害监测预警与防灾减灾论坛"；与市科协、市建设局联合举办"东莞建筑防雷减灾论坛"。

气象灾害应急知识宣传教育月。《关于加强气象灾害预警信息发布工作的通知》规定，从2009年起，把每年汛期前的3月份定为气象灾害应急知识宣传教育月，由市政府应急办、市气象局、市水利局牵头，全民动员，开展各种宣教培训和演练活动，普及应对气象灾害、安全度汛等应急知识，提高市民应急意识和应对能力。2009年3月，全市首个气象灾害应急知识宣传教育月活动中，印发《东莞气象安全手册》（第二版）、《防雷安全手册》、《全球气候变暖下的东莞气候》等科普宣传小册子60000本，宣传漫画20000张，制作科普光碟2套，通过媒体公益广告、手机短信宣传、气象综合探测基地公众免费开放日、世界气象日座谈会、科普讲座、中小学生"保护气候从我做起节能减排"征文比赛、气象法规学习、赠送科普材料等八大主题活动，推动气象应急科普知识走进基层、走进企业、走进学校、走进社会、走进家庭；积极参与"防灾减灾日"、"安全生产宣传服务咨询日"活动，全面提高中小学生和广大市民防灾减灾意识和水平。

【安全气象社区（村）示范单位创建工作】 东莞市安全气象社区（村）示范单位创建工作是气象为基层服务的一个创新，得到中国气象局、省气象局和市委市政府的重视和支持。中国气象局将东莞列入全国安全气象社区（村）示范建设试点单位。基层气象防灾减灾工作纳入《中共东莞市委、东莞市人民政府关于2009—2011年创建全国文明城市工作的意见》，作为东莞创建全国文明城市的一项重点工作。2009年9月14日，东莞市制定下发《东莞市安全气象示范社区（村）示范单位创建方案》；10月13日，召开全市安全气象社区（村）示范单位创建工作会议，部署在11个社区（村）开展创建试点工作，副市长李小梅到会并作讲话。12月25日，广东省气象局局长余勇、副局长梁建茵及中国气象局公共服务司处长廖军一行在东莞市政府副市长梁国英的陪同下检查指导安全气象社区（村）示范单位创建工作。截至2009年，试点社区（村）基本建成工作场所、避险场所和预警信息接收终端，结合实际制定气象灾害应急处置预案，购置雨衣、棉被等应急物资，建立气象灾害应急管理队伍、协理员队伍和防灾减灾志愿者队伍，广泛开展科普工作，在危险区域设置防雷避险警示牌。

（何春燕）

## 2009年东莞市气象资料

| 雨量（毫米） | 1881.6 |
|---|---|
| 平均气温（℃） | 22.8 |
| 日照时数（小时） | 1967.8 |
| 暴雨日数（日） | 8 |
| 热带气旋（个） | 4 |
| 低温（日） | 0 |
| 高温（日） | 16 |
| 霜日（日） | 0 |

注：所有数据除特别注明外，均来源于东莞国家基本气象站。

**附：2009年东莞市气象局领导名录**

局　长：贾天清

副局长：陈明先

纪检组长：陈润全

# 旅游业

TOURISM

- 旅游城市营销
- 旅游行业管理

清溪镇

编辑：黄文挺

《全市旅行社宣贯〈旅行社条例〉工作会议》，制定《旅行社设立审批》和《营业网点设立备案》的有关手续，更新旅行社办事程序，完成全市旅行社许可证的换证审核；四海旅行社、东华旅行社、东莞青旅等3家旅行社升格为出境游组团社；新批旅行社5家，分别是康泰旅行社、飞马旅行社、车游天下旅行社、捷旅旅行社、益生旅行社。年检旅行社42家，其中38家通过年检，南湖旅行社、光大交通旅行社2家暂缓通过年检，志诚旅行社、华南旅行社2家不予以通过年检并注销经营许可证。东莞市首批星级旅行社顺利评定，东莞国旅、东莞中旅、国泰旅行社、东莞康辉旅行社、腾龙旅行社、景鸿旅行社、东莞青旅等7家旅行社被评为4星级旅行社。举办2009东莞导游技能大赛，评选"东莞十佳导游、东莞优秀导游、最具亲和力奖、最佳形象奖、最佳网络人气奖、优秀组织奖"等奖项。开展东莞经典旅游线路设计大赛活动，来自全市各旅行社、南博学院、东莞技校、松山湖职业技术学院、东莞理工学院和社会导游共101名选手参赛，12月1日在索菲特御景湾酒店决赛，评出"东莞十佳旅游线路、东莞优秀旅游线路、入围旅游线路"等奖项，对发掘东莞市旅游资源、提高东莞市旅游景点和酒店知名度、打造旅游品牌具有促进作用；指导市旅行社行业协会开展各项工作，举办《旅行社条例》宣贯培训班和旅游业务论坛等活动，加强旅行社之间的沟通和交流，提高行业的知名度和社会影响力。

**景区（点）建设**。2009年，东莞市的东莞科技馆、新华南MALL·生活城、唯美陶瓷博物馆、圣心糕点博物馆、袁崇焕纪念园等5个景区启动申报4A级和3A级旅游区的工作；松山湖景区和广东观音山国家森林公园通过国家4A级旅游区的评定工作。1月19日至2月28日，市旅游局与东莞阳光网联合举办"我喜爱的东莞十佳景点网络评选活动"，全市20多家旅游景区（点）参与，最终新华南MALL·生活城、银瓶山森林公园、东莞可园博物馆、松山湖风景区、石排塘尾古村落、茶山南社明清古村落、广东观音山国家森林公园、粤晖园、金威啤酒厂、榴花公园等10个景区入选十佳，此活动对东莞市旅游景区（点）知名度的推广有着积极的作用。在省旅游局推动的国民旅游休闲计划中，东莞市的鸦片战争博物馆、松山湖景区、东莞科技馆等14个景区（点）入选国民旅游休闲计划示范景区。

**市场监督**。为规范旅游市场秩序，保障旅游者和经营者的合法权益，营造健康、规范、有序的旅游环境，东莞市对旅游市场进行综合整治。2009年，市旅游局配合省旅游局开展对东莞市13家三星级以上宾馆饭店开展体育健身休闲服务的情况调查工作和一年一次的入境游客花费抽样调查、国内游客抽样调查工作，并将调查数据汇总上报省旅游局。查处旅行社私设营业点及超范围经营等违规行为，打击非法经营旅行社业务活动，全年共查处非法经营旅游业务的网点9个。市旅游局建立高效的投诉受理和处理机制，使旅游投诉案件得到及时受理。在黄金周期间实行24小时接听旅游投诉、咨询电话。对重大旅游投诉案件，市旅游局会同市政府相关部门，及时处理，切实维护旅游企业和游客的利益。为避免和减少旅游投诉，帮助旅行社提高服务质量、减免损失，市旅游局将投诉反映出来的问题及时反馈给旅行社。一年来，市旅游局每天接听近10个咨询或投诉电话，全年共受理有效投诉74起，投诉结案率100%。

**安全管理**。2009年4月21日，东莞市召开全市旅游质监工作会议，对全年旅

续上表

| 序号 | 旅行社 | |
|---|---|---|
| 5 | 东莞市腾龙假日国际旅行社 | |
| 6 | 东莞市景鸿国际旅行社 | |
| 7 | 东莞市四海国际旅行社 | |
| 8 | 东莞市东华国际旅行社 | |
| 9 | 东莞市青年国际旅行社 | |
| 10 | 东莞市泰平旅行社 | |
| 11 | 东莞市丰行旅行社 | |
| 12 | 东莞市讯通旅行社 | |
| 13 | 东莞市阳光旅行社 | |
| 14 | 东莞市明珠旅行社 | |
| 15 | 东莞市南湖旅行社 | |
| 16 | 东莞市南方观光旅行社 | 2 |
| 17 | 东莞市华夏旅行社 | 2 |
| 18 | 东莞市广之旅旅行社 | 2 |
| 19 | 东莞市君达假期旅行社 | 2 |
| 20 | 东莞市开心假日旅行社 | 2 |
| 21 | 东莞市幸福假期旅行社 | 2 |
| 22 | 东莞市新华旅行社 | 8 |
| 23 | 东莞市康福旅行社 | 2 |
| 24 | 东莞市金旅假期旅行社 | 8 |
| 25 | 东莞市名界旅行社 | 2 |
| 26 | 东莞市南方阳光商务旅行社 | 8 |
| 27 | 东莞市文康旅行社 | 8 |
| 28 | 东莞市欢泰旅行社 | 8 |
| 29 | 东莞市东行天下旅行社 | 2 |
| 30 | 东莞市畅游天地旅行社 | 2 |
| 31 | 东莞市永泰旅行社 | 2 |
| 32 | 东莞市优游旅行社 | 2 |
| 33 | 东莞市会通旅行社 | 2 |
| 34 | 东莞市天马旅行社 | 8 |
| 35 | 东莞市松山湖旅行社 | 2 |
| 36 | 东莞市宏途旅行社 | 2 |
| 37 | 东莞市金泰旅行社 | 8 |
| 38 | 东莞市江南假期旅行社 | 81 |
| 39 | 东莞市康泰旅行社 | 8 |
| 40 | 东莞市飞马旅行社 | 2 |
| 41 | 东莞市捷旅旅行社 | 22 |
| 42 | 东莞市车游天下旅行社 | 400 |
| 43 | 东莞市益生旅行社 | 82 |
| 44 | 东莞市瑞翔旅行社 | 88 |
| 45 | 东莞市友好旅行社 | 85 |
| 46 | 东莞市潮流假期旅行社 | 22 |
| 47 | 广东中旅（东莞）旅行社 | 23 |
| 48 | 东莞市风华旅行社 | 22 |
| 49 | 东莞市环宇旅行社 | 22 |
| 50 | 广州广之旅国际旅行社东莞分公司 | 22 |
| 51 | 深圳中国国际旅行社东莞分公司 | 22 |
| 52 | 广东省中国旅行社东莞分公司 | 22 |
| 53 | 广东国旅国际旅行社东莞分公司 | 81 |

游安全工作作具体要求。市旅游局调整旅游安全组织机构，加强组织领导，制定旅游安全工作职责，建立安全管理机制，与政府有关职能部门建立联合督查机制，加大旅游安全工作的监管力度。1—11月，市旅游质量监督管理所联合市安全生产监督管理局、市消防局、市卫生局、及镇街安全办等政府职能部门组成联合检查组开展安全督查活动，1月13—14日，对观音山森林公园、隐贤山庄、松山湖旅行社、松山湖景区等旅游企业的安全生产情况进行督查；5月1—3日，市旅游质量监督管理所与汕尾市旅游局就“五一”期间的旅游安全工作进行交叉检查；9月2日，市旅游质量监督管理所与市文化局、质监局、民宗局、工商局等单位组成检查组，对隐贤山庄及观音山森林公园的燃香情况和安全工作情况进行检查；9月9—11日，对嘉华大酒店、富盈酒店及永泰旅行社、开心旅行社等企业的安全工作情况进行督查；9月17日，对畅游天地旅行社、中国旅行社及东华旅行社的新版旅游合同的执行情况及“十一”前的安全工作情况进行督查；根据省旅游局《关于开展2009国庆黄金周旅游安全生产大检查的通知》要求，9月22日，由省旅游局管理处副处长孔宪辉带队的检查组，在市旅游局副局长李耀辉和市旅游质量监督管理所所长安玉平的陪同下，对华南MALL·生活城、广彩城大酒店、青年旅行社等企业的安全生产工作及“十一”期间安全工作部署情况进行检查；根据东莞市安委会《关于印发东莞市开展可燃气、液体储罐安全专项检查工作方案的通知》要求，市旅游质量监督管理所给东莞各星级饭店下发《关于开展可燃气、液体储罐安全专项检查工作的通知》，要求各饭店认真做好可燃气、液体储罐安全自查自纠工作，10月16日，市旅游质量监督管理所对篁胜大酒店、广彩城酒店等星级饭店的可燃气、液体储罐安全工作进行抽查。为及时、有效地应对和处置突发事件，市旅游局完善《旅游突发公共事件应急预案》，制订《旅游局突发公共事件应急救援组织指挥小组职责及任务》，健全和完善旅游安全应急救援的组织领导机构，明确各岗位人员的职责和任务；为加强安全生产教育，提高人员素质，市旅游局充分利用黄金周旅游安全工作会议、旅游事故分析会、旅游饭店协会年会及到企业督促检查工作等场合和机会，向企业人员，特别是管理人员进行安全生产工作的宣传教育和引导，倡导正确的安全理念，明确做好安全生产工作的重要意义；为确保假日的生产安全，保证节假日期间联系畅通，在重大节假日和旅游黄金周期间，市旅游局实行24小时值班，确保值班人员在岗在位，为及时妥善协调处理旅游投诉案件及应对突发情况的处置提供保障。

【队伍建设】 为提高机关办公办事效率，推进网上办公，市旅游局制定《市旅游局内部办公网建设方案》，完善内部办公网系统和旅游信息共享系统的建设，调整和完善办公自动化系统功能，于2009年10月19日正式启用内部办公系统。升级东莞市旅游企业旅游数据网上直报系统，对东莞市网上直报旅游企业的单位编码进行重新整理，市旅游局每月都能及时准确地向省旅游局和市统计局报送月报数据和黄金周的旅游统计数据，被东莞市评为“2009年度全市部门统计工作先进单位”。市旅游局开展导游员继续教育培训工作，通过学习相关的旅游业务知识，全面提升东莞市导游的综合素质和业务水平，促进东莞市导游员从全陪向地陪的角色转换；为保证导游员的服务质量，提高导游员的处理突发事件和应对自然灾害的能力，市旅游局9月14—15日开展东莞市导游技能培训班；先后两次组织410人参加导游考试，第一次导游考试参加人数178人，第二次导游考试参加人数232人；从报名参加导游考试的考生种类比例来看，院校生、社会青年和旅行社职员报名人数的比例约为4∶4∶2；为提高考试合格率，市旅游局举办导游员资格考试考前辅导班；4月，东莞市有两名导游在省选拔优秀红色导游员参加“第二届全国红色导游员电视大赛”活动中获优秀导游称号；东莞市举办的“2009东莞市导游技能大赛”展现了东莞市导游的风采，提升了导游的形象，提高了导游的综合能力和地接水平，对打造东莞旅游品牌起到积极作用，得到旅行社以及导游的好评。自2008年开办第一期饭店业管理人员学习班以来，提升了“东莞饭店”的品牌影响力，促进了东莞市旅游业的发展；为总结经验，表彰先进，促进饭店管理人员资格认证继续教育培训的开展，市旅游局在2009年2月20日、25日和26日分别在龙泉国际大酒店、长安国际酒店和汇华国际饭店3个教学点分别举办“东莞市饭店管理人员资格认证2008年第一期P级学习班结业典礼”，并为在培训中取得优秀成绩的学员颁发“优秀学员”和“积极分子”证书，三个教学点也被评为“东莞市饭店业管理人员继续教育先进饭店”。广东省旅游局在8月份举办的行业人员岗位培训班，东莞市参加总经理班和部门经理班培训的人数有18人，居广东省之首。　　（钟全伟）

**附：2009年东莞市旅游局领导名录**

局　长：梁少虾（7月到任）
　　　　蒋小莺（任至7月）
副局长：李耀辉　余建民　李亚鹏

① 2009东莞旅游文化节暨樟木头小香港旅游节开幕式晚会举办
② 2009年东莞市旅游局参加第16届广州国际旅游展览会

| 名　称 |
|---|
| 鸦片战争博物馆 |
| 威远炮台 |
| 沙角炮台 |
| 海战博物馆 |
| 可园博物馆 |
| 东莞展览馆 |
| 东莞市科学技术博物馆 |
| 松山湖生态景区 |
| 隐贤山庄 |
| 观音山国家森林公园 |
| 冠和博物馆 |
| 旗峰公园 |
| 虎英郊野公园 |
| 榴花公园 |
| 袁崇焕纪念园 |
| 新华南MALL・生活城 |
| 南社村古建筑群 |
| 蒋光鼐故居 |
| 粤晖园 |
| 广东东江纵队纪念馆 |
| 水濂山森林公园 |
| 大岭山森林公园 |
| 金威啤酒 |
| 唯美陶瓷博物馆 |
| 同沙生态公园 |
| 东莞饮食风俗博物馆 |
| 人民公园 |
| 银屏山森林公园 |
| 大屏嶂森林公园 |
| 东莞蚝岗博物馆 |
| 塘尾明清古建筑群 |
| 森晖自然博物馆 |
| 圣心糕点博物馆 |
| 松山湖光雕世界 |
| 观澜湖高尔夫球会 |
| 广东现代国际展览中心 |
| 东莞生态园 |
| 将军馆 |
| 东莞香市动物园 |

| 序号 | 旅行社 |
|---|---|
| 1 | 东莞市国际旅行社 |
| 2 | 东莞市中国旅行社 |
| 3 | 广东国泰国际旅行社 |
| 4 | 东莞康辉国际旅行社 |



# 财政·税务

FINANCE · TAXATION

- 财政收入达627.8亿元
- 国家税收达338.3亿元
- 地方税收达328.26亿元

市文化广场

编辑：潘朝明

# 财政工作

【概况】东莞市财政局是市人民政府组成部门，正处级行政单位，主管财政收支、财政政策、财务管理、财政监督和行政事业资产及政府资源性资产监督管理等工作。2009年，市财政局内设16个职能科室，下辖直属分局、市会计核算中心（含国库集中支付中心）、市财政投资审核办公室、市财政局票据监管中心、市财政局信息中心、市政府物业管理中心、松山湖财政分局、虎门港财政分局、生态园财政分局、市注册会计师协会等10个直属单位。截至2009年年底，共有在职在编人员233人。

2009年，全市财政收支预算执行情况良好，来源于东莞的财政收入627.8亿元，比上年增长4.5%，其中：上划中央326.9亿元，增长0.5%；上划省69.8亿元，增长4.8%；市一般预算收入231.2亿元，比上年增长10.5%。市一般预算收入加上预算外收入4.6亿元，基金预算收入36.2亿元，地方政府性债券转贷收入1.4亿元，上级税收返还、上级补助收入、上年结余、其他调入资金等74.9亿元，2009年市可支配财力为348.3亿元，比预算增加30.8亿元。市财政支出259.4亿元，比预算减支9.8亿元；省追加支出12.9亿元；专项上解（含出口退税超基数市负担7.5%部分）17亿元。收支相抵，结余59亿元（其中：一般预算结余23亿元，基金预算结余36亿元）。

【财政收入稳步增长】2009年，面对国际金融危机带来的严重冲击，东莞市各级财政部门坚定信心、迎难而上，立足实际，注重科学分析和预测，提出合理的税收征收预算目标，大力配合税务部门做好征管工作，确保应收尽收，促进财政收入稳步增长。2009年，市一般预算收入中来源于市国税局税收的财政收入60.5亿元，来源于市地税局税收的财政收入101.3亿元。同时，市财政局积极履行好自身的收入征管职能，抓好契税、耕地占用税征收管理工作，通过追缴欠款、票证核销等措施，大力清缴税收尾欠，确保应征税款及时足额入库，契税、耕地占用税全年收入为20.41亿元，实现持续大幅增加。在非税收入方面，东莞市财政局全面推广非税收入管理系统，将非税收入执收单位纳入管理系统，进一步提升了管理水平。加强与执收单位的协调配合，继续加强行政事业性收费、政府性资源非税收入的管理，努力完成政府非税收入任务。

▲ 2009年7月1日，召开东莞市“小金库”专项治理工作会议（市财政局 供图）

【应对国际金融危机】认真落实各项扶持政策，帮助企业在应对危机中转型发展。2009年，东莞市财政部门贯彻落实中央、省的减税减费政策，用好科技东莞、创业东莞、转型升级、融资支持计划等专项资金，着力帮助企业稳定生产经营，推动经济稳步回升。

落实各项企业减负政策，包括：落实上级减税减费政策，实行增值税转型改革，允许企业抵扣新购入设备所含增值税和调低小规模纳税人的增值税率减负16.2亿元；取消和停止征收100项行政事业性收费减负1.5亿元；阶段性降低医疗保险费率和工伤保险费率减负4.4亿元等。

“科技东莞”专项资金支出10亿元，主要用于散裂中子源项目、质检基地等科研基础设施建设，实施名牌带动战略，鼓励企业培育名牌名标，支持企业申报专利，大力发展装备制造业和支持技术改造创新，进一步增强自主创新能力。

“创业东莞”专项资金支出10亿元，用于建设东莞职业技术学院，帮助企业提高劳动力综合素质和专业技能，促进劳动力就业转型。包括：累计发放大中专毕业生企业岗位津贴、就业困难人员工资差额补助、灵活就业补助以及社会保险补贴等各项就业补贴1.9亿元，惠及36.8万人次；发放创业小额贷款7,509万元，帮扶1,066名户籍失业人员创业等。

加工贸易转型升级专项资金支出8.8亿元，引导和鼓励企业开拓国内外市场以及在东莞市设立研发机构和企业总部。采取奖励、直接资助、提供贷款贴息、制造业企业堤围防护费返还50%、制造业企业房产税城镇土地使用税返还50%等方式，支持企业和研发机构加大研发力度，提升创新升级能力。

“重点中小工业企业和加工贸易企业融资支持计划”专项资金支出5亿元，包括预提风险补偿金和提供贷款贴息，帮助1,013家企业获得176.4亿元的新增贷款，有效解决企业资金紧缺困难。

充分发挥财政调控经济职能，扩内需保增长。扩大投资力保增长。把加大基础设施建设投入作为应对金融危机、拉动社会投资的重要抓手。2009年东莞市全力加快在建筹建项目进度，市财政基本建设支出23.8亿元，并争取到省下达东莞市地方政府债券转贷资金1.4亿元，积极发挥投资乘数效应，拉动经济增长。主要包括：加快开展镇村联网路升级改造、轨道交通、东莞大道连接线、跨东宝河大桥、环城路完善工程等道路交通项目建设；加快推进水利防灾减灾工程、人民医院新院、妇幼保健院新院等城市功能配套项目建设；加快推进森林公园、截污主干管网、运河综合整治等生态环境工程项目建设。

鼓励消费拉动内需。贯彻落实中央关于家电、汽车下乡及家电、汽车以旧换新的政策，全年累计为8,661件家电下乡产品、861件汽车下乡产品和4,251件家电以旧换新产品办理了财政补贴，兑付补贴资金736万元，有效刺激居民消费需求；投入2,500万元，支持在东莞市举办首届广东外博会；投入2,000万元，支持在东莞市举办首届动漫博览会；拨付289万元，支持组织开展东莞产品全国行系列活动，资助企业参加展会，推动产销对接，积极帮助东莞市企业开拓国内市场。

完善财政转移支付，扎实帮扶镇村加快发展。完善财政超收奖励激励机制。加大工商税收超收奖励力度，将欠发达镇超收奖励分成由30%提高到40%，共拨付财政超收奖励资金1亿元，鼓励镇街发展经济，转型升级。

延长扶贫贷款贴息的政策期限。投入2.2亿元，在原11个欠发达镇每镇5亿元扶贫贷款贴息政策到期后延期贴息3年，并对新增的欠发达镇提供连续3年每年1亿元的扶贫贷款贴息。

对村行政管理及公共服务支出给予财政补助。关注基层发展，拨付2.4亿元，对经济综合实力排名靠后的285个村（社区），按四个档次给予每人每年100

元至600元的财政补助，专用于村行政管理及公共服务支出，缓解金融危机对东莞市集体经济的冲击。

实行生态补偿机制。投入1.3亿元，对镇村基本农田保护区和非经济林地保护给予财政补助，着力缓解镇村承担生态保护任务受到的发展制约，促进东莞市区域协调发展。

【保障和改善民生】 促进教育事业均衡发展。教育公平是社会公平的基础，促进教育事业均衡发展是公众要求最强烈的民生课题。2009年市财政教育支出25.7亿元，其中：拨付镇街义务教育转移支付资金10.4亿元，补助镇街中小学经常性教育经费支出，促进镇街义务教育均衡发展；市镇两级财政增加投入2.3亿元，用于免收义务教育杂费和借读费，使在东莞市公办学校就读的12.5万名外市户籍学生也能享受全免费义务教育；对20所民办学校进行奖励，引导东莞市民办教育事业健康发展。

进一步提高社会保障水平。投入1.4亿元，将东莞市社会基本医疗保险年度支付限额从4万元提高到10万元，综合基本医疗保险年度支付限额从8万元提高到15万元，使全市约500万名参保人享受到更高水平的医疗保障；将五保户的供养标准从每人每月550元提高到每人每月600元；财政补贴每人每年170元，将东莞市大中专院校在校学生纳入社会基本医疗保险保障范围；投入1,255万元，通过租赁住房补贴、房屋修葺补助等方式帮助2,658户困难家庭解决“住房难”问题。

逐步完善疾病防控体系。投入4,509万元，支持全市社区卫生服务中心（站）信息化建设和开展健康教育、疾病预防等公共卫生服务；投入1,611万元，购置专用设备和储备应急物资，应对甲流疫情冲击；支持市人民医院、市第三人民医院、市妇幼保健院和疾控中心等医疗机构的工程建设，为市民提供更好的就医环境。

不断繁荣公共文化体育事业。投入1,300万元，支持东莞市博物馆之城、图书馆之城建设，推动文学创作和粤剧艺术发展；投入2,835万元，用于补助林则徐纪念馆、可园博物馆等公共文化场馆免费开放后的日常运营；投入2,009万元，用于广州亚运会东莞分场馆改建工程。

【规范公共财政运行】 2009年，东莞市财政部门深化部门预算改革。加强项目库建设，严格预算审批程序，逐步细化预算编制，推进预算管理与资产管理相结合，积极推进公务卡试点改革。深入开展“小金库”专项治理工作。对42个市直单位开展重点检查，并就发现问题督促整改，堵塞管理漏洞，提高财政运行质量和财政资金使用效益。积极推进财政支出绩效评价工作。成立财政支出绩效评价工作委员会；指导预算单位完成286个200万元以上项目的自评工作，着力开展重点评价；在编制年度预算过程中引入专家评审机制，实现绩效评价与预算编制有机结合。优化工作流程，加快财政投资项目建设进度。优化基建工程服务项目的政府采购方式，下放镇街建设项目评审业务，精简审核拨款流程，不断提高财政运行效率，推进重点项目加快建设。切实加强对市属物业出租的监管。2009年，东莞市政府物业管理中心共接受了30多个市直单位委托，对156处政府物业（面积合计84183平方米）组织公开招租，成功出租108处，竞价出租使物业月租金增幅达37.65%。高度重视人大代表、政协委员建议和意见，提高民主理财水平。认真办理人大代表、政协委员建议提案59件，做到件件有落实、事事有回音。针对人大代表、政协委员的建议，及时完善相关财政政策，努力解决群众关心的热点难点问题。

【财政服务效能提升】 优化财政国库支付和会计集中核算流程。2009年，东莞市财政部门实现用款额度申报无纸化，规范了单位零余额账户的使用，简化了协议供货项目的付款程序，进一步提高工作效率。改革和完善工程款审核环节，强化5个工作日内拨款的审核管理。抓好工程支付审核工作，确保工程款支付进度与工程进度相符。完善政府采购支付和核算工作，通过删减不必要的审核“会签”程序，进一步提高支付和核算工作效率。改进财政票据工本费征缴方式。财政票据工本费纳入非税收入管理系统征收，并采取先缴款后领票的方案，着力解决了现金存入和收缴核算管理脱节产生的一系列问题。

优化退税退费办理流程，做好财政资金退库服务。进一步优化契税、耕地占用税退税内部审核流程，缩短了办理退税的时间，提高为民办事效率。2009年共办理了退税2400多宗，退税金额达3000多万元。切实做好东莞市资源综合利用资格认定申请和废旧物资回收公司增值税退税审核工作，全年共审核400多笔纳税申报情况和完税凭证，上报省财政厅和省财政专员办审批，经审批已退增值税1.87亿元。同时，认真贯彻落实东莞市政府关于对制造业企业堤围防护费先征收后返还50%的规定，精简手续，督促镇（街）财政分局做好堤围防护费返还工作。2009年，东莞市共对6.45万家企业返还了堤围防护费1.94亿元。

强化和提升会计管理。具体包括，从2009年下半年起开展会计从业资格无纸化考试工作，全市共有7081名考生报考；下放会计从业资格考试给镇街财政分局；提升会计窗口服务工作，着手建立“东莞市财政局会计信息咨询服务平台”，进一步完善东莞市会计人员信息系统建设等。

加强财政管理信息系统建设。大力推进资产管理信息系统推广实施工作。2009年5月东莞市资产管理系统通过初步验收，东莞市财政局组织了全市390家市直行政事业单位进行了七期系统操作培训班，切实保证系统的实际应用效果。完成非税收入管理系统的二次功能需求开发升级及与交警系统数据交换接口开发工作。实施国库集中支付系统“管用分离”，实现了信息系统的维护工作与资金收付业务严格分离。实现了国库集中支付系统的CA认证，提高系统运行安全性。继续推进东莞市财政局电子政务建设。具体包括，财政办公内部资源网升级改造；东莞财政网不断完善升级，增强为公众提供更为全面的电子政务服务功能；优化网上行政办公系统后台数据库，完善内部管理功能，确保办公系统的正常运行。

【注重学习培训】 2009年，东莞市财政部门组织举行了11期专题讲座，举办一期“东莞市公共财政与应对金融危机专题培训班”，着力提高全市财政系统领导干部的理论和业务水平。组织了31名局机关、直属单位干部和镇街财政分局领导到天津南开大学进行为期1周的集中培训。组织市财政局科室负责人前往广州财政局学习内部管理等经验做法。派出2名干部分别到澳大利亚、德国实习培训，派出1名干部到国家财政部实习一年。

【规范部门权力运行】 2009年，东莞市财政部门全面加强机关党的建设，全年开展党风廉政及纪律教育专题培训3次。对《领导干部党风廉政建设岗位职责》进行第三次修订，及时对局领导班子成员分管的党风廉政建设工作任务进行调整分解。印发《东莞市财政局落实2009年党风廉政建设和反腐败专项工作任务的工作安排》，分解落实由市财政局牵头办理或配合办理的22项专项工作。出台《东莞市财政局规范权力运行工作方案》。做好财政内部监督工作，推进财政内控制度建设。认真落实各项财政内部监督制度，将内部监督作为日常监督的一部分，每笔财政资金拨付都需经过内部审核，对所有开设、变更及撤销的银行账户实行核查和备案，财政资金银行存款余额实行月报制度。 （刘长青）

**附：2009年东莞市财政局领导名录**

局党组书记、局长：詹文光

局党组成员、副局长：陈锐康　王锐江　叶树平　谢　涛

局党组成员、纪检组长：李长福

局党组成员、会计核算中心主任：王　标

## 国家税务

【概况】 东莞市国税局于1994年9月底税务机构分设后成立，为中央直属单位。2009年，市国税局机关内设13个行政科室、7个直属机构和3个事业单位；下设33个派出机构，其中正科级建制的分局27个，副科级建制的分局6个。全系统在职在编干部职工有773人，管辖全市纳税户20.5万户。负责征收管理的税种有增值税、消费税、企业所得税、储蓄存款利息所得个人所得税、车辆购置税、城建税及教育费附加。

【组织收入经受住考验】 2009年，受宏观经济形势和国家结构性减税政策的双重影响，全年共组织工商税收收入338.3亿元，同比减收0.78亿元，微降0.23%。其中，国内税收收入273.89亿元，完成省国税局下达任务的101.44%；海关代征税收收入64.41亿元，同比增收10.37亿元，增长19.19%。国税税收形成市财政收入60.84亿元，同比下降2.53%。

抓好税源监控。强化收入分析预测，对全市1802户企业开展税收调查，对348户企业实行重点税源监控。落实省国税局两次调整收入计划的决定，强化收入进度管理。制定欠税管理工作指引，严格执行欠税公告制度，共向全社会公告4期共1512户正常经营的纳税人欠税情况，清理正常申报企业陈欠1152万元，清理幅度高达75%；新增欠税同比减少29.7%。截至2009年底，正常户欠税仅462万元。

强化税种管理。实施增值税小规模纳税人纳税申报分类管理，全年新认定一般纳税人超过1万户，2009年底有一般纳税人36810户，同比增长30.7%，一般纳税人占增值税纳税人户数比例达19.49%。探索增值税发票管理新模式，率先在大型商贸企业推行收款机逐笔开具发票。抓好2008年度企业所得税汇算清缴工作，实际汇缴企业43204户，实际应纳所得税额31.72亿元，同比增长11.65%。跟踪审查中介机构出具保留意见项目的企业以及亏损企业，强化汇算清缴后的评估和检查工作。积极落实核定征收比例整改，查账征收面从2008年底的49.33%上升到2009年底的83.25%。贯彻落实所得税分类管理，完成房地产

东莞市国家税务局

① 国家税务总局货物与劳务税司司长杨益民（左三）一行深入虎门港保税物流园实地考察

② 第四届粤、港、澳、台税收征管研讨会召开

企业核查72户，调增应纳税所得额7.07亿元，应入库税款（含滞纳金）2.12亿元。抓好出口退税预警评估分析和专项检查，加强征退衔接管理，防止出口骗税发生。完善非居民税收管理体系，强化情报交换工作，共实现非居民所得税收入1.18亿元，同比大幅增长3.5倍。加大反避税工作力度，全年共调增应纳税所得额9214万元，补征企业所得税1105万元。完成2009年度总局定点联系企业税收检查，入库税款滞纳金合计1860万元。全年征收车购税11.79亿元。

加强评估和稽查。加大以评促管促收的力度，制定评估收入指导性计划，实行按月通报制度和实地督导。充分运用重点评估与简易评估结合的模式，推进汽车销售、模具制造等行业评估和六类异常企业、增值税税负偏低两类企业等重点企业评估。推广应用征管辅助系统纳税评估模块，制定下发分行业评估指引。2009年完成纳税评估3065户，评估实际入库2.98亿元，同比增长74.18%。充分发挥税务稽查力量，组织7133户企业开展税收专项检查，涉及大型超市、电视购物企业和建筑安装等10多个行业，发现问题企业4544户，查补收入4.56亿元。立案查结案件33起，查补入库5600万元。联合公安、工商等部门开展打击发票违法活动专项整治行动21次，共捣毁制售假发票窝点10个，缴获各类假发票共计88万多份，查处违法企业48户。全年稽查组织收入5.12亿元。

①

②

【征管质效不断提高】2009年，东莞市国税局围绕税收信息化建设，大力夯实征管基础，规范税收执法，推进税收工作的科学化、精细化管理，实现税收征管质效的提升。

进一步夯实征管基础。开发推广征管资料档案管理系统，明确163项业务归档资料标准。完成发票换版工作，3万多户纳税户实现计算机开票。升级普通发票管理系统和网站发票查验系统，拓展开票数据采集面和应用面。完善定额核定的参数设置，提高定额的准确性。畅通与协管部门数据交换渠道，2009年通过协管组织国税收入8.06亿元，清理漏征漏管户5200户。加强税务中介管理，推行税务师事务所涉税鉴证软件，全年税务师事务所共出具涉税鉴证报告2.5万份，纳税调整增加额达70亿元。

全力抓好信息化建设。建立市局、分局两级涉税数据监控机制，制定低税负、长亏损和发票数据异常等六大类复合指标监控体系，按季公布清单，有针对性地进行纳税评估以及检查，全市纳税异常面比例从2009年初的4.89%下降至3.44%。开展申报率、入库率等征管质量基础指标的监控，征管质量指标逐步提高并基本维持98%的较高运行水平。健全数据发布管理制度，定制增加200多个常用查询项目，建立内网征管数据发布平台，全年发布常规数据191份和专题分析报告6份。开发启用非居民税收管理系统，实现非居民税收全面信息化管理。开发车购税ETS外挂程序，完成车辆购置税征缴方式的调整。

着力提升执法水平。出台税收执法检查纠错整改工作实施办法和税收执法日常监督检查实施办法。开展执法检查，改进基层分局税收执法的存在问题。基本完成2008年省财监专员办检查发现问题的整改工作，查补入库逾1.77亿元。建立税务稽查案件抽查制度，推行"一案双查"。申请参与法院执行款分配3宗，涉及税款120万元。开展税收规范性文件清理工作。针对执法监察子系统中发现和转来的290条疑点，开展执法监察。2009年执法监察立项913项，提出建议140条，采纳131条。运用税收执法管理系统定期通报执法考核情况，全年系统考核正确率99.63%，在全省名列前茅。

【纳税服务明显优化】2009年，东莞市国税局按照东莞市委市政府"双转型"战略，积极采取有力措施，贯彻落实国家出台的各项税收优惠政策，推进网上办税建设，强化纳税服务，帮扶企业共同抵御金融危机影响，为经济税收的可持续发展打下坚实基础。

落实税收优惠政策。贯彻增值税转型改革政策，落实企业购入固定资产的增值税进项抵扣政策和小规模纳税人

①　东莞市国税局积极开展第18个税收宣传月活动
②　东莞市国税局积极服务企业发展
③　东莞市国税局税务人员为税收宣传教育基地道滘济川中学学生上主题班会课
④　东莞市国税局着力打造“网上办税大厅”。图为税务人员辅导纳税人网上办税

征收率由6%、4%降至3%的规定，共为9022户企业办理固定资产增值税进项抵扣15.8亿元，为全市15万户小规模纳税人减税6.47亿元。落实新企业所得税法，扩大税前扣除范围为企业减负约2.88亿元；加强资产损失所得税税前扣除的审批与复核，为83户企业减税5875万元。鼓励企业发展高新技术和自主创新，为全市20户高新技术企业减免企业所得税1645万元，为42户企业办理研发费用税前加计扣除业务减免所得税2402万元。充分发挥出口退税支持外贸出口的作用，实现出口300强企业当月申报当月退税和跨境贸易人民币结算货物出口退税，全年退税办理进度为84.37%，比2008年的77.89%加快了6.48个百分点，共为出口企业办理出口退（免）税160.32亿元，同比增长0.7%。

推进网上办税。推广网上抄报税系统，实现一般纳税人报税、申报、缴税和清卡的全程网上办理，全市90%以上的纳税户办理了该项业务，12月份抄报税成功率达99.66%，清卡成功率达89.26%，每月减少纳税人上门办税近5万人次。积极推进代开发票网上预录入系统，有效解决占用前台时间最长的业务之一。试点推行普通发票网上核销，加快发票领购办理速度。网上办税系统稳定性进一步提升，增值税抵扣联网上认证已占总数的84.22%，免抵退网上预审成功通过率超过82%。网上数据采集系统功能也得到进一步拓展。全市增值税网报率达90.12%，企业所得税网报率达85.47%，方便快捷的“网上办税大厅”已初步形成。

加强政务宣传。配合市委市政府保增长、扶持民营企业等各项重大工作，在推进来料加工企业转型，简化首发上市股份公司税务核查证明办理等方面制定落实有效的便利措施。参加全市外商联络小组协调会、日系企业恳谈会、来料加工转三资协调会等会议，现场向广大企业讲解国家最新税收政策。开展第18个税收宣传月活动，组织“阳光热线”直播，抓好税收宣传教育基地“税收与我”系列教育活动。加强与新闻媒体的联系，在《东莞日报》、《南方日报》和东莞电视台等主流媒体开展结构性减税、推进网上办税和打击发票违法犯罪等系列宣传24次。实行政务公开每月报告和每季检查通报制度，完成国税网站升级改版工作，将147项办税事项全面对外公开。2009年国税网站访问量超1000万次，平均每个工作日解答群众疑难问题60多条。

【内部管理进一步规范】2009年，东莞市国税局以机构改革为重点，深化财务改革，提高行政效能，创新信息交流平台，有效强化内部管理。

顺利完成机构改革。根据国家税务总局实施机构改革的精神和省国税局的批复，2009年增设教育科、纳税服务科和离退休干部科，建立4个跨区稽查局。对税务分局分别增设1—2个税源管理股。配齐配强基层分局纪检监察员，推进基层领导班子建设。选拔任用副股级以上干部62名、副主任科员18名，对71名干部职工在机关与基层、基层分局之间进行交流轮岗。

继续推进财务改革。制定下发基本支出经费定员定额试点工作实施方案，完成定员定额数据测算，统筹安排经费使用。制定财务集中管理的补充规定，明确基层分局地方财政补助经费的收支管理。加强部门预算执行，科学消化结余资金。创新政府采购模式，加强基本建设和后勤管理，科学配置固定资产，强化内部审计，开展规范津贴补贴专项检查和清查“小金库”专项工作。

创新信息交流平台。开发启用东莞国税内部网站，设置主题新闻、政务信息、党建园地、数据发布等模块，实现

① 东莞市国税局内部网站启用
② 东莞市国税局书画协会顾问与会员进行交流

内部政务的实时公开以及各项管理资源的有效整合，累计发布各类信息2500多条，日均浏览量超过1200人次。重新建立信息员队伍，搭建信息工作组织网络，完善信息调研考核办法。加强基层工作调研力度，开展5次综合调研活动，及时总结基层工作亮点，反映工作问题和建议。

【队伍建设富有成效】2009年，东莞市国税局以党组织垂直管理为契机，加大党建工作力度，形成覆盖全系统的党建工作网络，发挥党的先进性推动国税队伍建设，有力促进教育培训、党风廉政和国税文化建设的蓬勃发展。

组织各类教育培训。积极开展政治理论学习，组织"科学发展、先行先试"主题活动，召开转变作风组织生活会，举办职业精神修炼课程，深化争先创优活动，表彰一批优秀党员和党务工作者，创建示范点党支部，形成良好风气。配合国家税收政策调整以及各阶段市局重要工作部署的实施，重点组织举办股级干部任职培训班，流转税业务和计算机管理员等各类业务培训班，选派人员参加总局、省局的各项培训，全年共计35期，累计4901人次参加。积极开展教育培训需求调查，坚持对培训项目质量的评估制度，积极鼓励税务干部参加各种形式的学历教育，全年共办理11个硕士学位，9个本科和1个大专学历的档案确认和报销奖励。

扎实开展党风廉政建设。出台《市局机关各部门落实惩防体系工作任务及要求》，分解落实惩防体系工作规划。组织开展以"加强作风建设，保障科学发展"为主题的纪律教育学习月活动，召开全市国税系统整顿作风工作会议。创新廉政教育模式，通过编发廉政短信、制作廉政屏保、建立廉政教育内部网页、开展廉政谈话，在全系统营造廉洁从税的良好氛围。继续抓好"一书一卡"工作，发挥纪检监察员和社会特邀监察员的监督作用，积极开展执法监察，对违反党纪政纪的人员进行严肃处理。

积极开展文化活动。加强支部联动，开展丰富多彩的党员实践活动，举办党史知识问答比赛、青年交流座谈会、支部联欢晚会以及参观红色革命纪念馆、深入农村体验民情等。搭建文化交流平台，成立全市国税系统摄影协会、书画协会，组建东莞国税合唱团、开辟党建专题网页，组织爬山健身、歌唱比赛、工间操、木兰扇等文体活动，慰问企石江边村困难家庭，参加植树造林、爱心捐助等活动。以党建为主的文化建设成果丰硕，常平分局获得全国国税系统先进集体，8个分局办税服务厅被分别评为省国税系统和全市青年文明号，4人当选全省国税先进工作者，6人荣获青年岗位能手称号，文明创建工作取得可喜成绩。（欧　薇）

**附：2009年东莞市国家税务局领导名录**

党组书记、局长：利巨强
党组成员、副局长：刘　丹　祁　雄　杜志康　傅平辉
党组成员、总经济师：谭岳华
党组成员、纪检组长：邓进强
党组成员、总会计师：邝照东

# 地方税务

【概况】东莞市地方税务局为广东省地方税务局领导的直属机构，2009年局机关内设10个科室，设立1个直属行政单位（稽查局，副处级单位，内设6个正科级机构）和2个事业单位，下设33个税务分局，全系统在编干部职工850人，其中，大学本科以上学历703人，占82.7%；大专学历129人，占15.2%；党员570人，占67.1%。主要负责营业税、企业所得税、个人所得税、房产税（城市房地产税）、资源税、车船税、城市维护建设税、城镇土地使用税、土地增值税、印花税等11个税种的征管和社会保险费、教育费附加、文化事业建设费、堤围费、残疾人就业保障金、水资源费（部分镇区）等6项规费的征收工作。截至2009年底，全市共有地方税务登记户300475户，其中内资企业82097户，外商投资企业9980户，个体工商户205126户，其他3272户。

【组织收入】2009年，市地税局共组织各项税费收入328.26亿元，同比增长6.7%，增收20.47亿元。其中，税收收入209.04亿元，历史性首次突破200亿元大关，同比增长6.1%;社会保险费收入107.52亿元，同比增长9.3%，征缴率达99.93%；加上堤围防护费、残疾人就业保障金、教育费附加、文化事业建设费等其它收入11.70亿元，由市地税局征收规费收入合计119.22亿元，较好地完成了各项税费收入任务。

税源监控　密切关注经济运行状况，加强跨部门信息交流，及时把握税源变化情况。定期召开组织收入专题会议，研究部署促收措施。做好收入的预测和监控，每日跟踪各分局的入库进度，每月对各分局上、中旬上报的预测情况量化统计并定期公布，对于重点税源出现异常变动的及时跟踪了解，从总体上预测并合理监控税收入库进度。

税收征管　建立饮食业、住宿业、娱乐业评估模型，对饮食业、建安业、房地产业、二级土地市场交易和外籍个人所得税等行业和税种开展纳税评估，2009年评估业户达14120户。组织符合条件的45户“大小非”减持企业开展自查工作。土地转让落实“先完税后办证”，委托国土部门在土地转让办证前代征各项税费合计9359万元。进一步加强非居民企业税收管理，全年通过售付汇环节累计扣缴非居民企业所得税和营业税2.16亿元，增长56.13%。做好营业税新旧条例衔接工作，明确相关操作问题和具体业务政策。扎实开展汇算清缴工作，继续推行中介机构出具鉴证报告制度并对报告质量进行检查。强化汇算清缴后续管理，对全市79家高新技术企业优惠项目进行核查。对房地产企业所得税全部实行查账征收，取消事前核定。受理年所得12万元以上个人所得税自行纳税申报28249人，同比增长15%。

规费征收　落实省属社会保险费全责征收上线工作，全面开展社会保险费专项治理自查工作。加强对欠费强制执行力度，申请法院强制执行欠费大户71户，涉及金额1294万元，确保欠费额保持在较低水平。认真落实市政府有关堤围防护费减免政策，做好2009年度残疾人就业保障金暂缓征收工作。

东莞市地方税务局

① 2009年4月2日，市地税局联合市中小企业局举办“税法进企业”税收政策宣讲会（张淑玲　摄）

【依法治税】市地税局在坚持依法行政的同时，认真落实各项税收调控措施，有力推进了依法治税，税收秩序进一步好转。

税收执法。组建全省首支税收法制员队伍，加大基层执法监督力度，全年重点对11个基层分局实施执法检查，积极推进执法责任制考核系统建设。运用法律手段处理涉及诉讼或复议的各类纠纷，做好行政审批项目清理，积极推进依法行政。

整顿税收秩序。全面开展个人所得税和地方各税纳税人（扣缴义务人）自查工作。组织和辅导两批共39户大型企业纳税自查。深入开展五大行业税收专项检查和南方电网地方税收专项检查，其中二级土地市场交易自查成效明显。加快已立案案件的查处和审理工作，全年共查结案件23宗。联合公安、国税开展打击假发票行动，共捣毁10个制售假发票窝点，收缴假地税发票89万份。加大反避税工作力度，与东莞乐迪卡公司续签预约定价协议，完成2户大型企业的反避税调查调整工作。

税收调控。落实好促进产业升级转型，扶持中小企业发展，制造业和村集体经济2009年房产税、土地使用税先征后返半，社保费部分险种费率下调、困难性扶持等税费优惠政策，为符合条件纳税人及时办理企业所得税、营业税、房产税、土地使用税减免，调减土地增值税预征率，较好地发挥税收政策在保增长、保稳定、保民生中的积极作用。同时加大税收宣传力度，联合市中小企业局举办中小企业8项税收优惠政策宣讲会，组织各类税法宣传培训辅导150多场次，组织大型"税法进企业"活动，通过地税网站、"地税热线"电视专题栏目、东莞地税报等固定阵地，以及东莞日报、电视台、电台等新闻媒体开展广泛宣传辅导，确保广大纳税人能及时了解并用足用好相关税收法律法规政策。

【税收管理】市地税局积极推进科学化、专业化、精细化管理，税收管理效能进一步提升。

税源管理。以寮步分局为试点单位，构建专业化税源管理新模式。积极推进发票管理综合改革，顺利完成发票换版，率先成功上线发票在线应用系统，开出全省第一份地税电子发票，全年三类电子发票上线纳税人2906户，开票11万多份，开票金额达95.46亿元。进一步完善税务协管工作，全面清理税务协管户，协助开发税务协管应用系统，截至2009年底，全市纳入税务协管并已办理地税登记的零星税源户共17.18万户，全年征收地税收入7.48亿元，同比增长5.39%。

信息化建设。继续推广应用网上办税系统，截至2009年底，开通网上办税95508户，实际使用91108户；10955人通过网报方式进行年所得12万元以上个人所得税申报，占申报总人数的38.8%。

① 2009年4月14日，市地税局举办基层分局税收法制员业务培训班（张淑玲 摄）
② 2009年4月25日，市地税局领导参与东莞电台“阳光热线”直播节目，解答百姓关于地税的问题（张淑玲 摄）
③ 2009年5月4日，东莞市国税局和地税局联合举办“送税法进校园”活动（黎雪波 摄）
④ 2009年5月12日，市地税局联合公安部门开展打击假发票行动（张淑玲 摄）
⑤ 2009年5月莞城税务分局新型办税服务厅正式为纳税人服务（姚志成 摄）
⑥ 2009年7月1日，广东省第一张网络发票在东莞开出（张淑玲 摄）
⑦ 2009年9月4日，市地税局组织干部职工参观党风廉政展览（张淑玲 摄）

研究开发售付汇后续管理软件，全年开具售付汇税务凭证1373份。应用地方税税源监控平台，检查并纠正全市634户土地使用税纳税人有关信息。深化“大集中”系统数据应用，做好基础信息补录，规范系统模块操作权限，启用“外出外来经营管理模块”，实时监控税种漏核情况，进一步加强税收跟踪管理。

行政管理。研究制定厉行节约工作方案，健全公务车辆使用管理办法，对会议费实行综合定额管理，定期对全系统经费支出情况进行分析、检查、预警和督促整改，全系统较好地实现了“五个零增长”的目标。加强财务经费监督管理，开展“小金库”清查工作。对市局计算机开展涉密文件大清查，实行办公内网和互联网的隔离管理，进一步规范保密管理。

【纳税服务】市地税局注重抓好纳税服务，2009年纳税人服务中心共受理电话、网站、来访、传真、信函等各类咨询投诉事项共21615宗，办结率达99%，及时为纳税人解疑释难。加大政务公开力度，按规定公开关系纳税人切身利益、社会普遍关注的涉税事项和相关信息。做好每月局长接访日工作，参与东莞电台的“阳光热线”节目，进一步畅通税企、税群沟通渠道。统一规范全系统基层分局办税流程和资料，简化办税手续，降低纳税人办税成本。举办纳税服务培训班，对全系统363名征收人员进行全方位培训，提高服务技能。试点建设新型办税服务厅，为纳税人提供风格统一、指引清晰、服务到位的新型办税服务。

【队伍建设和党风廉政建设】市地税局坚持抓好思想建设、干部队伍建设、党风廉政建设和精神文明建设，提高队伍素质。

思想建设。认真学习贯彻党的十七届四中全会、《中共中央关于加强和改进新形势下党的建设若干重大问题的决定》、《珠江三角洲地区改革发展规划纲要》等重要会议和文件精神，切实把握复杂形势中的政治和工作方向，把思想和行动统一到上级的各项决策部署中来。

干部队伍建设。抽调全系统各类业务骨干组建基层法制员、纳税评估队、反避税专业队等各类专业人才队伍，充分发挥人才优势。通过公开选拔考试择优录取了29名国家公务员，严格按照政策规定接收了3名军转干部，进一步充实人员力量。选派3名副科级干部到挂钩扶持单位挂职锻炼，选派干部到省局处室挂职学习及参加全省地税专业人才赴港学习培训活动。采取集中培训、网上学习、视频教育等模式，组织各类业务培训班21期，培训10834人次，进一步提高队伍素质。

党风廉政建设。制定惩防体系信息管理系统实施办法，开展廉政建设工作平台上线工作，加大对门前代开发票和车船营运税免税审批的信息监管力度，加强风险防范。组织全体干部职工重新对廉政风险和执法风险进行细化排查，根据每个岗位职责提出具体防范措施。组织“一把手”讲党课、参观市反腐倡

① 2009年12月23日，东莞市地税系统反避税专业队成立（张淑玲　摄）
② 2009年9月17日，市地税局举办迎国庆60周年暨地税系统分设15周年文艺晚会（姚炳泰　摄）

廉和预防职务犯罪教育基地等活动，加强廉政教育。严格贯彻落实各项廉政监督制度，加强“两权”监督，人事安排、大宗物资采购、基建工程招投标、减免税等重大事项都由集体审议决定。做好领导干部离任审计、任中审计以及对基层分局的巡视督查工作。在东城、莞城、长安、塘厦分局办税服务厅试点推广安装视频音频监控系统，实现对征收窗口的实时监督。加强作风建设，严格统一着装仪表，开展综合业务操作培训，进一步规范执法行为和内部行政管理水平。

精神文明建设。市地税局连续八年被东莞市委、市政府评为中央、省属驻莞机构先进单位。市地税局积极开展精神文明创建活动，松山湖分局获市青年文明号称号，大岭山分局获市文明标兵单位称号，松山湖、洪梅分局获市文明单位称号。开展对口帮扶活动，协助封开县地税局、雷州市地税局、徐闻县地税局、望牛墩镇下漕村、企石镇杨屋村委等对口帮扶对象解决困难。举办迎国庆60周年暨地税系统分设15周年文艺晚会、“流金岁月”老照片展、儿童节亲子活动，开展球类、书法、摄影等文体兴趣小组，营造和谐向上的地税文化氛围。（陈群弟）

**附：2009年东莞市地方税务局领导名录**

党组书记、局长：刘茂坤
党组副书记：马致远
党组成员、副局长：莫灿洪　尹进城　叶　胜
党组成员、纪检组长：黄　真
党组成员、总会计师：黄见洪
党组成员、总经济师：吴锡昌

- 东莞市金融业发展规划
- 松山湖金融改革创新服务区建设
- 开展跨境贸易人民币结算试点工作
- 各项存款余额突破5000亿元
- 各项贷款余额突破3000亿元
- 农村金融机构改革取得突破性进展

广东现代国际展览中心

编辑：胡晓静

## 中国人民银行东莞市中心支行

【概况】2009年，中国人民银行东莞市中心支行（简称人行东莞中支）以做好跨境贸易人民币结算试点、推进金融改革发展、改善农村金融服务为突破口，贯彻执行适度宽松的货币政策，沉着应对国际金融危机和地方产业转型升级的复杂局面，有效地促进辖区经济金融平稳健康发展。

【执行货币政策】2009年，人行东莞中支立足于辖区经济金融实际，有效传导和实施适度宽松的货币政策。加强货币信贷“窗口指导”，努力将央行货币政策要求转化为支持东莞经济金融发展的具体办法和指导意见，引导金融机构在防范风险的基础上，加大力度支持东莞经济特别是中小企业的发展。通过召开信贷联席会议，协调搭建“东莞市中小企业金融服务日”等政府部门和银行企业交流平台，宣传解读货币政策，确保适度宽松货币政策落实到位。深入剖析国际金融危机和辖区产业结构转型升级的复杂形势，先后向市政府上报了《关于建议大力推广出口退税质押贷款的报告》、《关于“三来一补”企业融资难的问题与建议》、《创新担保贷款品种 缓解企业融资难题》等专题报告，为政府部门提供决策参考，切实解决中小企业融资难问题。深入调研金融危机后各行业信贷需求特点和信贷满足情况，找准“扩内需、调结构”的信贷支持着力点，进一步完善信贷政策导向效果评估工作，合理优化房地产贷款比例，有效引导金融机构加大对中小企业、“三农”、就业和节能减排等的金融支持力度。扎实推进“10亿元融资支持计划”，向市政府提出扩大“10亿元融资支持计划”受惠面的建议，增强融资支持计划的实际执行效果。依托人民银行征信系统，构建全市中小工业企业和加工贸易企业数据库，自2008年10月“10亿元融资支持计划”实施以来至2009年底，共利用征信系统审核了14批共4746户中小企业的信用状况，完成5次共11096万元贴息核算。

【维护金融秩序】2009年，人行东莞中支以推进经济社会双转型为突破口，加快金融机构改革和强化金融风险监测，扎实开展金融秩序“维稳”。

一是大力推动辖区金融机构改革发展，进一步优化金融机构的分类布局和风险防控。对全市金融机构的改革进展、业务开展、风险状况等进行全面摸底调查，引导金融机构健全改革进程中的风险防范机制。加强对东莞农信社改革进展情况的动态监测考核，督促东莞农信社不断完善和健全法人治理结构和内控制度，促成东莞农商行于12月5日顺利创立。以《广东省小额贷款公司管理办法》的出台为契机，配合地方政府组建小额贷款公司，并建立利率执行情况日常监测制度，做好密切跟踪和风险监督。优化辖区金融机构布局和服务层次，为进入东莞市场的民生银行、平安银行、光大银行开辟业务准入绿色通道。

二是拓展金融统计调查的广度与深度，努力提高经济金融监测水平。贯彻好“大金融”监测理念，将证券业、保险业数据纳入金融统计月报表，实现金融统计数据的大集中、大整合。建立大中小企业贷款、银行承兑汇票、月前存贷款采集等专项统计制度，提高统计数据的及时性和准确性。对辖区金融业、金融基础设施、金融生态环境、上市公司情况以及影响经济金融的各类变量因素进行全面监测分析，认真排查风险隐患，切实提高应对国内外重大金融突发事件的敏锐度。

三是构建风险为本的反洗钱监管体系，强化金融执法手段，维护辖区金融秩序。科学合理评定全市50家金融机构的反洗钱合规程度和风险等级，采取分类监管措施，开展“反洗钱监管台账应用系统”培训，着力提升辖区金融机构预防洗钱风险能力。健全与公安局、海关、检察院等部门合作协调机制，拓展反洗钱案件线索的来源渠道。创新开展反洗钱公益宣传作品公开征集及公益宣传活动，营造良好的反洗钱社会氛围。协同各有关部门建立预防和打击银行卡违法犯罪的长效机制，合力打击银行卡犯罪。加强空头支票综合治理，切实贯彻落实黑名单制度，从源头上减少银行退票行为。2009年共发出空头支票行政处罚决定书6578份，收缴罚款665.45万元。整合多个业务检查项目，对东莞银行、东莞广发行开展综合执法现场检查，督促辖区金融机构认真执行金融法律规定，规范金融业务操作。

四是以维护大众利益与人民币信誉为目标，积极开展反假货币工作。派出检查组对辖区12家银行业金融机构共35个分支行执行《中国人民银行假币收缴鉴定管理办法》的情况开展反假货币工作专项检查。与此同时加强与地方政府部门的联系，充分发挥东莞市反假货币工作联席会议的组织协调作用，加强各成员单位之间的沟通，构建反假货币信息网络。建立一批反假工作站，使反假货币宣传、咨询工作落实到基层网点。联合市公安局破获了分别为490多万元和1.1亿元的制贩假人民币窝案，遏止假币泛滥的势头，维护人民币信誉和正常流通。2009年共收缴假人民币193万余张，面值1.29亿元。

【推进外汇改革】2009年，人行东莞中支以推进外汇管理工作改革为突破口，强化外汇有效监管和服务“促平衡”。

一是强化监管职能，严格外汇资金流出入管理。改进出口收结汇联网核查管理，做好贸易收付汇核查系统企业开户和数据清理，为核销制度改革奠定基础。2009年共发放出口收汇核销单254.63万份，办理核销出口额849.56亿美元。积极开展国际收支非现场核查和专项核查，共逐笔核查国际收支统计数据41.66万笔，金额超过419.69亿美元。创新方式开展“诚信兴商”宣传教育活动，配合上级做好外汇违法（负面）信息披露工作。开展对新开办外汇业务的外汇指定银行合规性检查、个人购汇及提钞情况调查，2009年共立案115宗，发出行政处罚决定书119份，罚款金额共计475万元，没有发生行政复议或行政诉讼案件。

二是强化服务理念，积极争取政策，以便利企业为核心，进一步提升外汇服务水平。逐步推行网上核销自动审核，简化出口核销环节，2009年共为101家企业开通自动审核功能。积极争取上级支持，经请示并获批准后设立“三来一补”企业台账保证金账户，解决“三来一补”企业台账保证金汇入、结汇、退出等问题。解决暂时停产企业资金汇入问题，帮助企业渡过难关，2009年共办理该类申请7笔，金额133万美元。放宽企业远期收汇备案办理时限。扶持企业产品内销，为企业内需扫清政策障碍。协助企业解决因非正常因素造成逾期核销难以申请出口退税的问题。加强业务培训，开展“外汇政策宣讲进镇区”活动，累计对6000多人次进行培训。

【完善金融服务】2009年，人行东莞中支以扎实推进辖区农村金融服务为抓手，不断完善辖区金融基础设施“优服务”。

一是加强农村支付结算环境建设，大力推广非现金支付工具，改善农村金融服务水平。东莞被列为广东省改善农村支付服务环境四个试点城市之一，人行东莞中支以此为契机，开拓思路，挖掘资源，拓宽领域，创新品种，着力提升金融服务水平。积极引导银行发卡机构将具有汇款、查询功能的自助终端设备直接铺设到社区、厂区宿舍，大大改善了银行卡受理环境。联合樟木头镇启动金融服务创新综合试点工作，在全市率先试运行“乐民”小额电子支付平台，得到试点镇广大农民工的欢迎。组织开展支付系统宣传月活动，有效改善辖区农村支付服务环境和提升农民现代化支付意识。完成东莞市集中代收付业务的平台搭建工作，扎实开展业务推广，已有9家收付费机构签约入网。

二是深入推进辖区征信体系建设，不断优化社会信用环境。进一步健全完善征信管理工作流程，整理编制《征信管理工作构成及流程》；并组织开展征信系统两端数据核对与考核，建立个人征信数据质量档案。与市环保局、社会保障局就企业环保信息、劳动保障违法信息共享签订了合作备忘录，确立企业环保及劳保数据采集的长效机制，拓展人民银行征信系统的数据来源。专设对外服务窗口，做好个人信用报告查询服务，提升服务质量。2009年共受理个人信用报告查询业务1786笔，是2008年的2.26倍。

三是积极推进“促收管支”，改进辖区国库核算服务。通过建立异地缴款资料库及实行预算外资金国库集中支付的方式，加快税收入库速度；优化出口退税流程，提高办理出口退税的效率。2009年共处理税收收入1540万笔，财政拨款业务量（含单一账户支付）43784笔，金额合计353.28亿元，办理出口退税业务24114笔，金额166.94亿元。

四是安全高效做好货币发行管理，确保辖区现金的正常供应。2009年，发行基金的投放回笼总量受金融危机的影响有较大的降幅，人行东莞中支组织货币发行部门深入调研，对辖区货币需求状况进行客观的分析和预测，加强发行基金调拨和发行库管理，积极向上级反映券别需要，努力争取短缺券别的调入量，进一步优化辖区流通券别比例，保证辖区充足现金供应。（张　明）

**附：中国人民银行东莞市中心支行领导名录**

行　长：林　平

副行长：甄润赞　麻文奇

工委会主任：邱　姗

纪委书记：左运光

## 银行监管

【概况】2009年，东莞银监分局认真贯彻落实银监会、广东银监局年度、年中工作会议精神，深入贯彻落实科学发展观，围绕保增长、防风险、促稳定，落实有保有压调结构、风险管理强内控的各项措施，大力推动监管的针对性、创新性、有效性、前瞻性，合理把握监管容忍度，有力地促进地方经济金融的持续稳健发展。2009年，东莞银行业实现“双破双降一稳定”，存款突破5000亿元、贷款突破3000亿元，不良贷款余额和比例实现双下降，银行利润在危机冲击下基本保持稳定。截至2009年，全市银行业金融机构各项存款余额5094.92亿元，比年初增加638.44亿元，增长14.33%；各项贷款余额3017.07亿元，比年初增加588.55亿元，增长24.24%；全市银行业金融机构共实现利润总额92.16亿元，同比增加5.55%。

【落实国家宏观调控政策】2009年，东莞银监分局多次组织调研并召开座谈会，督促辖内银行业金融机构结合东莞市实际，认真贯彻落实国家政策。一是定期组织收看银监会、广东银监局季度经济金融形势分析会议，参加东莞市金融机构信贷工作联席会议，及时将国家经济政策、银监会监管要求传达至辖内银行业金融机构。二是督促各银行业金融机构认真贯彻落实国家宏观调控政策，结合东莞市经济社会双转型发展战略和市政府提出的“重点中小工业企业和加工贸易企业融资支持计划”，调整自身经营策略，坚持“区别对待、有保有压、分类指导”原则，积极推进中小企业金融服务工作。三是多次召开监管座谈会，督促各银行业金融机构严格控制“两高一剩”行业贷款，认真防范按揭贷款、房地产贷款、委托贷款、母公司在境外的“两头在外”企业贷款风险。四是继续加强不良贷款监管工作。五是督促法人银行机构加强流动性管理，指导法人银行机构开展资金流动性和房地产压力测试，切实提高流动性和房地产贷款抗风险能力。

【银行业合规和自律建设】2009年，东莞银监分局加大对辖内银行业案件风险排查工作，有效遏制银行业案件发生，继续保持辖内银行业案发率为零。在国际金融危机背景下，充分认清当前严峻形势，找准信访工作与监管工作结合点，依法、依规、及时处理各类信访事项121项，充分发挥信访工作对监管工作助推作用，有效维护辖区银行业和谐稳定发展。

【鼓励和支持金融改革创新】2009年，东莞银监分局指导东莞农信成功改制为东莞农村商业银行；支持东莞银行成功设立深圳分行，参股河北邢台市商业银行、发起设立重庆市开县泰业村镇银行和东莞长安村镇银行；督促东莞信托继续完善法人治理结构，健全内部控制，进一步提高自我约束能力；鼓励和支持内部管理规范、经营情况良好的银行业金融机构进入东莞市。2009年，星展银行东莞分行、光大银行东莞分行、平安银行东莞分行相继完成筹建并开业，富邦银行成功设立东莞代表处。截至2009年，全市银行业金融机构数量达到23家。

【对法人机构监管】2009年，东莞银监分局继续推动东莞银行跨区经营，鼓励其继续做好上市准备工作；督促东莞银行在实施“走出去”战略时，重视对全行风险状况评估，重视人才培养，重视公司治理结构健全。积极推动东莞农信产权升级改革，推动东莞农村商业银行成功组建。督促东莞信托继续完善法人治理结构，健全内部控制。鼓励和支持东莞信托加大业务创新步伐。督促东莞银行、东莞信托、东莞农信3家地方法人机构完成对2008年年报信息披露工作，主动接受社会公众和舆论监管与约束。

【非现场监管机制】2009年，东莞银监分局积极落实银监会非现场监管信息系统推广和实施工作，顺利完成客户风险预警系统单轨运行转换，为及时准确分析客户风险提供基本保障。认真组织对辖内银行业金融机构进行风险评估（评级），实现对银行机构风险分类监管。认真执行监管走访制度，加强与被监管机构联系和沟通，全年共进行监管走访43次，监管会谈14次，及时督促辖内银行业金融机构采取有效措施化解经营风险，有效地维护辖内银行业安全运行。

【现场检查】2009年，东莞银监分局继续强化现场检查的针对性和持续性，共开展现场检查37项，包括：对5家大型银行、各股份制商业银行、东莞银行及邮政储蓄银行东莞分行的案件风险排查，对中行东莞分行个人住房贷款业务的现场检查以及对东莞银行信息科技风险的专项检查等，及时摸清、摸透辖内银行业金融机构一些风险苗头问题，做到早预防、早整改、早收效。

【规范行政许可】2009年，东莞银监分局严格按照行政许可有关规定审核申请事项，全年共为216家机构网点办理机构迁址、更名、筹建、开业等审批事项，共办理高管人员任职资格核准155人次，共办理金融许可证换领768张/次，达到无超范围核准、无超时限审批要求。

（熊　瑜）

附：2009年东莞银监分局领导名录

党委书记、局长：陈云青

党委委员、副局长：王红杏　陈晓勇

党委委员、纪委书记：匡才满

调研员：黄巨文

## 银行业

【概况】2009年，国际金融危机袭击全球，东莞银行业沉着应对，推陈出新，锐意进取，优化服务，全市金融总体继续保持平稳发展态势，主要指标均继续保持良好发展势头。截至2009年，全市经营性银行业金融机构20家，营业网点1206个，金融从业人员18389人。东莞市金融机构实现人民币利润92.63亿元，较2008年增加1亿元（汇率：1美元/6.8282元人民币）。不良贷款余额比年初减少2.5亿元，不良率比年初下降0.58个百分点，控制在2%以下。

各项存款保持高速增长。2009年，全市本外币各项存款余额5094.92亿元，比年初增加638.44亿元，比2008年多增25.81亿元，增长14.33%，增幅比去年高0.66个百分点。

企事业单位存款是拉动存款增长主力。12月末，全市本外币企事业单位存款余额1482.3亿元，比年初增加244.04亿元，是去年增量的5.4倍；比年初增长19.7%，增幅同比提高16.3个百分点。

储蓄存款增速放缓。受股市资金分流影响，2009年储蓄增长水平总体偏低。12月末，全市本外币储蓄存款余额2945.59亿元，比年初增加268.15亿元，同比少增244.85亿元；比年初增长10.02%，增幅同比下降11.07个百分点。

各项贷款持续快速增长。2009年，全市本外币各项贷款余额3017.07亿元，比年初增长25.69%，增幅高于去年16.35个百分点。全年共新增本外币贷款588.55亿元，比去年多增359.96亿元，为去年增量的2.6倍。全市金融机构存贷比为59.22%，同比增长4.67%。

短期和中长期贷款增长均衡。12月末，全市本外币短期贷款余额1277.56亿元，占各项贷款余额的42.34%；中长期贷款余额1485.99亿元，占各项贷款余额的49.25%。2009年本外币短期贷款增加261.12亿元，比年初增长25.69%；中长期贷款增加267.85亿元，比年初增长21.99%。

银行票据融资增长偏慢。12月末，东莞票据融资余额190.75亿元，比年初增加30.16亿元，同比少增43.91亿元，比年初增长18.78%，增幅同比下降66.84个百分点。与2008年相比，2009年东莞票据融资增速显著放缓，全年共有5个月出现环比负增长。

【信贷投向及规模】2009年，随着适度宽松货币政策的实施，国内经济呈现逐渐回暖趋势，东莞市银行业信贷投放方向有所侧重，且规模不断增大。一是中小企业贷款余额增幅较大。12月末，全市中小企业贷款余额1401.29亿元，比年初增加378.81亿元，占全市新增贷款588.55亿元的64.36%，增长37.05%，高于全市各项贷款增幅12.81个百分点，高于企业贷款增幅10.1个百分点。大企业贷款余额477.94亿元，比年初增加20.11亿元，增长4.39%。2009年中小企业贷款增长较快，是金融机构运用“10亿元融资支持计划”取得的可喜成果。二是新增贷款主要投向批发零售业、租赁和商务服务业等行业，全年投向批发和零售业新增贷款120.01亿元，占全部新增贷款的24.27%；投向制造业新增贷款51.4亿元，占全部新增贷款的10.4%；投向租赁和商务服务业新增贷款94.08亿元，占全部新增贷款的19.03%；投向交通运输、仓储和邮政业新增贷款74.03亿元，占全部新增贷款的14.97%。

投向房地产业、建筑业和公共设施管理业贷款的减幅较大。2009年，全市房地产业贷款余额为260.52亿元，较年初减少19.18亿元，减幅为3.88%；建筑业贷款余额为86.51亿元，较年初减少4.34亿元，减幅为0.88%；水利、环境和公共设施管理业贷款余额为27.98亿元，较年初减少6.12亿元，减幅为1.24%。

【东莞市金融业发展规划】2009年，东莞市银行业深入贯彻落实《珠江三角洲地区改革发展规划纲要（2008-2020）》，积极研究探讨深莞惠三地区金融合作具体措施，推进珠江口东岸地区经济金融共同发展。并结合东莞社会经济双转型的实际，与地方政府相关部门联合、高标准制定《东莞市金融业发展规划（2009—2020）》，明确东莞金融业阶段性发展目标，进一步推动东莞金融融入珠三角金融改革发展一体化进程。

【松山湖金融改革创新服务区建设】2009年9月，正式启动松山湖金融改革创新服务区建设，探索投融资一体化新

▲ 东莞市跨境贸易人民币结算试点启动仪

▲ 金融服务创新综合试点镇揭牌仪式

路径。通过建立政府引导基金、创业投资基金等直接股权投资，银行信贷资金支持、信用担保体系完善、小额贷款补充、证券机构保荐和承销，以及会计、评估和律师所中介服务，为东莞乃至珠三角企业提供“无缝对接”投融资一体化综合服务。

【开展跨境贸易人民币结算试点工作】 2008年底，东莞被国务院确定为跨境贸易人民币结算的五个试点城市之一，这是东莞涉外经济发展的新契机。2009年，全市银行业全力做好辖区跨境贸易人民币结算试点各项准备和保障工作，确保试点工作顺利开展，推进东莞涉外经济发展新跨越。自2009年7月8日东莞跨境贸易人民币结算试点启动以来，全市有56家企业通过国务院六部委联合审核成为第一批试点企业，并于9月3日成功办理全国首笔跨境贸易人民币结算出口退税业务。截至2009年，东莞市累计完成跨境贸易人民币业务43笔，金额1.05亿元。

【各项存款余额突破5000亿元】 2009年11月底，东莞市金融机构各项存款余额突破5000亿元大关，年末余额达到5094.92亿元。继2008年6月底各项存款余额超4000亿元之后，不到一年半时间，各项存款再增1000亿元。东莞成为继广州、深圳、佛山之后广东省仅有的四个存款总量超5000亿元的地区。

【各项贷款余额突破3000亿元】 2009年，东莞市各项贷款持续快速增长，本外币各项贷款实现3000亿整数关口突破，年末余额达到3017.07亿元。

【农村金融机构改革取得突破性进展】 2009年12月5日，东莞农村商业银行召开创立大会暨第一次股东大会，审议并通过组建东莞农村商业银行各项事宜。23日，东莞农村商业银行股份有限公司正式挂牌开业，成为广东省地级市中率先挂牌的农村商业银行之一。东莞市农村金融机构改革取得突破性进展。

【银行业机构不断壮大】 2009年12月3日，富邦银行（香港）有限公司东莞代表处举行开业典礼。东莞市外资银行机构增至5家。12月19日，光大银行东莞分行正式开业。至此，全市有央行、政策性银行、国有股份制商业银行、股份制商业银行、城市商业银行、农村商业银行、邮政储蓄银行、信托投资公司、外资银行等各类银行业金融机构增至22家。

（张　明）

【中国农业发展银行东莞市分行】 2009年，农业发展银行东莞市分行（简称农发行东莞分行）面对复杂严峻的经济金融形势，积极适应改革发展战略，积极落实各项政策措施，抢抓机遇、迎接挑战，各项工作取得新成绩。2009年月均贷款余额15.65亿元，比2008年增加8.85亿元，增幅129.92%。截至2009年，各项存款余额1.66亿元；利润2697.51万元，同比增加496.49万元，增幅22.56%；人均利润111.24万元，同比增加19.53万元，增幅21.30%。账面利润和人均利润均创建行以来同期最高水平。不良贷款继续为零。

业务发展。截至2009年，农发行东莞分行各项贷款余额25.24亿元，比年初增加17.74亿元，增长达236.56%。其中政策性贷款余额20.33亿元，比年初增加16.97亿元；商业性贷款余额4.91亿元，比年初增加7703万元。全年新发放的贷款合计28.56亿元，其中中央储备油贷款发放21.75亿元；市级储备粮贷款发放2.30亿元；加工企业粮食短期贷款3.81亿元；农村基础设施建设中长期贷款2500万元；产业化龙头企业粮油中长期贷款4500万元。

大力支农。2009年，农发行东莞分行进一步巩固政策性主体业务，牢牢把握支持新农村建设重大发展机遇，成效明显。一是准确把握政策，大力开拓政策性贷款业务。2009年，农发行东莞分行借夏粮和秋粮收购的时机，积极支持地方储备粮轮换，保证储备粮贷款余额稳定和地方粮食储备安全，同时积极争取中储油贷款业务，促使政策性贷款业务持续有效发展。截至2009年，农发行政策性贷款余额20.33亿元，比年初增加16.97亿元。二是加大支农力度，积极拓展商业性贷款业务。农业和农村基础设施建设是当前和今后农发行业务发展重点，农发行在强化市场经济危机感的同时，进一步增强责任感和紧迫感，努力提高营销能力和提供至诚的客户服务，完善管理，在支持新农村建设同时实现农发行自身业务有效发展。

精细化管理。2009年，农发行东莞分行积极深入推进精细化管理工作。一是积极推进管理制度化建设。农发分行制定《加强制度建设和执行力实施意见》，建立起制度日常学习机制、及时分解落实制度、及时明确职责，同时将制度学习、分解和执行纳入日常精细化管理考核范围，进一步促进制度落实。二是进一步强化管理现代科技支撑。充分发挥CM2006系统、会计远程监控系统作用，加强贷款和会计重要岗位实时非现场监测；进一步完善信贷管理信息核查系统，确保输入CM2006系统数据信息真实。

（叶小云）

附：2009年中国农业发展银行东莞市分行领导名录

行　长：黄建平
副行长：何国坚　朱云标

**【中国农业银行东莞分行】** 2009年，中国农业银行股份有限公司东莞分行（简称农行东莞分行）各项业务实现超越性发展，市场竞争力全面提升。各项存款增加70亿元，余额突破600亿元；各项贷款增加77亿元，余额突破360亿元；拨备后利润超过17亿元；各项存款、对公存款、各项贷款、对公贷款的增量和拨备后利润，在四家国有银行均排第一位。

经营转型。2009年，农行东莞分行狠抓经营转型，明确业务发展重点，促进结构调整。资产业务重点加大对优势行业、优质项目、优质客户和个人按揭、个人综合授信的拓展，出台"分类管理，分层营销，差异服务，动态调整"的营销责任制考核办法，成功营销和深化与污水处理二期项目、从莞高速、深外环、市政基础设施项目和可口可乐、广东加多宝（王老吉）、玖龙纸业、理文纸业、唯美陶瓷、光大地产等行业龙头企业的合作，全年新增AA级以上法人客户105户，新增投放143亿元，储备了轻轨、土地储备中心等37个项目，促进资产业务客户结构不断调整。在负债业务对公版块方面，重点加大机构类、国际类客户、新增结算客户的拓展，在个人版块方面，重点提高个人贵宾客户的数量和质量。全年新增对公结算账户546户，新增个人中高端客户超1万户。在中间业务方面，重点提高企业财务顾问费、个人理财和电子银行收入。

金融服务。2009年，面对错综复杂的经济形势，农行东莞分行积极服务东莞。一是加大自助设备投入和网点建设力度。2009年，争取上级行支持，投入5655万元加大自助设备投入和网点建设，全年改造网点20个，新投放柜员机85台，新投放汇款易、收款易5786台，完成70个网点标准文明服务导入，不断提升网点的服务层次。二是加大"三农"（农村、农业、农民）客户支持力度。推出惠农信用卡、县域房地产贷款、林权抵押贷款、农户小额贷款等产品，开创"公司+商户"的融资模式，积极满足专业市场的特殊融资需求。三是加大团队建设力度。对公业务组建交通运输、基础设施等六个大客户营销团队，个人业务建立由个人客户经理、理财经理、大堂经理组成的专业理财团队，全行持有金融理财师证书者达200余人。

内控建设。2009年，农行东莞分行加强风险防控，开展"教育、清理、整顿、规范"一系列工作，着力抓好"五个提高"。一是提高员工尽责意识，全面落实风险管理。注重加强对员工尤其是新员工纪律和职业道德教育、业务素质培训，对屡查屡犯问题做成案例进行宣讲，在全行建立人人有责、从我做起合规文化。二是提高控制能力，严防死守控制好风险点。针对检查发现的操作风险、信贷风险等，及时做好风险提示。三是提高创新能力，适应发展要求。全年理顺业务流程共13项。四是提高执行力，强化自我发展、自我约束机制。对重大违规和整改不到位问题，严肃追究相关责任人和领导责任。五是提高监管能力，促进风险控制落实。开展14次检查和风险评价，开展重点治理行的专项治理，并加强在线监测，落实金库、会计档案、法人抵（质）押权证集中管理，增强风险管控能力。

企业文化。2009年，农行东莞分行以人为本，努力建设"和谐东莞，快乐团队"企业文化。精心组织各种培训，全年累计培训1.7万人次，提高员工综合素质和专业技能；落实年休假、休息日、优秀员工旅游活动、文体活动、主题劳动竞赛等"五个保障"，营造积极和谐工作氛围；实行员工最低工资保障制度，切实提高员工收入水平，与员工共享发展成果，员工工资收入比上年有较大提高。（封晓庆）

**附：2009年中国农业银行股份有限公司东莞分行领导名录**

行　长：黄腾江（2月到任）
副行长：麦建红　苏顺绵
　　　　叶志英（1月到任）　林　刚
调研员：叶国键

# 中国农业银行东莞分行

①

① 2009年12月31日，市委常委、常务副市长冷晓明莅临农行东莞分行进行年终慰问，充分肯定2009年农行所取得的显著成绩

② 2009年12月9日，农行东莞分行首台自助发卡机在厚街支行试运行成功，率先在广东省农行和东莞金融业推出自助发卡机

②

【中国银行股份有限公司东莞分行】2009年，中国银行股份有限公司东莞分行（简称中国银行东莞分行）面对金融危机带来的不利影响及省行多维度、全方位的精细化管理，牢牢坚持"跑赢大市"的经营理念，沉着应对、积极作为，在应对挑战中抢抓发展机遇，取得了较好的经营业绩。全年全辖实现人民币各项贷款余额超过350亿元，实现人民币零售贷款余额超过130亿元，实现人民币各项存款余额超过530亿元，完成结算业务量140余亿美元。

支持地方经济发展。2009年，地区经济受到国际金融危机较为严重的冲击，中国银行东莞分行按照上级行战略部署，结合本行、本地区实际，加大对公信贷投放力度，支持地方经济。全年实现对公授信投放超过50亿元，当年新增投放量位居四大行首位。同时，积极把握省行推行中小企业新模式贷款的战略机遇，针对地区中小企业密集的现状，大力发展中小企业贷款，积极支持优质中小企业发展壮大，全年新模式下中小企业信贷投放量居于同业领先水平。在规模扩张的同时，中国银行东莞分行"调结构、防风险"的水平进一步提升，资产质量继续保持系统内优秀水平。

对私业务新增创历史新高。2009年，中国银行东莞分行紧密贴近市场需求，采取一系列措施狠抓产品创新、服务创新，对私业务发展取得了良好成绩，多项主营对私业务新增量均创历史新高。储蓄存款方面，坚持考核与激励并重、重点客户与基础客户并重、渠道建设与队伍整合并重、全员营销与重点突破并重，全年实现储蓄存款净增近30亿元，达到历史新高；零售贷款方面，重点发展住房贷款和个人投资经营贷款，零贷余额成功突破130亿元大关。同时，积极顺应市场需求，针对地区居民不断提升的财富意识和理财意识，大力加强理财队伍建设、强化一线服务和营销，全年保险、基金、人民币理财、轻松分期付等业务均实现了领先系统的良好销售业绩。

"文优四化"文明优质服务。2009年，中国银行东莞分行积极推动文明优质服务工作向"操作标准化、流程规范化、管理精细化、考核制度化"模式迈进。分"宣传教育，试点运行、全面铺开、完善提高、成果验收"等五阶段在全辖深入推广"文优四化"文明优质服务工作，通过岗位技能训练及考试，进一步提升一线员工服务技能和工作质效，通过定期、不定期抽查以及评优创先等手段努力营销全辖文明优质服务氛围。全年各营业机构客户评价率达90%，年平均客户满意率达95%；客户管理部门外客户满意率平均达96%。在《南方日报》组织的金融机构满意度调查评选中，中国银行东莞分行荣获"公务员最喜爱的金融品牌"荣誉称号。

内控管理。2009年，中国银行东莞分行全力狠抓内控建设。以加强各级管理者和员工内控防案意识为根本、以加强队伍建设打造高水平业务经理队伍为核心、以深化科技内控加强视频监督为手段、以强化条线内控联动共同打造安稳平台为推手，较好地完成了"两不一保证"的既定目标，实现了打造"跑赢大市"高质量内控管理平台的全年工作目标。年内，进一步强化业务经理队伍

## 中国银行股份有限公司东莞分行

①

①　中国银行总行副行长朱民赴莞调研，并与市长李毓全等亲切座谈
②　新年开年中行东莞本部中层干部合影
③　中行东莞分行新春联欢会表演现场
④　中行东莞分行本部财富管理中心，为高端客户提供尊贵服务

在内控管理中的重要屏障作用，进一步深化科技内控，在前期七大内控管理系统的基础上，针对业务监控漏洞开发了六个新系统。同时，积极创新内控工作方式，通过开展内控竞赛，持续下发风险提示和工作通报、深入开展屡查屡犯专项治理、开展整改验收活动、建立条线联动内控机制等，有效强化不敢为、不能为、不想为的内控长效机制。

企业文化。2009年，中国银行东莞分行以构建和谐企业为目标，继续深入践行"以人为本"的经营理念，积极营造"企业关心职工权益，职工关心企业发展"的良好氛围。一是全方位推动培训文化，建立起"三层次、三维度"的培训机制，全年组织开展自主办班的培训项目约46项，参训人次达4277次。二是大力倡导快乐工作文化，快乐工作理念深入人心，进一步提升员工工作热情和集体凝聚力。三是深入推动"六大工程"（家园工程、人文工程、关怀工程、文娱工程、健康工程、节日工程），积极维护职工权益、关心员工生活、开展各类文体活动兴趣小组和交流休闲活动，通过组织定期体检以及各种体育活动的形式，关注员工身心健康，舒缓员工工作、生活压力。（吕　林）

**附：2009年中国银行股份有限公司东莞分行领导名录**

行　长：刘　劲
副行长：苏胜傍　钟国军　张丹敏　孙路希
纪委书记：夏永元

【中信银行股份有限公司东莞分行】中信银行股份有限公司东莞分行（简称中信银行东莞分行）成立于1999年3月12日，2004年4月升格为二级分行，2005年10月升格为直属总行的一级分行。截至2009年，在东莞主要经济发达镇街设立16家支行，有正式员工441人。

存贷款新增。2009年，中信银行东莞分行经受住严峻的经济金融形势的考验，各项业务取得长足发展。截至12月31日，中信银行东莞分行各项存、贷款新增均突破100亿元，各项存款余额达267.95亿元，比年初增长105.98亿元，其中一般性存款新增86.56亿元，占全市存款增量14%，增量位居全市金融机构第二；各项贷款余额239.14亿元，比年初增加106.08亿元，占全市贷款增量18%，增量位居全市金融机构第一。2009年，中信银行东莞分行以仅占全市金融机构1/80的网点数量，仅占全市金融机构1/50的员工队伍，创造了占全市1/7的存款新增、近1/5的贷款新增。在总行等级行考评中，中信银行东莞分行连续第三年获得“优秀行”称号，并位列优秀行第一。2009年，中信银行东莞分行获得市政府授予“东莞市金融发展奖二等奖”，被中信集团评为“模范职工之家”，行长彭周福获得中国金融总工会“第五届全国金融职工之友”荣誉称号。

不良贷款率低于千分之一。2009年，中信银行东莞分行将内控管理贯穿业务发展全过程，在建章立度、加强指引、强化监督、构建长效机制上下功夫，保持开业十年“零案件”发生的优秀纪录。同时强化风险控制和信贷管理，在大量放贷情况下，不良贷款和不良贷款率实现双降，不良贷款率从0.21%降至0.07%。

支持中小企业发展。2009年，东莞市委、市政府提出“十亿元融资支持计划”，中信银行东莞分行认真贯彻落实精神，不断加大对中小企业的信贷支持力度，充分应用总行“中小企业成长伴侣”金融品牌，结合东莞实际，创新物流金融、应收款融资、种子基金、国内贸易融资等产品，成立小企业金融中心，在试点支行大力推动小企业联保、种子基金等业务，与一大批重点客户建立密切战略合作关系。截至12月31日，共为523户中小企业累计提供融资金额达182亿元，占全年贷款余额76%，为地方经济建设作出积极贡献。

业务创新。2009年，中信银行东莞分行以创新的思路和举措促进发展。一是创新“一对一”经营模式，推进银企“一对一”战略合作，与东莞市55家优质企业集团签订战略合作协议。二是推出“小企业种子基金”授信模式，积极搭建与政府、商会合作平台，实现小企业授信模式上重大突破。三是网点营业部实现从单一交易型向服务营销型成功转变，会计经理正式转型为营业经理，形成营业经理、柜员、大堂经理阵地营销服务体系，有力提升网点服务及营销水平。四是完成放款中心改革，把放款中心与账务中心、风险管理部、信贷管理部、公章管理等部门集中于同一楼层办公，使得放款效率大大提高，办理一笔票据承兑业务平均完成时间缩短至半小时左右（当地同业平均时间为两天）。（胡小星）

附：2009年中信银行股份有限公司东莞分行领导名录

行　长：彭周福

副行长：曲　震　王志雄　翟少安　王保粮

东莞分行
DONGGUAN BRANCH

承诺于中　至任于信

## 东莞分行营业网点分布一览表

| 网点 | 地址 | 电话 | 传真 |
|---|---|---|---|
| 分行营业部 | 南城区鸿福路106号南峰中心大厦 | 22667888 | 22667999 |
| 星河支行 | 东城区东城东路“星河传说”一号楼 | 22667889 | 22667606 |
| 南城支行 | 南城区鸿福西路南城商务大厦首层05－07号商铺 | 22819280 | 22819278 |
| 东城支行 | 东城区南四环路侧景湖花园大门口右侧 | 23129302 | 23129292 |
| 厚街支行 | 厚街镇体育路香榭丽商街A33、35、36、37号商铺 | 81696689 | 81696688 |
| 虎门支行 | 虎门镇虎门大道中科数码文化城首层1－6号商铺 | 85013011 | 85013009 |
| 长安支行 | 长安镇长中路143号 | 85841188 | 85841880 |
| 常平支行 | 常平镇常平大道星汇中心 | 83029988 | 83029989 |
| 大朗支行 | 大朗镇松佛路碧水天源售楼处 | 82220088 | 82220086 |
| 北区支行 | 石碣镇东风路盈翠豪园67－70号铺位 | 81802388 | 81802188 |
| 塘厦支行 | 塘厦镇环市东路1号东港城花园 | 87283288 | 87283858 |
| 万江支行 | 万江区万道路阳光海岸一期12栋首层 | 21660660 | 21660669 |
| 石龙支行 | 石龙镇聚龙湾聚豪华庭首层商铺 | 81389128 | 81389022 |
| 清溪支行 | 清溪镇行政中心区御路华庭1区101－1铺、101－2铺、102铺 | 82139183 | 82139655 |
| 寮步支行 | 寮步镇香市路三正世纪豪门豪景苑6栋130铺（悦莱酒店对面） | 82815558 | 82390667 |
| 凤岗支行 | 凤岗镇光华街新潮豪园首层 | 38867878 | 82613822 |

信，是一种精神，让坚持的热情永不止息

十年来，我们不畏艰难，锐意进取，
以坚定的信念抓住机遇，以拼搏的精神应对挑战；
我们履行承诺，赢得信赖，以多元的文化创新产品，
以积极的态度提升品质；我们博采众长，特色经营，
以战略的眼光开疆拓土，以永恒的信心健康发展。
我们愿与您携手共赢，一起奔向美好的未来。

**【东莞银行股份有限公司】** 东莞银行股份有限公司（简称东莞银行）成立于1999年9月8日，注册资本为16.37亿元。截至2009年，东莞银行下辖1个总行营业部、2家分行（广州分行、深圳分行）、33家直属支行、74家二级支行，拥有1家子公司（开县泰业村镇银行股份有限公司），有正式员工2223人。

2009年，东莞银行强化风险管理、销售管理和服务管理，进一步推进产品和服务创新，优化资源配置和完善激励机制，努力打造区域主要银行的品牌，各项业务保持持续、稳健的发展势头。截至2009年，东莞银行资产总额达792.09亿元，比年初增加91.68亿元，增长13.09%；各项存款余额为591.28亿元，比年初增加93.59亿元，增长18.80%；贷款余额为324.85亿元，比年初增加43.38亿元，增长15.41%；实现利润总额10.87亿元；不良贷款率为1.57%，比年初下降3.1个百分点。

业务创新。2009年，东莞银行根据市场发展需要，围绕客户，重点深化对优质单位集体授信、代理保险、代销基金、代收付、信用卡、房维基金等业务的捆绑销售和交叉销售力度，在产品和业务创新方面取得新进步。一是借助东莞银行冠名东莞宏远篮球俱乐部东莞银行队为契机推出宏远明星卡，增强品牌影响力；二是独家承办东莞市住宅专项维修资金的管理、储蓄和支付等业务，大大提升市场竞争力；三是自主研发新债券型理财产品；四是成功推出万顺通玉兰理财卡和基金代销业务等多个新产品和新业务；五是推出校园卡产品，并计划以校园卡为突破口，整合教育产业的公司、个人业务交叉销售；

## 东莞银行股份有限公司

① 2009年9月23日，东莞银行成立十周年庆典晚宴举行，市委、市政府相关领导、CBA五冠王广东东莞银行队全体队员、客户代表齐聚一堂，共同见证东莞银行的十周年大庆

② 2009年11月30日，东莞银行深圳分行开业

③ 迈入十周年的东莞银行，将以全新的姿态，挑战更高的赛场，秉持责任、专业、稳健、团队、快乐的企业核心价值观，努力做强做大，实现可持续发展，为客户、为社会创造更多价值

③

六是与中国人寿保险股份有限公司东莞分公司达成代理团体保险业务合作协议，在东莞地区全面开展团体保险代理业务；七是推出“日日盈”、“月月盈”储蓄理财产品；八是成功开通个人网银业务，进一步丰富产品结构，满足广大客户不同层次金融服务需求。在第三届中国最佳银行理财产品评选暨2009年第二届最受尊敬银行评选活动中，东莞银行恒通贷记卡、“玉兰理财”稳健收益系列产品分别获得“2009年度最具便捷性信用卡品牌奖”和“2009年最具成长性理财系列产品”。

开县泰业村镇银行　2009年，东莞银行积极推进跨区域经营发展战略，在设立深圳分行同时，又充分发挥自身资金优势、制度优势和人才优势，发起设立开县泰业村镇银行，并积极筹备灵山泰业村镇银行和东莞长安村镇银行，为加快建立健全适应“三农”（农业、农村、农民）特点的多层次、广覆盖、可持续农村金融体系提供有力金融支持。

品牌建设　2009年，东莞银行积极强化品牌建设，树立良好企业形象。继续冠名2009—2010年CBA赛事，充分利用体育运动树立健康的品牌，同时借助篮球队夺冠的社会效应，有效地展示和提升东莞银行形象，扩大东莞银行品牌的知名度和影响力。在中国《银行家》杂志社举办的“2009中国商业银行竞争力评价报告”发布会上，东莞银行荣获“最佳品牌营销城市商业银行”、“泛珠三角经济区城市商业银行竞争力第一名”。（钟少敏）

附：2009年东莞银行股份有限公司领导名录

董事长：廖玉林
行　长：卢国锋
监事长：王国栋
副行长：张　涛　张孟军　黄晓雯
财务总监：邓奕婷
董事会秘书：谢勇维

【兴业银行股份有限公司东莞分行】兴业银行股份有限公司东莞分行成立于2005年6月，位于东莞市南城区。兴业银行从一家区域性小商业银行快速成长为全球银行200强和全国银行10强，完成由地方银行、区域银行、全国银行到上市银行的四级跨越，全面确立在中国银行业的主流地位。根据英国《银行家》杂志2009年7月发布的全球银行1000强排名，兴业银行按总资产排名列第108位，按一级资本排名117位。截至2009年，兴业银行资产总额为13321.62亿元，股东权益为595.97亿元，不良贷款比率为0.54%。全年累计实现税后利润132.82亿元。2009年6月6日，在“第四届大众证券杯中国上市公司竞争力公信力TOP10颁奖典礼”上，兴业银行（601166）获“十佳最具持续投资价值上市公司第一名”。在2009年第六届中国最佳企业公民评选活动中，兴业银行三度蝉联中国最佳企业公民大奖。（陈　政）

附：2009年兴业银行东莞分行领导名录

行　长：刘永革
副行长：林国华　王朝晖

【浦发银行东莞支行】浦发银行东莞支行隶属于浦发银行广州分行，成立于2008年5月，位于南城区胜和广场。浦发银行东莞支行以服务东莞发展为己任，以效益为中心，坚持做强做大，提高市场占比和影响力。截至2009年，浦发银行东莞支行总资产为32.61亿元，各项存款余额26.63亿元，各项贷款余额10.02亿元。已投放自助设备33台，为客户提供全天候的存取款业务。（谭振东）

附：2009年浦发银行东莞支行领导名录

行　长：葛新华
副行长：贺　琳　莫沃林

【汇丰银行（中国）有限公司东莞分行】汇丰银行（中国）有限公司东莞分行（简称汇丰东莞）位于东莞市中心元美路华凯广场C座首层，2007年10月对外营业，同年12月，获批提供全面人民币服务，为企业和个人提供全面的专业银行服务。提供企业和工商服务包括商业融资、存贷款、贸易服务和现金管理等。个人金融服务具有“一地开户，全球认可”、“海外预约开户、信贷记录共享、环球联网的便利”以及“一对一客户经理服务”等特色。（杨　敏）

附：2009年汇丰银行（中国）有限公司东莞分行领导名录

行　长：陈础桥
副行长：马瑞霞

# 兴业银行 INDUSTRIAL BANK CO.,LTD. 东莞分行

兴业银行成立于1988年8月，是经国务院、中国人民银行批准成立的首批股份制商业银行之一，2007年2月5日正式在上海证券交易所挂牌上市。开业二十二年来，兴业银行始终坚持与客户“同发展、共成长”和“服务源自真诚”的经营理念，致力于为客户提供全面、优质、高效的金融服务，从一家区域性小商业银行快速成长为全球银行200强和全国银行10强，完成由地方银行、区域银行、全国银行到上市银行的四级跨越，全面确立在中国银行业的主流地位。 截至2009年末，兴业银行资产总额为13321.62亿元，股东权益为595.97亿元，不良贷款比率为0.54%。全年累计实现税后利润132.82亿元。

根据英国《银行家》杂志2009年7月发布的全球银行1000强排名，兴业银行按总资产排名列第108位，按一级资本排名117位。根据美国《福布斯》发布的2009全球上市公司2000强排名，兴业银行综合排名第389位，在307家上榜的全球银行中排名第62位。 2009年6月6日，“第四届大众证券杯中国上市公司竞争力公信力TOP10颁奖典礼”上，兴业银行（601166）荣获“十佳最具持续投资价值上市公司第一名”。 在2009年第六届中国最佳企业公民评选活动中，兴业银行三度蝉联中国最佳企业公民大奖。

勇攀东莞第一高峰

兴业金融大厦

户外拓展训练

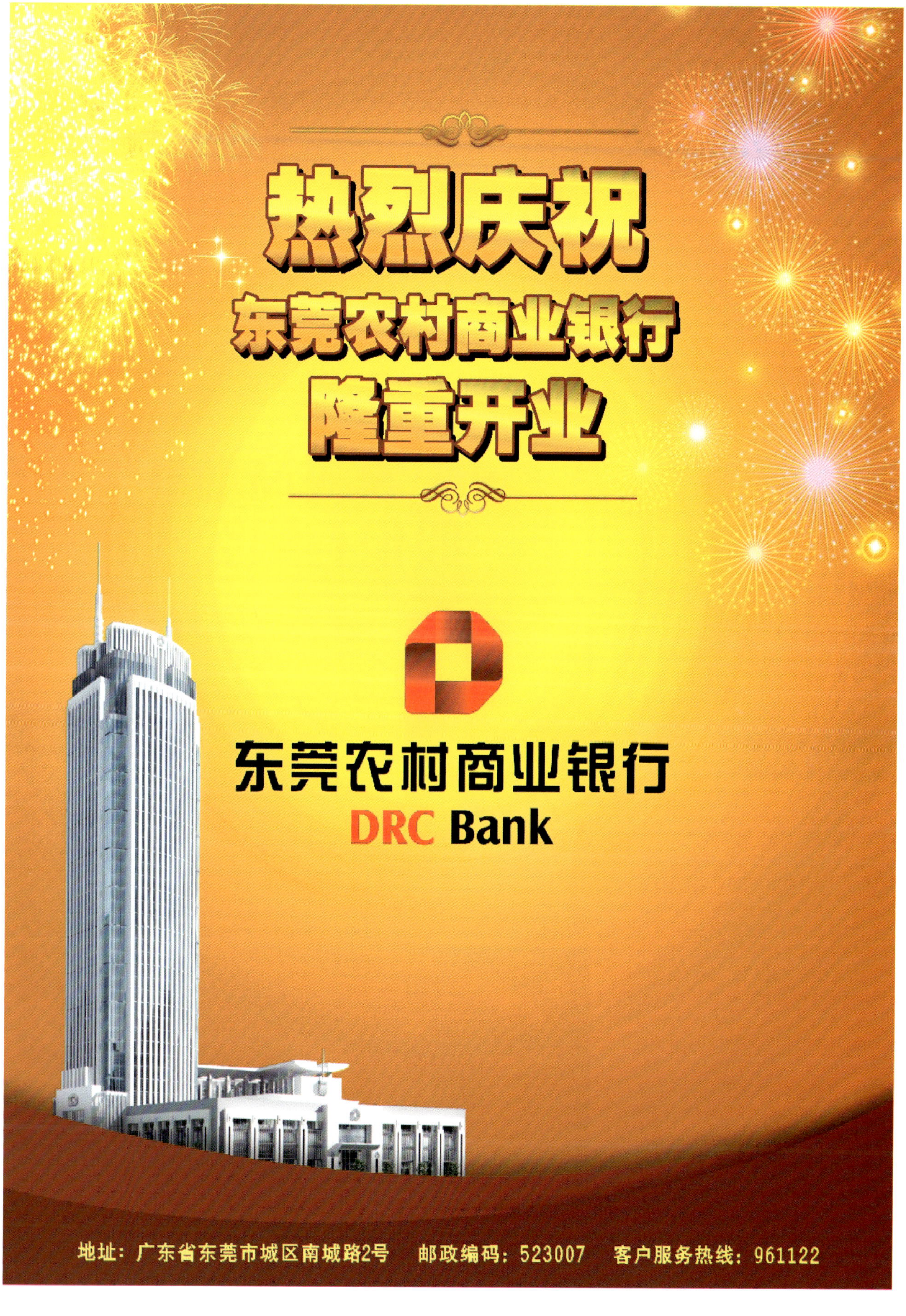
热烈庆祝
东莞农村商业银行
隆重开业
东莞农村商业银行
DRC Bank
地址：广东省东莞市城区南城路2号　邮政编码：523007　客户服务热线：961122

【东莞农村商业银行股份有限公司】2009年，东莞农村商业银行股份有限公司（简称东莞农商行）坚持“一个中心，两条主线”的工作思路，以“抓质量、控风险、练内功、保增长”为工作抓手，在保持业务平稳健康发展的基础上，实现了从东莞农信社到东莞农商行的历史飞跃。

经营情况。截至2009年，东莞农商行资产总额1103亿元，比年初增加139亿元，增长14%；各项本外币存款余额955亿元，比年初增加106亿元，增长13%；贷款余额514亿元，比年初增加57亿元，增长13%；存贷款市场占有率自1996年以来连续13年居东莞市银行业首位。不良贷款比例（按五级分类标准）2.55%，比年初下降0.2个百分点。拨备覆盖率为220%，资本充足率达到17.41%，抗风险能力进一步增强。全年实现经营利润18.45亿元，净利润13.48亿元。

体制改革。2009年6月，东莞农信社正式启动改制为东莞农村商业银行的各项工作，依法合规推进换届选举、清产核资、清理旧股金、征集发起人等一系列工作，分别于2009年11月30日、12月16日获得银监会关于同意筹建东莞农村商业银行股份有限公司的批复和同意东莞农村商业银行开业的批复，并于2009年12月23日举行东莞农村商业银行开业庆典，完成改制为农村商业银行的目标。截至2009年，东莞农商行共有营业网点526个，其中一级支行33个，二级支行102个，分理处390个，营业网点数占全市银行机构的45%，共有从业人员4300多人。

风险管理。2009年，东莞农商行确立“质量是生命”的管理理念，一手抓质量，一手控风险，实现科学可持续发展。一是严格信贷管理，防止信用风险。东莞农商行深入贯彻“保、压、调”信贷政策，以“一村一企一户一策”为原则进行存量贷款的综合整治，严格监测借款人现金流，按“处置类、追收类、监控类和正常类”等四类标准，每季度界定、测量借款人风险状况；通过做优中小企业贷款、做大票据贴现业务、做多零售贷款业务，提升信贷资产质量，2009年末，东莞农商行不良贷款比例2.55%，比年初下降0.2个百分点。二是严格按章操作，防止操作风险。针对各项业务存在的风险点和薄弱环节，采取突击检查、常规检查、专项检查、重点抽查、监控系统检查等多种检查方式，全面挖掘内控管理中存在的漏洞；充分发挥电子科技的力量，通过有效利用现代稽核系统和远程监控系统，对各项风险业务进行现场监督、非现场监督和实时监督的全方位监督；完善岗位责任制，深化稽核监督体制改革，加强合规教育和职业道德教育，提高员工合规操作意识。东莞农商行连续八年无重大金融案件发生。

业务创新。2009年，东莞农商行不断创新金融产品，满足客户多元化投资需求。一是负债业务产品创新。东莞农商行共发行理财产品7期，代销他行理财产品1期，合计发行8期，累计发行金额达13.08亿元。在个人通知存款业务的基础上，推出约定式“周周到”企业通知存款业务，完成咨询证明、建设局施工单位代发工资及保证金账户业务的开发，进一步增强东莞农商行金融服务产品竞争力。二是资产业务产品创新。大力创新企业融资类金融产品，针对实力较强、诚信度高、现金流健康的村组经济，采取多样化的担保方式，灵活运用利率杠杆和还款期限等手段，解决集体土地抵押登记难操作的问题。为满足村组经济的需要，创新开发“宅基贷”、“三旧”（旧城镇、旧厂房、旧村居）改造贷等信贷品种。大力拓展中小企业，推广“商标贷”、“办证贷”、“船舶贷”、“设备贷”等创新担保方式的融资产品，切实解决中小企业普遍缺乏固定资产抵押物的困境。充分利用新体制带来的契机，从纵深方向加强“三农”（农村、农业、农民）支

## 东莞农村商业银行股份有限公司

① 东莞农村商业银行正式揭牌
② 2009年12月23日，东莞农村商业银行举行开业庆典

① 2009年12月5日，东莞农村商业银行创立大会暨第一次股东大会召开
② 东莞银监分局为东莞农村商业银行颁发金融许可证

持，逐步探索设立村镇银行，加大农村金融的投入；逐步创新支持“三农”的举措，由支持传统“三农”经济向支持全市经济的大“三农”经济转变，截至2009年，东莞农商行涉农贷款余额32亿元，占全部贷款余额的6.23%。大力创新个人消费融资类金融产品，将原有“一手楼按揭贷款”、“自由选按揭贷款”、“住房公积金贷款”、“个人信用贷款”以及“综合消费贷款”等多个产品打包整合成“精彩个贷”系列消费贷款产品，并通过合理精简办贷流程，在风险可控情况下适当下移审批权限，缩短审批时间，建立方便快捷的品牌形象。三是中间业务以及服务方式创新。推出网上银行业务；加强与商场、超市等合作，信通卡用户能享受玉兰剧院购票打折和连锁超市会员价等多项优惠措施；试行投放存取款机，优化调整ATM、汇款机功能，制定新型大堂离行银亭和第一间驾车式自助银行建设方案；开发大额自助汇款功能，改善信通卡受理环境。

网点服务。2009年，东莞农商行狠抓服务质量，提升网点服务水平。一是完成优质客户信息管理系统开发工作，优化网点优质客户服务机制。按照客户分层营销管理的思路，重新修订优质客户标准，为不同类别客户提供分层次、差别化的服务。二是打造网点服务管理队伍。制定网点服务主管的岗位职责，增加网点服务主管岗的季度考核，使网点服务主管队伍迅速承担起网点服务检查、考核、反馈、整改、投诉处理等网点管理工作。三是丰富服务考核手段，强化网点服务监督。通过评选“明星服务网点”、“明星服务团队”，开展中介检查、远程检查、交叉检查及客户服务中心监督反馈、柜台系统考核等手段，形成对营业网点服务能力多维度、较完善的考核体系，使网点服务水平迈上新台阶。通过开展网点服务管理表彰与经验交流会，搭建网点服务交流平台。

履行社会责任。2009，东莞农商全年累计投放贷款288亿元，其中投向中小民营企业128亿元，国有大型企业10亿元，集体企业88亿元，三资企业27亿元，个人贷款35亿元，有力地支持地方经济发展。同时，东莞农商行积极履行纳税义务，2009年共缴纳税款3.95亿元，自2007年连续三年跻身广东省纳税百强企业、东莞市纳税十强企业，是东莞市唯一一家连续三年获此荣誉的金融机构。（周浩球）

**附：2009年东莞农商行领导名录**

董事长：何沛良
行　长：陈锐强
副行长：肖　光　叶满霖　朱小伟
　　　　刘晓东
工会主席：王庆辉

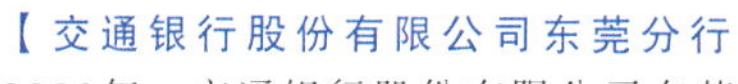
【交通银行股份有限公司东莞分行】 2009年，交通银行股份有限公司东莞分行（简称交通银行东莞分行）抓机遇、谋发展、促转型，各项业务发展速度加快、发展质量优良。全年人民币各项存款余额72.14亿元，比年初增加9.87亿元。其中，对公存款余额为50.35亿元，比年初增加5.25亿元；储蓄存款余额21.79亿元，比年初增加4.61亿元；人民币各项贷款余额39.53亿元，比年初增加7.35亿元。零售信贷业务发展亮点突出，全年新增10亿元零售信贷业务，在省内交行系统内名列前茅。资产质量优良，不良贷款实现“双降”，不良贷款余额1856.93万元，比年初减少1269.13万元，减幅40.6%；不良贷款率0.42%，比年初下降0.54%。

## 交通银行股份有限公司东莞分行

蕴通财富
WIN TO FORTUNE
交通银行公司金融服务
蕴通供应链 蕴通理财
蕴通账户 蕴通财略
财富广蕴通达天下
投资银行 离岸银行 企业年金
企业网银
交通银行 BANK OF COMMUNICATIONS
www.bankcomm.com 客户服务热线 95559

内控管理。交通银行东莞分行将2009年定为“合规文化建设年”，旨在强化责任，建立合规文化建设机制，加强合规经营。通过全面开展“合规文化建设年”系列活动，并在合规文化建设工作中贯彻“三个结合”，即合规与内控建设工作相结合、合规与检查整改工作相结合、合规与责任文化建设相结合，全面完善内控制度。

产品创新。2009年，交通银行东莞分行及时创新金融产品。针对金融危机形势下中小企业面临生存压力的状况，东莞分行适时推出“展业通”和“蕴通财富”等产品，为优质中小企业提供供应链融资，帮助中小企业渡过难关，提高自身竞争力。同时，在以“外汇宝”、“太平洋卡”、“基金超市”等为代表的在市场享有盛誉的产品基础上，根据经济发展和市场需求的变化，又逐步推出“沃德财富账户”、“交银理财”“盈通账户”、“满金宝”、“展业通”等一系列金融新品，受到广大客户欢迎。 （甘 维）

**附：2009年交通银行股份有限公司东莞分行领导名录**

行　长：朱木森
副行长：王　影　魏小仲
行长助理：陈进文　邱敏波

① 交通银行东莞分行“沃德财富服务中心”，是针对零售高端客户推出的理财服务品牌。沃德财富品牌以一对一、面对面、团队协作为服务方式，以服务引领理财，实现银行和客户丰沃共享、厚德载富，为高端客户提供贴心服务。2009年，交通银行东莞分行在虎门支行和长安支行设立“沃德财富服务中心”，其他支行均设有客户理财服务区

② “财富广蕴、通达天下”，是蕴通财富的服务目标。交通银行东莞分行以“客户为先、灵活稳健”为品牌核心价值，依托“交流融通、诚信永恒”的服务信念与承诺，通过专业化团队、创新的理念和诚信的服务，满足客户的不同需求，赋予其持续的金融价值

**【招商银行股份有限公司东莞分行】**

招商银行股份有限公司东莞分行（简称招商银行东莞分行）成立于2004年5月，是招商银行在全国地级市设立的第一家一级分行。截至2009年，在东莞市各镇街共设立14个全辖网点，共有500多名正式员工。2009年，招商银行东莞分行积极应对金融危机，整体经营效益稳步提升。

业务发展。截至2009年，招商银行东莞分行全折人民币自营存款余额超160亿元，全折人民币自营贷款余额超100亿元，招商银行东莞分行荣获2009年“东莞市金融发展一等奖”。

产品创新。招商银行东莞分行通过“一卡通”、“一网通”、“金葵花理财”、“点金理财”、“财富账户”等系列金融品牌为社会各界提供金融服务。2009年7月，借助与香港永隆银行的联动优势开办跨境贸易人民币结算业务；10月，携手东莞邮政推出自邮一族联名信用卡；12月，开出东莞地区第一张电子商业汇票。

客户服务。2009年，招商银行东莞分行通过“网点创赢”项目，加强服务管理，美化全辖服务网点环境，提升服务效率和服务质量。在高端客户服务方面，以分行财富管理中心为平台，凭借一支具备金融理财师（AFP）和国际金融理财师（CFP）专业资格认证的理财团队，为客户提供“一对一”专属理财服务。

网点建设。2009年，招商银行东莞分行新建2家网点，全辖网点增至14家，网点覆盖东城、厚街、长安、虎门、南城、常平、大朗、塘厦、万江、石龙、寮步等镇街。其中，招商银行东莞长安支行完成网点改造，厚街支行顺利乔迁，同时，成立华南地区首个小企业信贷中心一级分中心——东莞分中心，以支持东莞中小企业发展。

企业文化。招商银行东莞分行坚持以人为本的核心价值理念，积极举办企业文化节和行庆等文体活动，投身各类社会公益事业。2009年，招商银行东莞分行荣获总行第五届企业文化节“优秀组织奖”，荣获2009年度“银协杯”书法摄影大赛“特别贡献奖”及“优秀热爱儿童爱心单位”等多项荣誉。

（骆高华）

**附：2009年招商银行东莞分行领导名录**

行　长：王耀球

副行长：欧阳忠　刘冬兰　卢伟文

行长助理：龙志宏

## 招商银行股份有限公司东莞分行

① 招商银行自邮一族联名信用卡上市

② 华南地区首个小企业信贷中心——招商银行东莞分中心开业

③ 招商银行东莞分行获总行“优秀分行奖”

④ 招商银行东莞分行举行“理财教育公益行”活动

①

②

③

④

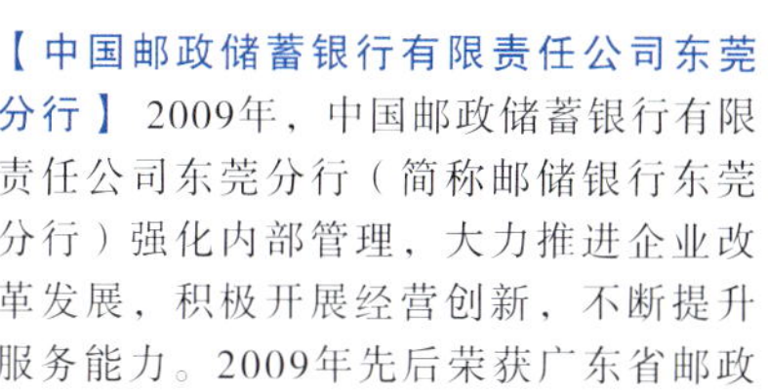

**【中国邮政储蓄银行有限责任公司东莞分行】** 2009年，中国邮政储蓄银行有限责任公司东莞分行（简称邮储银行东莞分行）强化内部管理，大力推进企业改革发展，积极开展经营创新，不断提升服务能力。2009年先后荣获广东省邮政系统先进集体、东莞市金融发展三等奖等系列荣誉。

*业务拓展*。2009年，面对金融危机的严重冲击，邮储银行东莞分行迅速调整发展策略，及时采取有效措施，促进邮政金融业务稳步发展。一是负债业务逆势增长。截至2009年，个人储蓄存款余额142亿元，同比增长8.5%；公司存款余额10.19亿元，新增8.64亿元；二是资产业务稳健发展。全年发放各类贷款3600多笔，贷款金额4.2亿元，不良贷款率得以严格控制；三是中间业务迅猛推进。代理保险2.21亿元，银信通业务130万户，各项业务发展指标居全省邮储银行系统前列。

*产品创新*。2009年，邮储银行东莞分行不断推进金融创新，积极开展服务功能和金融产品创新活动。打造“汇款专家”品牌，客户可以在全市81个邮储支行网点、270余个邮政营业厅、1100多台自助设备上享受一分钟安全到账的汇款服务，还可利用手机发送短信即办理账户查询、手机充值、跨行行内转账等亲情汇款业务。同时通过“商易通”商务汇款业务，企业和个人均可实现代收代付，全方位满足客户需求。创新推出贷款业务，为帮助众多小企业成功创业，邮储银行东莞分行适时推出“小额贷款“业务，为近4000多家小商户、小企业成功发放贷款，最高贷款额由10万元提升到500多万元。2009年与团市委合作，联合实施“东莞市青年创业小额贷款项目”活动，着力解决广大青年融资困难的瓶颈问题，帮助青年创业。加快发展公司业务，积极拓展企业融资、项目贷款等多元化业务，为社会公众提供代收代缴各类公共费用服务。

*渠道服务*。2009年，邮储银行东莞分行全力推动邮储银行网点服务转型工作。完善硬件服务设施，大力推进自助化服务，减少办理业务排队时间。截至2009年，共布设ATM机819台，总台数居全市银行机构首位，自动汇款机240台，存款机82台，可满足广大人民群众24小时存取款和汇款的需求；加快网点硬件改造升级，通过拓宽营业厅面积、分区规划建设以及搬迁工作，为广大客户营造良好的营业环境。提升综合服务水平。重点抓好服务质量管理，落实总行网点服务规范，理顺投诉处理机制，推行服务首问责任制，广泛开展服务检查和“双星”（创建服务明星网点和明星个人）、“双创”（创建星级营业窗口和投递窗口）评选活动，综合服务水平有较大提高。

*风险控制*。2009年，邮储银行东莞分行以开展“合规管理年”为契机，全面推行风险管理。建立健全的风险管理领导架构，实行合规经理派驻制，严格落实反洗钱工作，开展形式多样的学习活动和宣传工作，提高从业人员风险防范能力和合规意识。定期对支行长、信贷员开展“一对一”谈话，组织敏感岗位、关键岗位人员到监狱开展警示教育，落实好岗位轮岗和家访工作等措

## 中国邮政储蓄银行有限责任公司东莞分行

① 2009年12月31日，市委常委、副市长冷晓明到邮储银行东莞分行指导工作

施，从源头上抓好风险控制。对押钞、票据等高风险作业实行外包，对事后管理、信贷审批实行集中管理制，强化常规和专项审计工作，推进案防和反商业贿赂工作，进一步提高了控制风险的效能。2009年无发生案件、资金损失和安全事故。

文化建设。2009年，邮储银行东莞分行大力推进企业文化建设，营造和谐温馨家园。推进员工健康工程，倡导“每天锻炼半小时，快乐工作每一天，健康生活一辈子”的健康理念。开展春节团拜会、员工生日晚会、登山、篮球比赛等文体活动。在全市邮政系统员工运动会获得团体第二名。（张惠超）

**附：2009年中国邮政储蓄银行有限责任公司东莞分行领导名录**

行　长：王毅燕

副行长：黄志广　刘芳敏

① 邮储银行东莞分行群众性体育活动遍地开花

② 2009年9月13日，邮储银行东莞分行举办趣味体育嘉年华活动

①

②

# 东莞信托有限公司

【东莞信托有限公司】截至2009年，东莞信托有限公司自有总资产9.05亿元，总负债4676万元，所有者权益8.58亿元。管理信托资产121亿元，人均管理信托资产达2.14亿元。实现利润1.51亿元，税后利润1.21亿元，人均创利214万元。

信托资产　2009年，东莞信托有限公司全年新发行18个信托项目，资金规模92.15亿元。截至2009年，实收信托117.26亿元，比年初增加16.99亿元，增幅16.94%；为委托人（投资者）实现资产增值6.69亿元。

自营业务　2009年，东莞信托有限公司准确把握市场需求，加大对优质企业贷款力度，截至2009年，自营贷款规模3.16亿元，实现利息收入3,999万元；优化证券资产配置，首次与基金公司合作开展专户理财业务，证券投资实现增值1.23亿元；取得银监会批准开展固有资产股权投资业务创新资格，积极拓展金融类股权投资业务，投资参股开县泰业村镇银行、广汇小额贷款公司、国投基金及基金管理公司。

法人治理　2009年，东莞信托有限公司致力于建立规范、良好治理机制，不断完善法人治理建设。顺利进行董事会和监事会的换届选举，产生第三届董事会和监事会；新聘任两名副总经理，管理层力量得到加强；建立总经理对副

① 2009年12月15日，东莞信托有限公司召开董事会、监事会换届会议，与会人员合影留念

② 2009年11月18日，东莞信托有限公司举办信托项目推介会

总经理分级授权管理制度，授权管理得到完善。

合规建设。2009年，东莞信托有限公司全面梳理现行制度，全年共完善、修订21项内部管理制度，完善制度体系；加强制度学习，编印《法律法规及监管文件汇编》供员工学习、查阅；加强合规培训，先后举办预防商业贿赂、反洗钱、信托及自营业务等方面监管规章的合规培训，增强员工廉洁自律意识和合规意识；完善反洗钱工作制度，按时报送反洗钱相关报告，切实做好反洗钱工作。

队伍建设。2009年，东莞信托有限公司加大培训力度，全年共组织31次各项培训，提升员工业务技能和理论水平；加强学习交流，组织业务部门与大连华信信托等同行交流，派出业务骨干到基金公司观摩学习；加强人才梯队建设，招聘7名应届毕业生，为公司发展做好人才储备。（冯　杰）

**附：2009年东莞信托有限公司领导名录**

董事长：何锦成

监事长：王兆鹏

总经理：丁暖容

副总经理：刘绮澜　陈贺健　郑建文

① 2010年3月27日，东莞信托有限公司领导在现场考察投资项目

② 2009年5月9日，东莞信托有限公司举行“企业文化大家谈”活动

③ 2009年2月8日，东莞信托有限公司组织公益植树活动

# 广汇科技投资担保股份有限公司

GUANGHUI SCI-TECH INVESTMENT & GUARANTY CO., LTD.

## 公司简介

广汇科技投资担保股份有限公司（前身为东莞市科技投资担保有限公司，以下简称“广汇科技担保”），是贯彻国家扶持科技型中小企业发展政策，由东莞市科技局按照“担保与投资相结合”的创新理念，于2004年2月领衔6家民营科技企业联合创办成立。公司经两次增资扩股和股份制改制，于2008年7月经国家工商局核准变更为现名，注册资本为3亿元，净资产达3.6亿元。

广汇科技担保集聚了一支高素质、专业化的精英团队，拥有严谨科学的风险控制手段，具备强大的综合金融创新服务能力。2009年，公司有员工30多人，80%以上具有本科以上学历，硕士以上学历占15%，主要员工均在金融、财务、担保、投资等领域积累有多年的经营管理经验。

广汇科技担保自成立以来，贴近政府扶持中小企业金融政策，坚持以“打造广汇科技担保品牌，促进中小企业升级成长”为使命，以担保投资相结合为发展方向，以金融创新为手段，真诚且专业为中小企业提供各类金融服务，同时为中小企业提供政府产业政策、行业信息等进行宣传以及金融、财务、企业管理合理化建议。经过6年努力，帮助了一大批中小企业由弱到强、由小到大，逐渐升级为行业中的领军企业，其中部分中小企业即将进入资本市场，获得更大的发展空间。

- 广东省中小企业信用担保机构示范单位
- 连续四年被东莞市经贸局评为“担保行业先进单位”
- 广东省信用担保协会副会长单位
- 东莞市信用担保协会副会长单位
- 东莞市民营科技企业协会理事单位
- 获担保机构信用评级评为AA+信用等级
- 广东省中小企业信用再担保有限公司成员单位
- 2008年度东莞市金融发展奖三等奖
- 广东省2009年度优秀担保机构
- 东莞市2009年度优秀担保机构

## 主要业务品种

**融资贷款担保**

- 商业银行流动资金贷款担保
- 商业银行中长期贷款担保
- 银行综合授信担保
- 政策性银行贷款担保
- 个人投资经营贷款担保
- 委托贷款担保

**票据证券担保**

- 银行承兑汇票担保
- 商业汇票担保
- 商业汇票贴现担保
- 开立信用证担保

**保函担保业务**

- 工程履约担保
- 业主支付担保
- 投标担保；
- 诉讼保函担保

**贸易履约担保**

- 原材料赊购担保
- 设备分期付款担保
- 租赁合同担保

**个人业务担保**

- 交易转按揭贷款担保
- 同名转按揭贷款担保
- 凭抵押回执放款担保
- 安居房换证贷款担保
- 直客式按揭贷款担保
- 汽车消费贷款担保

**联系方式：**

地址：东莞市南城区鸿福路108号中盛大厦11楼　联系电话：（0769）22020888　传真：（0769）22020889

网址：www.dgstig.com.cn　邮箱：sg@dgstig.com.cn　邮编：523000

融通信用担保有限公司于2003年7月经国家工商总局登记注册成立，目前注册资本人民币贰亿捌千万元，是东莞市担保行业的龙头企业。

融通担保目前的主营业务有企业流动资金贷款担保、个人经营性贷款担保、消费类按揭担保、动产质押担保、担保投资、各类保函、管理咨询等，形成了集担保、投资、咨询于一体的综合性金融服务机构。

融通担保已与工商银行、中国银行、中国农业银行、中国建设银行、广东发展银行、国家开发银行等十家金融机构建立了良好的业务合作关系，并培育起具有相当规模的客户资源群，截至2009年底已累计为数家企业和个人提供了近五十亿元的融资担保，创造了巨大的经济效益和社会效益。

多年来，融通担保以专业的精英团队为依托，凭借其卓越的风险控制能力、丰富的市场资源以及创新的担保模式，赢得了社会各界的广泛赞誉，荣获多项荣誉：

◎全国信用担保十佳单位

◎广东省中小企业信用担保机构示范单位

◎东莞市信用担保行业先进单位

◎2008年度东莞市金融发展奖三等奖

◎2009年度广东省优秀担保机构

◎国家、省、市三级财政扶持资金获得者

◎广东省企业信用担保机构信用评级AA单位

◎主要合作银行年度综合评级AA单位

## 主营产品或服务

① 企业流动资金贷款担保

② 个人经营性贷款担保

③ 保函业务

④ 特色融资产品：加工贸易类企业贷款担保商标权、专利权、股权质押贷款担保动产质押贷款

⑤ 个人消费性贷款担保：楼宇按揭贷款担保个人轿车按揭贷款担保

⑥ 增值服务：投融资咨询、信用管理咨询、信息咨询

## 合 作 银 行

中国工商银行 中国农业银行 中国建设银行 中国银行 国家开发银行

广东发展银行 中信银行 招商银行 浦发银行 兴业银行

# 保险业

【概况】 2009年，在金融危机尚未见底、周边地市保险业增长缓慢的情况下，东莞市保险业抢抓机遇，拓展市场，各项业务实现逆势上扬。2009年，全市有保险公司37家，其中财产保险公司18家，人寿保险公司19家。外资或有外资背景保险公司9家，其中财产险公司2家，人寿险公司7家。有保险中介机构31家，其中保险代理公司23家，保险经纪公司4家，保险公估公司4家。保险业经营网点400个，遍布全市32个镇街，每个镇街均有产寿险服务网点，实现保险服务全覆盖。全市保险市场体系较为完善，主体结构较为合理。截至2009年，全市有保险专职从业人员28000多人，较年初净增近6000人。

2009年，全市保险业务发展取得显著成就。全年实现保费收入115.08亿元，同比增长27.44%。其中，财产险实现保费收入35.36亿元，同比增长11.19%。财产险赔付支出19亿元，综合赔付率53.74%。机动车险30.15亿元，其中交强险保费收入7.89亿元。人寿险实现保费收入79.72亿元，同比增长36.27%。人身险个人代理渠道保费39.91亿元，团体直销业务2.06亿元，银邮代理业务36.73亿元。个人代理新单保费13.72亿元。保险深度（保费收入与GDP之比）约为3.06%，保险密度（人均保费）约1769元（按照市统计公布人口计算）。全市保费收入占全省（不含深圳）的约12%，仅次于广州和佛山，居第三位。其中，财产险保费仅次于广州，居第二位。

2009年，全市保险赔款与给付金额27亿元，其中财产险赔款19亿元，综合赔付率约14.25%，为2000多家企业灾后重建提供经济补偿。人身险赔款与给付8亿元，赔付率11.24%。

2009年，全市保险业承保金额25000亿元，共为70多万辆机动车、2万多个企业和家庭、800多万人次提供保险保障。

（胡绪魁）

【中国人民财产保险股份有限公司东莞市分公司】 2009年，中国人民财产保险股份有限公司东莞市分公司（简称人保财险东莞市分公司）在国际金融危机持续扩散、社会经济形势严峻复杂、外向型东莞经济陷入低谷、保险市场主体竞争激烈等情况下，坚定信心，认清形势，扎实工作，完成保费收入12.43亿元，同比增长15.39%；实收保费12.75亿元，同比增长20%；年度保费和利润业绩均创历史最好水平。

*认清形势，调整业务策略*。2009年年初，受外部经济影响，人保财险东莞市分公司业务发展和经营管理承受前所未有的压力。在深入分析东莞经济形势和保险市场状况后，人保财险东莞市分公司调整业务发展策略，将发展重点和主要精力放在车险业务上，以稳定整体业务。2009年实现车险保费收入10.60亿元，业务占比83%。

*推行改革，增强内生动力*。2009年，人保财险东莞市分公司将车行、汽车修理厂等业务上收车险渠道业务部，将部分代理机构纳入营业部门管理，实施专管专营，打破以往营业单位依赖中介业务的传统格局，减少资源内耗和渠道冲突；调整业务发展缓慢的经营单位负责人，推行销售团队改革，通过晨会、夕会宣政策、提士气，提高营业单位拓展分散性业务的能力；每月下达保费任务，每日监测业务进度，狠抓精细化管理，推动管理升级，增强发展动力。

*服务领先，增创发展优势*。2009年2月11日，人保财险东莞市分公司启动机动车辆交通事故强制责任险“互碰自赔”机制，推出现场查勘、妥帖关怀，自助拍照、简化事故认证，定损快线、即场定损，择优推荐、快速送修，专设理赔通道、赔款立等可取，专业法律顾问、人性化服务六大服务举措，简化理赔手续，加快理赔速度。成立人身伤害医疗调解中心，对人身伤害案件医疗全程跟进。加大客户回访力度，开展“人保财险客服节暨95518开放日”现场体验活动。

*内部管控，提高业务质量*。2009年，人保财险东莞市分公司严格承保政策，加强风险管控。对内坚持业务分类管理，不同业务采取不同的承保政策和承保条件；坚持抓好结构调整，做好风险评估，对连续两年以上亏损的高风险业务予以调整或剔除；坚持按照规定费率承保，严守费率底线，对风险业务不予价格优惠；坚持验车承保，防止劣质业务流入。对外发挥行业会长单位作用，牵头行业自律，规范市场秩序，降低折扣成本，提高保费充足率；形成行业沟通磋商机制，每月各财产保险公司召开碰头会，交换市场意见，研究解决行业共性经营问题；与公安交警、经侦部门保持沟通合作，打击假保险机构、假保单、假赔案活动。

*乐于奉献，情牵志愿服务*。2009年，人保财险东莞市分公司走出一条以党建文化延伸出志愿文化，以志愿文化促企业发展的道路。继常平营业部2005年成立志愿者服务中心、开展志愿服务后，人保财险东莞市分公司把志愿服务文化在全系统推广。2009年12月22日，人保财险东莞市分公司志愿服务站挂牌成立，志愿者们本着“平等、博爱、奉献”的精神，用真情传递爱心，多次为孤寡老人、革命前辈送去社会的关心，为小学生送去安全环保嘱咐，为社区居民提供便民服务。2009年，常平营业部志愿者服务中心被评为“东莞市优秀志愿者服务中心”，党员义工服务队被评为“东莞市十佳志愿者服务队”，常平营业部经理尹志辉被授予“东莞市志愿服务先进工作者”荣誉称号，常平营业部团支部被中国人民保险集团公司评为“五四红旗团组织”。

*屡获殊荣，创造辉煌业绩*。2009年，人保财险东莞市分公司大力开展“争

## 2009年东莞市保险行业财产险、寿险统计数

单位：万元

| 财产险 | | | 寿险 | |
|---|---|---|---|---|
| 项目 | 保费收入 | 赔付支出 | 项目 | 保费收入 |
| 财产险合计 | 353602.4 | 190022.4 | 寿险合计 | 797192.3 |
| 机动车险 | 301525.6 | 157626.8 | 传统寿险 | 63681.3 |
| 企财险 | 24275.68 | 19712.7 | 分红险 | 572702.6 |
| 家财险 | 1112.99 | 115.05 | 万能险 | 85142.16 |
| 货运险 | 3647.64 | 1271.73 | 投连险 | 18480.82 |
| 责任险 | 7272.8 | 2726.24 | 意外险 | 17142.77 |
| 短健险 | 8057.96 | 3785.07 | 健康险 | 40042.61 |
| 短意险 | 6184.21 | 3487.03 | | |
| 农业险 | 0 | 0 | | |

## 2009年东莞市保险行业寿险营销渠道统计数

单位：万元

| 项目 | 寿险合计 | 个人代理 | 团体直销 | 银邮代理 | 其他渠道 |
|---|---|---|---|---|---|
| 保费收入 | 797192.3 | 399076.6 | 20554.89 | 367260.4 | 10300.31 |

先创优”活动，涌现出一批先进单位，其中，城区营业部率先打破“大锅饭式管理”，实行业务管理改革，采取“团队作战，整体运行”的管理模式，连续三年保费过亿，并保持高速增长势头，为分公司全面完成经营目标做出突出贡献。2009年，城区营业部先后荣获全国金融系统“工人先锋号”、全国金融系统“五一劳动奖状”、中华全国总工会“全国工人先锋号”、人力资源和社会保障部和中国保监会共同颁发的“全国保险系统先进集体”等四项荣誉。（何惠知）

附：2009年中国人民财产保险股份有限公司东莞市分公司领导名录

总经理：潘振雄

副总经理：杨松柏　黄健超　梁凯源

工会委员会主席：黄桂伦

【中国人寿保险股份有限公司东莞分公司】截至2009年，中国人寿保险（集团）公司已连续七年入选《财富》“世界500强”，排名从2003年290位上升至2009年133位，在43家入选中国企业中排名第8位，总资产规模占据国内寿险行业半壁江山，总市值位居全球上市寿险公司榜首，偿付能力充足率为303.59%。在2009年《福布斯》“全球上市公司2000强”的排名中，位居第72名，比2008年上升82位。

中国人寿保险股份有限公司东莞分公司（简称中国人寿东莞分公司）秉承“成己为人，成人达己”的企业文化，加快结构调整，加强基础建设，持续推进公司发展方式转变，确保业务持续稳定发展。2009年，中国人寿东莞分公司依托覆盖全市的服务网络，大力推行“国寿1+N”附加值服务，致力于为东莞民众提供优质保险产品和服务。全年总保费收入22.97亿元；营销队伍达3500多人；全年累计赔付金额约1.18亿元。（赵　月）

附：2009年中国人寿保险股份有限公司东莞分公司领导名录

党委书记、总经理：沈逢伟

党委委员、工会副主席、副总经理：张延国

党委委员、副总经理：尹创基

【中国太平洋人寿保险股份有限公司东莞中心支公司】2009年，中国太平洋人寿保险股份有限公司保费收入619亿元，根据保监会公布的数据，在中国人寿保险行业排名第三。截至2009年，中国太平洋人寿保险股份有限公司在全国设有37家分公司、3418家中心支公司、支公司及营销服务部，拥有3.4万名员工和25.4万名营销员。

中国太平洋人寿保险股份有限公司东莞中心支公司（简称东莞太平洋人寿）成立于2001年3月，致力于通过持续的产品创新和服务创新，满足客户多方面的保险、理财需求。2009年，东莞太平洋人寿下辖10家营销服务部，服务网络遍布东莞各大镇区，拥有代理人1355人，员工115人。全年完成保费3.24亿元，同比增长58%；其中个人期缴保费收入6078万元，同比增长6%；银邮渠道保费收入1.34亿元，同比增长345%。东莞太平洋人寿开办险种覆盖人寿保险、年金保险、健康保险、意外伤害保险等多个领域，同时积极打造专业化、高品质的服务品牌，不断完善95500全国客户服务电话系统和“急难救助服务计划”，认真履行保险责任，保障被保险人利益，发挥保险的经济补偿、资金融通和社会管理功能。（张海青）

附：2009年中国太平洋人寿保险股份有限公司东莞中心支公司领导名录

总经理：曾　勇

总经理助理：欧展豪

【华安财产保险股份有限公司东莞中心支公司】华安财产保险股份有限公司东莞中心支公司（简称华安保险东莞中心支公司）成立于2002年4月28日。华安保险东莞中心支公司有东城、厚街、大朗、常平、虎门、长安、樟木头等20多家分支机构，从业人员220多人，最高年承保业务近1亿元。2009年，华安保险东莞中心支公司单独设立“食客安心”餐饮业综合保险、金龙理财联动收益综合保险、“禽流感”意外保险、学贷险等，为社会提供特色服务；与其他保险同行共同开展出租屋责任保险、学生平安险等，其中，出租屋责任保险2009年保费收入150多万，为15万新莞人提供保障。（贾晓凯）

附：2009年华安财产保险股份有限公司领导名录

总经理：张玉华

【新华人寿保险股份有限公司东莞中心支公司】新华人寿保险股份有限公司东莞中心支公司（简称新华人寿东莞中心支公司）成立于2002年6月12日，是新华保险系统内最大的中心支公司。截至2009年，新华人寿东莞中心支公司有长安、石龙、虎门、厚街、大岭山、东城、寮步、大朗、樟木头等1家支公司、8家营销服务部，内外勤员工数3000多人，服务客户10万多人。

2009年，新华人寿东莞中心支公司顺应行业发展形势，有效控制各类风险，各项业务指标持续向好，综合竞争能力日益增强。全年规模保费收入11.27亿元，同比增长36.4%。截至2009年，新华人寿东莞中心支公司东莞寿险市场占有率14.14%，稳居东莞寿险市场前三甲。在新华保险系统内，新华人寿东莞中心支公司寿险团体直销和银邮代理保费收入高居榜首，再度荣获“系统级团体银牌奖”。

2009年，新华人寿东莞中心支公司秉持“以人为本，回馈社会”的经营理念，认真践行企业公民职责，自觉承担社会责任。先后向四川都江堰市龙池镇龙池小学捐建“爱心电脑室”和“爱心图书室”，并组织业务队伍赴灾区进行爱心捐助和慰问。（谭运政）

附：2009年新华人寿保险股份有限公司东莞中心支公司领导名录

总经理：朱诚良

副总经理：卢河萍　王明友　卢　伟

总经理助理：钟兆平

【中国平安财产保险股份有限公司东莞分公司】中国平安财产保险股份有限公司东莞分公司（简称平安财险东莞分公司）1993年7月由总公司创建成立，同年9月对外营业，是直属总公司管理的二级机构。截至2009年，有在职员工535人，各镇区分布的营业网点数达24个。2009年平安财险东莞分公司实现保费规模9.98亿元。

平安财险东莞分公司经营业务范围涵盖车险、财产险、工程险、货运险、责任险及意外健康险等一切法定产险业务及国际再保险业务，同时适时开发推出电话营销专用车险、环境污染责任险、董事及高级职员责任险、个人责任险、国内贸易信用保险、境外旅行意外伤害保险、全球医疗保险、甲型H1N1流感保险等符合市场需求的新险种。截至2009年，平安财险东莞分公司经营的险种达200多个。（陈　芳）

附：2009年中国平安财产保险股份有限公司东莞分公司领导名录

总经理：李培义

【友邦保险东莞支公司】友邦保险东莞支公司于2002年成立，为客户提供一系列人寿保险、人身意外保险和医疗保险产品，帮助客户建立全面家庭保障以及合理配置资产。截至2009年，友邦保险东莞支公司的营业网点遍布南城、莞城、虎门、常平、石龙、塘厦、长安、厚街、樟木头及凤岗等10个镇（街），保险营销员及员工队伍发展至1200多人。

2009年，友邦保险推出的新产品“康安一生两全保险”在《北京娱乐信报》、《中国保险报》联手举办的“首届保险业服务创新大赛颁奖庆典”上荣获“2009年度首都市民最喜爱的最佳两全保险产品”奖。友邦保险继续秉承“诚信经营，服务客户需求”的产品研发理念，同年在南方报业传媒集团《第一消费》杂志公布的中国首份“各行各业品牌大全”榜单中，“友邦金福年金保险（分红型）”

及“友邦金世无忧年金保险（分红型）”荣获“广州市民最满意的养老保险”；“友邦守御人生重大疾病保险”及“友邦康爱II防癌疾病保险计划”荣获“广州市民最认同的健康保险”；“友邦黄金未来两全保险（分红型）”、“友邦聚宝盆两全保险（分红型）”及“友邦育英宝两全保险（分红型）”荣获“最让妈妈放心的少儿保险”。

友邦保险关注社会公益事业。2008年11月，友邦保险与中国儿童少年基金会合作，出资成立“友邦保险爱心基金”。2009年，“友邦保险爱心基金”援建“友邦德阳福利院”，为四川地震灾区孤儿搭建家园。同年，在北京、上海、南京、广州、深圳五个城市各援建一座“友邦爱心图书馆”，为外来务工子弟改善教育环境。（林淑霞）

**附：2009年友邦保险东莞支公司领导名录**

总经理：方　磊

## 证券业

**【概况】** 至2009年末，全市各类证券公司共有开户数77.6万户，比上年增加42.92万户。全年股票总成交额11677.38亿元，比上年增长251.7%。年末保证金余额162.60亿元，比上年增长113.5%。

**【上市公司】** 2009年6月，广东锦龙发展股份有限公司（股票简称“锦龙股份”）的注册地，由清远市变更为广东省东莞市南城区鸿福路106号南峰中心第十二层。

7月，广东博信投资控股股份有限公司（股票简称“ST博信”）（2007年5月从成都迁入东莞）离开东莞，其注册地由大岭山镇变更至清远市经济开发试验区2号区内。

12月11日，广东众生药业股份有限公司（股票简称“众生药业”）在深圳证券交易所挂牌上市。这是东莞市在1998年后首家通过公开发行股票登陆A股的企业。

至2009年底，东莞市有东莞宏远工业区股份有限公司、东莞发展控股股份有限公司、广东生益科技股份有限公司、广东众生药业股份有限公司、东莞市方达再生资源产业股份有限公司和广东锦龙发展股份有限公司6家上市公司。（李缙文）

**【东莞证券有限责任公司】** 东莞证券有限责任公司（简称东莞证券）成立于1988年6月，由东莞市市属国有企业控股，是全国性综合类证券公司，是全国首批承销保荐机构之一。

2009年，东莞证券业务范围涵盖经纪、资产管理、投资银行、自营、研究资讯等领域，在广东、北京、大连、上海、厦门等地设立超过30个分支机构及办事处。2009年，东莞证券所有营业部客户数超过50万户，托管客户资产数超过600亿元，其中，经纪业务在东莞地区市场份额超过57%。2009年，在全国106家券商中，东莞证券公司成本管理能力排名第五，营业部平均代理买卖证券业务净收入排名第八，公司净资产收益排名第十三。东莞证券投资银行业务致力于为企业提供股票、企业债券的保荐承销、企业改制辅导、并购重组、融资安排及其他财务顾问业务。截至2009年，已为生益科技、伟星股份、广东榕泰、天茂集团、宁波华翔、中科英华、人福科技、天龙集团等企业提供专业的投资银行服务，为企业借助资本市场发展提供支持；资产管理业务方面，已成功发行旗峰1号等集合理财产品。（简雪霖）

**附：2009年东莞证券有限责任公司领导名录**

总　裁：张运勇

**【光大证券股份有限公司东莞运河东一路营业部】** 光大证券东莞运河东一路证券营业部于1998年3月由光大证券有限责任公司收购中国建设银行广东省信托投资公司证券交易东莞营业部而成立，地处东莞经贸中心四楼，营业部面积5000平方米。

截至2009年，光大证券东莞运河东一路营业部开通深、沪交易所的A股、B股、基金、国债、企业债券、可转债、权证交易、债券回购以及三板市场、开放式基金代销等所有交易品种，提供集合理财、财务顾问、资产重组、配股承销、新股发行及承销等全方位的专业服务。2009年，光大证券东莞运河东一路证券营业部成为全国地区首批获得融资融券及IB介绍业务资格的券商营业部之一，在2009年广东省证券营业部（除深圳）深沪股市成交排行榜中，东莞地区排名第一，广东省内排名第四。（徐丽昕）

**附：2009年光大证券东莞运河东一路证券营业部领导名录**

总经理：苏满林

副总经理：张　毅

**【广发证券股份有限公司东莞区域中心营业部】** 广发证券股份有限公司东莞业务总部成立于2002年12月，下辖虎门、中堂、东城、长安4家证券营业部。2009年5月13日，广发证券股份有限公司撤销广发证券股份有限公司东莞业务总部，授权东莞东城证券营业部为区域中心营业部，将惠州营业部及博罗营业部纳入东莞区域中心营业部统一管理。东莞区域中心营业部管辖的营业部增加到6家。截至2009年，广发证券东莞区域中心营业部（辖内6家营业部）托管资产近127.43亿元，成交量为1453.00亿元，利润总额为1.99亿元。（林兰兴）

**附：2010年主要领导名录**

总经理：张忠新

总　助：康少华

### 2009年东莞市上市公司

| 序号 | 公司名称 | 股票代码 | 股票简称 | 上市地点 | 上市日期 | 备注 |
|---|---|---|---|---|---|---|
| 1 | 东莞宏远工业区股份有限公司 | 000573 | 粤宏远A | 深圳 | 1994年8月15日 | |
| 2 | 东莞发展控股股份有限公司 | 000828 | 东莞控股 | 深圳 | 1997年6月17日 | |
| 3 | 广东生益科技股份有限公司 | 600183 | 生益科技 | 上海 | 1998年10月28日 | |
| 4 | 广东众生药业股份有限公司 | 002317 | 众生药业 | 深圳 | 2009年12月11日 | |
| 5 | 东莞市方达再生资源产业股份有限公司 | 600656 | ST方源 | 上海 | 1990年12月19日 | 2008年7月，广东方达集团重组上海华源制药股份有限公司，注册地由上海迁至东莞 |
| 6 | 广东锦龙发展股份有限公司 | 000712 | 锦龙股份 | 深圳 | 1997年4月15日 | 2009年6月，广东锦龙发展股份有限公司注册地由清远迁至东莞 |
| 7 | 广东博信投资控股股份有限公司 | 600083 | ST博信 | 上海 | 1997年6月6日 | 2009年7月，广东博信投资控股股份有限公司注册地由东莞迁至清远 |

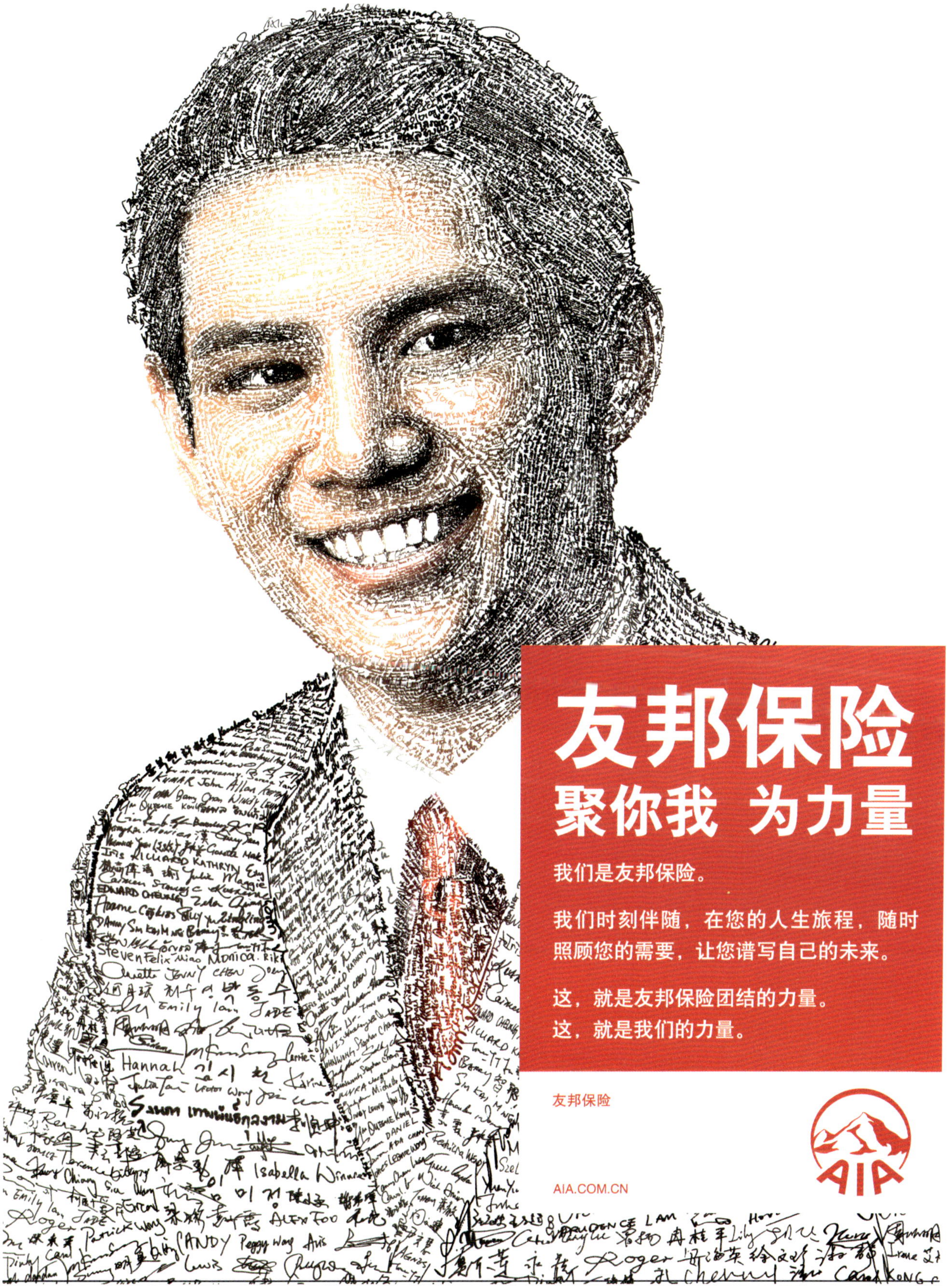
友邦保险
聚你我 为力量
我们是友邦保险。
我们时刻伴随，在您的人生旅程，随时照顾您的需要，让您谱写自己的未来。
这，就是友邦保险团结的力量。
这，就是我们的力量。
友邦保险
AIA.COM.CN

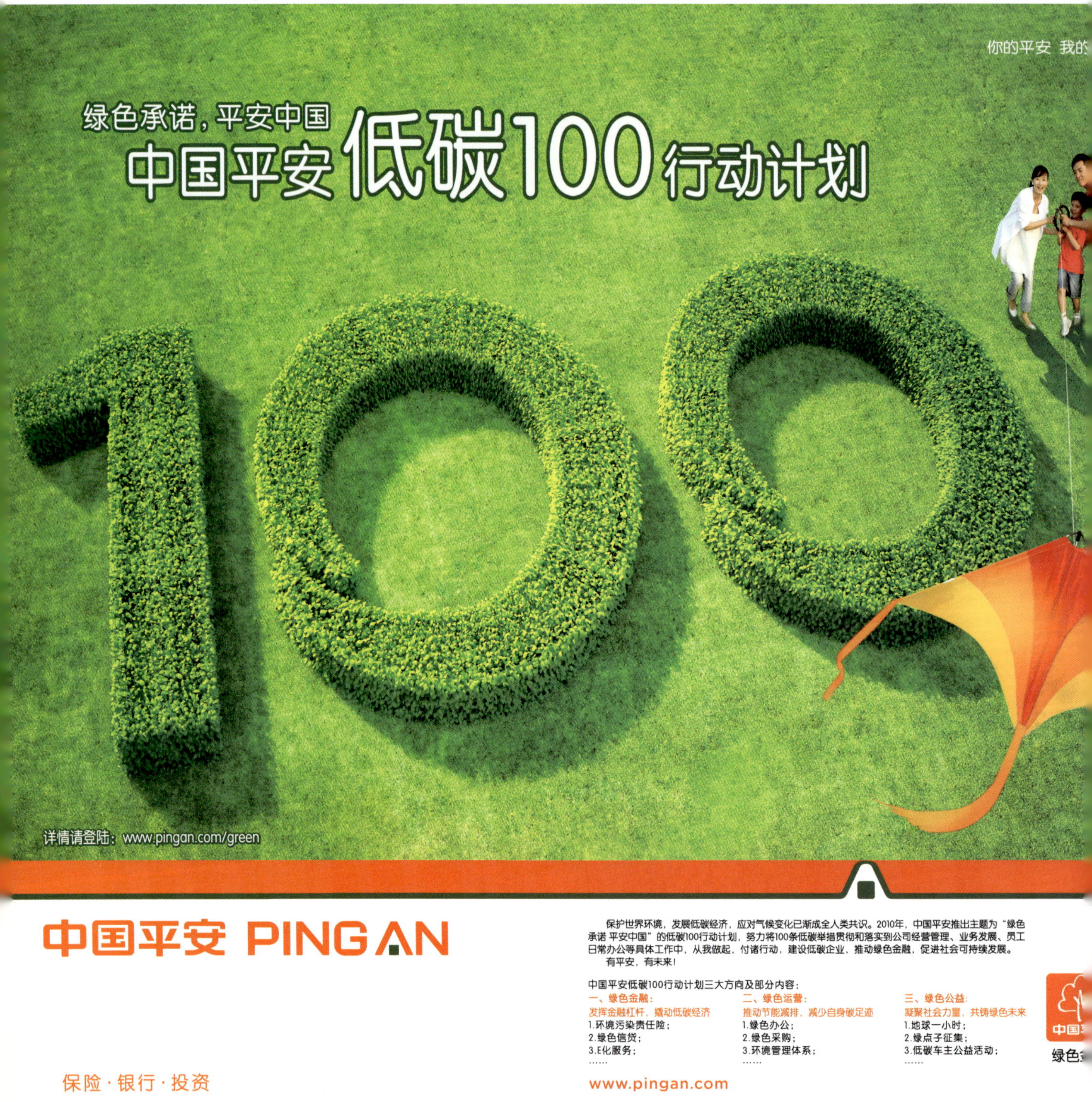
你的平安 我的
绿色承诺，平安中国
中国平安低碳100行动计划
详情请登陆：www.pingan.com/green
中国平安 PING AN
保险·银行·投资
保护世界环境，发展低碳经济，应对气候变化已渐成全人类共识。2010年，中国平安推出主题为“绿色承诺 平安中国”的低碳100行动计划，努力将100条低碳举措贯彻和落实到公司经营管理、业务发展、员工日常办公等具体工作中，从我做起，付诸行动，建设低碳企业，推动绿色金融，促进社会可持续发展。
有平安，有未来！
中国平安低碳100行动计划三大方向及部分内容：
一、绿色金融：
发挥金融杠杆，撬动低碳经济
1.环境污染责任险；
2.绿色信贷；
3.E化服务；
……
二、绿色运营：
推动节能减排，减少自身碳足迹
1.绿色办公；
2.绿色采购；
3.环境管理体系；
……
三、绿色公益：
凝聚社会力量，共铸绿色未来
1.地球一小时；
2.绿点子征集；
3.低碳车主公益活动；
……
www.pingan.com

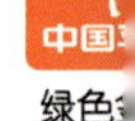

# 中国平安财产保险股份有限公司东莞分公司

中国平安财产保险股份有限公司东莞分公司于1993年7月由总公司创建成立。同年9月对外营业。是直属总公司管理的二级机构。营业网点分布东莞市各镇区。平安产险东莞分公司2009年实现保费规模9.98亿元，在职员工人数达535人，各镇区分布的营业网点数达24个。

公司经营业务范围涵盖车险、财产险、工程险、货运险、责任险及意外健康险等一切法定产险业务及国际再保险业务，近年又适时开发推出了电话营销专用车险、环境污染责任险、董事及高级职员责任险、个人责任险、国内贸易信用保险、境外旅行意外伤害保险、全球医疗保险、甲型H1N1流感保险等符合市场需求的新险种，截至2009年，经营的险种已达200多个。

◆ **95512全国统一服务热线**

平安产险客户服务热线95512提供全天候全年无休服务，服务范围覆盖全国，提供产险各类业务报案、查勘调度、业务咨询、事故救援、客户投诉、保险卡生效、电话回访等服务。

◆ **全国首推“万元以下，资料齐全，1天赔付”的车险服务承诺**

2010年2月2日，平安车险宣布在全国范围内，对赔款金额在1万元以内（包含1万元）的车险保险责任事故案件，在客户提交索赔资料齐全有效的情况下，承诺1个工作日内完成案件审批并通知付款（赔款到账时间视客户开户银行不同略有差异），未能达成上述承诺的案件，平安将以银行活期利率10倍的罚息（按日结算）赔偿。

◆ **设立全国统一电话销售车险呼入专属号码（电话车险—4008 000 000）**

平安电话车险是保监会特批的电话车险专属产品，个人非营运车辆基准费率比传统渠道低15%，客户拨打4008—000—000，即可享受三分钟快速报价、免费送单上门、非事故道路救援等优质服务。平安电话车险全国统一回访电话是021—95512。

◆ **便捷的全国通赔服务**

平安产险率先实现全国通赔，客户在中国大陆任何地方出险，都可以通过当地平安产险的分支机构获得同投保地一样快捷和专业的理赔服务，为客户有效节约50%以上的索赔时间。

◆ **制式化投诉管理**

客户在使用平安产险的产品或接触平安产险提供的服务时，有任何意见或建议，均可通过门店、电话、网络及信函进行反馈，平安产险对客户反馈的每条意见均会追踪处理，及时将处理结果反馈给客户。

◆ **标准化客服中心柜面服务**

平安产险已经在全国各地建立了360多家客户服务柜面，客户在柜面可以享受专业、热情、快速的咨询、投保及理赔服务，2009年平安产险隆重推出柜面周末服务，客户更可以选择在周末上门办理业务。

◆ **7X24小时救援服务**

当您车辆事故或抛锚无法行驶时，您只需要拨打95512，平安将为您联系提供7*24小时全天候专业汽车救援服务。（施救费用自理）

◆ **全国统一的VIP客户服务体系**

平安VIP俱乐部以“健康财富 尊崇礼遇”为主旨，整合中国平安集团综合金融服务优势，竭诚为会员提供平安集团旗下寿险、产险、证券、信托、银行等子公司的第一手金融资讯，以及专业的理财规划和快捷的绿色通道服务，让会员时时刻刻领先一步。同时，平安VIP俱乐部也为会员提供一系列尊贵礼遇，让会员享受品位生活。平安产险VIP客户除享受集团统一提供的服务外，还可享受平安产险推出的“三代办”和免费非事故道路救援服务（免费指免服务费用）。

**附：中国平安财产保险股份有限公司东莞分公司领导名录**

总经理：李培义

中国平安
保险·银行·投资
全国统一总机：86 400 886 6338
报案电话：95512

# 经济管理

ECONOMIC MANAGEMENT

- “十二五”规划编制工作启动
- 《珠江三角洲地区改革发展规划纲要》贯彻实施
- 扩大内需促进经济增长政策落实
- 映秀镇恢复重建协调工作
- 经济普查和人口普查
- 登记制度改革推进
- “信誉通”系统推广应用
- 样板市场建设
- 《东莞市食品安全监管手册》编纂
- 映秀镇灾后恢复重建跟踪审计
- “安全生产年”活动

中国（大朗）国际毛织产品交易会

## 发展和改革

【年度计划编制实施】 2009年，市发展和改革局组织编制《东莞市2009年国民经济和社会发展计划》，研究确定东莞市2009年经济社会发展的主要预期目标，提出着力扩大内需，强化企业帮扶，加快构建现代产业体系，狠抓节能减排，推进区域协调发展，深化体制机制改革，全面发展社会事业，加强社会管理等八方面的工作任务。2009年，东莞市积极应对国际金融危机的严重冲击，扎实推进经济社会双转型，有效扭转经济增长下滑势头，基本完成市十四届人大四次会议确定的发展目标和工作任务。

【“十二五”规划编制工作启动】 2009年，东莞市“十二五”（第十二个五年）规划编制工作全面启动。市发展和改革局上报市政府实施《东莞市“十二五”规划前期研究课题》，组织开展规划前期研究、城乡统筹协调发展研究等39项研究课题。市发改局做好前期研究工作的组织协调，并承担8项课题研究。联合深圳综合开发研究院开展“十二五”规划前期调研，听取部门、镇街对“十二五”规划的意见和建议，研究提出东莞市“十二五”规划初步思路。起草《东莞市“十二五”规划编制工作方案》，上报市政府于12月正式实施，提出“十二五”规划的编制原则、主要任务、时间安排、编制要求及保障措施，明确25项重点专项规划的职责分工，确保规划有序推进。

【《珠江三角洲地区改革发展规划纲要》贯彻实施】 2009年，市发展和改革局起草《中共东莞市委、东莞市政府关于贯彻实施〈纲要〉的决定》，上报市委市政府颁布实施。做好《纲要》的解读和宣传，开展相关政策规划研究制定，跟踪监测《纲要》主要目标完成进度，及时汇总上报东莞市贯彻落实《纲要》情况，有力推动《纲要》实施。协同深惠发改部门做好三市主要领导联席会议相关工作，协同起草《推进珠江口东岸地区紧密合作框架协议》等合作文件，参与商定推动合作的25项重点事项，协调规划专责小组开展工作，推进珠江口东岸总体规划及相关规划合作。

【经济分析与规划引导】 2009年，市发展和改革局加强经济分析和产业规划，推动产业结构调整升级。完善东莞市经济社会发展监测预测与分析评价系统，做好经济运行监测，定期撰写经济形势分析报告。重点对保持经济增长、房地产市场、重点项目建设、轨道交通、产业结构调整、主体功能区规划、现代产业体系、粮食安全、人才入户等方面进行调研分析，提出政策意见和建议。完成《东莞市产业调整规划（2008—2017）》和《东莞市产业导向目录（2008年本）》编制工作，上报市政府颁布实施。制定《东莞市“三旧”改造区域产业导向目录（2009年本）》，提出鼓励进入的11类行业、允许进入的8类行业和禁止进入的7类行业，引导“三旧”改造方向。组织编制《东莞市新能源与可再生能源产业发展专项规划》，获专家评审通过。牵头起草《东莞市LED产业发展规划》。联合虎门港管委会启动编制《东莞市沿海产业带发展规划》。

【扩大内需促进经济增长政策落实】 2009年，市发展和改革局贯彻中央扩大内需促进经济增长的各项政策措施，推动落实新增中央投资项目。组织申报新增中央投资项目计划，截至2009年，国家安排东莞新增中央投资4批11个项目共4260万元中央资金，涉及项目总投资7.97亿元，主要安排在市政设施建设、节能减排和生态建设工程、自主创新和产业结构调整、服务业发展等领域。会同市财政局起草《东莞市纳入国家/省发改委扶持项目计划地方配套资金管理暂行规定》，为中央和省投资项目申报地方配套资金提供操作依据，指导推动4个新增中央投资项目落实3837万元市财政配套资金。牵头起草落实扩需促增政策的目标措施，按时、按要求汇报政策落实情况。草拟中央和省检查组各三轮监督检查的汇报材料，及时反馈贯彻落实情况，尤其是新增中央投资项目的进度情况及存在问题，确保监督检查工作顺利完成。协助新增中央投资项目建设单位完善各项手续，定期收集上报项目进展信息，推动项目加快实施，截至2009年，11个项目已100%动工建设，投资完成率为51%，基本完工项目2项。

【固定资产投资管理】 2009年，市发展和改革局全面贯彻中央和省关于加强和改善宏观调控的要求，严格执行产业政策、行业规划、土地、环保、技术、安全、节能评估等方面的准入标准，做好项目审批、核准和登记备案工作，全年办理固定资产投资项目222项，总投资243.93亿元，其中审批类19项，总投资5.29亿元；核准类76项，总投资179.69亿元；登记备案类127项，总投资58.95亿元。全面开展固定资产投资项目招标范围、招标组织形式和招标方式的核准工作，全年核准招标项目105项，总投资121.36亿元，其中：公开招标75项，投资67.74亿元；邀请招标29项，投资52.10亿元；其他方式1项，投资1.52亿元。

【重点建设项目管理】 2009年，市发展和改革局加强重点建设项目管理，完善工作机制，重点做好省以上批准权限项目的上报工作。起草《东莞市重点项目管理暂行办法》，上报市政府颁布实施。做好列入2009年省重点建设项目的10个项目的跟踪服务，每月定期向省发改委报送项目进展情况。编制申报2010年省重点建设项目计划，上报重点项目56项，总投资1050亿元。牵头跟进轨道交通立项报批，《东莞市城市轨道交通项目近期建设规划（2009—2015年）》于7月获国务院审批通过。牵头推进散裂中子源项目建设，协调解决项目的征地、环评、七通一平、人才引进、生活区建设等问题，基本完成项目一期工程用地的场地平整工作。

【节能减排】 2009年，市发展和改革局开展调查研究，制定相关政策措施，推进节能减排工作。协助组织召开市节能减排工作领导小组第一次会议，总结“十一五”以来节能减排工作进展情况和存在问题，部署下一阶段工作思路和主要措施。制定《东莞市节能减排工作领导小组成员单位职责》，进一步明确工作分工。编制《东莞市深入开展全民节能行动实施方案》，推动节能工作深入开展。加快淘汰落后产能，协助国家发改委完成核查关停34.04万千瓦小火电机组。配合省节能考核工作组对东莞市2008年节能目标责任开展现场评价考核工作。完成13项固定资产投资项目的节能评估审查。支持推动节能技术、能源等项目的申报工作。

【体制改革】 2009年，市发展和改革局制定《关于2009年深化经济体制改革工作的意见》，提出重点推进行政管理体制、农村经济体制、就业分配和社会保障制度、社会管理等领域改革。成立东莞市发展和改革局扩权强镇工作领导小组，参与市扩权强镇试点相关下放项目审核工作，落实企业投资项目、市管权限的政府投资项目审批等放权事项。

专项监督检查，召开不合格企业整改会议，约谈不合格企业负责人，督促落实整改措施；对援台物资进行2次专项抽查，保障援台活动板房原材料安全；加强家电下乡产品质量监管，对3家中标企业40个型号产品进行现场检查；开展H1N1流感疫情物资质量监督，检查18家企业，监督抽查12批次，发出整改通知书2份，保障质量合格。

实施技术标准战略。2009年，市质监局发动21家企业申报“标准化良好行为企业”，9家企业通过确认，排在全省前列；推动《东莞市推进制造业标准化工程实施办法及操作规程》出台，市财政资助金额909万元，明显提高企业参与标准化活动的积极性，有力推动标准信息服务平台建设、技术贸易壁垒预警系统建设和标准化高级人才培养工作；发布长安五金模具、道滘米粉等多个联盟标准，形成有东莞特色的区域品牌优势；推进省高新技术产业标准化示范区试点工作，指导松山湖产业园区内的企业参与6项国际标准、25项国家标准、2项行业标准制修订；指导2家企业申报并获批“国家级服务业标准化试点项目”，1个项目获国家资助；开展专利标准试点，指导企业建立科研、标准、产业三同步机制，10家企业将57个专利融入30个企业标准，实现专利化生产，提高企业核心竞争力。

计量监管。2009年，市质监局召开2次能源计量工作会议，举办6期能源计量知识培训班，指导企业做好能源计量管理和节能降耗工作，对 80家双千节能企业和404家市重点耗能企业进行监督检查；加强民生计量监管工作，启动600多支加油枪防欺骗功能，完成市场衡器等大量计量器具的强制检定工作；开展定量包装商品净含量监督检查，抽检66个品种产品，对省级专项监督抽查不合格的4家企业进行复查，督促企业认真落实整改措施；指导6家企业制定计量管理制度，开展定量包装商品生产企业计量保证能力评价，完成4家企业“C”标志评价现场核查，172个规格产品成功获批“C”标志。

质量技术培训。2009年，市质监局以特种设备作业人员考试与考前辅导为重点，举办各类培训班218期，培训9380人次，后续教育5452人次，为225家企业提供各类咨询服务，切实帮助企业破解发展难题，加快转型升级步伐。

【执法打假】 2009年，出动执法人员4600人次，立案查处各类违法案件787宗，端掉窝点16个，万元以上案件284宗，移送公安机关3宗，刑拘1人，判刑案件2宗，判刑6人，查处物品货值900多万元，没收物品总值180多万元；出动巡查人员7501人次，巡查企业1.2万多批次，抽样1.1万多批次，发出整改书1676份，检查存有安全隐患的特种设备1.7万多台，发出指令书1460份。一是突出执法重点。以食品和特种设备为重点，严厉打击无证生产、使用非食品原料、滥用食品添加剂、内在质量不合格和制假造假等严重违法行为，开展密胺餐具、水解植物蛋白粉、饮用水、食用植物油、烘烤类糕点、绿豆沙冰等专项打假行动，立案查处食品案件272宗、食品容器案件22宗，查获食品货值200多万元；严厉打击无证制造、安装、使用和操作特种设备违法行为，立案查处255宗，查封存有严重安全隐患的特种设备831台，查处特种设备安装、维保公司17家。二是拓展执法领域。加强流通领域食用油等定量包装产品执法，立案查处104宗，查获短斤缺两瓶装食用油7349瓶；开展流通领域移动手提电话3C执法，检查手机经营店50家，立案查处25家，查获销售无3C认证或冒用3C标志的移动电话167部；开展食品生产企业不执行出厂检验记录制度专项执法，检查企业15家，立案查处 7宗。三是宏观统筹协调。发挥打假办综合协调作用，召开3次全市打假联席会议，研究部署全市打假工作；组织实施镇街责任制考核，督促落实打假工作责任制；牵头组织常平打假警示区域整治工作，经过9个多月全面整治顺利完成“摘帽”工作；持续开展水泥中转库专项整治，成立散装水泥中转库整治办公室，先后组织12次执法行动，出动执法人员315人次，立案查处10宗，查获水泥3830吨，货值62.3万元，完成23个水泥中转库的拆除工作。

【技术机构发展加快】 不断提高产品质量检测科研能力。2009年，信息技术设备、纸制品2个国家质检中心顺利通过国家质检总局“三合一”（计量认证、授权、实验室认可）现场评审，于8月正式挂牌运行；质检中心1099类产品检验项目通过国家实验室认可委认可，珠宝等4个省站完成筹建并通过省局资质认定，LED路灯户外测试场地完成规划建设方案和招投标工作，检测能力明显提升，2009年监督检验1.5万多批次，委托检验1万多批次；大力开展科研工作，申报科技项目35项，发明专利1项，实用新型专利1项；牵头联合15家科研院所和龙头企业成立信息传输线缆省部产学研创新联盟，成功申报1个教育部产学研重大科技专项；创建国内首个产业支援联盟，牵头筹建3个事业群，为企业提供人才、资源支撑和个性化服务。

不断提高标准研究和编码服务水平。2009年，市质监局在代码窗口优化服务流程，划分服务区域，增加服务设施，配备专职引导员和午间值班员，方便企业和群众办事；帮助342家企业制修订标准607份，为502家企业、技术机构和科研院所提供5500多条免费标准数据，帮助182家企业建立标准体系；申报32项各级标准项目，参与研制国家标准8项、地方标准6项，按计划推进1个国家质检总局自筹项目研制工作；完成8万多家企业《代码证》新办、变更、换证，制作数字证书2万多个，向省中心上报数据7万多条；商品条码注册企业384家，胶片订制7370张，完成条码续展627家，续展率81%。

不断提高特种设备检验能力。2009年，市质监局加强监察、检验联动，跟踪落实整改特种设备1.2万多台次，上报监察机构跟踪整改隐患设备1633台次；开展“三确认”（确认特种设备数量和安全状况、确认特种设备作业人员数量和持证情况、确认特种设备安全管理制度建立和实施情况）工作，填写三确认表1.3万多份，确认设备7.4万多台，发现无证、非法使用设备643台；筹建特种气瓶检测站，为发展天然气汽车提供专业检验检测服务平台；开展工业锅炉水质普查，帮助企业提高水处理能力；承担多项大型检验项目，为广州石化、九丰能源公司、新奥燃气公司等企业大型工程项目提供检验技术把关；继续保持检验业务持续增长的良好势头，完成7.3万多台次特种设备检验，同比增长1.36%。

努力开创计量检定校准新局面。2009年，成立省计量院东莞分院，实现技术、资源和地缘优势互补，加大设备、项目投入力度，138个项目获CNAS（中国合格评定国家认可委员会）认可，计量标准数增加至83项，新增检定规程33份，制定各种操作文件76份，进一步提高计量检定校准服务能力；全力开拓检定校准业务，服务企业1.3万多家，检定校准仪器14万多件，同比分别增长11%和3.3%。（林祖军　李智勇）

**附：2009年东莞市质量技术监督局领导名录**

局　长：张活力

副局长：邓志波　欧健强　林　刚

欧南燕（1月到任）

## 食品药品监督管理

【概况】 2009年，东莞市食品药品监督管理局内设办公室、人事教育科、流通监管科、药品安全监管科、医疗器械监管科、监察室、保健品化妆品监管科、食品安全协调科、稽查局、第一分局、第二分局、第三分局、常科工作组等13个科室（分局/工作组），下设市级药品检验所1个。整个系统在编工作人员119人。市食品药品监督管理局获“东莞市2009年度食品安全工作先进单位”、“东莞市2009年度人口和计划生育综合治理工作先进单位”等称号。

2009年，食品药监系统实行由垂直管理到地方管理改革，市食品药品监管局作为全市32个政府工作部门之一，保证独立依法行政。

【食品安全综合监管】 2009年，东莞市食品药品监督管理局牵头组织开展全市

# 东莞市食品药品监督管理局

① 2009年11月21—27日，东莞市食品药品监督管理局组织开展“安全合理用药，和谐健康家庭”宣传周活动。图为启动仪式上，副市长邓志广（中）、市政协副主席邝明子（右）、局长陈锡江（左）共同启动宣传周活动

② 2009年，东莞市食品药品监督管理局针对《中华人民共和国食品安全法》进行一系列宣传活动。图为全国人大法工委行政法室副主任张世诚莅临东莞专题讲解《中华人民共和国食品安全法》

①

②

食品安全整顿、食品添加剂专项整治、食用油专项整治以及问题乳制品专项检查行动，完成阶段性整顿工作任务，得到国务院、省政府督查组以及市政府的肯定。牵头组织召开全市创建“省食品安全示范镇”工作现场会，推动各镇街按照创建标准，不断健全和完善食品安全监管机制和措施，突出监管工作亮点，提升食品安全监管工作的整体水平。牵头组织开展专项督查和年度考核工作，推动各镇街、各食品安全监管部门进一步落实食品安全监管责任制，确保东莞市食品安全整顿工作落到实处。

【《食品安全法》宣贯】 2009年，为更好地宣传贯彻《食品安全法》，市食品安全委员会开展形式多样的宣传活动：在《东莞日报》及市局网站上刊登《食品安全法》全文；在东莞电视台黄金时段滚动播放宣传的公益标语等，做到“电视报刊能看到，广播电台能听到，公共场所能见到，各级网络能查到”；举办全市学习贯彻《食品安全法》千人培训班，会同镇街开办《食品安全法》专题培训班11期，培训人员近4000人；开展现场咨询活动，派发宣传资料9万多份，接受咨询1800多人次。

【《东莞市食品安全监管手册》编纂】 2009年，东莞市食品安全委员组织编纂《东莞市食品安全监管手册》，内容涵盖最新的以及已经颁布的食品安全相关法律法规和近年来出台的相关监管工作文件，按食品安全监管所涉及的各个环节进行筛选、分类组合，还收载调研报告及综合常识等内容，突出实用性，得到市领导的好评。

【食品药品安全应急处置机制完善】 2009年，东莞市食品药品监督管理局不断健全食品药品安全应急处置机制，提高应急处置水平。及时、妥善组织处置东城涛涛饮食店、樟木头镇光明毛织厂等食物中毒事故和新闻媒体报道的东莞市食品安全事件15宗；针对重点季节和主要中毒食物等高发因素，适时发布食品安全预警通知，采取各项防控措施，减少食物中毒事故的发生；重新修订《东莞市重大食品安全事故应急预案操作手册》，提高对重大食品安全应急处置工作的指导性和操作性。出台《药品、医疗器械、保健食品和化妆品重大安全事件应急预案（试行）》及其《操作流程（试行）》、《药品、医疗器械、保健食品和化妆品一般安全事件应急处理作业指南（试行）》等。

【甲型H1N1流感防控】 2009年，甲型H1N1流感爆发后，东莞市食品药品监督管理局第一时间成立防控工作领导小组，出台防控方案，指导防控工作的开展。深入企业，全面掌握流感防控药物生产储备情况，并针对东莞出口企业一些紧缺防治药械外销的特点，指导企业在国内注册销售。加强市场巡查，重点开展对生产抗病毒药物、防护口罩、体温计等药械生产经营企业的监督检查，累计监督抽验重点品种200批次，合格率为97.5%。

【药品、保健食品、化妆品、医疗器械监管】 2009年，东莞市食品药品监督管理局加大“三品一械”监管力度，较好地保障全市人民的用药安全。完成市内两家注射剂生产企业驻厂监督44次，上报不良反应监测报告2763例。提高对高风险医疗器械企业的检查频次，移送处理11家。狠抓万江太君保健品批发城整治，举办化妆品监管知识培训班4期2700多人次。加大对药品广告监测力度，移送违法发布的药品广告2宗，暂停9个药品在东莞市销售。着力规范特殊药品监管，获省防艾工作领导小组颁发的“美沙酮维持治疗先进工作组”奖。采取报告流向、严格票据、撤销GSP证书、核减经营范围、行政处罚等综合措施，严厉查处违法违规经营含可待因复方口服溶液的行为，有效遏制药物滥用。加强GSP认证，完成药品零售企业认证1274家，约占全省数量12%。开展“安全合理用药，和谐健康家庭”宣传周活动，药品法律法规和安全用药知识进一步得到普及。有效处置双黄连注射液、糖脂宁胶囊等突发事件，开展人血白蛋白、计划生育药械、保健食品生产原料使用情况等专项整治，及时阻止潜在危害的发生。全年累计出动4200人次，检查“三品一械”企业3732家，做出行政处罚526宗，没收违法药械794箱（件），罚没款165万。

【食品药品监管机制创新】 2009年，东莞市食品药品监督管理局不断创新食品药品监管机制，提升食品药品监管能力和水平。认真探索稽查打假新模式，成功举办一届高规格并向国际化迈进的石龙食品药品打假协作论坛。贯彻“两高”司法解释，初次成功与公检法衔接，实现案件移送。推进“无假药社区”创建工作，建立“创无”绩效评价体系。开展诚信体系建设，在药品零售

企业分类管理基础上，出台《东莞市药品批发企业药品安全分级分类管理办法（试行）》、《东莞市医疗器械生产企业质量信用分类监管工作实施细则》、《东莞市化妆品生产企业质量信用分类监管办法（试行）》。

【食品药品技术监督水平提升】2009年，东莞市食品药品监督管理局加大投入，技术监督水平得到极大提升。市药检所围绕提高检验检测效能这一主线，积极拓展业务，新增扩项68项；改善检验装备，投入56.8万元，增加蒸发光散射检测器等仪器；扩大监督抽验，全年药品抽验1180批，评价性抽验合格率达到98.3%；化妆品检验250批，合格率为96%。在第二分局建立快检室，作为基层技术监督机构的试点，通过快检筛查技术强化对药品市场违法违规行为的打击力度。

【扶持医药产业发展】2009年，东莞市食品药品监督管理局制定并下发《关于促进我市食品医药化妆品企业平稳较快发展的实施意见》，从简化行政审批手续、强化技术监督服务、加大扶持企业力度、规范市场秩序等4方面提出19条措施。受理大厅、保化科、流通科等部门也出台惠民便民措施。2009年，东莞市食品药品监督管理局办理、办结各类业务16320宗，核准新开办药品零售企业、医疗器械生产经营企业、保健食品经营企业分别732家、117家、338家。

2009年，全市医药生产企业完成产值约23.3亿元，同比增长10.0%，增长速度高于全市GDP增长速度。医药流通企业完成销售53亿元。保健食品、化妆品产业在金融危机严峻形势下也实现平稳发展，年产值达到28.1亿元。东莞市众生药业股份有限公司成功上市；振东医药有限公司取得省局批准的发展药品第三方物流的筹建许可，健客医药有限公司在全省率先取得互联网药品交易服务机构资格证书；3家药品经营企业取得互联网药品信息服务资质。

【食品药品监管信息化建设】2009年，东莞市食品药品监督管理局建立快速便利的信息发送平台，确保食品药品安全信息及政策法规能及时上传下达；完成信息集成网网页制作，极大方便日常信息查询；实现与省局综合监管平台的对接，推广应用行政办公（OA）系统、行政审批系统、日常监管系统和稽查办案系统等几大平台，在第二分局利用3G、GPS全球定位电子地图等现代信息技术，试点开发东莞市食品药品安全数字化监管系统，探索提高监管效能的新途径。 （曾　新）

**附：2009年东莞市食品药品监督管理局领导名录**

局　长：钟新力（任至1月）
　　　　陈锡江（1月到任）
局党组副书记、调研员：
　　　　张钰英（3月到任）
副局长：张钰英（任至3月）　尹锡棋
　　　　梁少华　张惠洪
　　　　黄　江（兼纪检组长）
局党组成员、稽查局局长：周穗杰

① 2009年4月1日，由东莞市食品安全委员会牵头在大朗镇召开全市创建"省食品安全示范镇"工作现场会。图为现场会上，副市长邓志广（右三）、市政协副主席林明枢（左四）、广东省食品药品监督管理局食品安全协调处处长吴有声（右二）、市人大常委会教科工委主任谭素红（左二）、东莞市食品药品监督管理局局长陈锡江（右一）、大朗镇委书记尹景辉（左三）、大朗镇镇长谢景波（左一）等共同为"广东省食品安全示范镇"揭牌

② 2009年，东莞市食品药品监督管理局出台一系列措施扶持企业发展。图为局长陈锡江（右）在华南药业集团董事长、总经理张绍日（中），副总经理龙超峰（左）的陪同下了解企业生产情况

③ 2009年10月21－23日，第四届石龙食品药品打假协作论坛在东莞市石龙镇召开。图为全国人大常委会常委、广东省人大常委会副主任、广东省药学会理事长王宁生（右），国家食品药品监督管理局副局长李继平（中），中华医学会会长、中国工程院院士钟南山（左）等在论坛的展示现场交流

④ 2009年，甲型H1N1流感爆发后，东莞市食品药品监督管理局及时采取一系列措施进行防控。图为副局长尹锡棋（中）带队了解抗甲型H1N1流感药械销售情况

# 审 计

【概况】 2009年，东莞市审计局有在职干部职工61人，其中：研究生学历10人，本科学历42人，大专学历7人；获中级以上职称37人。在职干部中有党员48人。设有办公室、综合法规科、内审指导科、财政金融审计科、行政事业审计科、固定资产投资审计一科、固定资产投资审计二科、经济责任审计一科、经济责任审计二科、经贸审计科。

全年完成审计和审计调查单位（项目）52个，查出违规资金21543万元，管理不规范资金292133万元，促进上交财政13938万元，归还原渠道资金4979万元，提出审计报告、信息68篇，提出审计建议205条，绝大多数被采纳或采用。2009年，市审计局被评为市直机关先进单位，并获市金融稳定奖。市审计局内审指导科被评为全省审计系统先进单位，经济责任审计一科麦林善被评为全省审计系统先进个人。

【“扩内需、保增长”政策执行审计】 2009年，市审计局抓住经济平稳较快发展这条主线，抓住资金与政策2个审计重点，采取“提前介入、着力防控、保障落实、促进发展”的工作方法，加强对东莞市扩内需保增长投资情况、有关单位管理和使用财政专项资金、中央现代服务业发展引导专项资金、中小企业受国际金融危机影响等项目的审计，把握项目建设资金的投向及管理使用情况，并对个别投资项目进度慢、潜在损失等问题，提出审计意见，促进有关单位认真落实整改，加强资金监管，相关政策实现预期效果。

【映秀镇灾后恢复重建跟踪审计】 2009年，市审计局按照上级提出的三年工作两年完成的要求，把完成抗震救灾和灾后恢复重建审计作为一项政治任务，对映秀镇灾后恢复重建资金、物资及项目建设进行有效的全程动态跟踪审计。截至2009年，市审计局对东莞市计划援建总投资9.95亿元、到位资金7.29亿元、已拨付资金3.32亿元进行全面审核。

【预算执行审计】 2009年，市审计局深化对市本级财政预算执行和其他财政收支的审计，完成对22个部门的审计，延伸审查有关镇街、80多个村（社区）和20多家企业，查处挪用专项资金、收费未及时上缴财政、财政票据监管有漏洞、国库集中支付管理制度的执行力度不强、企业未及时足额申报缴纳税款等问题，加强整改落实监督，促进增加税款和规费收入6000多万元，归还原渠道资金4000多万元，调账理顺一批资金，从源头上堵塞漏洞，推进依法有效理财。

【经济责任审计】 2009年，市审计局受市委组织部委托，对12名领导干部实行经济责任审计，重点加大对因领导干部决策失误而造成重大损失浪费及在土地资源利用、环境保护、资产管理等方面问题的审查和评价力度，大力查处违规占用资金、政府采购不规范、决策机制不完善等问题，促进提高领导干部依法有效理财、廉洁从政的认识，进一步完善决策机制和增强免疫功能，推进廉政建设。

【专项资金审计】 2009年，市审计局加强对重点专项资金的审计监督。一方面，密切关注东莞转型升级专项资金的管理使用效果，加强对珠江流域水环境综合整治的审计调查，开展镇际村际道路联网升级改造、重点中小企业和加工贸易企业融资支持计划等专项资金和政策落实情况的审计，把握有关情况，提出审计建议和意见，促进政策措施的落实和资金使用安全。另一方面，密切关注民生资金的管理使用情况，加强对社保、卫生、教育、水利、扶贫等民生资金的审计监督，揭露和纠正欠缴社保基金、多拨专项资金、镇街配套资金不到位等管理不规范行为，促进有关部门完善制度，加强管理，提高社会效益，维护群众的切身利益。

【固定资产投资审计】 2009年，市审计局将检查、揭示和治理市、镇财政投资的重点工程的突出问题作为固定资产投资审计的重点，突出抓住项目决策、征地、拆迁、招投标、工程质量管理、物资采购和资金管理等环节加强审计，审计项目投资额达40多亿元，依法查处多计建设成本、违规招投标、损失浪费等问题，促进加强工程管理，提高资金绩效，推进建设领域的廉政建设。

【镇街财政审计】 2009年，市审计局继续推进镇街财政决算审计，着力加大对利用职权、违规决策而损害国家利益等行为的揭露和查处力度，对政策执行不到位、资金管理不规范等问题进行严肃查处，涉及违规资金1亿多元，一大批管理不规范资金得到整改规范，促进镇街规范资产和债务管理，提高基层应对危机的能力。

【绩效审计】 2009年，市审计局把绩效审计与行业审计有机结合起来，共投入2162人次，加大绩效审计分量，审计揭示大额专项资金、部分市镇重点工程和国有企业资产的使用存在效益偏低的问题，促进有关部门完善制度和机制，加强资金管理，发挥资金效益。

【内部审计】 2009年，市审计局充分利用审计机关业务技术精干、基层人力资源丰富的优势，大力整合审计资源，强化内部审计指导监督，增强审计免疫能力。一是镇街审计机构进一步健全。大力帮助和指导镇街进一步建立和完善审计制度,已推进至31个镇街成立专职审计机构，加强领导，配备相应的内审人员，镇街内审进一步完善。二是内审基础进一步增强。审计力量方面，经过各种业务学习和培训，基层审计人员有147人通过审计资格认证，有101人通过国际内部审计师考核，内审人员业务素质得到较大提高。内审质量方面，通过开展内审理论研讨、经验交流，内审人员有10多篇质量较高的论文得到省内审协会的认同，有2篇获优秀论文三等奖，内审理论水平整体上有较大的提高。内审规范化建设方面，经过建立健全机制，完善制度，学习运用《东莞市内部审计工作手册》指导工作，有效促进基层审计工作的开展。三是内审工作取得较大成果。全市各内审机构共完成审计项目2358项，查出违规金额13712万元，查出损失浪费745万元，促进增收节支6575万元，增加效益955万元，有效维护财经纪律，内部审计“免疫系统”功能作用不断得到发挥。 （何建东）

**附：2009年东莞市审计局领导名录**

局　长：杜沛游

副局长：梁渠森　王汝铭　卢炳辉

## 安全生产

【概况】2009年，东莞市安全生产工作坚持“安全第一，预防为主，综合治理”的方针，按照“安全生产年”工作的总体要求，开展安全生产“三项行动”（安全生产宣传教育、安全生产执法、安全生产治理），全面加强应急救援建设，组织国庆节前安全生产大检查和各类专项整治，严肃调查处理安全事故，开展安全宣传教育。2009年东莞市共发生各类事故5075宗，同比减少344宗，下降6.35%；死亡587人，同比减少46人，下降7.27%。工矿企业、道路交通、消防火灾、铁路交通四大领域死亡人数单项指标和较大事故指标均控制在省下达的任务范围内，各项指标呈稳步向好趋势。

【安全生产执法监察】2009年，市安全监管局以大力推动执法监察和行政许可为主线，全面加强安全生产监督管理。一是进一步提高执法频率，注重日常执法监察。在“打非治违”专项行动中，共监督检查重点行业生产经营单位17831家，累计查处一般事故隐患14447处，监督整改14127处，整改率达97.8%。二是针对全市危险化学品生产经营企业集中换证的特殊时期，从严把关，严格按照国家标准督促企业整改，对于不符合标准又拒不整改的，坚决不予受理。全年共受理加油站换证申请289家，其中281家经审查合格报省；受理危险化学品生产企业换证申请134家，其中127家审查合格报省；对于未通过审查合格的企业，一律按照国家标准责令整改。三是制订《东莞市2009年度重大危险源监管工作方案》，进一步规范重大危险源的登记建档工作，加强网络系统的核实更新、日常的监管及应急救援演练。截至2009年，全市重大危险源企业共有341家，已通过网上审批338家，完成检查数338家，累计发现隐患数878处，完成整改864处。

【“安全生产年”活动】2009年，全市各有关部门积极落实国家“安全生产年”的工作部署，持续推进安全生产“三项行动”（安全生产执法、安全生产治理、安全生产宣传教育）和“三项建设”（安全生产法制机制建设、安全生产保障能力建设、安全生产监管队伍建设）。全市安全监管系统大力推进危险化学品、烟花爆竹、非煤矿山等行业管理，推动机械行业、气液体储罐使用领域等专项整治；市交警、交通部门加强道路交通领域安全监管，开展酒后驾车整治、运输企业管理等工作；消防部

## 东莞市安全生产监督管理局

① 国务院安委会莅莞督查
② 省安全监管局莅莞督查
③ 全市安全生产总结表彰大会召开

门以新消防法的宣传贯彻为突破口，加强消防安全监管；建设部门推进建筑施工安全监管和平安卡制度；质监部门加强对起重机械、气瓶、锅炉、电梯等特种设备使用单位的安全监管；城管部门持续推进燃气企业安全专项检查；文广新部门加强对娱乐、演出、网吧等人员密集场所安全监管；海事部门开展水上交通安全整治工作；国土资源系统全面排查事故灾害点；水利部门推进全市城乡水利防灾减灾工程建设；气象部门修编《东莞市气象灾害应急预案》，进一步明确各项防雷措施和应急预警机制。教育、供电、农业、旅游、司法、供销社、电信、邮政等部门也加强行业安全管理，并取得明显成效。

【安全生产应急管理】2009年，市安全监管局以全国安全生产应急管理工作在广东开展试点为契机，全面加强全市应急力量建设。市委市政府对此项工作高度重视，在机构设置、人员编制、经费保障等方面给予大力支持。一是积极筹建全市安全生产应急救援指挥平台。选取樟木头、塘厦、常平等3个镇作为东莞市应急救援指挥平台建设的试点镇，印发《东莞市应急救援指挥平台建设试点工作方案》，并按照方案认真执行、稳步推进，樟木头镇和常平镇应急救援指挥平台已基本筹建完成并投入使用。二是全面加强应急预案体系建设。选取塘厦镇作为东莞市安全生产应急预案管理试点镇，督促并指导生产经营单位制定应急预案，已有13家企业单位完成应急预案修编。三是按照应急预案演练周活动的要求，开展应急演练，全市91家重点企业超过5000人参加演练，提高应急实战能力。

【安全生产“三项行动”】2009年，市安全监管局按照国家和省的工作部署，开展安全生产“三项行动”，并结

①

②

③

合新中国六十周年大庆保安全的形势，开展国庆节前安全生产大检查和全面督查，消除各类事故隐患。在安全生产“三项行动”中，累计开展执法753次，排查治理企业394家，开展宣传教育活动243次。在国庆节前，职能部门和各镇街认真按照“四个有没有”的工作要求，全面开展各个行业、领域的安全生产大检查，全市各镇街、各职能部门共出动执法人员32033人次，检查各类企业179660家，发现隐患84515处，发出整改指令书5664份，责令停产停业整顿企业83家，提请关闭企业11家。

**【安全生产专项整治】** *危险化学品行业专项整治*。2009年，市安全监管部门重点检查化工厂、加油站、化工仓储、烟花爆竹经营点等场所的安全状况，严厉打击无证照非法危险化学品生产加工场所。全市安全监管部门共检查危险化学品生产、经营、储存企业503家，发出整改指令书136份，整改隐患477处，查处无证照危险化学品生产经营点19处，有力地打击非法违法行为，消除一大批事故隐患。结合第四季度安全生产形势，开展全市可燃气、液储罐安全专项检查和特种作业人员持证上岗专项整治。在可燃气、液储罐安全专项检查中，全市各镇街、各部门共出动检查人员14630人次，检查各类企业16533家，排查出使用可燃气、液体储罐企业7880家，发现各类隐患3562处，责令停业整顿企业5家。

①　刘志庚、李毓全、吕兢、邓志广等市领导出席全市安全生产总结表彰大会
②　安全生产服务咨询日活动
③　东莞学习论坛第27期举行安全生产专题讲座
④　安监系统民主评议动员会
⑤　东莞市安全生产知识竞赛
⑥　省安全生产责任制考核

④

⑤

⑥

市城市管理局加强燃气管网设施安全管理，开展燃气安全整治，组织燃气管道应急抢险演练，提高应急能力。

交通安全专项整治。2009年，市交警支队开展查处酒后驾驶、假牌假证、套牌、超速、校车、摩托车等交通秩序整治行动，全年共出动警力49万多人次，检查车辆近230万辆次，查处交通违法近53万多宗。市交通局组织开展全市公汽、城巴专项检查，以及司乘人员心理健康和公交突发应急技能培训。东莞海事局加强水上交通安全管理，在元旦、春节、端午节、国庆节等重要时段，加强渡口渡船安全监管，做好台风、暴雨等恶劣天气下水上交通安全防范工作，在"打非"行动中，共查处"三无"船舶31艘次。

消防安全专项整治。2009年，市公安消防部门结合新《消防法》的贯彻执行情况，以"三合一"（住宿与生产、经营储存为一体）场所、出租屋、公众聚集场所、高层及地下建筑、酒店、卡拉OK、网吧、大型商场等场所作为重点检查对象，开展消防安全整治。在高层、地下建筑及公众聚集场所易燃、可燃装修材料专项整治中，共排查高层、地下建筑1299栋，公众聚集场所1852间，排查隐患1330处，有力地消除一大批消防安全隐患。对全市32个火灾隐患重点地区实施挂牌督办。

建筑施工安全专项整治。2009年，市建设局开展在建工程安全生产专项检查工作，共对在建工程施工中存在的安全隐患签发限期整改通知书172份、暂时停止施工通知书191份。开展建筑施工起重机械安全使用状况专项检查，共检查工程148项，建筑施工起重机械777台，发现一般安全隐患工程44项、重大事故隐患工程26项，发出限期整改通知书44份，停工与局部停止施工通知单26份。创新工作方法，推进建筑工地安装视频监控。

特种设备安全专项整治。2009年，市质监部门重点检查起重机械、锅炉、压力容器等特种设备使用单位的安全主体责任落实情况，以及特种设备的使用登记、定期检验和作业人员持证上岗情况。开展起重机械整治行动，出动检查人员1782人次，累计排查起重机械使用单位4570家，排查机电类特种设备隐患7074处，发出特种设备安全监察指令书1540份，查处违法案件228宗。举办特种设备免费安全教育培训班，加强特种作业人员培训。

【安全生产基础与基层建设】2009年，安全生产资金持续增加投入，完善安全生产工作设施设备，全年全市共投入安全生产资金5.99亿元；其中市财政投入0.85亿元，各镇街共投入5.14亿元。按照全省安全生产应急管理工作会议精神和省的要求，推进全市安全生产应急救援机构和村（社区）安全办建设，设立市安全生产应急救援指挥中心，逐步完善人员编制、购置必要配备、筹建指挥平台；各镇街也迅速行动，加快筹建应急救援指挥机构。东莞市按照省的要求，实现所有的村（社区）100%设立安全办的目标，同时建立专（兼）职消防队。

【安全生产宣传教育】2009年，市安全监管局以安全生产法律法规、安全生产知识技能为主要内容，开展安全生产宣传教育活动，在全社会营造"关爱生命，关注安全"的良好氛围。在"安全生产月"期间，全市累计举办大型宣传活动近100场，发放宣传资料近30万份，起到很好的宣传效果。举办一期安全生产高级培训班，邀请原国家安全生产监督局副局长闪淳昌来莞授课，市委书记刘志庚、市长李毓全等市领导亲自到场全程学习聆听，参加学习培训人员达1100多人。市社保局与市安全监管局进一步扩大覆盖范围，联合开展工伤预防培训工作，每个镇（街）选取30家企业，每家企业派3人，连续开设培训班19期，免费培训企业安全管理人员近3000人，受到企业欢迎，取得良好的效果。

（吴剑锋）

【虎门镇"9·30"火灾事故】2009年9月30日凌晨5时43分，位于东莞市虎门镇人民南路的金冠大酒楼三楼厨房发生一起较大火灾事故，造成5人死亡，2人受伤，过火面积约150平方米，直接经济损失逾13万元。根据国家和省有关法律法规规定，市政府迅速成立以市政府副秘书长任新合为组长，市安监、公安、消防、监察、检察、旅游、工商、工会等部门组成的东莞虎门"9·30"事故调查组对该起事故进行调查，并聘请多名国内知名专家，组成专家组对该事故进行认真分析研究。事故调查组经调查认定：虎门"9·30"火灾事故是一起由于事故单位忽视安全生产主体责任，消防责任制不落实，消防安全管理不到位而引起的责任事故，并依据相关法律法规，对事故责任人进行责任追究和行政处罚。

【清溪镇"11·19"道路交通事故】2009年11月19日，在东莞市清溪镇清溪大道长山头路段，发生一起小轿车与大货车相撞，造成6人当场死亡，1人送医院抢救无效死亡及2车不同程度损坏的较大道路交通事故。为进一步查明事故原因，处理好交通事故，市人民政府成立"11·19"较大交通事故调查组，由市公安局副局长卢伟琪担任调查组组长，指挥协调事故调查处理工作。经过现场勘查及调查取证，并依据相关法律法规，对事故责任人进行责任追究和行政处罚。

（市安委办供稿）

**附：2009年东莞市安全生产监督管理局领导名录**

局　长：陈建国
副局长：符基英　康仁非
执法支队长：高景荣
纪检组组长：刘炳照（11月到任）

## 2009年东莞市安全生产事故表

| 类别 | 事故宗数（宗） | | | 死亡人数（人） | | | 受伤人数（人） | | | 经济损失（万元） | | |
|---|---|---|---|---|---|---|---|---|---|---|---|---|
| | 2009年 | 2008年 | 同比（%） | 2009年 | 2008年 | 同比（%） | 2009年 | 2008年 | 同比（%） | 2009年 | 2008年 | 同比（%） |
| 工矿企业事故 | 30 | 28 | 7.14 | 30 | 31 | -3.23 | 4 | 12 | -66.67 | 119.73 | 400.9 | -70.13 |
| 火灾事故 | 6 | 11 | -45.45 | 11 | 11 | 0.00 | 3 | 1 | 200.00 | 6.003 | 7.02 | -14.49 |
| 道路交通事故 | 5037 | 5377 | -6.32 | 545 | 590 | -7.63 | 5560 | 5985 | -7.10 | 670.4 | 640.61 | 4.65 |
| 水上交通事故 | 2 | 3 | -33.33 | 1 | 1 | 0.00 | 0 | 0 | 持平 | 0 | 292 | -100.00 |
| 合计 | 5075 | 5419 | -6.35 | 587 | 633 | -7.27 | 5567 | 5998 | -7.19 | 796.133 | 1340.53 | -40.61 |

## 国有资产监督管理

【概况】 2009年，东莞有经营独立核算的市属及市属参股企业69家，其中全资及控股企业57家、参股企业12家。市属及市属参股企业中有金融类企业3家（东莞银行、东莞证券、东莞信托），上市公司2家（东莞控股、生益科技）。截至2009年，全市市属及市属参股企业总资产1268.52亿元，同比增长17.27%；营业收入129.26亿元，同比增长5.39%；总利润40.73亿元，同比增长33.04%；国有净资产127.31亿元，同比增长13.25%。

【扶持市属企业做强做大】 参与重点项目建设。2009年，东莞市国有企业落实市委、市政府出台的促进东莞市经济平稳较快发展和产业转型升级的政策措施，承担一批重点项目建设。路桥总公司、轨道公司、虎门港集团公司、东江水务公司、电化集团公司等市属企业承担东莞市高速公路、轨道、港口、水厂、电厂等基础设施和公用事业等重点投资建设项目。路桥总公司共承担16个路桥建设项目，完成投资28亿元，东莞大道延长线、S120部分路段、东江特大桥、中麻公路大修等工程相继动工。轨道交通有限公司与中铁二院工程集团有限责任公司签订R2线勘察设计总承包合同，投资金额4.9亿元。虎门港集团公司围绕集装箱和保税物流两大核心，推进重点工程建设，集装箱建设项目累计完成3.44亿元，完成60%，保税物流中心顺利实现封关运作。东江水务公司承担第六水厂一期净配水厂、输配水管道钢管制造及安装等工程建设项目，投入资金3亿元。电化集团通过与大唐华银公司合作，引入IGCC（整体煤气化联合循环发电系统）及“上大压小”两个国家级示范和市属重点环保电力项目，计划总投资150亿元。电子工业总公司推进广东生益科技股份有限公司在松山湖厂区投资四、五期项目的建设，总投资约10亿元。

实施产业整合，实现升级转型。2009年，全市国资企业通过结构调整、自主创新等方式，实现产业转型升级。一是

## 东莞市人民政府国有资产监督管理委员会

① 召开市属企业党风廉政建设工作会议

② 2010年3月23日，市国资委召开市国有资产监督管理工作会议，市委常委、常务副市长冷晓明在会议上作讲话

东莞市福地电子材料有限公司重点发展高端LED芯片及具有广泛市场前景和显著经济效益的终端显示设备与半导体照明等产业，从技术进步、效率提高的角度实现企业发展的突破。二是东江水务有限公司按照市委市政府“全市供水一张网”的总体构思，在成功整体收购莞城街道自来水股份有限公司的基础上，对南城、东城、万江街道下属供水公司进行整合收购，组建全市供水集团。三是福地纯水投入自有资金及股东注资650万，对原来桶装水及瓶装水2条生产线进行改造升级，改善生产流程和工艺，实现生产自动化，水利用率从原来的60%提高到85%。四是推进电化集团公司“上大压小”洁净煤电项目。经市政府工作会议研究决定，电化集团引进“上大压小” 超超临界洁净燃煤发电项目，计划总投资不少于105亿元，确定大唐华银电力股份有限公司作为电化集团公司“上大压小”洁净煤电项目的合作单位。9月18日，双方签订合作协议，成立大唐华银东莞发电项目筹建处。五是组建东莞市轨道交通有限公司。按照市政府《关于市轨道交通管理模式问题的复函》，完成轨道交通公司的产权登记、工商注册及组织架构建设等工作。

优化市属企业股权结构，拓展融资渠道。2009年，为使市属企业有一个好的公司治理结构，国资委对一些市属企业的股权结构开展调整优化工作。一是经资产评估、论证等程序，形成《东莞信托股权转让方案》，经报请市政府批准，福民集团公司所持东莞信托公司的6%股权经市产权交易中心以公开挂牌方式转让至东莞控股公司，优化东莞信托公司股权结构。二是对东莞银行、广东南方宏明电子科技股份公司的股权结构进行优化调整：东莞信托有限公司所持25,949,916股东莞银行股权调整为由东莞市财信发展有限公司持有；东莞市利华电子器材工贸公司持有广东南方宏明电子科技股份有限公司的2.16%股权（1,163,046股）调整为由东莞市电子工业总公司持有。三是协助企业解决发展资金不足难题。促成路桥总公司与市信托公司达成合作意向，以贷款方式为从莞项目注入10—15亿资本金。协助东莞控股有限公司向市场交易协会注册10亿元的短期融资券，成功发行5亿元的第一期短期融资券。协助虎门港控股公司成功与中国工商银行签订战略合作协议，未来三年将获得中国工商银行提供20亿元的融资支持，用于推动重点项目建设投资。

支持福地电子材料有限公司产业升级。2009年，经第9次市政党政领导班子联席会议讨论，市政府同意对福地电子材料有限公司给予产业升级的资金支持，由国有资本收益专户向其注资4000万元增加资本金。

做强做优主营业务，增强企业核心竞争力。2009年，虎门港集团公司积极招商，拓展仓储业务，与东莞最大的外贸进出口企业百业集团签订合作协议，与台资企业富全物流公司就在保税物流中心建设台商物流园、新加坡威高物流达成合作意向，有意向进驻东莞保税物流中心的企业达23家。东莞证券在致力做好经纪业务的同时，发展壮大投资银行业务、资产管理业务，谋求多元化发展，全年共完成10家服务部的升级工作，取得5家新设营业部的设立资格，获得资产管理业务的开展和为华联期货提供期货中间业务的资格。虎门港澳客运公司推出上游值机服务（经虎门客运港乘船转香港国际机场的旅客可直接领取登机牌），与国泰航空、港龙航空、中华航空、华信航空以及日本航空等5家航空公司签订合作协议，将香港国际机场的登机服务前移至上游港口。东莞银行成功开拓外地业务，在深圳开设第二家异地分行，在重庆市开县牵头筹办开设泰业村镇银行。

打造企业品牌，发挥品牌效应。2009年，东莞银行冠名广东宏远篮球俱乐部篮球队2009—2010年的ＣＢＡ赛事，借助篮球队夺冠的光环效应，提升东莞银行品牌的知名度和影响力。福地纯水公司加强“福地”品牌的推广力度，与东莞市虎门龙威客运有限公司的联手，利用与“狮子洋飞航”商标的合作，将“福地”品牌推向港、澳和东南亚。信托公司加强与银行、证券公司等金融机构合作，增进客户对信托公司的认知度。石东集团坚持“安全第一、服务至上”的理念，采取多样化和灵活的经营方式，不断提高服务质量，赢得客户的信赖。

**【市属企业监督管理】** 出台规范性文件。2009年，国资委出台《东莞市市属企业财务报表报送暂行规定》和《东莞市市属企业领导人员职务消费实施意见》。为及时全面掌握市属资产存量、增量、基本结构、营运状况，加强市属企业领导人员廉政监督提供法律依据和制度保障。

加强对国有资产收益管理。2009年，国资委加大对国有资产收益的收缴力度，全年实现国有资产收益3.60亿元，其中股权分红收入2.29亿元，产权转让收入1103.45万元，资产实物转让收入333.05万元，清缴不良资产收入148.47万元，其它包括租金收入、资产处置收入、收回借款等共1.15亿元。

加大力度清理应收款项、债权包，处置、盘活市属闲置资产。2009年，国资委共清理应收款项、债权总计约1.03亿元。协助做好对粮食总公司、财信发展公司、金叶公司、粮油进出口公司等企业闲置的物业、境外资产、无形资产的处置工作，其中：转让境内物业、土地29处，境外物业1处，出租物业7处，转让无形资产1宗。

**【市属企业历史遗留问题处理】** 市属关停、破产企业职工移交社区工作。2009年，国资委按照《东莞市市属关停、破产企业原在册在职固定职工移交社区管理的暂行办法》的精神，开展职工移交社区工作。全年共完成对1757名原在册固定职工的身份核实工作，由市财政局向社区拨付相应的管理费（2000元/人），将人员移交至所在社区，社区为托管人员提供办理社会保险、再就业培训、思想政治教育、社会保险政策查询、户口迁移等职工管理跟踪管理和细化服务，使市属企业关停、破产企业在职固定职工实现由“企业人”向“社会人”的角色转换。

理顺市属企业女干部放弃干部身份提前退休问题。2009年，国资委会同市人事局就市属企业妇女干部放弃干部身份提前退休一事专门请示市政府。经第20次市长办公会议讨论，同意市属改制、关停、破产及现存企业的妇女干部，在自愿要求放弃干部身份的情况下，按相关程序提出申请，办理退休手续，享受工人退休待遇。截至2009年，共有 10名市属企业在职妇女干部提出放弃干部身份申请，经审核后，上报市人事局审批。

**【产权交易市场建设】** 2009年，国资委认真贯彻落实《关于国有集体资产进入产权交易市场规范交易行为的通知》精神，加强东莞市产权交易中心建设，进一步健全和完善产权交易制度，狠抓业务拓展。2009年市产权交易中心共完成产权交易28宗，成交额为1.24亿元，比底价8560.60万元增加3851.72万元，同比增加45%。（黄健翔）

**附：2009年东莞市人民政府国有资产监督管理委员会领导名录**

主　任：梁建新

副主任：林　波　陈润枝　尹可非

# 科学技术·社会科学

SCIENCE AND TECHNOLOGY·SOCIAL SCIENCES

- 东莞市通过国家知识产权试点市验收
- 东莞市获批为广东省首批科技金融结合试点市
- 电子政务公众服务体系建设、应用和完善
- 全民科学素质行动计划贯彻实施
- 《纲要》与东莞新一轮大发展理论研讨会召开

厚街福神岗公园

编辑：黄文挺

# 科学技术

【概况】东莞市科学技术局、知识产权局是全市科技和知识产权工作主管部门，2009年内设8个科室，下属3个事业单位，局机关在职在编人员34人。2009年，市科学技术（知识产权）局坚持服从服务市委、市政府"调结构、保增长"的工作大局，充分发挥科技创新的引领支撑作用，以全面推进实施"科技东莞"工程为抓手，创新工作思路，加大工作力度，科技创新各项事业取得较大进步，东莞顺利通过国家知识产权试点城市验收，并获批为国家"十城万盏"半导体照明试点城市、国家知识产权质押融资试点单位、广东省首批科技金融试点城市和广东省制造业信息化示范市，市知识产权局荣获"全国知识产权系统执法先进集体"称号，市科技局被评为全市先进集体。

【新兴科技产业逆势发展】2009年，全市高新技术产业产值2166.2亿元，比2008年下降12.1%，占全市工业总产值32.3%；高新技术产品工业总产值1779亿元，比2008年下降12.3%。年中高新技术产业降幅逐月收窄，特别是新材料、节能环保等新兴技术领域的产品产值还实现逆势较快增长，分别比2008年增长22.4%和9%。

【科技企业队伍发展壮大】2009年，全市新增约400家科技型企业，其中新认定89家国家重点扶持高新技术企业，新增3家国家知识产权试点企业、3家广东省创新型企业、6家广东省创新型试点企业、6家广东省知识产权优势企业、89家广东省民营科技企业、206家东莞市民营科技企业、99家东莞市专利培育企业和46家东莞市专利试点企业。全市科技创新型企业队伍不断壮大的同时，企业研发能力也得到进一步提升，全市新增10家省级企业工程中心和9家市级企业工程中心，还获批省重点实验室和省企业重点实验室各1家，实现省级重点实验室"零"的突破，并认定11家市重点实验室。

【科技政策体系优化】2009年1月份，东莞市制定出台《东莞市科技基础条件平台管理暂行办法》，8月份重新修订《东莞市科技创新基础条件平台资助操作规程》，加强对科技创新平台的管理，并优化行业技术平台评审组建模式；9月份制定出台《东莞市重大科技专项资助计划操作规程》，于12月份正式启动实施；同时以半导体照明（LED）、太阳能光伏等为重点培育新兴产业，推动出台《东莞市推进LED产业发展与应用示范工作实施方案》和《东莞市半导体照明应用工程产品检测与评估方案》等一系列扶持政策措施。全年东莞市科技局还组织举办20场科技政策宣讲和项目申报辅导会，共4000多名企业人员和基层科技工作人员参加。

【公共创新平台建设发展】2009年，东莞市着力加强对公共创新平台建设发展的指导，东莞华中科技大学制造工程研究院于12月份正式建成；东莞中山大学研究院选定办公大楼，并召开第一届理事会第一次与第二次会议。各公共创新平台坚持"市场化导向、企业化运作、专业化服务"的原则，边组建边开展业务，共联合企业申报48项省部产学研结合项目和9项省院合作专项项目，获批立项29项和2865万元项目经费。

【建设行业技术平台和科技企业孵化器】2009年，志成冠军大容量绿色电源产业技术研究院、科威医疗器械开发应用研究院、领亚光电信息传输研究院、力优人工环境技术研究院、康达新能源技术研究所5个行业科技创新平台正式获市政府批准组建，截至年底，全市行业技术创新平台总数达9个，全年共申报国家和省各类产学研项目29项，获批19项和1450万元经费。市科技局还选取专用汽车、建筑、工业节能电子技术3个领域积极推动新建相关行业技术平台。同时，着力推动科技企业孵化器建设，认定大朗创意产业园和虎门富民服装创意设计孵化器为首批科技企业孵化器，实现东莞科技企业孵化器"零"的突破。另外，大力组织镇街申报认定专业镇和专业镇技术创新平台，分别新认定2个广东省专业镇和2个专业镇技术创新平台，全市专业镇技术创新平台总数达到11个。

【科技计划项目组织实施】2009年，东莞市深化科技业务改革，加强策划指导，企业申报科技（专利）项目大幅增长，承接能力也明显增强。全年承接省级以上科技计划项目224项，获得1.37亿元经费资助，承接项目数量是2008年的3倍。其中，获国家中小企业技术创新基金立项30个和1395万元资助经费，排名全省第二，经费增长140%；获得广东省重大科技专项立项10个和1870万元资助经费；获批省部（省院）产学研合作项目立项99项及6475万元项目经费，立项数量超历年总数；21个项目中标粤港关键领域重点突破项目招标东莞专项，获得4850万元项目经费。159家企业获企业研发投入报销资助，项目经费合计1.55亿元；企业科技贷款贴息立项82项，给予2500万元贴息；配套资助国家、省科技项目62项和5265万元等。组织企业申报并获得2009年度广东省科学技术奖励项目19项，获奖数量为历年最多，其中一等奖1项、二等奖5项和三等奖13项，在全省排名从2008年的第六位上升至第三位。

【产学研结合工作】2009年，东莞市先后组织四批科技企业参加浙江大学科研基地开放周活动及赴大连理工大学、长春理工大学、吉林大学、哈尔滨工业大学、哈尔滨工程大学、中国科学院及有关研究所、华南理工大学、暨南大学等开展产学研考察和洽谈活动，共180家企业参与，与高校达成169项技术转化、技术开发、产品设计等方面合作意向。获批组建8家省部产学研示范基地以及9项示范基地专项立项，获得650万元资助经费。东莞积极配合实施省部企业科技特派员行动计划，全省2094名科技特派员中，有233名入驻东莞，数量仅次于广州和深圳，位居全省第三。

【国际科技交流合作】2009年东莞与欧美、新加坡和香港、台湾等国家和地区的科技合作稳步推进，市科技局与新加坡——中国科学技术交流促进协会签署科技合作谅解备忘录。市科技局开展企业国际科技合作需求调查摸底，积极组织和推荐11家企事业单位申报国家和广东省2009年国际科技合作项目，其中1项被科技部列入中俄政府间科技合作项目，6项获得省科技厅立项，共获得国家和省约1500万元的项目资助经费，包括松山湖科技产业园区成功申报为广东省国际科技合作基地，成为全省首家园区类国际科技合作基地。

【科技金融结合更加紧密】2009年，东莞市大力推进科技企业上市工作，组织召开两次现场办公会，并组织拟上市科技企业赴京沪参加创业板上市培训班，引导企业全面了解创业板上市条件和要求；组织上市后备企业到云浮、中山、顺德等地已上市企业集团参观；同时新评定11家科技企业为第三批重点培育后备上市科技企业。全市41家重点培育上市后备科技企业中，有17家被推荐认定为东莞市后备上市企业，9家已完成股份制改革，众生药业成功在深交所上市，成为11年来东莞首家IPO上市企业。科技担保和风险投资事业进一步发展，广汇科技投资担保股份有限公司增资扩股到3亿元，累计为科技型企业提供担保贷款50多亿元，市科技创业投资合伙企业（有限合伙）开展对近200个项目的考察和评估，并选中7个项目和投资2个项目。

**【知识产权工作迈上新台阶】** 2009年，东莞专利申请19106件，继续排广东省第二位，授权专利12918件，首次突破1万件，也跃居全省第二位。专利结构进一步优化，2009年授权实用新型和发明专利占总量比重从2008年的43%提高至49%，发明专利授权为2008年两倍。市科技局（知识产权局）加强知识产权管理，研究起草《东莞市知识产权战略纲要》，制定出台《东莞市企业知识产权管理指引》和《东莞市展会知识产权保护指引》等政策措施。加强试点示范带动，认定一批知识产权试点、示范区域和企业以及知识产权专项行动镇街等，并在第三届中国专利周广州主会场设立东莞专题展区，组织85家企业集中展示东莞企业专利成果，拓展企业技术交易空间。强化知识产权宣传与培训工作，开展"4·26世界知识产权日"系列宣传活动，共5000多人参与；组织举办各类知识产权论坛、培训班和研修班，参加人数超过1100人。加强专利行政执法，查处11宗专利行政纠纷案件，全部完成现场勘验、庭审，并在第21届、22届厚街（名）家具展、第9届东莞国际鞋展和广东外商投资企业产品（内销）博览会开展知识产权保护等。另外，全市知识产权服务机构力量进一步充实，新增3家专利代理机构，总数达到25家。

**【科技计划项目绩效评价工作】** 2009年，市科技局分两批开展对2003至2007年立项的科技三项费项目、科研发展专项资金项目等市级科技计划项目的结题验收清理，共受理419项结题验收项目，组织专家验收243项，批准结题项目56项，延期验收项目72项。同时，开展对2006至2008年市科技局立项的科技专项项目实施情况的中期回顾工作，对13个专项1820个项目进行科学评价分析和全面回顾，共涉及市财政科技资金8.46亿元，并形成专题报告上报市政府；开展对财政支出项目的自我绩效评价工作，完成对2008年度获得市财政200万元以上科技专项资金项目的自我绩效评价工作，共有15个专项被纳入绩效评价，涉及科技资金4.7亿元。另外，开展对54个2006年立项的科技型中小企业技术创新资金项目的监督检查及绩效评价等。

**【国家科技部万钢部长莅莞视察科技创新工作】** 2009年2月8日，全国政协副主席、科技部部长万钢一行莅莞进行专题调研。万钢考察东莞松山湖科技产业园区、龙昌数码科技有限公司和新能源电子科技有限公司，现场指导松山湖产业园区申报国家级高新区工作，详细了解东莞企业经营状况，鼓励企业大力开展科技创新，努力提高自身技术水平。

**【东莞通过国家知识产权试点市验收】** 2009年10月16日，国家知识产权局、广东省知识产权局领导和暨南大学、华南理工大学专家组成的验收组对东莞开展国家知识产权试点工作进行了考核验收。验收组对东莞知识产权工作予以高度评价，最终一致同意东莞市通过国家知识产权试点城市验收。

**【东莞获批为广东省首批科技金融结合试点市】** 经过广东省科技厅组织专家评审论证，东莞市于2009年2月份正式成为全省首批科技金融试点市，市政府与广东省科技厅联合设立总额5000万的科技贷款风险准备金，将着力探索和推行企业信用互助、知识产权质押融资等新型科技金融产品。

**【2009东莞国际科技合作周暨第三届中国（东莞）专利周成功举办】** 2009年10月28日至30日，2009东莞国际科技合作周暨第三届中国（东莞）专利周在东莞市科技馆举办，期间开展科技项目与技术展示、科技项目洽谈与签约、科技创新论坛、工业设计大赛等专题活动。该届合作周首次邀请科技部国际合作司与东莞市人民政府、广东省科技厅联合主办，并邀请科技部领导及中国原驻法、德大使等出席开幕式，还举办驻外大使科技论坛，合作周规格进一步提升。期间东莞企业与国内外50多家高校院所签订77项产学研合作协议，并与欧美、日韩等11个国家和地区的科研机构、企业签订技术转移、外观设计、共建研发中心、人才培训等27项国际科技合作项目，"东莞杯·国际工业设计大赛"上共评选和展示270件优秀作品，有10项作品现场与企业配对签约。

**【全市传达贯彻省科技工作会议精神暨2009年科学技术奖励大会召开】** 2009年9月11日，东莞市在会议大厦召开东莞市传达贯彻省科技工作会议精神暨2009年科学技术奖励大会。大会对广东生益科技股份有限公司电子制造企业数字化协同管理平台开发和应用等98个2009年东莞市科学技术奖授奖项目予以表彰和颁奖，共奖励1335万元，其中包括1项技术成果类市长奖、4项荣誉类市长奖、22项科学技术进步一等奖、24项科学技术进步二等奖和39项科学技术进步奖三等奖。广东省科技厅领导和东莞市几套班子领导出席大会并为获奖单位和个人颁奖。会上，东莞市委常委、常务副市长冷晓明传达了全省推进自主创新工作现场会、高新技术产业园区工作会议暨2008年度广东省科学技术奖励大会和LED产业发展工作会议的有关精神，东莞市委书记、市人大常务会主任刘志庚作重要讲话，要求全市以建设创新型城市和科技强市为目标，进一步加大科技创新力度，通过科技创新有效破解发展瓶颈，实现产业竞争力和自主创新能力"双提升"，推动经济增长从依赖资本、要素投入转变到依靠科技创新上来，努力提升"东莞制造"的新形象。

**【全市镇街科技工作交流会召开】** 2009年9月23日，东莞市科技局组织松山湖科教局和全市32个镇街的科技工作分管领导和科技办主任以及局各科室负责人在大朗镇召开工作交流会，加强推动市镇联动的科技工作格局。交流会上，各镇街围绕科技工作现状、科技机构设置和工作人员配置以及如何推动科技与产业更加紧密结合等进行广泛交流和深入探讨，东莞市科技局局长何跃沛作了总结讲话。会前，与会人员还集体参观考察大朗创意产业园，学习该镇建设发展科技创新载体的成功经验。

**【东莞市产业支援联盟正式挂牌成立】** 由东莞市各公共创新平台和海内外优秀顾问机构等联合组建的东莞市产业支援联盟于2009年3月17日正式挂牌，并启动"百家企业重点扶持计划"。产业支援联盟全年先后在常平、石龙、寮步、厚街、长安、虎门6个镇街开展企业技术诊断专场辅导活动，共为238家企业提供技术改造提升、投融资、战略管理等全方位的辅导服务。

# 东莞市科学技术博物馆

2009年11月20日，中共中央政治局常委李长春在中共中央政治局委员、广东省委书记汪洋的陪同下到东莞市科学技术博物馆视察

2009年11月20日，是东莞市科学技术博物馆具有特殊意义的日子。当天上午，中共中央政治局常委李长春在中共中央政治局委员、广东省委书记汪洋，东莞市委书记刘志庚陪同下莅临视察。

李长春首先驻足参观了市科技馆大堂新设置的“走进3G，走进数字科技馆”大型多媒体临时展览，接下来，又兴致勃勃地参观了一楼制造业科技专题厅。参观途中，李长春对市科技馆自主研发的网上自动应答机器人、与企业联合研发的语音机器人颇感兴趣，对开展各种贴近青少年学生的展教活动表示肯定。在参观展品“编钟”时，市科技馆特别安排了“东莞市首届小小讲解员大赛”中获奖的优秀选手讲解，李长春耐心聆听了讲解和小小讲解员的现场演奏，留下了深刻的印象。临时走之时，李长春亲切地与市科技馆工作人员和小小讲解员一一握手道别。

东莞市科学技术博物馆位于东莞市新城市中心区行政广场西南端，占地面积4万平方米，建筑面积4万平方米，展示面积1.2万平方米，总投资3亿元。主要展示制造业科技和信息与高新技术两大主题，同时还兼顾展示启蒙科技、网上科技馆、影视天地（含IMAX球幕电影、4D动感电影、35毫米普通电影）三大辅题，馆内展品达300多件（套），90%为互动展品，80%为创新展品，已成为了东莞最吸引人的旅游景点之一，每年接待游客近50万人次。

4D动感影院

IMAX球幕电影院

**【东莞华中科技大学制造工程研究院大楼竣工典礼举行】** 2009年12月22日，东莞华中科技大学制造工程研究院大楼竣工典礼在松山湖科技产业园区举行，国家科技部、教育部、广东省政府和广东省科技厅等上级政府和部门有关领导以及华中科技大学校长李培根院士和中国工程院叶朝辉、温诗铸、熊有伦、段正澄等院士出席典礼。东莞市委常委、常务副市长冷晓明，广东省政府副秘书长林英和华中科技大学校长李培根院士分别致辞和讲话。典礼还举行了制造工程研究院与东莞企业产学研合作项目签约以及华中科技大学国家级科研平台在东莞制造工程研究院建设东莞分基地签约等。

**【东莞市科技馆被认定为全国科普教育基地】** 2009年，市科技馆联合市科协组织举办了“节约能源保护环境——节能减排全民行动”大型科普展览和22期“东莞创新论坛”，还举办了“小小讲解员大赛”和“全国科普剧创作表演推广研讨会暨2009东莞市青少年科技创新大赛”等科普活动，全年接待海内外参观者超过40万人次，科普宣传的阵地作用更加突出，并于12月份被中国科学技术协会认定为“全国科普教育基地”。

（柳景崚）

附：2009年东莞市科学技术局（知识产权局）领导名录

局　长：何跃沛
副局长：梁凤鸣　严济荣　吴美良
纪检组长：吴璇瑜
副调研员：吴贻昀　沈海邑
科技馆馆长：李志明

## 信息化建设

**【概况】** 2009年，东莞市深入推进全市电子政务建设，全力推进全市信息化工作的开展，对全市信息化发展战略进行调整，在完善信息化基础环境和新技术应用上下功夫，推进无线城市建设，提高电子政务服务水平，完善网上办公系统的功能，推进网上公众服务平台建设，增加面向各政府部门、面向市民的电子政务应用，促进全市信息化和电子政务建设的科学、协调发展。2009年，由市信息办和开普互联公司主持的“集约型政务管理与服务统一平台项目”获得全市科技进步一等奖。

2009年，全市信息化综合指数达73.2%（按常住人口计算），达到率先基本实现现代化要求的信息化综合指数为60%以上的要求，在较高的水平上继续保持稳步提高。年末电话用户数共1784.13万户；国际互联网终端数共118.02万户。

**【加强政务网络基础平台的更新和维护】** 2009年，市信息办按照全市电子政务应用和发展的需要，主要对全市政务网络系统进行完善和升级，为全市各部门提供优质的网络服务，保障各应用系统的正常运行。对全市政务网络平台做好数据收集、交换和存储等各项日常维护工作，保证虚拟主机、数据库等公共基础平台的稳定性和安全性。对“中国东莞”网站群平台、市民邮箱、公务员邮箱、办公资源网、视频点播系统、电视直播系统、短信平台、中宏网、国研网等加强日常的更新和维护。对公众服务平台的所有应用系统及各部门托管在信息办机房的主机进行全面的安全检测，及时发现系统中所存在的漏洞及安全隐患，为建设单位提供修复漏洞的技术支持。遵循防患于未然、最快反应的原则，加强对全市政务网络的监控和病毒防控工作，严格执行各项管理制度，全年没有出现较严重的断网和信息安全事件，保证全市政务网络的稳定运行。

**【完成电子政务公众服务体系的建设、应用和完善】** 2009年，东莞市全力构

▲ 2009年12月22日，华中科大东莞研究院大楼竣工典礼上，一批产学研项目签约　（蓝业佐　摄）

## 2009年东莞市信息化综合指数主要指标

| 指标名称 | 实际指标 | 折算指数 | 权重% | 按权重指数 |
|---|---|---|---|---|
| 综合指数 | | | | 73.2% |
| 国际互联网的网络终端数/百人 | 18.6户 | 18.6 | 25 | 4.6 |
| 电话用户数/百人 | 281户 | 100 | 27.5 | 27.5 |
| 广播人口覆盖率 | 100% | 100 | 12.5 | 12.5 |
| 电视人口覆盖率 | 100% | 100 | 12.5 | 12.5 |
| 城镇居民每百户拥有电脑数 | 112台 | 100 | 12.5 | 12.5 |
| 城镇人均年交通、通信、娱乐、教育、文化服务消费占总消费比重 | 36.2% | 36.2 | 10 | 3.6 |
| 2009年末常住人口 | 635万人 | | | |

注：1. 电话用户普及率、广播电视人口普及率、城镇居民电脑普及率等四项超出100%的指标，计入折算指数时按100%计。

2. 年末电话用户数包括：固定电话、小灵通、移动电话（含充值卡）。

建全市电子政务服务体系，扩大服务领域，提高服务水平，重点推进4个方面的应用：

“中国东莞”网站群平台建设。调整完善“中国东莞”网站群平台的技术架构，提高平台作为东莞电子政务门户网站、部门子网站及政府网上服务门户、电子监察系统数据接口的承载能力。累计有中国东莞主站及167个部门、镇街子站搭建运行在平台上，平台同时为“政务公开系统”、“统一服务平台”、“电子监察系统”等多个应用提供支撑连接。通过技术调整部署，平台结构进一步优化，更有利于运行管理和应用推广。

全市网上统一服务平台建设。网上审批服务平台建设取得新进展，完成基于“中国东莞”网站群的网上“统一服务平台”二期的开发建设，实现政府服务事项的网上申报、受理、预审、审批、结果通知、公布等功能，市交通、科技、城管等部门的部分服务、审批事项开始在“统一服务平台”上实现网上审批。截至2009年，共计有科技申报、培训机构设立审批、客运标志牌业务、城市园林绿化企业资质核准等1162项服务、审批事项在统一服务平台上实现网上审批服务。

政务公开系统建设。积极推进政务信息公开系统应用，通过应用进一步改进技术，完善系统功能，实现电子监察系统对政务信息公开的数据规范要求和对接，形成全市政务信息公开统一应用平台。截至2009年，共有75部门使用该系统实现政务信息公开。

便民项目建设。全年完成统一存储备份系统的扩建、企业基础数据交换共享平台的改造和扩展、企业信用网的改造、内部资源平台的建设、市民邮箱3万企业用户和6万个人用户的开户推广等工作。

【做好网上行政办公系统的日常维护和功能开发】 2009年，网上行政办公系统作为全市的通用无纸化办公系统，在全市各政府部门得到广泛应用，2009年底用户达15600多个，应用单位241个，并开始由市、镇街部门向村一级扩展。为满足部分部门和镇街提出的一些新应用需求。2009年信息办在移动办公方面进行探索，着力于移动办公一键通的建设工作，以实现各品牌类型手机能安全而简便地接入市政务网络访问OA等政务系统。经过和各大系统开发商的协商，系统的开发需求及实现方式已基本确定，待动态密码的生成及验证方案决定后即可启动系统的建设。

【提高政府网站群管理水平】 2009年，市信息办协调全市各政府部门，共同做好政府网站的维护管理工作，初步形成全市各部门联动、紧密配合的政务信息发布机制，各部门按照《政务信息公开条例》的要求，及时发布政务信息。在网站管理上，在加大信息公开量的同时，增加网上办事、政民互动方面的服务，开展网上民意征集、网上调查，畅通市民通过网络表达民意的渠道，使网站管理和服务水平达到新的层次。

【统筹协调信息化项目建设】 2009年，市信息办参与市财政投资信息化项目的技术预审，指导、协调各政府部门的电子政务和信息化建设，避免重复建设和资源浪费。全年共对市卫生局、公安消防局、公安局、交通局等单位的21个信息化建设项目提出技术审核意见。

（方丽荷）

附：2009年东莞市信息化办公室领导名录

主　任：刘　杰

副主任：谭永康　香伟文

## 科学技术协会

【概况】 2009年，所属组织包括45个市级学会（协会、研究会）、32个镇（街）科协、1个松山湖园区科协、456家企业科协。2009年，东莞市科学技术协会（以下简称市科协）较好地完成市科协七届三次全委会确定的年度目标任务，被授予全国科普“站栏员”建设优秀单位。

【完善和落实相关政策制度】 2009年，东莞市修改《东莞市优秀科技工作者评选、表彰办法》及其实施细则。每届“东莞市优秀科技工作者”的名额由10名增加到20名，评选对象范围由原先自然科学、技术科学、工程技术等领域增扩到从事科技、教育、卫生等社会公共事务的科技工作者。

修改《东莞市科学技术协会表彰先进管理办法》。根据东莞市科协组织发展现状和方向，调整部分奖项，重新设置申报评选条件和程序，使表彰奖励更向企业科协和企业科技人员倾斜。

制定《东莞市科技人才健康检查实施办法》。市科协会同市人事局出台该办法，办法规定：凡在莞工作满二年，具备中级以上专业技术职称（在市人事网专业技术资格信息库登记），未享受过市、镇两级财政资助体检的科技人员，中级职称的可享受600元标准的健康检查，高级职称的可享受1000元标准的健康检查，每人每两年可享受一次。2009年，共收到2700余份申请，经资格审核，实际参检人数1785人，专项资助金额130.69万元。

加大《东莞市加强科普工作实施办法》实施力度。经各级科协组织大力宣传发动，全市科普项目资助申请量大幅递增，科普项目申报数由上年的207项激增到2009年的870项，项目涵盖科普活动、学术交流活动、继续教育与培训、青少年科技创新活动几大项，全年共有416项科普项目获市财政资助，40个科普社区、10家科普教育基地获市政府认定，资助经费总额达1420万元。

【企业科协创建工作】2009年，东莞市加大开展创建企业科协工作的力度。经市、镇两级科协组织的全力组织发动，全市共有1200多家企业递交了成立科协组织的申请，经资格审核，新批准成立600余家，已召开成立大会的有425家，有效地拓展东莞科协组织的组织覆盖面，科协服务得以向企业生产一线的科技工作者延伸。东莞市企业科协的组建工作得到中国科协、省科协的关注和重视，组织专题调研小组来莞调研。

【科技工作者服务】2009年，东莞市科协会同东莞市人才管理办公室于10月21日、10月28日、10月31日在东莞智通人才市场举办3场科技人才专场招聘会，共组织1054家企业提供8850个技术职位参加招聘，近2.3万名科技类求职者参加。市科协认真落实关于促进青年科技人才成才的资助办法，共受理资助123名青年科技人才晋升高级专业技术职称、参加国内外高层次学术交流和出版科技类书籍。28家基层科协承接了专业技术职称评审（认定）服务，协助近500名科技工作者申报专业技术职称。依托东莞市科技工作者法律服务中心搭建法律咨询服务平台，邀请专业律师在东莞科普网设立专栏，为广大科技人员提供免费专业的法律咨询和开展后续法律服务。东莞科技进修学院、东莞市翻译服务中心等科协直属单位为科技人员参加其开办的学历教育、技能培训、外语培训和翻译服务等提供费用减免优惠。

【学术交流开展】2009年，东莞市科协组织市土木建筑学会等19个学会承办了22期“东莞创新论坛”，邀请2位院士、75名国内外知名专家来莞交流，参与科技人员达3490人。指导医学会、预防医学会、护理学会等卫生医疗类学会积极举办专业知识培训班、专题学术讲座，全年各学会组织开展学术研讨会、学术沙龙、学术论坛等136场次，参加科技人员超过3.5万人次。

【全民科学素质行动计划贯彻实施】2009年，东莞市打造科普系列品牌，提升科普宣传工作的认知度和参与度。

组织大型主题科普展览。6月12日至7月7日，市科协会同宣传部、环保局、教育局共同主办“节约能源保护环境—节能减排全民行动”大型科普展览，展期历时共26天，期间20多所学校、18个镇街、30多家企事业单位以及个人观众共计2.5万余人参观了此次展览。

开设健康科普系列讲座。市科协全年开设“健康新生活”和“健康进社区”两大系列健康科普讲座，就市民关心的健康问题邀请医学专家在科学馆开展定期定点讲座和送讲座进社区，全年共举办健康讲座20场，涉及10多个市民关注的健康热点专题，受到广大市民热捧。

开展青少年科技教育活动。4月8日至4月10日，市科协组织承办“大手拉小手—科普报告希望行”东莞站科普活动，邀请国家级科技专家为该市中小学校近1.3万名师生作了18场高水平的科普报告。先后组织开展了东莞市小学生益智玩具比赛、第二届青少年机器人竞赛，承办广东省青少年机器人青少年国际机器人比赛项目（VEX）、投篮选拔赛，会同科技、教育、体育部门举办市青少年科技创新大赛、航空航天模型及车模竞赛等，力求以品牌赛事带动全市青少年科技活动的发展。部分市直学会、镇街科协也积极开展多项青少年科技教育活动，青少年科技教育协会组织了7场全市性青少年科技活动，组织推荐东莞青少年参加全省、全国科技赛事；莞城科协组织了青少年科普论坛，樟木头科协组织了青少年科技活动节，黄江科协组织了青少年科普工艺作品竞赛等。2009年，东莞市青少年在各类国家、省科技赛事中取得优异成绩，共获得94个全国奖项，102个省级奖项，并在第24届全国青少年科技创新大赛上，获得一等奖3项、二等奖1项，取得了历史最好成绩。

创建科普特色基地。市科协组织开展第三批“东莞市科普教育基地”、“东莞市科普社区”的创建评审工作，大朗镇长塘社区等40个社区被人民政府认定为东莞市科普社区，东城第八小学中草药园等10个单位被人民政府认定为东莞市科普教育基地。协助市青少年活动中心等4个单位成功创建“广东省科普教育基地”，市科技博物馆成功创建“全国科普教育基地”。结合东莞农业转型发展的需要，有选择性、有针对性地在蔬菜种植、农肥施放等方面新建2个科普惠农服务站，推广新品种10余个，推广面积达1330亩，受惠农户236户，市香蕉协会被中国科协、财政部联合授予“全国科普惠农兴村先进单位”。

【服务企业】2009年，东莞市积极创造条件，支持企业科技创新发展，组织16个学会与37家企业开展厂会协作，对其中12个项目进行资助；组织支持企业科协开展141项新技术项目的评估论证，内容涵盖企业技术创新、产品开发与推广、技术引进、标准化建设、专利战略制定和内部管理等；市科协与中国旅美科技协会签订合作意向书，组织旅美科协会员的科技创新成果与东莞企业对接，协助组织19个项目来莞推介洽谈，达成意向项目4个。市科协鼓励基层科协广泛开展服务企业活动，市知识产权研究会深入32家企业开展企业创新专利申请辅导，产生发明专利申请60余项，实用新型专利申请130余项；市环境科学学会帮助企业优化生产工艺流程，共辅导6家企业通过清洁生产验收，为4家企业提供清洁生产审核咨询服务；长安镇科协协助承办长安模具企业高新技术领域的合作交流。科协各直属单位先后针对企业需求，开设企业运营与供应链管理、人力资源管理等经营管理课程200学时，培训企业管理人员618人次，培训企业专利工作者304名，为20家企业开设外语培训980课时，培训企业科技人员510人次，完成各语种翻译量100多万字。

【科协组织建设】2009年，东莞市科协组织6个主席调研专题，由科协副主席带队，组织科协常委、部分委员、专家分为专题小组，赴全国先进科协地区调研，学习先进经验和做法。先后组织市直学会、镇街科协秘书长，科普社区、教育基地代表赴外地学习交流；组织系统干部职工和基层组织秘书长参加《中国高级秘书岗位资格证书》培训；鼓励和选派机关干部参加各类业务培训和继续教育。在大力发展企业科协的同时，成立东莞市松山湖高新技术产业园区科协，选举产生松山湖科协第一届委员会委员138名，成为东莞市又一重要科协组织。大力加强档案信息管理，建立健全各项档案综合管理工作制度，高标准建设档案库房，顺利获得“省一级档案综合管理单位”称号。继续加强机关制度建设，使机关管理制度体系更趋完善和规范，做到机关办会流程清晰化，办文流程责任化，办事流程规范化，在科协系统内部建立信息员队伍，规范系统内工作信息的采集和报送工作。（黄 顿）

附：2009年市科协领导名录

主　席：冷晓明

专职副主席：连希波　李小兵

## 社会科学

【概况】2009年，东莞市社会科学界联合会（简称市社科联）所属学会（协会、研究会）25个，设有办公室、学术研究部两个部（室），办有会刊《东莞社科论坛》和社科资讯类刊物《东莞社科资讯》，新办财经类资料性刊物《经济动态参阅》。2009年，市社科联积极开展重大课题研究，组织学术交流、社科规划、社科普及、社团管理和队伍建设，各项工作取得新进展。

**【召开《纲要》与东莞新一轮大发展理论研讨会】** 2009年2月11日，市委宣传部、市社科联召开《珠江三角洲地区改革发展规划纲要》（2008—2020年）（简称《纲要》）与东莞新一轮大发展理论研讨会。来自广州、深圳和东莞的近20名社科专家参加研讨。与会专家围绕《纲要》的有关精神，结合东莞实际，就东莞城市的新定位、东莞优势传统产业转型升级、东莞产业错位发展、东莞发展现代物流业、东莞加强与港澳台的合作等话题进行探讨。

**【召开"东莞与珠三角一体化"战略研讨会】** 2009年4月28日上午，市社科联和市委党校联合举办"东莞与珠三角一体化"战略研讨会。与会专家围绕东莞在珠三角一体化中的地位和作用，东莞城市新定位，如何实现东莞与珠三角城市在产业、环保、交通、治安等方面的对接等议题进行研讨。

**【召开"构建深莞惠经济圈"战略研讨会】** 2009年5月27日，市社科联联合深圳市社科联、惠州市社科联在东莞市召开"构建深莞惠经济圈"战略研讨会。深莞惠三地理论社科界专家围绕加强深莞惠合作，推进珠江口东岸一体化等议题，提出许多思想性、针对性和操作性强的对策建议。

**【举办"东莞生态园发展定位"研讨会】** 2009年6月3日，市社科联与东莞生态园管委会、东莞日报社联合举办"东莞生态园发展定位"研讨会。来自中国科学院、中国环境科学研究院、清华大学以及省高校、研究机构的专家学者围绕进一步完善和细化东莞生态园的发展定位进行探讨，提出许多有价值的建议。

**【举办"纪念林则徐虎门销烟170周年学术研讨会"】** 为纪念虎门销烟170周年，2009年6月26—27日，由中山大学近代中国研究中心、市文广新局、市社科联、虎门镇政府主办，鸦片战争博物馆承办的"纪念林则徐虎门销烟170周年学术研讨会"在虎门镇举行。来自全国各地50多位专家学者及林则徐后裔代表围绕虎门销烟、鸦片战争和国际禁毒等相关主题进行分组研讨。

**【举办"中国镇文化内核的挖掘与培育研讨会"】** 2009年10月15日，市社科联与石排镇政府在石排镇联合举办"中国镇文化内核的挖掘与培育研讨会"，来自市社科联、市文广新局、东莞日报社、市志办等文化单位的领导和市委党校、东莞理工学院的专家学者共14人，就"中国镇"的文化发展大计进行探讨。

**【开展新中国成立60周年系列纪念活动】** 2009年，市社科联在《东莞社科论坛》开辟"纪念新中国成立60周年"专栏，全面总结中华人民共和国成立60年来特别是东莞改革开放30年经济社会发展历程、成就和经验。

**【开展社科研究规划】** 2009年，市社科联对全市高校、科研机构和部门开展研究课题情况进行摸底调查和收集汇总，经过市哲学社会科学学术委员会对上报的课题进行评审，确定一批有价值的课题作为2010年东莞市社会科学立项课题。

**【开展重大课题研究】** 2009年，结合国家出台的《珠江三角洲地区改革发展规划纲要（2008—2020年）》和东莞实际，本着"借力发展，互相促进"的原则，东莞高校和社科科研单位联合攻关，开展东莞产业转型升级研究、东莞打造新兴物流城市研究、东莞民营经济竞争力研究、东莞城市升级研究、东莞金融业发展与融资方式创新研究、东莞公共服务供给研究、东莞环境治理与保护研究、新莞人融入东莞城市社会研究，从不同的领域和侧面对东莞经济社会发展进行探析和思考。

**【打造社科精品力作】** 2009年，市社科联对优秀课题研究成果进行评审和整理，结集公开出版《思考力——东莞经济社会发展研究（2009）》，为政府的管理决策、社会各界人士了解研究东莞提供参考。联合东莞理工学院社会发展研究院，编辑出版《2009东莞城市发展报告——金融危机下的产业升级和热点问题》。公开出版《先行先试——〈纲要〉框架下东莞新一轮改革发展纵横谈》，将组织召开的几次贯彻《纲要》研讨会上市内外专家提交的论文，以及市外一些知名专家在学习研究《纲要》所涉及东莞问题的论文进行收集、筛选、整理、出版，全书共收录专家文章60余篇，共计22万字左右，集中展示市社科界在学习、宣传、研究《纲要》精神中的理论研究成果。

**【举办"东莞社科社团建设与管理培训班"】** 2009年，市社科联举办东莞社科社团建设与管理培训班，全市社科学会（研究会、协会）负责人、联络员60多人参加培训班。邀请省社科联、省社科院以及有关学会的领导、专家就国内外社科社团的发展趋势、做好社科社团政治引导、财务管理、外事纪律、经费扶持、评比表彰等问题进行辅导讲座，取得较好的效果。

**【开展社科普及】** 开展2009年东莞市社会科学普及周。2009年，市社科联围绕"弘扬爱国主义精神，推动东莞科学发展"这个主题组织社科社团开展咨询活动，内容涉及税务、金融保险、投资理财、法律法规、计生、劳动就业、妇女儿童权益保护等与老百姓生活息息相关的领域，举办各种咨询活动近50场。与东莞日报社联合举办"社科名家看东莞"活动，在《东莞时报》开辟专版，邀请张其仔、莫荣、何志毅、易介中等省内外社科名家，就"建风险分担基金鼓励企业投资"、"企业文化品牌建设"、"盘活东莞民间资本保十"、"建公共实验室帮企业孵化成长"等问题进行专访，剖析东莞转型升级特别是企业转型的难题，为东莞应对金融危机、调结构保增长提供良策。依托社科普及教育基地，组织社区居民、社科学会（协会、研究会）会员、中小学生到基地参观学习，通过采取图片展示、现场讲解、社科知识专题讲座、捐赠书活动等形式，宣传普及社会科学知识。

开展中华人民共和国成立60周年优秀社科理论普及读物评选活动。评选出《哲海中的浪花》、《纲要学习丛书·东莞篇》、《法官说案》为市优秀社科理论普及读物，推荐这些读物申报省优秀社科理论普及读物。

打造社科宣传普及高地。2009年，市社科联对《东莞社科论坛》进行改版，新增"《规划纲要》解读"栏目，彰显杂志的对策性和应用性，并且对所有收录的文章加摘要、关键词和参考文献，使杂志更加权威和规范。

（祝俊峰）

**附：2009年东莞市社会科学界联合会领导名录**

主　席：王思煜

副主席：龙家玘

# 教 育

EDUCATION

常平镇

编辑：刘 丹

# 东莞市教育局

① 2009年3月26日，广东省教育工委书记、教育厅厅长罗伟其（前左二）一行3人莅临东莞视察

② 2009年5月22日，东莞市教育局召开贯彻落实《东莞市新莞人子女接受义务教育暂行办法》工作会议

③ 2009年“六一”期间，东莞市委书记、市人大常委会主任刘志庚深入学校看望少年儿童

④ 2009年“六一”期间，东莞市委副书记、市长李毓全深入学校慰问少年儿童

⑤ 2009年8月26日，由广东省教育厅主办、东莞市教育局承办的广东省第三届中小学生艺术展演（东莞、深圳）片区赛在市玉兰大剧院举行

③

④

## 基础教育

【教育教学质量提高】 2009年，东莞市初中和小学的教学质量稳步提高。全市参加高中阶段学校招生考试的中学147所，参加考试的学生4.4万人，六科文化课原始分平均487分，合格率达73.7%，比上年提高4.1个百分点；优秀率达38.3%，比上年提高5.9个百分点。小学毕业自查，语文、数学、英语的优秀率、合格率比上年均有明显提高。在国家和省组织的各类学科竞赛中，有1210人次获奖。

普通高考实现高位提升。2009年，东莞市参加高考2.47万人，其中普通类2.13万人，高职类3421人。在全省考生人数大幅增加而招生计划增幅较少的情况下，东莞市各批次上线人数均有较大增长。在普通类考生中，上重点线2229人，比上年增387人，增幅21%；上本科线（含重点）8384人，比上年增1349人，增幅19.2%；上第三批A线（省线）1.26万人，比上年增2582人，增幅25.9%；上第三批B线（总上线）1.75万人，比上年增2440人，增幅16.2%。高职类考生上线入围1561人，比2008年增427人，增幅27.3%。

普通类考生被全国普通高等院校录取共1.88万人，比上年增2065人，增幅12.4%，录取总人数比上线入围人数多

⑤

① 2009年9月10日，东莞市庆祝第25个教师节暨表彰大会举行，东莞市委书记、市人大常委会主任刘志庚为优秀教师代表颁奖

② 2009年11月3日，东莞市政府在麻涌镇召开全市高中阶段学校布局调整项目工程建设专项督导工作会议

③ 2009年10月13日，广东省党政领导干部基础教育工作责任考核组对东莞市委书记、市长及分管教育工作的副市长2007—2008年度履行基础教育工作职责的情况进行考核

1280人，录取率88.2%，比上年增长3.9个百分点，比全省平均录取率高14个百分点。本科层次录取9571人，比上年增1491人，增幅18.5%；专科层次录取9196人，比上年增574人，增幅6.7%。本科层次录取人数占录取总数的51%。在全省重点院校招生计划与去年基本持平的情况下，东莞市考生被全国重点院校和全国著名高校录取人数有较大幅度增加。第一批重点本科院校录取2309人，比上年增254人，增幅12.4%。其中清华大学6人，北京大学13人，共19人，比上年增7人，录取总数占两校在全省普通类招生录取数的13.8%（东莞考生数占全省考生总数的3.5%）。此外，录入中山大学等省内重点院校1704人，比上年增170人。高职类考生1791人，比上年增377人，增幅26.7%，占全省录取总数的11%。

东莞高级中学新疆班首届78名毕业生参加高考，取得优异成绩，全部达到教育部划定内高班高考重点和本科录取分数线，均被全国本科院校录取。

2009年，东莞市每万户籍人口升大学为100人，居全省第一位；升本科为50人，居全省第二位。全市户籍人口普通高等院校本、专科在校生5.76万人，比上年增4016人。

【幼儿教育】2009年，东莞市有幼儿园689所（其中公立集体办园174所，民办园515所），3至6周岁在园（班）幼儿17.62万人，入园(班)率达95.1%，比上年提高0.08%。基本普及三年学前教育，取消学前班，实施6周岁入小学。全市幼儿园教职工2.13万人，其中园长、教师1.34万人，教师学历达标率94.5%，大专以上学历占46.8%。幼儿园园长持证上岗率约98%。全市有省市一级幼儿园99所，新增市一级幼儿园7所。

【九年义务教育】2009年，东莞市有小学337所，比上年减少12所，小学在校生51.12万人，比上年减少1.75万人，适龄儿童入学率达100%，东莞户籍毕业生升学率100%。全市有完全中学26所，初级中学46所，九年一贯制学校98所。初中在校生18.27万人，比上年减少1766人，东莞户籍适龄少年入学率100%，比上年提高0.85个百分点，辍学率0.22%，毕业率99.25%。以上各项指标均超过国家和省的要求。

2009年，东莞户籍初中毕业生3.68万人，升入各类高中阶段学校就读的3.57万人，升学率97.0%，比上年提高0.4个百分点。

【新莞人子女义务教育】2009年，东莞市义务教育学校非东莞户籍学生46.87万人，比上年减少2695人。非东莞户籍小学生38.53万人，比上年减少6488人，其中在公办小学就读的非户籍小学生10.38万人；非东莞户籍初中生8.34万人，比上年增加3793人，其中在公办初中就读的非户籍初中生有1.87万人。

为有效解决新莞人子女接受义务教育问题，2009年，市政府制定出台《东莞市新莞人子女接受义务教育暂行办法》，明确新莞人子女入读公民办学校的条件和程序。该办法还根据各镇公办学校的学位资源，通过积分制方式，安排新莞人子女入读公办学校起始年级，使东莞市成为全省第一个采用积分制招收流动人员子女入读公办学校的地级以上市。2009年秋季，全市义务教育阶段公办学校起始年级按照该办法共招收新莞人子女1.39万人，其中小学一年级9538人，初中一年级4401人。

【普通高中教育】2009年，东莞市有普通高中（含完中）42所，在校生6.68万人，普通高中在校生与中等职业技术教育在校生的比例约为6：4。在民族教育方面，积极做好东莞高级中学招收新疆内地高中班的组织实施工作，强化管理力度，在资金投入、师资配备等方面提供有力保障，有613名新疆学生入读该校。

【特殊教育】2009年，东莞市认真贯彻执行《教育法》、《残疾人保障法》和《残疾人教育条例》及省有关文件精神，认真落实特殊教育“十一五”规划，着力抓好特殊教育学校管理工作。全市残疾儿童少年在校生481人，适龄残疾儿童入学率为98.78%，比上年提高0.03个百分点，适龄残疾少年入学率为98.15%，比上年提高0.05个百分点。

【民办教育】2009年，东莞市认真贯彻执行《中华人民共和国民办教育促进法》、《中华人民共和国民办教育促进法实施条例》以及国家和省关于民办教育的有关法律、法规，坚持“积极鼓励、大力支持、正确引导、依法管理”的方针，推动和规范民办教育的发展。全市经教育行政部门批准开办的民办中小学241所，比上年增加8所，其中小学层次的116所，初中10所，九年一贯制学校103所，高级中学2所，完全中学1所，从幼儿园到高中层次的民办学校9所；批准开办的民办幼儿园515所，比上年增加52所。全市民办中小学和民办幼儿园在校生达52.1万人，其中，民办中小学39.3万人，民办幼儿园12.8万人。全市民办中小学校有214所为专门招收新莞人子女的民办学校。

【青少年学生思想道德建设】2009年，市教育局结合新中国成立60周年，唱响时代主旋律，扎实开展国情、法制、纪律、品德修养、行为规范、理想信念、心理健康等方面的教育，帮助青少年学生树立正确的世界观、人生观、价值观。深入推进书香校园创建活动，5所学校被省授予“书香校园”称号。

【艺术教育】2009年，市教育局进一步加大学校艺术教育工作管理的力度，进一步推进校园文化建设，规范各类文艺活动的组织和管理，营造公平、公正、公开的良好活动氛围。7月份举办2009年东莞市中小学生艺术作品展评活动，选送优秀作品参加广东省第三届中小学生艺术展演活动艺术作品类比赛，有3件作品代表广东省参加全国第三届中小学生艺术展演活动，全部获全国一等奖。8月份承办广东省第三届中小学生艺术展演（东莞、深圳）片区赛，有2个节目代表广东省参加全国第三届中小学生艺术展演活动，分别获全国一等奖和二等奖。东莞市教育局和南城街道宣教办分别获得全国第三届中小学生艺术展演活动优秀组织奖。

【心理健康教育】2009年，东莞市中小学心理健康教育工作继续落实省四个规范性文件的精神，全面推进“心理健康教育促进工程”，促进青少年学生身心健康成长。继续推进教师心理健康教育C证全员培训。举办心理健康教育优秀个案评比活动。加强交流、示范平台的建设，积极开展市中小学心理健康教育研究会交流研讨活动。深入开展心理健康教育调查研究，组织召开多次心理教师座谈、专家座谈会，开展全市中小学生心理健康状况普查的准备工作，力求准确把握学生心理健康状况，探索有效对策，为制定实效性和针对性较强的工作措施提供科学依据。

## 职业教育

【中等职业教育】2009年，东莞市有公办中等职业学校19所（含东莞市高级技工学校），民办中等职业学校（含民办技工学校）10所。其中国家级重点中职学校10所，省级重点中职学校1所，有2所普通中学附设职业高中班。中职学校招生1.76万人，在校生4.97万人，其中重点中职学校在校生人数占58%，每万户籍人口中职教育在校生人数所占比例位居全省第二。

中职学校开设的专业有电子、计算机、会计、金融、服装、毛织、家具、模具、数控技术、汽车、旅游等30多个种类，其中省级重点建设专业有9个。

为贯彻落实《珠江三角洲地区改革发展规划纲要（2008—2020年）》，市教育局代市政府制定《东莞市职业技术教育基地建设方案》，计划投入33亿元，打造有东莞特色的南方职业技术教育基地。

开展中职学校与广东省东西两翼和山区市县联合办学，共招收学生508人。采取“2+1”（两年在当地中等职业学校就读、一年在东莞市中等职业学校就读）的教学模式，学生第三年在东莞学习一年专业技能，毕业后留莞就业或创业。贯彻落实国家对中职学生资助政策，2009年，在东莞就读的符合条件的一、二年级中职学生全部领取国家助学金每生每年1500元，全市有2.84万名中职学生领取国家助学金4043.39万元。

加强中职学生动手能力培养，大力推广“双证书”制度。2009年，全市共有1.36万名中职学生考取技能等级证书或从业资格证书，其中获得中级以上技能证书的5426人。

## 成人教育

**【成人教育】** 2009年，东莞市有成人高等教育机构5所，乡镇成人文化技术学校32所，其中省级示范成校8所，市级示范成校24所，民办成人教育机构254个。各类成人教育培训量49万人次。

大力发展成人高等学历教育，依托各镇街成校、民办成人教育机构与高等院校合作办学，全市有31所成校、19个民办成人教育机构分别与北京大学等37所高校联合举办成人本科、大专函授班，开办专业20多个，在学人数达2.5万人。广泛开展各类成人培训活动，举办各类技能培训、职业资格认证培训、文化艺术类培训、成人高考辅导与自学考试考前辅导培训等。加强对民办成人教育机构管理，严格做好民办成人教育机构办学许可证的发证和换证工作，完善年度评估制度，促进民办成人教育机构健康发展。

**【成人高考】** 2009年，东莞市2.19万人参加成人高考报名，其中报考专科起点升本科类8711人，高中起点升本科类46人，高中起点升专科类1.32万人，报考人数在全省位于前列。2009年录取人数1.71万人，其中专科起点升本科类7581人，高中起点升本科类30人，高中起点升专科类9532人。全市共设东莞中学、市第一中学、市高级中学、东华高级中学等18个考场，共737个试室。

**【自学考试】** 2009年，东莞市报名参加高等教育自学考试5.09万人次，报考10.78万科次，报考人数比上年减少1482人。报考人数在全省21个地级以上市中排列第三位，有1603人获得专、本科资格。

## 教育行政

**【教育投入】** 2009年，东莞市教育总投入78.84亿元，比上年增加7.74亿元，增长10.89%。其中，国家财政性投入54.07亿元，比上年增加6.07亿元，增长12.65%。

*落实“三转二”（三级管理转为二级管理）政策，保障学校教育经费投入*。2009年，市财政除按核定定额经费标准下拨直属学校经费外，还同时加大对镇街教育经费的投入，保障学校正常运行，对镇街下拨教育补助经费10.93亿元。

*继续加大学校校舍建设投入*。2009年，东莞市学校基建总投入8.48亿元，全年新建、扩建、改建学校84所（含跨年度建设学校），总建筑面积34.43万平方米。至2009年底，生均校舍面积小学8平方米，中学22平方米。

*完善公办学校教育装备*。2009年，市镇财政对全市各类公办学校教育装备总投入1.57亿元，其中投入电教、信息类装备1.47亿元，图书资源类设备636万元。全市各类公办学校教育装备总值达18.61亿元，比上年增加1.8亿元，增长10.73%。

*民办教育经费投入保持增长*。2009年民办教育经费总投入20.66亿元，比上年增加3.57亿元，增幅20.89%，民办教育经费占全市教育经费总投入的26.20%。

**【教育督导】** 2009年，东莞市教育优质均衡发展有新的提高。继续加强专项督查，推进依法治校示范校创建工作，加强督导队伍建设，保障全市教育事业稳步健康向前发展。全市有广东省国家级示范性普通高中7所，省、市一级学校265所。全市公办中小学优质学校比例达87.2%，公办学校优质学位比例达91.48%。继续抓好教育强镇复评工作，道滘、黄江、凤岗等12个镇顺利通过“广东省教育强镇”的复评验收。

**【市领导责任考核】** 2009年，广东省开展2007和2008年广东省地级以上市、县（市、区）党政领导干部基础教育工作责任考核。广东省将东莞市确定为试点市，10月13—15日，省考核组对市委书记、市长及分管教育的副市长履行2007年和2008年基础教育工作责任的情况进行考核。市教育局按照省的各项要求，精心筹备、全力做好试点考核的自查、整改及迎检等各项工作，充分展示东莞市基础教育改革发展的成果。试点考核工作取得圆满成功，得到省有关领导的高度赞扬，认为东莞为促进全省基础教育改革发展提供了有益的经验，起到了先进示范作用。试点考核结束后，省以东莞市试点考核的体系和流程为样板，在全省铺开此项工作。

**【扶持民办教育】** 2009年，东莞市制定《关进一步扶持民办教育发展的若干意见》，提出帮扶民办教育发展的切实可行措施，依法维护民办学校的合法权益。在总结2008年民办学校奖励专项资金使用情况的基础上，进一步修改和完善《东莞市民办学校扶持专项资金使用管理办法（试行）》，增强民办学校扶持专项资金使用的针对性和操作性。规范民办教育管理。依法取缔11所无证幼儿园，分流幼儿516人，防止无证办学死灰复燃；及时纠正21所民办学校（幼儿园）违规招生现象，分流安置中小学生（幼儿）2443人；督促4所民办学校采取措施，消除校舍安全隐患。对全市627所民办中小学、幼儿园开展年检，年检合格率为94.6%，并将结果通过媒体和东莞教育网公布，接受群众和社会监督。

**【高中布局调整】** 2009年，市教育局通过加强沟通协调，创新工作方法，下移工作重心，加强动态管理，高中布局调整学校建设工作进入实质性的建设阶段。5月份，随着东莞市新一轮的土地利用总体规划调整修编获得通过，学校建设用地全部得到落实；6月份，市教育局创新工作方法，市政府制定下发《东莞

市委托镇街代建高中阶段学校布局调整校舍建设工程实施办法》，使代建单位从原来全市一个变成一校一个，提高工作效率，充分利用代建镇街在人才、技术、管理和经验上的资源；7月份，市教育局与相关镇街签订《市高中阶段学校布局调整校舍建设工程项目委托代建合同》，明确代建范围、代建内容、管理目标、权利、义务和责任；从8月份开始，市教育局每月初印发《市高中阶段学校布局调整项目工程建设进展情况简报》，让领导和相关部门及时掌握高中布局调整学校建设的最新情况，实现动态管理；9—10月，学校项目初步设计方案陆续上网招标。至12月底，已有13所新建扩建学校获市政府批准同意建设，还有2所已上报市政府审批，其中，获批准建设的13所学校，全部完成设计招标等工作，其中4所已动工建设。

**【全免费义务教育】** 经市政府同意，从2009年春季开学起，取消非东莞户籍学生借读生书杂费，即所有入读义务教育公办学校的新莞人子女与东莞户籍学生享受全免费教育。取消借读生书杂费收费项目后，东莞市每年少收经费2.34亿元。

继续做好免费义务教育补助经费的下拨工作。2009年，市镇两级财政共下拨民办学校免费义务教育补助经费2202.17万元，其中市下拨1797.82万元、镇街财政下拨404.35万元，确保全市免费义务教育工作的顺利实施。

**【校舍安全工程】** 2009年是中小学校舍安全工程启动年。东莞市积极开展中小学校舍安全工程工作。针对工作时间紧、任务重的实际，迅速成立由市长任组长、由市发改局、教育局、公安局等12个部门为成员单位的中小学校舍安全工程领导小组，制定下发《东莞市中小学校舍安全工程实施方案》，明确各部门和各级政府的职责和任务分工，部署做好中小学校舍安全工程相关的排查、鉴定、改造等一系列工作。据统计，全市应排查的学校546所，建筑物2911栋，面积1015万平方米。截至2009年，全市校舍排查工作已全部完成，需鉴定的学校413所，建筑物1770栋，面积484.08万平方米；已鉴定学校391所，建筑物1689栋，面积455.79万平方米，占需鉴定面积的94.15%，为下一步的加固改造工作打下良好基础。

**【解决代课教师问题】** 据2008年9月统计，东莞市公办中小学校登记在册的代课教师3058人。按照省市解决中小学代课教师问题的有关要求，东莞市分别于2009年4月12日和6月13日举行两次选招聘用合同制教师的专场考试，录用聘用合同制教师2140人。同时，努力提高代课教师的工资待遇，逐步理顺聘用合同制教师的入编问题，妥善解决解除劳动关系代课教师的后顾之忧，稳步推进解决中小学代课教师问题的各项工作。从2009年9月起，全市不再存在代课教师。

**【体卫工作】** 2009年，市教育局进一步加强全市学校体育卫生工作，切实提高青少年的体质健康水平。4月份顺利完成全市初中毕业生体育考试工作。5月份完成普通高中学校招收体育特长生的集中测试工作。6月份举办中学生足球比赛。7月份组队参加全省篮球传统项目学校篮球赛。10月份举办全市中学生篮球比赛，11月份举办全市中学生田径比赛。

积极做好学校甲型H1N1流感防控工作，各学校、幼儿园严格落实晨检制度，配合卫生、疾控部门做好学校疫情处置工作，及时对出现甲型H1N1流感聚集性疫情的部分学校采取停课措施。

**【校园安全】** 2009年，市教育局坚持把学校的安全工作摆在学校工作的首位，通过进一步夯实学校安全工作基础，确保广大学生的健康成长。加强安全宣传教育，组织安全教育周集中开展宣传教育活动；整治校园周边环境，组织开展全市性的校园周边地区社会治安综合整治行动、校园周边文化环境专项整治行动及校车专项整治行动，有力净化了校园周边环境。开展安全预防工作，印发《关注学生安全　促进健康成长——致学生家长的一封信》，下发《东莞市学校突发气象灾害应急工作指引》，开展防范学生溺水事故工作。开展安全文明校园创建工作，东莞中学初中部、南城中心小学等5所学校获广东省“安全文明校园”称号。开展安全应急教育，结合“5·12”防灾减灾日，开展防震减灾科普教育学校创建工作。

**【现代教育信息网络管理】** 2009年，东莞教育网全新改版，东莞教育城域网全年安全稳定运行。建成“东莞市中小学校信息综合管理平台”，实现全市学生学籍的数字化管理。出台《关于进一步加强市直属学校教育装备工作的意见》。实现高考考场网上远程监考，18个考场共800多间试室全部安装监控设备，教育部、省教育厅对所有试室能够进行网上监控。加强教育网站备案和管理，140多所学校网站完成备案。成功组织全市中小学信息学奥赛、中小学电脑制作活动、中小学智能机器人竞赛活动、教师多媒体教育软件竞赛活动、FLASH动漫设计大赛、优秀自制教具评比活动等全市性竞赛活动。

**【教师队伍】** 2009年，东莞市普教系统在职在编公办教职工2.38万人，其中专任教师2.28万人，具有高级职称1530人，中级职称1.12万人。全年共接收东莞籍生源毕业生531人，其中研究生78人，本科毕业生431人，专科毕业生22人。从外省市引进248名教职工，其中高级职称25名，中级职称111名。为80名师范类应届毕业生和453名社会申请人办理教师资格认定，为525名新任教师办理转正定级。共通过高级专业技术资格评审411人，中级专业技术资格评审2094人，初级专业技术资格评审1209人，大中专毕业生初次认定581人。

大力开展业务技能培训。以大力实施“三名工程”（名校、名校长、名教师）为抓手，积极开展以师德教育和提高教师教育教学能力为主要内容的中小学校长、教师培训培养工作，全面促进校长、教师队伍专业成长，打造一支师德高尚、素质精良、业绩突出的校长和教师队伍，加快东莞市教育内涵发展。拓宽培训渠道，不断完善校长培养体系。全面开展中小学学科骨干教师选拔与培训工作，继续实施中小学英语骨干教师海外培训计划。通过选拔考试，选派90名中小学英语骨干教师赴英国和澳大利亚进行为期6周的强化培训。加强信息技术培训，提高教师教育技术能力。加强推进中小学校本培训。通过充分利用各高校的专家、师资资源，以及发挥东莞市现有学科带头人、名师（骨干教师）和优秀校长的示范与辐射作用。

**【教育科研】** 2009年，东莞市申报广东省中小学教育创新成果奖项目共83项，占全省264项的31.4%。全省获奖共96项，东莞市占30项，获奖总数占全省的31.3%。省级科研成果的申报获奖率及获奖总数继续位居全省前列。课题研究出版专著5本，获得国家专利3项。

（黄玉珍）

**附：2009年东莞市教育局领导名录**

局　长：杨晓棠

副局长：王任槐　黄金海　王旭辉　陈启明　钟建群（7月到任）

纪检组组长：黄健勇

## 东莞理工学院

【概况】东莞理工学院是东莞的第一所普通本科院校，省市共建，以市为主，诺贝尔物理学奖获得者杨振宁博士任名誉校长。学校于1990年筹办，1992年4月经国家教委批准成立，2002年3月经教育部批准变更为本科全日制普通高等院校，2006年5月获批成为学士学位授予单位，2008年5月通过教育部本科教学水平评估并获良好成绩，学校将办学目标定位调整为“建设特色鲜明的现代大学”，以适应新的发展形势。2009年2月获批成为广东省立项建设的新增硕士学位授予单位。

截至2009年，学校有两个校区。主校区坐落在松山湖科技产业园区内，占地1500亩，是一座花园式、现代化的校园，办学设施完善，教学实验设备充足。建有10个教学实验中心，其中“电工电子实验教学中心”是省级实验教学示范中心；教学科研仪器设备资产1.02亿元；图书馆藏书100多万册，数字资源11500GB；体育场馆中心面积8.6万平方米，是国家田径队挂牌基地。莞城校区面积320多亩，交通便利，环境优美。

学校建立了以工学、管理学为重点，文学、理学、经济学、法学、教育学等多学科协调发展的学科专业体系，设有14个院（系）、26个本科专业。生源以广东省为主，同时面向其他10多个省（市、区）招生，本科层次在第二批A线录取。2009年录取本科生2884人、专科生581人，录取工作在上线第一志愿考生中100%完成；应届毕业生总体就业率为97.39%，位居全省高校前列。2009年有普通全日制学生1.04万人，成人教育学生1.23万人。

【党建与思想政治教育】2009年，东莞理工学院党委切实加强党建工作，引导教职工深入学习实践科学发展观，积极开展争创“示范党支部”、“机关党建百佳”品牌活动，坚持开展基层组织量化考评，进一步加强高校党建思想政治教育工作研究，强化师生思想政治教育，受到莅校开展巡视工作的省委巡视组高度评价。2009年，学校被评为“市直机关先进单位”，校党委被评为“市直机关党建工作先进单位”。

【教学质量与改革】2009年，东莞理工学院始终坚持以教学工作为中心，以教学质量为生命线，成立以校长为组长的“质量工程”建设领导小组，全面提升教育教学质量。着力构筑应用型人才培养的实践教学体系，不断深化“创新人才培养计划”，建立122个校外教学实习基地，91个项目获校级立项；深化教学改革，批准和资助校级教改项目44项，评选校级教学成果10项，获省级教学改革立项2项，《大学英语》被评为省级精品课程，1名教师获“广东省高校教学名

## 东莞理工学院

① 2009年4月24日，东莞理工学院与广东鸿发投资集团有限公司签订合作办学协议。该公司携10亿元加盟东莞理工学院城市学院（张友炳 摄）
② 2009年8月25—28日，加拿大麦克马斯特大学（McMaster University）代表团到东莞理工学院进行访问，双方签订合作办学协议备忘录（张友炳 摄）
③ 2009年5月17日—19日，诺贝尔物理学奖获得者、东莞理工学院名誉校长杨振宁博士莅校指导，并亲自参加其铜像揭幕仪式（张友炳 摄）

师”奖。

【学科专业建设】2009年，东莞理工学院制定《东莞理工学院新增硕士学位授予单位建设规划（2008—2015年）》，成为省立项建设的3所新增硕士学位授予单位之一。学校专设学科建设管理办公室，制定《东莞理工学院硕士学位授权一级学科点建设》等规章制度，确定电子科学与技术、化学工程与技术、机械工程、计算机科学与技术等4个优势学科作为重点建设的学科群，推进学科建设。学校电子信息工程专业获批为国家级特色专业建设点。

【科研工作】2009年，东莞理工学院各类科研项目立项100余项，科研经费总额超3700万元，其中各级科研项目立项的科研经费1938万元，承担国家973项目、国家863项目、国家自然科学基金重点项目、国家社科基金项目、广东省联合基金项目等一批高层次科研项目。获授权国家发明专利2件，转让发明专利4件，申请发明专利8件、实用新型专利6件、软件版权3件。

学校与中科院高能物理研究所签署战略合作框架协议，合作建设的“中子探测与快电子技术实验室”已正式启动。分布式能源系统实验室获批为广东省重点实验室，电子信息技术实验室等4个实验室获批为东莞市重点实验室。

【合作办学】2009年，东莞理工学院与世界排名前百名的加拿大麦克马斯特大学展开合作办学。双方高层多次互访、深入交流，并签定合作办学协议备忘录。学校与瑞士南方应用科技大学合作开展教育培训和科研合作，与中科院、意大利佩鲁贾大学、瑞典麦兰德隆大学联合开展生态工业园项目，与华南理工大学、暨南大学等联合培养研究生。

【理顺办学机制】2009年，东莞理工学院着力理顺办学机制。与广东鸿发投资集团有限公司合办城市学院，并由该集团斥资10亿元助力学院发展，成立城市学院第二届董事会。城市学院新校区选址松山湖大道文阁旁，规划用地1200亩，筹建工作已全面铺开。

【学生活动】2009年，东莞理工学院切实把提高学生的思想政治素质放在首位。以新中国成立60周年为契机，组织举办“祝福祖国”大型歌会等系列纪念活动；以“校园文化巡礼”为载体，广泛开展校园文化活动，并创办“莞工讲坛”；以“挑战杯”竞赛为龙头，积极组织学生参加各级各类科技、文化活动，有3人次获国家级奖励，72人次获省级奖励。

【校园建设】2009年，东莞理工学院进一步美化校容校貌，完成北门景观、部分建筑物外墙维修等工程；新增一处校园人文景观，杨振宁名誉校长铜像落成；与东莞移动签订框架协议，共建数字化校园。（肖锦全　陈宝华）

**附：2009年东莞理工学院领导名录**

党委书记：周致纳
党委副书记、校长：杨晓西
党委副书记：王江水
党委副书记、纪委书记：黄碧莲
党委委员、副校长：安少华　邹晓平
戴炳源

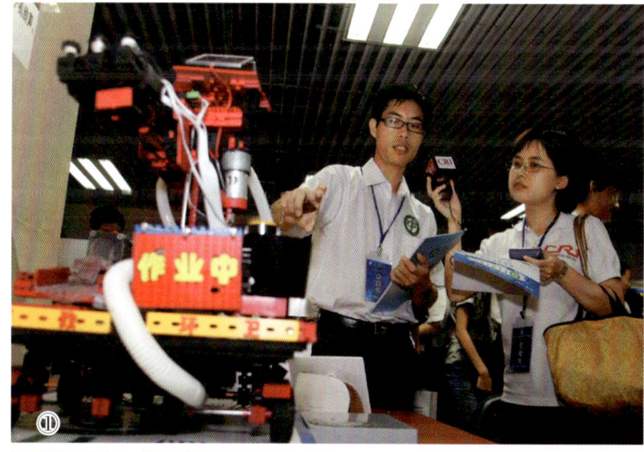

① 2009年，东莞理工学院电子信息工程专业获批为教育部第四批高等学校特色专业建设点。图为电子信息工程专业学生在第十届“挑战杯”广东大学生课外学术科技作品竞赛终审决赛上展示课外科技作品（张友炳　摄）
② 2009年9月，中共广东省委第二巡视组自在东莞理工学院开展为期一个多月的巡视工作，充分肯定东莞理工学院领导班子建设（张友炳　摄）
③ 东莞理工学院组织庆祝新中国成立60周年活动（张友炳　摄）

## 东莞理工学院城市学院

【招生与就业】2009年，东莞理工学院城市学院超额10%完成招生计划，新生第一志愿出档率继续位居全省同类院校前列，新生报到率94.15%，创历年新高。新增设的数字媒体艺术、行政管理（社会工作方向）、计算机与技术（动漫游戏方向）等专业开始招生并受到考生的欢迎。2009届毕业生就业率97.66%,其中本科生97.02%，专科生98.29%，均高于全省平均就业率。2009年在校学生人数为9387人，其中本科5071，专科4316人，莞籍学生占在校学生的80%。

【师资队伍建设】2009年，东莞理工学院城市学院引进各类人才61名，其中正高职称6人，副高职称4人，硕士以上学历30人，保证了教学工作的顺利开展和进行。学院在册教职员工808人，其中具有正高职称39人（不含客座教授），副高职称51人，中级职称146人；博士学历19人，博士生10人，硕士学历184人。专任教师中，硕士以上学历人员占65.6%，副高以上职称占35.6%。

【教学、科研】2009年，东莞理工学院城市学院以切实提高课堂教学质量为中心环节，年初成功召开第二届教学工作会议，期中开展教育思想、教学观念大讨论活动，出台《东莞理工学院城市学院关于构建内部教学质量保障体系的意见》、《东莞理工学院城市学院关于实施教学质量与教学改革工程的意见》、《东莞理工学院城市学院学科专业建设规划》等一系列构建“教学质量保障体系”的有关文件和具体措施。

一年来，学院教学质量不断提升，办学特色不断凸显。在《思想道德修养与法律基础》课程被评为广东省精品课程的基础上，《新机制地方本科院校办学质量、特色的研究与实践》、《基于可持续发展理论的环境保护课程教学改革研究》获广东省第六届优秀教学成果奖，成为省内唯一一所获得两项优秀教学成果奖的独立学院。

2009年，学院首次组织学生参加国家司法考试，通过率34%，居东莞市各报考单位之首。报名参加考研、专升本、出国游学的学生人数大幅度增加；英语四级考试通过率同比提高11个百分点；在2009年“红旗杯”全国大学生开源软件技术竞赛中再获1个一等奖和1个三等奖（总分第四名）。

2009年，学院科研工作申报单列管理后，全院科研工作取得了快速发展，科研经费首次突破200万元，多项课题获得科技部、广东省科技厅立项，部分教师还被选派为教育部、科技部驻广东省企业的科技特派员。

【院庆活动】为庆祝国庆、院庆和迎新生，东莞理工学院城市学院在9月份举行国庆院庆迎新晚会。晚会形式新颖，演出精彩，获得了观众的一致好评。为表彰城市学院建院以来作出特殊贡献的教职员工，学院评选出10位教职员工为城市学院建院五周年突出贡献奖获得者。《论苑撷英（第一辑）》、《教海行舟》等书出版发行，为院庆五周年献上丰厚的贺礼。学院顾问杨元悍近200幅摄影佳作在学院展出。

【教学设施】2009年，东莞理工学院城市学院网络非线性编辑实验室、印刷实验室、保险实验室、经济管理实验室等一批实验室相继建成并投入使用，金工实验室和计算机中心机房的改造也顺利完成，学院的教学设施进一步得以完善。

投资8000万元，总建筑面积达3万平方米的图书信息科技大楼竣工即将交付使用；暑假期间完成1、7号教学楼的翻新改造；第三校区校舍改造也已全面完工，1000多名新生入住第三校区和条件优越的青年公寓。

【内部管理】2009年，东莞理工学院城市学院全面实施目标管理绩效考核工作的第一年。年初，学院与各教学系（部）签订《东莞理工学院城市学院2009年系部目标管理绩效考核任务书》，年末对各部门进行绩效测评，对

## 东莞理工学院城市学院

①

②

院级领导、中层干部及其它教职工分层级进行考核评比，考核结果也首次与奖惩直接挂钩。

学院后勤部门正式实行目标管理责任制。通过一年来的实施，后勤员工的工作积极性不断增强，后勤部门的服务质量和整体效益得以提高。

【党建及和谐校园建设】2009年，东莞理工学院城市学院通过党委中心组（扩大）学习会，学习十七届四中全会关于新时期加强党的建设的最新精神，继续开展各种廉政建设学习教育活动，不断提高各部门负责人及教职工的勤政廉政意识，筑牢思想防线，自觉抵制各种侵蚀。

继续营造"以人为本"的和谐氛围，开展各项民主管理工作。定期召开院级领导干部民主生活会，学院重大决策按程序提请"双代会"审议；继续在"双代会"上开展对院领导、中层负责人的民主测评工作。围绕庆祝建国六十周年的主题，组织开展丰富教职工文化生活、融洽同事关系的教授、博士、中层干部红歌比赛和青年教工歌唱比赛等一系列文体活动，学院和谐校园建设取得显著成绩。

【服务东莞】2009年，东莞理工学院城市学院继续组织"艺术下乡"、"文化下乡"、师生参与全市卫生大检查、开展社会问题调研等各种服务东莞的工作。在东莞市庆祝建国六十周年大型文艺庆典中，学院选派的近2000名学生出色地完成工作任务，展示了城市学院学子的良好风采。

【学术活动】2009年，东莞理工学院城市学院继续打造好文化特色品牌。城市学院大讲堂、大学生科学文化论坛定期开讲，讲座人级别高，内容丰富生动，贴近师生实际。中国科学院院士、"神五"总设计师戚发轫、北京大学副校长海闻，国家科技部党组成员、《科技日报》社社长张景安，外交部前新闻发言人沈国放、香港大学孙建荣等一批政府官员、专家学者相继为学院师生作学术报告。

【校企合作】2009年，东莞理工学院城市学院与虎门港签订产学研合作办学协议，为学院物流人才的培养提供良好的实践平台。广东鸿发投资集团有限公司与东莞理工学院签署合作办学协议，拟投资10亿元建设新校区合作举办城市学院。为学院规范办学，再谋新发展创造了新机遇。　（曾少烘）

附：2009年东莞理工学院城市学院领导名录

院　长：安少华（兼）

党委书记：朱志德

学术副院长：程发良

党委副书记：朱　冰

行政副院长：张　林

院督学：陈丁堂

①　东莞理工学院城市学院学生在2009年"红旗杯"全国大学生开源软件技术竞赛中获得一等奖

②　东莞理工学院城市学院召开2009年教学工作会议

③　东莞理工学院城市学院与虎门港共建产学研基地签约仪式

④　东莞理工学院城市学院与系部签订目标管理绩效考核责任书仪式

⑤　东莞市政府副市长吴道闻、东莞理工学院党委书记周致纳在建院五周年晚会上为"突出贡献奖"获得者颁奖

③

④

⑤

## 广东医学院

【党建和思想政治工作】 2009年3月，广东医学院召开“第六届党建与思想政治工作研讨会”，有力地推动全校深入学习实践科学发展观活动的深入开展。完善干部考核机制，制定《广东医学院党政管理干部年度考核办法（试行）》。

2009年，广东医学院将开展党风廉政建设与重点活动相结合，确保党风廉政建设“三同步”，即将党风廉政建设与纪律教育学习活动同步进行，与推进反腐倡廉制度建设同步进行，与开展民主评议政风行风“回头查”工作同步进行，使学习教育活动扎实开展。学校先后制订《广东医学院建立健全惩治和预防腐败体系2009—2012年工作规划》、《广东医学院党风廉政建设责任制实施细则》、《广东医学院中层干部在经营性经济实体兼职的暂行管理办法》、《广东医学院各级党政主要负责人监督实施办法(试行)》。举办加强作风建设的专题讲座，组织广大党员观看党风廉政教育片《镜鉴》，组织副处级以上干部观看《广东省机关作风暗访专题片》。

深入开展深入学习实践科学发展观活动。校领导带队就异地办学、人事改革等问题赴山东高校考察，为学校工作提供有益的参考。创建《广东医学院深入学习实践科学发展观活动专题网》网站，共发布各类资料和信息500多条。开辟校报“学习实践科学发展观活动”专版。编辑出版学习实践活动简报58期。

【科研工作】 2009年，广东医学院进一步加强科技工作规划和组织协调，加大建博项目的投入，博士后科研工作站首批人员进站，科研项目及科研成果有较大进步。省教育厅拨出1000万元建设东莞校区实验动物中心，市政府给予学校“建博”项目3000万元的资助，专项用于科技大楼和实验动物中心的基础建设。市政府还为学校“华南（东莞）新药创制中心广医分中心”提供1500万元专项经费。东莞市政府的大力支持，对学校“建博”项目的完成起到很大的推动作用。

2009年，是学院学科建设方针初见成效的一年。国家自然科学基金项目立项13项，总资助经费315万元。省部级项目36项，其中省自然科学基金1项重点项目、8项面上项目、3个博士启动项目，资助经费65万元；省科技计划项目立项23项，资助经费68万元；省卫生厅、中医药局立项22项，资助经费11万元。东莞市科技计划项目立项20项，资助经费181万元。教育部归国基金立项1项，资助经费2.5万元，教育部人文社会科学立项2项，资助经费6万元。组织申报一项毕业生创业专项基金项目，获省科技厅20万元专项经费支持。组织申报科学技术奖10项，获奖6项，其中省级三等奖1项，市级一等奖1项，二等奖4项。申报发明专利3项，授权5项。通过8项成果鉴定。

【教学工作】 2009年，广东医学院深入实施教育部质量工程，注重教学规模、结构、质量、效益的协调发展。修订15个专业（35个专业方向）教学计划，申报中医学、中药学2个新增专业，应用心理学、预防医学、劳动与社会保障、医学英语等4个新办专业获准学士学位授予权。完成了专业调整方案的前期调研分析报告，省级精品课程增加到4门（新增外科学总论），成功举办2009年广东医学院非直属附属医院临床教师授课比赛。在线网络课程建设全面启动。举办毕博网络教学平台培训班，进一步推动学校课程建设与教学改革，使教师更好地掌握如何利用网络教学平台辅助课堂教学。

【实习工作】 2009年，广东医学院完成29个专业3800多人的实习任务，安排实习单位250多家。完成东莞校区见习2.1万人次。培育广东省农垦中心医院、中山市陈星海医院、深圳市宝安区西乡人民医院及东莞市石龙博爱医院等4家医院成为学校非直属附属医院。开辟深圳、东莞、佛山、新兴、番禺、茂名等地的多个教学单位。安排少数外省学生回河南、湖南、江西等几家三甲医院实习，为今后拓展省外实习空间，扩大学校在全国的影响，做了有益的尝试。

【招生与就业工作】 2009年，广东医学院招生计划4500人，实际录取4649人，其中文科521人，理科4128人，省外招生312人；湛江校区录取1270人，东莞校区录取3379人。新生报到率98%。生源质量较好。省名牌专业临床医学专业平均572分，最高622分，最低录取控制分数线552分，其他理科专业平均分都在545分左右；文科专业平均562分，最高588分，最低540分。2009年东莞校区在校学生13150人。

2009年，学院参加就业的本科毕业生3290人，截至2009年12月10日，本科毕业生总体就业率90.78%，同比上升4个百分点；有56人考取硕士研究生。传统医学专业继续保持高就业率，其中，麻醉学专业的就业率最高，为100%，其次是医学影像学99.2%，而护理学、医学检验专业的就业率也都超过95%；非医学专业毕业生的平均就业率也达到86%，其中，药学、生物医学工程、医学英语专业的就业率均在90%以上。

【依法治校】 2009年，广东医学院坚持民主办学、依法办学，巩固依法治校示范校成果。修订和完善教学、科研、财务、审计等各项管理制度。召开财经工作会议，总结近4年学校的财务、审计等工作，为如何在办学经费短缺的困境下，实现依法治校，合理配置资源，保障学校健康有序发展，提出指导性意见。规范财务工作，加强预算管理，增强依法理财意识。加强审计监督，2009年共完成工程、物资采购等审计项目496项，审减685.67万元。学校在校园网公布每月基建、采购、财务审计结果，供学校师生监督。

【附属松山湖医院建设】 2009年，成立东莞市广医医疗投资有限公司，制订公司章程，设立董事会，负责附属松山湖医院的建设工作。5月举行开工仪式，附属松山湖医院占地面积400亩，总建筑面积约25万平方米，建设规模1000张病床，投资概算10亿元，第一期500张病床，计划2009年年底可开业。

【助学贷款工作】 2009年，广东医学院完成2595名学生的贷款工作，贷款总金额为1557万元。校内设固定勤工助学工作岗位872个，参加人次达2822人次，发放金额102.85万元。

2009年，学校学生获国家奖学金30人，奖励金额24万元；获国家励志奖学金534人，奖励金额267万元；获国家助学金2817人，资助金额563.4万。年度奖助学金总金额572.7万元。

2009年春节，省财政一次性下达学校学期家庭经济困难学生临时伙食补贴专项资金45.64万元，学校共有2282名同学受益。3872人次得到临时困难补助，补助款达71万元。 （沈玉洁　黄祖辉）

**附：2009年广东医学院领导名录**

党委书记：高志青  
党委副书记、院长：周克元  
党委副书记：侯小慧　黄　钢  
副院长：郑学宝　符学三　颜大胜  
　　　　丁元林　杨云滨

## 东莞南博职业技术学院

【概况】 东莞南博职业技术学院是一所经广东省人民政府批准设立、国家教育部备案的全日制普通高等学校，由东莞市南博科技有限公司于2003年投资创办。学院涵盖工、经、管、文、艺等多个学科门类，2009年有机电工程系、计算机系、管理系、财经系、应用英语系、艺术系、基础部、继续教育学院等六系一部一院，建有国家职业技能鉴定所，承担国家计划内招生任务。2009年，实际招生录取3700人，在校学生总数达到1万余人。

【迎评促建】 2009年，东莞南博职业技术学院遵照教育部和省教育厅关于开展高等职业院校人才培养工作评估的指示，坚持“以评促建、以评促改、以评促管、评建结合、重在建设”的评估方针，各方面工作取得很大进展，顺利接受广东省教育厅组织的高职院校人才培养工作评估。专家组经过严谨、深入的考察研究，在评估反馈意见中充分肯定学院人才培养工作取得的成绩，也指出存在的不足，为进一步提升人才培养质量、深化内涵建设水平、实现更快更好发展起到重要的指导作用。

【师资建设】 2009年，东莞南博职业技术学院继续贯彻“积极引进、立足培养”的指导思想，积极引进人才，加快师资队伍建设。在全国范围大力引进高职称人才，着力改善师资结构，加强专业带头人、骨干教师队伍建设，加强对教师的培养，出台相关激励政策。加大科研奖励力度，鼓励教师积极开展科研。学院有13项科研项目获省部级立项。3项2008年科研项目顺利结项。2008—2009年，学院教师主编、参编、自编教材、专著共11部；教师发表科研论文250篇。14名老师成为全国高校社会科学科研管理研究会青年委员会会员，1名老师被评为市科技专家委员会专家库专家，6位教师入选广东省人才培养工作评估专家库。

【教学改革】 2009年，东莞南博职业技术学院以迎接高职院校人才培养工作评估为契机，大力推进教学改革。组织召

## 东莞南博职业技术学院

① 2009年12月，东莞南博职业技术学院成功承办“广东民办教育30年回顾与展望论坛”

② 东莞南博职业技术学院与信泰事业集团签订合作协议

③ 2009年12月，东莞南博职业技术学院通过广东省教育厅组织的人才培养工作评估

①　东莞南博职业技术学院董事会成员合影
②　英国威尔士大学评审委员到东莞南博职业技术学院进行合作大审
③　东莞南博职业技术学院获“2009广东高等职业教育（民办）竞争力10强”第三名，这是连续4年获该称号
④　东莞南博职业技术学院部分奖牌
⑤　东莞南博职业技术学院举办的“工商模拟市场”为学生提供了一个摸索创业和经营技巧的真实环境
⑥　东莞南博职业技术学院教职工参加广东省职工运动会健美操比赛，并取得第六名
⑦　校园全景

①

②

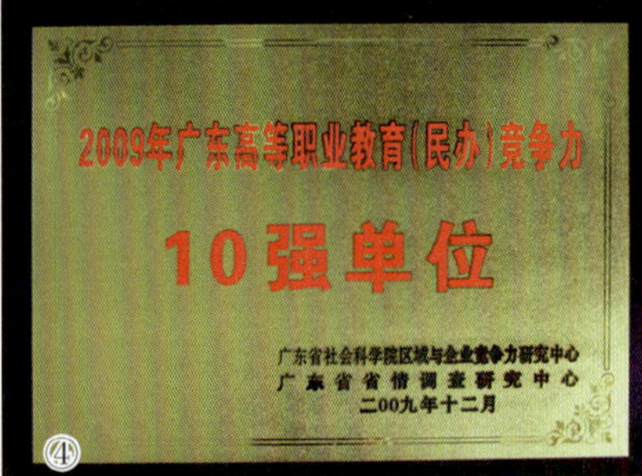

④

③

⑤

⑥

⑦

开11次专业顾问委员会会议，就专业与课程相关问题进行认真讨论，结合委员们的建议、教师专业调研的成果，学院对多个专业的教学计划进行优化，以精品课程建设为抓手推动教学改革，已有27门课程在进行院级精品课程建设，其中6门已经通过院级精品课程评审。进一步优化教师量化考核办法，从师德与业务素质、常规教学、专业与课程建设等5个方面，用具体、可见的数据指标替代以往模糊、主观性较强的评价办法。

【就业服务】 2009年，东莞南博职业技术学院坚持"服务地方、产学结合、特色立校、稳步发展"的办学方针，牢牢把握为东莞社会经济发展服务的办学方向，继续落实和贯彻目标责任制，积极探索就业服务新模式。至2009年底，与东莞市及珠三角500多家企事业单位建立稳定的实习或就业合作关系。学院成立就业指导课教研室，对就业指导课程的教学内容和指导形式进行大胆改革；举办"南博学院校企合作论坛"、"毕业生校园大型招聘会"、"成功人士，论剑南博"、"知名企业，走进南博"等一系列校企交流活动和服装设计作品展示会、工商模仿市场等系列实践活动；通过系列举措，为毕业生拓展就业市场，对毕业生在创业励志、求职技巧、认知社会等方面给予更有效的指导。2009届毕业生初次就业率93.01%，最终就业率97.23%。

【党群工作】 2009年，东莞南博职业技术学院党委按照省委教育工委、市企业工委有关部署，充分发挥党组织的战斗堡垒作用和党员的先锋模范作用，在构建和谐校园、维护学校稳定等方面发挥重要作用。年内共发展预备党员305名，其中教职工21名，学生284名，有262名预备党员顺利转正。进一步树立先进典型,做好民主评议及"七一"表彰工作。加强基层党组织建设，健全适应学院发展需要、政治坚定、勇于开拓、素质优良、结构合理、师生公认的基层党组织领导班子。大力开展党建研究，组织党员参加省高校党建研究会论文征集活动，经审核甄选后上报论文6篇，其中1篇获年会论文一等奖，5篇获编入年会论文集。 （童月成）

附：2009年东莞南博职业技术学院领导名录

名誉院长：林国梁
院　长：许学强
党委书记、常务副院长：梁瑞雄
党委副书记、副院长：黄　諤
党委副书记：刘玉侠
党委委员、院长助理：刘志扬
党委委员、院长助理：彭纳新

① 举办田径运动会
② 学生在汽车实训中心实训
③ 校园风光

## 广东亚视演艺职业学院

【概况】广东亚视演艺职业学院位于广东省东莞市塘厦镇，是华南地区唯一一所集电视艺术创作、制作、生产流程所需各个专业于一体，兼含其它艺术门类的、综合性民办普通高等艺术职业学院。著名表演艺术家、教育家孙彦军担任院长。

学院于2000年1月获广东省高等教育厅批准成立，2002年1月经广东省人民政府批准为自主招生的职业大专。2009年学院设有电视演艺系、电视制作系、艺术设计系、音乐系、舞蹈系。在校学生1568人。

办学十年来，学院走产学结合发展道路，努力构建有特色、以“成品教学”理念及“2＋1”教学模式（两年课堂学习、一年顶岗实训）为主体的艺术职业教育价值体系。每年，毕业班的学生均要参加院内顶岗实训，拍摄电视短剧、排演毕业大戏、歌舞巡演、制作动画短片等。实训作品有话剧《黑草垛》、《英雄与罪犯》等29部，童话剧《饼干人》，魔幻体趣剧《想吃麻花现给你拧》，专题演出《六色鹿》等28场，电视连续剧《乱世奇才》20集，纪录片《猪倌老罗》，电视短剧《殇》等40部，制作动画片《呆呆学园》，二维动画《碟Appoinment》、《乌龙探长》等。

【专业建设】2009年，广东亚视演艺职业学院设有影视表演、编导、主持与播音、影视动画、人物形象设计（化装设计方向）、人物形象设计（服装设计方向）、装潢艺术设计、摄影摄像技术（影视摄影方向）、摄影摄像技术（灯光设计方向）、电视节目制作（音响录音技术）、音乐表演（声乐方向）、音乐表演（钢琴方向）、舞蹈表演（舞蹈表演与编导方向）、电视节目制作、社区管理与服务（文化艺术管理与服务方向）、社区管理与服务（儿童艺术启蒙方向）、人力资源管理、会计等18个专业，是一所融汇艺术专业与非艺术专业的综合性艺术院校。

学院还是音响调音师及录音师国家职业资格技能鉴定点和演出经纪人资格证考点，办有相关培训班。

【迎评促建】2009年，广东亚视演艺职业学院遵照教育部和省教育厅关于开展高等职业院校人才培养工作评估的指示，坚持“以评促建、以评促改、以评促管、评建结合、重在建设”的评估方针，2007年11月通过教育部高职高专院校人才培养工作水平评估。评估专家组称赞学院办学指导思想明确，办学思路清晰，定位准确；领导班子凝聚力强；重视师资队伍建设，专家治教，成效显著；重视教学建设与改革，教学质量不断提高；产学结合，突出职业教育特色。

2009年11月，学院通过广东省教育厅组织的思想政治理论课建设评估。评估专家组认为学院思想政治理论课建设做到了党政领导高度重视，教学管理体制落实，符合中央、省委的要求；教师队伍建设结构合理，教学效果显著，受到广大学生好评，得到专家们的高度赞赏。

【师资队伍】2009年，广东亚视演艺职业学院聘请100余名来自中国国家话剧院、中央戏剧学院、上海戏剧学院、解放军艺术学院、中影集团、长春电影制片厂、八一电影制片厂、中央电视台、中央人民广播电台和一些大型电视台的艺术家执教。他们以其丰富的教学经验和艺术实践，赢得了广大学生的好评，多次受到省教育厅肯定及兄弟院校同行的称赞。

2009年，学院有教师203人，其中副教授及以上职称的占20%，硕士及以上学历的占8%，（既有教师职称，又有其他职称的）双师型教师的占22%。

【学生活动】2009年，广东亚视演艺职业学院学生活动丰富多彩，定期举办校园声乐比赛、艺术设计大赛、戏剧小品比赛，辩论赛、运动会等。

学院还经常走出去参加各类国内外大型歌舞比赛，如2000年的上海国际电视节，新加坡国际艺术节，2004年的“天和元祖”舞蹈大赛（获一等奖），2006年的台北“两岸大学艺术院校舞蹈系学生研习营”。2008年的“星光璀璨全国青少年艺术交流活动”，2009年的广东省委的“庆祝新中国成立60周年暨第七届广州大学生电影节”（获影评征文三等奖、DV短片优秀奖）”、

办学十年来，学院已向省内外输送各类毕(结)业生3000多名。他们用在学院掌握的艺术理论知识与实践技能，活跃在广东及全国各地的文化艺术领域，为当地的文化艺术事业的发展、繁荣做出了积极的贡献。（傅狮虎）

附：2010年广东亚视演艺职业学院领导名录

院　长：孙彦军

常务副院长、党总支书记：刘国臻

副院长：朱华祥　孙　冰

## 东莞职业技术学院

【概况】2009年4月成立的东莞职业技术学院，是一所由政府投资11亿元兴建的全日制普通高等职业院校。学院位于东莞市松山湖科技产业园区大学路3号，占地830亩，总建筑面积为30万平方米。

学院根据东莞市和珠三角地区社会经济发展对人才需求的市场实际情况，2009年开设机械制造与自动化、计算机应用技术、电子信息工程技术、会计、工商企业管理、物流管理6个专业，并成功申报2010年开设的工业设计、动漫设计与制作、印刷技术、酒店管理及雕刻艺术与家具设计5个专业，在校学生2440人。整体规划全日制在校生1万余人。

【发展规划】2009年，东莞职业技术学院在全体教职员工中多次开展办学理念、办学目标大讨论，聘请有关专家来学院作办学理念的讲座报告。尤其是针对《珠江三角洲地区改革发展规划纲要（2008—2020）》，在全院上下展开大讨论，重点探讨学院建设和高等职业教育的发展如何才能做到“科学发展，先行先试”等问题。学院还以集体学习、分组讨论等形式组织全体教职工进行“转变教育思想与理念”暑期学习讨论活动。通过一系列的讨论活动，总结成绩，查找问题，解放思想，提高认识，为学院制定切实可行的发展规划奠定思想基础。2009年学院召开第一个五年规划制订工作会议，正式启动发展规划的相关工作。

【制度建设】2009年，东莞职业技术学院在教学管理、学生管理、行政管理和后勤工作等方面，制定一系列科学规范的规章制度，先后出台《教师工作量计算办法暂行规定》、《考试管理规定》、《学籍管理规定》、《学院水电管理办法》、《学院学生食堂管理规定》、《学生公寓管理办法》、《班主任工作职责》和《学生奖学金评定办法》等20多项重要的规章制度，切实保障学院各项工作做到有章可循，健康发展。同时，加强监督检查，堵塞制度之外的管理漏洞，严禁不按章办事的行

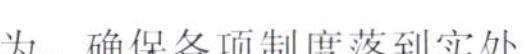

为，确保各项制度落到实处。

【教学、科研、实训工作】 2009年，东莞职业技术学院教学重点是抓好课堂教学活动。举办2次观摩示范教学活动和1次公开教学活动，开展院领导和教务处随堂听课、同行之间相互听课等活动，搭建起教师之间相互学习和交流的平台。重视教学效果反馈。抓好常规管理工作。编辑完成四期“教学情况简报”，加强教学信息沟通；规范教师调停课的程序；完成2009级学生学籍登记、学习成绩的登分建库等学籍管理工作。上半年完成35种、3.1万册教材征订及发放工作。狠抓考风考纪，规范教学管理，保证学院教学秩序的正常进行。通过诚信考试宣传，召开考前动员大会等形式加强考风考纪建设，营造良好考试环境。成功组织首次全省计算机等级考试、英语应用能力等级考试以及校内课程考试80余场次。

*积极开展科研活动，增强学院的影响力*。截至2009年11月，学院教职工科研成果计57项。发表学术论文38篇；主编、参编高等教育出版社出版的《应用数学》、清华大学出版社出版的《管理学原理》等教材12部；获课题及成果奖7项。

*确定以提高实操能力为重点的培养方案*。学院完成近20个校内实训场室的建设，与东莞康佳电子有限公司等13家企业签订共建校外实习基地协议，并组织部分学生到康佳电子公司顶岗实习，取得较好的实训效果。

【队伍建设】 2009年，东莞职业技术学院创新考核和分配管理机制，激发教职工干事创业的积极性。做到用人从紧，按需设岗，避免人浮于事；打破“铁饭碗”，引进的人才以聘用为主，达到学院考核条件后再转事业编制；打破分配上的平均主义，实行定期考核，绩效分配，真正体现多劳多得，优劳优得。

【教辅建设】 2009年9月，东莞职业技术学院图书馆正式开馆，采购图书3.2万余册，订购181种中文报纸，1281种中文期刊，55种外文期刊，开放中文图书阅览室和报刊阅览室。在网络建设方面，学院成立数字校园建设领导小组，启动校园信息化建设工作。

【和谐校园建设】 *以开展主题活动为途径，加强综合素质教育*。2009年东莞职业技术学院以建国60周年为契机，通过举办国防知识讲座、“爱我中华”诗歌朗诵比赛等活动开展爱国主义教育和思想政治教育；举行首届“青春校园”文体艺术节，组织纪念“一二·九”爱国歌曲大合唱比赛、“舞动青春”手工创意制作大赛、拔河比赛等丰富多彩的校园文化体育活动，有力推动了健康文明、昂扬向上的校园文化建设工作。关注学生身心健康；通过心理咨询普查、举办心理健康知识讲座等形式引导学生尽快适应大学生活，树立积极向上的人生观和价值观；举行“阳光体育”冬季长跑活动，引导学生积极参加体育锻炼，增强身体素质。

*以维护平安稳定求和谐*。学院设立学生服务中心，广泛收集学生意见，及时为学生排忧解难；加强日常值班巡查，定期排查安全隐患，实行来访登记管理，并在学院正门口增设安全警示标识，避免交通事故；严把食品卫生质量关，全年无一起食品安全事故；成立疾病防控领导小组，坚持晨午检查制度和因病缺勤追踪报告制度，坚持定期消毒，有效防控甲流疫情；通过举行消防疏散演习活动、交通安全讲座等加强安全教育。

*以加强内部凝聚力促和谐*。学院召开工会成立暨第一次会员大会，选举了第一届工会委员会委员。组织第一届教职工钓鱼比赛、动员教职工参加迎春慈善长跑，加强广大教职工之间的交流。积极开展为贫困学生捐款活动；参与市政府的“送温暖、献爱心”活动，对口帮扶贫困地区，推动和谐校园建设。以完善配套设施增和谐。学院争取4条公交路线在学院增设停靠点；积极开展基建工作，启动11万平方米的二期工程建设；努力完善教学、办公配套设施，合理调配办公家具、办公电脑、教学家具、多媒体设备、办公空调等物资，保障办公、教学秩序正常有序开展；努力完善生活配套服务，在校内设置1台ATM柜员机，在饭堂一楼开放校内超市，方便师生。 （石文斌）

附：2009年东莞职业技术学院领导名录

党委书记：朱益民（8月到任）

副院长：贺定修（8月到任）

李奎山（8月到任）

▲ 市委副书记、市长李毓全，副市长吴道闻到东莞职业技术学校开展督导调研工作（程永强 摄）

## 东莞广播电视大学

【东莞广播电视大学】 2009年，东莞市广播电视大学招生3151人，其中，本科369人，专科2782人。在校学生7301人，比上年增长13.5%。

2009年，东莞市广播电视大学在南城街道和常平镇新增2个分教点。截至2009年底，已在14个镇街和2个企业设有16个分教点，在横沥、东坑镇设有两所分校，分教点在校生共3380人，占全校学生总数的46.3%。

2009年11月29日，庆祝东莞电大举行建校30周年庆祝活动。市委书记刘志庚为东莞市广播电视大学亲笔题词：“成教主阵地，再创新辉煌”。

2009年，东莞市广播电视大学先后获中央广播电视大学“全国开放教育招生集体优秀奖”和“广播电视大学全国统一考试优秀考点”称号。校长陈汉光被广东广播电视大学评为市级电大优秀校长。

# 东莞理工学校

广东省副省长宋海（右二）在东莞市委书记刘志庚等陪同下视察东莞理工学校

东莞市汽车维修行业技师之家成立暨东莞理工学校“百师礼聘”和实训基地授牌仪式

中等职业学校（中专）
国家级重点
中华人民共和国教育部

国家职业技能鉴定所
中华人民共和国劳动和社会保障部制

广东省首批现代化示范性中等职业学校试点学校
广东省教育厅
二〇〇五年七月

东莞理工学校是一所全日制国家级重点中专学校，截至2009年，在校学生3500多人，教职工230人。师资力量雄厚，有副教授、高级讲师、高级工程师70多人，还有一大批有实践经验的“双师型”专业教师。

学校开设有数控技术、汽车运用与维修、计算机应用与软件、电脑装潢设计与印刷、会计等十多个专业。办学贴近市场需求，重视学生技能培养，为东莞地区培养适应市场需求的中等技术人才。

学校具有资源优势，东莞市教育局中等职业教育研究室、东莞市中等职业学校联合办学基地、经广东省教育厅批准建设的东莞市中等职业教育实训中心和广东省职业技术教育学会教育技术工作指导委员会都挂靠在学校，学校已成为东莞地区中等职业教育的骨干龙头。

学校地址：东莞市莞城学院路249号
邮编：523000　　电话　0769-22267137　22200090
网址 http://www.dglg.net

老师指导学生进行电子电路实训

老师指导学生进行机械加工实训

北区全景

# 东莞中學

DONGGUAN MIDDLE SCHOOL

东莞中学贯彻落实科学发展观，秉持“自主，和谐，共同发展”的办学理念，积极推进和谐莞中建设。2009年，东莞中学被市委市政府授予“东莞市文化建设标兵学校”称号，并被评为2009年度“东莞市档案工作先进单位”、“东莞市财务决算先进单位”、“城区计划生育先进单位”；学校教职工团支部被评为“东莞市学校团建市级示范点”；学校志愿服务站被评为“东莞市优秀志愿服务站”。有24位教师获得全国、省、市荣誉称号，36位学生获得省、市荣誉称号。校长黄灿明被全国教师教育学会授予“名校长”称号，同时被评为“广东省南粤优秀教育工作者”、“广东省基础教育系统名校长”，唐章辉老师被授予“全国优秀教师”称号，张光洋老师被评为“广东省南粤优秀教师”。学生在各级各类竞赛中共获国家级奖励44人次，获省级奖励17人次，获市级奖励204 人次。2009年高考中，全省文科总分前50名中，东莞中学占5人。重点本科上线率61%，一般本科上线率95%，共8位学生被清华大学、北京大学录取。共有21人因文体特长和学科竞赛在高考中获得20分的政策性加分。

2009年2月27日，东莞市副市长吴道闻视察东莞中学

3月30日，2009年海峡两岸中学教育论坛的贵宾到东莞中学交流

3月24日，东莞著名文史专家、东莞中学退休语文特级教师杨宝霖回校开办东莞文史系列讲座

12月26日，东莞中学举办第20届艺术节文艺晚会

东莞中学体育馆

# 文化

CULTURE

- 文广新局贯彻实施珠三角规划纲要工作方案出台
- 首届中国国际影视动漫版权保护和贸易博览会
- 东莞艺展中心开业
- 首届收藏文化联展举办
- 广播电视台数据宽带业务全面启动

东莞市科学技术博物馆

编辑：卢敏

## 文化广电新闻出版工作

【概况】 2009年，是东莞市文化建设深入推进、文化软实力有效提升、文化功能作用充分发挥的重要一年，文化广电新闻出版各项工作在新的起点上迈出了新步伐、取得了新业绩，为应对危机、促进转型、保持经济平稳较快发展做出了积极贡献。在2009年中国城市竞争力排名中，东莞文化竞争力位列第六。11月20日，中共中央政治局常委李长春在中共中央政治局委员、广东省委书记汪洋等陪同下莅莞考察，就如何加强公共文化服务体系建设、深入推进文化体制改革的问题进行了重点调研。他现场考察了图书馆ATM（图书自助服务站），称赞这种形式方便了群众，是公共文化服务体系建设的一大创新亮点。

【贯彻实施珠三角规划纲要工作方案出台】 2009年11月，市人民政府印发了《东莞市文化广电新闻出版局贯彻实施〈珠江三角洲地区改革发展规划纲要（2008—2020）〉工作方案》（以下简称《方案》）。《方案》从东莞市经济

## 东莞市文化广电新闻出版局

① 2009年11月18日至22日，中共中央政治局常委李长春一行在中共中央政治局委员、广东省委书记汪洋，东莞市领导刘志庚、何嘉琪、王道平等的陪同下，就加强公共文化服务体系建设、深入推进文化体制改革的问题进行了重点调研。图为李长春视察图书馆ATM系统

② 2009年12月30日，由国家广播电影电视总局、广东省人民政府主办，东莞市人民政府、广东省广播电影电视局、南方广播影视传媒集团、中国动画学会承办，广东省版权局、广东省知识产权局协办的首届中国国际影视动漫版权保护和贸易博览会在东莞国际会展中心开幕

社会发展的全局出发，遵循社会主义先进文化建设规律，立足在更高的层面、用更广的视角和更加灵活有效的方式，对全面推进东莞文化建设作出了重大战略部署，明确提出了新时期东莞市文化建设的总体要求、发展目标、主要任务和保障措施。《方案》提出了构筑“九大体系”的主要任务：公共文化服务体系、文艺精品创作体系、文化发展创新体系、文化产业发展体系、文化遗产保护体系、对外文化交流体系、市民素质提升体系、文化安全保障体系、文化人才支撑体系。

【公共文化设施建设】 2009年，东莞市加快市民艺术中心建设，完成了工程选址、深化设计招标等相关工作；建成洪梅、大朗长塘等5个镇、村（社区）图书馆，完善了图书馆ATM和自助图书馆服务。进一步加强博物馆建设，建成森晖自然博物馆、容庚故居陈列馆、圣心糕点博物馆等7家博物馆，全市博物馆数量达到28座。加大重大公共文化服务工程实施力度，制定出台了《关于进一步落实文化惠民做好农村电影工作的意见》，对经济欠发达村（社区）农家书屋进行资助，全年累计放映农村公益电影5000多场，建设农家书屋120家。各镇街也加大文化设施建设力度，如塘厦镇正式启用投资3亿多元的演艺馆、图书馆、城市展示馆，望牛墩镇投资3000万元的图书馆、展览馆、博物馆已完成规划设计和填土工程，寮步镇香市文化广场、凤岗镇杨官璘广场获评第三届“全国特色文化广场”。

①

②

③

① 2009年4月23日，2009东莞第五届读书节重点活动之一的“4·23世界读书日系列活动启动暨东莞图书馆万江分馆开馆仪式”在万江曦龙广场举行

② 2009年9月12日，“感受东莞，品味茶山”——东莞市非物质文化遗产保护体验日活动在中国历史文化名村南社古村落举行

③ 2009年12月31日，由旧厂房就地转型升级建成的东莞艺展中心盛大开业，市委书记、市人大常委会主任刘志庚，市委常委、宣传部部长王道平，副市长梁国英、严小康等领导出席了开幕式

④ 2009年10月17日，由中国群众文化学会、中国文化报社主办的第三届全国特色文化广场颁奖大会在寮步镇举行，东莞市2个文化广场和3个文化活动榜上有名，总数在全国各城市中排名第一

⑤ 2009年9月17日至10月10日，由东莞市文化广电新闻出版局、东莞日报社主办的“典藏东莞·传承文明——东莞市首届收藏文化联展”在旗峰山艺术博物馆举办

⑥ 2009年10月17日，由市文明办、市文化广电新闻出版局等8家单位联合主办，东莞群众艺术馆承办的东莞市第三届广场集体舞蹈大赛举行。图为厚街分赛区比赛现场

④

⑤

⑥

【公共文化活动】2009年，东莞市举办了东莞市各界庆祝新中国成立60周年大型广场庆典活动、千场电影贺国庆活动，推出了首届“东莞收藏文化联展”、“文化暖流进企业”活动，策划了第五届读书节、纪念虎门销烟170周年等系列活动，在全市营造了热烈、喜庆的文化氛围。各镇街也举办了丰富多彩的文化活动，如石排第二届体育文化艺术科技节、常平第六届“欢乐常平”商贸旅游文化节、望牛墩七巧节、虎门文化艺术节、企石“千年秋枫”文化节等，极大地丰富了群众的文化生活。特别是莞城街道“文化周末”活动获得了文化部创新奖。此外，“都市彩虹”、东坑“卖身节”、塘厦“越唱越红”获评全国特色广场文化活动。

【公共文化服务机制创新】2009年，东莞市全面实现了博物馆免费开放，全面启动了图书馆服务到户工程，完善了图书流动车、流动博物馆、流动演出服务网络，为群众提供了贴近、便利的文化服务。东莞图书馆、可园博物馆等单位着力建立健全文化志愿服务制度，努力实现文化服务的社会化、常态化。

【2009东莞第五届读书节】2009年9月25日，以“阅读、和谐、发展”为主题的2009东莞第五届读书节在东莞图书馆开幕。活动期间，围绕读书节主题，面向市民开展了421项丰富多彩的读书活动，受众人群达350余万人次，在全社会掀起了读书求知、读书成才、读书明理的热潮。东莞812名个人和家庭分别获得了“读书知识竞赛”、“我讲书中的故事”、“东莞‘学习之家’评选”等十一项全市性竞评活动奖项。

【图书馆服务到户工程】2009年5月26日，东莞图书馆联合各镇街、村（社区）图书馆分馆共同启动“图书馆服务到户工程”。图书馆服务到户工程是2009年东莞市、镇街、村（社区）图书馆的重点工作内容之一，该工程通过把图书馆服务推送至家庭，提供送书上门、好书推荐、活动信息预告、读书会、有奖竞读、建立家庭网上数字图书馆、开通市民学习网和家庭藏书网等系列服务，进一步营造读书学习风气，促进东莞市民素质的提高和城市文明程度的提升。工程计划在2009年各镇街共建立100个图书馆服务到户示范家庭。东莞图书馆为各镇街图书馆提供技术、图书、物流传送支持，各镇街图书馆负责选取服务到户示范家庭，做好服务记录及家庭阅读情况跟踪建档，保证服务效果。

【2009“国际博物馆日”粤港澳文博交流活动暨“走进东莞文明”、纪念虎门销烟170周年系列活动】2009年5月19日，由广东省文物局、中共东莞市委宣传部、东莞市精神文明建设委员会办公室、东莞市文化广电新闻出版局等9家单位联合主办的2009“国际博物馆日”粤港澳文博交流活动暨“走进东莞文明”、纪念虎门销烟170周年系列活动启动仪式在虎门镇威远岛海战博物馆广场举行。仪式上，林则徐后裔代表、中央戏剧学院教授林岷，林则徐研究知名专家中山大学吴义雄，澳门博物馆馆长陈迎宪，香港特区政府民政事务局康乐及文化事务署助理署长吴志华等嘉宾、学者也先后发言。有关领导为19家“博物馆与旅游共建单位”进行授牌。2009年的“走进东莞文明”活动，充分融合纪念虎门销烟170周年、粤港澳文博交流、“国际博物馆日”博物馆与旅游三个主题，推出了展览、讲座、文艺展演、比赛等36项活动，通过大力弘扬林则徐虎门销烟精神，充分展示东莞城市文明风采，扩充文明城市内涵。

【“文化周末”获第三届文化部创新奖】2009年，东莞市莞城街道“文化周末”系列工程经省文化厅推荐申报第三届文化部创新奖，作为唯一由街道申报的项目，从全国218个申报项目中脱颖而出，获得第三届文化部创新奖。“文化周末”系列工程以其科学的理论与实践，体现了理念创新、模式创新、机制创新，是文化惠民政策的具体体现，具有科学性、实践性、有效性、创新性和示范性。“文化周末”系列工程坚持“政府主导、企业参与、社会联动”的模式，实行多元文化投入机制，吸引全社会特别是企业的参与支持，推动文化事业与产业同步发展，为东莞市文化建设树立了良好榜样，是东莞市一张闪亮的城市文化名片。

【农村电影放映工作意见出台】2009年11月，东莞市出台《关于进一步落实文化惠民做好农村电影工作的意见》（以下简称《意见》），提出了做好东莞市农村电影工作的总体要求、基本目标、政策措施，确定了农村电影公共服务工作长效机制。《意见》提出，农村电影工作的目标任务是：建立以数字电影放映为龙头，供片传输网络连通，公共服务和市场服务相协调的农村电影发行放映新体系，基本实现向数字化高质量放映过渡、向室内放映过渡、向低价有偿放映过渡，不断扩大农村电影覆盖面，到2010年全市各镇街都成立流动数字电影放映队，并每队配置1套数字电影放映设备，实现农村电影数字化放映，全面实现东莞市一村一月放映一场电影的公益服务目标。《意见》提出，东莞市每年至少358.2万元的农村电影放映经费由市、镇街、村（社区）按2：2：1比例分担，按每场500元的标准计算，每场农村电影市财政补贴200元、镇街补贴200元、村（社区）补贴100元。

【庆祝新中国成立六十周年大型广场庆典活动】2009年9月29日，由东莞市人民政府主办，市委宣传部和市文化广电新闻出版局协办的“歌唱祖国”——东莞市各界庆祝中华人民共和国成立六十周年大型广场庆典活动在市中心广场隆重举行。市委书记、市人大常委会主任刘志庚宣布广场庆典活动开始，与市委副书记、市长李毓全，市政协主席刘树基共同启动了广场庆典活动按钮。随后，粤剧、咸水歌、客家山歌、醒狮舞等12项极具东莞本土特色的文艺节目在中心广场各表演区同时上演。本次庆典活动是东莞市庆祝新中国成立60周年的重要节庆活动。活动形式新颖、内容丰富。全市50多家单位、5000多名群众参与了各项活动的组织与演出工作。本次庆典活动突破以往国庆单一的歌舞文艺晚会模式，特别设置了形式多样、丰富多彩的歌舞表演、民间民俗活动和群众文化体育活动等市民熟知的民风民俗环节，让每个人都成为了活动真正的主角，实现了广场大联欢，充分展示了东莞的民俗风情，体现了东莞本土的人文传统和彰显了东莞人民的激情活力。

【第三届全国特色文化广场颁奖大会】2009年10月17日，由中国群众文化学会、中国文化报社主办的第三届全国特色文化广场颁奖大会在寮步镇举行，东莞市两个文化广场和三个文化活动榜上有名，总数在全国各城市中排名第一。其中，寮步镇香市文化广场和凤岗镇杨官麟象棋广场被评为全国特色文化广场；“都市彩虹”广场周末文艺演出、东坑镇“卖身节”广场特色文化活动、塘厦镇“越唱越红”广场之星歌唱大赛被评为全国特色广场文化活动。此次评

选活动从2008年开始启动，全国共有116个广场、47个活动申报，经过前期评选和抽查，最后评选出35个全国特色文化广场、18个全国特色广场文化活动。

【文艺精品创作】 2009年，音乐剧《蝶》和广播剧《追梦的人》获得广东省“五个一工程”奖优秀作品奖；大型组歌《香飘四季》、报告文学《东方光芒》、书法作品《篆刻一组》、摄影作品《浮华与空洞》、民间文艺作品《东莞木鱼书》等8件作品获得广东省鲁迅文学艺术奖，获奖总数全省排名第三。在去年全省群众文艺作品评选中，东莞市共有16件作品获奖，总数名列全省第二。音乐作品《高高至上》在中央电视台大型文艺晚会上演唱，三人舞《生命的空间》荣获第八届全国舞蹈比赛三等奖。进一步加强文艺创作基地建设。全市10个基地创作推出了一系列优秀作品。如道滘粤剧曲艺创作基地创编的《青春似火永流芳》获得了“中国曲艺之乡”优秀节目展演奖，常平戏剧小品创作基地推出的小戏小品《动物园游园记》参加了中央电视台“第七届CCTV小品大赛”，清溪客家山歌创作基地创作的《九天揽月梦成真》获得了中国首届客家山歌说唱大赛银奖，等等。与此同时，以文艺精品为载体，开展对外文化交流。音乐剧《蝶》赴韩国和香港商演受到热烈欢迎，东莞歌舞团与香港舞蹈团合演《清明上河图》引起较大反响，“中泰一家亲”音乐歌舞晚会、第四届全国妇女健身活动展示大赛开闭幕式演出取得圆满成功，使东莞文化的影响力不断提升。

【第二届东莞音乐剧节】 2009年7月17日，随着莞产音乐剧《蝶》在经过多次修改“蜕变”后回归“故里”东莞演出，第二届东莞音乐剧节在玉兰大剧院开幕。本届音乐剧节围绕“蝶回故里、普及艺术、文化惠民”的主题，按照“蝶回故里”、“蝶飞港澳”、“精品欣赏”、“普及巡演”、“研讨讲座”、“经典呈现”六大板块活动安排，组织了莞产中国音乐剧《蝶》重归故里和赴港澳精彩演出，展演了家庭音乐剧《皮皮·长袜子》、音乐剧《I LOVE YOU》、《宝莱坞商人》和世界著名音乐剧《猫》等国内外音乐剧艺术精品，举办了“中国音乐剧梦开始的地方”、“中外音乐剧赏析”等一系列音乐剧知识普及推广活动，召开了《东莞市打造音乐剧之都实施意见》专家论证会和东莞题材音乐剧《莞香》剧本研讨会，此外，有关单位达成了将中国音乐剧的第一条生产线落户东莞的合作意向。

【承办“中泰一家亲”音乐歌舞晚会】 2009年12月23日，由泰国公主朱拉蓬携手泰国艺术团、广州交响乐团、合唱团联袂演出的第四届“中泰一家亲”音乐歌舞晚会在玉兰大剧院举行。“中泰一家亲”音乐歌舞晚会是由朱拉蓬公主在2000年亲自发起的，是中泰两国政府确定的中泰文化交流的重要品牌项目，至2009年已是第四届。此次她应中国文化部邀请，于12月12日至25日来华访问，先后到北京、上海两市进行演出，东莞是她此次访华文化交流活动的最后一站。

【文化产业】 2009年，东莞市把文化产业作为构建现代产业体系的重要内容，努力服务企业发展，扶持园区壮大，加快发展步伐。依法放开了歌舞娱乐场所审批，减免了娱乐场所特许经营权使用费，新增歌舞娱乐场所经营主体100多家，促进娱乐产业规模不断壮大。深入推进印刷企业转型升级，15家“三来一补”印刷企业转型为外商独资企业。继续推动“版权兴业工程”，加强对松山湖科技园、唯美陶瓷等示范单位的指导帮助，促进版权在产品研发、生产、销售等经营环节的运用，推动东莞创意产业的发展。成功举办了首届中国国际影视动漫版权保护和贸易博览会，进一步加大了对永正图书创意产业园、东莞市创意产业中心园区等文化产业园区和基地的跟踪扶持。其中，东莞艺展中心聚集文化艺术单位、企业500多家，成为东莞市推进三旧改造、加快文化产业发展的典范。与此同时，为了明确了未来一个时期东莞市文化产业发展的总体思路、战略目标、布局规划、重点领域和保障体系，通过深入调研，加紧制订《东莞市文化产业发展规划纲要（2010—2020年）》。各镇街也切实加大了对文化产业发展的扶持力度，莞城、虎门、寮步等镇街设立了文化产业专项扶持资金，充分发挥财政资金对产业发展的激励和导向作用。

【首届中国国际影视动漫版权保护和贸易博览会】 2009年12月30日，由国家广播电影电视总局、广东省人民政府主办，东莞市人民政府、广东省广播电影电视局、南方广播影视传媒集团、中国动画学会承办，广东省版权局、广东省知识产权局协办的首届中国国际影视动漫版权保护和贸易博览会在东莞国际会展中心隆重开幕。开幕式现场举行了“年度十大中国最具产业价值影视动画作品”、“国际优秀动画片”、“最佳动画衍生产品设计”等三大奖项的颁奖仪式。作为首个以版权保护为主题的大型动漫展会，广东嘉佳卡通频道、国际版权交易中心、广东原创动力科技有限公司等20家有影响力的动漫版权机构还进行了版权保护自律宣言。在接下来的几天内，陆续举办了“版权交易模式对动漫产业发展的影响”、“版权保护对动漫版权价值开发的促进”以及创意产业高峰论坛等以版权保护、版权贸易和创意产业为主题的高峰论坛和行业交流研讨会，有力地促进了国内外动漫产业的交流、合作与发展。本届博览会从2009年12月30日起至2010年1月3日结束，共有来自国内外的450家动漫企业参展，包括原创影视动漫企业、动漫产业基地、衍生产品企业，以及与动漫相关的生产企业。展会现场设立了原创影视展播区、动漫产业园展示区、网游展示区、合作项目发布区、动漫教育区、原创漫画展示区、Cosplay表演区、动漫书市及签售区八大室内展区和室外衍生产品展销区，建设标准展位1500个。在为期5天的动漫博览会中，共有近45万观众入场参观，共达成动漫版权成交意向120项，成交总金额达82亿元，在同类展会中成交额位居第一位。特别是原创动漫企业与动漫衍生产品达成合作项目87个，总金额达到17.3亿元，其中与东莞本地企业达成的合作项目12个。同时，作为以版权保护和版权交易为主题的展会，整个展会期间共受理参展作品著作权登记申请237项，接受版权业务咨询160多次。

【东莞艺展中心正式开业】 2009年12月31日，由旧厂房就地转型升级建成的东莞艺展中心盛大开业，成为目前东莞规模最大、品位最高、进驻名家最多的艺术品、收藏品专业市场。开幕式上举行了中国古代文物展、“水墨气象”中国名家书画展、全国画展、特邀获奖作品展、“徽风皖韵”安徽省中国画名家精品展、景德镇陶瓷精品展、印象南城文化系列活动作品展等二十多项艺术展览，摄影、书法、收藏等各届艺术爱好者均能各得其所、各取所需。艺展中心以“文”定位、以“艺”为业，立足于“依托艺术市场、服务艺术市场”的宗旨，整个项目由一条艺术品街、一个艺术品交易中心和一个艺术品博物馆组成，已有400多家文化艺术单位、企业、商家和诸多文化人进驻，是东莞首个集艺术品创作、艺术品展览、艺术品交易于一体的现代感强烈的大型文化产业基地。

【基层文化建设考评】2009年，东莞市第四次基层文化建设考评以理顺关系、提升效能、优化服务为目标，全面加强管理，推进文化建设有序、有效发展。经过培养指导、初审筛选、材料申报、部门审核、实地验收、会议评审、媒体公示、市委市政府审定等程序，共评出541个文化建设标兵、先进、达标单位。其中，莞城、东城、凤岗等3个镇（街）为文化建设标兵镇（街），石龙等17个镇（街）为文化建设先进镇（街），望牛墩等5个镇为文化建设达标镇；市桥社区等31个村（社区）为文化建设标兵村（社区）；东莞发展控股有限公司等16个企业为文化建设标兵企业；东莞中学等24所学校为文化建设标兵学校；市人民医院等17个医院为文化建设标兵医院。

【文化市场管理】2009年，东莞市着力加大文化市场监管力度，理顺了歌舞娱乐场所管理、文化市场无证照经营清理、邮政报刊亭经营管理的工作机制，完善了文化市场信息监控机制、巡查机制和案件审理机制，开展了歌舞娱乐场所管理和集中清理整治文化市场无证照经营专项行动、净化社会文化环境专项整治行动、“扫黄打非”专项整治行动，全年共取缔非法歌舞娱乐场所202家，“黑网吧”327间次，无证照印刷厂31家、无证照书店、音像店1323个，地下图书、音像批发窝点20个，查缴各类非法出版物、光盘100多万册、张，收缴非法经营设备2000多台（套），促进了文化市场健康有序发展。

【全市加强歌舞娱乐场所管理暨集中清理整治文化市场无证照经营工作会议】2009年5月8日，全市加强歌舞娱乐场所管理暨集中清理整治文化市场无证照经营工作会议在市会议大厦召开。会议传达贯彻了市政府关于加强歌舞娱乐场所管理和集中清理整治文化市场无证照经营的文件精神，专题部署了当前和今后一段时期歌舞娱乐场所管理工作和文化市场无证照经营整治行动。

【扩权强镇试点工作】2009年，按照市委、市政府的统一部署，东莞市文化广电新闻出版局制定了《东莞市文化广电新闻出版局扩权强镇试点工作实施方案》（以下简称《方案》），将依法属于市文化广电新闻出版局实施的部分行政管理事项权限下放到市政府确定的试点镇。《方案》明确了委托放权的20项事项，包括设立音像制品零售、出租单位审批等8项行政许可项目，以及查处娱乐（包括电子游戏）、网吧及互联网上网服务经营活动中的违法行为等12项行政执法项目。同时，明确了委托放权事项的工作要求以及局和试点镇的职责分工。

【文化遗产保护】2009年，东莞市深入推进第三次全国文物普查，全面完成了对32个镇街及松山湖科技产业园区的实地普查工作，全市共登录各类不可移动文物1356处，其中新发现730处，复查626处，指导镇街编印普查成果图册开展文物测绘工作，摸清了全市的文物家底。组织对清溪碗窑窑址进行专题调查，对南社村古建筑群、常平浣薇书屋、南城宋氏宗祠等文物保护单位进行了维修保护，完成蚝岗贝丘遗址申报全国重点文物保护单位材料编制工作，确保全市物质文化遗产安全。大力加强非物质文化遗产保护，完成了全市非物质文化遗产普查工作，收集到8903条有价值的线索，摸清了全市非物质文化遗产的种类、数量与分布状况。积极开展非遗项目的申报，“木鱼歌”、“龙舟月”等9个项目被公布为第三批广东省非物质文化遗产保护名录，其中5个项目被推荐申报国家级第三批非物质文化遗产名录，2人荣获国家级非物质文化遗产项目代表性传承人称号，10人获广东省第一批非物质文化遗产项目代表性传承人称号。目前全市共有国家级名录2项，省级名录21项，市级名录38项。

【东莞市首届收藏文化联展】2009年9月17日至10月10日，由东莞市文化广电新闻出版局、东莞日报社主办的“典藏东莞·传承文明——东莞市首届收藏文化联展”在旗峰山艺术博物馆成功举办。省文化厅副厅长杜佐祥出席开幕式并作了讲话。活动期间，来自市内外的三万多名收藏爱好者和观众参观了收藏文化联展。本次联展不论在规模上、层次上、影响上都是东莞前所未有。概括起来说，有三个非常突出的特点：一是精品荟萃。展品涉及字画、玉石、古玩、瓷器、奇石、盆景等多个领域，许多展品都是首次在东莞公开展出。二是运作创新。展览充分发挥六大协会的力量，从民间征集各类展品，整合全市收藏资源，运用联合办展的办法，在民营博物馆集中展出，实现了文化活动政府主导与社会主办的有机结合。三是内容丰富。联展活动不仅有静态的实物展出，而且组织开展了收藏文化系列名家论坛，邀请国内知名鉴定专家、收藏家来莞参观和指导，不仅充实了活动内容，而且增强了活动的互动性。

【东莞非物质文化遗产保护体验日活动】2009年9月12日，由东莞市文化广电新闻出版局、茶山镇人民政府主办，东莞群众艺术馆、茶山镇委宣传办、茶山镇文化广电服务中心、茶山镇南社村委承办的“感受东莞，品味茶山”——东莞市非物质文化遗产保护体验日活动在中国历史文化名村南社古村落举行。本次体验日活动以东莞市非物质文化遗产保护项目为依托，展示内容包括东莞市首批收入名录的38项非物质文化遗产以及“茶山食品名镇”的图片展、部分名录实物展、民歌展、民俗活动展、文艺演出等项目，此外，为进一步感受茶山“中国食品名镇”的风采，主办方还特意准备了丰富的小吃，供各位前来参与活动的观众品尝。

【文化队伍建设】2009年，东莞市文化广电新闻出版局举办了8期“东莞文化论坛”，聘请专家、学者对广大干部职工进行了专业培训。举办了文广新系统人事党务干部培训班，进一步提升了全系统人事干部的业务水平。开展了纪律教育学习月活动，邀请市预防职务犯罪工作领导小组办公室主任郭普训作了2期廉政教育专题讲座，进一步加强了党员干部的党风廉政教育。开展了行风评议回头看工作，专门召开系统加强和改进工作作风会议，积极监督各单位加强自查、加强整改，确保了行风评议工作取得实效。召开了以“加强领导干部党性修养、树立和弘扬良好作风”为主题的民主生活会，通过会前学习、征求意见以及开展批评和自我批评，领导班子的党性修养不断增强，工作作风不断改进。（沈志攀）

**附：2009年东莞市文化广电新闻出版局领导名录**

局　长：陈志伟

副局长：陈健秋　蔡建勋　董　红　黎寿康

党组成员、执法大队大队长：陈志满

党组成员、纪检组组长：王海明

副调研员：何环珠　周汉标

# 东莞图书馆

2009年11月20日，中共中央政治局常委李长春视察东莞图书馆24小时图书自助系统

近年来，在市委、市政府高度重视和全市上下积极参与中，东莞市图书馆之城建设稳步深入推进。2005年9月28日，东莞图书馆新馆正式向市民开放，并发展成长为现代化城市中心图书馆，工作多次得到国家、省、市的表彰。2006年被国家文化部评为“公共文化设施管理先进单位”；2007年1月，以东莞总分馆制实践为基础形成的“区域图书馆集群管理与协同发展模式”项目被评为第二届国家文化部创新奖15个获奖项目之一；2008年6月，获美国图书馆协会主席颁发的国际创新奖，得到了国际专业组织的高度肯定；2009年，获由中国图书馆学会颁发的“全民阅读基地”称号，成为全国首批获此殊荣的7家图书馆之一，是广东省唯一的获奖单位。

同时，东莞市图书馆公共服务体系也基本形成。截至2009年，已建立起以1个总馆、46个分馆、102个服务站的地区图书馆网群，实现了图书馆在时间上365天每天24小时全天候服务，在空间上覆盖全市32个镇街的体系化服务，创造了东莞地区图书馆事业的飞跃和辉煌。

2009东莞第五届读书节

2009年，东莞图书馆联合各镇街、村（社区）分馆共同启动“图书馆服务到户”工程。图为东莞图书馆、万江分馆、理想0769分馆在小区服务

2009年3月，东莞图书馆“互联网环境下的市民学习平台研发与项目实施”项目和“家庭藏书网络管理与信息共享”项目通过文化部验收

## 文联

【文艺精品创作】2009年，市文联紧紧围绕精品战略，大力提升东莞创作实力。东莞文学艺术院首届签约19件创作选题全部出版或发表，第二届签约的19位作家的作品大多数已经提前完成，有些作家还超额完成了任务，签约创作作品频频进入《人民文学》等重要文学期刊，引起全国文坛的瞩目。2009年，东莞市文艺作品获奖层次之高、获奖项目之广、获奖人数之多均超历史。市文联送评的八件作品获得了第八届广东省鲁迅文学艺术奖，这八件作品分别是由何建明、朱子峡合著的报告文学《东方光芒》，郑小琼诗集《黄麻岭》，王十月中篇小说《国家订单》，周汉标的《篆刻一组》，颜奕端的书法作品《云移风送》，王海明的摄影作品《浮华与空洞》，民间文艺作品《东莞木鱼书1—3集》和大型组歌《香飘四季》。东莞市获奖数量，仅次于广州、深圳，全省排名第三，是东莞市获奖数量最多的一次，获奖数量是上届的四倍，成为东莞文学艺术事业发展繁荣的生动写照。此外，东莞市作家池沫树与黄俏燕荣获冰心儿童文学奖，胡磊荣获“岁月如歌”征文二等奖（省委宣传部、省作家协会等单位联合主办）。东莞市作家禾丰浪的《斗气冤家》、洪湖浪的《牛小米外企打拼记》、曾明了的《百年莞香》先后被北京的华语兄弟集团、上海云飞扬影视公司、寮步镇人民政府分别以税后20万、10万、20万购得作品的电视剧改编权，填补东莞市小说作品被改编的空白。美术作品有4件入选全国展，40件作品入选省展，其中黄泽森入选庆祝中华人民共和国成立六十周年——全国美术作品展览。全市书法篆刻作品共有148件入选全省书法展，6件入选全国书法展，其中岑诒立的书作入展中国百名老书法家作品展。在摄影方面，在中国第十三届国际摄影展览中，东莞市摄影作品荣获银奖两件、铜奖三件，入选三件。在山西平遥第九届国际摄影大展上，赖汝强、卢雪兰的《照相馆的故事》获优秀摄影师奖。在舞蹈创作方面，刘影参与辅导、陈灵等表演的舞蹈《生命的空间》获得第八届全国舞蹈比赛文华舞蹈节目创作三等奖和广东省第二届岭南舞蹈大赛业余组单、双、三组别唯一金奖；硬笔书法共有55人入展入选全国第二届硬笔书法家作品展览和第二届中国汉字书写节暨第四回中国硬笔书法大展。

【人才队伍建设】2009年，市文联紧紧围绕更好地“吸纳人才、培育人才、善用人才、善待人才”的目标，进一步做好“聚才、用才、育才、展才”工作，形成了新机制。为表彰优秀新莞人文艺人才，激发他们的工作积极性和创造性，进一步推进东莞市文艺创作队伍的和谐建设，经过深入调研和广泛征求意见，市文联制订了《新莞人作家、艺术家入户东莞实施方案》，提交市联席会议通过，已由市府办作为文件下发。从2009年元月起，市文联每年将帮助成绩突出的新莞人作家、艺术家分期分批入户东莞，在户籍政策上解放思想大胆尝试，解决新莞人作家、艺术家的子女教育、社会保障等方面存在的问题，实实在在为他们排忧解难，加强他们对东莞的归属感，使其尽早尽快融入本地社会。市文联牢固树立科学人才观，通过拓展服务范围、加大扶持力度、增加沟通渠道、广泛联络交流等措施，将“打工作家”和其它类型的作家艺术家纳入服务对象。市文联先后与广东省作家协会、鲁迅文学院联合主办东莞市网络作家座谈会与东莞非会员作家座谈会。市文联紧紧围绕以人为本的发展理念，大力构建人才培育的长效机制。2009年，市文联吸收一批文艺人才加入各文艺家协会，推荐有创作成果符合条件的文艺人才加入国家级和省级文艺家协会。一批会员受到上级协会的表彰，如书法协会有8人获得省书协颁发的书法学术奖。在人才培训和推介方面，市文联推荐秦川、黄运生等5名作家参加鲁迅文学院等单位举办的各类文学创作培训班，推荐8人参加省作协举办的作为文学创作专业技术职称评定的继续教育培训；文学艺术院举办了骨干作者培训班，免费培训学员120多人次；摄影家协会举办各种培训辅导和讲习班50场次；音乐家协会协助星海音乐学院举办了东莞考点的吉他考级，考生共34人，为历年最多；舞蹈协会举办第四期《中国舞蹈考级》教师资格培训班，培训历时一个半月，培训学员达到70多人次，超过历届之和；戏剧曲艺协会举办粤曲艺术培训班；硬笔书法协会深入开展写字教学、研究活动，打造“硬笔书法进校园、硬笔书法进企业、硬笔书法进社区”工程；国标舞协会举办各类培训班，培训达到8000多人次；中华诗词学会名誉会长杨宝霖为会员举办“诗的对仗”的讲座。

【文艺批评工作】2009年，市文联紧紧围绕创作实际，切实加强文艺批评工作，不断增强文艺批评的引导性、针对性、实效性，开展了一系列的文艺批评活动，不仅对作品和作家、艺术家进行评论，也对文艺现象、文艺思潮等进行了一些建设性的探讨。市文联编辑出版了100多万字的《东莞文艺三十年》（分文学卷与艺术卷上下两册）评论集，勾勒东莞文学艺术三十年发展的历史线索及整体轮廓，对东莞文学艺术进行比较系统、全面的描述和分析，对东莞文学艺术的生成背景、发展过程、主要形态展开比较清晰的解读与界定，对有影响的文艺作品进行扼要的剖析，对重要的文艺现象进行恰当的评价，对文艺发展过程中积累的经验进行初步总结，对今后东莞文学艺术创作的发展和东莞文学艺术史的研究，都有不可低估的作用。市文联联合中国作家协会创研部、作家出版社等单位在北京中国现代文学馆成功举办了《东方光芒——东莞改革开放30年史记》研讨会。《东方光芒》是近年来首部全景式展现东莞改革开放的长篇报告文学作品，它以文学的形式记录了30年来东莞社会所发生的深刻变革，展现了一幅东莞与世界接轨、历史与现实交汇的开阔恢宏的改革开放画卷，刻画了东莞改革者、领导者和建设者的精神风采。与会领导专家学者积极发言，纷纷从不同视角研讨了《东方光芒》蕴涵的文学价值和现实意义。本次研讨会是中国作家协会举办的作品研讨会中少有的大规模研讨会之一。市文联协助中国美术家协会艺术委员会、广东省美术家协会在中国美术馆举办了黄泽森国画人物作品研讨会；市文联举办了东莞市文学艺术院第二届签约创作研讨交流会，并邀请中国作家协会创研部主任胡平、北京大学教授陈晓明作专题文学报告。市文联召开了市文艺创作座谈会，市委常委、宣传部长王道平作了重要讲话，四十多位文艺创作骨干参加会议，他们针对东莞文学艺术创作情况，纷纷各抒己见、建言献策。市文联成立东莞历史人文研究小组，多次举办历史人文创作规划会议，对东莞历史人文制订为期5年的创作规划，研究创作规划中的难点问题。文联所属各文艺家协会和刊物也举办了各种形式的文艺思潮、文艺现象和文艺作品理论研讨会，如摄影家协会召开东莞市摄影创作座谈会，协助中国摄影家协会、广东省文联在我市长安镇举办第九届全国摄影理论研究会，邀请中国摄影研究所所长李树峰、清华大学美术学院教授韩子善等摄影名家、理论家举办讲座近50场次；中华诗词协会主办了广东省中青年诗词艺术沙龙第二届研讨会；《南飞燕》杂志举办了手机文学论坛。这些评论活动，注重紧密结合文艺创作实际，坚持正确导向，增强了文艺批评工作者的社会责任感和使命感，为开展健康的文艺理论和评论工作创造了条件，为营造良好的文艺鉴赏环境和批评环境提供了较好的工作服务和组织支持。与此同时，东莞市文艺评论骨干胡磊、陈庆祝、袁敦卫等十余人的30多篇文艺评论文章刊登于《文艺争鸣》、《读书》、《山花》、《当代文坛》、《扬子江评论》、《小说评论》等著名学术期刊上，并被《作品与争鸣》、《散文选刊》等转载。柳冬妩独立主持的《打工文学的整体观察》获批为国家社科基金项目。国家社科基金项目是哲学社会科学类唯一的国家级项目，柳冬妩实现了东莞市文学艺术国家级立项零的突破，标志着东莞市文学艺术研究工作迈上了一个新的台阶。

【文艺评奖活动】2009年，市文联充分利用和挖掘东莞市独特的文艺资源，举办各类文艺评奖活动，努力体现“上下结合、整体联动、专兼结合、广泛参与、优势互补、体现特色”的工作理念，实现文学艺术审美功能与社会功能的最大释放。在新中国成立60周年之际，市文联全面梳理、总结了60年来东莞文学艺术创作的辉煌成就，成功举办了新中国成立60周年东莞文学艺术大奖。新中国成立60周年东莞文学艺术大奖共分三大门类，50件思想精深、艺术精湛的文艺作品荣获优秀作品奖，10位不同艺术领域的文艺家杨宝霖、李应梅、岑诒立、邓慕尧、袁润澄、黄泽森、陈锦波、莫树材、温池、郑小琼荣获杰出贡献奖，4位已故作家、艺术家陈残云、罗阳、郭同江、谭学良获得特别纪念奖。这次大奖把建国60年来东莞市“德艺双馨”的优秀文艺工作者和具有时代特色、社会影响力的优秀文艺作品评选出来，是对过去最好的纪念与回顾，是对未来最美好的憧憬与展望，感动了东莞文艺界，影响巨大，为东莞市庆祝新中国成立60周年营造了良好的社会文化氛围，对进一步繁荣东莞市文艺事业、推动文化强市建设具有标志性的意义。此外，市文联与所属各文艺家协会还积极开展了一百多次形式多样的文艺评奖活动，不少活动逐步向品牌发展。市文联与广东省文联、凤岗镇人民政府联合主办了广东省第16届“金鼎杯”国际标准舞锦标赛暨2009年中国国际标准舞职业、业余积分赛、东莞市第2届国际标准舞锦标赛，725对选手参与了比赛；书法家协会成功举办东莞市第七届书法篆刻大赛，协助广东省书法家协会举办第三届广东省书法篆刻最高奖——“南雅奖”书法篆刻展，举办东莞第九届青少年书法现场大赛，参与开展省第四届青少年书法大赛东莞选拔赛、市首届青少年廉洁文化书画现场大赛；市作家协会成功举办第二届荷花文学文学奖；摄影家协会举办各种题材、形式的摄影比赛和展览达50多个；市美术家协会举办“东莞有你绘美丽——东莞市小学生绘画大赛”等各种比赛和展览10多个；音乐家协会举办东莞市优秀歌曲征集传唱活动；舞蹈协会举办东莞市第三届广场集体舞大赛；戏剧曲艺协会举办广东省政协第六届“四洲杯”粤港澳粤曲大赛（东莞分赛区）比赛；硬笔书协举办东莞市第五届中小学硬笔书法比赛。

【文艺出版工作】2009年，市文联对属下文艺期刊《东莞文艺》、《南飞燕》强化活动策划，以活动促发展，两份杂志全年都出满了12期，《东莞文艺》还编辑出版了3期专刊，从而使这两份刊物成为繁荣东莞市文艺事业的重要平台。市文联与中国移动广东公司东莞分公司联合举行了《南飞燕》手机文学版合作运营签约会，创建了《南飞燕》手机文学版，充分依托先进的手机网络技术平台，建立一支特约手机文学撰稿人队伍，创作出更多的文学精品，开发最具东莞特色的手机文学艺术产品，对于新时期利用手机、网络等新兴渠道，传播社会文明具有良好的示范和带动作用。《东莞文艺》和东莞司法局联合举办的“首届‘法制东莞 法在我心中’”大型征文，联合中国作家网举办的“庆祝建国60周年暨‘活力东莞 魅力新城’”全国征文活动，成功开展了“印象南城”、“印象石碣”等采风活动，产生了广泛影响。《南飞燕》成功举办了东莞市首届打工文学擂台赛，启动了东莞市第二届打工文学擂台赛，承办2009东莞第五届读书节“我的打工成才路”大型巡回演讲活动，引领广大新莞人争做文明公民、争当时代先锋，推动社会和谐发展。与此同时，部分文艺家协会出版了高质量的会刊，如作家协会的《东莞作家》出版了网络作家专刊，搭建了协会自我展示的平台。文艺家协会和个人共出版《庆祝新中国成立60周年东莞市第七届书法篆刻大赛作品集》、《东莞民间歌曲集成》、《百年莞香》、《谢洪涛书法作品集》等各类文艺作品集和选本近百部，增强了东莞文艺作品的影响力和辐射力，为社会提供了更多更好的精神产品。2009年，市文联还在全省率先成立了第一个出版社地方编辑中心——广东人民出版社在东莞设立编辑中心，这对于东莞的文艺图书出版是个巨大的推动。

【文联组织建设】2009年，在市文联的影响和努力下，东莞市文联组织进一步扩大，截止2009年底，东莞市有石排、茶山、桥头、麻涌、凤岗等5个镇先后成立镇级文联。2009年市文联加强文艺协会的领导班子建设，创新管理机制。市文联以公开、公平、公正的原则，向社会公开征集市音乐家协会主席候选人人选，完成了市音乐家协会换届选举。市中华诗词学会、市舞协也圆满完成了换届选举工作。根据东莞实际，市文联进一步加强了各文艺家协会分会建设和创作基地建设，强化了触角延伸，自觉融入、主动介入、准确切入东莞各镇街社会文化发展大局。2009年，作家协会分设了四个创作委员会，在南城、长安、大岭山和石排成立了四个创作基地。民间文艺家协会成立古琴文化艺术分会与唯美陶瓷艺术分会；书法家协会新成立麻涌分会，新成立书法培训基地一个，下属分会达到31个，下属创作基地达到5个；摄影家协会属下团体分会达到36个。美术家协会分会达到19个，创作基地6个。舞蹈协会分会达到23个。音乐家协会新增5个分会，下属分会达到21个。戏剧曲艺协会帮助粤曲爱好者成立了3个私伙局；硬笔书法协会成立创作基地2个、教学基地2个。其它各协会也在不断成立新的分会，成立各类创作基地一批，形成了“上下联动、内外互动、纵横多动”的工作运行机制。为确保协会日常工作正常开展，市文联为各协会配备了专职工作人员。为了加强协会建设，市文联开展了先进协会、协会“双创奖”及先进文艺工作者评选活动，努力创新文联的工作机制、活动方式与管理模式，充分运用联络、协调、服务这三大法宝，历史性地动员和凝聚广大文艺工作者，使东莞市文艺创作队伍不断壮大。（蔡文学）

**附：2009年东莞市文联领导名录**

主　席：林　岳

副主席：宋　媛

## 广播电视

【新中国成立60周年宣传报道】2009年，东莞广播电视台推出一系列新中国成立60周年的新闻，策划制定了详细的宣传报道方案，电视频道在整合《东莞新闻》、《今日莞事》、《焦点关注》三大栏目优势的基础上，通过新闻专栏和专题报道等方式，从7月开始，推出“庆祝中华人民共和国成立60周年大型系列报道——印记60年”；广播频道《市民热线》、《传情歌飞扬》、《木凡的天空》等栏目，也相继推出“新中国成立60周年”系列报道、“欢歌传情贺国庆”特别节目和“与共和国一同成长”专题，全面回顾东莞市60年来的发展历程，总结东莞市60年来的发展经验，鼓舞全市上下团结一心再创辉煌。

【重大宣传报道任务】2009年，东莞广播电视台坚持以市委、市政府各项工作为中心，紧紧抓住宣传这条主线，坚持正确舆论导向，圆满完成了“市委书记刘志庚与青少年网上交流”、“建党88周年”、“贯彻落实《珠江三角洲地区改革发展规划纲要》”、“巩固全国文明城市创建成果”、“政府企业积极应对金融危机”、“首届”外博会、“纪念虎门销烟170周年”、“迎接全国公共文明指数测评”等重大宣传报道任务。全年共播出广播新闻42207条，同比增长120%；电视新闻26850条，同比增长126%；专题450部。被省台采用广播

## 东莞广播电视台

①

②

③

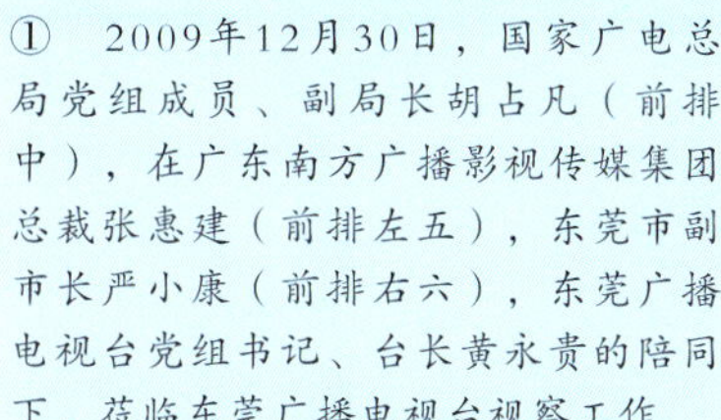

① 2009年12月30日，国家广电总局党组成员、副局长胡占凡（前排中），在广东南方广播影视传媒集团总裁张惠建（前排左五），东莞市副市长严小康（前排右六），东莞广播电视台党组书记、台长黄永贵的陪同下，莅临东莞广播电视台视察工作

② 2009年9月9日，中共广东省委宣传部副部长杨健（中）一行莅临东莞广播电视台指导工作

③ 2009年4月28日，中共东莞市委书记、市人大常委会主任刘志庚应邀来到东莞青年网络论坛，通过东莞阳光网与青少年在线交流并回答他们关心的问题

④ 2009年12月5日，由东莞广播电视台和广东电视台联合摄制的国内首部电视人题材的电视剧——《电视台的故事》在莞开机，广东电视台台长曾国欢（左三），东莞市委常委、宣传部长王道平（右二）等出席

⑤ 2009年8月20日，深圳广播电影电视集团、东莞广播电视台和惠州广播电视传媒集团在深圳广电集团大厦正式签署三方战略合作协议

⑥ 在广东南方广播影视传媒集团2009年度总结表彰大会上，东莞广播电视台被授予最高奖——管理创新成就奖

新闻540条，同比增长105%；被省台采用电视新闻1650条，同比增长103%；被中央电视台采用新闻30条，同比增长120%。

【精品生产】 2009年10月，由东莞阳光网承办运作的“今日东莞”英文网，在第三届中国政府网站国际化程度测评中取得了“全国地级市排名第六”、“广东省地级市排名第一”的佳绩；特别节目《流动儿童高恒返乡引发的思考》获全国广播电视生活节目创优评析三等奖；11月3日，东莞广播电视台选送的广播剧《追梦的人》获得广东省第七届精神文明建设“五个一工程”广播类优秀作品奖；新闻专题《国内首发“千元红包”——东莞创造》获广东省新闻奖广播电视新闻专题一等奖、东莞市新闻奖广播电视新闻专题一等奖；《我市首趟新莞人专列今天开出》、《午间新闻》荣获第二届东莞新闻奖广播电视部分的一等奖；东莞阳光网评论《假如没有市委书记的批示》、网络专题《东莞30年》两件作品荣获第二届东莞新闻奖报刊网络部分的一等奖。

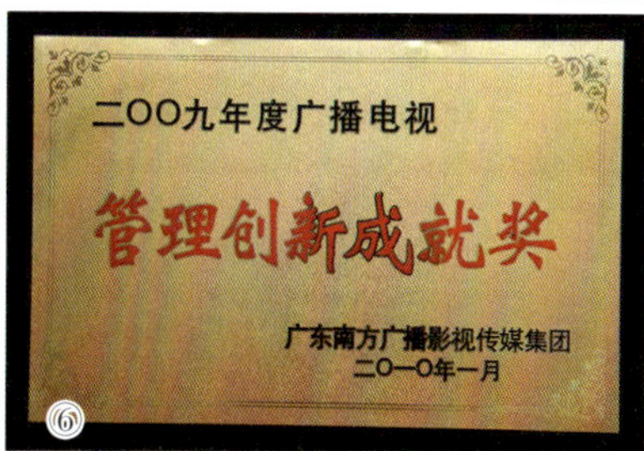


【市场份额】 据权威收视调查机构“央视—索福瑞”公司统计，2009年3至6月份，东莞电视台黄金时段收视率连续四个月排在东莞地区第一位。2009年5月18日至24日，东莞广播电视台电视自办频道黄金时段（18：00—23：00）收视率为9.69%，市场份额为28.94%，排名第一；全天平均收视率为2.51%，市场份额为19.81%，排名第一。据权威调查机构赛立信公司统计，2009年3—9月东莞电台凭借在东莞地区六成以上的市场份额稳居各电台排名之首。2009年上半年，东莞电台两大频率平均收听率为62.75%，是其他电台的5倍以上；在收听排名中，东莞电台包揽了周一至周五前30名、周末前20名的所有节目，竞争优势明显。截至2009年12月底，东莞阳光网的日均浏览量达到380万，比成立之初的10万日均浏览量增长了35倍；日最高浏览量达到385万，在中国网站排名中，已跃居全国省市分类网

① 2009年3月28日，东莞广播电视台迎来四周年台庆。图为东莞广播电视台领导在台庆晚宴上共切蛋糕
② 2009年11月，东莞有线数字电视用户突破140万户，位列全国地级市第一名。图为东莞广播电视台党组书记、台长，东莞广电网络传媒发展股份公司董事长黄永贵在庆功会上致辞
③ 2009年4月28日，东莞广播电视台策划营销中心成立

站前20强，广东地区前5强，网站及社区注册会员达到150万。其中，由东莞阳光网精心策划推出的《市委书记与青少年网上交流》青少年网络论坛点击率高达32万人次；截至10月30日，东莞阳光网策划的《看东莞信心2009》专题点击率超过100万人次。

【行业交流】2009年，东莞广播电视台于8月与深圳广播电影电视集团、惠州广播电视传媒集团签署三方战略合作协议。三方今后将建立跨区域合作新模式，在新闻宣传、影视剧购买与生产、有线网络运营、新媒体业务拓展等多个方面展开合作。首次联合中央人民广播电台华夏之声及珠三角地区的广州、珠海、惠州、中山、江门及香港、澳门多家电台，共同制作了庆祝新中国成立60周年特备节目——《辉煌六十年》。加强与东莞日报社的交流合作，8月和10月，双方中层以上干部进行了互访参观学习。

【广告经营】2009年，东莞广播电视台制定"保存求增"的战略方针，推出了品牌保量预购等优惠政策，通过给予一定的优惠条件以保住部分品牌的广告投放量，稳定了一批品牌客户；制定了"缤纷无限"、"灿烂09"等一系列的优惠套餐方案，吸引本地中小企业投放广告，收到了一定的效果。全年广告经营达30758.13万元，同比增加11.83%，达到历史最高水平。

【策划营销中心成立】2009年4月28日，东莞广播电视台正式成立策划营销中心，以晚会、庆典、专题片制作等形式，集中力量开发媒体增值业务，并通过电视、广播、网络三大媒体进行全面传播，达到客户宣传的最大效应。成立后，该中心成功地承办了"第二届道德模范评选颁奖典礼"等一批大型活动，努力开拓了"卡布斯·明星主持全接触"、"茶语清心·高端品茶会"、"'马可波罗杯'东莞市首届装饰设计行业大赛"等一系列新的活动项目，取得了良好的社会效益和经济效益。

【数据宽带业务全面启动】2009年，东莞广播电视台将数据宽带业务作为新的经济增长点，形成了党政专网、企业专线、小区宽带、视频监控、系统集成五大块业务，产品品种涵盖政务、金融、莞台业务、莞港业务等项目。成功中标全市最大的联网项目"东莞农信社视频网络系统通讯电路租用项目"33%的份额，并圆满交付使用进入试运行阶段，为东莞广电进军金融业数据专线互联系统奠定基础；通过行政资源和网上信息，主动联系政府职能部门，参与地方OA系统联网项目、综治信访维稳项目、网上督察项目、路桥收费联网项目建设，数据专线总数已达688条；公交车视频监控项目安装2292辆，环比增长32.2%；出租屋视频监控项目摄像头增加到3980个，环比增加62.4%；道路监控、社区治安监控建设项目环比增长10%。（郑远龙　莫斌彬）

**附：2009年东莞广播电视台领导名单**

台　长：黄永贵
副台长：梁志刚　李树祥　杨清伤
　　　　唐和平
总编辑：郑远龙
台长助理：刘全凤

# 体育·卫生

SPORTS · HEALTH

- 凤岗获“全国象棋之乡”称号
- 第四届全国妇女健身活动展示大赛举行
- 甲型H1N1流感防控
- 创建“平安医院”活动

## 体育事业

【概况】2009年，东莞作为亚运会协办城市，积极筹备承办2010年亚运会举重比赛工作。莞籍运动员参加全运会，获得金牌项目创下参加全运会以来最好成绩。群众体育以“迎接亚运会，创造新生活”为主题，举办系列全民健身活动百余次，承办包括第四届全国妇女健身活动展示大赛在内的多项大型赛事。提前实现东莞市体育事业“十一五”专项规划中“村村有体育健身路径”的目标。群众体育工作全市共有11个单位获得国家表彰、10个单位获得省表彰。建立社会体育指导员义务服务点，全年义务培训2260人。

【莞籍运动员全运会再创辉煌】2009年，在山东省举行的第十一届全国运动会，莞籍运动员有35人参加决赛，20人获得名次，9人取得7项冠军，是历届参赛人数和夺得金牌项目最多的一次。

【东莞体育彩票销售再创历史纪录】2009年东莞市体育彩票销售总额达5.199亿，创造自1994年中国体彩发行以来东莞市年销售量的最好成绩，为东莞市体育事业发展筹集1.32亿元公益金，位居广东省地级市第一，3次受广东省体育局嘉奖。

【东莞市首届青少年羽毛球锦标赛举行】2009年1月17日，东莞市首届青少年羽毛球锦标赛在东莞体育运动学校举行，这是市体校正式组建青少年羽毛球队后首次举行全市羽毛球锦标赛，该赛事成为选拔东莞羽毛球选手参加省运会的平台，吸引来自黄江、石龙、南城、莞城、厚街和清溪6个镇街的青少年羽球选手参加。

【亚组委东莞赛区筹委会成立】2009年3月5日，第16届亚运会东莞分赛区筹委会第一次全体会议暨筹备工作对接会在东莞举行。亚组委副秘书长、综合办公室主任、省体育局副局长叶细权及东莞分赛区筹委会执行主任、副市长吴道闻等领导出席会议，东莞承办亚运会举重赛事筹备工作全面启动。

【2009年全市体育工作会议召开】2009年3月19日，2009年东莞市体育工作会议在市行政办事中心召开，副市长吴道闻出席会议并做重要指示。会上总结2008年的全市体育工作，提出2009年要根据胡锦涛主席提出的建设体育强国目标，深化东莞建设体育强市内涵，结合《珠三角地区改革发展规划纲要》推出《东莞市体育工作指南》、《东莞市业余训练项目与单位布局暂行管理办法》和《东莞市业余训练基地与网点布局规划》，成为指导东莞市体育工作实施的量化指标和规范。

【东莞市棋类协会换届选举】2009年4月18日，东莞市棋类协会在市体育中心体育场会议室举行第四届换届选举大会。大会采取无记名投票方式选举杨子平为新一届棋类协会会长，选举谢陈邦等21人为协会理事。

【东莞市游泳运动管理中心新校区工程奠基】2009年5月13日，东莞市游泳运动管理中心新校区工程举行奠基仪式，市人民政府副市长吴道闻、市体育局和市工程建设管理局的部分领导出席奠基仪式。市游泳中心原址在莞城街道“育才游泳馆”，由国家体委、省体委、市人民政府于1988年共投资150万元在东莞人民游泳场内兴建，后因旧城改造，城区游泳场拆迁，市游泳中心多次搬迁。市政府决定重建市游泳中心新校区，地址位于东城牛山钟屋围涡岭工业园旁，总占地1.6万多平方米，工程总投资4846多万元，由游泳馆、跳水馆、室外游泳池、训练场以及综合楼5部分组成，建成后将成为东莞市竞技体育水上项目的龙头基地。

【2009年东莞市篮球联赛举行】2009年6月7日晚，2009年东莞市篮球联赛在甲级男子决赛南城队与大朗队的精彩对决中降下帷幕，最终大朗队战胜南城队取得3连冠。东莞市篮球联赛向来有民间“CBA”的美誉，2009年的联赛纳入东莞市第七届运动会项目中，32个镇街共派出64支队伍参赛，运动员参赛资格进一步放宽，吸引众多实力突出的选手参加，出现国家篮球队主力朱芳雨代表南城街道篮球队队员注册市篮球联赛的特殊一景。

【东莞体育代表团在广东省第二届体育大会获得佳绩】2009年6—9月，广东省第二届体育大会在江门市举行，东莞市体育代表团组织268名运动员参与16个大项的比赛，最终以868分的总成绩夺得全省总分第四名，并获得“体育道德风尚奖”。

【东莞欢庆首个全国全民健身日】经国务院批准，自2009年起的每年8月8日，定为全国“全民健身日”。当天，东莞市在市体育中心举行全国首个“全民健身日”暨2009年东莞市“全民健身月”活动启动仪式。市人大常委会副主任李秀冰、市人民政府副市长吴道闻、市政协副主席朱伍坤、市纪委副书记莫

▲ 2009年12月15日，第四届全国妇女健身活动展示大赛在东莞市举行 （张德全 摄）

布兴等领导出席仪式。启动仪式上市人大副主任李秀冰向市群众体育代表、国家级社会体育指导员王迎春授予印有全国全民健身标识的旗帜。现场还举行全民健身成果展，介绍全市各种体育俱乐部、体育协会的情况，并接受市民咨询与报名。同时，组织各类趣味体育活动和比赛，吸引大批群众到场参与。全市各镇街也同步举行各类全民健身日庆祝活动。

▲ 东莞市凤岗镇获"全国象棋之乡"称号

【东莞凤岗获全国象棋之乡称号】 2009年8月17日，凤岗镇获全国"象棋之乡"授牌仪式在凤岗镇行政办事中心举行，凤岗是全国首个荣获国家级"象棋之乡"称号的镇级机构。国家体育总局棋牌运动管理中心象棋部主任、中国象棋协会秘书长刘晓放，国家体育总局棋牌运动管理中心象棋部特级大师郭莉萍，中国象棋协会技术委员会主任、广东省体育局棋牌运动管理中心副主任、中国象棋特级大师吕钦，东莞市体育局局长邹联，以及任焕林、朱国和、李海文等凤岗镇领导班子成员，12村（社区）书记主任及全镇副主任以上干部200余人出席授牌仪式。

【东莞市第七届运动会举行】 东莞市第七届运动会从2009年4月开始第一场赛事，8月28日在塘厦镇体育馆举行开幕式，到9月16日在莞城文化广场举办闭幕式，历时5个多月，共有竞赛项目20个大项，504个小项，产生金牌648枚，参赛运动员3500多名，工作人员2000多名，各类赛事观众1万余人次，成功完成全面检阅东莞市竞技体育水平、提升实战经验、备战2010年广东省第十三届运动会的既定目标。

【2009年东莞市羽毛球公开赛举行】 2009年东莞市"莱镁隔热瓦杯"羽毛球公开赛经过10月17—18日两天角逐，于18日晚在东莞清溪康力羽毛球馆落下帷幕，共有来自社会各界的20支代表队100多名运动员参加团体和5个单项的比赛。

【2009年东莞市公务员羽毛球赛举行】 2009年12月4—7日，由市体育局举办、市青少年体育俱乐部承办、中国移动通信集团广东有限公司东莞分公司赞助的"全球通杯"2009年东莞市公务员羽毛球赛在滨江体育公园羽毛球馆进行。比赛项目分市机关公务员组、镇街公务员组和处级以上干部组共17个项目，其中前两组分别设团体赛、男单、女单、男双、女双和混双六个项目，处级以上干部组设男单、女单、男双、女双和混双五个项目，来自全市72个单位代表队共452名公务员参加比赛。

【第四届全国妇女健身活动展示大赛举行】 2009年12月15日，全国妇联、国家体育总局和广东省人民政府联合主办的第四届全国妇女健身活动展示大赛在东莞市体育中心体育馆开幕。全国人大常委会副委员长、全国妇联主席陈至立出席开幕式并宣布第四届全国妇女健身活动展示大赛开幕。全国妇联党组书记、副主席、书记处第一书记黄晴宜主持开幕式，国家体育总局局长刘鹏致开幕词，广东省委副书记、省长黄华华致欢迎词。12月15—17日，来自全国各省、自治区、直辖市，新疆生产建设兵团，香港特别行政区，澳门特别行政区共32个代表团在毽球、健美操、体育舞蹈、健身秧歌等4大项19小项比赛项目中进行展示和角逐。

【国家体育总局《全民健身条例》座谈会在莞召开】 2009年12月16日，国家体育总局在东莞召开关于贯彻落实《全民健身条例》的座谈会，国家体育总局局长刘鹏以及全国各省（自治区、直辖市）的体育局局长出席座谈会。会议就2010年10月1日国务院正式颁布实施的《全民健身条例》进行研讨，对东莞推动全民健身发展有着重要的理论指导和借鉴意义。

【东莞塘厦自行车运动协会成立】 2009年12月21日，塘厦镇自行车运动协会成立大会暨授牌仪式在塘厦镇体育馆举行，标志着塘厦镇首个自行车运动协会正式成立，成员包括来自社会各界的自行车运动爱好者，人数达300多人。

【2009年东莞市公务员网球赛举行】 2009年东莞市公务员网球赛分上下半年两个赛季，分别于5月和12月在市体育中心网球场举行。市人大常委会主任、市委书记刘志庚等领导参加比赛，吸引公务员系统超过200多人参加。

【2010年全市慈善迎春长跑活动举行】 2009年12月24日上午，2010年东莞市迎春慈善长跑主会场在市体育中心广场举行起跑仪式。全市共15000名党员、干部、群众、学生等参与启动仪式。市人大常委会主任、市委书记刘志庚鸣枪，并与刘树基、冷晓明等市领导一起领跑全程。各镇街也先后组织慈善迎春长跑活动。本次长跑活动募集60万元慈善款，分别捐赠给市红十字会和市慈善会。

【东莞第二届"三棋"比赛举行】 2009年12月26—27日，为期两天的东莞市第二届"三棋"（围棋、象棋、国际象棋）锦标赛在市体育中心体育馆举行。该次"三棋"锦标赛是继2007年之后举办

▲ 2009年8月28日，东莞市第七届运动会在塘厦镇体育馆开幕 （程永强 摄）

的第二届，目的是为构建“六好”（自治好、管理好、服务好、治安好、环境好、风尚好）和谐平安社区，以及推广象棋、围棋、国际象棋等棋类运动。比赛吸引各镇街的700位选手参加。

【2009年全市新添多处大型体育设施】2009年，长安体育公园、望牛墩滨江体育公园、大岭山体育公园先后落成并投入使用；长安镇体育馆工程二期、长安镇上沙体育广场、凤岗镇油甘埔村体育馆陆续投入建设；寮步镇体育公园、沙田镇文化体育公园、厚街新体育馆、横沥镇新体育馆、樟木头镇东城体育公园已纳入政府规划设计。这些新场馆的不断规划建设，为东莞市全民健身活动再添新阵地。

【东莞首次全市范围建立社会体育指导员义务培训点】2009年，东莞首次在全市范围建立社会体育指导员义务培训点，包括市体育中心、市滨江体育公园、厚街体育公园以及常平体育馆等10多个地点组织社会体育指导员，免费对市民进行体育技能培训，全年累计培训2260人。（麦惠澎）

附：2009年东莞市体育局领导名录

局　长：邹　联

副局长：詹志斌　朱伟光

党组成员、调研员：方伟民

纪检组长：罗琼燕

## 卫生事业

【概况】截至2009年，东莞市登记注册并领取《医疗机构执业许可证》的医疗机构共有2428所，其中，医院70所、医院延伸设置的分院22所、社区卫生服务中心（站）355所、门诊部287所、诊所（含个体诊所）137所、卫生站1344所、工厂企业和学校医务室213所。70所医院中，政府设置的公立医院有41所，民营和社会办的医院29所，分别占总数的58.6%、41.4%。全市开放住院病床总数为18080张，比去年同期增加7.76%，每千人口（以常住人口635万人计算，下同）拥有医院病床数2.85张，其中，公立医院床位数12754张，民营和社会办医院5326张，分别占总数的70.5%、29.5%。全年各级各类医疗机构门（急）诊量近5158万人次，入院总人次为68.5万人次，出院总人次为68.2万人次，出院者平均住院日为8.1天，病床使用率为90%。全市医疗卫生机构卫生技术人员35766人，其中，执业（助理）医师12884人，注册护士13638人，每千人口拥有卫生技术人员数5.63人。

【医政管理】2009年，东莞市继续深入开展医院管理年和“医疗质量万里行”活动。36所医院申报创建重点专科和特色专科，涉及专科项目167项，全年有39所医院开展新技术项目495项。实施门（急）诊病历“一本通”制度，制定《东莞市医疗机构门（急）诊病历》、《东莞市院前急救病历》、《东莞市医疗机构门（急）诊工作日志》，6月1日起在全市各级各类医疗机构统一使用。启用《全国护士执业注册联网管理信息系统》，对全市12203名护士进行首次护士注册和换发新《护士执业证》。扎实开展护理事业发展规划中期评估工作，探索开展护士层级管理、连续性排班、小组责任制护理。9名护士获省卫生厅录取赴香港进修专科护理，800多名护理管理人员参加管理岗位规范化培训，365名手术室、助产专业护理人员参加专科新知识新技能培训。做好医院消毒供应室等医院感染重点科室的建设和验收工作。配合市环保局开展东莞市医疗废物集中处置工作。制定东莞市不同级别医院急诊科建设和救护车设备、药品配置基本标准，全市52所医院共设57个急救站，配备救护车161辆，平均每4.32万人口拥有1辆救护车，达到《广东省医疗急救体系“十一五”建设规划》目标，共受理报警电话数96.6万个次，实际派出救护车辆8.9万台次，救治伤病员7.4万人次。2009年，共有63112人次自愿参与无偿献血，无偿献血总量2217多万ml，集体献血比例较去年同期增加68.92%，重复献血率30.07%，比去年同期增加5.89%。

【疾病预防与控制】2009年，东莞市无甲类传染病发生，共报告乙、丙类法定管理传染病28种29228例，总发病率为401.83/10万，死亡率为0.45/10万，居法定传染病发病率前五位的病种分别是：手足口病、感染性腹泻、肺结核、病毒性肝炎和流行性腮腺炎。免费接种扩大国家免疫规划疫苗288万人次，麻疹疫苗强化免疫免费接种儿童113万人，接种率为98.38%。开展15岁以下人群乙肝疫苗查漏补种摸底调查。加强艾滋病防治工作，完成自愿咨询检测标本512份，开展高危行为干预工作，共干预各类高危人群46万余人次。免费检查疑似肺结核病人12686例，为3158例肺结核病人提供免费结核病治疗与管理。低保低收入精神病患者在镇街技术指导点就诊1.5万人次，减免诊治费用18万多元。开展心理评估1万多人次，接听心理咨询热线电话5370个。

【卫生监督执法】2009年，东莞市全面实施《东莞市卫生局医疗机构违规执业行为记分管理暂行办法》，对全市医疗机构进行监督检查并实行量化记分管理，共出动卫生执法人员7588人次，查处违法违规执业医疗机构527所，立案处罚117宗，吊销2所医疗机构的执业许可证，罚款54.59万元。开展粉尘、振动和有机溶剂职业危害专项整治，督促企业落实职业病防治工作，切实防控职业危害事故的发生，共出动卫生监督员3584人次，监督检查企业2946厂次，派发资料3.5万多份，对271家企业给予警告并责令限期整改，罚款30万元。对辖区内109所放射诊疗机构进行监督检查，督促放射诊疗机构加强内部管理，完善放射防护规章制度。开展餐饮业使用食品添加剂专项整治行动，督促餐饮单位落实食品原料索票索证制度，完善餐饮业使用食品添加剂的管理规范。对辖区内餐饮单位、商场（超市）和农贸市场熟食摊档的熟食开展监督抽检，促进熟食制售单位进一步改善熟食制造工艺，加强熟食制品的存放管理。

【社区卫生】2009年，全市建成并投入使用社区卫生服务中心33个、服务站322个，完成规划总数的94.4%，共有工作人员4585名。社区卫生服务机构累计诊疗人次735万，约占全市总诊疗人次的15%，参保人次均门诊医疗费用为48.9元，社保次均报销金额为28.14元，门诊费报销比例为57%，有效减轻低收入家庭和新莞人的就医负担。制定《东莞市社区卫生服务项目试点实施方案》，开展健康教育、中医、助残精防、全科医师团队、慢性病管理、防疫试点、计划生育指导等项目，“六位一体”（预防、保健、健康教育、计划生育、医疗、康复）功能不断延伸发展。2009年，全市社区卫生服务机构组建全科医师团队102个，建立健康档案60万份，开展健康教育54万人次，发放健康宣传资料213万份，妇女保健15万人次，儿童保健6万人次，产后访视5000人次，高血压病管理5万人次，糖尿病管理2万人次。东莞市大力推进社区卫生服务建设的主要做法和经验得到国家、省的充分肯定，广东省委政策研究室编印的《情况与建议》给予专题报道。

【妇幼卫生保健】2009年，东莞市户籍人口孕产妇死亡率、婴幼儿死亡率分别降至5.28/10万、3.91‰，比去年同期分别下降65.8%、2.7%。大力实施妇女儿童发展规划和妇幼安康工程，落实"降消"（降低孕产妇死亡率，消除新生儿破伤风）工作。提高全市危重症孕产妇的抢救质量，组建东莞市危重症孕产妇急救网络，9月正式运作，至12月底成功抢救危重症孕产妇17例。进一步规范母婴保健技术服务准入，重点抓好早孕检查项目，实行孕检的首诊负责制，对高危妊娠实行追踪管理。强化新生儿疾病筛查工作，在三项新生儿疾病筛查项目（苯丙酮尿症、先天性甲状腺功能减低症、葡萄糖6磷酸脱氢酶缺乏症）的基础上，增加地中海贫血、半乳糖血症、先天性肾上腺皮质增生症等三项筛查项目。

【科研教育】2009年，东莞市组织各医疗卫生单位申报科研项目，获批准立项202项，其中，获广东省卫生厅科研课题8项，广东省中医药局科研课题7项，东莞市科技计划重点项目12项，东莞市科技计划一般项目175项。共有15个科技成果获得东莞市科学技术进步奖。做好科研课题后期管理工作，对到期项目进行结题验收，已有118个项目通过验收。加强教学基地建设，东莞市石龙人民医院、石龙博爱医院分别被认定为广东医学院非直属附属医院，常平医院被确定为暨南大学医学研究生培训基地。积极开展市级继续医学教育工作，举办继续医学教育项目活动159期（国家级继续医学教育项目3期，省级继续医学教育项目4期），参加培训人员3.7万人次。

【爱国卫生与健康教育】2009年，东莞市以巩固国家卫生城市为重点，动员全社会力量参与，督促指导各街道、各部门落实国家卫生城市复查工作，"国家卫生城市"称号得到重新确认。深入开展卫生镇、村创建活动，谢岗、望牛墩创建成为省卫生镇，至此全市32个镇（街道）均创建成为省卫生镇，实现省级以上卫生镇全覆盖。年内新增省卫生村65个、市卫生村57个。继续开展"全国亿万农民健康促进行动"试点单位建设和示范单位创建工作，对58个示范单位、7个示范镇进行督导评估。开展科普健康宣传，在各种主题宣传日活动上，共派发宣传资料90万份，接受群众咨询1300人次；在甲型H1N1流感防控工作中，通过电视、广播共播放防治知识动画短片1.5万多条次，利用手机短信平台给全市手机用户发送近2000万条信息，印刷宣传单张217万余份、宣传画2万余份，开设卫生知识讲座120余次。

【行风建设】2009年，东莞市按照《东莞市医务人员医德考评制度实施办法（试行）》规定，对全市各级各类医院的医师、护士及其他卫生专业技术人员实施医德考评，建立医德档案，考评结果记入医务人员医德档案，并与医务人员的年度考核和奖惩制度挂钩。建立药品使用"动态监控"、"超常预警"、处方点评、控制药品比例等机制，通过对医疗机构和医生用药实施电子监控，监督和规范用药行为。依法开展卫生行政审批事项第三轮第三批清理，梳理行政执法依据和规范行政执法行为，建立行政审批办事窗口，统一受理卫生行政审批业务，方便群众办事，全年共受理卫生行政许可50052户次。全面推行电子政务，继续实施卫生行政许可项目电子监察，市卫生局在市行政审批电子监察效绩每月测评中均居前列，测评等级均为优秀。

【中医药工作】2009年，东莞市积极创造条件创建国家、省重点中医专科和特色中医专科，市中医院脾胃科住院病区通过了国家中医药管理局的中期评估，虎门中医院中医康复科被国家中医药管理局确定为2008年度农村医疗机构中医民族医特色专科（专病）建设项目，塘厦医院被确定为国家中医药管理局"十一五"重点专科（糖尿病科）协作成员单位。发挥中医药防治甲型H1N1流感作用，早期介入治疗，参与疫情防控。成立甲型H1N1流感中医药防治工作领导小组和中医医疗专家组，指导各医疗卫生单位科学、规范、有效地开展中医药防治工作。市中医学会举办各类中医药学术讲座10期，参与培训交流人员2100多人次；举办中医下社区系列活动3期，使中医药健康保健知识走进社区、深入民心。

【信息化建设】2009年，东莞市开发并推广使用人事管理系统、突发公共卫生事件应急处理系统、医疗机构管理系统、医疗风险管理系统、医疗纠纷管理系统、阳光用药监控系统、科研项目管理系统。开通卫生局公众网站网上预约挂号平台，联合中国移动开发并推广短信挂号、12580语音挂号、手机上网挂号等多渠道的全市统一预约挂号平台，日均放号量达3000多人次，得到省人民政府的高度评价，在东莞市召开现场会向全省总结和推广工作经验。

【甲型H1N1流感防控】2009年甲型H1N1流感疫情发生后，东莞市建立联防联控工作机制，成立领导小组和专家组，设立定点和后备收治医院。市政府安排应急防控工作经费1846.92万元，充实甲流防控物资储备，全面部署和落实各项防控救治措施，为全国和全省创新工作经验，受到国家卫生部和省卫生厅的肯定。累计监测门诊病人总数268万多人次，流感样病例6.1万人次；累计报告甲型H1N1流感疫情51起，报告确诊病例541例，其中，重症病例27例（治愈23例，死亡4例）；累计对1610例密切接触者进行隔离医学观察。全面启动甲型H1N1流感疫苗接种工作，为一线医务人员、一线公安干警、在岗教职人员、中小学生等人群进行疫苗接种451597人次。派发《基层卫生人员甲型H1N1流感防控工作指南》。

【结核病防治主题活动】2009年3月18日，全国性"世界防治结核病日"大型现场咨询活动在东莞莞城文化广场举行，卫生部防治结核病形象大使彭丽媛以及卫生部、省、市领导出席活动。活动宣传主题为"控制结合，人人有责——关注农民工，共享健康"，目的是向广大群众宣传结核病防治知识，动员全社会参与结核病的防治，为防控结核病工作营造良好的社会氛围。活动共发放宣传材料3500多份，结核病防治宣传扑克牌2000多副，为599名群众进行免费胸透体检，为1500名群众提供义诊和咨询服务。

【创建"平安医院"活动】2009年，东莞市成立由分管副市长担任组长的创建"平安医院"活动工作领导小组，市卫生局、公安局联合下发《关于进一步加强东莞市医疗机构治安管理，维护正常医疗秩序的通知》，在寮步医院、塘厦医院、清溪医院、茶山医院、太平人民医院设立警务室。市依法治市办、综治办、卫生局、司法局等多个部门深入调研，探索成立医患纠纷调处中心，创新医患纠纷处理机制。畅通信访渠道，妥善处理群众来访来信和医疗纠纷。

（程玮斌）

**附：2009年东莞市卫生局领导名录**

局　长：管敏政

副局长：蔡一平　全行中　林卫平
　　　　钟耀棠（4月到任）

纪检组组长：傅丽娟

“文明标兵单位”挂牌仪式

市委副书记、市长李毓全到市疾控中心慰问处置甲型H1N1流感疫情一线人员

副市长吴道闻到大朗镇视察麻疹疫苗强化免疫工作

# 东莞市疾病预防控制中心

## 一、处置甲型H1N1流感疫情

2009年6月18日—7月2日，东莞市石排镇中心小学发生了国内首起甲型H1N1流感聚集性疫情，共确诊甲型H1N1流感病例56例，共判定密切接触者1550人。在国内无前例、无经验的情况下，东莞市疾病控制中心大胆地提出“居家隔离”防控策略，使得该起疫情在短时间内得到有效平息，受到卫生部和卫生厅的肯定，为国内的甲型H1N1流感防控的政策制定提供了宝贵经验，媒体上称之为“石排模式”。

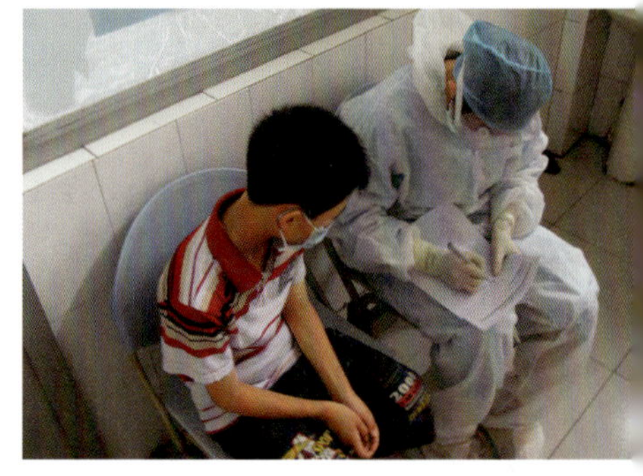
专业技术人员处理甲型H1N1流感疫情

## 二、突击强化麻疹疫苗接种工作

2009年，为加大麻疹防控工作力度，加速消除麻疹行动进程，按省卫生厅统一部署，东莞市疾病控制中心联合多部门，在全市范围内共同开展了麻疹疫苗强化免疫活动。全市范围内8月龄至14岁的所有儿童（含流动儿童），无论免疫史如何，一律免费接种一剂次麻疹疫苗，在短短15天的时间，共接种112.88万人，接种率98.38%。此次活动部署周密、动员充分、督导密切、评估快速，取得了显著成绩，全市麻疹发病率比上年同期下降85%，被省内同行称之为麻疹疫苗接种史上的“东莞奇迹”。

## 三、新大楼竣工

9月28日，东莞市疾病预防控制中心新大楼竣工，新大楼为东莞市28项重点工程之一，占地面积29612平方米，建筑面积30961平方米，其中实验室面积12000平方米。

召开麻疹疫苗强化免疫活动动员大会

## 四、获市委市政府授予的“文明标兵单位”称号

东莞市疾病控制中心成立以来，以落实“科学、公正、准确、优质”的质量方针以及“方法科学、行为公正、结果准确、收费合理、客户满意”的质量承诺为抓手，将创建“文明标兵单位”贯穿于党员先进性教育、社会主义荣辱观教育、学习实践科学发展观、“送温暖、献爱心”等主题实践活动中，推动了物质文明、精神文明、政治文明、生态文明建设再上新台阶，树立了新风气。2009年被市委市政府授予“文明标兵单位”荣誉。

## 五、获卫生部授予的“全国医药卫生系统先进集体” 称号

2009年东莞市疾病控制中心广大职工干部坚持以科学发展观为指导，认真贯彻落实十七届四中全会精神，按照卫生部深化医药卫生体制改革的意见，认真开展传染病监测和疫情处置，积极处理手足口病、甲型H1N1流感、食物中毒、职业中毒等突发公共卫生事件，加大健康促进工作力度，圆满完成了各项工作任务和指标，疾控事业发展再上新台阶，被卫生部评为“全国医药卫生系统先进集体”。

东莞市疾病预防控制中心新大楼竣

# 东莞市石排医院

石排医院重视医院文化建设，创新形式开展对医务人员职业道德教育和各种文体活动、竞赛，2009年荣获“东莞市文化建设先进医院”荣誉称号。图为2010年3月16日，石排镇委、镇政府领导莅院举行隆重挂牌仪式

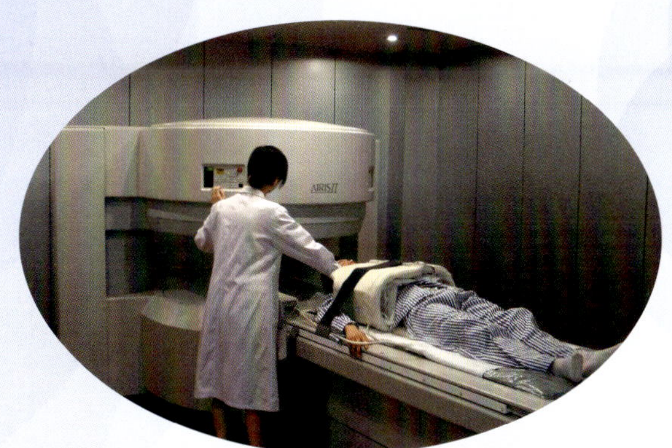

日立牌磁共振成像系统

2009年6月18日，面对石排镇中心小学出现首例聚集型甲型H1N1流感疫情，石排医院快速反应，在上级部门关心和兄弟医院支持下，取得了防控甲型H1N1流感疫情的阶段性胜利。图为2009年6月29日，防控甲型H1N1流感市卫生支援队与石排医院院领导合影

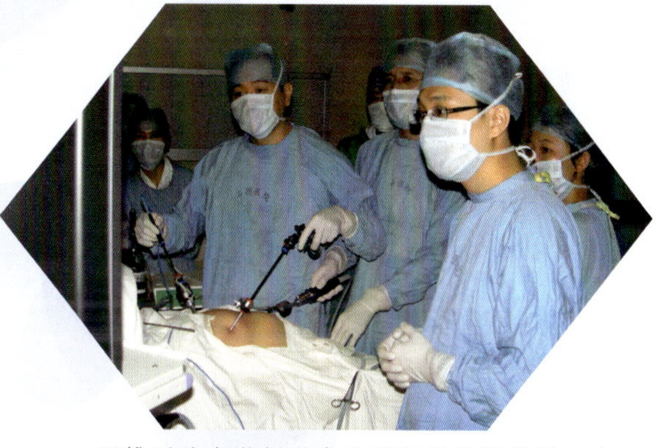

石排医院在微创手术方面取得飞速发展，自2007年12月开展腹腔镜手术以来，普外科先后开展了腹腔镜手术326台，妇产科开展腹腔镜手术39台，治愈365名患者。2009年11月又成功开展了首例胸腔镜手术

石排医院外景

# 东莞市东坑医院

2009年4月3日，东坑医院妇产科获全国“巾帼文明岗”称号，图为镇领导出席挂牌仪式并与医院干部、职工合影

东坑医院是非营利性公立综合医院，位于东坑镇沿河西路41号，成立于1952年，经过五十多年的发展已成为一家集医疗、预防、保健、康复，兼有教学、科研为一体的相当于二级甲等规模的医院。2009年，医院占地面积43000平方米，全院职工350多人，拥有先进的诊疗设备。医院 以“仁心仁术”为办院宗旨，获得“爱婴医院”、“社会保险定点医疗机构”、“婚前医学检查定点单位”、“公务员体检定点医院”、国家 “巾帼文明示范岗”、“文化建设先进医院”、“园林式单位”等资格和荣誉。

2004年6月2日，东莞市委书记、市人大常委会主任刘志庚（前排中）由东坑镇党委书记、镇人大主席黄为国（前排右）、东坑医院院长王惠伦（前排左）陪同视察东坑医院

花园式院区

东坑医院大门外景及门诊大楼

# 东莞市企石医院

企石医院院长陈志明在作报告

企石医院创办特色专科评审会

企石医院检验科创建青年文明号

企石医院注重提高服务质量，图为医护人员在做礼仪培训展示

企石医院住院大楼

# 社会生活

SOCIAL LIFE

- 职业技能培训鉴定
- 在全省率先建立城乡一体社会养老保险体系
- 创建全国计划生育优质服务先进单位
- 举办首届“优秀新莞人评选”
- 最低生活保障
- 残疾人社会保障
- 东莞市“新疆班”高考成绩在全国领先

石龙镇

## 社会保障

【概况】2009年，东莞市社会保障各项工作稳步发展，较好地完成各项目标任务。全市各险种参保总人次达2127.86万，较2008年底增长25.68%。其中，职工基本养老保险310.87万人，社会基本医疗保险536.57万人，失业保险259.15万人，工伤保险438.87万人，生育保险536.57万人，农（居）民基本养老保险45.83万人。2009年，全市社保基金征缴率继续保持在99.8%的高位，位居全省前列。全市各项保险基金当期征收128.12亿元，同比增长21.85%。

【社会养老保险】在全省率先建立城乡一体社会养老保险体系。东莞经济社会的全面飞速发展，城乡一体化进程加快，为农保和职保两种养老保险制度的并轨打下良好的基础；而解决农保和职保分设运行产生的一些体制问题成为制度并轨的迫切要求；适逢《广东省委省政府关于贯彻实施〈珠江三角洲地区改革发展规划纲要（2008—2020年）〉的决定》出台，提出“到2020年，珠三角地区全面建立城乡一体化的社会保障体系，实现公共服务均等化”，为东莞市开展城乡一体化社会保障体制改革提供了政策依据，在此大前提下，东莞市决定，改革社会养老保险制度，实施城乡一体社会养老保险制度。

东莞市本着立足实际、尊重规律、总体设计、有序推进的原则，制定《东莞市统筹城乡发展建立城乡一体社会养老保险体系方案》。用职保的制度模式，全面整合“职保”和“农保”两个制度，对不同人群实行“分离”、“补缴”的分类办理，对空账运行的原农保个人账户采取“补实”还清历史欠账，对数额最大的“补实个人账户”资金采取分期投入的办法。

2009年11月，城乡一体养老保险制度在塘厦、石龙两镇试点，并取得成功。11月18日，召开全市建立城乡一体社会养老保险制度动员大会后，在短短的一个月时间内，各镇街纷纷成立工作领导小组，加大资金筹措力度，根据自身实际合理划分镇村负担比例；对经济较困难的、负担较大的村，各镇街做好资金保障方案，采取各种财政手段协助其解决资金问题。各镇街社保分局主动负起主要责任，统筹协调各项工作，因地制宜制定改革工作方案，加大补缴征收力度。12月20日前，各镇街顺利地完成改革的第一阶段6.8万农居民的补缴款“补缴”工作，32个镇街补缴所需的3.68亿元上缴入市社保局的专户，市财政负担的1.77亿元及代垫的4.10亿元也按时到账。2010年1月起，东莞按新制度向全市农居民计发养老金，标志着城乡一体社会养老保险制度正式建立。

全面提高养老待遇水平。2009年1月起，东莞市对已领取待遇的企业退休人员的基本养老金进行年度调整，全市5.47万名企业退休人员人均调整增加额138.10元；9月30日前根据省厅有关改革企业职工基本养老金计发办法的规定，对全市5.85万名退休职工人均加发过渡性养老金100元/月。2009年，全市职工平均养老保险金1542.44元/月。随着11月18日塘厦、石龙两镇社会养老保险制度试点成功，两镇共4605名农居民按新政策领取了养老金。

【社会医疗保险】参保人医疗保障待遇大幅提高。东莞市借鉴国务院新医改政策中“全民医保体系建设”和“医疗保障管理服务”理念，着眼东莞市医疗保险基金结余30多亿元的现状，按照基金使用“长短结合”原则，在适当放宽定点医院结算标准的同时，2009年从四方面提高参保人医疗待遇：一、从1月1日开始，大幅调整全市医保待遇，其中社会基本医疗保险年度最高支付限额从4万元/年提高到10万元/年；6月1日起提高部分医疗保险待遇标准，对住院起付标准、床位费标准及部分项目自费比例、住院基本医疗费支付比例等进行适当调整；二、从6月1日起，整合社会医疗保险及生育保险制度，不再向参保人征收生育保险费，全体医保参保人可享受生育医疗待遇；三、从下半年起，用一年时间，为全体参保人提供一次免费体检待遇，推动社区卫生服务机构的发展；四、针对当时爆发的H1N1甲型流感的情况，对患流行性疾病和疑似病例参保人的医疗费实行医保基金全额支付，并拿出1000万元为H1N1亲密接触者的预防检查提供资金支持。

整合基本医疗保险和生育保险制度。为整合社会保险资源，优化及发挥

## 东莞市社会保障局

① 2009年12月2日，市委副书记、市长李毓全（左二），副市长李小梅（左一），市政府副秘书长张永忠（左三）到市社保局开展工作调研。市长李毓全用“士气很高、业务很忙、相处很好、信心很足”对市社保局的工作给予肯定，并与参保农民工亲切交谈（钟道晶　摄）

② 2009年11月6日，全市社保系统领导干部纪律教育学习班开班。目的是通过学习增强公职人员的责任意识和廉洁从政、依法行政的自觉性，规范公职人员从政行为（莫晓婷　摄）

社会保险功能，东莞市从2009年6月1日起整合社会医疗保险及生育保险制度，促进两个险种协同发展，更好地保障参保人基本医疗和生育保险权益。整合社会医疗保险及生育保险制度后，一是实行统一管理，统一征缴，生育保险不再另行缴费，其结余基金划入社会基本医疗保险基金；二是扩大社会基本医疗保险基金待遇支付范围，增加生育引起疾病住院医疗费待遇，按现行社会医疗保险有关规定及标准支付；三是扩大职工补充医疗保险基金待遇支付范围，增加生育津贴待遇；四是参保人连续参保并足额缴费满2年以上，并且符合国家、省、市计划生育有关政策，按规定在计生部门申报登记人口计生信息并接受计划生育技术管理服务的，可按规定享受生育医疗待遇。

在全省率先将在校生纳入社会医疗保险体系。从2009年9月起，东莞市大中专院校（含中等职业教育院校）在校学生纳入社会基本医疗保险范围，享受门诊和住院保险待遇。医保费缴费标准为391.2元/人·年，其中个人负担195.6元/人·年，财政补贴195.6元/人·年（省属学校省级财政全额负担，其他学校由市级财政负担）。学校为学生统一办理医疗保险，已在村（居）委会办理参保的大中专学生仍按原渠道参保。对确有困难，负担不起的学生可通过给予救济补贴办法解决。

**【工伤保险】** “三位一体”工伤保险体系框架日趋清晰。2009年，东莞市工伤保险事业从注重基本补偿到建立预防、补偿、康复“三位一体”的工伤保险体系，取得较好发展。工伤预防采取费率宏观调控和具体实施相结合的机制，借助市镇两级的部门联合预防机制开展工作，有效地降低东莞市工伤事故的发生率；工伤补偿业务建立从入口到出口的完备体系和一套规范化、信息化、社会化管理机制，确保待遇核发工作的顺利进行；工伤康复建立市局统筹，分局追踪负责，分工明确，各司其职的管理机制，初步实现管理统一、业务规范、服务到位的工作目标，有力地保障工伤职工的康复治疗。

大力提升职工职业健康水平。作为全国12个“工伤预防试点城市”之一，东莞市2009年在全省率先开展以职业健康为主的工伤预防体检工作，32个镇街和松山湖科技产业园区共近8000人参加初查，筛选出377人进入复查，初步掌握部分高风险行业参保人员的健康状况，建立高风险行业参保人员健康档案。2009年全市共收治工伤康复职工1080人

①　2009年11月18日，全市建立城乡一体社会养老保险制度动员大会召开，标志着东莞市“农保”和“职保”两个制度并轨成功，同时也标志着东莞市城乡一体社会养老保险制度正式建立（钟道晶　摄）

②　2009年9月9日，市社保局新群众办事大楼正式投入使用。这是市社保局提高硬件、软件标准，极大改善办公、办事环境的新举措，群众办事更加便捷（钟道晶　摄）

③　2009年12月23日，市社保局举办全市社保系统“我们拥有同一样的爱——社保之夜”主题晚会。晚会以学习贯彻党的十七大精神为主题，充分展现东莞社保人在建立城乡一体社保体系中所做的贡献（刘镇荣　摄）

次，占完成认定工伤职工的2.2%，同比上年度的560人次增长近1倍，支付各类康复费用2125万元，据不完全统计，此举为社保基金直接减少损失达1300多万元。工伤康复出院职工中，有近80%已经重返工作岗位。

职业康复建设取得实效 2009年，东莞市由单纯完成年度康复任务向建设康复工作长效机制调整。组织考察香港伊丽莎白医院职业治疗部，与香港职业治疗学院签订开展职业康复合作协议书。各社会保障分局也积极行动，因地制宜，制定与实际相符合的工伤康复工作方案，与辖区内定点医疗机构签署康复协议，建立各种工伤康复工作的奖惩机制，定期组织工厂企业及职工代表到工伤康复中心参观学习，听取康复专家介绍工伤康复的介入标准，观察工伤职工在康复中心的康复治疗，体会早日康复的意义以及加强工伤预防的重要性。

2009年，东莞市全面改造虎门和桥头康复中心，康复中心的治疗环境、设备设施、技术水平、服务内涵、服务质量都得到较大提升。虎门工伤康复中心于10月获得国家人力资源保障部评审的"国家级工伤康复中心"称号，是广东省仅有的三家国家级工伤康复中心之一。

提高劳动能力鉴定水平 2009年，东莞市大力推动劳动能力鉴定工作的专业化、规范化、标准化，不断提高劳动能力鉴定的工作质量及其社会公信力。全市共完成劳动能力鉴定22477人次，其中初次鉴定21598人次、复查鉴定879人次。

做好工伤预防和康复宣传 东莞市社会保障局结合工伤预防职业健康体检活动，全年共举办数十场工伤保险知识宣传活动。通过政策解释、现场展示、康复事迹介绍等，提高职工在工伤预防和康复方面的自觉性；各社会保障分局也积极配合，将宣传阵地搭设在各镇（街）大型工业区，全年接受5万人次的现场咨询。

**【帮助企业减负降压】** 2009年2月，根据国家和省文件精神，东莞市社会保障局会同劳动、财政、地税等部门，在全省率先出台减轻企业负担的社保措施，扶持政策有三方面的"突破"——用失业保险基金为困难企业缓缴社保费提供参保垫付；全面降低医疗保险和工伤保险基金当年结余率；从失业保险基金历年滚存结余中，提取资金4亿元，用于职业培训和技能鉴定补贴、职业介绍补贴、社会保险补贴、单位补贴以及信息化建设和高技能人才公共实训基地设备购置等各项支出。经统计，全市受益企业数达7万多家，受益人数达400多万人，全年共减收工伤和医疗保险费1.7亿多元，累计完成审核困难企业申领补贴业务210宗，补贴人数12.69万人，全年支付社保补贴和岗位补贴共2145万元。同时，通过整合资源增加生育医疗待遇，相当于2009年降低生育保险费率0.5个百分点，减轻企业负担约2.5亿元。另外，还出台《东莞市社会保障局关于扶持总部经济发展的工作指引》，方便企业参保和职工享受保障待遇，推动东莞市总部经济发展。

**【社保宣传与咨询】** 做好社保宣传工作 2009年，东莞市社会保障局积极主动与主流媒体合作，从政策规定到业务办理，多方面多层次地开展宣传，为人民群众解惑，为政策落实铺路。在东莞社会保障网"政策法规"、"政务公开"及"公告栏"公布社会保障政策法规文件和信息133条；举行新闻发布会3次，组织记者集体采访25次，接受媒体采访约55次，发布新闻通稿35篇；联合市行政服务办在《东莞日报》"政务公开"栏目发布社保政策法规文件3次。其中在《人民日报》8月12日刊发题为《东莞率先实现人人享有医疗保障》的报道被各大网站广泛转载；中央电视台《新闻联播》节目报道东莞市社会保险城乡一体化的先进经验。全年共印制《单位参保指南》、《东莞市机关事业单位职工参保指南》、《东莞市企业职工参保指南》等宣传单张200多万份，免费提供给群众取阅。同时通过投入公交车车身广告和新年贺岁广告、新春慰问信等形式，扩大社保的宣传渠道。

做好咨询服务工作 2009年，东莞市社会保障局12333咨询服务中心接听咨询电话共170.7万人次，其中人工座席接听14.26万人次，人均每天接听71个电话；接待窗口来访咨询人员6068人次；处理东莞社会保障网站"局长信箱"留言2776条，回复通过"志愿者信箱"咨询的问题18330条，答复问题满意率达96.5%。

**【完善信访处理机制】** 2009年，东莞市社会保障局积极配合省厅以及市委、市政府的信访工作部署，通过开展"基层干部大接访"和"信访积案大排查、大化解活动"等多项活动，进一步完善信访处理机制，畅通信访渠道，妥善处理

③

▲ 2009年3月20日，国家人力资源和社会保障部副部长杨志明带领就业工作督察组到东莞检查就业工作情况　（市劳动局　供图）

展示”、“东莞市首届残疾人职业技能竞赛”、“2009年东莞市中等职业学校学生计算机应用技术竞赛”、“东莞市汽车维修技能竞赛”等职业技能竞赛活动，共组织4700多人参赛。三是民办职业培训学校和定点培训机构管理更加规范。2009年，办理民办学校年审165家，检查民办学校和定点培训机构202家，保留定点培训机构57家，取消定点培训机构24家。四是两大基础设施建设项目进展加快。技师学院和高技能公共实训基地列入东莞职教城重点项目，由东莞职教城筹建办公室统筹推进建设，建成后高技能公共实训基地年实训定位为1.5至2万人，技师学院全日制在校生设计规模8000人。

【技工教育】 2009年，全市四所技工学校完成招生2766人，其中市高级技工学校1598人，比上年新增425人，联合技工学校完成招生634人，南华技工学校完成招生490人，实验技工学校2009年2月设立，完成招生44人。东莞联合技工学校和东莞市南华技工学校成功竞得省政府600万元技校建设专项资金。共为6056名技校学生核拨国家助学金908.4万元。

【农民工工作】 2009年，东莞市劳动部门开展“南粤春暖行动”、“春风行动”。举办904场“零收费”专场招聘会，组织1.3万家企业提供就业岗位38.5万个，派发“春风卡”40.7万份。落实“双转移”（产业转移和劳动力转移）工作任务，组织省内农村劳动力技能培训2.3万人，转移、接收省内劳动力就业7.7万人，组织30家莞企与韶关9所技工院校建立校企合作平台。组织40名全国、全省优秀农民工参加东莞一日游，订阅2010年的劳动保障报刊赠送给优秀农民工。制订新莞人子女在莞接受义务教育暂行办法的部门工作指引，协助做好新莞人员工的在莞就业年限审核。协助做好优秀新莞人评选工作。

【就业安置和涉外就业管理】 2009年，东莞市劳动部门落实32名专业干部家属的工作安排，已办理工作调动手续18人，协助双拥办办理100名随军家属的调动档案和审阅档案的工作。为企业、事业单位解决生产、业务需要，从异地调入紧缺人才及解决随军家属工作转移共62人，市内工作调动149人，市内招工1514人。接收保管转制企业职工档案1800份，累计接收20942份。累计批准入户资格企业321家，审批入户997人；协助市政府重新修订企业人才入户政策。办理外国人及台港澳人员就业登记7136人次，其中外国人5345人次，台港澳居民1791人次；办理外商常驻代表机构中方雇员就业证1573人次。　（谢艳芳）

附：2009年东莞市劳动局领导名录

局　长：祁达洪（任至11月）
副局长：陈汉驰（任至11月）
　　　　李沛森（任至11月）
　　　　黄慧屏（任至11月）
　　　　吴柏安（任至11月）
纪检组长：宁　康（任至11月）

## 人口和计划生育

【概况】 2009年度（2008年10月至2009年9月），东莞市户籍人口出生18584人，出生率10.67‰，自然增长率6.31‰，政策生育率96.75%，年度人口计划执行结果对比省下达东莞市的出生率11‰和自然增长率6.7‰分别低0.33和0.39个千分点。全市实现无政策外多孩出生镇（街道）25个、无政策外出生村（社区）351个，分别占全市镇（街道）、村（社区）的78.13%和59.29%。全市32个镇（街道）和22个计生兼职单位均完成2009年人口计生工作目标任务。2009年，东莞市先后获得“全国计划生育优质服务先进单位”、“全国军民共建人口和计划生育工作先进单位”和“广东省人口和计划生育工作先进单位”称号。

【实行市领导挂钩督办制度】 在2009年1月9日召开的东莞市委十二届四次全会和1月14日召开的东莞市第十四届人大四次会议上，市委书记、市人大常委会主任刘志庚，市委副书记、市长李毓全在工作部署中都要求“实行市领导挂钩督办制度，做好人口计生工作”。在2009年第一个市政府全体（扩大）会议上副市长李小梅提出实行市领导挂钩督办，抓好人口计生工作的意见。市委督查室把挂钩帮扶工作列为2009年督查督办重点工作之一。32名市领导共出动92人次亲临挂钩帮扶镇（街道），深入到村（社区）督导人口计生工作。全市32个镇（街道）都成立挂钩帮扶人口计生工作领导小组，镇（街道）党政领导班子成员“一对一”挂钩村（社区），指导帮助解决重点难点问题，实现市、镇、村挂钩帮扶人口计生工作全面覆盖的格局。

【实行人口计生目标管理责任制预警制度】 为确保人口计生工作级级有责任、层层有压力、人人有任务，2009年东莞市实行人口计生目标管理责任制预警制度，对当季完成计生“四术”任务达不到60%的村（社区），给予提醒注意；对连续2个季度完成计生“四术”任务达不到60%的村（社区），作为后进单位，实施重点帮扶；对连续3个季度完成计生“四术”任务达不到60%的村（社区），给予“黄牌警告”，限期完成；对连续4个季度完成计生“四术”任务达

不到60%的村（社区），视为未完成年度人口计划目标，实行“一票否决”。通过实施人口计生目标管理责任制预警制度，“一孩上环、二孩结扎，政策外怀孕及早采取补救措施”的生育节育政策得到落实。

【实行人口计生督查考核】2009年，东莞市成立市人口计生考核督导工作组，对各镇（街道）人口计生目标管理责任制落实情况进行督查，对年内连续二次督查排名后三位的实行“一票否决”。通过考核督查，及早发现问题，分析原因，书面通报反馈给各镇（街道）党委政府和市人口计生领导小组成员单位，全市形成你争我赶、不甘落后、积极向上的局面。通过两次督查考核，32个镇（街道）都没出现年内两次排名后三位被实行“一票否决”的情况。

【推进流动人口计划生育“一盘棋”服务管理】2009年，东莞市继续开展流动人口计生服务管理工作。一是与韶关、清远、汕尾、湛江等流入人口大市开展区域协作，推动工作方式从单方行为向双向互动、个案管理向群体管理转变。共登记流动人口已婚育龄妇女信息1072022条，其中新建信息241202条、注销信息262004条、变更信息率达46.05%；通报信息398739条，信息通报率达98.99%。二是结合东莞市实际，首次建立全员流动人口信息数据库，运用科技手段开展流动人口全员信息调查工作，全市共录入信息4012515条。三是成立“湖南省流动人口计划生育管理站驻东莞办事处”，与各镇（街道）、村（社区）互动，对湘籍流动人口的重点服务对象实行全程跟踪服务，促进流动人口计生双向服务管理的落实，湘籍流动人口在莞落实计生“四术”数量与上年同比增加14.98%。四是按照省人口计生领导小组统一部署，5月至6月在全市开展一次流动人口计生服务管理专项活动，通过认真组织，综合治理，全市形成党政负责、部门配合、社会参与、齐抓共管的新格局。

【人口计生宣传教育】开展丰富多彩的宣传活动。2009年3月5日，市人口计生局与省人口计生委《人之初》杂志社、市妇联、东城街道办事处联合举办以“宣传新《条例》和谐你我他”为主题的大型咨询活动；3月5日晚，市委宣传部、市人口计生局、市妇联与东城街道办事处联合举办婚育新风进万家暨宣传新《条例》专题文艺晚会；5月9日，围绕“贯彻新《条例》，落实计生惠民政策”主题，市人口计生局作客东莞广播电视台“阳光热线”直播节目，与广大育龄听众进行在线交流，向全市广大群众释惑解疑，现场作答；继续深化创建企业员工生殖健康优质宣传服务示范点活动，示范企业由33个发展到80多个，促进生育文化与企业文化“联姻”。

打造广场生育文化。2009年，市人口计生局利用全市32个镇街、村（社区）共有447个文化广场的有利条件，积极建设广场生育文化。在各个广场显眼地方设置宣传婚育新风的电脑喷涂画、大型不锈钢橱窗、电子荧屏、宣传牌和凸现生育文化的雕塑等。东城街道婚育文化主题雕塑公园、寮步镇《婚育文明进步，社会和谐发展》大型浮雕特色鲜明，备受群众喜爱。通过多层面、多形式建设雅俗共赏的广场生育文化，促使计划生育宣传阵地由过去“一校二室三栏”向文化广场拓展，计生宣传由“室内”走向“户外”，由“封闭”走向“开放”，由“五期”教育对象走向全体市民。“广场生育文化建设”获2009年全省人口计生宣传教育“十佳”创新奖。

建立人口理论教育基地。2009年11月25日，东莞市人口理论教育基地在市委党校挂牌，该基地除开展人口和计划生育理论的教学和科研工作，还将不定期举办相关专题讲座及组织学术交流活动。

【综合治理出生人口性别比】2009年4月22日，东莞市制定《东莞市人口和计划生育工作领导小组成员单位职责》，实行联络员制度、工作评议制度和政策协调制度，明确和细化各计生兼职单位综合治理职责，统筹解决人口问题。打击“两非”行为（非法胎儿性别鉴定、非医学需要人工终止妊娠），与省外合作共查处9宗非法进行胎儿性别鉴定案例，没收B超等医疗设备一批。2009年全市出生人口性别比为109.92，比上年同期下降1.08个比值，呈持续下降趋势。

【计划生育利益导向机制】实行计划生育节育奖管理办法。2009年2月4日，市政府颁布《东莞市计划生育节育奖管理办法》，凡东莞市户籍的独生子女父母或农村纯生二女夫妻从落实结扎措施当月开始，由市政府每人每月发放“节育奖”80元。7月首次为603人发放“节育奖”，对流动人口落实长效避孕节育措施的，由各镇（街道）制定奖励制度给予奖励。

实行计划生育特殊家庭扶助管理办法。2009年8月13日，东莞市出台《东莞市计划生育特殊家庭扶助管理办法》，对具有东莞户籍，只生育或只收养一个子女，其子女死亡或伤、病残三级以上的夫妻，当女方达到49周岁起，每人每月补助300元。

【创建全国计划生育优质服务先进单位】根据国家和省人口计生委创建全国计划生育优质服务先进单位工作要求，市人口计生局专门制定工作指引，积极开展创建全国计划生育优质服务先进单位工作。各镇街严格按照国家“六统一”高标准建设计生服务中心（所），实现服务用房、服务设备、服务人员、服务技术、服务态度、服务质量“六从优”的目标。2009年，在全市32个镇街和相关部门共同努力下，成功创建“全国计划生育优质服务先进单位”。

【计划生育药具管理工作】2009年，按照市编办做好市计生药具站人员配备和组建工作，市人口计生局制定《避孕药具计划统计制度》、《避孕药具发放管理制度》、《避孕药具仓储管理制度》、《避孕药具随访制度》等，从管理、供应、发放和随访四方面工作明确责任，规范操作，促使计生药具服务和管理工作走上规范化轨道。2009年，全市共执行免费发放避孕药具120万元（折合成实物近3000箱），向省药具站申请增加免费调拨避孕套60万元，计划执行100%，较好地满足广大育龄人群计划生育、优生优育、生殖保健的需求。

【人口计生队伍建设】2009年市人口计生局组织大规模、多层面教育培训工作。3月19至27日，举办6期人口计生系统业务培训班，为全市32个镇（街道）3182名镇、村两级人口计生干部讲授人口计生业务知识；3月31日，举办全市信息化应用培训班，32个镇街计生办主任、户籍人口及流动人口统计员、计生养老保险工作人员共150多人参加培训学习；4月14日至17日，组织镇街分管人口计生工作党政领导干部参加省人口计生委举办的培训班；7月7日，举办全员流动人口信息调查工作培训班，全市32个镇街分管计生领导、计生办主任、信息统计员和22个市人口计生领导小组成员共180多人参加培训；组织镇（街道）计生技术服务人员参加省人口计生委2009年的“三百人才工程”培训和科技大练兵操作培训，全市共有150名医技人员参加科技大练兵操作竞赛，选派5名选手参加全省科技大练兵竞赛，获全省团体总分第三名的好成绩，并被评为科技大练

兵优秀组织奖。5名参赛选手中，药剂专业全省排名第一，护理、B超、检验三个专业全省排名第二。 （沈粤文）

附：2009年东莞市人口和计划生育局领导名录

局　长：徐诠清

副局长：曾瑞微　方泽槐

纪检组长：冯学宸

## 新莞人服务管理

【概况】 2009年，东莞市立足实际，努力开创新莞人服务管理新局面。截至2009年，共评选出首届“优秀新莞人”190名；接受新莞人参加社会保险1280.34万人次，将新莞人住院医保的年最高支付限额从4万元提高到15万元；为新莞人子女免费接种第一类疫苗255万人次，接种麻疹疫苗857873人；为7125例疑似肺结核病的新莞人提供免费检查，为1621例新莞人肺结核病人提供免费治疗；为已婚育龄的新莞人妇女提供计划生育手术服务30286例，提供查环查孕服务1913799人次；全市救助管理站共实施新莞人救助9565人次；完成新莞人岗前培训27.6万人次，在岗技能提升培训9.8万人次；设立公共就业服务点600多个，举办“春风周”专场招聘会904场；出台《东莞市新莞人子女接受义务教育暂行办法》，共接收47.61万名新莞人子女在莞接受义务教育；建立跨区域纠纷调处合作机制，与重庆市铜梁县、湖北省十堰市、贵州省遵义市签署合作协议；扩大新莞人法律援助覆盖面，承办新莞人法律援助案件2719宗。

【举办“留莞关爱暖新年团圆饭”专场活动】 2009年1月15日晚，由市新莞人服务管理局、团市委、中国移动东莞分公司联合主办的“留莞关爱暖新年团圆饭”专场活动在东城幸福大酒楼举行。市委书记、市人大常委会主任刘志庚，市委常委、市公安局局长崔建，市人大常委会副主任吕兢，市政府副市长成洪波，市政协副主席林明枢，市新莞人服务管理工作领导小组成员，各镇街新莞人服务管理中心主任、副主任，中国移动东莞分公司总经理温乃粘等领导，与来自莞城、东城、南城、万江四个镇街的1000名新莞人代表欢聚一堂，共用晚宴、共迎新年。该活动是东莞市“让祝福满格·新春关爱行动”系列活动之一，该系列活动旨在为广大新莞人提供返乡过年、留莞过年、在莞生活等多方面的贴心服务，营造春节期间安定祥和、和谐团结的社会氛围。

【金玉岭新莞人综合服务小区揭牌仪式】 2009年6月5日上午，市新莞人服务管理工作领导小组在东城金玉岭新莞人综合服务小区召开全市出租屋视频监控推广工作现场会暨东城金玉岭新莞人综合服务小区揭牌仪式。市委副书记、市委政法委书记黄双福出席活动并为金玉岭新莞人综合服务小区揭牌，市政府副市长成洪波、市政府副秘书长陈波、市新莞人服务管理局局长伦锦洪、东城街道党委书记黄少文、东城街道办事处主任卢润江，市新莞人服务管理工作领导小组成员，各镇（街）新莞人服务管理中心主任，共120多人出席揭牌仪式。新莞人综合服务小区在采用半封闭式管理、出租屋视频监控等八项管理手段的同时，还为新莞人提供代缴税费、协助办理证照、法律援助、就业中介等免费服务，为新莞人提供舒适、宜居、和谐的生活环境。截至2009年，东城、南城、虎门、长安、厚街、常平、石龙等7个镇街的9个新莞人综合服务小区已经建成，塘厦、望牛墩等13个镇街的17个新莞人综合服务小区正在建设之中。

【综合整治出租屋】 2009年，各镇街开展各类出租屋清查行动1717次，出动人数334931人次，排查消防隐患出租屋9094栋（套），排查治安隐患出租屋2850栋（套），排查其他问题隐患出租屋1376栋（套），督促整改9903栋（套），查封377栋（套）；新莞人和出租屋管理队伍通过日常巡查向职能部门反馈信息5384宗，处理4835宗；通过日常巡查和专项清查活动，协助公安机关抓获违法犯罪嫌疑人2461人，打掉犯罪团伙194个，落实管控“五类人员”（无合法证件人员、无固定居所人员、经济收支反常人员、“两劳”无业人员、涉案可疑人员）5525人。

【稳步推进出租屋视频监控系统建设】 2009年，全市签订视频监控系统安装协议2.5万多份，安装近12000套，验收合格近9000份。各镇街共接受单位和个人查询视频资料647人次，利用实时监控及时发现、制止、处理的治安案件和突发事件188起，通过视频资料获取违法犯罪线索224条，协助破获案件91宗，协助抓获犯罪嫌疑人102人。

【举办第二届“新莞人服务日”】 2009年11月8日，市新莞人服务管理局联合劳动、司法、计生、妇联、公安等部门在32个镇街开展以“真情关怀、温馨服务”为主题的“新莞人服务日”活动。通过现场咨询、现场演示、分发宣传资料等方式向新莞人重点宣传法律法规、消防安全、卫生急救、妇女和职工权益保护等知识。

【升级新莞人信息服务管理系统】 2009年，全市新莞人信息服务管理系统全面升级，拓展网上办公及资源共享功能，基本实现与计生、人力资源部门的信息互联共享。根据新莞人信息服务管理系统建设规划，逐步实现与公安、卫生、教育等部门的信息互联和共享，逐步开辟网上出租屋信息查询、信息登记、网上预约等“网上办事平台”。

【开展新莞人金融综合服务】 从2009年11月开始，市新莞人服务管理局、市金融服务办公室、中国人民银行东莞市中心支行在东城、南城、厚街、高埗、中堂等5个镇街联合开展新莞人金融综合服务试点，面向新莞人发放新莞人金融服务卡，逐步实现信息采集、公共服务信息发布、公共服务申办、金融业务申办及查询、小额支付等一卡通应用服务。

【举办首届“优秀新莞人评选”】 从2009年开始，由市新莞人服务管理局牵头，整合“优秀农民工”与“优秀外来务工人员”评选，每年开展一次“优秀新莞人”评选活动。首届“优秀新莞人评选”采用单位推荐和个人网上自荐、社会公开评选两种方式，共接受单位推荐报名的“优秀新莞人”候选人1167人，社会公开评选网上报名355人。经过资料审核、评审委员会评定、社会公示，最终产生190名东莞市首届“优秀新莞人”，并通过组织集体参观市展览馆、市领导接见、现场直播颁奖文艺晚会等方式扩大评选活动的社会影响力。

【举办新莞人服务管理系统首届运动会】 2009年9月24日，历时二十天的市新莞人服务管理系统首届运动会在滨江体育公园落下帷幕。市政府副秘书长陈波、市新莞人服务管理局副局长王国雄、副调研员陈源出席闭幕式，并为获奖单位和运动员颁奖。该届运动会共设置篮球、登山、羽毛球、乒乓球4个比赛项目，来自全市32个镇街新莞人服务管理系统约1000名运动员代表参加比赛，共决出48枚奖牌，另有南城、东城、大朗等八支代表队获得“体育道德风尚奖”。 （刘芳娜）

附：2009年新莞人服务管理局领导名录

局　长：伦锦洪

副局长：王国雄

## 民　政

【概况】2009年全市共有社会组织1757个（其中社会团体294个，民办非企业单位1463个），敬老院31间（其中省一级敬老院25间，省二级敬老院6间），公益性公墓（骨灰楼）16家，经营性公墓（骨灰楼）4家。

【最低生活保障】2009年，东莞市最低生活保障标准400元/人/月，实行差额救助，全市现有低保对象14712户、37319人，全年共发放低保金6103.05万元，人均每月补差136元/月。发放助学金8464.76万元，受助学生37182人。

完善《东莞市城乡低保家庭收入核定办法》。2009年，为建立适应经济社会发展的低保工作制度，东莞市修改和完善全市低保核定办法，通过建立科学的家庭收入计算方法，科学测算困难家庭收入，准确掌握困难群众的类别和数量，在低保对象审核认定环节上增强操作性，促进低保工作的规范化和制度化。

低保户和低收入家庭情况普查。2009年，为切实摸清楚低收入家庭户数和人数，东莞市财政安排80万元，各镇街聘请1名和市聘请7名专职低保信息员，分400元以下、401—500元、501—600元、601—800元四个层次，完成对全市现有低保和低收入家庭的普查和核查，建立低收入家庭管理档案，实行动态管理，有进有出，实现应保尽保，进一步完善东莞市低收入家庭救济补贴制度。

制定低保分类施保办法。结合全市低保工作实际情况，2009年东莞市制定下发《东莞市城乡最低生活保障对象分类救助实施办法》，对低保对象中的特殊困难家庭，根据其困难程度按低保标准10%至60%不等的比例增发救助金。

建立城乡居民最低生活保障自然增长补贴机制。为建立全市低保标准自然增长机制，2009年东莞市组织财政、物价、统计、发改等部门，根据全市经济发展水平、财政状况、人民生活水平和物价指数等指标，草拟《东莞市城乡居民最低生活保障自然增长机制实施办法》，待批准后实施。

【救灾救济】2009年，东莞市为全市困难群众发放春节慰问金共1370.239万元，对全市特别困难的家庭拨付春、夏荒救济款20万元，向626户生活困难群众发放临时救济款81.15万元，为492户困难渔民发放休渔期渔民救济金236万元。

建立救灾应急机制。根据国家和省关于加强防灾减灾工作的要求，2009年东莞市成立减灾委员会，开展首个“防灾减灾日”活动，下发《东莞市“防灾减灾日”系列活动方案》，向市民分发350套宣传挂图，派发1000多份宣传资料，提高了市民的防灾减灾意识、自救互救意识和能力。结合东莞市历年自然灾害发生的特点，制定《东莞市自然灾害救助应急预案》，各镇街、村（居）委会结合实际制定和完善本地区自然灾害救助应现预案。

救灾设施建设。2009年，东莞市预算资金215万多元，加强对市社会捐助接收站“救灾物资、扶贫物资”仓库的改造，着力提高救灾应急能力。为率先实现到2012年每个镇街建有应急庇护中心、每个村（社区）建有避灾场所的目标，2009年，东莞市重点加强1个市级（市救助管理站）和5个镇级（虎门、寮步、大岭山、黄江、横沥等镇）庇护中心试点单位建设，制定印发《东莞市灾害庇护场所管理暂行规定》，并就机构设置等问题拟制方案报市编委审批。

全国综合减灾示范社区创建。2009年，为进一步提高广大群众的防灾减灾意识和自救互救能力，由民政牵头，财政、气象、应急等多部门联合，投入开办经费97万元，在东莞市莞城罗沙、北隅、东城韭头、虎门龙眼等10个社区开展第一批全国综合减灾示范社区创建活动。综合减灾示范社区于12月底建成并投入使用，通过省减灾委的检查验收。

【社会福利】居家养老试点。2009年，在原有8个居家养老试点社区的基础上增加莞城东正、博厦、创业、兴塘等四个社区作为居家养老服务工作试点单位。至此，全市已有4个镇（街）共12个社区开展居家养老服务工作。其中，莞城街道所有社区都已铺开此项工作。同时，对全市居家养老试点工作进行详细调研，并根据全市具体情况，草拟《东莞市居家养老服务实施方案》（试行），待市政府批准实施后，推动居家养老工作在全市全面铺开。

老年人活动中心建设。2009年东莞市财政安排“星光计划”资金1385万元，分批重点推进全市17个镇街32个村（社区）老年人活动中心建设。同时，拨付常规补助款160万元，加强各镇街老年人活动中心常规建设。

孤、残儿童救助与收养。2009年，东莞市儿童福利院新入院儿童409人。该院持续开展残疾孤儿手术康复“明天计划”，为40名残疾儿童实施“明天计划”手术，康复率100%。东莞市贯彻落实有关收养规定，积极解决群众未经登记私自收养子女落户、入学等问题，共受理收养资料800多份，共依法办理了790宗国内收养（其中港澳台11宗），解除收养关系2宗，办理100宗国外送养。

社会福利设施建设。为有效提高社会福利设施的资源利用率，2009年东莞市加强对组建市社会福利中心的调查研究，并启动东莞市社会福利院与东莞市儿童福利院合并程序。为有效解决弃婴及老人逐年增多而床位不足的矛盾，市民政局正在筹划收回原出租厂房，扩建东莞市儿童福利院，并新建社会福利院综合大楼，扩充养老床位。

五保供养和敬老院建设。为贯彻落实好《东莞市五保供养暂行办法》，使五保（保吃、保穿、保医、保住、保葬〈孤儿为保教〉）户基本生活水平不受物价上涨影响，2009年1月1日，东莞市将五保供养标准从原来550元/人·月提高到600元/人·月。2009年，全市五保对象1364人，年保障经费982.8万元，由市、镇、村三级按2：4：4的比例负担，对经济欠发达的贫困村由市、镇按6：4的比例负担，为全市五保老人提供了有效保障。同时，东莞市财政安排预算资金750万元，用于全市各镇（街）敬老院重建、改建和装修，进一步改善敬老院五保老人的生活设施。

【老龄工作】敬老宣传活动。2009年，东莞市通过在公共场所悬挂宣传横幅和标语，组织有关职能部门开展老年人政策法规咨询，在新闻媒体上加大对相关政策法规的宣传等方式，大力宣传老年工作政策法规，宣扬敬老模范先进事迹，在全社会营造敬老爱老助老的良好氛围。

敬老优惠制度。2009年，东莞市坚持以“六个老有”（老有所养、老有所医、老有所学、老有所乐、老有所教、老有所为）为目标，以提高服务水平为宗旨，推进老龄工作健康发展。在上年度办理“东莞市敬老乘车卡”的基础上，继续做好收集、审批申领资料、发放、补办、核销和错卡更正等工作，累计办理发放敬老乘车卡共24万张。同时加强老年维权舆论监督，组织走访慰问低保老人、五保户以及65岁以上老人，切实维护老年人的合法权益。

老年人文体活动。2009年，东莞市组织市老年艺术团参加全省老年文艺演出，举办市第四届老年人文化艺术节，丰富全市老年人群体的文体生活。同时，各镇街也通过新建扩建老人活动中心，完善内部设施，开展形式多样的敬老助老活动，积极营造全社会尊老、爱老、养老、助老的浓厚氛围，不断提高对老年人的服务水平。

【慈善事业】 善款筹募。2009年，东莞市政府财政预算500万元注入慈善资金。东莞市慈善会向社会发出《东莞市慈善会募集慈善资金倡议书》，筹得善款108.7万元。由东莞南华妇科医院捐赠200万元（首期到账50万元），设立第一个冠名基金“东莞市慈善会·南华女性健康关爱基金”。持续开展“慈善一元捐”活动，推动社会捐赠经常化。

慈善项目组织实施。2009年，东莞市组织对无力承担医药费用的患急、重、危伤病者实施救济，按市医疗救济基金会的救济审批程序办理。2009年实际救济贫困伤病者554人次，总金额292.2万元。拨付100万元，资助莞城敬老院建设。购买轮椅（价值5万元），在全国助残日上赠送给东莞市户籍残疾人。将中华慈善总会—LDS慈善协会赠送的250台轮椅和100个助行器，分别转赠给全市32个镇街敬老院老人和残疾人。拨款220万元，支持应急庇护中心试点建设。拨付20万元，资助莞城、石龙、寮步、南城等4个已建慈善超市正常运作，拨付15万元给樟木头镇新建慈善超市。捐赠100万元，支援在台风“莫拉克”中受灾的台湾同胞。资助广东省新丰县五保全倒户及福利院50万元。

【福利彩票发行销售】 2009年，东莞市共销售福利彩票9.356亿元，比上年增长1.208亿，增幅14.8%，完成广东省福彩中心下达的6.5亿元销售任务的143.94%，再创历史新高。

【社区建设】 围绕到2010年，珠三角地区80%以上的社区要达到广东省“六好”（自治好、管理好、服务好、治安好、环境好、风尚好）平安和谐社区的目标，2009年，东莞市狠抓各项工作落实，推动全市社区建设全面发展。长安镇、莞城街道市桥社区和塘厦镇林村社区被民政部评为“全国和谐社区建设示范单位”。

“六好”社区创建。2009年，全市确定49个第三批省“六好”平安和谐社区申报单位。拟定50个城市社区和100个农村社区为全市“六好”平安和谐社区创建单位。成立六个“六好”平安和谐社区挂点帮扶工作组，对各创建单位进行对口帮扶，促进创建工作落实。

特色社区建设。2009年，根据《东莞市“六好”平安和谐社区示范创建实施方案》，全市选取20个社区为创建点，开展特色示范社区创建活动，为全市社区建设树立典型。

农村社区建设。2009年，东莞市召开“东莞市社区服务体系建设暨农村社区建设推进工作会议”，确定50个全市农村社区建设试点，各镇街确定1—2个试点，按广东省“六好”平安和谐社区建设标准，加强农村社区服务设施、村民自治、服务体系建设，提高村民生活质量，促进全市城乡社区全面发展。

服务体系建设。2009年，东莞市印发《东莞市社区服务体系建设实施方案》，从服务设施、服务中心、服务队伍、服务活动四个方面，重点加强试点社区服务体系建设，逐步提高全市社区服务整体水平。举办“2009两岸四地社区服务工作实务论坛”，交流工作经验，探索社区服务工作思路，促进全市社区服务工作发展。

新型社区建设。根据东莞市委、市政府关于在各镇街、市属园区成立新型社区居委会，解决优秀人才入户、计生和治安管理等问题的部署，开展新型社区的规划、成立工作。2009年，全市成立新型社区37个，其中新成立10个，改组27个。

【基层政权建设】 村（居）民自治。2009年，东莞市开展以“民主选举、民主决策、民主管理、民主监督”为主要内容的居民自治活动，社区居民自我管理、自我教育、自我服务的意识不断增强。

村务公开民主管理“难点村”治理。2009年，东莞市开展村务公开民主管理“难点村”调查摸底工作，确定全市有3个村务公开民主管理“难点村”，并制定治理工作计划。

村务公开信息化工程建设。根据关于加快建设农村党风廉政信息公开平台的要求，2009年，东莞市完善市社区管理信息系统村（居）务公开模块内容，实现对村（居）务公开信息的录入情况的实时监控，促进村务公开信息的信息化、网络化和规范化，保障村（居）民对村（社区）事务的知情权和监督权。

【双拥工作】 双拥工作制度建设。2009年，东莞市领导与驻军领导研究制定新的《东莞市拥军优属实施办法》和《东莞市双拥工作领导小组成员单位工作职责》，推进拥军优抚安置政策落到实处。

国防教育和双拥宣传。2009年，东莞市利用广播、电视、报刊、网络等新闻媒体和发挥教育阵地作用，以及举办座谈会、研讨会、文艺演出等，大力开展国防教育和双拥宣传。其中，举办庆祝新中国成立60周年和纪念建军82周年“八一”拥军慰问巡回演出，参与摄制中国首部双拥题材20集电视剧《国事家事》并获在东莞开拍，召开双拥工作创新发展理论研讨会，以及各镇街、各单位、各部队结合纪念建国60周年和宣传贯彻《广东省拥军优属规定》开展形式多样的宣传教育活动，强化广大军民富国强军的观念。据统计，全市举办各种国防和双拥宣传教育活动共450场次，接

东莞市民政局

①

受教育人数达20万。

拥军优属。2009年，东莞市委市政府、各镇街、各单位和社会各界以支持部队完成多样化军事任务为重点，积极开展科技拥军、文化拥军、法律拥军等社会化拥军活动，全力支持部队全面建设。全市共投入拥军资金1亿多元，帮助驻军解决信息化建设、训练场地、生活设施、驻军官兵的生活补贴以及地方部队基本支出等经费，支持部队建设项目75个。

拥政爱民。2009年，驻莞部队主动承担地方急难险重任务，先后出动官兵3万多人次，投入劳动力近1万个，机械车辆3000多台次，支援和参加地方重点项目建设40多个，在生态环境建设、治理脏乱差、扶贫帮困中作出了积极贡献。特别在迎接建国60周年安保工作中，主动配合驻地公安部门开展社会治安综合治理，打击违法犯罪，加强军民“联防联治”，协助处置群体性事件等，共抓获犯罪嫌疑人6137名，为地方挽回经济损失7000多万元。

双拥典型。2009年“八一”节前夕，东莞市教育局被评为“广东省军民共建先进单位”，时任东莞市中小企业局副局长刘国康、樟木头镇党委书记李满堂、高州东岸镇驻大岭山镇务工党支部书记任维信被评为“广东省军民共建先进个人”，分别受到广东省委、省政府、省军区的表彰。

【优抚工作】重点优抚对象生活保障。2009年，东莞市提高残疾军人抚恤金标准和“三属”（烈属、因公牺牲军人遗属、病故军人遗属）、在乡复员军人、

① 2009年12月9日，市委书记、市人大常委会主任刘志庚在副市长成洪波、市民政局局长杨东如陪同下，到市儿童福利院视察工作

② 2009年“八一”期间，市委副书记、市长李毓全率团慰问广东省军区机关官兵

③ 2009年10月20日，深圳市民政局、东莞市民政局、惠州市民政局在深圳市迎宾馆共同签署《推进珠江口东岸地区民政事业发展合作备忘录》

④ 2009年11月12日，东莞市政府购买社工服务、聘请香港督导签约暨首批社工上岗仪式在市行政办事中心北楼会议厅举行

⑤ 2009年8月29日，广东省民政厅将东莞市定为履行部省协议推进民政工作改革发展唯一一个地级试点城市。12月22日，全市召开试点动员大会，全面铺开试点工作。图为大会现场

②

③

④

⑤

带病回乡退伍军人、参战人员的生活补助标准，并对未享受省提标的在乡残疾军人、"五老"（老堡垒户、老游击队员、老交通员、老苏区干部、老党员）人员的补助标准按东莞市自然增长机制进行调整。共为3742名重点优抚对象发放抚恤、生活补助金约2024.91万元，发放残疾军人抚恤金、护理费约243.74万元，为全市109户重点优抚对象发放临时生活补助款30万元，对6户重点扶助对象下拨30万元，改善住房条件。

重点优抚对象医疗保障。2009年，东莞市下发《关于进一步推进优抚对象医疗保障工作有关问题的通知》，进一步提高重点优抚对象医疗保障待遇。组织31支"关爱功臣巡回医疗队"，开展为"三属"、残疾军人、在乡复员军人、带病回乡退伍军人等重点优抚对象免费送医送药活动，受惠重点优抚对象达858人，配送药品折合人民币25.24万元。

重点优抚对象慰问。2009年春节、"八一"节期间，东莞市各级党委、政府采取召开座谈会、入户走访、发放慰问品（金）等多种多样的形式，慰问重点优抚对象。为纪念对越自卫还击战60周年，缅怀革命先烈，东莞市民政局组织33名烈士家属，前往广西壮族自治区宁明县、凭祥市、靖西县和那波县等地祭扫在对越自卫还击战牺牲的烈士陵墓，凭吊安葬在那里的45名莞籍革命先烈。

【安置工作】退役士兵接收安置。2009年，东莞市接收2008年冬季退役士兵533人，其中城镇兵158人、农村兵299人、复员和转业士官76人。根据《东莞市退役士兵安置办法》的有关规定，全市共发放城乡退役士兵安置补助金2884万元，城乡退役士兵的安置率、自谋职业率达100%。

退役士兵职业技能培训。2009年3月10日至6月10日，在东莞市南博职业技术学院举办退役士兵考前辅导班，123名退役士兵报考高等职业技术院校。6月7日，组织退役士兵考生参加全省组织的高等院校招生统考。全年共有22名退役士兵入读高等职业技术院校，19名退役士兵入读中等职业技术学校。

军休干部服务管理和军供饮食保障。2009年，东莞市共接收安置军休干部5名。严格按照军队规定的统一项目、标准，及时、足额地发放离退休费，切实保障军休干部生活待遇。樟木头军供站出色完成军供保障任务，受到广州军区驻广铁集团公司军代处的通报表彰。东莞市新军供站完成各项报建手续，于11月18日动工兴建。

【社会组织登记管理】2009年，东莞市新登记社会团体21家；批准设立23家社会团体分支（代表）机构；注销社会团体3家、社会团体分支（代表）机构1家；新登记民办非企业单位342家，变更业务79宗；撤销社会团体1家、民办非企业单位78家。全市登记在册的社会组织1757家，其中社会团体294家（行业性75家，联合性102家，专业性70家，学术性47家）；民办非企业单位1463家（教育类912家，劳动类226家，科技类54家，民政类224家，体育类16家，文化类8家，其他类23家）。全市社会组织结构日趋合理。

执法监察。东莞市是广东省社会组织执法监察的观察点，并在全省社会组织管理工作会议上作题为《以执法监察为抓手，全面推进社会组织健康发展》的执法工作经验介绍，广东省民政厅领导认为经验实、效果好。在全市开展对社会组织的清理整顿工作，在东莞阳光网"阳光热线"栏目，开通社会组织的投诉和咨询平台，执法人员加强与当地政府、村（居）委会沟通，请当地有关部门积极配合执法，收到很好的效果。2009年，东莞市共处理社会组织案件56宗，取缔非法社会组织23家，暂扣39家非法电脑培训的主机991台和显示器865台，对其中4家民办非企业单位罚款9000元，较好地维护登记管理机关的权威和法律法规的严肃性。

日常监督。东莞市按照《民间非营利组织会计制度》要求，普遍建立健全财务管理制度，坚持每年将会费收入支出明细表、业务活动资金运用表以及重大财务支出报告等定期向会员大会通报公布，接受会员质询监督。2009年，委托会计师事务所对60家社会组织进行财务审计，对累计三年不接受年检的79家社会组织作出撤销登记的行政处罚，全面推进全市社会组织健康发展。

信息平台建设。东莞市不断完善信息化建设，网上名称预先核准办理系统正式投入使用，简化登记流程，使群众足不出户就可以办理名称预先核准登记业务。2009年共受理网上名称核准384宗，通过《阳光热线》管理平台、接听来电投诉和接待来访等方式受理群众投诉案件43宗，切实为群众办实事、办好事。

【区划地名管理】行政区划改革。2009年，东莞市配合广东省民政厅完成了特大型乡镇行政区划体制改革课题调研，通过组织市直单位、有关镇召开座谈会，听取基层和有关部门的意见建议，分析全市特大型乡镇建设现状及制约特大型乡镇经济社会发展的诸多因素，初步明确全市特大型乡镇行政区划体制改革的方向。

地名规划编制。2009年，东莞市组织镇街社会事务办主任、地名工作专职人员，举办了一期地名规划专题学习班，通过邀请国内地名管理工作的专家进行集中授课，提高大家对编制地名分区规划的认识，较好地推动地名分区规划的编制工作。

行政界线管理。2009年，东莞市与周边市有界线关系的17个镇完成界线签约委托管理协议书的签订。完成"交椅湾"问题的处理，"交椅湾养蚝保护区"经广东省政府同意撤销。完成东莞—深圳市界长安段部分界线重新测绘工作。完成《东莞市行政区划图》的编辑出版工作。

地名设标。2009年，在已完成地名设标的镇街中，东莞市对地名标志牌的日常维护、清洁保养工作进行专项检查，较好地巩固了建设成果，确保地名公共服务工程的整体推进。

数字地名建设。2009年，东莞市有21个镇街完成地名调查工作，并建立地名调查成果数据库，初步建成东莞地名数字网站。

地名文化保护。2009年，按照"千年古县·东莞"申报工作总体安排，东莞市组织专人赴北京参加"千年古县·东莞"颁牌仪式，领回认定证书和标志牌，并制定"千年古县·东莞"宣传工作方案；配合中央电视台摄制组完成大型电视文献片《千年古县·东莞》的摄制并确保该片于11月份顺利播出；《中国地名故事（广东卷·东莞篇）》的拍摄制作按期完成，制作数量名列广东省第一。

地名日常管理。严格按照《广东省地名管理条例》、《广东省建筑物住宅区名称管理规定》以及《东莞市地名管理办法》的规定和程序，实施对道路、建筑物的命名（更名）以及其它地名管理工作。2009年，东莞市共审批同意122宗建筑物的命名（更名），305条道路的命名（更名）。

【救助管理】2009年，东莞市救助管理站共实施救助9592人次，其中流浪未成年人1422人。经核实身份后提供车票资助返乡或返回住所地、投靠地的6316人次；经市救助站努力联系，亲友前来接领的598人次；送省少年儿童救助保护中心的 51人次；送省杨村救助安置站的64人次；跨省接送或协助护送的有44人；自愿离站的2287人次；终止救助及擅自离站的94人次，其他出站方式的136人次，使广大流浪无着人员得到及时有效

的救助。

【殡葬管理】 占地毁林建坟整治。根据广东省民政厅、国土资源厅、林业局《关于开展占地毁林建坟专项整治的通知》要求，2009年3月底，东莞市民政局联合国土、林业等部门在全市范围内开展第三次大规模集中整治占地毁林建坟行动，清查并处理1宗违规修坟扩坟行为，巩固提高全市清理整治毁林占地建坟、违规扩建旧坟或兴建新坟清理成果。

公墓专项清理整顿。从2009年2月份开始，全市开展公墓专项整顿行动，对违规公墓进行整改，限期改正存在问题，整改后验收合格的予以补办手续，整改后仍然不合格的公墓，责令其在一定时期内予以搬迁，并积极稳妥地做好相关后续工作。

殡葬改革宣传月活动。2009年清明节期间，东莞市组织开展一系列以"文明祭扫、平安清明"为主题的宣传活动。东莞广播电视台、《东莞日报》等新闻媒体及时向社会各界发布祭扫路线、交通疏导等信息，引导群众主动错峰祭扫。广泛宣传殡葬改革政策，大力宣扬殡改工作意义，努力营造支持殡葬改革的社会氛围。在市殡仪馆、公墓等群众祭扫集中的场所悬挂横幅、张贴标语、开办宣传栏等方式宣传绿色殡葬，引导群众文明祭扫。通过在清明期间举办海葬等实践活动，引导广大群众自觉抵制封建迷信活动和祭扫陋习，积极支持、配合绿色殡葬活动。在殡改宣传月活动期间，全市共出动巡回宣传车70辆、出动2680辆次，张贴标语15038多条，悬挂横联1189幅，印发宣传资料10253多份，出版宣传栏、墙报、黑板报135多期，电视宣传1890次，在全市营造浓厚的殡改宣传教育氛围。

殡仪服务。东莞市殡仪馆相继出台《市殡仪馆2009年预防职务犯罪工作实施方案》、《市殡仪馆作风建设年活动实施方案》、《建行风抓纠风八项措施》、《纠风工作责任追究制》等配套制度，把行风建设和纠风工作落实到每个职工、每个岗位。全年投入160万元为14000个普通骨灰寄存格位进行改装，使所有骨灰实现自助存取的智能化管理。计划投入180万元用于改造告别厅，进一步提高办丧服务水平。

殡葬基础设施建设。为启动殡葬基础设施建设"祥安计划"，2009年7月份，对全市镇街、村（社区）的骨灰存放设施等有关情况进行摸底调查，草拟《关于实施骨灰楼建设"祥安计划"的可行性报告》，计划用5年时间，在全市建成一批公益性骨灰楼（堂），从源头上解决乱埋乱葬问题。

【学生接送站规范管理】 2009年，东莞市专门组织有关部门深入调查研究，制定管理办法，加强清理整治，扎实推进全市学生接送站规范管理工作。全市共有200家学生接送站办理合法登记手续。

《东莞市学生接送站管理办法》出台。2009年3月30日，东莞市政府第6次市长办公会议审议通过《东莞市学生接送站管理办法》，并于7月1日颁布实施。

学生接送站清理整顿。2009年3月31日，东莞市民政局作为全市学生接送站主管部门，制订下发《东莞市学生接送站清理整顿工作实施方案》，并会同消防、卫生、建设、教育、民间组织管理局等单位组成联合督查组，深入镇街对学生接送站清理整顿工作进行专项督查。11月6日，市民政局下发《关于清理取缔全市无牌无证学生接送站工作的实施方案》，对全市无牌无证的学生接送站进行清理取缔，逐步规范全市学生接送站的管理。

【婚姻登记工作】 2009年，东莞市婚姻登记中心推行节假日预约登记制度，便民利民，社会反响好。为应对2009年9月9日登记高峰，市镇两级启动应急预案，落实事件预防和隐患控制措施，有效防止婚姻登记高峰引发公共安全事件。该日全市共办理结婚登记1909对，没有发生任何问题。全年全市共办理婚姻登记业务1.8万多宗。

【社会工作】 2009年，东莞市镇两级财政投入社会工作经费1300多万元，按照"整体规划、稳步推进、加快发展"的思路，勇于创新实践，全力加快社会工作发展。

社会工作制度文件。东莞市于2009年5月份制定出台《中共东莞市委东莞市人民政府关于加快社会工作发展的意见》和7个配套文件，7月份该市党政领导班子联席会议又研究通过《东莞市社会工作试点实施方案》，形成"1+8"的东莞市社会工作制度体系。

社会工作机构。2009年，东莞市有计划、有重点地扶持培育了5家专业社工机构。市财政在试点阶段对每家社工机构分别给予10至15万元的一次性开办补助。同时市财政局批准同意全市社工机构在试点阶段到财政部门代开"行政事业单位往来结算票据"，用于结算政府向其购买服务经费，有效地降低社工机构运作成本，有力地促进社工机构的健康发展，为社会工作的政府推动、民间运作提供坚实保障。

社会工作队伍培训。2009年，东莞市组织举办一期全市领导干部社会工作业务培训班，增强广大领导干部对加快社会工作发展重要性、紧迫性和艰巨性的认识。在首批试点部门社工上岗前，全市组织举办为期10天的新入职社工岗前培训班，使新招聘社工基本熟悉东莞经济社会情况并全面了解其派驻岗位的工作特点和技能要求，更好地做好自己所在岗位的工作。

社会工作试点。2009年，东莞市采用购买岗位的方式（逐步探索购买项目的方式），由政府向全市4家社工机构购买107个社工服务岗位，6个试点镇街与社工机构达成购买56名社工服务的意向，并于11月12日举行东莞市政府购买社工服务、聘请香港督导签约暨首批社工上岗仪式，首批社工正式上岗。

（周宪平）

附：2009年东莞市民政局领导名录

局　长：杨东如

副局长：易志兵　郑锦堂　袁佩霞　黄容开

纪检组长：李建武

## 残疾人工作

【概况】 2009年，东莞市残疾人联合会有内设机构7个：办公室、康复部、教育就业部、宣传文体部、组织联络与维权部、计划财务部、残疾人工作部（市政府残工委办公室）；直属正科级事业单位5个：市残疾人劳动就业管理办公室、市残疾人康复中心、市残疾儿童学前教育中心、市残疾人辅助器具服务中心、市残疾人托养中心。

【残疾人康复】 2009年，东莞市以创建"全国白内障无障碍市"和"全省残疾人社区康复示范区"为契机，实施白内障复明、精神病防治等重点康复工程，全面推进残疾人康复工作。全年投入165万元为1657名白内障患者免费施行手术；对10473名精神病患者进行监护，为2491名困难精神病患者提供免费服药、辅助检查和及时送院治疗服务；成功实施人工耳蜗手术5例，为3680名残疾人提供不同程度的康复和托养服务。市残疾人托养中心被国务院残工委授予全国"残疾人之家"称号，市残疾人康复中心顺利通过了省一级康复机构验收，并作为全国脑瘫教育培训基地，为153名来自全国各地的康复治疗师、教师进行了全国第二期脑瘫教育培训。积极开展残疾人辅助器具适配和后续服务工作，全年为1100多名残疾人适配了助行器、拐杖、机动代步车、装配假肢等。

【残疾人教育】2009年，东莞市认真开展扶残助学活动，为445名困难残疾学生提供教育资助55.8万元。为565名残疾儿童提供教育康复服务，其中弱智、脑瘫、孤独症等残疾儿童康复教育有效率达70%以上，聋儿康复教育有效率达80%以上。联合市教育局举办东莞市首届特殊教育研讨会。市残疾儿童学前教育中心被省政府残疾人工作委员会评为全省"残疾人之家"。

【残疾人就业培训】2009年，东莞市积极实施分散按比例安排残疾人就业工作，全年办理残疾人就业年审15121家，审核应缴残疾人就业保障金15422万元，其中办理征缴入库保障金8100万元，办理缓缴7322万元。联合市劳动局举办东莞市残疾人职业技能大赛，81副残疾人书画、十字绣、刺绣等作品在东莞图书馆展出。通过举办残疾人就业专场招聘会、残疾人就业网发布招聘信息、镇（街）和村（社区）推荐等多种就业服务途径，有1663家企事业单位按比例安排残疾人就业3388人次。组织举办计算机应用、十字绣、盲人计算机、盲人保健按摩、烹饪与面包制作等各类残疾人技能培训班6期，免费培训残疾人789人次。

【残疾人宣传文体活动】2009年，东莞市大力宣传人道主义思想和残疾人事业，出版《东莞残疾人》杂志，为全市残疾人事业宣传和交流提供了新平台。积极开展残疾人各项文体活动，围绕第十九次全国助残日"关爱残疾孩子，发展特殊教育"的活动主题组织开展了走访慰问、文艺表演、助残服务等形式多样、内容丰富的助残活动。在省第七届残疾人艺术汇演上，东莞市获得一、二、三等奖各2个，是该届参赛获奖最多的地级市；选拔120名残疾人运动员进行集训，在省第六届残疾人运动会的羽毛球、乒乓球、脑瘫足球等六个项目比赛中，夺得17金3银1铜的好成绩，其中羽毛球和乒乓球的团体总分和奖牌数均名列全省第二，并获体育道德风尚奖。

【残疾人社会保障】2009年，东莞市加大残疾人扶贫救助力度，保障残疾人基本生活，安排3706.38万元为19809名一至四级困难残疾人进行专项补助，安排30万元为66名患重病、大病、慢性疾病的困难残疾人提供医疗救助；为320多名困难残疾儿童提供生活补助；为7620名重度残疾人和7047名精神病患者购买社会基本医疗保险。

【残疾人信访与维权】2009年，东莞市扎实开展残疾人信访与维权工作，共接待残疾人及亲属来访350人次，处理来电、来信750人次，办理残疾人"爱心乘车卡"1050张。开展第二代《中华人民共和国残疾人证》评定换领工作，第一批办理发放第二代残疾人证26144个。建立残疾人紧急呼叫服务中心和盲人定位导向服务中心，为残疾人提供无障碍信息服务。成立东莞市残疾人法律救助工作站，为残疾人提供法律救助服务。东莞市残联被评为全国残疾人信访工作先进集体。

【残疾人政策法规】2009年，东莞市残疾人事业法规政策进一步完善，出台了《中共东莞市委东莞市人民政府关于加快残疾人事业发展的实施意见》，以建立健全残疾人社会保障体系和服务体系为抓手，对残疾人医疗、康复、教育、就业、文化体育、基本生活、维权、无障碍居家环境改造、工作机制等方面，提出了具体要求，具有较强的针对性、可行性和实用性，是指导当前和今后相当长一个时期内东莞市残疾人事业发展的纲领性文件。

【残疾人基础设施建设】2009年，东莞市残疾人综合服务中心康复大楼、市残疾人康复实验学校和体育训练中心纳入市四套班子领导挂钩督导的50个重点项目，市残疾人辅助器具服务中心、市残疾人劳动就业管理办公室等服务机构办公楼正式投入使用，市残疾人综合服务中心康复大楼顺利封顶。（唐祖高）

附：2009年东莞市残联领导名录

理事长：梁应昌

副理事长：叶润芳　陈志忠

## 民族宗教

【概况】2009年11月，根据东莞市机构编制委员会《关于印发东莞市人民政府机构改革方案实施意见的通知》和《关于东莞市民族宗教事务局设置问题的通知》的规定，东莞市民族宗教事务局，正处级建制，由单独设置调整为与市委统一战线工作部合署办公，列入市政府工作部门序列，不计入市政府机构个数。

截至2009年，东莞市经市民族宗教事务局批准登记的宗教活动场所共有52处。其中，有佛教寺（庵）35个，道教宫观6个，基督教福音堂8个、活动点2个，天主教堂1个。东莞市各种宗教组织和睦相处，保持宗教领域的稳定与和谐。

2009年9月26日，东莞市人民政府被国务院授予"全国民族团结进步模范集体"荣誉称号。在2009年12月16日广东省人民政府评选广东省民族团结进步模范集体和先进个人活动中，东莞市工商管理局、东莞市长安镇人民政府被评选为先进工作单位，市委统战部副部长、民宗局局长张灿炎，市委党校（行政学院）校委、副教授达蕃钦，万江街道社会事务办主任伍立君和东莞市高级中学校长、中学数学教师陈德繁被评为先进个人。

【国家民委领导来莞调研城市民族工作】2009年11月30日，国家民委副主任吴仕民一行在省民族宗教委副主任李秀英和东莞市副市长邓志广的陪同下，到东莞市长安镇兴鹏鞋厂参观考察，实地了解该厂600多名新疆疏附县维吾尔族务工人员的工作、生活情况，并与带队干部和员工代表交谈。随后，在长安镇政府，吴副主任与东莞市20多位少数民族代表人士召开座谈会，倾听他们的心声，共商做好新形势下城市民族工作大计。

【市领导检查民宗工作】2009年12月14至18日，在市规划局、民宗局和有关镇街领导的陪同下，东莞市副市长严小康到南城、东城、大岭山等镇街开展调研活动，现场检查指导基督教南城堂、东莞资福寺、大岭山观音寺、马山庙等宗教活动场所的迁建工作，对加快工程进度、保证工程质量、加强教堂管理提出指示，要求各部门抓好落实。

【珠三角7市民族宗教信息工作座谈会在东莞召开】2009年5月25日，在省民族宗教委的组织下，珠海、中山、江门、佛山、肇庆、惠州、东莞等珠三角7市民族宗教局局长齐聚东莞，召开信息工作座谈会，总结研究分析珠三角各城市民族宗教信息工作情况和存在问题，并就如何做好新形势下民族宗教信息工作，服务工作大局研究对策建议。

【广东省民族艺术团赴莞演出】2009年9月17日晚上，为庆祝中华人民共和国成立60周年，宣传广东省民族地区在党的民族政策光辉照耀下和在社会各界特别是经济发达地区的帮助下取得的成就，广东民族艺术团在东莞市玉兰大剧院举行主题为“庆祝中华人民共和国成立60周年”广东民族艺术专场歌舞晚会。省委统战部副部长、省民族宗教委主任陈绿平，国家民委民族报主编普永生，省民族宗教委副主任李秀英，广东省技术师范学院书记邝邦洪、院长王乐夫等领导出席晚会。

【东莞市韶关市结对开展“三促进一保持”活动】2009年4月底，韶关市民宗局对东莞市民宗局进行访问交流。5月12日，东莞市民宗局对韶关市民宗局进行回访。双方围绕省委、省委统战部、省民族宗教委“三促进一保持”(促进提高自主创新能力、促进传统产业转型升级、促进建设现代产业体系、保持经济平稳较快增长)专项行动的工作目标和要求，结合两地实际，结成开展“三促进一保持”活动的互学互帮对子，搭建平台，相互学习借鉴对方在推进城市民族工作、加强宗教活动场所管理等方面的创新做法，取长补短，互有增益。

【外出参观学习】2009年4月20—24日，东莞市民宗局组织全市镇街民族宗教工作干部30人赴安徽九华山学习参观，领略著名佛教圣地在场所管理、道风建设方面的先进之道。九华山民族宗教事务局领导介绍该局学习实践科学发展观活动、贯彻《宗教事务条例》、加强宗教活动场所管理等方面的经验做法。

【举办宗教活动场所消防知识学习培训班】2009年5月20日，东莞市民宗局组织全市70多名宗教活动场所负责人及宗教上层人士参加宗教活动场所消防知识培训班。培训班上，民宗局领导传达国家和省有关部门关于加强宗教活动场所安全监管工作的文件精神，强调各宗教活动场所要增强安全责任意识，做好工程安全及消防安全工作。市消防局领导结合中外宗教活动场所发生火灾的具体案例，讲解宗教建筑起火的主要原因和防范方法；通过短片介绍偏远且远离水源地区的宗教活动场所进行消防培训、加强消防安全工作的经验；并在现场亲自示范灭火器的使用方法。此次消防知识培训班在提高宗教人士的安全意识方面起到有效的作用。

【东莞市“新疆班”高考成绩在全国领先】2009年第一次参加高考的东莞市高级中学“新疆班”，以78人全部上本科录取线，本科上线率、录取率100%的优异成绩，在全国“新疆班”中居领先位置。其中600分以上有2人，分别被复旦大学和武汉大学录取。被中国政法大学录取的有2人，被中国医科大学录取的有4人，被中央财经大学录取的有1人，被中央民族大学录取的有2人，还有许多被北京科技大学、北京航空航天大学、南京航空航天大学、东北大学、湖南大学、山东大学、四川大学等全国著名、重点高校录取。

【穆斯林欢度“两节”】2009年9月20日和11月27日分别是穆斯林的开斋节和古尔邦节（以下称“两节”）。2004年至2008年，连续5年穆斯林的“两节”都由市民宗局统一安排在黄旗山广场进行庆祝聚会。随着东莞经济的发展，来莞穆斯林人数逐年增多。由于该年“开斋节”天气炎热，多人聚会容易引起中暑，加之该年涉疆维稳任务重。经综合考虑，市民宗局计划该年“两节”不再搞全体穆斯林集中聚会，而是让他们分散在全市7个穆斯林临时聚会点聚会庆祝。经过市政府的严密部署以及各级部门的积极配合、措施得力，全市各个穆斯林临时聚会点都顺利有序地进行“两节”聚会，无发生特殊情况，在莞穆斯林群众欢度节日。2009年穆斯林的“两节”聚会从以往统一集中到黄旗山广场到分散到各个穆斯林临时聚会点的安排有效降低由于参加人员众多造成的安全风险，对以后举办“两节”聚会有很好的借鉴作用。

【少数民族座谈会】2009年1月8日，东莞市民宗局组织召开2009年度全市少数民族代表人士迎春茶话会。40多个少数民族代表人士欢聚一堂，共商城市民族工作大计。副市长严小康代表市政府向各位少数民族代表并通过他们向全市广大少数民族群众致以节日祝贺，并就如何做好新形势下东莞市城市民族工作提出两点新要求：一是提高认识，增强做好新时期城市民族工作的积极性。二是解放思想，提升城市少数民族在城市中的发展能力。

2009年7月29日，市民宗局组织召开新疆籍少数民族务工人员带队干部座谈会，来自10个企业中的7个带队干部参加会议。来民宗局指导工作的省委统战部民族处领导和市国保支队领导也参加座谈会，带队干部们对省、市领导对他们的关心爱护表示由衷感谢。在友好融洽的气氛中，大家畅所欲言，共商做好新疆少数民族工作的方式方法和思路对策。

2009年9月28日，市民宗局组织市30多名新疆、青海籍的少数民族代表人士召开迎国庆贺中秋茶话会。会上局领导向大家报告市民族工作情况：民宗局积极为少数民族代表人士子女争取接受义务教育权利、积极应对“6·26”、“7·05”事件、民族工作向企业纵深进展、顺利举行开斋节活动、穆斯林以“感恩”的心回报社会，促团结、促发展、促和谐、保稳定等。

【宗教人士座谈会】2009年1月31日，东莞市民宗局组织召开全市宗教界上层人士迎春茶话会，来自佛教、道教、基督教、天主教界的70多名上层人士参加会议。

2009年9月25日，市民宗局组织全市佛教、道教、基督教、天主教等60多名宗教界代表人士欢聚一堂，举行迎国庆、贺中秋茶话会。民宗局向与会代表宣读《东莞市民宗局关于创建和谐寺观教堂活动方案》，并介绍“创建和谐寺观教堂”活动的意义与工作重点。

【东莞市基督教“两会”换届大会举行】2009年12月1日，在市基督教莞城堂内，87名来自全市各基督教活动场所的基督徒代表齐聚一堂，召开“广东省东莞市基督教三自爱国会第十一届、基督教协会第九届换届选举会议”。会议选举新一届东莞市基督教两会领导小组成员，张孟庸当选基督教两会主席、谢生莲当选副主席、卢翰衢当选协会会长、刘桂滨当选副会长、马雄华为秘书长兼总干事。

【佛教放生法会】2009年6月9日，为贯彻落实省民族宗教委、省佛协的有关部署，响应第二届广东省“休渔放生节”主题活动，东莞市佛教协会组织举办两场大型放生活动。一场是水上放生，在东江大王洲码头，由市佛教协会会长释自度法师、副会长释觉悟法师主持，70多名佛教教职人员和1000多佛教信众参加。按照佛教放生仪规举行隆重庄严的仪式，放生20000多尾鱼，计15万多元。

另一场是山林放生，在黄江芙蓉寺附近的山上，由副会长释了空法师主持，20多名佛教教职人员和400多佛教信众参加，也按照佛教放生仪规举行隆重庄严的仪式，放生10000多只鸟类、数千只蛙类、数百只果子狸，计5万多元。

（李敏瑜）

附：2009年东莞市民族宗教事务局领导名录

局　长：张灿炎

副局长：胡炳棋

# 镇街

URBAN AND TOWNSHIP

- 凤岗镇获全国首个镇级“全国象棋之乡”称号
- 凤岗镇举办首届中国客侨文化论坛
- 2009中国（塘厦）国际高尔夫运动用品博览会举行
- 谢岗镇完成现代农业产业园总体发展规划
- 清溪镇规划发展生态旅游业
- 首届广东外商投资企业产品（内销）博览会在厚街镇举行
- 石龙镇成为全球最适宜居住城镇之一
- 石龙、塘厦镇被确定为全市简政强镇试点镇
- 中堂镇、大岭山镇成功创建“国家工业镇”
- 寮步镇建设现代绿色新香市
- 樟木头首个镇级“将军馆”建成
- 大朗镇优化产业结构
- 横沥镇获“广东省模具制造专业镇”称号
- 企石镇举办第三届光电产业发展高峰论坛
- 石排镇推进户籍人口免费教育

全国特色文化广场—大岭山文化广场

编辑：编辑：李俊玉　张德全　林清　刘丹　李缙文

## 莞　城

【概况】 莞城街道位于东莞市北部偏西，东江下游南支流的东岸。

2009年，莞城街道全年生产总值105.49亿元，同比增长8.48%（可比价）；完成工业总产值73.17亿元，同比增长3.46%；财政收入6.27亿元，同比增长6.76%；地税收入16.57亿元，同比增长2.91%，国税收入11.75亿元，同比下降23.31%；完成出口总值4.49亿美元，同比下降18.55%。

2009年，莞城街道获"东莞市镇街领导班子落实科学发展观工作量化考核综合总分一等奖"、"全国精神文明建设工作先进单位"、"东莞市文化建设标兵镇街"、"全国城市体育先进社区"称号。

【扩大消费需求】 促进房地产销售。2009年，莞城街道积极利用东方华府、塞纳河畔、西城楼大街等楼盘的优越地理位置和教育资源优势，吸引消费者在莞城购房。全年共办理房地产交易1237宗，交易面积13.4万平方米，比2008年分别增加26%和48%。

① 广美玉兰软装艺术创意研究院合作协议签约仪式举行

② 全国信息服务业巨头欧克地理信息技术有限公司正式落户莞城

③ 莞城举办企业出口转内销质监业务培训班

④ 西城楼大街

⑤ 古老的西城楼与身后现代的西城楼大街和谐地融合在一起，熠熠生辉（何德和　摄）

东莞市莞城街道办事处　莞城文化周末工程办公室
项目：实施"文化惠民"工程—创新基层公共文化服务品牌打造模式—"文化周末""九个一"系列工程　荣获
第三届文化部创新奖
中华人民共和国文化部
二〇〇九年
①

②

③

④

⑤

⑥

⑦

① “文化周末”“九个一”系列工程获得第三届文化部创新奖
② 省、市以及莞城街道的领导嘉宾为吴昌硕作品展剪彩
③ 省文联主席、茅盾文学奖获得者刘斯奋（右）做客莞城，开讲岭南文化。莞城街道党委书记、人大联络委主任王检养（左）作为代表接受刘斯奋赠送给莞城图书馆的题字
④ 北隅细村社区举办首次书画展
⑤ “新莞人金韵台”二周年庆祝活动在莞城文化广场举行
⑥ 市委书记、市人大常委会主任刘志庚（右三）到莞城中心小学、步步高小学慰问孩子们
⑦ 在第七届市运动会上，莞城取得金牌总数第一、团体总分第二的优异成绩，莞城街道党委书记、人大联络委主任王检养（左三）代表莞城接受奖杯
⑧ 环城路范围内大城区全面“禁摩”前夕，莞城街道党委书记、人大联络委主任王检养（左一）上街向市民派发“禁摩”宣传单
⑨ 莞城街道党委副书记、办事处主任陈志坚（左二）检查消防安全工作
⑩ 莞城重拳整治涉黄涉赌场所
⑪ 专业消防人员为社区义务消防员现场示范消防设备的使用
⑫ “迎国庆，平安出行”东莞交通安全主题宣传活动启动仪式在莞城市民广场前举行
⑬ 莞城在文化广场举行“走进消防，关爱生命”为主题的消防宣传咨询活动
⑭ 莞城举行推进“一畅两会”消防逃生演习活动

⑧

⑨

⑩

⑪

⑫

⑬

⑭

做好家电下乡和以旧换新工作。已备案家电下乡销售网点50个，家电以旧换新销售网点15家，回收网点16家，销售家电下乡产品和新家电6128台，销售额达2430万元，补贴金额达151万元。

推进商贸流通业发展。以《莞城区第三产业发展规划》为指引，积极开展西城楼大街、八达五金电子城等网点建设，并积极加强城内商圈整合，增强商业气氛。

2009年，莞城街道社会消费品零售总额99.5亿元，同比增长9.5%。

【加大招商力度】 2009年，莞城街道新签外资项目11个，其中包括沃尔玛在莞投资的首家独资企业"沃尔玛（东莞）商业零售有限公司"，以及投资500万美元进驻莞城科技园的马来西亚LED项目。莞城街道鼓励企业积极增资扩产。全年增资项目7个，扩产增资948万美元，扩产增加厂房24400多平方米。

【推进园区建设】 2009年，莞城街道在巩固莞城科技园发展的基础上，进一步推进东部工业园莞城园区和东莞市创意产业中心园区的建设。一是加快东部工业园莞城园区的开发建设。园区"五通一平”（通水、通电、通路、通气、通讯、平整土地）基础设施建设正有序进行，园区农用地转建设用地手续也得到了有效推进。首个入园项目“宏大电器”的两幢6层宿舍楼已封顶，相关厂房已逐步完成建设。二是莞城科技园全面实行细节管理，全年实现净收益1300万元。三是加快东莞市创意产业中心园区的升级改造。园区6号楼基础设施建设已完工，8号楼外墙改造及室内装修工程也已完工，已有14家企业签订入驻合同，出租率达80%。2009年，园区正式被市政府认定为东莞市首个创意产业园区。

【帮扶企业发展】 帮助企业解决融资难问题。2009年，莞城街道共有41家企业被列入重点中小企业和加工贸易企业名录，有12家企业获得新增融资贷款共2.4亿元。

推动来料加工企业转三资。喜讯塑胶制品厂、三力精机厂、飞力士电子制品、昭和电线电缆厂等4家来料加工企业取得了三资企业筹建营业执照，“第一精密”以及“坚田电子”等企业正进行转型申报工作。

帮助企业扩大内销。在做好京滨、恩斯克和安舍3家内销试点企业服务工作的同时，鼓励企业扩大内销份额，并积极组织工业商贸企业参加中博会、电博会等省、市重点展会，帮助企业开拓市场。

【推进产业升级】 2009年，莞城街道创意产业中心园区成功引进东莞软件公共服务中心、省内最大网络教育中心之一的新南方科教投资有限公司，香港首家城市运营公司——东莞市汇银城市运营有限公司以及享誉全国的欧克地理信息技术有限公司等企业进驻，并成功申报省“现代信息服务业专业化产业园区建设”项目，获省补助资金1000万元。由创意产业中心园区、可园文化片区、文化广场等组成的莞城文化创意产业集群也成功申报成为市第一批重点扶持发展产业集群。同时，积极开展汇峰中心合作开发和招商策划等相关工作，完善各项配套措施。广州美术学院与广东玉兰装饰材料有限公司已签署合作协议成立广东省广美玉兰软装艺术创意研究院，并将进驻汇峰中心。

【推进自主创新】 2009年，莞城街道奖励科技企业资金达449.28万元。全年新增国家高新技术企业7家，省民营科技企业5家，市民营科技企业11家；成功申报国家863计划1项，配套国家、省科技项目3项，省工程研发中心和省企业技术中心1家，产学研合作项目12项。成功创建“知识产权示范镇街”，全年专利申请数为219项，专利授权数为139项。加快培育商业名牌，实施名牌带动战略。其中，兴业生物科技有限公司获“省著名商标”称号，玉兰装饰材料有限公司获“中国驰名商标”称号，智通人才连锁服务股份有限公司被评为“省服务示范单位”。

【“文化莞城”战略实施】 延伸品牌内涵。2009年，莞城街道打造好“文化周末”系列文化品牌。“文化周末”晚会成功举办230多期，《文化周末》报和《文化周末》杂志已成为“文化莞城”发展战略的重要组成部分及宣传窗口。“文化周末”少年合唱团参加“2009年中国（烟台）首届国际青少年合唱·独唱音乐周”比赛，获得合唱金杯奖第一名等六大奖项。“文化周末”大讲坛已开展21期，每期平均上座率达95%以上。“文化周末”少年合唱团与“文化周末”剧社共同打造的原创音乐剧《有没有一首歌会让你想起我》成功首演。“文化周末”系列工程成功获得第三届

①

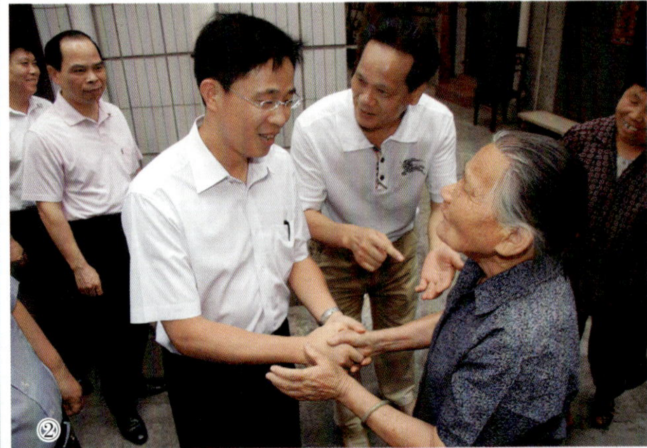
②

③

④

文化部创新奖。同时巩固好群众文化活动品牌。继续抓好东门广场“和阳夜韵”、文化广场“凤凰之约”两大群众文化品牌。东门广场、文化广场举办交谊舞、民族舞、大家唱等群众文化活动达600多场，“粤韵金声”、“凤凰之约”分别演出达40多场，进一步繁荣了广场文化，增强群众和各方爱好者的凝聚力。

完善基层平台　2009年，莞城街道成功举办容庚书画作品·藏品展、馆藏书法精品展、吴昌硕作品展等21场高水平的展览，接待参观者20万人次以上。2009年莞城图书馆累计服务读者7万人次，举办各类读者活动60多次，参与人员近万人。容庚故居经过重新修缮和布置后已正式开馆，全面展示容庚家族的杰出贡献和莞城深厚的人文底蕴。

提高教育质量　2009年，莞城街道不断丰富校园文化活动，提高学生综合素质；进一步加强教师分层分类分责培训管理，创新体育教师培训模式，推进校本培训，提升师资水平。同时，注重学校教科研管理，45岁以下教师均有自研课题，全区幼儿园积极开展以幼儿园为本位的日常教学研究，共有164项优秀教科研成果获授予区教科研“紫钻奖”。深化小班教育课题研究，提升教学效益；创新德育工作方法和活动载体，创建书香校园；坚持推行大课间体育活动，增强学生体质；稳妥解决代课教师问题，逐渐完善新莞人子女接受义务教育管理，2009年春季共有2210名新莞人学生享受免费义务教育。

【城市建设】2009年，莞城街道推进“三旧”（旧城镇、旧村庄、旧厂房）改造，加快重点工程项目建设，全面推动城市升级。

完善城市规划　2009年,莞城街道完成汇峰中心、莞城少年宫、步步高小学、创业大厦等多项重点工程的规划设计工作，以及运河小学、体育训练馆和公安巡特警培训中心的初步方案设计，并积极做好《东部工业园莞城园区控制性详细规划》、《莞城区环境规划》等各种专项规划，完善规划体系，为促进城市升级提供了有力支持。

加快拆迁进度　2009年，莞城街道积极推进以西城楼和可园为中心，周边地块和路网共十五个片区的拆迁工作。根据莞城的实际情况制定了莞城街道拆迁补偿标准，有力促进了拆迁工作的开展，全年完成拆迁补偿380多户，拆迁房屋面积35000多平方米。

抓好重点工程　2009年，莞城街道加快重点项目建设。中心小学建设工程进入收尾阶段；步步高小学工程主体建设及外墙装修已完成，开始二次装修及机电安装；莞城少年宫工程已基本完工；汇峰中心室内装修和环境配套工程已进入施工阶段；创业大厦已完成主体建设及外装修；可湖路、平乐坊路建设工程和珊洲桥及周边环境改造工程的前期筹备工作正在紧张推进中。

【维护安全稳定局面】2009年，莞城街道坚决维护安全稳定的社会环境，对七个重点领域加大工作力度。一是严抓社会治安。通过开展“粤安09”、“雷霆”、“打拐”、打击银行诈骗、假币诈骗、电话诈骗等一系列专项行动，使各类案件得到有效预防和控制。全年共立刑事案件1315宗，同比下降16.3%；破案637宗，破案数比上年大幅上升；打掉犯罪团伙26个；接110警情4221宗，同比下降24.2%；新增兴塘、市桥、博厦三个“平安社区”。二是严抓“禁摩”工作。共回收提前报废摩托车5791辆，回收量继续保持全市领先。三是严抓安全生产。在各社区成立安全办，使安全

⑤

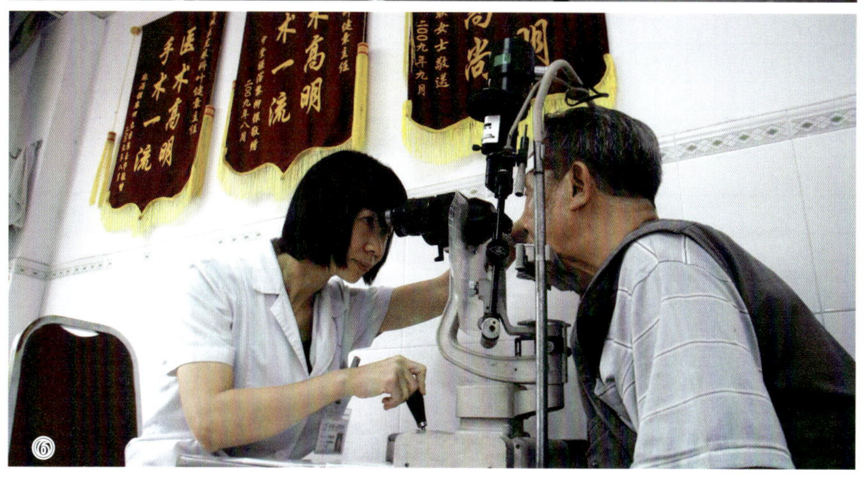
⑥

① 莞城街道党委书记、人大联络委主任王检养（前左一），党委委员、办事处常务副主任张锐均（右一）向市委常委、常务副市长冷晓明（前中）实地介绍内涝情况

② 副市长成洪波慰问莞城军烈属及残疾军人

③ 全市学生接送站规范管理工作会议在莞城召开

④ 莞城青年就业创业见习基地与见习人员对接座谈会举行

⑤ “携手志愿服务 助跑和谐莞城”2009年志愿者万米公益长跑比赛开跑

⑥ 医生为老人进行免费白内障术后检查

生产监管重心下移。重点突出消防安全、危险化学品、人员密集场所、“三小”（小商铺、小作坊、小娱乐场所）场所等方面整治。规范学生接送站管理，已认证发牌76家，关停近20家。四是积极化解矛盾纠纷。狠抓矛盾纠纷排查调处，抓好重点人员稳控工作，积极推进综治信访维稳中心建设，维护社会大局稳定。五是优化新莞人服务管理。以“关爱新莞人，构建和谐莞城”为主题，通过开展各类服务，创建“安全文明出租屋”和新莞人综合服务小区，为新莞人营造平安和谐的环境。六是强化食品安全。共开展专项整治行动45次，检查食品生产经营户5836户次，取缔非法经营场所92户，销毁假冒伪劣产品、食品1880多公斤。七是整顿市场秩序。严厉打击无证照经营、非法传销等行为，开展“抵制低俗文化，净化学校周边文化市场”专项行动，规范了市场经济秩序。

【强化城市及市容环境卫生管理】2009年，莞城街道开展环境卫生整治，加强日常巡查监督管理，同时加大执法力度，重点治理乱摆卖等城市“六乱”（乱搭乱建、乱堆乱放、乱设摊点、乱拉乱挂、乱贴乱写乱画、乱扔乱吐）行为，保持整洁市容，顺利通过了“创建卫生城市”的省复检。

整治城市内涝。制定《莞城区整治内涝工作方案》，并加大对辖区内的排水管沟清淤和改造力度，其中澳南路下水道改造工程已完工，博厦排站、珊洲河排站和市桥河排站已完成设计，新苑街、金牛横街、炉街等路段下水道的改造正在设计中。

加强土地管理。结合“三旧”（旧城镇、旧村庄、旧厂房）改造，对将要改造的20宗地进行清查，并加快完善历史遗留用地手续，为改造项目提供用地保证。四是抓好环境治理。大力开展大气环境污染和水环境整治，加大医疗废物监管力度，同时加强重点地段的“创模”宣传氛围，深入推进“创模”工作。

【积极促进就业创业】全面落实各项就业政策。2009年，莞城街道共为12560人次落实各项就业扶持政策，其中：办理大中专毕业生企业岗位津贴129人次，办理就业困难人员工资差额补贴4593人次，办理小额担保贷款50人，办理青年就业见习培训补贴70人次。

积极开发就业岗位。充分发挥就业服务平台的作用，共开发就业岗位20600多个，为失业人员及就业困难人员提供就业服务16170多人次。

继续深入开展新莞人培训工程。共组织2052名新莞人参加岗前培训，组织548名新莞人参加技能提升培训。

【继续完善社保体系】切实做好低保对象帮扶工作。2009年，莞城街道为482户共1293人发放208万元低保金，保障率达100%。对困难家庭发放临时生活救济款20.5万元。

切实解决困难群众的“三难”（上学难，看病贵（难），就业难）问题。为9户“住房难”困难家庭发放房屋租赁补贴共4.7万元，并完成4户租金核减，落实8户入住廉租房，还有80户等待市廉租房交付即可入住。利用医疗救济金近60万元，为177名困难群众解决了“医疗难”问题；资助270名低保中小学生共60.2万元，并为953名低保大学生和低保边缘户大学生发放助学金377万元。

做好残疾人工作。成功推荐残疾人就业40人次，为45名白内障患者免费施行了复明手术，为莞城街道精神病人支付治疗费、门诊费用近30万元。

落实社保政策。认真落实工伤预防、大中专学生参加医疗保险等工作，按市的工作部署全面提高社会基本医疗保险待遇水平，并积极推进城乡一体社会养老保险体系工作。（赵秀茵）

**附：2009年东莞市莞城街道党委、人大、办事处领导名录**

党委书记：王检养
党委副书记：陈志坚　郭志祥
党委委员：张锐均　李少琼　单志雄
王徐坚　尹敬华　叶建华
吴志恩　吴　晓　张彤飚
张俊华
人大联络委员会主任：王检养
人大联络委员会副主任：李少琼　陈小萍
办事处主任：陈志坚
办事处副主任：张锐均　彭　雷
张凯强　梁　丰

## 2005—2009年莞城主要经济指标

| 指标＼年份 | 2005 | 2006 | 2007 | 2008 | 2009 |
|---|---|---|---|---|---|
| 户籍人口（人） | 154747 | 160242 | 160578 | 164215 | 168014 |
| 外来暂住人口（人） | 89376 | 77213 | 82433 | 71213 | 64884 |
| 面积（平方公里） | 14 | 14 | 14 | 14 | 11.17 |
| 国内生产总值（万元） | 617849 | 712319 | 897597 | 1015311 | 1054949 |
| 工业总产值当年价（万元） | 476354 | 560704 | 585167 | 629635 | 731721 |
| 农业总产值当年价（万元） | | | | | |
| 总用电量（万千瓦时） | 48264 | 48273 | 51220 | 55826 | 47942 |
| 全社会固定资产投资总额（万元） | 211823 | 168279 | 185729 | 249452 | 176235 |
| 社会消费与零售总额（万元） | 377709 | 528140 | 665456 | 908795 | 995207 |
| 外贸出口总额（万美元） | 35705 | 51306 | 57597 | 55125 | 44896 |
| 实际利用外资（万美元） | 5534 | 6903 | 2620 | 3374 | 1989 |
| 镇级可支配财政收（万元） | 43938 | 39050 | 44592 | 58708 | 62678 |
| 各项税收总额（万元） | 119909 | 144990 | 190973 | 314243 | 283194 |
| 金融机构各项存款余额（万元） | 5866815 | 5533437 | 6011229 | 6106216 | 6413744 |
| 城乡居民储蓄存款余额（万元） | 1593844 | 1759598 | 1695886 | 1917542 | 2087825 |

## 石龙镇

【概况】石龙镇位于东莞北部，东江下游北干流和南支流交汇处，北靠广州，相距69公里，南临深圳，相距78公里，毗邻香港。全镇总面积13.83平方公里，总人口14.6万人，其中常住人口6.7万人。辖老城区、西湖区、新城区、红海区，每平方公里的人口密度高达1万多人。2009年，每平方公里土地税收达8000万元以上。

2009年，石龙镇完成GDP50.76亿元，同比增长（下同）8%；全镇规模以上工业产值119.15亿元，下降5.39%；全镇税收总额9.13亿元，增长5.48%；镇本级财政收入4.6亿元，增长14.13%；全镇各项存款余额113亿元，增长16.8%。

2009年，石龙镇固定资产投资总额17.32亿元，增长4.10%；全年实现社会消费品零售总额28亿元，增长13.8%。合同利用外资（按新口径）3430万美元，增长25.73%，完成市下达任务的122.50%。帮助企业申请获得2009年东莞市科技贷款贴息及“10亿元融资计划”贷款贴息311万元，申请各种科技项目、技术中心、技改技创、装备制造业以及中小企业专项发展资金约4000万元。工业总公司、粤龙实业公司共为企业减租让利986万元。取消或降低多项收费，为企业减负1000多万元。

2009年，石龙镇被市委市政府评为年度镇级领导班子落实科学发展观工作量化考核综合总分一等奖；在国际宜居城市与社区竞赛决赛中获国际宜居城镇组别第一名。

【转型升级】2009年，石龙镇积极推动日本京瓷爱克电子、日本电产三协电子等5家企业转型，转型后投资总额达7587万美元。2009年，在石龙镇投资的3家世界500强企业已比较成功地实现扎根经营，全镇外资企业转型数量比例20%。香港新鸿基集团已签订协议投资兴建“奕翠园”高档商住区；与中国移动、中国电信签署3.5亿元合作协议推进石龙信息化建设；深圳泛蓝科技公司投资3000万元在石龙镇发展科技型电子家具产品；成功引进世界500强跨国零售旗舰企业家乐福进驻石龙。抓好现代信息服务园建设，引进10家企业进园。京瓷美达在内地市场已占有5%的市场份额，被评为东莞市2009年度实际出口前10名外资企业之一。

【城镇建设】城镇交通：2009年，石龙镇新火车站初步设计完成，2010年春节后进场施工；滨江路首期改造工程完成总拆迁户数的93%；裕兴路已完成招投标工作；东桥扩建工程已完成总工程量的40%，沙河大桥建设工程于2009年12月29日举行动工仪式。城镇建设方面：2009年，石龙镇引进新鸿基、佳兆业等品牌城市运营商，合作发展地产项目。中央豪门、龙城国际、帝景湾等一批中高档房地产项目相继推出，打造了一批城市景观性建筑。城镇管理方面：2009年，石龙镇成立3个社区城市综合管理办公室；建立石龙镇空间地理信息公共服务平台、市政设施管理系统和地下管线管理系统；新城区污水处理厂主体工程完成。山洲围水利防灾减灾一、二期工程进入施工扫尾阶段，新城区排站建成并投入使用。

【科技创新】2009年，广安电气检测中心被认定为“东莞市中低压输配电设备重点实验室”，成为东莞市首批重点实验室之一，获得市奖励资金500万元；新增市专利试点企业3家及市专利培育企业2家，获国家高新技术企业认定3家，广东省创新型试点企业1家，省民营科技

# 石龙镇

① 2009年10月13日，石龙镇在2009年国际花园城市评选决赛中，获评“国际宜居城镇第一名”

② 2009年12月3日，中国残联主席张海迪莅临石龙镇调研

① 2009年11月20日，广东省光学学会2009年学术交流大会在石龙召开
② 2009年10月23日，石龙镇举办“第四届石龙食品药品打假协作论坛”
③ 2009年11月3日，召开石龙镇扩权强镇试点工作领导小组会议

企业1家；获得粤港关键领域重点突破项目1个，粤港关键领域重点突破（东莞专项）项目2个，获省部产学研合作立项7项，获广东省科技进步奖1项，获东莞市科学技术奖11项，获市重点实验室认定2家，获奖数量在全市镇街中位居第一。

【公共安全】 2009年，石龙镇共立刑事案件857宗，与上年同期持平；破案259宗，破案率达30.2%。在10个村（社区）挂牌成立安全办，成功组建消防队和安全生产巡查队，提前实现村（社区）100%建立消防队目标。火灾事故宗数同比下降2.9%，全年没有发生重特大安全事故。建立镇综治信访维稳中心，扎实开展重信重访专项治理和镇委书记大接访活动。共受理群众信访案件418件，办结率达98.8%。开展石龙镇工程建设领域突出问题专项治理工作。开发“石龙镇企业风险预警系统”并投入运作，成功协助6家企业解决欠薪问题，提前介入和化解4家企业群体性劳资冲突隐患，全年未发生企业欠薪倒闭逃匿事件。

【关爱民生】 2009年，石龙镇完成29户廉租住房保障工作任务，通过审批的经济适用房申请141户；全年发放低保金177.95万元，低保在读子女助学金256.54万元；镇财政筹集500万元专项资金用于农保补缴款及发放老年津贴的备用金，完成农保并职保东莞市试点工作。组建7个志愿服务站，26个志愿服务队，在册志愿者人数达8500多人。启动社会工作试点，为青少年、老年人、残疾人等群体购买社会服务。

【教育文化】 2009年，石龙镇中考成绩超过市平均分28.7分，户籍人口升大学率全市排名第三，升本科比例全市排名第四，连续16年完成市教育局下达的高考奋斗目标。东莞市职工技能培训中心落户石龙，被定为全国“家政服务工程”指定培训单位。石龙博物馆建成并免费开放。

【国际宜居城镇】 2009年10月13日，石龙镇在第十三届全球最适宜居住城市与社区国际竞赛决赛中，夺取国际宜居城镇组别第一名，成为全球最适宜居住城镇之一。全球最适宜居住城市与社区国际竞赛，被誉为全球“绿色的奥斯卡”，是全球唯一得到联合国官方认可的地方人居环境最佳实践范例的国际竞赛活动，也是世界人居环境最高荣誉之一。本届竞赛由联合国总部、联合国环境规划署、联合国教科文组织三大机构和国际公园与康乐组织协会联袂主办。此次国际花园城市的评选，按照人口规模分五个单元，参赛范围涵盖全球六大洲70多个国家的300多个城市与社区。

【简政强镇试点】 2009年7月，中央政治局委员、省委书记汪洋批示东莞市开展简政强镇试点工作。经市委市政府研究，石龙镇被确定为全市两个试点镇之一。2008年12月，经市委市政府批准，市机编委正式印发了石龙镇的机构改革方案。简政强镇机构改革后，镇机关由原来内设11个综合性办公室改革为内设8个综合性办公室和直属局，镇属事业单位由原来的13个调整为7个，市直部门派驻机构由11个调整为10个。同时组建接受镇委镇政府直接领导的经济发展改革委员会、城市规划建设委员会、人口与社会事务委员会等3个综合性议事协调机构。同时，制订《石龙镇镇属行政事业单位领导干部聘任试行办法》，进一步修改完善《石龙镇镇属行政事业单位聘用人员管理试行办法》，规范镇属行政事业单位领导干部聘任和编外人员聘用的操作。石龙镇已与22个市直单位签订了《行政执法委托协议书》，承接委托权限共224项，其余的24项权限通过直接交办的方式也同时下放给石龙镇。

【石龙新火车站】 2009年4月13日，东莞市委市政府在石龙西湖新石龙火车站站址内举行东莞市轨道交通R2线起点站暨石龙火车站新站工程开工仪式。石龙火车站新站整个工程投资预算总额近8亿元，按照“广深铁路的城际铁路为主、兼顾部分长途旅客列车，预留开行始发、终到长途旅客列车”的功能定位，主要承担东莞往广州、深圳、香港和惠州方向的短途客运，并将会在站内设置口岸，届时将可以由石龙直接乘车去往香港。根据客流预测，新火车站建成后近期年输送旅客量为1000万人次，远期为2000万人次。新火车站与市轨道交通R2线同步设计、同步施工，力争在石龙火车站建站100周年，也就是2011年投入使用。

① 2009年12月11日，石龙镇众生药业股份有限公司成功在深圳证券交易所上市，成为东莞市第六家上市公司

② 2009年4月26日，“改革开放30周年30个最受关注乡镇”评选，石龙居榜首

③ 2009年5月30日，石龙镇获评“中国历史文化名镇”

① 2009年1月15日，中国外运东莞物流中心项目在石龙镇签约

② 2009年9月25日，石龙镇与香港新鸿基地产举行奕翠园项目签约仪式

③ 2009年7月9日，石龙镇政府与中国电信东莞分公司进行信息化推进合作框架协议签订仪式

④ 2009年4月13日，东莞市轨道交通R2线起点站暨石龙火车站新站动工

⑤ 石龙火车站迁建工程效果图

⑥ 石龙新全景

**【中国外运东莞物流中心项目】** 位于东莞市石龙港区，规划面积达1000亩，由中国外运广东有限公司和东莞市石龙镇工业总公司共同出资建设。项目计划总投资30亿元，主要改造1200米千吨级岸线和2690米铁路专用线，新建10万平方米保税仓库和15万平方米普通仓库，并增加10台40吨级大型起重设备，建筑总面积将达到60万平方米。项目计划将以铁路、公路货运为主，以水路货运为辅，建设集进出口拼、拆箱、保税物流、库存管理、金融物流、国际采购订单处理、产品展示、多式联运，以及货物仓储、加工、分拣及配送等综合服务为一体的示范性物流园区，打造符合国际标准的物流服务基地。2009年11月，中国外运东莞物流中心已于举行揭牌仪式，项目合资公司也已成立。港区原有业务及不动产已装入合资公司，固定资产过户手续正在办理当中。已办理市发改局的立项备案，共投资8000多万元完成首阶段13万平方米的土地征地及办证手续，并获建设用地规划许可证。在工程建设方面，已对其中130米码头泊位进行了重新加固设计，机械设计起重能力为40吨，并已经动工。

**【高、中、低压通断试验基地工程二期项目】** 2009年，东莞石龙高、中、低压通断试验基地工程二期项目由广东省产品质量监督检验中心与石龙镇工业总公司合作投资建设。项目在原有的国家中低压输配电设备质量监督检验中心基础上建设高压电器通断试验大厅，提供高压电器产品测试服务。“国家中低压输配电设备质量监督检验中心”试验能力为450V,280KA大电流短路试验室，是全国乃至东南亚低压电器试验能力最大实验室，同时也是国家质检总局批准成立的A级国家质检中心。该中心承担8个国家标准的制订，是国家高新技术企业，拥有2项实用新型专利授权，3项软件著作版权。二期项目计划投入约4亿元，占地80多亩，总建筑面积超过20000平方米。项目建成后，预计每年检验变压器、高压柜、互感器等设备超过2000套，低压电器超过3000套，年检验收入达到9000万，约占全国检验收入1/6。

（胡祖好）

**附：2009年东莞市石龙镇党委、人大、政府领导名录**

镇委书记：冼周恩

镇委副书记：黄贵洪　周年友

镇委委员：林汝辉　林　山　陈耀林　梁李文　叶进田　袁燕霞　阮兆强　赖松波　王敬波　刘雄波

镇人大主席：冼周恩

镇人大副主席：林　山　王润成

镇　长：黄贵洪

副镇长：林汝辉　陈智武　黎明英　陈海翔

④

⑤

⑥

① 和谐生活 ② 江边商住区 ③ 石龙东桥 ④ 江边绿化景观

## 2005—2009年石龙镇主要经济指标

| 指标＼年份 | 2005 | 2006 | 2007 | 2008 | 2009 |
|---|---|---|---|---|---|
| 户籍人口（人） | 67900 | 68470 | 69001 | 69645 | 70331 |
| 外来暂住人口（人） | 77465 | 78156 | 81976 | 78436 | 63193 |
| 面积（平方公里） | 13.83 | 13.83 | 13.83 | 13.83 | 13.83 |
| 国内生产总值（万元） | 349301 | 384329 | 427216 | 470012 | 502973 |
| 工业总产值当年价（万元） | 1351239 | 1563482 | 1316656 | 1324893 | 1244275 |
| 农业总产值当年价（万元） | 523 | 187 | 17 | 12 | 26 |
| 总用电量（万千瓦时） | 64356 | 65469 | 67495 | 67936 | 65765 |
| 全社会固定资产投资总额（万元） | 101821 | 77906 | 149472 | 166400 | 173226 |
| 社会消费与零售总额（万元） | 201212 | 219352 | 237981 | 246417 | 280601 |
| 外贸出口总额（万美元） | 83772 | 98543 | 104971 | 130354 | 130670 |
| 实际利用外资（万美元） | 6964 | 1220 | 4269 | 8204 | 4446 |
| 镇级可支配财政收入（万元） | 30800 | 33781 | 37397 | 40318 | 46016 |
| 各项税收总额（万元） | 40965 | 50288 | 70059 | 86534 | 90648 |
| 金融机构各项存款余额（万元） | 716610 | 797891 | 852563 | 967440 | 1190569 |
| 城乡居民储蓄存款余额（万元） | 568617 | 618035 | 622292 | 754728 | 808199 |

## 虎门镇

【概况】 虎门镇位于东莞市西南部，珠江口东岸，下辖30个社区，2009年，有户籍人口12.61万人，外来人口42.63万人。

2009年，虎门镇全年实现GDP 243.76亿元，增长13.5%；人均GDP44,124元，增长18%；三次产业比例由上年的0.57∶51.42∶48.01调整为0.54∶49.79∶49.67；工业总产值509.16亿元，增长6.3%；镇本级可支配财政收入14.34亿元，增长20.7%；农民人均纯收入15,195元，增长5.6%；实际利用外资10,595万美元，增长7.6%；每万元GDP能耗0.42吨标准煤，下降5.9%；各项人民币存款余额408.4亿元，增长10.5%，其中城乡居民储蓄存款余额321.39亿元，增长11%。2009年，虎门镇获得"全国特色景观旅游名镇"、"中国十大特色名镇"、"广东省历史文化名镇"、"东莞市文化建设先进镇"等多项荣誉。

【产业转型升级】 设立"三个3000万"助推产业升级。2009年，虎门镇设立三个3000万元产业发展扶持资金，大力帮扶企业推进产业升级。设立3000万元的企业发展扶持资金，支持企业转型升级，重点扶持先进技术型、节约能源型、环境保护型行业，向低消耗、低排放、高效益的方向发展，推进经济社会持续发展；设立3000万元的创意产业专项扶持资金，采取奖励、贴息、补贴、资助等方式，对创意产品、项目及创意平台建设进行扶持，引导各类资本、人才投入到虎门的创意产业，培育和发展

# 虎门镇

① 2009年11月3日，广东省委副书记、省长黄华华在东莞市委书记刘志庚、虎门镇委书记吴湛辉等市镇领导陪同下考察时艺制衣公司

② 2009年11月13日，国家、省、市、镇相关领导共同启动服交会开幕按钮

③ 2009年2月23日，东莞市委副书记、市长李毓全在虎门镇委书记吴湛辉等镇领导陪同下在以纯集团调研

④ 2009年，路东社区获评"全国文明村镇"，4月2日，市、镇领导共同为路东社区揭牌

⑤ 东莞市政协副主席刘发枝、虎门镇委书记吴湛辉、镇长任洪杰等领导共同启动虎门国际购物中心奠基按钮

具有虎门特色的创意产业群；设立3000万元的文化旅游产业发展资金，通过挖掘虎门丰富的文化旅游资源，大力发展旅游产业，成立旅游产业统筹协调机构，加强对旅游产业的规划、旅游资源的开发及旅游景点的宣传推介，将文化旅游产业打造成为虎门经济发展新的增长极。

富民服装商务中心投入使用。2009年3月13日，虎门富民服装商务中心投入使用。该中心投资6亿元，楼高23层，总建筑面积15万平方米，拥有1000多间商铺，集服装批发、品牌服装展示、服装设计创意孵化、服装品牌塑造推广、电子商务等先进功能于一体，具有较强的核心竞争力，推动虎门服装商圈的升级。截至2009年，已进驻该中心的品牌商户有1000多家，商铺招租率近90%。

中国（虎门）国际服装交易会获奖。2009年12月27日—28日，在上海举行的2009中国会展高峰论坛年会暨第七届中国会展业年度颁奖盛典上，中国（虎门）国际服装交易会获“2009年度中国行业品牌展会金鼎奖”。这次活动由全国各城市会展管理办公室、中国展览联盟、《第一会展》杂志、各省市会展行业协会等联合举办，全国20多个省市的会展主管部门、城市政府领导、商务厅、贸促会、会展办、行业协会、知名会展公司、教育院校、新闻媒体、专家学者等300多名会展业界代表出席大会。

全市首家信息传输线缆协会成立。2009年9月10日，虎门信息传输线缆协会正式成立，这是全市首家镇一级信息传输线缆协会，首届有会员82家。筹备大会暨第一届会员代表大会在虎门召开，会议审议通过协会章程和选举办法，投票选举产生协会第一届理事会和监事会。新亚电子总经理白建文当选协会第一任会长；联升电线总经理聂东华当选协会第一任常务副会长；银禧塑

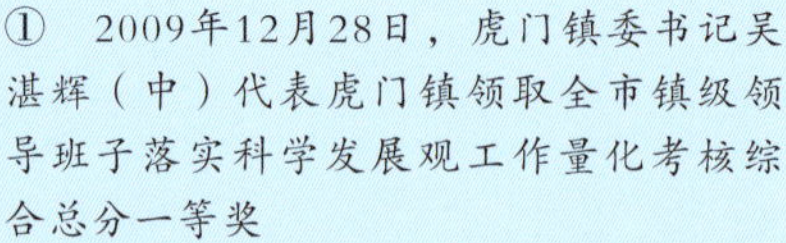

① 2009年12月28日，虎门镇委书记吴湛辉（中）代表虎门镇领取全市镇级领导班子落实科学发展观工作量化考核综合总分一等奖
② 2009年6月10日，虎门镇委书记吴湛辉等镇领导实地调研长堤路建设
③ 2009年6月22日，市、镇领导为民泰社区居委会成立揭牌
④ 2009年9月1日，虎门镇委书记吴湛辉、镇长任洪杰为考入北大的学子颁奖
⑤ 2009年12月1日，1000多人参加了在龙泉国际大酒店举行的推进产业结构调整和转型升级动员大会

胶、建通电子、精铁机械和金山电线等13家企业代表当选为协会副会长；固邦灯饰、创盟电子和亿泰电线等14家企业代表当选为协会理事；陈飞任协会第一任秘书长。经过20多年的发展，虎门信息传输线缆已经发展成为东莞市最具活力和影响力的产业集群之一，成为支撑虎门经济社会发展的重要支柱产业，2008年，虎门镇有信息传输线缆产业相关企业190多家，实现产值120多亿元。

【保增长】 帮扶企业。2009年，虎门镇加强对企业的帮扶力度，镇区两级领导定期开展联系走访企业活动，深入了解企业的经营状况和实际需求，帮助企业解困。先后召开14场重点企业和行业协会负责人座谈会，组织企业参与“民营企业面对面”活动，共组织130多个企业负责人参加16期的培训、交流活动，提高民营企业经营管理者的素质，增强企业间的沟通联系。全年帮助257家企业争取市融资扶持资金，共获得新增贷款3.9亿元；办理37宗来料加工企业转型为“三资”企业。第十四届中国（虎门）国际服装交易会期间，免收企业参展费240万元，提高企业参展的积极性。

开拓市场。2009年，虎门镇积极引导企业拓展内销市场，组织7家品牌企业参加东莞品牌服装鞋帽（东北）推广周活动，推介虎门服交会和虎门服装。组织20多家企业参加东莞国际电脑资讯博览会，举办大型零售商服装专场采购对接会，促进国内外专业市场交流合作。

① 虎门连升南路一段
② 虎门镇四通八达的交通路网
③ 虎门南面海滩上游人如织
④ 气势恢宏的富民服装商务中心
⑤⑥ 虎门镇体育盛会

① 古塞新城
② 山水人家
③ 烟花耀虎门
④ 宜居虎门
⑤ 虎门夜色
⑥ 珠江边的明珠——威远岛
⑦ 鸟瞰虎门

扩大内需。2009年，虎门镇积极参与“2009商贸东莞欢乐消费年”活动，拉动消费，协助逾50家企业办理家电下乡备案手续，审核家电以旧换新的销售、回收网点19家。2009年，全镇家电下乡销售总额521万元，家电以旧换新销售总额1293万元，社会消费品零售总额达103.83亿元，增长21.4%，均位居全市前列。

加大统筹。2009年，虎门镇进一步规范镇属集体资产管理，推动富民服务有限公司等镇属企业的改制工作。2009年，将镇资产经营管理有限公司等102个镇属企事业单位纳入财政“收支两条线”管理，确保镇属集体资产保值增值，镇属集体经济实现税利4.22亿元，增长150%。严控社区福利开支和超分配现象，社区两级净资产达69.2亿元，增长7.56%，有14个社区可支配收入超3000万元。

**【城市升级】** 规划先行。2009年，虎门镇完成《虎门镇土地利用总体规划》修编，投入2580多万元，基本完成《虎门镇总体规划》修编、《威远岛控规及城市设计》等20个城市建设专项规划修编，并将成果送审报批。

路网先通。2009年，虎门镇完成广深港客运专线、广深沿江高速公路、穗莞深城际轨道交通项目的征地面积近2000亩，拆迁面积近20万$m^2$。滨海大道、长堤路及环岛路等镇内三大道路列入虎门重大道路设施建设项目，其施工设计方案通过不断修改论证，已基本完成。11月3日，虎门镇与东莞供电局签署沙角电厂550千伏线路和则徐变电站220千伏线路整合迁改补偿合同，整合迁改工程能够缩小线路走廊，优化和整合土地资源，节约建设成本，标志滨海大道工程规划建设迈出关键的一步。

板块先建。2009年，虎门镇确立构建“一河两岸三板块”（一河，指太平河；两岸，指虎门城区和威远岛；三板块，指威远板块、新湾板块、虎门中心区板块）的城市新格局，倾力打造城市中心区、威远岛、新湾三大板块，使之成为支撑虎门经济二次腾飞的重要增长极。城市中心板块。将完善中心区各项功能，通过对东引运河中心区段改造、多层停车场建设、富民商业大厦区域路网提升、小公园等建设，对虎门大道两侧、林则徐公园周边旧区改造；同时，规划用3年时间，把广深高速公路一带建设成虎门中心区的商业龙头，在商业龙头区域内，建设时装国际贸易中心、大型会展中心、总部经济中心、汽车客运总站等代表性项目。威远岛板块。威远岛板块将以发展创意产业为先导，逐渐建设成为集创意产业、高等教育、高尚居住区、滨海休闲旅游于一体的功能完善、环境优雅、景观怡人的现代化新区，成为虎门城市发展的新的增长支柱。新湾板块。主要借势力融合，跨越发展，全力争取市的支持，规划建设新湾、沙角、路东等沿海区域。对新湾板块实施全面改造，启动渔民上楼工程建设，大力发展现代港口物流业，适度发展清洁工业和生态人居，努力把新湾打造成虎门的“滨海新区”。

虎门国际购物中心开建。2009年9月22日，虎门国际购物中心举行奠基仪式，动工兴建。该购物中心位于虎门中央商业圈核心位置，集休闲、娱乐、饮食、购物于一体，总投资5.8亿元，总用地面积5.3万平方米，建筑面积近17万平方米，设停车位1100个，预计2年建成使用。

**【维稳综治】** 2009年，虎门镇出台《关于加强社会治安工作的意见》，完善治安机制，明确从2009年起，镇财政五年内增加公安经费投入5亿元，大力推进基础设施建设。投入500万元，建成镇综治维稳中心；投入500万元，购置100辆执勤巡逻车配给公安部门和各社区使用，提高整体巡逻机动能力。实施人性化“治摩”，累计销毁各类违法摩托车和电动车1.4万多辆。打击各类犯罪，全镇刑事立案同比下降13.3%，侦破各类刑事案件同比上升5%；打掉各类犯罪团伙117个，侦破命案18宗，成功侦破“5·3”特大爆炸案。镇财政在原注资1000万元基础上，再增拨1000万元，用作奖励见义勇为好市民及抓获现行犯罪和举报犯罪线索有功人员专项奖励金，调动人民群众参与社会治安综合治理的积极性。全镇三级人民调解组织共处理民间纠纷2100多件，调解成功率达98.4%。处理劳资纠纷案件4700多起，涉及人数11000多人，金额2150多万元。

虎门镇“5·3”爆炸案告破。2009年5月3日，在虎门镇小捷滘社区发生一起爆炸案，爆炸造成14人受伤。爆炸案发生后，省、市各级领导高度重视，指示尽快破案。市公安局联合虎门公安分局迅速成立专案组，并特邀了公安部爆炸案专家乌国庆到虎门进行侦查指导，全力对此案进行侦查。专案组于5月10日抓获了犯罪嫌疑人胡国威，此案告破。

**【惠民生】** 落实社会保障。2009年，虎门镇将社会基本医疗保险的年度最高支付限额提高至10万元。投入4426万元夯实养老基金，将4.94万农居民的养老保险全部纳入城镇职工养老保险体系。为398名低保学生发放助学金135多万元。建成了17个社区“星光计划”老人活动中心，累计发放老人乘车卡近1.8万张。成立民泰社区居民委员会，为725名新莞人办理入户。

实施就业帮扶。2009年，虎门镇加大就业帮扶力度，全年共开办户籍人员、新莞人技能培训班154期，培训8200多人次。大力推广“村民车间”、“村民班组”就业模式，在白沙、怀德等多个社区，帮助674名“4050”户籍人员实现就业，安置100多名大中专毕业生就业。建立东莞首个大学生创业基地，该基地对本地应届高校毕业生在入场费用、货源、技术、物流等方面给予最大优惠。实行就业奖励措施，凡在2008年及以后毕业的虎门籍大中专毕业生，从2009年起在本镇生产性或服务性企业一线工作岗位，并履行完一年期限劳动合同的，在市补贴的基础上，给予企业每人100元至400元不等的岗位补贴，连续补助两年。

兴修水利工程。2009年，虎门镇投入6557万元，动工建设29个水利工程项目，完成北面蛇头湾海堤加固、怀大河（大坑段）整治等22个工程项目。投资4000多万元的磨碟口排涝站机组，已经投入运行。东引运河虎门城区段升级改造工程已进场施工，该工程全长3.42公里，规划投入1.26亿元，按50年一遇的防洪标准建设，升级改造后，将大大提高虎门主干河道排洪能力，有效治理城市内涝、河涌污染，改善城市水环境，美化城市景观。启动了龙眼新涌、官涌河等内河涌的升级改造规划建设，加快对虎门内河涌整治和改造。

建设污染源监控中心。2009年，虎门镇投资475万元，在全市率先建立镇级污染源监控中心。该监控中心建成后，全镇所有重点污染企业将全部纳入在线监控的范围，对企业的废水、废气排放进行24小时动态监控，并定期向社会公布监测数据，创造宜商宜居的良好环境。

优化公共交通。2009年，虎门镇新增20辆公交车投入运营，增加镇公汽线路覆盖和班线密度，并对12条公交线路进行合理调整。虎门公汽所有公交车现均安装了GPS车辆监控系统、线路报站器及治安视频监控系统，治安视频监控系统与公安报警指挥系统联网。在中心区、镇内主要酒店门口、学校路段、医院及商场门口等人流密集处，新增了22个公共的士停靠站。投资1000多万元，增加100辆“黄的”投入使用，并着力将

“黄的”打造成虎门出租车行业品牌。

**【文体教育】** 文体事业创丰收。2009年，全镇策划大型文化活动超过50场次，群众文化活动逾100场次，社区文化、企业文化、校园文化、广场文化等蓬勃发展。举办“09虎门文化艺术节”，开展社区歌手团体赛和摄影、美术、书法比赛，举办校园百名少年书画活动、现代小品小戏调演等46场文化竞赛、展示及表演活动。投入130万元，拍摄大型宣传片《虎门奇迹》，提升虎门的美誉度。推动学习型城市，第五届读书节参与人数达10万余人次。实施精品工程，全年获得市级以上奖励或发表的作品有近600件。体育事业创佳绩，在市第七届运动会上，镇体育代表团夺得团体总分第一名；镇划船队在全国大赛中获得1金、1银、1铜的好成绩。

编制教育发展规划。2009年，虎门镇投入20万元，委托华师大农村教育发展研究中心编制《虎门镇中长期教育发展规划》。该规划确立从2009至2020年虎门镇教育发展定位，全面、科学筹划提升教育整体质量和综合实力的目标。根据该规划，虎门镇五年内将投入15亿元教育专项资金，重点实施调整全镇教育布局、加快联合办学、创建名校工程、兴办高等教育、支持和规范民办教育、培育教育特色、加强教育科研及开展成人教育等八大工程。

推进教育布局调整。2009年，虎门镇加快教育布局调整和小学联合办学步伐，全年共投入727万元，撤并了三东小学、新联小学等12所办学规模较小、办学条件较差、校舍安全等级较低的小学，优化全镇小学的布局，提升虎门镇义务教育的办学效益，推进教育的均衡优质发展。截至2009年，全镇有镇属中小学22所，义务教育阶段公办学校优质学位的比例从上年的82.6%提高到84.55%。

开展校园建筑排险。2009年，虎门镇投入3471万元，在全市率先对镇属公办中小学的校舍进行安全性和抗震检测鉴定，并根据检测鉴定情况，对存在安全隐患的建筑物实施补强加固或拆除重建。同时督促全镇民办学校、幼儿园及社区幼儿园，进行全面的建筑物结构安全和抗震检测鉴定，及时排除隐患，确保学校、幼儿园建筑物安全使用。

发展医疗卫生。2009年，虎门镇投入2600多万元建设镇公共卫生大楼。该大楼集疾病控制、计划免疫、公共卫生监督、食品卫生检验、职业健康检查及公共卫生突发事件处理等功能于一体，投入使用后将有效缓解虎门群众及广大新莞人看病难的问题，也将进一步提升虎门镇公共卫生的保障能力和公共卫生工作的综合水平。规划建设的23个社区卫生服务站，已全部投入使用，实现医疗卫生全覆盖，方便群众看病就医。积极防控“甲流”，为3.3万名中小学生购买体温计。将医保参保人员纳入生育保险享受范围，有近26万人从中受益。

规划建设香港理工大学分校。2009年11月12日，东莞市政府与香港理工大学达成协议，香港理工大学将在东莞建立分校，虎门镇是该分校落户的首选地。虎门镇对香港理工大学分校进行了规划选址。该分校选址环境优美的虎门镇威远岛，总占地约1200亩，将按照“高起点、高水平、高效益”的原则，重点开展服装产业、信息电缆、商贸物流、酒店管理、文化旅游等专业，培养高级应用型和技能型的人才。

（陈先礼　梁高鸿）

**附：2009年东莞市虎门镇党委、人大、政府领导名录**

镇委书记：吴湛辉

镇委副书记：任洪杰　梁文荣

镇委委员：吴湛辉　任洪杰　梁文荣　陈锦波　卢伟尧　黄桂莲　郑敏华　方广茂　刘劲智　叶浩钿　邹芳芳　李鼎如　李三牢

镇人大主席：吴湛辉

镇人大副主席：陈锦波　唐明生

镇　长：任洪杰

副镇长：卢伟尧　祁耀权　潘继军　林超明

## 2005—2009年虎门镇主要经济指标

| 指标＼年份 | 2005 | 2006 | 2007 | 2008 | 2009 |
|---|---|---|---|---|---|
| 户籍人口（人） | 119941 | 121212 | 122666 | 124232 | 126120 |
| 外来暂住人口（人） | 611783 | 520546 | 487400 | 450333 | 426320 |
| 面积（平方公里） | 178.5 | 178 | 178 | 178.5 | 178.5 |
| 国内生产总值（万元） | 1274265 | 1484531 | 1828884 | 2147651 | 2437582 |
| 工业总产值当年价（万元） | 2159000 | 2881815 | 4583417 | 4936550 | 5091660 |
| 农业总产值当年价（万元） | 31239 | 22413 | 20068 | 25122 | 26360 |
| 总用电量（万千瓦时） | 309202 | 331438 | 365450 | 359566 | 352310 |
| 全社会固定资产投资总额（万元） | 515815 | 530076 | 599725 | 567682 | 621084 |
| 社会消费与零售总额（万元） | 623581 | 685939 | 788829 | 855300 | 1038334 |
| 外贸出口总额（万美元） | 147891 | 193249 | 260978 | 257371 | 193234 |
| 实际利用外资（万美元） | 16429 | 20392 | 8273 | 9849 | 10595 |
| 镇级可支配财政收入（万元） | 87739 | 96469 | 110965 | 118800 | 143368 |
| 各项税收总额（万元） | 266529 | 308232 | 317618 | 387200 | 359742 |
| 金融机构各项存款余额（万元） | 2629600 | 2973974 | 3159848 | 3695492 | 4084004 |
| 城乡居民储蓄存款余额（万元） | 2309157 | 2327020 | 2429775 | 2895356 | 3213867 |

# 东城 20项重点工程推动城市转型升级

东城城市规划建设水平较高，配套设施完善，生态环境优美，是一个宜居创业新区，被外界誉为“东莞的城市封面”。

为进一步推动城市转型升级，东城以“东扩、南接、北拓、中优”城市发展战略为依托，形成了全方位的城市开发建设新思路，并于2009年11月启动了总投资超过140亿元的20项重点工程项目，全面打造城市发展新亮点。这20项重点工程涉及“三旧”改造、高科技工业、现代农业、民生工程、商贸、城市配套、房地产项目等七大领域。20项重点工程的建设，将进一步拓宽城市空间，拉开城市发展框架，优化城市产业结构，提升城市整体形象，为东城促进经济社会双转型注入强大动力。

数十载峥嵘岁月筑就辉煌，20项重点工程再谱新篇。站在新的历史起点上，东城将以20项重点工程建设为抓手，全力推动城市转型升级。

市委书记、市人大常委会主任刘志庚在区委书记、区人大联络委主任黄少文，区委副书记、区办事处主任卢润江的陪同下，参观东城区20项重点工程项目介绍

市委书记、市人大常委会主任刘志庚，市政协主席刘树基，市委副书记、政法委书记黄双福，市人大常委会副主任张继雄，市委常委、常务副市长冷晓明，副市长梁国英及区委书记、区人大联络委主任黄少文，区委副书记、区办事处主任卢润江共同为东城区20项重点工程按下启动按钮

东城区20项重点工程项目启动仪式主会场现场

东城区20项重点工程项目之一——东城第十小学分会场启动仪式现场

东城区20项重点工程项目之一——东城农业生态园建设工程分会场启动仪式现场

20项重点工程项目名称背景图

## 东　城

【概况】 东城街道位于东莞市中部，面积110平方公里，辖23个社区和2个国有林场，有常住人口约20万人，其中户籍人口8.36万人；新莞人19万人。2009年，东城完成生产总值198.91亿元，比上年（下同）增长9.48%；工业产值249.85亿元，与上年基本持平；各项税收44.01亿元，同比增长8.04%；三级集体总收入21.45亿元，同比增长5.3%，其中街道本级可支配财政收入12.01亿元，同比增长11.41%。辖区共有14个社区可支配收入总额超过3000万元，12个社区两级净资产超过2亿元。

2009年，东城街道镇级领导班子工作实绩量化考核综合总分在全市32个镇街中排名第四，其中经济发展、结构效益、可持续发展、社会发展、部门满意度评价等单项评比均位居前三名，并获"文化建设标兵镇街"、"维护稳定和社会治安综合治理先进镇街"等荣誉。

【工业发展】 2009年，东城街道积极应对后金融危机时代影响，大力帮扶工业企业应对危机。重点落实减负政策，为企业减免各项行政收费及租金等6000多万元。落实融资措施，协助15家企业成功向银行贷款2.5亿元；与广汇科技小额贷款有限公司建立战略合作关系，为13家中小型企业申请贷款5000多万元，解决了部分无物业抵押，但发展潜力大的科技企业的融资问题。针对国际市场萎缩现状，引导外资企业拓展内销市场，全年外商投资企业内销额达80.49亿元，比上年同期增长16.48%，内销总量排名全市第一。进一步做好招商引资工作，制作图文并茂的《东城区建成厂房招商指引》，出台《东城区招商引资奖励实施办法》，组织社区干部赴台湾招商引资，拜访企业，稳定外商在东城投资的信心。全街道空置厂房从年初的65万平方米减少至34.65万平方米，空置厂房及宿舍面积下降46.7%。

【科技创新】 2009年，东城街道以技术创新为动力，不断提升街道技术水平和工业增值能力。全年共发放科技扶持奖励金1644万元，累计奖励资助企业131家次。成功启动奕东电子有限公司扩建工程等4大科技工业项目，总投资达11.5亿元。组织12家企业与高校和科研院所合作，引进产学研项目30个，签约金额约3亿元。新增国家高新技术企业8家，省市民营科技企业10家，省级企业工程技术研发中心2个，市级行业性科技创新平台1个。街道共有各类科技企业217家，承担国家和省市科技项目47项，已授权专利累计达4797项，形成了初具规模的创新型企业集群。2009年，街道高新技术产业增加值达33.86亿元，高新技术产品出口3.39亿美元，同比增长3.61%。

【城市建设】 2009年，东城街道以中心区"东扩、南接、北拓、中优"为目标，加强城市建设和管理，率先启动"三旧"（旧城镇、旧村庄、旧厂房）改造工作，完善城市功能布局，拉开城市发展框架。重点以新世博商贸中心区改造工程为试点，积极探索旧城、旧村、旧厂房改造新途径，明确改造方案、具体实施步骤等，并于年底正式启动了新世博商贸中心区和乌石岗、火炼树、立新、樟村旧村改造项目。配合广惠轻轨建设、R2线轨道交通建设、东引运河综合整治、黄旗山城市公园建设、市中医院建设等省市重点工程，加大拆迁力度，拓宽城市发展空间，全年共拆除旧村旧厂13.57万平方米，补偿金额2.23亿元。快速推进资福寺重建筹备工作，相关规划通过市审批。全力推进台商大厦、广盈大厦、东安花园、樟村安置楼等重点项目建设。完成东莞大道至怡丰路地下人行通道、莞龙路及莞长路人行天桥、同沙派出所、樟村派出所等配套项目建设。实施市民休闲公园、特警新营区、梨川排涝站规划建设工程及上桥南方装饰市场等路段内涝整治工程、社区垃圾转运站和公厕建设工程等。投资近1亿元，对社区8条道路进行升级改造，组织实施11个公交首末站建设。积极改善城市休闲居住条件，投资约1.2亿元完成第三批12个社区旧村整治工作；启动总投资约46亿元的农业生态园和4大房地产建设项目。积极开展省市卫生村和优美社区创建工作，推动社区环境进一步美化靓化。对牛山垃圾填埋场进行封场复绿，全部垃圾统一改为焚烧处理。投资近1000万元，对翠峰路、莞长路、新街路等道路绿化进行改造。实施补绿护绿工程，强化四大公园都市绿肺功能。截至2009年，全街道绿化覆盖率约42%，绿地率超过39%，人均绿地面积达25平方米。加大城市管理力度，配合市创建国家环保模范城市，严厉打击环境违法行为，立案调查环境违法案件47宗，查处无证照污染案件151宗，取缔13家无牌污染企业。强化城市管理综合执法职能，及时查处纠正违法建设、乱摆乱卖等违法行为约6000宗，清理垃圾卫生死角440多处。在环卫考评中，成功实现争创全市先进的目标。

【重点工程】 2009年，东城街道全面启动20项重点工程项目建设，努力培育新的经济增长点。20个项目单项投资均超过千万元，总投资超过140亿元，包括"三旧"（旧城镇、旧村庄、旧厂房）改造项目、高新科技工业项目、农业开发项目、民生工程项目、城市配套建设项目、商贸项目、房地产建设项目等七大类。其中"三旧"改造项目共5个，总投资超过80亿元；高新科技工业项目共4个，总投资约11.5亿元；农业开发项目2个，总投资约2.56亿元；民生工程项目2个，总投资约1.1亿元；城市配套建设项目2个，总投资约2.3亿元；商贸项目1个，总投资约2亿元；房地产建设项目4个，总投资约43.76亿元。

【第三产业】 2009年，东城街道充分利用辖区良好的商贸环境，主攻第三产业，不断推动经济结构优化升级。全年涉及第三产业引资增资项目12宗（外资类），实际利用外资4000多万美元，占全区实际利用外资总额的44%，是上年同期的7.7倍。投资2亿元的东城中心商业广场改造项目顺利启动，中信商业广场、星河城相继招商，进一步丰富了辖区商业业态。推出东城美食导航地图，增发长城—东城联名信用卡8415张。截至2009年12月，全街道个体工商户累计达28163家，同比增长7.25%；第三产业生产总值达124.5亿元，同比增长17.56%；社会消费品零售总额96.2亿元，同比增长15%，其中仅长城—东城联名信用卡用户年刷卡额就达6.44亿元，同比增长72.15%。三大产业结构由2008年的0.03：44.02：55.95调整为0.03：39.18：60.79。

【文化教育】 2009年，东城街道大力促进教育事业发展，各中小学共获市以上奖励81项，初中升学率达98.3%，位居全市第一。积极落实政策，通过积分办法向新莞人子女提供公办学校学位110个，并将53名代课教师转为合同制教师，逐步实现教职工同工同酬，解决群众读书难和代课教师问题。扎实推进全民健身活动，组队参加市第七届运动会和羽毛球公开赛等，共取得金牌23枚。文化建设全面丰收，新增文化建设标兵

社区1个、文化建设先进社区6个、文化建设达标社区5个，街道办事处被评为“文化建设标兵镇街”。成功与中国作家协会续约共建东城文学创作基地，圆满承办东莞摄影家协会2009年年会暨东城第二届群众摄影艺术节，举办第五届东城街道文化体育艺术节、“绚丽大舞台千场文艺演出”等活动。在市以上文艺评奖、比赛中获得奖项41个。

【就业创业】2009年，东城街道广泛开展“再就业援助月”、“春风行动”等活动，为4746人次户籍劳动力提供就业服务。举办本地居民技能培训班49期，企业员工培训班85期，培训人员近万人次。通过设置“村民车间”、“妇女车间”，落实460名户籍失业人员到企业就业，为13775人次户籍劳动力发放各项就业补贴660余万元。狠抓高校毕业生就业工作，全区431名高校毕业生已就业407名，就业率为94.43%。

【医疗卫生】2009年，东城街道全面落实甲型H1N1流感疫情防控措施，将39个医疗卫生单位纳入疫情监测范围，为群众接种流感疫苗63755人次，数量居全市第一。通过联防联控，甲型H1N1流感疫情得到有效控制，取得阶段性成果。完善卫生服务站点建设，新建成上桥社区卫生服务站；健全薪酬制度和引人、用人、育人机制，提高医疗服务质量。深入社区做好卫生健康知识传播，积极开展中医试点和健康教育试点工作，被市评为社区卫生服务试点工作示范单位。

【社会保障】2009年，东城街道全面推行城乡社会养老保险一体化，提高农民居民养老保险待遇，惠及群众6084人。截至2009年，辖区共有116.6万人次参保，同比增长33.44%，各项险种征收约5.3亿元，同比增长13.86%。大力推进出租屋保险推广及相关理赔工作，积极做好新莞人参保工作，约有59万人次新莞人参加了养老保险、工伤保险、医疗保险和失业保险，占总参保人数的90%。加强对口帮扶，大力支持新丰、河池等地建设与发展。完善社会救济救助体系，向辖区68户低保对象发放低保金、助学金45万元。

【计划生育】2009年，东城街道投入1000多万元建成的计生服务新大楼正式启用，优化了计生服务环境。街道政策生育率达97.4%，人口出生率下降0.95‰，13个社区实现无政策外生育，完成市下达的人口计生责任指标，被评为“人口和计划生育工作先进镇街”。

【社会治安】2009年，东城街道以开展“雷霆”、“粤安09”、“创平安、迎国庆”等专项行动为重点，严厉打击各类违法犯罪活动。妥善处置了各类群体性事件30宗，侦破刑事案件626宗，抓获刑事犯罪嫌疑人803人，摧毁犯罪集团18个，打掉“两抢一盗”团伙17个。广泛开展禁止酒后驾驶、学校校车整治、“禁摩”系列行动等交通整治专项行动，进一步营造了平安和谐的交通环境。其中，在“禁摩”专项行动中，共查扣摩托车2358辆，电动车5415辆，治安拘留162人，创建5个“双无”（无摩托车搭客营业、无电动车上路行驶）社区，基本实现环城路以内无摩托车上路行驶的工作目标。

【安全生产】2009年，东城街道制定《东城区加强社区安全办建设工作实施方案》，在社区、林场、工业园建立28个安全办。全面启动“安全生产年”和三个专项行动等工作，成立道路交通、建筑施工、危险化学品、消防等11个专项行动小组，开展4次全区性安全生产大检查活动，共检查各类单位场所19801家次，发现并整改安全隐患4826处，关闭企业单位32间。投入资金近560万元，加固学校建筑，完善消防设备等，确保师生安全。全年辖区没有重特大安全事故发生。

【信访维稳】2009年，东城街道积极整合资源，组建综治信访维稳中心，构建维稳工作新格局。坚持领导信访接待日、重点信访案件包案督办等制度，认真解决了一批信访难题和信访积案。全年共受理群众来信、来访、来电信访案件521件次，同比下降13.6%，接待来访群众96批959人次，回复或结案率达96%。挂牌成立劳动争议仲裁庭，积极化解劳资矛盾，构建和谐稳定的劳资环境，全年查处欠薪逃匿案件33宗，为3399人次追补、垫付欠薪598.36万元，有效维护了广大劳动者的合法权益。信访维稳形势明显好转，越级上访案件同比下降19%，被市评为信访工作先进单位。

【火灾隐患整治】2009年，东城街道以省挂牌督办火灾隐患整治工作为契机，投入资金4000多万元实施专项整治，成立东城消防大队，新建樟村、同沙消防站，组建27支社区兼职消防队，形成了多层次、全覆盖的防火灭火力量体系。完成了303个缺额消火栓补建，中心区市政消火栓达标率和完好率均实现100%的目标，新增和完善了一批消防安全装备，提前完成《东莞市消防基础工作创新发展规划纲要》（2009—2011）制定的目标。检查各类单位场所3万多家次，发现并整改安全隐患9000余处，采取停电、停水或责令停产、停业企业、场所18家，火灾隐患整治工作以优异成绩通过省、市验收，圆满摘牌销案。

【党风廉政建设】2009年，东城街道从提高党的执政能力入手，强化廉政监督，改进机关作风，在全街道开展纪律教育学习月活动，全年共受理机关效能投诉12宗，都得到了及时处理和整改。大力开展治理商业贿赂和预防职务犯罪宣传教育，积极推行政务公开，增强工作的透明度，实施“小金库”专项治理，自查面积达到100%。加大干部违法违纪案件的查处力度，共受理各项违法违纪案件18宗次，已查结16宗次，查结率89%，对1名有违纪行为的党员干部进行处理。

【基层干部管理】2009年，东城街道进一步深化社区基层干部管理制度，先后制定《社区“两委”班子成员联席会议制度》、《社区“两委”班子成员工作分工管理办法》、《推进社区民主决策和居务公开制度的实施细则》等制度，切实改进社区“两委”干部的工作制约和监督机制，提高了基层干部队伍的战斗力。选拔22名干部下派到各社区任工作联络员，促进了社区各项工作的协调发展。优化干部队伍结构，全年共考察干部58名，任前公示拟提拔干部43名，按“公开、平等、竞争、择优”的原则，公开招录40名优秀编外工作人员进入事业单位工作。加强后备干部队伍建设，共确定区属部门单位正副职后备干部83名，社区“两委”（社区党支部委员会、社区居民委员会）后备干部108名。

【星城社区成立】2009年，东城街道挂牌成立星城社区居委会，在解决人才落户、探索新型社区管理模式方面迈出实质性的步伐。该社区服务范围包括新世纪星城等19个房地产楼盘居民、东城区人才服务站等13个单位集体户居民以及根据政策采用“农转非”方式转入岗贝居委会成为城镇户籍居民的原各社区居民等。2009年，社区有常住人口1415户，共5524人。（潘　健　阮晓帆）

**附：2009年东莞市东城街道党委、人大、办事处领导名录**

党委书记：黄少文

党委副书记：卢润江　袁国超

党委委员：钱爱勤　陈柱杰　谢润根　周日佳　钟朝佳　冯锦新　邓勐彪（1月到任）　潘　健　徐建文　袁秀娟

人大联络委员会主任：黄少文

人大联络委员会副主任：钱爱勤　李润明

办事处主任：卢润江

办事处副主任：陈柱杰　刘尹波　吴沛林　陈　协

## 2005—2009年东城主要经济指标

| 年份 \ 指标 | 2005 | 2006 | 2007 | 2008 | 2009 |
|---|---|---|---|---|---|
| 户籍人口（人） | 63324 | 66733 | 70773 | 77104 | 83605 |
| 外来暂住人口（人） | 259953 | 265000 | 266638 | 209857 | 190032 |
| 面积（平方公里） | 110 | 110 | 110 | 110 | 110 |
| 国内生产总值（万元） | 1081018 | 1323694 | 1628719 | 1892571 | 1989067 |
| 工业总产值当年价（万元） | 1630000 | 2063611 | 2464603 | 2511786 | 2498450 |
| 农业总产值当年价（万元） | 1306 | 1267 | 1576 | 2328 | 2162 |
| 总用电量（万千瓦时） | 182868 | 226905 | 246710 | 231910 | 166402 |
| 社会固定资产投资总额（万元） | 265489 | 332383 | 382300 | 286701 | 495611 |
| 社会消费与零售总额（万元） | 550000 | 632500 | 727400 | 836510 | 961987 |
| 外贸出口总额（万美元） | 107097 | 136689 | 164106 | 170393 | 157413 |
| 实际利用外资（万美元） | 14491 | 12121 | 16553 | 20969 | 12845 |
| 镇级可支配财政收入（万元） | 60188 | 76411 | 86766 | 107766 | 120067 |
| 各项税收总额（万元） | 187191 | 245922 | 384575 | 418611 | 440100 |
| 金融机构各项存款余额（万元） | 1580663 | 4176106 | 4643242 | 4951643 | 3849488 |
| 城乡居民储蓄存款余额（万元） | 1010851 | 1788021 | 1849150 | 1996967 | 2188415 |

▲ 旗峰路

# 万　江

【概况】万江街道位于广东省东莞市西部，地处粤港澳经济走廊，邻近珠江入海口，面积48.6平方公里，下辖28个社区居委会，共133个居民小组。2009年，全街道有户籍人口75404人，外来暂住人口84867人。全年完成生产总值61.2亿元，同比增长5.1%；各项工商税收累计9.05亿元，同比增长1.30%；本级常规性可支配财政收入5.02亿元，同比增长5.71%；全社会固定资产投资总额29.8亿元，同比增长13.20%，其中民营经济固定资产投资总额19.69亿元，同比增长12.38%；城乡居民储蓄存款余额75.5亿元，同比增长11.30%；社会消费品零售总额22.16亿元，同比增长8.57%；房地产交易继续保持快速增长。

2009年，万江街道获“广东省文明单位”、“文化建设先进镇街”、“社会治安综合治理工作先进镇街”、“安全生产先进单位”、“农村集体资产管理工作先进镇街”、“人口和计划生育工作先进镇街”、“新莞人服务管理工作先进镇街”等称号。

【产业调整】2009年，万江街道围绕产业结构调整这一核心任务，积极创新发展模式，突出转变发展方式，以转型为抓手，加强招商选资、稳定现有企业、强化服务保障，切实推动万江产业结构优化升级，三大产业比例实现为0.6∶39.4∶60.0。着力加强招商选资。2009年，万江街道新成立的有限公司、独资或合伙企业等性质注册的民营企业共有805家，引进非本市投资主体的民营企业69家，总投资金额约1.54亿元；新签外商投资项目11宗，同期对比增加7宗，实际利用外资3618万美元，同比增长16.86%。鼓励企业增资扩产，2009年，万江街道经批准的增资企业有6家，金田纸业、电力燃料等市重点民营企业发展势头迅猛，其中电力燃料增资2000万元，金田纸业已达成在万江街道增资2.5亿元的意向，截至2009年，已有4000万元资金到位。着力促进转型升级。2009年，万江街道新增市级民营科技企业17家，新增省级民营科技企业4家，新增国家级高新技术企业8家；共有6个科研项目获市科学技术进步奖，获奖数量居全市第四；专利申请量537件，专利授权量377件，其中发明专利6件，居全市前列，并被认定为第一批“东莞市专利试点镇街”。实施名牌带动战略，鼓励企业创建更多名牌打造品牌。外资企业转型升级加快，2009年批准成立的来料加工转三资企业有11家。积极实施

## 万　江

① 2009年11月10日，广东省委副秘书长于敏一行在万江街道党委书记陈志超的陪同下视察科达机电设备公司

② 2009年11月18日，市委书记、市人大常委会主任刘志庚到科达机电设备公司调研

③ 2009年3月26日，万江邀请著名经济学博士、中国人民大学商学院包政教授为领导班子成员、部门负责人、企业负责人开展企业营销管理培训

重点项目贴身服务制度，鼓励开展内销业务，扶持外资企业发展，共有36家三资企业开展内销业务，销售总额达4.11亿元。着力推进工业发展。2009年，万江街道完成工业总产值（当年价）88.6亿元，其中规模以上民营经济工业总产值为32.57亿元，同比增长6.04%。部分优势行业保持较快增长，造纸及纸制品业实现工业总产值15.17亿元，同比增长14.31%；纺织服装鞋帽制造业8.32亿元，同比增长15.88%。积极采取措施增强企业信心，切实落实省、市的一系列帮扶政策，帮助企业解决融资难题。截至2009年，全区共有82家企业进入东莞市重点加工贸易企业名录和重点中小型企业名录，有32家企业成功申请获得银行的贷款支持，融资额达13.39亿元人民币。着力推动商贸发展。2009年，万江街道积极创新发展模式，突出转变发展方式，实施“商贸万江”工程，编制商业网点规划，逐渐形成以“新华南MALL·生活城”为龙头，茶叶、建材装饰等11个专业市场为配套的区域商贸圈。2009年新增注册登记工商户2908户，同比增长9.41%。社会消费品零售总额22.16亿元，同比增长8.57%。

**【自主创新】** 2009年，万江街道继续实施“科技万江”工程，1月召开科技创新表彰大会共发放奖励金额232.3万元，表彰和配套资助21个企业、43个项目，进

①

②

③

④

① 2009年8月5日，万江与中国移动通讯集团共建“无线万江”项目合作协议签约仪式

② 2009年12月10日，副市长李小梅视察万江街道防灾减灾工程建设情况

③ 2009年12月29日，万江“三旧”改造动员大会

④ 2009年3月12日，拔蛟窝社区举行东莞市首批“市容环境优美社区”挂牌仪式

⑤ 2009年4月24日，国务院应急办副主任王守兴在东莞市副市长成洪波的陪同下莅临万江视察基层应急工作

⑥ 2009年6月18日，万江开展危险化学品事故应急救援演练

⑦ 2009年12月30日，副市长成洪波考察万江消防工作

⑧ 2009年11月23日，万江举行进一步加强甲型H1N1流感防控工作会议

一步促进企业的自主创新水平提高。科技创新队伍不断壮大。2009年，万江街道内企业自主创新能力得到有效提升，新增国家高新技术企业8家，新增省级民营科技企业4家、市级民营科技企业17家，有9家民营科技企业通过复审，并成为第一批“东莞市专利试点镇街”。科技创新能力不断提高。2009年，万江街道的企业共承担国家级科技项目计划1项、省科技计划项目11项、市科技计划项目32项，获得国家、省、市科技扶持经费1900多万元，同比增长68.4%；共有6个项目获得市科技进步奖，获奖数量居全市第四，奖金达100万元。产学研合作范围不断扩大。2009年，万江街道共有39个项目与国内11家科研院所、高等院校建立了产学研合作关系；有5家企业在技术、项目、人才等方面已开始了国际科技合作；共有11名省部科技特派员进驻万江街道8家企业进行服务。知识产权保护意识不断加强。2009年，万江街道被认定为第一批“东莞市专利试点镇街”，全年新增省知识产权优势企业1家，市专利培育企业5家、市专利试点企业4家，企业获东莞市专利优秀奖1个。全年专利申请量537件，专利授权量377件，授权量同比增长71%。

【城市升级】2009年，万江街道不断完善城市发展规划，推进重点工程建设，强化城市管理，切实增强城市承载力和竞争力。全面抓好城市规划。2009年，万江街道重点推进四条镇际主干道的规划工作，规划一河两岸景观带和水乡文脉景观带，加快推进东江大道延伸段、阳光海岸等四项滨水工程和万龙片、金丰片滨水绿环建设工程，完成《东莞市万江街道环境保护规划（2009—2020年）修编》和西区基础设施协调规划、三旧改造专项规划、水利水环境规划等规划编制工作。全面抓好重点工程项目。2009年，万江街道不断完善项目建设管理制度，实施资金拨付程序改革，简化财政资金审批流程，建立起资金拨付的绿色通道，重点工程得以顺利推进。加快威盛广场、鹏基—欧景丽苑、上东国际二期等房地产项目进度；2009年，万江街道推进了总长16公里的万龙路、金丰路和坝新路等城市干道建设和关联高压线的迁移；继续推进水利防灾减灾工程建设，大汾围、新村围等河堤工程共17标段已相继进入竣工阶段，9项水闸工程、崩口排涝站工程正加紧完成中。积极推进镇际、村际联网路建设，辖区联网路拆迁工作已基本完成；积极加快工程进度，新万江中心、新万江医院、截污管网工程、污水处理厂BOT项目等如期推进。全面抓好城市管理。2009年，万江街道切实取缔违章建筑，重点巡查监控区域，有效遏制违章建筑行为发生82宗，自行拆除违法违规用地3宗，拆除违章建筑2000多平方米。大力推进旧村整治工作，28个社区已全部完成旧村整治工作。大力推进“三旧”（旧城镇、旧村庄、旧厂房）改造工作，计划用四年的时间推进总面积为12500亩的“三旧”改造工程。2009年，万江街道路网建设项目加快推进，全面翻新了各主干道的道路标线和道路指示牌。大力推进城市“六乱”（乱搭乱建、乱堆乱放、乱设摊点、乱拉乱挂、乱贴乱写乱画、乱扔乱吐）整治工作，不断加强市容环境卫生管理、城市绿化管理、市政管理等。全面抓好城市环境。深入推进“三环、六园、一中心”（“三环”：新中心区交通景观内环、万龙片区滨水绿环和金丰片区滨水绿环；“六园”：体育公园、渔唱园、唱凤园、梅鹤园、龙湾湿地综合公园、海心洲湿地公园；“一中心”：行政办事中心）十大重点工程建设，积极做好环境规划修编工作，形成《东莞市万江街道环境保护规划（2009—2020年）修编》。积极配合市做好创模工作，制订《万江街道配合市做好创建国家环保模范城市预验收迎检工作方案》，切实推进环境综合治理、黑烟囱治理等工

⑤

⑥

⑦

⑧

① 2009年6月10日，中共万江街道委员会政法办公室挂牌

② 2009年11月27日，省军区张建洪将军到万江检查武装部和民兵营"四个基本"建设达标情况

③ 2009年12月30日，万江推行居住证制度工作会议

④ 2009年4月10日，东莞市政协副主席游敏达考察万江就业服务日现场招聘会

⑤ 2009年8月1日，"我的第一桶金"2009年万江大学生创业步行街活动开幕

⑥ 2009年4月23日，东莞图书馆万江分馆挂牌

⑦ 2009年4月23日，世界读书日系列活动启动暨东莞图书馆万江分馆开馆仪式举行

⑧ 2009年2月28日，万江首届家庭文化艺术节开幕

作。积极开展节能减排整治工作。实施污染物总量控制，与重点企业签订《"十一五"主要污染物排放总量控制目标责任书》，并定期做好抽检工作。深化市区公交首末站和枢纽站建设，截至2009年，7个首末站中的新村、新和、新谷涌、简沙洲4个站已顺利竣工，其他3个正在加紧建设，并新开通城巴35路和53路，新投放小巴线路X6路，进一步完善和优化辖区公交网络。

【社会管理】 2009年，万江街道着力把稳定落实到各项社会管理工作中，切实为人民群众创造安居乐业的环境。深化社会治安综合治理。2009年，万江街道正式启用综治信访维稳中心，不断推动社会综治集中管理和集中排解。2009年，万江街道开展"治摩禁电"、"黄赌毒"、"黑网吧"等专项整治活动；开展企业劳动用工管理和整治非法用工打击违法犯罪专项检查，全面清查893家企业，并对106家企业进行劳动监察；成立万江涉疆维稳工作领导小组，开展少数民族情况摸底排查，调查金融海啸对万江居住的少数民族影响，做好少数民族维稳工作；积极开展社会治安专项整治工作，相继开展"粤安09"、"春雷"、"打黑除恶"、"重点打击"等社会治安专项行动，共破刑事案件511宗，破案率同比上升86.5%，打掉各类犯罪团

⑥

⑦

⑧

伙51个，挽回经济损失约447万元。深化安全生产监督管理。2009年，万江街道安全生产形势整体相对平稳，没有发生重特大生产安全事故。积极开展消防隐患排查整治活动，共检查公众聚集场所325处（次），消除各类火灾隐患557处。严格执行省公安厅提出的要求，开展酒后驾驶集中整治行动。全面加强甲型H1N1流感防控工作，积极做好流感防控宣传。开展食品安全、打假等专项整治行动。深化信访矛盾纠纷调解。2009年，万江街道积极推行“万人大下访活动”及领导大接访活动，进一步做好信访隐患排查，完善信访工作制度，加强信访分析研判，深化宣传教育疏导，对社区信访工作实行目标管理，将信访工作目标管理纳入社区领导班子年度实绩量化考核范畴，全年信访量同比下降51.01%，信访案件办结率达94.52%。强化劳资纠纷处置，累计发生劳资纠纷宗数同比减少31.69%，欠薪逃匿宗数同比减少52.94%。深化人口计划生育工作。2009年，万江街道继续以稳定低生育水平、提高出生人口素质为目标，认真落实计划生育目标责任制。同时通过下移计划生育工作重心，有效地加强本地户籍人口和流动人口的计划生育工作，认真贯彻落实《万江街道节育措施奖励办法》，计划生育率达96.88%，人口出生率为10.44‰，同比减少1.07个千分点，进一步稳定了万江的低生育水平，较好地完成市下达的2009年度人口与计划生育各项任务。

【民生建设】 居民生活水平进一步提高。2009年12月，万江街道金融系统的各项存款余额102.07亿元，比上年增长13.06%，其中城乡居民储蓄存款达到72.55亿元，比上年增长11.30%。就业创业工作进一步推进。2009年，万江街道共举办10多场免费大型专题现场就业招聘会和就业政策宣传咨询会，建立10多个青年就业见习训练基地，成立13个本地人车间，解决本地居民就业共1816人，同比增长71.97%。全面实施“企业员工岗前素质教育”及“新莞人培训工程”，分55期对3626名本地人和新莞人进行技能提升培训。社会保障体系进一步完善。2009年，万江街道社会保障和就业支出同比增长39.94%，医疗卫生支出同比增长49.95%，使社会民生问题得到根本的保障。发掘公办学校优质资源，扩大学校建设规模，安排专人受理新莞人子女入学有关咨询和投诉，有效解决新莞人子女接受义务教育问题。推进社区卫生服务中心和社区卫生服务站各种医疗设备建设，有效缓解群众看病难的问题。积极推进住房保障。出台住房保障工作方案，为符合条件的低收入住房困难家庭，采用房屋修葺或租赁住房补贴两种方式保障其居住需要。群众文化生活进一步充实。2009年，万江街道成功举办龙舟文化艺术节，并将万江“东莞龙舟月”项目成功申报为广东省非物质文化遗产。大力推进“文化三城”（图书馆之城、博物馆之城、广场文化之城）建设，建设5000多平方米的东莞图书馆万江分馆，推进和规范东莞饮食风俗博物馆的建设，并积极推动牌楼基、大莲塘等5个社区成为东莞市第二批“农家书屋”。大力倡导全民读书，成功举办第五届万江街道读书系列活动，开展20多项丰富多彩的读书活动。积极筹划“优秀新莞人”评选活动。在端午节当天举办“走进东莞文明”——东莞市第二届裹千年庾家粽子大赛，活动吸引了东莞各镇街市民和来自美国、英国、意大利等国的人参加。教育事业进一步发展。2009年，万江街道教育事业支出同比增长10.53%，不断推进学校的硬件、软件建设，全面巩固实施市镇二级统筹办学工作，并深入开展普及九年义务教育工作。2009年，万江中考成绩平均分超市平均成绩，万江中学、翰林学校的普通高考和万江二中高职类高考均取得较好成绩。

【执政能力建设】 加强领导班子和干部队伍建设。2009年，万江街道通过开展

① 2009年5月24日，万江龙舟文化节举行

“教育培训工作月”活动，积极开展干部能力建设、举办脱产驻校式的社区干部培训班，强化干部队伍建设。组织7位领导班子成员参加市委党校镇（街）党政副职领导干部培训班；安排机关干部33人次参加各类培训班；积极开展“教育培训工作月”活动；组织40名干部参加社区新进班子成员学习培训班；组织两期共119人参加工作人员学习培训班；举办入党积极分子培训班共270多人参加。加强基层党组织建设。2009年，万江街道积极创建“特色党建社区”活动，大力推进拔蛟窝、石美、牌楼基、新和等四个社区创建首批市“特色党建示范区”。积极开展下基层驻社区活动，万江街道领导累计到挂钩点341次，帮助挂钩点解决突出问题129宗，协助举办农村实用技术培训与咨询活动96次，帮助发展集体经济项目25个，累计投入资金1561万元。积极推进基层党建建设，再添7个社区党总支升格为社区党委。加强党风廉政建设。2009年，万江街道坚持标本兼治，综合治理的方针，从源头做好监督工作，对领导干部提拔任用，对建设工程招投标、经营性土地使用权出让、政府采购等重大经济行为的监督，实行纪检监察部门全程参与的工作制度。配合“职务犯罪预防年”活动，加强领导干部党纪政纪法纪教育，落实党风廉政建设考核制度，深入开展“小金库”专项治理；开展机关作风暗访，深化正反面典型教育，观看《广东省机关作风建设暗访专题片》和《东莞市机关作风建设暗访专题片》，不断强化党员干部作风建设。加强机关效能建设。2009年，万江党政办以“切实际，优服务”为原则，梳理明晰办文、办会、调研、督查、信息等22项业务的工作流程，编制《党政办办事工作小指南》、《全年各项工作任务分工一览表》、《迎春团拜会工作手册》、《龙舟文化节工作手册》、《内务办事工作小指南》等5本工具书，在全市办公室系统总结表彰会和全市办文协调会上获高度评价，并被作为先进经验向全市推广。 （杨丽君）

**附：2009年东莞市万江街道党委、人大、办事处领导名录**

党委书记：陈志超
党委副书记：吴志刚 颜伟儿
党委委员：王耀明 邹顺高 陈榴基
陈练球 周建卫 张汝春
叶爱青 黄向阳 何日亮
莫国庆
人大联络委员会主任：陈志超
人大联络委员会副主任：邹顺高 袁焕兰
办事处主任：吴志刚
办事处副主任：王耀明 黄顺明 刘沛林

## 2005—2009年万江主要经济指标

| 指标＼年份 | 2005 | 2006 | 2007 | 2008 | 2009 |
|---|---|---|---|---|---|
| 户籍人口（人） | 70058 | 70968 | 71935 | 73482 | 75404 |
| 外来暂住人口（人） | 67835 | 94886 | 76112 | 90673 | 84867 |
| 面积（平方公里）（含水域面积） | 50.5 | 50.5 | 50.5 | 50.5 | 49 |
| 国内生产总值（万元） | 378908 | 445936 | 526818 | 601662 | 611916 |
| 工业总产值当年价（万元） | 470202 | 572106 | 806638 | 948601 | 886000 |
| 农业总产值当年价（万元） | 1431 | 5769 | 5208 | 5919 | 6065 |
| 总用电量（万千瓦时） | 85669 | 99464 | 108868 | 107938 | 107257 |
| 全社会固定资产投资总额（万元） | 197966 | 171292 | 201234 | 263088 | 297823 |
| 社会消费与零售总额（万元） | 65325 | 79188 | 93678 | 218646 | 221620 |
| 外贸出口总额（万美元） | 25793 | 31535 | 35633 | 36700 | 26201 |
| 实际利用外资（万美元） | 1359 | 1441 | 1603 | 3096 | 3618 |
| 镇级可支配财政收入（万元） | 36083 | 36583 | 47002 | 47494 | 50204 |
| 各项税收总额（万元） | 45543 | 58253 | 81411 | 89317 | 90481 |
| 金融机构各项存款余额（万元） | 597644 | 661839 | 751877 | 902768 | 1020666 |
| 城乡居民储蓄存款余额（万元） | 422697 | 481781 | 506358 | 651829 | 725482 |

## 南 城

【概况】南城街道旧称篁村。2009年，辖区面积56.6平方公里，下辖17个社区居委会，常住人口6.8万，新莞人14.1万。是东莞市新城市中心区，地理位置优越，处于穗港经济走廊中间。广深高速公路、莞太大道、东莞大道、南城科技大道纵贯全境，市区二、三、四、五环路横越全街道，交通条件发达。

2009年，南城街道完成生产总值184亿元，可比价计算同比增长17.52%；各项税收总额40.37亿元，增长14.81%，全街道三大产业比重调整为0.07：38.34：61.59，产业结构更加优化。2009年南城街道连续第6年被评为镇（街）工作量化考核综合总分一等奖，综合排名首夺全市第一。还先后获得"全国精神文明建设工作先进单位"、"全国文物工作先进县（区）"、"全国城市体育先进社区"、"广东省平安建设先进镇（街）"、"广东省文明单位"等称号。

南城街道有沃尔玛、雀巢咖啡等世界500强企业13家和国家高新技术企业18家，是全市高新科技企业和世界500强企业较为密集的镇街之一。中国银行、中国工商银行、中国建设银行、中国农业银行、汇丰银行（中国）有限公司、星展银行（中国）有限公司、兴业银行、中信银行、中国民生银行、上海浦东发展银行、美国友邦保险有限公司、中国平安保险股份有限公司等诸多金融机构东莞总部也都聚集在南城。

## 南 城

① 东莞大道
② 南城富民步行街夜景
③ 南城鸿福商圈
④ 南城新貌

①

②

③

④

**【商贸金融】** 2009年，南城街道社会消费品零售总额83.54亿元，增长7.72%。2009年又有吉之岛、家乐福、中影影院、中信银行等一批知名品牌商家和金融机构东莞总部进驻南城。10月举办为期一个月的2009南城欢乐消费节，成立百店促销大联盟，整合辖区100家知名品牌企业开展商品促销活动，实现拉动各类消费达15亿元。配合市开展“2009商贸东莞·欢乐消费年”系列活动，举办南城城市风景美食嘉年华和第八届东莞美食节，有效促进了商贸业、旅游餐饮业等第三产业发展。

**【科技创新】** 2009年，南城街道获全

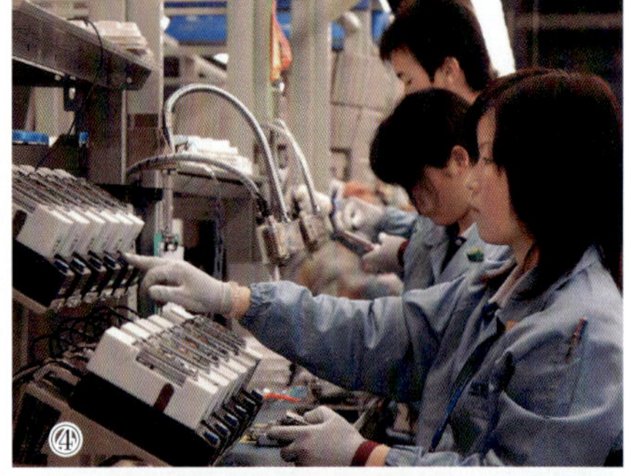

① 金霸王公司
② 东莞电博会
③④⑤ 新莞人在工作岗位上奋斗
⑥ 丽日湖景远眺
⑦ 南城新区
⑧ 水濂湖新貌

市科技工作实绩考核第3名，协助辖内企业获得国家、省、市科技资助资金3.6亿元；企业获得省科技奖二等奖1项、三等奖1项，市科技进步一等奖1项、二等奖3项、三等奖4项，国家级科技计划2项、省级科技计划14项、市级科技计划55项。全年新增国家级高新技术企业13家、省级民营科技企业8家、市级民营科技企业16家、国家级实验室1个、省级企业技术中心1个、市级企业技术中心1个、市级工程中心1个、广东省名牌产品1个。其中，东莞宏威数码机械有限公司2009年获得省、市科技扶持资金为7820多万元。该公司的"蓝光光盘（Blu-ray Disc）生产设备研发及产业化"项目通过省级鉴定，技术水平处于国内领先位置；继续开展非晶硅薄膜太阳能电池生产设备的研发，生产出转换效率为7%的大面积非晶硅薄膜太阳电池，达到国际同类产品的先进水平；广东省OLED显示屏示范生产线项目进展顺利。

【文化建设】 2009年，南城街道开展"印象南城"、"南城读书节"、"图书分流"等文化活动，丰富群众精神文化生活。加强文物和非物质文化遗产保护，蚝岗遗址博物馆继2008年获评省重点文物保护单位后，全力做好第七批全国重点文物保护单位申报工作。

【艺展中心】 2009年12月31日，位于南城街道袁屋边社区的东莞艺展中心开业，该中心由旧厂区改造而成，总占地100亩，建筑面积5.6万多平方米，是南城转型升级和打造文化新城的重点项目。原由一家玩具企业经营使用20多年，2008年厂房租赁合约即将到期，南城街道按照"腾笼换鸟"和"退二进三"的思路，动员企业将生产环节搬迁外地，将产品研发中心迁至南城中心区的写字楼内。成功腾挪出旧厂房后，引进合作公司，投资近8000万元重新规划设计和改造装饰，其中投资商投入6000万元进行规划设计、装饰外立面、道路升级和室内改造等，南城街道投资近2000万元配套供电、供水、消防设备，平整停车场等，对旧厂区周边环境进行升级改造。东莞艺展中心共有建筑物10多幢，共改造成书画创作基地20个，书画展览馆20个，书画廊、画室50多个，工艺品展馆、工艺品店300多个。截至2009年，东莞艺展中心500家商铺已租罄，其中400多家为文化艺术及工艺品单位。该中心是东莞市首个集艺术品创作、展览、交流、交易于一体的大型文化产品展览交易中心，为进一步丰富市民文化生活和城市文化产业内涵发挥积极作用。

【城市建设】 2009年，南城街道投入4亿元专项配套资金带动社会投资，力促南城总部基地、数码城、宏威科技总部中心等累计投资达100亿元的10多个项目陆续启动。2009年完成重点工程39项，投资总额1.6亿元；在建工程12项，工程总投资1亿元。全面完成南城中学学生宿舍楼工程；全面加快东片区路网升级改造工程，已完成13条道路建设；全面推进水濂山森林公园7个石场复绿整治，成功修复整治5个；全面加强水利防灾减灾工程建设，完成袁屋边排涝站重建工程等13项水利工程。

【"三旧"改造】 2009年12月，南城街道成立"三旧"（旧城镇、旧村庄、旧厂房）改造工作领导小组及"三旧"改造工作办公室，全面铺开"三旧"改造业务培训、宣传发动、规划编制等相关工作，并完成全街道需要改造区域的调查摸底，正密锣紧鼓地开展规划编制工作。重点加快胜和亨美片区的"三旧"

⑥

⑦

⑧

改造工作，作为推进社区城市化建设和加快集体经济增长的新亮点和突破口，带动全街道掀起“三旧”改造的热潮。其中胜和社区计划改造面积约26万平方米，亭美社区改造面积约19万平方米，改造后整个片区以商务商住用途为主，规划引进高端商业项目，补充和完善鸿福商圈的功能。

【社区建设】2009年，南城街道进一步改善社区环境，对社区主、次干道升级和环境设施建设给予大力补贴，深入推进旧村整治，优化社区生活环境，已有15个社区通过旧村整治工作考核。为从根本上解决城市化进程中存在的问题，2009年9月，南城街道专门组织考察团前往武汉市百步亭社区，参观考察该社区的道路、公园、社区服务中心等，深入了解其在社会治安、服务管理和社区文化建设等方面的成功经验。参照百步亭社区的做法，南城街道结合实际，提出了以“打造东莞‘百步亭’，推动社区升级”为主要内容的工作目标，根据宏远社区和武汉百步亭社区都由楼盘发展的类似特点，以及周溪社区干群关系十分和谐，近年经济发展较好，社区生活氛围浓郁等特点，确定以宏远、周溪社区为试点，创建东莞的环境优美和平安文明示范社区，并明确以规划先行、硬件先做为基础，加强制度和队伍建设，逐步推进和谐软件建设，在党的建设、政府服务以及志愿者队伍建设方面狠下工夫，取得了明显的成效。

【民营经济】2009年，南城街道新增私营企业1351家、个体工商户2451户，新增注册资金约13亿元；全街道累计私营企业6432家、个体工商户13191户，累计注册资金约159亿元。

【外源型经济】2009年，南城街道外贸进出口总额39.7亿美元，增长4.6%；实际利用外资6117万美元，增长25.43%；外资企业内销总额80亿元，占内销外销总额的比例同比提高1.62个百分点。雀巢、可口可乐、新科、金霸王等企业逆市增资扩产，发展势头良好。

【集体经济】2009年，南城街道本级可支配财政收入（扣除土地、物业转让收入）12.9亿元；街道本级资产总额49.8亿元，增长28.59%；农村居民人均纯收入1.624万元。村组经济平稳发展，年度统计口径，社区一级集体经济可支配收入（扣除土地、物业转让收入）2.97亿元，同比增长0.32%；资产总额49.76亿元，增长6.1%；小组一级集体经济可支配收

①

②

③

入（扣除土地、物业转让收入）1.63亿元，增长1.74%；资产总额14.3亿元。

**【应对危机】** 2009年，南城街道出台“两免一返”（免收取辖内企业的三资企业管理费、来料加工管理费项收费，对收缴的流动人员调配费，在完成市规定的上缴任务和扣除成本后，剩余部分全部返还无拖欠工人工资情况的相应企业）政策和“租金双减”（土地出租金额在现有标准上每平方米降低10%，厂房物业出租金额在现有标准上每平方米降低1元钱）优惠，有效减轻了企业压力，坚定了企业信心。全年共减免辖区企业各项税费2000多万元。同时，南城街道认真落实省、市各项扶持政策，重点围绕东莞市“六个10亿”计划，通过政府—企业、银行—企业多方联手，形成合力，共同解决融资问题，辖内有100家企业进入重点中小企业和加工贸易企业名录，企业成功融资27宗，融资额累

④

⑤

① 水濂山廉泉阁
② 新民居
③ 水濂山园中园
④ 南城首届传统曲艺大赛
⑤ 蚝岗遗址
⑥ 艺展中心博物馆
⑦ 东莞大道鸿福路口

⑥

⑦

计13多亿元。

【社会管理】2009年，南城街道共整治流动商贩1200宗；查处占道经营1800宗、乱堆放340宗、各类违章招牌342宗、各类乱拉乱挂横幅330宗、乱开挖行为28处、工地污染道路30宗。创新推行“流动商贩限地集中摆卖点”办法，探索解决城市“乱摆卖”问题。

【社会治安】2009年，南城街道共破刑事案件446宗，破案率29%，破案绝对数和破案率分别上升140%和81.3%，群众安全感进一步增强。

【综治维稳】2009年，南城街道积极化解矛盾纠纷，开展“基层大接访”、“信访积案化解年”等活动，加强劳资纠纷调解，有效解决了一批群众关注的热点难点问题。积极主动大力抓好综治信访维稳中心建设，实行社会矛盾“一站式”调处，形成大综治、大信访、大调解的工作新格局。落实层层安全生产责任制，深入推进“三小”场所、出租屋、无证照经营、产品质量和食品药品安全等专项整治，全年无较大以上的事故或重大火灾事故发生。

【医疗卫生】2009年，南城街道向困难群众发放大病就医或住院补贴约112万元，有效解决群众“看病贵”问题。启动“白内障复明工程”，为本地60岁以上白内障老人进行康复手术。全力做好甲流疫情防控工作。

【计划生育】2009年，南城街道常住人口68166人，已婚育龄妇女15111人，出生人数为1088人，计划生育率为96.88%，两无社区率58.82%，较好地完成了市下达的各项任务，实现了预期目标，连续三年在全市综合排名第一、获“2009年度东莞市人口和计划生育工作先进镇街”、“2009年度无政策外多孩出生镇街”等称号。

【教育、体育】教育方面。2009年，南城街道积极改善办学条件，打造高素质教师队伍，多所学校在建设“人文校园”、“书香校园”、“绿色校园”、“科技校园”等方面成效显著。妥善解决代课教师问题，做好新莞人接受义务教育工作。体育方面。2009年5月，广东宏远篮球俱乐部继第五次夺得CBA总冠军之后，代表广东省男篮夺得第十一届全运会男篮冠军。南城街道运动员参加第七届市运会，获得金牌总数第四、团体总分第五的好成绩。（熊肖芳）

**附：2009年东莞市南城街道党委、人大、办事处领导名录**

党委书记：钱　超
党委副书记：刘林宏　苏　东
党委委员：邱　刚　张小燕　张耀平
　　吕庆鸿　叶洪辉　陈创建
　　马小其　潘立新　刘丽芬
　　魏向民
人大联络委员会主任：钱　超
人大联络委员会副主任：张小燕　张永红
办事处主任：刘林宏
办事处副主任：邱　刚　麦允谦
　　黎福庆　张建良

## 2005—2009年南城主要经济指标

| 指标＼年份 | 2005 | 2006 | 2007 | 2008 | 2009 |
|---|---|---|---|---|---|
| 户籍人口（人） | 51942 | 55126 | 58037 | 62089 | 68166 |
| 外来暂住人口（人） | 101602 | 102327 | 127494 | 152836 | 141752 |
| 面积（平方公里） | 59 | 59 | 59 | 59 | 56.6 |
| 国内生产总值（万元） | 1016644 | 1229016 | 1425257 | 1632407 | 1841809 |
| 工业总产值当年价（万元） | 1052038 | 1372946 | 1623951 | 1844095 | 1895837 |
| 农业总产值当年价（万元） | 3760 | 3958 | 4028 | 3238 | 2565 |
| 总用电量（万千瓦时） | 67309 | 76262 | 82840 | 85997 | 88056 |
| 全社会固定资产投资总额（万元） | 657870 | 887237 | 793273 | 715807 | 1016134 |
| 社会消费与零售总额（万元） | 107000 | 390411 | 348581 | 503630 | 835410 |
| 外贸出口总额（万美元） | 70667 | 80085 | 91229 | 130746 | 141587 |
| 实际利用外资（万美元） | 13089 | 10831 | 12601 | 22531 | 6117 |
| 镇级可支配财政收入（万元） | 65932 | 66467 | 98807 | 130048 | 129219 |
| 各项税收总额（万元） | 147856 | 214052 | 294449 | 351649 | 403738 |
| 金融机构各项存款余额（万元） | 2005174 | 2894519 | 3369221 | 4382924 | 7028632 |
| 城乡居民储蓄存款余额（万元） | 765170 | 976721 | 1012860 | 1469005 | 1858000 |

## 中堂镇

【概况】中堂镇位于东莞市西北部，地处穗莞深经济走廊之间。全镇面积60平方公里，下辖20个村（社区），2009年常住人口12.58万人，其中户籍人口7.31万人。镇内基础设施完善，有等级公路243公里，107国道、北王公路、广深高速公路贯穿镇内，广园快速干线、五环路接驳镇内交通网。2009年，全镇完成生产总值66.27亿元，同比增长2.52%；工农业总产值155.15亿元；工商税收总额8.03亿元；镇本级财政收入5.03亿元，增长19.28%；全镇完成全社会固定资产投资总额18.15亿元，增长12.06%；出口总额2.65亿美元；各项人民币存款余额71.43亿元，增长8.37%；社会消费品零售总额10.66亿元，增长15.75%；农民人均纯收入11751元，增长7.09%。中堂镇先后获得中国龙舟之乡、中国十大农产品物流重镇、全国综合实力千强镇、全国群众体育先进单位、广东省教育强镇、广东省卫生镇等荣誉，2009年获得东莞市镇街工作量化考核综合总分一等奖。

【产业升级】2009年，中堂镇坚持优增量调存量提质量，坚定不移地推进产业优化升级。落实美哲塑胶制品公司增资705万美元、江南纸业公司新签合同金额

## 中堂镇

上级领导莅临指导

① 2009年12月19日，中央驻港联络办主任彭清华、副主任黎桂康在中堂镇委书记袁东平的陪同下，视察东莞台商子弟学校

② 2009年1月8日，台湾海基会董事长江丙坤和海峡两岸关系协会、台湾海峡交流基金会联合参观团到东莞台商子弟学校参观访问

## 上级领导莅临指导

① 2009年7月22日，东莞市委书记、市人大常委会主任刘志庚到中堂镇调研
② 2009年3月2日，广东省委农委主任黄日东到中堂镇农业生态园考察调研
③ 2009年12月25日，东莞市副市长梁国英到中堂镇调研气象安全建设工作

699万美元。加快推进蕉利大型环保水泥粉磨站项目。东莞凯景酒店（五星级）成功开业，豆豉洲、江畔豪庭地块等多个商业、房地产项目以及其他酒店项目加快规划建设，带动第三产业加速发展。大力推动纸品产业集聚发展，"北海仔"纸品产业园顺利通过市级产业集群评定。建成启用造纸技术创新平台，抓紧筹划纸品专业批发市场项目建设。制定实施《中堂镇扶持民营企业和"两自"企业发展办法》，协助申报科技企业12家，认定重点扶持企业20家，获得授权专利73件。协助东糖集团、理文造纸、金洲纸业、建晖纸业等多家企业申获、复评名牌名标。完善农业生态园基础设施，制定2100亩发展精细农业用地规划，推动300多亩农地经营权流转，发展精细农业初见成效。

【民营经济】 2009年，中堂镇工商登记在册民营企业2055家，总注册资金29.47亿元，完成规模以上民营经济工业总产值（现价）55.53亿元，占全镇工业总产值36.08%；民营经济税收总额5.62亿元，占全镇税收总额69.98%；民营经济完成固定资产投资12.92亿元，占全镇固定资产投资总额的71.15%。全年累计新增民营企业361家，累计新增注册资金21732万元。中堂镇将保增长作为首要任务，积极帮扶企业渡难关，先后推荐15批、138家企业进入市融资支持名录，帮扶企业累计获得贷款55.13亿元，新增贷款超过9.35亿元，协助11家企业获得贴息补助和3家企业申请技改资金。提前应对实施废纸退税政策，协助26家废纸公司获得退税1.1亿元。镇村减免企业租金220万元，减退企业其他费税约1500万元。

【城市建设】 2009年，中堂镇重点抓好城市规划、建设、管理，完成全镇土地利用总体规划修编并获市审批通过，报批通过多个片区控制性详细规划。市镇村三级两年共投入5.9亿元，完成污水处理厂和配套截污主干管网、槎滘大桥右幅新桥、南潢路升级改造、供水厂9万吨/日生产线扩建、鹤凤段水利堤路结合、中麻路镇中心区段升级改造、造纸技术创新平台、社区医疗卫生服务站、综治信访维稳中心及中堂图书馆等10项重点工程，并启动10项重点项目建设。继续深化环境综合治理，完成20个村（社区）旧村整治并通过市考核验收。完成桥仔头周边河涌整治。按照"一村一站"原则进一步规范废品回收行业经营管理。全镇环境卫生明显改善，城市面貌大为改观。

【社会管理】 2009年，中堂镇突出强化基层基础，健全体制机制，大力加强社会管理，有力维护社会安全稳定。铁腕整治社会治安。强势开展"反拐、扫黄、禁赌"治安重点整治行动，铁腕整治治安重点区域和突出问题。保持严打高压态势，重拳打击"两抢一盗"、涉车违法犯罪活动。建成203户出租屋视频监控系统，强化出租屋治安管理。推进公安"五个一网"（视频监管一网控、办公办事一网通、情报研判一网综、服

务措施一网办、工作执法一网考）建设，大力推动科技强警。增创的10个平安社区通过市评估验收。社会治安持续好转，全年共立刑事案件691宗，破案249宗，破案率明显上升。多措并举维护稳定。夯实综治维稳基础，建成启用镇综治信访维稳中心，完成12个村级综治站建设，挂牌成立中堂人民法庭。深入开展“基层大接访”、“信访积案化解年”活动，落实领导包案制，听民情、解民困，及时有效化解各类矛盾隐患。全力确保安全生产。深入开展“三小”场所和出租屋、公众聚集场所、危险化学品行业等消防隐患治理。深入排查整治安全生产、食品安全等领域，有力维护社会平安稳定。同时，大力推进“治摩”“禁电”、普法宣传、应急救护培训等基础工作。深化计生、“清无”（清理无证照经营）等专项治理。扎实开展法治镇试点工作，成效显著并获市充分肯定。

【社会事业】 2009年，中堂镇以十件民生实事为抓手，全面发展社会事业。重点做好户籍大中专毕业生、零就业家庭等就业工作，成功推荐就业1000多人。向全镇10541名本地户籍60岁以上的老人每人发放300元慰问金，关爱老人生活。为全镇户籍人口增购30种重大疾病医疗保险，帮助533名因病身故、医疗住院、患重大疾病群众共获医疗保险金约1143万元。帮助151户符合条件的低收入困难户修葺房屋或发放住房租赁补贴，切实解决困难户“住房难”问题。新增公汽4辆，重新规划设计公交站牌96个。教育方面，高考、中考捷报频传，“学在中堂”教育品牌进一步擦亮。同时，进一步加强体育、文化事业发展，获得全国群众体育先进单位、文化建设先进镇等荣誉，“中堂龙舟景”列入广东省非物质文化遗产名录并正在申报国家级非物质文化遗产。

【重点工程竣工暨动工典礼】 2009年9月28日，中堂镇在新龙舟广场，举行了2009年中堂镇重点工程竣工暨动工典礼。市委副书记黄双福、市人大副主任陈国辉、副市长李小梅、市政协副主席林明枢以及镇领导班子成员等出席了典礼。2009年，市、镇共投入约5.9亿元，先后完成污水处理厂和截污主干管网、槎滘大桥右幅新桥、南潢路升级改造、供水厂9万吨日生产线扩建、鹤凤段水利堤路结合、中麻公路镇中心区段升级改造、造纸科技创新平台、村（社区）医疗卫生服务站、镇综治信访维稳中心及中堂图书馆等10项涉及经济、文化、医疗、水利、道路设施等领域的重点工程建设。同时，市、镇、村投入43.14亿元动工建设10项工程，包括投资约26亿元的500千伏水乡输变电站、投资7.5亿元的省道S120中堂至麻涌段大修、投资4000万元的下芦大桥重建等项目。

全镇经济逐步回稳

① 2009年12月19日，中堂镇首家五星级酒店——东莞凯景酒店开业

【创建国家卫生镇】 2009年，中堂镇在成功创建成为省卫生镇的基础上，再次掀起创卫高潮，创新方法，镇村联动，全民动手，全力以赴，大力创建国家卫生镇。进一步加强组织领导，对照各项创建标准进行细化分工，确保人员到位、职责到位、目标明确；进一步深入开展农村环境“五整治”等工作，大力推动城市升级；进一步完善管理体制，加强综合整治，实行见缝造景，全面提升环境卫生档次；进一步加强宣传发动，提高群众意识，使创卫工作深入人心，家喻户晓，全民参与。通过上下联动、多措并举、全民动员，中堂镇的环境卫生水平明显提升，环境卫生管理

有力加强，群众的环境卫生意识明显增强， 顺利通过创国家卫生镇的技术评估，报请国家爱卫会审批。

【创建法治镇试点】 2009年3月，中堂镇被确定为全市创建法治镇试点镇之一，将法治镇试点工作作为2009年的一项重点工作来抓，迅速调整配强了依法治镇工作领导小组，由镇主要领导任组长，切实加强法治镇试点工作的组织领导。镇财政投入60万元作为专项经费，保障试点工作顺利开展。制定了《中堂镇创建法治镇试点工作领导小组成员单位职责》、《中堂镇创建法治镇试点工作内容分解总表》、《中堂镇创建法治镇试点工作各村（社区）内容分解表》、《中堂镇创建法治镇试点工作各执法部门内容分解表》等，明确各村（社区）和各执法部门的工作职责，确保工作有效落实。选定潢涌村、江南社区和环保分局3个单位为试点单位，以点带面，点面结合，稳步推进法治镇试点工作。同时，深入开展法制宣传教育活动，制作悬挂20多条大型户外宣传横幅和100多条宣传标语；开设电视专栏，每日动态报道；组织举办以“法治社会、和谐中堂”为主题的大型普法宣传讲座和文艺晚会；编印了工作简报13期；积极开展 “法律六进” （进机关、进乡村、进社区、进学校、进企业、进单位）活动，围绕妇女维权、预防青少年犯罪、提高新莞人法律素质等内容，先

基础设施日臻完善

① 2009年9月28日，中堂镇举行2009年重点工程竣工暨动工典礼
② 2009年4月2日，中麻公路大修工程动工仪式在中堂镇举行
③ 2009年12月9日，中堂镇举行创建国家卫生镇万人大清洁行动

①

②

## 民生工程成效彰显

① 2009年9月29日，中堂镇向户籍60岁以上老人发放中秋节慰问金

② 2009年中堂镇完成供水厂9万吨日生产线扩建工程

后举办了21场法律讲座；向全镇每户家庭、中学生派发法律读本3万多册。通过强化领导、落实措施、扎实推进，法治镇试点工作成效显著，得到市的充分肯定并在全市大会上作经验介绍。

【建设综治信访维稳中心】 2009年6月，中堂镇被定为全市11个镇街综治信访维稳中心建设试点之一。镇委、镇政府高度重视，迅速成立工作领导小组组织召开工作会议，由镇委书记亲自部署中心建设工作。建设过程中，立足现有资源，结合自身实际，创新建设模式，实行镇综治信访维稳中心与镇行政服务中心共用办公场所和人、“一套人马、两块牌子、外分内合”的建设模式，投入近120万元，将镇政府综合楼一、二楼共1350多平方米场地改建镇综治信访维稳中心办公楼，并将政法办、综治办、维稳办、禁毒办、信访办、司法所、规划建设办、安监分局等有关单位集中三楼、四楼办公，打造“一站式”高效服务新平台。在完善硬件的同时，加快健全有关制度，坚持工作“首问责任制”、案件“一跟到底”跟办制，实行值勤主任审签分流案件制度、大要案件督办制度，有力确保中心畅顺运作。同时，全面推进村级综治工作站建设，截止2009年底完成了12个村级综治站建设，全力构建大综治、大调解的新格局。镇综治信访维稳中心（站）运作以来，在综治维稳方面工作成效显著。

【凯景酒店开业】 2009年12月19日，中堂镇首家五星级酒店——凯景酒店举行隆重的开业典礼。中共中央委员、中联办主任彭清华，全国政协常委、中联办副主任黎桂康及其他省市镇领导等出席了典礼，一同见证了凯景酒店开业。凯景酒店位于中堂镇潢涌村，总投资约5.2亿元，占地面积32500平方米，建筑面积97370平方米，主楼高26层，是一家按照国际五星级标准兴建的集商务、会议、度假于一体的园林式绿色酒店。酒店的建成开业填补了中堂镇五星级酒店的空白，满足广大企业商家和广大群众日益提高的生活、休闲、娱乐等消费需求，促进和带动中堂镇第三产业的发展。

【成立中堂人民法庭】 2009年12月30日，中堂人民法庭挂牌成立。市人大常委会副主任陈国辉、市委政法委副书记卢锡光、市第一人民法院党组书记、院长陈斯及其他市镇有关领导出席了挂牌仪式。中堂人民法庭主要负责中堂镇内一审民商事案件的审理与执行，为中堂广大企业、群众提供公平正义的司法服务。中堂人民法庭的成立，为营造和谐、稳定、有序的社会环境提供了坚强的司法保障，有利于促进中堂的经济发展、社会稳定和文明和谐。　（陈建球）

**附：2009年东莞市中堂镇党委、人大、政府领导名录**

镇委书记：袁东平
镇委副书记：黎志辉　黎玉岗
镇委委员：袁东平　黎志辉　黎玉岗　罗耀东　莫汉成　刘巨文　李良润（任至11月）　丁志洪　郭陈明　吴炽谦　黎兰芳　刘建东　黎建波　何　成（11月到任）
镇人大主席：袁东平
镇人大副主席：莫汉成　廖志祥
镇　长：黎志辉
副镇长：罗耀东　周国志　李德良　陈俭良（1月到任）

## 2005—2009年中堂镇主要经济指标

| 指标 \ 年份 | 2005 | 2006 | 2007 | 2008 | 2009 |
|---|---|---|---|---|---|
| 户籍人口（人） | 71678 | 72102 | 72289 | 72631 | 73138 |
| 外来暂住人口（人） | 60169 | 64436 | 64541 | 55495 | 53812 |
| 面积（平方公里） | 60 | 60 | 60 | 60 | 60 |
| 生产总值（万元） | 426085 | 511688 | 588762 | 659756 | 662727 |
| 工业总产值（当年价）（万元） | 1103043 | 1357735 | 1575380 | 1705636 | 1539282 |
| 农业总产值（当年价）（万元） | 9256 | 9321 | 10633 | 11878 | 12175 |
| 总用电量（万千瓦时） | 85624 | 95019 | 105778 | 114494 | 109900 |
| 全社会固定资产投资总额（万元） | 168042 | 192215 | 218861 | 162007 | 181538 |
| 社会消费与零售总额（万元） | 52482 | 63198 | 76172 | 92116 | 106625 |
| 外贸出口总额（万美元） | 18385 | 24328 | 27117 | 28438 | 26512 |
| 实际利用外资（万美元） | 5812 | 2053 | 1453 | 4577 | 1668 |
| 镇级财政收入（万元） | 23932 | 27600 | 34393 | 42139 | 50262 |
| 各项税收总额（万元） | 36774 | 62593 | 81831 | 84777 | 80296 |
| 金融机构各项存款余额（万元） | 460616 | 512498 | 605947 | 659159 | 714301 |
| 城乡居民储蓄存款余额（万元） | 317676 | 367259 | 398635 | 470779 | 494051 |

## 社会管理有力加强

① 2009年10月14日，东莞市委副书记、市政法委书记黄双福带队视察中堂镇综治信访维稳中心建设工作

② 2009年2月18日，中堂镇召开创建法治镇试点工作动员大会

③ 2009年12月30日，中堂人民法庭挂牌成立

① 华润广场超市
② 中堂镇中心区新貌
③ 中新广场

## 望牛墩镇

【概况】望牛墩镇始建于宋代，位于东莞市西北部，东江下游，离市中心区仅10公里，北距广州40公里、南往深圳90公里；广深高速、107国道、东莞市环城路、西部干道都在该镇交汇；同时全镇有10多公里的河岸线可容纳2000吨的船停泊，离广州新沙港、东莞虎门港仅5公里，水路运输十分方便。

2009年全镇总面积31.57平方公里，下辖21个村，1个社区，总人口约10万人，其中户籍人口4.5万人。全年累计实现生产总值28.9亿元，增长23.3%；工业总产值59.2亿元，增长11.9%；镇本级可支配财政收入3.1亿元，增长6.5%；各项税收总额3.3亿元，增长10.7%；全社会固定资产投资总额11.7亿元，增长22.1%；社会消费品零售总额2.6亿元，增长18.6%。先后获得“广东省教育强镇”、“广东省民间艺术乞巧之乡”、“全国综合实力千强镇”、“广东省卫生镇”、“东莞市文化建设达标镇”等称号，形成了“七夕乞巧”、“龙舟竞渡”、“粤剧”三大文化品牌。该镇交通便利，区位优势明显。

【规划建设】2009年，望牛墩镇按照“一中心、两走廊、三园区”（镇中心区，望洪公路商业走廊、北环路工业走廊，好望角农业生态园、科技产业园、临港工业园）的产业布局，投入6亿多元全面铺开“十项重点规划建设工程”和“十项重点民生工程”，建成了滨江体育公园以及横官路、大洲路、金沙大道等5条道路，完成近1.4亿元的电网升级改造，完成新中心区、新医院、“三馆合一”（博物馆、展览馆、图书馆）综合楼等基础配套设施的规划设计工作；深入开展环境卫生整治，拆除14家红砖厂，逐步淘汰年产量5万吨规模以下的纸厂，加快望洪污水处理厂建设，成功创建省卫生镇，城市环境不断优化。

望牛墩镇

① 广东省副省长宋海率省委、省政府慰问团到望牛墩镇慰问企业员工

② 省、市领导出席望牛墩镇第四届七月七民俗风情节开幕式

① 省社科院竞争力评估研究中心主任丁力教授应邀出席望牛墩城市学习论坛
② 市委书记、市人大常委会主任刘志庚深入望牛墩企业调研
③ 市委书记、市人大常委会主任刘志庚深入望牛墩朱平沙村调研
④ 市政协副主席袁德和率领市政协港澳委员视察组视察望牛墩经济社会发展情况

① 望牛墩镇党政代表团赴西北参观考察
② 台泥国际（香港）有限公司首期投资6亿元的水泥项目落户望牛墩镇
③ 望牛墩镇2009年度总结表彰大会——财政发放108万元重奖优秀企业
④ 望牛墩镇十大重点规划建设工程之一——滨江体育公园开园启用仪式

① 望牛墩成功创建为省卫生镇
② 望牛墩镇成功创建为市文化达标镇
③ 望牛墩镇聚龙江村成功创建为"平安社区"

① 望牛墩派出所
② 望牛墩镇交警大队
③ 望牛墩镇综治信访维稳中心
④ 望牛墩镇洲涡派出所
⑤ 望牛墩滨江体育休闲公园
⑥ 望牛墩镇文化广场夜景

**【经济建设】** 2009年，望牛墩镇始终把保增长作为重要工作，实施完善应对金融危机的计划。全面启动“百千系千企”活动，先后召开重点工程推进、保增长、扩出口等系列会议，开展员工满意企业评选，评定“十大龙头企业”和“十大重点培养企业”，减免企业负担600多万元，协助20多家企业融资贷款2亿多元；全面实施招商引资奖励办法，主动承接广州、深圳和东莞先进镇街产业转移；全面实施大项目带动战略，全年累计引进项目25宗，其中新签项目19宗，增资扩产项目6宗，协议投资超30亿元人民币；突出科技创新，财政安排108万元重奖科技、名牌和纳税大户等先进企业，全年新增国家级高新技术企业1家，规模以上企业6家，经济结构得到进一步优化，被市委、市政府评为2009年度结构效益单项奖丙类镇街第二名。

【镇村统筹】2009年，望牛墩镇以中心区、临港工业园、科技产业园和好望角农业生态园为重点，成功统筹土地资源5000多亩，其中连片开发的工业用地达2000多亩；加强村组经济管理，严格落实重大事项审查制度，严格监控集体股份分红和非生产性支出，加强土地款使用管理，开展村级绩效审计和组级常规审核，有效加强村组的资金监管；盘活村组闲置资产，积极帮扶村组做好拆除14家红砖厂用地的招商，盘活村级物业资源，望东、五涌、芙蓉沙、上合等4条村成功摘掉扶贫村的"帽子"。

【社会管理】2009年，望牛墩镇投入4000多万元新建综治信访维稳中心、交警大队、望牛墩派出所、洲涡派出所，增添一批维稳和消防先进装备，任命22名警长为村（社区）支部副书记；深入持续开展"治摩"、"禁电"行动，相继开展打击"两抢一盗"、"黄赌毒"和"创平安、迎国庆"等重点行动，新建平安社区10个，人民群众对全镇社会治安满意度高达91.4%，同比上升3.3个百分点；深入开展消防隐患、危险化学品、食品药品等专项排查整治行动，全年没有重特大安全事故发生，全镇发生各类事故起数、受伤人数、死亡人数分别下降9.5%、8.1%、25%；强化矛盾纠纷调解，全镇受理群众信访总量下降18%，群体性事件下降33%，防范大规模越级集体上访和群体性事件在丙类镇街排名第一位。

【民计民生】2009年，望牛墩镇出台了促进本地人就业方案，累计发放工资差额补贴730多万元，新增就业1300多人；投入280万元为全镇户籍人口购买30种重大疾病商业保险，投入1.2亿元实施农职保并轨；投入1276万元对镇中心区7个村（社区）的自来水管进行升级改造，投入180万元对低保家庭住房进行修葺，投入900多万元新建高标准压缩垃圾转运站6座；推动赤滘村和朱平沙村农民公寓建设；开展各类困难家庭帮扶慰问活动，累计发放低保保障金378万元，发放低保家庭子女助学金121万元，发放军属补助和社会抚恤89万元；成功举办第四届七月七民俗风情节，成功创建文化建设达标镇，先后荣获全市精神文明建设先进镇、公民道德教育先进镇、宣传思想工作创新奖等荣誉，文化品牌打得更响；不断加大教育投入力度，2009年教育经费投入8980万元，增长10%，财政安排123万元隆重表彰全镇优秀教师，望牛墩中学中考顺利实现"25年好"佳绩，"学在望牛墩"的教育品牌擦得更亮。

【机关效能】2009年，望牛墩镇不断强化思想理论武装，全年共举办5期"望牛墩城市学习论坛"、开展3期政策宣讲报告，组织党员干部赴市内、省外等先进地区学习考察；不断加强干部队伍建设，优化调整中层干部，面向社会公开招考19名大学生；不断建立健全管理制度，先后制定16项管理制度，对供水厂、房地产公司、食品公司等镇属企业进行了财务审计；开展"十百千万"干部下基层驻农村工作，累计筹集帮扶资金195万元、项目57个、投入资金5195万元；扎实开展纪律教育学习月、行风评议、市民评机关和百堂法制教育进农村等活动，着力营造风清气正的廉政氛围。（梁丽英）

附：2009年东莞市望牛墩镇党委、人大、政府领导名录

镇委书记：胡浩举
镇委副书记：叶孔新 梁寿如
镇委委员：李志雄 谭树棠 谭叙棉 伦楚能（任至11月） 黄德洪 罗志海 卢广新 袁雪明
镇人大主席：胡浩举
镇人大副主席：谭树棠 梁远全
镇 长：叶孔新
副镇长：李志雄 伦宝明 周近有

## 2005—2009年望牛墩镇主要经济指标

| 指标 \ 年份 | 2005 | 2006 | 2007 | 2008 | 2009 |
|---|---|---|---|---|---|
| 户籍人口（人） | 43829 | 44219 | 44643 | 45006 | 45475 |
| 外来暂住人口（人） | 42885 | 45623 | 46217 | 38452 | 37873 |
| 面积（平方公里） | 31.57 | 31.57 | 31.57 | 31.57 | 31.57 |
| 国内生产总值（万元） | 128396 | 158000 | 194750 | 234123 | 288697 |
| 工业总产值当年价（万元） | 293290 | 369391 | 454942 | 529371 | 592153 |
| 农业总产值当年价（万元） | 5644 | 5549 | 5431 | 5312 | 5236 |
| 总用电量（万千瓦时） | 41035 | 45662 | 50348 | 52531 | 58063 |
| 全社会固定资产投资总额（万元） | 65297 | 60726 | 85000 | 95939 | 117136 |
| 社会消费与零售总额（万元） | 11655 | 14848 | 18112 | 21485 | 25483 |
| 外贸出口总额（万美元） | 7310 | 9944 | 11754 | 15022 | 14230 |
| 实际利用外资（万美元） | 4871 | 5302 | 1507 | 2315 | 2371 |
| 镇级可支配财政收入（万元） | 12900 | 15044 | 21610 | 28739 | 30595 |
| 各项税收总额（万元） | 11815 | 15886 | 23978 | 30306 | 33077 |
| 金融机构各项存款余额（万元） | 210574 | 228848 | 246160 | 303286 | 349813 |
| 城乡居民储蓄存款余额（万元） | 152299 | 172784 | 185086 | 227871 | 245156 |

# 麻涌镇

① 2009年9月7日，省委常委、省公安厅厅长梁伟发到麻涌镇督导综治信访维稳中心建设工作。当日，梁伟发在省政法委副秘书长、省综治办主任陈少波，省综治维稳中心督导组组长徐学锦陪同下到麻涌镇，实地考察综治信访维稳中心办公大楼，督导综治信访维稳中心建设。市委副书记、市政法委书记黄双福，市委常委、市公安局局长崔建，副市长成洪波等市领导以及邓流文、莫伟权、袁政军、李杰雄等镇领导也陪同考察

② 2009年7月15日，市委书记、市人大常委会主任刘志庚来麻涌镇调研，了解经济运行、产业结构调整、村（社区）发展以及企业应对金融危机情况。在调研中，刘志庚对麻涌镇工作给予充分肯定，尤其是招商引资速度令人欣慰，为将来的经济发展打下了坚实基础，接下来，麻涌一定要认真分析自身的优势和劣势，理清思路，明确发展方向，找准发展定位，促进加快发展。特别是要在加大工业发展的同时加强第三产业的发展，大力发展港口配套产业

③ 2009年7月15日，市委书记、市人大常委会主任刘志庚到麻涌镇麻二社区调研

④ 2010年1月13日，市委副书记、市长李毓全专程驱车到麻涌，参加市委十二届六次全会麻涌代表团分组讨论会，并寄望麻涌镇成为跨越式发展的标杆。镇委书记、镇人大主席邓流文，镇委副书记、镇长莫伟权，各村（社区）党（总）支部书记等代表团成员参加了分组讨论

① 2009年6月17日，副市长吴道闻到麻涌镇调研，在实地考察新麻涌中学、中山大学新华学院建设工程后，要求在保证质量前提下尽快加快这两项教育重点工程建设进度，加快推进城市化进程，提升城市品位，发挥好中心镇作用

② 2009年8月31日，市人大常委会常务副主任张继雄莅临麻涌镇调研，并前往麻四村实地考察，再次为该村发展“支招”。张继雄强调，麻四村要抓住当前机遇，立足长远，统筹利用土地资源，着力发展第三产业

③ 2009年2月17日，麻一村、麻二社区分别举行“东莞市平安村（社区）”挂牌仪式。市人大常委会副主任、市督导组组长张顺光，镇委书记、镇人大主席邓流文为“平安村（社区）”揭牌。镇委副书记、镇长莫伟权，镇委委员李杰雄、杜学民以及镇综治委成员单位负责人，各村（社区）书记、主任、负责维稳综治工作的支委等一起参加挂牌仪式

## 麻涌镇

【概况】 麻涌镇位于东莞市西北部，东距东莞市区22公里，西距广州市区29公里，南临珠江口内狮子洋。拥有狮子洋深水岸线7.4公里和可建1000吨以上泊位的内河岸线10.56公里。2009年，麻涌镇完成生产总值93亿元，实现工业总产值374亿元，完成税收14.2亿元，镇本级可支配财政收入5亿元，全社会固定资产投资23.8亿元。12月末，各项人民币存款余额57亿元，各项人民币贷款余额31.6亿元。社会消费品零售总额4.9亿元。获“市文明镇”、“维护稳定和社会治安综合治理先进镇”和“市文化建设达标镇”等称号，市镇街领导班子量化考核一等奖，以及社会发展、可持续发展和市直主管部门满意度评价3个单项奖。

【产业结构调整】 2009年，麻涌镇经济结构有所改善，第三产业所占比例为17.8%，同比（下同）增长3.6%。招商引资势头强劲。实施行业招商、产业招商，共引进外资项目18宗，合同利用外资1.2亿美元，实际利用外资2.4亿美元，增长4.9%；引进民营项目8宗，合同计划投资额12亿元，实际利用民营资金总额9.7亿元，增长9%。合同利用外资和实际利用外资总量排名全市第一。引资质量明显提高。引进外资项目的平均投资额669万美元，2个项目超过1000万美元；引进内资项目的平均投资额1.5亿元，4个项目超过2亿元。民营经济稳步发展。12月末，全镇共有民营企业（含个体户）5370家，同比增长12.5%，民营注册资金6.7亿元。帮扶企业卓有成效。镇村帮扶企业支出、减免款项合计1600多万元，协助40家企业获银行机构融资69亿元。科技创新步伐加快。新增市专利培育企业 6家、专利试点企业1家，中远、贝特利等7家企业的科技项目获得省、市的表彰。全镇有国家高新技术企业11家，省级民营科技企业14家，市级民营科技企业42家，省工程研发中心2家，市工程研发中心4家。全镇企业共获各级资助资金2795万元。

【城市化建设】 2009年，麻涌镇规划管理进一步完善，完成中心区北组团、大盛片区和部分片区局部地块的控制性详细规划。开展全镇总体规划修编，以及一河两岸景观、街头绿地以及西环路等景观设计工作。大力推进西环路等23项城市建设工程，投入1000万元支持各村（社区）完成共64项农村环境“五整治”工程，全年市政公共基础设施建设投资成倍增长，完成投资近5亿元，增长276%。大力推进国家卫生镇创建活动，成功通过省级验收。加快截污主干管网建设，完成工程总量的91%。加强环境执法监察和污染企业监管，成功创建5家省级清洁生产企业。对污染企业实行突击检查，共处罚环境违法企业31家。启动“三旧”改造工程，加强城管综合执法，治理城市“六乱”，进一步改善镇容镇貌。

【社会管理】 2009年，麻涌镇成功创建8个“平安社区”和15个“无传销社区”。着力打造强势公安，以打击团伙性、系列性、多发性犯罪作为主攻方向，组织开展“粤安09”、“雷霆”等

① 2009年7月7日，镇委书记、镇人大主席邓流文，镇委副书记、镇长莫伟权率领镇党政领导班子成员，各村(社区)书记、主任，镇府副职以上干部，镇属行政企事业单位负责人，镇创建国家卫生镇领导小组办公室及整治环境办公室全体成员一起走上大街，清洁路面，参与全镇万人清洁大行动，倡导全民参与爱国卫生运动，为防控甲流出力，为创建国家卫生镇活动加分

② 2009年3月30日，镇委书记、镇人大主席邓流文，镇委副书记、镇长莫伟权等镇党政班子领导来到建设路、振兴路等"禁摩"区，进行"禁摩"劝告，向市民宣讲"禁摩"政策

③ 2009年8月10日，镇委书记、镇人大主席邓流文，镇委副书记、镇长莫伟权等镇领导班子成员视察了八达路、西环路等重点工程，要求安全优质推进工程建设，确保工程按质按量按时完成

④ 2009年11月16日，镇委书记、镇人大主席邓流文率领镇党政领导班子有关成员，镇党政办、城建、规划、国土等有关部门负责人来到漳澎村召开现场会，督导有关重点项目进展。会议现场解决了一些项目建设中存在的问题并落实了相关事项时间表，并要求将全镇重点项目相关事项落实情况进行督导，每星期督导一次并向全镇通报

⑤ 2009年9月25日，麻涌镇举行"香飘四季"文化艺术节开幕启动仪式暨麻涌镇文联及6个文艺协会成立仪式。在以"打造香飘四季品牌"为主题的2009麻涌镇第六届"香飘四季"文化艺术节开幕同时，麻涌镇文联及麻涌镇书法家协会、麻涌镇戏剧曲艺家协会、麻涌镇音乐家协会、麻涌镇摄影家协会、麻涌镇美术家协会、麻涌镇舞蹈协会等6个协会正式成立

一系列专项行动，启用110接处警系统和警综系统接口，强化交通安全管理，巩固"治摩"、"禁电"成果，社会治安不断改善。全年破获刑事案件212宗，查处治安案件875件，命案侦破率100%，无发生造成重大影响的群体性事件。安全生产方面，以专项检查整治为抓手，狠抓执法检查和日常巡查，保证对辖区内所有生产经营单位的检查面达100%。全年共发生工矿商贸安全生产事故23宗，同比下降18%，未发生较大安全生产事故。完善消防大队的组织机构建设，完善各村（社区）的三轮摩托消防车及相关消防装备，消防能力明显增强。信访维稳方面，麻涌镇建设并投入使用镇综治信访维稳中心，建成村级综治信访维稳工作站15个，企业综治工作室1个，成立诉调对接人民调解工作室。

**【重视民生】** 2009年，麻涌镇大力开展精神文明创建活动，成功创建为市文明镇和文化建设达标镇。

*保障群众安居乐业*。投入1000万元实施创业就业工程，扩大"3040"补贴范围、推广"村民车间"、"村民班组"就业模式、提高大中专生就业补贴以及设立"创业奖"，并鼓励村（社区）在集体积累中提留一定资金用于支持本地人创业就业。2009年，全镇创业就业政策惠及群众超过3000人。

*发展教育文化事业*。制定招收新莞人子女入读公办学校实施细则。加强学校软硬设施建设，加快新麻涌中学和麻涌一中二期扩建工程进度。开展了"香飘四季"龙舟节、艺术节等品牌活动，大型组歌《香飘四季》荣获省鲁迅文学艺术奖音乐类作品奖。修缮或建成小公园10个、文化广场4个、运动场18个，建立村级图书馆网络，文化服务设施逐步完善。

① 2009年12月19日，广东中远船务工程有限公司为希腊GOLDE UNION公司建造的两艘5.7万吨散货船——N181、N182同时命名交船。至此，广东中远船务工程有限公司在莞成功建造了4艘5.7万吨散货船舶

② 2008年，黄埔新沙口岸进口小汽车54453辆，同比增长22.3%。新沙口岸已成为全国第三大整车进口口岸，“新沙汽车”品牌效应凸显

③ 2009年8月，麻涌镇雅致公司受海协会委托，紧急赶制1000套活动板房，以大陆海协会的名义捐赠给台湾灾区同胞

④ 超百亿企业——广东中远船务工程有限公司

⑤ 建设中的广东省“十一五”规划重点建设项目之一的广深沿江高速公路的东莞麻涌段淡水河特大桥

社会保障水平逐步提高。为户籍群众购买重大疾病医疗保险。启动新社区卫生服务中心建设，防控甲流疫情成效明显。大力完善社区卫生服务，推进中医项目试点，为全镇居民建立个人健康档案。完善低保制度，提高“五保户”供养标准，为户籍困难残疾人提供生活专项补助和服务，全面实施危房改造工程。

推进社会各项事业发展。完成第二次全国经济普查。着力解决群众关心的热点难点问题，全面推进人口计生、科普法普、工青妇幼、民族宗教、统计审计、拥军优属等工作。

【农业、农村发展】2009年，麻涌镇加强农村集体资产管理。完善农村干部违反集体资产管理行为责任追究办法，开展重大事项审查、组级财务收支审计和村级绩效审计，强化农村集体土地款、借贷款与经济合同管理，严格控制非生产性开支和超前福利分红。制定涉及农村集体接待费改革、农田保护区补助资金使用、土地储备金管理、农村集体经济组织开支标准和审批权限等方面的规章制度。全镇农村集体接待费同比下降12.5%，行政公共管理财政补助、农田保护区补助资金均严格按规定支出。促进农业增产增效。实施农业改种增收工程，全年新增改种蔬菜、玉米等经济作物面积7500多亩。推动麻一、麻三、黎滘、大盛等4个村共1900多亩现代标准农田项目建设。开展漳澎村农村土地承包经营权流转试点工作，推动农业规模化生产。（梁泽鹏）

**附：2009年东莞市麻涌镇党委、人大、政府领导名录**

镇委书记：邓流文

镇委副书记：莫伟权 袁政军

镇委委员：陈旭林 薛幼东 赖剑云 郭佳荣 杜学民 黎德庆 何云航 伦楚能 吴晓峰

镇人大主席：邓流文

镇人大副主席：薛幼东

镇人大专职副主席：钟镇威

镇 长：莫伟权

副镇长：陈旭林 陈文龙 祝永欣 卢炽华

① 麻涌镇水乡风情 ② 麻涌镇中心区一角 ③ 俯瞰麻涌

## 2005—2009年麻涌镇主要经济指标

| 指标＼年份 | 2005 | 2006 | 2007 | 2008 | 2009 |
| --- | --- | --- | --- | --- | --- |
| 户籍人口（人） | 70041 | 70346 | 70861 | 71260 | 71809 |
| 外来暂住人口（人） | 39981 | 40907 | 43996 | 42877 | 32805 |
| 面积（平方公里） | 84 | 84 | 91 | 91 | 91 |
| 国内生产总值（万元） | 375700 | 476606 | 610000 | 756029 | 932351 |
| 工业总产值当年价（万元） | 1952722 | 2249438 | 2910000 | 4185160 | 3738708 |
| 农业总产值当年价（万元） | 15521 | 13062 | 10760 | 13385 | 14262 |
| 总用电量（万千瓦时） | 144667 | 164827 | 264460 | 81563 | 92288 |
| 全社会固定资产投资总额（万元） | 154307 | 213903 | 228900 | 225389 | 238321 |
| 社会消费品零售总额（万元） | 56487 | 64113 | 44644 | 51430 | 48935 |
| 外贸出口总额（万美元） | 52208 | 65461 | 108620 | 123232 | 119095 |
| 实际利用外资（万美元） | 11847 | 20359 | 20845 | 22989 | 24114 |
| 镇级可支配财政收入（万元） | 22981 | 27578 | 34097 | 44936 | 49852 |
| 各项税收总额（万元） | 55808 | 82036 | 88185 | 120512 | 141902 |
| 金融机构各项存款余额（万元） | 282992 | 402673 | 570781 | 595487 | 567709 |
| 城乡居民储蓄存款余额（万元） | 174636 | 211418 | 226378 | 280718 | 302623 |

## 石碣镇

【概况】 石碣镇位于东莞市北部，地处广深走廊之间，总面积36平方公里，下辖14个村和1个社区，户籍人口4万多人，外来暂住人口逾11万人。2009年，全镇生产总值109亿元，同比（下同）增长1.1%。工业总产值297亿元。上交税收11.5亿元，其中完成国税7.8亿元、地税3.7亿元。各项存款总额129亿元，增长13%。镇本级可支配财政收入4亿元，增长3%；镇、村、村民小组三级集体总资产73.3亿元，增长21%；其中镇本级总资产35亿元，村级总资产25.1亿元，增长2%；村民小组级总资产12.9亿元，增长0.56%。被省委、省政府评为省中心镇、省文明镇、省生态示范镇。在东莞市2009年度总结表彰大会上，石碣镇获镇级领导班子落实科学发展观工作量化考核综合总分一等奖、结构效益单项奖、可持续发展单项奖、市直主管部门满意度评价单项奖、维护稳定和社会治安综合治理工作先进镇街等35个集体奖项。

① 2009年3月2日，原最高人民法院院长肖扬到石碣镇考察

② 2009年3月24日，东莞市委书记、市人大常委会主任刘志庚（右一），副市长邓志广（右二）视察东江大桥

③ 2009年11月12日，广东省建设厅副厅长蔡瀛到石碣镇调研

④ 2009年4月22日，石碣镇召开优秀企业表彰大会。图为石碣镇委书记、镇人大主席刘始团（右）为获奖企业授匾

⑤ 2009年12月13日，石碣镇委书记、镇人大主席刘始团，镇委副书记、镇长王伟东等领导欢送应征青年入伍

⑥ 2009年3月12日，石碣镇举行植树活动

# 石碣镇

①

②

③

④

⑤

⑥

【帮扶企业】 2009年，在全球金融危机背景下，石碣镇采取积极措施，多策并举，全方位加大帮扶力度，帮助企业渡过难关。一是真情走访增强企业信心。启动并实施包村包企业帮扶制度，由镇党政领导班子成员组织全镇33个机关事业单位、15个村（社区）和三大镇属公司与全镇145个企业党组织结对共建，定期深入重点企业走访慰问，形成“抱团”抗击风险的巨大合力。召开优秀企业表彰大会，拨出200多万元对全镇91家优秀企业进行表彰。二是减免收费降低企业成本。落实省市出台的各项优惠政策，主动减免企业管理费等9项收费；各村（社区）、镇属公司相应减少厂租等费用，共减免企业租金、管理费3000多万元；发动各职能部门主动上门服务，缩短企业办事时间，提高企业运作效率，帮助企业降低生产成本。三是搭建平台提升企业竞争力。协助台达等31家外资企业加入东莞市“重点中小工业企业入库”认定工作，融资达5亿多元；成功协助170家/次民营企业申报专项扶持资金，获市级以上扶持资金3600多万元，有122家民营企业被认定为市重点企业，获市贷款贴息168万元。积极推动企业参加各类展销会、洽谈会，拓宽内销渠道，帮助企业开拓国内市场，内销金额达25亿元。

【产业转型】 2009年，石碣镇继续实施政策倾斜，帮助科技含量高、带动性强的企业做大做强，重点培育先进制造业、光电子、LED等特色鲜明的高端产业，使其发展为高成长性、高附加值企业。石碣台达电子电源、东聚电子、台达电子、明盛能源、达创科技等五家企业位列全市最大50家企业，占全市总数十分之一，其中台达电子电源高居第4位。抓住产业转型升级的机遇，以引进高科技优质类项目为重点，推动台达、东聚、太阳诱电等科技龙头企业增资扩产。全镇新签利用外资项目5宗、内资项目11宗，增资利用外资项目7宗、内资项目5宗，实际利用外资4600万美元，协议引进内资9.2亿元。加强和兴宁合作，不断完善东莞石碣（兴宁）产业转移工业园配套设施，先后有深圳力通王、佛山凯莱斯特、威诺斯等多个项目落户园区，大型项目云山汽车厂也于年底建成投产；全年产业转移园税收分成突破100万。同时大力发展现代服务业和房地产业，积极协助江滨新城、富盈假日酒店建设，第三产业比重稳步提升，由上年的36.2%提高到41.8%，产业结构渐趋合理。

【技术创新】 2009年，石碣围绕“科技石碣工程”发展战略，以发展高新技术产业为重点，通过引资盘活、引智增效，鼓励推动企业开展技术创新。在落实市相关奖励政策的基础上，对获得名牌商标、名牌产品的企业重奖30万元，对上市企业重奖100万元，推动企业向品牌化、高端化发展。智高文具“套尺文具系列”获省名牌产品，另有20家企业获得省市科技扶持资金634万元。充分发挥镇技术创新服务中心的桥梁纽带作用，组织企业参加省、市科技成果交易会，鼓励企业与高等院校、科研院所联合建设研发中心、产业技

① 2009年2月16日，石碣镇举行“平安社区”挂牌仪式

② 2009年3月18日，举行石碣环保分局办事窗口“巾帼文明岗”挂牌仪式

③ 2009年8月27日，东莞市水乡片现场会在石碣镇召开

④ 2009年9月9日，石碣镇举行综治信访维稳中心成立暨国庆维稳工作会议

术联盟等技术创新组织，促进各方在科研开发、人才培养、信息交流和投融资方面的合作和交流，加快科技成果的产业化步伐。全镇有20家重点企业建立研发中心或研发部，企业共建实验室4个，累计开展产学研合作项目15项，转化成果10项。多渠道发布人才需求信息，举办多场大型人才招聘会，向社会招聘300多名科技人才、管理人才；进一步优化人才引进政策，建立健全人才引进培养激励机制，已为170多名人才解决入户问题，并解决好人才子女入读公办学校问题；成立石碣镇人才培训中心，累计培训企业员工1000多人，为产业转型升级提供智力保障。

【城市升级】2009年，石碣镇以总规为依据，逐步推进控规工作，提高控制性详细规划覆盖率，同时狠抓城市规划管理，《石碣镇市政排水系统专项规划》已进入审查阶段，《石碣镇交通公交运行线路规划》及全镇燃气管道的规划设计正在有序进行。不断完善城市配套服务功能，25项重点工程相继顺利竣工，全面升级改造袁崇焕大道等8条主干道，并启动石单路等4条村际联网路建设，建成8个横贯东西、串联各村的江滨休闲景观公园，并先后完成河涌整治、污水处理厂建设、城市亮化等一系列城市基础设施建设，东江南堤石碣村段堤外建筑拆迁基本完成，水南村段拆迁进展顺利，镇容镇貌全面改观，并成功举办38项重点工程奠基（竣工）典礼。突出绿化工作，积极做好道路绿化及闲置地绿化工程，新增绿化面积66.3万平方米，种植各种乔木5.4万株。加大执法检查力度，防止和清理违法建筑，拆除违章建筑32宗，共计2.4万平方米；强化道路整治，对村际主干道、沿江公园的景观进行改造和修复，统一安装路灯，提高绿化亮化水平；加快污水处理厂以及截污管网工程建设，落实总量减排任务，深入开展机动车排污监管和重点污染源监控工作，成功创建省生态示范镇，人居环境更加舒适优美。

【综治管理】2009年，石碣镇坚持专项治理与加强防控相结合，积极维护社会稳定。重拳整治社会治安。构建社会防控体系，加强社区基层警务力量建设，基层警力占总警力90.8%；强化社会面监控，全镇社会治安视频监控系统增加到110个，建设出租屋“小视频”监控点5008个；积极开展涉黄、涉赌攻坚战，共查处涉黄案件17宗，涉赌案件547宗，收缴赌博游戏机1576台；严厉打击各类违法犯罪行为，全年发生刑事案件1127件，破获461宗，破案率上升11.2%，命案破案率达100%，大案要案侦破率居全市前列。强力排查安全隐患。加强对重点行业、重点企业、重点区域危险源的防范和整治，全年共检查各类企业1480间/次，检查人员密集场所157家、“三小”场所221家、出租屋4891栋，整改隐患1024处。努力提高企业员工的安全生产意识，组织开展安全知识讲座100多场，培训人数达1.5万人。进一步完善镇村安全生产档案建设，镇安监分局的档案被评为省特级档案综合管理单位，各村安全生产档案基本建立。大力

① 2009年7月30日，石碣镇举行庆祝中国人民解放军建军82周年纪念大会
② 2009年9月8日，石碣镇举行庆祝第25个教师节暨总结表彰大会
③ 2009年9月27日，石碣镇领导班子在中秋节到敬老院慰问老人

开展食品、药品安全专项整治，检查食品企业80多家，整治重点企业5家。开展私宰肉专项整治，查获私宰肉1.4万公斤，有力打击私宰违法行为。深入开展打假治劣行动，查处违章销售59宗、违章生产3宗，清除窝点35处，清理无证照经营户950个，取缔440户。及时化解矛盾纠纷。成立综治信访维稳中心，加强镇长信箱和政府热线管理，定期开展领导大接访，畅通沟通渠道，及时化解矛盾；实行信访民生突出问题领导包案责任制、司法信访联合接访制度与镇府机关新提拔干部担任信访督查专员制度，及时处理重点难点信访案件。全年共受理群众来访151次并全部办结，办结率为100%。

**【社会事业】** 2009年，石碣镇坚持社会事业与经济建设两手齐抓，同步推进，各项事业全面协调发展。推动文明创建。与市文艺联会共同举办“印象石碣”系列活动，启动“镇第五届读书节”活动，丰富群众文化生活；开展和谐文明创建活动，评选文明和谐社区、家庭和企业，营造和谐氛围，成功创建“省文明镇”。促进教育均衡发展。妥善做好新莞人招生工作，顺利完成457名新莞人子女入读公办学校的招生工作。进一步规范民办学校（幼儿园）管理，推动公、民办学校结对帮扶，促进教育均衡化、优质化发展；积极做好省教育强镇迎评工作，顺利通过省督导组复评验收。提升医疗卫生服务。加强社区卫生服务体系建设，全面完成14个社区卫生服务机构建设，就诊人数35多万人，群众满意度达90%。继续巩固全国亿万农民健康促进行动示范镇工作成果，6间公办学校、3个村委会和1家企业参加示范单位创建并通过市考核。有效开展人口计生工作。完善利益导向机制，奖励计生“节育奖”家庭706户，发放奖励资金18万元；落实计生养老保险，向97名领保人员发放保险金60多万元。进一步稳定全镇低生育水平，符合政策生育率超过96%。

**【社保民生】** 2009年，石碣镇把保民生保稳定作为调结构保增长的出发点和落脚点，提高群众生活质量，保障群众生活不受金融危机影响。举办招聘会19场，解决企业招工难问题，协助5家企业创建青年就业见习基地，推动石碣籍高校毕业生就业创业工作；为1.2万多名困难就业人员办理工资差额补贴，帮助5000多名群众实现就业；共建“村民车间”28个，安置本地村民322人就业。进一步完善低保制度，提高五保供养标准，已向374名低保户发放保障金60.4万元。全面实施大中专院校在校学生参加社会基本医疗保险制度，对困难家庭学生提供补助，解决上学难学生209人，发放补助金19.1万元。拨出30万元用于广西罗城卡马水库的灾后修复，组织捐资40万元兴建2间希望小学，落实解决87个优秀特困生学费近6万元；组织32名干部、拨付资金20多万元到罗定驻点帮扶，发展特色农业，增加当地经济收入。（樊欣怡）

**附：2009年东莞市石碣镇党委、人大、政府领导名录**

镇委书记：刘始团

镇委副书记：王伟东　黎灿辉

镇委委员：刘始团　王伟东　黎灿辉　叶仲球　刘锦松　周明贵　黄子成　叶景良　袁灿怀　袁莉雯　詹耀东　龚良宝　何志伟

镇人大主席：刘始团

镇人大副主席：刘锦松　钟灿桥

镇　长：王伟东

副镇长：叶仲球　梁锡坚　叶浩平　唐满全　刘建俊

① 2009年1月18日，达鑫江滨新城奠基
② 2009年9月28日，东江大桥通车
③ 2009年10月28日，石碣镇招商考察团在台湾签约

① 石碣镇举行第二届文化体育艺术节开幕式暨纪念改革开放30周年文艺晚会

② 2009年9月30日，石碣镇领导班子在国庆60周年文艺晚会上合唱歌曲《歌唱祖国》

③ 2009年10月15日，市、镇领导参加全市庆祝中国少年先锋队建队60周年活动暨少先队入队仪式

④ 2009年4月28日，石碣镇举行纪念“五四”运动90周年文艺晚会

⑤ 2009年10月16日，石碣镇举办“印象石碣”文化系列活动

⑥ 2009年10月15日，全市庆祝中国少年先锋队建队60周年活动暨少先队入队仪式在石碣镇举行

① 石碣镇滨江路新景
② 石碣镇街心公园夜景

## 2005—2009年石碣镇主要经济指标

| 指标 \ 年份 | 2005 | 2006 | 2007 | 2008 | 2009 |
| --- | --- | --- | --- | --- | --- |
| 户籍人口（人） | 40724 | 41325 | 41999 | 42608 | 43333 |
| 外来暂住人口（人） | 138693 | 182251 | 181295 | 172095 | 113228 |
| 面积（平方公里） | 36 | 36 | 36 | 36 | 36 |
| 国内生产总值（万元） | 728816 | 868731 | 994532 | 1082524 | 1094432 |
| 工业总产值当年价（万元） | 2949789 | 3254079 | 3729291 | 3596901 | 2966737 |
| 农业总产值当年价（万元） | 6375 | 4173 | 4023 | 4086 | 3971 |
| 总用电量（万千瓦时） | 147178 | 163752 | 166303 | 152880 | 141371 |
| 全社会固定资产投资总额（万元） | 179438 | 208122 | 198147 | 185872 | 154243 |
| 社会消费品零售总额（万元） | 113567 | 132759 | 154000 | 169948 | 176888 |
| 外贸出口总额（万美元） | 391034 | 409960 | 494913 | 389853 | 256812 |
| 实际利用外资（万美元） | 5597 | 4337 | 2909 | 4272 | 4688 |
| 镇级可支配财政收入（万元） | 29367 | 33949 | 37641 | 39005 | 40184 |
| 各项税收总额（万元） | 69617 | 83434 | 110256 | 139348 | 115563 |
| 金融机构各项存款余额（万元） | 867871 | 892964 | 989304 | 1143627 | 1293160 |
| 城乡居民储蓄存款余额（万元） | 519450 | 610736 | 644756 | 784860 | 846502 |

# 高埗镇

## 高埗镇

【概况】 高埗镇位于东莞市北部水乡，紧临市中心区，是一个新兴的现代化工业商贸物流城镇。面积34平方公里，常住人口16.2万人，户籍人口3.76万人，下辖18个村，1个社区。全镇区位优势得天独厚，水陆交通便利，东江支流三面环绕，形成“四横四纵”的现代化交通网络，直接接驳莞深高速、广惠高速、莞增高速及广园快速，实现与广州、深圳、惠州及周边镇街的无缝对接，构筑起“1小时经济圈”。先后获“国家卫生镇”、“全国亿万农民健身活动先进乡镇”、“广东省教育强镇”、“东莞市维护稳定和社会治安综合治理先进镇街”、“东莞市创建文明镇街工作先进单位”和“东莞市文化建设先进镇街”等称号。

2009年，全镇生产总值60.94亿元，各项税收6.59亿元，镇本级可支配财政收入3.58亿元，金融机构各项存款余额62.18亿元，全社会固定资产投资13.97亿元，总用电量11.7亿千瓦时，总供水量2961万立方米。实际利用外资5203万美元，出口总值10.41亿美元。三大产业比例由2008年的1.01∶69.12∶29.87转变为2009年的1.09∶62.16∶36.75。在东莞市2009年度总结表彰大会上，高埗镇获“市文化建设先进镇街”、“结构效益单项奖”、“社会安全单项奖”和“社会安全指数全市第4名”等荣誉。

【“一扣三优五提升”工作思路】 2009年，高埗镇以“一扣三优五提升”的工作思路作为全镇上下的思想共识和自觉行动，转化为推进高埗科学发展的强大动力。“一扣”：即紧扣一个目

① 2010年4月15日，国家发改委地区经济司司长范恒山率督促检查组，由广东省副省长林木声，东莞市委副书记、市长李毓全，高埗镇委书记、镇人大主席李柏林和镇委副书记、镇长黄耀成等省市镇相关领导陪同，到高埗镇唯美公司参观视察

② 2009年8月14日，市委书记、市人大常委会主任刘志庚（右一）到高埗镇调研

③ 2009年10月15日，市人大常委会副主任冯同恩带队视察高埗新医院工程建设情况

① 2010年3月17日，高埗镇举行“东莞市文化建设先进镇”挂牌仪式
② 2009年9月28日，高埗镇综治信访维稳中心成立
③ 2009年3月13日，高埗镇机关学堂（第一期）开课
④ 2009年7月，高埗镇在博罗党校举办村、组干部培训班
⑤ 高埗镇党政领导干部到南城艺展中心参观学习
⑥ 高埗中学升格为东莞市第五高级中学
⑦ 高埗镇举行体育文化艺术节自行车巡游活动
⑧ 高埗镇举办体育文化艺术节启动仪式
⑨ 高埗镇体育文化艺术节文艺汇演

标——打造活力江滨新城。把城市建设的立脚点放在优化发展环境，提升城市承载能力和辐射带动能力上，高起点规划、高标准建设、高效能管理。以东江支流和内河涌为依托，融合高埗独特的文化底蕴、水乡风貌和现代气息，构筑人与水相亲相近的生态水乡，打造活力江滨新城。“三优”：即以优化产业升级、商贸经济和城市建设为切入点。突出改造提升传统产业，提高产业档次，壮大发展规模，形成新的竞争优势。重点抓好骨干企业的扩模升级，扶持中小企业加快发展，发展高科技含量的新兴产业，促进产业集群的形成。积极繁荣商贸经济，打造与先进制造业发展相适应的现代服务业，提高第三产业在国民经济中的比重。抓好城市改造和建设，改善发展环境，不断美化城市形象，提高城市品位，提升城市综合实力。“五提升”：即致力推动文化建设、农村发展、民生保障、社会管理和党的建设进一步提升，让改革发展成果普惠全镇人民，夯实执政基础。

**【应对金融危机】** 2009年，高埗镇及时采取措施化危为机，进一步巩固经济企稳回升势头。帮扶企业共渡难关。开展市、镇、村三级干部全面走访企业活动，帮助解决实际困难，稳定企业扎根发展。举办企业融资暨银行业务咨询会，促成银企合作，缓解中小企业融资难问题。推荐120家外资、民营企业纳入重点中小工业企业库和加工贸易企业融资支持计划，成功融资2.8亿元。协助企业用好市科技配套政策，8家企业15个项目获扶持，资助金额1000多万元。帮助造纸企业用好国家再生资源增值税政策，使成本抵消下降11.9%。减免企业负担，免除企业堤围防护费、绿化费、劳动合同鉴定费近1000万元。积极开拓内外市场。落实市激励政策，帮助企业抢抓订单、稳定出口，在力保欧美等传统海外市场的同时，积极开拓东盟、中东等新兴市场，优化外贸出口结构。帮助企业开拓国内市场，全镇现有内销业务企业63家，内销金额1.64亿美元。重点扶持培强支柱。形成制鞋、电子信息、眼镜等产业链较为完整的产业集群。眼镜产业领头企业华宏公司研发、技术、品质等优势突出，已成为亚太地区的眼镜物流中心。电子信息产业领头企业日本电产借行业大洗牌之机，巩固了在世界马达行业的优势，订单量比金融危机前增长60%以上。制鞋产业龙头企业裕元厂在行业整体订单下滑的情况下，比去年初保持13%的增幅。

**【推进产业转型】** 2009年，高埗镇逆势而上促产业转型，进一步提升可持续发展能力和水平。把产业结构调整和转变增长方式作为主攻方向，围绕增强自主创新能力，做好转型升级文章，提高经济发展质量和效益。推动转型优存量。搭建服务平台，推动就地不停产转型，中志等4家来料加工型企业成功转为三资企业。鼓励引导企业设立研发机构，鸿爱斯等15家企业设立研发机构。推动创新提质量。培育“两自”企业，有国家高新技术企业2家，省民营科技企业15家，市民营科技企业36家，中国驰名商标1个，中国名牌产品1个，省著名商标4个，省名牌产品1个。引导企业参与行业标准制订，科磊得数码光电参与了《道路照明用LED灯》等5项国家标准起草，正业电子主持制定了《印制板制造用定

⑥

⑦

⑧

⑨

位钉》行业标准。推动三产强支撑。加强商业规划，完成《东莞市高埗镇城市商业网点规划（2009—2015）》，引导高埗镇商业网点建设科学有序。发挥高埗镇“东莞北大门”的区位优势，建设北王路物流区，卢溪生态酒店已签订土地租用合同，占地200亩的水果批发市场已成功申请用地指标，冷冻仓储物流中心、企业产品展示交易中心等项目已开展各项前期工作。以道路升级为契机，积极做好卓世、旧医院、种子等地块的“退二进三”（缩小第二产业，发展第三产业）工程。推动减排保环境。关停转移了一批重污染企业，督促造纸、陶瓷企业上马脱硫工程和改造旧工艺，进一步减少废气污染物的排放。污水处理厂于2008年下半年正式投入使用，日处理污水5万吨。

【加快城市建设】2009年，高埗镇围绕活力江滨新城目标，进一步完善拓宽城市发展框架。以重点工程为突破口，强力推进城市建设，美化镇容镇貌，提升城市承载能力。立足规划为纲。实施《东莞市高埗镇总体规划（2004—2020）》，进一步优化城乡空间形态。冼沙、裕元等片区控制性详细规划已顺利通过市规划局的初审，正上报市规委会审批。立足基础先行。加快路网升级，投资3.36亿元，对高埗大道北、振兴路、北王路、新区大道、高龙路等5条主干路进行升级改造，全面提升城市道路景观。市政府决定兴建高埗连接市区梨川大桥，预算投资近9亿元，工程资金由市财政统筹解决。加快电网建设，11万伏卢溪变电站已进入设备安装调试阶段，11万伏江城变电站和22万伏低涌变电站达成用地协议。投资1.2亿元的截污主干管网工程基本完成，次支管网工程进入初步设计。加快水利设施建设，投资5000多万元的挂影洲围高埗泵站工程，已于2008年底动工兴建。立足配套完善。投资7000多万元的高埗新医院已完成土建工程。新世纪颐龙湾已动工建设，光大房地产项目进入拆迁阶段。立足管理为本。成立城市规划建设工作领导小组，严格审查建筑立面和土地开发建设。开展“大环卫”管理，每年投入2200万元，将全镇环卫工作实行市场化运作，全面提高环境卫生水平。投入500多万元，进一步加强道路、绿化、路灯等市政设施的维护。强化执法力度，大力整治“六乱”行为。坚持治管同步，完善拆除违章建筑快速反应和处置机制。

【构建和谐社会】2009年，高埗镇把维稳工作作为压倒一切的政治任务，健全工作机制、狠抓重点环节、夯实维稳基础，维护社会和谐稳定。实行治安“大整治”。开展“反拐”、“扫黄”、“禁赌”等系列专项行动，严厉打击严重暴力犯罪，破获“鑫鹏商场百万黄金盗窃案”等多起重大案件。对村级治安队伍实行收编，加强对治安力量的统筹。开展“治窝”、“断腿”行动，出租屋发案率同比下降20%。严厉打击和查处无牌无证、假牌假证、报废摩托车违法上路，共查扣摩托车1309辆。全镇共立刑事案件723宗，破获各类刑事案件245宗，百名民警破案绝对数同比上升34.47%；共打掉团伙48个，刑事拘留363人；缴获老虎机4300多台，处理放置老虎机店主1003人。实行维稳“大调处”。投入120多万元，建成高埗镇综治信访维稳中心，整合各种维稳力量，提高解决问题的能力和效率。镇信访办

共受理群众来信、来访、来电204宗，下降37.5%，办结202宗，办结率为99%。劳动部门受理劳动争议仲裁案件228宗，结案率为100%。妥善处理重大劳资纠纷19宗，为2672名员工追回工资经济补偿等款项1216.4万元。实行安全"大排查"。狠抓安全生产基础工作，强化重点区域、行业的专项整治和管理。成立村级安全办和消防队，实现消防安全隐患预警率100%。开展多项安全生产整治工作，共查处事故隐患517项，整改率98.4%。

【改善民生事业】2009年，高埗镇坚持以保障和改善民生为重点，进一步发展社会各项事业。牢固树立以人为本的理念，始终把解决好群众最关心、最直接、最现实的利益问题摆在突出位置，不断加大改善民生和社会事业发展力度。关注社会就业。为34名自主创业的下岗失业人员落实小额担保贷款272万元。全年举办户籍技能培训班11期，培训城乡登记失业人员382人次。开办4个"村民车间"，为500多名村民解决就业问题。深入企业收集岗位5878个。举办现场招聘会，提供就业岗位1967个，推荐就业112人。加强大中专毕业生就业服务，转变就业观念，拓宽就业渠道。关注社会保障。开展帮扶慰问送温暖活动，向低保户和困难群众发放帮扶慰问金562万元。认真解决读书难问题，发放各类助学金160万元。社会保险覆盖面稳步扩大，参保人待遇水平持续提高。全镇总参保人次52.87万人次，共核付基本养老、基本医疗等各类保险待遇1.41亿元。关注农村发展。加强农村集体资产管理，严格执行集体土地及物业转让、租赁等规章制度，完善出纳专职化和经济合同管理，规范村组分红行为。落实帮扶政策，管好用好市财政对村公共管理支出财政补助，合计补贴金额192万元。村组级可支配收入2.23亿元，纯收入1.38亿元。冼沙村（4881万元）、高埗村（3438万元）荣获东莞市2009年度村组可支配收入总额超3000万元奖，分

① 高埗镇举行庆祝中华人民共和国成立60周年大会暨“高歌颂祖国”合唱比赛
② 2009年5月1日，高埗镇举办“行业状元大搜索”暨纪念“五一”国际劳动节技能大赛决赛
③ 2010年1月8日，高埗商会举办第五届理事会换届文艺晚会
④ 高埗镇社区体育设施日臻完善
⑤ 升级改造后的高埗大道北
⑥ 升级改造后的振兴路
⑦ 环城路高埗段夜景
⑧ 鸟瞰高埗镇

别排在全市第63名和110名。关注文化教育。突出抓文明创建，保安围村、高埗自来水公司被评为“市文明标兵村（单位）”，高埗村被评为“市文化建设先进村”，陆逊梯卡华宏眼镜有限公司被评为“市文化建设标兵企业”。突出抓“三城”建设，建成村级图书室、企业图书服务站、村史展览室、村级文化公园36个。突出抓文化凝聚，成功举办“高歌颂祖国”大型合唱比赛，庆祝新中国成立六十周年，进一步激发全镇人民投身建设高埗的热潮。突出抓教育资源优化，促进教育公平。做好“省教育强镇”复评，办学综合实力不断提高。关注财政管理。坚持保重点、控一般，保民生、强基础，调结构、促和谐，严格控制一般性支出。实施单一账户集中支付单位经费的管理模式，提高财政资金的使用效率和节省行政事业单位日常经费开支。关注全面发展。完善应急管理体系，及时启动甲型H1N1流感应急方案，甲流疫情得到有效防控。提高人口计生服务管理水平，全镇户籍人口出生率9.9‰，下降1.27个千分点，计划生育率97.03%，上升0.89个百分点。加强食品安全联合监管，深化农贸市场管理，将第二综合市场创建成为样板市场。国防人防、外事侨务、工青妇幼、档案方志、打私等工作扎实推进。

**【深化作风建设】** 2009年，高埗镇强化固本强基转作风，进一步增强政治意识、大局意识和责任意识。围绕“转作风、提效能”的主旋律，把加强政府自身建设摆在突出位置，以更优良的作风、更高效的服务、更务实的态度抓好工作落实。提升基层战斗力。优化基层队伍，配好村党组织书记后备干部和大学生村官，选派机关干部到农村驻村工作，进一步优化农村干部的年龄结构及文化层次。优化党员队伍，发展新党员66名，为党组织注入新活力。完善“两新”组织党建工作，振兴等6家企业和贯达等2家企业的党支部分别评为镇级示范点和标兵单位。提升干部队伍素质。组织全镇村、组干部共261人，分四期前往博罗县委党校进行集中脱产培训，转变村组干部思想作风，提高综合素质和能力。召开“机关年轻工作人员座谈会”、“机关中层干部座谈会”和“镇属部门全体工作人员会议”，举办“机关大学堂”，明确责任意识、使命意识和时代意识。组织城建、规划、市政、宣传、文广等部门负责人到杭州、宁波、无锡、桂林、澳门等地学习取经，吸收先进经验，转变发展观念。提升拒腐防变能力。全面落实廉政建设责任制，开展村两委干部述职述廉和民主评议工作。严格执行工程招投标、政府采购制度，全年完成镇属招投标工程15项，中标总造价1.88亿元，比预算价下浮12%。政府采购13项，实际成交额1592万元，比预算价节约19.5%。提升依法行政能力。自觉接受人大依法监督，积极支持人大代表开展视察、调研活动，办理人大代表议案、意见和建议18件，满意率为100%。成立农村工作督查办公室、综合办公室，建立健全农村管理机制，推进农村工作的规范化管理。

（林　郁）

**附：2009年东莞市高埗镇党委、人大、政府领导名录**

镇委书记：李柏林
镇委副书记：黄耀成　黄锦昌
镇委委员：李柏林　黄耀成　黄锦昌　杨石光　熊才安　黄钱发　莫献来　杜伟洪　莫桂华　罗有通　郑晓微　苏惠英
镇人大主席：李柏林
镇人大副主席：熊才安　李祥根
镇　长：黄耀成
副镇长：杨石光　廖淑英　陈树有　刘志坚

## 2005—2009年高埗镇主要经济指标

| 指标＼年份 | 2005 | 2006 | 2007 | 2008 | 2009 |
|---|---|---|---|---|---|
| 户籍人口（人） | 36637 | 36873 | 37209 | 37409 | 37648 |
| 外来暂住人口（人） | 88532 | 92261 | 101217 | 136527 | 128976 |
| 面积（平方公里） | 34 | 34 | 34 | 34 | 34 |
| 国内生产总值（万元） | 366861 | 451928 | 549859 | 653120 | 609392 |
| 工业总产值当年价（万元） | 880125 | 1077656 | 1132853 | 1457325 | 1295187 |
| 农业总产值当年价（万元） | 15611 | 11132 | 10875 | 12360 | 10633 |
| 总用电量（万千瓦时） | 100285 | 118494 | 129089 | 130017 | 117113 |
| 全社会固定资产投资总额（万元） | 142941 | 139793 | 149894 | 113368 | 139659 |
| 社会消费品零售总额（万元） | 91936 | 118539 | 138349 | 159350 | 160960 |
| 出口总额（万美元） | 78665 | 113145 | 119756 | 134837 | 104081 |
| 实际利用外资（万美元） | 6667 | 6534 | 7351 | 7076 | 5203 |
| 镇级可支配财政收入（万元） | 20576 | 24991 | 29665 | 32929 | 35842 |
| 各项税收总额（万元） | 35088 | 48387 | 59387 | 78015 | 65857 |
| 金融机构各项存款余额（万元） | 342677 | 410665 | 471213 | 552798 | 621829 |
| 城乡居民储蓄存款余额（万元） | 228604 | 296471 | 322875 | 409584 | 432531 |

## 洪梅镇

【概况】洪梅镇地处东莞市西北部，毗邻珠江口，居于粤港经济走廊腹地，地理位置优越，水陆交通便利，是广东省教育强镇、广东省卫生镇。2009年全镇户籍人口2.16万人，外来暂住人口2.64万人，下辖9个村委会和1个居委会；全镇生产总值25.3亿元，同比增长22.3%；工业总产值103.9亿元，同比增长18.5%，其中规模以上工业总产值101.5亿元，同比增长18.9%；各项税收总额3.7亿元，同比增长36.6%；可支配财政收入2.15亿元，同比增长15%；社会消费品零售总额8.2亿元，同比增长17.1%。

【招商引资】2009年，洪梅镇以大项目引进为重点，着力引进一批关联度高、带动能力强的核心项目，钢铁物流城、SPAR零售业物流中心、南华运动制品有限公司、元晖德丰光电有限公司等相继落户洪梅。全镇利用外资项目13个，合同引进外资2634万美元，同比增长8.08%，其中增资合同外资金额2585万美元，同比增长35.62%；实际利用外资9996万美元，高于全市平均水平。加大优质内资项目的引进力度，引进广东绿洲肥业、东莞荣顺化工仓储商贸城等8个内资项目，引进民营项目协议投资增值4亿多元，落实1.2亿元。

## 洪梅镇

① 2009年7月6日，市委书记、市人大常委会主任刘志庚（中）在洪梅镇委书记王建周（右一）陪同下调研洪梅镇上半年经济社会发展情况

② 2010年1月5日，市委副书记、政法委书记黄双福（右一）到洪梅调研洪梅镇综治信访维稳中心建设工作，并与镇委书记王建周（左一）为洪梅镇综治信访维稳中心揭牌

③ 2009年4月1日，市委常委、副市长江凌（中）在洪梅镇委书记王建周（左一）和镇委副书记、镇长吴淑萍（右一）陪同下调研洪梅镇外资企业经营状况

【民营经济】 2009年，洪梅镇大力扶持民营经济发展，民营经济实力得到大幅提升，内源型经济发展战略渐见成效。全镇规模以上工业总产值中，民营经济实现产值为10.35亿元，同比增加76.4%；全年共引进民营项目协议投资增值约4亿多元，三资企业内销额达5.23亿美元，同比增长17%，占三资企业产品销售比例达57.2%；全镇72家民营企业中，荣获省民营科技企业1家，市民营科技企业9家，取得省著名商标1家，国家免检产品1家。

【村级经济】 2009年，洪梅镇加大镇村统筹发展力度，积极扶持农村发展。加大镇财政对村级教育、治安、市政管理等方面的投入，深入开展旧村整治，进一步改善农村人居环境。加强农村集体资产管理，修订农村（社区）集体资产管理实施办法，开展农村财务检查，切实提高集体资产管理水平。全镇村组两级集体总资产5.3亿元，同比增长2.4%；村组经营性总收入5054万元，纯收入2203万元，同比分别增长0.19%和0.64%。各村全年共引进民营项目11宗，总投资额6.3亿元，新签外资项目2宗，新签项目协议投资额320万美元。农民人均纯收入8853元，同比增长4.74%。

【农业生产】 2009年，洪梅镇加强农业技术指导和培训，促进农业健康发展。全镇全年种植水稻面积3736.12亩，亩产350公斤，总产量1307.6吨，其中早稻1820.47亩，晚稻1915.65亩；全年播种玉米面积4.1亩，亩产1000公斤，总产4.1吨；全年种植薯类30亩，亩产300公斤，总产9吨；合计粮食播种面积3770.22亩，粮食总产量1320.7吨，超额完成市下达的粮食任务。全年种植香（大）蕉面积7525.49亩，平均亩产1500公斤，总产11230吨。种植蔬菜面积282.22亩，播种面积846.66亩，亩产1250公斤，总产为1058吨，花卉（含草皮）738.38亩。

【城市建设】 2009年，洪梅镇切实抓好城市建设管理，改善城市环境，提升城市品位。大力推动基础设施建设。镇街联网路方面，完成洪金路、桥东路及其延长段已完成建设改造，洪金路南延伸段完成30%，太阳洲大桥纳入沿海公路工程；粤晖大桥准备进行招投标，东海大桥、厚洪路纳入市疏港大道工程。村级联网路方面，完成桥东路全长1.7公里的建设任务，洪屋涡农民公寓大道、梅

①

②

③

① 2009年4月1日，副市长成洪波（中）在洪梅镇委书记王建周（左一）和镇委副书记、镇长吴淑萍（右前一）陪同下调研“治摩”工作

② 2009年5月21日，副市长顾春芳（左二）在洪梅镇委书记王建周（左一）和镇委副书记、镇长吴淑萍（右一）陪同下调研经济运行和企业生产情况

③ 2009年7月16日，副市长成洪波（右二）在洪梅镇委书记王建周（左二）和镇委委员陈艳芬（左一）陪同下调研计生和防汛工作

④ 2009年9月16日，副市长严小康（右一）在洪梅镇委书记王建周（右二）陪同下调研文化建设

⑤ 2009年8月5日，市人大常委常务副主任张继雄（中）在洪梅镇委书记王建周（左一）和镇委副书记、镇长吴淑萍（右一）陪同下到洪梅检查镇际、村际联网路建设情况

⑥ 2009年12月14日，东莞军分区政委刘卫芳（右一）在洪梅镇委书记王建周（左一）陪同下调研洪梅辖区地理结构、防洪等方面情况

⑦ 2009年10月14日，省考核组检查洪梅中小学硬件建设情况

⑧ 2009年3月25日，洪梅镇召开学习贯彻《珠三角地区改革发展规划纲要》宣讲报告会

④

⑤

⑥

⑦

⑧

新路、金鳌沙路已完成招标。重点民生工程方面，敬老院宿舍、新幼儿园、洪梅汽车站相继投入使用；新洪梅医院完成主体工程；体育中心主体基本完成，体育馆工程正在招标。水利工程方面，首批12项水利防灾减灾工程已有11项全面完工，梅沙水闸、沉州草了西水闸完成75%；夏汇排涝泵站工程完成95%，黎洲角1号排涝泵站、梅沙西排涝泵站已动工。

【安全生产】2009年，洪梅镇深入开展“安全生产年”活动和安全生产执法、治理、宣传教育“三项行动”，全面排查整治交通、建筑、出租屋等安全隐患，投入300多万元设立安全生产专项资金，完善安全基础设施建设，有效遏制重特大安全事故的发生。投入200万元认真实施消防安全规划，完善消防大队、基层消防站和消防设施的建设，为保障消防安全提供了有力硬件支持。投入20万元抓好全镇10个村居安全办、安全巡查队、义务消防队建设。全年发生各类安全事故共58宗，同比下降19.4%，安全生产形势稳定。

【民计民生】2009年，洪梅镇稳步推进各项民生工程。镇村投入3700多万推动农保与职保并轨，建立城乡一体社会养老保险制度。继续为全镇2.16万村（居）民购买30种重大疾病保险。落实各类补助，为弱势群体提供各种保障，共为全镇559户低保对象1604人次发放低保金、补助金等305万元，为边缘户在读高中生和大学生1416人发放助学金306万元，市、镇两级发放救济金59宗达12.5万元。进一步理顺镇社区卫生的各项运作和管理，投入130万元完善配套设施，建立农（居）民健康档案，提升社区医疗服务。广泛开展各类助残便民服务工作，发放专项补助达68万元。帮扶群众就业创业，积极帮助群众就业和再就业，推广“村民车间”，全年促进236名户籍失业人员就业。落实各项就业补贴金额387.6万元，镇村两级向170名户籍大中专生发放企业岗位津贴37万元。设立大中专毕业生“回乡就业岗位津贴”，促进户籍大中专毕业生回洪梅就业。鼓励自主创业，帮扶8名户籍劳动力申请小额贷款，发放贷款金额64万元。继续推进新莞人培训工程，举办各类培训班8期，培训479人次；积极解决新莞人子女接受教育问题，公办学校共招收新莞人子女1070名；深入开展“城市暖流行动”，开展新春送温暖、关爱新莞人女工、慰问新莞人子女等活动，促进社会和谐共融。

【计划生育】2009年，洪梅镇全年完成市下达的三项人口计划指标，顺利创建

① 2009年10月26日，洪梅镇举行“法律进校园”系列宣传活动
② 洪梅龙狮敲出排山倒海、气势如虹的《生命鼓韵》
③ 2010年2月26日，首届洪梅花灯节在洪梅文化体育广场举行。图为万名群众齐赏花灯

①

②

③

"两无"（无政策外多孩出生镇，无政策外出生村、镇区）镇街。全镇出生人数210人，人口出生率为9.81‰，同比上升0.31‰；自然增长率6.31‰，同比上升0.78‰；计划生育率96.67%，比去年上升0.65%。全年户籍人口完成四项手术227例，其中结扎50例（纯女结扎16例），上环166例，妇检率为97.5%。全镇共有1540人参加了计生养老保险，全镇农村独生子女与纯生二女户投保率93%，发放计生保险金24.75万元。同时抓好流动人口计划生育管理，落实流动人口已婚育龄妇女的计生工作，落实流动人口手术340例，其中结扎86例，上环241例。

**【教育和文化建设】** 2009年，洪梅镇进一步巩固创建省教育强镇的成果，积极做好各项文化建设，全镇文体事业繁荣发展。加大教育事业投入，全年教育事业投入3689.52万元，同比增长6.5%。建成新洪梅中心幼儿园并于9月1日顺利开学，进一步改善了全镇教育环境和条件。加强教师业务培训，提升师资素质，提升教育教学质量。实施"文化惠民"工程，投入文化建设创建资金2600多万元，完善艺术培训中心、少儿活动中心、老人活动中心、农耕博物馆、展览厅及图书馆建设，成功创建市文化建设达标镇。推进"图书馆之镇"建设，探索创新镇统筹村的管理模式，将村级图书室提升为东莞图书馆村级服务点，得到市的高度肯定。举办迎春、龙舟、读书节、正腾杯篮球赛等一系列群众喜闻乐见的文体活动，丰富了群众文化生活。

**【维稳综治】** 2009年，洪梅镇以全面开展"平安社区"创建工作为契机，深入开展平安建设，全面推进社会治安综合治理，全力打造"平安和谐新洪梅"。加大社会治安整治力度，成立镇委政法办，统筹政法综治力量，使政法综治职能作用得到充分发挥。组织开展"粤安09"、"雷霆"、"创平安、迎国庆"、"打拐"、"平安公交"、"扫黄禁赌"等一系列专项行动，严厉打击黑恶势力、"两抢一盗"、"黄、赌、毒"等违法犯罪活动。推进村级视频监控系统建设全覆盖，加紧推进视频监控系统建设，全镇治安形势保持稳定。全年共立刑事案件337宗，其中双抢案件减少3宗，同比减少6%。全镇80%的村（社区）成功创建为"平安社区（村）"。各村（社区）全部完成封闭式半封闭式管理，建成12个警务室。全面加强应急信访工作，认真开展镇委书记大接访活动，切实抓好人民调解工作。全年共调解民间纠纷262宗，成功调解258宗，调解率98%以上，无发生越级到省进京上访事件，无发生造成重大损失的群体性事件。深入开展"治摩6号"、"治摩百日整治"等一系列专项行动，共查处摩托车违法行为450宗。坚持"和谐治摩、人本治摩"的原则，积极做好摩托车报废补偿和摩的司机转型就业工作。广泛开展"双无"创建活动，使路面"双抢"案件和交通事故明显减少，社会治安明显好转。大力发展公共交通，解决"治摩"后群众出行问题，全镇公交覆盖率达100%。

（何致彬）

**附：2009年东莞市洪梅镇党委、人大、政府领导名录**

镇委书记：王建周

镇委副书记：吴淑萍

镇委委员：王建周　吴淑萍　叶沛森　周玉佳　谭志强　陈宏发　郭　旺　莫宇东　陈艳芬　梁裕英　麦沛坚

镇人大主席：王建周

镇人大副主席：谭志强　钟燕华

镇　长：吴淑萍

副镇长：周玉佳　李耀文　王　晖

## 2005—2009年洪梅镇主要经济指标

| 指标 \ 年份 | 2005 | 2006 | 2007 | 2008 | 2009 |
|---|---|---|---|---|---|
| 户籍人口（人） | 20728 | 20952 | 21134 | 21289 | 21592 |
| 外来暂住人口（人） | 27003 | 29285 | 30143 | 33318 | 26408 |
| 面积（平方公里） | 33 | 33 | 33 | 33 | 33.5 |
| 国内生产总值（万元） | 102412 | 124952 | 165566 | 206785 | 252875 |
| 工业总产值当年价（万元） | 253101 | 322143 | 502017 | 829932 | 1038945 |
| 农业总产值当年价（万元） | 4936 | 4059 | 4409 | 8285 | 8011 |
| 总用电量（万千瓦时） | 30349 | 38720 | 41038 | 41949 | 46272 |
| 全社会固定资产投资总额（万元） | 97735 | 115352 | 129294 | 134592 | 110193 |
| 社会消费品零售总额（万元） | 42931 | 50988 | 60176 | 70356 | 82408 |
| 外贸出口总额（万美元） | 16181 | 19676 | 21654 | 22711 | 20782 |
| 实际利用外资（万美元） | 3627 | 13993 | 17447 | 20407 | 9996 |
| 镇级可支配财政收入（万元） | 9831 | 14459 | 17001 | 18860 | 21541 |
| 各项税收总额（万元） | 11139 | 17482 | 22381 | 27190 | 37137 |
| 金融机构各项存款余额（万元） | 85801 | 116194 | 122638 | 152798 | 182227 |
| 城乡居民储蓄存款余额（万元） | 58055 | 73890 | 80730 | 100525 | 111857 |

## 道滘镇

【概况】道滘镇位于东莞市西部，地处东江南支流下游水网地带，全镇总面积54平方公里，下辖13个村，1个社区，户籍人口5.56万人，外来暂住人口7.59万人。2009年，全镇生产总值44.91亿元，同比（下同）增长2.2%；工业总产值90.14亿元，下降10.5%；镇本级可支配财政收入4.83亿元，增长0.4%；社会消费品零售总额5.85亿元，增长13.5%；金融机构各项银行存款余额51.87亿元，增长10.0%，其中城乡居民储蓄存款余额37.53亿元，增长7.4%；各项税收总额6.31亿元，下降9.8%，其中国税分局征收额4.37亿元，下降15.5%，地税分局征收额1.94亿元，增长6.2%。

【“一岸三园”战略实施】2009年，道滘镇提出“一岸三园”的发展战略思路，一岸即开发建设蔡白岛的黄金海岸，三园即开发建设健康产业园、济丰农业产业园和旅游文化产业园。将“一岸三园”建设作为拉动经济增长、改善发展环境、增强发展动力的重要举措。完成“一岸三园”的土地统筹、用地报批、规划办证、招商引资等工作难点。其中，蔡白沿江路首期全长约3公里工程已完成1/3路基建设；济丰农业产业园完成招商引资，并于7月1日签订合作开发合同；东莞卫生学校于9月28日举办了动工典礼。

【应对金融危机】2009年，面对金融海啸的巨大冲击，道滘镇积极应对金融危机。一是帮助企业增强信心。主动关心和帮扶企业发展，建立季度企业排忧解难协调会议制度，出台《道滘镇关于扶持优质企业发展的暂行办法》，加强对重点税源和重大产业项目的服务和帮扶；理顺搜于特、银禧、洲亮等企业总部搬迁，高分子研究所建设和培育上市等问题。二是支持企业技术创新。出台《关于实施科技道滘工程建设创新型城镇的意见》，由镇政府设立专项资金，每年投入500万元支持优质企业技改扩能、技术创新。全镇新增市民营科技企业5家，新增专利申请183件、授权143件，协助1家企业申报国家高新技术企业，4家企业申报市专利培育企业，10家科技型企业申报研发投入资助，3家企业申报省名牌产品和著名商标。三是引导民企做强做大。深入开展政策宣讲活动，认真落实帮扶中小企业和加工贸易企业解决融资难、已建房屋补办产权证、纳税大户奖励等政策措施。全镇民营经济实现工业总产值24.8亿元，

## 道滘镇

① 2009年6月10日，市委书记、市人大常委会主任刘志庚在道滘镇领导陈灼林、贾贵斌等的陪同下，深入企业调研

② 2009年4月27日，市委副书记、市长李毓全在道滘镇领导陈灼林、贾贵斌等的陪同下，到文一实业集团有限公司视察调研

③ 2009年2月16日，道滘镇举行“平安社区”挂牌仪式。副市长李小梅与镇领导陈灼林、贾贵斌等为“平安社区”揭牌

④ 2009年9月28日，市属重点工程之一的东莞卫生学校新校建设工程举行动工仪式。图为市委常委、宣传部部长王道平、副市长成洪波、市纪委副书记吴才华和道滘镇委书记、镇人大主席陈灼林等为东莞卫生学校工程动工启动推杆

⑤ 2009年9月24日，道滘镇举行综治信访维稳中心揭牌仪式，市委政法委副书记卢锡光和道滘镇委书记、镇人大主席陈灼林等为综治信访维稳中心揭牌

⑥ 2009年10月14日，市政协主席刘树基在道滘作经济形势报告

⑦ 2009年8月10日，香港特别行政区财政司司长曾俊华一行到道滘镇均兴金属制品有限公司进行参观调研

同比增长1.7%，占全镇工业总产值的27.5%；民营经济纳税总额达2.88亿元，占全镇税收总额的45.6%。

【招商引资工作】 2009年，道滘镇加强宣传激励，引领全民招商，出台《道滘镇招商引资奖励暂行办法》，建立全镇厂房闲置信息发布制度，帮助镇、村、组成功招租厂房18万平方米，全镇厂房空置率由年初的6.4%下降至年底的1.5%。同时，创新招商引资方式，积极"走出去"、"引进来"，组织镇村干部招商团到日本、越南、柬埔寨、内蒙古、浙江宁波等地进行定向招商。2009年，成功招引浙江五芳斋集团、百代啄木鸟公司总部等11个优质内资项目落户。全镇利用外资项目签约14宗，其中新签7宗，同比增加1宗；合同利用外资金额2911万美元，同比增长39.4%，其中新签项目协议利用外资金额增长29.5%，增资项目协议利用外资金额增长29.5%。

【产业结构调整】 2009年，道滘镇把发展第三产业作为推进产业结构调整的核心工作，大力实施"商贸强镇"战略。一是提升中心商业区。全面加快振兴路和道滘新汽车总站商业圈改造步伐，耀盈城市广场、文一茶叶市场等顺利投入运营，江月湾二期、御水湾、广华中心广场等一批综合性商业项目相继竣工并对外销售，大新工业区"退二进三"（缩小第二产业，发展第三产业）工程基本完成项目招商、设计规划和企业搬迁等前期工作。二是发展商贸物流业。铺开全镇商业网点规划编制，启动南城海滨商贸城规划设计、用地报批等前期工作，并帮助汇丰国际珠宝玉石等专业市场成功运营试业。三是发展旅游食品产业。成立食品产业协调办公室，铺开食品产业发展专项规划编制和道滘品牌CI设计工作，把占地2314亩的民营工业园整合完善、提升规划为食品工业园，充分发挥活动、新闻、媒体的宣传效应，进一步激活道滘特色旅游和传统美食产业。四是推进房地产开发。丽水佳园三期、上河居二期、金色阳光、畔月湾、锦绣居等房地产项目建设相继竣工并对外招商销售，星洲花园建设的前期工作基本理顺，北永等一批村级农民公寓建设顺利推进，全镇第三产业整体素质逐步提升。

【城市建设】 2009年，道滘镇围绕打造"生态宜居新城"的工作目标，突出城市规划，推进基础设施建设，大力完善城市管理，优化城乡环境。

坚持规划先行。认真抓好全镇土地利用总体规划修编、全镇总体规划修编、片区控制性详细规划及各专项规划编制工作。其中，《东莞市道滘镇土地利用总体规划（2006—2020）》于8月中旬通过市政府审批，9月份起全镇已按新的土规报批用地；全镇总体规划修编和昌平片区控规编制工作基本完成，进入最后审批阶段；生态环境整治规划已基本完成，防洪排涝专项规划出台初步方案；莞惠、穗莞深等多条途经道滘的城际轨道的走向方案已经确定。同时，认真做好供电、电信、供水、污水、排水等地下管线的普查工作，形成覆盖全镇的地下管网电子档案，为城市道路、管线的管理和维护提供详实依据。

狠抓基础建设。一方面，加快城际道路交通建设。认真配合做好东莞大道延长线道滘段征地补偿和沿江高速公路道滘段建设工作，确保项目建设的顺利推进。二方面，加快镇内主干道路交通

③

④

⑤

⑥

⑦

建设。全面铺开大罗沙路二期、小河路二期、南阁东路、道洪路等6条镇村联网公路的规划建设，并督促小河大桥复工建设，协助完成粤晖大桥相关报批手续和图纸预审，逐步理顺南丫大桥通航高度、航道安全等问题。三方面，加快市镇重点工程建设。污水处理厂主体工程已建设完成进入调试阶段，全镇截污主干管网工程完成总工程量的81%；水利防灾减灾工程一期28宗（56项）工程完成98%，其中石堤工程基本完成，15座水闸工程中12座已完成，3座正在建设，补充工程已完成前期工作，准备组织工程投标。

推动管理升级。深入开展创建国家卫生镇活动。加大环境卫生整治投入和督查力度，学习借鉴肇庆广宁创卫工作经验，深入推进创建“国家卫生镇”工作，并通过省的技术评估。积极配合做好创模工作。全面完成镇内29家重点污染企业“一源一档”资料的整理，深入企业、深入村组开展“创模”专题宣传活动，推动企业环保意识和环保工作水平的提升。深化农村环境整治。认真做好农村环境整治收尾工作，全面完成13条村的生态环境整治和旧村整治任务。扎实开展已建房屋补办房地产权证工作。先后做好全镇2056宗个案登记，完成6宗个案补办手续。通过镇村联动、上下努力，全镇生态环境明显改善。

【公益文化】2009年，道滘镇积极推进公益文化活动社会化，大力发展社区文化、广场文化和节日文化，深入实施群众文化“十百千万工程”，送电影下乡268场，送戏（粤剧）80场，培养业余文艺骨干1200多人，参办各类宣传文化活动120场，吸引了50万人次参加。强化电视、报纸和户外电子显示屏等媒体宣传，配合东莞创建国家环保模范城市、道滘创建国家卫生镇、“一岸三园”建设等中心工作，开辟报纸专版专栏23个，制作播放专题宣传片60个，充分发挥党的“喉舌”功能。5月24—28日，举办道滘镇第二届美食文化节。内容主要包括美食节、文化艺术节、龙舟趁景活动等三大部分12项活动。继续推动“曲艺之乡”品牌创建，丰富民间粤剧表演活动，鼓励粤剧曲艺创作，粤剧艺术精品不断涌现，曲艺文化呈现出新的景象。2009年，国家文化部首次以部门规章形式授予道滘镇“中国民间文化艺术之乡”的称号。

【深化教育强镇战略实施】2009年，道滘镇顺利通过省教育强镇复评工作，进一步深化教育体制改革，提高办学教学质量。成功取得东莞卫生学校、东莞市职业技术学校、市属普通高中、中大附属外国语实验学校等项目落户，优化了全镇教育资源布局。全面落实任期考评机制，制定《道滘镇学科带头人评选办法》和《绩效工资实施方案》，调动教师队伍工作积极性。并选派四联、新城等学校校长到省、市进修班学习，鼓励和支持一批教师骨干提升学历。以新

①

②

③

④

课程改革为契机，以优化课堂教学为中心，大力推动“一校一品牌”建设，逐步形成道滘教育新特色。同时，在全镇各中小学校全面铺开“阳光体育运动”，定期开设心理健康教育讲座，开展诵读践行《弟子规》、艰苦奋斗和团结互助教育等活动，全面提升教学质量。2009年，道滘镇高考成绩创历史新高，济中普通高考增长幅度在全市镇属高中排名第一，道中高职考也取得优异成绩，得到了上级部门的充分肯定。

【推动体育事业创新发展】 2009年，道滘镇成功举办道滘镇第三届运动会，营造了全民运动的氛围。组织参加东莞市第七届运动会，获得43面金牌的好成绩，团体总分和金牌总数分别排全市第七，较好地保持道滘传统体育优势。同时成立道滘体育运动委员会先后输送游泳等各类体育人才8人到省市集训。2009年，道滘籍游泳健儿在国际级比赛中获得3金1银，在全运会等国内重要赛事中获得4金1银2铜的好成绩，擦亮了道滘“游泳之乡”品牌。

【社会管理】 2009年，道滘镇以“四大民生工程”建设为切入点，着力帮助解决群众最关心、最直接、最现实的切身问题，合力促进社会大局和谐稳定。

“平安工程”建设。深入开展打击“两抢一盗”、“撞车尾”抢劫、拐卖妇女儿童、涉赌涉毒、电话诈骗和“治摩”百日整治等专项行动，全年共破命案8宗，破刑事案件210宗，查处治安案件857宗，摧毁犯罪团伙16个，抓获各类犯罪嫌疑人190人，查扣摩托车998辆、电动自行车198辆，查处非法营运165宗。充分整合维稳及综治资源，成立镇委政法办，建设综治信访维稳中心，全面加强政法、维稳、综治、禁毒等各项工作。铺开北永、闸口等六个平安村（社区）创建。全镇共受理信访案件348宗，其中群众来访、来信、来电201宗，镇长信箱39宗，阳光热线79宗。清查欠薪企业142家，涉及企业员工3145人，为企业员工追回工资410万元；调处劳资纠纷1021宗，涉及企业员工8740人。新莞人服务管理工作被市评为先进镇（街）。落实安全生产责任制，强化安全日常管理，开展7次大型隐患排查和专项整治行动，检查企业239家，整改企业117家，防止重特大安全事故的发生。成立公安现役消防大队，提升消防工作力量，排查隐患293处，停业整顿6家；以小河村为试点在全镇推广开展火灾隐患整治暨宣传大培训工作。认真抓好基层民兵营“四个基本”（基本教育、基本队伍、基本制度、基本设施）建设，以大岭丫村为试点，树立省、市基层民兵营建设的示范点；抓好民兵训练和冬季征兵工作，完成市下达的工作任务，年度评比获得全市武装部先进第一名。

“就业工程”建设。积极拓宽群众就业渠道，出台《道滘镇促进本地生源普通高校毕业生就业实施意见》，继续公开招考应届大学毕业生到企业和农村工作，并组织举办大学生专场招聘会、“就业服务日”等活动，大力推广“村民车间”、“青年车间”、“青年就业见习基地”等就业模式，设立“村民车间”23个，组织293名大学毕业生开展就业指导培训，重点安置了农村富余劳动力553人，成功帮助毕业大学生就业279人。

“保障工程”建设。出台《道滘镇农（居）民补充医疗救助实施办法》，7月1日实施以来帮助困难群众78人次，发放救助金40.8万元，为全镇农（居）民建立医治重大疾病的保障机制。健全完善养老、医疗、失业、工伤、生育等基本社会保险制度，镇村投入1500多万元，建立城乡一体的社会养老保险体系，推进职工基本养老保险与农（居）民基本养老保险统筹发展。积极推进医疗卫生基础设施建设，先后完成蔡白、大罗沙社区卫生服务站点建设，全面架构起“1中心7站点”（道滘镇社区卫生服务中心，昌平、小河、大岭丫、大罗沙、蔡白、九曲大鱼沙、南丫社区卫生服务点）的社区卫生医疗服务体系。切实做好甲型H1N1流感疫病防控，制定专项工作方案和应急预案，重点强化学校、社区等层面的疫病防控工作。继续抓好对低保户、困难家庭等社会弱势群体的救济帮扶工作，累计发放低保金、低保学生助学金等1285万元，有效保障了困难群众的生活。

① 2009年6月22日，道滘镇委书记、镇人大主席陈灼林，镇委副书记、镇长贯贯斌带领政府机关领导干部，单位负责人，村（社区）书记、主任，各村村民小组长共150人前往深圳市福田区上沙创新科技园参观，学习该园区转型升级的经验和做法，以加快推动全镇产业结构调整和转型升级

② 2009年2月11日，道滘镇组织领导干部到中山古镇进行考察学习

③ 2009年11月20日，道滘镇组织领导干部赴肇庆市广宁县考察学习创建省卫生镇和建设社会主义新农村等方面的经验做法

④ 道滘镇青年干部培训班学员正在进行军体操表演

⑤ 2009年7月1日，道滘镇农业技术服务中心与东莞大众科技有限公司正式签订济丰农业产业园合作项目书，标志着济丰农业产业园正式建设的全面启动

⑥ 2009年9月16日，道滘镇与浙江五芳斋集团举行华南食品产业基地项目合作签约仪式

① 道滘镇第二届美食文化艺术节。图为市、镇有关领导启动活动
② 道滘镇第二届美食文化艺术节现场
③ 道滘粽子深受群众喜爱

“绿色工程”建设。强化“三废”治理，深入开展全镇造纸、漂染、电镀、洗水、印花、制革等“六大行业”废水整治，全面完成造纸行业锅炉废气配套除尘、脱硫设施建设和在线监控系统安装，认真落实全镇40家重点区域及米粉行业烟囱视频在线监控，逐步规范重点企业环保治理设施的使用。实行企业环保层级管理，出动1200人次进行执法检查，受理处理信访案件205宗，从源头上整治了废气源，较好地完成了上级下达的节能、减排任务。大力整治河涌，定期开展清淤疏浚工作，先后完成了南丫、大鱼沙和昌平等村约3公里长的内河涌整治。加快绿色生态区建设，启动小河济丰农业产业园第一期414亩园区建设，规划改造大鱼沙、九曲、小河等村标准农田2000亩，在保护基本农田和绿色生态的基础上，全面提升了农业经济效益。　　（卢润志）

**附：2009年东莞市道滘镇党委、人大、政府领导名录**

镇委书记：陈灼林
镇委副书记：贾贵斌　黄启光
镇委委员：蔡树辉　谢炳华（任至10月）
卢林明（11月到任）　陆宝军
赖锡池　刘转南　卢泽新
丁全诺　赖华锋
钟克仔（1月到任）
邹应溪（11月到任）
镇人大主席：陈灼林
镇人大副主席：蔡树辉　卢和平
镇　长：贾贵斌
副镇长：卢林明　卢耀辉　叶润森
叶志刚（1月到任）

① 2009年8月14日，道滘镇大罗沙社区卫生服务站和蔡白社区卫生服务站正式启用，这标志着全镇定点社区卫生服务机构基本完成“一个中心七站点”的建设，初步实现“小病在社区，大病到医院”的就医模式
② 广深高速公路道滘出入口
③ 宜居道滘
④ 西部干道道滘路段

## 2005—2009年道滘镇主要经济指标

| 指标＼年份 | 2005 | 2006 | 2007 | 2008 | 2009 |
|---|---|---|---|---|---|
| 户籍人口（人） | 54252 | 54694 | 55112 | 55493 | 55635 |
| 外来暂住人口（人） | 86933 | 86126 | 88148 | 85365 | 75937 |
| 面积（平方公里） | 54 | 54 | 54 | 54 | 54 |
| 国内生产总值（万元） | 261560 | 316410 | 379865 | 441029 | 449115 |
| 工业总产值当年价（万元） | 559900 | 695763 | 869393 | 919023 | 901433 |
| 农业总产值当年价（万元） | 10464 | 9423 | 10346 | 11777 | 13659 |
| 总用电量（万千瓦时） | 84464 | 100635 | 120125 | 110624 | 104837 |
| 全社会固定资产投资总额（万元） | 98019 | 67300 | 131591 | 139468 | 106584 |
| 社会消费品零售总额（万元） | 41975 | 45690 | 46736 | 51587 | 58584 |
| 外贸出口总额（万美元） | 26536 | 33878 | 37605 | 40010 | 34822 |
| 实际利用外资（万美元） | 4207 | 4231 | 4234 | 2973 | 1547 |
| 镇级可支配财政收入（万元） | 17152 | 20629 | 30666 | 48128 | 48323 |
| 各项税收总额（万元） | 29122 | 47138 | 63698 | 70016 | 63135 |
| 金融机构各项存款余额（万元） | 319305 | 365525 | 406394 | 470452 | 518720 |
| 城乡居民储蓄存款余额（万元） | 225407 | 282296 | 290851 | 354480 | 375379 |

## 厚街镇

【概况】厚街位于珠江三角洲东岸，穗港经济走廊中段，北连东莞市区，南邻虎门港，东倚大岭山，西南毗连沙田，西北与道滘、洪梅等隔河相望。广深高速公路、S256省道及规划中的穗莞深城际轨道、环莞快速路、东莞市域轨道交通R2线、番莞高速等纵贯全境，广深港客运专线新东莞站坐落其中。2009年全镇总面积126.15平方公里，户籍人口9.6万，外来常住人口32万。完成国内生产总值169.60亿元，同比增长6%；出口总额41.45亿美元，全市排名第三；实际利用外资9917万美元，同比增长7.27%。完成税收19.66亿元，镇本级可支配财政收入7.91亿元，同比增长0.75%；全社会固定资产投资33.33亿元，同比增长14.2%；金融机构各项人民币存款余额256.73亿元，同比增长16.61%。社会消费品零售总额48.32亿元，同比增长15%。农村集体经济进一步增强，全镇23个村中，有16个村组两级可支配财政收入总额超3000万元，有13个村组两级净资产超两亿元；人民生活水平进一步提高，农村人均收入达1.54万元，同比增长5%。

厚街镇

【外贸经济回暖增长】2009年，厚街镇实际利用外资9917万美元，同比增长7.27%；出口总额41.45亿美元，全市排名第三。全镇共有44家外资企业增资扩产，总增资额1934万美元。全镇投资1000万美元以上的外资企业增加到35家，投资500万美元以上的达到76家。TTI、爱高、栢能等一批企业向总部化迈进，诺泊斯、大华广泽等一批优质项目落户科技工业园。积极引导外资企业拓展内销市场，协助企业开拓东北“欧亚卖场”，打响外资企业进军内地市场的第一枪。组织56家企业参加首届“外博会”。全镇发展内销业务的外资企业65家，外资企业内销总额32.84亿元。

③

④

① 2009年6月18日，中共中央政治局委员、广东省委书记汪洋，省长黄华华到厚街镇视察首届广东外商投资企业产品（内销）博览会（外博会）（成宝平 摄）
② 2009年2月8日，中共中央政治局常委、国务院副总理李克强（右二）到厚街镇视察（张村城 摄）
③ 2009年厚街镇33项重点工程动工典礼
④ 2009年厚街镇33项重点工程动工典礼奠基仪式
⑤ 首届外博会开幕式现场
⑥ 首届外博会展场内盛况
⑦ 充满节日气氛的厚街广场夜景（欧明炽 摄）

⑤

⑥

⑦

**【转型升级初见成效】** 2009年8月12日，中共中央政治局常委、广东省委书记汪洋到厚街视察，对厚街的产业结构调整工作给予充分肯定。2009年，厚街镇三大产业比重调整为0.78∶41.59∶57.63，第三产业比重提升，产业结构逐渐优化。中小企业转型发展，全年协助中小企业和加工贸易企业融资贷款296宗共33.6亿元，协助50家企业取得市、镇财政科技项目资助3591万元。推动28家来料加工企业就地不停产转为三资企业，100多家中小企业由贴牌加工转向自主生产。企业自主创新能力增强，增设研发功能的外资企业共63家，开发自主品牌110个。高新技术产品出口12.08亿美元，同比增长2.99%。有2家企业获国家驰名商标，17家企业成为科技企业，12个科技项目通过成果鉴定，1443件专利获得授权。成立家具类、综合类知识产权服务工作站，协助19家企业成立了科协。优势产业聚集发展，机电、制鞋、家具等主要支柱产业向集群化发展。外资机电企业投资额达9.73亿美元，占外商投资总额的48.14%，占出口总额的70%；家具创意产业列入全市第一批重点扶持发展的产业集群；鞋业列入第四批广东省产业

①

②

③

集群升级示范区。第三产业升级发展，第三产业增加值97.86亿元，同比增长20.12%；第三产业固定资产投资21.08亿元，同比增长16.26%。以会展业为代表的现代服务业不断壮大，共举办展会34场，展览面积90万平方米，接待参展商10909家、专业观众79万多人，举办大中型会议近1000个。成功协助省、市举办首届“外博会”，得到省、市政府的充分肯定，“外博会”长期落户厚街。举办首届酒店文化节，拉动内需发展。成功创建中国钻石餐饮名镇，12家企业晋升国家级钻石酒店，厚街国际大酒店、大润发超市等顺利开业，传统服务业向优质化、高端化发展。

**【首届广东外商投资企业产品（内销）博览会】** 为帮助广大外资企业更好地应对国际金融危机，进一步激活消费、拉动内需，加快推进产业转型升级，由广东省人民政府主办，省外经贸办、省经贸委、东莞市人民政府承办的首届广东外商投资企业产品（内销）博览会于6月18日—20日在厚街镇成功举办。首届“外博会”展出面积达5.3万平方米，共有1181家企业参展，展位达2378个。展会期间成交活跃，成果丰硕，其中入场

①　晨曦中的厚街（王启华　摄）
②　车水马龙的厚街康乐南路（欧明炽　摄）
③　鸟瞰厚街体育公园和明珠花园别墅区（陈成基　摄）
④　体育公园夜景（欧明炽　摄）
⑤　涌口村龙舟比赛（欧明炽　摄）

参展、观展、采购总人数超10万人，共达成商贸项目4879个，总成交金额高达509亿。作为东道主，厚街镇积极响应省委、省政府的号召，共组织51家外资企业参展，并在展会期间投入大量的政府资源，充分调动公安、消防、交警、卫生、供电等部门，举全镇之力做好“外博会”的服务工作，确保“外博会”的顺利举行。首届“外博会”的成功举办得到省委、省政府的高度评价。经省委、省政府的研究决定，“外博会”此后长期落户厚街。

【民营企业创新发展】2009年，厚街镇大力实施“民营企业成长计划”，引导民营工业企业改造提升传统产业，开拓投资高新技术领域。引导民营企业投资重点项目，33项重点项目中有6项是由6家民营企业全额投资，投资总额达28.14亿元，占33项工程投资总额的62.5%。全镇民营固定资产投资额达到23.28亿元，同比增长9.58%，占全社会固定资产投资额的69.85%。激励民营工业企业进行技术创新，增强研发能力，创建自主品牌。2009年，全镇规模以上民营工业完成增加值10亿元，远梦家纺、金河田获得“国家驰名商标”，南兴木工、金河田企业技术中心获得省、市授权，17家企业成为科技企业，其中3家企业获得“国家高新技术企业”、3家企业获得“省民营科技企业”、11家企业获得“市民营科技企业”称号。

【城市建设掀新高潮】2009年，厚街镇城市建设掀起新高潮。一是加快明确城市定位。深入贯彻落实《珠江三角洲地区改革发展规划纲要》，将厚街未来发展定位于建设成为国际采购基地、珠三角魅力城镇、东莞商贸经济带、虎门港物流后勤基地和香港服务业卫星城。以中等城市的规模进行规划，全面推进九大片区建设，其中中心片区、会展片区规划通过市审批，东部、北部、桥头、沙溪、白濠等5个片区控规完成审批前公示。二是启动33项重点项目工程。投资45亿元，全面启动33项重点项目工程。其中爱高电子新厂、希尔顿酒店奠基，世界（亚洲）鞋业总部基地、祥鸿农副产品批发中心进入施工，南兴木工研发中心、广泽汽配厂建设完成前期筹备，垃圾发电厂二期基本完成。三是路网建设全面铺开。穗莞深城际轨道工程开始施工，256省道大修工程主路面东幅改造完毕并通车，环莞快速赤岭陈屋段已竣工。富康路延长段一期工程、原厚大路（大迳村段）改造工程完成。会展南路、学府路、厚道路、厚洪路、富康路（二期）河道景观工程等进入施工阶段。村际路网工程河田白石坑小组入村道路完成过半，北环路宝屯段、河田角元酒园路工程进入施工。四是基础工程不断完善。沙塘污水处理厂工程基本完成，污水主干管网完成工程总量的95%，部分截污次支管网工程进入招投标。鳌台书院重建工程完成过半，厚街体育馆、龙阁山体育公园完成前期技术工作，进入设计。进一步优化电网结构和设备配备，完成电网建设与改造项目211个，新铺设线路总长90千米，新增配电变压器67台，增容66030千伏安。五是“三旧”改造拉开序幕。被列为全市“三旧”改造试点镇，全面启动“三旧”改造工作。编制全镇“三旧”改造规划方案，加快标志片区的拆迁进度，广场片区等重点区域的改造计划进入议事日程。

【农村集体经济平稳发展】2009年，厚街镇按照“重招商、细管理、减支出、保增长”的总体要求，加强农村集体经济管理。认真落实重大事项审查、土地款管理、合同管理、责任追究四项制度，进一步强化财务监管、统计监控和决策服务，确保农村集体经济健康稳定发展。设立5000万元银行借款转贷专用资金，镇府帮助村组转贷资金4.87亿元，为村组节息1300多万元。全镇村组两级集体总资产达到84.72亿元，同比增长1.48%；有13个村获市村组两级净资产超2亿元奖，16个村获市可支配收入总额超3000万元奖。农村人均纯收入15393元，同比增长5%。全面落实“五项制度”，狠抓村组预分红款管理、人员定编管理、外出参观学习管理等工作，进

① 全民参与植树活动（欧明炽 摄）

一步减轻村组集体负担。共裁减村委会工作人员和治安队员307人，有1个村和11个组主动减发分红，村组两级股东预分红款同比下降6.55%，公益福利支出同比下降4.8%。

**【社会大局和谐稳定】** 2009年，厚街镇坚持发展与管理并重，以加强社会公共安全为重点，不断完善城市管理功能，促进社会和谐发展。一是突出抓好社会治安。健全治安防控体系，完成第三期视频监控工程36个监控点的建设，全镇监控点达139个，基本覆盖各主要路段及重点单位、地区。推广出租屋视频监控系统，共有826栋出租屋安装了视频监控系统，全面提高防控能力。实行定区域、定时间、定人员、定责任的“四定”巡防机制，加强路面巡逻防控力度。全镇立命案同比下降26.92%，破获命案率达89.5%，“两抢一盗”案件下降13.5%，被评为全省平安建设先进镇。二是积极化解矛盾纠纷。开展重信重访问题专项治理和镇领导干部“大接访，大下访”活动，全年共受理群众来信来访案件285宗，办结262宗，办结率92%，全镇劳资纠纷同比减少13%。三是强化安全管理工作。围绕“安全生产年”活动，切实抓好深化安全生产隐患排查治理和加强安全生产基层基础建设两大重点，全镇共发生各类事故总数360宗，同比下降16.08%。大力开展安全生产“三项行动”和“三项建设”活动，全年共举办安全生产培训班57期，培训相关人员4800多人次，组织开展应急演练1800多间次；组织安全检查3.5万多人次，排查各类安全隐患1600多处。四是狠抓交通整治。深入开展“治摩”“禁电”，共查扣非法摩托车、电动车等2500辆，交通事故下降15%。建立公交投入、补贴和补偿机制，投入30多万元完成对镇内公汽IC卡乘车系统的安装。完善公交线路总体规划，公汽的运力投放增加至109辆，各线路的班次密度基本保证在10—15分钟一班，整体上满足群众乘车出行的需要。

**【社会事业不断进步】** 2009年，厚街镇优先发展教育，增加投资500多万元改善基层办学条件，三屯、桥头、新塘、溪头等学校硬件建设得到加强。在全面解决本地户籍人口读书问题的基础上，招收新莞人子女849人入读公办学校。积极开展基层文化创建活动，陈屋、三星公司、厚街中学等12个村（单位）被评为文化建设达标、先进村（单位）。努力改善卫生服务，厚街医院专科建设取得新突破，社区卫生服务中心和12家社区卫生服务站运作优良，新建3家社区卫生服务站，基本形成15分钟社区卫生服务圈。全年累计社区门诊81万多人次，社区就诊享受医保待遇1986万元。推进就业创业，举办各类培训班100多期，举行公益性招聘会10场，解决本地劳动力就业1300多人。为新莞人举行培训班67期，培训4875人。完善社会保障，全镇参加养老、医疗、工伤、失业保险的分别有16万人、24万人、30万人和16万人，做到征缴及时到位，按时足额发放。落实社会救助，向662户1893名低保对象发放补助金309.31万元，人均年补助1634元。537名干部、21个单位开展结对帮扶活动，594个困难家庭受惠。抓好人口计生工作。人口出生率10.82‰，自然增长率7.83‰，计划生育率96.41%，全面完成人口计生任务。（王锦霞）

**附：2009年东莞市厚街镇党委、人大、政府领导名录**

镇委书记：黎惠勤
镇委副书记：陈仲球　王敬才
镇委委员：黎惠勤　陈仲球　王敬才　熊仕权　方德佳　欧顺畴　林伟忠　陈福华　王健文　袁润堆　李慧芬　曾庆云　林景畅　王树生
镇人大主席：黎惠勤
镇人大副主席：方德佳　李育材
镇　长：陈仲球
副镇长：欧顺畴　方活力　刘创胜　陈锐雄

## 2005—2009年厚街镇主要经济指标

| 指标 \ 年份 | 2005 | 2006 | 2007 | 2008 | 2009 |
|---|---|---|---|---|---|
| 户籍人口（人） | 93048 | 93829 | 94428 | 95055 | 95975 |
| 外来暂住人口（人） | 403479 | 391455 | 324665 | 292967 | 324740 |
| 面积（平方公里） | 126.15 | 126.15 | 126.15 | 126.15 | 126 |
| 国内生产总值（万元） | 1038109 | 1206395 | 1431481 | 1608690 | 1695963 |
| 工业总产值当年价（万元） | 2479281 | 2670098 | 3000677 | 3717300 | 2860885 |
| 农业总产值当年价（万元） | 20667 | 11760 | 12755 | 14934 | 14689 |
| 总用电量（万千瓦时） | 288629 | 320813 | 336641 | 329671 | 282486 |
| 全社会固定资产投资总额（万元） | 212408 | 245323 | 286340 | 300802 | 333264 |
| 社会消费品零售总额（万元） | 284816 | 319130 | 361366 | 419920 | 483205 |
| 外贸出口总额（万美元） | 311771 | 333421 | 409996 | 461755 | 414546 |
| 实际利用外资（万美元） | 13841 | 7321 | 8093 | 19432 | 9917 |
| 镇级可支配财政收入（万元） | 57026 | 61217 | 72159 | 77820 | 79103 |
| 各项税收总额（万元） | 133550 | 154568 | 184903 | 211445 | 196626 |
| 金融机构各项存款余额（万元） | 1489623 | 1755751 | 1920244 | 2256745 | 2567309 |
| 城乡居民储蓄存款余额（万元） | 1099232 | 1314894 | 1392020 | 1725009 | 1894020 |

## 沙田镇

【概况】 沙田镇位于东莞市西南部、珠江三角洲狮子洋东岸和东江南支流出海口交汇处，拥有28公里黄金海岸线，具备深水港的建港条件，是虎门港的主港区。面积107平方公里（含水域），下辖16个村委会和2个社区，是全国“龙舟之乡”、“中国港口物流重镇”、“广东省教育强镇”、“广东省卫生镇”。2009年，户籍人口4.0万人，外来暂住人口约6.9万人。全镇生产总值61.41亿元，同比增长4.4%；工业总产值145.07亿元，比预期增加5.07亿元；镇财政总收入4.12亿元；各项税收总额7.05亿元；各项存款余额72.78亿元，同比增长18.14%；各项贷款余额26.58亿元，同比增长67.63%；固定资产投资总额21.68亿元，同比增长18.75%；社会消费品零售总额8.43亿元，同比增长5.57%；农民人均纯收入8995元，同比增长1.12%。获得东莞市2009年度镇（街）工作量化考核综合总分一等奖等多项荣誉。

【城镇建设】 2009年，沙田镇围绕建设环境优美、宜居创业的港口滨海城市的目标，按照滨海城市发展新格局，高起点进行规划建设，加大基础设施投入，加强城市综合管理，城市魅力更加彰显。加快全镇总体规划修编和镇中心区控规编制工作，对镇中心区和村中心地段的建筑立面进行设计，抓好省市重大基础设施的规划协调。多方筹集资金10多亿元启动立沙新区二期、环保路升级改造、明珠路升级改造、体育公园一期、湖西休闲路续建、环湖南北景观、文化中心、环湖北路、消防大楼、沙田口岸车检场、沙田B型保税物流园、沙田石化交易市场等12项重点工程建设。

【招商引资】 2009年，沙田镇把加强招商引资作为“保增长、保民生、保稳定”的重要法宝，积极应对金融危机促发展。出台招商引资工作意见、奖励办法和目标责任考核制度，成立招商引资工作领导小组和物流办，召开招商引资工作动员大会和月度分析汇报会，健全镇、村两级统筹资源集中开发，镇、村、组三级分利的发展模式，建立与市外经贸局、市内资促进中心等单位的沟通联系机制，建立沙田镇招商引资网，积极组队到山东、广州、杭

沙田镇

②

①

③

④

州、台湾开展招商推介，取得明显成效。全年镇村共引进项目35宗，招商引资总额超过1亿美元，协议利用资金总额5亿多美元，引进CMI游艇制造基地等一批大型优质项目。

【产业结构调整和转型升级】2009年，沙田镇把加快产业结构调整升级作为推动跨越式的强大引擎，制定了产业结构调整和转型升级工作方案，邀请中国社会科学院经济研究所11名资深专家教授完成《沙田镇重点产业发展战略规划（2009—2020年）》，明确全镇产业的目标定位、整体布局和发展导向。稳步推进“三旧”改造，加快城镇中心区“退二进三”、“退二提二”步伐，利用工业厂房、仓储用房等存量房产兴办现代服务业，推动镇政府对面地块和步步高综合市场周边地区拆旧建新工程。繁荣发展商贸业，编制了《沙田镇2007—2015年农贸市场发展规划》和《东莞市沙田镇商业网点发展规划（2008—2020）》，着手编制全镇现代服务业规划，滨海中心商业街即将投入使用，金融业、酒店业纷纷进驻镇中心区。

【帮扶企业发展】2009年，沙田镇通过开展领导走访企业活动，切实为企业发展排忧解难，帮助125家企业入选市政府重点支持中小工业企业和加工贸易企业名单，帮助企业申请贷款约1.487亿

① 2009年12月11日，市委常委、政法委书记黄双福（中），副市长邓志广（左二）到沙田镇视察重点工程
② 沙田镇获评为广东省卫生镇
③ 即将建成的广深沿江高速公路沙田段
④ 沙田镇中心区及淡水湖一湖两岸景观
⑤ 市、镇领导为沙田镇“平安社区”揭牌
⑥ 沙田镇委书记陈志明(右一)在接访群众来访
⑦ 2009年10月16日，沙田镇召开综治信访维稳中心建设工作会议

元；落实减免企业税费政策，共减免企业费用2000多万元。全年帮助40多家外资企业开展内销，总额约4.2亿美元；推动3家“三来一补”企业不停产转“三资”；推荐7家企业共15个项目纳入市重点培育项目，推动5家企业在沙田镇设立研发中心。实施名牌带动战略，2009年，全镇拥有省级、市级民营科技企业3家和22家，国家免检产品3个，省著名商标2个、名牌产品4个，推动邦泽电子、诚达鞋业等一批企业设立了研发部或工程中心。落实扶持民营经济发展的各项措施，推动民营经济做大做强，全年合同利用民营资金5.5亿元；新注册民营企业202家，注册资金1.15亿元；新注册个体工商户1027户，注册资金1675万元。

【农业工作】 2009年，沙田镇积极调整优化农业结构，引导农民采用虾塘种稻、“中晚稻”种植、焦稻轮作等方式，全面提高粮食产量。与省农科院植物保护科院所、市蕉菜研究所等科研部门合作，举办各类技术培训班及讲座9期，培训人数1260人次，发放科技宣传资料9740多份，推广适应全镇种植的新品种、新技术。投资140万元完成了稔洲村旧围组560亩现代标准农田建设；总投资66.5万元完成长17.5公里，折合面积500亩的农田林网工作；做好农机购置补贴工作，帮助农户购买耕整机1台，增氧机54台，潜水泵1台，共补助资金1.85万元。妥善安排休渔期工作，保障138艘休渔对象渔船安全；落实报废渔船制度，共发放报废渔船补助资金168.14万元，协助镇内8艘船申请报废；执行各项惠渔政策，发放油补资金952.7多万元，拨发涉渔收费返还资金共60.2多万元，发放渔民困难补助资金93.3万元。

【农村经济发展】 2009年，沙田镇加大农村基础设施建设，推进旧村、旧厂房改造，加快农村道路升级改造步伐，不断优化农村发展环境。推广镇村合股合作模式，联合民田、大流、泥洲、中围四个村成立股份公司，共同开发建设源礼宿舍项目。减轻村组经济负担，认真落实市政府农村行政管理和服务经费补贴，共下拨经费补贴约652万元。开展全镇农村财务检查，建立农村资产监督机制，完善落实农村重大事项审查、土地款管理、经济合同管理等制度，提升农村资产运作水平，确保农村资产保值增值和安全。加大欠款追收力度，全年共追回欠款3亿多元。2009年，村级总收入1.4亿元，同比增长5%，纯收入6044万元，同比增长4.2%；村级集体资产总额15.62亿元，同比增长8.9%。

【统筹用地和拆迁安置工作】 2009年，沙田镇把统筹用地和拆迁安置工作纳入对各村（社区）、各部门及其负责人年度绩效考核内容，要求有统筹用地和拆迁安置任务的村落实属地责任，各驻村班子成员落村指导协助工作开展。建立定期召开征地拆迁汇报会和与虎门港主要领导沟通协调会议机制，共同研究协调推进征地拆迁安置工作。全年完成广深沿江高速等省、市重点基础设施统筹用地1663亩，搬迁房屋133户；完成立沙岛市政基础设施统筹用地1437亩；启动立沙岛土地统筹和提前搬迁工作，丈量房屋570户；完成虎门港红线范围内共451户的搬迁工作。西大坦和福禄沙安置新区已顺利搬迁入住；立沙安置新区一期已基本完工，二期工程正按进度建设。

【环境保护】 2009年，沙田镇全面加强环境卫生综合整治，镇容镇貌明显改善，城市环境卫生明显提升，成功创建成为“广东省卫生镇”，阁西村被评为“东莞市市容环境优美村（社区）。加强环境保护，建成福禄沙污水处理厂，截污主干管网即将完成；关闭8家不达标“四纯两小”企业，全镇20家企业已纳入锅炉烟囱废气在线监控系统，查处并曝光违规污染企业 14 家；稳步推进东引运河沙田段和镇内河涌综合治理。

【就业创业】 2009年，沙田镇力促群众就业创业，让人民群众共享发展成果。实施岗位开发工程，要求凡来沙田镇投资的企业，安排5名以上沙田户籍人员就

①

②

① 2009年4月18日，沙田镇召开“沙田兴衰，我的责任”活动动员大会
② 沙田镇不定期地举办镇委书记约见市民代表座谈会
③ 2009年10月31日，中国社科院专家、教授到沙田镇调研，并制定重点产业发展战略规划
④ 2009年6月5日，市领导出席沙田镇重点工程奠基仪式
⑤ 沙田镇引进投资约3亿美元的CMI豪华游艇制造基地项目，图为2009年9月日签约仪式现场
⑥ 繁忙的港口作业区
⑦ 沙田石化综合交易市场

业，并与虎门港签订就业协议书，协调安排沙田户籍人员到虎门港企业就业。实施政策扶持工程。发放“3040”、“4050”工资差额补助，岗位成才、培训、补助，就业安置资金，小额贷款共500多万元，并提高户籍毕业生到企业就业补贴标准。实施技能培训工程，举办计算机操作员、中式烹调师等定向培训班17期，培训村民623多人；举办22期新莞人培训班，培训新莞人2135人。实施服务优化工程，推广“本地人车间”就业模式，共建立10家“本地人车间”，推动600多名本地人就业；举办10场专场招聘会，推动1400多人与企业达成就业意向。全年共帮助推荐户籍劳动力1600多名实现就业。

【扶贫保障】2009年，沙田镇努力健全社会保障体系，确保群众生活更加殷实。全力解决农村“一保五难”问题，发放低保金460多万元，低保户及低保边缘户助学金、生活补助款320多万元；向困难群众发放一次性生活补贴、春节慰问金、医疗救助款共120多万元；发放渔船柴油油价补贴、困难渔民生活补贴、渔船报废补助金共1200多万元；对全镇60名优抚对象进行帮扶，共发放优抚金20多万元，向21名退役士兵发放补助金80多万元；累计投入资金1000多万元，圆满完成439户困难群众住房保障工程任务，其中今年通过租赁补贴、房屋修葺的方式解决了85户住房困难户住房问题。稳步推进城乡一体的农职保并轨工作，为250名参保企业职工免费体检，正在筹建镇老人活动中心。

【文教工作】2009年，沙田镇获得全市创建文明镇工作先进单位、文化建设先进镇称号。成功举办主题为“龙腾港城，福满天下”的第二届龙舟节和“歌唱祖国、福耀沙田”建国60周年歌唱大赛。开展文物普查，重点挖掘和整理出一批反映沙田疍家文化的资料和文物，进一步丰富沙田镇疍家民俗文化陈列馆馆藏。出版了集曲谱、歌词、典故、照片等于一体的《沙田咸水歌》，推出了全市首个水文化内刊《水韵》，进一步挖掘和弘扬沙田传统特色文化。同时，抓好教育强镇复评工作，妥善解决代课教师问题，逐步解决新莞人子女入学问题，支持民办教育发展，全面推进素质教育。

【社会维稳及治安综合治理】2009年，沙田镇把加强社会管理，维护和谐稳定作为第一责任，确保社会大局安定，获得了2009年度全市维护稳定和社会治安综合治理先进镇。成立政法办公室，建设镇综治信访维稳中心和17个村级综治信访维稳工作站。健全矛盾纠纷排查调处机制，开展领导大接访活动和下访活动，及时排查并有效处理不稳定苗头。落实重点敏感时期维稳措施，确保重大节假日、北京奥运、建国60周年期间等重点敏感时期的社会和谐稳定。投入专项资金500多万元，累计架设各类治安视频探头3100多个。开展“粤安09”、“雷霆治安整治”、“创平安迎国庆”，打击涉黄涉赌等专项行动，促进社会治安状况持续好转。2009年，共侦破刑事案件316宗，破案率60%，刑事拘留犯罪嫌疑人315人，摧毁各类违法犯罪团伙38个，抓获团伙成员180人。深化“治摩”工作。2009年，共查获摩托车、电动自行车违法900余起，扣留非法摩托车600余辆、电动自行车150余辆，取得了异地摩托车绝迹、无电动车上路行驶、无摩托车冲禁区的整治效果。强化新莞人和出租屋服务管理，创建了1200多栋“安全文明出租屋”。推动横流、阁西、西太隆、齐沙成功创建为市“平安社区（村）”。

【安全隐患整治】2009年，沙田镇开展安全生产大检查以及重大危险源、人员密集场所、交通安全、建筑行业、特种设备等专项整治行动，排查隐患1100多个，有效消除安全隐患，防止重特大事故。积极创建“广东省食品安全示范镇”，全面加强食品安全监管，有效规范了食品经营秩序，建成食品安全样板市场5个，升级改造了一批农贸市场。落实防控措施，推进社区卫生服务机构运

③

④

⑤

⑥

⑦

作，有效防控甲型H1N1流感爆发。加强“三防”工作，实现了安全度汛。加强应急管理工作，进一步完善应急管理体系，提高应急处突能力。

**【“沙田兴衰，我的责任”主题活动】**

第二届龙舟节。2009年，沙田镇积极落实市委、市政府打造文化新城战略，挖掘龙舟传统文化，以“水”为灵魂，以“水”为核心，成功举办了第二届龙舟节，以龙舟精神促进社会经济更好更快发展。第二届龙舟节于6月4—6日举行，以“龙腾港城，福满天下”为主题，以“记忆沙田”大型水乡风情实景表演为形式，包括犒龙仪式、水上乐队表演、龙舟文化图片展、龙舟模型制作比赛（展）、龙舟主题漫画比赛、龙舟节观赏游等活动。其中龙舟比赛由镇17个村（社区）各选派一支男子传统龙队和一支女子标准龙队，镇府机关选派一支男子传统龙队和一支女子标准龙队，镇公安分局选派一支男子传统龙队，共有37支龙舟队参加。

**【广东省卫生镇】** 沙田高度重视城市环境卫生工作，在开展农村环境“五整治”的基础上，在2008年启动广东省卫生镇创建工作,成立了沙田镇创建省卫生镇工作领导小组，制定了《沙田镇创建省卫生镇工作实施方案》，精心组织、全面部署、全民发动、全民参与。在创建活动中，严格按照广东省卫生镇的标准和要求，全面加强卫生综合治理，不断提高全镇环境卫生水平。加大资金投入，自创建以来，累计投入5.8亿多元用于城镇基础设施建设，累计投入创卫经费1500多万元；完善环卫设施，新投放和完善了垃圾中转站、公厕、果皮箱等一批环卫设施，并持续新增绿化面积，绿化覆盖率36.2%，人均绿地面积8.8平方米。建立健全环卫各项管理制度，制定了《门前三包责任制》等一系列规章制度，将环卫推向市场化；加强卫生保洁，落实岗位责任制，实行定时、定点上门收运垃圾；加大城市环境综合执法和整治力度，有效整治城市“六乱”现象。通过努力，全镇卫生各项工作有新的提高，全镇城市卫生得到明显的改善和提升，镇容镇貌大为改变，生态绿化日益改善，人民群众的卫生意识和全镇的文明程度明显提高。2009年3月，沙田镇通过省市爱卫会的考核验收，正式进入广东省卫生镇行列，掀开了卫生事业发展的新篇章。（罗新强）

**附：2009年东莞市沙田镇党委、人大、政府领导名录**

镇委书记：陈志明
镇委副书记：蔡家华　钟浩滔
镇委委员：冯　妹（任至1月）　刘振邦
　　梁满棠　赵植槐　何福明
　　陈继业　陈成枝　翟丽娟
　　黄丽香　陈金水
　　袁　攀（8月到任）
镇人大主席：陈志明
镇人大副主席：梁满棠　王　珠
镇　长：蔡家华
副镇长：冯　妹（任至1月）　蔡北星
　　梁　全

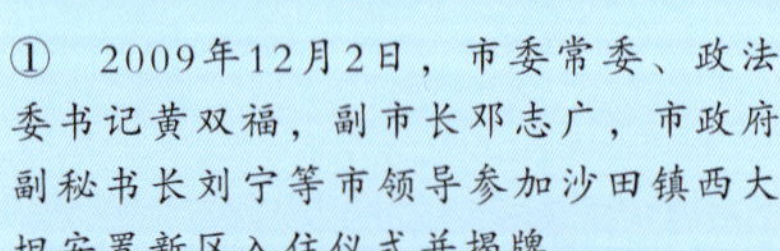

① 2009年12月2日，市委常委、政法委书记黄双福，副市长邓志广，市政府副秘书长刘宁等市领导参加沙田镇西大坦安置新区入住仪式并揭牌
② 2009年12月4日，沙田镇召开建立城乡一体社会养老保险制度动员大会
③ 村民车间一角

# 2005—2009年沙田镇主要经济指标

| 指标＼年份 | 2005 | 2006 | 2007 | 2008 | 2009 |
|---|---|---|---|---|---|
| 户籍人口（人） | 37978 | 38444 | 38833 | 39362 | 40149 |
| 外来暂住人口（人） | 78120 | 79190 | 85120 | 85278 | 68777 |
| 面积（平方公里） | 107.08 | 107（含水域） | 107（含水域） | 107（含水域） | 107（含水域） |
| 国内生产总值（万元） | 364800 | 442784 | 515106 | 588063 | 614073（现价口径） |
| 工业总产值当年价（万元） | 972793 | 1165893 | 1343458 | 1374626 | 1450727 |
| 农业总产值当年价（万元） | 26801 | 25065 | 22919 | 25266 | 25629 |
| 总用电量（万千瓦时） | 65365 | 76233 | 89022 | 88010 | 92370 |
| 全社会固定资产投资总额（万元） | 91255 | 120287 | 152103 | 182523 | 216753 |
| 社会消费品零售总额（万元） | 52165 | 61789 | 72571 | 79828 | 84274 |
| 外贸出口总额（万美元） | 41344 | 48758 | 66118 | 67629 | 65273 |
| 实际利用外资（万美元） | 10719 | 11055 | 5396（新口径） | 8528（新口径） | 6417（新口径） |
| 镇级可支配财政收入（万元） | 24185 | 32835 | 44274 | 44915 | 41230 |
| 各项税收总额（万元） | 33866 | 49059 | 76244 | 77519 | 70504 |
| 金融机构各项存款余额（万元） | 329083 | 397699 | 505064 | 616067 | 727804 |
| 城乡居民储蓄存款余额（万元） | 184063 | 226773 | 259539 | 349542 | 383528 |

①

②

③

④

⑤

① 2009年1月25日，沙田镇举办大型水上烟花晚会
② 2009年6月4日，沙田镇举办第二届龙舟节
③ 《沙田咸水歌》出版
④ 2009年9月24日，沙田镇举行“歌唱祖国、祝福沙田”——庆祝国庆60周年大型歌唱晚会
⑤ 全市首个水文化内刊《水韵》在沙田镇创刊

## 长安镇

【概况】长安镇地处东莞市南端，东邻深圳市，南临珠江口，西连虎门港，北倚莲花山，陆地面积83.4平方公里，下辖13个社区。2009年户籍人口4.2万多人，外来流动人口50多万人，旅港同胞3万多人。全镇完成生产总值208.4亿元，同比增长3.1%；工农业总产值456.2亿元；企业出口总额（海关口径）49.96亿美元；各项税收总额30.47亿元，同比增长12.68%。荣获了“全国和谐社区建设示范街道”、“中国摄影之乡”等多项国家级荣誉和一批省、市级荣誉。

【产业升级】2009年，长安镇出台产业集群建设方案，推动五金模具产业集群升级示范区建设，积极申报省财政挖潜技术创新产业集群项目。申请成立长安村镇银行获得批准，开业后将成为全市首家村镇银行，并将产生数倍于小额贷款公司的效应，更好地服务当地企业。莲花山庄成功引进投资合作伙伴，计划增加5亿元投资进行全面升级改造，提升酒店的国际化水平。广东众源五金商

# 长安镇

① 广东省副省长佟星、东莞市委书记刘志庚在长安镇委书记欧林高等的陪同下参观中国（长安）国际机械五金模具展览会

② 2009年10月22日，中国国际贸易促进委员会商业行业分会会长曾亚飞、东莞市副市长邓志广，以及长安镇委书记欧林高、镇长陈福坤等各级领导参观第二届中国（长安）国际饰品及加工机械展览会

品城一期正式开业，举办第二届国际饰品及加工机械展览会和第九届中国（长安）国际机械五金模具展览会，集聚效应初步显现。组织企业参加在德国举办的欧洲机床展、在日本举办的广东—日本经济技术贸易合作交流会，以及在香港举办的粤港经济技术贸易合作交流会等，加强对外交流合作，引进和推广应用国际模具技术等最新科技成果。

【科技创新】 2009年，长安镇加强对科技工作的统筹协调，鼓励技术创新；完善科技公共服务设施，顺利推进振安模具检测服务中心、众源城创新技术平台建设；以被确定为省知识产权试点区域为契机，加快建立和完善知识产权管理和保护体系，全年专利申请量2080件，增长190%；专利授权量566件，专利申请量跃居全市第二，荣获全市首批“知识产权示范镇”称号；积极培育“两自”企业，新增省民营科技企业3家、市民营科技企业8家、市专利培育企业10家、市级企业工程技术研发中心1个。

【企业帮扶】 2009年，长安镇推出一系列应对危机的政策措施，帮助企业走出困境。出台《长安镇关于加快推进引进内资工作的实施意见》、《长安镇引进内资奖励暂行办法》，鼓励引进优质民营企业，新增民营企业58家，总数达到1046家；新增投资总额3.9亿元，累计达到38.51亿元；民企注册资金总额达到8.89亿元，同比增长14.3%，民营经济保持强劲发展势头。加强帮扶解困，成立专门机构为加工贸易企业转型升级提供服务，积极推动企业出口转内销、来料加工不停产转三资，全镇共有涉及内销业务的外资企业106家，内销金额76亿元，增长16%；为128家民营企业办理了进出口经营权等相关手续，使全镇拥有外贸进出口经营权的民营企业达到428家。

【规划建设】 2009年，长安镇强化规划统领作用，镇土地利用总体规划和镇中心北区、乌沙北区等6个区域的控规先后获得批准，交通规划已着手编制。强化项目拉动作用，先后完成体育公园一期、公共汽车站、S358省道景观改造样板段等大型工程的建设和锦绣路、西安路、地王南路的升级改造，C线供水工程进入收尾阶段；完成长安新区的征地工

① 2009年8月24日，长安镇政府邀请中国机械工业联合会、中国通用机械工业协会、北京机床研究所等5个协会和研究所的专家前来举行产业发展论证会
② 2009年11月26日，第九届中国（长安）国际机械五金模具展览会在广东众源五金商品城开幕
③ 环境优美的现代化厂区
④ 生产车间

① 市领导视察长安亮点工程
② 完善的交通网络
③ 新落成的长安汽车北站（王爱仪 摄）
④ 莲花山下
⑤ 莲花别墅区
⑥ 上沙农民新村——上沙沙溪新苑（骆丁光 摄）
⑦ 长安体育公园
⑧ 乌沙社区

作；环保专业基地环评报告书通过省环保厅审批，三洲水质净化厂二期工程正进行施工设计和工程招标准备。强化水利屏障作用，完成马尾、五点梅、坂田和莲花山水库的输水涵道改造，茅洲河界河段清淤清障应急工程全面展开，涌头、围仔排涝站动工建设。

【“三旧”改造】2009年，长安镇社区旧村、旧厂改造顺利推进，上沙社区通过土地置换的形式进行旧村改造，建成上沙新村——沙溪新苑；锦厦、乌沙、上角社区的旧村整治工作通过市考核验收，全镇已有7个社区通过了此项验收。完成镇第三工业区旧建筑物拆迁、用地征收和项目升级改造手续办理等相关工作，即将推向市场挂牌交易；完成福安厂区土地及厂房宿舍升级改造前期工作，计划将其建设成为高档商住项目；外经工业城已清拆总建筑面积1万平方米的4栋空置宿舍，一个集商业、服务业于一体的商住项目正在筹建当中。

【环境保护】2009年，长安镇提前完成全年561吨二氧化硫减排任务；全镇累计完成化学需氧量减排3924吨，完成全年任务的131%，排全市第二位。落实异地处理垃圾方式，有效解决困扰长安多年的垃圾处理问题。环保专业基地完成用地性质调整规划、水土保持方案报审、环评报告书专家评审等工作。加快推进三洲水质净化厂二期工程，积极做好施工设计和工程招投标准备。茅洲河界河段清淤清障工程全面展开，春节前全面完工；实施景观林培育工程，完成沙头正涌、龙涌两岸和泵水河295亩红树林补种，莲花山西峰植被复绿。全年共投入近1.3亿元用于城市管理，严查城市“六乱”，城市环境和秩序得到进一步改善。

【社会民生】2009年，长安镇推进劳动就业，在厦岗试点“村民车间”，创造居民就业新模式；向大中专毕业生、“4050”（40岁和50岁）人员和零就业家庭人员发放各类就业补贴250多万元；加强“新莞人培训工程”，全年培训学员1.34万多人；强化劳动监察，整治非法用工。积极落实社保救助措施，做好社保扩面工作，全镇参保单位达到6981家；严格落实最低生活保障线制度，积极解决优抚对象住房难、医疗难、生活难等问题；进一步完善基本医疗保险制度，将本镇在校大中专院校学生纳入社会基本医疗保险；新建13个社区卫生服务站，实现社区卫生服务网络全覆盖；严格落实防控措施，成功防控甲型H1N1

④

⑤

⑥

⑦

⑧

流感；严厉打击“黑诊所”，查处和取缔无证诊所151家。切实落实食品安全责任，健全食品安全考核指标体系；大力开展食品生产、流通和消费等领域的专项整治行动，实现全年无食用农产品中毒事件的目标，被评为“广东省食品安全示范镇”。加强人口和计划生育管理，全镇户籍人口出生率10.12‰，政策生育率97.85%；将长盛社区改组为新型社区，理顺人才入户和管理问题。

【社会治安】 2009年，长安镇始终保持严打高压态势，突出打击“两抢一盗”、拐卖儿童等违法犯罪行为，开展禁赌扫黄专项行动，整治全镇治安重点区域，全年立刑事案件数同比下降5%，破案率同比上升8%；组建专业队对涉车犯罪进行有力打击，立涉车案件数同比下降22%；铲除重特大犯罪团伙17个，收缴并公开销毁“老虎机”4000多台。积极化解社会矛盾，建成镇综治信访维稳中心并投入运作，基本完成各社区综治工作站的建设；积极开展“基层大接访”和“信访积案化解年”活动，落实领导包案制度，及时发现和解决问题，群众来信来访办结率98.5%。加强危险化学品企业、重大危险源及人员密集场所的安全检查，全面排查消防安全隐患，确保安全生产形势稳定。认真做好武装工作，民兵整组、民兵骨干培训、兵役登记、学生军训等工作有效开展，圆满完成年度征兵任务，为经济社会发展提供安全保障。

【文化教育】 2009年，长安镇投入教育经费1.9亿元，生均教育投入继续位列全市各镇街之首；全面实施《东莞市新莞人子女接受义务教育暂行办法》，录取一批新莞人子女免费入读公办中小学校；顺利完成177名代课教师转合同制教师工作；举办民办教育巡礼活动，鼓励民办学校创优达标。促进文化体育事业繁荣发展，举办广东省第三届“南雅奖”书法篆刻展和全国第九届摄影理论研讨会，推出大型电视纪录片《长安30年》；坚持举办“长安文化学堂”，提升市民文化素养；获得“广东省精神文明建设先进单位”荣誉，实现社区文明单位和文化建设达标单位全覆盖；成功举办第三届镇运会，在第七届市运会上夺得金牌第二、总分第三的历史最好成绩，“农民马王”李振强在第十一届全运会上获马术场地障碍赛团体金牌和个人银牌，为广东争得了荣誉。

【党的建设】 2009年，长安镇不断扩大党组织覆盖面，在环保分局、捷荣有限公司和部分居民小组等具备条件的单位，分别设立了党支部。加强党员管理，制作“两新”组织党员IC管理卡；按照新型社区的要求，做好人才站集体户移交新型社区工作。积极开展城乡结对帮扶活动，实现社区与机关工作互动；对韶关市新韶镇、大桥镇等12个村党支部进行帮扶。认真贯彻中央《建立健全教育、制度、监督并重的惩治和预防腐败体系实施纲要》，进一步强化纪检监察工作。加强对重点项目、重要岗位工作人员的教育监督和管理，积极完善和落实《党风廉政建设责任制》，编制《长安镇党风廉政制度汇编》，规范权力运作，促进机关作风好转。

【效能建设】 2009年，长安镇坚持节约办事，从预算编制、审批、执行等环节入手，严格控制一般性行政经费支出，实现公车经费、会议经费、公务接待费用、出国（境）费用、办公经费预算“五个零增长”。坚持依法行政，严格落实干部经济责任审计，优化审批程序，做好招投标工作，服务重点工程建设，共完成投标项目51项，总中标金额3亿元，比预算金额下浮15.7%；规范政府采购和财政投资审核，共组织政府采购47宗，节约资金1552万元，节约率16.4%；完成财政投资审核项目101宗，核减3521万元，核减率6.8%；组织人大代表开展民主评议、巡视和执法检查，全年办理人大代表的建议、提案60件，回复率100%。坚持推进电子政务建设，重新设计完善政府公众网站及信息公开网站，扩大信息量，增加服务内容，在社区单位积极推广电子政务系统应用，进一步提高服务质量和水平。

【群团工作】 2009年，长安镇加快组建工会步伐，新成立工会委员会68个，新发展会员1万多人；组织开展各种教育培训和技能竞赛，提高员工素质；举办各种文体活动，丰富员工业余生活。共青团工作再上新台阶，组织开展大学生暑期创业实践、新莞人十佳青年评选、青春暖流等活动；志愿者队伍不断壮大，志愿活动在服务形式、服务内容、服务规模上都有了进一步发展。妇联积极帮助妇女群众化解各种矛盾纠纷，扎实为妇女儿童办好事办实事，维护妇女儿童合法权益；积极开展家庭教育和妇女就业培训，举办各种文体活动，提高妇女素质。（肖艾平）

**附：2009年东莞市长安镇党委、人大、政府领导名录**

镇委书记：欧林高

镇委副书记：陈福坤　孙景森

镇委委员：欧林高　陈福坤　孙景森　郭炳基　陈卫江　王志明　陈伟文　谢伟昌　李福笑　李冠洲　蔡向春　孙海波　黄国权

镇人大主席：欧林高

镇人大副主席：陈林发　李平康（任至2月）

镇　长：陈福坤

副镇长：郭炳基　孙沛文　麦锦彪　李初雄

## 2005—2009年长安镇主要经济指标

| 指标 \ 年份 | 2005 | 2006 | 2007 | 2008 | 2009 |
|---|---|---|---|---|---|
| 户籍人口（人） | 38687 | 39427 | 40187 | 41234 | 42469 |
| 外来暂住人口（人） | 466000 | 466071 | 451457 | 360986 | 552800 |
| 面积（平方公里） | 83.4 | 83.4 | 83.4 | 83.4 | 83.4 |
| 国内生产总值（万元） | 1337428 | 1522236 | 1764272 | 2020980 | 2083662 |
| 工业总产值当年价（万元） | 3450995 | 4027232 | 4448336 | 5009932 | 4562212 |
| 农业总产值当年价（万元） | 24033 | 13427 | 13663 | 10963 | 7220 |
| 总用电量（万千瓦时） | 404705 | 469506 | 497691 | 504909 | 473889 |
| 全社会固定资产投资总额（万元） | 361023 | 501005 | 481259 | 500017 | 500546 |
| 社会消费品零售总额（万元） | 188000 | 212000 | 288315 | 356698 | 411073 |
| 外贸出口总额（万美元） | 410057 | 463400 | 547235 | 626166 | 499579 |
| 实际利用外资（万美元） | 36900 | 47100 | 49173 | 37163 | 28409 |
| 镇级可支配财政收入（万元） | 100300 | 105412 | 117297 | 114080 | 123864 |
| 各项税收总额（万元） | 171000 | 200482 | 237081 | 270360 | 304655 |
| 金融机构各项存款余额（万元） | 1866000 | 2255222 | 2445321 | 2905799 | 3303173 |
| 城乡居民储蓄存款余额（万元） | 1314000 | 1588161 | 1665527 | 2084900 | 2263195 |

① 2009年4月8日，长安镇被中国摄影家协会命名为“中国摄影之乡”（唐寿新 摄）

② 迎春长跑

③ 长安镇第三届运动会闭幕式（唐寿新 摄）

④ 2009年2月16日，以反映广东改革开放30周年农民工进城务工的新生活和新面貌的青春励志影片——《所有梦想都开花》在长安镇开机拍摄（唐寿新 摄）

⑤ 文化艺术节巡游

⑥ 长安镇第三届运动会龙狮比赛（唐寿新 摄）

## 寮步镇

【概况】寮步镇是广东省中心镇，位于东莞市中部，地处市主城区、松山湖科技产业园、同沙生态园和东莞生态园“四位一体”的大城区中心位置，面积71平方公里，辖10个社区、20个村，常住人口约24.15万人，其中户籍人口6.72万人，外来暂住人口17.43万人。寮步镇交通便利，市环城路、莞深高速、松山湖大道、东部快速路、莞樟路、石大路等市主干公路以及建设中的莞惠城际轨道在此交汇，形成以寮步镇为中心的东莞半小时经济生活圈。寮步镇是全国综合实力百强镇，先后获“中国电子信息产业名镇”、“国家电子信息产业基地”、“国家卫生镇”、“中国汽车销售名镇”、“中国绿色名镇”、“广东省教育强镇”、“广东省光电数码技术创新专业镇”等称号。

2009年，全镇累计实现国内生产总值112.06亿元，同比增长11.86%（可比价），各项税收总额16.52亿元，同比增长3.15%；镇级可支配财政收入7.96亿元，同比增长12.86%；工业总产值309.89亿元，同比增长1.25%；外贸出口38.22亿美元，受全球金融危机影响略有下降；汽车销售总额70.1亿元，同比增长36.4%；实际利用国内外资金19亿元，居全市第一位；金融机构各项人民币存款余额115.17亿元，比年初增长22.73%。2009年，寮步镇获市“文明镇”、“文化建设先进镇”、“维护稳定和社会治安综合治理先进镇”、“经济发展单项奖”等奖项，连续5年获“镇级领导班子工作量化考核综合总分一等奖”，连续7年获评为市“计划生育先进镇”。

【招商引资】2009年，寮步镇在国际金融危机持续冲击的背景下，继续加大招商引资力度，大力优化投资环境，创新招商模式，全年引进和意向引进的大项目投资额累计超过100亿元，其中包括深圳特发信息、峻凌电子、振东医药、东莞移动10086客服中心、德国汉莎等高新科技企业和世界500强企业，以及香市深业科技城、鼎峰地产、海兴集团等企业总部经济。

# 寮步镇

① 2009年11月21日，中共中央政治局常委李长春（中）在中共中央政治局委员、广东省委书记汪洋（右二），东莞市委书记、市人大常委会主任刘志庚（左二），寮步镇委书记何绍田（右一）等领导的陪同下，莅临寮步康达机电有限公司调研

② 2009年11月27日，广东省委副书记、省长黄华华（中）、副省长万庆良（右三），在东莞市委书记刘志庚（右二）、市长李毓全（左二）、寮步镇长罗军文(右一)等领导的陪同下，莅临三星公司调研

③ 2009年3月13日，东莞市委书记、市人大常委会主任刘志庚（中）在寮步视察，提出“寮步要发挥紧靠市区的区位优势，尽快主动融入市区，要在思想观念上有新突破，不要把寮步看作一般的镇来要求自己。”

④ 2009年1月16日，东莞市委副书记、市长李毓全（右一）在市政府秘书长殷焕明陪同下，亲切慰问寮步镇部分老党员、低保对象和敬老院老人

①

②

③

④

① 2009年，寮步镇被省委省政府规划为省中心镇，镇委书记何绍田首次列席参加省委十届六次全会。图为何绍田与中共中央政治局委员、广东省委书记汪洋亲切握手

② 2009年2月26日，寮步镇召开镇委工作扩大会议，会议确立实施“一城三区五提升”的发展战略和建设现代绿色新香市的发展目标，全力打造具活力的东莞城市新区、具潜力的现代产业新区和具魅力的文化休闲新区

③ 建设中的香市农业生态园

④ 香市动物园（效果图）占地约800亩，总投资3.5亿元，将建设成为以海豚等海洋动物表演为主，集动物观赏、休闲娱乐、会务度假于一体的综合性旅游休闲度假基地

⑤ 东莞篮球中心开工典礼

⑥ 寮步镇中心区新貌

⑦ 2009年8月27日，寮步镇召开建设现代绿色新香市动员大会，出台“3+20”系列鼓励政策和抓落实的20个工作方案

⑧ 香市公园（效果图），2009年，寮步镇规划整合位于镇中心区域的神仙岭、龙船山近400亩的山林生态资源，融入岭南文化元素，大量种植莞香树，建设登山径、香市文化博物馆、书画苑等系列公共设施，打造以文化休闲为特色的城市中央公园

【建设现代绿色新香市】2009年，寮步镇坚持以科学发展观为指导，积极贯彻落实《珠江三角洲地区改革发展规划纲要》和市委市政府加快推进经济社会双转型的战略部署，加快转变经济发展方式。经过科学论证和深入调研，广泛听取社会各界意见，确立了“一城三区五提升”（以城市化统领寮步经济社会发展全局，统筹城乡一体化发展；打造具活力的东莞城市新区、具潜力的现代产业新区和具魅力的文化休闲新区；全面提升产业层次、城建水平、文化魅力、社会和谐度和党的执政为民能力）和建设“现代绿色新香市”的发展目标，形成新的发展优势和增长动力，实现全面、协调、可持续发展。2009年8月27日，寮步镇召开建设现代绿色新香市动员大会，出台《寮步镇建设现代绿色新香市“3+20”政策汇编》和《寮步镇建设现代绿色新香市20个工作方案汇编》等多项政策，配套“20个1000万元”的财政鼓励资金，以政府投入引导社会资本投入寮步社会经济建设，推动寮步新一轮的大发展。

【产业结构调整升级】2009年，寮步镇以加快产业结构调整和转型升级为重点，继续加大“优二扩三”力度，增强经济社会发展后劲。三大产业比例从2008年的0.1：57.0：42.9调整至0.1：52.5：47.4，第三产业比例上升4.5个百分点，产业结构进一步优化。

加工贸易转型升级。2009年，组建寮步镇促进加工贸易企业转型升级服务中心，为企业开拓内销市场、“来料加工”企业转“三资”或民营企业提供“一站式”的绿色服务通道；同时，加大政策和资金引导力度，积极拓展企业融资渠道，镇财政提供1500万元企业升级改造补贴资金和1000万元加工贸易转型升级专项资金，先后组织5次银企融资洽谈会，总融资额达14.93亿元，推动企业转型升级。全镇有16家“来料加工”企业成功转型为“三资”企业，内销企业183家，226家重点中小工业企业和81家重点加工贸易企业进入市10亿元融资支持计划企业名录，3家民营科技企业成为市重点培育上市后备企业。

建设香市科技产业园。2009年，寮步镇统筹3000多亩土地，投资2亿元，建设集技术研发、企业试产、产品展示于一体的城市生态科技型园区，逐步实现从资源消耗型发展模式向创新主导型发展模式转变。园区引进投资5000万美元的峻凌电子工业项目；与深业鹏基集团、东莞市富安投资公司签订合作意向书，将园区首期860多亩土地，参照深圳天安数码城模式，建设香市深业鹏基科技城，项目计划总投资50亿元，建成后，将引进中小型科技企业1200-1500家，实现年工业产值300亿元以上，创税25亿元以上。

发展现代服务业。2009年，寮步镇出台“12个1000万元”的产业发展鼓励政策，重点发展现代物流、信息服务、科技服务、金融保险、教育培训等现代服务行业。引进中信银行、招商银行等7家金融机构进驻镇中心“金融街”，金融服务区初具规模。引进世界500强企业之一的德国欧图集团旗下汉莎产品检验检测实验室落户陈家铺工业区，总投资达3000万元，为寮步乃至东莞的企业提供欧盟产品认证和相关检验检测服务，进一步完善全镇产业配套服务。商贸服务业进一步发展，镇中心区东方商业街、景泰香都商圈基本形成。

【自主创新】2009年，寮步镇自主创新能力明显增强，全镇国家重点高新技术企业达11家，省、市级民营科技企业71家，承接市级以上科技项目28个，获各类科技创新资金2676万元，新增专利授权量441项，增长120%，被评为市“知识产权示范镇”。与华中科技大学开展产学研合作，建成光电数码专业镇技术创新平台，为全镇企业提供一个开放式的公共技术创新服务平台；组织23家民营科技企业深入到华中科技大学、哈尔滨工业大学等5所高校开展产学研交流考察和项目对接活动，其中13家企业与高校建立了紧密的产学研合作关系，增

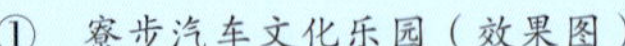
① 寮步汽车文化乐园（效果图）
② 2009年7月10日，寮步镇召开“古代香市 现代香都”莞香文化新闻发布会，启动打造莞香文化“八个一”工程项目
③ 2009年8月25日，寮步镇举办东莞国际汽车城《车天车地》首届越野车挑战赛启动仪式，打造汽车文化

①

②

③

强企业自主创新能力；实施企业参展补贴，鼓励企业参加国内外大型展销会，支持自主品牌拓展市场。9月18日，寮步镇召开科技创新表彰大会，奖励获得自主创新科技成果企业共489万元。

【统筹城乡发展】 2009年，寮步镇紧紧抓住市区东拓和“四位一体”大市区建设带来的历史性机遇，实施“一城三区五提升”发展战略，以城市化建设统领产业升级，主动融入主城区，促进城乡协调发展。

各项规划修编　完成寮步镇2006—2020年土地利用总体规划修编，并于2009年8月全面实施；完成城市总体规划修编并经过市规划局初步审查；完成全镇15个片区的控制性详细规划，其中4个已通过审批，2个已通过公示，其余9个已上报市规划局进行审查。全面编制寮步镇水利防洪排涝总体规划，积极开展水利防灾减灾工程建设，总投资1.7亿元，完成了第四批共25宗水利防灾减灾工程，在防汛减灾中发挥了积极作用。

重点工程建设　启动香市科技产业园、香市动物园、香市经贸大厦、香市公园、香堤绿道工程、香市人才公寓，中心区美尔顿厂房、亭子边旧厂房“三旧”（旧城镇、旧厂房、旧村居）改造项目，汽车文化乐园，松山湖大道上底村拆迁安置区（农民公寓）、“四通八达”路网工程等十项镇属重点工程，总投资超过30亿元，其中镇财政投资超过3亿元，以政府投入带动社会资金共同参与寮步社会经济建设，成为拉动经济增长的重要动力。同时，积极协调配合，推动莞惠城际轨道工程寮步段率先动工建设，以及市篮球中心、市中医院新院、市第六高级中学等市级重点工程顺利启动。

帮扶农村发展　实施减贷降息政策，减轻农村负担。镇财政提供2亿元周转资金，在银行机构的支持下，协助村组集体经济转贷降息减负，对村组集体的贷款从2009年起全部执行按基准利率下浮10%的优惠利率，帮助镇村减少利息支出3000多万元。镇财政拿出3000多万元补贴农村公共管理开支，一般村人均每年补贴500元，属于市、镇扶贫村的人均每年补贴600元。扶持经济欠发达村。出台《关于扶持经济欠发达村的决定》，每年扶持2-3个经济欠发达村。2009年确定向西、小坑、竹园3个村为镇扶贫村。

推进土地统筹　按照“三统一享”（统一规划、统一招商、统一管理、共享红利）的开发建设原则，通过统筹、收购、合作经营等方式，盘活现有土地资产，提升土地利用价值，有效解决镇村发展的资金瓶颈，实现集约发展。截至2009年，全镇已统筹土地面积超过3000亩。

① 2009年，寮步镇积极转变发展方式，启动镇中心区美尔顿厂房、亭子边旧厂房“退二进三”项目，共引进社会投资达15亿元，打造城市综合体商业项目和商住项目，提升镇中心区发展水平

② 2009年，寮步镇成功引进世界500强之一的德国欧图集团子公司汉堡汉莎产品检测实验室(香港)汉莎质检中心，这是该公司在中国内地设立的首家产品检测机构，进一步完善了寮步的产业配套服务

③ 香市深业科技城项目签约仪式。2009年，寮步镇统筹3000多亩土地，建设集技术研发、企业试产、产品展示于一体的城市生态科技型园区，形成良好的生态产业链，逐步实现从资源消耗型发展模式向创新主导型发展模式转变

④ 东莞理工学院城市学院新校区，位于东莞市松山湖大道寮步段文阁塔旁，规划建筑面积63万平方米

⑤ 香市科技园整体鸟瞰图（效果图），该园区已引进峻凌电子、深业鹏基科技城等企业总部和高技术项目，投资额超50亿元

①

②

③

④

⑤

生态环境建设。大力植树造林，动员企业家及社会各界人士捐赠30多万棵莞香树苗，建设宜居生态城镇。成功申报"中国绿色名镇"；全镇5个村（社区）成功创建为"省卫生村"，8个村（社区）获评"东莞市市容环境优美村（社区）"称号。加强城市管理综合执法，整治城市"六乱"，市容市貌明显改观。

【社会管理】 社会治安。2009年，寮步镇坚持专项整治与加强防控相结合，全力打造"平安寮步"。设立3000万元"见义勇为"专项资金，弘扬社会正气；深入开展"治摩"行动，全力打击"黄赌毒"和"两抢一盗"（抢劫、抢夺、盗窃）等违法行为，破获各类刑事案件352宗，抓获犯罪嫌疑人649人，打掉犯罪团伙43个，查处吸贩毒案85宗，缴获毒品一批，寮步社会治安明显好转，被评为2009年度"维护稳定和社会治安综合治理先进镇街"。

加强安全监管。强化安全生产，成立村级安全办，充实基层力量，健全安全管理制度，全面落实安全责任制，消除安全隐患。全年累计检查企业2万家次，排查整改隐患2.2万处。完成公共消防设施规划，加大对重点行业、重点企业、重大危险源的安全监管和消防安全整治。重点开展集中整治酒后驾驶违法行为专项行动，遏制交通违法事件和交通事故的发生。建立肉品安全信息化监控系统，工商、卫生、质检等多部门联动，查处了多宗违法经营案件。

信访维稳。加强对各类不稳定因素的排查和防控，妥善处理劳资纠纷、征地拆迁等信访维稳问题，共化解各类矛盾纠纷500多起，稳妥处置各类群体性突发事件18起，提高应急处置能力，保障社会和谐稳定。

【实施人才强镇战略】 2009年，寮步镇为实施文化兴镇、人才强镇战略，投入近1000万元，高标准建设香市充电讲堂多功能报告厅，每年安排200万元聘请在国内外相关学术领域和行业中最有影响力的专家学者、教授，以及知名企业的高层管理者前来主讲，为广大干部和企业管理者授课，提高干部队伍和企业管理者的发展能力和人文素养，为促进经济社会转型发展提供强大智力支撑。高标准建设人才社区，计划投资5亿元建设香市人才公寓，设定优惠标准，为镇内高层次人才提供廉价的高级公寓，优化人才发展环境。组织成立高素质人才俱乐部，定期召开人才联谊会，专题研讨经济社会发展的重大问题，让更多更高层次的人才为寮步发展建言献策。

【就业创业】 2009年，寮步镇出台《寮步镇促进就业奖励办法》，每年拿出3000万元就业专项资金，对企业招用寮步户籍人员就业、村（居）委会促进就业创业、企业设立村民车间、大中专生进企业就业等五个方面给予奖励。解决本地群众就业1448人，其中建立14间"村民车间"，帮助村民就业1180人。举办大学生就业专场招聘会，搭建大学生与企业交流的平台，90%以上应届毕业生落实了就业。

【文化、教育】 2009年，寮步镇传承发

① 2009年3月16日，全市首个巡回法庭在寮步镇挂牌成立
② 2009年，寮步镇建立城乡一体化社会养老保险体系
③ 寮步镇促进就业创业工作会议
④ 2009年，寮步镇提出以提升城市文化软实力，推动经济社会转型发展战略，每年安排200万元邀请国内外专家教授、文化名人和知名企业经营管理者来镇举办讲座。图为香市充电讲堂第一期成功开讲

①

②

③

④

扬香市文化，加强城市文化品牌建设和文化营销力度，全面提升城市软实力。香市广场被评为“第三届全国特色文化广场”，寮步镇评为“文明镇街”、“文化建设先进镇街”。启动香市文化“八个一”工程：即一园（香市公园）、一街（牙香街复原工程）、一堤（香堤工程）、一林（万亩莞香林）、一书（《香市传奇》故事书）、一剧（电视剧《女儿香》）、一节（香市文化节）、一馆（香文化馆）。召开“古代香市，现代香都”莞香文化项目新闻发布会，在北京举办“香市文化暨香文化馆筹建研讨会”，与凤凰卫视、南方日报等省内外媒体和达沃斯巅峰等专业策划机构合作，广泛宣传和推广城市品牌。积极打造“优质加特色”教育品牌。顺利通过省教育强镇复评；香市小学、石步小学顺利启用，联合办学工作基本落实。确立打造“现代教育名镇”的发展目标，出台“十二·五”教育规划，启动了“3年3个亿”教育基础建设工程。

【社会保障和救助】2009年，寮步镇投入400多万元，将原华旅酒店改建为社工综合服务中心，与香港中文大学、中山大学签订社会工作技术顾问合作协议，推动社会工作试点，在团委、残联等部门设置6个社工岗位。成功整合农保与职保养老保险制度，农（居）民养老金从每人每月231元提高到每人每月331元。

【医疗卫生】2009年，寮步镇1个社区卫生服务中心和12个社区卫生服务站投入使用，基本实现社区卫生医疗服务全覆盖。成立甲流防控工作领导小组，建立联防联控工作机制，防控甲流疫情，广泛开展社会宣传教育，普及甲流防控知识，提高群众自我保护意识和能力，及时做好病人医治工作，全镇没有一例重症病例和死亡病例，甲流疫情得到了有效控制。

【干部队伍建设】2009年，寮步镇以提高干部行政办事效率和执政能力为目标，狠抓队伍建设和作风建设。完善干部任用机制，完成中层干部竞争上岗和在同一岗位连续工作5年以上的干部交流轮岗工作，提拔录用33名年轻干部，公开招聘15名优秀高校毕业生，其中3名被聘任为村官，理顺2007年招录的“种子工程”就业问题，重新调整工作岗位。加强干部队伍教育培训，两次组织全镇领导干部赴中山大学管理学院集中学习，提升干部队伍综合素质。制定《选派干部攻读硕士、博士学位工作方案》，每年选派一批优秀干部到国内外高等院校作短期培训和中长期进修，培养一批具有战略思维、世界眼光的高素质干部。

【党建工作】2009年，寮步镇加强反腐倡廉工作，建立和执行党风廉政建设责任制和廉政承诺制度，镇纪委与46个镇属企事业单位和30个村（社区）签订《党风廉政建设责任书》，216名双委干部和294名村民小组干部分别签订廉政承诺书。围绕“服务与激励”的主题，加强“两新”组织领导班子的建设，积极探索、创新企业党组织的组建、管理和流动党员的管理。开展“十百千万”干部下基层驻农村工作及城乡党组织互帮互助活动，全镇31名驻（联）村干部积极协助村（社区）发展集体经济、促进产业结构调整升级和改善民生、社会管理等工作，发展集体经济项目43项，累计投入资金4751多万元，帮助集体经济纯收入增加金额421万元。（刘勋良）

**附：2009年东莞市寮步镇党委、人大、政府领导名录**

镇委书记：何绍田
镇委副书记：罗军文　谢杨锦
镇委委员：何绍田　罗军文　谢杨锦
　　黄浩泉　刘一强　黄富新
　　尹汉源　韩胜海　黄镇源
　　刘沛声　韩巧轩　尹淦林
镇人大主席：何绍田
镇人大副主席：黄浩全　游建林
镇　长：罗军文
副镇长：刘一强　刘松泰　韩巨登
　　尹广军

## 2005—2009年寮步镇主要经济指标

| 主要经济指标 \ 年份 | 2005 | 2006 | 2007 | 2008 | 2009 |
|---|---|---|---|---|---|
| 户籍人口（人） | 63770 | 64112 | 65034 | 65898 | 67223 |
| 外来暂住人口（人） | 186278 | 191866 | 188368 | 178391 | 174277 |
| 面积（平方公里） | 79 | 79 | 79 | 71.15 | 71 |
| 国内生产总值（万元） | 602557 | 740656 | 887553 | 1025730 | 1120641 |
| 工业总产值当年价（万元） | 931000 | 2323964 | 2473432 | 3060494 | 3098979 |
| 农业总产值当年价（万元） | 7765 | 2810 | 2365 | 4313 | 3165 |
| 总用电量（万千瓦时） | 140468 | 160866 | 180013 | 189268 | 189748 |
| 全社会固定资产投资总额（万元） | 206000 | 181180 | 243885 | 277000 | 223012 |
| 社会消费品零售总额（万元） | 109000 | 628700 | 750000 | 862000 | 972500 |
| 外贸出口总额（万美元） | 201670 | 242110 | 339051 | 432072 | 382227 |
| 实际利用外资（万美元） | 13985 | 16222 | 16557 | 16920 | 9609 |
| 镇级可支配财政收入（万元） | 33930 | 40946 | 61230 | 69020 | 79610 |
| 各项税收总额（万元） | 64599 | 95576 | 123766 | 160191 | 165236 |
| 金融机构各项存款余额（万元） | 576313 | 711004 | 788658 | 938400 | 1151694 |
| 城乡居民储蓄存款余额（万元） | 398983 | 486849 | 538309 | 650185 | 728578 |

## 大岭山镇

【概况】大岭山镇位于东莞市中南部，处于广州市和深圳市经济走廊中间，总面积95平方公里，下辖24个村（社区），常住人口16.93万人，其中户籍人口4.36万人，外来暂住人口12.57万人。

大岭山镇是广东东江纵队发源地，是有名的革命老区、莞香产地、荔枝之乡，先后被评为“中国家具出口第一镇”、“中国家具出口重镇”、“全国环境优美乡镇”、“广东省卫生镇”、“广东绿色名镇”。2009年获得“中国绿色名镇”、“广东省生态示范镇”、“东莞市镇级领导班子落实科学发展观工作量化考核综合总分一等奖”、“东莞市创建文明镇（街道）工作先进单位”、“东莞市文化建设先进镇”、“东莞市维稳综治先进镇”、“东莞市年度人口和计划生育工作先进镇”等荣誉，“广东省教育强镇”顺利通过复评验收，创建国家卫生镇通过省专家组评审、正向国家申报。

2009年，大岭山镇完成生产总值97.57亿元，同比增长5.5%；工农业总产值207.59亿元，其中规模以上工业总产值172.9亿元；各项税收总额11.67亿元，同比增长5.5%；各项银行存款余额88.04亿元，同比增长5.3%；镇本级可支配财政收入7.05亿元，同比增长5.4%；固定资产投资总额29.91亿元，同比增长

# 大岭山镇

① 2009年4月12日，中共中央政治局委员、广东省委书记汪洋，广东省委副书记、省长黄华华，东莞市委书记、市人大常委会主任刘志庚，东莞市委副书记、市长李毓全等省市领导视察大岭山镇连马污水处理厂

② 2009年，大岭山镇获得全市“镇级领导班子落实科学发展观工作量化考核综合总分一等奖”。图为镇委书记梁荣业（中）在领奖

10%；社会消费品零售总额31.53亿元，同比增长23.5%；镇村组三级集体总资产56.2亿元，同比增长8.5%；农村人均纯收入12769元，同比增长5%。

【企业帮扶】2009年，大岭山镇深入开展“改进工作作风、全力服务企业”行动，镇村组三级干部深入走访企业，帮助企业解决实际困难。取消和停止行政事业收费18项，下调收费2项，共为企业减负4377.6万元。落实市帮扶企业融资政策，共有194家企业被纳入市融资扶持计划，成功帮扶企业融资54宗，总金额9.1亿元。鼓励企业申报国家、省、市专项扶持资金，共申报项目24宗，项目投资总额超4.7亿元。扎实做好补办房地产权手续工作，通过市审批同意备案2763宗、面积907.5万平方米。

① 2009年6月下旬，大岭山镇组织81家家具企业参加“东莞家具——武汉盛夏之旅”活动。图为东莞市委书记刘志庚（右二）参观镇品牌家具专卖店

② 2009年5月13—14日，大岭山镇承办第三届中国水性木器涂料发展研讨会，推动化工及家具行业的发展

③ 2009年，大岭山镇成立家具协会，推进家具产业转型升级

④ 2009年9月10日，三星道达尔项目竣工，大岭山镇世界500强企业增加到6家

【产业结构调整和转型升级】 2009年，大岭山镇坚定不移地把产业结构调整、传统产业转型升级作为落实科学发展观的核心任务抓实抓好，成效初显。制定全镇产业结构优化升级十年战略规划，举办全国水性木器涂料发展研讨会和大岭山家具论坛，成立大岭山家具协会，创建广东省家具产学研创新联盟，取得“中国家具图书馆”的建设资格，建立家具企业资料库和“大岭山家具网”，推进家具创意产业园建设，组织81家家具企业参加“东莞家具—武汉盛夏之旅”活动。鼓励引导企业争创品牌、开拓国内市场，家具品牌从年初的28个增加到83个，内销企业从年初的26家增加到55家，国内销售总额同比增长38%。

【内源型经济】 2009年，大岭山镇新增民营企业及个体工商户1830家，总数1.8万家，同比增长8.1%，其中新增民营企业项目91宗（投资超百万元项目42宗），包括总投资4.5亿元的建航资源再生技术有限公司等一批优质内资项目。总投资3.2亿元的富宝工业园顺利奠基。

【外源型经济】 2009年，大岭山镇新签及增资外商投资项目20宗，协议利用外资2600万美元。全年实际利用外资1.1亿美元，同比增长30.4%，特别是促进三星道达尔项目顺利投产（这是三星道达尔化工首次在国外投资的项目），使进入大岭山镇的世界500强企业达到6家。积极引导和帮助企业开拓国内市场，全镇外资企业内销金额3.5亿美元，同比增长14.5%。推动来料加工企业转“三资”企业工作，成功转型企业7家、正在办理4家。全镇外资企业关停外迁宗数减少18.2%。

【村组经济】 2009年，大岭山镇把村组作为全镇发展和稳定的基础，大力扶持村组发展特色经济，帮助鸡翅岭村成功创建“广东省女儿香文化之乡”，打造莞香生态文化产业园，发展莞香经济。成功将两个无公害荔枝生产基地创建为绿色食品生产基地。注册“矮岭冚荔枝柴烧鹅”商标，打造烧鹅美食一条街。鼓励松山湖周边村大力发展休闲、餐饮、娱乐等消费性服务业。推进百花洞马山风景区的开发，正向市申报建设道教文化旅游区。

【第三产业】 2009年，大岭山镇第三产业对经济发展的支撑力不断增强。房地产业发展迅速，实现开发投资11.1亿元，增长20.2%，促进新世纪领居二期、中惠沁林山庄三期、凯东四期等项目顺利开发，特别是商品房销售情况良好，销售面积、销售额分别达到25万平方米、13.9亿元，同比分别增长108.3%和148.2%。完成全镇2010—2020年商业网点规划，合理布局全镇的商业网点。汇康豆、面制品集中加工基地顺利投产，信立农批万吨冷库和全国首个台湾农产品集散中心等一批商贸项目投入运营。

【自主创新】 2009年，大岭山镇设立科技大岭山工程专项资金，引导企业申报各类专项扶持资金，鼓励企业设立研发机构，深化产学研合作，加快技术更新改造和品牌创建。全年共组织43家企业申报和认定20类科技项目，申报资金1950万元，已获得资助398万元；全镇工业更新改造投资5.5亿元，占工业投资总额65.6%；新增国家高新技术企业2家、省民营科技企业6家、市民营科技企业9家，省著名商标企业4家，市专利试点企业1家、专利培育企业4家，特别是大宝化工获得“中国驰名商标”称号，实现驰名商标零的突破。

【集体资产管理会计管理】 2009年，大岭山镇加大集体资产管理力度，认真做好会计委派工作，对15个村（社区）实施会计轮岗，并对农村委派会计实施镇统筹管理，由镇财政支付委派会计工资待遇，有效加强对农村财务的监督。强化重大事项审查和土地款管理的督导，全年共审查重大事项369宗，呈审金额2.4亿元，土地款100%设立专户管理，完成百花洞、大沙村审计工作。全镇村组两级集体总资产28.1亿元，增长5%。

【城市建设】 规划修编。2009年，大岭山镇加快完善镇村规划，完成全镇土地利用总体规划（2006—2020）修编和12个片区控制性详细规划，镇燃气专项规

①

②

划（2008—2020）通过专家评审，全镇路网设施规划设计顺利启动。

重点工程。2009年，大岭山镇在加快推进2008年启动的20项重点工程建设的同时，启动3个新水厂、13宗水利工程的建设以及多条道路升级改造。其中新医院、体育休闲公园、新屠宰场投入使用；金鸡咀水厂、老虎岩水厂及15宗水利工程竣工；杨朗路、拥军路、南一路、建设大道、横镇路等一批道路完成升级改造；图书馆、交警指挥中心、消防指挥中心、社保大楼、连马路、建设路、长湖水厂以及7宗水利设施建设正加快推进。

【国家卫生镇创建】2009年，大岭山镇凝聚全镇社会力量，深入开展国家卫生镇创建活动。镇财政设立2000万元专项资金，制定实施统筹村（社区）环卫整治的5个方案，统筹环卫硬件设施规划建设等多项管理工作，破解创卫难题。新建垃圾压缩转运站6座，建设或改造农村公厕55座，改造元岭、计岭样板市场，实施农村道路硬底化、明渠改暗渠工程，推进城市“六乱”（乱扔吐、乱堆放、乱拉挂、乱张贴、乱搭建、乱摆卖）治理工作，全镇有9个村成功创建市容环境优美村（社区），6个村获评“省卫生村”，实现省卫生村全覆盖。加大环境整治力度，完成全镇截污主干管网的建设，铺开全镇截污次支管网设计；推进同沙水库水污染综合整治工作，完成湿地公园等4个整治方案设计；开展整治机动车尾气和防止养殖业反弹等专项工作，进一步改善市容环境。创建国家卫生镇通过省专家组评审、正待国家审批。

【社会管理】社会治安。2009年，大岭山镇持续开展“粤安09”、“雷霆”、清理“老虎机”、“治摩禁电”、打击“黄赌毒”等专项行动，严厉打击“两抢一盗”等违法犯罪行为，全年刑事立案771件，比上年略有下降，共破获大案要案157宗，收缴、销毁老虎机4500台，查扣非法上路摩托车1760辆、电动自行车592辆，销毁摩托车1490辆、电动自行车902辆。加强治安防控，新增巡警25人，提高路面见警率；完成65个治安视频、342个出租屋视频安装，新增8个平安社区。

安全生产。2009年，大岭山镇狠抓消防安全生产，成立现役消防大队、6个村级专职消防队、17个村级兼职消防队。镇财政投入1000多万元分三期完善全镇消防栓，并对村级专职消防队每年补贴10万元、兼职消防队一次性补贴9万元。全年共检查“三小”场所2208家（次），责令整改“三小”场所1225家，取缔关闭16家，检查出租屋2.8万栋（次），发现并整治隐患497处，全年没有发生一起重特大消防安全事故。持续推进交通安全、工伤事故、食品安全等专项整治，交通事故、工伤事故死亡人数分别下降26.9%、20%，全年没有发生特大安全生产事故、群体性食物中毒事件。

综治维稳。2009年，大岭山镇新成立综治信访维稳中心，整合综治、信访、司法、劳动、法庭等部门资源，实行集中办公，各村（社区）相应建立综治信访维稳工作站，及时将各类矛盾纠纷化解在萌芽状态。切实维护工人合法权益，完善企业倒闭风险预警机制，严厉打击欠薪逃匿行为，为2424名工人追回工资1489万元，全年没有发生一宗因

① 总投资2亿元的大岭山医院新院于2009年国庆前投入使用

② 投资8500万元建设的大岭山综合体育公园于2009年底投入使用

③ 2009年8月7日，大岭山镇组织“创卫同心、文明共建”全民清扫行动，深入推进创建“国家卫生镇”活动

④ 2009年，大岭山镇大力完善基础设施，优化城市环境。图为升级改造后的拥军路

劳资纠纷引发的群体性事件。推动“重信重访”专项治理，扎实开展“信访积案化解年”和“领导班子基层大接访”活动，全年共受理群众上访案件309件，办结308件，办结率达99.7%。

【教育事业】2009年，大岭山镇设立2500万元教育强镇复评专项基金，全面提升学校办学条件，顺利通过省教育强镇复评验收。制定出台“奖教奖学”、“加强教师队伍建设”和“扶持民办学校发展”等政策措施。召开教师节表彰大会、应届大学生入学欢送会，营造尊师重教的良好氛围。全镇59名教师通过专业技术职务任职资格评审，其中高级7人、中级41人。134名教师被评为优秀校长、园长、教师和班主任，54名代课教师转为合同制教师。新接收749名新莞人子女入读公办学校。2008—2009年度小学毕业班考查，语文、数学、英语三科的合格率全部达到省教育强镇的指标

① 2009年，大岭山镇被评为“东莞市文化建设先进镇”

② 2009年，大岭山之歌合唱团参加“祖国在我心中——广东省第九届‘百歌颂中华’歌咏活动”，获得银奖

③ 2009年，大岭山镇教育事业不断发展，首次有两位学子分别考取清华大学和北京大学

④ 2009年，大岭山镇举办“献给母亲的歌”系列文化活动，丰富群众文化生活

⑤ 大岭山镇鸡翅岭村获得“广东省莞香（女儿香）文化之乡”称号

体系要求，中考合格率、优秀率同比提高10.3%和1.9%，高考实现户籍学子考上大学本科以上200人，其中重点本科48人，首次有两位学生分别考取清华大学和北京大学。

【文化建设】2009年，大岭山镇进一步完善合唱团运作，积极打造合唱名镇，举办“献给母亲的歌”系列合唱活动，承办原创歌曲演唱大赛等大型活动。大岭山之歌合唱团获得“祖国在我心中—广东省第九届‘百歌颂中华’歌咏活动”银奖；大岭山自办频道顺利开播；节日期间举办多项文化体育活动。推进文明创建，被市评为“创建文明镇（街道）工作先进单位”、“文化建设先进镇”，新增市文明标兵村2个、文明村3个、文明标兵单位2个、文明单位2个；新增市文化建设标兵村1个、标兵单位1个、先进村5个、达标村7个、先进企业1个、先进学校4个；新增市青年文明号1个、青年文明社区1个。

【就业创业】2009年，大岭山镇突出抓好就业创业工作，不断提高全镇群众收入和生活水平。帮扶大学毕业生就业创业，将补助大学生到企业工作的范围由民营企业扩大到民营及外资企业，本科毕业生、大专毕业生月工资分别补助到2500元、2000元，全年为62名毕业生发放补助金77万元。招聘大学毕业生到农村任职，将名额从市要求的3名增加到23名，一批优秀的大学毕业生到农村基层锻炼。举办大学生创业培训班，130多名大学生报名参加，提升大学生的创业技能。积极开展资助性技能培训、“就业服务日”等活动，举办培训班58期、培训本地群众和新莞人4825人次，成功推荐368名农村富余劳动力就业。

【社会保障】2009年，大岭山镇拨出专款2000万元，推进实施农民养老保险并入职工养老保险。投资2亿元建设的大岭山医院新院正式投入使用。社区医疗服务不断完善，日均门诊量达650人次，全年参保人就诊总金额785.9万元，其中社保基金支付469.9万元。投入350万元为全镇户籍居民购买30种重大疾病和死亡保险，全年理赔186宗、金额466万元。完善住房公积金制度，全镇住房公积金缴存总人数8019人，缴存金额5570万元，发放个人住房贷款1.1亿元。

【扶贫帮困】2009年，大岭山镇将低保家庭在读大学生补贴由每人每年7000元提高到14000元，对30名较困难家庭新入学大学生一次性每人资助5000元，共发放各类助学金190.5万元、补助住宿费17.5万元。为385户低保对象发放低保金159.9万元，发放困难群众医疗、生活救济慰问60.6万元，发放敬老乘车卡4831张。参照市补贴标准对优抚对象发放补贴，共发放抚恤金96.5万元，为复退军人发放一次性自谋职业自助金55.3万元，发放待安置期间生活补贴1.8万元。推进困难户住房保障工作，镇财政为32户家庭发放租赁住房补贴4.6万元，投入231.3万元，铺开68户家庭的住房修葺。

【人口与计生管理】2009年，大岭山镇加强人口计生服务管理，人口自然增长率8.65‰，无政策外出生村（社区）比上年增加4个、总数达到17个；创新计划生育利益导向机制，在实施镇财政对计划生育家庭进行奖励的基础上，对落实长效节育措施的纯二女户一次性给予5万元奖励，共发放奖励金80万元。

（黎艳娟）

附：2009年大岭山镇党委、人大、政府领导名录

镇委书记：梁荣业

镇委副书记：黄庆辉　陈锦波

镇委委员：欧阳振球　李凤婵　李新平　李伟平　陈福华（任至11月）　黄志峰　黄兆良　何德祺　蔡培光　李容新（6月到任）　莫伟光（11月到任）

镇人大主席：梁荣业

镇人大副主席：欧阳振球（任至10月）　李凤婵（10月到任）　蔡容稳

镇　长：黄庆辉

副镇长：张祖民（任至2月）　欧阳振球（10月到任）　叶美高　李　元　吴美娇

## 2005—2009年大岭山镇主要经济指标

| 主要经济指标 ＼ 年份 | 2005年 | 2006年 | 2007年 | 2008年 | 2009年 |
|---|---|---|---|---|---|
| 户籍人口（人） | 40678 | 41202 | 41941 | 42580 | 43642 |
| 外来暂住人口（人） | 196546 | 213813 | 212960 | 196209 | 125722 |
| 面积（平方千米） | 95 | 95 | 95 | 95 | 95 |
| 国内生产总值（万元） | 552553 | 682403 | 829945 | 960138 | 975717 |
| 工业总产值当年价（万元） | 1484215 | 1610688 | 1948822 | 2262029 | 2071821 |
| 农业总产值当年价（万元） | 8682 | 3063 | 2962 | 3884 | 4071 |
| 总用电量（万千瓦时） | 117051 | 138703 | 149928 | 150688 | 145699 |
| 全社会固定资产投资总额（万元） | 139251 | 219132 | 230271 | 271931 | 299124 |
| 社会消费品零售总额（万元） | 93469 | 148080 | 196058 | 255268 | 315256 |
| 出口总额（万美元） | 134198 | 166151 | 195868 | 185719 | 183038 |
| 实际利用外资（万美元） | 9677 | 9947 | 10970 | 15396 | 10636 |
| 镇级可支配财政收入（万元） | 31800 | 43190 | 60235 | 66902 | 70502 |
| 工商税收总额（万元） | 60320 | 74330 | 94151 | 110989 | 116655 |
| 金融机构各项存款余额（万元） | 539038 | 661142 | 710760 | 832629 | 880373 |
| 城乡居民储蓄存款余额（万元） | 366132 | 446873 | 484984 | 586891 | 622434 |

## 大朗镇

【概况】大朗镇是广东省中心镇，位于东莞市中南部，面积118平方公里，辖28个社区（村）。大朗素有"中国荔枝之乡"美誉，是"中国羊毛衫名镇"、"中国电子信息产业名镇"、"国家卫生镇"、"省文明镇"、"省教育强镇"、"省体育先进镇"、"省专业镇技术创新试点单位"、"省民族民间艺术之乡（醒狮）"。

2009年大朗镇常住人口24.43万人，其中户籍人口6.92万人，外来暂住人口17.51万人。全镇生产总值116亿元，同比增长5.5%；工业总产值227亿元；外贸出口总额增长2.4%，是东莞出口实现正增长的少数镇街之一；各项存款余额149亿元，同比增长21.5%；社会消费品零售总额23.9亿元，同比增长14%；财政总收入15.4亿元，同比增长4.1%；镇本级可支配财政收入6亿元，同比增长6%。全镇新注册企业652户，净增企业413户，总量达3461户，新注册资金13.6亿元，是2008年的2.7倍。

【产业结构优化】2009年，面对金融危机的持续影响，大朗镇从容应对，化危为机，利用金融危机带来的倒逼机制，乘势推进产业结构调整升级，取得显著成效。

## 大朗镇

①

④

②

③

⑤

① 2009年8月12日，中共中央政治局委员、广东省委书记汪洋（中），省委常委、秘书长徐少华（右二）在东莞市委书记刘志庚（右一）的陪同下到大朗现代信息服务产业园考察

② 2009年3月25日，大朗镇举行"中国电子信息产业名镇"揭牌仪式，中国电子商会会长曲维枝（右三）、东莞市政协主席刘树基（左三）、东莞市副市长邓志广（左二）、东莞市理工学院党委书记周致纳（右二）、广东省电子商会会长林永青（右一）、大朗镇委书记尹景辉（左一）共同揭牌

③ 2009年3月13日，大朗行政服务中心启用

④ 2009年4月9日，中共中央政治局委员、广东省委书记汪洋，广东省委副书记、省长黄华华等领导带领珠三角（东莞市）现场会与会人员参观东莞标检产品检测有限公司

⑤ 大朗行政服务中心"一站式"服务大厅

⑥ 大朗新貌

⑦ 商贸大朗

⑧ 散裂中子源项目（效果图）

⑨ 大朗现代信息服务产业园

⑩ 第八届织交会开幕式

⑥

**毛织产业实现逆势发展**。规模以上毛织企业总产值48.3亿元，增长19%，毛织品出口总额增长29%。以信息化改造提升毛织业成效明显，数控织机增加到6000多台。缝神、盛星等本土数控织机生产企业发展壮大，年产数控织机600多台。成功举办第七届中国（大朗）毛织服装设计大赛和第二届中国（大朗）毛织服装网上设计大赛。大朗镇被中国流行色协会列为全国唯一的“中国毛衫流行趋势发布基地”。组织11家企业参加全国毛针织服装名优精品推荐活动。

**电子信息产业异军突起**。电子信息产业成为大朗重要的支柱产业，大朗被中国电子商会授予“中国电子信息产业名镇”称号。全镇有1400多家企业及个体工商户从事电子信息行业的生产、销售、服务；在大朗生产加工的国际知名品牌电子信息产品40多种，有华科、信易、艾尔发、百一等20多家行业龙头企业。与中国移动、中国电信签订合作协议，全面开展“数字小区”、“数字校园”以及电子政务建设；大朗网年访问量700多万人次；有1.3万家企业和个体工商户在阿里巴巴、环球资源网、中国制造网等知名网站开展电子商务。

**装备制造业加快发展**。2009年，大朗镇继续实行镇党政领导班子成员挂点联系重点企业制度。建立重点企业档案，收集50家重点企业简介、图片、报表等，实行一企一档。全镇有装备制造业企业1300多家，涉及数控机床、自动化机械、精密模具、注塑辅助设备等领域；95家规模以上装备制造企业工业总产值78亿元，占全镇工业总产值的34.4%。

⑦

⑧

⑨

⑩

①

②

③

④

⑤

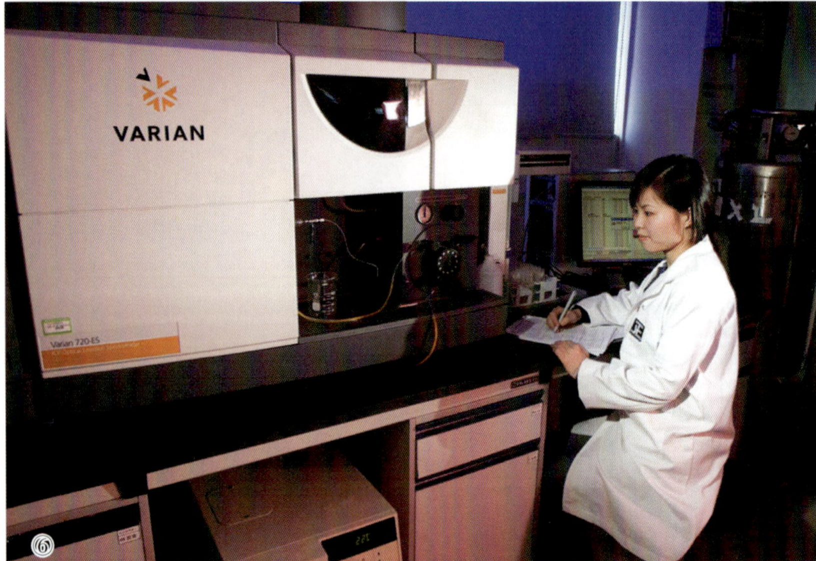

⑥

① 大朗物流中心
② 华南国际汽配城
③ 数控织机
④ MLCC球磨室车间（东莞市华科电子有限公司）
⑤ 自动化机械手臂生产车间（东莞艾尔发自动化机械有限公司）
⑥ 东莞标检产品检测有限公司检测实验室
⑦ 织城之夜
⑧ 大朗中心小学
⑨ 大朗艺术幼儿园
⑩ 大朗荔香湿地公园
⑪ 大朗松佛片区夜景

⑦

⑧

⑨

⑩

⑪

**现代服务业活力勃发**。全镇有综合性商场15家，营业面积7.6万平方米，有银行、保险、证券等金融机构15家，金融网点53个，有酒店旅馆90多家，其中五星级酒店1家，四星级酒店3家。大朗（国际）物流中心进驻物流企业100多家，日货运量达4100多吨，按省一级标准设计建设的大朗汽车客运总站日发送旅客1万多人次。大朗第三产业占国民经济42%，同比上升4.3个百分点，东莞标检成为华南地区最大的第三方检测机构，2009年业务量增长95%。投资2亿元的天虹集团华南物流配送中心正在抓紧建设。法国知名运动品牌销售商迪卡侬进驻大朗。

**创意产业正在崛起**。2008年11月，大朗创意产业园被东莞批准为市级创意产业园区，其中，现代信息服务产业园区是大朗镇发展现代信息服务业、推动两化融合的重要载体，一期由占地2.6公顷的旧厂房改造而成，2009年已与多家科研院所开展8项产学研合作，已有3家机构和45家企业进驻；毛织服装产业时尚创意区总投资5000多万元，着力打造集研发、设计、展示、交流和销售等多项功能于一身的高端毛织服装时尚设计集聚区，已引进6家院校，落实了10多家本地优势企业进驻。

【科技创新】 2009年，大朗设立“创新型大朗”工程专项资金，镇财政每年投入2000万元，连续五年共投入1亿元，支持企业提高自主创新能力。成立知识产权办公室，规划管理知识产权工作。全年新增国家重点扶持高新技术企业9家；新增省民营科技企业6家，总数15家；新增市民营科技企业9家，总数达到46家。研发水平不断提高，全年新增市级工程技术研发中心2家，国家认可实验室1家，实现省市科技立项46项，获科技资助经费2000万元。全年专利申请量235件，专利授权量427件，新增市专利培育企业5家，总数达到13家。全镇共有省级名牌名标17个，各项专利992项。

【第八届“织交会”】2009年11月1—4日，第八届中国（大朗）国际毛织产品交易会（简称“织交会”）在大朗举办。展会共设展位2200个，分特装区、成衣区（纱线区、辅料区）、机械区三大展区。四天会期，与中国流行色协会联合举办2010春夏中国（大朗）毛针织服装流行趋势发布会，承办“英伟杯”第七届中国（大朗）毛织服装设计大赛，举办“东莞中小企业与大型零售商（纺织服装）专场采购对接会”、中国毛针织业高层论坛等10多项活动，共吸引近12万人次专业客商到现场参观采购，其中约10%来自港澳台及海外，接待专业采购团超过80个，数控织机意向成交约2380台。“织交会”获“2009年度中国行业品牌展会金鼎奖”。

【散裂中子源项目】2009年，大朗镇协助散裂中子源项目完成用地预审、施工前期审批等相关手续，工程人员办公住宿、征地拆迁和路水电建设等工作进展顺利。市委常委、常务副市长冷晓明3月和12月两次到大朗，召开散裂中子源工作协调会，协调解决项目建设过程中遇到的困难和问题。

【城市建设】2009年，大朗镇确立“借势松山湖，对接松山湖，融入大市区，着力打造一个城市中心区和四大经济板块”的城市发展战略，自2008年起陆续启动88个重点项目建设。

规划编制深入推进。土地规划修编已通过市批准，城市总体规划修编方案已报市审批；全镇13个片区控规已有7个通过市审批；长盛核心区、银朗核心区城市设计方案顺利通过专家评审。城市规划展示馆建成使用。

重点工程项目加快建设。占地1360亩的荔香湿地公园全面启用，占地 2500亩的凤山农业科技园一期工程顺利完成。投资3亿元的污水处理厂和截污主干管网工程顺利完工；环保专业基地完成首期工程设计方案。行政服务中心、商会大厦、求富路花园、长富大厦等项目顺利落成。按省一级标准建设的新中心小学、新中心幼儿园建成使用。投资2.5亿元的大朗医院住院楼已进入装修阶段。启动11个道路升级改造项目，其中大源路、富民路绿化工程已经完工。象山110千伏等9项电力工程加快规划建设。启动13项水利工程建设，其中水口排站等6项顺利完工。

土地统筹成效明显。继续健全以镇级为主导、镇村合作的土地开发模式，强化土地统筹开发，加快完善公共设施，提升土地价值。2009年大朗镇共拍卖经营性用地3块共460多亩，其中碧桂园和东方银座集团竞投的地块，成交价比底价分别高出87%和39%。

【城市管理】2009年，大朗镇健全长富社区服务管理机制，强化人才引进服务，共为737个人才办理入户。创建石厦市场及周边区域为“城管执法示范区”，创建大井头市场为“城管执法示范市场”。全面整治无证照生产经营食品、非法行医、占道经营、违章广告、噪音扰民等行为，全年共教育改正593宗，立案38宗。深入整治城市“六乱”，重点对富民路、美景路、莞樟路、松佛路和常虎高速、莞深高速大朗段两侧进行综合整治，教育改正城市“六乱”行为2700宗。松木山、水平、黄草朗等11个社区（村）投入资金5690多万元开展旧村整治，并通过市考核验收。加强物业产权补办工作，完成已建房屋登记备案4283宗、1059万平方米，全镇43家企业共80万平方米的厂房物业完成公示，盈利时公司顺利取得7幢厂房

①

②

③

④

的产权证，成为全市第一批补办的产权证。严厉查处违法用地，查处违法建筑65宗，违法用地面积42.16亩，完成复耕复绿18宗，面积63.6公顷。

【综治信访维稳】2009年，大朗镇深入推进社会综合治理，加强矛盾化解，促进社会公平，保持社会和谐稳定。

综治力量全面整合。成立镇综治信访维稳中心，实施综治、信访、应急、司法等部门集中办公，建立“六联”（社会治安联防、矛盾纠纷联调、重点工作联动、突出问题联治、基层平安联创、流动人口联管）运行机制，强化综治维稳力量，全年共受理矛盾纠纷案件231宗，成功化解226宗；排查、收集出各类矛盾纠纷126宗，及时介入化解123宗，化解率达98%。加强基层综治组织建设，共建成综治工作站（室）49个，其中社区（村）28个，企业21个，并在各个村组以及300人以上的企业设立综治信访维稳信息联络员。实行领导包案制度、信访回复责任制度和信访干部锻炼制度，及时化解信访隐患，全年共受理群众信访案件468宗，“镇长信箱”和“便民问答”的信件办结率达98.5%。

社会治安管理继续加强。开展“粤安09”、“雷霆”、“平安公交”、“打拐”等专项行动，共破获刑事案件586宗，查处治安案件2132宗，打掉各类犯

① 碧水天源高尚住宅小区
② 求富路花园小区
③ 松佛路
④ 美景路
⑤ 第七届中国（大朗）毛织服装设计大赛
⑥ 在大朗广场举行醒狮贺新春活动
⑦ 由大朗广场活动爱好者演出的广场舞
⑧ 2009—2010年度CBA联赛新世纪烈豹队比赛瞬间
⑨ 大朗男篮勇夺市篮球联赛三连冠
⑩ 2009年，大朗迎春慈善长跑活动

罪团伙49个。全面开展打击"黄赌毒"行动，查处涉黄案件12宗、赌博案件1862宗，破获贩毒案件17宗。完善出租屋视频监控系统，全镇共安装视频监控摄像头1924个。成功将长富、松柏朗、巷头、巷尾、竹山、高英等14个社区（村）创建为平安社区（村）。开展"治摩6号"和"百日行动"，查扣违法违规摩托车和电动自行车1000多辆。大力整治酒后驾车，共开展43次整治行动。

安全生产监管力度加大。推进社区（村）消防队伍建设，全镇27个社区（村）建立志愿消防队，购置消防车。全面开展"三小"场所、出租屋安全隐患综合整治，检查生产经营单位1700多家、出租屋4600多家。开展安全执法检查和危险化学品专项检查，检查企业1499家（次），消除隐患1087处，取缔2家非法储存、经营危险化学品企业。

应急处置水平提高。加强应急技能培训，举办应急专题讲座，全年组织8次应急演练，共2000多人参与。健全应急预警联动机制，成功处理"6·15"大井头故意伤害致人死亡案以及甲流疫情、医患纠纷等一系列公共安全事件，将各种影响和损失降到最低。

①

②

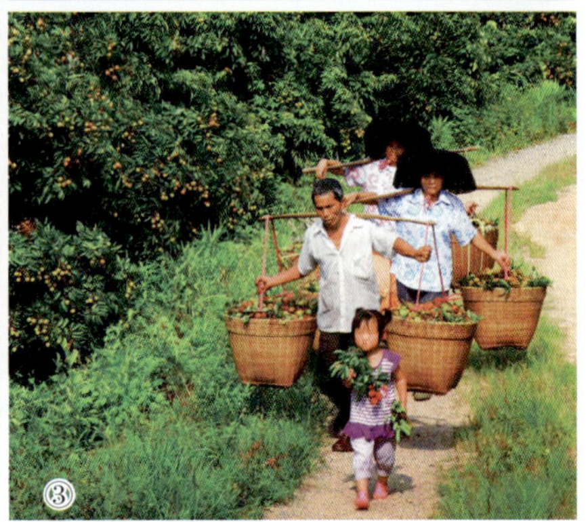
③

【社会民生】 教育基本实现"两个先进"。2009年，大朗中学考上本科线以上63人，超出市定目标47人，全镇万人升大学比例跃至全市第11位，同比前进3位；万人升本科比例跃至全市第13位，同比前进7位，教育发展提前实现"两个先进"，即中考成绩和每万户籍人口升大学比例居全市先进水平。

医疗卫生进一步优化。镇社区卫生"1个中心13个服务站"各项运作和管理进一步理顺，社区医疗服务水平不断提高。投资2.3亿元新建大朗医院住院大楼，容纳床位710多张。向全镇76所中小学、幼儿园的师生及敬老院的老人们免费派发预防流感中药1857公斤，约值13.6万元，有效防控甲型H1N1流感，成功遏制疫情的扩散和蔓延。

文体事业进一步繁荣。2009年大朗成功创建为"广东省文明镇"。镇档案馆成功创建为省特级档案馆和全省第14个国家二级档案馆。镇村企业图书馆共29个，藏书40万册。顺利完成《大朗镇志》编纂出版工作。举办第二届青年集体婚礼。积极开展志愿服务活动，发展志愿者9000多人。对外宣传能力不断提高，市级以上媒体采用大朗新闻稿件1100多篇。篮球事业加快发展，CBA新世纪球队连续两年进入季后赛，大朗主场成为全国上座率最高的赛场之一；镇男子篮球队在全市篮球联赛中获三连冠。在市第七届运动会上，大朗镇团体总分、金牌总数分别获第六名和第八名，取得历年最好成绩。

劳动及社会保障成效明显。2009年，大朗新成立10个本地人就业车间，帮扶500名户籍人口实现再就业；为大学生提供就业岗位600多个。举办培训班培养物业管理专业人才，行政服务中心的物业管理和服务人员全部本土化。开展41期技能培训和转岗培训，培训3000多人。拨款300多万元，对671名"摩的"司机增驾小汽车培训进行补贴。分5期对1180名新莞人（二手房东）进行意外保险知识、出租屋管理等培训。开展5场新莞人新春关爱活动，2500多人次参加。推进社会养老保险制度改革，建立城乡一体的社会养老保险体系，镇村两级共需投入1.3亿元，其中2009年镇村两级投入1580万元；全镇有6700多人正在领取养老金。强化社保基金征缴，征收社保基金总额1.99亿元，同比增长6%；加强出租屋及租住人员意外保险工作，累计销售保险2万多份，销售收入20多万元。支援受"莫拉克"袭击的台湾灾区群众抗灾重建，全镇筹集善款37万多元。

【党建工作】 2009年，大朗镇新组建支部2个，共发展党员92人，其中35岁以下党员69名，大专以上74人，其中本科37人，研究生2人。开通全镇农村党员干部现代远程教育终端接收系统，全年共有2万多人次通过远程教育系统参加学习培训。组织全镇农村、社区、企业等90多个党组织350多名党员和入党积极分子参加市委党校"周日党课"的专题学习。加强对流动党员服务管理，制作并核实发放流动党员IC卡458张。落实12个社区（村）对口帮扶韶关市乳源县乳城镇，共慰问乳源县乳城镇困难党员群众160多人次，发放慰问金约40万元。落实长塘等6个社区（村）与新疆哈密伊吾县6个乡镇（区）结对，发动民营企业筹资100万元捐助伊吾县。水霖学校等12个"两新"组织党支部通过第三批固本强基镇级示范点的检查验收，全镇市级固本强基镇级示范点增加至35个，英伟等4个"两新"组织党支部被认定为市"两新"组织示范点标兵。至2009年底，全镇共有15个党（总）支部被命名为市级示范点。 （刘贺斌）

**附：2009年东莞市大朗镇党委、人大、政府领导名录**

镇委书记：尹景辉
镇委副书记：谢锦波 祁沛全
游耀波（新疆挂职）
镇委委员：尹景辉 谢锦波 祁沛全
游耀波（新疆挂职）
林熙仿 黄锦发 傅振华
陈根照 陈慧娟 骆伟东
叶惠明 叶桂平 韩暖渠
夏建中 叶淑帆
镇人大主席：尹景辉
镇人大副主席：傅振华 陈志芬
镇 长：谢锦波
副镇长：黄锦发 李创业 傅秩恩
叶效怀 覃 春

① 巷头木偶剧
② 大朗蔡边村福德堂
③ 大朗荔枝丰收
④ “一号关爱”现场
⑤ 大朗毛织服装时尚创意区
⑥ 2009年大朗青年集体婚礼
⑦ 荔香湿地公园夕照

## 2005—2009年大朗镇主要经济指标

| 指标 \ 年份 | 2005 | 2006 | 2007 | 2008 | 2009 |
|---|---|---|---|---|---|
| 户籍人口（人） | 65036 | 66015 | 67069 | 68134 | 69239 |
| 外来暂住人口（人） | 163131 | 182190 | 200019 | 190280 | 175068 |
| 面积（平方公里） | 118 | 118 | 118 | 118 | 118 |
| 国内生产总值（万元） | 707369 | 850356 | 1025864 | 1105810 | 116 |
| 工业总产值当年价（万元） | 1456451 | 1780198 | 2175420 | 2504013 | 2271015 |
| 农业总产值当年价（万元） | 30678 | 3170 | 4462 | 1881 | 2141 |
| 总用电量（万千瓦时） | 140961 | 157109 | 170802 | 170974 | 175774 |
| 全社会固定资产投资总额（万元） | 334110 | 362082 | 304445 | 283995 | 383551 |
| 社会消费品零售总额（万元） | 117596 | 143567 | 173028 | 209018 | 238699 |
| 外贸出口总额（万美元） | 60293 | 72412 | 94569 | 100495 | 126296 |
| 实际利用外资（万美元） | 16259 | 19692 | 20008 | 21802 | 14710（全口径） |
| 镇级可支配财政收入（万元） | 36969 | 39538 | 47316 | 56433 | 59843 |
| 各项税收总额（万元） | 53521 | 76721 | 103266 | 110364 | 115274 |
| 金融机构各项存款余额（万元） | 821109 | 933965 | 1004732 | 1228426 | 1492965 |
| 城乡居民储蓄存款余额（万元） | 656975 | 753166 | 795611 | 988068 | 1105716 |

## 黄江镇

【概况】 黄江镇位于东莞市东南部，2009年，总面积98平方公里，辖3个社区、11个村，常住人口22.31万人，其中户籍人口2.31万人，外来暂住人口20万人。全镇完成国内生产总值77亿元，同比增长8%；各项税收总额8.9亿元，同比增长4.9%；镇本级财政可支配收入4.8亿元，同比增长6%；各项人民币存款余额87.6亿元，同比增长15.5%；全社会固定资产投资总额20亿元；社会消费品零售总额15.4亿元，同比增长11%；农村居民人均收入11340元；三大产业比例从上年0.1：58.9：41调整为0.1：56.1：43.8。全镇形成经济平稳增长、城市建设全面提速、社会和谐稳定、各项事业健康发展的良好局面。获评市"人的发展单项奖"、"社会安全单项奖"、"文化建设先进镇"、"维护稳定和社会治安综合治理先进镇（街）"。

【招商引资】 2009年，黄江镇有20个投资额超500万美元的重点项目落户。这20个重点项目中，新东方化工、欧科空调、科蓬达电子和正扬电子等企业已投产；惠伦顿堡、维升、迈科等企业已纳入市的绿色通道，正办理有关手续中；手机城项目正加紧完善有关路网配套，企业加紧办理有关工商营业执照等。2009年全镇新签利用外资协议14宗，增资项目17宗，合同利用外资总额6054万美元,实际利用外资1.05亿美元。引进内资60宗，协议投资16.8亿元，实际投资2.6亿元。成功消化空置厂房49宗，24万多平方米。同时，瞄准金融危机下企

## 黄江镇

①

②

③

业投资整合重组的机会，成功引导恩智浦、台湾TPA、爱福赛、奥美、泰和复合等5家企业将分布在其他地区的业务整合迁至黄江，扩大投资规模。

【外贸经济】 2009年，黄江镇继续深入开展企业帮扶活动，组建帮扶队伍，走访全镇500多家企业，帮助企业解决难题。尤其对纳税100万元以上的100多家重点企业实行跟踪服务、贴身服务。全年协助34家企业融资6.4亿元。着力减轻企业负担，全年镇村减免企业收费700多万元。这些措施有效增强企业信心，减轻企业负担，加强了企业应对金融危机的能力。例如精成科技、船井电机厂分别以第4名和第6名的业绩成为2009年度东莞市实际出口前10名外资企业，在逆势中实现强劲增长，企业的稳定发展也有效遏制了金融危机对黄江镇经济社会的冲击。在最困难的时期，守住外贸出口阵地。数据显示，全镇实际出口总额从8月份开始实现正增长，是东莞市率先实现正增长的镇。全年外贸进出口总额65亿美元。其中，出口总额40亿美元，全市排名第四，同比增长10.3%，增幅全市排名第一；高新技术产品出口总额25.76亿美元，全市排名第一。

【产业转型升级】 2009年，黄江镇大力培育龙头企业，以恩智浦、技嘉电子、杰群科技、精成科技等一批企业为重点，在自主创新、企业融资、宣传推介、政府服务、政策倾斜等方面给予全方位支持，扶持奥泰斯电子、矽泰电子、瑞升科技、泰欣照明等一批前景好的优质工业企业率先转型升级。成功协助和鼓励21家来料加工企业转“三资”企业，引导6家外资企业设立研发机构，成功协助76家“三资”企业开展内销业务，拓展国内市场。不断发展壮大科技型企业。全镇被认定的民营科技企业有32家，申请专利323件、授权专利173件，专利申请量同比增长109%。主动

① 黄江镇委书记杨礼权现场督导全镇重点工程进展工作

② 黄江镇委副书记、镇长钱伟忠在镇人大会上作政府工作报告

③ 黄江镇被评为“2009年东莞市文化建设先进镇”

④ 2009年8月28日，东莞市丘陵片现场会在黄江镇召开

⑤ 黄江镇委书记杨礼权现场督战“打虎行动”

⑥ 慈善乒乓球比赛在黄江镇有着深厚的群众基础

引导企业开展产学研工作，先后组织盛和、维升等科技型企业到著名院校开展项目对接活动，促成环宇激光和深圳大学、星火机电与广东工业大学的合作协议，提高企业产品的市场竞争力。

【民营经济】 2009年，黄江镇积极贯彻落实新“48条”民营企业111工程、大力扶持民营企业做大做强。民营（私营及个体）企业实现总产值12.9亿元；全镇私营个体登记注册各类市场主体10474户，同比增长32.9%。协助企业创立品牌，盛和化工产品获“广东省名牌产品”称号。协助惠伦顿堡等企业做好上市工作。

【农村经济】 2009年，黄江镇村、组两级资产总额15.4亿元，同比增长3.9%；村、组两级可支配收入2.16亿元，同比下降1.8%；村、组两级负债总额2.5亿元，同比降低8.5%；农村居民人均纯收入11340元，同比增长4.8%。

【城市建设】 2009年，黄江镇加大城市建设步伐，积极推进城市化进程。

规划修编。启动总体规划修编工作，展开排水、水源保护线、商业网点等专项规划编制工作，完成新城市中心区、板湖片区等6个片区控规，加快黄猄坑片区、黄江大道北片区控规修编工作，城市功能进一步完善。

重点工程建设。着力加快城市升级，推动新城市中心区的征地拆迁工作，加快新黄江医院建设，土方工程已完成95%，正在办理工程招标手续。投入2500万元，推进水利排洪渠整治、河道修复、水库加固等水利防灾减灾工程，全面完成南山坑、中心区河道修复等工程，推进寒溪河河道弯位改造工程，加快清泉水库排洪渠、大石坑水库等工程的施工。做好农民公寓规划建设工作，梅塘农民公寓一期建设已全面完成；田美社区农民公寓正在规划报批中；三新社区及中心片区农民公寓的选址、规划方案正在设计中。做好生态文化主题景区规划工作，启动旅游规划以及清泉水库、大屏嶂森林公园、宝山芙蓉寺、黄牛埔水库等四个主题公园的规划工作。

路网升级。完成教育路贯通，加快推进手机城洪圣路、洪圣路延长线、刁朗二路、刁朗六路、隧道路康湖北路等联网路建设，已完成工程量的50%；生态路工程已完成61%。黄江大道西延线进入拆迁施工阶段；环城路、向阳路、西环路贯通工程有序推进；31号联网路基本贯通。

发展第三产业。着力实施“商贸黄江”工程，完成商业网点规划，协助裕元“星光城”、富康天虹商场建设和招商工作，加快建设玉裕工业区工程，规划香江路灯光夜市商业休闲街改造。大力推动金地宝岛、现代花园、中洲、中惠、棕榈泉、富康、宝湖等房地产项目的开发。全面提升黄江商业整体形象。

【环境整治】 2009年，黄江镇全面推动环境保护工作，完成污水治理厂、截污主管网工程、市医疗废物处理中心等一批重大生态环境治理工程的建设。积极配合市“创建环保模范城市”工作，稳步推进第一次全国污染源普查工作，深入开展创建绿色学校、绿色社区活动。做大做优生态环境，加强生态资源保护工作，做好植树造林、园林绿化工作，对莞樟路、公常路主要出入口、黄江大道等进行园林绿化，全镇绿化覆盖面积达5942万平方米，绿化覆盖率达51.5%，人均拥有公共绿地31.5平方米。启动“三旧”（旧城镇、旧厂房、旧村居）改造工作，加紧编制规划，完善工作机制，展开摸底调查，为全面铺开“三旧”改造做好做足准备。完成12个村（社区）旧村整治，全镇村（社区）旧围整治全部完成。以巩固“国家卫生镇”为目标，做好“创优”和创省市卫生村工作，完善环卫设施，环境卫生整治工作取得明显成效。大力开展城市“六乱”（乱扔吐、乱堆放、乱拉挂、乱张贴、乱搭建、乱摆卖）整治，加强城市巡查执法力度，设立集中摆卖点，规范商贩经营，累计整改“六乱”行为1700多宗，有效遏制了乱摆乱卖等城市“六乱”现象，市容市貌有了明显改善。

【社会管理】 2009年，黄江镇积极主动化解金融危机带来的各种不利因素，确保社会稳定。强化社会治安管理。完善治安防范体系，严厉打击涉命、“两

①

②

③

抢一盗”（抢劫、抢夺、盗窃）、黑恶势力、团伙犯罪、拐卖妇女儿童等突出犯罪行为，开展打拐、扫黄、禁赌等专项行动。全镇共立刑事案件935起，同比下降3.8%；破案348宗，刑事破案率37.2%，同比提高12.1个百分点。加快综治信访维稳中心建设工作，深入推进“平安社区（村）”创建工作，三新、田美、社贝等5个村（社区）顺利通过验收；继续深入推进“治摩”工作，加大打击小四轮、小面包车及蓝牌车非法营运行为，不断强化道路交通整治。化解抓矛盾纠纷。积极开展党委书记大接访活动和基层干部大接访活动，接待来访群众20多批，60多人次。落实矛盾纠纷排查机制，充分发挥各级领导和基层调解组织的作用，实施党政领导包案调处，确保60周年国庆期间没有发生集体越级上访。全年受理信访案件526宗，办结信访案件526宗，办结率为100%。建立企业倒闭风险预警机制，加大欠薪逃匿打击力度。推进社会管理。强化安全隐患整治，在全镇村（社区）建立安全巡查办，开展火灾隐患重点地区等消防专项整治。全镇发生各类事故共227宗，同比减少53宗，下降18.9%。扎实推进食品安全整治工作，狠抓肉食品、无证照加工场等专项整治，成功将和富市场创建成为食品安全样板市场。设立新莞人服务管理站20个，为租住人员购买人身意外保险12万份，创建验收“安全文明出租屋”700幢，整治存在消防隐患出租屋137处，治安隐患157处。完善应急制度建设，设立镇应急办公室，专人24小时值班。加强应急救护培训，提高干部群众应急救护水平，全年举办应急救护知识培训3期，开展各类应急演练12次。同时，在黄江敬老院设立灾害庇护中心，为突发性灾害提供应急庇护场地保障。

**【农村体制改革】** 2009年，黄江镇积极推进村级体制改革试点工作，以田美社区、三新社区为先行点，成立政务服务中心，探索政务服务中心职能界定、人员配备、经费科学分担、土地统筹开发、公共管理和服务提升优化、集体资产运营等方面的做法。田美社区政务服务中心硬件设施建设已经完成，政务服务中心相关管理制度逐步完善。同时，设立新型社区居委会，把新型社区居委

① 黄江公园
② 黄江住宅小区
③ 黄江工业园区
④ 宝山芙蓉寺
⑤ 黄江鸟瞰

会职能并入新市社区，实行高效管理，为服务新莞人提供更好的平台。

【文化教育】全年投入7000多万元，完善全镇中小学饭堂、宿舍等教育教学设施。积极推行新莞人子女入学积分制，为新莞人子女提供254个学位。成功通过省教育强镇复评，全镇6所公办中小学均被评为等级学校，中考优秀率达41.1%，同比提高3.7%。高效课堂改革工作开展顺利，初见成效。

【民心工程】2009年，黄江镇积极提高卫生医疗服务水平。进一步健全社区卫生服务体系建设，积极做好防控甲型H1N1流感，发放宣传单张近10万份，培训防控骨干2052人，发放消毒药品600多箱，接种人员达4989人。健全社会保障体系。关注弱势群体，落实最低生活保障金制度，全年共支付低保金86.5万元；发放助学金78万元，解决困难家庭子女读书难问题；继续投入170万元为全镇农（居）民购买重大疾病、意外身故和疾病身故保险。丰富群众文体生活，稳步推进镇农家书屋建设，建成村级农家书屋10家，组织举办广场舞、慈善马拉松、登山等比赛，全力打造黄江的体育文化品牌。全面发展社会事业。完成户籍劳动力自主性技能培训58人，新莞人技能培训3100人次。出台就业补贴方案，大力推动"村民车间"建设，促进户籍人员就业，做好户籍大中专毕业生、困难户家庭就业工作，有464名户籍人员实现就业，其中"村民车间"吸收317名。切实抓好人口和计生工作。统筹解决人口问题，努力稳定低生育水平，大力开展创"两无"（无政策外多孩出生镇、无政策外出生村）活动，不断建立和完善人口计生工作长效机制，提高村（社区）计生优质服务和综合治理工作水平，计划生育率96.19%，人口自然增长率9.7‰。

【作风建设】2009年，黄江镇把加强政府自身建设摆在突出位置，以更优良的作风、更高效的服务、更务实的态度抓好工作落实。将镇政府主要工作任务细化落实，全年召开三次督查工作会议，研究解决各重点项目在建设、征地拆迁等方面的具体问题，稳步推进各项工作。牢固树立"过紧日子"的意识，发扬艰苦奋斗传统，厉行节约，严格控制一般性行政经费支出，认真落实公车经费、会议经费、公务接待经费、出国（境）费用、办公经费预算"五个零增长"要求，减少大型庆典、展览等支出，全年压缩公共服务支出经费750万元，同比下降11%。加强领导干部党纪政纪法纪教育，落实领导干部个人重大事项报告、述职述廉、民主评议和经济责任审计等制度，深入开展"小金库"专项治理。坚持"依法治镇"，提升政府施政水平，建立健全行政执法责任追究和行政执法考核评议、绩效奖励等机制。（刘丰华）

**附：2009年东莞市黄江镇党委、人大、政府领导名录**

镇委书记：杨礼权
镇委副书记：钱伟忠　袁俊森
镇委委员：杨礼权　钱伟忠　袁俊森
黄伟伦　李权昆　黄映秀
黄兆棠　谭浩强
利沛钦（任至9月）
李日宏　温泉华　莫永康
镇人大主席：杨礼权
镇人大副主席：李权昆
叶凤莲（专职）
镇　长：钱伟忠
副镇长：黄伟伦　蔡耀芬　任沛东
袁柱波

## 2005—2009年黄江镇主要经济指标

| 主要经济指标 \ 年份 | 2005 | 2006 | 2007 | 2008 | 2009 |
|---|---|---|---|---|---|
| 户籍人口（人） | 21117 | 21741 | 22372 | 23144 | 24079 |
| 外来暂住人口（人） | 192000 | 214523 | 209716 | 200000 | 200000 |
| 面积（平方千米） | 98 | 98 | 98 | 98 | 98 |
| 国内生产总值（万元） | 372198 | 448031 | 553600 | 713119 | 768073 |
| 工业总产值当年价（万元） | 508748 | 1244828 | 1518260 | 1672166 | 1574249 |
| 农业总产值当年价（万元） | 0 | 0 | 0 | 1122 | 913 |
| 总用电量（万千瓦时） | 89290 | 99132 | 107335 | 129207 | 140386 |
| 全社会固定资产投资总额（万元） | 103960 | 114590 | 219222 | 216509 | 234778 |
| 社会消费品零售总额（万元） | 56915 | 66092 | 119639 | 138405 | 156362 |
| 出口总额（万美元） | 192185 | 268700 | 379489 | 359643 | 399238 |
| 实际利用外资（万美元） | 16594 | 18530 | 8884 | 17947 | 7896 |
| 镇级可支配财政收入（万元） | 33895 | 41545 | 45077 | 45912 | 48715 |
| 工商税收总额（万元） | 48428 | 67559 | 76436 | 84875 | 89092 |
| 金融机构各项存款余额（万元） | 482631 | 544213 | 658217 | 759068 | 876372 |
| 城乡居民储蓄存款余额（万元） | 355567 | 381633 | 460821 | 568969 | 619018 |

## 樟木头镇

【概况】 樟木头镇位于东莞市东南部，面积119平方公里，京九、广深、深梅汕铁路和东深、莞惠公路在境内交汇。2009年，全镇下辖9个社区，常住人口14.01万人，其中户籍人口2.68万人，外来暂住人口11.33万人。

2009年，樟木头镇科学应对国际金融危机，围绕三年发展蓝图，走“以旅游促环境优化，以环境带百业兴旺”的特色经济之路，坚持打好“三大战役”（感恩商家帮扶企业、打击赌博促进就业、优化大环境促进大发展）。经济增长企稳回升，结构调整初见成效，投资环境全面优化，“四大文化”（感恩文化、客家文化、观音文化、生态文化）不断深化，民心工程深得民心，作风建设成效显著。全镇实现生产总值52.48亿元，同比增长7.28%。镇级一般预算收入3.83亿元，超额完成年初预算收入的26.82%；社会固定资产投资总额9.30亿元，同比增长8.59%；金融机构各项存款余额84.45亿元，同比增长7.06%；社会消费品零售额21.21亿元，同比增长13.99%。三大产业比例由上年底的0.1∶53.0∶46.9调整为0.07∶47.90∶52.03。2009年，樟木头镇获得“东莞市镇级领导班子落实科学发展观工作量化考核综合总分二等奖”、“市文化建设先进镇街”、“市维护稳定和社会综合治理先进镇街”、“市人口和计划生育工作先进镇”、“每万元GDP能耗计划完成率第一名”等奖项。

【经济回升向好】 2009年，为应对国际金融危机，镇委、镇政府见事早、信心强、谋划准、行动快、措施实，有效遏止了经济下滑态势。

开展“感恩商家，帮扶企业”活动，增强企业扎根信心 从增资扩产、转型升级、技术创新、开拓内销、协调解决企业用工、融资、经营办证、解决实际问题等8个方面，提供全程跟踪服务，协助企业解决难题97宗，帮助企业融资约11.16亿元。廉洁高效的政务环境给社会各界坚定的信心，在第六届“小香港”旅游节投资项目签约会上，签订7

①　樟木头振通汽车站二期工程（效果图）

②　广深铁路公交化为樟木头镇发展创造新的机遇

③　如火如荼进行的城市改造建设

⑤　樟城新画卷

④⑥　晚风吹送落霞红，夜幕低垂灯阑珊——樟城夜景图

## 樟木头镇

① 在第六届小香港旅游节投资项目签约仪式上众多项目落户樟城
② 即将上市的小猪班纳有限公司
③ 正筹备上市的柏百顺石油化工有限公司
④ 深能源发电厂

大项目投资协议，涵盖传媒、物流、高科技、旅游、健康、休闲等高端产业或现代服务业，投资总额达35亿元。

推进内外源经济并重发展，增强经济发展动力。2009年受金融危机影响，外需急剧下滑，樟木头镇实行政企分开，激活经联总社创收活力，同时，千方百计稳外贸，想方设法扶民企。重点配合加工贸易企业转型升级，成功协助盛益塑胶制品厂、科南家具厂等12家来料加工企业不停产转"三资"企业。同时，成功举办"中国第四届加快民营经济发展与区域经济共同发展论坛"，多管齐下帮助中小企业解决经营难题，切实减轻企业负担，全力促进民营企业发展。2009年，规模以上工业141家，同比增加22.6%；外资企业实际利用外资4070万美元，同比增长10.21%。私营经济企业注册资金总额11.31亿元，同比增长12.57%；民营经济税收总额2.53亿元，占全镇税收总额的43.3%。在外源经济企稳向好的同时，民营经济逆势而上，经济结构实现了以外源型经济为主向内外源经济并重发展转变。

解决历史遗留问题，增强房地产业发展后劲。成立镇处理房地产历史遗留问题协调小组，加强部门联动，全力争取市有关部门支持，成功为荔景山庄110户业主办理了盼望已久的房产证，困扰樟木头镇房地产业多年的历史遗留问题取得突破性进展，重振了房地产业声誉。在外部经济不景气的形势下，镇房地产业逆势上扬，形成建销两旺的景象。全年房地产投资额2.53亿元，同比增长14%；商品房销售额6.14亿元，同比增长74%；二手房交易金额5.23亿元，同比增长58.88%。

解决社区发展问题，增强村级经济发展活力。认真贯彻落实山区片现场会精神，把社区作为全镇发展和稳定的基础，通过实施分类指导、转贷降息、债务重组、强化管理等措施，支持社区建设和发展。全镇九社区追回欠款2210.07万元，实际应收未收款同比减少22%。全面协助社区完成转贷6.11亿元，全年减少利息支出1068万元。镇财政通过物业置换，帮助墟镇社区清退5418.3万元集资款，全年减少利息支出324万元。建立社区年度预算制度和重大项目预算制度，实行《社区财务运行情况监控月报表制度》，加强社区日常监督，遏制盲目投资，节约行政开支，带动社区持续健康发展。

【结构调整】2009年，樟木头镇抢抓机遇调结构，夯实长远发展基础。企业转型升级步伐加快。通过技术改造，延伸产业链，提高传统产业的技术含量和附加值；用活用好市扶持加工贸易企业就地不停产转型的优惠政策，协助来料加工企业转为"三资"或民营企业；强化创新平台建设，深化政产学研合作，对企业自主创新给予更灵活的政策扶持。年内新增市级民营科技企业8家，省民营科技企业2家，国家高新技术企业4家，市专利培育企业1家，专利授权量150件，同比增长29%。商贸服务业优化发展。完成《樟木头镇2009—2020年商业网点规划》，加快构筑"一主两副两带三区"的商业发展格局。成立专业批发市场帮扶小组，制定《樟木头镇扶持专业市场发展和转型升级措施》，从推广、财税、用地、融资和配套设施等方面支持十大专业市场发展和转型升级。天一城建设进展顺利，塑胶市场四期加快推进，酒店协会成立，客家美食推广初见成效。旅游业推动成效显著。通过全面挖掘观音山森林公园、宝山公园生态旅游，“小香港”商业旅游，麒麟舞艺术、客家山歌、客家文物等客家文化，观音寺、芙蓉寺观音佛教文化，冠和古家具博物馆、将军名镇等稀有生态资源、商贸资源和人文资源，推动旅游产品全面升级和品牌树立。以实施国民旅游休闲计划为契机，观音山森林公园和冠和博物馆成功纳入“东莞经典路线游”之中，建成全国首个镇级“将军馆”，恢复举办第六届小香港旅游节，吸引了来自珠三角、港澳台地区的游客150万人次，带动社会消费15亿元，进一步打响了樟木头镇旅游产业的品牌。传媒产业渐成气候。2009年，樟木头与中国传媒签下总投资达20亿元、占地3000亩的中国传媒产业园开发协议，将打造中国第一家编辑记者培训中心、物流中心、国际设计中心、信息交流中心、中国传媒研究中心、中国传媒博物馆、中国摄影基地、亚太传媒大学、中国传媒疗养院以及中国百强传媒企业运营总部基地。健康产业奠定长远发展基础。2009年，樟木头创新打造“家庭医生”社区医疗服务模式，倍受“2020健康中国”专家组关注，为全镇培育健康房地产、健康旅游、健康保健品、百万村医培训基地、外来劳工及港澳台同胞及华侨保险医疗服务等健康产业提供国家级的技术力量和资源支持。

【环境全面优化】2009年，樟木头镇通过大力改善城市硬软环境，全面提升城市综合实力。全面启动环境优化工程打造“硬环境”。实行进度倒逼制度，加快启动31项道路规划建设工程，基本完成截污主干管网工程和6个社区旧村整治；加快筹建镇行政办事服务中心和建设国土资源分局大楼。下大力气打击非法占道经营和非法营运行为，积极打造新型广告样板街工程、农贸样板市场工程，大力推进节能减排工作，城市管理工作和镇容镇貌建设有了质的提升。着力打造“四大文化”营造“软实力”。为增强凝聚力，提升影响力，全力打造“四大文化”，并以此衍生出“樟木头精神”，形成加速产业和社会转型的新动力。从学校、机关到企业，从小孩到老人全方位培育感恩文化；通过成立客家山歌协会，举办首届客家山歌擂台赛，开展客家文化调研，大力复兴客家文化；进一步扩大观音寺、芙蓉寺佛教文化影响力；加快依法处理观音山森林公园历史遗留问题，积极协助宝山森林公园招商工作，提升两大森林公园生态旅游的知名度。

【社会大局稳定】社会治安管理　2009年，樟木头镇创造性开展“一警挂两企”活动，实施平安工程，推广警务改革，突出打击“两抢一盗”（抢劫、抢夺、盗窃）、企业欠薪逃匿、拐卖儿童、非法营运、酒后驾驶等违法犯罪行为，持续抓好“治摩、禁电”工作，创新开展“文明公交”活动，全镇刑事案件发案数同比下降14%，“两抢一盗”同比下降26%，交通事故死亡人数连续7年下降，社会治安朝着实现根本性好转的目标迈进。全市综治考评樟木头镇获全市第二名，公安分局局长张健被评为广东省唯一“全国综治先进工作者”。

信访维稳工作　2009年，樟木头镇创建“四线一基础”的维稳机制，即新闻热线、人大热线、政协热线、信访热线“四线”信访投诉处理渠道和延伸社区级信访调解“基础”体系，加快推进综治信访维稳中心建设，创建少数民族人口数据库，重点防范化解涉疆隐患和矛盾，开辟“书记个人手机信息”接访新机制，实行主要领导阅批群众来信和转办督办制度等，及时高效地解决群众热点难点问题，真正把问题解决在基层，把矛盾化解在萌芽状态，集体上访案件大幅减少。全年共受理群众来信来电来访413宗，同比下降19%；集体上访18批453人次，同比分别下降45%和86%。

安全生产　在全市率先建立应急监控平台，实现对重大危险源企业的现场远程监控。严格落实每月安全日、分片包干督导的长效管理机制，全面清查和整治各类消防安全隐患。建成食品集中加工基地，创建农贸样板市场，深入开展农产品、节日食品、集体食堂等专项检查，进一步打牢食品安全工作基础。

① 樟木头镇长罗伟伦为荔景山庄业主送去期盼已久的房产证，解决了房地产历史遗留问题
② 中惠香樟绿洲小区
③ 碧河花园小区
④ 帝雍园小区

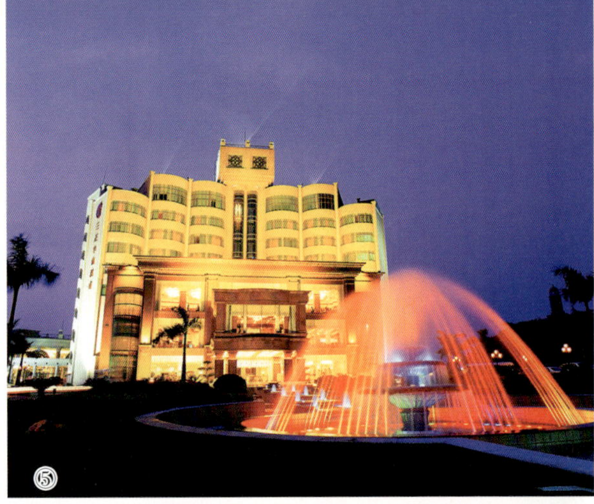

① 全国首个镇级“将军馆”建成
② 第六届小香港旅游节花车巡游盛况
③ 樟木头塑胶市场
④ 樟木头水果交易市场
⑤ 兴旺发达的酒店服务业
⑥ 天一商业城
⑦ 繁荣的百货零售业
⑧ 樟木头公安分局局长张健获“全国社会治安综合治理先进工作者”称号，并受到中央领导亲切接见
⑨ 镇领导深入社区走访群众
⑩ 市镇领导、历届校友以及樟木头中学全体师生欢聚一堂，庆贺樟木头中学50周岁
⑪ 樟木头镇文化建设工作成绩喜人，继被评为“中国民间文化艺术之乡”之后，2009年，樟木头镇又获“东莞市文化建设先进镇”称号
⑫ “欢乐新樟城、魅力小香港”新春大巡游举行
⑬ 樟木头镇委书记李满堂调研社区医疗服务网络建设情况
⑭ 樟木头在全镇范围内推行“中国特色家庭医生团队”服务
⑮ 市、镇领导启动东莞市旅游文化节暨樟木头第六届小香港旅游节

⑧

⑨

⑩

⑪

⑫

⑬

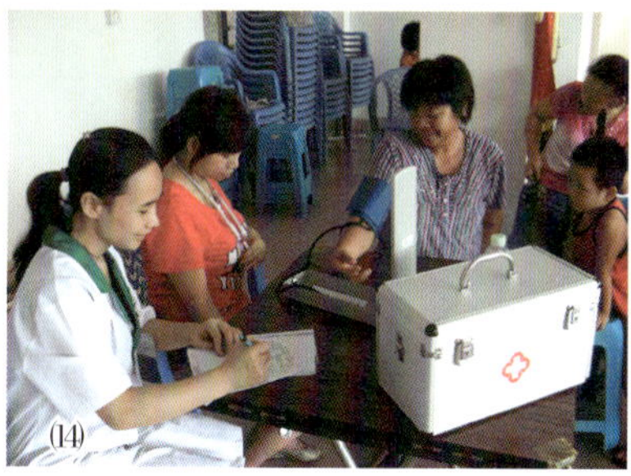
⑭

⑮

"甲流"防控工作。通过组织专家全力救治患者，严密切断"甲流"传播途径，妥善做好隔离管理及宣传教育工作，并迅速铺开全镇工厂、学校、花园楼盘、车站场、机关单位等公共场所防控网，有效控制和化解了十和田电子厂甲型流感聚集性疫情一仗。

【民生建设成效显著】2009年，樟木头镇在经济形势十分严峻的情况下，坚持执政为民的理念不动摇，解决民生问题的力度不减弱，把有限的资金用在最需要关心的低收入人群身上，有效减缓金融危机对民生领域的冲击。全镇社会保障和就业支出3285.78万元，医疗卫生支出1683.19万元，分别增长1.5倍和2.9倍。就业率屡创新高。持续打好"打击赌博，促进就业"的攻坚战役，按照"定任务、搭平台、扩渠道、争补贴"的工作思路，全力推动就业工作。创新举办首届樟城"十大创业明星"和"优秀创业个人"表彰大会，营造浓厚的创业就业氛围。2009年，全镇共建立11个"村民车间"、1个"青年车间"和1个大学生就业基地，积极争取新增黄的士50辆，接收70多名大学生到镇政府机关就业，成功帮助1050名群众和大学生解决就业，户籍人口就业率从上年初的75%上升为95.3%。社会保障。积极贯彻落实城乡一体社会养老保险制度，推进"规划到户，责任到人"对点扶贫工作，建立"走访群众家庭"制度，设立慈善超市，为全镇低保户、独生子女户、纯二女户、困难户、残疾人、退役军人共3300人购买商业保险，实现双重保障。实施"打造中国特色家庭医生服务团队，实施群众基本健康档案全覆盖工程"，建立健康档案14.1万份，把健康保障工作关口前移。实行"一个中心、六个站点"的社区医疗改革，群众人均医疗费用支出由97元下降至22.4元。教育事业。大力实施科教兴镇战略，推进"三名工程"（名校、名校长、名教师），举办尊师重教暨大学生感恩欢送会、樟木头中学50周年校庆、"兴教助学"捐款等一系列重要活动，在全镇形成尊师重教、尊重人才的良好氛围。加快推进第八高级中学建设，促进公、民办教育均衡发展，顺利通过广东省教育强镇复评验收，并创建成为全市星级民办学校最多的镇，实现每万户籍人口升读高等院校比例连续七年递增。樟木头中心小学被评为国家级"语言文学规范化示范校"和东莞市文化建设标兵学校。社会事业。提升人口计生服务管理水平，政策生育率为97.39%，比市下达的指标高出1.57%。积极落实公交优先发展措施，逐步完善镇内、镇间公交网络，开通镇内公交线路15条，跨镇公交线路3条，投入公交车辆112台，公交覆盖率达100%。同时，纪检、武装、农林水、两新组织、企业工委、共青团、妇联、关工委、拥军优属、侨务、残联、工会等方面工作扎实推进。

【党建工作】 2009年，樟木头镇贯彻落实《中共中央关于加强和改进新形势下党的建设若干重大问题的决定》，夯实执政基础，提高执政能力，为应对国际金融危机、促进经济企稳回升，为科学发展，攻坚克难，提供强有力的政治保证和组织保障。干部队伍建设。坚持"让想干事的人有机会、能干事的人有舞台、干成事的人有发展"的用人原则，提拔任用40多名德才兼备、政治和业务素质强的干部，并建立系统的干部队伍培训教育制度。全面提升干部队伍落实执行党委政府各项工作任务的能力。作风建设。深入开展"细化创新工作，提高办事效率"等专项活动，机关工作人员精神面貌有全新的改变，各部门创新细化工作达250多项，涌现先进人物100多名，行政办事效率全面提升。严肃纪律，动真格开除3名涉赌公职人员，辞退1名作风纪律散漫的社区干部。同时开展制度建设工程，建立人大、政协、社会舆论等有效的监督机制。建章立制。制定《关于进一步密切党群干群关系的决定》、《关于进一步加强党员管理工作的意见》、《樟木头镇关心党员干部工作制度》、《关于进一步加强新时期信访工作的决定》、《关于党内民主的决定》以及《"四议两公开"工作制度》等党建文件，不断提高党员干部管理服务水平，促进党内民主，发挥党组织和党员的先进性作用。 （蔡俊彬）

**附：2009年东莞市樟木头镇党委、人大、政府领导名录**

镇委书记：李满堂
镇委副书记：罗伟伦　赵智佳
镇委委员：蔡传胜　张　健　詹振锋
　　　　苏景旺　张燕琼　蔡伟明
　　　　赖远强　黄育辉
镇人大主席：李满堂
镇人大副主席：蔡传胜　卢志贤
镇　长：罗伟伦
副镇长：徐鸿飞　黄美青　蔡献军

## 2005—2009年樟木头镇主要经济指标

| 指标＼年份 | 2005 | 2006 | 2007 | 2008 | 2009 |
|---|---|---|---|---|---|
| 户籍人口（人） | 23587 | 24272 | 25041 | 26071 | 26835 |
| 外来暂住人口（人） | 121318 | 141318 | 135810 | 127390 | 113253 |
| 面积（平方公里） | 66 | 66 | 66 | 119 | 119 |
| 国内生产总值（万元） | 329338 | 389730 | 453787 | 497577 | 524759 |
| 工业总产值当年价（万元） | 639002 | 784448 | 890609 | 989481 | 819999 |
| 农业总产值当年价（万元） | 5818 | 1017 | 991 | 604 | 741 |
| 总用电量（万千瓦时） | 84864 | 88288 | 91460 | 76390 | 82898 |
| 全社会固定资产投资总额（万元） | 92903 | 131243 | 110048 | 90170 | 93019 |
| 社会消费品零售总额（万元） | 151945 | 164959 | 172558 | 186109 | 212138 |
| 外贸出口总额（万美元） | 50090 | 55389 | 80485 | 82185 | 74156 |
| 实际利用外资（万美元） | 3593 | 3669 | 3342 | 5359 | 4070 |
| 镇级可支配财政收入（万元） | 46882 | 57139 | 57285 | 47931 | 38265 |
| 各项税收总额（万元） | 35825 | 42088 | 63885 | 62633 | 60170 |
| 金融机构各项存款余额（万元） | 518843 | 597512 | 656230 | 788812 | 844491 |
| 城乡居民储蓄存款余额（万元） | 410680 | 466100 | 492589 | 641044 | 664447 |

说明：全镇土地面积2007年66.6平方公里，2008年119平方公里，增加52.4平方公里，系广东省樟木头林场属地划入。

## 凤岗镇

【概况】 凤岗镇地处东莞市南端，三面与深圳市接壤，交通十分便利，到香港、深圳和广州机场、港口都在1小时车程之内。全镇面积82.5平方公里，辖11个村民委员会、1个居民委员会。2009年，全镇户籍人口23362人，新莞人14 .2万人。近2万华侨华人分布世界36个国家和地区，是广东省著名的侨乡，也是国家卫生镇、广东省教育强镇、广东省卫生镇。2009年被审定为广东省中心镇，先后获得首个“中国象棋之乡”、“广东省文明镇”和“东莞市文明镇标兵”称号。

2009年全镇完成生产总值101亿元，同比增长11%，超出预定目标1个百分点；村、组二级集体总资产60亿元，增长4.8%；各项存款余额121亿元，比年初增长12.2%，其中城乡居民存款余额79亿元，比年初增长9.5%；各项税收总额12.5亿元，同比增长2%；农村人均纯收入14900元，同比增长5.7%；实现财政收入5.2亿元，同比增长2.6%；社会固定资产投资总额25.4亿元，同比增长50.5%；社会消费品零售总额21.5亿元，同比增长20.4%；外贸出口总额15亿美元。

【产业结构调整和转型升级】 2009年，凤岗镇出台《凤岗镇促进产业结构调整转型升级奖励办法》、《凤岗镇奖励招商引资暂行办法》、《凤岗镇促进引进内资企业奖励暂行办法》、《凤岗镇重点工业企业扶持暂行办法》以及《凤岗镇促进民营企业发展实施办法》等政策。镇财政帮扶及奖励企业共950万元，减免企业收费1927万元。镇、村共减免相关租金832万元。

【外源型经济】 2009年，凤岗镇新签项目34宗，合同利用外资9527万美元，实际利用外资9387万美元；企业增资项目87宗，增资总额6445万美元。完成规模以上工业总产值126.4亿元。

2009年12月11日，凤岗镇成功举办了首届中国客侨文化论坛，来自全国各地的30多名客侨文化学者专家参加。

① 广东省文化厅副厅长杜佐祥致辞
② 客侨文化专家黄伟宗讲话
③ 论坛现场
④ 与会领导、专家、学者合影留念

【内源型经济】 2009年，凤岗镇有个体、民营企业16193家，其中个体14056家，同比增长6.7%，民营企业2137家，同比增长5.3%。这些企业中有进出口经营权的民营企业243家。全镇有省级民营科技企业3家，市级民营科技企业9家，民兴电缆、海旋实业等企业获市级以上扶持资金近百万元。有7家企业申报10多个科技项目。第三产业比重稳步提高，经济结构渐趋优化。

【村组经济】 2009年，凤岗镇村级资产59.95亿元，增长4.76%，总负债9.29亿元，增长19.63%。资产负债率15.5%，增长1.92%。村组两级集体经济总收入为6.02亿元，减少2.45%；总利润为3.86亿元，减少4.55%。

【第三产业】 *房地产业*。2009年，凤岗镇共销售商品房1990套，同比增长87.4%；销售面积24.8万平方米，同比增长123.4%；销售金额15.8亿元，同比增长95.8%。

*酒店娱乐业*。2009年，奥威斯酒店平土工程开始作业，嘉辉会酒店、孔雀皇朝酒店装修完毕，翡翠山湖酒店正在装修，怡安大酒店、南天酒店完成土地招投标手续，民营商会酒店完善土地招投标方案。

*商贸物流业*。2009年7月11日，沃尔玛正式开业，当日有7万人次进场。9月3日，凤岗镇与广源物流签订进驻协议，

① 东莞市委书记、市人大常委会主任刘志庚为凤岗镇颁发“广东省文明镇”奖牌

② 凤岗镇获评为“广东省文明镇”、“东莞市文明镇标兵”，图为市、镇有关领导为凤岗镇揭牌

③ 凤岗镇综治信访维稳中心于12月挂牌成立

④ 在2009年度总结表彰大会上，凤岗镇表彰一年来发展优秀的企业

⑤ 投资上亿元的龙凤大道于7月16日动工

⑥ 2009年5月28日中午，凤岗镇接到东莞市疾控中心紧急防控通知，要求对深圳市两例疑似甲型H1N1流感病例在凤岗的密切接触者进行调查和医学观察。接报后，凤岗镇立即启动应急预案，在省、市有关专家的指导下，积极开展防控工作，有效遏制传染源，圆满完成防控任务。图为成功处置该项工作表彰大会现场

该物流公司拟首期投入2亿元的广源物流城占地17万平方米，计划建设600多个物流商户办公室、仓库和摊位，引进300家物流公司，首建华南生态物流基地。2009年，凤岗物流园进出口业务保持稳中有升，进出货物总量2.87万吨，进出仓货物的总价值为3.3亿美元。

【城市建设】 重点工程　2009年，总投资约3亿元的新华侨医院完成装修，这是凤岗镇单项投资最大的工程；总投资1亿元的龙凤大道于7月16日正式动工，该工程与深圳市龙岗区如意路衔接，道路全长2287米，其中凤岗段长1594米，隧道长225米，这是凤岗镇建设的首段隧道。2009年，凤岗镇继续加大道路基础设施建设力度，稳步推进道路工程建设。总投资约4600万元的凤清路延长线工程建成通车；总投资约3500万元的“一河两岸”黄洞桥至卧龙桥道路建成；东深公路改造工程、龙平东路改造工程全部完成。总投资约2000万元的凤凰围路及桥梁工程进展顺利，总投资约2000万元的黄洞桥至金凤凰桥南岸工程即将完成。

城市管理　2009年，凤岗镇重点整治城市“六乱”（乱扔吐、乱堆放、乱拉挂、乱张贴、乱搭建、乱摆卖）行为，对镇中心区重点道路、农贸市场周边等重点区域，大力整治占道经营、乱摆卖等“六乱”行为，处理“六乱”行为3200多宗，占道经营394宗，立案处罚21宗。落实镇村属地管理责任制，大力整治违法建筑。开展已建房屋补办产权手续登记备案工作，完成所有台账备案登记3790份。

市政建设　2009年，凤岗镇投入近2000万元推进环卫、绿化市场化，投入近1000万元对“一河两岸”、“大运城邦”周边进行绿化建设，投入300多万元安装LED路灯工程和灯光夜景工程，投入300多万元完善交通信号灯与电子警察系统。

“三旧”改造　2009年，凤岗镇大力提高现有建设用地效率，深入推进闲置土地处置和“三旧”（旧城镇、旧厂

④

⑤

⑥

房、旧村居）改造工作。全镇23宗闲置土地，累计处置22宗，收取土地闲置费1727万元。旧农贸批发市场和工商分局对面地块的旧城改造项目的计划经营性用地指标获东莞市批准通过。

【综治维稳】2009年，凤岗镇完善村级社会治安考核机制。全镇共立刑事案件1232宗，破案508宗，破案率41.2%；抓获犯罪嫌疑人645人；打掉各类犯罪团伙73个，抓获团伙成员300人；破获毒品案件19宗；查处涉赌、涉黄违法人员1379人，捣毁赌博窝点15个，捣毁六合彩投注站97个，收缴老虎机等赌博游戏机2400多台；查扣无牌无证、套牌摩托车24辆。在镇中心区、各主要路段、出租屋安装视频监控系统3000套；建立治安实时监控系统，将镇内分散、独立的图像采集点进行联网。同时，在已建成的55个半封闭式小区内，进一步健全网络视频监控机制，及时通报有关情况，实行动态监控。

2009年6月3日，凤岗镇成立政法办公室。12月8日投资300多万元的镇综治信访维稳中心建成并使用。该中心建筑面积达650多平方米，内设集中办公、接访调解、仲裁庭审三大功能区。其中接访调解区面积为300多平方米，设置有1个接访大厅、1个档案室、2个调解室、1个联席会议室和2个领导办公室。各村（居）及大型企业相继成立综治维稳站（室），建立企业倒闭风险预警机制和企业欠租、欠薪资金补偿机制。定期安排领导亲自接访和镇主要领导基层大接访，有效解决群众诉求。全年共接访371批3000多人次，有效化解矛盾纠纷280多宗，其中接待群体上访64批2069人次；办理重要信访督办34件，网上受理群众来信394件。加大劳动监察力度，追发劳动者工资2077万元。强化劳动仲裁，仲裁接案401宗，同比下降27.09%；成功调解90宗，同比上升27.78%。

【安全生产管理】2009年，凤岗镇突出抓好工伤事故预防工作，开展可燃气、液体储罐安全专项检查，对使用可燃气、液体储罐的工厂、酒店等场所进行全面排查登记，检查相关场所356家。进一步规范危险化学品的安全管理。制订应急救援预案，开展应急救援演练，提升应急救援保障能力。突出安全生产宣传培训教育，组织安全培训1000多人

①

②

次。推进消防基础设施建设，增建消防栓120多个。以公众聚集场所、高层建筑、“三小”（小商铺、小作坊、小娱乐场所）场所为重点，着力排查整治火灾隐患。共排查公众聚集场所230间，高层建筑33栋，“三小”场所6500多处。全年没有发生工厂企业生产安全死亡事故。开展产品质量和食品安全专项整治。建立肉品流通跟踪监管信息平台和“信誉通”食品监管电子化平台，食品信息化系统进一步完善。

【社会保障】 2009年，凤岗镇扩大最低生活保障范围，提高保障标准。全年共有40户120人纳入保障范围，保障率100%，发放保障金15万元；发放低保户学生助学金70万元，受益学生202人。实行困难家庭住房保障，对月收入800元以下的低收入家庭，购房时给予2—3万元补贴。推进社保改革，构建城乡一体的社会养老保险体系，投入资金450多万元，推进农职保并轨，逐步提高9000多名农（居）民保障水平。加大社保征缴力度，全镇总参保20多万人次。全年投入2100万元，完善社区卫生服务中心建设，补贴群众就医费用。

【促进村民就业】 2009年，凤岗镇用好“三业”（学业、敬业、创业）基金，加大就业补贴力度，促进村民就业。发放就业补贴297万元，促进1222名村民就业。创新促进就业工作方法，组建“村民车间”7个，安置村民就业148人，建立20个就业安置基地和20个技能培训基地，组织7097名新莞人参加培训，通过技能鉴定5765人。

【文化】 2009年12月11日，凤岗镇成功举办首届中国客侨文化论坛，来自全国各地的30多名客侨文化学者参加。2009年，凤岗镇获全国首个镇级全国“象棋之乡”称号，杨官璘象棋文化广场被评为“全国特色文化广场”；在中央七套《乡土》栏目播放《排屋楼里的客家人》等文化专题片，承办广东省国标舞大赛，扩大对外宣传；组织各项文化活动，围绕新中国成立60周年，组织“十个一”系列文化活动；凤岗网获得“全国地方门户创新品牌奖”，文化体育广场被评为“东莞市十佳文化广场”，大型电视纪录片《嬗变》获得“改革开放

① 规模空前的集体婚礼
② 2009年8月17日凤岗镇举行“全国象棋之乡”授牌仪式
③ 凤岗镇保留完好120座碉楼
④ 凤岗镇全景

30年优秀电视纪录片好作品奖”。

【教育】2009年，凤岗镇对全镇公办中小学教师实施绩效考评，面向社会招收新莞人学生，免除公办学校新莞人学生书杂费，全年共计免除新莞人书杂费985万元，发放奖教奖学助学款202万元；出台《凤岗镇优秀民办教育机构评选工作方案》。开展中小学校舍安全鉴定，对存在问题校舍进行加固，确保校舍安全。

【卫生】2009年，凤岗镇继续开展医院管理年及平安医院创建活动，提高医疗服务质量，抓好以手足口病、甲型H1N1流感防控工作为重点的传染病防控工作。5月28日，凤岗镇接到东莞市疾控中心紧急防控通知，要求对深圳市2例疑似甲型H1N1流感病例在凤岗镇的密切接触者进行调查和医学观察。接报后，立即启动应急预案，在广东省和东莞市有关专家的指导下，积极开展防控工作，有效遏制传染源。专门安排120多万元资金，用于甲型H1N1流感防治，成功防控“5·28”甲型H1N1流感。投入2亿多元的新华侨医院全面封顶，正在进行设备安装调试。截至2009年，全院共有职工589人，其中管理人员19人，专业技术人员499人，具有高级职称50人，中级职称86人。全年完成门诊81.54万人次，住院1.20万人次，住院手术4607人次，病床使用率111.1%，病床周转次数50.3次/年，出院病人平均住院日7.8天。2009年成功创建东莞市文化建设先进医院。

【计生】2009年，凤岗镇建立依法管理、村（居）自治、优质服务、政策推动、综合治理的计生工作新机制，突出抓好流动人口综合治理，做到“有机构、有人员、有经费，与户籍人口同宣传、同管理、同考核”的管理机制，提高计生服务与管理水平。全年计划生育率为97.07%，出生率为11.8‰，自然增长率为9.33‰，户籍人口采取补救措施320例，流动人口采取补救措施1151例。

【党建工作】2009年，凤岗镇加强干部队伍建设，在大学生中选派村官。全面组织实施固本强基工程的建设，开展特色党建示范区创建工作，有4个“两新”（新经济组织、新社会组织）支部成功创建东莞市固本强基工程示范点标兵单位，8个“两新”支部成功创建东莞市第三批固本强基工程镇级示范点。

【创建广东省文明镇】2009年初，凤岗镇下发《凤岗镇创建广东省文明镇工作责任分解表》，把文明镇的“七好”（班子建设好、经济发展好、环境面貌好、社会风气好、科教文卫环事业好、社会治安好、民主建设好）标准一一进行细化处理，明确各部门的责任分工。通过加快产业结构调整、推动城市升级、强化市民素质、加强文化建设等一系列工作，提升市民素质和城市文明程度。经东莞市文明办实地考核，11月入选东莞市上报的“广东省文明镇”参评名单，后经广东省委审核，最终被授予“广东省文明镇”称号。在全市群众性精神文明创建活动中，竹塘村被评为东莞市文明标兵村，凤岗社区被评为东莞市文明标兵社区，凤岗镇劳动分局被评为东莞市文明单位。（林汉筠）

**附：2009年东莞市凤岗镇党委、人大、政府领导名录**

镇委书记：任焕林
镇委副书记：朱国和　李海文
镇委委员：张瑞波　张伟胜　巫惠平
杨志钦　张凌峰　邓金祥
黎锦波　罗永光　张永雄
曾爱红
镇人大主席：任焕林
镇人大副主席：张瑞波　王孟德
镇　长：朱国和
副镇长：张伟胜　罗永林　陈志鹏
张新伟

## 2005—2009年凤岗镇主要经济指标

| 指标＼年份 | 2005 | 2006 | 2007 | 2008 | 2009 |
|---|---|---|---|---|---|
| 户籍人口（人） | 20633 | 21182 | 21649 | 22338 | 23362 |
| 外来暂住人口（人） | 192273 | 202313 | 152860 | 142116 | 141798 |
| 面积（平方公里） | 82.5 | 82.5 | 82.5 | 82.5 | 82.55 |
| 国内生产总值（万元） | 522562 | 636032 | 756328 | 900584 | 1013446 |
| 工业总产值当年价（万元） | 837484 | 1341192 | 1664355 | 1629787 | 1561632 |
| 农业总产值当年价（万元） | 3535 | 3512 | 3509 | 3423 | 2140 |
| 总用电量（万千瓦时） | 128582 | 142859 | 161893 | 163420 | 167916 |
| 全社会固定资产投资总额（万元） | 140192 | 192677 | 225584 | 168851 | 253779 |
| 社会消费品零售总额（万元） | 99367 | 117845 | 140622 | 178304 | 214780 |
| 外贸出口总额（万美元） | 131238 | 154692 | 205017 | 201207 | 159953 |
| 实际利用外资（万美元） | 9711 | 6807 | 7708 | 9022 | 10369 |
| 镇级可支配财政收入（万元） | 34105 | 34490 | 45323 | 50109 | 52001 |
| 各项税收总额（万元） | 58938 | 74296 | 97258 | 123877 | 125419 |
| 金融机构各项存款余额（万元） | 711175 | 830853 | 924601 | 1078965 | 1215656 |
| 城乡居民储蓄存款余额（万元） | 507958 | 576692 | 602462 | 721104 | 786894 |

# 塘厦镇

## 塘厦镇

【概况】 塘厦镇位于东莞市东南部，东连清溪镇，西邻黄江镇，北接樟木头镇，南与凤岗镇和深圳市观澜街道接壤，莞深高速、龙林高速、东深公路、京九铁路贯穿而过，是东莞东南部的交通枢纽。2009年，全镇总面积128平方公里，下辖21个社区，户籍人口4.4万人，外来人口34万人。全年全镇实现国内生产总值171.4亿元，比上年增长6.6%；各项税收总额23.3亿元，比上年下降6.7%；镇级可支配财政收入9.78亿元，比上年增长7.6%；社会消费品零售总额24亿元，比上年增长16.1%；金融机构各项存款余额185.8亿元，比上年末增长20%；城乡居民存款余额118.3亿元，比上年末增长15.7%；社区居民人均纯收入16795元，比上年增长4.5%。

【帮扶企业】 2009年，塘厦镇建立镇领导挂钩联系100家重点企业工作机制，深入走访企业，定期举行政企座谈，有效地解决企业反映的各类问题；落实各项税收优惠政策，共为企业减免退还税款6.36亿元；改革“三资”企业合作管理费收费制度，减轻企业负担5100万元。开展已建房屋补办房地产权工作，推动金融机构为250家中小企业融资16.8亿元。

① 2009年12月5日，国家文化部副部长周和平视察塘厦图书馆
② 2009年11月27日，广东省军区副司令员张建洪视察塘厦镇武装部
③ 2009年7月2日，东莞市委书记刘志庚亲临塘厦镇参加2009年度塘厦镇领导班子民主生活会
④ 2009年7月2日，塘厦镇党委书记叶锦河视察石鼓水龙油画村

是年，全镇企业关停转移数量同比减少40%，厂房空置面积同比减少50%，社会信心增强，企业经营逐步好转。

**【扩大投资】** 2009年，塘厦镇深入实施“四大板块、十二项工程”（民生工程、基础设施、文化教育和生态环保，道路升级改造工程、旧中心区升级改造工程、电光村水库扩容工程、“三旧”改造工程、企业转型升级工程、凤凰工业园建设工程、农业生态园建设工程、河道清淤扩道工程、社区减负工程、教育发展工程、塘厦医院新建工程和旅游名镇工程），加大政府投资力度，引导社会投资；加大重点项目统筹推进力度，开工建设塘厦医院新院、中心小学新校区等民生工程，东深二路跨线桥、宏业大道、四黎路等道路工程；吸引大行科技、华南国际生态旅游城等优质项目落户塘厦镇；协助志成冠军、坚朗五金、康舒电子等企业增资扩产。全年全镇固定资产投资31.1亿元，比上年增长29.1%；其中民营经济固定资产投资17.7亿元，比上年增长67.9%。

① 2009年8月18日，塘厦镇承办东莞市山区片现场会
② 2009年3月20日，塘厦镇举行政企沟通座谈会
③ 2009年9月24日，塘厦镇举行市镇领导干部“基层大接访”活动
④ 2009年7月17日，塘厦镇承办东莞、龙岗两地食品安全工作交流座谈会
⑤ 2009年5月22日，塘厦镇在体育馆举行中国品牌茶叶企业精品展示会暨塘厦镇茶文化交流会

① 2009年2月9日，塘厦镇举办"凝聚经典魅力之夜"——2009塘厦镇贺元宵暨演艺馆首演音乐会

② 2009年6月21日，"梦想之舞"少儿舞蹈专场汇报演出在塘厦演艺馆举行

③ 2009年5月26日，塘厦城市展示馆举办"当代书画名家塘厦之行"莫各伯书画展

④ 2009年2月13日，塘厦镇委副书记、镇长方灿芬上街派发"禁摩"劝告书

⑤ 2009年7月10日，塘厦镇在旧中心广场举行读书节系列活动之大型图书展销会

① 2009年11月25日，塘厦镇举行2009中国（塘厦）国际高尔夫运动用品博览会开幕仪式

② 2009年7月2日，塘厦镇举行塘厦人民医院新院、塘厦中心小学新校奠基及塘厦大道改造升级工程动工典礼

③ 2009年2月9日，塘厦镇举行演艺馆、图书馆、城市展示馆落成启用庆典

④ 2009年7月9日，塘厦镇与中国电信东莞分公司举行信息化推进合作框架协议签约仪式

⑤ 2009年8月28日，在塘厦体育馆举行东莞市第七届运动会开幕式

⑥ 2009年10月18日，塘厦镇举行第一届消防运动会开幕式

⑦ 2009年12月30日，塘厦镇举行环保志愿服务站成立暨揭牌仪式

【拓展市场】 2009年，塘厦镇组织上百家镇内企业参加广东外商投资企业产品（内销）博览会、中国东莞国际电脑资讯产品博览会等各类推介会、展销会，全年外资企业内销金额达到52.9亿元；协助105家民营企业申请办理进出口权，推动民营企业开拓国际市场。举办“2009中国（塘厦）国际高尔夫运动用品博览会”，吸引30多个国家和地区的200多家企业前来参展，现场成交2.1亿元。

【企业转型】 2009年，塘厦镇搭建服务平台，引导太阳茂森等30家来料加工企业转型为“三资”或民营企业，转型企业数量比上年增长275%。用好加工贸易转型升级专项资金，激励企业加强技术研发和品牌经营，促进康贝童车等企业设立研发机构，协助坚朗五金成为东莞市首批总部企业。

【自主创新】 2009年，塘厦镇设立专项资金，对力王电池、千岛金属等获得省、市奖励的科技创新型企业进行配套奖励，向志成冠军等企业提供研发资助，积极培育“两自”（自有品牌、自主技术）企业。全年全镇共新增国家高新技术企业7家，省、市民营科技企业13家；5家企业通过市专利培育企业认定，6家企业申报省、市企业技术中心；新增志成冠军、坚朗五金2个中国驰名商标，亚力通1个广东省名牌，全镇各类名牌名标总数达到28个。镇内企业还获得5项市级专利奖，2项市级科学技术进步奖。

【招商引资】 2009年，塘厦镇依托科苑城等园区，开通塘厦外经网，实行网上招商；聘请中介机构，动员各种力量，实行社会招商；发挥商会、协会作用，实行以商引商。是年，新签合同利用外资协议83宗，其中新引进项目44宗，比上年增长2.3%；新签合同利用外资1.8亿美元，比上年增长7.7%，其中新引进利用外资1.2亿美元，比上年增长82.3%；新签合同利用内资7.1亿元，实际利用内资3.5亿元。

【产业结构调整】 2009年，塘厦镇制定《塘厦镇产业结构调整和转型升级工作方案》，发展现代服务业；修订完善《塘厦镇商业网点规划》，建设宏业南七路商业步行街，促成钜城商贸广场、华堂旧货市

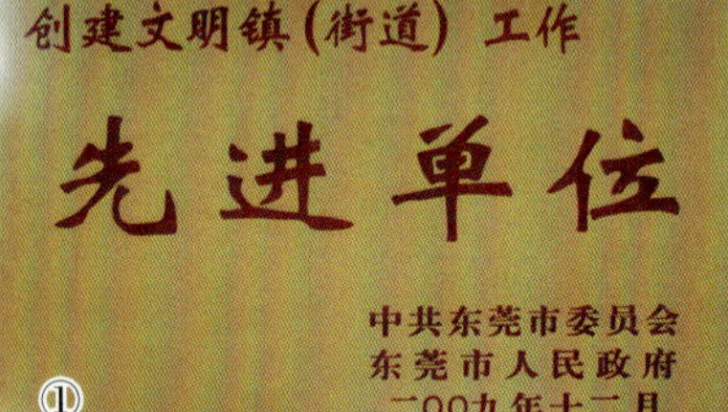

授予：广东省东莞市塘厦镇
中国高尔夫产业名镇
中国体育用品业联合会
二零零九年十二月
④

① 2009年，塘厦镇获评为“创建文明镇（街道）工作先进单位”
② 2009年，塘厦镇获评为“东莞市文化建设先进镇”
③ 2009年，塘厦镇获评为“中国高尔夫产业基地”
④ 2009年，塘厦镇获评为“中国高尔夫产业名镇”

场等商贸企业落户塘厦镇；引进交通银行、兴业银行，协助东莞证券塘厦营业部搬迁。是年，塘厦镇第三产业产值增长至64.31亿元，同比增加5%。

**【城市建设管理】** 2009年，塘厦镇加快土地利用总体规划和城镇总体规划的修编工作，对振华街等旧城区和138工业区进行改造，加快筹建凤凰工业园。协助做好深圳外环高速和从莞高速的规划设计，加快桥清路、东深二路跨线桥建设和宏业大道改造进度，完成宏业隧道、林村跨铁路桥、村村通水泥路一期工程和诸佛岭大道、沿河路、四黎路、田心路升级改造等工程。完成11公里的供水管网改造、水质监测中心主体工程，建成启用新厅、湖柏、泰安三座110千伏变电站，提高供水供电能力。改造花园街中心广场，增辟市民休闲娱乐场所和公共停车场；抓好旧中心区排水渠清淤疏导和雨水管道改造，投入1900万元对花园街周边区域的排水系统综合整治，对契爷石河、鸡爪河等河涌扩道清淤，协助市抓好石马河整治。编制全镇“三旧”（旧城镇、旧厂房、旧村居）改造规划、38个改造项目的控制性详细规划及具体改造方案；重新修订房屋拆迁补偿标准，调动企业和群众参与改造的积极性，提供3000万元免息贷款作为启动资金，推动诸佛岭等社区铺开旧村改造。引入金华公司对林村社区4万平方米旧厂房改造，协助华堂公司将振兴围3万平方米的旧厂房改造成为旧货市场。

**【环境保护】** 2009年，塘厦镇加大环境整治力度，清理回头养殖户163户、生猪5720头；开展油气污染、机动车排污及“环境安全月”等环保专项整治行动，基本完成全国第一次污染源普查工作。采取渗沥液导排整治、垃圾沼气并网发电和固体废弃物集中处理等措施，加快石潭埔垃圾填埋场综合整治。拒批环保不合格项目34宗，关闭“四纯两小”企业（纯电镀、纯漂染、纯洗水、纯印花企业和小规模造纸厂、小规模制革企业）14家；加强环境执法监察和污染企业监管，处理非法排污企业16家。完善环境基础设施，基本完成镇区截污主干管网工程的建设和管理，确保污水处理厂正常运行，全年累计处理污水6695吨。

**【社会治安综合治理】** 2009年，塘厦镇推进打黑除恶、侦破命案、创平安迎国庆、禁毒扫黄等专项行动，共破获刑事案件995宗，破案数同比上升16%，抓获各类刑事犯罪嫌疑人993人，打掉各类犯罪团伙154个，累计创建12个“平安社区”。建成消防大队综合楼、科苑城消防站，新增121个市政消防栓，购置一批消防车、云梯高喷车，组建20支社区消防队，成立社区安全办，深入开展火灾隐患重点地区、“三小”场所（小商铺、小作坊、小娱乐场所）和出租屋、公众聚集场所等专项整治行动。加强食品安全整治和农产品质量安全检测，建成林村、四村2个食品安全样板市场。同时，设立200万元专项应急资金，做好甲型H1N1流感防控工作。强化交通安全管理，巩固“治摩禁电”成果，大力查处酒后驾驶等违法违章行为，交通事故死亡人数同比下降30%，连续六年大幅下降。

**【信访维稳】** 2009年，塘厦镇成立综治信访维稳中心，开展“基层大接访”活动，实行领导包案处理信访积案；完善民事纠纷解决机制，举办7期调解员培训班，切实发挥21个社区、47个企业调解委员会的调解作用。全年全镇共受理各类信访案件238宗，同比下降10.5%；立案处理125宗，同比下降13.2%；案件办结率95.2%，实现全年无集体越级到省、市上访。完善企业倒闭风险预警机制，严厉打击欠薪逃匿行为，劳动信访宗数同比下降34%，欠薪逃匿劳资纠纷宗数下降33%，强化矛盾纠纷排查调解。

**【文教事业】** 2009年2月9日，总投资超1.6亿元的塘厦演艺馆、图书馆、城市展示馆落成启用。是年，塘厦镇利用展示馆、图书馆、演艺馆、体育馆等场馆，举办第四届文化艺术节、“名家名画”作品系列展、读书节、第七届东莞市运动会开幕式等活动，举办原创Band音乐节，打响“越唱越红”歌唱大赛、“打工歌曲”巡演等文化品牌，获“创建文明镇街工作先进单位”和“全市文化建设先进镇”称号。编制《东莞市塘厦镇教育事业发展规划方案（2009—2015年）》；建设塘厦中心小学新校区，协助抓好塘厦中学、塘厦理工学校扩建工作，提高教育硬件水平；拨付189万元专项资金，扶持民办教育和发放低收入新莞人子女学费补助；累计拨付91万元专项资金，实施“三名”（名学校、名校长、名教师）工程。

**【社会保障】** 2009年，塘厦镇向社区发放治安经费补助1200万元、旧村整治补助403万元、消防车购置补助320万元、卫生整治补助89万元，承担社区垃圾清运BOT运营费1072万元；向镇、社区两级分期投入5600万元，在全市率先实行养老保险城乡一体化改革（全市两个试点镇之一），实现农保与城镇职保并轨；投入484万元，人均农保养老金水平比原来提高50.59元，增幅21.4%。继续推广“村民车间”做法，在8个社区设立13个村民车间，把村民到企业生产一线就业补助标准提高50%，促进村民就业；开通17条公交线路，解决群众出行问题；新建6个社区卫生服务站，全面实现“一刻钟健康圈”；提升人口计生服务管理水平，17个社区被评为“市无政策外生育社区”；成立塘新社区，解决人才落户问题。

【行政效能】2009年，塘厦镇以提升项目审批效率和简化办理程序为重点，进一步完善重点企业办事绿色通道服务制度，改善投资软环境。3月11日，成立塘厦镇督查办公室，强化督查督办，推广现场办公、联合会审的工作模式，加快推进一批重点项目，集中解决一批民生热点问题。优化支出结构，倾斜重点工程和民生领域的财政投入，适度压缩一般性支出，严格控制费用支出，做到“四个减半，五个零增长”（即严格控制由财政出资或国家机关主办的晚会、展览、庆典、论坛活动等与去年相比实现“四个减半”，公务购车和用车经费、会议经费、公务接待费用、出国〈境〉费用、办公经费预算“五个零增长”）；强化会计核算中心职能，选取沙湖经联社作为全镇绩效审计试点，对清湖头等10个社区开展财务收支审计，加大对社区财务的监管力度。按照东莞市的部署，自2009年8月开始逐步实施扩权强镇试点工作，确定机构改革方案，规范党政机构设置，将内设机关调整为6个综合性办公室和4个直属局，并与相关部门签订《行政执法委托协议》，明确248项新下放经济社会管理权限的承接部门。

【党建工作】2009年，塘厦镇开展“科学发展、先行先试”主题实践活动，年度领导班子民主生活会，选拔东莞市重点培养社区党组织书记后备干部8名和全市社区党组织书记后备干部27名，组织20名机关单位干部驻社区担任工作联络员，重点开展15个社区组织与韶关市仁化县长江镇15个农村党组织进行“一帮一”结对共建活动，推荐林村和平山两个社区作为第一批“特色党建示范区”创建单位，全面抓好党员干部的教育培训工作，创新开展人事人才工作，顺利完成第三批15个“两新”（新经济组织、新社会组织）组织固本强基工程镇级示范点和5个示范点标兵创建任务，筹组成立镇中心区非公企业党总支部。

【塘厦镇被授予“中国绿色名镇”荣誉称号】2009年3月29日，中华环保联合会、中国城市科学研究会、中国农业生态环境保护协会、中国社会科学院数量经济与技术经济研究院等部门联合在北京人民大会堂举行首届“中国绿色名县(镇)”授牌仪式，广东省共有5个县(镇)获得首届“中国绿色名县(镇)”称号，塘厦是东莞市唯一获此荣誉的镇。

【塘新社区成立】2009年9月8日，塘厦镇塘新社区居委会正式成立，并开始运作。该社区成立主要是为了解决基层入户难题，加强户籍管理，促进塘厦镇人口结构与经济社会协调发展。其管辖人员包括原塘厦社区居委会购房入户、人才引进、粤北山区以及学校、医院、林场、铁路工区、东深局等辖区的户籍人员，管辖区域为镇内的楼盘和商品房；机构设置参照其它社区模式进行操作。

【深圳机场塘厦城市候机楼开业】2009年9月23日，位于塘厦体育馆一楼的深圳机场塘厦城市候机楼举行开业典礼，并正式投入使用。该城市候机楼的辐射范围包括塘厦、凤岗、清溪、樟木头等镇，这些地方的旅客从该候机楼出发前往深圳机场仅需30分钟。

【2009中国（塘厦）国际高尔夫运动用品博览会开幕】2009年11月25日，2009中国（塘厦）国际高尔夫运动用品博览会（简称“高博会”）在塘厦体育馆举行开幕式。本次高博会为期4天，共有3000多家专业采购商赴会，200多家高尔夫运动用品企业同场交流。期间，中国商业联合会现场为塘厦镇颁发“中国高尔夫产业名镇”的牌匾。（刘碧峰）

附：2009年东莞市塘厦镇党委、人大、政府领导名录

镇委书记：叶锦河
镇委副书记：方灿芬　崔伟奇
镇委委员：罗金玉　郑兆鹏　刘兆福
赵如发　郭锦河
谢汉康（任至11月）
李杰雄（11月到任）
卢海祥　叶浩昌　黄北强
黄国文　李茂云（6月到任）
镇人大主席：叶锦河
镇人大副主席：罗金玉　黄耀光
镇　长：方灿芬
副镇长：郑兆鹏　罗万新　黄秀英
杨　晓

## 2005—2009年塘厦镇主要经济指标

| 指标＼年份 | 2005 | 2006 | 2007 | 2008 | 2009 |
|---|---|---|---|---|---|
| 户籍人口（人） | 38023 | 39326 | 41144 | 42493 | 44079 |
| 外来暂住人口（人） | 334318 | 345792 | 327898 | 358672 | 341625 |
| 面积（平方公里） | 128 | 128 | 128 | 128 | 128 |
| 国内生产总值（万元） | 1049698 | 1153067 | 1299213 | 1452889 | 1713803 |
| 规模以上工业总产值当年价（万元） | 2932695 | 3698106 | 3813194 | 3529639 | 3638208 |
| 农业总产值当年价（万元） | 18177 | 12479 | 11081 | 14251 | 16244 |
| 总用电量（万千瓦时） | 237295 | 269195 | 285753 | 277086 | 270126 |
| 全社会固定资产投资总额（万元） | 265108 | 256875 | 281278 | 240907 | 311096 |
| 社会消费品零售总额（万元） | 135030 | 152852 | 192899 | 206884 | 240254 |
| 外贸出口总额（万美元） | 317319 | 319895 | 402730 | 393853 | 316226 |
| 实际利用外资（万美元） | 18967 | 18916 | 85000 | 9283 | 12716 |
| 镇级可支配财政收入（万元） | 71426 | 76021 | 91640 | 90930 | 97842 |
| 各项税收总额（万元） | 112695 | 140213 | 208366 | 249299 | 232709 |
| 金融机构各项存款余额（万元） | 909798 | 1142504 | 1353134 | 1545860 | 1858270 |
| 城乡居民储蓄存款余额（万元） | 622328 | 743554 | 817766 | 1022482 | 1182491 |

## 谢岗镇

【概况】 谢岗镇位于东莞市东部，东与惠州市接壤，西与樟木头、常平、桥头镇相连，处于珠三角深莞惠东部城市群中心。东莞市第一峰、海拔898米的银瓶嘴位于谢岗镇南面村。2009年，全镇面积103平方公里，下辖11个村和1个社区。全镇总人口约8万人，其中户籍人口2万余人。全年全镇完成生产总值29.5亿元，同比增长11.77%；规模以上工业总产值34.6亿元；固定资产投资总额7.1亿元，同比增长12.1%；各项税收总额2.7亿元，同比增长12.8%；镇区级财政收入2.7亿元，同比增长11.7%；实际利用国内外资金1.9亿元，同比增长15.5%；合同利用外资4540万美元，同比增长84.93%；社会消费品零售总额7.5亿元，同比增长13.1%。2009年，谢岗镇获广东省卫生镇、东莞市文化建设达标镇等称号。

【产业结构调整】 2009年，谢岗镇帮助11家中小企业申请东莞市10亿元融资支持计划，成功融资1.6亿元；帮扶企业申报国际市场开拓资金，全镇共有9家企业获得东莞市财政资助约116万元；促进来料加工企业转三资企业，全镇有16家成功转为三资企业；帮助企业申报加工贸易转型升级专项资金10万元。集中解决企业生产经营遇到的困难，减免各项费用约500万元，争取市级各类政策支持资金约998万元。

【科技创新】 2009年，谢岗镇投入科技专项资金约196.3万元，帮扶企业推动科技创新，提升竞争力。截至2009年，谢岗镇有东莞市认定培育企业4家，专利试点企业1家，市级民营科技企业1家，粤港关键领域招标中标1项，省级产学研合作引导及特派员项目2项，申报国家高新技术企业1家；协助企业申请专利63项，授权专利29项；争取东莞市科技扶持专项资金，获得科技资助经费达438万元，成功支持6家企业内设研发机构；举办谢岗镇LED光电产业交流会，推进LED光电产业发展。

【特色产业发展】 2009年，谢岗镇完成现代农业产业园总体发展规划，制定园区招商项目指导性意见，展开招商引资工作。成立银瓶山森林公园开发领导小组，进一步对银瓶山森林公园进行统筹规划，完成公园第二期建设工程；举办

## 谢岗镇

①

②

③

① 2009年9月18日，副市长李小梅、市人大常委会副主任吕兢等领导参加东莞·谢岗登山节开幕式暨环保健康行启动仪式
② 2009年9月20日，首届“银瓶杯”山地自行车公开赛拉开战幕
③ 2009年10月26日，市委书记、市人大常委会主任刘志庚视察银瓶山森林公园
④ 2010年1月18日，谢岗镇召开镇委工作会议
⑤ 2010年1月28日，谢岗镇召开第十五届人大第六次会议
⑥ 2010年3月18日，谢岗镇获2009年度“东莞市文化建设达标镇”称号，并举行挂牌仪式

谢岗镇第一届山地自行车赛，提升森林公园知名度。

【主干路网建设】2009年，谢岗镇协助做好广东省和东莞市重点公路建设，莞惠高速谢岗段顺利通车，配合做好博深高速、莞惠城际轻轨等项目规划设计工作。做好镇主干道路的建设，工业大道一标、黎村大道工程完工；完成30号路线路方案调整和设计，其中下穿铁路涵工程完成60%；城北大道首期（一标）入场施工；基本完成银丰路、开发三路等道路施工图纸设计，正筹备动工。

【环境设施建设】2009年，谢岗镇完成花园大道等4条中心区道路基础设施的升级改造工程，文化广场和镇中心区8条街道升级改造工程的90%；基本完成谢岗污水处理厂工程一期；完成东莞市水利防灾减灾工程任务，有9宗水闸工程通过东莞市验收。加强环境卫生建设，完成11座村级公厕、垃圾收集站改造升级工程；加强对垃圾填埋场、飞鹅岭等卫生死角整治；成功创建广东省卫生镇。

【就业创业工作】2009年，谢岗镇制定出台《谢岗镇户籍人员就业补贴办法》、《谢岗镇关于促进户籍大专及以上学历到企业就业的暂行办法》、《谢岗镇关于扶持村民车间建设的若干意见》和创业基金小额贷款等措施；加大财政帮扶力度，预计追加投入500多万元，对2700多名谢岗镇户籍人员和大中专生就业实施补贴；成立12个村民车间，解决386名户籍人员就业；举办现场招聘会，帮助1100人与企业达成就业意向；开展新莞人培训，培训359人次。

【社会保障工作】2009年，谢岗镇村两级投入365万元为全镇户籍人员购买30项重大疾病保险；镇村两级投入400万元建立城乡一体养老保险体系；全面落实优抚政策，为优抚对象发放优抚经费79万元；投入12万元为全镇出租屋购买租赁险。

【文化·教育·卫生·体育】2009年，谢岗镇加快文化事业建设，成功创建东莞市文化达标镇，供电公司等一批单位获东莞市文化先进单位和达标单位，大厚村获东莞市文化达标村。推进教育事业，认真解决代课教师问题，公开招聘20名代课教师为合同制教师；落实绩效工资改革，提高教师福利待遇；稳步推进素质教育，中考600分以上的人数创历史之最。大力发展医疗卫生事业，谢岗医院门诊大楼改造扩建工程完成并投入使用；继续抓好社区卫生服务中心（站）建设，提升医疗服务水平，2009年全镇人均医疗费34.1元，比全市少2.1元/人。加强甲型H1N1流感防控工作，镇财政拨款100万元，专门用于防控甲型H1N1流感。截至2009年，谢岗镇未发现甲流确诊病例。体育事业取得新成绩，在东莞市第七届运动会中男女子曲棍球获第三名、男子棒球获第三名、男子飞碟双多向150靶获第一名，谢岗镇被评为全国群众体育先进单位。

④

⑤

⑥

【社会管理】2009年，谢岗镇强化治安管理，共立刑事案件406宗，破155宗，破案率为38%，同比上升10%。强化矛盾纠纷调解。加强维稳综治机制建设，成立政法办，建成镇综治信访维稳中心，成功创建4个“平安社区（村）”。加大劳资纠纷调处力度，受理劳动信访案件1013宗，调解仲裁成功率99.8%。强化公共安全管理，做好安全生产监督和消防安全，查处安全隐患的整改率达100%。加强食品安全管理，泰园市场通过东莞市样板市场检查验收。加强出租屋管理，开展“安全文明出租屋”创建工作，共有824间出租屋参加创建活动。强化城市综合管理，严厉制止和查处违法用地、违章建设等行为；规范燃气经营市场秩序，坚决打击“黑瓶”、“黑气”；加强城市“六乱”（乱摆卖、乱搭建、乱拉挂、乱堆放、乱扔吐、乱张贴）整治，设置65个档点规范流动商贩管理，查处乱搭建、乱堆放、占道经营行为120多宗，查处违法建筑8宗；取缔黑网吧11间，电子游戏机室5间。

【机关作风建设】2009年，谢岗镇认真落实党风廉政建设责任制，加强廉政宣传教育，在12个村（社区）开展两委班子及其成员述职述廉和民主评议工作；开展创建农村基层党风廉政建设示范点活动；推行领导挂点督导重点工作制，实行重点工程进度通报制，确保各项重点工作的落实。（刘文锋）

**附：2009年东莞市谢岗镇党委、人大、政府领导名录**

镇委书记：尹照容
镇委副书记：万卓培　罗树华
镇委委员：尹照容　万卓培　罗树华　罗满桥　王居乐　蒋共超　何智斌　王笑媚　李学晦　罗佑发　黎志庆　罗裕强
镇人大主席：尹照容
镇人大副主席：王居乐　赵灿文
镇　长：万卓培
副镇长：罗满桥　黄润波　谢伟平

① 谢岗镇新行政办事大楼及中心广场
② 中心商业区一角
③ 民营企业——东莞金娃食品有限公司外景
④ 台商投资兴建的华泰科技园
⑤ 东惠广场住宅小区
⑥ 富盈山水花城住宅小区
⑦ 花园大道
⑧ 东莞第一峰——银瓶山
⑨ 银瓶山——点春桥
⑩ 银瓶山——将军步道

①

②

③

④

## 2005—2009年谢岗镇主要经济指标

| 指标 \ 年份 | 2005 | 2006 | 2007 | 2008 | 2009 |
|---|---|---|---|---|---|
| 户籍人口（人） | 19240 | 19496 | 19816 | 19947 | 20177 |
| 外来暂住人口（人） | 80473 | 69098 | 68303 | 70051 | 56013 |
| 面积（平方公里） | 103 | 103 | 103 | 103 | 103 |
| 国内生产总值（万元） | 141768 | 189317 | 223961 | 246370 | 294969 |
| 工业总产值当年价（万元） | 269835 | 343286 | 412355 | 438523 | 495531 |
| 农业总产值当年价（万元） | 10781 | 9710 | 10260 | 15715 | 16293 |
| 总用电量（万千瓦时） | 47590 | 53513 | 60457 | 58296 | 55300 |
| 全社会固定资产投资总额（万元） | 53121 | 91230 | 109594 | 63561 | 71238 |
| 社会消费品零售总额（万元） | 54850 | 65218 | 67406 | 66735 | 75465 |
| 外贸出口总额（万美元） | 17960 | 23601 | 29950 | 34388 | 32191 |
| 实际利用外资（万美元） | 5531 | 2478 | 3250 | 3942 | 4062 |
| 镇级可支配财政收入（万元） | 14181 | 16155 | 19750 | 24273 | 27543 |
| 各项税收总额（万元） | 10856 | 13579 | 16450 | 23536 | 26555 |
| 金融机构各项存款余额（万元） | 179452 | 222625 | 238707 | 275937 | 324139 |
| 城乡居民储蓄存款余额（万元） | 133613 | 163435 | 167081 | 210749 | 228236 |

⑤

⑧

⑥

⑨

⑦

⑩

## 清溪镇

【概况】 清溪镇位于东莞市东南部，毗邻惠州市和深圳市。面积143平方公里。下辖20个村委会，1个社区居委会。2009年末，全镇户籍人口约3.5万人，常住人口约22万人。2009年，清溪镇推进产业结构调整和转型升级，经济社会各项事业平稳发展。2009年1月，清溪镇被中央文明委授予“全国文明村镇”称号。在东莞市2009年度镇街领导班子落实科学发展观工作实绩量化考核中，清溪镇取得综合分一等奖。

【经济平稳发展】 2009年，清溪镇实现生产总值138.3亿元，总量居全市第8位；全年镇级财政收入6.75亿元，规模以上工业总产值354.5亿元，各项税收总额12.2亿元。其中，外向型经济平稳持续发展，全年外贸出口总值48.3亿美元，以电脑制造企业为龙头的高新技术产业，已经形成比较完善的配套能力和较强的IT产业链。

2009年，清溪镇推动第三产业发展，促进三大产业均衡发展。培育生态旅游经济，加快推进森林公园和生态农业园建设，推动经济多元发展；细化转型配套设施，加大产业招商力度，推动产业转型升级；构建多种业态于一体的商业核心区，鼓励民间资本扩大投资，推动第三产业更加活跃。全年全镇社会消费品零售总额约19亿元，同比增长约11%。三大产业的比例调整优化为0.39∶68.18∶31.43。

【招商引资】 2009年，清溪镇重点引进产业链缺失环节和龙头型企业、高新型企业、产业配套型企业，实现规模效应和集群效应。全年新签投资和增资项目近100宗，投资额近10亿元。

引进龙头型企业。2009年，清溪镇成功引进国内知名企业海尔集团和三诺集团，共同组建海铭诺信息科技有限公司，建设海尔电脑华南生产基地。海铭诺公司共投资2600多万元，电脑月产量10万台，年产量超过100万台，年产值达40亿元。

引进高新型企业。2009年，清溪镇

# 清溪镇

①

②

③

引进星河生物科技有限公司和飞利浦下属荷兰艾利丝科技有限公司。星河生物科技有限公司一期投资5000多万元，年销售收入1亿元。艾利丝科技有限公司计划投资1亿元在清溪镇设立东莞市澳易芝科技有限公司，作为艾利丝电子纸的研发、生产、营运亚太区总部。

引进生态型企业。2009年，清溪镇以建设中的森林公园和生态农业产业园为平台，加快推进农业招商模式，推动农业精细发展。2009年，缤纷、银峰、莞香园、安花园、御花园等多家企业进驻生态农业园，星河生物科技有限公司计划在农业园内设立研发和生产基地。

【创新品牌战略】2009年，清溪镇鼓励企业技术创新，创建技术研究中心，培育自有品牌。光阵、宜安2家外资企业成功创建工程技术研究开发中心，宜安电器制品有限公司被评为广东省著名商标企业。全年全镇新增专利培育企业3家，累计9家；新增专利试点企业1家，累计3家；全镇累计专利申请量484项，同比增长32.6%。发明授权新增5项。全年申报市级以上的科技项目40项。

【信息化建设】2009年7月6日，清溪镇人民政府与中国电信东莞分公司签订信息化推进合作框架协议。中国电信东莞分公司计划在清溪镇投资2.55亿元，围绕“构建便捷高效的信息网络体系，促进信息产业振兴发展，以信息化推动服务型政府建设，以信息化加快产业转型升级，以信息化助推新农村建设，以信息化促进社会和谐进步”等六大领域开展合作。

【教育文化】2009年，清溪镇公办学校、幼儿园均属东莞市一级学校，民办教育的层次和质量不断提升，公、民办教育基本实现均衡发展。促进职业教育与企业之间的合作，扶持鼓励中德技校清溪分校等一批职业教育学校发展壮大。抓好文明社区建设，推进以科教、文体、法律和卫生4个方面为内容的“四进社区”活动，创建健康社区、绿色社区、学习社区等特色社区。发展农村文化、社区文化、企业文化、旅游文化，创造出丰富的文化产品。

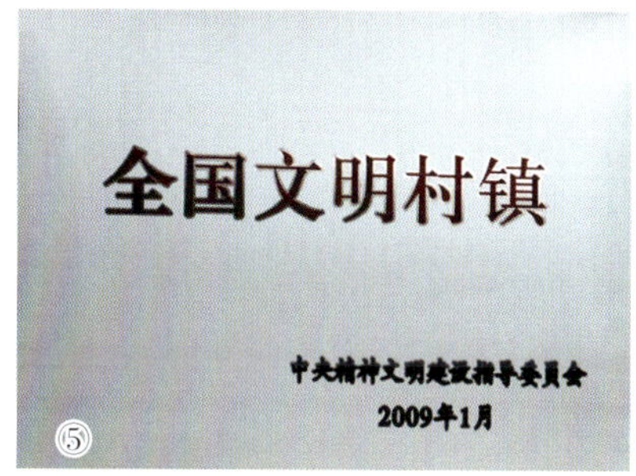

① 2009年1月17日，中共中央政治局委员、广东省委书记汪洋一行到清溪调研国家可持续发展实验区建设情况
② 2009年7月30日，广东省副省长李容根一行到清溪视察生态农业产业园建设情况
③ 2009年7月1日，东莞市委副书记、市长李毓全一行到银瓶山森林公园清溪片区施工现场检查指导工作
④⑤ 清溪镇获评“全国文明镇”
⑥ 镇委书记陈浩林代表清溪镇领取“全国文明镇”奖牌

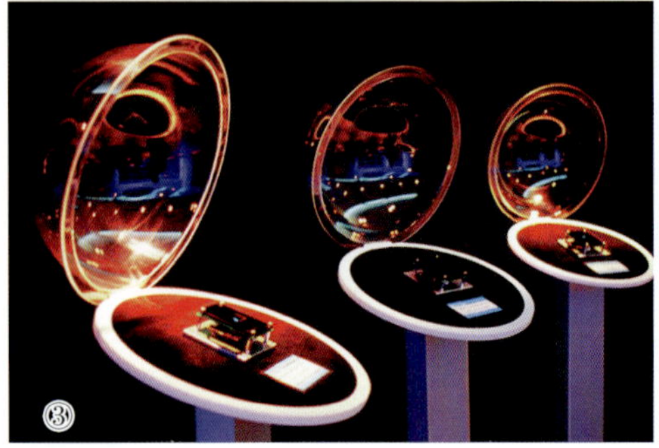

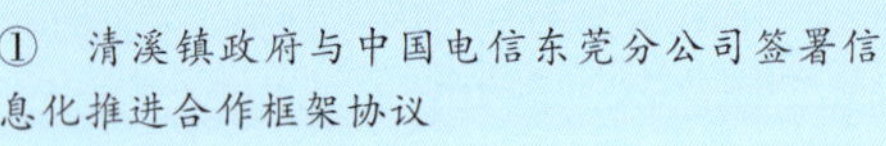

① 清溪镇政府与中国电信东莞分公司签署信息化推进合作框架协议
② 高科技企业生产线
③ 高新科技产品
④ 高新技术企业

**【城市建设】** *规划修编工作*。2009年，清溪镇全面完成中心区、青湖片区、金龙片区、罗马工业片区和大利片区的控制性详细规划编制，着手统筹规划从莞高速（包括清溪支线）、深圳大外环、清溪至深圳龙岗区公路。

*基础设施建设*。2009年，清溪镇抓好电网、水网、道路硬底化、明渠改暗渠、灯光照明等工程建设。抓好森林公园、生态农业园、邮政大楼等重点工程建设，确保各项工程尽快投入使用。不断完善清溪大道、北环路、清凤路、清樟路等主干道与周边地区的连接互通，特别是与博深高速、从莞高速的连接。

*“三旧”改造规划*。2009年，清溪镇结合中心区控制性详细规划稳步发展“一个中心、两条轴线、四个产业功能区”。“一个中心”即城镇中心区；“两条轴线”即南北向清凤大道沿线产业发展轴和东西向香芒路沿线商业服务发展轴；“四个产业功能区”即金龙工业集聚区、青湖工业集聚区、东部工业集聚区和西部工业集聚区。推进“鹿湖湾畔”旧城改造工程，增强中心区辐射功能。加强社会主义新农村建设，把旧村整治改造作为城市建设工作重点，做好违章拆除、拆旧建新、改善村容村貌、厂区整合、村道巷道建设等工作，盘活土地发展新兴产业。

**【生态旅游】** 2009年，清溪镇根据自身自然生态环境特点，按照经济社会双转型的要求，提出要着力建设生态型经济，并规划发展生态旅游业，助推全镇产业结构调整和升级转型。

*旅游设施建设*。2009年，清溪镇将文化公园、清溪湖、生态农业产业园、森林公园等生态工程和旅游项目，清溪大道、北环路、香芒西路等路网工程，以及清溪河整治、厦坭河整治、长山头污水处理厂、厦坭污水处理厂等水利环境设施建设，纳入镇属重点工程全力建设，从而推动城市、环境及产业升级。

*形象包装宣传*。2009年，清溪镇研究制定“宣传清溪、提升清溪”工作方案，集聚各方力量，加大力度宣传清溪、推介清溪、提升清溪；结合悠久的历史文化、改革开放的时代壮举以及规划发展的前进方向，做好清溪镇形象的包装策划，明确清溪镇形象的标志、主题和发展理念。

*特色品牌打造*。2009年，清溪镇充分利用丰富的生态环境资源，结合客家文化与本地文化相融合形成的特色文化，并在文化内涵中增添乡村典故、传说轶事等人文因素，充分发掘清溪文化的历史底蕴，加大力度发展旅游产业。同时，认真研究设置“清溪一日游”、客家特产、客家美食等一系列品牌，逐步形成并扩大清溪镇在旅游方面的知名度。

① 新年慰问新莞人贺卡发布会
② 慈善募捐长跑活动
③ 客家风情舞蹈《绣》
④ 六十麒麟庆贺祖国六十华诞
⑤ 清溪第三小学
⑥ 清溪中学80周年校庆

① 森林公园一景
② 清溪生态农业园
③ 厦坭污水处理厂
④ 香芒西路
⑤ 清溪河
⑥ 宜居清溪
⑦ 行政中心区

⑦

【社会治安】2009年，清溪镇开展"粤安09"、"雷霆整治"、"创平安迎国庆"等行动，重点打击团伙性、系列性犯罪。全年共立刑事案件893宗，破获490宗，破案率为55%。投入200多万元建设综治信访维稳中心，综治、信访、司法等部门按期进驻统一办公；推进"信访积案化解年"活动，全面提升接访、息访效率，全镇连续三年未发生大规模越级集体上访事件。做好人民调解与法院诉讼、行政调解、司法调解、劳动争议调解的"大融合"，全年调解案件1848宗，调解成功1798宗，成功率97.5%。

【就业与保障】2009年，清溪镇投入"三个150万"，分别用于奖教助学、就业培训和创业就业补贴。推进"新莞人培训"工程，组织7546名新莞人参加技能提升培训。深入推广普及"村民车间"用工模式，累计设置"村民车间"12个，共安置174名本地富余劳动力就业。全面落实毕业生就业、见习计划，建立青年就业见习基地，开办公益性招聘会3场，全镇160名大学毕业生基本实现全部就业。（卓春庭）

附：2009年东莞市清溪镇党委、人大、政府领导名录

镇委书记：陈浩林
镇委副书记：黄沛林　殷子胜
镇委委员：谭全河　张喜民　蔡家树
　　　　　罗建军　杨文峰　殷雪林
　　　　　李子标　林超明　姚伟民
　　　　　黄托坤
镇人大主席：陈浩林
镇人大副主席：张喜民　李伟雄
镇　长：黄沛林
副镇长：谭全河　王润成　杨俊丽
　　　　尹德明

## 2005—2009年清溪镇主要经济指标

| 指标＼年份 | 2005 | 2006 | 2007 | 2008 | 2009 |
|---|---|---|---|---|---|
| 户籍人口（人） | 33281 | 33749 | 34193 | 34679 | 35209 |
| 外来暂住人口（人） | 332857 | 315416 | 318728 | 253800 | 220700 |
| 面积（平方公里） | 140 | 140 | 140 | 140 | 143 |
| 生产总值（万元） | 1000520 | 1128054 | 1304335 | 1438000 | 1383000 |
| 工业总产值当年价（万元） | 3517390 | 3760282 | 4180567 | 4334690 | 3893227 |
| 农业总产值当年价（万元） | 13030 | 10695 | 8815 | 7515 | 5410 |
| 总用电量（万千瓦时） | 198130 | 214792 | 227288 | 217652 | 200401 |
| 全社会固定资产投资总额（万元） | 176354 | 197713 | 204204 | 156600 | 194506 |
| 社会消费品零售总额（万元） | 116194 | 127633 | 150183 | 172197 | 191270 |
| 外贸出口总额（万美元） | 330323 | 390175 | 582282 | 608106 | 483000 |
| 实际利用外资（万美元） | 17448 | 18983 | 14756 | 17861 | 10216 |
| 镇级可支配财政收入（万元） | 40424 | 41520 | 49171 | 56570 | 50467 |
| 各项税收总额（万元） | 65544 | 76041 | 106909 | 147231 | 121829 |
| 金融机构各项存款余额（万元） | 634002 | 718328 | 760971 | 889684 | 1030992 |
| 城乡居民储蓄存款余额（万元） | 422896 | 495695 | 518290 | 640066 | 706006 |

## 常平镇

【概况】 常平镇位于东莞市东部，地处穗港经济走廊中段。常平是大京九铁路、广梅汕铁路、广深铁路的交汇处，是全国唯一设有两个大型客运站（东莞站、东莞东站）和一个国家一类铁路口岸的镇，两个火车站日停靠列车344趟，年进出旅客近2000万人次。2009年，全镇面积108平方公里，下辖33个村（社区），户籍人口7.2万人，总人口40余万人。全镇生产总值151.69亿元，同比增长5.09%；规模以上工业总产值256.36亿元；出口总额29.46亿美元；社会消费品零售总额53.77亿元，增长13.88%；固定资产投资总额29.12亿元，增长10.82%；各项税收总额18.14亿元，增长6.51%；可支配财政收入8.91亿元，增长1.15%；金融机构各项存款余额201.55亿元，增长14.85%。因经济实力名列京九沿线县（市）前茅，常平素有“京九第一镇”之誉。

【产业结构调整】 2009年，常平镇充分利用金融危机带来的倒逼机制，加快结构调整和升级转型。结构调整逐步深化。产业结构优化，三大产业比例由0.37∶53.55∶46.08调整至0.44∶47.82∶51.74，第三产业比例提高5.7个百分点，规模以上的重工业、电子信息产业、装备制造业占工业总产值比重分别提高12.3%、13.6%和10%。企业结构优化，规模以上民营工业企业比去年增加20家，新增国家高新技术企业4家、省市民营科技企业9家，东莞上市后备科技企业2家。科技创新更富成效。

# 常平镇

① 东莞市委书记、市人大常委会主任刘志庚，市委常委、常务副市长冷晓明，常平镇委书记梁海卫共同为常平镇科技创新中心落成揭牌
② 常平镇科技创新中心鸟瞰图
③ 东莞——盐田集装箱城际快速班列首发仪式
④ 2009广东国际啤酒节开幕式在常平举行
⑤ 第六届欢乐常平商贸旅游文化节——元宵文化大巡游

③

④

⑤

投入4000多万元用于推动科技创新，常平科创中心建成启用，引进科技企业16家、科研机构2个。与电子科大、湖南大学和上海高校联合会开展全面战略合作，帮助企业与23家高校院所建立90多项产学研合作意向，建成行业创新平台1个，行业技术联盟1个。新增省、市级企业技术中心3个，协助企业申请专利512件、授权408件。节能减排有力推进。加强企业排污监控，拒批污染项目28个，关停污染企业5家。每万元GDP能耗降低计划完成率达100%。

【保持经济平稳健康发展】 2009年，常平镇把保障平稳发展作为首要任务，全力落实帮扶推动、投资拉动、内销促动等系列工作措施，有效遏制了经济下滑势头，实现了稳步回升。千方百计稳企业。深入落实“一厂一策”帮扶企业，组织镇村两级干部走访500多家重点企业，发放《市镇扶持企业发展政策文件汇编》2000多份。积极落实市“六个10亿元”帮扶企业政策，从融资、减负、科技、加工贸易转型升级等帮扶企业，2009年减免企业收费1.83亿元，帮助55家企业获得贷款16.5亿元，协助15家重点企业完善土地办证等手续，引导29家来料加工企业转为三资企业。不遗余力扩投资。全力加大政府投资力度，投入3亿元推进多项重点项目建设，带动民间资金投入15亿元，新增大型民资项目20多个。多管齐下抓招商，一手抓优质项目引进，一手促现有企业增资，新引项目32个，促成扩产项目29个，全年实际利用外资1.32亿美元，排全市第5位。积极主动拓市场。补贴鼓励企业通过东莞至盐田港城际集装箱快速列车出口，降低企业物流成本，2009年共开通列车644趟，出口货柜5090个，进出口总额51.6亿美元，排全市第6位。组织40多家企业参加首届广东外博会、东莞外贸商品展销会、东莞品牌服装鞋帽（东北）推广周等多个展会，积极开拓内销市场。全年外资企业内销总额达37.2亿元，占销售总额的比例从上年的11.9%上升到15.7%。

【城乡建设】 加快基础设施建设。2009年，常平镇投入近3亿元展开道路、水利、环境等一批基础设施建设，新建、改造23号路等9条市政道路，建成道路总里程21.6公里，新桥排涝站等5项防灾减灾工程稳步铺开，东莞东站改扩建等多项重点项目启动，从莞高速规划论证及莞惠城际轨道征地拆迁工作协调推进，环保产业专业基地完成项目选址及前期工作。*积极扶持农村发展*。2009年，常平镇在农村行政管理、公共服务支出补助及农田种植保护转移支付1373万元，帮助村组完成集体经济负债转贷减负800多万元，有效减轻村级发展负担。投入488万元规范农村“四大办公室”（综合治理及信访调解办公室、出租屋及安全生产管理办公室、城市综合管理办公室、社会公共服务与保障办公室）运作，推进农村公共事务管理体制改革。完成村经济责任审计整改，加强村组集体资产管理，2009年村组集体总支出下降5%，农民人均纯收入增长5%。*持续改善城乡环境*。2009年，常平镇深入推进“五整治”，强力整治城乡“六乱”，开展违法用地专项治理，全年新增绿地21.5万平方米，整治“六乱”8352宗，拆除违章建筑面积4397平方米。加强环保工作，西部污水处理厂正式投入运营。创建国家卫生镇通过省级验收。

**【综治维稳】** *着力加强社会治安*。2009年，常平镇继续把整治社会治安作为十件民生实事之首，深入开展东莞东站及周边地区重点整治，强力开展打拐、扫黄、禁赌、禁毒等专项行动，严打“两抢一盗”等突出犯罪，刑事案件破案数同比上升129%。深化“治摩禁电”，严厉查处非法营运，查扣无牌、假牌假证以及报废摩托车1535辆，查处非法营运三轮车1937辆，治安形势持续好转。*着力整治安全隐患*。2009年，常平镇持续开展消防安全、出租屋安全、食品安全隐患综合治理，整改安全隐患场所及出租屋1万多间次，销毁不合格食品2.65万公斤。积极推进公共安全应急演练，完成镇安全生产应急指挥平台一期建设，安全生产事故数和死亡人数分别下降5%、31.9%。*着力化解矛盾纠纷*。2009年，常平镇综治信访维稳中心建成启用，新创建平安社区17个、平安企业360家。深入开展镇领导大接访和“信访积案化解年”活动，全镇集体上访及突发事件下降32.5%，受理群众信访总量下降10.5%，维护了社会稳定。

**【社会民生】** 2009年，常平镇把改善民生作为政府工作的出发点和落脚点，全年投入2.68亿元用于保障和改善民生，实现均衡普惠、共建共享。*教育惠民*。将全镇18所公办小学合并为13所，优化调整185名教师推动均衡办学。全年新接受新莞人子女342人入读公办学校，免除新莞人学生就读费1500万元。中考平均分、合格率超市平均水平，高考上线人数比上年增加37.9%。*就业富民*。全年累计培训群众7206人次，免费推荐就业356人。发放600多万元帮扶1231名群众实现再就业。完成140台“黄的”投放工

① 常平铁路公园
② 常平铁路客运口岸
③ 常平镇中心区

作，帮助280名本地群众实现就业。医疗便民。投入1990万元推进社区卫生医疗事业，20个卫生医疗服务机构累计门诊结算16多万人次，积极防控甲型流感。保障济民。投入1800万元推进农职保并轨，拨出993万元用于开展扶贫、赈灾救难、社会救助、落实最低生活保障等工作，解决了一批困难群众"生活难"、"读书难"、"看病难"等问题。成立了新民社区，稳步推进解决入户难问题。文化育民。超过100万人次群众分享了"欢乐常平"、"广东国际啤酒节"等活动喜悦，编撰出版了《常平镇志》，9项文艺作品获国家级奖项，全面开展文化市场综合执法，和谐文化实现共建共享。

【机关作风建设】 强化督查提效能。2009年，常平镇加强督查督办，将全年主要任务细化为25项具体工作，建立镇领导挂钩督导重点项目制度。认真落实市埔田片现场会的9项督办任务，解决了将莞惠城际轨道常平大道段改为地下敷设等一批实际问题。坚持依法治镇，自觉接受镇人大和社会各界的监督。改进作风提效能。2009年，常平镇深入开展机关作风建设活动，组织明察暗访200多次，访查机关单位67个，查纠了一批机关作风问题，2009年市民评机关活动排名较上年上升15位，机关作风进一步好转。厉行节约提效能。2009年，常平镇严控楼堂馆所等非生产性项目投资，严控一般性行政经费支出，认真落实经费预算"五个零增长"（公车经费、会议经费、公务接待费用、出国（境）费用、办公经费预算"五个零增长"），党政机关部门公用经费均在上年的基础上压缩5%以上，财政出资或政府机关主办的晚会、展览、庆典、论坛活动经费减少50%，切实将资金落实到保增长、保民生、保稳定上来。推动改革提效能。2009年，常平镇实行镇属行政事业单位定员定编，推进行政事业单位和编外人员绩效工资改革，完善了激励机制，调动了工作积极性。 （周伟焕）

附：2009年东莞市常平镇党委、人大、政府领导名录

镇委书记：梁海卫

镇委副书记：陈满新　周少华

镇委委员：任卓效　张　冲　叶润娣　周锡英　袁庆华　赵东闽　陈庆贵　孙　捷　黄景鹏　殷河满

镇人大主席：梁海卫

镇人大副主席：任卓效　陈松峰

镇　长：陈满新

副镇长：张　冲　任绍平　黄伟荣　袁派瑜

## 2005—2009年常平镇主要经济指标

| 指标＼年份 | 2005 | 2006 | 2007 | 2008 | 2009 |
|---|---|---|---|---|---|
| 户籍人口（人） | 67814 | 68986 | 69942 | 71167 | 72481 |
| 外来暂住人口（人） | 362200 | 367419 | 272378 | 252377 | 142572 |
| 面积（平方公里） | 108 | 108 | 108 | 108 | 108 |
| 国内生产总值（万元） | 947538 | 1110313 | 1286408 | 1443478 | 1516942 |
| 工业总产值当年价（万元） | 2079286 | 2391675 | 2745143 | 3063427 | 2943467 |
| 农业总产值当年价（万元） | 20436 | 10493 | 11477 | 9363 | 18352 |
| 总用电量（万千瓦时） | 235442 | 252627 | 266970 | 237500 | 232874 |
| 全社会固定资产投资总额（万元） | 227383 | 279334 | 328270 | 262804 | 291248 |
| 社会消费品零售总额（万元） | 279338 | 323672 | 395039 | 472213 | 537743 |
| 外贸出口总额（万美元） | 222113 | 236248 | 285483 | 330316 | 294643 |
| 实际利用外资（万美元） | 18214 | 15475 | 18261 | 16541 | 10250 |
| 镇级可支配财政收入（万元） | 59856 | 68224 | 81676 | 88110 | 89126 |
| 各项税收总额（万元） | 109413 | 140978 | 167749 | 170304 | 181394 |
| 金融机构各项存款余额（万元） | 1213659 | 1400671 | 1529338 | 1754828 | 2015465 |
| 城乡居民储蓄存款余额（万元） | 886534 | 1010040 | 1061346 | 1294271 | 1412442 |

# 东莞市华立实业股份有限公司

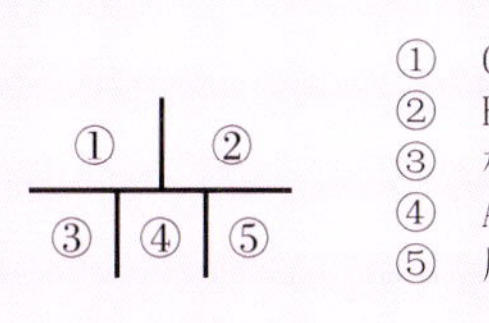

东莞市华立实业股份有限公司是国内专业研发、生产和销售家居环保复合材料的高新技术企业，主要产品系列有纸塑复合、塑胶复合、木塑复合、铝塑复合等多种复合材料。产品广泛应用于家具、建材、室内装潢和汽车内饰等多个行业领域，2005年1月成立，至2009年已成为亚洲最具规模的家具封边装饰材料生产基地。公司成立了专门的研发中心，对相关新型的环保复合材料作了深入的研究。企业先后被认定为国家高新技术企业、广东省民营科技企业、广东省省级企业技术中心、东莞市专利试点企业、东莞市上市后备企业等。

国家高新技术企业

自主创新标杆企业

## 桥头镇

【概况】 桥头镇位于东莞市东北部，全镇面积56平方公里，下辖17个村（社区），2009年，常住人口11.4万人，其中户籍人口3.5万人。地处穗、深、港经济走廊之间，距京九铁路、广深铁路和广梅汕铁路交会处东莞站仅8公里；镇区东北部有广惠高速公路、东部快速干线与广州、东莞市区相连，西南部有常虎高速公路与莞深高速公路、广深高速公路和京珠高速公路互交，在约1小时车程内有香港、广州、深圳等机场和葵涌、盐田、黄埔等港口。境内有闻名中外、供水香港的东深供水工程。是"广东省中心镇"、"广东省教育强镇"、"广东省重点工业卫星镇"、"广东省旅游特色镇"、"广东省荷花文化艺术之乡"、"国家卫生镇"、"全国综合实力千强镇"、"中国荷花名镇"、"中国民间文化艺术（荷文化艺术）之乡"。

2009年，全镇实现国内生产总值53.5亿元，同比增长3.9%；全社会固定资产投资总额10.2亿元，增长4.2%；工业总产值96亿元，下降0.4%；镇级可支配财政收入3.6亿元，下降7%；各项税收收入5.5亿元，增长2.1%；金融机构存款额61.2亿元，增长32.5%；全社会消费品零售总额28.6亿元，增长18.8%；农村居民人均纯收入1.3万元，增长5.1%。

【帮扶企业融资】 2009年，面对金融危机的严峻挑战，桥头镇采取积极措施，加大帮扶力度，稳定企业发展，建立联系企业走访制度，发动镇、村两级干部全面走访企业，开展政策宣讲，先后举办8场次帮扶企业座谈会，增强了企业扎根桥头的信心。同时，积极解决企业"融资难"的问题，建立重点中小工业企业和加工贸易企业数据库名录，加强引导企业与金融机构对接合作，协助172家企业成功申报市重点中小工业企业，其中30家企业获得优惠利率融资达4.45亿元。并且降低企业经营成本，出台相关优惠措施，减低堤围防护费、"三来一补"企业承包款、"三资"企业场地款等企业费用的收取标准，镇村两级共为企业减负近3000万元。此外，加强对重点加工贸易企业融资支持计划的组织、协调和服务工作，向市申报9批共83家重点加工贸易企业，其中有8家企业成功获得银行5848万元的融资支持，获得贷款贴息17.3万元。通过融资帮扶、技术培训等，18家来料加工企业转型为"三资"企业。全年，全镇外资企业出口补贴（直接奖励）554.7万元。

【科技创新】 2009年，桥头镇大力推进技术创新和品牌创建，全镇有23家中小企业分别获市各项资金扶持，到位资金1155万元。民营企业新增专利169件，专利授权数101件，新增2家市级民营科技企业，全镇已有3个"广东省著名商标"、1个"广东省名牌产品"、6家省级民营科技企业以及34家市级民营科技企业。为协助民营企业应对金融危机，促进转型升级，组织40多家企业开展各类技术进步活动，总投资2亿多元，其中申报市重点及装备技术改造与技术创新项目8个，申报市中小企业专项发展基金技术改造与技术创新项目6个。在已立项的技术改造与技术创新项目中，有6家企业共获得500多万元的专项资金扶持，有2个项目通过市验收。全镇共有外资企业品牌113个，拥有自主技术的企业152家。

【推进产业转型】 2009年，桥头镇坚持把结构调整升级作为落实科学发展观最核心的任务，积极稳妥推进产业转型，促进速度质量效益同步提升。首先着力抓转型试点，按照试点先行，逐步推进的原则，积极稳妥推进"三来一补"企业转"三资"企业，协助18家"来料加工"试点企业转为"三资"企业。其次着力抓招商引资，完善奖励办法，加大招商引资力度，重点开展空置厂房"二次招商"，新签外资项目26宗，同比增加11宗；引进内资项目8宗，投资总额3.4亿元，实现空置厂房"二次招商"面积

## 桥头镇

①

②

近10万平方米。全年，全镇新签外商投资项目19宗，同比增加8宗；合同外资金额1890万美元，实际利用外资7131万美元；增资扩产项目12宗，同比减少4宗。

【提升城市环境】 2009年，桥头镇加快重点项目规划建设，完善城市功能，城市形象和品位进一步提升。在路网工程建设方面，建成谢桥联网公路牛埔大桥，完成岗头路、东江村路等村际联网路的升级改造，积极筹建李屋路、明哥路、经三路等村际联网路，启动省道S120桥头段升级改造。同时，加快产业项目工程建设，成立土地储备中心，完成镇中心区“退二进三”（缩小第二产业、发展第三产业）工程的前期规划，加紧落实15个总投资23亿多元的重点项目立项审批、用地报批等工作，提升城市承载发展的能力。在防灾减灾工程建设方面，完成旧石马河排涝站工程、富都园堤围加高除险工程等项目；加快筹建东太湖堤围加高除险工程、牛埔防洪堤工程、牛头窝防洪堤工程等项目。加快生态项目工程建设，完成桥常路、三环路以及主干道出入口的绿化美化工程，提高了城乡绿化生态效果和景观效果。并深入开展整治违法用地、违法建筑和违法搭建行为，大力抓好环境卫生、综合执法，进一步提高城市整体形象。2009年，桥头成为广东省中心镇。

【强化治安管理】 2009年，桥头镇坚持专项治理与加强防控相结合，深入开展“创平安、迎国庆”重点打击行动，严厉打击“涉黄、涉毒、涉拐”等违法犯罪活动，加强群防群治，深化“治摩禁电”。2009年，全镇刑事案件比上年下降1.6%，破案率比上年上升15.3%，破获了自2002年以来全镇发生的5宗拐卖儿童积案，社会治安持续好转。同时，大力整治安全隐患，成立村安全办和村消防队，推进安全生产及消防工作关口前移，重心下沉。深入开展安全生产执法、治理、宣传三项行动，举办安全生产宣传咨询及消防灭火演练活动，深入推进“三小”场所、出租屋、无证照经营、文化娱乐市场等专项整治，全镇安全生产事故宗数比上年下降22.6%。此外，全力化解矛盾纠纷，扎实开展“信访积案化解年”、“党政班子成员大接访”等活动，有效化解了一批群众关注的热点难点问题。并加强普法教育、法律援助和民间调解工作，共调处民间纠纷158宗，调解成功率97%。加大劳动监察力度，严厉打击欠薪欠租逃匿等违法行为，处理劳动争议案件3033宗，调解率95%。推进应急救援指挥中心及应急值班室建设，健全预警体系和应急处理机制，不断提高处置突发事件的能力。

【促进文化繁荣】 2009年4月，桥头镇成立文学艺术界联合会，开展“文化暖流进企业”活动及第三届新莞人文化季，成功举办第六届东莞桥头荷花文化艺术节、第二届荷花文学奖、第五届读书节、第三届广场文化活动月及庆祝新

① 东莞市委书记、市人大常委会主任刘志庚到桥头镇岭头社区外资企业调研
② 青海省委书记强卫、广东省副省长万庆良到桥头大和化成汽车零配件厂调研
③ 桥头镇获“中国荷花文化艺术之乡”称号
④ 桥头镇八项重点工程开工暨汽车客运总站奠基仪式
⑤ 第六届东莞桥头荷花文化艺术节闭幕式

中国成立60周年活动，组织金荷艺术团推出“为祖国喝彩”系列节目等。同时，大力推进文艺精品创作，出版了《悦读桥头》、《盛世荷花》、《白日依山》等文学、摄影、油画作品集，举办深莞惠小小说作家创作笔会，出台了“桥头镇文化艺术金荷奖”。并认真开展第三次全国文物普查工作，发掘了一批历史文物，莫家拳被入选广东省非物质文化遗产，迳联古村落被评为“广东省古村落”。在完善基础文化设施建设中，重点推进社区（村）图书馆和村史展览长廊的建设，全镇建成21个文化广场及公园，5个村（社区）举办村史展，13个村（社区）兴建了图书馆，其中6个村级图书馆并入市图书馆总分馆体系。岭头广场被评为第四届东莞市村级“十佳文化广场”，桥头成功创建“东莞市文化建设先进镇”。此外，深入开展“净化社会文化环境”和“集中清理整治无证照经营专项行动”，收缴一批非法出版物，有效规范文化市场秩序，净化社会文化环境。2009年，桥头成功申报“中国荷花名镇”及“中国民间文化（荷文化）艺术之乡”，进一步提升荷文化品牌价值和城市魅力。

在优化发展教育事业中，完成代课教师转聘工作，妥善解决51名代课教师的待遇问题，加强职业教育、民办学校管理，稳妥解决好新莞人子女读书问题。加强学风、校风和教风建设，顺利通过省教育强镇复评验收。2009年，桥头中学高考本科上线8人，石竹学校本科上线90人。

【改善群众生活】 2009年，桥头镇围绕以人为本、民生为重，大力实施民生保障工程。在推进就业创业中，积极做好新莞人岗前教育和农村劳动力技能培训，培训户籍人员869人，新莞人546人。大力推行村民车间和青年岗位见习，建立4 个村民车间和 4个青年培训见习基地，成功推荐户籍人员就业233人。先后举办6场就业招聘会，为200家企业招聘员工4630人。同时，完善社会保障制度，调高职保过渡性养老金，发放困难企业职工社会保险补贴或岗位补贴；镇村两级分期投入5639万元，全力推进农保与职保并轨工作，受惠农民1.5万人，农保退休人员待遇水平将由原来人均每月231元增加到331元。并优化公交服务，新投放30台公共的士，全镇公共的士增加至100台，67辆公交车辆安装GPS设备和视频监控系统，基本解决群众出行需求。此外，落实国家家电下乡、汽车下乡及家电以旧换新政策，全年共办理销售网点备案24个，回收网点备案4个，审核家电下乡财政补贴10.9万元、汽车下乡补贴4.2万元、家电以旧换新补贴1.4万元。

【强化社区服务】 2009年，桥头镇加强社区卫生服务管理，实行社区卫生服务机构镇办镇管，加大社会卫生机构医疗设备投入和高素质人才招聘，健全医疗保障制度，实施镇村两级负担，为户籍人口购买重大疾病医疗保险。由镇财政统一采购了一批主要医疗设备，社区卫生中心、东太湖社区卫生站和李朗社区卫生站配置了自动生化仪、X光检查仪、B超检查仪、三大常规分析仪、健康教育影像等，建立了1个中心6个站点的服务网络。社区卫生中心分别以社区、学校、工厂为单位，重点开展了手足口病、甲型HINI流感、艾滋病、结核病、高血压、糖尿病等疾病的健康教育活动，组织开展健康知识讲座6次，接受群众咨询人数1500多人次，免费派发健康教育资料4万份。2009年社区卫

① 桥头镇航拍图
② 莲湖美景

生中心门诊量达23万人次，其中参保人就诊13万人次，切实减轻了群众医药费用负担，有效解决了群众"看病贵、看病难"的问题。

【加强计生管理】2009年，桥头镇加强人口和计划生育管理，深入开展创建"两无"（无政策外多孩出生镇、无政策外出生村）、打击"两非"（非医学鉴定胎儿、非法终止妊娠）等活动，进一步完善层级动态管理制度，实行镇领导包片、镇干部包村、村干部包组包户包人的计生工作分工包片责任制，签订《计划生育目标管理责任书》，并定期对各村检查考核。镇村两级层层建立和完善宣传教育、孕情监测、B超管理、随访服务、合同管理、"一票否决"等一系列管理制度，加强"六率"（信息登记率、信息变更率、信息交互率、出生登记率、查环查孕率、节育措施落实率）管理等。全年全镇户籍人口和流动人口的计划生育率分别达到96.4%、83.9%，较好地完成了市下达的人口控制计划。同时，全面落实计生奖励政策，为全镇1823户符合"节育奖"的家庭共发放奖金34.78万元。完善计生养老保险制度，全年发放金额32万元。此外，全面开展生育文化进村（社区）、进企业宣传活动，举办生殖健康知识讲座，宣传人口计生政策法规和优生优育等相关知识，现场提供咨询和义诊服务，免费发放避孕药具，引导大家树立健康生死观念，广泛开展关爱女孩行动，有力促进计生工作的开展。

【发展房地产业】2009年，桥头镇以促进房地产业持续健康发展、解决低收入家庭住房为重点，全年核发《房地产证》1125份，同比增长180.5%；共办理商品房和二手房交易1048宗，面积达13.9万平方米，交易金额4.18亿元。同时，积极开展廉租住房保障工作，根据2009年与市政府签订的廉租住房目标任务，共解决148户低收入家庭的住房问题。通过申请、公示、审批等合法程序，将租赁补贴逐季发放的有41户，共发放资金2.3万元，超额完成补贴任务。着手启动石水口村解困房试点建设。此外，完善企业产权登记，开展已建房屋补办房地产权手续工作，登记补办产权手续项目2573宗。还通过各种途径大力宣传国家有关政策，积极抓好缴存维修资金的落实。

【夯实党建工作】2009年，桥头镇狠抓执政基础。一是加强干部队伍建设。举办农村两委干部、后备干部、"两新"组织党务工作者等培训班，先后召开了形势专题报告会、创新发展模式专题报告会，镇村干部的综合素质和工作能力进一步提高。二是加强基层组织建设。调整充实部分村（社区）党支部书记，为农村基层组织注入活力；加强后备干部的培养，选聘16名高校毕业生到农村任职；深入推进固本强基工程，创建了7个"两新"党组织固本强基工程示范点及3个示范点标兵，增强"两新"组织的凝聚力和战斗力。三是加强机关作风建设。党政领导班子成员牵头，成立工作组，督导职能部门行政效能，督导镇重点项目建设，进一步简化办事程序，提高办事效率。树立勤俭节约意识，严格控制行政开支，杜绝铺张浪费行为，保证民生支出和重点建设项目资金需求。四是加强党风廉政建设。进一步健全党风廉政建设责任制，加强反腐倡廉教育，规范建设工程招投标管理和农村福利分红，党风廉政建设取得新实效。

（刘庆华）

附：2009年东莞市桥头镇委、人大、政府领导名录

镇委书记：莫厚良
镇委副书记：翟耀东　欧阳官友
镇委委员：莫厚良　翟耀东　欧阳官友
莫满森　莫树培　谭连合
何健铭　刘学新　张树坚
莫志华　邓志辉
朱晓敏（4月起）
镇人大主席：莫厚良
镇人大副主席：莫满森
镇　长：翟耀东
副镇长：莫树培　邓任洪　曾婉玲
陈进昌

## 2005—2009年桥头镇主要经济指标

| 主要经济指标＼年份 | 2005 | 2006 | 2007 | 2008 | 2009 |
|---|---|---|---|---|---|
| 户籍人口（人） | 33963 | 34331 | 34669 | 35140 | 35569 |
| 外来暂住人口（人） | 106900 | 100576 | 95699 | 78904 | 60891 |
| 面积（平方千米） | 56 | 56 | 56 | 56 | 56 |
| 国内生产总值（万元） | 316000 | 378124 | 445065 | 507000 | 535223 |
| 工业总产值当年价（万元） | 618575 | 839000 | 979261 | 963942 | 960050 |
| 农业总产值当年价（万元） | 11148 | 3226 | 3410 | 6983 | 6057 |
| 总用电量（万千瓦时） | 98000 | 105734 | 114115 | 121042 | 113423 |
| 全社会固定资产投资总额（万元） | 125427 | 154749 | 151200 | 85315 | 101539 |
| 社会消费品零售总额（万元） | 119000 | 164328 | 207049 | 240690 | 285950 |
| 出口总额（万美元） | 83800 | 85600 | 132766 | 221823 | 223794 |
| 实际利用外资（万美元） | 5487 | 5760 | 6636 | 5468 | 7131 |
| 镇级可支配财政收入（万元） | 27600 | 29515 | 35380 | 38343 | 35626 |
| 工商税收总额（万元） | 27000 | 36312 | 49667 | 53661 | 54798 |
| 金融机构各项存款余额（万元） | 366000 | 424983 | 459483 | 561835 | 612109 |
| 城乡居民储蓄存款余额（万元） | 290000 | 342152 | 365266 | 453921 | 499079 |

# 桥头镇桥头社区

洛定工业城

桥头社区位于桥头镇中心区，面积1.89平方公里，是桥头镇经济实力较强的社区之一。东深公路、东江大道从社区经过，交通非常便利。改革开放以来，桥头社区人敢想敢干、开拓进取，创造了百业兴旺、突飞猛进的局面。2009年，社区两级拥有总资产超2亿元，社区集体总收入2410万元，纯收入1440万元。兴建工业厂房60多幢20万平方米，拥有内外资企业30家，主要以玩具、制衣、五金、彩印、文具等行业为主。办起了集康乐、饮食、住宿于一体的三星级恒丰酒店和黄金海岸歌剧院，吸引着无数前来观光旅游的游客下榻。近年来，桥头社区致力于发展区内的商业和第三产业，先后投资1200多万元兴建了面积达30000多平方米的大型购物商场—大和商场，投资1600万元兴建占地面积30000多平方米的农贸综合市场。正在筹划种养场的综合开发，为引进更多更大的企业做准备，等待海内外投资者前来投资置业。

桥头社区十分重视基础设施、投资环境的建设。路桥通畅、能源充足、通讯发达，绿化、环境卫生设施完善。全社区社会稳定祥和，民风热情淳朴，精神文明建设取得好成绩。居委会真诚、廉洁、高效为居民群众及投资者提供优质服务。先后被广东省委省政府授予“南粤农村十面红旗”、“广东省模范集体”、“先进党支部”、“省卫生村”、“广东省文明村”、“省六好和谐社区”等称号并获得东莞市“先进党支部”、“安全生产先进单位”、“东莞市市容环境优美社区”等殊荣。桥头社区是海内外投资者投资置业安家的旺区和福地。

桥头社区获得“广东省文明村”称号

桥头社区获得“平安社区”称号

桥头社区办公大楼

# 横沥镇

① 横沥汇英国际模具城

② 2009年4月15日，副省长佟星参观在横沥镇举办的广东东莞模具制造·机械展览会

③ 2009年3月11日，市委书记刘志庚深入横沥镇企业进行调研

④ 2008年12月30日，副市长李小梅深入横沥企业慰问新莞人员工

⑤ 2009年5月27日，江西省农业经贸考察团到横沥镇考察

## 横沥镇

【概况】 横沥镇地处东莞市东部，与莞深高速联通的东部快速路贯穿全镇，虎岗高速公路使横沥与周边路网的连接更加快捷方便。全镇面积50平方公里，下辖16个村、1个社区，2009年，全镇户籍人口3.6万人，外来暂住人口10.35万人。实现国内生产总值53.9亿元，比上年增长6.5%；实现工业总产值96.2亿元，增长5.2%；镇本级可支配财政收入4.04亿元，增长9.5%。国、地两税总收入5.44亿元；消费品零售总额17.6亿元，增长16.7%；金融机构存款余额65.6亿元，增长5.9%。2009年，先后获市“创建文明镇街先进单位”、“文化建设先进镇街”、“维护稳定和社会治安综合治理先进镇街”等称号。

【经济发展】 2009年，横沥镇坚持将招商引资作为产业调整的关键，进一步优化产业结构。通过开展定点招商、中介招商、以商引商，全年合同利用资金2.93亿美元，比上年增长128%，实际利用资金15.67亿元。其中，合同利用外资9283万美元，比上年增长24%；实际利用外资8136万美元，增长15.8%。新项目平均投资额226万美元；23个项目增资扩产，增资总额2793.2万美元；合同利用内资13.66亿元，其中超亿元项目有4宗。进一步壮大民营经济实力，优化内、外投资结构比重。全镇私营企业注册资金8.69亿元，新增注册资金2.4亿元，新增私营企业287家，新增个体工商户1274家。

房地产业快速发展，房地产销售面积8万平方米，比上年增长37%，销售总额增长18%。东座·雍景、翠园、瑞星凯旋、棕榈园二期、凯域花园等房地产项目陆续完成前期准备工作。同时通过盘活闲置资源，加强资金调配运作，降低经营性支出，保持主要指标的稳定。

村、组经济通过强管理、促发展，总收入、纯收入保持平稳。镇、村统筹置换高息贷款2.2亿元，当年减少利息支出870万元。进行物业招商，消化空置厂房84万平方米。发挥企业风险防范预警机制的作用，及时介入和化解隐患，确保集体物业的收益。推进村头村、村尾村、长巷村资源整合，开发桃子园高新产业园；推进水边村、新四村的资源规划，加强与职教城的对接；推进与田坑村的资源合作，引进3个大型项目，总投资接近5亿元。

【转型升级】 2009年，横沥镇将模具产业作为产业升级的主攻方向，获得“广东省模具制造专业镇”称号，并进入首批市重点扶持发展产业集群。成功举办两届“广东东莞模具制造·机械展览会”，吸引530多家企业参展，意向购销金额1.5亿元。模具城电子信息、金融服务、技术创新和物流服务四大平台铺开建设，产业集聚功能不断提升。

加强对镇、村资源的统筹，规划占地面积133公顷的桃子园高新产业园，作

①　2009首届广东东莞模具制造·机械展览会开幕　　②③④⑤　模具展览会上客商交流

为承接新产业、大项目的平台，吸引了南方冲压模具联盟进驻，项目投资总额4亿元，产业招商取得新成绩。

把握政策导向，加强扶持和引导，化市场之危为转型之机。推动5家外资企业设立研发机构；协助19家来料加工企业就地不停产转为“三资”企业；资助50多家外资企业参加各类展销会，企业内销总额达到30多亿元。开拓了内销市场。推动企业自主创新，发放扶持资金690多万元。全镇有省著名商标3个，省高新技术企业6家，省民营科技企业6家，市民营科技企业27家，自有品牌企业50多家。

【企业帮扶】 2009年，横沥镇加强与市“五个10亿元”计划的对接，实施“五大帮扶措施”，在融资、减负、转型等方面给予企业支持。调低企业收费标准，全年减少收费3000多万元；帮助39家企业融资4.58亿元；协助34家外资企业加入市重点加工企业名录；协助105家民营企业加入市重点中小加工企业名录。落实市的16项出口优惠政策，建立加工贸易合同电子审批分平台，支持企业抢抓海外订单，出口降幅逐月收窄，全年出口总额9亿美元，比年初降幅收窄近20个百分点。加强与11个省市劳务部门和30家职业学校的合作，帮助企业引进劳务用工4100人。

【城镇建设】 2009年，横沥镇完成全镇土地规划修编，调整3个片区的控制性详细规划。加大重点项目建设推进力度，启动桃子园高新产业园、新汽车总站、新横沥中学、文广中心大楼等总投资超过10亿元的重点工程，推进城市升级。配合推动东莞生态园各项建设，高效落实职教城的选址规划，确定从莞高速（横沥段）的选线，完成了东江与水库联网工程的征地拆迁。完成路东路西的路网规划，完成“一河两岸”景观规划初步方案，推进东引河第一阶段治理，推进“三旧”（旧城镇、旧厂房、旧村居）改造工程，初步制定“三旧”改造方案，铺开新城路、水边路、村头路、桃子园路、禾田路、中山路（东段）等6条村际联网路的规划建设工作。污水处理厂完成总工程量的91.2%，截污管网完成55.5%，27号镇街联网路完成总工程量的72.8%。推进水利工程建设，24个项目基本完成建设，裕宁、水边等区域整治内涝取得实效。推进农村“五整治”（整治生态环境、整治环境卫生、整治农贸市场和整治“六乱”）工作，加大城市“六乱”（乱停、乱放、乱摆卖、乱搭建、乱丢垃圾、乱拉挂）整治力度，提升市容环境质量，通过“国家卫生镇”复查。镇、村累计投入2563.4万元开展旧村整治，17个村（社区）全部通过检查验收。投入600多万元，修建9个村的垃圾压缩站。做好已建房屋补办产权，备案登记建筑面积473.6万平方米。认真开展节能减排和环境保护工作，引导全镇共同参与“创模”行动。

②

③

④

⑤

**【安全维稳】** 2009年，横沥镇突出打击“两抢一盗”（抢劫、抢夺、盗窃）、拐卖儿童等犯罪行为，开展禁赌禁毒扫黄等活动，刑事案件发案率比上年下降2.7个百分点，破案率提高10.9个百分点，社会治安持续好转。坚持打击非法营运行为，巩固“治摩”（治理摩托车）、“禁电”（禁止电动自行车上路行驶）工作成果。开展文明出租屋复查，保障出租屋平安稳定。6个村成功创建成为市“平安社区”，涌现出陈日牛等一批见义勇为的好市民。继续开展好“安全日”活动，加强消防安全、交通安全、食品安全等宣传教育。加强对重大危险源企业单位的安全检查。做好安全生产教育工作，举办电工、危化、厂长等特种作业人员培训班，确保特种作业人员持证上岗。工伤事故下降3.6%，火灾事故下降7.7%，交通事故下降18.7%，没有发生重特大安全事故。开展“领导干部基层大接访”活动，及时排查和解决了一批矛盾隐患。受理“镇长热线”198宗，问题全部得到解决落实，同时做好涉及东莞生态园的群众工作。

① 2009年4月21日，横沥镇房地产业协会成立

② 投资2亿元的欧华电子项目开业投产

③ 总投资约4亿元的南方冲压模具联盟落户横沥

① 桃子园高新产业园（效果图）
② 横沥汽车客运站（效果图）
③ 文广中心大楼（效果图）
④ 横沥中学（效果图）

**【改善民生】** 2009年，横沥镇多渠道帮扶群众就业，全镇就业率保持93%以上。帮扶510人就业；安排215名大中专毕业生就业，应届毕业生就业率达到98%。制定扶持就业创业资金管理办法、鼓励大中专毕业生到企业就业的意见等一系列政策，进一步调动群众就业创业的积极性。落实就业补贴政策，共发放就业补助248.6万元，增加群众就业收入。招收第三批“模具师傅培训工程”学员60名，第一批学员开始投入工作和创业。发放低保家庭保障金166万元，困难子女助学金110万元，残疾人专项补助金121万元。扎实开展“千千扶千户”活动，落实困难家庭帮扶资金28.5万元。落实资金33.7万元，完成99户困难家庭住房保障工程。镇、村投入资金1000多万元，落实城乡一体养老保险制度，扩大社会保障覆盖面。投入资金249万元，为户籍居民购买社保补充保险。凝聚社会各界力量，筹集700多万元，建立慈善专项基金。

**【教育·文化】** 2009年，横沥镇通过“广东省教育强镇”复评，巩固创建成果，教育事业稳步发展。促进中小学教风学风建设，提高教育教学质量，落实264名“新莞人”子女入读公校。开展各类健康向上的文体活动，为180对老人举办“金婚庆典”。文化广场被评为市“十佳文化广场”，建立17个村史展览馆。举办庆祝中华人民共和国成立60周年系列活动，激发全镇推进现代化建设事业的热情。获得全市文化建设和文明创建的先进表彰，17个单位获得全市文明、文化创建先进称号。充分挖掘牛墟的文化底蕴和商业文明，充分发掘以“牛”为核心的经济文化产业链，特色文化影响力得到增强。开展第三次文物普查活动，加强文化遗产开发保护，“横沥牛墟”和“貔貅舞”获推荐申报省级非物质文化遗产项目。

**【政务环境】** 2009年，横沥镇开展“企业大走访”、“企业服务月”等活动，帮助企业排忧解难。树立“过紧日子”的意识，落实节约措施，全年压缩公共服务支出经费750多万元，同比下降10%。开展以“加强作风建设，保障科学发展”为主题的纪律教育学习月活动，解决群众反映强烈的突出问题，受理“阳光热线”和群众来信52件次，全部得到解决落实。开展情系群众活动，组织200多名干部下基层，走访本地群众和“新莞人”800多人，密切与群众的联系，使政务形象进一步提高。进一步拓宽人大代表和政协委员参政议政渠道，组织4次人大视察，对2个单位进行了人大评议，推动依法治镇工作。加强干部队伍的培养教育，选派17名干部参加下基层驻农村活动，选拔17名村（社区）党支部后备干部，选派85名干部参加省、市培训班学习。（刘浩霖）

**附：2009年东莞市横沥镇党委、人大、政府领导名录**

镇委书记：谭全安
镇委副书记：杨永存　叶可阳
镇委委员：谭全安　杨永存　叶可阳　陈细钿　香兆明　叶浩宁　谢建玲　梁新钦　朱柱明　李志军　谢发枝　何善通　陈志坚
镇人大主席：谭全安
镇人大副主席：香兆明　张翕明
镇　长：杨永存
副镇长：陈细钿　黄志明　丁永盛　朱仲平

## 2005—2009年横沥镇主要经济指标

| 指标＼年份 | 2005 | 2006 | 2007 | 2008 | 2009 |
|---|---|---|---|---|---|
| 户籍人口（人） | 34880 | 35149 | 35507 | 35823 | 36284 |
| 外来暂住人口（人） | 143713 | 146915 | 138072 | 123141 | 103502 |
| 面积（平方公里） | 50 | 50 | 50 | 50 | 50 |
| 国内生产总值（万元） | 307245 | 377910 | 442926 | 514608 | 538610 |
| 工业总产值当年价（万元） | 538958 | 676829 | 815933 | 914312 | 962260 |
| 农业总产值当年价（万元） | 17105 | 11392 | 7273 | 11922 | 10668 |
| 总用电量（万千瓦时） | 85236 | 95539 | 105016 | 104349 | 102224 |
| 全社会固定资产投资总额（万元） | 72386 | 49071 | 71036 | 75288 | 87423 |
| 社会消费品零售总额（万元） | 92945 | 109300 | 128829 | 151028 | 176258 |
| 外贸出口总额（万美元） | 45212 | 54569 | 83706 | 110357 | 95009 |
| 实际利用外资（万美元） | 4791 | 6273 | 8438 | 10843 | 10971 |
| 镇级可支配财政收入（万元） | 19624 | 24100 | 34926 | 36922 | 40429 |
| 各项税收总额（万元） | 28094 | 38081 | 49237 | 57048 | 54458 |
| 金融机构各项存款余额（万元） | 413321 | 543342 | 541503 | 619643 | 655971 |
| 城乡居民储蓄存款余额（万元） | 263668 | 317636 | 337480 | 430973 | 484782 |

## 东坑镇

【概况】东坑镇位于东莞市中部，地处穗、深、港黄金走廊之间，毗邻松山湖科技产业园、东莞生态园和东莞火车站，有东部快速、莞深高速、常虎高速公路接驳镇内交通。2009年，全镇总面积23.8平方公里，户籍人口2.9万人，外来暂住人口6.8万人，下辖14个村、1个社区。2009年，全镇实现生产总值41亿元，同比增长8%；镇级可支配财政收入4.1亿元，增长18%；镇本级总资产20亿元，增长26%；固定资产投资8.76亿元，增长37%；金融储蓄存款45亿元，增长12%；实际利用外资5000万美元，增长20%；引进内资4亿元，同比增长排名全市第5位。东坑镇获“市文明镇”称号，获得国家、省、市各类奖项190多个；230多人次获得个人表彰。

【产业发展】2009年，东坑镇制定产业结构升级转型规划方案，全面推动产业调整，坚持实施产业推动规划，设立来料加工转“三资”工作辅导小组，重点跟踪30家来料加工企业，鼓励企业升级转型。全镇受理转型企业18宗，转型11宗，同比增长50%。发展通信服务、汽车电子、节能光电、平板技术四大新兴产业。通信服务方面，引进广东中德电缆有限公司、东莞市华荣通信技术有限公司等企业，角社通讯数码产业园正式签约；汽车电子方面，东莞歌乐东方电子有限公司设立专门的汽车电子研发机构，富港（东莞）有限公司加大汽车电子的科技攻关力度；节能光电方面，重点扶持宝利节能有限公司、广东泰卓光电有限公司等企业。在重点扶持优势产业、新兴项目和龙头企业的同时，充分发挥深圳投资联络处作用，重点瞄准大企业、大项目，引进高质量、高效能的民营企业，特别是重点围绕华为集团等大企业做好配套项目的招商引资。此外，还加快内资引进、推动内外融合，帮助民营企业抓住新一轮转型发展重大机遇，采取植入产业链、嫁接高新技术、合营开拓内销市场等方式，推动内外融合，共同发展；鼓励民营搞研发促创新，帮扶一批民营企业创新发展。重点民营科技企业建立工程技术中心、重点实验室等科技创新平台；实施名牌带动战略，大力推进创建名牌名标工作。

# 东坑镇

① 2009年3月11日，市委书记、市人大常委会主任刘志庚视察东坑镇内河整治和“硬底化”建设
② 2009年5月26日，市委常委、组织部长庞国梅（中）视察东坑中学选址工作
③ 2009年10月23日，全市城乡水利防灾减灾工程建设现场会在东坑镇召开，副市长李小梅高度评价东坑水利工作

【城镇建设】 2009年，东坑镇实施投资拉动，加快15项重点工程建设，黄屋炭步桥、凤大丰收桥已通车，“10横10纵”路网规划基本完成。先后完成神山新排站、鹰岭公园、消防安监大厦、内河硬底化工程、保安楼、中凯国际酒店以及皇家公馆等多个重点项目。投入7000多万元，将东坑大道、东兴路升级改造为标志性大道。全镇有上等级公路里程达41.9公里，密度为1.5公里/平方公里，道路两侧硬底化比例超过60%。推进污水处理厂建设，加快配套截污管网工程，夯实环保硬件基础。落实每年3000万元—5000万元的农村建设专项资金，加强农村基础设施建设。

【综治维稳】 2009年，东坑镇发挥维稳、信访、司法、调解等功能，推进群防群治，健全“情报、打击、防范、应急”四位一体的反恐实战机制，完善“应急、控制、调查、处置和善后”五个环节的制度建设，建立健全应急救援队伍，切实严防群体性突发事件，提高应急能力。深入开展各类专项行动，继续铁腕打击“两抢一盗”、拐卖儿童、涉枪、涉黑、拉人上车抢劫等严重违法犯罪行为，对重点地区重点排查，对重点问题重点整治；继续推进警力下沉，加大路面巡逻，加强出租屋和流动人口管理，推动社区群防群治。继续严打“黄赌毒”，从源头上杜绝“黄赌毒”滋生。全年共破获各类刑事案件116宗。

【安全生产】 2009年，东坑镇加强村（社区）安全机构建设，完善镇、村、企业三级安全生产管理网络，切实落实各级安全生产主体责任，预防重特大安全事故发生，完善“消防街长”管理机制，深入开展消防安全隐患整治工作。

【食品安全】 2009年，东坑镇制定出台食品安全工作专项整治方案，组织工商、医药、卫生、食品公司、供销社等部门联合执法，对食品添加剂、肉食品、奶豆制品、农贸市场食品、食盐、集体食堂、蔬菜农药残留等进行专项整治。建立肉品安全跟踪监管信息平台，将生猪进场、检疫、定点屠宰以及肉品流通、消费、监管等环节连接，深入开展一系列打假治劣行动。

【就业创业】 2009年，东坑镇加强对村民岗位培训、技能提升，推动群众主动就业，帮扶大学生充分就业、自主创业；充分发挥农业产业园作用，加快建设“村民工厂”，重点招用户籍村民进驻就业；实行弹性上班制度，通过简单易懂的成品加工、来料包装等形式，最大限度照顾群众的技能水平和生活节奏，重点解决失地农民的就业问题；以产业调整为契机，统筹全镇企业缺工岗位，引导企业拓宽招工视野，主动聘用当地人员，破解企业缺工与群众就业双重难题，促进互利共赢。改善高校毕业生创业条件，成立大学生创业扶持基金，重点用于支持高校毕业生自主

① 东坑镇港商投资企业协会于2009年8月18日正式成立，该协会将更好地服务港资企业，搭建政、企沟通的桥梁，促进东坑投资环境的改善

② 2009年8月11日，落户东坑镇，投资过亿的全内资民营企业——广东中德电缆有限公司正式投产，标志着东坑产业初步进入内需市场，促进东坑产业结构调整、产业体系优化

③ 2009年5月14日，副市长严小康（中）到东坑亭岗岭生态区指导规划工作

创业，帮助解决大学生创业中面临的困难。全年解决群众就业681人次。选拔30名优秀大学生到村（社区）任职。

【社会保障】 2009年，东坑镇加大财政投入，加强养老、失业、医疗和工伤保险制度建设，完善多层次社会保障救助体系，加快社区卫生服务体系建设步伐，改善基层医疗卫生条件，推进安全、高效、均等化的社区公共卫生服务，大幅提升待遇水平和扩大保障范围增强保障力度，全年累计为参保群众优惠医疗费用600多万元，有效缓解“看病难”、“看病贵”问题，为全镇3350位老人进行免费健康体检和建立健康档案。全镇1.28万名农（居）民全部并入职工保险，共有参保单位1397个，其中新参保单位156个。参加工伤保险7.18万人、职工养老保险3.47万人、失业保险3.43万人、医疗保险9.41万人、农民养老保险9605人。发放职工养老金306万元，发放农居民养老金1491万元，发放低保救济金超过300万元。

【党建工作】 2009年，东坑镇做好基层党组织工作，强化发展党员的制度建设、基层队伍的党员培训、党性教育理论学习，以适应新形势新任务的要求为着力点，提高基层队伍的创造力、凝聚力和战斗力，保证党组织的参与决策、带头执行、有效监督。开展“特色党建示范区”的创建活动。深入开展“党员承诺”、“我为企业发展献一策”、“金点子”征集、设立“节能降耗岗”等一系列活动，引导“两新”党组织和党员主动作为。全年共发展68名素质好，学历高的青年党员。表彰16个先进基层党组织和120名优秀共产党员。三甲电子厂党支部、奇兴服装有限公司党支部创建成为“固本强基镇级示范点”标兵单位，时信电子厂党支部等4个党支部也创建成为固本强基镇级示范点。

① 市委常委、组织部长庞国梅，原市政协主席袁李松，市人大常委会副主任李秀冰，副市长严小康，市政协副主席林明枢，省文化厅副厅长杜佐祥以及镇领导黄为国，共同启动2009年“卖身节”开幕式

② 2009年2月26日，东坑镇一年一度的文化盛宴——二月初二“卖身节”召开。“风情东坑”、“激情东坑”、“商情东坑”、“艺情东坑”，让广大群众尽情领略由古代农耕人节日演绎而来的现代人欢乐节目

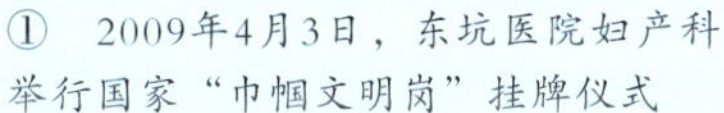

① 2009年4月3日，东坑医院妇产科举行国家“巾帼文明岗”挂牌仪式

② 2009年6月26日，东坑镇举行15项重点工程奠基（竣工）暨东坑大道命名仪式。十五项重点工程，其中道路、桥梁、内河整治工程部分竣工或完工，下来将重点推进新中学、医院住院楼、群艺中心、社医大楼、保安大厦等工程建设

③ 东坑镇中心一景

【教育·文化】2009年，东坑镇加快新中学建设步伐，推动电大、成校开展“企业订单式教育培训”，实行产业工人短期岗位培训补贴政策，促进中职教育发展；认真处理好公办教育和民办教育、义务教育和职业教育、学前教育和基础教育的关系，促进各类教育均衡发展；实施户籍青年升读大专以上学历补贴政策，使280名30岁以下东坑镇户籍青年就读电大分校；增加“新莞人”子女入读公办学校学位，全年为“新莞人”子女提供359个免费公办学位；加大对困难家庭子女教育的扶持力度，开展学习型单位、学习型家庭创建活动，在全镇掀起学习新高潮。开展“创建和谐家庭”及“和谐家庭标兵”创建活动，累计创建和谐家庭480户、和谐家庭标兵45户、“新莞人”和谐家庭15户。大力传承木鱼歌文化，并成功列入省第三批非物质文化遗产。《木鱼说唱“卖身节”》节目，获首届中国农民文艺汇演丰收杯奖。

【文明镇创建】2009年，东坑镇举办创文明镇大家支持宣誓活动，发放《争做文明人、共创文明镇》倡议书5万多份。成立创建工作领导小组，由镇委书记任组长，镇长任执行组长，下设10个工作组，设立创建办，并抽调10多人专职办公，落实专项经费，制定专门创建工作方案，做到人财物到位，确保活动有效开展。在党员干部中，开展“团结、紧张、严肃、活泼”好班子创建活动，深入实践科学发展观。在广大群众中，开展“讲诚信、树新风、创文明”教育实践活动。开展“文明社区”、“校园之星”、“孝敬之星”评选，组织多次“文明行动月”和“文明行动日”，集中开展“养成文明习惯、争当文明市民”全民行动、志愿者上街劝谕活动、交警城管和各窗口行业等专项教育执法活动、“文明使者”公益宣传活动、“文明公交车”创建活动。至2009年底，文明村占全镇总村数的53%，文明户占全镇总户数的98.5%，东坑镇公共文明指数总分达86.9，在全市排第四名。

【二月初二“卖身节”】以岭南农耕文化为载体的农历二月初二“卖身节”，是东莞市传统节庆文化的典型代表。2009年，东坑镇的“卖身节”以“我和东坑有个约会”为主题，分为“风情东坑、激情东坑、商情东坑、艺情东坑”四大活动板块，活动吸引30多万人集聚东坑；美食、商贸等活动直接拉动经济消费3000多万元；吸引近百家企业到场招聘，现场为求职者提供4300多个就业机会。（秦智徽）

**附：2009年东莞市东坑镇党委、人大、政府领导名录**

镇委书记：黄为国

镇委副书记：张耀洪　梁轼文

镇委委员：李树容　卢浩华　苏灿辉　黄醒光　李爱连（任至3月）　丁寿均　黄晨光　刘晓冬　梁伟侬　苏庆中

镇人大主席：黄为国

镇人大副主席：李树容　苏佛养

镇　长：张耀洪

副镇长：卢浩华　丁炜涛　卢柏波

## 2005—2009年东坑镇主要经济指标

| 指标＼年份 | 2005 | 2006 | 2007 | 2008 | 2009 |
|---|---|---|---|---|---|
| 户籍人口（人） | 29163 | 29369 | 29590 | 29788 | 29803 |
| 外来暂住人口（人） | 71236 | 71393 | 60927 | 59104 | 68027 |
| 面积（平方公里） | 23.8 | 23.8 | 23.8 | 23.8 | 23.8 |
| 生产总值（万元） | 265118 | 301747 | 329458 | 380365 | 410454 |
| 工业总产值当年价（万元） | 611499 | 703532 | 775542 | 896645 | 879125 |
| 农业总产值当年价（万元） | 20901 | 10083 | 7781 | 7283 | 3762 |
| 总用电量（万千瓦时） | 69530 | 74215 | 76324 | 73074 | 69358 |
| 全社会固定资产投资总额（万元） | 24400 | 40338 | 47103 | 65855 | 87590 |
| 社会消费品零售总额（万元） | 29452 | 34644 | 39963 | 56589 | 46805 |
| 外贸出口总额（万美元） | 64819 | 81933 | 120052 | 131531 | 94047 |
| 实际利用外资（万美元） | 8098 | 8200 | 8364 | 8384 | 3326 |
| 镇级可支配财政收入（万元） | 15086 | 20789 | 25982 | 35049 | 41362 |
| 各项税收总额（万元） | 20588 | 29114 | 32254 | 42105 | 39277 |
| 金融机构各项存款余额（万元） | 254151 | 319036 | 333604 | 401330 | 451617 |
| 城乡居民储蓄存款余额（万元） | 192418 | 230835 | 248981 | 304779 | 336069 |

## 企石镇

【概况】企石镇位于东莞市东北部、东江中下游南岸，西眺广州，东望惠州，南邻深圳、香港，面积58.2平方公里，辖19个行政村和1个社区，常住人口8.82万，其中户籍人口4.13万人。山水资源丰富，文物古迹众多。基础设施完善，广深高速、广惠高速、常虎高速、东部快速、东江大道及省道S120等干线公路从镇内及周边经过。

2009年，企石镇生产总值31.82亿元，比上年增长3.5%；工业总产值56.1亿元，增长0.5%；各项税收总额3.49亿元%；镇级可支配财政收入2.38亿元；新签协议17宗，增长21.4%；新签协议金额1369万美元；实际利用外资2853万美元，增长17.6%；村级可支配收入1.61亿元，增长12.7%；社会消费品零售总额8.17亿元，增长5%；城乡居民存款余额28.37亿元，增长10.7%；人均生产总值3.6万元，同比增长8.2%。

① 市委常委、常务副市长冷晓明（左二）在企石镇一家民营企业调研

② 市委常委、常务副市长冷晓明（中）在企石镇调研时，与东莞市中镓半导体科技有限公司负责人交谈

③ 市委常委、组织部长庞国梅在企石镇一家民营企业调研

④ 市纪委书记甄瑞潮（右二）在企石调研

⑤ 副市长李小梅（左二）视察企石水利防灾减灾工程

⑥ 镇党委书记、镇人大主席麦广钦（前台左二）在接访中，认真听取来访群众意见（王道辉　摄）

## 企石镇

①

②

③

④

⑤

⑥

① 市委常委、组织部长庞国梅（左二）在企石镇一家民营企业调研时，到该企业专门设置的村民车间与中老年员工亲切交谈

② 市政协十一届港澳委员（部分）为企石镇41名家庭困难在校大学生捐资助学

③ 镇领导在敬老院慰问老人

④ 镇委书记、镇人大主席麦广钦深入长寿老人家中慰问

⑤ 镇委副书记、镇长邓辉深入长寿老人家中慰问

⑥ 旧围社区卫生服务站落成揭牌仪式举行。至此，该镇社区卫生服务站增加至8个

⑦ 旧围社区卫生服务站捐资人士出席落成揭牌仪式 （王道辉 摄）

① 省科技厅副厅长龚国平（左三）在企石镇调研光电产业发展情况

② 2009光电企业（企石）峰会及光电产业发展高峰论坛

③ 东莞中镓公司、北京大学、光大集团签署协议，共同研发、生产光电产品和光电设备，成为“产、学、研”结合典范

④ 东莞市总商会第二批和谐企业会员挂牌仪式

⑤ 东莞市凯晟灯头实业有限公司等三家企业获“广东省著名商标”称号，获得企石镇政府奖励各15万元（王道辉　摄）

站配套线航建设问题已解决；市第七中学基本完成征地拆迁任务和方案设计工作；省道S120道路改造升级、东江龙江大桥建设项目铺开；东江豪门一期主体工程、新江路改造市政工程基本完成；江南大道市政工程完成工程量的25%。镇村环卫配套设施不断完善，绿化美化工程继续推进。

【产业调整】 2009年，企石镇举办第三届光电产业发展高峰论坛。继研发第三代半导体氮化镓衬底材料产业化项目后，东莞光大集团与北京大学再次联手合作开发蓝光激光器项目。惠德丽实业有限公司与武汉理工大学合作成立“绿色新材料科学与工程研究中心”。美信电子科技公司与西安交通大学签订研发合作协议。广东佳彩数码科技有限公司、东莞捷迅橡胶有限公司等一批企业成立了企业科技协会。全年共有48家外资企业产品转内销，内销总额达7535万美元；协助企业落实各类科研资助经费1160万元，协助企业申报科技项目40项，新增国家高新科技企业3家、新增省、市民营科技企业6家，新获得科技进步奖2个。编制出台《企石镇2008—2015年商业网点规划》，新登记各类市场主体965户。全镇三大产业的比重由上年的0.79∶50.1∶49.11调整为0.78∶51.21∶48.01。

【城乡环境】 2009年，企石镇在总体规划、镇土地利用总体规划的框架下，编制完成七个片区的控制性详规，其中五个片区已通过审批。镇“24项重点工程”有13项已建成并投入使用，7项已经完成工程总量的50%以上。上江变电

【综治与公共安全】 2009年，企石镇综治信访维稳中心作为全市先行点之一率先建成投入运作，各试点村、大型企业（工业园区）的综治工作站建设加快推进。始终保持严打态势，开展“治摩”（治理摩托车）、“禁电”（禁止电动自行车上路行驶）、“打虎”（打击利用“老虎机”赌博违法行为）等专项行动，新增“平安社区”9个。镇、村、单位干部职工共389人、分5期接受应急救护专项培训。开展“镇领导班子成员大接访”活动，基本把问题解决在镇内。开展安全生产知识教育和安全隐患排查整治，全年各类安全生产事故发案率同

① 企石镇外商投资企业协会会长刘浩扬代表协会向镇政府赠送作品
② “千年秋枫”文化节闭幕式
③ 企石镇霞朗村获评市首批市容环境优美村
④ 女子舞龙庆新年（王道辉 摄）

## 2005—2009年企石镇主要经济指标

| 指标 \ 年份 | 2005 | 2006 | 2007 | 2008 | 2009 |
|---|---|---|---|---|---|
| 户籍人口（人） | 39620 | 40101 | 40514 | 40926 | 41346 |
| 外来暂住人口（人） | 53540 | 57075 | 58263 | 59152 | 46854 |
| 面积（平方公里） | 59 | 59 | 59 | 59 | 58.2 |
| 国内生产总值（万元） | 201236 | 241735 | 283431 | 294399 | 318197 |
| 工业总产值当年价（万元） | 318161 | 413406 | 543500 | 558089 | 560969 |
| 农业总产值当年价（万元） | 7551 | 4935 | 3803 | 4583 | 3138 |
| 总用电量（万千瓦时） | 58642 | 64503 | 64338 | 63029 | 62449 |
| 全社会固定资产投资总额（万余） | 36357 | 50623 | 50888 | 58422 | 50877 |
| 社会消费品零售总额（万元） | 56811 | 63022 | 69865 | 77735 | 81665 |
| 外贸出口总额（万美元） | 27172 | 29677 | 36592 | 35197 | 42009 |
| 实际利用外资（万美元） | 3226 | 3445 | 2052 | 2425 | 2853 |
| 镇级可支配财政收入（万元） | 14295 | 16655 | 22780 | 24993 | 23806 |
| 各项税收总额（万元） | 16716 | 21311 | 27582 | 35574 | 34929 |
| 金融机构各项存款余额（万元） | 243412 | 272222 | 293154 | 374267 | 398386 |
| 城乡居民储蓄存款余额（万元） | 190330 | 216023 | 227163 | 256214 | 283701 |

Sino Nitride

中镓半导体

## 东莞市中镓半导体科技有限公司

企业总部设于广东东莞，总部设立厂房办公区等共17000多平方米，并于北京与东莞分别设立了两个大型研发中心。企业以北京大学宽禁带半导体研究中心为技术依托，引进国内外优秀的技术及管理团队，被评为国内领先世界一流创新科研团队，同时企业拥有完善的科研生产设施及先进的装备，为中国国内首家专业生产氮化镓（GaN）衬底材料的企业。

本企业创造性地将MOCVD技术、激光剥离技术和HVPE技术相结合，开发、生产第三代半导体材料与装备。主要产品包括：（1）氮化镓（GaN）衬底材料（2英寸），包括自支撑GaN衬底、GaN/Al203复合衬底；（2）图形化蓝宝石衬底（PSS）（2英寸）；（3）MALLO系列微区激光剥离设备。除了标准产品，企业也可根据用户需求进行定制加工。

本企业专注于开发生产高品质的半导体衬底材料及相关高精密设备的制造，目标是建立全球领先的半导体氮化物生产基地。竭诚为广大国内外用户提供最优质的服务，立足中国，放眼全球，竭力为中国乃至世界半导体行业带来一个新的发展契机。

品质为先　诚信为本　追求卓越

## 石排镇

【概况】 石排镇位于东莞市东北部，东江中下游南岸，江岸线14.5公里，距东莞市区20公里、广州50公里、深圳70公里，北面与惠州市博罗县隔江相望。全镇面积56平方公里，下辖18个行政村和1个社区，户籍人口4.22万人，外来暂住人口9.22万人。

2009年，石排镇获市城市公共文明指数测评第一名和市“文化建设先进镇”、市“知识产权试点镇”。经济社会呈现“稳中求进、有序转型、安定和谐”的良好态势。全镇实现生产总值达43.89亿元，同比增长7.1%；工业总产值达81.24亿元，增长1.5%；镇本级可支配财政收入达3.61亿元；工商税收总额4.31亿元；农民年均纯收入1.22万元，增长6%；社会消费品零售总额12.04亿元，增长10.1%；全镇各项存款余额61.96亿元，增长15.8%。

【城镇建设】 2009年，石排镇以重点工程为支撑，扎实推进城市建设。完成18个行政村建设规划，送审并且报批塘尾片区控规和石崇现代制造业中心片区控规，形成总规、土规、专规、控规和村规五位一体的规划体系。工业大道基本建成通车，石崇大道赤坎至向西段路面拓宽工程和石崇横路如期施工，全长

石排镇

①

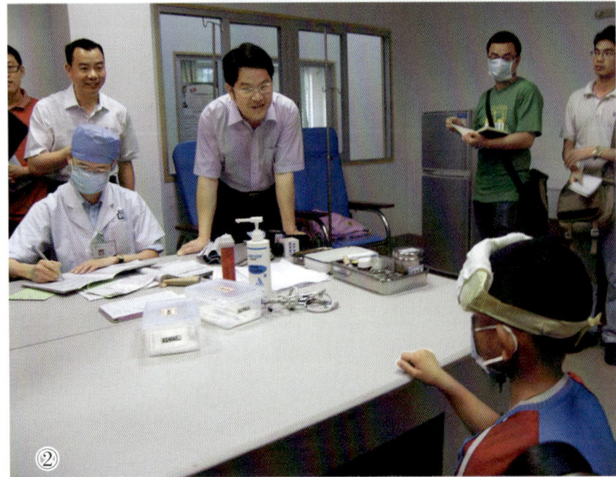
②

③

12.57公里的石排大道改造升级工程全面铺开。全年受理已建房屋补办证照登记2952宗，上报市备案2952宗，备案率100%，补办宅基地证、房产证1729宗。自来水公司管网改造工程正加紧施工建设，协助推进东莞检验检疫局石排检测基地建设并投入使用，协助推进省计量院第二检测基地建设并已完成土建工程。利丰城市花园、东苑花园等房地产项目相继开盘，总计销售面积5万平方米，同比增长11.5%。此外，配合东莞生态园建设，协助统筹土地562公顷，完成统筹任务的83%，确保了市属重点工程的顺利推进。

【村组发展】2009年，石排镇以统筹发展为依托，村组实力全面扩充。强力落实公共财政扶持，继续设立5000万元村组发展扶持资金，使用近2000万元扶持资金为村组发展造血，22个落后村组总收入达4359万元，尤其福隆村谭屋等后进村组同比增长超过100%。鼓励村组上项目，落实村组“六个一”工程（一张规划、一批厂房、一个市场、一个村民就业车间、一条商业街、一家酒楼），全镇新增经营性物业27.31万平方米，村组经营性物业总面积231.42万平方米，同比增长13.4%，特别是物业出租率高达97.4%；推进星宝企业、下沙岭南农批市场一期、埔心廉租公寓等一批村组重点项目，拉动集体经济的增长。全年村组两级资产总额24.65亿元，同比增长8.5%；村组两级集体总收入2.7亿元；村组固定资产总值18亿元，增长9.6%；农村人均纯收入12173元，增长6%。

【产业升级】2009年，石排镇以产业升级为重点，突出对企业的走访帮扶。开展“领导干部帮扶企业”等一系列走访企业活动，镇、村、组三级干部集中走访840多家企业，举办55场金融产品推介会和“市六个十亿”宣讲会，与中信银行合作创设“种子资金”，共为91家企业获得贷款8.97亿元，224家企业入选东莞市重点支持中小企业和加工贸易企业名录。组织8批次72家企业参加广交会、外博会等知名展会，达成意向订单1667.2万美元。全年转型企业17家，其中12家来料企业转“三资”，5家来料企业转民营。落实“科技东莞”工程，同省质量技术监督局、东莞出入境检验检疫局、东莞海关等分别签订备忘录。共协助企业申报各类科技项目42项、获得镇级以上扶持资金966万元，引导4家外资企业成功申办研发机构，新认定省民营科技企业2家，市民营科技企业5家，国家高新技术企业1家，获得专利授权220件，市级专利试点企业3家。

【社会管理】2009年，石排镇继续推进社会管理各项工作，打造一流的治安环境、城市环境、市场环境。

治安管理。组织开展“粤安09”、“天网09”等专项行动49次，全年共立刑事案件462宗，比上年下降15.2%，破获“3·18”特大汽车盗窃团伙案等一批领导关注、群众关心的大案要案。开展中坑、田寮等7个村创建市“平安社区（村）”，石排公园警务区实现全年“零发案”。开展镇领导大接访活动，各类信访案件结案率达96.8%。

① 2009年6月24日，市委书记、市人大常委会主任刘志庚率领市卫生、疾控、教育等部门负责人到石排镇指导甲型H1N1流感防控工作

② 2009年6月24日，市委书记、市人大常委会主任刘志庚到石排镇社区卫生服务中心视察甲型H1N1流感防控工作

③ 2009年6月25日，市委副书记、市长李毓全通过视频与被隔离的甲型H1N1流感患儿及其家长亲切交谈

④ 2009年6月25日，市委副书记、市长李毓全、石排镇委书记、镇人大主席翟崇碧等一行到石龙人民医院看望石排甲型H1N1流感患者

⑤ 2009年6月25日，石排镇委书记、镇人大主席翟崇碧等一行到石龙人民医院看望石排甲型H1N1流感患者，并详细了解他们在医院的治疗情况

① 2009年12月17日，石排镇通过创建国家卫生镇省级技术评估。图为石排镇委副书记、镇长简任昌接受广东省“国家卫生镇”技术评估组颁发的国家卫生镇考核鉴定意见书

② 石排镇出现甲型H1N1流感之后，迅速加强了石排中学等各中小学的学生晨检、午检及公共区域清洁消毒工作。图为石排中学的老师在课前为学生测量体温

③ 2009年6月18日石排中心小学爆发甲型H1N1流感疫情之后，各中小学校加倍注意科学预防和公共卫生，图为石排福隆小学的学生在水池边洗手

④ 2009年10月19日，一年一度的“中国镇”第二届体育文化艺术科技节圆满闭幕，在闭幕晚会上庞国梅、李秀冰、吴道闻、严小康等市领导以及石排镇委书记、镇人大主席翟崇碧，石排镇委副书记、镇长简任昌一起主持了石排镇镇标揭幕仪式

城市管理。创建国家卫生镇工作顺利通过省级技术评估。完成污水管网建设、道路指示系统升级和LED节能路灯改造。李家坊等9个村通过“市容环境优美村”复检。

市场管理。赤坎村创建成为“零无证照经营示范村”，燕窝、横山等6个村创建成为“无传销村（社区）”，万丰综合市场等6个市场被评为“市诚信文明市场”，19个村（社区）均推进创建“百城万店无假货示范街”活动。

交通管理。开展“治摩禁电”、严查“酒后驾车”等整治行动。全镇交通事故宗数比上年下降2.6%，死亡人数下降53.3%，直接经济损失下降0.8%。

【安全生产】2009年，石排镇共发生各类事故552起，死亡5人（交通事故），受伤262人，直接经济损失163.84万元，同比分别上升4.9%、下降66.7%、上升16.4%，上升21%。事故死亡总人数同比减少10人。全年发生道路交通事故162宗、死亡人数为5人，同比分别下降1.2%、64.3%；发生工矿商贸企业事故359宗，上升19.3%，无人员死亡；发生火灾事故31宗，下降6%，无人员死亡。

【民生工作】2009年，石排镇坚持以惠及民生为根本，不断改善群众生活。

完善医疗卫生。铺开石排医院总院

① “中国镇学习论坛”是中共石排镇委、石排镇人民政府和《南方都市报》联合主办的“中国镇五大培训活动”之一，也是石排镇特色培训平台和知名文化品牌，图为2009年10月15日，凤凰卫视著名主持人杨锦麟为第一期“中国镇学习论坛”开讲

② 2009年8月29日，石排镇幼儿园免费教育补贴发放启动暨普通高中免费教育补贴发放仪式上，石排镇镇委书记、镇人大主席翟崇碧给幼儿园学生代表发教育补贴金

升级改造的规划设计，完善“一中心十个站”的社区医疗服务体系，投入1058.75万元启动建设7个社区医疗卫生服务站,完成农（居）民三年免费体检工作。

健全社会保障。启动实施城乡一体的社会养老保险体系改革。继续推进扶贫帮困，共投入保障资金271万元，慰问困难群众605户1547人，发放优抚安置金42万元，投入356万元帮扶贫困学生780人。

促进就业创业。全年共培训本地人461人，新增就业岗位1523个，推荐就业334人，帮扶160名摩的司机成功转型就业，合计发放岗位津贴和工资差额补贴355.37万元，创建15个村民就业车间、10个零失业村。深入开展本地大学生暑期创业实践活动，参与率达92%。

完善公交体系。投入900万元新增30辆公汽、10辆公的，新增3条公交线路，运营车辆达到103辆,运营线路达到12条，是首个超过市运力下达指标的镇街。全面实现村村通公汽，获省“平安畅通县区”称号。

关爱“新莞人”。出台“新莞人”子女就读镇公办学校优惠政策，177名“新莞人”子女成功入读公办学校；开行12趟“新莞人”返乡专列、100多趟专车，惠及数万名“新莞人”。

**【机关效能】** 2009年，石排镇以执政为民为导向，机关效能显著加强。开展镇村组三级干部党员全员大培训，全年累计开设各类培训班20多期，培训干部党员近7000人次。充分发挥镇长信箱的监督作用，镇长信箱共接到群众来信263封，回复率实现100%。开展市民评机关活动，群众满意度100%。铺开村级行政资源整合，村级内设机构规范设置，公开选聘19名本科以上学历的石排镇大学生到村（社区）任职，夯实了村级管理基础。严格执行政府采购、财审、建设工程招投标和土地、产权交易等制度。

**【教育·文化】** 2009年，石排镇以打造教育名镇为目标，全力推进教育事业。如期推进户籍人口免费教育，启动幼儿园阶段免费教育。高考、中考成绩创历史新高，高考录取人数331人，比上年增加32人，实现考取清华大学和单科成绩全省状元两个“突破”；中考升学率达98.3%，比上年提高2.8个百分点，位居全市前列。举办中国镇第二届体育文化艺术科技节、岭南中国星和中国镇学习论坛等大型活动，吸引近60万人次参与。开展“文明镇街”和“文化建设先进镇”的创建，石排公园获“市十佳文化广场”。

**【抗击甲流】** 2009年6月18日，石排镇中心小学暴发学校聚集型甲型H1N1流感。面对这场突如其来的疫情，中央、省、市领导高度重视，东莞市委书记刘志庚、市长李毓全多次作出重要指示和批示，并到石排及石龙人民医院检查指导防控工作。石排镇委、镇政府沉靠前指挥、制定措施，构建甲型H1N1流感防控长效机制，仅用15天时间就取得抗击全国首例社区聚集性甲型H1N1流感疫情战役的胜利。56例确诊病例全部治愈出院，1550名密切接触者全部解除隔离，在短时间内有效地控制疫情，保证市场不停市、工厂不停产、机关不停止办公，保持了社会大局的稳定。

（韩 亮）

**附：2009年东莞市石排镇党委、人大、政府领导名录**

镇委书记：翟崇碧
镇委副书记：简任昌
镇委委员：翟崇碧 简任昌 陈伟楚 梁暖光 香灼培 王旭深 姚灿光 黄沛成 陆奕彪 王永权 杨永佳
镇人大主席：翟崇碧
镇人大副主席：梁暖光 袁达胜
镇 长：简任昌
副镇长：陈伟楚 李谢权 邓柱洪 刘丽红

## 2005—2009年石排镇主要经济指标

| 主要经济指标 \ 年份 | 2005年 | 2006年 | 2007年 | 2008年 | 2009年 | 2009年比2008年增长（%） |
|---|---|---|---|---|---|---|
| 户籍人口（人） | 40546 | 40767 | 41277 | 41772 | 42193 | 0.01 |
| 外来暂住人口（人） | 84816 | 86778 | 95456 | 96458 | 92178 | 0.04 |
| 面积（平方千米） | 56 | 56 | 56 | 56 | 56 | 0 |
| 国内生产总值（万元） | 227673 | 284276 | 353005 | 410036 | 438939 | 7.05 |
| 工业总产值当年价（万元） | 411061 | 513263 | 668547 | 800437 | 812444 | 1.50 |
| 农业总产值当年价（万元） | 8853 | 8909 | 9425 | 10018 | 10116 | 0.98 |
| 总用电量（万千瓦时） | 82498 | 93041 | 98164 | 98493 | 94567 | -3.99 |
| 全社会固定资产投资总额（万元） | 82565 | 145662 | 377977 | 227786 | 187225 | -17.81 |
| 社会消费零售总额（万元） | 79933 | 88277 | 97338 | 109311 | 120384 | 10.13 |
| 出口总额（万美元） | 28626 | 36739 | 44476 | 52452 | 42086 | -19.76 |
| 实际利用外资（万美元） | 3349 | 3653 | 4968 | 5974 | 5370 | -10.11 |
| 镇级可支配财政收入（万元） | 18417 | 28096 | 40156 | 45300 | 36078 | -20.36 |
| 工商税收总额（万元） | 22450 | 30493 | 41463 | 43744 | 43079 | -1.52 |
| 金融机构各项存款余额（万元） | 313824 | 409334 | 449883 | 534875 | 619567 | 15.83 |
| 城乡居民储蓄存款余额（万元） | 241603 | 288976 | 311700 | 403738 | 457329 | 13.27 |

# 茶山镇

【概况】茶山镇位于东莞市北部，全镇面积56平方公里，下辖17个村（社区），户籍人口4.44万人，外来暂住人口7.6万人。

2009年，全镇生产总值62亿元，比上年增长7.3%；工业总产值125.22亿元，增长4.4%；实际利用外资6330万美元，各项税收总额7亿元，增长3%；各项存款余额74.3亿元，增长4.8%，其中城乡居民存款余额53.1亿元，增长7.3%；固定资产投资17.5亿元。茶山镇获东莞市文化建设先进镇、维护稳定和社会治安综合治理先进镇（街道）、全国亿万农民健康促进行动广东省示范区等称号，获东莞市镇（街道）领导班子落实科学发展观工作量化考核综合总分一等奖。

【城建规划】2009年，茶山镇围绕城市副中心的定位，结合东莞生态园、轨道交通R2线和东莞新客运站等市属重点工程，完成《茶山镇总体规划（2008—2020）》初步方案，推进茶山—上元片区、圆头山片区、工业园二期（超朗）片区、铁路沿线片区、京山片区等片区的控规编制，完成茶山镇工业园、茶山镇中心片区、增埗片区三个片区的控规报批，完成编制方案的控规面积达2766.2公顷，占全镇总面积58%。配合东莞生态园工程建设，完成收地1011.9公顷，占收地任务的98.7%。配合东莞新客运站和轻轨R2站建设，开展《东莞新火车站地区整体改造研究及核心区概念城市设计》等一系列城市设计。协调上级部门筹集资金8500万元，完成R2站16.5公顷的征地任务。按照协商一宗补偿一宗的方法，做好闻宇铝材有限公司评估补偿工作。推进东莞新火车站征地工作，已与80%业主签订征地补偿协议。配合运河综合整治，完成寒溪河沿线拆迁建筑物的丈量工作，签订拆迁协议建筑物2.8万平方米。投入99.7万元，新建改造公厕14座，新建垃圾压缩转运站3间。投入129万元，铺设、改造供水管道21公里。投入100多万元，完成方中路景观照明工程。

【重点工程】2009年，茶山镇开展各项重点工程建设工作。投入1891万元，基本完成文化广播电视大楼主体工程建设。启动文化广场、茶山医药大厦、东盛食品屠宰场、东昌食品物流城、东岳公园修复工程等一批重大项目建设。加快污水处理厂及配套管网建设，污水处理厂一期主体工程累计完成99.7%，截污主干管网工程累计完成总进度的96.4%，并启动试行运作。全面推进旧村整治，投入5532万元，完成整治项目516个，全镇17条村（居）的旧村整治工作全部通过市验收考核。筹建超朗村11.5公顷的拆迁安置小区，解决孙屋、麦屋村民小组整体搬迁问题。

【外源经济】2009年，茶山镇转变招商引资观念，整合工业园、村集体、私人闲置用地、闲置厂房等各方招商资源和力量，充分利用和推介茶山镇服务好、收费低、交通便利等各种比较优势，开展招商引资工作。全年新增项目20宗，合同利用外资4759万美元，实际利用外资6330万美元，比上年增加20.5%，完成全年任务115.1%，完成进度排名全市第5名。新增项目中，东莞新记制衣印花有限公司的合同利用外资最大，为1226万美元；合同利用外资26.5%来自增资，其中东鸿兴业电子科技有限公司项目增加注册资本554万美元；嘉顿食品（东莞）有限公司增资350万美元。实施“帮扶企业，促进发展”的政策，全年共协助5批外资企业（共43家）申请东莞市重点中小工业企业和加工贸易企业融资专项资金，协助企业融资8585万元，达成融资意向1.4亿元。召开会议向外资企业宣讲《协助在莞港资企业拓展新兴市场合作协议》以及国际市场开拓资金；协助申报开拓国际市场资金和转型升级基金的外资企业共有8家，企业申请的资金从1.5万元到7万元不等。重点选取投资规模较大，在各行业中占有主导地位的100家企业，实行每月一次的上门调查，及时掌握企业的最新动态，切实为企业解决经营过程中的困难和问题。协助和引导来料加工企业转为“三资”企业，推动加工贸易转型升级的工作。有12家来料加工企业转为独资企业，投资总额4000万美元，注册资本2800万美元。促进外资企业扩大内销，组织13家企业参加专场采购对接会、“外博会”，借助知名展会拓宽内销市场，全年外资企业内销额达31.6亿元，比上年增长0.3%；内销缴税额1.84亿元，增加15.7%。另外，全镇有10家外资企业达到市加工贸易转型升级专项资金中设立内销奖励项目的相关条件，涉及的奖励金额347万元。

【产业集群】2009年，茶山镇推进食品交易市场、食品质量检测中心、食品职业技术培训基地和食品展会“四个一”工程的建设，组织镇内8家食品企业参加浙江宁波“2009中国食品博览会”，提升茶山食品的知名度，带动食品产业的集群发展。投资3亿元，启动东昌食品物流城建设，为全国各地食品原材料提供一个大型、安全、便利的食品材料仓储及中转场所。投资2.68亿元，启动华发纸业物流建设，打造珠三角地区纸业专业物流中心。组建东莞市首个废品交易市场——茶山废品回收交易中心，规范废品回收经营管理，促进再生资源回收体系相衔接，提高废品回收利用，保护环境。编制《茶山镇商业网点规划》和《茶山镇商贸物流业规划》，整合布料物流城、茶叶交易市场、夹板交易市场等资源，加快商贸物流业的集群发展。

【名牌带动战略】2009年，茶山镇实施名牌带动战略，继续执行《茶山镇名牌带动战略实施方案》，从放宽投资领域，扶持民营经济加快发展。2009年，茶山镇对已获得名牌名标称号的5家企业共1000万元的贷款进行贴息。协助9家企业申报省著名商标，13家企业申报省名牌产品，1家企业申报中国名牌产品。至2009年，全镇拥有各类名牌名标19个。

【自主创新】2009年，茶山镇推动企业自主创新，培育“两自”（自有品牌、自主技术）企业，出台《关于实施科技茶山工程建设创新型城镇的意见》。设立“科技茶山”专项资金，连续五年，每年投入1000万，扶持企业开展科技创新。投入950万元，建设茶山镇生产力促进中心，为企业提供信息、技术、人才、培训、管理、检测、资金等服务。鼓励企业申报经贸科技项目，已立项15项，协助企业获得省、市资助资金1598万元。完善企业技术创新体系，新增省级工程技术研究开发中心1个，省级企业技术中心1个，市级企业技术中心1个，省民营科技企业1家，市民营科技企业4家。

【公共安全】2009年，茶山镇不断加大综合整治力度，狠抓社会治安综合治理，维护社会安定。新建塘角、南社等平安社区6个，新建丽江豪园、茶山医院2个警务室，建立治安岗亭114个，设立签到处191个。打击“两抢一盗”（抢劫、抢夺、盗窃）、拐卖儿童等犯罪行为，开展禁赌扫黄专项行动，整治全镇治安重点区域，全年刑事案件破案295宗，其中命案侦破率100%。加强安全隐患整治，开展火灾隐患地区、“三小”（小商铺、小作坊、小娱乐场所）场所和出租屋、公众聚集场所、高层和地下建筑等四个消防专项整治行动。开展安全生产大检查专项行动，全镇发生各类事故数、死伤人数分别比上年下降6.7%和8.1%。加强食品安全整治，全镇没有发现重大食品安全问题。强化交通安全管理，全镇交通安全事故比上年下降12.7%。投入500多万元，基本完成综治信访维稳中心主体工程；镇财政投入85万元奖励金，鼓励各村（居）加快维稳综治工作站建设，17个综治站已完成建设并投入使用。建立健全镇、村、企业三级信访工作体系，开展重信重访专项治理、领导干部大接访等活动，强化领导包案制度，及时发现和解决问题，全年受理信访案件全部办理完毕。妥善调处劳资纠纷，调解率达99%；加大劳动监察力度，全年巡查监察企业538户（次），涉及9.6万人（次）；建立企业倒闭风险预警机制，严厉打击欠薪逃匿行为。调整镇应急办为常设机构，安排专职人员24小时值班；建立应急联动机制，组建应急救援队伍，开展应急预案演练，提高应对突发事件的能力。加强城市综合治理，开展食品经营、非法行医、整治黑网吧等专项整治。开展乱搭建、违章广告、违法建筑等专项整治。

【公共交通】 2009年，茶山镇推进公共交通事业发展。投入5364万元，完成圆头山大道建设；投入5866万元，完成卢溪路一、二期工程建设；推进茶南路、超横路、超东路、14号路（东溪路）、15号路（安泰路）及广深铁路下穿隧道的建设；启动塘下路、卢元路、茶京路、茶塘路的村际联网路升级改造；投入93.7万元，规划建设公共交通候车亭30个，已建成16个。调整公交线路6条，新增公共汽车12辆。

## 茶山镇

### 领导关怀

① 2009年5月19日，市委书记、市人大常委会主任刘志庚到茶山镇调研

② 2009年5月15日，市委副书记、市长李毓全到茶山镇企业调研

③ 2009年2月18日，茶山镇京山村“平安社区”挂牌

④ 2009年9月12日，东莞市非物质文化遗产保护体验日在茶山南社举行

①

②

③

④

## 中国食品名镇

① 2009年8月28日，国内首家民营糕点博物馆——圣心糕点博物馆开馆
② 茶山镇组团参加宁波食品博览会
③ 茶山食品企业
④ 茶山企业参加宁波食品博览会

## 新城建设

① 茶山文化广场（效果图）
② 茶山一角
③ 茶山多功能体育馆（效果图）
④ 茶山食品研发与检测中心

新城建设　①　茶山食品物流城　②　茶山浪头山开发区　③　茶山商贸中心区鸟瞰图　④　茶山镇鸟瞰图

【水利建设】2009年，茶山镇重视水利建设。全镇的水利防灾减灾工程除了茶山村段、寒溪水村段由于受寒溪河综合整治影响，工程暂停施工外，刘周旧排站重建工程正在扫尾，其余工程已经全部完成。推进寒溪河综合整治和生态园南畲塱主排渠拓宽、清淤及沿线桥梁改造工程。加快内涝隐患工程建设，京山排站配套工程、茶山中学路面改造工程已完工；四尾洲排渠上元段改造工程、四尾洲排渠路面整治工程正在施工中。

【医疗卫生】2009年，茶山镇全面做好甲型H1N1流感防控工作，学校、工厂企业和社区开展甲型H1N1流感防治知识宣传，共举办六期专题知识讲座，培训人员近5000人次，发放宣传资料4万份，张贴宣传海报100余份，全镇没有发现甲型H1N1流感聚集性病例。投入1058万元，完善社区门诊医疗卫生服务体系，全镇社区卫生服务机构诊治病人13.4万人次，诊治社保病人10.03万人次。开展上门免费健康体检服务，为1000多人次提供免费体检。建立居民健康档案工作，共建档1942份。增埗社区和粟边社区作为先行点，开展慢性病管理和老年人健康管理项目。茶山镇成为广东省"全国亿万农民健康促进行动"的示范镇。

【社会保障】2009年，茶山镇落实社会保障工作，进一步健全社会保障体系。全年发放低保金、"五保"（对鳏、寡、孤、独老人给予衣、食、住、医、葬五方面的保障）供养费、残疾人专项补助金等各种补贴169.9万元，帮扶困难人员1080人次；投入186万元，为51户家庭改善住房条件；发放助学金及住宿费补助90万元，资助困难家庭学生492人次；落实医疗救济金108万元，救助重大疾病患者、精神病患者653人；开展冬冷救济、临时救济等多种形式的帮扶活动，筹集52.2万元，帮扶困难群众1877名；社会基本医疗保险年最高报销额从4万元提高到10万元，并增加生育医疗保险；扩大工伤、医疗、养老和失业保险覆盖面，参保人数分别达8.34万人、8.76万人、4.59万人和4.46万人。

【劳动就业】2009年，茶山镇以"促就业、保稳定"为目标，广泛宣传"创业东莞"各项工程政策。以举办现场招聘会、"就业服务日"、供需见面会等方式，挖掘就业岗位4100个，1600多名失业人员成功就业；做好本地户籍大中专应届毕业生的登记和培训，196名应届高校毕业生就业，就业率98%；推广"村民车间"模式，在南社、卢边、粟边、增埗设立"村民车间"4个，118名农村富余劳动力就业；建立新世纪丽江豪园、圣心食品等6个青年就业培训基地，为72名户籍青年提供见习培训；举办"新莞人"技能培训班，培训"新莞人"2402人次；为720人发放工资差额补助，办理52人小额贷款，定向生活津贴272人，岗位成才奖48人，发放岗位津贴96人等，各项补贴津贴涉及金额达750多万元。

【文化·体育】2009年，茶山镇加快推进"文化三城"（图书馆之城、博物馆之城和文化广场之城）建设，建成中国圣心糕点博物馆，启动新文化广电大楼、文化广场的建设，新建增埗、冲美两个图书馆；加强基层文化建设，12个村、单位通过市文化建设考评。推进文化信息资源共享工程、"农家书屋"工程，成立茶山镇第11个文艺协会——茶山镇文学会。开展"城市暖流行动"，举办"感受东莞，品位茶山"东莞非物质文化遗产保护体验日、茶山茶文化节、茶山镇第五届读书节等文化活动，丰富群众文化生活。以茶园公仔为题材，创编大型广场舞蹈《公仔情话》，该节目在东莞市第三届广场集体舞蹈大赛决赛中获金奖。加强文化遗产保护，拨出经费167.6万元，用于南社古建筑群等文物修缮；"茶园泥公仔"申报广东省非物质文化遗产。体育事业有新突破，获得广东省第十届"体育节"活动先进单位，在东莞市第七届运动会上，茶山镇代表团总分1097分，排全市第11名。

【精神文明】2009年，茶山镇继续执行以2008—2009年度文明创建工作为目标，各村（居）委会、单位按照制定的方案，积极开展各项创建活动。在文明宣传教育方面，以迎接文明指数测评、中华人民共和国成立60周年等为契机，加大宣传力度，在镇内建立"公共文明宣传示范街"和"国旗一条街"，制作发布大型宣传广告牌、路灯旗、公交站亭宣传标语等，组织各（村）居委会、各单位利用宣传张贴宣传海报，悬挂标语，营造良好的氛围。参与开展东莞市公共文明指数测评活动，在10月公布的东莞城市公共文明指数测评结果中，茶山镇排第10名。10月15日，茶山镇2008—2009年度群众性精神文明创建工作接受市的检查验收，创建工作得到市检查验收组的充分肯定。

【志愿服务】2009年，茶山镇发动广大志愿者、镇内企业到敬老院、低保户家中等开展慰问活动，并送上慰问品和慰问金。在元旦、元宵、端午、中秋、重阳等节假日期间，组织志愿者成立文艺服务队，到社区、敬老院等开展文艺表演活动，为社区群众、老人增添欢乐和祝福。另外，组织茶山医院心海志愿服务队在茶山公园为老人家免费体检，建立档案登记老人家血压、心率等体征情况和病史、用药情况，逐渐提高老人家的健康意识。在春节期间，深入发动群众参与志愿服务，共召集1000多名义务治安巡逻员开展巡逻工作。为节约资源，增强市民环保意识，茶山镇组织志愿者向花场主人和市民宣传科学回收年花的方法，送上倡议书，发动群众参与"护花回收行动"。

【教育事业】2009年，茶山镇基础教育、民办教育、成人教育健康协调发展。全镇小学、初中学生巩固率分别达100%和99%。小学毕业考核三科平均分均超过85分，合格率和优秀率均超过去年水平。全年组织2000多人参加小学毕业考核考试和1100多人参加中考，其中茶山中学中考600分以上68人，比去年多21人；东莞中学上线人数7人，比上年多5人。华南师范大学嘉玛学校中考超市平均分51.4分，600分以上87人，比上年多54人；东莞中学上线人数11人，比上年多7人。高考成绩创历史新高，省线上线人数177人，比上年增加92人，增长108%，比东莞市的增幅（16%）多92%，完成任务率居全市第二位。华南师范大学嘉玛学校首次参加高考，本科上线46人，其中重点本科上线5人，省线上线人数113人，均完成东莞市制定的目标。茶山镇茶山中学、中心小学被确定为东莞市文化先进学校培养对象，第二小学被确定为东莞市文化建设标兵学校。通过考试、考核等形式，26名代课教师转为合同教师。全年共接受1144名"新莞人"子女（一年级新生150人）在公办学校就读，与东莞市户籍学生同等享受义务教育待遇。制定和完善《茶山镇教师综合评价方案》、《茶山镇优秀教师评选方案》、《茶山镇奖教奖学方案》、《茶山镇民办学校收费、招生纪律公约》、《茶山镇教育干部竞争上岗实施方案》、《茶山镇教育后备干部考核实施办法》等方案和制度。

【环境整治】2009年，茶山镇贯彻环境保护基本国策，坚持实施全面、协调、可持续发展战略，推动节能降耗减排。严格落实责任，加强重点能耗企业监管，引导企业节能生产，集约利用土地，严控耗地招商，有效降低单位GDP能耗，每万元GDP能耗计划完成率66.4%，排全市第3名。编制《东莞市茶山镇环境保护规划（2007—2020）》报告，已报市环保局审查。加大创模的宣传力度，在镇的几条主要道路悬挂路灯广告超过300支，悬挂户外大型广告喷画10幅。污水处理厂的一期工程总投资为6380万元，日污水处理量为5万吨。主体工程建设和设备安装工程已全面完成，并于2009年10月21日正式试运行，开始进行COD减排，每天的处理水量约为5万吨。截污主干管网工程总投资为1.38亿元，累计完成投资达到98.6%。管网总长分别为主管18.08千米、支管2.68千米，累计完成总量达19.5千米，占总管网长的94%。茶山镇截污管网工程的滨江路、增埗一路、增埗大道、麟城路、圆头山大道、环城路、安泰路、环城路工业一路已经顺利完工。开展养殖业污染整治工作，开通茶山环保分局投诉热线电话，开展以“建设生态文明，推动科学发展”为主题的环保宣传活动，并回收废旧电池1000多颗，派发环保袋500多个，派发环保资料500多份，开展“倡环保、献爱心”旧挂历回收活动、春风护花行动、“大学生用画笔支持创模”涂鸦活动、单车巡游活动、月饼盒回收活动等。

【干部教育】2009年，茶山镇继续深入学习科学发展观活动，强化理论学习，举办茶山学习论坛2期，宣讲报告会2场；强化教育培训，组织镇村领导干部到北京大学参加“领导干部公共管理研修班”，安排其他各项培训16批60人次，采取“挂、驻、联”相结合的办法，挑选17名高素质的年轻干部下农村基层锻炼。举办全镇领导干部“三纪”（党纪、政纪、法纪）教育培训班，组织镇村领导干部300多人参加学习培训，提高拒腐防变能力。（李焕华）

**附：2009年东莞市茶山镇党委、人大、政府领导名录**

镇委书记：卢少雄
镇委副书记：黄少峰　陈永光
镇委委员：卢少雄　黄少峰　陈永光
　　　　　卢任昌　汤锡祥　袁邦湖
　　　　　李中文　黎晃厚　吴剑洪
　　　　　张拔海　刘巧莲
镇人大主席：卢少雄
镇人大副主席：汤锡祥
　　　　　　　谢锦滔（10月到任）
镇　长：黄少峰
副镇长：卢任昌　钟偶仔　麦柱强
　　　　陈荏畴　张立鹤

## 2005—2009年茶山镇主要经济指标

| 指标＼年份 | 2005 | 2006 | 2007 | 2008 | 2009 |
|---|---|---|---|---|---|
| 户籍人口（人） | 42990 | 43320 | 43692 | 44050 | 44401 |
| 外来暂住人口（人） | 125967 | 138095 | 105100 | 73841 | 76048 |
| 面积（平方公里） | 56 | 56 | 56 | 56 | 56 |
| 国内生产总值（万元） | 310088 | 391273 | 475681 | 578241 | 620174 |
| 工业总产值当年价（万元） | 653857 | 866062 | 1135487 | 1201331 | 1252214 |
| 农业总产值当年价（万元） | 10921 | 5776 | 6407 | 8730 | 7713 |
| 总用电量（万千瓦时） | 99106 | 103910 | 118063 | 114935 | 114743 |
| 全社会固定资产投资总额（万元） | 132593 | 169208 | 196877 | 175269 | 175391 |
| 社会消费与零售总额（万元） | 74163 | 87527 | 99387 | 113351 | 128744 |
| 外贸出口总额（万美元） | 35036 | 40757 | 47283 | 46598 | 39599 |
| 实际利用外资（万美元） | 10103 | 8658 | 6915 | 8788.77 | 6330 |
| 镇级可支配财政收入（万元） | 22596 | 28523 | 33903 | 36547 | 40174 |
| 各项税收总额（万元） | 35501 | 45588 | 57133 | 68053 | 70053 |
| 金融机构各项存款余额（万元） | 398429 | 551708 | 584862 | 709357 | 743269 |
| 城乡居民储蓄存款余额（万元） | 285067 | 360668 | 390596 | 495217 | 530999 |

## 2009年各镇街主要经济指标

| 镇（街）\指标 | 户籍人口（人） | 外来暂住人口（人） | 面　积（平方公里） | 国内生产总值（万元） | 工业总产值（万元） | 农业总产值（万元） | 总用电量（万千瓦时） | 全社会固定资产投资总额（万元） |
|---|---|---|---|---|---|---|---|---|
| 莞　城 | 168014 | 64884 | 11.17 | 1054949 | 731721 | | 47942 | 176235 |
| 石龙镇 | 70331 | 63193 | 13.83 | 502973 | 1244275 | 26 | 65765 | 173226 |
| 虎门镇 | 126120 | 426320 | 178.5 | 2437582 | 5091660 | 26360 | 352310 | 621084 |
| 东　城 | 83605 | 190032 | 110 | 1989067 | 2498450 | 2162 | 166402 | 495611 |
| 万　江 | 75404 | 84867 | 49 | 611916 | 886000 | 6065 | 107257 | 297823 |
| 南　城 | 68166 | 141752 | 56.6 | 1841809 | 1895837 | 2565 | 88056 | 1016134 |
| 中堂镇 | 73138 | 53812 | 60 | 662727 | 1539282 | 12175 | 109900 | 181538 |
| 望牛墩镇 | 45475 | 37873 | 31.57 | 288697 | 592153 | 5236 | 58063 | 117136 |
| 麻涌镇 | 71809 | 32805 | 91 | 932351 | 3738708 | 14262 | 92288 | 238321 |
| 石碣镇 | 43333 | 113228 | 36 | 1094432 | 2966737 | 3971 | 141371 | 154243 |
| 高埗镇 | 37648 | 128976 | 34 | 609392 | 1295187 | 10633 | 117113 | 139659 |
| 洪梅镇 | 21592 | 26408 | 33.5 | 252875 | 1038945 | 8011 | 46272 | 110193 |
| 道滘镇 | 55635 | 75937 | 54 | 449115 | 901433 | 13659 | 104837 | 106584 |
| 厚街镇 | 95975 | 324740 | 126 | 1695963 | 2860885 | 14689 | 282486 | 333264 |
| 沙田镇 | 40149 | 68777 | 107（含水域） | 614073 | 1450727 | 25629 | 92370 | 216753 |
| 长安镇 | 42469 | 552800 | 83.4 | 2083662 | 4562212 | 7220 | 473889 | 500546 |
| 寮步镇 | 67223 | 174277 | 71 | 1120641 | 3098979 | 3165 | 189748 | 223012 |
| 大岭山镇 | 43642 | 125722 | 95 | 975717 | 2071821 | 4071 | 145699 | 299124 |
| 大朗镇 | 69239 | 175068 | 118 | 116 | 2271015 | 2141 | 175774 | 383551 |
| 黄江镇 | 24079 | 200000 | 98 | 768073 | 1574249 | 913 | 140386 | 234778 |
| 樟木头镇 | 26835 | 113253 | 119 | 524759 | 819999 | 741 | 82898 | 93019 |
| 凤岗镇 | 23362 | 141798 | 82.55 | 1013446 | 1561632 | 2140 | 167916 | 253779 |
| 塘厦镇 | 44079 | 341625 | 128 | 1713803 | 3638208 | 16244 | 270126 | 311096 |
| 谢岗镇 | 20177 | 56013 | 103 | 294969 | 495531 | 16293 | 55300 | 71238 |
| 清溪镇 | 35209 | 220700 | 143 | 1383000 | 3893227 | 5410 | 200401 | 194506 |
| 常平镇 | 72481 | 142572 | 108 | 1516942 | 2943467 | 18352 | 232874 | 291248 |
| 桥头镇 | 35569 | 60891 | 56 | 535233 | 960050 | 6057 | 113423 | 97000 |
| 横沥镇 | 36284 | 103502 | 50 | 538610 | 962260 | 10668 | 102224 | 87423 |
| 东坑镇 | 29803 | 68027 | 23.8 | 410454 | 879125 | 3762 | 69358 | 87590 |
| 企石镇 | 41346 | 46854 | 58.2 | 318197 | 560969 | 3138 | 62449 | 50877 |
| 石排镇 | 42193 | 92178 | 56 | 438939 | 812444 | 10116 | 94567 | 187225 |
| 茶山镇 | 44401 | 76048 | 56 | 620174 | 1252214 | 7713 | 114743 | 175391 |

| 社会消费品零售总额（万元） | 外贸出口总额（万美元） | 实际利用外资（万美元） | 镇级可支配财政收入（万元） | 各项税收总额（万元） | 金融机构各项存款余额（万元） | 城乡居民储蓄存款余额（万元） |
|---|---|---|---|---|---|---|
| 995207 | 44896 | 1989 | 62678 | 283194 | 6413744 | 2087825 |
| 280601 | 130670 | 4446 | 46016 | 90648 | 1190569 | 808199 |
| 1038334 | 193234 | 10595 | 143368 | 359742 | 4084004 | 3213867 |
| 961987 | 157413 | 12845 | 120067 | 440100 | 3849488 | 2188415 |
| 221620 | 26201 | 3618 | 50204 | 90481 | 1020666 | 725482 |
| 835410 | 141587 | 6117 | 129219 | 403738 | 7028632 | 1858000 |
| 106625 | 26512 | 1668 | 50262 | 80296 | 714301 | 494051 |
| 25483 | 14230 | 2371 | 30595 | 33077 | 349813 | 245156 |
| 48935 | 119095 | 24114 | 49852 | 141902 | 567709 | 302623 |
| 176888 | 256812 | 4688 | 40184 | 115563 | 1293160 | 846502 |
| 160960 | 104081 | 5203 | 35842 | 65857 | 621829 | 432531 |
| 82408 | 20782 | 9996 | 21541 | 37137 | 182227 | 111857 |
| 58584 | 34822 | 1547 | 48323 | 63135 | 518720 | 375379 |
| 483205 | 414546 | 9917 | 79103 | 196626 | 2567309 | 1894020 |
| 84274 | 65213 | 6417 | 41230 | 70504 | 727804 | 383528 |
| 411073 | 499579 | 28409 | 123864 | 304655 | 3303173 | 2263195 |
| 972500 | 382227 | 9609 | 79610 | 165236 | 1151694 | 728578 |
| 315256 | 183038 | 10636 | 70502 | 116655 | 880373 | 622434 |
| 238699 | 126296 | 14710 | 59843 | 115274 | 1492965 | 1105716 |
| 156362 | 399238 | 7896 | 48715 | 89092 | 876372 | 619018 |
| 212138 | 74156 | 4070 | 38265 | 60170 | 844491 | 664447 |
| 214780 | 159953 | 10369 | 52001 | 125419 | 1215656 | 786894 |
| 240254 | 316226 | 12716 | 97842 | 232709 | 1858270 | 1182491 |
| 75465 | 32191 | 4062 | 27543 | 26555 | 324139 | 228236 |
| 191270 | 483000 | 10216 | 50467 | 121829 | 1030992 | 706006 |
| 537743 | 294643 | 10250 | 89126 | 181394 | 2015465 | 1412442 |
| 28800 | 223794 | 7131 | 35626 | 54798 | 618282 | 499079 |
| 176258 | 95009 | 10971 | 40429 | 54458 | 655971 | 484782 |
| 46805 | 94047 | 3326 | 41362 | 39277 | 451617 | 336069 |
| 81665 | 42009 | 2853 | 23806 | 34929 | 398386 | 283701 |
| 120384 | 42086 | 5370 | 36078 | 43079 | 619567 | 457329 |
| 128744 | 39599 | 6330 | 40174 | 70053 | 743269 | 530999 |

# 人物

FIGURES

- 全国五一劳动奖章获得者
- 2009年获国家部委以上表彰先进个人
- 2009年获省委、省政府、省总工会表彰先进个人
- 2009年高级专业技术资格人员名单
- 2009年东莞输送运动员参加全国以上比赛成绩（省专业队）
- 革命烈士

莞城文化广场

编辑：李文蔚

## 2009年获国家部委以上表彰先进个人

| 获奖项目 | 获奖者 | 工作单位 | 授予单位 | 授予时间 |
|---|---|---|---|---|
| 2007—2008年度全国党史部门先进工作者 | 陈立平 | 中共东莞市委党史研究室 | 中共中央党史研究室 | 2009年2月 |
| 全国“巾帼建功标兵” | 陈燕梅 | 中心小学 | 中华全国妇女联合会<br>全国妇女“巾帼建功”活动领导小组 | 2009年2月 |
| 全国第二批科技强警示范城市建设工作先进个人 | 陈叶钧 | 东莞市公安局指挥中心 | 公安部 | 2009年2月 |
| 全国第二批科技强警示范城市建设工作先进个人 | 朱　伟 | 东莞市公安局长安分局 | 公安部 | 2009年2月 |
| 全国第二届大学生艺术展演艺术教育科研论文类甲组三等奖 | 史海峰 | 师范学院 | 教育部 | 2009年2月 |
| 全国五五普法中期先进工作者 | 李晓丹 | 市司法局宣教科 | 宣传部、司法部、全国普法办 | 2009年3月 |
| 2009年全国“五一”劳动奖章 | 尹月仙 | 长安镇总工会 | 中华全国总工会 | 2009年4月 |
| 2009年全国“五一”劳动奖章 | 梁晓东 | 厚街医院 | 中华全国总工会 | 2009年4月 |
| 2009年全国“五一”劳动奖章 | 李腾达 | 广东众生药业组长 | 中华全国总工会 | 2009年4月 |
| 全国卫生系统护理专业“巾帼建功标兵” | 黄庆萍 | 厚街医院 | 卫生部、中华全国妇女联合会、总后勤部卫生部 | 2009年5月 |
| 全国群众体育先进个人 | 叶建华 | 莞城街道办事处 | 国家体育总局 | 2009年9月 |
| 全国优秀教师 | 林雪云 | 塘厦初级中学 | 教育部 | 2009年9月 |
| 全国三八红旗手 | 傅丽娟 | 市卫生局 | 中华全国妇女联合会 | 2009年9月 |
| 全国离退休干部先进个人 | 叶柄基 | 市关工委 | 中共中央组织部 | 2009年9月 |
| 全国三八红旗手 | 李小玲 | 东莞市社会保障局南城分局 | 中华全国妇女联合会 | 2009年9月 |
| 全国模范教师 | 阮美好 | 花园小学 | 人力资源和社会保障部、教育部 | 2009年9月 |
| 全国教育系统巾帼建功标兵称号 | 阮美好 | 花园小学 | 教育部、中华全国妇女联合会 | 2009年9月 |
| 第三届文化部创新奖（“文化周末”“九个一”系列工程“） | 张彤飚、黄优秀、王柏全 | 莞城街道办事处 | 文化部 | 2009年11月 |
| 全国公安系统二级英雄模范 | 曾平牙 | 东莞市公安局指挥中心 | 公安部 | 2009年12月 |
| 全国卷烟打假工作先进个人 | 傅梓仪 | 东莞市公安局经侦支队 | 公安部、国家烟草专卖局 | 2009年12月 |
| 集体一等功 | 东莞市公安部侦破房光见特大持枪制贩毒案专案组 |  | 公安部 | 2009年12月 |
| 全国打击整治发票犯罪专项行动先进个人 | 陈裕能 | 东莞市公安局经侦支队 | 公安部 | 2009年12月 |
| 全国司法鉴定管理工作先进个人 | 孔庆威 | 市司法局 | 司法部 | 2009年12月 |

## 2009年获省委、省政府、省总工会表彰先进个人

| 获奖项目 | 获奖者 | 工作单位 | 授予单位 | 授予时间 |
|---|---|---|---|---|
| 广东省就业工作先进个人 | 严兴信 | 北隅社区 | 广东省政府 | 2009年1月 |
| 南粤女职工建功立业女能手 | 袁月明 | 东莞证券有限责任公司 | 广东省总工会 | 2009年3月 |
| 南粤女职工建功立业女能手 | 陈燕梅 | 中心小学 | 广东省总工会 | 2009年3月 |
| 2009年广东省劳动模范 | 叶惠光 | 大朗镇长塘社区居委会 | 广东省委、省政府 | 2009年4月 |
| 2009年广东省劳动模范 | 郭世安 | 中国联通东莞分公司 | 广东省委、省政府 | 2009年4月 |
| 2009年广东省劳动模范 | 龚玉文 | 东莞黄江裕成制鞋厂 | 广东省委、省政府 | 2009年4月 |
| 2009年广东省劳动模范 | 陈衬喜 | 市农业技术推广管理办公室 | 广东省委、省政府 | 2009年4月 |
| 2009年广东省劳动模范 | 周　谨 | 市第一中学 | 广东省委、省政府 | 2009年4月 |

续上表

| 获奖项目 | 获奖者 | 工作单位 | 授予单位 | 授予时间 |
|---|---|---|---|---|
| 2009年广东省劳动模范 | 朱芳雨 | 广东宏远篮球俱乐部有限公司 | 广东省委、省政府 | 2009年4月 |
| 2009年广东省劳动模范 | 郭东林 | 东莞以纯集团有限公司 | 广东省委、省政府 | 2009年4月 |
| 2009年广东省劳动模范 | 温乃粘 | 中国移动东莞分公司 | 广东省委、省政府 | 2009年4月 |
| 2009年广东省劳动模范 | 许玉英 | 东莞新洲印刷有限公司 | 广东省委、省政府 | 2009年4月 |
| 2009年广东省劳动模范 | 李来盛 | 市人民检察院 | 广东省委、省政府 | 2009年4月 |
| 2009年广东省劳动模范 | 梁国沛 | 市公安局刑事警察支队 | 广东省委、省政府 | 2009年4月 |
| 广东省先进工作者 | 董　铁 | 东莞市公安局刑警支队 | 广东省委、省政府 | 2009年4月 |
| 广东省2009年南粤优秀教师 | 熊　莺 | 中心小学 | 广东省人事厅、中共广东省委教育工作委员会、广东省教育厅、广东省总工会 | 2009年9月 |
| 广东省2009年南粤优秀教师 | 王　方 | 大朗镇水口小学 | 广东省人事厅、中共广东省委教育工作委员会、广东省教育厅、广东省总工会 | 2009年9月 |
| 南粤杰出劳模 | 李少辉 | 联志玩具礼品（东莞）有限公司 | 广东省总工会 | 2009年10月 |
| 广东省第五次民族团结进步模范个人 | 张灿炎 | 东莞市民族宗教事务局 | 广东省委、省政府 | 2009年12月 |
| 广东省民族宗教工作先进个人 | 胡炳棋 | 东莞市民族宗教事务局 | 广东省委、省政府 | 2009年12月 |

## 2009年高级专业技术资格人员名单

（截止至2010年6月25日，2009年获得高级专业技术资格共738人，副高级634人，正高级104人）

### 一、副高级（634人）

| 序号 | 姓　名 | 专业技术资格名称 |
|---|---|---|
| 电子（5人） | | |
| 1 | 蔡建华 | 电子工程高级工程师 |
| 2 | 李民英 | 电子高级工程师 |
| 3 | 罗世勇 | 电子元器件高级工程师 |
| 4 | 万里鹏 | 电子高级工程师 |
| 5 | 蔡隆良 | 电子技术高级工程师 |
| 财经（14人） | | |
| 6 | 张义强 | 高级经济师 |
| 7 | 陈洁敏 | 高级会计师 |
| 8 | 林波锦 | 高级会计师 |
| 9 | 周广南 | 高级会计师 |
| 10 | 杜惠忠 | 高级会计师 |
| 11 | 尹款梅 | 高级会计师 |
| 12 | 王锦浩 | 高级会计师 |
| 13 | 邹胜美 | 高级会计师 |
| 14 | 杨丽美 | 高级会计师 |
| 15 | 刘　科 | 高级会计师 |
| 16 | 王庆明 | 高级会计师 |
| 17 | 罗贵林 | 高级会计师 |
| 18 | 李志良 | 高级会计师 |
| 19 | 赵松春 | 高级会计师 |
| 建筑工程（87人） | | |
| 20 | 萧志锋 | 建筑工程管理高级工程师 |
| 21 | 祝和顺 | 给谁排水设计高级工程师 |
| 22 | 周文晖 | 建筑工程造价高级工程师 |
| 23 | 匡林平 | 建筑工程造价高级工程师 |
| 24 | 莫碧文 | 城乡规划高级工程师 |
| 25 | 李　硕 | 城乡规划高级工程师 |
| 26 | 冯俏冰 | 城乡规划高级工程师 |
| 27 | 华　翔 | 城乡规划高级工程师 |
| 28 | 罗锦辉 | 建筑电气设计高级工程师 |
| 29 | 任继英 | 建筑工程造价高级工程师 |
| 30 | 雷振英 | 建筑工程造价高级工程师 |
| 31 | 成林星 | 建筑结构设计高级工程师 |
| 32 | 吴雪萍 | 建筑学高级工程师 |
| 33 | 王与祥 | 建筑学高级工程师 |
| 34 | 屈　平 | 建筑学高级工程师 |
| 35 | 唐冠中 | 建筑结构设计高级工程师 |
| 36 | 王立新 | 建筑结构设计高级工程师 |
| 37 | 刘　刚 | 建筑工程管理高级工程师 |

| 序号 | 姓 名 | 专业技术资格名称 |
|---|---|---|
| 38 | 杨仁红 | 建筑工程管理高级工程师 |
| 39 | 王 沛 | 建筑电气设计高级工程师 |
| 40 | 袁相明 | 暖通空调设计高级工程师 |
| 41 | 胡吉松 | 建筑结构设计高级工程师 |
| 42 | 黄慧英 | 建筑工程地质勘察高级工程师 |
| 43 | 李 颖 | 建筑工程管理高级工程师 |
| 44 | 向前明 | 建筑机电设备安装高级工程师 |
| 45 | 张 勇 | 建筑工程管理高级工程师 |
| 46 | 尹丰田 | 建筑工程管理高级工程师 |
| 47 | 肖俊涛 | 建筑工程管理高级工程师 |
| 48 | 陈光荣 | 建筑工程管理高级工程师 |
| 49 | 刘晓芳 | 建筑工程管理高级工程师 |
| 50 | 王泰然 | 建筑工程管理高级工程师 |
| 51 | 何庆强 | 建筑工程管理高级工程师 |
| 52 | 陈少松 | 建筑工程管理高级工程师 |
| 53 | 刘东阳 | 建筑结构设计高级工程师 |
| 54 | 王红星 | 建筑工程造价高级工程师 |
| 55 | 易长顺 | 建筑工程管理高级工程师 |
| 56 | 徐国仪 | 建筑工程管理高级工程师 |
| 57 | 付 健 | 建筑工程管理高级工程师 |
| 58 | 周洪亮 | 建筑工程管理高级工程师 |
| 59 | 罗海云 | 建筑施工高级工程师 |
| 60 | 李慧林 | 建筑结构设计高级工程师 |
| 61 | 谭少波 | 建筑工程管理高级工程师 |
| 62 | 罗纪平 | 建筑工程管理高级工程师 |
| 63 | 殷继明 | 建筑电气设计高级工程师 |
| 64 | 刘晓丹 | 给水排水设计高级工程师 |
| 65 | 王永峰 | 给谁排水设计高级工程师 |
| 66 | 伍拾煤 | 城乡规划高级工程师 |
| 67 | 何 宏 | 建筑施工高级工程师 |
| 68 | 冯伟东 | 建筑结构设计高级工程师 |
| 69 | 翟俊晖 | 建筑结构设计高级工程师 |
| 70 | 邓亦棉 | 城乡规划高级工程师 |
| 71 | 赵 艳 | 建筑工程造价高级工程师 |
| 72 | 李文星 | 建筑工程造价高级工程师 |
| 73 | 张佩文 | 城乡规划高级工程师 |
| 74 | 吴晓峰 | 城乡规划高级工程师 |
| 75 | 马 芳 | 给谁排水设计高级工程师 |
| 76 | 孟庆纯 | 建筑电气设计高级工程师 |
| 77 | 王建卫 | 建筑给谁排水施工高级工程师 |
| 78 | 杨富军 | 建筑工程管理高级工程师 |
| 79 | 刘 桢 | 建筑工程管理高级工程师 |
| 80 | 唐伟强 | 建筑工程管理高级工程师 |
| 81 | 陈铭辉 | 建筑工程管理高级工程师 |
| 82 | 万义红 | 建筑工程管理高级工程师 |
| 83 | 董伟乐 | 建筑工程管理高级工程师 |

| 序号 | 姓 名 | 专业技术资格名称 |
|---|---|---|
| 84 | 叶国安 | 建筑工程管理高级工程师 |
| 85 | 涂晓弦 | 建筑工程管理高级工程师 |
| 86 | 郭秀芸 | 建筑工程造价高级工程师 |
| 87 | 陈志新 | 建筑工程造价高级工程师 |
| 88 | 林秀华 | 建筑工程造价高级工程师 |
| 89 | 张彤炜 | 建筑结构设计高级工程师 |
| 90 | 卢 力 | 建筑结构设计高级工程师 |
| 91 | 卢志青 | 建筑结构设计高级工程师 |
| 92 | 钟志和 | 建筑结构设计高级工程师 |
| 93 | 熊衡峰 | 建筑结构设计高级工程师 |
| 94 | 陈宏余 | 建筑结构设计高级工程师 |
| 95 | 李兴明 | 建筑施工高级工程师 |
| 96 | 叶 强 | 建筑学高级工程师 |
| 97 | 李钰维 | 建筑学高级工程师 |
| 98 | 王亚峰 | 建筑学高级工程师 |
| 99 | 向 葳 | 建筑学高级工程师 |
| 100 | 卢启超 | 路桥高级工程师 |
| 101 | 张金昌 | 路桥高级工程师 |
| 102 | 王红平 | 路桥高级工程师 |
| 103 | 陈惠其 | 路桥高级工程师 |
| 104 | 李炬华 | 路桥高级工程师 |
| 105 | 苏灿球 | 路桥高级工程师 |
| 106 | 麦 秸 | 路桥高级工程师 |
| 地质、勘查（1人） | | |
| 107 | 文拥军 | 水工环地质高级工程师 |
| 农业技术（5人） | | |
| 108 | 李明阳 | 高级农艺师 |
| 109 | 谢海燕 | 高级兽医师 |
| 110 | 胡就成 | 高级兽医师 |
| 111 | 殷三鸿 | 高级兽医师 |
| 112 | 钱贵培 | 高级兽医师 |
| 农业科学研究（1人） | | |
| 113 | 黄子锋 | 园艺高级农艺师 |
| 林业工程（4人） | | |
| 114 | 柯周荣 | 园林高级工程师 |
| 115 | 古文强 | 林业高级工程师 |
| 116 | 周伟斌 | 园林高级工程师 |
| 117 | 刘 勇 | 园林高级工程师 |
| 机电工程（1人） | | |
| 118 | 李业志 | 机械及自动化高级工程师 |
| 高等职业技术学校（1人） | | |
| 119 | 胡克俭 | 中国语言文学副教师 |
| 体育（2人） | | |
| 120 | 陈晓东 | 田径高级教练 |
| 121 | 李海彬 | 体操高级教练 |
| 环保工程（6人） | | |

| 序号 | 姓 名 | 专业技术资格名称 |
|---|---|---|
| 122 | 温志良 | 环境管理与科研高级工程师 |
| 123 | 廖克明 | 环境工程高级工程师 |
| 124 | 张 健 | 环境工程与生态高级工程师 |
| 125 | 李美敏 | 环境监测与环评高级工程师 |
| 126 | 卢映芳 | 环境监测与环评高级工程师 |
| 127 | 万 开 | 环境监测与环评高级工程师 |
| 轻工工程（5人） | | |
| 128 | 刘东亮 | 化工高级工程师 |
| 129 | 涂 健 | 材料学高级工程师 |
| 130 | 肖可见 | 发酵工程高级工程师 |
| 131 | 韩 斌 | 食品生物技术与工艺高级工程师 |
| 132 | 傅 轶 | 塑料制品工程高级工程师 |
| 医药专业（1人） | | |
| 133 | 付四海 | 制药高级工程师 |
| 播音专业（1人） | | |
| 134 | 杜满平 | 主任播音员 |
| 新闻（1人） | | |
| 135 | 刘大和 | 主任记者 |
| 图书资料专业（1人） | | |
| 136 | 李映嫦 | 副研究馆员 |
| 文学创作二级（1人） | | |
| 137 | 何超群 | 文学创作二级 |
| 群众文化专业（3人） | | |
| 138 | 吴 妮 | 副研究馆员 |
| 139 | 张 超 | 副研究馆员 |
| 140 | 秦 川 | 副研究馆员 |
| 小学教师（3人） | | |
| 141 | 尹凤葵 | 语文小学高级教师 |
| 142 | 严考全 | 语文小学高级教师 |
| 143 | 何建东 | 数学小学高级教师 |
| 技工学校教师（3人） | | |
| 144 | 龙 飞 | 电子技术高级讲师 |
| 145 | 李 英 | 计算机科学与技术高级讲师 |
| 146 | 罗少武 | 汽车技术高级讲师 |
| 中学教师（203人） | | |
| 147 | 朱显文 | 地理中学高级教师 |
| 148 | 韩长海 | 体育中学高级教师 |
| 149 | 郑灿玲 | 数学中学高级教师 |
| 150 | 韩德臣 | 英语中学高级教师 |
| 151 | 李维林 | 数学中学高级教师 |
| 152 | 邓彩杰 | 地理中学高级教师 |
| 153 | 陈小青 | 物理中学高级教师 |
| 154 | 宋 娟 | 数学中学高级教师 |
| 155 | 鹿凌燕 | 职业教育专业科中学高级教师 |
| 156 | 宋尔根 | 体育中学高级教师 |
| 157 | 郑 钟 | 数学中学高级教师 |

| 序号 | 姓 名 | 专业技术资格名称 |
|---|---|---|
| 158 | 胡国好 | 语文中学高级教师 |
| 159 | 朱亚骏 | 信息技术中学高级教师 |
| 160 | 尹兴河 | 信息技术中学高级教师 |
| 161 | 王 钧 | 信息技术中学高级教师 |
| 162 | 张晓燕 | 物理中学高级教师 |
| 163 | 张 明 | 英语中学高级教师 |
| 164 | 刘文杰 | 生物中学高级教师 |
| 165 | 朱明培 | 语文中学高级教师 |
| 166 | 何高平 | 历史中学高级教师 |
| 167 | 夏学成 | 美术中学高级教师 |
| 168 | 黄崇珍 | 化学中学高级教师 |
| 169 | 余胜利 | 英语中学高级教师 |
| 170 | 张建清 | 数学中学高级教师 |
| 171 | 姚志芳 | 语文中学高级教师 |
| 172 | 吴 明 | 化学中学高级教师 |
| 173 | 赵尚浩 | 英语中学高级教师 |
| 174 | 冯 斌 | 语文中学高级教师 |
| 175 | 朱燕平 | 数学中学高级教师 |
| 176 | 岳建英 | 政治中学高级教师 |
| 177 | 项 珍 | 信息技术中学高级教师 |
| 178 | 申敏华 | 物理中学高级教师 |
| 179 | 曾文全 | 信息技术中学高级教师 |
| 180 | 赖永康 | 数学中学高级教师 |
| 181 | 刘建新 | 生物中学高级教师 |
| 182 | 邬太平 | 政治中学高级教师 |
| 183 | 颜冬云 | 语文中学高级教师 |
| 184 | 李新山 | 物理中学高级教师 |
| 185 | 刘尊群 | 物理中学高级教师 |
| 186 | 李鸿艳 | 数学中学高级教师 |
| 187 | 李 钧 | 英语中学高级教师 |
| 188 | 孙克兴 | 语文中学高级教师 |
| 189 | 杨祖贤 | 历史中学高级教师 |
| 190 | 郭志光 | 生物中学高级教师 |
| 191 | 沈传标 | 语文中学高级教师 |
| 192 | 常长岭 | 历史中学高级教师 |
| 193 | 苏 萍 | 历史中学高级教师 |
| 194 | 程正平 | 英语中学高级教师 |
| 195 | 熊志峰 | 语文中学高级教师 |
| 196 | 张 峰 | 物理中学高级教师 |
| 197 | 陈 华 | 地理中学高级教师 |
| 198 | 曾庆涛 | 体育中学高级教师 |
| 199 | 王国卿 | 体育中学高级教师 |
| 200 | 徐世斌 | 历史中学高级教师 |
| 201 | 潘艳荔 | 语文中学高级教师 |
| 202 | 朱华华 | 语文中学高级教师 |
| 203 | 蔡拥军 | 体育中学高级教师 |

| 序号 | 姓　名 | 专业技术资格名称 |
|---|---|---|
| 204 | 杨绍国 | 语文中学高级教师 |
| 205 | 何龙超 | 语文中学高级教师 |
| 206 | 李一红 | 语文中学高级教师 |
| 207 | 郑少俊 | 英语中学高级教师 |
| 208 | 王常武 | 数学中学高级教师 |
| 209 | 何　明 | 英语中学高级教师 |
| 210 | 傅伟明 | 历史中学高级教师 |
| 211 | 陈竹辉 | 政治中学高级教师 |
| 212 | 万　飞 | 物理中学高级教师 |
| 213 | 刘飞雄 | 化学中学高级教师 |
| 214 | 何亚华 | 历史中学高级教师 |
| 215 | 罗贤良 | 英语中学高级教师 |
| 216 | 李　瑛 | 英语中学高级教师 |
| 217 | 胡云兴 | 语文中学高级教师 |
| 218 | 李絮葵 | 历史中学高级教师 |
| 219 | 张声玲 | 英语中学高级教师 |
| 220 | 庾用剑 | 数学中学高级教师 |
| 221 | 卢名远 | 化学中学高级教师 |
| 222 | 张才能 | 历史中学高级教师 |
| 223 | 伍忠红 | 生物中学高级教师 |
| 224 | 易建军 | 物理中学高级教师 |
| 225 | 何兴华 | 政治中学高级教师 |
| 226 | 周旭桃 | 历史中学高级教师 |
| 227 | 朱碧娇 | 化学中学高级教师 |
| 228 | 汪潮民 | 体育中学高级教师 |
| 229 | 王新丰 | 数学中学高级教师 |
| 230 | 潘嘉锋 | 数学中学高级教师 |
| 231 | 宋启新 | 体育中学高级教师 |
| 232 | 杨高浓 | 数学中学高级教师 |
| 233 | 尹丽萍 | 化学中学高级教师 |
| 234 | 袁江春 | 语文中学高级教师 |
| 235 | 李建华 | 生物中学高级教师 |
| 236 | 庞进发 | 数学中学高级教师 |
| 237 | 何兆红 | 化学中学高级教师 |
| 238 | 袁永权 | 数学中学高级教师 |
| 239 | 罗宏桂 | 物理中学高级教师 |
| 240 | 王　娟 | 语文中学高级教师 |
| 241 | 林城斌 | 政治中学高级教师 |
| 242 | 邓峻峰 | 语文中学高级教师 |
| 243 | 何好珍 | 化学中学高级教师 |
| 244 | 刘　铮 | 政治中学高级教师 |
| 245 | 何向红 | 语文中学高级教师 |
| 246 | 黄得平 | 美术中学高级教师 |
| 247 | 徐继德 | 数学中学高级教师 |
| 248 | 邓泽挺 | 语文中学高级教师 |
| 249 | 龙春玉 | 地理中学高级教师 |

| 序号 | 姓　名 | 专业技术资格名称 |
|---|---|---|
| 250 | 吴金省 | 语文中学高级教师 |
| 251 | 钟春花 | 地理中学高级教师 |
| 252 | 罗国辉 | 政治中学高级教师 |
| 253 | 黄本光 | 化学中学高级教师 |
| 254 | 陈映愿 | 语文中学高级教师 |
| 255 | 潘贵心 | 数学中学高级教师 |
| 256 | 张庆新 | 物理中学高级教师 |
| 257 | 黄彩华 | 英语中学高级教师 |
| 258 | 陈　燕 | 化学中学高级教师 |
| 259 | 余灿立 | 数学中学高级教师 |
| 260 | 杨　瑜 | 数学中学高级教师 |
| 261 | 徐宏东 | 数学中学高级教师 |
| 262 | 王定国 | 政治中学高级教师 |
| 263 | 邱　伦 | 语文中学高级教师 |
| 264 | 陈淑琴 | 英语中学高级教师 |
| 265 | 陈　悦 | 物理中学高级教师 |
| 266 | 冯建中 | 物理中学高级教师 |
| 267 | 梁惠英 | 化学中学高级教师 |
| 268 | 文均庆 | 历史中学高级教师 |
| 269 | 林叶锋 | 生物中学高级教师 |
| 270 | 谢　旻 | 地理中学高级教师 |
| 271 | 周伟强 | 物理中学高级教师 |
| 272 | 祁玉婵 | 语文中学高级教师 |
| 273 | 邓伟力 | 物理中学高级教师 |
| 274 | 陈柱湖 | 数学中学高级教师 |
| 275 | 莫锦笑 | 职业教育专业课中学高级教师 |
| 276 | 陈炳豪 | 语文中学高级教师 |
| 277 | 张洁英 | 语文中学高级教师 |
| 278 | 胡建祖 | 地理中学高级教师 |
| 279 | 蔡东科 | 英语中学高级教师 |
| 280 | 卢银华 | 政治中学高级教师 |
| 281 | 张惠娟 | 英语中学高级教师 |
| 282 | 邹　慧 | 英语中学高级教师 |
| 283 | 余再超 | 数学中学高级教师 |
| 284 | 罗玉美 | 英语中学高级教师 |
| 285 | 陈展凤 | 语文中学高级教师 |
| 286 | 高　森 | 语文中学高级教师 |
| 287 | 徐　胜 | 英语中学高级教师 |
| 288 | 何汉珊 | 数学中学高级教师 |
| 289 | 陈辉安 | 物理中学高级教师 |
| 290 | 石文俊 | 语文中学高级教师 |
| 291 | 何洪强 | 数学中学高级教师 |
| 292 | 杜礼全 | 物理中学高级教师 |
| 293 | 白辉兰 | 音乐中学高级教师 |
| 294 | 张建华 | 语文中学高级教师 |
| 295 | 王大荣 | 语文中学高级教师 |

| 序号 | 姓　名 | 专业技术资格名称 |
|---|---|---|
| 296 | 沈少丽 | 政治中学高级教师 |
| 297 | 王海林 | 体育中学高级教师 |
| 298 | 甘吉伦 | 语文中学高级教师 |
| 299 | 蔡英荣 | 生物中学高级教师 |
| 300 | 廖光丽 | 政治中学高级教师 |
| 301 | 王国福 | 地理中学高级教师 |
| 302 | 王白垣 | 数学中学高级教师 |
| 303 | 赖永学 | 语文中学高级教师 |
| 304 | 邢　赟 | 生物中学高级教师 |
| 305 | 陈堡平 | 政治中学高级教师 |
| 306 | 伍芳霞 | 语文中学高级教师 |
| 307 | 田留印 | 数学中学高级教师 |
| 308 | 刘海霞 | 信息技术中学高级教师 |
| 309 | 罗志怀 | 英语中学高级教师 |
| 310 | 吕荣梅 | 英语中学高级教师 |
| 311 | 文　辉 | 化学中学高级教师 |
| 312 | 黄海滨 | 德育中学高级教师 |
| 313 | 张来坚 | 化学 中学高级教师 |
| 314 | 陈　绮 | 政治中学高级教师 |
| 315 | 郑爱喜 | 语文中学高级教师 |
| 316 | 李志强 | 职业教育专业课 |

中学高级教师

| 序号 | 姓　名 | 专业技术资格名称 |
|---|---|---|
| 317 | 陈家新 | 体育中学高级教师 |
| 318 | 刘春生 | 语文中学高级教师 |
| 319 | 王友湘 | 物理中学高级教师 |
| 320 | 李力云 | 政治中学高级教师 |
| 321 | 罗銮霞 | 化学中学高级教师 |
| 322 | 吴小军 | 美术中学高级教师 |
| 323 | 张苑宏 | 音乐中学高级教师 |
| 324 | 曾环望 | 数学中学高级教师 |
| 325 | 何东玲 | 生物中学高级教师 |
| 326 | 范传东 | 物理中学高级教师 |
| 327 | 代　斌 | 体育中学高级教师 |
| 328 | 叶文卫 | 化学中学高级教师 |
| 329 | 廖杰庭 | 物理中学高级教师 |
| 330 | 严莲珍 | 语文中学高级教师 |
| 331 | 杨光明 | 语文中学高级教师 |
| 332 | 梁秋婵 | 语文中学高级教师 |
| 333 | 祝幼明 | 语文中学高级教师 |
| 334 | 罗振云 | 物理中学高级教师 |
| 335 | 蔡伟华 | 物理中学高级教师 |
| 336 | 郭　运 | 物理中学高级教师 |
| 337 | 邓长青 | 英语中学高级教师 |
| 338 | 冯绍珍 | 数学中学高级教师 |
| 339 | 姚惠伦 | 物理中学高级教师 |
| 340 | 陈亮明 | 英语中学高级教师 |

| 序号 | 姓　名 | 专业技术资格名称 |
|---|---|---|
| 341 | 叶婉南 | 地理中学高级教师 |
| 342 | 李　兰 | 英语中学高级教师 |
| 343 | 林淑庄 | 政治中学高级教师 |
| 344 | 陈锦笑 | 历史中学高级教师 |
| 345 | 翟基兰 | 语文中学高级教师 |
| 346 | 李胜友 | 政治中学高级教师 |
| 347 | 王小莲 | 政治中学高级教师 |
| 348 | 钟凤云 | 政治中学高级教师 |
| 349 | 钟燕玲 | 物理中学高级教师 |

卫生（285人）

| 序号 | 姓　名 | 专业技术资格名称 |
|---|---|---|
| 350 | 李浩华 | 小儿内科副主任医师 |
| 351 | 郭发伦 | 小儿内科副主任医师 |
| 352 | 王继亚 | 眼科学副主任医师 |
| 353 | 钟富莲 | 妇产科副主任医师 |
| 354 | 王晓萍 | 妇产科副主任医师 |
| 355 | 王　强 | 放射诊断副主任医师 |
| 356 | 赖志刚 | 力创医学检验副主任技师 |
| 357 | 潘　磊 | 骨科副主任医师 |
| 358 | 丑维斌 | 麻醉学副主任医师 |
| 359 | 郭耀军 | 麻醉学副主任医师 |
| 360 | 程金海 | 泌尿外科副主任医师 |
| 361 | 岑建群 | 普通骨外科副主任医师 |
| 362 | 戴新明 | 烧伤外科副主任医师 |
| 363 | 唐世龙 | 普通外科副主任医师 |
| 364 | 梁　平 | 皮肤病与性病学副主任医师 |
| 365 | 谢基连 | 普通内科副主任医师 |
| 366 | 孙凌瑜 | 神经内科副主任医师 |
| 367 | 胡　萌 | 神经内科副主医师 |
| 368 | 马　烈 | 神经内科副主任医师 |
| 369 | 李学谦 | 消化内科副主任医师 |
| 371 | 赵榆华 | 心血管内科副主任医师 |
| 372 | 廖振伶 | 护理学副主任护师 |
| 373 | 何景招 | 急救医学副主任医师 |
| 374 | 张顺英 | 护理学副主任护师 |
| 375 | 秦志梅 | 护理学副主任护师 |
| 376 | 刘兴玲 | 护理学副主任护师 |
| 377 | 刘仲文 | 预防医学副主任医师 |
| 378 | 何赣平 | 预防医学副主任医师 |
| 379 | 侯达繁 | 预防医学副主任医师 |
| 380 | 余祖卫 | 预防医学副主任医师 |
| 381 | 王　东 | 传染性疾病控制副主任医师 |
| 382 | 吴雪玲 | 临床药学副主任药师 |
| 383 | 蒋丽波 | 医院药学副主任药师 |
| 384 | 罗　昭 | 医院药学副主任药师 |
| 385 | 岳耀光 | 耳鼻喉科学副主任医师 |
| 386 | 裴敏昕 | 小儿内科副主任医师 |

| 序号 | 姓　名 | 专业技术资格名称 |
|---|---|---|
| 387 | 李师燕 | 小儿内科副主任医师 |
| 388 | 柴向华 | 耳鼻喉副主任医师 |
| 389 | 藕小平 | 口腔颌面外科副主任医师 |
| 390 | 方润婷 | 小儿内科副主任医师 |
| 391 | 刘广昌 | 口腔内科副主任医师 |
| 392 | 朱玉霞 | 护理学副主任护师 |
| 393 | 徐映华 | 外科护理副主任护师 |
| 394 | 刘学红 | 护理学副主任护师 |
| 395 | 唐艳玲 | 护理学副主任护师 |
| 396 | 阳爱芳 | 护理学副主任护师 |
| 397 | 何春玲 | 护理学副主任护师 |
| 398 | 刘艳君 | 护理学副主任护师 |
| 399 | 黄梨花 | 护理学副主任护师 |
| 400 | 匡小花 | 护理学副主任护师 |
| 401 | 赖红燕 | 外科护理副主任护师 |
| 402 | 杨凯芬 | 妇产科副主任医师 |
| 403 | 黄海振 | 中医骨伤科副主任医师 |
| 404 | 廖穗波 | 中医骨伤科副主任医师 |
| 405 | 梁凤霞 | 妇产科副主任医师 |
| 406 | 邓红秋 | 妇产科副主任医师 |
| 407 | 李志辉 | 中医骨伤科副主任医师 |
| 408 | 王静娴 | 妇产科副主任医师 |
| 409 | 周　萍 | 妇产科副主任医师 |
| 410 | 张与平 | 中医骨伤科副主任医师 |
| 411 | 王俭冬 | 计划生育副主任医师 |
| 412 | 杨西江 | 病理学副主任医师 |
| 413 | 朱少荣 | 中医骨伤科副主任中医师 |
| 414 | 金细强 | 妇产科副主任医师 |
| 415 | 谢运华 | 中医骨伤科副主任中医师 |
| 416 | 陈晓瑞 | 妇产科副主任医师 |
| 417 | 张太坤 | 中医内科副主任中医师 |
| 418 | 赵　俐 | 中医内科副主任中医师 |
| 419 | 张　斌 | 妇产科副主任医师 |
| 420 | 吴书仪 | 妇产科副主任医师 |
| 421 | 徐少华 | 中医内科副主任中医师 |
| 422 | 谈华南 | 中医内科副主任中医师 |
| 423 | 张伟彬 | 中医内科副主任中医师 |
| 424 | 宁华丽 | 妇产科副主任医师 |
| 425 | 王康生 | 中医皮肤科副主任中医师 |
| 426 | 李　轩 | 中医外科副主任中医师 |
| 427 | 梁　伍 | 针灸专业副主任中医师 |
| 428 | 张淑贞 | 妇产科副主任中医师 |
| 429 | 涂新生 | 中医针灸学副主任中医师 |
| 430 | 唐　莉 | 妇产科副主任医师 |
| 431 | 丁冬云 | 妇产科副主任医师 |
| 432 | 刘　巍 | 妇产科副主任医师 |

| 序号 | 姓　名 | 专业技术资格名称 |
|---|---|---|
| 433 | 张军莲 | 妇产科副主任医师 |
| 434 | 钟瑞萍 | 放射诊断副主任医师 |
| 435 | 陈小聪 | 放射诊断副主任医师 |
| 436 | 颜有霞 | 放射诊断副主任医师 |
| 437 | 韩　海 | 放射诊断副主任医师 |
| 438 | 张镇滔 | 放射诊断副主任医师 |
| 439 | 肖亦明 | 介入放射副主任医师 |
| 440 | 郝志勇 | 放射诊断副主任医师 |
| 441 | 邱其良 | 放射诊断副主任医师 |
| 442 | 郭天畅 | 放射诊断副主任医师 |
| 443 | 何　强 | 放射技术副主任医师 |
| 444 | 雷海花 | 放射诊断副主任医师 |
| 445 | 刘伟平 | 放射诊断副主任医师 |
| 446 | 吴家标 | 放射诊断副主任医师 |
| 447 | 许家亮 | 放射诊断副主任医师 |
| 448 | 罗冬改 | 超声诊断副主任医师 |
| 449 | 唐　云 | 超声诊断副主任医师 |
| 450 | 杨维民 | 超声诊断副主任医师 |
| 451 | 周建华 | 临床医学检验副主任技师 |
| 452 | 叶长钦 | 临床医学检验副主任技师 |
| 453 | 蒲　荣 | 临床医学检验副主任技师 |
| 454 | 钟树怀 | 临床医学检验副主任技师 |
| 455 | 陈木林 | 临床医学检验学副主任技师 |
| 456 | 龙　燕 | 临床医学检验副主任技师 |
| 457 | 陆小梅 | 临床医学检验副主任技师 |
| 458 | 叶锦俊 | 临床医学检验副主任技师 |
| 459 | 李一凡 | 临床医学检验副主任技师 |
| 460 | 叶柱江 | 输血技术副主任技师 |
| 461 | 何子毅 | 输血技术副主任技师 |
| 462 | 秦艳兰 | 输血技术副主任技师 |
| 463 | 黄　勇 | 卫生检验副主任技师 |
| 464 | 陈绮文 | 心电学技术副主任技师 |
| 465 | 林庆陕 | 超声诊断副主任医师 |
| 466 | 孙景福 | 骨外科副主任医师 |
| 467 | 刘仁华 | 骨外科副主任医师 |
| 468 | 熊秉刚 | 骨外科副主任医师 |
| 469 | 钟云祥 | 骨外科副主任医师 |
| 470 | 王青松 | 骨外科副主任医师 |
| 471 | 荣建新 | 骨外科副主任医师 |
| 472 | 李敬矿 | 骨外科副主任医师 |
| 473 | 黄烈天 | 骨外科副主任医师 |
| 474 | 吴琦明 | 骨外科副主任医师 |
| 475 | 黎锐波 | 骨外科副主任医师 |
| 476 | 郑水运 | 麻醉学副主任医师 |
| 477 | 龚金山 | 麻醉学副主任医师 |
| 478 | 李荣胜 | 麻醉学副主任医师 |

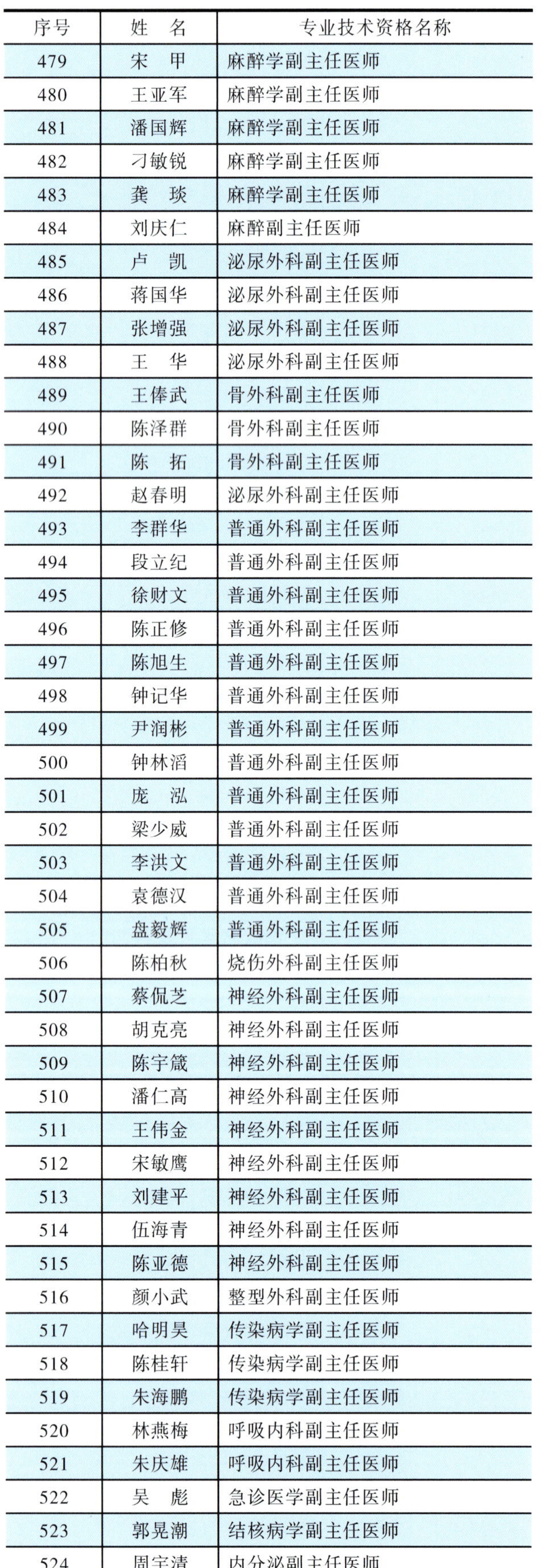

| 序号 | 姓　名 | 专业技术资格名称 |
|---|---|---|
| 479 | 宋　甲 | 麻醉学副主任医师 |
| 480 | 王亚军 | 麻醉学副主任医师 |
| 481 | 潘国辉 | 麻醉学副主任医师 |
| 482 | 刁敏锐 | 麻醉学副主任医师 |
| 483 | 龚　琰 | 麻醉学副主任医师 |
| 484 | 刘庆仁 | 麻醉副主任医师 |
| 485 | 卢　凯 | 泌尿外科副主任医师 |
| 486 | 蒋国华 | 泌尿外科副主任医师 |
| 487 | 张增强 | 泌尿外科副主任医师 |
| 488 | 王　华 | 泌尿外科副主任医师 |
| 489 | 王俸武 | 骨外科副主任医师 |
| 490 | 陈泽群 | 骨外科副主任医师 |
| 491 | 陈　拓 | 骨外科副主任医师 |
| 492 | 赵春明 | 泌尿外科副主任医师 |
| 493 | 李群华 | 普通外科副主任医师 |
| 494 | 段立纪 | 普通外科副主任医师 |
| 495 | 徐财文 | 普通外科副主任医师 |
| 496 | 陈正修 | 普通外科副主任医师 |
| 497 | 陈旭生 | 普通外科副主任医师 |
| 498 | 钟记华 | 普通外科副主任医师 |
| 499 | 尹润彬 | 普通外科副主任医师 |
| 500 | 钟林滔 | 普通外科副主任医师 |
| 501 | 庞　泓 | 普通外科副主任医师 |
| 502 | 梁少威 | 普通外科副主任医师 |
| 503 | 李洪文 | 普通外科副主任医师 |
| 504 | 袁德汉 | 普通外科副主任医师 |
| 505 | 盘毅辉 | 普通外科副主任医师 |
| 506 | 陈柏秋 | 烧伤外科副主任医师 |
| 507 | 蔡侃芝 | 神经外科副主任医师 |
| 508 | 胡克亮 | 神经外科副主任医师 |
| 509 | 陈宇箴 | 神经外科副主任医师 |
| 510 | 潘仁高 | 神经外科副主任医师 |
| 511 | 王伟金 | 神经外科副主任医师 |
| 512 | 宋敏鹰 | 神经外科副主任医师 |
| 513 | 刘建平 | 神经外科副主任医师 |
| 514 | 伍海青 | 神经外科副主任医师 |
| 515 | 陈亚德 | 神经外科副主任医师 |
| 516 | 颜小武 | 整型外科副主任医师 |
| 517 | 哈明昊 | 传染病学副主任医师 |
| 518 | 陈桂轩 | 传染病学副主任医师 |
| 519 | 朱海鹏 | 传染病学副主任医师 |
| 520 | 林燕梅 | 呼吸内科副主任医师 |
| 521 | 朱庆雄 | 呼吸内科副主任医师 |
| 522 | 吴　彪 | 急诊医学副主任医师 |
| 523 | 郭晃潮 | 结核病学副主任医师 |
| 524 | 周宇清 | 内分泌副主任医师 |

| 序号 | 姓　名 | 专业技术资格名称 |
|---|---|---|
| 525 | 张婷容 | 内分泌学副主任医师 |
| 526 | 曾碧冰 | 皮肤与性病学副主任医师 |
| 527 | 袁景桃 | 皮肤与性病学副主任医师 |
| 528 | 宾光明 | 皮肤性病学副主任医师 |
| 529 | 赖桂梅 | 皮肤与性病学副主任医师 |
| 530 | 黄业灿 | 普通内科副主任医师 |
| 531 | 张仕伟 | 普通内科副主任医师 |
| 532 | 李　群 | 普通内科副主任医师 |
| 533 | 胡怀岭 | 普通内科副主任医师 |
| 534 | 邱全煌 | 普通内科副主任医师 |
| 535 | 邵发保 | 普通内科副主任医师 |
| 536 | 梁桥安 | 普通内科副主任医师 |
| 537 | 何荣忠 | 内科学副主任医师 |
| 538 | 刘勤发 | 普通内科副主任医师 |
| 539 | 钟　华 | 普通内科副主任医师 |
| 540 | 张秀芳 | 普通内科副主任医师 |
| 541 | 李育鹏 | 普通内科副主任医师 |
| 542 | 黄正有 | 普通内科副主任医师 |
| 543 | 王世芳 | 神经内科副主任医师 |
| 544 | 张　炜 | 神经内科副主任医师 |
| 545 | 苗海锋 | 神经内科副主任医师 |
| 546 | 张东常 | 消化内科副主任医师 |
| 547 | 刘晓光 | 消化内科副主任医师 |
| 548 | 黄庆宁 | 心血管内科副主任医师 |
| 549 | 甘　毅 | 心血管内科副主任医师 |
| 550 | 帅　卫 | 护理学副主任护师 |
| 551 | 何庆伟 | 结核病学副主任医师 |
| 552 | 孙小金 | 护理副主任护师 |
| 553 | 殷爱顺 | 护理副主任护师 |
| 554 | 陈春娥 | 护理学副主任护师 |
| 555 | 吴玲梅 | 护理学副主任护师 |
| 556 | 黄伟嫦 | 护理学副主任护师 |
| 557 | 叶巧梅 | 护理学副主任护师 |
| 558 | 覃　伟 | 妇产科护理副主任护师 |
| 559 | 田梅枝 | 福利学副主任护师 |
| 560 | 薛　珍 | 护理学副主任护师 |
| 561 | 钟远玲 | 护理副主任护师 |
| 562 | 卢柳霞 | 护理学副主任护师 |
| 563 | 黄春艳 | 临床护理副主任护师 |
| 564 | 陈梅萍 | 临床护理副主任护师 |
| 565 | 余锦香 | 护理学副主任护师 |
| 566 | 刘　琦 | 肿瘤内科副主任医师 |
| 567 | 刘　芳 | 护理学副主任护师 |
| 568 | 曾遵英 | 护理学副主任护师 |
| 569 | 安曙光 | 危重医学副主任医师 |
| 570 | 黄文欢 | 护理学副主任护师 |

| 序号 | 姓　名 | 专业技术资格名称 |
|---|---|---|
| 571 | 荣小乔 | 护理学副主任护师 |
| 572 | 韦克金 | 急诊医学副主任医师 |
| 573 | 唐志萍 | 护理副主任护师 |
| 574 | 石宏英 | 护理学副主任护师 |
| 575 | 张炜兴 | 护理学副主任护师 |
| 576 | 何穗贞 | 护理学副主任护师 |
| 577 | 李财凤 | 临床护理副主任护师 |
| 578 | 麦润婵 | 护理学副主任护师 |
| 579 | 王春辉 | 护理学副主任护师 |
| 580 | 香祝浓 | 护理学副主任护师 |
| 581 | 梁丽丽 | 护理学副主任护师 |
| 582 | 刘晓萍 | 护理学副主任护师 |
| 583 | 李伍娣 | 护理副主任护师 |
| 584 | 兰　静 | 临床护理副主任护师 |
| 585 | 万筱玲 | 护理专业副主任护师 |
| 586 | 邢晓雁 | 护理学副主任护师 |
| 587 | 陈翠芹 | 护理副主任护师 |
| 588 | 林显仙 | 护理学副主任护师 |
| 589 | 莫衬南 | 内科护理学副主任护师 |
| 590 | 林少虹 | 内科护理副主任护师 |
| 591 | 张建华 | 护理学副主任护师 |
| 592 | 蔡　艳 | 护理学副主任护师 |
| 593 | 武玉华 | 护理学副主任护师 |
| 594 | 尹雪玲 | 护理学副主任护师 |
| 595 | 邓群英 | 护理学副主任护师 |
| 596 | 黄惠敏 | 护理学副主任护师 |
| 597 | 巢自莲 | 护理学副主任护师 |
| 598 | 卢玉珍 | 外科护理副主任护师 |
| 599 | 赖翠瑛 | 外科护理副主任护师 |
| 600 | 吕红英 | 护理学副主任护师 |
| 601 | 林　军 | 护理学副主任护师 |
| 602 | 郑海蓉 | 护理学副主任护师 |
| 603 | 贾秀芬 | 护理学副主任护师 |
| 604 | 李秋兰 | 护理学副主任护师 |
| 605 | 王晓秋 | 护理学副主任护师 |
| 606 | 李映霞 | 护理学副主任护师 |
| 607 | 温淑华 | 护理副主任护师 |
| 608 | 李智娟 | 护理学副主任护师 |
| 609 | 李艳红 | 护理学副主任护师 |
| 610 | 莫燕霞 | 护理学副主任护师 |
| 611 | 蔡友娟 | 护理学副主任护师 |
| 612 | 张绍玲 | 外科护理学副主任护师 |
| 613 | 刘锦珍 | 护理学副主任护师 |
| 614 | 叶宇瑶 | 护理学副主任护师 |
| 615 | 陈润芳 | 护理学副主任护师 |
| 616 | 欧丽梅 | 护理副主任护师 |
| 617 | 王　涛 | 小儿内科副主任医师 |
| 618 | 郭晓军 | 小儿内科副主任医师 |
| 619 | 李仲明 | 口腔内科副主任医师 |
| 620 | 涂　文 | 口腔正畸副主任医师 |
| 621 | 李俊平 | 儿科副主任医师 |
| 622 | 黄柏枝 | 小儿内科副主任医师 |
| 623 | 黄淑媛 | 小儿内科副主任医师 |
| 624 | 余　振 | 小儿内科学副主任医师 |
| 625 | 李　孜 | 小儿内科副主任医师 |
| 626 | 魏　滃 | 眼科副主任医师 |
| 627 | 柴鸣荣 | 小儿内科副主任医师 |
| 628 | 曾伟斌 | 小儿内科副主任医师 |
| 629 | 黄　莹 | 小儿内科副主任医师 |
| 630 | 任雪军 | 小儿内科副主任医师 |
| 631 | 朱绪军 | 小儿内科副主任医师 |
| 632 | 康春华 | 小儿内科副主任医师 |
| 633 | 赵　炜 | 小儿内科副主任医师 |
| 634 | 韦志群 | 小儿内科副主任医师 |

## 二、正高级（104人）

| 序号 | 姓　名 | 专业技术资格名称 |
|---|---|---|
| 图书资料（2人） | | |
| 1 | 钟新革 | 图书资料研究馆员 |
| 2 | 蔡　冰 | 图书资料研究馆员 |
| 群众文化专业（1人） | | |
| 3 | 程力耘 | 研究馆员 |
| 党校教师（2人） | | |
| 4 | 林举英 | 中文教授 |
| 5 | 韦绍福 | 党史党建教授 |
| 卫生（94人） | | |
| 6 | 卢庆晖 | 新生儿科主任医师 |
| 7 | 曹辉娟 | 护理学主任护师 |
| 8 | 江东红 | 护理学主任护师 |
| 9 | 朱学海 | 临床医学检验主任技师 |
| 10 | 吴远军 | 输血技术主任技师 |
| 11 | 关志广 | 整形外科主任医师 |
| 12 | 曾　清 | 普通内科主任医师 |
| 13 | 陈怀宇 | 肿瘤内科主任医师 |
| 14 | 王晓霞 | 传染性疾病控制主任医师 |
| 15 | 单金华 | 预防医学主任医师 |
| 16 | 杨嘉琛 | 小儿内科主任医师 |
| 17 | 何锦添 | 耳鼻喉科主任医师 |
| 18 | 叶国华 | 小儿内科主任医师 |
| 19 | 叶毅桦 | 小儿内科主任医师 |
| 20 | 胡秋荣 | 口腔修复主任医师 |

| 序号 | 姓　名 | 专业技术资格名称 |
|---|---|---|
| 21 | 李坚文 | 眼科主任医师 |
| 22 | 游春萍 | 小儿内科主任医师 |
| 23 | 黄翠娥 | 眼科主任医师 |
| 24 | 李玉凤 | 儿科主任医师 |
| 25 | 杨彩平 | 小儿内科主任医师 |
| 26 | 黄爱萍 | 小儿内科主任医师 |
| 27 | 黎淑芬 | 小儿内科主任医师 |
| 28 | 陈彩凤 | 小儿内科主任医师 |
| 29 | 林怀忠 | 妇产科主任医师 |
| 30 | 赖文瑶 | 妇产科主任医师 |
| 31 | 萧丽娟 | 妇产科主任医师 |
| 32 | 陈丽梅 | 妇产科主任医师 |
| 33 | 纪艳洁 | 妇产科主任医师 |
| 34 | 叶　萍 | 妇产科主任医师 |
| 35 | 任国珍 | 中医儿科主任中医师 |
| 36 | 罗　勤 | 中医妇科主任医师 |
| 37 | 夏贤生 | 中医骨伤科主任中医师 |
| 38 | 黄中强 | 中医骨伤科主任中医师 |
| 39 | 王三贵 | 中西医结合主任中医师 |
| 40 | 邝宁子 | 中医内科主任中医师 |
| 41 | 吴　湘 | 中医内科主任中医师 |
| 42 | 何板龙 | 中医内科主任中医师 |
| 43 | 叶慧芳 | 护理主任护师 |
| 44 | 张桂英 | 护理主任护师 |
| 45 | 佘燕萍 | 护理主任护师 |
| 46 | 肖芳红 | 护理主任护师 |
| 47 | 曹彩平 | 护理主任护师 |
| 48 | 李振花 | 护理主任护师 |
| 49 | 刘碧波 | 医院药学主任药师 |
| 50 | 钟新光 | 传染性疾病控制主任医师 |
| 51 | 温开萍 | 护理主任护师 |
| 52 | 盘瑞兰 | 护理学主任护师 |
| 53 | 朱小冬 | 护理主任护师 |
| 54 | 廖惠璇 | 护理学主任护师 |
| 55 | 胡艳红 | 护理学主任护师 |
| 56 | 王晓玲 | 护理学主任护师 |
| 57 | 翟健坤 | 医学影像主任医师 |
| 58 | 赵继红 | 病理技术主任技师 |
| 59 | 陈砚朦 | 卫生检验主任技师 |
| 60 | 彭寨玉 | 卫生检验主任技师 |
| 61 | 李月欢 | 卫生检验主任技师 |
| 62 | 万德胜 | 临床医学检验主任技师 |
| 63 | 邹文涛 | 输血技术主任技师 |

| 序号 | 姓　名 | 专业技术资格名称 |
|---|---|---|
| 64 | 文　革 | 超声诊断主任医师 |
| 65 | 王建民 | 骨外科主任医师 |
| 66 | 屈燕铭 | 骨外科主任医师 |
| 67 | 王兆利 | 骨外科主任医师 |
| 68 | 陈继恩 | 麻醉主任医师 |
| 69 | 李文媚 | 麻醉学主任医师 |
| 70 | 周立志 | 麻醉学主任医师 |
| 71 | 洪　茜 | 消化内科主任医师 |
| 72 | 陈以初 | 心血管内科主任医师 |
| 73 | 卢　敏 | 心血管内科主任医师 |
| 74 | 熊　斌 | 心血管内科主任医师 |
| 75 | 李大强 | 心血管内科主任医师 |
| 76 | 姜义荣 | 血液内科主任医师 |
| 77 | 赵一菊 | 呼吸内科主任医师 |
| 78 | 吴意红 | 血液病学主任医师 |
| 79 | 农恒荣 | 超声诊断主任医师 |
| 80 | 陈传义 | 麻醉学主任医师 |
| 81 | 王卫峰 | 泌尿外科主任医师 |
| 82 | 周建平 | 胸心外科主任医师 |
| 83 | 谢炎燊 | 呼吸内科主任医师 |
| 84 | 孟令儒 | 呼吸内科主任医师 |
| 85 | 江东新 | 急诊医学主任医师 |
| 86 | 陈伟坤 | 内分泌主任医师 |
| 87 | 袁耀钦 | 普通内科主任医师 |
| 88 | 朱礼星 | 普通内科主任医师 |
| 89 | 李梅芳 | 普通内科主任医师 |
| 90 | 陈庆深 | 普通内科主任医师 |
| 91 | 黄晓芸 | 神经内科主任医师 |
| 92 | 李庆军 | 神经内科主任医师 |
| 93 | 彭伟成 | 肾内科学主任医师 |
| 94 | 刘国辉 | 肾内科主任医师 |
| 95 | 黄艳春 | 消化内科主任医师 |
| 96 | 洪　茜 | 消化内科主任医师 |
| 97 | 袁智勇 | 普通内科主任医师 |
| 98 | 莫木顺 | 心血管内科主任医师 |
| 99 | 彭扬国 | 骨科主任医师 |
| 农业科学研究（5人） | | |
| 100 | 吴同山 | 畜牧研究员 |
| 101 | 罗卫强 | 兽医研究员 |
| 102 | 郑贵朝 | 生物技术研究员 |
| 103 | 陈春满 | 园艺研究员 |
| 104 | 胡事君 | 园艺生物技术研究员 |

（东莞市人力资源局供稿）

## 2009年东莞输送运动员参加全国以上比赛成绩（省专业队）

| 项 目 | 姓 名 | 性别 | 时 间 | 地点 | 比赛名称 | 小项 | 名次 | 输送单位 |
|---|---|---|---|---|---|---|---|---|
| （世界、亚洲重要比赛） | | | | | | | | |
| 花样游泳 | 黄巧榆 | 女 | 2009年11月 | 佛山 | 第八届亚洲游泳锦标赛 | 集体自由自选 | 1 | 道滘 |
| 花样游泳 | 黄巧榆 | 女 | 2009年11月 | 佛山 | 第八届亚洲游泳锦标赛 | 集体技术自选 | 1 | 道滘 |
| 花样游泳 | 黄巧榆 | 女 | 2009年11月 | 佛山 | 第八届亚洲游泳锦标赛 | 集体组合 | 1 | 道滘 |
| （全国重要比赛） | | | | | | | | |
| 体操 | 梁富亮 | 男 | 2009年9月 | 山东 | 第十一届全国运动会 | 男子团体 | 1 | 莞城 |
| 赛艇 | 张　全 | 男 | 2009年10月 | 山东 | 第十一届全国运动会 | 男子2000米四人双桨 | 1 | 虎门 |
| 游泳 | 张国英 | 男 | 2009年10月 | 山东 | 第十一届全国运动会 | 男子4×100米混合泳接力 | 1 | 麻涌 |
| 花样游泳 | 黄巧榆 | 女 | 2009年10月 | 山东 | 第十一届全国运动会 | 自由自选集体 | 1 | 道滘 |
| 水球 | 钟振财 | 男 | 2009年10月 | 山东 | 第十一届全国运动会 | 男子水球 | 1 | 道滘 |
| 马术 | 李振强 | 男 | 2009年10月 | 山东 | 第十一届全国运动会 | 场地障碍团体赛 | 1 | 长安 |
| 马术 | 巫　辉 | 男 | 2009年10月 | 山东 | 第十一届全国运动会 | 场地障碍团体赛 | 1 | 长安 |
| 篮球 | 朱芳雨 | 男 | 2009年10月 | 山东 | 第十一届全国运动会 | 男子篮球 | 1 | 南城 |
| 篮球 | 董瀚麟 | 男 | 2009年10月 | 山东 | 第十一届全国运动会 | 男子篮球 | 1 | 南城 |
| 马术 | 李振强 | 男 | 2009年10月 | 山东 | 第十一届全国运动会 | 场地障碍个人赛 | 2 | 长安 |
| 现代五项 | 郭建力 | 男 | 2009年10月 | 山东 | 第十一届全国运动会 | 男子五项接力赛 | 2 | 麻涌 |
| 羽毛球 | 朱李华 | 男 | 2009年10月 | 山东 | 第十一届全国运动会 | 男子双打 | 2 | 石龙 |
| 乒乓球 | 魏炎涛 | 男 | 2009年9月 | 山东 | 第十一届全国运动会 | 男子团体 | 2 | 长安 |
| 体操 | 梁富亮 | 男 | 2009年10月 | 山东 | 第十一届全国运动会 | 自由操 | 3 | 莞城 |
| 羽毛球 | 朱李华 | 男 | 2009年10月 | 山东 | 第十一届全国运动会 | 男子团体 | 3 | 石龙 |
| 激流回旋 | 黎应锋 | 男 | 2009年10月 | 山东 | 第十一届全国运动会 | 男子双人划艇 | 3 | 虎门 |
| 乒乓球 | 曹幸妮 | 女 | 2009年9月 | 山东 | 第十一届全国运动会 | 女子团体 | 4 | 厚街 |
| 现代五项 | 郭建力 | 男 | 2009年10月 | 山东 | 第十一届全国运动会 | 男子五项个人赛 | 4 | 麻涌 |
| 足球 | 万嘉茹 | 女 | 2009年10月 | 山东 | 第十一届全国运动会 | 女子足球U18 | 4 | 南城 |
| 足球 | 汪兴强 | 男 | 2009年10月 | 山东 | 第十一届全国运动会 | 男子足球U16 | 4 | 南城 |
| 游泳 | 张国英 | 男 | 2009年10月 | 山东 | 第十一届全国运动会 | 100米蛙泳 | 4 | 麻涌 |
| 射击 | 李佩璟 | 女 | 2009年10月 | 山东 | 第十一届全国运动会 | 女子10米气步枪团体 | 5 | 长安 |
| 射击 | 陈艳芳 | 女 | 2009年10月 | 山东 | 第十一届全国运动会 | 女子10米气步枪团体 | 5 | 大朗 |
| 赛艇 | 黎志明 | 男 | 2009年10月 | 山东 | 第十一届全国运动会 | 男子轻量级2000米双人双桨 | 7 | 虎门 |
| 游泳 | 刘润良 | 男 | 2009年10月 | 山东 | 第十一届全国运动会 | 男子4×200米自由泳接力 | 7 | 道滘 |
| 游泳 | 张国英 | 男 | 2009年10月 | 山东 | 第十一届全国运动会 | 男子200米蛙泳 | 8 | 麻涌 |

（东莞市体育局供稿）

## 全国五一劳动奖章获得者

**梁晓东** 男，1967年5月生，东莞市厚街医院司机。1999年入厚街医院工作，工作认真负责，与同事团结协作，在平凡工作岗位默默奉献。“5·12”汶川大地震发生后，主动请缨随东莞医疗救护队赴赈灾前线。在灾区奋战21天，冒着余震危险，克服困难，随医疗队在灾区行车3万多公里，辗转重庆、成都、绵阳、德阳、江油、安县等地，救援、转运伤病员240人，其中重伤员171人，救助、转运受困群众100多人，到16个乡镇参加卫生防疫工作，为抗震救灾做出贡献。被评为2008年广东省总工会抗震救灾先进个人，获得2008年广东省五一劳动奖章。2009年4月，被评为全国五一劳动奖章获得者。

**尹月仙** 女，1954年7月生，原广东省东莞市长安镇总工会主席。任职后，团结全镇工会干部和广大职工，在加强工会组织建设、深化维权机制、创建和谐劳动关系、推动全镇经济平稳较快发展、抗震救灾等方面做了大量工作，取得突出成绩：长安镇基层工会组织950多个，涵盖600多个工会小组，会员人数达20多万，工会组建率达87%以上；在她的带领下，长安镇总工会先后荣获“全国非公有制企业组建工作先进单位”、“全国‘安康杯’竞赛活动组织工作优秀单位”、“广东省示范镇工会”等荣誉称号，连续多年被评为“东莞市工会工作先进单位”。尹月仙立足岗位，勤奋工作，无私奉献，争创一流，集中体现了当代工会工作者与时俱进、开拓创新的优秀品质。多次荣获国家、省、市荣誉称号，出席中国工会第十五次全国代表大会，是2008年广东省五一劳动奖章获得者。2009年4月，被评为全国五一劳动奖章获得者。

**李腾达** 男，1980年9月生，广东梅州市人，高中学历，是广东众生药业股份有限公司口服固体制剂车间包装组长。1999年入广东众生药业股份有限公司工作，工作态度端正，遵规守纪，认真负责。作为一名普通员工时，能做好本职工作，全面掌握岗位操作技能；后经不断努力，在车间整合改革过程中脱颖而出，被任命为车间最大班组组长。走上管理岗位仍坚持良好工作信念，以厂为家，兢兢业业，配合车间管理好班组，并在提高生产技术、整合资源方面做出贡献。2008年，被评为“全国优秀农民工”。2009年4月，被评为全国五一劳动奖章获得者。

（东莞市总工会供稿）

## 革命烈士

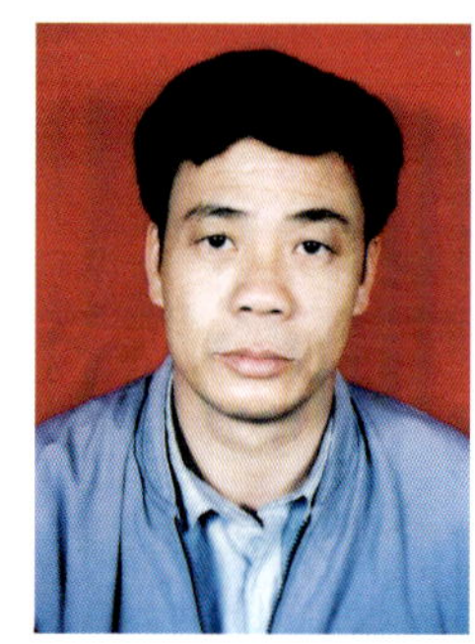

【吴润权】 吴润权（1960—2008），男，广东省东莞市中堂镇人，生前为东莞市中堂镇潢涌村治安联防队队员。

2008年8月12日凌晨5时30分许，在中堂镇潢涌村体育馆附近，吴润权因抓捕作案嫌疑人被案犯用车撞飞、卷入车底拖行30多米，当场殉职牺牲。

2009年12月14日，广东省人民政府批准吴润权为革命烈士。

（东莞市民政局供稿）

▲ 东莞市同沙生态公园

# 社会经济统计资料

SOCIAL AND ECONOMIC STATISTICS

- 国民经济和社会发展统计公报
- 国民经济和社会发展主要指标
- 全国、珠三角十二市（区）、长三角十六市主要经济指标

鸿福桥

编辑：潘朝明

# 2009年东莞市国民经济和社会发展统计公报

东莞市统计局　国家统计局东莞调查队

2010年3月19日

2009年，东莞面对国际金融危机带来的严重冲击，全市人民在市委、市政府的坚强领导下，以科学发展观为指导，认真贯彻执行国家和省的各项宏观调控政策与措施，化危为机，砥砺奋进，加快推进经济社会双转型，全力以赴保增长，有效遏制了经济下滑的势头，国民经济形势总体回升向好，社会事业不断进步，在逆境中实现了新的发展。

## 一、经济发展

### 经济总量

初步核算，2009年东莞市生产总值（GDP）3763.26亿元，按可比价格计算，比上年增长5.3%。其中第一产业增加值14.99亿元，增长5.1%；第二产业增加值1771.77亿元，下降3.7%；第三产业增加值1976.50亿元，增长15.1%。三大产业比例为0.4：47.1：52.5。在第三产业中，批发和零售业增长17.5%，住宿和餐饮业增长8.8%，金融业增长25.5%，房地产业增长23.4%，其他服务业增长13.5%。人均生产总值达56591元，增长10.0%。

全年来源于东莞的财政收入627.82亿元，比上年增长4.5%。其中市财政一般预算收入231.16亿元，增长10.5%。在市财政一般预算收入中，增值税53.44亿元，下降3.3%；营业税44.69亿元，增长5.8%；企业所得税17.68亿元，下降4.2%；个人所得税8.73亿元，下降0.7%；城市维护建设税9.21亿元，增长9.6%；房产税7.58亿元，增长15.6%；契税15.75亿元，增长38.8%。全年全市工商税收总额547.51亿元，比上年增长2.1%。其中国税338.47亿元，下降0.2%；地税209.04亿元，增长6.1%。全年地方一般财政支出225.94亿元，比上年增长3.5%。其中，一般公共服务支出19.30亿元，公共安全支出30.93亿元，教育支出12.97亿元，科学技术支出11.68亿元，文化体育与传媒支出2.50亿元，社会保障和就业支出15.09亿元，医疗卫生支出3.09亿元，环境保护支出5.41亿元，城乡社区事务支出3.88亿元，农林水事务支出7.89亿元，交通运输支出7.25亿元。

图一　1978—2009年地区生产总值及增长速度

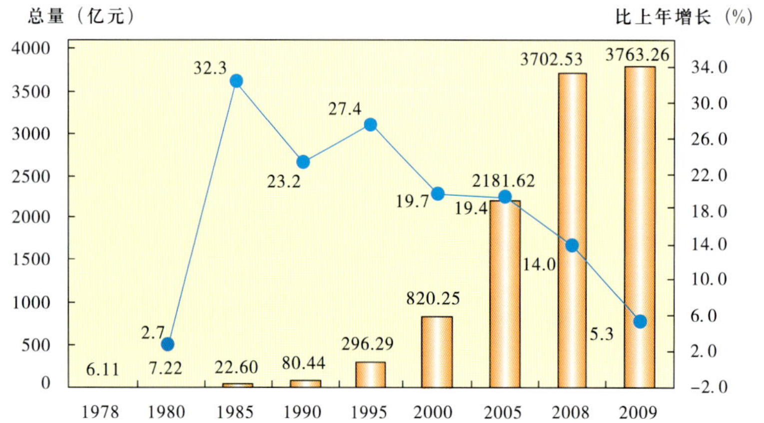


### 所有制结构

初步核算，在全市生产总值中，公有制经济增加值1002.14亿元，比上年增长12.0%，占26.6%；民营经济增加值1326.28亿元，增长10.2%，占35.2%；外资经济增加值1434.84亿元，下降2.6%，占38.1%。

在全市规模以上工业总产值中，国有控股工业总产值545.29亿元，比上年下降0.5%；集体工业总产值97.29亿元，增长1.9%；外商投资工业总产值1900.54亿元，下降11.1%；港澳台投资工业总产值2564.50亿元，下降8.0%。私营经济工业总产值529.97亿元，增长2.8%。

在固定资产投资中，国有经济投资177.58亿元，比上年增长73.7%，占固定资产投资总额的比重为16.2%；集体经济投资195.71亿元，增长1.9%，占17.9%；民营经济投资423.59亿元，增长15.1%，占38.7%；外商及港澳台投资203.50亿元，下降24.9%，占18.6%。

在限额以上批发零售贸易业零售额中，内资企业实现零售额364.38亿元，比上年增长11.0%，占总零售额的比重为88.8%。其中，国有企业占2.0%，集体企业占4.4%，股份制企业占45.6%，私营企业占36.8%；外资企业实现销售额45.90亿元，增长30.4%，占11.2%。

在出口总额中，国有企业出口额111.24亿美元，比上年下降30.1%；三资企业出口额334.56亿美元，下降12.0%；集体企业出口额9.39亿美元，下降12.6%。

### 转型升级

东莞市积极搭建服务平台，完善

就地不停产转型的操作办法，帮助339家来料加工企业成功转为三资或民营企业。用好加工贸易转型升级专项资金，激励企业加强技术研发和品牌经营，全市新设立外资企业研发机构84家；拥有自主品牌的加工贸易企业900家，增长15%。完善科技东莞配套政策，积极培育“两自”企业，新增国家高新技术企业90家、省民营科技企业89家；新增省级以上名牌名标25个；全市工业更新改造投资154亿元，增长1.5倍。支持科技企业融资，设立5000万元科技贷款风险准备金。加强现代服务业引进，推动金融、物流、会展等生产性服务业加快发展。东莞农信社改制为农村商业银行，新增银行和融资担保机构8家、上市公司1家，引进中外运等一批大型物流仓储项目。启动虎门港保税物流中心，一期项目投入8亿元，已通过验收。强化责任落实，加强重点耗能企业监管，开展全民节能行动，推进企业清洁生产，加强土地执法监察。二氧化硫和化学需氧量排放分别下降9.2%和6.8%，达到省总量减排年度要求。

### 固定资产投资

全年全社会固定资产投资1094.08亿元，比上年增长13.0%。

在固定资产投资总额中，基本建设投资464.07亿元，比上年增长18.0%；更新改造投资212.88亿元，增长150.8%；房地产开发投资277.66亿元，增长2.3%。从产业投向看，投资集中在二、三产业。第二产业投资395.43亿元，其中制造业投资335.71亿元；第三产业投资698.04亿元。

全年完成投资5000万元以上的项目292个，完成投资409.83亿元。其中，工业类项目126个，完成投资152.09亿元。完成投资1亿元以上项目93个，完成投资267.91亿元。其中，工业类项目33个，完成投资86.21亿元。

### 价格

全年居民消费价格总水平比上年下降3.1%。其中居住类价格下降8.7%，娱乐教育文化用品及服务类价格下降4.7%，衣着类价格下降2.8%，食品类价格下降1.9%，医疗保健和个人用品类价格下降1.8%，烟酒及用品类价格上涨1.4%，交通和通信类价格下降1.3%，家庭设备用品及维修服务类价格上涨0.2%。商品零售价格下降4.7%。工业品出厂价格下降3.2%。

### 农业

全年全市完成农业总产值25.31亿元，按可比价计算，比上年增长3.3%。其中种植业产值13.20亿元，增长3.2%，占52.2%；林业产值0.21亿元，下降37.5%，占0.8%；牧业产值5.00亿元，增长6.8%，占19.8%；渔业产值6.06亿元，增长3.3%，占23.9%。全年粮食种植面积4.16万亩，粮食产量1.19万吨；水产品产量7.33万吨，增长1.4%；蔬菜产量40.03万吨，增长2.3%；生猪出栏数28.08万头，增长8.4%；家禽出栏数752.20万只，增长2.7%。

新增省级农业龙头企业2家、市级农业龙头企业2家、新增农民专业合作组织3家。年末全市共有20家农业龙头企业和25家农民专业合作组织，其中省级以上龙头企业6家、国家级2家。年末全市共有广东省名牌产品（农业类）26个、无公害农产品47个、绿色食品38个、有机食品10个。

图二　1978—2009年全社会固定资产投资总额及其增长速度

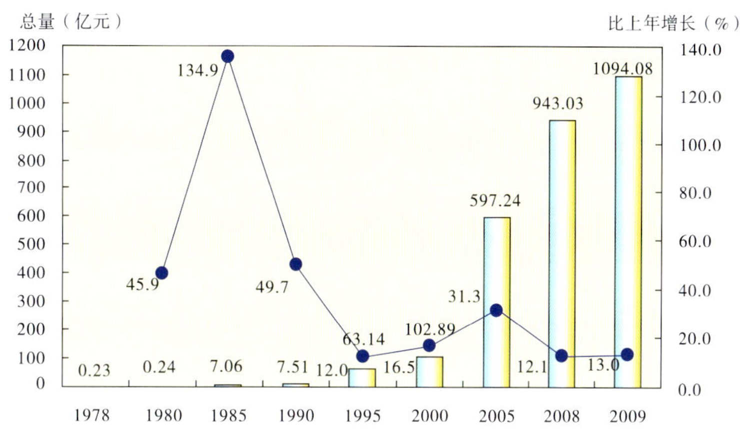


## 2009年分行业固定资产投资额情况

| 行　业 | 投资额（万元） | 增长% |
|---|---|---|
| 总计 | 10940753 | 13.0 |
| 农、林、牧、渔业 | 6009 | -15.7 |
| 制造业 | 3357103 | -9.1 |
| 电力、燃气及水的生产和供应业 | 595645 | 110.0 |
| 建筑业 | 1574 | -90.8 |
| 交通运输、仓储和邮政业 | 1267998 | 157.0 |
| 信息传输、计算机服务和软件业 | 207335 | -15.9 |
| 批发和零售业 | 163146 | -22.1 |
| 住宿与饮食业 | 225418 | 163.1 |
| 金融业 | 11242 | 56.3 |
| 房地产业 | 3533940 | 7.8 |
| 租赁和商务服务业 | 152034 | 17.6 |
| 科研、技术服务和地质勘察业 | 49643 | -25.4 |
| 水利、环境和公共设施管理业 | 771160 | 18.2 |
| 居民服务和其他服务业 | 19928 | 219.4 |
| 教育 | 140411 | -12.1 |
| 卫生、社会保障和社会福利业 | 212290 | 72.6 |
| 文化、体育和娱乐业 | 74655 | 65.3 |
| 公共管理和社会组织 | 151222 | -3.3 |

图三　1978—2009年居民消费价格涨跌幅度

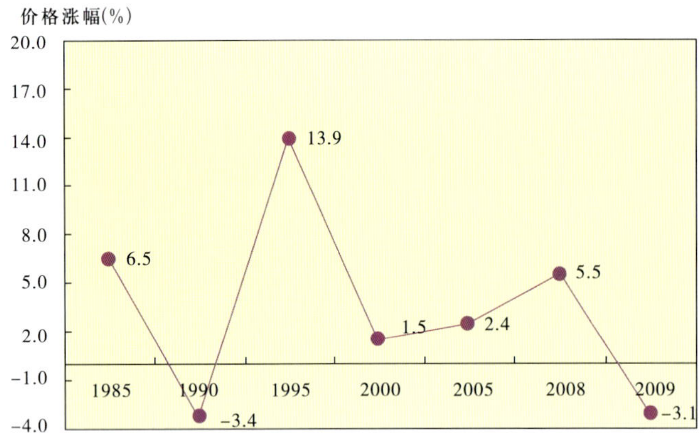


## 2009年价格变动情况

| 类　别 | 价格指数（%） | 比上年升降幅度（%） |
|---|---|---|
| 居民消费价格指数 | 96.9 | -3.1 |
| 食品 | 98.1 | -1.9 |
| 其中：粮食 | 104.2 | 4.2 |
| 肉禽及其制品 | 94.2 | -5.8 |
| 油脂 | 83.1 | -16.9 |
| 蛋 | 97.4 | -2.6 |
| 鲜菜 | 95.7 | -4.3 |
| 水产品 | 101.0 | 1.0 |
| 烟酒及用品 | 101.4 | 1.4 |
| 衣着 | 97.2 | -2.8 |
| 家庭设备用品及服务 | 100.2 | 0.2 |
| 医疗保健及个人用品 | 98.2 | -1.8 |
| 交通和通信 | 98.7 | -1.3 |
| 娱乐教育文化用品及服务 | 95.3 | -4.7 |
| 居住 | 91.3 | -8.7 |
| 商品零售价格指数 | 95.3 | -4.7 |
| 工业品出厂价格指数 | 96.8 | -3.2 |

### 工业

全年全市实现工业增加值1690.22亿元，比上年下降4.0%，占GDP的比重为44.9%。全市完成工业总产值6762.8亿元，下降3.3%。其中规模以上工业总产值5935.2亿元，下降6.3%。在规模以上工业中，重工业产值3290.6亿元，下降7.7%，所占比重为55.4%；轻工业产值2644.6亿元，下降4.6%，占44.6%。大中型企业完成工业总产值4127.1亿元，占规模以上工业总产值的69.5%。规模以上工业实现利润总额155.55亿元，比上年增长12.6%；资产负债率为60.5%；工业经济综合效益指数为113.77，比上年上升1.78个点。

全年规模以上八大支柱产业总产值3728.72亿元，比上年下降7.2%。其中通信设备、计算机及其他电子设备制造业产值1590.84亿元，下降8.4%。规模以上电子信息制造业产值2402.67亿元，下降9.4%；实现利润总额41.95亿元，下降17.1%。

### 建筑业

全年全市建筑业增加值81.55亿元，比上年增长4.7%。

建筑企业完成施工产值96.42亿元，比上年下降11.4%；施工面积728.79万平方米，下降24.4%；竣工面积344.05万平方米，下降39.2%。建筑企业按施工产值计算的全员劳动生产率人均达17.8万元，比上年增长1.8%。

### 交通运输、仓储和邮政业

全年全市交通运输、仓储和邮政业增加值73.16亿元，比上年下降12.8%。

年末全市境内公路通车里程（含乡村道路）4713.33公里，公路密度191.21公里/百平方公里。其中等级公路4598.13公里，密度186.54公里/百平方公里；高速公路207公里，密度8.40公里/百平方公里。年末全市机动车保有量126.91万辆，比上年增长3.6%。其中汽车保有量79.56万辆，增长13.4%。公路货物运输6944万吨，公路货物周转量45.29亿吨公里；水路货物运输1789万吨，水路货物周转量56.36亿吨公里。全年公路运输完成旅客客运量7.33亿人，旅客周转量105.13亿人公里；水路运输33万人，旅客周转量2145万人公里。全年港口旅客吞吐量34.48万人，港口货物吞吐量3530.08万吨。

全年完成邮电业务收入156.31亿元，比上年下降9.3%。其中电信业务收入149.16亿元，下降9.6%；移动业务收入101.29亿元，下降4.9%；邮政业务收入7.15亿元，下降3.0%。全年发送信函4276万件，下降35.42%；特快专递557万件，增长16.3%；全年邮政汇款汇出金额222.24亿元，下降6.9%。

### 国内贸易

全年全市批发和零售业增加值367.45亿元，比上年增长17.5%；住宿和餐饮业增加值153.24亿元，增长8.8%。

全年全市社会消费品零售总额956.25亿元，比上年增长14.1%，扣除物价因素，实际增长19.7%。分行业看，批发零售贸易业零售额831.96亿元，增长14.7%；住宿餐饮业零售额124.23亿元，增长10.1%。

在限额以上贸易业中，食品、饮料、烟酒类零售额增长16.8%；服装鞋帽、针、纺织品类增长31.8%；日用品类增长26.3%；汽车类增长53.7%。

全年批发零售贸易业实现商品销售总额1571.92亿元，比上年增长9.5%。

### 金融业

全年全市金融业增加值166.42亿元，比上年增长25.5%。

全年新增各类金融机构3家。年末全

## 2009年规模以上工业主要产品产量

| 产品名称 | 计量单位 | 产　量 | 比上年增长% |
|---|---|---|---|
| 发电量 | 亿千瓦时 | 337.11 | -5.3 |
| 化学纤维 | 吨 | 11528.12 | -36.1 |
| 纱 | 吨 | 11780.10 | -72.0 |
| 服装 | 万件 | 117600.52 | -8.4 |
| 皮革鞋靴 | 万双 | 36296.75 | -16.3 |
| 人造板 | 万立方米 | 16.94 | 74.8 |
| 家具 | 万件 | 5745.75 | -36.4 |
| 机制纸及纸板 | 万吨 | 866.67 | 21.8 |
| 塑料制品 | 万吨 | 272.90 | -13.7 |
| 平板玻璃 | 万重量箱 | 3058.71 | 81.6 |
| 金属切削机床 | 台 | 2976 | -61.7 |
| 泵（液体泵） | 万台 | 937.63 | -28.2 |
| 交流电动机 | 万千瓦 | 155.30 | -5.1 |
| 变压器 | 万千伏安 | 412.79 | -23.6 |
| 电话单机 | 万台 | 2948.81 | -29.0 |
| 移动通信手持机（手机） | 万台 | 1203.47 | 33.0 |
| 微型电子计算机 | 万台 | 16.80 | |
| 打印机 | 万台 | 54.24 | -45.7 |
| 激光视盘机 | 万台 | 2892.25 | -31.2 |
| 集成电路 | 万块 | 26.40 | -89.5 |
| 电子元件 | 亿只 | 6892.10 | -7.2 |
| 印制电路板 | 万平方米 | 2077.23 | 13.8 |
| 彩色电视机 | 万台 | 514.48 | 4.3 |
| 组合音响 | 万台 | 2667.76 | -27.8 |
| 自动化仪表及系统 | 万台（套） | 75.86 | 10.3 |
| 电工仪器仪表 | 万台 | 321.19 | -22.8 |
| 光学仪器 | 万台 | 1.91 | -63.6 |

图四　1978—2009年社会消费品零售总额及其增长速度

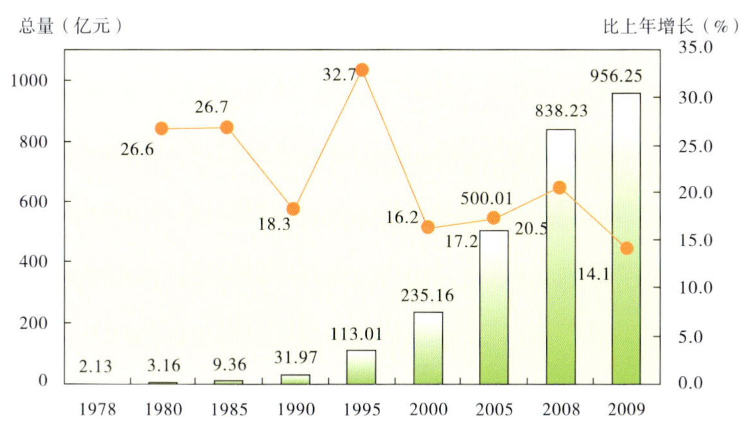


市有各类金融机构75家，其中银行类机构23家，保险类机构37家，证券期货类机构15家。

年末全市金融机构各项人民币存款余额4986.61亿元，比年初增长14.6%。其中企业存款余额1419.94亿元，增长20.0%；财政性存款余额52.45亿元,增长5.9%。各项人民币贷款余额2903.80亿元，比年初增长22.2%。其中工业贷款余额237.12亿元，增长8.2%；商业贷款余额261.75亿元，增长49.2%；个人消费贷款余额714.56亿元，增长25.2%。在个人消费贷款余额中，个人住房按揭贷款余额606.70亿元，增长22.7%；个人汽车消费贷款余额24.06亿元，增长22.2%。全年金融机构现金收入8449.47亿元，现金支出8486.22亿元，收支相抵现金净投放36.75亿元。全市金融机构不良贷款率比年初下降0.62个百分点。年末各类银行机构人民币资产总额5863.15亿元，比上年增长15.2%。

年末全市各类证券公司共有开户数77.60万户，比上年增加42.92万户。全年股票总成交额11677.38亿元，比上年增长251.7%。年末保证金余额162.60亿元，比上年增长113.5%。

年末全市有各类保险公司37家，保险中介机构31家，比上年增加7家。保险从业人员2.8万人。全年保费收入115.08亿元，比上年增长27.4%。其中财产险保费收入35.36亿元，增长11.2%；人寿险保费收入79.72亿元，增长36.3%。全年保险赔款与给付金额27亿元，其中财产险赔款19亿元，综合赔付率为14.25%。人身险赔款与给付8亿元，赔付率为11.24%。

### 房地产业

全年全市房地产业增加值333.37亿元，比上年增长23.4%。

全年完成房地产开发投资277.66亿元，比上年增长2.3%。商品房施工面积2223.4万平方米，增长11.3%；竣工面积188.83万平方米，下降60.5%；销售面积604.11万平方米，增长18.1%，其中商品住宅销售面积585.68万平方米，增长25.2%。全年商品房销售额353.17亿元，增长22.4%，其中商品住宅销售额336.86亿元，增长36.9%。

### 民营经济

年末全市民营单位登记注册户数47.80万户，比上年增长0.3%。其中私营企业增长较快，达到7.42万户，增长17.4%；个体工商户40.33万户，下降2.3%。全年规模以上民营工业完成总

## 2009年主要商品出口情况

| 商品名称 | 金额（万美元） | 增长% |
|---|---|---|
| 自动数据处理设备及其部件 | 422632 | -35.9 |
| 服装及衣着附件 | 281072 | -12.0 |
| 自动数据处理设备的零件 | 266800 | -16.6 |
| 鞋类 | 245746 | -9.3 |
| 家具及其零件 | 242631 | -12.7 |
| 静止式变流器 | 231368 | -13.5 |
| 游戏机 | 182400 | -26.5 |
| 有线电话机（包括无绳电话机） | 148365 | -3.5 |
| 纺织纱线、织物及制品 | 136791 | -6.9 |
| 数字式相机 | 127126 | -14.0 |
| 电视、收音机及无线电讯设备的零附件 | 125923 | -22.4 |
| 玩具 | 122820 | -16.5 |
| 旅行用品及箱包 | 114392 | 4.6 |
| 电线和电缆 | 108069 | -23.0 |
| 电视机（包括整套散件） | 101880 | 27.6 |
| 通断保护电路装置及零件 | 103723 | -16.1 |
| 塑料制品 | 90919 | -15.4 |
| 录、放像机 | 84151 | -30.3 |
| 手持或车载无线电话机 | 79983 | 87.0 |

## 2009年分行业利用外资及其增长速度

| 行业名称 | 合同外资金额（万美元） | 比上年增长% | 实际利用外资 | 比上年增长% |
|---|---|---|---|---|
| 总计 | 149577 | -37.5 | 243219 | 6.0 |
| 农、林、牧、渔业 | 13 | 0.0 | 35 | -59.3 |
| 制造业 | 136926 | -39.7 | 235137 | 4.5 |
| 其中：纺织业 | 5457 | -23.3 | 8071 | -41.9 |
| 纺织服装、鞋、帽制造业 | 3474 | -66.4 | 11563 | 6.9 |
| 家具制造业 | 3287 | -48.5 | 6383 | -4.2 |
| 普通机械制造业 | 2994 | -60.5 | 7105 | 8.0 |
| 专用设备制造业 | 6230 | -58.5 | 13276 | 16.4 |
| 电气机械及器材制造业 | 12554 | -57.1 | 17075 | -24.6 |
| 电子及通信设备制造业 | 36972 | -32.7 | 63247 | 26.2 |
| 金属制品业 | 8955 | 13.4 | 8328 | -1.3 |
| 塑料制品业 | 11422 | 1.7 | 11544 | -4.3 |
| 文教体育用品制造业 | 4545 | -33.4 | 11054 | 71.5 |
| 造纸及纸制品业 | 2183 | -82.3 | 24198 | 21.9 |
| 其他制造业 | 38853 | -33.0 | 53293 | 0.0 |
| 信息、计算机服务和软件业 | 235 | -55.2 | 571 | 114.7 |
| 批发和零售业 | 12403 | 53.7 | 7476 | 264.9 |

产值782.36亿元，增长6.9%；民营经济完成固定资产投资423.59亿元，增长15.1%；民营经济消费品零售额798.80亿元，增长14.6%；民营经济缴税总额197.98亿元，下降1.2%。

**区域经济**

年末全市32个镇街本级总资产934.31亿元，净资产626.47亿元，分别比上年增长19.1%和16.5%；32个镇街税收总额419.16亿元，增长0.4%。年末全市村组两级集体总资产1149.87亿元，增长3.6%；净资产888.77亿元，增长4.3%；全年镇街本级可支配收入197.54亿元，下降5.3%。当年可支配财政收入超10亿元的镇街有4个，GDP超100亿元的镇街有12个。可支配收入（扣除土地物业转让纯收入）超亿元的村有19个，超千万的村有405个，比上年增加20个，超5千万的村有59个。

2009年11个欠发达镇工商税收总额69.35亿元，比上年增长4.6%；可支配财政收入43.15亿元，增长4.2%。90个欠发达村总资产66.43亿元、净资产41.86亿元，分别增长7.4%和8.5%；经营纯收入1.79亿元，增长1.3%。

松山湖项目引进和投产步伐加快，工业总产值和税收分别增长43%和40%；虎门港成功开辟首条国际班轮航线，获批深水泊位项目共21个，其中6个正式投产运营；东莞生态园完成土地征收83.4%，启动重点工程30项；长安新区用海申报、规划环评、港区总体规划等通过专家审查。

## 二、对外开放

**对外贸易**

全年全市进出口总额941.55亿美元，比上年下降17.0%。其中进口总额389.86亿美元，下降18.4%；出口总额551.69亿美元，下降16.0%。

按贸易方式分，一般贸易出口57.17亿美元，增长17.3%；加工贸易出口487.82亿美元，下降19.0%；其他出口6.69亿美元，增长27.4%。

按出口的国家和地区分，对亚洲出口273.35亿美元，下降9.9%；对欧洲出口96.30亿美元，下降26.6%；对北美洲出口157.70亿美元，下降17.3%；对拉丁美洲出口13.24亿美元，下降23.2%；对大洋洲出口8.13亿美元，下降17.9%。

全年机电产品出口387.52亿美元，下降18.2%，占出口总额的比重为70.2%。高新技术产品出口159.39亿美元，下降19.8%，占28.9%。

### 吸收外资

按新口径统计，全年全市新签外商直接投资项目579宗，合同外资金额16.16亿美元（含增资和减资），比上年下降37.5%。实际利用外资25.94亿美元，增长6.0%。其中电子及通信设备制造业实际利用外资6.32亿美元，增长26.2%；专用设备制造业实际利用外资1.33亿美元，增长16.4%。全市新签投资总额超1000万美元项目27宗，增加4宗；新增世界500强企业投资项目3宗，世界500强企业增资2宗；新签第三产业项目合同外资23398万美元，占全市的14.5%，比2008年提高2.7个百分点。外商进入商贸领域加快。全市新签批发和零售业项目有86宗，合同吸收外资12403万美元，增长53.7%，占第三产业吸收外资的53.0%。

全市外资企业共设立研发机构84家，比上年增长15.5倍。成功设立2家外商投资地区总部，实现外资引进地区总部新突破。全市新增外商投资的服务外包企业有9家，增加8家，占我市历年吸收服务外包项目的75%。

### 旅游

年末全市有星级酒店95家。其中五星级酒店19家，四星级酒店26家，三星级酒店35家，二星级酒店14家，一星级酒店1家。全市有旅行社51家，其中国际旅行社9家，国内旅行社38家，其他4家。全年接待国际及港澳台旅游入境人数286万人次，比上年增长6.6%。其中入境外国人104.23万人次，增长1.3%；港、澳、台同胞181.76万人次，增长10.0%。国际旅游外汇收入5.17亿美元，增长13.5%。全年接待国内旅游人数1751万人次，增长9.2%。国内旅游总收入151.49亿元，增长17.7%。

全年东莞组团外出旅游人数127.1万人，比上年增长17.3%。其中，国内旅游人数114.45万人，增长17.1%；出境旅游人数12.65万人，增长20.0%。

## 三、城市建设

### 城市绿化

年末全市建成区土地面积780.15平方公里，公共设施用地面积59.57平方公里。全市林业用地面积92.1万亩，全市森林覆盖率为36.5%，林地绿化率为99.01%；城市建成区绿地率为40.98%，绿化覆盖率为44.27%，人均公共绿地面积15.21平方米；全市已建成公园广场777个，面积5919公顷。

### 公用事业

年末全市有公交线路91条，公交运营车辆1407辆，运营出租小汽车6811辆。全年市内公共汽车旅客客运量2.25亿人次。

全市自来水日供水能力达到700万立方米，全年自来水供水总量16.08亿立方米。年末供水管道总长度12667.99公里。全年全社会用电量495.57亿千瓦时，下降3.6%，其中工业用电376.10亿千瓦时，下降4.3%；照明用电101.15亿千瓦时，增长8.1%。年末全市液化石油气家庭用户87.32万户，天然气家庭用户11.15万户。全年液化石油气供应量35.19万吨，天然气供气量2.93亿立方米。

### 信息化

2009年信息化综合指数为73.2（按常住人口计算）。年末全市普通固定电话206.56万户，比上年增加11.16万户；移动电话用户1409.29万户，减少45.01万户，其中充值卡用户1271.15万户，减少91.76万户。全年长途电话通话时长174.32亿分钟，其中对国际及港澳台电话通话时长2.47亿分钟。年末互联网用户118.02万户，比上年增加21.65万户；宽带接入用户114.22万户，增加22.6万户。

## 四、社会事业

### 科技

全年新增90家国家高新技术企业和89家广东省民营科技企业，总数分别达到246家和562家；全年承担省级以上科技计划项目224项，获得了1.37亿元经费资助。其中，获国家中小企业技术创新基金立项30个和1395万元资助经费，分别比上年增长150%和140%；预计全市高新技术产业产值2316亿元。

全年专利申请量19106件、授权量12918件，分别比上年增长32.6%和59.6%。其中发明专利申请量1593件，授权量254件；实用新型申请量6557件，授权量4370件；外观设计申请量10956件，授权量8294件。

### 教育

全市共有幼儿园680所，比上年增加63所，其中公立集体办园174所，民办园506所。共有省、市一级幼儿园99所。3—6周岁在园（班）幼儿共17.62万人，入园（班）率达 95.1%，比上年提高0.08个百分点。绝大部分镇街基本普及三年学前教育，实行六周岁入小学。

全市共有小学337所，比上年减少15所；在校学生51.12万人；适龄儿童入学率达100%，本市户籍毕业生升学率达100%。全市有初中144所，初中在校学生18.27万人，户籍适龄少年入学率为100%，辍学率为0.22%，毕业生升学率为97%。

全市高中阶段学校有71所（含民办学校3所），在校学生11.64万人，其中普通高中（含完中）42所，在校学生6.68万人，中职学校29所（含技工学校4所），在校学生4.97万人。本市户籍初中毕业生3.68万人，升入各类高中阶段学校就读的学生3.57万人，其中普通高中2.25万人，中职学校1.32万人。本市户籍初中毕业生升学率达97.0%，比上年提高0.4个百分点。普通高中在校学生与中等职业技术教育在校学生的比例约为6：4。

全市有成人高等教育机构5所、镇街成人文化技术学校32所、民办成人非学历教育机构268个，各类成人教育年培训量达49万多人次。

全市有普通高等院校5所。其中本科院校2所，专科院校3所。在校学生3.40万人。全年普通高等院校共招收本科、专科学生1.29万人，毕业生7292人。

本年全市参加高考总人数24707人，其中普通类21286人，高职类3421人。在普通类考生中，上重点线2229人，比上年增加387人；上本科线8384人，增加1349人。

### 文化

东莞举办首届中国国际影视动漫版权保护和贸易博览会，达成动漫版权成交意向120项，成交总金额82亿元。年末全市有群众艺术馆1个，文化站33个，公共图书馆504个，博物馆31个，文化广场697个，艺术表演场所63个，电影放映单位40个，网吧1056间，公共文化设施建筑面积923万平方米。全市有公共广播节目66套，公共电视节目32套。广播、电视综合覆盖率均达到100%。有线电视“村村通”工程继续推进，全市覆盖率达100%。全年共出版报纸8462.2万份，各类杂志168.18万册，图书4.6万册，《东莞日报》发行量4745万份，电影放映1.05万场次，观众298万人次。

### 卫生

年末全市有医疗机构总数2106个，其中门诊、诊所、卫生站、医务室、社区卫生服务机构等基层医疗机构2033个，卫生技术人员35766人，医院病床

18080张。全市建成并投入使用的社区卫生服务中心348个，覆盖了全市300多个村（社区）。全年诊疗总人数上升8.0%。

### 体育

全年东莞运动员共获得122枚金牌、104枚银牌、128枚铜牌。其中夺得国际赛金牌8枚；夺得全国赛金牌20枚；夺得广东省赛金牌94枚、银牌92枚、铜牌113枚。

全年举办市级综合和单项比赛18次，参加人数5.08万人次；举办镇街级单项比赛1178次，参加人数68.10万人次。全市有体育彩票发行网点644个，销售总额5.2亿元，体彩公益金1.32亿元。

### 社会福利与救助

年末全市有收养类福利事业单位39个，其中社会福利院2个，儿童福利院1个，敬老院33个，敬老院供养老人1464人。社会福利事业单位36个，收养人数2570人，安排“四残”人员就业人数247人，全年社会救济人数4.04万人。城市居民最低生活保障支出7022万元，社会救济福利费用2.37亿元，自然灾害救济费用234.8万元，慈善基金结余2.05亿元。全市纳入“五保户”对象有1364人，“五保户”费用支出998.8万元。32个镇街全部建立了社会保障网络，纳入街道级最低生活保障范围的有1606户3770人，纳入镇级最低生活保障范围的有13106户33549人。

### 社会稳定

全年市财政安排公共安全支出30.93亿元，比上年增长15.6%。推进科技强警，建设视频监控联网平台，全市在用各类视频监控点12.8万个。新建平安社区200个。全市接报违法犯罪宗数下降4.3%，刑事案件破案宗数增长50.1%。新建镇街综治信访维稳中心22个，村（社区）、企业综治工作站（室）317个。全市受理群众信访总量下降39.4%，群体性事件下降44%。完善企业倒闭风险预警机制，严厉打击欠薪逃匿行为，为9.3万名工人追回工资1.2亿元。

### 安全生产

全年全市共发生各类生产事故5074宗，比上年下降6.4%；死亡582人，受伤5565人，分别下降8.1%和7.2%；直接经济损失796.13万元，下降40.6%。其中，道路交通事故5037宗，下降6.3%；造成死亡545人，受伤5560人，分别下降7.6%和7.1%。亿元地区生产总值生产安全事故死亡率为0.15，道路交通万车死亡率为4.29。

### 资源和环境保护

全年雨日天数167天，全年日照时数1967.8小时，平均气温22.8摄氏度，相对湿度70%。全年降水量1881.6毫米，全年全市水资源总量22.13亿立方米。

年末全市有森林公园17个，林地面积92.1万亩，生态公益林37.45万亩，林木积蓄量241.41万立方米，林木总生长量15.56万立方米。全年完成水源涵养林改造1335.33公顷，种植乡土阔叶树苗木152万株，完成幼林抚育2896.6公顷，营造防火林带65公里，抚育374.34公里。

全年空气污染指数平均值为57，比上年降低5个百分点，空气质量优良天数占99.2%，比上年提高4.12个百分点，灰霾天数比上年减少61天。全市34项污水处理厂建成32项，投入运营19项，累计完成投资24.4亿元；全市35项配套截污管网已基本建成20项，建成管线长度681.92公里，占总长度的78.93%，累计完成投资30.8亿元；全市有28家企业通过省、市清洁生产验收；有40家企业被评为首批市级环境友好企业，有30家第二批市级环境友好企业通过验收，

## 五、人民生活

### 人口

年末全市户籍人口178.73万人。全年出生人口1.86万人，出生率为10.67‰；死亡人口7587人，死亡率为4.36‰；人口自然增长率为6.31‰。年末全市常住人口635万人。人口城镇化率为86.39%，城镇常住人口548.58万人。

### 就业

全年接收大中专毕业生1.45万人。全年人才市场求职登记人数155.12万人，比上年下降21.3%；成功应聘人数42.91万人，下降50%。年末城镇实有登记失业人数7674人，全年失业人员安置就业人数

图五　1978—2009年城市居民人均可支配收入及其增长速度

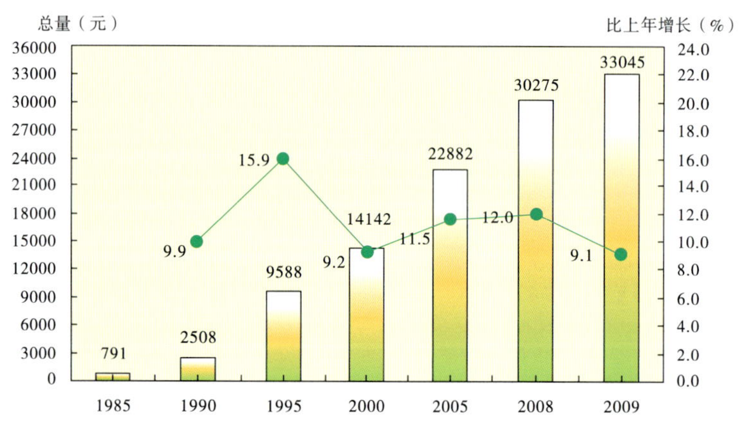


图六　1978—2009年农民人均纯收入及其增长速度

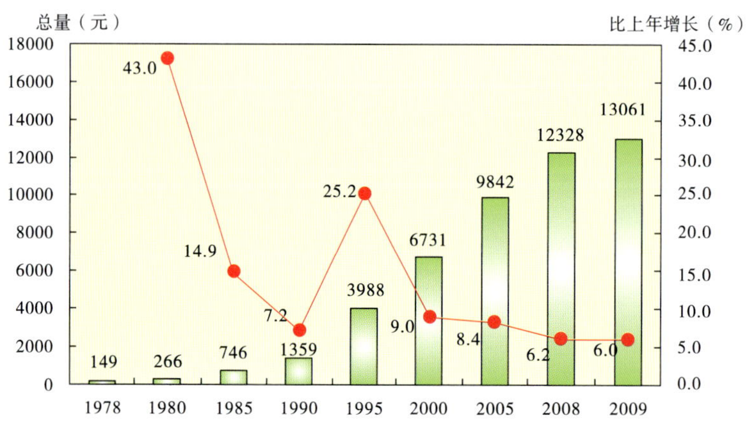

11923人，城镇登记失业率为1.61%。

### 居民收入

初步统计，2009年全市职工年平均工资14416元，比上年增长6.6%。其中，城镇在岗职工年平均工资42585元，增长7.8%。城市居民人均可支配收入33045元，农村居民人均纯收入13064元，分别比上年增长9.1%和6.0%。城镇最高10%收入组人均可支配收入71031元，城镇最低10%收入组人均可支配收入13642元。

### 居民消费

全年城市居民人均消费性支出24270元，比上年增长4.6%。其中食品消费支出7972元，增长2.5%；衣着消费支出1492元，增长10.6%；居住消费支出2232元，下降13.7%；家庭设备用品及服务支出1616元，增长5.0%；医疗保健支出1401元，增长5.2%；交通和通信支出5456元，增长22.3%；教育文化娱乐服务支出3326元，下降4.0%；其他商品和服务支出777元，增长11.0%。城市居民家庭恩格尔系数为32.8%。在农民生活消费现金支出中，食品消费支出占35.0%，衣着消费支出占6.0%，居住消费支出占14.0%，家庭设备用品及服务支出占4.4%，医疗保健支出占5.3%，交通通讯支出占16.6%，文教娱乐用品及服务支出占11.5%，其他商品和服务消费支出占7.0%。

年末平均每百户城市居民家庭耐用消费品拥有量：家用空调233台，组合音响69套，移动电话261部，家用电脑112台，淋浴热水器128台，家用汽车63辆。年末城市居民人均住房建筑面积53.75平方米。平均每百户农村居民家庭耐用消费品拥有量：彩电160台，摩托车83辆，洗衣机103台，淋浴热水器129台，移动电话257部，影碟机74台，家用空调210台，家用电脑109台，家用汽车53辆。

## 2009年居民收支情况

| 指　标 | 收入或支出额（元） | 比上年增长（%） |
|---|---|---|
| 城市居民人均可支配收入 | 33045 | 9.1 |
| #工资性收入 | 23723 | 13.7 |
| 财产性收入 | 4209 | 19.4 |
| 转移性收入 | 3094 | 1.6 |
| 城市居民人均消费性支出 | 24270 | 4.6 |
| 食品 | 7972 | 2.5 |
| 衣着 | 1492 | 10.6 |
| 居住 | 2232 | -13.7 |
| 家庭设备用品及服务 | 1616 | 5.0 |
| 医疗保健 | 1401 | 5.2 |
| 交通和通信 | 5456 | 22.3 |
| 教育文化娱乐服务 | 3326 | -4.0 |
| 其他商品和服务 | 777 | 11.0 |

图七　1978—2009年城乡居民储蓄存款余款及其增长速度

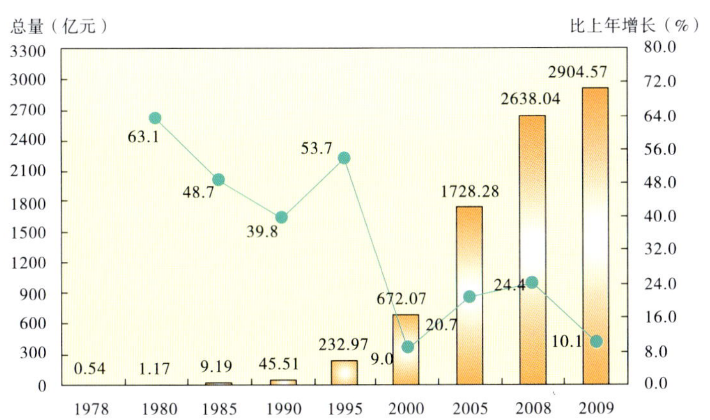


### 居民储蓄

年末全市城乡居民人民币储蓄存款余额2904.57亿元，当年新增266.59亿元。其中，定期储蓄存款余额1265.57亿元，新增161.65亿元；活期储蓄存款余额1639.00亿元，新增104.94亿元。

### 社会保障

年末全市参加职工基本养老保险315.81万人，基本医疗保险536.57万人，失业保险259.15万人，工伤保险438.87万人，地方养老保险310.87万人。全年社会保险基金总收入120.13亿元，保险基金总支出64.53亿元，年末保险基金累计余额310.24亿元。全市农（居）民基本养老保险人数45.83万人。全年累计征缴各项保险（不含机关养老保险）基金109.27亿元，比上年增长12.0%。

国民经济和社会发展中存在的主要困难和问题是：经济回升基础尚不牢固，企业经营仍有困难；产业转型升级和结构调整仍待加强，自主创新能力和抗御风险能力有待进一步提高；社会不稳定因素依然较多，安全消防隐患需进一步整治等。

注：

1. 本公报数为初步统计数，最后统计数据以《东莞统计年鉴-2010》为准。

2. 地区生产总值、各行业增加值、工业总产值绝对数按当年价格计算，增长速度按可比价格计算。

3. 全市职工年平均工资的调查范围为东莞市辖区内除农户以外各类经济实体，具体包括：①辖区内中央、省、市属各类企业、事业、机关单位；②各镇街办企业；③村及村以下办企业；④私营企业和个体工商户。

城镇在岗职工年平均工资的调查范围包括：①东莞市辖区内中央、省、市属全部独立核算的企业、事业、机关单位；②莞城、石龙、虎门3个镇街范围内镇街属单位（不包括莞城、石龙、虎门3个镇街以下及其它镇街的单位、全市的私营单位和个体工商户）。

以上两个指标的调查范围不同，调查结果不同，请勿误用。

4. 阅读本公报时，请注意统计指标的时间、口径和计算方法等。

# 国民经济和社会发展主要指标

| 指　标 | 单位 | 2009年 | 2008年 | 2009年比2008年增长（%） |
|---|---|---|---|---|
| 一、人口与劳动力 | | | | |
| 年末常住人口 | 万人 | 635.00 | 694.98 | -8.6 |
| 年末户籍户数 | 万户 | 52.12 | 50.64 | 2.9 |
| #非农业户 | 万户 | 24.05 | 22.42 | 7.3 |
| 年末户籍人口 | 万人 | 178.73 | 174.87 | 2.2 |
| #非农业人口 | 万人 | 81.46 | 76.80 | 6.1 |
| 外来暂住人口 | 万人 | 429.96 | 552.50 | -22.2 |
| 二、经济总量 | | | | |
| 生产总值 | 亿元 | 3763.26 | 3703.60 | 5.3 |
| 第一产业 | 亿元 | 14.99 | 14.83 | 5.1 |
| 第二产业 | 亿元 | 1771.77 | 1901.61 | -3.7 |
| #工业 | 亿元 | 1690.22 | 1819.22 | -4.0 |
| 第三产业 | 亿元 | 1976.50 | 1787.17 | 15.1 |
| 人均生产总值（按常住人口计算） | 元 | 56591 | 53301 | 10.0 |
| 三、农业 | | | | |
| 年末耕地面积 | 万亩 | 51.66 | 47.93 | 7.8 |
| 农林牧渔业总产值 | 亿元 | 25.31 | 25.53 | -0.9 |
| 粮食播种面积 | 万亩 | 4.16 | 4.08 | 2.0 |
| 粮食总产量 | 万吨 | 1.19 | 1.20 | -0.8 |
| 蔬菜播种面积 | 万亩 | 30.63 | 28.76 | 6.5 |
| 蔬菜总产量 | 万吨 | 40.03 | 39.12 | 2.3 |
| 水果面积 | 万亩 | 17.73 | 17.83 | -0.6 |
| 水果总产量 | 万吨 | 9.15 | 10.15 | -9.9 |
| 禽畜总肉量 | 万吨 | 2.55 | 2.41 | 5.8 |
| 水产品产量 | 万吨 | 7.33 | 7.23 | 1.4 |
| 四、工业 | | | | |
| 工业企业数 | 个 | 30117 | 25656 | 17.4 |
| 工业总产值 | 亿元 | 6762.80 | 7222.38 | -3.3 |
| 规模以上工业企业主要指标 | | | | |
| 工业企业数 | 个 | 5839 | 4987 | 17.1 |
| 工业总产值 | 亿元 | 5935.15 | 6635.12 | -6.3 |
| 资产总额 | 亿元 | 5211.17 | 5235.85 | -0.5 |
| 负债总额 | 亿元 | 3152.65 | 3227.37 | -2.3 |
| 利税总额 | 亿元 | 248.15 | 240.10 | 3.4 |
| #利润总额 | 亿元 | 155.55 | 138.90 | 12.6 |

注：1. 2009年生产总值为初步核算数，增长速度按可比价计算。
2. 农业总产值、工业总产值绝对数按当年价计算，增长速度按可比价计算。
3. 规模以上工业企业是指年主营业务收入500万元及以上的工业法人企业，下同。

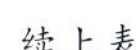
续上表

| 指　标 | 单位 | 2009年 | 2008年 | 2009年比2008年增长（%） |
|---|---|---|---|---|
| 资金利税率 | % | 4.76 | 4.59 | 0.17 |
| 产值利税率 | % | 4.18 | 3.62 | 0.56 |
| 五、固定资产投资 | | | | |
| 全社会固定资产投资总额 | 亿元 | 1094.08 | 944.34 | 13.0 |
| #基本建设 | 亿元 | 464.07 | 378.02 | 18.0 |
| 更新改造 | 亿元 | 212.88 | 81.53 | 150.8 |
| 房地产开发 | 亿元 | 277.66 | 271.42 | 2.3 |
| 六、运输与邮电 | | | | |
| 公路通车里程 | 公里 | 4713 | 4001 | 17.8 |
| #高速公路 | 公里 | 207 | 159 | 30.2 |
| 机动车辆保有量 | 万辆 | 126.91 | 122.53 | 3.6 |
| 旅客周转量 | 亿人公里 | 105.35 | 224.85 | -53.1 |
| 货物周转量 | 亿吨公里 | 101.65 | 174.75 | -41.8 |
| 港口货物吞吐量 | 万吨 | 3530 | 3208 | 10.0 |
| 邮电业务收入（新口径） | 亿元 | 156.31 | 172.38 | -9.3 |
| 邮政汇款汇出总额 | 亿元 | 222.24 | 238.78 | -6.9 |
| 程控电话用户数 | 万户 | 272.03 | 254.13 | 7.0 |
| 移动电话用户数 | 万户 | 1409.29 | 1454.29 | -3.1 |
| 互联网用户 | 万户 | 118.02 | 96.37 | 22.5 |
| 七、国内贸易与物价 | | | | |
| 社会消费品零售总额 | 亿元 | 956.25 | 838.23 | 14.1 |
| 商品零售价格总指数 | 上年=100 | 95.3 | 107.9 | -4.7 |
| 居民消费价格总指数 | 上年=100 | 96.9 | 105.5 | -3.1 |
| 工业品出厂价格指数 | 上年=100 | 96.8 | 101.7 | -3.2 |
| 八、对外经济贸易 | | | | |
| 进出口总额（海关口径） | 亿美元 | 941.55 | 1132.99 | -16.9 |
| 进口额 | 亿美元 | 389.86 | 477.62 | -18.4 |
| 出口额 | 亿美元 | 551.68 | 655.37 | -15.8 |
| 利用外资项目（新口径） | 宗 | 1063 | 1368 | -22.3 |
| 新签项目 | 宗 | 579 | 553 | 4.7 |
| 增资项目 | 宗 | 484 | 815 | -40.6 |
| 合同外资金额（新口径） | 亿美元 | 16.16 | 25.87 | -37.5 |
| 实际利用外资（新口径） | 亿美元 | 25.94 | 24.47 | 6.0 |
| 九、供用电 | | | | |
| 总供电量 | 亿千瓦时 | 488.85 | 507.35 | -3.7 |
| 总售电量 | 亿千瓦时 | 478.19 | 487.32 | -1.9 |
| #工业用电 | 亿千瓦时 | 376.10 | 392.81 | -4.3 |
| 十、财政、税收、金融 | | | | |
| 来源于东莞的财政收入 | 亿元 | 627.82 | 601.06 | 4.5 |
| 财政总收入 | 亿元 | 538.98 | 523.47 | 3.0 |
| #中央财政收入 | 亿元 | 238.06 | 247.69 | -3.9 |
| 省级财政收入 | 亿元 | 69.77 | 66.56 | 4.8 |
| 市财政一般预算收入 | 亿元 | 231.16 | 209.22 | 10.5 |

注：公路通车里程含专用公路和村道。

续上表

| 指　标 | 单位 | 2009年 | 2008年 | 2009年比2008年增长（%） |
|---|---|---|---|---|
| 市财政一般预算支出 | 亿元 | 225.94 | 218.26 | 3.5 |
| 工商税收总额 | 亿元 | 547.51 | 536.17 | 2.1 |
| #国税（不含关税） | 亿元 | 338.47 | 339.08 | -0.2 |
| 地税 | 亿元 | 209.04 | 197.09 | 6.1 |
| 各项人民币存款余额 | 亿元 | 4986.61 | 4354.53 | 14.5 |
| #城乡居民储蓄存款余额 | 亿元 | 2904.57 | 2638.04 | 10.1 |
| 各项人民币贷款余额 | 亿元 | 2903.80 | 2380.36 | 22.0 |
| 十一、人民生活 | | | | |
| 城镇在岗职工年平均工资 | 元 | 42585 | 39516 | 7.8 |
| 全市职工年平均工资 | 元 | 14416 | 13523 | 6.6 |
| 城市居民人均可支配收入 | 元 | 33045 | 30275 | 9.1 |
| 城市居民人均消费性支出 | 元 | 24270 | 23208 | 4.6 |
| 农民人均纯收入 | 元 | 13064 | 12328 | 6.0 |
| 十二、工商注册登记情况 | | | | |
| 年末工商注册登记户数 | 户 | 505502 | 504988 | 0.1 |
| #国有企业 | 户 | 1141 | 1313 | -13.1 |
| 集体企业 | 户 | 2899 | 3385 | -14.4 |
| 股份合作企业 | 户 | 535 | 559 | -4.3 |
| 公司 | 户 | 7886 | 7784 | 1.3 |
| 外商投资企业 | 户 | 9748 | 8034 | 21.3 |
| 三来一补企业 | 户 | 5748 | 6552 | -12.3 |
| 私营企业 | 户 | 74229 | 63241 | 17.4 |
| 个体户 | 户 | 403284 | 412674 | -2.3 |
| 其他 | 户 | 32 | 33 | -3.0 |
| 年末工商注册资金 | | | | |
| #国有企业 | 亿元 | 12.53 | 12.62 | -0.7 |
| 集体企业 | 亿元 | 60.04 | 64.68 | -7.2 |
| 股份合作企业 | 亿元 | 0.02 | 19.63 | -99.9 |
| 公司 | 亿元 | 302.66 | 195.68 | 54.7 |
| 外商投资企业 | 亿美元 | 288.04 | 281.24 | 2.4 |
| 私营企业 | 亿元 | 935.64 | 806.07 | 16.1 |
| 个体户 | 亿元 | 89.17 | 95.01 | -6.1 |
| 其他 | 亿元 | 0.99 | 1.31 | -24.4 |
| 十三、镇村组三级资产负债及各项收入 | | | | |
| 资产总额 | 亿元 | 2142.80 | 1920.30 | 11.6 |
| 负债总额 | 亿元 | 616.90 | 528.00 | 16.8 |
| 净资产总额 | 亿元 | 1525.80 | 1392.30 | 9.6 |
| 可支配纯收入 | 亿元 | 356.50 | 367.50 | -3.0 |
| 十四、社会保险 | | | | |
| 参加各类社会保险人次数 | 万人次 | 2397.83 | 1909.67 | 25.6 |

注：公司包含有限责任公司和无限责任公司。

续上表

| 指　标 | 单位 | 2009年 | 2008年 | 2009年比2008年增长（%） |
|---|---|---|---|---|
| 社会保险基金总收入 | 亿元 | 120.13 | 103.55 | 16.0 |
| 社会保险基金总支出 | 亿元 | 64.53 | 45.92 | 40.5 |
| 十五、教育、文化、卫生 | | | | |
| 在校学生数 | | | | |
| 普通高等学校 | 人 | 33992 | 28656 | 18.6 |
| 中等职业技术学校 | 人 | 46538 | 45419 | 2.5 |
| 普通中学 | 人 | 249464 | 248442 | 0.4 |
| 小学 | 人 | 511160 | 528644 | -3.3 |
| 学龄儿童入学率 | % | 100.00 | 100.00 | |
| 小学毕业生升学率 | % | 100.00 | 100.00 | |
| 初中毕业生升学率 | % | 97.00 | 96.60 | 0.4 |
| 高中毕业生升学率 | % | 87.50 | 91.00 | -3.8 |
| 高考省线入围人数 | 人 | 12569 | 9987 | 25.9 |
| 各种报纸发行量 | 万份 | 8426 | 6641 | 26.9 |
| 各种图书出版印数 | 万册 | 4.61 | 5.60 | -17.7 |
| 各种杂志出版印数 | 万册 | 168 | 158 | 6.2 |
| 卫生机构病床床位数 | 张 | 18080 | 16778 | 7.8 |
| 卫生技术人员数 | 人 | 35766 | 33113 | 8.0 |
| # 医生 | 人 | 12884 | 11869 | 8.6 |

注：在校学生数含新莞人在读子女。

## 全国主要年份主要经济指标

| 指标名称 | 单位 | 1995年 | 2000年 | 2005年 | 2008年 | 2009年 |
|---|---|---|---|---|---|---|
| 年末户籍人口 | 万人 | 121121 | 126583 | 130756 | 132802 | 133474 |
| 国内生产总值 | 亿元 | 60794 | 99215 | 183085 | 300670 | 335353 |
| 工业增加值 | 亿元 | 24951 | 40034 | 77231 | 129112 | 134625 |
| 全社会固定资产投资总额 | 亿元 | 20019 | 32918 | 88774 | 172291 | 224846 |
| 社会消费品零售总额 | 亿元 | 20620 | 34153 | 67177 | 108488 | 125343 |
| 出口额（海关口径） | 亿美元 | 1488 | 2492 | 7620 | 14285 | 12017 |
| 实际利用外商直接投资 | 亿美元 | 375 | 407 | 603 | 924 | 900 |
| 财政收入 | 亿元 | 6242 | 13395 | 31649 | 61317 | 68477 |
| 财政支出 | 亿元 | 6824 | 15887 | 33930 | 62427 | 75874 |
| 金融机构各项本外币存款余额 | 亿元 | 45956 | 135484 | 300209 | 478444 | 612006 |
| # 城乡居民人民币储蓄存款余额 | 亿元 | 29662 | 64332 | 141051 | 217885 | 260772 |
| 金融机构各项本外币贷款余额 | 亿元 | 44627 | 99371 | 206838 | 320049 | 425597 |
| 居民消费价格总指数 | 上年＝100 | 117.1 | 100.4 | 101.8 | 105.9 | 99.3 |
| 城市居民人均年可支配收入 | 元 | 4283 | 6280 | 10493 | 15781 | 17175 |
| 城市居民人均年消费性支出 | 元 | 3538 | 4998 | 7943 | 11243 | |
| 农民人均纯收入 | 元 | 1578 | 2253 | 3255 | 4761 | 5153 |

## 2009年珠三角十二市（区）年度主要经济指标

| 指标＼市别 | 东莞市 | 广州市 | 深圳市 | 珠海市 | 佛山市 | 惠州市 | 肇庆市 | 江门市 | 中山市 | 番禺区 | 顺德区 | 南海区 |
|---|---|---|---|---|---|---|---|---|---|---|---|---|
| 地区生产总值（亿元） | 3763.26 | 9112.76 | 8201.24 | 1037.69 | 4814.50 | 1410.40 | 846.34 | 1355.26 | 1564.43 | 863.83 | 1711.93 | 1591.96 |
| 比上年增长（%） | 5.3 | 11.5 | 10.7 | 6.6 | 13.5 | 13.2 | 13.6 | 10.8 | 10.2 | 12.3 | 14.1 | 14.5 |
| 全社会固定资产投资总额（亿元） | 1094.08 | 2659.85 | 1709.15 | 410.51 | 1470.56 | 758.97 | 462.77 | 492.07 | 545.61 | 257.97 | 342.60 | 475.06 |
| 比上年增长（%） | 13.0 | 22.3 | 16.5 | 10.3 | 16.8 | 17.7 | 28.2 | 25.3 | 16.5 | 25.4 | 13.5 | 14.7 |
| 社会消费品零售总额（亿元） | 956.25 | 3647.76 | 2598.68 | 413.82 | 1429.05 | 503.14 | 278.71 | 574.34 | 554.81 | 492.34 | 473.49 | 460.66 |
| 比上年增长（%） | 14.1 | 16.2 | 15.4 | 15.0 | 21.3 | 18.8 | 19.2 | 17.4 | 16.3 | 18.5 | 19.3 | 22.6 |
| 出口额（亿美元） | 551.69 | 374.10 | 1619.79 | 177.83 | 245.78 | 171.49 | 20.30 | 79.49 | 177.36 | 71.78 | 110.88 | 60.97 |
| 比上年增长（%） | -16.0 | -13.0 | -10.6 | -16.0 | -15.1 | -4.7 | -16.0 | -17.6 | -5.2 | -15.4 | -14.7 | -17.0 |
| 地方财政收入（亿元） | 231.16 | 702.58 | 880.82 | 101.14 | 254.70 | 101.51 | 55.92 | 83.63 | 110.44 | 50.92 | 89.29 | 85.84 |
| 比上年增长（%） | 10.5 | 13.0 | 10.1 | 9.9 | 11.7 | 30.0 | 28.4 | 12.0 | 10.3 | 16.0 | 12.5 | 12.6 |
| 工商税收总额（亿元） | 547.51 | 2351.80 | 2404.89 | 264.80 | 668.73 | 348.42 | 83.52 | 193.84 | 243.01 | 148.16 | 227.21 | 213.30 |
| 比上年增长（%） | 2.1 | 6.5 | 3.0 | -5.5 | 6.2 | 20.0 | 3.4 | 3.5 | 3.7 | 3.6 | 3.2 | 6.4 |
| 居民消费价格总指数（%） | 96.9 | 97.5 | 98.7 | 97.0 | 98.4 | 98.5 | 97.8 | 98.0 | 97.1 | 97.5 | 97.7 | 98.6 |
| 比上年增长（%） | -3.1 | -2.5 | -1.3 | -3.0 | -1.6 | -1.5 | -2.2 | -2.0 | -2.9 | -2.5 | -2.3 | -1.4 |
| 总用电量（亿千瓦时） | 478.19 | 567.08 | 577.87 | 91.72 | 416.77 | 165.83 | 87.92 | 141.97 | 161.58 | 72.46 | 114.67 | 156.91 |
| 比上年增长（%） | -1.9 | 3.9 | 0.4 | 2.4 | 5.3 | 8.0 | 12.6 | 1.2 | 3.2 | -1.0 | 6.1 | 5.5 |

注：广州市数值包括番禺区；佛山市数值包括顺德区、南海区。

## 2009年长三角十六市年度主要经济指标

| 市　别 | 地区生产总值（亿元） | 比上年增长（%） | 地方财政收入（亿元） | 比上年增长（%） | 出口额（亿美元） | 比上年增长（%） | 社会消费品零售总额（亿元） | 比上年增长（%） |
|---|---|---|---|---|---|---|---|---|
| 上海市 | 14900.93 | 8.2 | 2540.30 | 7.7 | 1419.14 | -16.2 | 5172.88 | 14.0 |
| 南京市 | 4230.26 | 11.5 | 434.51 | 12.4 | 184.59 | -21.8 | 1961.58 | 18.8 |
| 苏州市 | 7740.20 | 11.5 | 745.18 | 11.4 | 1140.87 | -13.4 | 1846.30 | 19.0 |
| 无锡市 | 4992.00 | 11.6 | 415.91 | 13.8 | 259.87 | -27.3 | 1651.37 | 18.7 |
| 常州市 | 2518.66 | 11.7 | 215.89 | 16.6 | 108.62 | -17.9 | 901.44 | 18.9 |
| 镇江市 | 1672.08 | 13.7 | 101.57 | 18.6 | 35.41 | -16.7 | 488.49 | 19.1 |
| 南通市 | 2872.80 | 14.0 | 198.99 | 24.7 | 111.75 | -4.9 | 1086.11 | 18.7 |
| 扬州市 | 1856.39 | 13.8 | 128.08 | 22.2 | 40.13 | -12.1 | 618.97 | 18.7 |
| 泰州市 | 1651.02 | 13.8 | 135.91 | 36.9 | 42.14 | -13.8 | 469.89 | 18.7 |
| 杭州市 | 5098.66 | 10.0 | 520.79 | 14.4 | 271.80 | -19.1 | 1804.93 | 15.8 |
| 宁波市 | 4214.60 | 8.6 | 432.77 | 10.9 | 386.51 | -16.6 | 1434.41 | 15.9 |
| 嘉兴市 | 1917.96 | 9.3 | 141.70 | 11.7 | 123.41 | -12.5 | 694.30 | 15.8 |
| 湖州市 | 1111.50 | 10.2 | 80.01 | 11.7 | 40.76 | -16.9 | 442.57 | 15.8 |
| 绍兴市 | 2375.46 | 9.3 | 160.43 | 11.7 | 157.61 | -9.9 | 717.90 | 16.0 |
| 舟山市 | 533.26 | 11.0 | 48.78 | 13.0 | 37.39 | 13.8 | 181.69 | 15.1 |
| 台州市 | 2025.47 | 8.5 | 136.02 | 7.9 | 100.67 | -14.4 | 817.88 | 15.2 |

# 文件选录
# SELECTION OF DOCUMENTS

## 中共东莞市委文件选录

| 文件名 | 文号 |
|---|---|
| 1. 中共东莞市委、东莞市人民政府关于加大统筹城乡力度 进一步推进农村改革发展的若干意见 | 东委发〔2009〕1号 |
| 2. 中共东莞市委印发《关于开展创建法治镇试点工作的意见》的通知 | 东委发〔2009〕4号 |
| 3. 中共东莞市委、东莞市人民政府关于推进村级体制改革试点工作的意见 | 东委发〔2009〕5号 |
| 4. 关于印发《东莞市2009年依法治市工作要点》的通知 | 东委发〔2009〕6号 |
| 5. 中共东莞市委、东莞市人民政府关于推进产业结构调整促进产业转型升级的意见 | 东委发〔2009〕7号 |
| 6. 中共东莞市委、东莞市人民政府关于2009年—2011年创建全国文明城市工作的意见 | 东委发〔2009〕8号 |
| 7. 中共东莞市委、东莞市人民政府关于加快社会工作发展的意见 | 东委发〔2009〕11号 |
| 8. 中共东莞市委、东莞市人民政府关于贯彻实施《珠江三角洲地区改革发展规划纲要（2008—2020年）》的决定 | 东委发〔2009〕12号 |
| 9. 中共东莞市委关于开展创建法治镇（街）工作的意见 | 东委发〔2009〕13号 |
| 10. 中共东莞市委、东莞市人民政府关于扩权强镇试点工作的实施意见 | 东委发〔2009〕14号 |
| 11. 中共东莞市委、东莞市人民政府关于加快残疾人事业发展的实施意见 | 东委发〔2009〕15号 |
| 12. 中共东莞市委、东莞市人民政府关于进一步发展志愿服务事业的意见 | 东委发〔2009〕16号 |
| 13. 关于加强预防职务犯罪工作的决定 | 东委发〔2009〕17号 |
| 14. 中共东莞市委、东莞市人民政府关于表彰2009年度全市先进单位的决定 | 东委发〔2009〕18号 |

## 东莞市人大常委会文件选录

| 文件名 | 文号 |
|---|---|
| 1. 东莞市第十四届人民代表大会常务委员会公号（第五号）——《东莞市推动产业结构调整和转型升级实施“三旧”改造土地管理暂行办法》 | 东常〔2009〕3号 |
| 2. 东莞市第十四届人民代表大会常务委员会公号（第六号）——政府机构改革后重新任命13位局长 | 东常〔2009〕11号 |
| 3. 东莞市人民代表大会常务委员会关于补选市第十四届人民代表大会代表的决定 | 东常〔2009〕12号 |
| 4. 东莞市第十四届人民代表大会常务委员会公号（第七号） | 东常〔2009〕13号 |

续上表

| 文　件　名 | 文　号 |
| --- | --- |
| 5. 东莞市人民代表大会常务委员会关于接受部分同志辞去市第十四届人大常委会委员、市第十四届人大代表职务请求的决定 | 东常〔2009〕14号 |
| 6. 东莞市人民代表大会常务委员会关于补选市第十四届人民代表大会代表的决定 | 东常〔2009〕15号 |
| 7. 东莞市第十四届人民代表大会常务委员会关于表彰优秀代表议案、建议和先进承办单位的决定 | 东常〔2009〕18号 |

## 东莞市人民政府文件选录

| 文　件　名 | 文　号 |
| --- | --- |
| 1. 关于印发《东莞市推进制造业标准化工程实施方法及操作规程》的通知 | 东府〔2009〕3号 |
| 2. 关于印发《东莞市产业结构调整规划（2008—2017）》的通知 | 东府〔2009〕5号 |
| 3. 关于印发《东莞市产业导向目录（2008年本）》的通知 | 东府〔2009〕6号 |
| 4. 关于印发《东莞市行政审批管理监督办法》的通知 | 东府〔2009〕7号 |
| 5. 关于印发《东莞市镇村引进投资项目实施办法（试行）》的通知 | 东府〔2009〕10号 |
| 6. 关于印发《东莞市解决中小学代课教师问题工作方案》的通知 | 东府〔2009〕13号 |
| 7. 关于印发《东莞市已建房屋补办房地产权手续总体方案》的通知 | 东府〔2009〕41号 |
| 8. 关于印发《东莞市新莞人子女接受义务教育暂行办法》的通知 | 东府〔2009〕50号 |
| 9. 关于印发《东莞市引进重大及关键投资项目奖励办法》的通知 | 东府〔2009〕53号 |
| 10. 关于整合我市社会医疗保险及生育保险制度的通知 | 东府〔2009〕57号 |
| 11. 关于印发《培养科技创新团队和领军人才的实施意见》的通知 | 东府〔2009〕59号 |
| 12. 关于印发《关于促进本地生源普通高校毕业生就业的实施意见》的通知 | 东府〔2009〕60号 |
| 13. 关于印发《东莞市企业人才入户办法》的通知 | 东府〔2009〕63号 |
| 14. 关于印发《关于鼓励总部经济发展的工作方案》和《东莞市总部企业认定暂行办法》的通知 | 东府〔2009〕68号 |
| 15. 关于印发加快推进市信息产业重大项目建设实施意见的通知 | 东府〔2009〕69号 |
| 16. 关于印发《东莞市推进加工贸易转型升级工作方案》的通知 | 东府〔2009〕77号 |
| 17. 关于印发《关于进步扶持民办教育发展的若干意见》的通知 | 东府〔2009〕125号 |
| 18. 关于印发《东莞市财政投资建设项目前期工作暂行办法》的通知 | 东府〔2009〕127号 |
| 19. 关于印发《东莞工厂直销中心实施方案》和《东莞工厂直销中心认定管理办法》的通知 | 东府〔2009〕131号 |
| 20. 关于建立全市城乡一体化社会养老保险制度的通知 | 东府〔2009〕132号 |
| 21. 关于印发东莞市环境保护规划纲要（2006—2026）的通知 | 东府〔2009〕137号 |
| 22. 关于印发《东莞市政府质量奖评审管理办法》的通知 | 东府〔2009〕140号 |
| 23. 关于印发《东莞市重点项目管理暂行办法》的通知 | 东府〔2009〕141号 |
| 24. 关于印发《东莞市“三旧”改造实施细则（试行）》的通知 | 东府〔2009〕144号 |

续上表

| 文件名 | 文号 |
| --- | --- |
| 25. 东莞市人民政府第三轮行政审批事项调整目录（第三批） | 东莞市人民政府令第111号 |
| 26. 东莞市生态控制线管理规定 | 东莞市人民政府令第112号 |
| 27. 东莞市拥军优属实施办法 | 东莞市人民政府令第115号 |
| 28. 关于印发《东莞市促进软件产业发展的若干规定》的通知 | 东府办〔2009〕4号 |
| 29. 关于印发《关于加快发展生产性服务业的实施意见》的通知 | 东府办〔2009〕5号 |
| 30. 关于印发东莞市突发公共卫生事件应急预案的通知 | 东府办〔2009〕9号 |
| 31. 关于印发《关于促进我市中小企业稳定发展的意见》的通知 | 东府办〔2009〕16号 |
| 32. 关于印发《东莞市小额贷款公司试点工作实施方案》的通知 | 东府办〔2009〕34号 |
| 33. 关于印发《东莞市重点工业企业扶持暂行办法》的通知 | 东府办〔2009〕44号 |
| 34. 关于印发加强污染企业整治促进产业结构转型升级意见的通知 | 东府办〔2009〕69号 |
| 35. 关于印发《东莞市违反农村集体资产管理行为责任追究办法》的通知 | 东府办〔2009〕89号 |
| 36. 关于印发《东莞市重大科技专项资助计划操作规程》的通知 | 东府办〔2009〕98号 |
| 37. 关于印发《东莞市城乡最低生活保障对象分类施保暂行办法》的通知 | 东府办〔2009〕136号 |
| 38. 关于印发《东莞市扩权强镇试点工作实施细则》的通知 | 东府办〔2009〕145号 |
| 39. 关于印发《东莞市名牌带动战略实施方案》的通知 | 东府办〔2009〕159号 |
| 40. 关于做好《东莞市履行部省共同推进民政工作改革发展协议试点方案》实施工作的通知 | 东府办〔2009〕171号 |
| 41. 关于印发《东莞市推行居住证制度工作方案》的通知 | 东府办〔2009〕173号 |

（编辑　刘　丹）

# 索 引
# INDEX

**说 明**

1. 本索引采用主题分析法编制，主题词按汉语拼音字母顺序排列。
2. 篇目未作索引，分目采用黑体字，条目采用宋体字，表格采用楷体字。
3. 主题词后的数字表示内容所在页码，数字后的a、b、c分别表示该页码的左、中、右栏。

## A



## B



## C

## D

## E



## F

## H

## J

## K

## L

## R



## S

## T

## W

## X

## Y

## Z

（编辑 刘念宇）